Treasures for Scholars Worldwide

本书出版得到国家古籍整理出版专项经费资助

明代卫所选簿校注

◎孟凡松 编著

云南 卷

广西师范大学出版社
·桂林·

MINDAI WEISUO XUANBU JIAOZHU

图书在版编目（CIP）数据

明代卫所选簿校注. 云南卷、贵州卷：全 2 册／孟凡松编著. —桂林：广西师范大学出版社，2020.3
ISBN 978-7-5598-2697-8

Ⅰ.①明… Ⅱ.①孟… Ⅲ.①卫所制(明兵制)－史料－云南②卫所制(明兵制)－史料－贵州 Ⅳ.①E294.8

中国版本图书馆 CIP 数据核字（2020）第 042082 号

广西师范大学出版社出版发行

(广西桂林市五里店路 9 号　邮政编码：541004
网址：http://www.bbtpress.com)

出版人：黄轩庄

全国新华书店经销

广西广大印务有限责任公司印刷

（桂林市临桂区秧塘工业园西城大道北侧广西师范大学出版社集团有限公司创意产业园内　邮政编码：541199）

开本：787 mm × 1 092 mm　1/16

印张：74.5　　　字数：752 千字

2020 年 3 月第 1 版　　2020 年 3 月第 1 次印刷

定价：390.00 元（全 2 册）

如发现印装质量问题，影响阅读，请与出版社发行部门联系调换。

前 言

《中国明朝档案总汇》共分折件、档册、书册等三编,其第二编档册类,主要收录武职选簿。"所谓《武职选簿》,是记载明代京内外各卫所职官袭替补选情况的登记簿",①是明代兵部武选清吏司审查内外卫所武职继承人资格的记录总汇。对于武职选簿的内容与学术价值,陕西师范大学梁志胜先生云:

> 选簿以历代脚色为纲,内容包括了祖辈以来的籍贯、从军缘由、历辈袭替时间、原因、武职的升降调迁、功次赏罚等。选簿的编成,除了历次武选结果的记录外,还参考并收录了其他一些与武选密切相关的重要文书档案,诸如贴黄、功次簿、零选簿、审稿、堂稿、诰敕等。②
>
> 选簿的利用价值不仅仅在于可以研究明代卫所及其武官世袭制度,其丰富的内容还可以用来研究明代的少数民族、人口迁徙、郑和下西洋、靖难之役、武官家族变迁等诸多重要问题。③

武职选簿不仅为研究明代卫所武官世袭制度的最有价值的原始资料,也是研究明史其他诸多重要领域的基本史料之一。对于武职选簿的普遍史料价值,学术界已有充分的表述,兹结合现存明代云南与贵州之卫所选簿具体言之。

第一,卫所职役来源与移民研究。明初卫所移民曾对中国社会产生过广泛而深远的影响,有关研究也不胜枚举。然而,从某种程度上说,学术界迄今仍未能充分地挖掘选簿资料所昭示的移民史与社会史意义。

明初卫所的职、役之别是此类研究首先应澄清的前提性问题。在卫所中,其主导

---

① 《中国第一历史档案馆藏明朝档案编辑说明》第4页,收入中国第一历史档案馆,辽宁省档案馆编《中国明朝档案总汇》(01),桂林:广西师范大学出版社,2001年。
② 梁志胜:《明代卫所武官世袭制度研究》,北京:中国社会科学出版社,2012年,第13页。
③ 同前,第32页。

群体为"职",也即卫所中的世袭武官群体;而其主体则属于"役",也即数量最为庞大的旗军及家族家庭成员。前者袭职,后者充役,二者的地方影响并不能混淆言之。这种混淆主要体现为将"职"的来源研究等同于卫所移民研究,而在相当程度上忽视"役"的主体性存在及其与"职"的来源的重大区别。从贵州都司威清卫、安南卫及治地在贵州境内而隶属于湖广都司的清浪卫、平溪卫选簿中,可以发现相当部分原充旗军之役者,明代中后期陆续历功升授百户、试百户之类中低阶世袭武职,他们都有相对集中的来源地和相对雷同的始祖从军履历,如威清卫之于湘乡县、浏阳县,安南卫之于武冈州、邵阳县,清浪卫之于麻城县、黄冈县,平溪卫之于蕲州、黄梅县等,他们多有洪武二十二年(1389)垛集充军,旋编入相应卫所充役的始祖履历。

第二,靖难之役及相关明初政治、军事史研究。从明初到明后期,现存卫所选簿大多是万历、天启、崇祯年间存留下来的,其在保存和使用过程中,漫漶、损毁、磨改之处在所难免。对于明初史事,选簿抄誊时间愈后,减省之处也相应愈多。选簿记载明初史事,愈后而愈省,除前述诸种客观原因而外,也有主观原因而导致的删节、改篡现象的存在。以云南左卫选簿为例,尽管有相当多的证据表明,该卫为建文朝廷"征云南兵入京备征"①的主要兵力之一,代表朝廷讨伐朱棣"靖难"之师,并在白沟河、夹河等战役中有大量伤亡。在选簿中,该卫的"南军"履历间有记载,更多则被删减隐没。夹河之役中,南军悍将楚智力战而殁,据云南左卫选簿"楚僎"簿载:楚智,太康县人,旧名观音奴,"前王保保下湖广省左丞,洪武五年充银牌总先锋,十三年除温州卫中所镇抚,十八年钦升云南左卫镇抚,十九年钦升云南左卫前所世袭副千户,三十四年夹河阵亡"②。据《皇明表忠纪》云:楚智,"洪武中称骁将,数出塞有功,历升都指挥使。建文初,守北平,寻召还……"③。选簿对楚智履历的记载,详其籍贯、从军始末等,然自其升副千户以后至夹河战役阵亡之前,洪武晚季至"革除年间"约有15年的履历皆语焉不详,当系选簿有意删略之故。楚智洪武年间即已调入云南左卫的武职,除少数明确载有"白沟河阵亡""夹河阵亡"等字样外,大多仅能从袭替时间的整体统计上推测他们可能具有"南军"履历。

---

① 参见《皇明大政纪》卷五,建文元年七月;《明政统宗》卷六,建文元年七月;《宪章录》卷十三《革除建文元年己卯至二年庚辰》;《吾学编·建文逊国记》等。
② 第58册,第476页。
③ (明)钱士昇:《皇明表忠纪》卷5《死战列传·楚智》,《明代传记丛刊》第64册,第280页。

第三，明代军事活动、边疆史地及少数民族史研究。选簿以载武职历辈袭替时间、原因为首要之内容，在其记载武职功次及黜陟之时，必然也含有丰富的有关明代军事活动的信息。

举例而言，滇黔卫所选簿所记载的明代军事活动信息包括：洪武年间初征云南、再征云南诸战役，永乐年间征交阯诸战役，正统年间麓川战役，随后的韦同烈之变，弘治间米鲁之乱，还有山都掌、东苗、西苗、大藤峡等地方性军事活动，及至明末奢安事变等，选簿中都有直接的记载。研究明代西南地方变乱与军事活动等史事，选簿是不可忽视的资料。西南等地诸卫所军事活动，又大多关涉西南边疆及地方少数民族事件，故滇黔卫所选簿又为边疆史地与少数民族史研究的重要参考资料。

第四，明代地方家族与人物史研究。明代卫所武职世袭制度在西南地区的实施，不仅是明王朝"正统"屯戍边疆的体现，更与武职家族种种利益直接相关。值此之故，西南卫所移民家族及其后裔，尤其重视入黔入滇始祖从军履历及其后裔军功功次、历辈袭替次第之记载，并将此种记载体现于家谱、墓志、神榜之中。然而，此种记载未免因年代久远而渐次失载失真，若能有选簿记载之参考，于考究地方家族之发展及人物之升降，自然可以在很大程度上起到佐证索隐之成效。但凡有选簿存留之卫所，探究该地区卫所家族及从卫所家族再次迁徙之旁裔时，选簿都是不可或缺的基础性文献。

除以上数端以外，对于明代地方军功科举文化之消长，新旧官群体势力之演进，边疆汉族之在地化发展及此背景下的族群关系，一些隐没而不彰显的关乎边疆、民族或吏治的事件等，皆有赖于从选簿中挖掘史料。例如，《明太祖实录》所载洪武二十一年（1388）"女直千户孛罗哥等叛于沅江"[①]一事，在当时虽造成一定影响，而后来之史料间或提及，多亦一语及之。关于此事，在选簿中亦有极零星而易被忽视的记载。在威清卫指挥佥事陈国柱选簿中，记载羽林右卫百户陈保，"（洪武）二十一年授流官，于重庆等处追赶达军"，[②]此百户陈保追赶达军一事，也即孛罗哥叛逃事件。又如嘉靖年间云南曾发生数次群体性贪污事件，在诸次事件中遭到处罚的云南卫所武职，选簿中也有多处相关记载。

前述滇黔武职选簿的学术研究价值毋庸赘言，应当注意的问题是利用武职选簿

---

① 《明太祖实录》卷194，洪武二十一年十一月庚子。
② 《中国明朝档案总汇》，第60册，第126页。

进行明代史事研究的方法。以数年来利用选簿史料的经验看,尤要注意数理统计与"局部履历"方法的运用。无论形式还是内容上,选簿史料都具有高度相似性,在做群体性的研究时,须借助于数理统计方法并充分运用。在数理统计的基础上,本书特意提出"局部履历"研究法。该种方法实际上是数理统计法在武职选簿利用上的创造性应用,也即通过比对卫所职役在特定时间节点、特定身份背景、特定卫分及籍贯等"局部履历"方面的相似性,总结卫所职役在特定前提下的群体性履历,探求隐藏在武职个体命运背后的一般性、局部性史事。

凡 例

一、本书所收选簿包括《中国明朝档案总汇》（后文简称《总汇》）第58册所收云南都司云南左卫，第59册云南右卫、临安卫、越州卫、云南后卫、大罗卫、木密关守御所、凤梧守御所共计六卫二守御所选簿。

二、标注原簿页码。本书仍在书中标注各选簿在原《总汇》中之册数、页码。各卫所选簿收入《总汇》的册数在书中加注分别说明；页码用阿拉伯数字表示，并在数字前后加"·"标识，以方便使用者查阅选簿原文。

三、整簿、残簿皆列标题。本书收录各簿皆列标题。其原簿有开列脚辈姓名者，仍依原簿以"脚辈姓名"加其"世袭职级"为标题，中间用"·"隔开；其为"年远事故"及"革发"等残簿者，若原簿已有"年远事故……""又一员"等标题字样，则以"年远事故……""又一员"等文字加最后一辈选条所列姓名为标题，中间用"·"隔开；间有残缺选簿无"年远事故……"等标题性质字样者，由校者添加标题，仍由"年远事故……一员""又一员"等加最后一辈选条姓名为标题，中间仍用"·"隔开。大概而言，原簿有脚辈姓名者，以脚辈姓名加其袭替职级为标题；原簿为残缺选簿而无脚辈姓名者，以"年远事故……"等字样加最后一辈选条姓名为标题。另部分选簿为万历中后期、天启、崇祯年间新立簿，原簿仅首书脚辈姓名，未书袭替职级，今仍其旧仅以脚辈姓名为标题。

四、一簿数出者并不合并。在原存卫所选簿中，间有一簿而数出者，大体分为两种情况：其一，某"年远事故"或"辈数未全"之残缺选簿实可视为某完整选簿之一部分；其二，嘉靖、隆庆间已有选簿，而万历以后有另立新簿者。针对此两种情况，本"选簿·云南卷"为保持"总汇"原貌，仍依影印件原样抄录，并在各簿页下加注说明，而不将之挪移合并为一簿。

五、原簿排列次第及各簿脚辈姓名不作调整。原各卫选簿有誊造目录者，仍照录原簿目录。各选簿标题中的武职姓名，因原簿誊造补造时间不同、另立新簿等原因,间有与原簿目录中的姓名不合者,皆各仍其旧。又有《总汇》影印之选簿的排列顺序,与各卫所原簿目录顺序不尽相同者,皆各仍其旧,不作调整。

六、取消原簿"行内分写"格式而统一文字字号。原选簿目录各职级脚辈姓名下"行内分写"之始祖姓名、代数及籍贯等文字,各选簿贴黄与各辈选条"每行分写"之文字,在本书中皆统一字号,不再抄录为"行内分写"格式。

七、斟酌处理原簿留白之情形。原簿抄誊文字多留空格,大体分四种情况:其一,避讳。各簿贴黄、选条中遇有"钦升""钦与""钦袭""钦依""诰命""遇宥""圣旨"等涉避讳之字样时,"钦""诰""宥""圣"等前量空一格,今校注本不再空格;其二,失载。原选簿贴黄或选条中之袭替年月失载,失载某年号某年某月等,量空数字或一字,其年月数字不可考者,今仍量空数字或一字;其年月可据贴黄及前后选条增补者,仍予增补,并加"[ ]"标识;其三,俟查。原簿"某辈选缺"或"某功次缺"时,皆留白以俟查补,今皆另起一段抄录;其四,原簿资料来源相同而所载履历各异,或资料来源不同时,皆量予留白或分行另写,今皆另起一段抄录。

八、原簿文字错讹处理。原簿有倒文者,大多旁注倒字符号,个别倒字符号漫漶不清,今皆直接改正;原簿有数字衍出者,大多旁注删除符号,今直接略去衍字不录;原簿前后两字相同时,间用叠字符号标识,今删叠字符号,仍抄录前后相同之字;原簿间有整行误抄或连续多字衍出者,直接划去,今亦略去不录;原簿间有不符选簿行文惯例或与贴黄、前后选条表述不相吻合等明显错字者,先录错字,并在错字后"( )"加改正之字;原簿贴黄或选条间有漏字,所漏之字加"[ ]"标识;原簿间用俗字或省写之字,如"副千户"作"付千户","景泰"作"景太","嘉靖"作"加靖"等,今直接改正"付千户"为"副千户","景太"为"景泰","加靖"为"嘉靖"等,不另标注。

九、原簿文字漫漶及其他难以辨识处,或用"□"或用"……"标识。原簿间有漫漶处,或因文字上盖印章或加有"某某对讫"字样而难以辨识,或因影印文字缩放过小而不能识别等,其漫漶或连续无法辨识文字约在三字及三字以内者,每一无法辨识之字加一"□"号标识,四字及以上字数者,加"……"以标识之。

十、原簿之数字处理。选簿使用数字之情形,约有数端:人名、地名中含数字者,大写或小写,皆仍其旧录出;年号纪年及其月日数字,原簿大小写兼有之,今统一录作小写;选簿贴黄或选条载官舍旗军历功员名数,或历功擒斩"贼级"名颗数等,多作大写,间用小写,今统一录作小写;原簿记载袭替及优给优养武职年岁，大小写兼用，今统一小写录之；原簿记载"年远事故""辈数未全"武职，选簿或作"乙员""又乙员"，或作"壹员""又壹员"，今统一录作"一员""又一员"；原簿述及袭替辈数多用小写，而载武职比试等次则大、小写参半，今统一小写录之。总之，除人名、地名外，选簿涉及统计性质之数字者，无论大小写，今统一录作小写。

十一、原簿人名仍旧抄录。原簿贴黄或各选条人名，有系指同一人而用字同音异形或干脆人名相异者，仍各沿其旧，不予改动。

十二、原簿地名稍作规范。原簿地名有同一地名而字形相异者，如"武冈"又作"武岗"，"交阯"又作"交趾"等，今径改"武岗"为"武冈"，"交趾"为"交阯"等，其他个别地名误字，也在"（）"内改正；其为明代地名用字者，仍沿袭明代地名用字。

十三、本次整理的均为明朝档案，所涉民族名称，如"夷""回回"等，本着历史唯物主义态度，尊重历史，保留原样，非歧视少数民族之意。

目录

兵部为清查功次、选簿以裨军政事……………… 1

五军都督府所属卫所·右军都督府·云南都司·云南左卫………… 5

  原簿目录 …………………………………… 7
  魏国忠·指挥使 …………………………… 12
  武廕隆·指挥使 …………………………… 12
  年远事故都指挥使一员·陈濬 …………… 13
  指挥使一员·卢和 ………………………… 14
  又一员·潘冕 ……………………………… 14
  革发指挥使一员·张瑜 …………………… 14
  高举·署指挥使事指挥同知 ……………… 15
  王辅·署指挥使事指挥同知 ……………… 16
  马性·指挥同知 …………………………… 17
  申承祖·指挥同知 ………………………… 18
  王之臣·指挥同知 ………………………… 19
  狄应麟·指挥佥事 ………………………… 20
  张邦臣·指挥佥事 ………………………… 22
  席纳言·指挥佥事 ………………………… 23
  马文春·指挥佥事 ………………………… 24
  吴岑·指挥佥事 …………………………… 25
  短可久·指挥佥事 ………………………… 26
  贺宸·指挥佥事 …………………………… 27

王镗·指挥佥事	28
周明·指挥佥事	29
忙俊·指挥佥事	29
沐朝阳·指挥佥事	30
年远事故指挥佥事一员·叶洪	31
又一员·胡文	31
又一员·朱梁	31
又一员·金亮	31
陈雄·署指挥佥事事正千户	32
罗邦傑·正千户	33
周逵·正千户	34
江增·正千户	35
张经·副千户	35
窦梧·卫镇抚	36
年远事故左所副千户一员·胡镛	37
卫镇抚一员·吴纲	37
又一员·王傑	37
又一员·陈恺	38
张国威	38
朱朝恩·实授百户	38
曹珉·实授百户	39
张翱·实授百户	40
黄如金·实授百户	41
刘玺·实授百户	41
孙廷表·实授百户	42
周诰·实授百户	43
张廷美·实授百户	43
窦康续·实授百户	44
周世德·试百户	45
年远事故左所世袭百户·陶秀	45
又一员·李玑	45

又一员·王辅	46
又一员·李椿	46
又一员·谭真	46
又一员·陈永	46
又一员·张琛	47
又一员·郑瑄	47
又一员·陆全	47
又一员·孙荣	47
又一员·梅泰	47
王鸾·试百户	48
赵文秀·试百户	48
吉仁·试百户	49
沐访·试百户	50
薛继武·试百户	50
陈万言·所镇抚	51
年远事故所镇抚一员·尹直	52
又一员·刘铠	52
又一员·张瑾	52
又一员·甘咬住	52
又一员·叶春	52
又一员·秦源	53
又一员·赵瑛	53
完俸禄·正千户	53
蔡辅·副千户	54
速泰·副千户	55
刘钺·副千户	56
年远事故右所副千户一员·张晙	56
又一员·侯能	57
又一员·季海	57
又一员·仇鑑	57
郑朝贤·实授百户	57

刘大仁·实授百户	58
尚积·实授百户	59
尚文·实授百户	60
胡兰·实授百户	61
吴弼·实授百户	62
方翱·世袭百户	63
曹浩·世袭百户	63
年远事故右所世袭百户一员·马贵	64
又一员·李海	64
又一员·赵安	64
又一员·不颜歹	64
又一员·张铨	65
又一员·姚得	65
又一员·高昇	65
张寿·试百户	65
乔珊·试百户	65
华樑·试百户	66
张臣忠·试百户	67
徐高·试百户	68
陈可久·试百户	68
马应龙·试百户	69
丁承恩·试百户	69
张大经·试百户	70
李世爵·所镇抚	70
李约·所镇抚	71
年远事故右所试百户一员·苗聪	72
又一员·徐昱	72
又一员·王麒	73
又一员·张义	73
革发右所所镇抚一员·华铠	73
戴琛·正千户	73

攸通·正千户	75
刘崇义·正千户	76
白潮·正千户	76
王言·正千户	77
洪勋·副千户	78
年远事故中所正千户一员·张鑑	78
熊文瑞·副千户	79
塔冲霄·副千户	80
王印·副千户	81
杜韬·副千户	81
年远事故中所副千户一员·韩纹	82
又一员·李裕	82
何廷相·实授百户	83
刘恩·实授百户	84
王尚贤·实授百户	84
刘应祖·实授百户	85
胡江·实授百户	86
年远事故中所世袭百户一员·张麟	87
又一员·刘澄	87
又一员·王俊	87
又一员·李敬	88
张诰	88
刘应举·试百户	88
傅良誉·试百户	88
荆山·试百户	90
冯应科·试百户	90
邵应科·试百户	91
方卿·试百户	92
田时雨·试百户	93
储思恭·试百户	93
王印·试百户	94

王诏卿·试百户	95
张应举·所镇抚	96
武韬·小旗	96
年远事故中所试百户一员·俞武	97
又一员·严深	97
又一员·计聪	98
所镇抚一员·李瑄	98
又一员·沃义	98
又一员·张焕	98
革发所镇抚一员·李阳春	99
刘朝元·正千户	99
楚僎·副千户	100
龚积·副千户	101
李寿·副千户	102
朱大赟·副千户	104
王良史·副千户	104
姚泰·副千户	105
高松·副千户	106
张起龙·署实授百户	107
年远事故前所副千户一员·张仁	107
胡廷珠·实授百户	108
朱诏·实授百户	109
李嘉祐·实授百户	110
刘昂·实授百户	110
马勋·世袭百户	111
张羽凤·世袭百户	111
孙恩·实授百户	112
吴玺·实授百户	113
年远事故前所世袭百户一员·刘宥	113
又一员·陈旺	113
又一员·王政	114

又一员·顶瑄	114
车之龙·试百户	114
张朝武·试百户	114
向一中·试百户	115
赵晟·试百户	116
胡玺·试百户	117
沈良佐·试百户	117
陈应祖·试百户	118
卞鹭·所镇抚	118
王应祖·署试百户事冠带总旗	119
年远事故前所试百户一员·龚瑀	120
又一员·秀完	120
又一员·何政·497·	120
又一员·张雄	120
又一员·梁裕	121
所镇抚一员·梁楷	121
又一员·邹凯	121
又一员·沃耀	121
又一员·段思忠	121
张从举·署指挥佥事事正千户	121
曹廷相·世袭百户	123
年远事故后所正千户一员·张昇	123
又一员·朱昭	123
邹儒·副千户	124
吴思明·副千户	125
田承禄·副千户	126
唐庆陛·副千户	126
年远事故后所副千户一员·葛瑄	127
张印·署副千户事实授百户	127
金文·世袭百户	128
谭应元·实授百户	129

谢印绶·实授百户 …… 130
张世功·实授百户 …… 131
沈嘉吉·实授百户 …… 132
吕英·世袭百户 …… 133
谢诏·世袭百户 …… 133
廖应禄·实授百户 …… 134
年远事故后所世袭百户一员·张纲 …… 135
李隆·署副千户事试百户 …… 135
程恩·试百户 …… 136
黄邦辅·试百户 …… 136
郑应祖·所镇抚 …… 137
陈琮·所镇抚 …… 138
张翔·署试百户事总旗 …… 138
年远事故后所试百户一员·苏俊 …… 139
所镇抚一员·周冕 …… 139
革发署所镇抚一员·龚汝霖 …… 139
曾衍·试百户 …… 140
吴山·署指挥佥事事正千户 …… 140
邓惟扬·正千户 …… 141
段尧臣·署正千户事副千户 …… 142
张松·署正千户事副千户 …… 143
刘大选·副千户 …… 144
胡廷爵·副千户 …… 145
宋诏·副千户 …… 146
速尚卿·副千户 …… 148
彭爵·副千户 …… 149
梁世勋·副千户 …… 150
马俊·副千户 …… 150
年远事故中左所副千户一员·何忠 …… 150
又一员·赵荣 …… 151
李体乾·署副千户事实授百户 …… 151

张嘉名·实授百户	152
纪鹤·实授百户	153
何汉傑·实授百户	153
李鳌·实授百户	154
可常友·实授百户	155
艾七十四·实授百户	156
保思聪·实授百户	157
张文儒·世袭百户	158
赵承恩·实授百户	159
杨景秀·实授百户	160
何毅·试百户	161
年远事故中左所实授百户一员·刘继先	161
又一员·张斌	161
杜一龙	161
曹琼·试百户	161
李应时·试百户	162
李世荣·试百户	163
完尚卿·试百户	163
金诏·试百户	164
蒋玥·冠带小旗	164

五军都督府所属卫所·右军都督府·云南都司·云南右卫 167

原簿目录	169
潘铛·指挥使	176
赵官·指挥同知	176
李印亨·指挥同知	177
杨世爵·指挥同知	178
张鹍·指挥同知	179
孙承恩·指挥同知	180
苏世恩·指挥同知	181
孙鸢·指挥同知	182

潘遐龄·指挥同知 …… 183

年远事故指挥同知一员·苏鑑 …… 183

又一员·汪昱 …… 183

充军指挥同知·杨湘 …… 184

杨湘·署指挥同知 …… 184

金重·署指挥同知事指挥佥事 …… 185

李时新·指挥佥事 …… 186

葛麐祖·指挥佥事 …… 187

纪尚质·指挥佥事 …… 188

张凤祯·指挥佥事 …… 189

程垣·指挥佥事 …… 190

孙继高·指挥佥事 …… 191

年远事故指挥佥事一员·张泰 …… 191

又一员·袁祯 …… 191

张威·指挥佥事 …… 192

杨铭·卫镇抚 …… 192

董昂·卫镇抚 …… 192

年远事故卫镇抚一员·王乃久 …… 193

周诏·正千户 …… 193

朱应元·正千户 …… 194

余继祖·署正千户事副千户 …… 195

赵俊·副千户 …… 196

左所副千户一员·沈淮 …… 197

年远事故副千户一员·崔晟 …… 197

充军正千户一员·金略 …… 197

充军副千户一员·蒋铛 …… 197

赵熙·署副千户事实授百户 …… 198

蒋铛·署副千户事实授百户 …… 198

陈世卿·实授百户 …… 199

李继祖·实授百户 …… 200

明良·实授百户 …… 201

程希廉·实授百户 …… 202

李应举·实授百户 …… 203

苏璋·实授百户 …… 204

潘辅·实授百户 …… 205

陆承恩·世袭百户 …… 206

年远事故左所世袭百户一员·马俊 …… 207

又一员·赵英 …… 207

又一员·范凌家奴 …… 207

又一员·杨茂 …… 207

徐忠·试百户 …… 207

张大金·试百户 …… 208

赵祖定·试百户 …… 209

吉世瑛·试百户 …… 209

高尚举·试百户 …… 210

陈应祖·试百户 …… 210

胡轧·试百户 …… 211

杨大伦·试百户 …… 212

杨汝登·试百户 …… 212

盛松·试百户 …… 213

陆延龄·试百户 …… 214

熊真·试百户 …… 214

左所所镇抚一员·张元 …… 215

年远事故所镇抚一员·欧荣 …… 215

又一员·杜文 …… 215

又一员·杨云 …… 216

又一员·张斌 …… 216

又一员·潘鑑 …… 216

又一员·时勋 …… 216

试百户一员·蒋伦 …… 216

又一员·熊真 …… 217

又一员·雷昇 …… 217

刘世韬·正千户	217
王文明·正千户	218
年远事故右所正千户一员·尚英	219
又一员·郝亮	219
又一员·王瑛	219
何邦臣·署正千户事副千户	220
李东茂·副千户	220
黄本成·副千户	221
张良材·副千户	222
王言·副千户	223
田有功·试百户	223
年远事故右所副千户一员·陈铣	223
又一员·郑伦	224
杨生·世袭百户	224
张应奎·实授百户	225
韩应时·实授百户	225
李节·实授百户	226
孙鹏·实授百户	227
年远事故右所世袭百户一员·虞孝儿	228
又一员·汪文昌	228
又一员·杨斌	228
又一员·王桧	228
又一员·冯昇	228
又一员·俞广	229
田义忠·试百户	229
王宗仁·试百户	229
张朝用·试百户	230
瞿世爵·所镇抚	231
李思·试百户	231
王儒·试百户	232
杨锐·试百户	232

李勋·试百户 …… 233
沈裕·试百户 …… 233
年远事故右所试百户一员·潘胜 …… 234
又一员·刘政 …… 234
又一员·李刚 …… 234
又一员·李昇 …… 234
所镇抚一员·李嵩 …… 235
又一员·洪卯孔 …… 235
又一员·胡俊 …… 235
雷应孝·副千户 …… 235
杨文华·副千户 …… 236
严璋·副千户 …… 237
赵永·副千户 …… 238
尹凤梧·副千户 …… 238
潘应爵·副千户 …… 239
年远事故中所副千户一员·甄忠 …… 240
又一员·任正 …… 240
又一员·秦怀 …… 240
又一员·张镐 …… 241
陈印绣·署副千户事实授百户 …… 241
王崇儒·实授百户 …… 242
杨循礼·实授百户 …… 243
殷棠·实授百户 …… 243
陈佐·实授百户 …… 244
欧应学·实授百户 …… 245
张宪·实授百户 …… 245
徐第·实授百户 …… 246
年远事故中所世袭百户一员·赵镗 …… 247
又一员·张宣 …… 247
又一员·陈铎 …… 247
谢宣·试百户 …… 247

刘俊·试百户 ················· 248
靳恩·试百户 ················· 249
刘文举·试百户 ··············· 249
张德仪·试百户 ··············· 250
陈凤翱·试百户 ··············· 251
唐应龙·试百户 ··············· 251
刘昺·试百户 ················· 252
丁时·署试百户事总旗 ········· 252
田嘉瑞·世袭百户 ············· 253
黄恩·世袭百户 ··············· 254
常自诚·试百户 ··············· 254
中所试百户一员·王时 ········· 255
又一员·邢灿 ················· 255
革发所镇抚一员·何鑑 ········· 255
又一员·张纲 ················· 256
蒋珎·正千户 ················· 256
郭科·正千户 ················· 257
金畧·正千户 ················· 258
年远事故前所正千户一员·孙斌 · 258
孙汉·副千户 ················· 259
黄九皋·副千户 ··············· 260
年远事故前所副千户一员·纸鑑 · 260
又一员·陈伦 ················· 261
又一员·陈真 ················· 261
陈云龙·署副千户 ············· 261
潘俊·署副千户事百户 ········· 262
顾守义·实授百户 ············· 262
锺应鸣·实授百户 ············· 263
林应福·实授百户 ············· 264
黄堂·世袭百户 ··············· 265
于廉·世袭百户 ··············· 266

张存仁·世袭百户 …… 267

石磐·实授百户 …… 268

史文臣·实授百户 …… 268

汪朝用·实授百户 …… 269

杨锐·实授百户 …… 270

年远事故前所世袭百户一员·余俊 …… 271

又一员·张英 …… 271

又一员·张善 …… 271

姚良辅·试百户 …… 271

蒋应祖·试百户 …… 272

王璋·试百户 …… 273

蔡遇时·试百户 …… 273

周岐·试百户 …… 274

刘鹤龄·试百户 …… 275

年远事故前所试百户一员·吴昱 …… 276

又一员·李政 …… 276

所镇抚一员·孙忠 …… 276

年远事故后所正千户一员·段勋 …… 277

汪胜宗·署正千户事副千户 …… 277

汪沄·署正千户事副千户 …… 278

王表·副千户 …… 279

孙尚贤·副千户 …… 280

关汝通·副千户 …… 281

年远事故后所副千户一员·姚英 …… 282

又一员·杨琮 …… 282

顾得良·署副千户事实授百户 …… 282

梅銮·署副千户事实授百户 …… 283

许承名·实授百户 …… 284

吴偉爵·实授百户 …… 285

韩钺·实授百户 …… 285

王诏·世袭百户 …… 287

年远事故后所实授百户一员·王英	287
又一员·苏雄	288
又一员·邵玒	288
又一员·陈贵	288
又一员·郭文	288
又一员·康泰	288
又一员·秦聚	288
汪思中·实授百户	288
来应宣·试百户	289
高仁·试百户	290
水朝东·试百户	290
毛凤翱·试百户	291
张雷·试百户	292
陈诏·试百户	292
杨塘·试百户	293
吉思恭	294
许迁·试百户	294
周文林·试百户	295
杨洲培·所镇抚	296
葛朝阳·试百户	296
刘鳌·试百户	297
王辅·试百户	297
吕通·所镇抚	298
杨汝良	298
李俸·试百户	298
李嘉聘·副千户	299
年远事故后所试百户一员·朱瑛	299
革发试百户一员·沈东昇	299
宋舜卿·正千户	299
张弼·正千户	300
黄邦佐·正千户	300

顾思·副千户 …………………………………………………………… 301
杨应时·副千户 ………………………………………………………… 302
游鹏·副千户 …………………………………………………………… 303
朵云·实授百户 ………………………………………………………… 303
年远事故中左所副千户一员·陈鑑 …………………………………… 304
又一员·张鼎 …………………………………………………………… 304
陈新表·副千户 ………………………………………………………… 304
李昰·世袭百户 ………………………………………………………… 305
张世臣·世袭百户 ……………………………………………………… 306
李仁·世袭百户 ………………………………………………………… 307
张一科·世袭百户 ……………………………………………………… 308
尹爵·实授百户 ………………………………………………………… 308
梁永·实授百户 ………………………………………………………… 309
杨增·土官百户 ………………………………………………………… 309
赵维藩·实授百户 ……………………………………………………… 310
李润·实授百户 ………………………………………………………… 311
魏国华 …………………………………………………………………… 312
年远事故中左所世袭百户一员·朵云 ………………………………… 312
又一员·杨琇 …………………………………………………………… 312
又一员·王兴 …………………………………………………………… 313
张凤羽·试百户 ………………………………………………………… 313
陈爵·试百户 …………………………………………………………… 313
张恩·试百户 …………………………………………………………… 314

五军都督府所属卫所·右军都督府·云南都司·临安卫 ………… 315

李春华·指挥使 ………………………………………………………… 317
陈俊·指挥使 …………………………………………………………… 318
王咸雍 …………………………………………………………………… 319
丘继武·指挥使 ………………………………………………………… 319
孙延德·指挥佥事 ……………………………………………………… 320
刘恢业·指挥同知 ……………………………………………………… 320

李思儋・指挥佥事 …… 321

万鳌・指挥同知 …… 321

王磐石・指挥同知 …… 323

曹爱・指挥同知 …… 324

戎国用・指挥佥事 …… 325

庞懋勋・指挥佥事 …… 326

薛继武・指挥佥事 …… 328

储万钟・指挥佥事 …… 328

吴绍兴・指挥佥事 …… 329

杨木・指挥佥事 …… 330

赵琼・指挥佥事 …… 331

鲁仲昂・指挥佥事 …… 333

曹维藩・指挥佥事 …… 334

高懋恩・指挥佥事 …… 335

侯明之・指挥佥事 …… 336

李延之・指挥佥事 …… 337

刘时中・指挥佥事 …… 338

华应臣・指挥佥事 …… 339

李思儋・指挥佥事 …… 340

魏朝凤・指挥佥事 …… 340

郭珠・正千户 …… 342

查绍祖・指挥佥事 …… 343

侯仲・正千户 …… 344

刘宾・正千户 …… 345

周诏・正千户 …… 346

孙继美・正千户 …… 347

吕韬・正千户 …… 347

李繁春・副千户 …… 349

于祖荣・副千户 …… 350

年远事故左所正千户一员・孙裱 …… 350

胡光・卫镇抚 …… 351

施大用·副千户	352
何朝相·副千户	353
吴子忠·副千户	354
杨大有·副千户	356
年远事故左所副千户一员·张世德	356
又一员·孙绍先	357
盘应龙·实授百户	357
白世爵·实授百户	358
傅梦鹤·实授百户	359
周继祖·实授百户	360
年远事故左所世袭百户一员·徐信	361
又一员·温叶	361
又一员·陈裕	361
许应元·试百户	361
李富·试百户	362
钱应爵·试百户	363
杨钦·试百户	364
张胤宗·试百户	365
刘明·试百户	366
鲍从信·试百户	367
雷以动·试百户	367
聂秀·试百户	368
周世勋·试百户	369
陈大銮·署副千户事实授百户	369
邬云·所镇抚	370
朱世雍·所镇抚	370
年远事故左所试百户一员·李纯	371
倪秀·副千户	371
吴龙·副千户	373
黄明举·副千户	374
郑德芳·副千户	375

余表·副千户	376
白极·副千户	377
杨淮·副千户	378
速应春·副千户	379
祝南山·副千户	379
黄如金·试百户	381
周廷美·试百户	382
韩思忠·试百户	382
余承恩·试百户	383
许恩·试百户	383
钟应麟·试百户	384
杨应文·试百户	384
年远事故中所副千户一员·裴嘉爵	385
又一员·戴铨	386
革发一员·刘恩	386
曾禄·世袭百户	386
尚雄·正千户	387
谭登·试百户	387
裴文俊·试百户	388
卫国·试百户	389
邵美·试百户	389
后所试百户一员·杜如桂	390
年远事故所镇抚一员·李英	390
杜华	390
陈元庆·世袭百户	391
王朝恩·署正千户事副千户	391
唐相·副千户	392
詹承爵·副千户	393
牛仕芳·副千户	394
单从良·副千户	395
火仲和	396

年远事故中左所副千户一员·汤惠 …… 396

李继文·实授百户 …… 397

夏学·实授百户 …… 398

郑彩·世袭百户 …… 398

李堂·世袭百户 …… 399

曾有年·实授百户 …… 400

徐必荣·实授百户 …… 401

吴邦相·实授百户 …… 402

姚懋·实授百户 …… 403

中左所世袭百户一员·史书 …… 404

贾仕隆·试百户 …… 404

姚崇忠·试百户 …… 406

李表·试百户 …… 406

邢罴·世袭百户 …… 407

丁珩·实授百户 …… 408

高应朝·试百户 …… 409

充军正千户一员·孙怀 …… 410

右右所正千户·陈邦诏 …… 410

邹接鲁·正千户 …… 410

许鹏·署正千户事副千户 …… 410

单倈·副千户 …… 411

何守位·副千户 …… 412

孙仲罴·副千户 …… 413

年远事故右右所副千户一员·董震 …… 414

王配坤 …… 414

王尚贤·实授百户 …… 414

陈膺爵·实授百户 …… 415

祁维屏·实授百户 …… 416

郭世贤·实授百户 …… 416

王诏·世袭百户 …… 417

苏钺·世袭百户 …… 418

汪献琼·世袭百户 …… 419

赵完璧·世袭百户 …… 419

年远事故右右所世袭百户一员·张权 …… 420

又一员·潘诚 …… 420

又一员·宇宽 …… 421

又一员·王文 …… 421

张庇元 …… 421

郑朝臣 …… 421

周国臣·试百户 …… 421

郭卫邦·试百户 …… 422

年远事故右右所试百户一员·钱辅 …… 423

程九逵·试百户 …… 423

王凝祉·试百户 …… 423

王用能·正千户 …… 424

徐继勋·正千户 …… 424

张邦教·副千户 …… 425

崇正道·副千户 …… 426

王弼·副千户 …… 427

孙怀·副千户 …… 428

杨景·副千户 …… 429

高冕·副千户 …… 429

年远事故前前所副千户一员·董宽 …… 430

樊进学 …… 430

陈吾养·试百户 …… 431

邓继勋·世袭百户 …… 431

李增·世袭百户 …… 432

厉嵩·实授百户 …… 433

牟祯·世袭百户 …… 433

许潮·实授百户 …… 434

单应贤·实授百户 …… 435

年远事故前前所世袭百户一员·单铠 …… 436

又一员·史恭	436
又一员·杨麒	436
杨镇	437
李灿然·试百户	437
向应朝·试百户	438
李恩·试百户	439
江九功·实授百户	439
年远事故前前所试百户一员·杨和	440
革发所镇抚一员·徐缨	440
张希范·试百户	441
孙绍·实授百户	441
王相·世袭百户	442
张汉·实授百户	442
樊端·实授百户	443
宁尚珍·试百户	444
陈嘉谟·世袭百户	444
李功臣·实授百户	445
邵子谦·实授百户	446
张凤羽·实授百户	447
莫应祖·实授百户	448
唐守元·实授百户	449
钱守礼·实授百户	449
年远事故右所世袭百户一员·刘朴	450
又一员·万世候	450
窦贤忠·实授百户	451
刘仁·试百户	451
李士尧·试百户	452
杨鹤·试百户	453
年远事故右所署正千户事副千户一员·刘谨	454
副千户一员·马能	454
刘治·实授百户	454

年远事故后所世袭百户一员·朱荣 ………… 455
又一员·王衡 ………… 455
又一员·拜绂 ………… 455
又一员·王旭 ………… 456
又一员·隗安 ………… 456
又一员·吴璞 ………… 456
奚凤·世袭百户 ………… 456
吴世采·实授百户 ………… 457

五军都督府所属卫所·右军都督府·云南都司·越州卫 ………… 459

原簿目录 ………… 461
杨元和·指挥使 ………… 464
张举·指挥使 ………… 465
张允恭·指挥同知 ………… 465
杨辉·指挥同知 ………… 466
革发指挥同知一员·曾用 ………… 467
胡来宾·署指挥同知事指挥佥事 ………… 467
年远事故指挥佥事一员·张浩 ………… 468
张爵·卫镇抚 ………… 469
何衣·正千户 ………… 469
年远事故左所正千户一员·蒲容 ………… 471
魏琪·副千户 ………… 471
武英·副千户 ………… 472
宋腾宵·副千户 ………… 472
张荷·副千户 ………… 473
朱樱·副千户 ………… 474
郝林·实授百户 ………… 475
吴韶·实授百户 ………… 475
贾昱·实授百户 ………… 476
萧仲学·实授百户 ………… 477
陈世爵·实授百户 ………… 478

许表·实授百户	478
年远事故左所世袭百户一员·夏霖	479
又一员·敖斌	479
又一员·沈傑	479
又一员·王玺	480
又一员·杨浤	480
又一员·刘遇诏	480
洪允章·试百户	481
高文用·试百户	481
刁振·试百户	482
刘绍钦·所镇抚	482
魏国臣·所镇抚	483
年远事故左所试百户一员·王宁	484
所镇抚一员·黄润	484
又一员·翟文质	485
年远事故中所世袭百户一员·谭滨	485
又一员·何真	485
又一员·曹得甫	485
年远事故前所副千户一员·朱观	485
又一员·蒋忠	485
年远事故前所世袭百户一员·张义	485
又一员·姚斌	486
尹韬·正千户	486
李东山·正千户	487
年远事故中前所正千户一员·蒋锐	487
又一员·成钺	488
宗周·副千户	488
王家胤·实授百户	488
江镐·实授百户	489
王胜·实授百户	489
张韬·实授百户	489

李灿·实授百户 …… 490
年远事故中前所世袭百户一员·陈鋆 …… 490
又一员·刘钢 …… 491
赵云程·试百户 …… 491
康恒·试百户 …… 491
张经·试百户 …… 492
刘世武·试百户 …… 493
高恩·试百户 …… 493
王尧臣·试百户 …… 494
杨勋·试百户 …… 495
阚汝洲·所镇抚 …… 495
刘继勋·试百户 …… 496
郑羽·署试百户事总旗 …… 497
年远事故中左所所镇抚一员·周忠 …… 498
左所冠带总旗一员·施继芳 …… 498

五军都督府所属卫所·右军都督府·云南都司·云南后卫 …… 499

原簿目录 …… 501
刘继志·指挥使 …… 506
方祥·指挥使 …… 507
刘起沛·指挥使 …… 508
年远事故指挥使一员·成文 …… 509
革发指挥使一员·窦桔 …… 509
李春荣·指挥同知 …… 509
韩世爵·指挥同知 …… 510
年远事故指挥同知一员·欧玉 …… 511
刘东阳·指挥佥事 …… 511
樊尚仁·指挥佥事 …… 512
缪宗臣·指挥佥事 …… 513
刘应祈·指挥佥事 …… 514
孙雄·指挥佥事 …… 515

年远事故指挥佥事一员·吴雄 …… 516

又一员·崔伸 …… 516

又一员·李济 …… 516

邓显祖·署指挥佥事 …… 516

王世昌·署指挥佥事事正千户 …… 517

郭太·卫镇抚 …… 518

陈尧道·正千户 …… 518

年远事故左所正千户一员·袁弘 …… 519

陈训·副千户 …… 519

黄敏·副千户 …… 520

张心·副千户 …… 521

宋贤·副千户 …… 522

王殿·副千户 …… 522

朱国用·副千户 …… 523

于尚贤·副千户 …… 524

朱衣·实授百户 …… 525

王宽·实授百户 …… 525

年远事故左所世袭百户一员·骆昂 …… 526

又一员·陈铠 …… 526

又一员·李勋 …… 526

又一员·王选 …… 526

又一员·朱瑛 …… 527

又一员·宋英 …… 527

张鹏·试百户 …… 527

程济·试百户 …… 528

张辅·试百户 …… 528

张诏·试百户 …… 529

杨诏·试百户 …… 529

田旻·试百户 …… 530

李琼·试百户 …… 530

何聪·试百户 …… 531

刘万钟·署所镇抚事试百户 ……… 531
穆文举·所镇抚 ……… 532
年远事故右所正千户一员·尹玉 ……… 533
朱继秀·副千户 ……… 533
许爵·副千户 ……… 534
仝性忠·副千户 ……… 534
宋智·副千户 ……… 535
薛世廉·实授百户 ……… 536
段续·实授百户 ……… 537
盛武·实授百户 ……… 537
陆松·实授百户 ……… 538
年远事故右所世袭百户一员·金璋 ……… 539
又一员·张锐 ……… 539
金声·世袭百户 ……… 539
王宗祐·试百户 ……… 539
崔凤·试百户 ……… 540
陈德缙·试百户 ……… 541
锺钂·试百户 ……… 542
李宣·试百户 ……… 542
冯凤鸣·试百户 ……… 542
程世勋·署试百户事总旗 ……… 543
年远事故右所署所镇抚事世袭百户一员·柴昂 ……… 544
试百户一员·赵荣 ……… 544
年远事故中所正千户一员·吕焘 ……… 544
李大才·副千户 ……… 544
胡实·副千户 ……… 545
年远事故中所副千户一员·杨泰 ……… 546
又一员·安义 ……… 546
又一员·潘洪 ……… 546
又一员·刘振 ……… 546
孙光祖·实授百户 ……… 546

倪端·实授百户 ……………………………………………… 547

陶国凰·实授百户 ……………………………………………… 548

陈奉祖·实授百户 ……………………………………………… 549

年远事故中所世袭百户一员·柯斌 …………………………… 550

又一员·刘澄 …………………………………………………… 550

又一员·孙荣 …………………………………………………… 550

又一员·孙斌 …………………………………………………… 550

又一员·刘英 …………………………………………………… 550

又一员·董洪 …………………………………………………… 550

鲁增·试百户 …………………………………………………… 550

王世仁·试百户 ………………………………………………… 551

王道·试百户 …………………………………………………… 552

李增·试百户 …………………………………………………… 552

宋向阳·试百户 ………………………………………………… 553

余言·试百户 …………………………………………………… 554

李同桂·试百户 ………………………………………………… 555

戴廷惠·试百户 ………………………………………………… 556

尹晟·试百户 …………………………………………………… 557

李朝阳·署试百户事总旗 ……………………………………… 557

陈铠·正千户 …………………………………………………… 558

郭仁·正千户 …………………………………………………… 559

陈大策·正千户 ………………………………………………… 560

赵应魁·冠带总旗 ……………………………………………… 561

王廷辅·副千户 ………………………………………………… 561

方承爵·副千户 ………………………………………………… 562

熊璋·副千户 …………………………………………………… 562

李胭·副千户 …………………………………………………… 563

年远事故前所副千户一员·甄英 ……………………………… 564

吕应钟·实授百户 ……………………………………………… 564

谢怀·世袭百户 ………………………………………………… 565

韦信·实授百户 ………………………………………………… 566

何尚爵·实授百户 …… 566
年远事故前所世袭百户一员·柳澄 …… 567
又一员·汤贵 …… 567
又一员·吴昇 …… 568
又一员·陈淮 …… 568
又一员·孙钲 …… 568
又一员·朱源 …… 568
又一员·于瑛 …… 568
又一员·边洪 …… 569
又一员·张永 …… 569
陈世赟·试百户 …… 569
刘永胜·试百户 …… 570
张仰极·试百户 …… 570
张辅·试百户 …… 571
林武朝·试百户 …… 572
李国贤·试百户 …… 573
金俊·所镇抚 …… 573
汪辅·署百户总旗 …… 574
前所试百户一员·狄松 …… 575
年远事故试百户署所镇抚一员·李英 …… 575
试所镇抚一员·李勤 …… 576
李春·正千户 …… 576
王诰·正千户 …… 576
年远事故后所正千户一员·杜洪 …… 577
又一员·许傑 …… 578
魏舜麟·副千户 …… 578
李应时·副千户 …… 579
冠带总旗一员·刘承恩 …… 579
总旗一名·蔡继宗 …… 580
后所副千户一员·徐思明 …… 580
贺恩·实授百户 …… 581

于俸·实授百户 …………………………………………………… 581

葛应时·实授百户 ………………………………………………… 582

覃鸾·实授百户 …………………………………………………… 583

年远事故后所世袭百户一员·吕经 ……………………………… 583

又一员·王洪 ……………………………………………………… 583

又一员·王玺 ……………………………………………………… 583

又一员·吴洪 ……………………………………………………… 584

又一员·赵旺 ……………………………………………………… 584

又一员·曹璘 ……………………………………………………… 584

又一员·吕文 ……………………………………………………… 584

又一员·王刚 ……………………………………………………… 584

魏垣·试百户 ……………………………………………………… 585

苗玘·试百户 ……………………………………………………… 585

张鸾·试百户 ……………………………………………………… 586

金玉·试百户 ……………………………………………………… 587

梁材·试百户 ……………………………………………………… 587

任繡·试百户 ……………………………………………………… 588

叶敷·试百户 ……………………………………………………… 588

黎俸·试百户署所镇抚事 ………………………………………… 589

年远事故后所试百户一员·王玉 ………………………………… 590

所镇抚一员·许铨 ………………………………………………… 590

五军都督府所属卫所·右军都督府·云南都司·大罗卫………… **591**

原簿目录 …………………………………………………………… 593

张灿·指挥同知 …………………………………………………… 595

王威·指挥佥事 …………………………………………………… 595

吴邦·指挥佥事 …………………………………………………… 596

徐英·正千户 ……………………………………………………… 597

童舟·正千户 ……………………………………………………… 598

晁曦·副千户 ……………………………………………………… 598

杨鹤龄·副千户 …………………………………………………… 599

朱邦固・副千户	600
罗九章・副千户	601
饶训・副千户	602
张诰・世袭百户	602
李森・世袭百户	603
卜坤・世袭百户	603
王宪・实授百户	604
陈为敬・试百户	605
李嵩・试百户	605
徐昰・试百户	606
俞崇文・署试百户	606
卢云・副千户	607
成儒・副千户	607
柳文彬・副千户	608
寒亨・署副千户事实授百户	609
孙相・实授百户	610
朱官・实授百户	611
顾命・实授百户	611
王司韶・试百户	612
纪功・试百户	613
温裕・试百户	613
高鼎・试百户	614
谢承恩・试百户	615
范恩・署试百户事总旗	615
右所总旗一名・厉恩	616
左所小旗一名・王护	616

五军都督府所属卫所・右军都督府・云南都司・木密关守御所… 619

原簿目录	621
赵诰・正千户	622
黄光・正千户	622

条目	页码
司戎·副千户	623
裴鎏·副千户	624
金本高·副千户	624
郭世爵·副千户	625
年远事故木密关守御所副千户一员·魏京	626
王鹤龄·副千户	626
杨思忠·百户	626
张熊·实授百户	627
迟汝先·实授百户	628
李大贤·世袭百户	629
陈雄·世袭百户	630
蒋汝荣·试百户	630
年远事故木密关守御所世袭百户一员·刘辅	631
又一员·蔡勗	631
蔡滋阳·试百户	631
马腾云	632
马云龙·试百户	632
鲁俸·所镇抚	633
年远事故木密关守御所试百户一员·宋鎏	633
又一员·金兰	633
又一员·姚寓	634
又一员·李沈	634
又一员·归龄·486·	634
木密关守御所总旗一名·崔桓	634
又一名·胡义	635
魏国政·副千户	635
来允忠·试百户·488·	635

五军都督府所属卫所·右军都督府·云南都司·凤梧守御所 …… 637

原簿目录 …… 639

苏继勋 …… 641

金绍奎·指挥佥事 …… 641
袁昆·指挥佥事 …… 642
李节·正千户 …… 643
木资元·正千户 …… 643
李躬行·正千户 …… 644
金守仁·署指挥同知事指挥佥事 …… 645
杨顺诚·副千户 …… 646
杨学·副千户 …… 647
诸爱·副千户 …… 647
赵云汉·副千户 …… 648
李崇·世袭百户 …… 649
段锦·百户 …… 649
李同桂 …… 650
章璞·试百户 …… 650
张鹍·试百户 …… 650
杨启东·试百户 …… 651
李遇春·试百户 …… 652
杨祖胤·试百户 …… 653
施浩·试百户 …… 653
杨启良·试百户 …… 653
黄朝用·试百户 …… 654
李傑·试百户 …… 655
李继武·试百户 …… 655
李文潮·试百户 …… 656
张翼邦 …… 656
完大缙·副千户 …… 657

后　记 …… 659

兵部为清查功次、选簿以裨军政事

隆庆三年九月，该本部尚书霍、左侍郎曹议得：武选司库贮功次、选簿及零选簿年久湮烂，而近年获功堂稿与核册、题覆尚未誊造，每遇选官清黄之期，典籍残阙，卒难寻阅，合宜及时照例修补。题奉钦依：续该尚书郭、右侍郎王严加清理，详定规议。①先后行委车驾司员外郎赖嘉谟、武选司主事谢东阳，会同武选司郎中吴兊、李汶、王倧、王叔杲、刘汉儒、员外郎张世烈、主事李与善、宗弘暹、李承式、韩应元、李松、彭富，开局立法，督率选到七十八卫所吏役逐一将功次、零选、堂稿及新功核、题未经立簿者尽行修补誊造外，为照选簿备载内、外二黄、零选、功次及续附节年选过审稿，所以为清黄选官计也。往年修造辈数或缺而未备，职姓或混而未清，功次或未尽誊，审稿或未尽附，终非完籍，未便稽考。且革发、充军、揭黄等项原未该载，每遇大选，无从检查，竟滋奸弊。今以各卫所官员照级类造，对核明白，用司印钤盖，依样另造目录二本，总列成帙，题曰"武职选簿"，一本送堂贮库，一本存司，掌印官相沿交收，俾按簿查名，一览可知，以杜将来吏胥去籍之弊，仍申明先年员外郎马坤等原议，"专委本司员外郎提督管贮前簿，单月附选"，及今重议"每遇大选，看选主事各照所管新官、旧官、升调、给养、未及六十，督率该吏赴库查选，不得出外，以致损改"。后凡该司接任官员，务宜留心掌修，应附应补，及时誊写，不得如前混遗，庶簿籍完备，可以永便于检查而功罪明核，又能潜杜夫奸弊。今将目今修造及日后附补事宜凡例开列于后。须至簿者，计开凡例二十一款。

一、每卫各立一簿，所附卫后，如卫官多者，各所另为一簿，亦照左右中前后次序，不相混淆，如官少则二卫并为一簿，仍各立总目以便检查。

一、指挥使、指挥同知、指挥佥事、正千户、副千户、实授百户、试百户、署试

---

① 据《明穆宗实录》《明神宗实录》等相关记载，该"本部尚书霍""左侍郎曹""续该尚书郭""右侍郎王"分别当为霍冀、曹邦辅、郭乾、王遴。

百户事冠带总、小旗，分为七项誊造。仪卫正与正千户同级，卫镇抚、仪卫副与副千户同级，所镇抚、典仗与试百户同级，俱照级类造。如见任都指挥佥事以上及署都指挥佥事以上，此乃流官，止加于指挥使之首类造，其署指挥使事则加于指挥同知之首类造，署指挥同知事则加于指挥佥事之首类造，以下五级署职，俱照此例。其有以大署小，如实授百户署所镇抚事之类，乃署掌其事也，非级也，与前署职不同，仍归本级实授百户内抄造。

一、各卫所照官级次序，先以贴黄历查辈数、袭替、优给、功罪、升革年月，将旧选簿逐一磨对，如黄、选功罪原载相同者，备细抄誊；其中有缺者，吊取内外二黄、审稿、零选、功次等簿，查出补写各辈项下。其选簿内有重复及非关系选法者不录，庶免淆乱。如旧选簿未载，贴黄有名，系近年官员，不得遗去。但袭替年月未开，无凭吊查黄、选者，止附抄总目后，俟后子孙袭替之日补造。

一、每员止用半叶，首书脚辈姓名，下用二行抄黄，每行分写。二黄俱有，从其详者书之。其辈数各占一行，先抄零选，若系优给出幼，亦每行内分写。其有功次，量空一字，下分行附抄，字多不拘一行。如无选有黄，则书"已载前黄"；如功次或载黄内，则书"已载前黄"；或载选内，则书"已载某辈选条"，免费时日查抄。至于某辈选缺，则旁注小"缺"字，某功次缺，则旁注小"候查"字，俱留半行。并前内、外黄俱无，亦注小"缺"字，以俟子孙袭替之日查补。

一、凡本人顶祖役总、小旗立功升试百户以上，缘总、小旗不入大选，无选条可抄，而本人功次又多系祖名，今以本人作一辈起，于下先将贴黄所开祖、父总、小旗姓名功次抄出，方查抄本人功次，如祖、父系宣德以后功，亦须查录。

一、凡旧选簿未载而有近年审稿者，此必当日所遗，该与抄造。

一、凡选条、内外黄、功次、诰命中如有差落者，照旧传疑，不得增改，其有选条、功次原错附者，今俱改正抄写本人名下，以便检查。

一、凡子替故绝，或孙年幼，本人病痊，年未六十，应得复袭原职者，不作辈数，止附于子选条下。

一、调卫：除不得复还原卫者，该载所调卫分，原卫止注明总目叶内。其例得回卫并未经子孙袭替改调附近卫所者，仍造归本卫，庶检查不混。

一、旧选簿内止载数辈，无贴黄可查前后辈数，以凭吊查零选、功次者，则于各官级之后另用叶数类抄，约照员数各留白叶，俟后子孙袭替，每大选毕日，该司员外郎督率各该吏役查照前式将审稿备细抄誊各官级之尾，每员照旧仍用半叶。

一、凡革充冠带总、小旗与总、小旗，虽不入大选，然日后获功，例升试百户，子孙袭替之日，前二级功次又所必查。今附七类之后，以备参考。

一、凡选条末辈，查贴黄开称死故，在今新限十二年、十五年外者，不问子孙弟侄有〔无、例〕当革发，止附七类叶后，以备参考。如死故年月未开者，仍依级抄，待其袭替之日，查明定夺。

一、优养：新官不拘年限，生子准袭；旧官十年生子准袭者，照旧与袭替、优给并造外，其优养妇女，系户无承袭之人，止附类抄叶尾，用备查考，以杜后来冒袭之弊。

一、充军：有终身者，终身方许承袭。有永远者，不得承袭。及许洪武、永乐年间立功子孙降袭，旧未登簿，竟贻冒袭之弊。今吊职方司编军簿，尽数抄附各人项下，庶后隐情不供者难逃检查。其编军簿内原未开出原卫所者，总附目录，以便查考。

一、选簿、审稿如开贴黄查有功次选条者，此系各卫自造文册，难以凭信，俱不附写。

一、每簿前各将卫所官员照级编号，开立总目，大书脚选姓名，名下注立功始祖及籍贯、代数，并前项类抄，亦附于后。至于年远事故及已经革发揭黄，不准袭替者，类附总目后，另书一款，用备参考，以杜日后买嘱隐情保袭之弊。

一、凡旧选簿总目有名，后未开载者，查出尽数抄造。如仍旧无查，亦开附总目之后。

一、旧革发人员未附选簿，以致复保，无凭稽察。后遇选毕，该管员外郎一并抄附选簿。

一、旧核册功次未附选簿，以致册籍散逸，查选未便。后经核题录升，该管协司郎中，督率吏役，抄附各人名下，以便大选检查。

一、旧充军揭黄，未附选簿，以致大选清黄，或滋奸弊。后遇前项文移到部，即时抄附各人名下，以便查考。

一、后经调卫不得还卫者，将祖卫、来历、缘由，抄续今调卫分。两卫总纲内俱要各将调去、调来官级、姓名，明注于后，以便检查。

隆庆四年六月……日
兵部尚书郭、右侍郎王
委官车驾司员外郎赖嘉谟、武选司主事谢东阳
监写经历

五军都督府所属卫所·右军都督府·云南都司·云南左卫

原簿目录

指挥使二员
一号魏国忠：始祖魏孙儿，代七，莱芜县人。
二号武廕隆：始祖武让，代七，邹县人。

年远事故三员
陈濬。
卢和：仪真县人。
潘冕。

革发一员
张瑜：定远县人。

署指挥使二员、指挥同知三员
一号高举：始祖高斌，署使，代九，全椒县人。
二号王辅：始祖王成，署使，代七，商县人。
三号马性：始祖马梅，代九，西宁州人。
四号申承祖：始祖申贵，代九，夏（下）蔡县人。
五号王之臣：始祖王泰，代七，含山县人。

指挥佥事十一员
一号狄应麟：始祖狄通，代十，和州人。
二号张邦臣：始祖张聚，代九，凤阳县人。
三号席纳言：始祖席世宝，代十，定远县人。
四号马文春：始祖马兴，代十，和州人。
五号吴岑：始祖吴克义，代七，西平县人。
六号短可久：始祖短苔儿，代八，西宁州人。
七号贺宸：始祖贺诚，代七，仪真县人。
八号王锃：始祖王彦中，代九，卢龙县人。
九号周明：始祖周英，代四，合肥县人。
十号忙俊：始祖忙贵，代三，山后人。
十一号沐朝阳：始祖沐昂，代八，定远县人。

年远事故四员
叶洪：丹徒县人。
胡文。
朱梁。
金亮。·379·①

左所署指挥佥事一员、正千户三员
一号陈雄：始祖陈义，署佥，代六，龙山县人。
二号罗邦傑：始祖罗受，代八，桃源县人。
三号周逵：始祖周关生，代六，南昌县人。
四号江增：始祖江福，代九，泗阳县人。

---

① 以下云南左卫选簿据《中国明朝档案总汇》第58册整理，文中用阿拉伯数字标注原书页码，前后加"·"隔开，以方便本书使用者查阅《明档》原文。

副千户一员、卫镇抚一员

一号张经：始祖张成，代七，新泰县人。

二号寯梧：始祖寯朵列秃，卫抚，代五，北平府人。

年远事故四员

胡镛：副千，全椒县人。

吴纲：卫抚，鄞县人。

王傑：卫抚，宿州人。

陈恺：卫抚。

实授百户九员

一号朱朝恩：始祖朱旺，代八，江都县人。

二号曹珉：始祖曹旺，代八，无为州人。

三号张翱：始祖张雄，代八，郧县人。

四号黄如金：始祖黄成，代七，汝宁府人。

五号刘玺：始祖刘聚，代四，兰阳县人。

六号孙廷表：始祖孙荒儿，代八，定远县人。

七号周诰：始祖周让，代四，长兴县人。

八号张廷美：始祖张胜，代七，澧阳县人。

九号窦康续：始祖窦祯，代八，盱眙县人。

年远事故十一员

陶秀：江宁县人。

李玑：安陆县人。

王辅：蕲水县人。

李椿：宁海县人。

谭真。

陈永。

张琛。

郑瑄。

陆全：临淮县人。

孙荣：乾州人。

梅泰。

试百户七员、所镇抚一员、署试百户事总旗一员

一号王鸾：始祖王得，代九，宣城县人。

二号赵文秀：始祖赵弗保，代六，恩县人。

三号吉仁：始祖吉庆，代四，赵城县人。

四号沐访：始祖沐佐，代三，定远县人。

五号周鳌：始祖周让，代六，鄢陵县人。

六号吴尚宾：始祖吴子和，代八，婺源县人。

七号薛继武：始祖薛原八，代八，蕲水县人。

八号周大用：始祖周兴，署试总，代七，考城县人。

九号陈万言：始祖陈得兴，所抚，代九，六合县人。

年远事故所镇抚七员

尹直。

刘铠：萍乡县人。

张瑾：寿州人。

甘咬住：北平府人。

叶春。

秦源。

赵瑛。

右所正千户一员

一号完俸禄：始祖完者干，代八，西宁州人。

副千户三员

一号蔡辅：始祖蔡景文，代五，黄岩县人。

二号速泰：始祖亦速，代七，西宁土人。

三号刘钺：始祖刘允，代六，山后人。

年远事故四员

张玹：澧阳县人。

侯能。

季海。

仇鑑：宛平县人。

实授百户十员 续入曹廷相，六安人，无印。

一号郑朝贤：始祖郑基，代八，临淮县人。

二号刘大仁：始祖刘善，代十，丰润县人。

三号尚积：始祖尚兴宗，代九，京山县人。

四号尚文：始祖尚仲和，代八，大同县人。

五号胡兰：始祖胡澄，代七，当涂县人。

六号吴弼：始祖吴荣，代七，中牟县人。

七号方翱：始祖方大，代六，固始县人。

八号曹廷相：始祖曹安，代七，六安州人。

九号宋昇：始祖宋均儿，代五，辉县人。

十号曹浩：始祖曹福，代九，山阳县人。

年远事故七员

马贵。

李海。

赵安。

不颜歹。

张铨：衡山县人。

姚得。

高昇：宛平县人。

试百户九员、所镇抚二员

……

梁楷：所抚。

邹凯：所抚。

沃耀：所抚。

段思忠：所抚。

后所署指挥佥事事正千户一员

一号张从举：始祖张龙，署佥，代八，含山县人。

年远事故正千户二员

张昇：东平州人。

朱昭：仁和县人。

副千户四员

一号邹儒：始祖邹绂，代八，攸县人。

二号吴思明：始祖吴得，代七，合肥县人。

三号田承禄：始祖田广，代八，合肥县人。

四号唐庆陞：始祖唐完，代七，宛平县人。

年远事故一员

葛瑄。

署副千户一员、实授百户八员

一号张印：始祖张才，署副，代五，临邑县人。

二号金文：始祖金玉，代六，临淮县人。

三号谭应元：始祖谭衡，代七，攸县人。

四号谢印绶：始祖谢实，代九，凤阳县人。

五号张世功：始祖张得，代十，鄱阳县人。

六号沈嘉吉：始祖沈铭，代八，溧阳县人。

七号吕英：始祖吕旺，代八，颍上县人。

八号谢诏：始祖谢玉，代七，湘潭县人。

九号廖应禄：始祖廖祥，代七，黔阳县人。

年远事故一员

张纲。

署副千户事试百户一员、试百户二员、所镇抚二员、署试百户事总旗二员

一号李隆：始祖李真，署副试，代五，鄮县人。

二号程恩：始祖程端，试百，代六，鄮县人。

三号黄邦辅：始祖黄浩，试百，代五，泰州人。

四号郑应祖：始祖郑文旺，所抚，代八，合肥县人。

五号陈琮：始祖陈贵，所抚，代六，定远县人。

六号张翔：始祖张佛童，署试总，代六，歙县人。

七号曾儒：始祖曾必成，署试总，代八，武冈州人。

调卫一员

夏思绍：广济县人，调宜良所。

年远事故二员

苏俊：试百，泰州人。

周冕：所抚，句容县人。

革发署所镇抚一员

龚汝霖：丹徒县人。

中左所署指挥佥事一员、正千户一员

一号吴山：始祖吴雄，署佥，代九，合肥县人。

二号邓惟扬：始祖邓荣，代九，梁县人。

署正千户二员、副千户七员

一号段尧臣：始祖段通，署正，代九，宜良县人。

二号张松：始祖张奴，署正，代八，晋宁州人。

三号刘大选：始祖刘旻，代九，萍乡县人。

四号胡廷爵：始祖胡再兴，代九，合肥县人。

五号宋诏：始祖宋兴，代九，祥符县人。

六号速尚卿：始祖速古儿秃，代八，长安县人。

七号彭爵：始祖彭道隆，代七，清丰县人。

八号梁世勋：始祖梁聚，代五，怀远县人。

九号马俊：始祖阿沙，代五，阳宗县人。

年远事故二员

何忠。

赵荣。

署副千户一员、实授百户十员

一号李体乾：始祖李保，署副，代七，定远县人。

二号张嘉名：始祖张德元，代七，河阳县人。

三号纪鹤：始祖纪贵，代七，海州人。

四号何汉傑：始祖何海，代九，河阳县人。

五号李培植：始祖李召婪，代十，归化县人。

六号可常友：始祖可他，代九，新兴州人。

七号艾七十四：始祖艾得春，代十，固始县人。

八号保思聪：始祖保帖木，代八，开城县人。

九号张文儒：始祖张显名，代十，顺天府人。

十号赵承恩：始祖赵惠，代八，河阳县人。

十一号杨景秀：始祖药抽，代七，杨宗县人。

年远事故二员

刘继先。

张斌。

试百户七员

一号曹琼：始祖曹春，代五，宁晋县人。

二号李应时：始祖弄尼，代七，晋宁州人。

三号李世荣：始祖月鲁，代六，呈贡县人。

四号完尚卿：始祖完者帖木，代七，昆明县人。

五号金诏：始祖金刚，代七，昆明县人。

六号赵文清：始祖赵应，代十，晋宁州人。

七号李中行：始祖光勒，代七。

年远事故三员

段瑛。

赵永中：所抚。

孟忽伦台：所抚。

冠带总旗三员、冠带小旗一员、小旗一名

叶时亨。

汤经。

陈诏。

蒋玥。

武韬。

选簿未载贴黄有名但袭替年月未开无凭吊查黄选者三名

王世爵：副千，元城县人，始祖王美，中所。

蒋沔：副千，江阴县人，始祖蒋钦，中左所。

罗润：试百，呈贡县人，始祖罗永，中左所。

魏国忠·指挥使

　　一辈魏孙儿，缺。

　　二辈魏茂，旧选簿查有：永乐四年十二月，魏茂，系金吾左卫前所阵亡副千户魏孙儿亲侄，敬袭世袭副千户。

　　三辈魏镛，旧选簿查有：正统七年二月，魏镛，系云南左卫故指挥佥事魏茂庶长男。

　　四辈魏润，旧选簿查有：弘治五年八月，魏润，莱芜县人，系云南左卫故世袭指挥佥事魏镛嫡长男。

　　指挥同知、指挥使功次：俱载五辈选条。

　　五辈魏玺，旧选簿查有：嘉靖元年四月，魏玺，莱芜县人，系云南都司故都指挥佥事魏润嫡长男。伊父原袭云南左卫指挥佥事，历功升前职，缘都指挥系流官，本人照例于原袭指挥佥事上加梁王山、普安功二级，与做指挥使，注原卫，钦与世袭。

　　六辈魏俊，旧选簿查有：嘉靖三年九月，魏俊，莱芜县人，系云南左卫故世袭指挥使魏玺嫡长男。

　　七辈魏国忠，旧选簿查有：嘉靖四十三年九月，魏国忠，年八岁，莱芜县人，系云南左卫年老指挥使推升署都指挥佥事魏俊庶长男。查得本舍父魏俊原袭指挥使，历功升署都指挥佥事。所据署都指挥佥事系流官，例不准袭，本舍革·384·作指挥使俸优给，至嘉靖五十年终住支。

　　隆庆六年二月，魏国忠，年十六岁，莱芜县人，系云南左卫故指挥使魏俊嫡长男，优给出幼袭职。

　　八辈魏敦徽，万历四十一年八月，大选过云南左卫指挥使一员魏敦徽，年二十岁，系疾指挥使魏国忠嫡长男，比中三等。

武廕隆·指挥使

　　内黄查有：武让，邹县人。兄武兴，洪武二年从军，故。将让补役，三十二年真定升小旗，郑村坝升勇士百户，三十三年济南升副千户，三十四年西水寨升本卫指挥同知，三十五年渡江升都指挥佥事，永乐元年钦升河南都司都指挥同知，八年阿鲁台有功升本司都指挥使，十年具启授流官。①

一辈武让，已载前黄。

二辈武贤，旧选簿查有：宣德五年二月，武贤，系云南都司流官都指挥使武让嫡长男。父原系指挥同知，到京奇功该升都指挥佥事，因平定九门有功加升都指挥同知，征剿胡寇升前职，管事。钦准本人替世袭指挥使，授云南左卫。

三辈武雄，旧选簿查有：宣德八年二月，武雄，系云南左卫故世袭指挥使武贤嫡长男。

四辈武俊，旧选簿查有：成化六年八月，武俊，邹县人，系云南左卫指挥使武雄嫡长男，钦与世袭。

五辈武镗，旧选簿查有：弘治十六年十一月，武镗，邹县人，系云南左卫世袭指挥使武俊庶长男。

六辈武举，旧选簿查有：嘉靖二十六年八月，武举，年三十八岁，滑县人，系云南左卫年老指挥使武镗嫡长男。

七辈武麿隆，旧选簿查有：嘉靖四十二年十一月，武麿隆，年二十五岁，邹县人，系云南左卫年老指挥使武举嫡长男。

八辈武崇文，万历五年十二月，武崇文，年二十岁，邹县人，系云南左卫患疾指挥使武麿隆嫡长男，比中二等。

年远事故都指挥使一员·陈潘

永乐九年六月，陈潘，原系云南都司流官都指挥佥事，因征进交阯有功，永乐七年七月初七日升都指挥使，后复征交阯，永乐八年八月初七日调交阯都

---

① 《明太宗实录》卷18，永乐元年三月丁亥，"上谕兵部臣曰，从朕平内难将士已论功升赏，朕念平九门者其功最先且难，可再升一级……于是升……武让……为河南都指挥同知……"。又《明仁宗实录》卷11，洪熙元年二月丁卯，"调都指挥使武让、都指挥佥事潘俊于云南都司"。

司，管事。①

指挥使一员·卢和

正统十一年十月，卢英，系云南都司故都司②故都指挥佥事卢钺庶长男，准袭授云南左卫指挥使，与世袭。③

成化四年九月，卢和，年十五岁，仪真县人，系云南左卫故世袭指挥使卢英嫡长男。

又一员·潘冕

宣德三年六月，潘冕，年九岁，系云南都司都指[挥]佥事潘俊嫡长孙。④祖原系指挥使，后升前职，管事，病故。钦与本人伊祖原职指挥使全俸优给，就与云南左卫关支，至宣德九年终住支袭职，定夺卫分。⑤

革发指挥使一员·张瑜

永乐二十年闰十二月，张文，系肃州卫世袭指挥佥事张纯亲叔。侄为事在监病故，有嫡长男张谅，年九岁，幼小。钦准本人袭授云南左卫世袭指挥佥事，待侄孙

---

① 《明太宗实录》卷10下，洪武三十五年七月丙午，"升……金齿卫指挥使陈濬、云南左卫指挥同知高山……俱为都指挥佥事……陈濬云南，高山河南……"；同书卷81，永乐六年七月癸丑，以征交阯功"都指挥佥事……陈濬升都指挥使"；卷161，永乐十三年二月戊子，"行大平交阯叛贼功赏……都指挥陈濬等五员……各赏白金二十五两，钞百四十锭，彩币二表里"；卷197，永乐十六年二月己亥，"交阯都指挥陈濬等遣人贡马及黄金、犀角、象牙诸物"；卷218，永乐十七年十一月戊辰，"交阯嘉林州善才县贼人陶强等叛……都指挥陈濬力战遏之"；卷221，十八年闰正月辛卯，"交阯总兵官丰城侯李彬列奏……为事都指挥陈濬御寇之绩，上命……宥濬罪，俾复职"。
② 该"故都司"三字当系衍文。
③ 《明英宗实录》卷54，正统四年四月辛卯，"命……云南左卫指挥佥事卢钺……俱署都指挥佥事事，从黔国公沐晟奏请也"；卷87，正统六年十二月丁未，"升云南都指挥佥事李友为都指挥同知，署都指挥佥事卢钺实授都指挥佥事，千百户旗军十三人俱升一级，以杀获师宗州反贼功也"；卷134，正统十年十月甲辰，"命云南故都指挥佥事卢钺子英袭为指挥使"。
④ 《明仁宗实录》卷11，洪熙元年二月丁卯，"调都指挥使武让、都指挥佥事潘俊于云南都司"。
⑤ 潘冕于宣德九年出幼袭职，定夺卫分于云南右卫，其详见《总汇》第59册，第8—9页"潘镗·指挥使"选簿。

长成，还与职事。

正统三年九月，张谅，系云南左卫故世袭指挥佥事张纯嫡长男。先因年幼，叔祖张文借职，今长成，退还职事，伊叔祖革闲。·386·

成化五年十二月，张骏。伊父张谅原系云南左卫指挥使，东苗有功历升都指挥佥事，故。本人系嫡长男，袭指挥使，于原卫管事差操。

成化十年九月，张骥，定远县人，系云南左卫故世袭指挥使张俊亲弟。

嘉靖十六年八月，张瑜，年四十岁，定远县人，系云南左卫故指挥使张琇堂弟。伊堂兄弘治十七年比袭，至嘉靖三年病故。今本舍方保告袭，扣算已在十三年之外，照例不准承袭，革发原籍为民。

高举·署指挥使事指挥同知

外黄查有：高瑄，全椒县人，系琰亲弟。父斌，旧名文斌，乙未年归附，充百户，吴元年除杭州卫百户，洪武元年选充副千户，十三年除骁骑右卫指挥佥事，十五年调云南右卫，十八年钦升本卫世袭指挥同知。有兄高琰系嫡长男，二十二年征伤，兄替，二十九年改云南左卫，故，别无儿男。瑄三十四年袭。

一辈高斌，已载前黄。

二辈高琰，已载前黄。

三辈高瑄，旧选簿查有：洪武三十四年二月，高瑄，系云南左卫故世袭指挥同知高琰亲弟。

四辈高远，旧选簿查有：宣德元年十月，高远，年十五岁，系云南左卫故世袭指挥同知高瑄嫡长孙。先因年幼，错作嫡次孙优给，今出幼，钦准改正袭职。

功次簿查有：正统三年征麓川剿杀蛮贼有功，云南左卫指挥同知升指挥使一员高远。①

五辈高璿，旧选簿查有：天顺五年八月，高璿，系云南都司故都指挥同知高远庶长男，照例袭父原职指挥使，注云南左卫。

六辈高翔，旧选簿查有：弘治八年八月，高翔，全椒县人，系云南左卫故世袭指挥使高璿嫡长男。·387·

---

① 《明英宗实录》卷294，正统二年八月己未，"云南都指挥同知高远赂陈汝言得以征贵州功升都指挥使事觉，法司论徒，特命赎毕革其升职，不得理事"。

七辈高镇，旧选簿查有：弘治十五年九月，高镇，全椒县人，系云南左卫故世袭指挥使高翔嫡长男。

八辈高銮，旧选簿查有：正德六年八月，高銮，全椒县人，系云南左卫故绝世袭指挥使高镇亲弟。

九辈高举，旧选簿查有：嘉靖二十八年二月，高举，全椒县人，系云南左卫故指挥使高銮嫡长男。伊高祖高远原系指挥同知，以麓川功升指挥使，曾、祖、伯、父沿袭。今查据麓川功无擒斩，例应减革，本舍量革与做署指挥使事指挥同知。

十辈高其功，万历十三年二月，高其功，年二十四岁，全椒县人，系云南左卫年老署指挥使事指挥同知高举嫡长男，比中二等。

十一辈高首荐，万历三十三年八月，高首荐，年二十一岁，系云南左卫故署指挥使事指挥同知高其功嫡长男，比中三等。

王辅·署指挥使事指挥同知

内黄查有：王玉，商县人，系王得嫡长男。祖王成，洪武元年充总旗，十五年拨云南左卫左所，十八年升百户，老疾。父王得替，故。玉永乐元年袭。

一辈王成，已载前黄。

二辈王得，旧选簿查有：洪武三十一年闰五月，王得，系云南左卫左所世袭百户王成嫡长男。

三辈王玉，旧选簿查有：永乐元年八月，王玉，系云南左卫左所阵亡世袭百户王得嫡长男。

四辈王真，旧选簿查有：宣德十年十一月，王真，系云南左卫左所故世袭百户王玉嫡长男。

副千户功次：候查。

正千户功次：候查。

署指挥佥事功次：候查。

五辈王能，旧选簿查有：成化四年十二月，王能，商县人，系云南左卫故指挥佥事王真嫡长男，钦与世袭。

六辈王絨，旧选簿查有：弘治十六年二月，王絨，商县人，系云南左卫功升指挥同知王能嫡长男，钦与世袭。

指挥使功次：候查。

七辈王辅，旧选簿查有：嘉靖九年四月，王辅，年九岁，商县人，系云南左卫年老指挥使王㲲庶长男。伊曾祖真原系百户，历功升署指挥佥事，故。祖能袭，安南功冒作实授升报，升指挥同知，年老。父㲲替，功升前职。所据冒升职级·388·例该减革，本人照例革与署指挥使事指挥同知全俸优给，至嘉靖十四年终住支。

旧选簿查有：嘉靖十五年十二月，王辅，商县人，系云南左卫指挥使王㲲庶长男。伊曾祖真原系百户，历功升署指挥佥事，祖能安南功冒作实授开报升指挥同知，父功升前职。所据冒升实授一级例应减革，本人先因年幼，已革与署指挥使事指挥同知俸优给，今出幼，仍与袭署指挥使事指挥同知。

八辈王栋，万历二十三年八月，王栋，年三十九岁，系云南左卫故署指挥使王辅亲侄。查伊祖署职一级系减革未尽，合革袭指挥同知。待王科疾愈、生子，退还职事，比中二等。

九辈王懋勋，万历三十三年八月，王懋勋，年十五岁，系云南左卫故指挥同知王栋嫡长男。据本舍祖功各级，当时冒混者不少，选簿中裁削者甚多，今总革二级，则余功似为稳确矣，应准如议，减袭指挥佥事，比中三等。

马性·指挥同知

一辈马梅，缺。①

二辈马良，缺。

三辈马俊，缺。

四辈马僖，旧选簿查有：永乐元年十月，马僖，年十七岁，系楚雄卫指挥使马俊庶弟。兄原任云南左卫世袭指挥同知，三十二年升除前职，阵亡，钦准袭父原职，授云南左卫世袭指挥同知。兄有庶长男马原真，年六岁，幼小，僖借职，待侄长成，还与职事。·389·

五辈马原，旧选簿查有：永乐十年六月，马原，旧名原真，年十五岁，系云南左卫故世袭指挥同知马俊庶长男。先因年幼，伊叔马僖借职，今长成，退还职事，伊叔革闲。

六辈马敬，旧选簿查有：正统四年闰二月，马敬，系云南左卫世袭指挥同知马原

---

① 《明太祖实录》卷66，洪武四年六月戊子，"以吐蕃来降院使马梅为河州卫指挥佥事"；卷94，洪武七年十一月壬戌，"命河州卫指挥佥事马梅署河阳卫事"。

亲弟。兄为无材能革退，亲男马铉年二岁，幼小，钦准本人袭职，待侄长成，另行定夺。

七辈马铉，旧选簿查有：景泰三年五月，马铉，年十六岁，西宁土人，系云南左卫老疾世袭指挥同知马原庶长男。

八辈马鲸，旧选簿查有：正德七年六月，马鲸，西宁州人，系云南都司署都指挥佥事马铉庶长男。伊父原系云南左卫指挥使，推升前职，年老。本人优给出幼，照例革袭伊父原卫原职指挥使。

九辈马性，旧选簿查有：嘉靖十八年二月，马性，年十一岁，西宁州人，系云南左卫故指挥使马鲸亲堂侄。伊伯祖铉原袭指挥同知，成化五年领军征荞[甸]功升指挥使，堂伯鲸袭。所据荞甸功系领军违例报功，例应减革，本人照例革与指挥同知俸优给，至嘉靖二十一年终住支。

旧选簿查有：嘉靖二十八年四月，马性，年二十岁，西宁州人，系云南左卫故指挥使马鲸亲堂侄，优给已革指挥同知，今出幼袭职。限外有无多支俸粮，查扣毕日关支。

十辈马政，万历五年八月，马政，年二十九岁，西宁州人，系云南左卫老疾指挥同知马性嫡长男。伊父原袭祖职指挥同知，嘉靖四十二年等年历推云南都司军政佥书，今老疾。所据推升流官例不准替，本舍照例准替祖职指挥同知，本舍考试二等。

十一辈马皋，万历二十年八月，马皋，年十五岁，西宁州人，系云南左卫故指挥同知马政庶长男，比中三等。

十二辈马昌，天启七年七月，单本选过云南左卫指挥同知一员马昌，年十六岁，系故指挥同知马皋嫡长男，比中三等。

申承祖·指挥同知

外黄查有：申敬，下蔡县人，系申贵嫡长男。洪武二年归附，赴京除授神策卫副千户，三年征虹螺山授老（世）袭，二十一年为事充军，二十六年钦依授职，调除云南左卫后所老（世）袭副千户，因年老告替。敬于三十三年替授云南左卫后所老（世）袭副千户。

一辈申贵，旧选簿查有：洪武二十八年二月，云南左卫后所副千户申贵。

二辈申敬，旧选簿查有：洪武三十三年三月，申敬，系云南左卫后所副千户申贵嫡长男。

三辈申正，旧选簿查有：永乐七年六月，申正，系云南左卫后所故世袭副千户申敬庶长男。

功次簿查有：正统七年，麓川剿杀蛮贼三次头功、奇功云南左卫后所副千户升指挥佥事一员申正。·390·

四辈申昂，旧选簿查有：景泰二年三月，申昂，年三岁，系云南左卫故指挥佥事申正庶长男，钦与全俸优给，至景泰十三年终住支。

五辈申亮，缺。

六辈申铠，审稿查有：申铠，年十六岁，系申昂亲侄。伯病故，无嗣，父申亮袭职，亦故，铠年幼优给，今出幼，袭授本卫指挥佥事。

七辈申明，旧选簿查有：正德十五年十二月，申明，下蔡县人，系云南左卫故世袭指挥佥事申铠嫡长男。

功次簿查有：嘉靖八年寻甸等处地方一人擒斩贼级八名颗，云南左卫随征指挥佥事升指挥同知一员申明。

八辈申旸，旧选簿查有：嘉靖三十年十二月，申旸，年三十岁，系云南左卫故指挥同知申明亲弟。

九辈申承祖，旧选簿查有：嘉靖四十二年八月，申旸，年五十六岁，系云南左卫指挥同知，今患疾在卫。有嫡长男申承祖，见年二十七岁，告替。

十辈申维翰，万历十三年八月，申维翰，年二十七岁，下蔡县人，系云南左卫患疾指挥同知申承祖嫡长男，比中二等。

十一辈申世宦，万历四十五年二月，大选过云南左卫指挥同知一员申世宦，年三十二岁，系老指挥同知申维翰男。查无违碍，准替指挥同知，比中三等。

王之臣·指挥同知

内黄查有：王泰，和州人，前充双刀下军，已亥年攻安庆，癸卯年征鄱阳，洪武二年选充总旗，调延安卫百户，三年授流官，四年授世袭，十一年升除济南卫副千户，二十二年为年老总旗不令代役发充军，二十六年复职，调云南左卫副千户。

一辈王泰，旧选簿查有：洪武二十八年二月，云南左卫中所副千户王泰。

二辈王瑄，旧选簿查有：永乐十二年十二月，王瑄，系云南左卫中所故世袭副千户王泰嫡长男。

三辈王铭，旧选簿查有：宣德五年，王铭，系云南左卫中所副千户王瑄嫡长男，麓川等处获功二次升指挥佥事。

四辈王俨，旧选簿查有：天顺六年七月，王俨，和州人，系云南左卫指挥佥事王铭庶长男，钦与世袭。·391·

五辈王晟，旧选簿查有：弘治七年九月，王晟，和州人，系云南左卫指挥佥事革职为民王俨嫡长男，该袭祖职。

六辈王松，旧选簿查有：正德十四年四月，王松，含山县人，系云南左卫老疾指挥佥事王晟嫡长男。

功次簿查有：嘉靖八年[寻]甸府等处一人擒斩贼级四名颗官旗军舍一百三十六员名，内一员云南左卫指挥佥事升指挥同知王松。

七辈王之臣，旧选簿查有：嘉靖三十一年二月，王之臣，含山县人，系云南左卫指挥同知王松嫡长男。

八辈王世禄，万历八年十月，王世禄，年三十岁，和州人，系云南左卫年老指挥同知王之臣嫡长男。查伊祖王铭正统六年麓川功升正千户，天顺元年征贵州开通道路功升指挥佥事，至王松嘉靖八年[寻]甸府功升指挥同知。今本舍合革王铭开通道路例不准袭功一级，与袭指挥佥事，比中二等。

九辈王受爵，万历二十四年九月，单本选过云南左卫指挥佥事王受爵，年三十岁，含山县人。伊堂兄原袭指挥佥事，今故绝，该次堂兄王受祖承袭，患疾，不堪，本舍合照例借袭指挥佥事，待受祖生男还职，比中一等。

十辈王梦祺，天启七年六月，单本选过云南左卫指挥佥事一员王梦祺，年十六岁，系指挥佥事王受爵堂侄。伊堂伯原借父受祖职指挥佥事，今故，应还，本舍准袭指挥佥事，比中三等。

狄应麟·指挥佥事

外黄查有：狄应麟，年二十岁，系云南左卫指挥佥事，原籍直隶和州人。一世祖狄通，乙未年归附，充先锋，乙巳年收赣州功升百户，洪武五年征西蜀追剿蛮贼有功，八年除颍州卫副千户，二十三年调六凉卫，二十五年调马隆卫，二十九年除云南前卫，老。二世祖狄玉袭，三十四年调左卫中所，永乐二年调洱海卫，五年调清化卫，故。三世祖狄武系嫡次男，十四年十一月袭，正统四年七月麓川征剿蛮贼功升正千户，七年七月麓川攻招罕寨头功升指挥佥事，景泰三年十二月克鬼哭山寨杀贼功升指挥同知，老。四世祖狄晟系嫡长男，六年四月替，天顺元年重升指挥同知，改正升指挥使，老。五世祖狄綖系嫡次男，成化四年十月替，故。伯祖狄嵩系嫡长男，弘治十六年九月袭，故。堂伯狄淮系长男，正德七年六月袭，故。堂兄狄勋系嫡男，嘉靖元年三月，查伊祖以副千户历功升指挥同知，开通道路升指挥使。所据开通道路升级例应减革，与指挥同知俸优给，故绝。父狄润系亲叔，十七年四月袭。所据正千户功无头功仍应减革，与袭指挥佥事，故。应麟系嫡长男，四十五年八月袭云南左卫指挥佥事。·392·

一辈狄通，已载前黄。

二辈狄玉，已载前黄。

三辈狄武，旧选簿查有：永乐十四年十一月，狄武，系清化卫右所故世袭副千户狄玉嫡次男。父永乐十二年为屯粮事发成国公处立功六年，病故，兄狄英先故，无儿男，本人袭副千户。

指挥佥事、指挥同知功次，俱载前黄。

四辈狄晟，旧选簿查有：景泰六年四月，狄武，年七十七岁，系云南左卫指挥同知，老疾在卫。有嫡长男狄晟，替职。

五辈狄綖，旧选簿查有：成化四年十月，狄綖，和州人，系云南左卫指挥使狄晟嫡次男，钦与世袭。

六辈狄嵩，旧选簿查有：弘治十六年九月，狄嵩，和州人，系云南左卫故世袭指挥使狄綖嫡长男。

七辈狄淮，旧选簿查有：正德七年六月，狄淮，和州人，系云南左卫故世袭指挥使狄嵩嫡长男。

八辈狄勋，旧选簿查有：嘉靖元年三月，狄勋，年七岁，和州人，系云南左卫故指挥使狄淮嫡长男。伊始祖武原系副千户，麓川、香炉山功升至指挥同知，又贵州开通道路升指挥使，相沿承袭。今照开通道路例该减革，与本人指挥同知俸优给，至嘉靖八年终住支。

九辈狄润，旧选簿查有：嘉靖十七年四月，狄润，年三十岁，和州人，系云南左卫指挥同知狄勋亲叔。伊高祖武以副千户麓川功升正千户，又功升指挥佥事，香炉山功升指挥同知，开通道路功升指挥使。侄勋袭，已革开通道路功与指挥同知优给。所据正千户功无头功，仍应减革，本人与袭指挥佥事。

十辈狄应麟，旧选簿查有：嘉靖四十五年八月，狄应麟，年二十岁，和州人，系云南左卫故指挥佥事狄润庶长男。

十一辈狄葵明，万历三十一年二月，狄葵明，年十五岁，和州人。伊父狄应麟原袭指挥佥事，今故。本舍系男，照旧准袭指挥佥事，比中三等。

张邦臣·指挥佥事

内黄查有：张麟，凤阳县人。有祖父张聚，甲午年从军，癸卯年充小旗，洪武三年选充总旗，十一年除试百户，改府军前卫，十二年实授本卫流官百户，十六年为整点大军发辽东征进，复除云南左卫流官百户，老疾告替。将父张凯替职百户，故。麟系嫡长男，袭百户。

一辈张聚，已载前黄。·393·

二辈张凯，已载前黄。

三辈张麟，旧选簿查有：永乐十年九月，张麟，系指挥佥事张聚嫡长孙。祖原任百户，父张凯替职，亡故，本人袭职。祖系致仕官，因朝见升指挥佥事，为老疾永乐九年敬准替授云南左卫指挥佥事，复启附选，敬与世袭。①

四辈张勋，旧选簿查有：正统十二年七月，张勋，系云南都司故都指挥佥事张麟嫡长男，袭父原职指挥佥事，定云南左卫。

五辈张葵，旧选簿查有：天顺七年十一月，张葵，凤阳县人，系云南左卫故世袭指挥佥事张勋嫡长男。

六辈张兰，旧选簿查有：成化十三年八月，张兰，凤阳县人，系云南左卫故世袭指挥佥事张葵庶次弟。

七辈张翚，旧选簿查有：弘治十八年八月，张翚，凤阳县人，系云南左卫故世袭指挥佥事张兰嫡长男。

八辈张自新，旧选簿查有：嘉靖十七年四月，张自新，年三十三岁，凤阳县人，系云南左卫故指挥佥事张翚庶长男。

九辈张邦臣，缺。

十辈张高第，万历二十七年二月，张高第，年二十七岁，系云南左卫患疾指挥佥事张邦臣嫡长男，比中二等。

十一辈张兆龙，天启七年正月，单本选过云南左卫指挥佥事一员张兆龙，年

---

① 《总汇》本册第463页有"年远事故中所世袭百户一员·张麟"选簿，其张凯、张麟等选条记载，可与此簿贴黄及一辈张聚、二辈张凯、三辈张麟等选条相互印证补充。

二十三岁，系疾指挥佥事张高第庶长男，比中三等。

席纳言·指挥佥事

一辈席世宝，缺。

二辈席荣，缺。·394·

三辈席铭，旧选簿查有：永乐元年二月，席铭，系云南左卫故世袭指挥佥事席荣庶长男。

四辈席玘，旧选簿查有：正统六年闰十一月，席玘，系云南左卫世袭指挥佥事席铭嫡长男。

五辈席深，旧选簿查有：成化三年十月，席深，凤阳府定远县人，系云南左卫故世袭指挥佥事席玘庶长男。

六辈席贵，旧选簿查有：弘治八年九月，席贵，定远县人，系云南左卫故世袭指挥佥事席深嫡长男。

七辈席清，旧选簿查有：正德二年二月，席清，定远县人，系云南左卫故世袭指挥佥事席贵亲叔。

八辈席武。

九辈席章，旧选簿查有：正德十四年八月，席章，定远县人，系云南左卫故绝指挥佥事席清亲侄。已与次堂弟席武优给，故绝，本人照例袭祖职指挥佥事。

十辈席纳言，旧选簿查有：嘉靖四十年四月，席纳言，年二十岁，定远县人，系云南左卫故指挥佥事席章堂侄。

十一辈席朝极，万历二十四年十一月，单本选过云南左卫指挥佥事席朝极，年三十四岁，定远县人。伊父席纳言原袭指挥佥事，今故。本舍照旧与袭前职，伊父未完粮银照数扣俸还官，完日关支，比中二等。

十二辈席连，万历四十三年四月，单本选过云南左卫指挥佥事一员席连，年二十三岁，系故指挥佥事席璋侄孙。十一辈席朝极系席纳言男，万历二十四年袭祖职。席连系席璋侄孙，赴抚按告明。席朝极系旁枝，不应袭，彼中断令还职，保送席连前来，准袭指挥佥事，比中三等。

马文春·指挥佥事

外黄查有：马让，和州人，系马恭亲弟。有父马兴，旧名兴隆，乙未年从军，洪武三年闰公山寨，四年选充小旗，六年除广东卫百户，授流官，七年授世袭，十一年除汀州卫右所权千户，十二年实授流官副千户，十七年除云南前卫，老。兄马恭，二十六年替，为父从军年深越世袭副千户又越正千户升龙江左卫世袭指挥佥事，为多住房屋事调临安卫，三十三年白沟河阵亡，别无儿男。让洪武三十四年袭升临安卫世袭指挥同知，调云南左卫，永乐二年钦与流官。马溥系马让亲孙，祖老，伯马忠正统五年革去革除年间所升指挥同知，仍替原职指挥佥事，故。兄马洪患跛疾，不堪，溥景泰六年袭，待兄有男，还与职事。马昇系马永嫡长男。

一辈马兴，已载前黄。·395·

二辈马恭，旧选簿查有：洪武二十七年二月，马恭，系龙江左卫世袭指挥佥事，为多住房屋事钦调临安卫。

三辈马让，旧选簿查有：洪武三十四年四月，马让，系临安卫世袭指挥佥事马恭亲弟，袭升本卫指挥同知，调云南左卫。

四辈马忠，旧选簿查有：正统五年十一月，马忠，系云南左卫指挥同知马让嫡长男。伯马恭原系世袭指挥佥事，亡故，父于革除年间升袭前职，钦准本人替原职指挥佥事。

五辈马溥，旧选簿查有：景泰六年四月，马溥，年十七岁，和州人，系云南左卫故世袭指挥佥事马忠亲侄。伯有嫡长男马洪，患右脚瘸残，不堪承袭，本人袭职，待有男，还与职事。

六辈马永，旧选簿查有：成化二年十二月，马永，年五岁，和州人，系云南左卫故世袭指挥佥事马中嫡长孙。先因未生，堂叔马溥袭职，续生本人，告取职事，钦与全俸优给，至成化十二年终住支。

审稿查有：零选查有，成化十三年八月，马永，年十五岁，和州人，系云南左卫故世袭指挥佥事马忠嫡长孙。

七辈马昇，旧选簿查有：正德十一年八月，马昇，和州人，系云南左卫世袭指挥佥事马永嫡长男。

八辈马文豸，旧选簿查有：嘉靖二十二年四月，马文豸，和州人，系云南左卫指挥佥事马昇嫡长男。本人比试不中，照例与支半俸，候及二年起送再比。

九辈马应兆，旧选簿查有：嘉靖二十七年八月，马应兆，年五岁，和州人，系云南左卫故指挥佥事马文豸嫡长男，照例与全俸优给，至嘉靖三十六年终住支。

十辈马文春，旧选簿查有：嘉靖三十八年六月，马文春，年十八岁，和州人，系云南左卫故优给指挥佥事马应兆亲叔。

十一辈马庆兆，万历二十三年十月，马庆兆，年二十七岁，系云南左卫患疾指挥佥事马文春嫡长男，比中一等。

吴岑·指挥佥事

内黄查有：吴琛，西平县人，系吴克义庶长男。父洪武四年归附，十七年除云南左卫后所世袭百户，故，琛袭云南左卫中左所世袭百户。吴杞系吴琛曾孙，曾祖征富川等处杀蛮贼有功升副千户，老，祖吴英袭，老，杞优给。

一辈吴克义，已载前黄。

二辈吴诚，旧选簿查有：洪武二十八年六月，吴诚，年九岁，系云南左卫中左所故世袭百户吴克义庶长男，敬袭本卫所世袭百户，支俸操练，至十六岁管事。·396·

审稿查有：诰命查有，吴琛，正统三年潞江景罕寨砍获首级四颗，四年升副千户，老。吴英替，弘治元年老。吴杞袭，十五年征贵州普安等处斩获首级四颗，十八年升本所正千户，正德六年窝子山箐斩获首级三颗，八年升指挥佥事。

三辈吴英，旧选簿查有：正统五年，吴琛，旧名诚，系云南左卫中左所百户，功升副千户，老疾，有嫡长男吴英替职。

四辈吴杞，旧选簿查有：弘治五年八月，吴杞，西平县人，系云南左卫中左所老疾世袭副千户吴英嫡长孙。

正千户功次：弘治十七年普安功次，副千户升正千户吴杞。

指挥佥事功次：正德七年安南功次，正千户升指挥佥事吴杞。

五辈吴邦俊，旧选簿查有：嘉靖五年十月，吴邦俊，西平县人，系云南左卫指挥佥事吴杞嫡长男。

六辈吴嵩，旧选簿查有：嘉靖四十三年八月，吴嵩，年二十八岁，西平县〔人〕，系云南左卫故指挥佥事吴邦俊嫡长男。

七辈吴岑，审稿查有：隆庆三年十月，吴岑，年二十八岁，西平县人，系云南左卫故指挥佥事吴嵩亲弟。

八辈吴应忠，万历二十九年十二月，吴应忠，年二十八岁，西平县人，系云南左卫故指挥佥事吴岑亲侄，比中三等。

九辈吴勋，万历三十六年二月，大选过云南左卫指挥佥事吴勋，年十五岁，系故指挥佥事吴应忠亲侄，比中三等。

短可久·指挥佥事

内黄查有：短俊，年十九岁，西宁州达达人，系短荅儿庶长男。有父前充镇抚，洪武三年归附，四年除河州卫百户，授流官敕命，五年征甘肃，调河阳卫，七年授世袭敕命，九年征进沙漠，十一年征西番，十四年征灰山、西河等处，后征云南，克曲靖等处，十五年克大理，调守云南左卫，十六年征罗次县等处升世袭副千户，三十五年故，别无嫡男，俊于永乐元年袭，授云南左卫右所世袭副千户。

一辈短荅儿，已载前黄。

二辈短俊，旧选簿查有：永乐元年四月，短俊，系云南左卫右所故世袭副千户短荅儿庶长男。

正千户功次：永乐十三年交阯有功，云南左卫右所副千户升正千户短俊。

三辈短瑛，旧选簿查有：正统三年九月，短瑛，系云南左卫右所故正千户短俊庶长男，钦与世袭。

四辈短铭，旧选簿查有：天顺三年七月，短铭，西宁土人，系云南左卫右所故世袭正千户短瑛嫡长男。

五辈短胜，旧选簿查有：弘治六年二月，短胜，西宁州人，系云南左卫右所世袭正千户短铭嫡长男。·397·

六辈短吉，旧选簿查有：嘉靖五年四月，短吉，西宁州人，系云南左卫右所正千户短胜嫡长男。

指挥佥事功次：已载七辈选条。

七辈短增，旧选簿查有：嘉靖九年六月，短增，年二十二岁，达达人，系云南左卫右所故正千[户]短吉嫡长男。伊父寻甸获功一级升指挥佥事，未任先故，本人照例袭升指挥佥事。

八辈短可久，旧选簿查有：嘉靖四十三年二月，短增，年五十五岁，西宁州人，系云南左卫指挥佥事，今患疾在卫。有嫡长男短可久，见年二十岁，告替。

九辈短绍先，万历三十三年二月，大选过云南左卫指挥佥事一员短绍先，年二十七岁，系老指挥佥事短可久嫡长男，比中二等。

贺宸·指挥佥事

外黄查有：贺益，仪真县人。有祖贺诚，旧名德全，张氏下同金，吴元年克苏州，洪武三年赴京，除百户，十七年征广南，十八年升云南左卫右所副千户，疾。益系嫡长孙，替副千户。贺晟年二十七岁，系贺益嫡长孙。祖故，父真袭职，于香炉山杀贼升正千户，疾，晟于成化八年替授云南左卫右所正千户。

一辈贺诚，已载前黄。

二辈贺益，旧选簿查有：永乐二年七月，贺益，系云南左卫右所世袭副千户贺诚嫡长孙。

三辈贺真，旧选簿查有：宣德七年三月，贺真，年十五岁，系云南左卫右所故世袭副千户贺益嫡长男。

景泰三年十二月，云南左卫副千户升署正千户贺真。

四辈贺晟，旧选簿查有：成化八年七月，贺晟，仪真县人，系云南左卫右所正千户贺真嫡长男，钦与世袭。

五辈贺镛，旧选簿查有：成化二十二年九月，贺镛，仪真县人，系云南左卫右所正千户贺晟嫡长男。祖贺真原系功升署正千户，遇例实授，父替职，病故，本人照例革袭署正千户事副千户。

六辈贺恩，旧选簿查有：嘉靖五年六月，贺恩，仪真县人，系云南左卫故指挥佥事贺镛嫡长男。伊父镛原革袭署正千户事副千户，普安获功一级冒报正千户升前职，本人减革冒报，于署正千户上加一级功，与袭实授正千户，注右所。

功次簿查有：嘉靖八年寻甸等处擒斩蛮贼功次，一人擒斩贼级三名颗旗军舍人共一百一十七员名内开：云南左卫右所随征正千户升指挥佥事一员贺恩。

七辈贺宸，旧选簿查有：隆庆元年二月，贺宸，年二十九岁，仪真县人，系云南左卫故指挥佥事贺恩庶次男。

八辈贺瑞凤，万历十四年六月，贺瑞凤，年五岁，仪真县人，系云南左卫故指挥佥事贺宸嫡次男，照例与全俸优给，至万历二十三年终住支。

万历二十五年二月，贺瑞凤，年十五岁，出幼，袭指挥佥事，违限一年，有无多支，查扣，比中二等。·398·

王镗·指挥佥事

内黄查有：王瑄，卢龙县人。祖王彦中，吴元年军，洪武二年充小旗，阵亡。父王玉补，并，老。兄王敏代，并，病。瑄代，并，正统六年征麓川反寇破上江刀招汉思任发巢穴升总旗，景泰二年征贵州香炉山等处苗贼，破鸡场等寨获功十二次升试百户，天顺元年遇例实授，二年征东苗破水车坝、小烂土等寨节次斩首三颗，七年升云南左卫右所副千户，钦与流官。

一辈王彦中，已载前黄。

二辈王玉，已载前黄。

三辈王敏，已载前黄。

四辈王宣，旧选簿查有：景泰三年十二月，云南左卫总旗升试百户王宣。

副千户功次：已载前黄。

五辈王英，旧选簿查有：成化十年九月，王英，永平府人，系云南左卫右所副千户王宣嫡长男，钦与世袭。

六辈王昇，旧选簿查有：弘治元年十二月，王昇，卢龙县人，系云〔南〕左卫右所故世袭副千户王英嫡长男。

功次簿查有：弘治十七年征贵州普安获功，定与三名颗以上者准升一级不赏，云南左卫副千户升正千户二员内一员王昇。

嘉靖元年征广西十八寨，一人自擒斩贼级三名颗，云南左卫右所正千户升指挥佥事一员王昇。

嘉靖六年征云南寻甸阵亡，查取恩袭儿男赴部袭升官旗十员，内一员云南左卫指挥佥事一员王昇。

七辈王科，零选簿查有：嘉靖八年，王科，年三十三岁，卢龙县人，系云南左卫阵亡指挥佥事王昇嫡长男。伊曾祖宣原系试百户，遇例实授，又功升副千户，祖英、父昇沿袭，功升前职，阵亡。所据遇例一级例应减革，本人合照例于正千户上加伊父阵亡一级，与袭指挥佥事，世袭。

八辈王应元，旧选簿查有：嘉靖二十四年二月，王应元，卢龙县人，系云南左卫故指挥佥事王科嫡长男。

九辈王镗，审稿查有：隆庆三年十月，王镗，年二十八岁，卢龙县人，系云南左卫年老指挥佥事王应元嫡长男。

十辈王运昌，万历三十一年八月，王运昌，年十八岁，系云南左卫老指挥佥事王铠嫡长孙，比中二等。

十一辈王鼎，天启元年正月补十二月大选，过云南左卫指挥佥事优给舍人一名王鼎，年八岁，系故指挥佥事王运昌嫡长男，照例与全俸优给，至六年终住支。·399·

十二辈王鼎，崇祯元年五月补四月大选，过云南左卫指挥佥事一员王鼎，年十五岁，系故指挥佥事王运昌嫡长男，优给出幼袭职，比中二等。

周明·指挥佥事

一辈周英，旧选簿查有：洪武二十八年二月，云南左卫左所副千户周英。

二辈周能，旧选簿查有：宣德三年六月，周能，系云南左卫左所世袭副千户周英嫡长男。

三辈周瑾，旧选簿查有：成化四年九月，周僅，合肥县人，系云南左卫左所世袭副千户周能庶长男。

正千户功次：候查。

四辈周明，旧选簿查有：弘治十七年六月，周明，合肥县人，系云南左卫左所功升正千户周瑾嫡长男，钦与世袭。

指挥佥事功次：候查。

充军簿查有：正德十三年四月，周明，任云南左卫指挥佥事，犯该监守自盗官钱编发金齿卫中所永远军。

忙俊·指挥佥事

一辈忙贵，旧选簿查有：景泰元年三月，云南左卫百户升副千户忙贵。

二辈忙英，旧选簿查有：天顺五年八月，忙英，山后人，系云南左卫左所副千户忙贵嫡长男，钦与世袭。

成化三年三月，忙英，山后人。有父忙贵原系云南左卫左千户所副千户，东苗杀贼获功·400·一级例升正千户，未升老疾。本人系嫡长男，已替伊父原职副千户，照例升正千户。

三辈忙俊，旧选簿查有：成化二十年十一月，忙俊，山后人，系云南左卫左所正千户忙英嫡长男，钦与世袭。

充军簿查有：正德十二年十二月，忙俊，原籍金山达达人，任云南左卫指挥佥事，犯该监守自盗钱粮编发金齿卫左所边卫永远军。

沐朝阳·指挥佥事

内黄查有：沐昂，定远县人，系西平侯沐春弟，洪武三十年钦除锦衣卫散骑舍人，带刀，三十五年除授府军左卫指挥佥事。

一辈沐昂，已载前黄。

二辈沐僖，缺。

三辈沐璘，旧选簿查有：正统十一年五月，沐璘，年十六岁，系右军都督府故左都督沐昂嫡长孙。父沐僖先以舍人报效征进麓川有功升南京锦衣卫左所副千户，病故。本人先因年幼，已与副千户俸优给。今出幼，钦准袭祖原职指挥佥事，定云南左卫，仍跟总兵官沐斌办事。

四辈沐诚，旧选簿查有：成化十年十二月，沐诚，定远县人，系云南左卫故右都督沐璘亲侄，今袭指挥佥事于本卫。

五辈沐详，旧选簿查有：成化二十年二月，沐详，定远县人，系锦衣卫都指挥使沐诚亲弟。兄原系云南左卫指挥佥事，钦升锦衣卫前职，充右参将镇守金齿等处地方，今病故，无儿男。本人照例准袭原职指挥佥事，仍于云南左卫支俸。

六辈沐崧，缺。

七辈沐绍勤，旧选簿查有：嘉靖十三年八月，沐崧，年四十五岁，定远县人，系云南左卫患疾署都督佥事。伊原袭祖职指挥佥事，推升前职，今患疾在卫。有嫡长男沐绍勤，见年二十五岁，告替。所据推升都督职衔，例无承替，伊男照例与替祖职指挥佥事。

八辈沐朝阳，旧选簿查有：嘉靖三十一年六月，沐朝阳，年五岁，定远县人，系云南左卫故指挥佥事沐绍勤庶长男，照例与全俸优给，至嘉靖四十一年终住支。

旧选簿查有：嘉靖四十二年十月，沐朝阳，年十六岁，系云南左卫故指挥佥事沐绍勤庶长男，优给出幼袭职。

九辈沐昌祉，万历元年八月，沐昌祉，年六岁，定远县人，系云南左卫故指挥佥事沐朝阳嫡长男，照例与全俸优给，至万历十年终住支。

万历十一年八月，沐昌祉，年十六岁，定远县人，系云南左卫故指挥佥事沐朝阳嫡长男，出幼袭职，年幼未比。

年远事故指挥佥事一员·叶洪

景泰三年十二月，叶瑛，系云南左卫副千户。伊侄叶镐于大同官仓代纳米豆一千三百石完足，照例升二级升指挥佥事管事，准令子孙承袭。

景泰七年五月，叶锐，丹徒县人，系云南左卫指挥佥事叶瑛嫡长男，钦与世袭。

成化五年六月，叶洪，年五岁，系云南左卫指挥佥事叶锐庶长男。祖原系试所镇抚升副千户，历升指挥佥事。父替职，故。本人依伊祖指挥佥事月支俸一石，仍加杀贼功一级，加与小旗粮，注本卫关支，候出幼袭职。

又一员·胡文

永乐七年十二月，胡文，原系云南右卫左所世袭百户，革除年间升本卫卫镇抚，后又升临安卫右所正千户，调云南左卫后所，因差往西番剌次和等处招谕回还，永乐六年四月十三日钦升本卫指挥佥事，覆启，敬授流官，附选。①·402·

又一员·朱梁

成化十五年四月，朱梁，年十五岁，仁和县人，系云南左卫故指挥佥事朱昭嫡长男，钦与世袭。②

又一员·金亮

天顺三年十二月，金亮，原系云南左卫中所正千户，贵州开通道路并湖广清浪二处杀贼获功二级，照例升指挥佥事。③

---

① 该"又一员·胡文"簿所载胡文履历，又见《总汇》本册第524页"胡廷爵·副千户"簿之贴黄与"三辈胡伸"选条记载。
② 该"又一员·朱梁"簿所载朱梁系指挥佥事朱昭嫡长男，与《总汇》本册第501页"又一员·朱昭"簿所载天顺间袭职正千户朱昭，皆仁和县人，袭职时间前后相承，殆朱昭先袭正千户，后功升指挥佥事，后沿至朱梁袭职。
③ 《总汇》第59册第17—18页所载云南右卫"金重·署指挥同知事指挥佥事"选簿之"三辈金亮"选条，由试百户香炉山等处历功升指挥同知，此云南左卫"又一员·金亮"簿，正好对云南右卫"金重"选簿"三辈金亮"选条有所补充，而此簿"云南左卫"或系"云南右卫"抄誊之误。

陈雄·署指挥佥事事正千户

一辈陈义,缺。

二辈陈贵,旧选簿查有:洪武三十四年四月,陈贵,系云南左卫右所世袭百户陈义嫡长男。父白沟河阵亡。

三辈陈铉,旧选簿查有:正统二年九月,陈铉,系云南左卫右所世袭百户陈贵庶长男。

副千户功次:候查。

正千户、署指挥佥事功次:俱载六辈选条。

四辈陈俊,旧选簿查有:成化九年四月,陈俊,龙山县人,系云南左卫指挥同知陈铉嫡长男,钦与世袭。

五辈陈昂,旧选簿查有:弘治四年七月,陈昂,龙山县人,系云南左卫世袭指挥同知陈俊嫡长男。

六辈陈雄,旧选簿查有:嘉靖三年九月,陈雄年十五岁,龙山县人,系云南左卫故指挥同知陈昂嫡长孙。伊高祖铉原袭百户,麓川三次头功升正千户,香炉山功升署指挥佥事,遇例实授,贵州开通道路重升指挥佥事,改正授前职。缘遇例、开通道路俱该减革,本人优给出幼,照例革袭署指挥佥事事正千户。

充军簿查有:嘉靖二十四年二月,陈雄,直隶永平府人,云南左卫指挥佥事,犯该故违沿边去处监守盗银,充浔州卫左所永远军。·403·

七辈陈正人,万历五年十月,陈正人,年七岁,龙山县人,系云南左卫故署指挥佥事事正千户陈雄庶长孙。查伊祖陈雄原袭署指挥佥事事正千户,嘉靖二十四年犯该监守盗粮问发浔州卫左所永远军,三十四年屡经抚按衙门辩问立功,万历元年遇宥复职,故。今本舍照例与袭祖职署指挥佥事事正千户俸优给,至万历十二年终住支。

七(八)辈陈正大,万历十四年六月,陈正大,年七岁,龙山县人,系云南左卫优给署指挥佥事事正千户陈正人嫡弟,照例与全俸优给,至万历二十一年终住支。

陈正大:万历二十三年二月大选,陈正大,年十五岁,系云南左卫署指挥佥事事正千户陈正人嫡弟,出幼袭职,违限一年,限外有无多支俸粮,查扣关支,比中三等。

罗邦傑·正千户

外黄查有：罗钊，桃源县人。有祖父罗原，甲辰年从军，吴元年阵亡。洪武三年将受补，升小旗，二十一年升总旗，三十四年升百户，永乐五年故。七年将钊补，充总旗，洪熙元年往木邦等处给赐，宣德三年征（往）麓川等处给赐，四年伴送麓川等处象马方物进贡，五年钦除云南左卫前所试百户。罗瑄系罗钊嫡长男，父正统三年征进麓川，夺潞江杀贼众有功升实授百户，正统六年征麓川首刀招汉杀败贼众奇功，本年克破思任头功，正统七年奉雄字号勘合升本所正千户，正统十年老，瑄于十一年准袭云南左卫正千户。

一辈罗受，缺。

二辈罗钊，试百户、实授百户、正千户功次：俱载前黄。

三辈罗瑄，旧选簿查有：正统十一年二月，罗瑄，系云南左卫前所正千户罗钊嫡长男，钦与世袭。

四辈罗祯，旧选簿查有：成化十一年二月，罗祯，桃源县人，系云南左卫指挥使罗瑄嫡长男，钦与世袭。

五辈罗祐，旧选簿查有：成化十三年八月，罗祐，桃源县人，系云南左卫故世袭指挥使罗祯庶弟。

六辈罗裕，旧选簿查有：弘治元年九月，罗裕，桃源县人，系云南左卫故世袭指挥使罗祐亲弟。·404·

七辈罗纶，旧选簿查有：正德五年四月，罗纶，年十六岁，桃源县人，系云南都司都指挥佥事罗裕庶长男。伊父原系云南左卫指挥使升前职，故。本人已革指挥同知俸优给，今出幼，照例仍袭指挥同知。

八辈罗邦傑，旧选簿查有：嘉靖十七年二月，罗邦傑，年二十岁，桃源县人，系云南左卫故指挥同知罗纶嫡长男。伊高祖钊以总旗洪熙元年伴送象马升试百户，正统三年麓川杀贼有功升百户。曾祖宣袭，功升指挥使，相沿。父纶袭，革指挥同知。所据伴送象马并麓川功无擒斩，俱应减革，本人革与正千户，注左所。

九辈罗宸，万历十五年二月，罗宸，年二十八岁，桃源县人，系云南左卫左所故正千户罗邦傑嫡次男。伊父原袭祖职正千户，万历十四年故，应该伊兄罗衣承袭，患疾，不堪，无子。本舍合照例借袭祖职正千户，待后伊兄罗衣疾痊，或生有儿男，退还职事，比中二等。

周逵·正千户

外黄查有：周海，南昌县人。曾祖周长，壬寅年归附从军，洪武十五年故。祖周官音保补役。三十五年父周关僧补役，正统二年老疾。海代役，六年调征麓川反寇，攻破上江刀招汉贼寨，十二月攻破贼首思任发巢穴，七年升小旗，十四年调征贵州关索岭等处苗贼节次开通道路斩获首级三颗，未升，景泰二年调征香炉山等处苗贼节次攻破铜鼓、湾溪等寨获功一十二次，三年十二月升总旗，四年调征草塘等处苗贼，十二月攻破水坪、地池等寨，五年二月攻破细沙等处，二月攻破上塘等寨，三月攻破七犵獠等寨，节次斩获首级三颗，本年七月钦升云南左卫左所试百户，天顺元年正月遇例实授百户，本年九月以贵州开通道路重升总旗，具告改正，三年十二月钦准照例升本卫所副千户，成化四年钦与流官。周瑀系周海嫡长男，父故，瑀于成化十年十二月袭授云南左卫左所副千户，钦与世袭。周锐系周瑀嫡长男，父成化十一年铁索箐等处获功升正千户，年老，锐于弘治十年七月钦准替授云南左卫左所正千户，钦与世袭。

一辈周关僧，已载前黄。

二辈周海，旧选簿查有：景泰五年，云南左卫总旗升试百户周海。

副千户功次：天顺三年十二月，周海，原系云南左卫左所百户，贵州开通道路杀贼获功一级，照例升副千户。

三辈周瑀，旧选簿查有：成化十年十二月，周瑀，南昌县人，系云南左卫左所故副千户周海嫡长男，钦与世袭。

正千户功次：已载前黄。

四辈周锐，旧选簿查有：弘治十年七月，周锐，南昌县人，系云南左卫左所功升正千户周瑀嫡长男，钦与世袭。

五辈周迪，旧选簿查有：嘉靖十二年六月，周迪，年二十二岁，南昌县人，系云南左卫功升年老指挥佥事周锐嫡次男。伊曾祖海功升试百户，遇例实授，又功升副千户。祖瑀袭，功升正千户。父袭，功升前职，兄道先故绝。本人照例革遇例一级，与正千户，注左所。·405·

六辈周逵，旧选簿查有：嘉靖四十二年十二月，周逵，年四十八岁，南昌县人，系云南左卫左所故正千户周迪堂弟。

七辈周粟，万历二十一年四月，大选过，周粟，年二十六岁，南昌县人，系云南左卫左所故正千户周逵堂侄孙。查伊高高祖周海功升试百户，遇例实授，又功升副千户，沿袭至堂伯祖周迪，查革遇例一级，是周海止应实授百户矣。其后节辈功升千户、指挥，通属犯堂，本舍合照例袭祖职实授百户，比中三等。

八辈周永盛，万历四十五年八月，大选过云南左卫左所实授百户一员周永盛，年二十四岁，系故实授百户周粟嫡长男，比中三等。

江增·正千户

一辈江福，缺。

二辈江珊，缺。

三辈江铎，缺。

四辈江海，旧选簿查有：洪武三十五年十月，江海，系云南左卫左所故世袭正千户江铎亲叔。

五辈江镛，旧选簿查有：宣德四年七月，江镛，系云南左卫左所世袭正千户江海嫡长男。

六辈江灏，旧选簿查有：景泰五年九月，江灏，沔阳州人，系云南左卫左所世袭正千户江镛嫡长男。

七辈江椿，旧选簿查有：成化十二年五月，江椿，沔阳州人，系云南左卫左所世袭正千户江灏嫡长男。

八辈江煇，旧选簿查有：弘治六年七月，江煇，沔阳州人，系云南左卫左所故世袭正千户江椿嫡长男。·406·

九辈江增，缺。

十辈江一东，万历十五年二月，江一东，年二十八，沔阳州人，系云南左卫左所故正千户江增侄孙。伊伯祖原袭祖职正千户，万历二年故，应该伊堂叔江清、江洁承袭，俱患疾，不堪，无子。本舍合照例借袭祖职正千户，待后伊堂叔江清、江洁疾痊，或生有儿男，退还职事，比中二等。

十一辈江宗望，崇祯九年二月，大选过云南左卫左所正千户一员江宗望，年二十一岁，系故正千户江一东嫡长男，比中三等。

张经·副千户

内黄查有：张琛，系张成旧名子成嫡长男。父王保保因金充总旗，除百户，故，琛袭职。张启系张琛亲弟。张珣系张启嫡长孙，祖故，父张贵袭职，阵亡，珣系嫡长男，以阵亡袭副千户。

一辈张成，已载前黄。

二辈张琛，已载前黄。①

三辈张启，已载前黄。

四辈张贵，旧选簿查有：宣德三年六月，张贵，系云南左卫左所故世袭百户张启嫡长男。

副千户功次：已载五辈选条。

五辈张珣，旧选簿查有：正统十二年四月，张珣，年十六岁，系云南左卫左所世袭百户张贵嫡长男。父调征麓川与蛮对敌阵亡，本人先因年幼，已照例升一级，与副千户俸优给，今出幼，钦准升袭流官副千户。

六辈张表，旧选簿查有：成化十二年七月，张表，新泰县人，系云南左卫左所故副千户张珣嫡长男，钦与世袭。

七辈张经，旧选簿查有：正德三年七月，张经，新泰县人，系云南左卫左所故世袭副千户张表庶长男。

充军簿查有：正德十三年正月，张经，原籍山东泰安州新泰县人，任云南左卫左所副千户，犯该监守自盗，编发金齿卫中所边卫永远军。·407·

窎梧·卫镇抚

外黄查有：窎朵列秃，顺天府人，前枢密院知院，洪武二十一年哈剌地面归附，八月赴京，钦除南昌左卫卫镇抚，二十四年调云南左卫，二十六年钦授赐姓。

一辈窎朵列秃，已载前黄。

二辈窎脱脱不花，已载前黄。

三辈窎钥，旧选簿查有：弘治十一年九月，窎钥，北平府人，系云南左卫带俸故达官世袭卫镇抚窎脱脱不花嫡长孙。

四辈窎良弼，旧选簿查有：嘉靖二十五年二月，窎良弼，北平府人，系云南左卫故达官卫镇抚窎钥嫡次男。

---

① 《总汇》本册第419页"又一员·张琛"簿所载"张琛"，与此"张经"选簿贴黄所载"张琛"，皆张成嫡长男，属明初云南左卫左所百户。

五辈甯梧，旧选簿查有：隆庆二年六月，甯梧，年三十岁，北平府人，系云南左卫年老达官卫镇抚甯良弼嫡次男。伊父原替祖职达官卫镇抚，今年老，应该兄甯东山承袭，先于嘉靖二十二年犯该赌博、窃盗问发哨瞭，无子，本舍照例与替祖职达官卫镇抚。

　　六辈甯弘嗣，万历十九年八月，甯弘嗣，年六岁，北平府人，系云南左卫老达官卫镇抚甯梧嫡长孙，照例与全俸优给，至万历二十七年终住支。

　　七辈甯怀信，万历二十九年十二月，甯怀信，年三十六岁，北平府人，系云南左卫优给患疾舍人甯弘嗣亲叔。本舍合借替卫镇抚，待弘嗣疾痊，生有儿男，退还职事，达官不比。

　　八辈甯怀敬，万历三十七年六月，大选过云南左卫达官卫镇抚一员甯怀敬，年四十岁，系故达官卫镇抚甯怀信亲弟，准再借袭达官卫镇抚。若伊侄弘嗣疾痊，或生有儿男，退还职事，达官不比。

年远事故左所副千户一员·胡镛

　　成化八年七月，胡镛，年四岁，全椒县人，系云南左卫左所残疾副千户胡宣嫡长男，钦与全俸优给，至成化十八年终住支。① ·408·

卫镇抚一员·吴纲

　　洪武二十八年二月，云南左卫卫镇抚吴本。
　　宣德三年六月，吴铭，系云南左卫流官卫镇抚吴本嫡长男，钦与世袭。
　　正统十年九月，吴洪，年十五岁，系云南左卫故世袭卫镇抚吴铭嫡长男。
　　成化十四年二月，吴儁，鄞县人，系云南左卫世袭卫镇抚吴洪嫡长男。
　　弘治十五年八月，吴纲，鄞县人，系云南左卫世袭卫镇抚吴儁嫡长男。

又一员·王傑

　　宣德七年九月，王友才，幼名海受，系浔州卫世袭卫镇抚王智堂侄。堂伯为事

---

① 该"年远事故左所副千户一员·胡镛"簿关于胡镛优给之记载，正是《总汇》本册第484页云南左卫前所"胡廷珠·实授百户"簿之"五辈胡镛"未载之内容。

立功，病故，有亲伯王得，年老，所生男王头口、王粪儿、王佛住俱患疾，不堪承袭，本人年壮，钦准袭职，调云南左卫，待有男，还与职事。

天顺五年十二月，王宁，宿州人，系云南左卫世袭卫镇抚王友才嫡长男。

成化十八年二月，王镛，宿州人，系云南左卫世袭卫镇抚王宁嫡长男。

弘治六年十月，王傑，宿州人，系云南左卫故世袭卫镇抚王镛嫡次男。

又一员·陈恺

永乐七年闰四月，陈恺，系金齿军民指挥使司指挥佥事陈彬嫡长男。父原系云南左卫世袭卫镇抚，革除年间升除前职，病故，敬袭伊父原职世袭卫镇抚，仍回云南左卫。·409·

张国威

天启五年正月补四年十二月大选，过云南左卫署指挥佥事事正千户一员张国威，年三十一岁，系故署指挥佥事事正千户张联斗嫡长男，比中三等。①

朱朝恩·实授百户

外黄查有：朱鼎，都江县人，系朱旺嫡长男。父丙午年从军，壬寅年充小旗，洪武八年并充总旗，十一年除南宁卫右所权百户，十二年实授百户，二十年复除云南左卫左所流官百户，二十八年改云南左护卫，复设云南左卫，老。鼎替百户，永乐四年为事立功征安南等处，五年复职交州右卫前所，十月征蛮贼，六年回卫。

一辈朱旺，已载前黄。

二辈朱鼎，旧选簿查有：洪武三十一年四月，朱鼎，系云南左卫左所流官百户朱旺嫡长男，敬与世袭。

三辈朱全，旧选簿查有：永乐十二年，朱全，系交州右卫前所故世袭百户朱鼎亲弟，钦与袭授本卫所百户。

四辈朱政，旧选簿查有：宣德十年十一月，朱政，系云南左卫左所故世袭百户朱

---

① 该"张国威"簿，正可接续《总汇》本册第500页云南左卫"张从举·署指挥佥事事正千户"选簿之"十辈张联斗"选条，作其十一辈选条。

全嫡长男。

五辈朱昇，旧选簿查有：成化七年闰九月，朱昇，江都县人，系云南左卫左所副千户朱政嫡长男，钦与世袭。

六辈朱永，旧选簿查有：成化二十三年十一月，朱永，江都县人，系云南左卫左所故世袭副千户朱昇嫡长男。

七辈朱玉，旧选簿查有：正德八年八月，朱玉，年十五岁，江都县人，系云南左卫左所故世袭副千户朱永嫡长男，已与优给，今出幼，内实授一级系遇例，本人照例革袭署副千户事百户。

八辈朱朝恩，旧选簿查有：嘉靖十三年十二月，朱朝恩，年三岁，江都县人，系云南左卫左所故署副千户朱玉嫡长男。高祖政原系百户，景泰四年香炉山杀贼升署副千户，曾、祖、父沿袭。所据香炉山功无擒斩，例应减革，本人照例革与百户俸优给，至嘉靖二十四年终住支。

旧选簿查有：嘉靖二十六年四月，朱朝恩，年十五岁，江都县人，系云南左卫左所故实授百户朱玉嫡长男，优给出幼袭职。·410·

曹珉·实授百户

外黄查有：曹时，无为州人。有父曹旺，先於院判下从军，充百户，乙未年将父举充千户，阵亡。时于戊戌年充军，洪武二年充小旗，九年充总旗，十七年升百户，更名曹时，调云南左卫。

一辈曹旺，已载前黄。

二辈曹时，已载前黄。

三辈曹建，旧选簿查有：永乐七年闰四月，曹建，系云南左卫左所征安南湸故世袭百户曹时嫡长男。

四辈曹纲，旧选簿查有：正统五年十二月，曹纲，系云南左卫左所世袭百户曹建嫡长男。

五辈曹俊，旧选簿查有：天顺三年八月，曹俊，无为州人，系云南左卫左所世袭百户曹纲嫡长男。

六辈曹镇，旧选簿查有：成化二十年四月，曹镇，无为州[人]，系云南左卫左所世袭百户曹俊嫡长男。

七辈曹辅，旧选簿查有：正德三年，曹辅，年二十九岁，系云南左卫左所功升副千户患疾曹镇嫡长男。

八辈曹珉，旧选簿查有：嘉靖十八年八月，曹珉，无为州人，系云［南］左卫左所故实授百户曹辅嫡次男。

九辈曹承爵，万历三年二月，曹承爵，年二十一岁，无为州人，系云南左卫左所故实授百户曹珉嫡长男。

十辈曹继周，万历二十八年八月，曹继周，年十七岁，系云南左卫左所故实授百户曹承爵嫡长男，比中三等。

十一辈曹应祖，崇祯七年十月，大选过云南左卫左所实授百户一员曹应祖，年二十岁，系故实授百户曹继周嫡长男，比中三等。

张翺·实授百户

外黄查有：张成，郧县人。祖张雄，壬寅年归附从军，洪武元年升小旗，三十三年总旗，老疾。伯张伯奴代，并，不胜，降充小旗，永乐七年交阯阵亡。张贵补役，照例收充小旗，正统六年调征麓川，攻破刀招汉贼寨，攻破贼苗（首）思任发巢穴，七年升总旗，八年老疾。成代，并，仍充总旗，景泰二年攻破香炉寨获一十二次，三年钦升云南左卫左所试百户，天顺元年遇例实授，三年攻破昆阳、苔干等处节次斩获首级三颗，七年升·411·本卫所副千户。张俊系张成嫡长孙。张羽系张俊嫡长男。

一辈张雄，已载前黄。

二辈张伯奴，已载前黄。

三辈张贵，已载前黄。

四辈张成，试百户、副千户功次：俱载前黄。

五辈张政，旧选簿查有：成化十年九月，张政，郧县人，系云南左卫右所副千户张成嫡长男，钦与世袭。

六辈张俊，旧选簿查有：弘治十二年六月，张俊，郧县人，系云南左卫左所故世袭副千户张政嫡长男。

七辈张羽，旧选簿查有：嘉靖四年十二月，张羽，郧县人，系云南左卫左所年老副千户张俊嫡长男。伊曾祖成原系总旗，香炉山功升试百户，天顺元年遇例实授，东苗功升副千户，祖、父沿袭。本人照例革去遇例职级，与替实授百户。

八辈张翺，旧选簿查有：嘉靖十一年六月，张翺，年二十一岁，郧县人，系云南左卫左所故绝世袭百户张羽庶次亲弟。

九辈张云鹤，万历元年六月，张云鹤，年二十五岁，郧县人，系云南左卫左所故实授百户张翱嫡长男。

十辈张永春，崇祯八年十月，单本选过云南左卫左所实授百户一员张永春，年二十五岁，系故实授百户张云鹤庶长男，比中二等。

黄如金·实授百户

一辈黄成，缺。·412·

二辈黄恭，旧选簿查有：永乐五年五月，黄恭，系云南左卫左所世袭百户黄成嫡长男。

三辈黄钺，旧选簿查有：正统六年八月，黄钺，系云南左卫左所百户黄恭亲侄。伯有庶长男黄能，年六岁，幼小，本人替职，待长成，还与职事。

四辈黄能，旧选簿查有：景泰六年七月，黄能，汝宁府人，系云南左卫左所故世袭百户黄恭庶长男。先因年幼，堂兄黄钺借职，今长成，退还职事，本人袭职，伊堂兄革闲。

五辈黄武，旧选簿查有：弘治二年十月，黄武，汝宁府人，系云南左卫左所世袭百户黄能嫡长男，替职。

六辈黄秀，旧选簿查有：正德十五年十二月，黄秀，汝宁府人，系云南左卫左所故世袭百户黄武嫡长男。

七辈黄如金，旧选簿查有：嘉靖四十五年二月，黄如金，年二十岁，汝宁府人，系云南左卫左所故实授百户黄秀庶长男。

[八辈黄甲选，]万历三十五年八月，大选过云南左卫左所实授百户一员黄甲选，年二十八岁，系老实授百户黄如金嫡长男，比中三等。

刘玺·实授百户

一辈刘聚，旧选簿查有：景泰三年十二月，云南左卫总旗升试百户刘聚。

天顺七年十二月，云南左卫百户升副千户刘聚。

二辈刘昇，旧选簿查有：成化十五年四月，刘昇，兰阳县人，系云南左卫左所故副千户刘聚嫡长男。父原系试百户，遇例实授，功升副千户，本人照例革袭实授百户。

三辈刘俸，旧选簿查有：弘治十四年四月，刘俸，兰阳县人，系云南左卫左所百户刘昇嫡长男。伊祖刘聚原系试百户，天顺元年遇例实授，功升副千户，故。父革袭前职，今患疾。本人照例该替副千户，钦与世袭。

四辈刘玺，旧选簿查有：正德十四年六月，刘玺，兰阳县人，系云南左卫左所故副千户刘俸嫡长男。曾祖刘聚以总旗香炉山获功升试百户，遇例实授，东苗功升前职，祖刘昇已革袭实授百户，父遇例又替授副千户。除遇例一级不该承袭外，扣算刘聚军功止有二级，本人袭职，照例仍革与实授百户世袭。·413·

孙廷表·实授百户

外黄查有：孙廷章，年二十岁，定远县人。始祖孙荒儿，甲午年归附，洪武元年邓州升小旗，二十九年升总旗，疾。孙政补，正统六年故。孙傑补，本年麓川头功，七年升实授百户，老。孙林系嫡长男，替，老。孙辅系嫡长男，替，故绝。孙弼系亲弟，正德三年比袭，嘉靖六年故绝。廷章系亲侄，十二年四月袭授云南左卫左所百户。

一辈孙荒儿，已载前黄。

二辈孙政，已载前黄。

三辈孙傑，钦升簿查有：正统七年调征麓川上江等处剿杀蛮贼有功，云南左卫左所总旗二次头功升百户四员内一员孙傑。

四辈孙林，旧选簿查有：成化三年八月，孙林，定远县人，系云南左卫左所百户孙傑嫡长男，钦与世袭。

五辈孙辅，旧选簿查有：弘治十年十月，孙辅，定远县人，系云南左卫左所世袭百户孙林嫡长男。

六辈孙弼，旧选簿查有：正德三年十一月，孙弼，定远县人，系云南左卫左所故绝世袭百户孙辅亲弟。

七辈孙廷章，旧选簿查有：嘉靖十二年四月，孙廷章，年二十一岁，定远县人，系云南左卫左所故绝世袭百户孙弼亲侄。

八辈孙廷表，旧选簿查有：嘉靖四十一年二月，孙廷表，年三十岁，定远县人，系云南左卫左所故实授百户孙廷章亲堂弟。

九辈孙承忠，万历二十七年四月，孙承忠，年十七岁，系云南左卫左所老实授百户孙廷表亲孙。本舍合革去麓川越升一级，与替试百户，比中二等。

十辈孙韬，万历四十七年十月补十二月分大选，过云南左卫左所试百户一员孙韬，年十六岁，系疾试百户孙承忠嫡长男，比中二等。

周诰·实授百户

一辈周让，缺。·414·

二辈周璿，实授百户功次：已载三辈选条。

三辈周吉，旧选簿查有：正德九年十二月，周吉，长兴县人，系云南左卫左所副千户周璿嫡长男。伊父原系总旗，纳米冠带，于龟山等处功升实授百户，普安功升副千户。除纳米一级不该承袭，照例革替实授百户。

四辈周诰，旧选簿查有：嘉靖二十七年二月，周诰，系云南左卫左所年老正千户周吉嫡长男。伊父吉原袭实授百户，嘉靖六年征寻甸报捷升副千户，嶍峨功升署正千户，遇例实授。所据报捷不由军功，署职查无擒斩，与遇例俱应减革，本舍照例革与实授百户。

张廷美·实授百户

外黄查有：张铭，澧阳县人，系张胜旧名苏州张嫡长男。有父先系断事夏克武下军，吴元年三江口归附从军，洪武三年充荆州卫小旗，七年并枪升充总旗，十七年收捕广南蛮贼，十八年钦升云南左卫左所世袭百户，二十八年改设云南左护卫，十月复设云南左卫左所，为因老疾告替。铭于三十二年准替职，仍授云南左卫左所世袭百户。

一辈张胜，已载前黄。

二辈张铭，旧选簿查有：洪武三十二年二月，张铭，系云南左卫左所世袭百户张胜嫡长男。

三辈张贵，旧选簿查有：永乐十三年十二月，张贵，系云南左卫左所故世袭百户张铭嫡长男。

四辈张玘，缺。

五辈张昇，缺。

六辈张俊，缺。

七辈张廷美，旧选簿查有：嘉靖十六年八月，张廷美，年十二岁，澧阳县人，系云南左卫左所故副千户张俊亲侄[孙]。伊先祖胜旧名苏州张，原系百户，故。高伯祖贵袭，正统六年麓川头功升副千户。曾祖玘、伯祖俊沿袭。所据曾祖玘承袭高伯祖贵副千[户]一级，系犯堂，例应减革，本人照例革与祖职百户俸优给，至嘉靖十八年终住支。·415·

旧选簿查有：嘉靖二十二年十月，张廷美，年十七岁，澧阳县人，系云南左卫左所故副千户张俊亲侄孙。本人先因年幼，已革与祖职百户优给，今出幼，仍袭祖职百户。

八辈张国政，万历五年八月，张国政，年二十岁，澧阳县人，系云南左卫左所故实授百户张廷美嫡长男，比中三等。

窦康续·实授百户

外黄查有：窦镛，旧名燧，年三十八岁，盱眙县人。有祖父窦祯，丙午年徐丞相下归附，赴京，除豹韬卫百户，洪武三年征定西察罕脑儿，故。父窦彬，洪武十年袭除水军右卫左所百户，十九年为支军人月粮空使印信事发楚雄卫充军，二十四年征越州阿资等处，二十五年钦依复除云南左卫左所世袭百户，疾。镛系嫡长男，替，授云南左卫左所世袭百户。

一辈窦祯，已载前黄。

二辈窦彬，旧选簿查有：洪武二十八年二月，云南左卫板桥堡百户窦彬。

三辈窦燧，旧选簿查有：洪武三十一年二月，窦燧，系云南左卫左所世袭百户窦彬嫡长男。

四辈窦英，旧选簿查有：宣德四年五月，窦英，系云南左卫板桥堡故世袭百户窦镛旧名燧嫡长男。

五辈窦胜，旧选簿查有：天顺七年三月，窦胜，盱眙县人，系云南左卫带管板桥堡世袭百户窦英庶长男。

六辈窦勇，旧选簿查有：成化十五年八月，窦勇，盱眙县人，系云南左卫带管板桥堡故世袭百户窦胜嫡长男。

七辈窦凤，旧选簿查有：正德二年二月，窦凤，盱眙县人，系云南左卫带管板桥堡世袭百户窦勇嫡长男。

八辈窦康续，旧选簿查有：嘉靖四十一年八月，窦康续，年一十六岁，盱眙县人，系云南左卫左所带管板桥堡年老实授百户窦凤庶次男。伊父原替祖职实授百户，嘉靖十五年为屡恶豪官违法等事问拟革职为民，十七年具奏辩明还职，今年老。本舍照例与替祖职实授百户，候年二十岁起送比试。

九辈窦一桂，万历二十三年二月，大选，窦一桂，年十九岁，系故实授百户窦康续嫡长男，比中二等。

十辈窦国尧，万历四十一年八月，大选过云南左卫左所带管板桥堡实授百户一员窦国尧，年十六岁，系故实授百户窦一桂嫡长男，比中三等。·416·

周世德·试百户

零选簿查有：万历十三年六月，大选过周显祖，年二十三岁，鄢陵县人，系云南左卫左所故实授百户周鳌侄孙。查伊伯祖原袭试百户，遇例实授。所据遇例职级，不准承袭，本舍合照例革袭祖职试百户。

万历四十四年六月，大选过云南左卫左所试百户一员周世德，年二十五岁，系故试百户周显祖嫡长男，比中二等。

年远事故左所世袭百户·陶秀

天顺三年二月，陶瑄，江宁县人，系云南左卫左所百户陶文嫡长男，钦与世袭。
成化二十二年十二月，陶昂，江宁县人，系云南左卫左所世袭百户陶瑄嫡长男。
弘治十年十月，陶秀，江宁县人，系云南左卫左所故世袭百户陶昂嫡长男。
贴黄开有：嘉靖八年四月病故。

又一员·李玘

永乐二年七月，李瑾，年八岁，系云南左卫左所故世袭百户李贤嫡长孙，至永乐七年终住支袭职。

永乐三年九月，李珪，年八岁，系云南左卫左所故世袭百户李贤嫡次孙。有兄李瑾优给病故，今告转名优给，至永乐九年终住支，起送赴京袭职。·417·

永乐十一年八月，李玘，系云南左卫左所故世袭百户李贤嫡次孙，钦准袭授本卫所百户。

天顺三年八月，李林，安陆县人，系云南左卫左所世袭百户李珪嫡长男。

弘治十二年三月，李玑，安陆县人，系云南左卫左所世袭百户李林嫡长男。

又一员·王辅

天顺七年闰七月，王龄，年十五岁，蕲水县人，系云南左卫左所老疾百户王礼嫡长孙，钦与世袭。

弘治八年二月，王辅，年九岁，蕲水县人，系云南左卫左所故世袭百户王龄庶长男，钦与全俸优给，至弘治十三年终住支。

又一员·李椿

成化元年八月，李镛，宁海县人，系云南左卫左所百户李刚嫡长男，钦与世袭。

弘治十二年九月，李椿，年十六岁，宁海县人，系云南左卫左所世袭百户李镛庶长男。

又一员·谭真

洪武二十六年十二月，谭青，系云南左卫左所故流官百户谭德贵嫡长男，钦袭本卫所世袭百户。

洪武三十三年七月，谭真，年十一岁，系云南左卫左所故世袭百户谭青庶弟，贴着支俸读书操练，至十五岁出幼冠带管事。

又一员·陈永

永乐五年五月，陈安，系云南左卫左所世袭百户陈聚嫡长男。

永乐十五年十月，陈永，年十五岁，系云南左卫左所故世袭百户陈安嫡长男。

又一员·张琛

洪武三十三年三月，张琛，系云南左卫左所故世袭百户张成嫡长男。①

又一员·郑瑄

洪武三十二年八月，郑瑄，系云南左卫左所故世袭百户郑显嫡长男，钦准袭职，仍授本卫所世袭百户。

又一员·陆全

景泰六年十月，陆全，年三十四岁，临淮县人，系云南左卫左所世袭百户陆受嫡长男。②

又一员·孙荣

成化十二年二月，孙荣，年十六岁，乾州人，系云南左卫左所故百户孙英嫡长男，钦与世袭。

又一员·梅泰

景泰二年八月，云南左卫升所镇抚梅祐。·419·

成化二年八月，梅中。伊父梅祐原系云南左卫左所军，遇例纳米升所镇抚，患疾。本人系嫡长男，替职，照例月支俸一石。

贴黄开有：梅泰，成化二十三年十一月，袭所镇抚，弘治十五年征贵州普安功升实授百户，嘉靖二十年病故。

---

① 此"又一员·张琛"簿所载张琛，与《总汇》本册第407页"张经·副千户"簿贴黄所载张琛，皆张成"嫡长男"，明初云南左卫左所百户。
② 此"又一员·陆全"簿所载与《总汇》第59册第39页"陆承恩·世袭百户"簿之"三辈陆全"选条相较，除"云南左卫"作"云南卫"外，余皆相同，彼选条"云南卫"当作"云南右卫"，而此陆全残簿"云南左卫"亦当为"云南右卫"之误。

王鸾·试百户

内黄查有：王铭。曾祖王得，丁酉年从军，洪武十三年升小旗，拨云南左卫左所，十九年升总旗，老疾。伯祖王云并充总旗，故。祖王真并补，麓川有功升实授百户，年老。父王岳替职，征进贵州开通道路有功升副千户，老疾。铭系亲男，替副千户。

一辈王得，已载前黄。

二辈王云，已载前黄。

三辈王真，已载前黄。

四辈王岳，已载前黄。

五辈王铭，旧选簿查有：成化七年五月，王铭，宣城县人，系云南左卫左所副千户王岳嫡长男，钦与世袭。

六辈王昇，旧选簿查有：成化十七年九月，王昇，宣城县人，系云南左卫左所故世袭副千户王铭亲侄。

七辈王玺，旧选簿查有：嘉靖五年二月，王玺，宣城县人，系云南左卫左所年老副千户王昇嫡长男。

八辈王凤，旧选簿查有：嘉靖八年二月，王凤，宣城县人，系云南左卫左所故绝副千户王玺亲弟。

九辈王鸾，旧选簿查有：嘉靖二十七年十月，王鸾，年六岁，宣城县人，系云南左卫左所故实授百户王凤亲堂弟。伊高祖真原补总旗，麓川功越升实授百户。曾祖岳、伯祖铭、伯父昇、堂兄玺、凤沿袭。所据越升一级例应减革，本舍照例革与试百户俸优给，至嘉靖三十五年终住支。

旧选簿查有：嘉靖三十七年四月，王鸾，年十五岁，宣城县人，系云南左卫左所故试百户王凤堂弟，优给出幼袭职。查本舍已革试百户俸优给，准袭试百户。

赵文秀·试百户

外黄查有：赵鼎，恩县人。曾祖赵弗保，吴元年归附从军，洪武十九年并充小旗，二十九年故。祖赵童儿补，并，仍充小旗，宣德三年老疾。父赵斌代，并，仍充小旗，正统三年故。鼎补役，正统六年调征麓川攻破贼首思任发巢穴获奇功头功二次，七年升总旗，天顺二年调征贵州东苗，攻破九名九姓等寨节次斩首三颗，七年升云南左卫试百户，八年遇例实授。

一辈赵弗保，已载前黄。

二辈赵童儿，已载前黄。

三辈赵斌，已载前黄。

四辈赵鼎，旧选簿查有：天顺七年十二月，云南左卫总旗升试百户赵鼎。

五辈赵让，旧选簿查有：弘治三年六月，赵让，年十五岁，恩县人，系云南左卫左所百户赵鼎亲侄。伯系试百户，天顺八年正月以后遇例实授，病故，无儿男。本人先因年幼，照例已革与试百户俸优给，今出幼，该袭试百户。

六辈赵文秀，旧选簿查有：嘉靖十一年六月，赵文秀，年二十三岁，恩县人，系云南左卫左所年老百户赵让嫡长男。伊父原系革袭试百户，遇例实授，本人照例革替试百户。

吉仁·试百户

外黄查有：吉庆，赵城县人。曾祖吉孝先，洪武十八年充军，三十三年故。叔祖吉伴哥补，故。父吉彬补，故。叔吉祥老疾。庆代，正统六年征麓川思任发巢穴获头功一次，七年升小旗，景泰二年征贵州香炉山等处节次获功一十二次，三年升总旗，天顺八年征东苗，[成化]三年攻谷蒙王山寨斩首三颗，七年升云南左卫左所试百户，八年遇例实授。吉镛系吉庆嫡长男，父故，镛于成化十一年袭百户。·421·

一辈吉庆，旧选簿查有：天顺七年十二月，云南左卫实授总旗升试百户吉庆。

二辈吉镛，旧选簿查有：成化十一年十一月，吉镛，赵城县人，系云南左卫左所故百户吉庆嫡长男，钦与世袭。

三辈吉昊，旧选簿查有：弘治十四年九月，吉昊，赵城县人，系云南左卫左所百户吉镛嫡长男。伊祖吉庆原系功升试百户，天顺八年遇例实授，故，父冒袭前职，老疾，本人照例革替试百户。

四辈吉仁，旧选簿查有：嘉靖十六年十二月，吉仁，年三十岁，赵城县人，系云南左卫左所故百户吉昊嫡次男。伊曾祖庆以小旗立功升试百户，天顺八年遇例实授，祖、父相沿。所据遇例职级例应减革，本人照例革与试百户。

沐访·试百户

一辈沐佐，缺。

二辈沐玺，旧选簿查有：正德三年云南师宗州功次，总旗升实授百户沐玺。

副千户功次：正德七年安南功次，百户升副千户沐玺。

三辈沐访，旧选簿查有：嘉靖二年十二月，沐访，年十六岁，定远县人，系云南左卫左所故带俸副千户沐玺嫡长男。先因年幼，已照例革与试百户俸优给，今出幼，仍袭试百户，限外多支俸粮，扣毕关支。

薛继武·试百户

外黄查有：薛潮，年三十五岁，蕲水县人。始始祖薛原八，甲辰年归附军，乙巳年升小旗，十五年征大理，升总旗，老。薛襄阳保补役，故。薛㹓补役，故。薛忠补，老。薛铭系嫡长男，故。薛英系嫡长男，补役，弘治十三年贵州普安龟山等处节次斩首五颗升试百户，十八年遇例实授，故。潮系嫡长男，二十八年革遇例袭云南左卫左所试百户。

一辈薛原八，已载前黄。·422·

二辈薛襄阳，已载前黄。

三辈薛㹓，已载前黄。

四辈薛忠，已载前黄。

五辈薛铭，已载前黄。

六辈薛英，旧选簿查有：投来执照，弘治十五年七月，本所帖（贴）文内查有：奉勘合，成化十九年、二十年征进云南南安等州、嵋峨等县获功擒斩，已并枪总旗升试百户一员薛英。

七辈薛潮，旧选簿查有：嘉靖二十八年四月，薛潮，年三十五岁，蕲水县人，系云南左卫左所故实授百户薛英嫡长男。伊父原系功升试百户，遇例实授，今本舍与袭试百户。

八辈薛继武，旧选簿查有：嘉靖四十一年二月，薛继武，年十六岁，蕲水县人，系云南左卫左所故试百户薛潮庶长男。

九辈薛居孝，万历二十一年八月，薛居孝，年十八岁，系云南左卫左所故试百户薛继武嫡长男，比中二等。

陈万言·所镇抚

内黄查有：陈保，旧姓马保，六合县人。父马得兴，甲午年军，乙未年充牌头，丁酉年充百户，癸卯年充小旗，丙午年充总旗，疾。保充小旗，洪武十八年除试百户，十九年改云南左卫试所镇抚，三十一年实授，复姓陈保。

一辈陈得兴，已载前黄。

二辈陈保，已载前黄。

三辈陈佐，旧选簿查有：永乐十三年十月，陈佐，系云南左卫左所故世袭所镇抚陈保嫡长男。

四辈陈霖，旧选簿查有：永乐二十年正月，陈霖，年十六岁，系云南左卫左所故世袭所镇抚陈佐嫡长男。

五辈陈瑛，旧选簿查有：正统十一年四月，陈瑛，年十六岁，系云南左卫左所故世袭所镇抚陈霖嫡长男。

六辈陈秩，旧选簿查有：弘治五年八月，陈秩，六合县人，系云南左卫左所世袭所镇抚陈瑛嫡次男。

七辈陈玺，旧选簿查有：弘治十一年六月，陈玺，六合县人，系云南左卫左所故世袭所镇抚陈秩嫡长男。

八辈陈銮，旧选簿查有：正德十六年二月，陈銮，年十六岁，六合县人，系云南左卫左所故所镇抚陈玺嫡长男，优给出幼。

九辈陈万言，旧选簿查有：隆庆二年八月，陈万言，年三十四岁，六合县人，系云南左卫左所年老所镇抚陈銮嫡长男。查得黄选，所镇抚以上俱系洪武年间功，例不减革，本舍于本月十六日比试弓马得中，考试三等。

十辈陈万锺，万历二十一年八月，陈万锺，年三十九岁，系云南左卫左所故绝所镇抚陈万言亲弟，比中二等。

十一辈陈万书，万历二十六年七月，单本选过云南左卫左所实授所镇抚一员陈万书，年三十六岁，系故世袭实授所镇抚陈万锺堂弟。本舍借袭，查有都察院咨文可凭，合照例借袭实授所镇抚，待陈录、陈小头疾痊，或生有儿男，退还前职，先年比中。

十二辈陈万春，崇祯元年正月补天启七年十二月大选，过云南左卫左所所镇抚一员陈万春，年三十岁，系故所镇抚陈万书堂弟。因父陈录患疾，借与堂兄承袭，今故，例应退还，本舍准袭所镇抚，比中三等。

年远事故所镇抚一员·尹直

天顺五年二月，尹直，年十岁，系云南左卫左千户所所镇抚尹琮嫡长男。父原系本都司都指挥尹瑢义男，①纳米升前职，病故。本人优给，照例月支俸一石。

成化四年七月，尹直。伊父尹宗原系云南都司都指挥佥事尹瑢义男，遇例纳米升所镇抚，住云南左卫左所管事，故。本人系嫡长男，年幼，已与优给，今出幼袭职。·424·

[又一员·刘铠]

天顺八年十月，刘絃，萍乡县人，系云南左卫左所所镇抚刘渊庶长男，钦与世袭。

弘治十一年九月，刘铠，萍乡县人，系云南左卫左所世袭所镇抚刘絃嫡长男。

又一员·张瑾

景泰五年十月，张瑾，寿州人，系云南左卫左所世袭所镇抚张斌嫡长男。

又一员·甘咬住

洪武三十四年三月，甘咬住，年八岁，北平府人，系云南左卫左所故达流官所镇抚甘也的儿嫡长男。父系捕鱼儿海归附除授，病故，与全俸优给，至[四]十年终住支袭职。

又一员·叶春

景泰三年正月，叶春，系云南左卫左所军升所镇抚。

---

① 《明英宗实录》卷360，天顺七年十二月壬寅，"命故云南都指挥同知尹瑢侄宽袭为云南前卫指挥使"。

又一员·秦源

景泰四年七月，秦源，系云南左卫左千户所军人，丰济库纳银六百两，照例升所镇抚。

又一员·赵瑛

景泰四年九月，赵瑛，系云南左卫左千户所军，丰济库纳银六百两，照例升所镇[抚]。

完俸禄·正千户

外黄查有：完巴马苔儿，西宁达达人，系完者干嫡长男。有父洪武三年归附，四年除河州卫百户，十五年调拨云南左卫守御，十八年钦升本卫右所世袭副千户，二十八年老疾，告替。完巴马苔儿于三十二年准令替职，仍授云南左卫右所世袭副千户。完晟系完巴马苔儿嫡玄孙，高祖老疾，曾祖完忠替职，亦老疾，祖完雄替职，病故，晟于成化二十二年钦准袭授本卫所世袭正千户。

一辈完者干，已载前黄。

二辈完巴马苔儿，旧选簿查有：洪武三十二年十二月，完巴马苔儿，系云南左卫右所世袭副千户完者干嫡长男。

三辈完忠，旧选簿查有：永乐二十一年七月，完忠，系云南左卫右所世袭副千户完巴马苔儿嫡长男。

钦升簿内查有：正统七年调征云南麓川等处剿杀蛮贼有功，二次头功副千户升世袭正千户一员完忠，系云南左卫。

四辈完铭，缺。

五辈完雄，旧选簿查有：成化三年八月，完雄，山后人，系云南左卫右所世袭正千户完铭嫡长男。

六辈完晟，旧选簿查有：成化二十二年四月，完晟，年十五岁，山后人，系云南左卫右所故世袭正千户完雄嫡长男。

七辈完灿，旧选簿查有：嘉靖十一年二月，完灿，年三十二岁，达达人，系云南左卫右所老疾世袭正千户完晟堂侄。

八辈完俸禄,旧选簿查有:嘉靖三十七年八月,完俸禄,年三十五岁,西宁州人,系云南左卫右所年老正千户完灿嫡长男。

九辈完合,万历十年二月,完合,年十二岁,西宁州人,系云南左卫右所故正千户完俸禄庶长男,照例与全俸优给,至万历十二年终住支。

万历十五年二月,完合,年十六岁,西宁州人,系云南左卫右所故正千户完俸禄庶长男,出幼袭职,比中三等。

十辈完嗣昌,万历三十九年八月,大选过云南左卫右所正千户优给舍人一名完嗣昌,年四岁,系老正千户完合嫡长男,照例与全俸优给,至四十九年终住支。

蔡辅·副千户

内黄查有:蔡景文,五十岁,黄岩县人。祖蔡珉洪武十八年为事发云南左卫右所充军,宣德六年故。父蔡琰补,正统六年老。景文代役,本年九月调征麓川反寇,十一月攻破上江刀招汉贼寨,十二月攻破贼首思任发巢穴,正统七年二月升小旗,景泰二年二月调征贵州香炉山等处苗贼,节次攻破铜鼓、湾溪等处,三年升总旗,景泰四年九月调征草塘等处苗贼,十一月攻破飞炼等寨,十二月攻破地泡等寨,五年正月攻破细沙等寨,二月攻破上塘,三月攻破七狝獠等处寨,节次斩获首级三颗,本年七月钦升云南左卫右所试百户,天顺元年正月遇例实授百户,二年七月调征东苗,八月攻破狗场等寨,十月攻破丙王山,十二月攻破董农等寨,节次斩获·426·首级三颗,七年十二月升本卫所副千户,成化四年七月钦与流官。

一辈蔡景文,旧选簿查有:景泰五年,云南左卫总旗升试百户蔡景文。

天顺七年十二月,云南左卫百户升副千户蔡景文。

二辈蔡俊,旧选簿查有:成化二十二年九月,蔡俊,年十五岁,黄岩县人,系云南左卫右所老疾副千户蔡景文嫡长男。先因年幼,已照例革与实授百户俸优给,今出幼,袭实授百户,钦与世袭。

三辈蔡晟,旧选簿查有:正德元年五月,蔡晟,黄岩县人,系云南左卫右所百户蔡俊嫡长男。伊祖原系试百户,天顺元年遇例实授,功升副千户,伊父革替,故,本人照例仍与祖职副千户。

四辈蔡昂,旧选簿查有:正德六年八月,蔡昂,黄岩县人,系云南左卫右所故世袭副千户蔡晟亲弟。

功次簿查有:嘉靖八年云南寻甸府等处擒斩蛮贼安铨功次,一人擒斩贼级三名颗，云南左卫右所报效副千户升正千户一员蔡昂。

五辈蔡辅，旧选簿查有：嘉靖四十一年二月，蔡辅，年四十四岁，黄岩县人，系云南左卫右所故正千户蔡昂亲侄。伊伯原袭祖职副千户，嘉靖七年征安铨洛加等寨擒斩贼级五名颗升正千户，二十五年推管屯政侵欠起运四钱、米四十三石六斗零，故绝。及查伊曾祖蔡景文以试百户景泰元年遇例实授一级例不准袭，本舍照例革袭祖职副千户。其伊伯遗下该追钱粮，照数于本舍名下扣俸还官。

六辈蔡朝恩，万历十五年二月，蔡朝恩，年三十六岁，黄岩县人，系云南左卫右所故副千户蔡辅亲侄，比中三等。

速泰·副千户

外黄查有：速来蛮，回回人，系亦速嫡长男。有父洪武三年归附，四年除百户，十年授世袭，十八年升副千户，二十二年授世袭，故，速来蛮于二十六年袭授世袭副千户。

一辈亦速，已载前黄。

二辈速来蛮，旧选簿查有：洪武二十六年四月，速来蛮，系云南左卫前所故世袭副千户亦速嫡长男，钦准袭职，仍授本卫所世袭副千户。

三辈速俊，旧选簿查有：宣德三年八月，速俊，系云南左卫前所世袭副千户速来蛮嫡长男。

四辈速晟，旧选簿查有：正统十二年十一月，速晟，年十五岁，系云南左卫右所故世袭副千户速俊嫡长男。·427·

五辈速旻，旧选簿查有：天顺二年八月，速旻，西宁土人，系云南左卫右所故世袭副千户速晟堂弟。

六辈速霖，旧选簿查有：弘治十二年九月，速霖，西宁土人，系云南左卫右所世袭副千户速旻嫡长男。

七辈速泰，旧选簿查有：嘉靖三十五年十二月，速泰，回回人，系云南左卫右所年老副千户速霖嫡次男。

八辈速华，万历十八年六月，速华，年二十五岁，系云南左卫右所年老副千户速泰嫡次男，比中三等。

刘钺·副千户

一辈刘允,缺。

二辈刘惠,缺。

三辈刘澄,缺。

副千户功次:候查。①

四辈刘璁,旧选簿查有:成化二年七月,刘璁,年十五岁,山后人,系云南左卫右所故副千户刘澄庶长男,钦与世袭。

五辈刘仁,旧选簿查有:弘治六年十二月,刘仁,山后人,系云南左卫右所世袭副千户刘璁庶长男。伊父为事降百户,故,本人袭祖职副千户。

六辈刘钺,旧选簿查有:正德十五年四月,刘钺,年十七岁,山后人,系云南左卫右所故副千户刘仁嫡长男,优给出幼,限外多支俸三年,查扣毕日关支。

七辈刘国用,万历二十九年十二月,刘国用,年三十岁,系云南左卫右所故副千户刘钺亲侄,实授百户系洪武年功,选簿原载刘澄功次"候查",无擒斩名数,沿袭已过,准减袭实授百户,比中三等。

八辈刘文显,万历三十三年六月,刘文显,年十八岁,系云南左卫右所故实授百户刘国用嫡长男,比中三等。·428·

九辈刘广生,崇祯八年四月,大选过云南左卫右所实授百户一员刘广生,年二十一岁,系故实授百户刘文显嫡长男,比中三等。

年远事故右所副千户一员·张琰

景泰四年八月,张起,澧阳县人,系云南左卫左所故副千户张贵堂侄,钦与世袭。

成化六年六月,张琛,澧阳县人,系云南左卫左所故世袭副千户张起嫡长男。

成化十七年九月,张琰,澧阳县人,系云南左卫右所故世袭副千户张琛亲弟。

---

① 《总汇》本册第463页"又一员·刘澄"簿刘惠、刘澄选条所载,可补此"二辈刘惠""三辈刘澄"选条之"缺",亦可见刘澄原系云南左卫中所,后改右所。

又一员·侯能

洪武三十四年四月,侯能,年十二岁,系云南左卫右所流官副千户侯胜庶长男。父白沟河阵亡,钦准袭职,与世袭,仍授本卫所世袭副千户。

又一员·季海

景泰三年正月,季海,系云南左卫右所军升所镇抚。
景泰五年,云南左卫所镇抚升副千户季海。

又一员·仇鑑

景泰三年正月,仇琳,系云南左卫右所小旗升所镇抚。
成化七年十二月,仇琳,系云南左卫右所小旗纳粟升所镇抚,贵州开通道路例·429·升一级,造册作小旗开报,未曾改正。又于香炉山杀贼获功升署副千户,遇例实授。今照例改正,依副千户加开通道路升正千户。
成化十六年八月,仇鑑,宛平县人,系云南左卫右所正千户仇琳嫡长男。父原系本卫所小旗,纳米升所镇抚,功升署副千户,遇例实授,又功升正千户,病故。本人先因年幼,已与纳米所升俸一石,仍照伊父原役小旗加功升二级,与试百户俸优给。今出幼,照例准袭实授副千户,候事故之日,伊男再袭一辈即止,以后止袭试百户。
贴黄开有:仇铭,弘治二年十二月袭副千户,正德十六年病故。

郑朝贤·实授百户

外黄查有:郑旺,临淮县人,系郑基嫡长男。父乙酉年归附,甲辰年除百户,洪武元年授流官,三年授世袭,十一年除试千户,十二年实授副千户,二十八年老,旺于三十五年替世袭副千户。郑荣系郑旺曾孙,曾祖永乐十年故,祖郑斌十三年袭,宣德元年征交阯失陷,父郑通宣德四年袭,正统元年故,[荣]三年优给。郑迪系郑荣叔,侄正统四年故,迪于五年袭世袭副千户。

一辈郑基，已载前黄。

二辈郑旺，已载前黄。

三辈郑斌，旧选簿查有：永乐十三年十月，郑斌，系云南左卫右所故世袭副千户郑旺嫡长男。

四辈郑通，旧选簿查有：宣德四年七月，郑通，年十六岁，系云南左卫右千户所故世袭副千户郑斌嫡长男。

五辈郑荣，已载前黄。

六辈郑迪，旧选簿查有：正统四年四月，郑迪，系云南左卫右所故世袭副千户郑通庶弟。已与侄郑荣优给，病故。

七辈郑春，旧选簿查有：成化十二年五月，郑春，临淮县人，系云南左卫右所正千户郑迪嫡长男，钦与世袭。

八辈郑朝贤，旧选簿查有：嘉靖二十九年六月，郑朝贤，临淮县人，系云南左卫右所故充军正千户郑春亲侄。伊伯原袭祖职正千户，侵欺钱粮犯该永远充军，故。所据伊祖郑迪征东苗功升正千户，系洪熙元年以后升级，例不准袭，本舍照例于伊始祖洪武年间功升副千户上降一级，与袭实授百户。其伊伯原欠赃银，扣俸还官，完日方许支给。

九辈郑绍卿，万历八年十月，郑绍卿，年三十一岁，临淮县人，系云南左卫右所故实授百户郑朝贤族侄孙。查得见行事例，凡军职犯该侵欺钱粮问充永远军者，本人子孙不许承袭，查取洪武、永乐年间有功大次房子孙承袭，如无大次房即行停革。今查本舍伯祖林（郑）春弘治六年侵欺局料银一百两，问发茂州卫永远充军，除春子孙不准承袭外，查宗图本舍系春弟曦曾孙，是小次房，非大次房也，无论其父祖三辈未袭，即此例当革发。

刘大仁·实授百户

一辈刘善，缺。

二辈刘得儿，缺。

三辈刘胜，缺。

四辈刘清，缺。

五辈刘亨，百户功次：候查。

六辈刘顺，缺。

副千户功次：已载七辈选条。

七辈刘聚，旧选簿查有：天顺六年九月，刘聚，年十六岁，丰润县人，系云南左卫右所故百户刘亨嫡长孙。祖老疾，父原系残疾，不堪承袭，本人未生，叔刘顺替职，于湖广香炉山等处杀贼获功升副千户，续生本人，叔病故。本人先因年幼，已与副千户俸优给，今出幼，该袭副千户。

八辈刘瑄，旧选簿查有：弘治十二年四月，刘瑄，丰润县人，系云南左卫右所故世袭副千户刘聚嫡长男。

九辈刘爵，缺。

十辈刘大仁，旧选簿查有：嘉靖二十三年二月，刘大仁，丰润县人，系云南左卫右所故实授百户刘爵嫡长男。

十一辈刘万年，万历十六年八月，刘万年，年三十一岁，丰润县人，系云南左卫右所年老实授百户刘大仁嫡长男，比中二等。

尚积·实授百户

外黄查有：尚俊，京山县人，系尚兴宗嫡长男。父洪武二年归附，十六年除世袭百户，故，俊袭云南左卫右所世袭百户。尚英系尚俊嫡长孙，祖故，父尚衍袭，故，英袭世袭百户。

一辈尚兴宗，已载前黄。

二辈尚俊，旧选簿查有：洪武三十二年九月，尚俊，系云南左卫右所故世袭百户尚兴宗嫡长男。

三辈尚衍，旧选簿查有：永乐十三年八月，尚衍，年十五岁，系云南左卫右所失陷世袭百户尚俊嫡长男。

四辈尚英，旧选簿查有：景泰四年八月，尚英，京山县人，系云南左卫右所故世袭百户尚衍嫡长男。

五辈尚雄，旧选簿查有：成化三年八月，尚雄，年五岁，京山县人，系云南左卫右所故世袭百户尚英嫡长男，钦与全俸优给，至成化十二年终住支。

六辈尚宏，旧选簿查有：成化十三年十二月，尚宏，年十一岁，京山县人，系云南左卫右所故世袭百户尚英庶长男。有兄尚雄，先因年幼已与优给，出幼间患风疾，不堪袭职，该与本人转名优给，至成化十六年终住支。待兄有男，还与职事。

旧选簿查有：成化十九年二月，尚宏，年十七岁，京山县人，系云南左卫右所故世袭百户尚英庶长男。

七辈尚经，旧选簿查有：弘治十七年九月，尚经，京山县人，系云南左卫右所世袭百户尚宏嫡长男。

八辈尚纪，旧选簿查有：嘉靖二十五年八月，尚纪，京山县人，系云南左卫右所故世袭百户尚经堂弟。

九辈尚积，旧选簿查有：隆庆二年十月，尚积，年二十九岁，京山县人，系云南左卫右所年老实授百户尚纪嫡长男。

十辈尚日新，万历十三年二月，尚日新，年二十五岁，京山县人，系云南左卫右所患疾世袭百户尚积嫡长男，比中一等。

十一辈尚时宜，天启六年八月，大选过云南左卫右所实授百户一员尚时宜，年三十五岁，系老实授百户尚日新嫡长男，比中二等。

尚文·实授百户

外黄查有：尚英，大同县人。祖尚仲和，吴元年归附，洪武四年充小旗，十五年调云南左卫右所，疾。伯尚五十代役，阵亡。父尚原补役，宣德六年并枪充总旗，故。英补，正统十四年征贵州关索岭等处苗贼，节次开通道路斩获首级四颗，未升，景泰二年征香炉山等处苗贼获功一十二次，三年升云南左卫右所试百户，天顺元年遇例实例（授），本年以贵州开通道路功重升试百户，二年征东苗节次斩获首级四颗，因前二次重升试百户，四年改正升副千户，七年以东苗功重升副千户，具告改正，八年升本卫所正千户。

一辈尚仲和，已载前黄。

二辈尚五十，已载前黄。

三辈尚原，已载前黄。

四辈尚英，旧选簿查有：景泰三年十二月，云南左卫总旗升试百户尚英。

副千户功次：已载前黄。①

五辈尚辅，旧选簿查有：成化十八年六月，尚辅，年十五岁，大同县人，系云南

---

① 此"四辈尚英"选条所载尚英功次，不仅"已载前黄"，又约略与《总汇》第59册第53—54页"年远事故右所正千户一员·尚英"簿记载相一致。彼载尚英属"云南右卫"，而此簿贴黄及选条载之属"云南左卫"，其"云南右卫"当系"云南左卫"抄誊之误。

左卫右所正千户尚英庶长男。伊父原系试百户，遇例实授，后有功历升前职。本人先因年幼优给，今出幼，照例革袭副千户。·433·

六辈尚瓛，旧选簿查有：弘治十三年十二月，尚瓛，大同县人，系云南左卫右所正千户尚辅亲弟。

七辈尚仁，旧选簿查有：嘉靖五年四月，尚仁，大同县人，系云南左卫右所年老正千户尚瓛嫡长男。伊曾祖原系小旗，宣德六年并枪充总旗，故。祖英景泰二年香炉山获功一级升试百户，遇例实授，天顺元年因先于贵州开通道路获功一级重升，查出改正，升副千户，东苗获功升前职。所据并枪、遇例俱应减革，本人于小旗上加三级功，革替实授百户。

八辈尚文，旧选簿查有：嘉靖三十八年六月，尚文，大同县人，系云南左卫右所故实授百户尚仁嫡长男。

[九辈尚承忠，]万历三十五年八月，大选过云南左卫右所实授百户一员尚承忠，年三十岁，系故实授百户尚文庶次男，比中二等。

胡兰·实授百户

外黄查有：胡澄，旧名顽住，当涂县人，系胡三嫡长男。父乙未年归附，洪武十年故。十五年除绍兴卫中所百户，十六年授流官，十七年调云南左卫右所。

一辈胡澄，已载前黄。

二辈胡瑄，旧选簿查有：永乐十四年十二月，胡瑄，系云南左卫右所老疾流官百户胡澄嫡长男。

三辈胡纲，旧选簿查有：宣德八年八月，胡纲，年十五岁，系云南左卫右所故世袭百户胡瑄嫡长男。

四辈胡昇，旧选簿查有：景泰二年五月，胡昇，年十六岁，系云南左卫右所故世袭百户胡纲嫡长男。

五辈胡璟，旧选簿查有：成化十六年八月，胡璟，当涂县人，系云南左卫右所故世袭百户胡昇嫡长男。

六辈胡芳，旧选簿查有：正德七年十月，胡芳，年十五岁，当涂县人，系云南左卫右所患疾世袭百户胡璟庶长男，优给出幼袭职。

七辈胡兰，旧选簿查有：嘉靖十八年十二月，胡兰，当涂县人，系云南左卫右所故实授百户胡芳兄弟。·434·

八辈胡铭，万历五年八月，胡铭，年二十八岁，当涂县人，系云南左卫右所年老实授百户胡兰嫡长男，比中二等。

九辈胡遵制，万历三十六年八月，大选过云南左卫右所实授百户一员胡遵制，年十八岁，系患疾实授百户胡铭嫡长男，比中三等。

吴粥·实授百户

外黄查有：吴鑑，中牟县人。祖吴荣洪武元年从军，六年充小旗，十八年升总旗，三十三年故。父吴保补役，永乐十五年并枪仍充总旗，正统六年调征麓川反寇获头功二次，七年升云南左卫右所实授百户，景泰元年病故。鑑系嫡长男，三年袭授本卫所世袭百户。吴遑系吴鑑嫡长男。吴武系吴遑嫡长男。吴纲系吴武嫡长男。

一辈吴荣，已载前黄。

二辈吴宝，旧选簿查有：正统六年麓川功次查有，云南左卫总旗升实授百户吴宝。

三辈吴鑑，旧选簿查有：景泰三年五月，吴鑑，中牟县人，系云南左卫右所故百户吴宝嫡长男，钦与世袭。

四辈吴遑，旧选簿查有：成化六年十二月，吴遑，中牟县人，系云南左卫右所故世袭百户吴鑑嫡长男。

五辈吴武，旧选簿查有：弘治十一年九月，吴武，中牟县人，系云南左卫右所世袭百户吴遑嫡长男。

六辈吴纲，旧选簿查有：嘉靖三年九月，吴纲，中牟县人，系云南左卫右所故世袭百户吴武嫡长男。

七辈吴粥，旧选簿查有：嘉靖十二年八月，吴粥，年六岁，中牟县人，系云南左卫右所故百户吴纲嫡长男，照例与全俸优给，至嘉靖二十年终住支。

旧选簿查有：嘉靖二十一年十二月，吴粥，年十五岁，中牟县人，系云南左卫右所故实授百户吴纲嫡长男，优给出幼袭职。

八辈吴俸，隆庆五年二月二十八日，吴俸，年四十六岁，中牟县人，系云南左卫右所故实授百户吴粥堂兄，钦准袭职。

九辈吴福善，万历十二年八月，吴福善，年十九岁，中牟县人，系云南左卫右所年老世袭百户吴俸庶长男，比中三等。·435·

十辈吴承缙，天启六年四月，大选过云南左卫右所实授百户一员吴承缙，年三十岁，系故实授百户吴福善嫡长男，比中二等。

方翱·世袭百户

一辈方大，缺。

二辈方三公，缺。

三辈方驴马，缺。

四辈方贵，总旗功次：候查。

旧选簿查有：景泰五年，云南左卫总旗升试百户方贵。

五辈方荣，旧选簿查有：天顺五年八月，方荣，固始县人，系云南左卫右所百户方贵嫡长男，钦与世袭。

六辈方翱，旧选簿查有：正德元年十月，方翱，年十五岁，固始县人，系云南左卫右所故世袭百户方荣庶长男。

七辈方应麒，万历十八年二月，方应麒，年十六岁，固始县人，系云南左卫右所故实授百户方翱嫡长亲孙。伊伯祖原袭实授百户，嘉靖二十八年为事参问为民，万历三年故，该伊叔方学承袭，患疾，无子，该卫保送本舍前来。查伊祖、父二辈未袭，据有巡按御史查明印验，姑免驳查。及查选簿，伊曾祖方贵宣德五年以试百户遇例实授。所据遇例升级例不准袭，合照例革试百户。待伊叔方学疾痊或生有儿男，退还职事，比中三等。

八辈方烨，万历四十四年八月，大选过云南左卫右所试百户一员方烨，年十六岁，系故试百户方应麒嫡长男，比中三等。

曹浩·世袭百户·436·

一辈曹福，缺。

二辈曹瑀，缺。

三辈曹霖，缺。

四辈曹铠，缺。

五辈曹鑑，旧选簿查有：正统九年六月，曹鑑，系云南左卫右所世袭百户曹铠亲次弟。有兄曹钢患瘖痖残疾，不堪承替，钦准本人替职，待有男，还与职事。

六辈曹良，旧选簿查有：成化五年二月，曹良，山阳县人，系云南左卫右所老疾世袭百户曹铠亲侄。先因未生，父曹钢患疾，叔曹鑑替职，续生本人，今长壮，该与承袭，伊叔革闲。

七辈曹澄，旧选簿查有：成化二十二年六月，曹澄，山阳县人，系云南左卫右所故世袭百户曹良嫡长男。

八辈曹清，旧选簿查有：弘治二年四月，曹清，山阳县人，系云南左卫右所故世袭百户曹澄亲弟。

九辈曹浩，旧选簿查有：弘治六年九月，曹浩，山阳县人，系云南左卫右所故世袭百户曹清亲弟。

年远事故右所世袭百户一员·马贵

永乐十七年五月，马贵，年十六岁，系云南左卫流官指挥佥事马能嫡长男。父原系本卫右所世袭百户，革除年间升除前职，伤故，钦准仍袭父原职右所世袭百户。

又一员·李海

正统九年二月，李海，系云南左卫右所试百户李英亲侄。叔原系小旗，调征麓川蛮贼获功二次升前职，有嫡长男李先患颠风疾，不堪承替，钦准本人替实授世袭百户，待堂弟有男，还与职事。

又一员·赵安

洪武二十六年七月，赵安，旧名官音保，系云南左卫右所故世袭百户赵曾嫡长男，钦准袭职，仍授本卫所世袭百户。

又一员·不颜歹

洪武二十六年四月，不颜歹，年十三岁，系云南左卫右所故世袭百户阿拜嫡长男，钦与全俸优给，至洪武二十八年出幼住支。

又一员·张铨

永乐二十二年九月，张斌，系宝庆卫后所世袭百户张礼亲弟。兄为事做工病故，钦准本人袭授云南左卫右所世袭百户。

天顺二年五月，张铨，衡山县人，系云南左卫右所世袭百户张斌庶长男。

又一员·姚得

宣德十年十一月，姚得，系云南左卫右所故世袭百户姚本嫡长男。

又一员·高昇

天顺二年五月，高昇，宛平县人，系云南左卫右所百户高能嫡长男，钦与世袭。·438·

张寿·试百户

一辈张英，缺。

二辈张义，缺。

三辈张刚，旧选簿查有：天顺七年十二月，云南左卫总旗升试百户张刚。

四辈张泰，旧选簿查有：成化二年九月，张泰，丰县人，系云南左卫右所百户张纲嫡长男，钦与世袭。

五辈张寿，旧选簿查有：弘治十七年十一月，张寿，年十五岁，丰县人，系云南左卫右所百户张泰嫡长孙。伊祖原系试百户，天顺八年遇例实授，老疾。本人已照例革与试百户俸优给，今出幼袭职。

乔珊·试百户

外黄查有：乔珊，年五十岁，系云南左卫右所试百户，原籍全宁府金山达达人。一世祖乔哈荅孙，洪武二十一年于哈喇地面归附永昌，调水军右卫住坐，钦赐乔姓，三十一年老。二世祖乔伯南残疾，三世祖乔源补役，正统六年征麓川功升本所小旗，景泰三年贵州香炉山等处擒贼获功升试百户，天顺元年遇例实授，成化十一年故。祖乔斌系嫡长男，幼小，优给，二十三年出幼袭，又遇例实授，嘉靖四年四月故。珊系嫡长男，五年十月，袭，比。查伊祖原系功升试百户，遇例实授，祖、父沿袭，本人照例革遇例，与袭云南左卫右所试百户。

一辈乔哈苔孙，已载前黄。

二辈乔匾惬吐，已载前黄。

三辈乔原，旧选簿查有：景泰三年十二月，云南左卫总旗升试百户乔原。·439·

四辈乔斌，旧选簿查有：成化二十三年十一月，乔斌，年十五岁，山后人，系云南左卫右所百户乔源嫡长男。伊父原系试百户，遇例实授，病故。本人先因年幼优给，今出幼，又遇例，仍袭实授百户。

五辈乔珊，旧选簿查有：嘉靖五年十月，乔珊，达达人，系云南左卫右所故百户乔斌嫡长男。伊祖原系功升试百户遇例实授，父沿袭，本人照例革遇例，与袭试百户。

华樏·试百户

内黄查有：华荣，泰州人。祖华伏四，乙巳年军，选充小旗，疾。父华保保代役，并枪，仍充小旗，正统六年有叔华成以余丁调征麓川，十一月攻破上江刀招汉贼，十二月攻破贼首思任发巢穴获头功一次，七年二月将叔功次并与父升总旗，景泰二年二月征贵州香炉山等处苗贼，三月攻破铜鼓等寨，初六日攻破罗等寨，初七日攻破大小文虫等寨，初八日攻破鸡场等寨，初九日攻破凯里等寨，初十日攻破母勇等寨，十一日攻破丁家台等寨，十二日攻破塘龙等寨，十三日攻破八卖寨，十五日攻破湾溪等寨，十六日攻破当劳寨，十七日攻破香炉山寨，擒贼一十二次，景泰三年十二月钦升云南左卫右所试百户，天顺元年遇例实授。

一辈华伏四，已载前黄。

二辈华保保，已载前黄。

三辈华荣，旧选簿查有：景泰三年十二月，云南左卫总旗升试百户华荣。

四辈华钢，旧选簿查有：成化二十年十月，华钢，泰州人，系云南左卫右所百户华荣嫡长男。父原系功升试百户，遇例实授，本人照例革替试百户。

五辈华俊，旧选簿查有：弘治十二年三月，华俊，年四岁，泰州人，系云南左卫右所百户华钢嫡长男。祖华荣原系功升试百户，天顺元年遇例实授，老疾。父革替试百户，又遇例实授，故。本人照例该与实授百户俸优给，至弘治二十二年终住支。

旧选簿查有：正德七年八月，华俊，年十六岁，泰州人，系云南左卫右所故百户华钢嫡长男。内实授一级系天顺元年遇例，本人已照例与实授百户俸优给，今出幼袭职。

六辈华樑，旧选簿查有：嘉靖三十九年四月，华樑，年五岁，泰州人，系云南左卫右所残疾遇例实授百户华俊庶长男。

万历二年四月，华樑，年十六岁，泰州人，系云南左卫右所故试百户华俊嫡长男，优给出幼袭职。查得高祖华保保原充小旗，华成以麓川功升总旗，以香炉山功升试百户。今查香炉山功次俱系破寨，原无擒斩，例应减革，今本舍合照例革充冠带总旗。

七辈华文会：崇祯十一年四月，大选过云南左卫右所冠带总旗一员华文会，年二十四岁，系故冠带总旗华樑亲孙，比中三等。

张臣忠·试百户

一辈张火头，缺。

二辈张用，缺。

三辈张友，缺。

四辈张春，旧选簿查有：天顺七年十二月，云南左卫总旗升试百户张春。

五辈张荣，旧选簿查有：成化十五年六月，张荣，卢龙县人，系云南左卫右所百户张春嫡长男。父原系试百户，遇例实授，本人照例革替试百户。

六辈张深，旧选簿查有：弘治十七年八月，张深，卢龙县人，系云南左卫右所百户张荣嫡长男。父原系试百户，成化二十三年遇例实授，年老，本人照例革替试百户。

七辈张经，旧选簿查有：正德六年八月，张经，卢龙县人，系云南左卫右所故百户张深嫡长男。伊父原系试百户，弘治十八年遇例实授，今照例革与试百户。

八辈张臣忠，旧选簿查有：嘉靖四十一年八月，张臣忠，年三十岁，卢龙县人，系云南左卫右所年老实授百户张经嫡长男，革遇例，与替试百户。

九辈张万里，万历十七年十月，张万里，年三十岁，系云南左卫右所年老试百户张臣忠嫡长男，比中一等。

十辈张大道，天启七年二月，大选过云南左卫右所试百户一员张大道，年三十九岁，系故试百户张万里嫡长男，比中三等。

徐高·试百户

外黄查有：徐应奎，房县人。始祖徐三，甲辰年归附，洪武三年升小旗，二十年升总旗，故。高祖徐官保补，三十三年选署本卫后所百户，故。曾祖徐义革职，仍充总旗，老。祖徐珎补，故。父徐宏补，故。应奎补役，嘉靖九年征云南荞甸等处节次擒斩三名颗，功升云南左卫右所试百户。

一辈徐三，已载前黄。

二辈徐官保，已载前黄。

三辈徐义，已载前黄。

四辈徐珎，已载前黄。

五辈徐宏，已载前黄。

六辈徐应奎，试百户功次：已载前黄。

七辈徐高，旧选簿查有：嘉靖三十五年十月，徐高，房县人，系云南左卫右所老疾实授百户徐应奎嫡长男。革遇例，与替试百户。

八辈徐振芳，万历五年十月，徐振芳，年二十七岁，房县人，系云南左卫右所患疾试百户徐高嫡长男，比中二等。

陈可久·试百户

外黄查有：陈廷言，句容县人。高祖陈受，丙申年从军，洪武五年升小旗，十七年升总旗，三十二年升蒙化卫右所实授百户，故。曾祖陈良袭，十年降总旗，故。祖陈信并，补，故。父陈清并，正德十五年广西十八寨斩首一颗生擒一名，嘉靖二年升试百户，故。廷言系嫡长男，袭云南左卫右所试百户。·442·

一辈陈受，已载前黄。

二辈陈良，已载前黄。

三辈陈信，已载前黄。

四辈陈清，旧选簿查有：吊来嘉靖元年本司连送手本查有，广西府十八寨功次升一级不赏，一人自擒斩贼级三名颗，云南左卫右所实授总旗升试百户一员陈清。

五辈陈廷言，旧选簿查有：嘉靖十一年四月，陈廷言，年三十五岁，句容县人，系云南左卫右所故功升试百户陈清嫡长男。

六辈陈可久，旧选簿查有：嘉靖二十六年十月，陈可久，年二十八岁，句容县人，系云南左卫右所故试百户陈廷言嫡长男。

马应龙·试百户

一辈马旺，缺。

二辈马聚，缺。

三辈马毅，旧选簿查有：景泰三年十二月，云南左卫总旗升试百户马毅。

四辈马智，旧选簿查有：成化元年十月，马智，醴陵县人，系云南左卫右所百户马毅嫡长男，钦与世袭。

五辈马俊，旧选簿查有：弘治三年八月，马俊，醴陵县人，系云南左卫右所故世袭百户马智嫡长男。

六辈马纲，旧选簿查有：正德十六年八月，马纲，醴陵县人，系云南左卫右所老疾百户马俊嫡长男。伊曾祖马毅原系功升试百户，遇例实授，祖智及父俱沿袭，本人照例革替试百户。·443·

七辈马应龙，旧选簿查有：嘉靖九年八月，马应龙，年十五岁，醴陵县人，系云南左卫右所故革袭试百户马纲嫡长男，优给出幼告袭。

八辈马云衢，万历十年二月，马云衢，年二十九岁，醴陵县人，系云南左卫右所故试百户马应龙嫡次男。伊父原袭祖职试百户，嘉靖二十四年遇例实授，隆庆四年故，应该伊兄马云程承袭，患病，无子。所据伊父遇例职级例不准袭，本舍照例革借袭祖职试百户。待后伊兄疾痊或生有儿男，退还职事，比试二等。

丁承恩·试百户

外黄查有：丁承恩，年八岁，系云南左卫右所优给实授百户，泰州人。始始祖丁得刚，乙巳年军，丙午年升小旗，吴元年升总旗，阵亡。始祖丁兴系嫡长男补，节征，未并枪，仍升小旗，永乐四年升总旗，故。高祖丁源系嫡长男，补，正统三年征麓川等处一次头功，七年升实授百户，故。曾祖丁福系嫡长男，袭，故。祖丁项系嫡长男，优，袭，故。父丁铎系嫡长男，袭，故。承恩系庶长男，嘉靖三十年八月优给，至三十七年终出幼袭职。

一辈丁得刚，已载前黄。

二辈丁兴，已载前黄。

三辈丁源，已载前黄。

四辈丁福，旧选簿查有：景泰二年二月，丁福，系云南左卫右所故百户丁源嫡长男，钦与世袭。

五辈丁项，旧选簿查有：弘治十一年九月，丁项，年十五岁，泰州人，系云南左卫右所故世袭百户丁福嫡长男。

六辈丁铎，旧选簿查有：嘉靖十二年二月，丁铎，年二十六岁，泰州人，系云南左卫右所故百户丁项嫡长男。

七辈丁承恩，旧选簿查有：嘉靖三十年八月，丁承恩，年七岁，泰州人，系云南左卫右所故实授百户丁铎庶长男，照例与全俸优给，至嘉靖三十七年终住支。

旧选簿查有：嘉靖三十九年四月，丁承恩，年十六岁，泰州人，系[云]南左卫右所故实授百户丁铎庶长男，优给出幼袭职。及查本舍优给违限一年，限外有无多支俸粮，查扣毕日关支。·444·

张大经·试百户

一辈张五十，缺。

二辈张昇，缺。

三辈张能，缺。

四辈张文远，缺。

五辈张胜，缺。

六辈张肱，缺。

七辈张大经，功次簿查有：嘉靖八年为地方紧急贼情事，寻甸府等处擒斩蛮贼安铨功次内开：云南左卫右所总旗升试百户一员张大经，如未并枪止升实授总旗。

李世爵·所镇抚

外黄查有：李福，平江县人。父李得祥，甲辰年从军，老。福替，洪武二年充总旗，十七年升除府军卫后所世袭镇抚，二十九年调云南左卫右所。李埙系李福嫡次堂孙，伯祖永乐十七年故，堂叔李扔袭，故，无儿男，父李文熙袭，宣德七年故，兄李垲未袭故，无儿男，埼景泰七年袭。李峻系李埼亲弟，兄故，无儿男，峻成化五年袭。李灏系李峻嫡长男，父老，灏弘治十四年替云南左卫右所所镇抚。

一辈李福，旧选簿查有：洪武三十一年四月，云南左卫右所镇抚李福。

二辈李扔，旧选簿查有：洪熙元年八月，李扔，年十五岁，系云南左卫右所故世袭所镇抚李福庶长男。

三辈李文熙，旧选簿查有：宣德九年八月，李文熙，系云南左卫右所故世袭所镇抚李扔堂兄。·445·

四辈李埼，旧选簿查有：景泰七年十一月，李埼，平江县人，系云南左卫右所故世袭所镇抚李文熙嫡次男。

五辈李峻，旧选簿查有：成化五年十二月，李峻，平江县人，系云南左卫右所故世袭所镇抚李埼亲弟。

六辈李灏，旧选簿查有：弘治十四年四月，李灏，系云南左卫右所世袭所镇抚李峻嫡长男。

七辈李朝阳，旧选簿查有：嘉靖二十五年八月，李朝阳，平江县人，系云南左卫右所老疾所镇抚李灏嫡长男。

八辈李世爵，旧选簿查有：隆庆三年二月，李世爵，年二十二岁，平江县人，系云南左卫右所故所镇抚李朝阳嫡长男。

九辈李承勋，崇祯八年正月补七年十二月大选，过云南左卫右所所镇抚一员李承勋，年三十七岁，系所镇抚李世爵嫡长孙，比中三等。

李约·所镇抚

外黄查有：李兴，宛平县人，系八吉喇不的嫡长男。有父前原行枢密知院，洪武四年归附，拨参随，六年除所镇抚，十五年拨云南左卫，老疾。兴替所镇抚，父当日自奏出姓李，为年深三十一年升副千户。李用系李兴嫡长男，父原系云南左卫所镇抚，革除年间升前职，故，用袭所镇抚。李祯系李用庶长男，父正统六年征上江等处杀贼有功，七年升本所正千户，老，无嫡男，祯优，袭。

一辈八吉喇不的，已载前黄。

二辈李兴，已载前黄。

三辈李用，旧选簿查有：永乐九年九月，李用，系曲靖卫中右所流官副千户李兴嫡长男。父原系云南左卫右所世袭所镇抚，革除年间升除前职，病故，止终本身，敬准袭授原职世袭所镇抚，仍回云南左卫右所管事。

四辈李祯，旧选簿查有：景泰三年九月，李祯，宛平县人，系云南左卫右所老疾正千户李用庶长男，钦与世袭。

五辈李昱，旧选簿查有：成化二十一年七月，李昱，宛平县人，系云南左卫右所故世袭正千户李祯嫡长男。

六辈李经，旧选簿查有：弘治六年十月，李经，年九岁，宛平县人，系云南左卫右所患疾世袭正千户李昱嫡长男，钦与全俸优给，至弘治十一年终住支。

七辈李昇，旧选簿查有：弘治十五年九月，李昇，宛平县人，系云南左卫右所故世袭正千户李昱堂弟。

八辈李维，旧选簿查有：嘉靖八年，李维，年六岁，宛平县人，系云南左卫右所故绝世袭正千户李昇亲侄，照例与全俸优给，至嘉靖十六年终住支。

旧选簿查有：嘉靖十七年八月，李维，年十五岁，宛平县人，系云南左卫右所故正千户李昇亲侄。伊曾祖用以所镇抚正统六年麓川功越升正千户，相沿。所据功无擒斩，并越升职级俱应减革，本人照例革与所镇抚。

九辈李约，旧选簿查有：嘉靖二十八年二月，李约，年八岁，宛平县人，系云南左卫右所故所镇抚李维亲弟，照例与全俸优给，至嘉靖三十四年终住支。

十辈李文贡，万历四十四年二月，单本选过云南左卫右所所镇抚一员李文贡，年三十八岁，系故所镇抚李约嫡长男，比中□等。

[十一辈]李绍祐，崇祯二年六月，大选过云南左卫右所所镇抚一员李绍祐，年三十五岁，系老所镇抚李文贡亲侄，准替所镇抚，比中三等。

年远事故右所试百户一员·苗聪

景泰五年，云南左卫总旗升试百户苗旺。

成化六年七月，苗聪，年十五岁，武清县人，系云南左卫右所故百户苗旺嫡长男，钦与世袭。

又一员·徐昱

景泰四年九月，徐礼，系云南左卫带管板桥堡军，丰济库纳银九百两，照例升试·447·百户。

成化四年五月，徐昱。伊父徐礼原系云南左卫带管板桥堡军，纳银升试百户，遇例实授，故。本人系嫡长男，袭职。

又一员·王麒

景泰三年十二月，云南左卫总旗升试百户王福。

天顺七年二月，王麒，年十六岁，黄县人，系云南左卫右所故百户王福庶长男，钦与世袭。

又一员·张义

洪武三十五年十月，张义，系普定卫前所试百户张景原嫡长男。父系总旗除授前职，为事复充总旗，今依诏书事例复职，为老疾告替，钦准替授云南左卫右所试百户。

革发右所所镇抚一员·华铠

天顺八年七月，华云，系云南左卫右千户所所镇抚华嵩嫡长男。父原系军人，纳米升前职，病故。本人袭职，照例月支俸一石。

正德六年十二月，华铠，句容县人，系云南都司云南左卫右所所镇抚华云嫡长孙。伊祖老疾，伊父华勋患疾，不堪。本人照例仍替所镇抚。事故之日，子孙革收军役。·448·

戴琛·正千户

内黄查有：戴成，年五十四岁，潜山县人。祖戴云四辛丑年归附，充南昌左卫小旗，洪武十五年调云南左卫中所。十八年伯戴丑儿补役，故。父戴章儿补役，仍充小旗，永乐十八年老。戴有先补，充小旗，宣德元年交阯阵亡。次兄戴贵补役，升总旗，故。七年，成补，充总旗，攻破贼首思任[发]获头功二次，正统七年升云南左卫中所实授百户，攻破香炉山寨获功一十二次，景泰三年升本卫所署副千户，天顺元年遇例实授。

一辈戴云四，已载前黄。

二辈戴丑儿，已载前黄。

三辈戴章儿，已载前黄。

四辈戴有先，已载前黄。

五辈戴贵，已载前黄。

六辈戴成，功次簿查有：正统六年麓川功次，云南左卫中所总旗二次头功升百户二员内一员戴成。

七辈戴虎，旧选簿查有：成化八年七月，戴虎，潜山县人，系云南左卫中所副千户戴成嫡长男，钦与世袭。

八辈戴纪，旧选簿查有：弘治十三年二月，戴纪，潜山县人，系云南左卫中所世袭副千户戴虎嫡长男。

正千户功次：已载九辈选条。

九辈戴瑛，旧选簿查有：嘉靖元年四月，戴瑛，潜山县人，系云南左卫中所正千户戴纪嫡长男。父原系副千户，临安府功升前职，钦与世袭。

审稿查有：云南监察御史刘臬将正德年间升授官旗获功来历并已、末减革缘由覆查相同，开造戴瑛任云南左卫中所正千户。祖戴亮（虎），潜山县人，正德六年临安府安南长官司叛贼那代父子猖獗，将父戴纪调大窝山，共斩首三颗，巡按御史张翔纪功明白开造，八年升正千户，老。瑛系嫡长男，袭职。

功次簿查有：嘉靖六年寻甸功次，一人自擒斩贼级四名颗官旗一百三十六员名，云南左卫中所正千户升指挥佥事一员戴瑛。

十辈戴文祯，旧选簿查有：嘉靖二十一年二月，戴文祯，年八岁，潜山县人，系云南左卫故指挥佥事戴瑛庶长男，照例与全俸优给，至嘉靖二十七年终住支。

旧选簿查有：嘉靖三十一年十月，戴文祯，年十六岁，潜山县人，系云南左卫故指挥佥事戴瑛庶长男，优给出幼。查得伊高祖成香炉山功升副千户，祖、父沿袭。所据香炉山功无次数，本舍照例革袭正千户，注中所。

十一辈戴琛，旧选簿查有：嘉靖四十二年十二月，戴琛，年三十八岁，潜山县人，系云南左卫中所故正千户戴文祯亲叔。伊侄原袭祖职正千户，嘉靖三十三年故绝，次侄戴文祥痼疾，不堪承袭，无子。本舍照例与借祖职正千户，待后伊侄戴文祥疾痊，或生有儿男，退还职事。及查戴文祯一辈未比，例罚俸三年。·449·

十二辈戴琳：万历四年十二月，戴琳，年四十三岁，潜山县人，系云南左卫中所故正千户戴琛亲弟。

十三辈戴世恩：万历十六年十二月，戴世恩，年十五岁，潜山县人，系云南左卫中所故正千户戴琳嫡长男，比中二等。

十三（四）辈戴印：崇祯十年六月，大选过云南左卫中所正千户一员戴印，年三十一岁，系老正千户戴世恩嫡长男，比中三等。

攸通·正千户

外黄查有：攸英，昌黎县人。祖父攸聚，旧名德聚，洪武二年归附，充总旗，二十年升云南左卫右所世袭百户，二十八年老疾。父攸武三十一年替云南左卫右所世袭百户，三十五年故。英年幼，祖病痊复职，三年故。英系攸武嫡长男，七年袭云南左卫右所世袭百户。攸俊系攸英嫡长男，父于正统六年征麓川杀贼有功升副千户，续征思任发攻破贼寨有功，七年升正千户，八年调中所，残疾，俊于景泰五年替云南左卫中所世袭正千户。

一辈攸聚，已载前黄。

二辈攸斌，旧选簿查有：洪武三十一年闰五月，攸斌，系云南左卫右所世袭百户攸聚嫡长男。

三辈攸英，旧选簿查有：永乐七年六月，攸英，年十五岁，系云南左卫右所故世袭百户攸斌嫡长男。

副千户、正千户功次：俱载前黄。

四辈攸俊，旧选簿查有：景泰五年九月，攸俊，永平府人，系云南左卫中所正千户攸英嫡长男，钦与世袭。

五辈攸晟，旧选簿查有：成化十年九月，攸晟，永平府人，系云南左卫中所世袭正千户攸俊嫡长男。

六辈攸镛，旧选簿查有：弘治元年九月，攸镛，年十五岁，永平府人，系云南左卫中所故世袭正千户攸晟嫡长男。

七辈攸远，旧选簿查有：正德十六年十二月，攸远，龙山县人，系云南左卫中所正千户攸镛嫡长男。

八辈攸通，旧选簿查有：嘉靖二十年十二月，攸通，龙山县人，系云南左卫中所故正千户攸远亲弟。

九辈攸樑，万历三年二月，攸樑，年二十二岁，龙山县人，系云南左卫中所年老正千户攸通亲侄。伊伯攸远原袭祖职正千户，故绝，应该伊父攸达承袭，比因患疾无子，伊叔攸通借袭前职，续生本舍，今伊叔年老，例应退还，本舍照旧准替祖职正千户，伊叔攸通革闲。·450·

十辈[攸]逢吉，万历三十五年八月，大选过云南左卫中所正千户一员攸逢吉，年三十一岁，系疾正千户攸樑嫡长男，比中一等。

刘崇义·正千户

外黄查有：刘斌，宿迁县人。有父刘六儿，充军，年老。斌代役，洪武二十五年兑换燕山中护卫中左所，三十二年攻围真定升小旗，郑村霸（坝）升总旗，三十三年济南升百户，三十五年平定京师升府军前卫左所正千户，永乐二年与世袭。

一辈刘斌，旧选簿查有：宣德九年十二月，云南左卫中所刘斌，旧名六儿。

二辈刘钺，旧选簿查有：正统九年十月，刘钺，系云南左卫中所正千户刘斌嫡长孙。

三辈刘韬，旧选簿查有：弘治元年九月，刘韬，宿迁县人，系云南左卫中所世袭正千户刘钺嫡长男。

四辈刘辅，旧选簿查有：正德元年十月，刘辅，宿迁县人，系云南左卫中所故世袭正千户刘韬嫡长男。

五辈刘文忠，旧选簿查有：嘉靖十八年二月，刘文忠，宿迁县人，系云南左卫中所年老正千户刘辅嫡长男。

六辈刘崇义，旧选簿查有：嘉靖三十六年六月，刘崇义，宿迁县人，系云南左卫中所故正千户刘文忠嫡长男。

七辈刘崇廉：万历十七年六月，刘崇廉，年三十七岁，系云南左卫中所故正千户刘崇义从堂弟，比中三等。

白潮·正千户

一辈白洁，缺。·451·

二辈白通，缺。

三辈白亨，旧选簿查有：洪武三十二年四月，白亨，系云南左卫右所故世袭百户白通嫡长男。

四辈白琦，旧选簿查有：永乐十八年五月，白琦，年十七岁，系云南左卫右所失陷世袭百户白亨堂弟。

五辈白珎，旧选簿查有：宣德四年三月，白珎，年十五岁，系云南左卫右千户所故世袭百户白琦亲弟。

副千户功次：候查。

旧选簿查有：景泰三年十二月，云南左卫副千户升正千户白珎。

六辈白春，旧选簿查有：成化六年十二月，白春，宛平县人，系云南左卫中所正千户白珎嫡长男，钦与世袭。

七辈白潮，旧选簿查有：弘治十八年八月，白潮，年十五岁，宛平县人，系云南左卫中所患疾世袭正千户白春庶长男，优给出幼袭职。

王言·正千户

外黄查有：王成，滁州人。有父王仔乙未年从军，甲辰年充总旗，洪武元年除青州左卫百户，改永清左卫，十年老。成替，调徽州守御所世袭百户，十三年调西安后卫前右所，十六年为不应事免罪调云南左卫后所，二十八年钦改云南左护卫，复设云南左卫。

一辈王仔，已载前黄。

二辈王成，已载前黄。

三辈王纲，旧选簿查有：永乐六年十一月，王纲，系云南左卫中所故世袭百户王成嫡长男。

四辈王荣，旧选簿查有：正统六年十月，王荣，系云南左卫中所世袭百户王纲嫡长男。

五辈王慎，旧选簿查有：成化七年四月，王慎，滁州人，系云南左卫中所世袭百户王荣嫡长男。

六辈王金，旧选簿查有：弘治十八年八月，王金，滁州人，系云南左卫中所世袭百户王慎嫡长男，十六岁，年幼未比，候年二十岁比试弓马。

功次簿查有：嘉靖元年征剿广西十八寨强贼有功官·452·舍军兵人等，擒斩贼级名数一人自擒斩贼级三名颗，云南左卫中所实授百户升副千户一员王金。

嘉靖六年云南寻甸等处一人自擒斩贼级三名颗，云南左卫中所随征副千户升正千户王金。

七辈王心，旧选簿查有：嘉靖二十四年四月，王心，年八岁，滁州人，系云南左卫中所故正千户王金嫡长男，照例与全俸优给，至嘉靖三十年终住支。

旧选簿查有：嘉靖三十一年八月，王心，年十五岁，滁州人，系云南左卫中所故正千户王金嫡长男，优给出幼袭职。

八辈王言，缺。

九辈王继勋，天启元年五月补四月大选，过云南左卫中所正千户一员王继勋，年四十岁，系故正千户王言嫡长男，比中二等。

洪勋·副千户

外黄查有：洪浩，太湖县人。祖洪华三甲辰年归附从军，选充小旗，洪武十四年拨守云南左卫，洪武十六年升后所总旗，老。父洪敬系嫡长男，洪武三十五年并总旗，故。浩系嫡长男，并总旗，正统三年征麓川潞江斩首三颗升试百户，正统六年复征麓川斩首三颗升实授百户，景泰三年征鬼哭山寨斩首三颗升副千户。

一辈洪华三，已载前黄。

二辈洪敬，已载前黄。

三辈洪浩，已载前黄。

四辈洪荣，旧选簿查有：景泰七年八月，洪荣，太湖县人，系云南左卫中所世袭副千户洪浩庶长男，借袭副千户。

五辈洪桂，旧选簿查有：成化十三年八月，洪桂，年十五岁，太湖县人，系云南左卫中所世袭副千户洪荣亲弟。

六辈洪勋，旧选簿查有：嘉靖二十九年十二月，洪勋，年二十四岁，太湖县人，系云南左卫中所世袭副千户洪桂嫡长男。

七辈洪应魁，万历三十九年四月，大选过云南左卫中所副千户一员洪应魁，年四十岁，系故副千户洪勋嫡长孙，比中二等。·453·

八辈洪邦麟，天启七年四月，大选过云南左卫中所副千户一员洪邦麟，年三十四岁，系故副千户洪应魁嫡长男，比中三等。

年远事故中所正千户一员·张鑑

天顺三年八月，张斌，年六十二岁，系云南左卫中所不支俸土官正千户，老疾在卫。有嫡长男张鑑，年三十二岁，替职。[1]

熊文瑞·副千户

内黄查有：熊虎，汉阳县人，系熊庆旧名庆十三嫡长男。有父吴元年归附，洪武三年抽充靖州卫总旗，十八年升本卫后所世袭百户，后并中所，二十八年改设云南左卫，三十年，故。虎当年袭，授云南左卫中所世袭百户。熊能系熊虎嫡长男，父老，能宣德十年替本卫所百户。熊罢系熊能嫡长男，父征麓川有功，正统七年升本卫所副千户，十年故，罢十一年袭云南左卫中所副千户。熊兆年十五岁，系云南左卫故指挥佥事熊翱嫡长男。伊高祖罢原系世袭副千户，获功升正千户，贵州开通道路升前职，传至本人，已与全俸优给。今患暗哑，不堪承袭，嘉靖元年照例与米三石优养。十年有子，减革开通道路一级准袭正千户，无子为民。

一辈熊庆，已载前黄。

二辈熊虎，旧选簿查有：洪武三十年十一月，熊虎，系云南左卫中所故世袭百户熊庆嫡长男。

三辈熊能，旧选簿查有：宣德十年九月，熊能，系云南左卫中所世袭百户熊虎嫡长男。

钦升簿查有：正统七年，调征麓川等处剿杀蛮贼有功，云南左卫中所百户三次头功升世袭副千户一员熊能。

四辈熊罢，旧选簿查有：正统十一年五月，熊罢，系云南左卫中所故世袭副千户熊能嫡长男。

五辈熊韬，旧选簿查有：成化十一年十二月，熊韬，汉阳县人，系云南左卫指挥佥事熊罢嫡长男，钦与世袭。

六辈熊翱，旧选簿查有：正德元年九月，熊翱，年十五岁，汉阳县人，系云南左卫故世袭指挥佥事熊韬嫡长孙。

七辈熊兆，旧选簿查有：嘉靖元年六月，熊兆，年十五岁，汉阳县人，系云南左

---

[1]《总汇》本册第522—523页"张松·署正千户事副千户"选簿之"四辈张斌""五辈张鑑"皆载"缺"字，然"六辈张珏"选条载张斌以百户升署正千户，遇例实授，后由张鑑替职，所载张斌、张鑑承袭职级及次第与此"年远事故中所正千户一员·张鑑"所载相同。云南左卫中所非土军千户所，并无世袭武职土官在该所任职，而中左所则为土官千户所，多世袭土官武职，而该张斌张鑑父子为不支俸土官，故此张鑑残簿所载"中所"当为"中左所"之误。

卫故指挥佥事熊翱嫡长男。伊高祖署原系世袭副千户，获功升正千户，贵州开通道路升前职，传至本人，已与全俸优给。今患喑哑，不堪承袭，照例与米三石优养。十年有子，减革开通道路一级准袭正千户，无子为民。

八辈熊翼，旧选簿查有：嘉靖十六年六月，熊翼，年二十八岁，汉阳县人，系云南左卫故指挥佥事熊翱堂弟。伊曾祖署原系副千户，贵州开通道路越升前职，祖韬及堂兄俱例前沿袭，传至堂侄兆，喑哑，准令优养，限满无嗣，本舍告袭。恐系疏远旁枝，驳行巡按查勘，回无违碍。所据开通道路越升职级例应减革，照例革袭副千户于原卫，注中所。

九辈熊文瑞，旧选簿查有：隆庆元年四月，熊文瑞，年三十岁，汉阳县人，系云南左卫中所故副千户熊翼亲侄孙。伊祖熊翱原袭祖职指挥佥事，故。应该伊父熊兆，喑哑，不堪，堂叔祖熊翼革借副千户，今故。本舍照例改正退还，与袭祖职副千户。

十辈熊上卿，万历二十九年十月，熊上卿，年十九岁，汉阳县人，系云南左卫中所老副千户熊文瑞嫡长男，比中二等。

十一辈熊兴周，崇祯八年十月，大选过云南左卫中所副千户一员熊兴周，年二十岁，系疾副千户熊上卿嫡长男，比中一等。

塔冲霄·副千户

外黄查有：塔海沙，年六十六岁，西宁州人，洪武三年归附，四年除百户，十八年征禄丰、罗次等县贼人升副千户。塔玉年二十一岁，系塔海沙庶长男，父疾，玉永乐九年替本卫所副千户。塔宣年八岁，系塔玉庶长男，父故，宣优给，正统二十年终住支。塔坚年三岁，系塔宣庶长男，父故，坚优给，至弘治二十五年终住支。

一辈塔海沙，已载前黄。

二辈塔玉，旧选簿查有：永乐九年四月，塔玉，系云南左卫中所老疾世袭副千户塔海沙庶长男。·455·

三辈塔宣，旧选簿查有：景泰七年十一月，塔宣，年十五岁，迤西人，系云南左卫中所故世袭副千户塔玉庶长男。

四辈塔坚，旧选簿查有：正德九年六月，塔坚，年十六岁，西宁州回回人，系云南左卫中所故世袭副千户塔宣嫡次男，优给出幼袭职。

五辈塔冲霄，旧选簿查有：嘉靖三十年十月，塔冲霄，年二十七岁，西宁州人，系云南左卫中所副千户塔坚嫡长男。伊父原袭祖职副千户，侵欺大炮银两参问杂犯斩罪，准徒五年，遇例宥革，免扣俸完赃，故，本舍照例与袭祖职副千户。

王印·副千户

一辈王显，缺。

二辈王真，旧选簿查有：洪武三十二年九月，王真，系云南左卫中所故世袭副千户王显嫡长男。

三辈王昇，旧选簿查有：宣德四年四月，王昇，系云南左卫中所残疾世袭副千户王真嫡长男。

四辈王经，旧选簿查有：正统九年闰七月，王经，年十六岁，系云南左卫中所故世袭副千户王昇嫡长男。

五辈王辅，旧选簿查有：成化二十一年十一月，王辅，定远县人，系云南左卫中所世袭副千户王经嫡长男。

六辈王印，旧选簿查有：正德三年五月，王印，年七岁，定远县人，系云南左卫中所故世袭副千户王辅庶长男，钦与全俸优给，至正德十年终住支。·456·

杜韬·副千户

外黄查有：杜镔，桃源县人，系杜祖嫡次男。有父吴元年归附，充小旗，洪武三年升总旗，十八年除世袭百户，老。有嫡长兄杜镇先故，无男，镔替世袭百户。杜琛系杜镔嫡长男，父永乐二年升副千户，三年故，琛于本年奉勘合准令副千户俸优，四年袭副千户。杜嵩系杜琛庶长孙，祖老，父杜俨替，故。本人幼，优，天顺四年袭副千户。

一辈杜祖：已载前黄。

二辈杜镔，旧选簿查有：洪武三十三年五月，杜镔，系云南左卫中所世袭百户杜祖嫡次男。

三辈杜深，旧选簿查有：永乐四年七月，杜深，年十五岁，系云南左卫中所副千户杜镔嫡长男。父原系世袭百户，因跟内官往车里等处赏赐，到京升副千户，未定流世病故，敬准袭授本卫所世袭副千户，至二十岁比试弓马。

四辈杜俨，旧选簿查有：正统七年三月，杜俨，系云南左卫中所副千户杜琛嫡长男。

五辈杜嵩，旧选簿查有：天顺四年十二月，杜嵩，年十五岁，桃源县人，系云南左卫中所故世袭副千户杜俨庶长男。

六辈杜轩，旧选簿查有：正德八年八月，杜轩，桃源县人，系云南左卫中所故世袭副千户杜嵩嫡长孙。

七辈杜韬，旧选簿查有：嘉靖三十二年六月，杜韬，桃源县人，系云南左卫中所老疾副千户杜轩嫡长男。

八辈杜良栋，万历八年八月，杜良栋，年四十岁，桃源县人，系云南左卫中所年老副千户杜韬嫡长男，比中三等。

九辈杜良材，万历二十三年二月，杜良材，年三十九岁，系云南左卫中所故副千户杜良栋亲弟，比中三等。

十辈杜华先，万历三十七年二月，大选过云南左卫中所副千户一员杜华先，年二十五岁，系老疾副千户杜良材嫡长男，比中一等。

年远事故中所副千户一员·韩纹

天顺三年十二月，韩宗，原系云南左卫中所总旗，贵州开通道路并湖广清浪二处杀贼获功二级，照例升实授百户。

天顺七年十二月，云南左卫百户升副千户韩宗。

弘治六年七月，韩纯，年十六岁，宿松县人，系云南左卫中所老疾功升副千户韩宗庶长男，钦与世袭。

弘治十年七月，韩纹，年九岁，宿松县人，系云南左卫中所故世袭副千户韩纯亲弟，钦与全俸优给，至弘治十五年终住支。

又一员·李裕

天顺三年十二月，李源，原系云南左卫中所百户，贵州开通道路杀贼获功一级，照例升副千户。

成化四年五月，李祐，年三岁，徐州人，系云南左卫中所残疾副千户李源庶长男，钦与全俸优给，至成化十五年终住支。

成化六年八月，李裕，徐州人，系云南左卫中所故副千户李源亲侄，钦与世袭。

何廷相·实授百户

内黄查有：何成，滦州人。父何公肃洪武三年归附，充兴武卫头目，十年除定海县知县，十七年查系军职，发云南左卫充军，三十五年老疾。兄何渊代役，永乐十六年老疾。侄何方代役，宣德二年残疾。次兄何武代役，正统六年成以余丁选调麓川征进，首夺上江获头功二次。因兄患疾，成代役，七年升总旗，景泰四年征贵州草塘等处，五年斩首三颗，本年升云南左卫中所试百户，天顺元年遇例实授，成化七年钦与流官。·458·

一辈何成，旧选簿查有：景泰五年，云南左卫总旗升试百户何成。

二辈何能，旧选簿查有：成化七年七月，何能，滦州人，系云南左卫中所百户何成嫡长男，钦与世袭。

三辈何经，旧选簿查有：正德七年六月，何经，滦州人，系云南左卫中所年老正千户何能嫡长男。伊父原系百户，弘治十五年报捷升副千户，正德三年升前职。缘副千户一级系报捷所升，例该减革，本人照例革与功升副千户。

功次簿查有：嘉靖元年征广西十八寨，一人自擒斩贼级三名颗，云南左卫副千户升正千户一员何经。

四辈何廷相，旧选簿查有：嘉靖二十三年五月，何廷相，滦州人，系云南左卫中所降级老疾副千户何经庶长男。伊父原袭副千户，获功升正千户，为事降副千户，今年老。所据伊曾祖成天顺元年遇例实授不由军功，及伊祖能正德二年广西师宗州功升正千户一级查无擒斩，俱例应减革，本舍照例革替实授百户，于原卫所带俸差操。

五辈何汝登，万历二年二月，何汝登，年二十三岁，滦州人，系云南左卫中所故实授百户何廷相堂侄孙。伊堂伯祖原革袭实授百户，嘉靖四十二年故绝，应该伊兄何汝誉承袭，患疾，无子，本舍借职。查伊二世祖何成原止获功升试百户，伊高祖何能所升职级先年减革未尽，例应减革，本舍照例革借祖职试百户。待后伊兄何汝誉疾痊或生有儿男，退还职事。①

---

① 《总汇》本册第541页"何毅·试百户"簿载："万历三十二年十一月，单本选过云南左卫中所试百户一员何毅，年十九岁，系故试百户何汝登亲侄，比中三等"。其记载与此簿"五辈何汝登选条"相承接。

刘恩·实授百户

内黄查有：刘泰，江陵县人，系刘春旧名应春嫡长男。父乙未年从军，吴元年选充小旗，洪武七年并充总旗，十八年除云南左卫中所世袭百户，三十三年阵亡，泰三十四年袭百户。

一辈刘春，已载前黄。

二辈刘泰，旧选簿查有：洪武三十四年四月，刘泰，系云南左卫中所世袭百户刘春嫡长男。父白沟河阵亡。

三辈刘武，旧选簿查有：永乐十三年八月，刘武，年十六岁，系云南左卫中所失陷世袭百户刘泰嫡长男。

四辈刘成，旧选簿查有：宣德八年，刘成，系云南左卫中所征进交阯故世袭百户刘武亲弟。已与刘鑑优给，病故。

五辈刘锐，旧选簿查有：成化三年十月，刘锐，江陵县人，系云南左卫中所世袭百户刘成堂侄，待叔有男，还与职事。·459·

六辈刘昇，旧选簿查有：成化二十三年二月，刘昇，江陵县人，系云南左卫中所世袭百户刘锐嫡长男。

七辈刘淮，旧选簿查有：正德十一年六月，刘淮，江陵县人，系云南左卫中所世袭百户刘昇嫡长男。

八辈刘恩，旧选簿查有：嘉靖十八年二月，刘恩，江陵县人，系云南左卫中所故实授百户刘淮嫡长男。

九辈刘崇善，万历十五年二月，刘崇善，年二十五岁，江陵县人，系云南左卫中所年老实授百户刘恩嫡长男，比中三等。

十辈刘光沛，万历三十六年六月，大选过云南左卫中所实授百户一员刘光沛，年二十七岁，系患疾实授百户刘崇善嫡长男，比中二等。

王尚贤·实授百户

外黄查有：王珪，六安州人，系王孟吉庶长男。乙未年归附，洪武四年充小旗，十二年充总旗，十七年除百户，故，珪于二十八年袭授云南左卫中所世袭百户。

一辈王孟吉，已载前黄。

二辈王珪，旧选簿查有：洪武二十八年六月，王珪，年九岁，系云南左卫中所故流官百户王孟吉庶长男。敬准袭职，与世袭，仍授本卫所世袭百户，支俸操练，至十六岁管事。

三辈王彰，旧选簿查有：永乐七年四月，王彰，年十八岁，系云南左卫中所故世袭百户王珪亲弟。

四辈王忠，旧选簿查有：正统六年闰十一月，王忠，系云南左卫中所世袭百户王彰庶长男。

五辈王俊，旧选簿查有：成化二年十一月，王俊，六安州人，系云南左卫中所世袭百户王忠嫡长男。

六辈王秀，旧选簿查有：弘治十一年四月，王秀，六安州人，系云南左卫中所故世袭百户王俊嫡长男。

七辈王宽，旧选簿查有：嘉靖二十五年六月，王宽，六安州人，系云南左卫中所故世袭百户王秀堂弟。

八辈王尚贤，旧选簿查有：嘉靖三十八年十二月，王尚贤，年二十岁，六安州人，系云南左卫中所故实授百户王宽嫡长男。·460·

九辈王世功，万历二十二年十月，王世功，年二十八岁，系云南左卫中所患疾世袭百户王尚贤嫡长男，比中一等。

十辈王世勋，万历二十九年八月，王世勋，年二十九岁，系云南左卫中所故世袭百户王世功亲弟，比中三等。

十一辈王之政，天启五年正月补四年十二月大选，过云南左卫中所实授百户一员王之政，年三十岁，系疾实授百户王世勋嫡长男，比中二等。

十二辈王胤绥，崇祯十年六月，大选过云南左卫中所实授百户一员王胤绥，年二十岁，系故实授百户王之政嫡长男，比中三等。

刘应祖·实授百户

一辈刘仕达，缺。

二辈刘敬，缺。

三辈刘良，旧选簿查有：永乐十年七月，刘良，年十六岁，系交州左卫前所故世袭百户刘敬嫡长男。

四辈刘鑑，旧选簿查有：景泰六年四月，刘鑑，济宁州人，系成都中卫左所故世袭百户刘良庶次男。

五辈刘勋，旧选簿查有：弘治四年四月，刘勋，济宁州人，系成都中卫左所世袭百户刘鑑嫡长男。

六辈刘经，旧选簿查有：正德十五年十二月，刘经，济宁州人，系云南左卫中所故世袭百户刘勋嫡长男。父替成都中卫左所，为宿娼事发，调今卫所。

七辈刘应祖，旧选簿查有：嘉靖十三年四月，刘应祖，年七岁，济宁州人，系云南左卫中所故百户刘经嫡长男，照例与全俸优给，至嘉靖二十年终住支。

八辈刘爵，万历元年二月，刘爵，年二十四岁，济宁州人，系云南左卫中所故实授百户刘应祖嫡长男。

九辈刘尚义，万历二十九年十二月，刘尚义，年十九岁，系云南左卫中所故实授百户刘爵嫡长男，比中三等。·461·

十辈刘尚文，天启七年二月，单本选过云南左卫中所实授百户一员刘尚文，年三十五岁。俟伊兄生有男，退还职事，比中三等。

胡江·实授百户

外黄查有：胡勇，湘潭县人，系胡得嫡长男。有父戊戌年胡院判下充军，克定西王保保并征土番兴原等处，四年拨充羽林前卫小旗，征四川等处，十七年充羽林左卫前所总旗，二十年征金山一迷河等处，二十一年除本卫后所世袭百户，二十七年病故。勇于二十八年钦准袭职，仍授云南左卫中所世袭百户，钦改云南左护卫，复设云南左卫。

一辈胡得，已载前黄。

二辈胡勇，旧选簿查有：洪武二十八年，胡勇，系云南左卫中所故世袭百户胡德嫡长男，钦袭本卫所世袭百户。

三辈胡晟，旧选簿查有：正统六年闰十一月，胡晟，系云南左卫中所故世袭百户胡勇嫡长男。

四辈胡鑑，旧选簿查有：成化七年闰九月，胡鑑，湘潭县人，系云南左卫中所故世袭百户胡晟嫡长男。

五辈胡正，旧选簿查有：弘治十二年七月，胡正，湘潭县人，系云南左卫中所故世袭百户胡鑑嫡长男。

六辈胡玉，旧选簿查有：正德十二年十一月，胡玉，湘潭县人，系云南左卫中所故绝世袭百户胡正亲弟。

七辈胡海，旧选簿查有：嘉靖十六年八月，胡海，年五岁，湘潭县人，系云南左卫中所故百户胡玉嫡次男，照例与全俸优给，至嘉靖二十五年终住支。

嘉靖二十六年十二月，胡海，年十五岁，湘潭县人，系云南左卫中所故实授百户胡玉嫡次男，优给出幼袭职。

八辈胡江，审稿查有：隆庆三年十二月，胡江，年二十五岁，湘潭县人，系云南左卫中所故实授百户胡海堂弟。

九辈胡科，万历三十年六月，胡科，年二十五岁，系云南左卫中所故实授百户胡江亲侄，比中三等。

十辈胡来贡，天启七年六月，大选过云南左卫中所实授百户一员胡来贡，年二十七岁，系疾实授百户胡科嫡长男，比中三等。·462·

年远事故中所世袭百户一员·张麟

洪武三十一年四月，张凯，系云南左卫中所流官百户张聚嫡长男，敬与世袭。
永乐元年四月，张麟，系云南左卫中所阵亡世袭百户张凯嫡长男。①

又一员·刘澄

洪武三十三年六月，刘惠，系云南左卫中所世袭百户刘永嫡长男。
永乐十八年五月，刘澄，年十六岁，系云南左卫中所故世袭百户刘惠嫡长男。②

又一员·王俊

正统七年二月，王俊，年十七岁，系云南左卫中所故世袭百户王振庶长男。

---

① 该"年远事故中所世袭百户一员·张麟"簿之张凯、张麟选条，可与《总汇》本册第393—394页"张邦臣·指挥佥事"簿之贴黄及一辈张聚、二辈张凯、三辈张麟等选条相互补充。
② 该"又一员·刘澄"簿，其先后承袭三辈为刘永、刘惠、刘澄，与《总汇》本册第428页之"刘钺·副千户"选簿之"一辈刘允""二辈刘惠""三辈刘澄"相同，可补刘钺选簿前三辈之"缺"。又二簿有中所、右所之别，殆刘澄袭职，原在中所，后改右所。

又一员·李敬

成化七年十月，李敬，怀远县人，系云南左卫中所故世袭百户李义嫡长男。

[张诰]

万历五年九月，准职方司手本，为儌寇猖獗拒杀官兵乞赐究处偾事将官以戒疏玩事内开：云南左卫中所武举镇抚张诰犯该枭首示众，子孙革袭。

刘应举·试百户·463·

一辈刘卯儿，缺。

二辈刘源，缺。

三辈刘全，旧选簿查有：弘治五年六月，刘全，年五十六岁，汉川县人，系云南左卫中所并枪总旗升试百户。

四辈刘华，旧选簿查有：弘治九年七月，刘华，汉川县人，系云南左卫中所百户刘全嫡长男。父系功升试百户，遇例实授，年老，本人照例革替试百户。

五辈刘忠，旧选簿查有：嘉靖元年六月，刘忠，汉川县人，系云南左卫中所年老百户刘华嫡长男。父袭试百户，遇例实授，本人照例革替试百户。

六辈刘应举，旧选簿查有：嘉靖三十三年二月，刘应举，汉川县人，系云南左卫中所年老实授百户刘忠庶长男，革遇例，与替试百户。

七辈刘邦贤，万历二十七年十二月，刘邦贤，年十八岁，系故试百户刘应举嫡长男，比中三等。

八辈刘继厚，崇祯十年十二月，大选过云南左卫中所试百户一员刘继厚，年二十六岁，系故试百户刘邦贤嫡次男，比中二等。

傅良誉·试百户

内黄查有：傅镒，沔阳州人。有父傅有先，甲辰年归附，洪武五年……役，永乐三年除试百户，故，无儿。镒系亲弟，袭试百户。

一辈傅有先，已载前黄。

二辈傅镇，已载前黄。

三辈傅镒，旧选簿查有：永乐五年九月，傅镒，系云南左卫中所试百户傅镇亲弟。兄原系总旗，因差往车里等处赏赐土官，就同土官到京，钦除前职，病故，钦准照例仍袭试百户，回本卫所管事。

四辈傅镐，旧选簿查有：永乐八年十二月，傅镐，系云南左卫中所故试百户傅镒亲弟。

五辈傅瑄，旧选簿查有：宣德七年九月，傅瑄，系云南左卫中所试百户傅镐嫡长男。伯傅镇原系总旗，差往车里公干升除前职，亡故，次伯傅镒袭试百户，病故，父袭授前职，亦故，钦准本人仍袭试百户。·464·

六辈傅承祖，旧选簿查有：成化七年八月，傅承祖，玉沙县人，系云南左卫中所百户傅宣亲侄。钦与世袭，待伯有男，还与职事。

七辈傅旻，旧选簿查有：成化十六年四月，傅旻，玉沙县人，系云南左卫中所百户傅承祖亲弟。伯祖傅镇原系功升试百户，病故。次伯祖傅镒、傅镐袭职，俱故。伯傅宣袭职，遇例实授，老疾。兄替职，亦故。本人照例革袭试百户。

八辈傅胜祖，旧选簿查有：成化二十二年七月，傅胜祖，玉沙县人，系云南左卫中所故试百户傅旻亲弟。

九辈傅广才，旧选簿查有：嘉靖五年二月，傅广才，玉沙县人，系云南左卫中所年老百户傅胜祖嫡次男。伊父原袭试百户，今冒供作实授，本人照例革替试百户。伊有长兄，患疾，不堪，待有男，还与职事。

十辈傅良誉，旧选簿查有：嘉靖三十五年十月，傅良誉，玉沙县人，系云南左卫中所故实授百户傅广才嫡次男。伊父原袭祖职试百户，遇例实授，故。伊兄良举瘤疾，无子。所据伊父遇例实授一级例无承袭，本舍照例借袭祖职试百户。待后伊兄生有儿男，退还职事。

十一辈傅作相，万历三年十二月，傅作相，年十五岁，玉沙县人，系云南左卫中所故试百户傅良誉亲侄。伊祖傅广才原袭祖职试百户，故。伊父傅良举系生员，彼时原未生子，不愿承袭。伊叔傅良誉借袭前职，隆庆五年故。本舍系傅良举庶长亲男，合照例退还，与袭祖职试百户。

十二辈傅继远，崇祯三年六月，大选过云南左卫中所试百户一员傅继远，年二十七岁，系故试百户傅作相亲侄，比中三等。

荆山·试百户

外黄查有：荆润，卢龙县人。祖荆羔儿甲辰年从军，洪武四年拨充南昌左卫中所，选充小旗，永乐六年并枪充总旗，宣德元年老疾。父荆真代，并，仍充总旗，正统十三年故。润补，并总旗，天顺二年征贵州东苗，三年攻破摆金、剌陛、谷蒙等寨节次斩获首级三颗，天顺七年钦升云南左卫中所试百户，八年遇例实授百户，成化四年钦与流官。

一辈荆羔儿，已载前黄。

二辈荆真，已载前黄。·465·

三辈荆润，试百户功次：已载前黄。

四辈荆用，旧选簿查有：弘治元年九月，荆用，永平府人，系云南左卫中所百户荆润嫡长男。父原系总旗，获功升试百户，天顺八年正月以后遇例实授，老疾，本人照例革替试百户。

五辈荆俊，旧选簿查有：弘治十七年十一月，荆俊，卢龙县人，系云南左卫中所试百户荆用嫡长男。伊父原系试百户，弘治五年遇例实授，今患疾，本人照例革替试百户。

六辈荆朝宣，旧选簿查有：嘉靖十三年八月，荆朝宣，三十一岁，卢龙县人，系云南左卫中所故百户荆俊嫡长男。伊父原系试百户，冒作实授，本人照例革袭试百户。

七辈荆山，旧选簿查有：嘉靖三十一年八月，荆山，年二十岁，卢龙县人，系云南左卫中所实授百户荆朝宣嫡长男。

冯应科·试百户

外黄查有：冯昇，六合县人。祖冯伴儿，洪武七年充军，故。伯冯禄补役，故。兄冯广智补役，正统六年征麓川，攻破贼首思任发巢穴获头功二次升总旗，故。兄冯昱补，故。昇补役，景泰四年征贵州草塘等处苗贼节次斩获首级三颗升云南左卫中所试百户，天顺元年遇例实授，成化四年钦与流官。

一辈冯广智，已载前黄。

二辈冯昱，已载前黄。

三辈冯昇，旧选簿查有：景泰五年，云南左卫总旗升试百户冯昇。

四辈冯澄，旧选簿查有：弘治七年九月，冯澄，年十五岁，六合县人，系云南左卫中所百户冯昇亲侄。伯功升试百户，天顺元年遇例实授，故，无嗣。本人照例革与试百户俸优给，今出幼，又遇例，仍袭实授百户。

五辈冯经，旧选簿查有：嘉靖二十三年八月，冯经，六合县人，系云南左卫中所故实授百户冯澄嫡长男。伊父原袭试百户，遇例实授，本人照例革袭试百户。

六辈冯应科，旧选簿查有：嘉靖三十五年十月，冯应科，六合县人，系云南左卫中所故实授百户冯经亲侄，革遇例，与袭试百户。

七辈冯嘉庆，万历二十年二月，冯嘉庆，年十九岁，六合县人，系云南左卫中所故试百户冯应科庶长男，比中三等。

八辈冯袭庆，万历四十五年十月，大选过云南左卫中所试百户一员冯袭庆，年四十四岁，系故试百户冯嘉庆堂弟，比中三等。·466·

九辈冯运达，崇祯七年四月，大选过云南左卫中所试百户一员冯运达，年二十七岁，系老试百户冯袭庆庶长男，比中二等。

邵应科·试百户

外黄查有：邵义，庐州府人。曾祖邵来受丁酉年归附，乙巳年充小旗，老。祖邵官音保代，并，失陷。父邵信补，正统六年征麓川反寇，十一月攻上江刀贼寨，十二月攻贼首思仁发巢头功，七年升总旗，景泰二年征香炉山苗贼获功一十二次，三年升试百户，天顺元年遇例实授，老。义系嫡长男，成化元年替本卫所世袭百户。

一辈邵来受，已载前黄。

二辈邵官音保，已载前黄。

三辈邵信，旧选簿查有：景泰三年十二月，云南左卫总旗升试百户邵信。

四辈邵义，旧选簿查有：成化元年八月，邵义，庐州府人，系云南左卫中所百户邵信嫡长男，钦与世袭。

五辈邵钢，旧选簿查有：弘治十三年八月，邵钢，庐州府人，系云南左卫中所世袭百户邵义嫡长男。

六辈邵勉，旧选簿查有：嘉靖元年十二月，邵勉，合肥县人，系云南左卫中所故百户邵钢嫡长男。伊祖信功升试百户，遇例实授，沿袭，本人照例革袭试百户。

七辈邵应科，旧选簿查有：嘉靖三十二年四月，邵应科，合肥县人，系云南左卫中所老疾试百户邵勉嫡长男。

八辈邵惟节，万历七年六月，邵惟节，年十七岁，合肥县人，系云南左卫中所故试百户邵应科亲侄，比中二等。

九辈邵应誉，万历十五年八月，邵应誉，年三十九岁，合肥县人，系云南左卫中所故试百户邵惟节亲叔，比中三等。

方卿·试百户

外黄查有：方昂，年十二岁，潜山县人。高祖方原仲，辛丑年归附，甲辰年调南昌卫小甲，本年升小旗，洪武十五年拨云南左卫中所，十九年升总旗，故。曾祖方真并枪，补，故。祖方全补，充总旗，正统八年征麓川阵亡，例升一级。父方俊优，袭试百户，天顺元年遇例实授，故。昂系亲男，成化十二年本卫所优给。·467·

一辈方原仲，已载前黄。

二辈方真，已载前黄。

三辈方全，试百户功次：已载前黄。

四辈方俊，旧选簿查有：正统十四年九月，方俊，年十岁，系云南左卫中所总旗方全嫡长男。父征进麓贼阵亡，例升一级，本人年幼，照例升与试百户俸优给。

五辈方昂，旧选簿查有：成化二十三年十二月，方昂，年十五岁，潜山县人，系云南左卫中所故袭升百户方俊嫡长男。

六辈方润，缺。

七辈方卿，旧选簿查有：嘉靖二十六年十月，方卿，年五岁，潜山县人，系云南左卫中所故试百户方润嫡长男，照例与全俸优给，至嘉靖三十五年终住支。

旧选簿查有：嘉靖三十八年二月，方卿，年十六岁，潜山县人，系云南左卫中所故试百户方润嫡长男，优给出幼袭职。查得本舍优给违限二年，限外有无多支俸粮，查扣毕日关支。

八辈方玺，天启二年二月，单本选过云南左卫中所试百户一员方玺，年十八岁，系故试百户方卿堂孙，比中三等。①

---

① 此"方卿·试百户"选簿，其相关记载又见《云南史料丛刊》第7卷所收《云南左卫中千户所试百户承袭供状》，梁志胜在《明代卫所武官世袭制度研究》中照录全文并重新断句标点（梁志胜：《明代卫所世袭制度研究》，中国社会科学出版社2012年版，第329—332页）。

田时雨·试百户

外黄查有：田广，新化县人。祖田孝丙申年从军，甲辰年充小旗，洪武十九年充总旗，二十八年故。叔祖田继祖补，充，三十二年除雄武卫后所百户，三十五年故，例终本身。永乐元年父田辰保补总旗，老疾。广代役，天顺二年征贵州东苗，攻破惹桑寨，三年攻破螃蟹洞，二十八日攻破义党寨，攻破摆金寨，攻破剌升寨，攻破刘妹寨，攻破谷蒙寨，攻破摆托寨，节次斩首三颗，七年钦升云南左卫中所试百户，八年遇例实授百户，钦与流官。

一辈田孝，已载前黄。

二辈田继祖，已载前黄。

三辈田辰保，已载前黄。·468·

四辈田广，旧选簿查有：天顺七年十二月，云南左卫总旗升试百户田广。

五辈田秀，旧选簿查有：成化十九年七月，田秀，年十五岁，新化县人，系云南左卫中所百户田广庶长男。父原系功升试百户，遇例实授，病故。本人先因年幼优给，今出幼，照例革袭试百户。

六辈田仁，旧选簿查有：嘉靖十二年六月，田仁，年二十九岁，新化县人，系云南左卫中所故百户田秀嫡次男。伊父系革袭试百户，遇例实授，本人照例革袭试百户。有长兄田儒，自幼患疾，不堪承袭，本人借袭，待兄有男，还与职事。

七辈田时雨，旧选簿查有：嘉靖二十四年十二月，田时雨，新化县人，系云南左卫中所故试百户田仁嫡长男。

八辈田中科，万历二年十月，田中科，年二十三岁，新化县人，系云南左卫中所年老试百户田时雨嫡长男。

九辈田养民，万历三十九年十二月，大选过云南左卫中所试百户一员田养民，年三十岁，系故试百户田中科嫡长男，比中三等。

十辈田裕国，崇祯七年三月补二月大选，过云南左卫中所试百户一员田裕国，年十七岁，系故试百户田养民嫡长男，比中三等。

储思恭·试百户

外黄查有：储惠，潜山县人。祖储添隆，戊戌年徐丞相下归附从军，甲辰年拨南昌左卫右所，选充小旗，十五年调云南左卫中所，十七年征克广南教化三部等寨，十九年升总旗，永乐十三年老疾。储春代役，并枪，仍充总旗，正统六年调征麓川反寇，首夺上江西岸，攻破刀招罕贼寨，攻破杉木笼山贼寨，攻破贼首思任发巢穴，获头功三次，正统七年升云南左卫中所世袭百户，景泰元年老疾。惠系嫡长男，景泰三年钦准替授本卫所世袭百户。

一辈储添隆，已载前黄。

二辈储春，世袭百户功次：已载前黄。

三辈储惠，旧选簿查有：景泰二年五月，储惠，系云南左卫中所世袭百户储春嫡长男。·469·

四辈储永，旧选簿查有：弘治十二年十二月，储永，潜山县人，系云南左卫中所故世袭百户储惠嫡次男。

五辈储思恭，旧选簿查有：嘉靖十六年八月，储思恭，年五岁，潜山县人，系云南左卫中所故百户储永嫡长男，照例与全俸优给，至嘉靖二十五年终住支。

旧选簿查有：嘉靖二十六年十二月，储思恭，年十五岁，潜山县人，系云南左卫中所故实授百户储永嫡长男，优给出幼袭职。伊曾祖春以总旗正统三年麓川头功越升世袭百户，祖惠、父永沿袭。所据麓川越升一级，例应减革，与本舍试百户。

六辈储养高：万历十七年八月，储养高，年三十二岁，云南左卫中所故试百户储思恭嫡长男，比中三等。

七辈储文元，万历四十四年六月，单本选过云南左卫中所试百户一员储文元，年二十八岁，系疾试百户储养高嫡长男，比中二等。

王印·试百户

外黄查有：王荣，钱塘县人。祖王子忠，幼名阿狗，洪武十九年为事充云南左卫中所军，永乐七年故。父王福补役，正统六年调征麓川反寇，攻破上江刀招汉贼寨，本月攻破杉木笼山贼寨，十二月攻破贼首思任发巢穴获头功二次，七年升总旗，景泰二年调征贵州香炉山等处苗贼，三月攻破铜鼓等寨，初六日攻破罗地等寨，初七日攻破大小文虫等寨，初八日攻破鸡场等寨，初九日攻破老党等寨，初十日攻破母勇等寨，十一日攻破丁家等寨，十二日攻破塘龙等寨，十三日攻破八卖寨，十五日攻破湾溪等寨，十六日攻破当劳等寨，十七日攻破香炉山寨，获功一十二次，景泰三年升云南左卫中所试百户，天顺元年遇例实授百户，成化元年老。荣系嫡长男，本年替授本卫所世袭百户。

一辈王福，试百户功次：已载前黄。

二辈王荣，旧选簿查有：成化元年八月，王荣，钱塘县人，系云南左卫中所百户王信（福）嫡长男，钦与世袭。

三辈王琛，旧选簿查有：成化十六年八月，王琛，钱塘县人，系云南左卫中所故百户王福嫡长孙。祖原系试百户，遇例实授，父王荣替职，故，本人照例革袭试百户。

四辈王印，旧选簿查有：嘉靖十八年十月，王印，钱塘县人，系云南左卫中所年老百户王琛嫡长孙。伊祖以试百户遇例实授，本人照例革遇例，与替试百户。

五辈王朝佐，万历十年二月，王朝佐，年十七岁，钱塘县人，系云南左卫中所年老试百户王印庶长男，比中二等。·470·

王诏卿·试百户

内黄查有：王椿，年四十八岁，顺天府人。始始祖王拜住，洪武二年军，四年升小旗，本年升总旗，故。始祖王丑头补，故。高祖王祯保补，老。曾祖王英补，老。祖王智先故，父伟补，老。椿系嫡长男，补，嘉靖六年寻甸等处擒斩贼级四名颗，升云南左卫中所试百户。

一辈王拜住，已载前黄。

二辈王丑头，已载前黄。

三辈王祯保，已载前黄。

四辈王瑛，已载前黄。

五辈王椿，试百户功次：已载前黄。

六辈王诏卿，旧选簿查有：隆庆二年八月，王诏卿，年三十八岁，谭州人，系云南左卫中所年老试百户王椿嫡长男。查得内黄，洪武四年升小旗，本年升总旗，嘉靖六年寻甸等处擒斩贼级四名颗升试百户，二十四年遇例实授。今本舍革遇例，与替试百户，于八月十六日比试弓马得中，考试三等。

七辈王继尧，万历十七年六月，王继尧，年二十二岁，谭州人，系云南左卫中所故绝试百户王诏卿亲侄，比中三等。

张应举·所镇抚

一辈张荣,缺。

二辈张茂,缺。

三辈张焕,缺。① · 471 ·

四辈张兴,缺。

五辈张瑜,旧选簿查有:宣德二年九月,张瑜,系云南左卫中所故世袭所镇抚张兴嫡次男。

六辈张鑑,旧选簿查有:景泰四年十月,张鑑,凤阳县人,系云南左卫中所故世袭所镇抚张瑜嫡长男。

七辈张雄,旧选簿查有:成化十八年九月,张雄,凤阳县人,系云南左卫中所故世袭所镇抚张鑑嫡长男。

八辈张宏,旧选簿查有:弘治十八年十二月,张宏,凤阳县人,系云南左卫中所世袭所镇抚张雄嫡长男。

九辈张应举,旧选簿查有:嘉靖四十二年八月,张应举,年二十岁,凤阳县人,系云南左卫中所故所镇抚张宏庶长男。

十辈张思明,崇祯十年十月,大选过云南左卫中所所镇抚一员张思明,年二十八岁,系故所镇抚张应举堂孙。俟伊伯其善生子退还,比中一等。

武韬·小旗

外黄查有:武祯,合肥县人。祖武胜乙未年军,洪武八年故。父武瘦儿补,拨云南左卫中所,十六年升小旗,老。兄武敬代,并,故。祯并,补小旗,正统六年有堂叔武贵、武关孙以余丁征麓川,共获头功三次,将叔武贵升总旗,武关孙升小旗,具告并与真升云南左卫中所实授百户。

一辈武胜宗。

二辈武瘦儿。

三辈武祯,俱载前黄。

---

① 《总汇》本册第475页"又一员·张焕"簿载:"洪武二十六年正月,张焕,系云南左卫中所故世袭所镇抚张茂庶长男。父别无嫡长次男,钦准袭职,仍授本卫所世袭所镇抚"。其记载可补此簿"二辈张茂""三辈张焕"选条之"缺"。

四辈武钰，旧选簿查有：成化三年八月，武钰，合肥县人，系云南左卫中所百户武祯嫡长男，钦与世袭。·472·

五辈武洪，旧选簿查有：成化二十年八月，武洪，年一岁，合肥县人，系云南左卫中所世袭百户武钰嫡长男。

弘治十一年九月，出幼袭职。

六辈武韬，旧选簿查有：嘉靖十五年八月，武韬，合肥县人，系云南左卫中所百户武洪嫡长男。伊堂高叔祖武贵、武关孙以余丁麓川共获头功三级，曾祖祯原系小旗，以贵等堂侄并升前职，祖、父沿袭。所据犯堂职级，例应减革，本人照例革充原役小旗。

七辈武从仁，万历元年二月，武从仁，年二十八岁，合肥县人，系云南左卫中所故充小旗武韬嫡长男。

年远事故中所试百户一员·俞武

天顺七年十二月，云南左卫总旗升试百户俞麒。

成化七年七月，俞文，年十五岁，无锡县人，系云南左卫中所故百户俞麒庶长男，钦与世袭。

成化十六年二月，俞武，年十五岁，无锡县人，系云南左卫中所故百户俞文亲弟。父俞麒原系功升试百户，遇例实授，老疾，兄替职，本人照例革袭试百户。

又一员·严深

宣德二年九月，严俊，系云南左卫中所总旗升试百户。

正统二年九月，严忠，系云南左卫中所试百户严俊嫡长男。父原系总旗，差往木邦、缅甸等处公干回还升除前职，钦准本人仍替试百户。

天顺六年九月，严深，年十五岁，定远县人，系云南左卫中所试百户严斌嫡长男。·473·曾祖严俊原系总旗，因差往木邦、缅甸等处公干回还升试百户，祖严忠并伊父相继仍袭前职，病故。本人先因年幼，已与试百户俸优给，遇例应该实授，今出幼，照例该袭实授百户。

又一员·计聪

成化二十年八月,计聪,年十五岁,钱塘县人,系云南左卫中所百户计仲茂亲侄孙。伯祖原系功升试百户,遇例实授,老疾。本人先因年幼优给,少报一岁,今出幼,具告改正,照例革袭试百户。

所镇抚一员·李瑄

永乐十二年十二月,李和,年十五岁,系云南左卫中所故所镇抚李公寿嫡长男。
天顺二年五月,李贵,合肥县人,系云南左卫中所世袭所镇抚李和嫡长男。
天顺八年十月,李嵩,合肥县人,系云南左卫中所故世袭所镇抚李贵嫡长男。
成化四年十月,李岫,合肥县人,系云南左卫中所世袭所镇抚李嵩亲弟。
成化九年九月,李岳,合肥县人,系云南左卫中所故世袭所镇抚李岫亲弟。
弘治十七年十一月,李瑄,合肥县人,系云南左卫中所世袭所镇抚李岳嫡长男。

又一员·沃义

洪武三十四年二月,沃义,年八十五岁,合肥县人,系云南左卫中所致仕所镇抚。有男沃忠替职,病故,先次与孙男沃耀全俸优给,亦行病故,别无孙男,具告转名,照例与全俸养老。①

又一员·张焕

洪武二十六年正月,张焕,系云南左卫中所故世袭所镇抚张茂庶长男。父别无嫡长次男,钦准袭职,仍授本卫所世袭所镇抚。②

---

① 又有《总汇》本册第499页"又一员·沃耀"簿,所载相比此簿虽有"中所""前所"之别,然皆所镇抚,又所涉沃忠、沃耀之父子关系及姓名皆同,沃耀优给、病故时间亦能承接,当系一簿误抄誊两处,而其"中所""前所"之载或有一误。
② 从该"又一员·张焕"簿所载张茂、张焕之卫分、职级、父子关系及承袭时间看,应即《总汇》本册第471—472页"张应举·所镇抚"选簿之"三辈张焕"选条所"缺"之记载。

革发所镇抚一员·李阳春

内黄查有：李瑛，金坛县人。祖李绿四，洪武十九年为事发云南左卫中所充军，老。父李伦代役，正统六年老。瑛代役，景泰元年遇例备米一百石赴运平越仓纳完，二年钦升云南左卫中所所镇抚，成化四年钦与流官。

钦升簿内查有：景泰二年九月，曲靖等卫指挥佥事、卫镇抚、总小旗、军舍照例于贵州平越、新添二卫官仓减半纳米完足，云南左卫军升所镇抚二员内一员李瑛，以上二十四员俱于平越卫官仓减半各纳米一百石。

零选簿内查有：成化六年八月，李钦，伊父李瑛原系云南左卫军，遇例纳米升所镇抚，老疾。本人系嫡长男，替职，照例月支俸一石。

嘉靖二十三年十月，李阳春，金坛县人，系云南左卫中所已故纳粟所镇抚李钦嫡次孙。伊曾祖瑛原系军人，景泰元年遇例纳升所镇抚。祖钦袭，故。本舍照例与袭所镇抚，月支米一石，不许管事，以足三辈，以后子孙不许承袭，革充原役。·475·

刘朝元·正千户

外黄查有：刘朝元，年二十五岁，系云南左卫前千户所正千户，原籍大宁府会州人。一世祖刘呆厮，洪武三年充军，疾。二世祖刘移住补役，故。三世祖刘信代役，洪武三十二年奉天征讨，克雄县功升小旗，克复大宁北平坝功升总旗，三十三年白沟河功升实授百户，三十四年夹河、西水寨，三十五年齐眉山，克取金川门奇功，蒙升广武卫右所正千户，宣德八年调云南左卫前所，疾。四世祖刘英系嫡长男，正统六年六月袭，疾。五世祖刘浦系嫡长男，成化元年八月袭，故。六世祖刘昱系嫡长男，弘治七年九月袭，故。父刘瓛系嫡长男，嘉靖十年袭，老。朝元系嫡长男，嘉靖四十二年六月袭云南左卫前所正千户。

一辈刘信，旧选簿查有：宣德九年，云南左卫前所世袭正千户刘信，旧名呆厮。

二辈刘英，旧选簿查有：正统六年六月，刘英，系云南左卫前所正千户刘信嫡长男。

三辈刘溥，旧选簿查有：成化元年八月，刘溥，山后人，系云南左卫前所世袭正千户刘英嫡次男。

四辈刘昱，旧选簿查有：弘治七年九月，刘昱，山后人，系云南左卫前所故世袭正千户刘溥嫡长男。

五辈刘璹，旧选簿查有：嘉靖十年二月，刘璹，山后人，系云南左卫前所正千户刘昱嫡长男。

六辈刘朝元，旧选簿查有：嘉靖四十二年六月，刘朝元，年二十岁，大宁府人，系云南左卫前所年老正千户刘璹嫡长男。

七辈刘建业，万历三十年二月，刘建业，年二十七岁，会州人，系云南左卫前所故正千户刘朝元嫡长男，比中三等。

八辈刘行恕，万历四十八年二月，大选过云南左卫前所正千户一员刘行恕，年十五岁，系故正千户刘建业庶长男，比中三等。

楚僎·副千户

内黄查有：楚宣，太康县人，系楚智旧名观音奴嫡长男。有父前王保保下湖广省左丞，洪武五年充银牌总先锋，十三年除温州卫中所镇抚，十八年钦升云南左卫镇抚，十九年钦升云南左卫前所世袭副千户，三十四年夹河阵亡，宣于永乐元年钦准袭授云南左卫前所世袭副千户。

一辈楚智，已载前黄。

二辈楚宣，旧选簿查有：永乐元年四月，楚宣，系云南左卫前所阵亡世袭副千户楚智嫡长男。·476·

三辈楚英，旧选簿查有：永乐十二年十二月，楚英，年十六岁，系云南左卫前所故世袭副千户楚宣嫡长男。

四辈楚贵，旧选簿查有：天顺七年二月，楚贵，太康县人，系云南左卫前所正千户楚英庶长男，钦与世袭。

五辈楚昂，旧选簿查有：成化二十一年九月，楚昂，年十五岁，太康县人，系云南左卫前所故正千户楚贵嫡长男。祖楚英原系功升署正千户事副千户，遇例实授，老疾，父替职，本人照例革袭署正千户事副千户。

六辈楚儒，旧选簿查有：嘉靖十一年六月，楚儒，年二十二岁，太康县人，系云南左卫前所故正千户楚昂亲侄。伊曾祖英原袭副千户，获功升署正千户，遇例实授。祖袭，至伯昂革袭署正千户，复遇例实授，今故绝。父潮系亲弟，先故，本人照例革袭署正千户事副千户。

七辈楚尚维，旧选簿查有：嘉靖二十五年六月，楚尚维，年六岁，太康县人，系云南左卫前所故署正千户事副千户楚儒嫡长男。伊高祖英以副千户景泰元年香炉山功升署正千户，曾伯贵、祖昂、父儒继袭。所据香炉山署级例不准袭，照例减革，与本舍副千户俸优给，至嘉靖三十三年终住支。

旧选簿查有：嘉靖三十五年二月，楚尚维，年十六岁，太康县人，系云南左卫前所故副千户楚儒嫡长男，优给出幼袭职。

八辈楚僎，审稿查有：隆庆三年八月，楚僎，年四十岁，太康县人，系云南左卫前所故副千户楚尚维亲堂叔。

九辈楚尚织，万历十三年四月，楚尚织，年三十岁，太康县人，系云南左卫前所患疾副千户楚僎嫡长男，比中二等。

十辈楚高选，年五岁，万历二十三年六月，大选过云南左卫前所故副千户楚尚织嫡长男，照例与全俸优给，至万历三十二年终住支。

万历三十五年四月，大选过云南左卫前所副千户一员楚高选，年十六岁，系故副千户楚尚织嫡长男，比中二等。·477·

龚积·副千户

外黄查有：龚和，遵化县人。始祖龚卜颜帖木儿，洪武二年归附，调神策卫安插，除镇海卫右所镇抚，止终[本]身，二十四年调云南右卫中所，故。高祖龚也帖木儿纪录，二十四年冒袭，正统三年麓川斩首三颗，四年升署副千户，本年麓川被伤升副千户，五年广西斩首二颗，六年麓川头功、奇功二次升指挥佥事，马鞍山功七年升指挥同知，老。曾祖龚遂十一年比替实授百户，景泰二年香炉山擒斩功，四年升副千户，成化十五年老。伯祖龚琛系嫡长男，比替，弘治三年故。伯龚奉优给，故。祖龚琳系亲叔，八年比袭，十四年故。父泰①十五年比袭，嘉靖八年故。和系嫡长男，十三年袭授云南左卫前所副千户。

一辈龚卜颜帖木儿，已载前黄。

二辈龚也帖木儿，已载前黄。

三辈龚遂，旧选簿查有：正统十年五月，龚遂，系云南左卫指挥同知龚也先帖木儿嫡长男。祖龚伯颜帖木儿原系哈刺人口归附，除本卫中所所镇抚，止终本身，子孙收军，后病故。父于革除年间袭所镇抚，节次征剿蛮贼有功升前职，钦准本人依

---

① 原簿此"泰"字前衍一"袭"字，删。

军人立功四级替授本卫前所世袭百户。

钦升簿查有：景泰三年，调征湖贵香炉山等处杀贼获功一级，云南左卫百户升副千户一员龚遂。

四辈龚琛，旧选簿查有：成化十五年六月，龚琛，遵化县人，系云南左卫前所副千户龚遂嫡长男，钦与世袭。

五辈龚奉，旧选簿查有：弘治四年三月，龚奉，年四岁，遵化县人，系云南左卫前所故世袭副千户龚琛庶长男，钦与全俸优给，至弘治十四年终住支。

六辈龚琳，旧选簿查有：弘治八年二月，龚琳，遵化县人，系云南左卫前所世袭副千户龚琛亲弟。伊兄病故，已与侄龚奉优给，亦故，本人袭职。

七辈龚泰，旧选簿查有：弘治十五年八月，龚泰，遵化县人，系云南左卫前所故世袭副千户龚琳嫡长男。

八辈龚和，旧选簿查有：嘉靖十三年二月，龚和，年二十六岁，遵化县人，系云南左卫前所故副千户龚泰嫡长男。

九辈龚辅，旧选簿查有：嘉靖十八年十二月，龚辅，年五岁，遵化县人，系云南左卫前所故副千户龚和嫡长男，照例与全俸优给，至嘉靖二十七年终住支。

十辈龚积，旧选簿查有：嘉靖二十五年二月，龚积，遵化县人，系云南左卫前所故优给副千户龚辅堂叔。

十一辈龚勋，万历十四年十二月，龚勋，年十八岁，遵化县人，系云南左卫前所年老副千户龚积庶长男，比中二等。

十二辈龚黄，崇祯十一年二月，大选过云南左卫前所副千户一员龚黄，年十八岁，系老副千户龚勋庶长男，比中三等。·478·

李寿·副千户

外黄查有……年从军，选充小旗，十二月充总旗，二十年升云南左卫前所世袭百户，二十九年故。有父李福三十年袭职，三十五年灵璧阵亡。敬系嫡长男，永乐元年袭授云南左卫前所世袭百户。

一辈李万，已载前黄。

二辈李福，旧选簿查有：洪武三十年三月，李福，系云南左卫前所故世袭百户李万嫡长男。

三辈李敬，旧选簿查有：永乐元年五月，李敬，系云南左卫前所阵亡世袭百户李福嫡长男。

四辈李英，旧选簿查有：永乐十九年五月，李英，年十六岁，系云南左卫前所阵亡世袭百户李福（敬）嫡长男。

钦升簿查有：正统七年麓川剿杀蛮贼，云南左卫前所百户二次头功升世袭副千户一员李英。

五辈李玘，旧选簿查有：天顺六年九月，李玘，年三十七岁，新宁县人，系云南左卫前所副千户李英嫡长男，钦与世袭。

六辈李时，旧选簿查有：成化十一年十二月，李时，年十五岁，新宁县人，系云南左卫前所故世袭副千户李玘亲侄。

七辈李忠，旧选簿查有：嘉靖三年二月，李忠，新宁县人，系云南左卫前所世袭副千户李时嫡长男。

八辈李寿，旧选簿查有：嘉靖十年八月，李寿，年六岁，新宁县人，系云南左卫前所故副千户李忠嫡长男，照例与全俸优给，至嘉靖十八年终住支。

旧选簿查有：嘉靖十九年十月，李寿，年十五岁，新宁县人，系云南左卫前所故副千户李忠嫡长男，优给出幼袭职。

九辈李春阳，万历五年四月，李春阳，年三十六岁，新宁县人，系云南左卫前所故革职副千户李寿堂弟。伊堂兄原袭祖职副千户，嘉靖四十年犯奸，革职为民，隆庆六年故。伊堂侄李承恩、李承爵俱犯奸犯盗，有碍承袭，应该次堂伯李志，年老无子。本舍照例准借袭祖职副千户，待后伊堂侄李承恩、李承爵、堂伯李志各生有儿男，退还职事，仍照犯奸事例注调临安卫中所。考试三等。

十辈李显祖，万历十七年九月，李显祖，年九岁，系云南左卫前所故副千户李寿嫡长孙。查伊祖原于嘉靖四十年犯奸为民，应该伊父李承恩承袭，亦以舍人犯奸干碍行止，将职借与伊堂叔李春阳，调临安卫中所。今续生本舍，合照例退还，与祖职副千户全俸优给，仍照例回原卫所支俸，至万历二十二年终住支，伊堂叔李春阳革闲。

万历二十三年六月，大选过李显祖，年十六岁，新宁县人，系云南左卫前所故副千户李寿亲孙，出幼袭职，比中三等。

十一辈李廕祖：万历三十九年四月，大选过云南左卫前所副千户一员李廕祖，年十九岁，系故副千户李显祖弟，比中二等。

朱大赟·副千户

内黄查有：朱兴，旧名兴隆，六安州人，前伯颜贴木下军，丙申年渡江，洪武六年升小旗，七年运辽阳粮储充总旗，十四年征容美等洞除世袭百户。朱能年二十五岁，系朱兴庶男。父永乐四年调征交阯等处杀败贼众，五年故。嫡长兄朱旺七年袭职，八年故。兄有嫡长男朱斌，年幼。能借职，九年袭职，授云南左卫前所世袭百户，待侄长成，退还职事。

一辈朱兴，已载前黄。

二辈朱旺，旧选簿查有：永乐七年六月，朱旺，系云南左卫前所故世袭百户朱兴嫡长男。

三辈朱能，旧选簿查有：永乐九年九月，朱能，系云南左卫前所故世袭百户朱旺庶弟。兄有男朱斌，年十二岁，幼小，本人借职，待侄长成，还与职事。

四辈朱斌，旧选簿查有：永乐十三年六月，朱斌，年十六岁，系云南左卫前所故世袭百户朱旺嫡长男。先因年幼，叔朱能借职，今长成，退还职事，伊叔革闲。

副千户功次：已载五辈选条。

五辈朱贤，旧选簿查有：景泰七年十一月，朱贤，年十六岁，六安州人，系云南左卫前所世袭百户朱斌嫡长男。父调征麓贼有功，例升一级，未升伤故。本人先因年幼，叔祖朱能借职，袭升流官副千户。今长成，退还职事，本人该袭副千户，伊叔祖革闲。

六辈朱瀚，旧选簿查有：弘治十四年闰七月，朱瀚，六安州人，系云南左卫前所故世袭副千户朱贤嫡长男。

七辈朱大赟，旧选簿查有：嘉靖三十二年九月，朱大赟，六安州人，系云南左卫前所故副千户朱汉亲侄孙。伊伯祖汉原袭祖职副千户，故。伊堂叔良臣残疾，不堪承袭，未曾生子。本舍照例借袭祖职副千户，待后伊堂叔生有儿男，退还职事。

王良史·副千户

外黄查有：王英，合肥县人。祖王杰丙午年归附充总旗，吴元年除本卫百户，洪武二年故。父王才十年袭太仓卫中前所流官百户，二十二年调云南左卫前所，三十五年故。英系嫡长男，永乐元年袭授云南左卫前所世袭百户。王衡系王英嫡长男。王俊系王衡亲叔，侄正统三年征麓川有功阵亡，无儿男，俊于正统六年照例袭升云南左卫前所流官副千户。王祐系王俊庶长男。

一辈王傑，已载前黄。·480·

二辈王才，已载前黄。

三辈王英，旧选簿查有：永乐元年五月，王英，系云南左卫前所阵亡世袭百户王才嫡长男。

四辈王衡，旧选簿查有：正统元年十一月，王衡，系云南左卫前所故世袭百户王英嫡长男。

副千户功次：已载前黄。

五辈王俊，旧选簿查有：正统六年闰十一月，王俊，系云南左卫前所世袭百户王衡亲叔。侄征进麓川，与蛮贼对敌阵亡，钦准本人照例升袭流官副千户。

六辈王祐，旧选簿查有：景泰七年十一月，王祐，合肥县人，系云南左卫前所流官副千户王俊庶长男，钦与世袭。

七辈王玘，旧选簿查有：弘治九年二月，王玘，合肥县人，系云南左卫前所世袭副千户王祐嫡长男。

八辈王良史，旧选簿查有：嘉靖二十二年十月，王良史，年十五岁，合肥县人，系云南左卫前所故副千户王玘嫡长孙。

九辈王联灿，万历十七年二月，王联灿，年十八岁，合肥县人，系云南左卫前所故绝副千户王良史再从孙。查王衡阵亡，伊叔王俊袭升副千户。所据阵亡，叔侄例不准并，本舍合革与袭实授百户，比中二等。

王勋，崇祯六年二月，单本选过云南左卫前所试百户一员王勋，年三十一岁，系故终成实授百户王良史族侄。查五辈未袭，减试百户，比中三等。

姚泰·副千户

外黄查有：姚雄，静乐县人。有祖父姚才，戊戌年归附充小旗，洪武十九年充总旗，老。伯姚顺并，代，故。父姚镇并，补，正统三年征麓川反寇阵亡。雄系亲男，因父阵亡正统六年升试百户。姚辅系姚寿宗嫡长男，伊父故，辅袭云南左卫前所世袭百户。

一辈姚才，已载前黄。

二辈姚顺，已载前黄。

三辈姚镇，已载前黄。·481·

四辈姚雄，旧选簿查有：正统六年七月，云南左卫后所试百户姚雄，系总旗姚振户名姚才男。

五辈姚义，旧选簿查有：正统十年十一月，姚义，系云南左卫前所试百户姚雄亲叔。侄调征麓川阵亡，钦准本人照例袭升实授世袭百户。

六辈姚寿宗，旧选簿查有：成化二十年八月，姚寿宗，年十五岁，静乐县人，系云南左卫前所老疾百户姚义嫡长男，钦与世袭。

七辈姚辅，旧选簿查有：正德元年九月，姚辅，年十五岁，静乐县人，系云南左卫前所故世袭百户姚寿宗嫡长男。

功次簿查有：嘉靖十四年嶍峨、昆阳等县功次升一级不赏，一人自擒斩贼级三名颗，云南左卫前所实授百户升副千户姚辅。

八辈姚泰，旧选簿查有：嘉靖三十二年六月，姚泰，年二十岁，静乐县人，系云南左卫前所故副千户姚辅嫡次男。

九辈姚应澄，万历五年八月，姚应澄，年二十九岁，静乐县人，系云南左卫前所故副千户姚泰嫡长男。见今残疾，不堪，户无承袭之人，照例月支米三石优养，十年生子准袭，无子为民。

十辈姚裕，万历三十五年八月，大选过云南左卫前所副千户一员姚裕，年二十一岁，系疾副千户姚应澄嫡长男，比中三等。

高松·副千户

一辈长高，缺。

二辈高兴，缺。

三辈高忠，旧选簿查有：正统六年麓川获功总旗升百户高忠。

四辈高雄，旧选簿查有：正统十二年七月，高雄，系云南左卫前所故百户高忠嫡长男，钦与世袭。·482·

五辈高昇，旧选簿查有：成化十年九月，高昇，汝州人，系云南左卫前所世袭百户高雄嫡长男。

六辈高勋，旧选簿查有：弘治五年八月，高勋，汝州人，系云南左卫前所故世袭百户高昇嫡长男。

七辈高松，旧选簿查有：正德十三年十二月，高松，年二十岁，汝州人，系云南左卫前所世袭百户高勋嫡长男。

副千户功次：候查。嘉靖八年[寻]甸府斩级三名颗升副千户。

八辈高拱辰，万历二年八月，高拱辰，年九岁，汝州人，系云南左卫前所故副千户高松庶次男，照例与全俸优给，至万历七年终住支。

万历八年十二月，高拱辰，年十五岁，汝州人，系云南左卫前所故副千户高松庶次男，优给出幼袭职，比中三等。

九辈高擢，万历三十七年二月，大选过云南左卫前所副千户一员高擢，年二十三岁，系患疾副千户高拱辰嫡长男，比中一等。

十辈高鼎，崇祯十二年六月，大选过云南左卫前所副千户一员高鼎，年十六岁，系故副千户高擢嫡长男，比中三等。

张起龙·署实授百户

崇祯十二年八月，大选过云南左卫前所署实授百户一员张起龙，年三十四岁，原籍济宁州人。始祖张玉，丙午年从军，吴元年征进沂州、益都等处升实授百户，十六年调征乌撒阵亡。二辈铭系男，洪武二十五年以父阵亡功袭升副千户，故。三辈张忠系男，袭副千户，故。四辈张昂系男，袭，故。五辈张全系男，袭，故。六辈张仁系男，袭副千户，万历二十七年病故。今本舍系故副千户张仁亲侄。查张仁故于万历二十七年，共计违限四十二年，该抚按道卫察勘无碍，相应照例量减一级半，准袭署实授百户，比中二等。①·483·

年远事故前所副千户一员·张仁

洪武三十四年，云南左卫前所副千户张铭。

永乐十三年十二月，张忠，系云[南]左卫前所故世袭副千户张铭嫡长男。

景泰七年五月，张昂，济宁州人，系云南左卫前所世袭副千户张忠庶长男。

弘治十年十月，张仁，济宁州人，系云南左卫前所世袭副千户张昂嫡长男。贴黄

---

① 《总汇》本册第484页"年远事故前所副千户一员·张仁"选簿，所载与此簿"二辈铭""三辈张忠""四辈张昂""六辈张仁"等姓名及袭替次第大体相同，殆此"张起龙·署实授百户"簿系崇祯间另立新簿。

开有：嘉靖四年十二月故。①

胡廷珠·实授百户

内黄查有：胡宣，全椒县人。曾祖胡得潮，乙未年年老，故。海代役，洪武十五年调云南左卫前所，永乐六年并枪充小旗，故。胡旺补役，故。胡俊补役，正统六年麓川功七年升总旗，景泰二年香炉山获功一十二次升试百户，天顺元年攻破地稠等寨斩首三颗，先于本年遇例实授百户，十月钦升本卫所副千户。

一辈胡海，已载前黄。

二辈胡旺，已载前黄。

三辈胡俊，已载前黄。

四辈胡瑄，功次簿查有：景泰三年十二月，钦升官二千九十五员，调征香炉山等处擒贼获功一级二级并署职一级，云南左卫总［旗］升试百户二十五员内一员胡宣。

五辈胡镛，旧选簿查有：成化十九年七月，胡镛，年十五岁，全椒县人，系云南左卫前所副千户胡瑄嫡长男。父原系功升试百户，遇例实授，获功升前职，老疾。本人先因年幼优给，今出幼，照例革袭实授百户。②

六辈胡昇，旧选簿查有：正德六年四月，胡昇，全椒县人，系云南左卫前所故百户胡镛嫡长男。伊祖原系试百户，天顺元年遇例实授，又获功升副千户，父革袭实授百户，本人照天顺元年例与做副千户。

七辈胡廷珠，旧选簿查有：隆庆二年八月，胡廷珠，年三十岁，全椒县人，系云南左卫前所故副千户胡昇堂侄。伊曾祖胡瑄原补役总旗，香炉山获功升试百户，遇例实授，又湖广地稠等寨斩首三颗升副千户，·484·老。伯祖胡镛革袭实授百户，故。伯胡昇复袭副千户，嘉靖四十三年故绝，应该堂伯胡昱承袭，患疾，不堪，无子。所据遇例职级例不准袭，本舍照例革借实授百户。待后伊堂伯胡昱生有儿男，退还职事。

---

① 《总汇》本册第483页"张起龙·署实授百户"簿所载"二辈铭""三辈张忠""四辈张昂""六辈张仁"等承袭次第大略与本簿相同，然前簿张昂之后又有张全一辈，此簿则载张仁系张昂嫡长男，此簿"张仁"或当作"张全"。

② 《总汇》本册第408页有"年远事故左所副千户一员·胡镛"簿，其记载正可补充此簿"五辈胡镛"选条胡镛优给之缺。

八辈胡凤翱,万历二十二年八月,胡凤翱,年二十八岁,系云南左卫前所患疾实授百户胡廷珠嫡长男,比中二等。

九辈胡允宾,万历四十一年八月,大选过云南左卫前所实授百户一员胡允宾,年二十六岁,系疾实授百户胡凤翱嫡长男,比中二等。

朱诏·实授百户

外黄查有:朱得,定远县人,系朱兴嫡长男。有父吴元年归附,充小旗,洪武四年选充应天卫中左所总旗,十七年钦除府军卫中左所世袭百户,二十二年钦调飞熊卫后所,二十八年调云南左卫前所,老,告替,得于三十一年替授云南左卫前所世袭百户。

一辈朱兴,已载前黄。

二辈朱得,旧选簿查有:洪武三十一年正月,朱得,系云南左卫前所世袭百户朱兴嫡长男。

三辈朱鑑,旧选簿查有:洪熙元年十月,朱鑑,年十五岁,系云南左卫前所故世袭百户朱得嫡长孙。

四辈朱珍,旧选簿查有:成化五年四月,朱珍,年十六岁,定远县人,系云南左卫前所世袭百户朱鑑庶长男。

五辈朱俊,旧选簿查有:弘治十七年十一月,朱俊,定远县人,系云南左卫前所世袭百户朱珍嫡长男。

六辈朱兰,旧选簿查有:嘉靖三年十二月,朱兰,定远县人,系云南左卫前所年老世袭百户朱俊嫡长男。

七辈朱蕙,旧选簿查有:嘉靖十七年四月,朱蕙,年三十八岁,定远县人,系云南左卫前所故百户朱兰亲弟。

八辈朱诏,旧选簿查有:嘉靖三十二年八月,朱诏,定远县人,系云南左卫前所故实授百户朱蕙嫡长男。

九辈朱诰,万历三年六月,朱诰,年二十九岁,定远县人,系云南左卫前所故世袭百户朱诏亲堂弟。

十辈朱爵,万历三十年二月,朱爵,年三十二岁,系云南左卫前所患疾世袭百户朱诰嫡长男,比中一等。·485·

十一辈朱明贤,崇祯二年六月,大选过云南[左]卫前所实授百户一员朱明贤,年二十六岁，系老实授百户朱爵次男。俟伊兄明良生子退还，比中三等。

李嘉祐·实授百户

外黄查有：李春，高平县人。洪武元年从军，故。李安补，充荆州卫左所小旗，永乐十四年升总旗，正统十四年征进麓川阵亡。春顶名补，并，仍充总旗，天顺二年征贵州东苗，三年斩获首级三颗，七年升云南左卫前所试百户，天顺八年遇例实授百户，成化四年钦与流官。

一辈李安，已载前黄。

二辈李春，旧选簿查有：天顺八年，贵州杀贼有功总旗升试百户李春。

三辈李俊，旧选簿查有：成化七年五月，李俊，高平县人，系云南左卫前所百户李春嫡长男，钦与世袭。

四辈李玘，旧选簿查有：弘治十一年六月，李玘，高平县人，系云南左卫前所百户李俊嫡长男。祖李春原系功升试百户，天顺八年遇例实授，年老，父替职，老疾，本人照例革替试百户。

审稿查有：右府吊来贴黄查有，弘治十三年征竹子箐、梁王山擒获贼人四名，十五年雲字二百八十号勘合升实授百户李玘。

五辈李明，旧选簿查有：嘉靖五年十二月，李明，高平县人，系云南左卫前所百户李玘嫡长男。

六辈李嘉祐，旧选簿查有：嘉靖四十四年九月，李嘉祐，年三十岁，高平县人，系云南左卫前所故实授百户李明嫡长男。

七辈李朝元，万历十六年八月，李朝元，年二十五岁，高平县人，系云南左卫前所实授百户李嘉祐嫡长男，比中二等。

八辈李万年，天启四年二月，大选过云南左卫前所实授百户一员李万年，年十八岁，系故实授百户李朝元嫡长孙，比中三等。·486·

刘昂·实授百户

外黄查有：刘昂，系云南左卫前所实授百户，原籍湖广武昌府江夏县人。一世祖刘真，癸卯年归附从军，故。二世祖刘贵补役，永乐四年征交阯阵亡。三世祖刘源补役，以阵亡功宣德九年升小旗，正统五年征广西杀贼功升总旗，六年征麓川功升实授百户，故。父刘纲系嫡长男，天顺五年正月袭，故。昂系嫡长男，弘治十四年十二月袭本卫所实授百户，嘉靖二十八年故。

一辈刘源，旧选簿查有：正统六年七月，刘源，系云南左卫前千户所小旗，升本卫所总旗，加升实授百户。

二辈刘纲，旧选簿查有：天顺五年正月，刘纲，江夏县人，系云南左卫前所故百户刘源庶长男，钦与世袭。

三辈刘昂，旧选簿查有：弘治十四年十二月，刘昂，江夏县人，系云南左卫前所故世袭百户刘刚嫡长男。

马勋·世袭百户

一辈马得，缺。

二辈马荣，缺。

三辈马谅，旧选簿查有：永乐七年七月，马谅，系云南左卫前所故世袭百户马荣嫡长男。

四辈马敬，旧选簿查有：正统六年八月，马敬，系云南左卫前所百户马谅堂弟。

五辈马祯，旧选簿查有：成化六年十二月，马祯，年十五岁，滕县人，系云南左卫前所老疾世袭百户马敬庶长男。

六辈马勋，旧选簿查有：弘治十七年十一月，马勋，滕县人，系云南左卫前所世袭百户马祯嫡长男。·487·

张羽凤·世袭百户

外黄查有：张忠，澧阳县人，系张保旧名来保嫡长男。归附，洪武二年充小旗，九年并枪充总旗，十五年拨守云南左卫，十九年升本卫前所世袭百户，三十一年故，忠于三十二年六月袭授云南左卫前所世袭百户。张昇系张忠庶长孙，永乐六年征交阯失陷，父张雄十三年八月袭职。忠征伤残疾，无嫡男，昇景泰二年十月替授云南左卫前所世袭百户。张勋系张昇嫡长男，伊父患风疾，勋弘治三年优给。张勋系张昇嫡长男，伊父患疾，勋弘治十六年袭云南左卫前所世袭百户。

一辈张保，已载前黄。

二辈张忠，旧选簿查有：洪武三十二年六月，张忠，系云南左卫前所故世袭百户张保嫡长男。

三辈张雄，旧选簿查有：永乐十三年八月，张雄，年十五岁，系云南左卫前所失陷世袭百户张忠嫡长男。

四辈张昇，旧选簿查有：景泰六年十二月，张昇，澧州人，系云南左卫前所世袭百户张雄庶长男。

五辈张勋，旧选簿查有：弘治十六年八月，张勋，澧州人，系云南左卫前所患疾世袭百户张昇嫡长男，优给出幼袭职。

六辈张羽凤，旧选簿查有：嘉靖十六年八月，张羽凤，年二十五岁，澧阳县人，系云南左卫前所故百户张勋嫡长男。

七辈张天民，万历十二年六月，张天民，年四十五岁，澧阳县人，系云南左卫前所故世袭百户张羽凤嫡长男，比中二等。

八辈张浑然，万历四十八年三月，张浑然，年二十六岁，系云南左卫前所老署副千户张天民嫡长孙，比中二等。

孙恩·实授百户

一辈孙关保，缺。

二辈孙政，审稿查有：云南左卫前所总旗麓川有功升百户孙政。

实授百户功次：候查。·488·

三辈孙晟，旧选簿查有：天顺八年八月，孙晟，年三岁，武陵县人，系云南左卫前所老疾百户孙政庶长男，钦与全俸优给，至成化十一年终住支。

四辈孙奉祖，旧选簿查有：成化十五年六月，孙奉祖，年十五岁，武陵县人，系云南左卫前所老疾百户孙政庶次男。

五辈孙辅，旧选簿查有：弘治十七年十一月，孙辅，年十五岁，武陵县人，系云[南]左卫前所故世袭百户孙奉祖嫡长男，优给出幼袭职。

六辈孙昇，旧选簿查有：正德八年十月，孙昇，武陵县人，系云南左卫前所故世袭百户孙辅亲叔。

七辈孙经，旧选簿查有：嘉靖二十三年九月，孙经，武陵县人，系云南左卫前所年老百户孙昇嫡次男。伊父原袭百户，今年老，长兄孙弼患疾，不堪承替，无儿男，本舍系亲弟，照例借替祖职百户，待兄生有儿男，退还职事。

八辈孙恩，旧选簿查有：隆庆元年十月，孙恩，年三十六岁，武陵县人，系云南左卫前所年老实授百户孙经嫡长男。

九辈孙学诗，万历三十七年八月，大选过云南左卫前所实授百户一员孙学诗，年十六岁，武陵县人，系老实[授]百户孙恩长孙，比中三等。

吴玺·实授百户

一辈吴大，缺。

二辈吴观，缺。

三辈吴玘，旧选簿查有：宣德九年七月，吴玘，系云南左卫前所试百户吴观嫡长男。父原系总旗，因征剿交阯余寇有功升除前职，钦准本人替实授世袭百户。

四辈吴雄，旧选簿查有：天顺五年六月，吴雄，汉阳县人，系云南左卫前所百户吴玘嫡长男，钦与世袭。

五辈吴秀，旧选簿查有：弘治十一年十一月，吴秀，汉阳县人，系云南左卫前所世袭百户吴雄嫡长孙。·489·

六辈吴玺，旧选簿查有：嘉靖元年三月，吴玺，汉阳县人，系云南左卫前所故世袭百户吴琇嫡长男，优给出幼告袭。

七辈吴森，万历四十五年七月，单本选过云南左卫前所试百户一员吴森，年三十二岁，系故实授百户吴玺孙，今因违限日久，姑准降袭试百户，比中二等。

八辈吴一鸿，崇祯十一年十一月，单本选过云南左卫前所试百户一员吴一鸿，年十六岁，系故试百户吴森堂侄，比中三等。

年远事故前所世袭百户一员·刘宥

景泰三年十二月，云南左卫总旗升试百户刘贤。

成[化]十二年七月，刘琮，辉县人，系云南左卫前所百户刘贤嫡长男，钦与世袭。

弘治十七年十二月，刘宥，辉县人，系云南左卫前所世袭百户刘琮嫡长男。

又一员·陈旺

洪武三十一年四月，陈忠，系云南左卫前所世袭百户陈显庶长男。

永乐元年七月，陈旺，年四岁，系云南左卫前所阵亡世袭百户陈忠庶弟，钦与全俸优给，至永乐十一年终住支。

又一员·王政

洪武三十四年九月，王麟，系广南卫后所世袭百户，因本卫裁革，调云南左卫前所管事。

永乐十三年八月，王政，年十五岁，系云南左卫前所失陷世袭百户王麟嫡长男。

又一员·顶瑄

正统七年二月，顶瑄，系云南左卫前所试百户顶真嫡长男。父原系总旗，剿杀夷贼有功升除前职，病故，本人照例袭授百户。

[车之龙·试百户]

车复陞，年十六岁，系云南都司云南左卫前所署实授百户事试百户，原籍河南新乡县人。始祖车五儿，充今卫所总旗，故。车保补役，故。车璇补役，景泰三年寻甸功升试百户，遇例实授，天顺三年贵州开通道路杀贼功升副千户，老。车旻系嫡长男，成化八年七月替，老。车忠系嫡长男，弘治十一年替，故。车玺系嫡长男，正德十三年革遇例一级袭实授百户，故。车畵袭，故。车任重系玺亲孙，隆庆四年十二月袭，疾。复陞系嫡长男，万历二十六年十二月革开通道路并寻甸功，比替云南左卫前所署实授百户事试百户。

车之龙，崇祯七年正月补六年十二月大选，过云南左卫前所署实授百户事试百户优给舍人一名车之龙，年八岁，系故绝署实授百户事试百户车复陞堂侄，照例与全俸优给，至崇祯十二年终住支。

张朝武·试百户

一辈张原，缺。
二辈张信，缺。

三辈张全，缺。

四辈张琮，缺。

五辈张翔，旧选簿查有：弘治五年六月，张翔，年三十六岁，常熟县人，系云南左卫前所已并枪冠带总旗升实授百户。

六辈张尧卿，旧选簿查有：正德三年十一月，张尧卿，常熟县人，系云南左卫前所百户张翔嫡长男。伊祖张琮原系总旗，纳粟冠带，故。父补役，有功升前职，今患疾。本人照例革替试百户。

七辈张朝武，旧选簿查有：嘉靖二十三年四月，张朝武，年五岁，常熟县人，系云南左卫前所故试百户张尧卿亲侄，照例与全俸优给，至嘉靖三十二年终住支。

旧选簿查有：嘉靖三十四年十月，张朝武，年十六岁，常熟县人，系云南左卫前所故试百户张尧卿亲侄，优给，遇例实授，今出幼袭职。查得本舍原系优给试百户，遇例实授，今出幼，仍革袭试百户。

八辈张极，年四岁，万历二十三年十月，大选过云南左卫前[所]故试百户张朝武嫡长男，全俸优给，至万历三十三年终住支。

向一中·试百户

外黄查有：向刚，桃源县人。曾祖向得一，吴元年军，洪武十五年充小旗，二十年充总旗，故。伯祖向亨并，补，十八年阵亡。祖向礼免枪补，老。父向英并，补，景泰四年征贵州草塘等处有功升试百户，天顺元年遇例实授，老。刚系亲男，替本卫所实授百户。向表系向刚嫡长男，伊父故，表弘治十四年优，二十三年终住支。向阳系云南左卫前所故实授向表嫡长男，伊祖英原升试百户，天顺元年遇例实授，父沿袭。所据遇例应该减革，照例与试百户俸优，至嘉靖十四年终住支。向儒系云南左卫前所故百户向表亲弟，伊祖英系试百户遇例实授，父并兄相沿，侄向阳先幼，已革与试百户俸优给，故。本人照例革袭试百户，嘉靖九年袭职。

一辈向得一，已载前黄。·492·

二辈向亨，已载前黄。

三辈向礼，已载前黄。

四辈向英，功次簿查有：景泰五年，贵州草塘等处擒斩有功升一级，云南左卫总旗升试百户九员内一员向英。

五辈向纲，旧选簿查有：成化十二年二月，向纲，桃源县人，系云南左卫前所百户向英嫡长男，钦与世袭。

六辈向表，旧选簿查有：正德六年六月，向表，年十六岁，桃源县人，系云南左卫前所故百户向纲嫡长男。内实授一级系天顺元年遇例，本人先因年幼，已与优给，今出幼袭职。

七辈向阳，旧选簿查有：嘉靖五年十月，向阳，年五岁，桃源县人，系云南左卫前所故实授百户向表嫡长男。伊曾祖英原升试百户，天顺元年遇例实授，父沿袭。所据遇例应该减革，照例与试百户全俸优给，至嘉靖十四年终住支。

八辈向儒，旧选簿查有：嘉靖九年四月，向儒，年二十九岁，桃源县人，系云南左卫前所故百户向表亲弟。伊祖英系试百户，遇例实授，父并兄相沿，侄向阳先年幼，革与试百户俸优给，今故绝，本人照例革袭试百户。

九辈向一中，旧选簿查有：嘉靖四十年十月，向一中，年三十岁，桃源县人，系云南左卫前所年老试百户向儒嫡长男。

十辈向世功，万历二十六年八月，大选过云南左卫前所照旧试百户一员向世功，年十六岁，系老试百户向一中亲侄，比中二等。

赵晟·试百户

一辈赵信，缺。

二辈赵能，缺。

三辈赵铭，缺。

四辈赵全，缺。

署所镇抚事百户：候查。

五辈赵寿，旧选簿查有：成化八年七月，赵寿，上元县人，系云南左卫前所署所镇抚事百户赵全嫡长男，钦与世袭。

六辈赵勋，旧选簿查有：正德十一年六月，赵勋，年十五岁，上元县人，系云南左卫前所署所镇抚事百户赵寿庶长男。祖赵全功升试百户，遇例实授，本人优给出幼，照例革袭试百户。

七辈赵晟，旧选簿查有：嘉靖三十一年八月，赵晟，年二十岁，上元县人，系云南左卫前所故实授百户赵勋嫡长男。查得伊父原系试百户，遇例实授，今本舍仍革与试百户。

八辈赵承荣，万历十三年四月，赵承荣，年二十三年岁，上元县人，系云南左卫前所年老试百户赵晟嫡次男。伊父原袭祖职试百户，今年老，应该伊兄赵承恩承袭，于万历九年犯该徒罪，有碍承袭，无子，本舍合照例借替祖职试百户。待后伊兄赵承恩生有儿男，退还职事，比中三等。

胡玺·试百户

一辈胡让，旧选簿查有：天顺七年十二月，云南左卫总旗升试百户胡柒贰。

二辈胡洪，旧选簿查有：成化二十年二月，胡洪，丹徒县人，系云南左卫前所百户胡让户名胡七二嫡长男。父原系功升试百户，遇例实授，本人照例革替试百户。

三辈胡玺，旧选簿查有：弘治十年七月，胡玺，丹徒县人，系云南左卫前所故试百户胡洪嫡长男。

沈良佐·试百户

外黄查有：沈宁，大庾县人。祖沈得轻，洪武十八年充军，二十五年故。父沈思恭户名不动补役，正统六年老。叔沈思敬代役，本年征麓川反寇，攻上江刀招汉贼寨，攻贼首思任发巢穴，七年升小旗，八年复征麓川阵亡，例升一级，无儿男。宁系亲侄，补役，九年照例升总旗，景泰二年调征贵州香炉山寨获功一十二次，景泰三年升试百户，天顺八年遇例实授。·494·

一辈沈思敬，已载前黄。

二辈沈宁，试百户功次：已载前黄。

三辈沈鑑，旧选簿查有：成化二十二年十二月，沈鑑，大庾县人，系云南左卫前所百户沈宁嫡长男。父原系功升试百户，遇例实授，本人照例革替试百户。

四辈沈泰，旧选簿查有：正德十五年六月，沈泰，大庾县人，系云南左卫前所故百户沈鑑嫡长男。伊父替试百户，遇例实授，本人照例革袭试百户。

五辈沈良佐，旧选簿查有：嘉靖二十五年十月，沈良佐，大庾县人，系云南左卫前所故试百户沈泰嫡长男。伊父原袭祖职试百户，为侵欺银两未纳故，本舍与袭祖职试百户。其伊父原欠银两，照数于本舍应支俸粮查扣还官，完日方许支给。

陈应祖·试百户

内黄查有：陈瑜，石门县人。祖陈福，甲辰年军，洪武元年充荆州卫小旗，洪武十五年调云南左卫，疾。父陈良户[名]不动代，并枪，充小旗，故。兄陈宣补小旗，故。侄陈纲补，病。瑜代，正统六年调征麓川反寇攻破[刀]招汉贼寨，十二月攻破贼首思任发巢穴奇功升总旗，天顺二年征贵州东苗，天顺三年攻破谷穰等寨节次斩获首级三颗，七年升云南左卫前所试百户，八年遇例实授。

一辈陈富，已载前黄。

二辈陈良，已载前黄。

三辈陈宣，已载前黄。

四辈陈纲，已载前黄。

五辈陈瑜，试百户功次：已载前黄。

六辈陈俊，旧选簿查有：成化十九年七月，陈俊，石门县人，系云南左卫前所百户陈瑜庶长男。父原系功升试百户，遇例实授，病故，本人照例革袭试百户。

七辈陈应祖，审稿查有：隆庆三年十月，陈应祖，年二十七岁，石门县人，系云南左卫前所故试百户陈俊嫡长孙。

八辈陈易，万历十七年十月，陈易，年十九岁，系云南左卫前所故绝试百户陈应祖亲侄，比中三等。·495·

卞鑻·所镇抚

内黄查有：卞泰，丹徒县人。祖卞捨捨，洪武二十年充军，老。兄卞亨代役，疾。泰代役，景泰四年遇例纳银六百两，五年钦升云南左卫前所所镇抚，成化四年钦与流官。

一辈卞泰，旧选簿查有：景泰五年二月，卞泰，系云南左卫前所军，丰济库纳银六百两，照例升所镇抚。

二辈卞儒，单本选簿查有：弘治三年，卞儒，系云南左卫前所已故所镇抚卞泰嫡长孙，优给出幼袭职。

功次簿查有：嘉靖八年，云南寻甸府等处一人擒斩四名颗，云南左卫前所报效实授百户升副千户一员卞儒，本年征云南寻甸府等处阵亡官旗十员名内云南左卫舍人升小旗卞文惠。

三辈卞鑾，旧选簿查有：嘉靖三十二年十一月，卞鑾，年三十五岁，丹徒县人，系云南左卫前所故副千户卞儒亲侄孙。伊高祖泰以军役纳升所镇抚，伯祖儒袭，历功升副千户。所据军功二级系伯祖立功，本舍侄孙人数，例不借袭。所有纳升所镇抚，袭未三辈，姑准借袭。其父以舍人获功升小旗，不及祖职，不准并袭。

王应祖·署试百户事冠带总旗

外黄查有：王纲，丽水县人。祖王青丙午年归附，洪武四年选充兴武卫小旗，十五年调云南左卫前所，故。父王信户名不动补役，仍充小旗，正统六年调征麓川反寇，攻上江刀招汉贼寨，攻贼首思任发巢穴，七年升总旗，老。纲仍顶户名代役，并枪仍充总旗，景泰二年调征贵州香炉山等处苗贼，攻破铜鼓等寨，攻罗地等寨，攻大小文虫等寨，攻凯里等寨，攻小江等寨，攻丁家台寨，攻塘龙等寨，攻八卖寨，攻破香山寨，获功一十二次，三年钦升云南左卫前所试百户，天顺元年遇例实授百户，成化四年钦与流官。

一辈王青，已载前黄。

二辈王信，已载前黄。

三辈王纲，试百户功次：已载前黄。

四辈王政，旧选簿查有：成化二十三年二月，王政，丽水县人，系云南左卫前所试百户王刚嫡长男。父原系功升试百户，遇例实授，本人照例替试百户。

五辈王辅，旧选簿查有：弘治十三年八月，王辅，年五岁，丽水县人，系云南左卫前所百户王政嫡长男。祖王纲原系功升试百户，天顺元年遇例实授，年老。伊父革替试百户，又遇例实授，故。本人该与实授百户俸优给，至弘治二十二年终住支。

旧选簿查有：正德五年十二月，王辅，年十五岁，丽水县人，系云南左卫前所故世袭百户王政嫡长男。

六辈王应祖，旧选簿查有：嘉靖三十八年二月，王应祖，丽水县人，系云南左卫前所故实授百户王辅亲侄。查伊高祖信以小旗于正统六年征麓川功升总旗，曾祖刚替，景泰元年征贵州香炉山等处获功十二次升试百户，遇例实授，祖政革试百户，伯辅沿袭。所据麓川功无擒斩，例应减革，今本舍革袭署试百户事冠带总旗。

七辈王守爵，审稿查有：隆庆四年二月，王守爵，年二十六岁，丽水县人，系云南左卫前所已故署试百户事冠带总旗王应祖亲侄。

年远事故前所试百户一员·龚瑀

景泰三年十二月，云南左卫总旗升试百户龚福。

弘治三年六月，龚瑀，年十五岁，澧阳县人，系云南左卫前所百户龚礼户名龚福庶长男。父系试百户，天顺元年遇例实授，病故。本人先因年幼，照例已革与试百户俸优给，今出幼，遇例，该袭实授百户。

又一员·秀完

成化十七年六月，秀实，年十五岁，万安县人，系云南左卫前所故百户秀谦庶长男。父原系试百户，遇例实授，本人先因年幼优给，今出幼，照例革袭试百户。

弘治十三年十二月，秀完，万安县人，系云南左卫前所百户秀实亲弟。父秀谦原系功升试百户，天顺元年遇例实授，故。兄革袭试百户，又遇例实授，故。本人照例袭百户，钦与世袭。

又一员·何政·497·

正统十一年九月，何能，幼名驴儿，系云南左卫前所总旗何敏堂弟。堂兄征剿上江夷寇与贼对敌阵亡，本人患疾，叔何澄升授试百户，后署所镇抚事。今本人病痊，叔退还职事，钦准仍受试百户署所镇抚事，伊叔革闲。

成化十二年八月，何政，凉州人，系云南左卫前所百户何能嫡长男，钦与世袭。

又一员·张雄

正统八年四月，升试百户俸优给张英，年八岁，系云南左卫前所伤故总旗张斌嫡长男。

天顺二年八月，张全，辉县人，系云南左卫前所试百户张英堂叔。堂兄张斌原系总旗，调征麓川阵亡，例升一级，将堂侄袭升前职，病故，今照例本人该袭实授百户。

成化十五年八月，张雄，辉县人，系云南左卫前所百户张全嫡长男。伊堂兄张英原系功升试百户，病故。伊父袭职，遇例实授，患疾。本人照例革替试百户。

又一员·梁裕

正统七年二月,梁裕,系云南左卫前所阵亡总旗梁俊男,升本卫所试百户。

所镇抚一员·梁楷

景泰五年二月,梁洪,系云南左卫前所军,丰济库纳银六百两,照例升所镇抚。

天顺四年九月,梁楷,系云南左卫前所所镇抚梁洪亲侄。伯原系军人,纳银升前职,病故。本人袭职,照例月支俸一石。

又一员·邹凯

洪武二十八年八月,邹凯,系云南左卫前所试所镇抚,因清理贴黄赴京,告父祖征战年深,钦与实授,覆奏附选,授世袭职事。

又一员·沃耀

洪武二十六年四月,沃耀,旧名赵儿,年四岁,系云南左卫前所故世袭所镇抚沃忠嫡长男,钦与全俸优给,至洪武三十七年终住支。①

又一员·段思忠

景泰三年正月,段思忠,系云南左卫前所小旗升所镇抚。

张从举·署指挥佥事事正千户

内黄查有:张龙,含山县人,乙未年归附,戊戌年充小旗,洪武二十年升总旗,三十二年以年深除蒙化卫左所百户,三十三年与世袭,永乐二年钦与流官,止终本身。

---

① 《总汇》本册第474—475页"又一员·沃义"簿,所载相比此簿虽有"前所""中所"之别,然能在内容上形成承接补充关系,当系一簿误誊两处,而其"前所""中所"之载亦或有一误。

一辈张龙，已载前黄。

二辈张云，缺。

三辈张亮，缺。

试百户功次：候查。

四辈张成，缺。

钦升簿查有：天顺八年，贵州东苗杀贼获功例升一级，云南左卫实授百户升副千户八员内一员张成。·499·

五辈张锐，缺。

六辈张昇，旧选簿查有：成化十八年八月，张昇，年一岁，含山县人，系云南左卫后所老疾副千户张成嫡长孙，钦与全俸优给，至成化三十一年终住支。

弘治九年闰二月，张昇，含山县人，系老疾副千户张成嫡长孙，优给出幼袭职。

功次簿查有：嘉靖元年征剿广西府十八寨功次，一人自擒斩贼级三名颗，云南左卫后所副千户升正千户二员内一员张昇。

钦升簿查有：嘉靖八年征寻甸功次，一人擒斩贼级六名颗官旗十七员内，云南左卫后所随征正千户升指挥佥事一员张昇。

七辈张从学，旧选簿查有：嘉靖二十年十月，张从学，年二十二岁，含山县人，系云南左卫老疾指挥佥事张昇嫡长男。伊曾祖成以实授百户天顺八年东苗功升副千户，老，祖锐、父昇沿袭，父正德十五年征广西府十八寨擒斩功升正千户，嘉靖六年寻甸斩级功升指挥佥事。所据东苗功无擒斩，例应减革，本人照例革替署指挥佥事事正千户。

八辈张从举，旧选簿查有：嘉靖三十四年四月，张从举，含山县人，系云南左卫故绝指挥佥事张从学亲弟。查得伊兄原革替署指挥佥事事正千户，遇例实授。所据遇例职级例不准袭，本舍仍革袭署指挥佥事事正千户。

九辈张世勋，万历十六年十二月，张世勋，年三十岁，含山县人，系云南左卫年老署指挥佥事事正千户张从举嫡长男，比中三等。①

十辈张联斗，万历三十九年十二月，大选过云南左卫署指挥佥事事正千户一员张联斗，年三十三岁，系疾署指挥佥事事正千户张世勋嫡长男，比中三等。

---

① 《总汇》本册第410页"张国威"选簿所载，可接续此"十辈张联斗"选条。

曹廷相·世袭百户

外黄查有：曹安，六安州人，丙申年归附，甲辰年充小旗，丙午年总旗，洪武元年除百户，二十三年调云南左卫右所。曹凯系安嫡孙，祖老，凯替。曹瑄系凯嫡长男，替，疾。曹镛替，故。曹宪袭，老。曹廷相年二十三岁，系云南左卫右所年老世袭百户曹宪嫡长男，嘉靖三十四年替。

一辈曹安。

二辈曹凯。

三辈曹宣。·500·

四辈曹镛。

五辈曹端。

六辈曹宪。

七辈曹廷相。

八辈曹师曾，万历四年六月，曹师曾，年十五岁，六安州人，系云南左卫右所故世袭百户曹廷相庶长男。

九辈曹尧臣，天启二年正月补天启元年十二月大选，过云南左卫右所实授百户一员曹尧臣，年三十三岁，系故实授百户曹师曾堂侄，比中三等。

年远事故后所正千户一员·张昇

正统七年二月，张英，系云南左卫后所正千户张安嫡长男。

成化三年八月，张昊，东平州人，系云南左卫后所世袭正千户张英嫡长男。

弘治二年八月，张昇，东平州人，系云南左卫后所故世袭正千户张昊亲弟。

又一员·朱昭

天顺三年十二月，朱贵，原系云南左卫后所副千户，贵州开通道路杀贼获功一级，照例升正千户。

天顺六年六月，朱昭，仁和县人，系云南左卫后所故正千户朱贵嫡长男，钦与世

袭。① ·501·

邹儒·副千户

外黄查有：邹絃，攸县人，洪武元年归附，四年选充长沙卫总旗，二十年升本卫前所世袭百户，二十八年改云南左护卫，十月复设云南左卫，三十年授世袭。邹泰系邹絃嫡长孙，祖父老疾，告替，父邹杰先年故，泰永乐四年替云南左卫后所世袭百户。

一辈邹絃，已载前黄。

二辈邹泰，旧选簿查有：永乐四年二月，邹泰，系云南左卫后所世袭百户邹絃嫡长孙。

三辈邹敏，旧选簿查有：永乐十九年六月，邹敏，系云南左卫后所故世袭百户邹泰庶次叔。有次侄邹英，残疾，不堪承袭，钦准本人袭职，待侄有男，还与职事。

四辈邹瑢，旧选簿查有：正统七年三月，邹瑢，系云南左卫后所百户邹敏嫡长男。

五辈邹雄，旧选簿查有：成化十三年七月，邹雄，攸县人，系云南左卫后所副千户邹瑢嫡长男，钦与世袭。

六辈邹昂，旧选簿查有：正德四年四月，邹昂，攸县人，系云南左卫后所世袭副千户邹雄嫡长男。

功次簿查有：嘉靖元年，广西十八寨一人自擒斩贼级三名颗，云南左卫后所副千户升正千户二员内一员邹昂。

七辈邹钦，旧选簿查有：嘉靖五年十二月，邹钦，攸县人，系云南左卫后所故功升正千户邹昂嫡长男，钦与世袭。

八辈邹儒，旧选簿查有：嘉靖二十八年十二月，邹儒，攸县人，系云南左卫后所正千户邹钦嫡长男。查得伊高祖瑢原系百户，景泰七年征进湖广等处杀贼有功升副千户，传至祖昂，征进广西十八寨擒斩贼级功升正千户，父钦沿袭。所据湖广功无擒斩，例应减革，本人与替副千户。

九辈邹士元，万历八年八月，邹士元，年三十四岁，攸县人，系云南左卫后所年

---

① 《总汇》本册第403页"又一员·朱梁"载："成化十五年四月，朱梁，年十五岁，仁和县人，系云南左卫故指挥佥事朱昭嫡长男，钦与世袭"。其载朱梁袭指挥佥事在成化间，与此簿载朱昭袭正千户在天顺间构成时间上的承接关系，又皆为仁和县人，或朱昭袭职后历功升指挥佥事，且其职由嫡长男朱梁承袭。

老副千户邹儒嫡长男，比中三等。

吴思明·副千户

外黄查有：吴得，旧姓赵名得，合肥县人，王元帅下军，乙巳年选充小旗，吴元年钦除百户，为事充军，征越州阿资，洪武二十六年钦依复职世袭副千户，老。吴坚系吴得嫡长男，坚于永乐九年替世袭副千户，故。琳系吴坚嫡长孙，琳因年幼优给，正统四年袭授世袭副千户，故。鼎系吴琳嫡长男，出幼，成化八年袭副千户，故。灏系吴鼎嫡长男，灏于弘治八年袭副千户。

一辈吴得，旧选簿查有：洪武二十八年二月，云南左卫后所副千户吴得，旧名德。·502·

二辈吴坚，旧选簿查有：永乐九年四月，吴坚，系云南左卫后所老疾世袭副千户吴得嫡长男。

三辈吴琳，旧选簿查有：正统四年八月，吴琳，年十五岁，系云南左卫后所故世袭副千户吴坚嫡长孙。

四辈吴鼎，旧选簿查有：成化八年七月，吴鼎，合肥县人，系云南左卫后所故世袭副千户吴琳嫡长男。

五辈吴灏，旧选簿查有：弘治十年九月，吴灏，合肥县人，系云南左卫后所故世袭副千户吴鼎嫡长男。

六辈吴樑，旧选簿查有：嘉靖二十三年八月，吴樑，合肥县人，系云南左卫后所老疾副千户吴灏嫡长男。

七辈吴思明，旧选簿查有：嘉靖三十五年十月，吴思明，合肥县人，系云南左卫后所署指挥佥事吴樑嫡长男。伊父原袭祖职副千户，武举中试升署指挥佥事，赴京进表，寻无下落。所据伊父武举加升二级不由军功，例无承袭，本舍照例革袭祖职副千户。

八辈吴光荣，万历二十二年二月，吴光荣，年十八岁，系云南左卫后所患疾副千户吴思明嫡长男，比中三等。

九辈吴承勋，崇祯八年八月，大选过云南左卫后所副千户一员吴承勋，年二十二岁，系故副千户吴光荣嫡长男，比中三等。

田承禄·副千户

外黄查有：田荣，合肥县人。有祖田广，甲辰年充飞熊卫小旗，丙午年充金吾卫总旗，洪武八年升镇武卫副千户，故。父田旺袭府军左卫百户，十七年升府军前卫中左所副千户，二十五年为事降百户，本年复职，三十四年升曲靖卫指挥佥事。荣系嫡长男，永乐四年袭除云南左卫后所副千户。

一辈田广，已载前黄。

二辈田旺，已载前黄。

三辈田荣，旧选簿查有：永乐四年四月，田荣，系云南后卫指挥佥事田旺嫡长男。父原系六凉卫前所世袭副千户，革除年间升除前职，病故，敬准袭授云南左卫后所世袭副千户。

四辈田琮，旧选簿查有：正统三年九月，田琮，系云南左卫后所故世袭副千户田荣嫡长男。·503·

五辈田昇，旧选簿查有：成化元年八月，田昇，合肥县人，系云南左卫后所世袭副千户田琮嫡长男。

六辈田文秀，旧选簿查有：正德八年八月，田文秀，年十五岁，合肥县人，系云南左卫后所老疾世袭副千户田昇庶长男。

七辈田胜，旧选簿查有：嘉靖十五年八月，田胜，合肥县人，系云南左卫后所故副千户田文秀嫡长男。

八辈田承禄，旧选簿查有：嘉靖二十三年六月，田承禄，年六岁，合肥县人，系云南左卫后所故副千户田胜嫡长男，照例与全俸优给，至嘉靖三十一年终住支。

旧选簿查有：嘉靖三十二年六月，田承禄，年十五岁，合肥县人，系云南左卫后所副千户田胜嫡长男。

九辈田嘉会，万历四年八月，田嘉会，年二十岁，合肥县人，系云南左卫后所故副千户田承禄嫡长男。

十辈田有秋，万历四十一年八月，大选过云南左卫后所副千户一员田有秋，年二十五岁，系老副千户田嘉会嫡长男，比中一等。

唐庆陛·副千户

一辈唐完，缺。

二辈唐昱，缺。

三辈唐显，旧选簿查有：正统七年麓川获奇功二次总旗升副千户唐显。

四辈唐璟，旧选簿查有：景泰四年八月，唐璟，顺天府人，系云南左卫后所副千户唐显嫡长男，钦与世袭。

五辈唐俭，旧选簿查有：弘治三年八月，唐俭，年十六岁，宛平县人，系云南左卫后所世袭副千户唐璟庶长男。

六辈唐钺，旧选簿查有：嘉靖五年四月，唐钺，宛平县人，系云南左卫后所副千户唐俭嫡长男。伊曾祖显系军人，宣德五年并枪充小旗，历功升前职，祖与父沿袭，缘并枪一级例该减革，本人照·504·例革替实授百户，注本所。

副千户功次：候查。

七辈唐庆陛，旧选簿查有：嘉靖二十七年十二月，唐庆陛，宛平县人，系云南左卫后所故副千户唐钺庶长男。

八辈唐廷瓒，万历二十九年十二月，唐廷瓒，年二十五岁，系云南左卫后所老副千户唐庆陛亲侄。查内地反贼零星擒斩不及数，选簿又载"副千户功次，候查"，未确，相应减革，与袭实授百户，比中三等。

九辈唐廷恭，万历三十七年六月，大选过云南左卫后所实授百户一员唐廷恭，年三十岁，系故实授百户唐廷瓒亲弟，比中二等。

年远事故后所副千户一员·葛瑄

洪武三十一年二月，葛鹏，系云南左卫后所世袭副千户葛敬嫡长男。

永乐三年六月，葛翱，系云南左卫后所故世袭副千户葛鹏亲弟。兄有嫡长男葛玉，赴京袭职，不见下落，次男葛瑄年幼，钦准本人借职，待侄出来，还与职事。

永乐六年九月，葛瑄，年十七岁，系云南左卫后所故世袭副千户葛鹏嫡次男。[①]

张印·署副千户事实授百户

外黄查有：张俊，临邑县人。叔祖张恕，洪武十八年为事充军，故。祖张换儿补役，故。伯张荣补役，故。父张才补役，正统六年麓川攻破贼寨，攻破木笼山贼

---

① 该簿所载葛鹏、葛翱、葛瑄之承袭履历，与《总汇》第59册第435页"葛应时·实授百户"选簿贴黄及二、三、四辈选条可相互补充印证。

寨，杀败马鞍贼寇，攻破思仁发巢穴，获头功三次，七年升云南左卫试百户，景泰二年香炉山攻破铜鼓寨，攻破罗地寨，攻破大小众寨，攻破鸡场寨，攻破凯里寨，攻破母勇寨，攻破丁家寨，攻破八卖寨，攻破塘龙寨，获功十二次，三年升署副千户，天顺元年遇例实授，疾。俊系嫡长男，替副千户。·505·

一辈张才，试百户功次：已载前黄。

旧选簿查有：景泰三年十二月，云南左卫试百户升署副千户张才。

二辈张俊，旧选簿查有：成化元年八月，张俊，临邑县人，系云南左卫后所副千户张才嫡长男，钦与世袭。

三辈张傑，旧选簿查有：成化十九年七月，张傑，年十五岁，临邑县人，系云南左卫后所副千户张俊亲庶弟。父张才原系军人，三次头功升试百户，获功升署副千户，遇例实授，老疾，兄替职，病故，无儿男，本人年幼优给，今出幼，照例革袭署副千户事试百户。

四辈张经，旧选簿查有：正德四年八月，张经，年十五岁，临邑县人，系云南左卫后所故世袭副千户张傑嫡长男。

五辈张印，旧选簿查有：嘉靖三十二年六月，张印，临邑县人，系云南左卫后所副千户风疾张经嫡长男。今本舍革遇例，照旧署副千户事实授百户。

六辈张九畴，万历十六年二月，张九畴，年二十岁，临邑县人，系云南左卫后所故署副千户事实授百户张印堂侄，比中二等。

七辈张震，万历四十三年八月，大选过云南左卫后所署副千户事实授百户一员张震，年十六岁，系故署副千户事实授百户张九畴嫡长男，比中三等。

金文·世袭百户

内黄查有：金玉，凤阳府人，己亥年充参随，吴元年除百户，洪武十六年为整点大军发辽东征进，二十年复除云南左卫世袭百户。金镇系金玉嫡长孙，祖在任故，父金宣先故，镇优，袭。金浩系金镇嫡长男。金章系金浩嫡长男。

一辈金玉，已载前黄。

二辈金镇，旧选簿查有：永乐六年六月，金镇，年十五岁，系云南左卫后所故世袭百户金玉嫡长孙。

三辈金浩，旧选簿查有：正统二年七月，金浩，年十五岁，系云南左卫后所故世袭百户金镇嫡长男。

四辈金章，旧选簿查有：天顺五年八月，金章，年十五岁，临淮县人，系云南左卫后所故世袭百户金浩嫡长男。父于贵州开通道路杀贼有功例升一级，未升病故。本人先因年幼，已照例升与副千户俸优给，今出幼，该袭流官副千户。·506·

五辈金俊，旧选簿查有：弘治十五年十月，金俊，临淮县人，系云南左卫后所袭升副千户金璋嫡长男，钦与世袭。

六辈金文，旧选簿查有：嘉靖十二年二月，金文，年二十二岁，临淮县人，系云南左卫后所故副千户金俊嫡长男。伊祖职原系百户，曾祖浩贵州开通道路，祖章袭升前职，父袭，本人照例革去开通道路升级，与袭百户。

七辈金存忠，万历十二年六月，金存忠，年二十岁，临淮县人，系云南左卫后所故实授百户金文嫡长男，比中二等。

八辈金存义，万历二十四年六月，大选存义，年十九岁，临淮县人，系云南左卫后所故实授百户金存忠亲弟，比中三等。

谭应元·实授百户

内黄查有：谭纲，攸县人。父谭衡，旧名权，甲辰年归附，洪武四年充长沙卫总旗，二十年升本卫左所世袭百户，二十六年老疾。纲系庶长男，永乐六年替云南左卫后所世袭百户。谭政系谭纲亲侄。伯故，父谭纪袭职，老疾，政于正统八年替云南左卫后所世袭百户。谭忠系谭政庶长男。

一辈谭衡，已载前黄。

二辈谭纲，旧选簿查有：永乐六年三月，谭纲，系云南左卫后所世袭百户谭衡庶长男，敬替世袭百户。

三辈谭纪，旧选簿查有：永乐十三年十月，谭纪，系云南左卫后所故世袭百户谭纲庶弟。

四辈谭政，旧选簿查有：正统九年二月，谭政，系云南左卫后所世袭百户谭纪嫡长男。

五辈谭忠，旧选簿查有：弘治八年，谭忠，年十五岁，攸县人，系云南左卫后所世袭百户谭政庶长男，优给出幼袭职。

六辈谭儒，旧选簿查有：嘉靖二十年十月，谭儒，年二十一岁，攸县人，系云南左卫后所老疾实授百户谭忠庶长男，仍替原职。

七辈谭应元，旧选簿查有：嘉靖二十六年八月，谭应元，攸县人，系云南左卫后所故实授百户谭儒亲侄。

八辈谭国柱，万历七年十二月，谭国柱，年二十岁，攸县人，系云南左卫后所患疾实授百户谭应元嫡长男，比中二等。

九辈谭万师，万历四十二年十一月，大选过云南左卫后所实授百户一员谭万师，年二十一岁，系疾实授百户谭国柱嫡长男，比中三等。·507·

谢印绶·实授百户

一辈谢实，缺。

二辈谢傑，缺。

三辈谢玛，旧选簿查有：洪武二十七年正月，谢玛，系云南左卫后所故世袭百户谢傑嫡长男，钦袭本卫所世袭百户。

四辈谢瑄，旧选簿查有：永乐九年九月，谢瑄，系云南左卫后所故世袭百户谢玛亲弟。

五辈谢镛，旧选簿查有：正统五年九月，谢镛，系云南左卫后所世袭百户谢瑄嫡长男。

六辈谢鼎，旧选簿查有：成化十九年二月，谢鼎，年八岁，凤阳县人，系云南左卫后所残疾世袭百户谢镛嫡长男。先因未生，庶兄谢昱优给，续生本人，改正优给，至成化二十五年终住支，伊庶兄优给俸粮开除。

旧选簿查有：弘治三年六月，谢鼎，年十五岁，凤阳县人，系云南左卫后所残疾世袭百户谢镛嫡长男。

七辈谢朝恩，旧选簿查有：正德十四年六月，谢朝恩，凤阳县人，系云南左卫后所故世袭百户谢鼎嫡长男，优给出幼。

八辈谢朝惠，旧选簿查有：嘉靖三年九月，谢朝惠，凤阳县人，系云南左卫后所故绝世袭百户谢朝恩亲弟。

九辈谢印绶，旧选簿查有：嘉靖四十四年二月，谢印绶，年二十岁，凤阳县人，系云南左卫后所年老实授百户谢朝惠嫡长男。

十辈谢训，万历二十九年八月，谢训，年二十九岁，系云南左卫后所老实授百户谢印绶嫡长男，比中二等。

十一辈谢天祐，崇祯十一年二月，大选过云南左卫后所实授百户一员谢天祐，年三十九岁，系老实授百户谢训嫡长男，比中三等。·508·

张世功·实授百户

外黄查有：张显，饶州府人，有父张得旧名德嫡长男。有父甲辰年归附充小旗，洪武三年并充总旗，十八年钦除云南左卫右所世袭百户，二十八年老疾，告替。显三十四年替，授云南左卫后所世袭百户。张广系张显嫡次男。

一辈张得，已载前黄。

二辈张显，旧选簿查有：洪武十六年，楚雄等处有功总旗升云南左卫百户张显。

三辈张广，旧选簿查有：宣德四年，张广，系云南左卫后所世袭百户张显嫡长男。

四辈张铭，旧选簿查有：正统八年二月，张铭，系云南左卫后所阵亡百户张广堂兄，袭升副千户。

五辈张溥，旧选簿查有：天顺七年五月，张溥，鄱阳县人，系云南左卫后所副千户张铭嫡次男，钦与世袭。

六辈张逵，旧选簿查有：成化二十三年十一月，张逵，鄱阳县人，系云南左卫后所世袭副千户张溥嫡长男。

七辈张璟，旧选簿查有：正德七年八月，张璟，年十五岁，鄱阳县人，系云南左卫后所故副千户张逵嫡长男。内副千户一级系曾堂叔祖张广阵亡所升，例不该袭，本人已革与祖职百户俸优给，今出幼袭职。

八辈张朝臣，旧选簿查有：嘉靖十二年二月，张朝臣，年二十一岁，鄱阳县人，系云南左卫后所故百户张璟嫡长男。

九辈张朝元，旧选簿查有：嘉靖三十一年六月，张朝元，年二十岁，鄱阳县人，系云南左卫后所故实授百户张朝臣堂弟。

十辈张世功，旧选簿查有：隆庆二年十月，张世功，年五岁，鄱阳县人，系云南左卫后所故实授百户张朝元嫡长男。伊父原因伊伯祖张旭患疾无子，借替祖职实授百户，嘉靖四十五年故，今伊伯见在，本舍照例仍与借祖职实授百户俸优给，扣至隆庆十二年终住支，出幼袭职。待后伊伯张旭生有儿男，退还职事。

十一辈张世勋，万历二十四年三月，单本张世勋，年二十九岁，系云南左卫后所故绝实授百户张世功亲堂弟，比中二等。

十二辈张见龙，天启元年三月，单本选过云南左卫后所实授百户一员，年十六岁，系老实授百户张世勋嫡长男，比中三等。·509·

沈嘉吉·实授百户

内黄查有：沈源，溧阳县人。祖父沈铭，丙午年归附军，吴元年选充小旗，洪武十二年选充总旗，十八年除云南左卫左所世袭百户，二十一年调本卫后所，老。叔沈俊替，故。源系嫡长孙，永乐十年袭云南左卫后所世袭百户。

一辈沈铭，已载前黄。

二辈沈俊，旧选簿查有：洪武三十二年十二月，沈俊，系云南左卫后所世袭百户沈铭嫡长男。

三辈沈源，旧选簿查有：永乐十年八月，沈源，系云南左卫后所故世袭百户沈铭嫡长孙。

四辈沈林，旧选簿查有：宣德八年十二月，沈林，年十五岁，系云南左卫后所故世袭百户沈源嫡长男。

副千户功次：候查。

旧选簿查有：景泰三年十二月，云南左卫副千户升署正千户沈林。

五辈沈容，旧选簿查有：成化五年十一月，沈容，溧阳县人，系云南左卫后所故世袭正千户沈林嫡长男，钦与世袭。

六辈沈昂，旧选簿查有：成化九年九月，沈昂，溧阳县人，系云南左卫后所为事革职世袭正千户沈容堂弟。有次堂兄沈宣患残疾，不堪承袭，本人袭职，待兄有男，还与职事。

七辈沈文通，旧选簿查有：正德十六年二月，沈文通，溧阳县人，系云南左卫后所故正千户沈昂庶长男。堂伯祖沈琳袭百户，获功二级升前职。父系堂侄，例前承袭，本人照旧革袭百户。

八辈沈嘉吉，旧选簿查有：隆庆元年二月，沈嘉吉，年二十岁，溧阳县人，系云南左卫后所年老实授百户沈文通嫡长孙。

九辈沈九畴，万历十八年十二月，沈九畴，年七岁，系云南左卫后所故实授百户沈嘉吉嫡长男，照例与全俸优给，至万历二十五年终住支。

万历二十六年十月，沈九畴，年十五岁，系云南左卫后所故实授百户沈嘉吉嫡长男，出幼袭职，比中二等。·510·

吕英·世袭百户

一辈吕旺，缺。

二辈吕斌，缺。

三辈吕贤，旧选簿查有：宣德五年八月，吕贤，系云南左卫后千户所故世袭百户吕斌亲弟。兄有嫡长男吕义，残疾，不堪承袭，钦准本人袭职，待有男，还与职事。

四辈吕皋，旧选簿查有：正统十年九月，吕皋，年十五岁，系云南左卫后所故世袭百户吕斌嫡长孙。先因年幼，叔祖吕贤借职，后告取职事，已与优给，今出幼袭职。

五辈吕鑑，旧选簿查有：弘治五年八月，吕鑑，颖上县人，系云南左卫后所世袭百户吕皋嫡长男。

六辈吕琇，旧选簿查有：弘治十四年十一月，吕琇，年三岁，颖上县人，系云南左卫后所故世袭百户吕鑑庶长男，钦与全俸优给，至弘治二十五年终住支。

七辈吕镇，旧选簿查有：弘治十六年九月，吕镇，颖上县人，系云南左卫后所故世袭百户吕鑑亲弟。已与侄吕琇优给，故，本人袭职。

八辈吕英，旧选簿查有：正德八年十月，吕英，颖上县人，系云南左卫后所故世袭百户吕镇嫡长男。

九辈吕明，隆庆六年八月，吕明，年三十八岁，颖上县人，系云南左卫后所世袭百户吕英亲侄。

十辈吕安周，万历三十九年六月，大选过云南左卫后所实授百户一员吕安周，年三十岁，系故实授百户吕明堂侄，比中三等。

十一辈吕思忠，崇祯八年六月，大选过云南左卫后所实授百户一员吕思忠，年二十九岁，系故实授百户吕安周嫡长男，比中三等。

谢诏·世袭百户

内黄查有：谢显，湘潭县人。有父谢玉，丙午年归附，吴元年除百户，洪武四年授世袭，疾。显替职，十六年为整点大军事追夺，发辽东征进，二十年复除世袭百户。·511·

一辈谢玉，已载前黄。

二辈谢显,已载前黄。

三辈谢用,旧选簿查有:宣德四年八月,谢用,年十五岁,系云南左卫后千户所世袭百户谢显嫡长孙。

四辈谢隆,旧选簿查有:成化十年九月,谢隆,湘潭县人,系云南左卫后所世袭百户谢用庶长男。

五辈谢虎,旧选簿查有:成化二十二年四月,谢虎,湘潭［县］人,系云南左卫后所故世袭百户谢隆亲弟。

六辈谢文,旧选簿查有:正德十三年十二月,谢文,年五岁,湘潭县人,系云南左卫后所故世袭百户谢虎庶长男,钦与全俸优给,至正德二十二年终住支。

旧选簿查有:嘉靖九年八月,谢文,年十七岁,湘潭县人,系云南左卫后所故百户谢虎庶长男,优给出幼袭职。限外多支俸粮,查扣支给。

七辈谢诏,旧选簿查有:嘉靖二十五年四月,谢诏,年八岁,湘潭县人,系云南左卫后所故实授百户谢文嫡长男,照例与全俸优给,至嘉靖三十一年终住支。

旧选簿查有:嘉靖三十六年四月,谢诏,湘潭县人,系云南左卫后所故世袭百户谢文嫡长男,优给出幼袭职。查得本舍优给违限五年,限外有无多支俸粮,查扣毕日关支。

八辈谢邦达,万历二十八年十二月,谢邦达,年十八岁,系云南左卫后所故实授百户谢诏堂侄,比中三等。

九辈谢弘道,崇祯四年七月,单本选过云南左卫后所试百户一员谢弘道,年四十二岁,系故实授百户谢[邦]达亲族。查六辈未袭,照例减袭授一级,与试百户,比中三等。

十辈谢弘逻,崇祯十五年十月,大选过云南左卫后所试百户一员谢弘逻,年四十三岁,系故试百户谢弘道亲三弟,比不中,准支半俸。

廖应禄·实授百户

外黄查有:廖宗,黔阳县人,系旧姓张嫡长男。有父前头目,甲辰年从军,洪武四年选充总旗,二十年升百户,故。宗袭职,仍授云南左卫后所世袭百户。·512·

一辈廖祥,已载前黄。

二辈廖宗,旧选簿查有:洪武三十二年九月,廖宗,系云南左卫后所故世袭百户廖祥嫡长男。

三辈廖遑，旧选簿查有：永乐七年六月，廖遑，系云南左卫后所故世袭百户廖宗嫡长男。

四辈廖瑛，旧选簿查有：正统九年八月，廖瑛，系云南左卫后所世袭百户廖遑嫡长男。

五辈廖钟，旧选簿查有：成化九年九月，廖钟，年十五岁，黔阳县人，系云南左卫后所残疾世袭百户廖瑛庶长男。

充军簿查有：弘治十八年三月，云南左等卫百户廖钟，系监守侵盗仓粮发都匀卫永远军。

六辈廖岳，旧选簿查有：嘉靖十年十月，廖岳，年三十五岁，黔阳县人，系云南左卫后所老疾试百户廖钟嫡长男。伊父原袭祖职百户，为事降总旗，又获功升试百户，今老疾。本人照例替父功升试百户，待父身终之日，另行保送承袭祖职实授百户。

七辈廖应禄，旧选簿查有：嘉靖三十二年十一月，廖应禄，黔阳县人，系云南左卫后所老实授百户廖岳庶次男。伊祖钟原袭祖职实授百户，为[事]降充总旗，获功升试百户，父岳替，今老。所据伊祖获功升试百户一级，系降后获功，例不准替，本舍照例革替祖职实授百户。

年远事故后所世袭百户一员·张纲

洪武三十二年，张得，系云南左卫后所总旗除百户。

洪武三十四年四月，张彪，年十九岁，系云南左卫后所世袭百户张得嫡长男。父白沟河阵亡，钦袭本卫所世袭百户。

永乐十三年十二月，张麟，年十六岁，系云南左卫后所故世袭百户张彪亲弟。

正统二年十月，张纲，年十五岁，系云南左卫后所残疾世袭百户张麟嫡长男。·513·

李隆·署副千户事试百户

一辈李真，缺。

二辈李洪，缺。

三辈李春，试百户功次：候查。

旧选簿查有：景泰三年十二月，云南左卫试百户升署副千户李春。

四辈李贵，旧选簿查有：天顺三年八月，李贵，鄼县人，系云南左卫后所副千户李春嫡长男，钦与世袭。

五辈李隆，旧选簿查有：成化十九年七月，李隆，鄼县人，系云南左卫后所副千户李贵嫡长男。祖李春原系功升试百户，又获功升署副千户，遇例实授，老疾，父替职，今年老，本人照例革替署副千户事试百户。

程恩·试百户

一辈程端，缺。

二辈程鑑，缺。

三辈程永，旧选簿查有：景泰三年十二月，云南左卫总旗升试百户程永。

四辈程琳，旧选簿查有：成化十二年二月，程琳，鄼县人，系云南左卫后所百户程永嫡长男，钦与世袭。

五辈程昂，旧选簿查有：弘治十七年十一月，程昂，鄼县人，系云南左卫后所世袭百户程琳嫡长男。·514·

六辈程恩，旧选簿查有：正德十六年八月，程恩，鄼县人，系云南左卫后所故百户程昂嫡长男。伊曾祖程永功升试百户，遇例实授，祖琳及伊父各沿袭，本人照例革与试百户。

七辈程应祖，万历四年十二月，程应祖，年二十六岁，鄼县人，系云南左卫后所故实授百户程恩亲堂侄，革遇例，与袭试百户。

八辈程坤，万历三十六十月，大选过云南左卫后所试百户一员程坤，年十八岁，系老试百户程应祖嫡次男，准借替试百户，待伊侄程裕祺长成，退还职事，比中一等。

黄邦辅·试百户

一辈黄浩，旧选簿查有：天顺七年十二月，云南左卫总旗升试百户黄浩。

二辈黄郁，旧选簿查有：成化七年五月，黄郁，泰州人，系云南左卫后所百户黄浩嫡长男，钦与世袭。

三辈黄凯，旧选簿查有：弘治十二年六月，黄凯，泰州人，系云南左卫后所百户黄郁嫡长男。伊祖黄浩原系功升试百户，天顺八年遇例实授，年老，父替职，老疾，本人照例革替试百户。

四辈黄世经，旧选簿查有：嘉靖十四年四月，黄世经，年二十六岁，泰州人，系云南左卫后所故绝百户黄凯亲侄。伊伯以试百户遇例实授，本人照例革与试百户。

五辈黄邦辅，旧选簿查有：嘉靖四十四年七月，黄邦辅，年六岁，泰州人，系云南左卫后所年老实授百户黄世经嫡长孙。革遇例，与照试百户俸优给，至嘉靖五十二年终住支。

万历九年二月，黄邦辅，年二十三岁，泰州人，系云南左卫后所故试百户黄世经嫡长孙，优给出幼袭职，比中二等。查本舍违限七年，有无多支俸粮，查扣毕日关支。

郑应祖·所镇抚

外黄查有：郑文旺，系庐州府合肥县人，乙未年归附军，庚子年除先锋，阵亡。[忠]洪武十三年除留守右卫仪凤门千户所镇抚，十七年调曲靖卫右所流官所镇抚，二十七年与袭职事，二十九年调云南左卫后所，为因年深三十一年升世袭副千户。郑珩系郑忠嫡长男，父原系本卫后所镇抚，革除年间升副千户，病故，止终本身，珩于永乐十年袭授伊父原职云南·515·左卫后所世袭所镇抚。郑镛系郑珩嫡长男，父正统十二年病故，镛于正统十三年钦准袭授云南左卫后所世袭所镇抚。郑俊系郑镛嫡长男，父病故，俊于景泰二年钦与全俸优给，至景泰九年终住支。

一辈郑文旺，已载前黄。

二辈郑忠，旧选簿查有：洪武三十一年，云南左卫后所镇抚郑忠。

三辈郑珩，旧选簿查有：永乐十年七月，郑珩，系云南左卫前所流官副千户郑忠嫡长男。父原系本卫后所世袭所镇抚，革除年间升除前职，病故，敬准袭原职世袭所镇抚，仍回本卫后所管事。

四辈郑镛，旧选簿查有：正统十三年二月，郑镛，系云南左卫后所故世袭所镇抚郑珩嫡长男。

五辈郑俊，旧选簿查有：景泰二年十二月，郑俊，年七岁，系云南左卫后所故世袭所镇抚郑镛嫡长男，钦与全俸优给，至景泰九年终住支。

六辈郑玺，旧选簿查有：正德元年二月，郑玺，合肥县人，系云南左卫后所故世袭所镇抚郑俊嫡长孙。

七辈郑纲，旧选簿查有：嘉靖三十年十二月，郑纲，年三十岁，合肥县人，系云南左卫后所所镇抚郑玺嫡长男。

八辈郑应祖，旧选簿查有：隆庆元年四月，郑纲，年五十三岁，系云南左卫后所所镇抚，今患疾在所。有嫡长男郑应祖，年三十二岁，告替。

陈琮·所镇抚

一辈陈贵，缺。

二辈陈斌，旧选簿查有：洪武三十一年，陈斌，系云南左卫后所所镇抚。

三辈陈义，旧选簿查有：永乐十八年十一月，陈义，系云南左卫后所故世袭所镇抚陈斌嫡长男。·516·

四辈陈谅，缺。

五辈陈鑑，旧选簿查有：成化十二年八月，陈鑑，定远县人，系云南左卫后所世袭所镇抚陈谅嫡长男。

六辈陈琮，旧选簿查有：弘治十二年六月，陈琮，定远县人，系云南左卫后所故世袭所镇抚陈鑑嫡长男。

张翔·署试百户事总旗

外黄查有：张显，歙县人。祖张佛童，丁酉年从军，洪武二十年选充小旗，老。父张真代役，并枪，仍充小旗，老。兄张胜年幼，叔张忠暂收军役，宣德元年兄出幼，改正补役，并枪仍充小旗，正统六年调征麓川，攻破刀招汉贼寨，攻破贼首思任发寨升总旗，景泰四年征贵州草塘等处苗贼，破飞炼等寨，攻破地泡等寨，五年破纳（细）沙、疆界等寨，节次斩获首级三颗升云南左卫后所试百户，天顺元年遇例实授，老，无儿男。显系亲弟，成化元年袭。张伦系张显嫡长男，父老，伦弘治五年优给，十一年终住支。

一辈张佛童，已载前黄。

二辈张真，已载前黄。

三辈张胜，审稿查有：云南左卫后所总旗功升试百户张胜。

四辈张显，旧选簿查有：成化元年七年（月），张显，歙县人，系云南左卫后所百户张胜亲弟，钦与世袭。

五辈张伦，旧选簿查有：弘治十二年七月，张伦，歙县人，系云南左卫后所老疾世袭百户张显嫡长男，优给出幼袭职。

六辈张翔，旧选簿查有：嘉靖二十八年二月，张翔，歙县人，系云南左卫后所故实授百户张伦庶次男。伊曾祖胜原代小旗，征麓川功升总旗，草塘功升试百户，遇例实授，祖显、父伦沿袭。所据麓川功无擒斩，及遇例职级不由军功，俱应减革，本舍照例革袭署试百户事总旗食总旗名粮。

七辈张承庆，泰昌元年八月，大选过云南左卫后所署试百户事食总旗名粮一员张承庆，年二十六岁，系故署·517·试百户事食总旗名粮张承胤亲弟。查伊兄张承胤一辈未比，照例罚俸三年，比中三等。

八辈张承宠，天启七年六月，大选过云南左卫后所署试百户事食总旗名粮一员张承宠，年二十七岁，系故署试百户事食总旗名粮张承庆亲弟，比中三等。

年远事故后所试百户一员·苏俊

天顺七年十二月，云南左卫总旗升试百户苏成。

成化二十年十二月，苏智，泰州人，系云南左卫后所百户苏成嫡长孙。祖原系功升试百户，遇例实授，病故，本人照例革袭试百户。

弘治十七年十一月，苏俊，泰州人，系云南左卫后所百户苏智嫡长男。伊祖原系试百户，遇天顺八年例实授，伊父革替，成化二十三年又遇例实授，今患疾，本人照例革替试百户。

贴黄开有：嘉靖五年二月病故。

所镇抚一员·周冕

景泰三年正月，周达，系云南左卫后所军升所镇抚。

景泰五年六月，周冕，句容县人，系云南左卫后所所镇抚周达嫡长男，钦与世袭。

革发署所镇抚一员·龚汝霖·518·

外黄查有：龚璿，丹徒县人。祖龚寿孙，洪武二十一年充军，宣德三年老。父龚清代役，景泰元年老。璿代役，本年遇例自备米一百石赴仓纳完，二年钦升云南左卫后所所镇抚。

贴黄查有：龚昂，年六十二岁，系云南左卫后所所镇抚龚璿嫡长孙，正德元年五月袭授前职。

嘉靖三十一年八月，龚汝霖，年二十岁，丹徒县人，系云南左卫后所故纳粟所镇抚龚昂亲孙。查得龚璿景泰元年纳米升所镇抚，本舍照例革与署所镇抚，以后革军。

曾衍·试百户

崇祯五年六月，单本选过云南左卫后所试百户一员曾衍，年四十岁，系故试百户曾儒堂侄孙，原籍武冈州人，始祖曾必成，比中三等。

吴山·署指挥佥事事正千户

一辈吴雄，缺。·519·

二辈吴斌，旧选簿查有：永乐元年七月，吴斌，系云南左卫中左所阵亡世袭副千户吴雄嫡长孙。

三辈吴溥，旧选簿查有：宣德四年四月，吴溥，年十六岁，系云南左卫中左所故世袭副千户吴斌嫡长男。

四辈吴宝，旧选簿查有：景泰五年十月，吴宝，年十七岁，合肥县人，系云南左卫中左所故世袭副千户吴溥庶长男。

五辈吴润，旧选簿查有：天顺六年九月，吴润，合肥县人，系云南左卫中左所故世袭副千户吴宝亲叔。

弘治五年六月，吴润，年六十一岁，合肥县人，系云南左卫中左所副千户升正千户。

六辈吴铨，旧选簿查有：成化二十三年二月，吴铨，合肥县人，系云南左卫中左所世袭副千户吴润嫡长男。

七辈吴鑑，旧选簿查有：正德元年十二月，吴鑑，合肥县人，系云南左卫中左所故袭升正千户吴铨亲弟，钦与世袭。

八辈吴俸，旧选簿查有：嘉靖五年十月，吴俸，合肥县人，系云南左卫中左所故世袭正千户吴鑑嫡长男。指挥佥事功次：已载九辈选条。

九辈吴山，零选簿查有：嘉靖三十六年十月，吴山，合肥县人，系云南左卫年老指挥佥事吴俸庶长男。查伊曾祖润以副千户弘治二年间征撒甸功，伯祖铨替升正千户，祖鑑、父俸沿袭，嘉靖八年寻甸斩首三颗升指挥佥事。所据征撒甸功查无功次，本舍量革与署指挥佥事事正千户。

十辈吴继忠，万历二十六年六月，吴继忠，年十八岁，系云南左卫老署指挥佥事事正千户吴山嫡长男，比中三等。

十一辈吴继孝，万历三十三年八月，吴继孝，年十七岁，系云南左卫故署指挥佥事事正千户吴继忠亲弟，比中二等。

十二辈吴如祯，崇祯九年三月，单本选过云南左卫署指挥佥事事正千户一员吴如祯，年二十六岁，系云南左卫署指挥佥事事正千户吴继孝嫡长男，比中二等。

邓惟扬·正千户

外黄查有：邓昇，合肥县人。祖邓荣，甲午年充先锋，洪武元年除濠梁卫百户，故。父邓伯通告袭祖职，钦发羽林右卫中所充军，十八年敬除金齿卫试百户，十九年改本卫前所试所镇抚，二十三年调永平守御，改右右所，调云南左卫左所，三十一年实授所镇抚，永乐元年升卫镇抚，四年升云南左卫左所流官正千户，故。昇系嫡长男，永乐六年比试不中，操练三年再比，七年复比得中，袭。邓祥系邓昇嫡长男，优给。·520·

一辈邓荣，已载前黄。

二辈邓伯通，旧选簿查有：永乐四年十月，邓伯通，原系云南左卫左所试所镇抚，因差往缅甸等处公干回还升卫镇抚，又因差往八百等处公干回还钦升本卫中左所正千户。

三辈邓昇，旧选簿查有：永乐七年六月，邓昇，系云南左卫中左所正千户邓伯通嫡长男。父原系世袭所镇抚，因差往缅[甸]等处回还升除流官正千户，病故。先次敬准本人袭授正千户，今覆启，与世袭，附选。

四辈邓祥，旧选簿查有：宣德八年八月，邓祥，年十五岁，系云南左卫中左所故世袭正千户邓昇嫡长男。

五辈邓斌，旧选簿查有：成化九年七月，邓斌，梁县人，系云南左卫中左所世袭正千户邓祥嫡长男。

六辈邓灏，缺。

七辈邓清，旧选簿查有：成化十八年八月，邓清，年八岁，庐州府人，系云南左卫中左所故世袭正千户邓斌嫡次男。已与伊兄邓灏优给，亦故，钦与全俸优给，至成化二十四年终住支。

旧选簿查有：弘治二年八月，邓清，年十五岁，庐州府人，系云南左卫中左所故世袭正千户邓斌嫡次男。

八辈邓鏊，旧选簿查有：正德十年八月，邓鏊，梁县人，系云南左卫中左所故正千户邓清嫡长男。

九辈邓惟扬，旧选簿查有：嘉靖二十六年十二月，邓惟扬，梁县人，系云南左卫中左所故正千户邓鏊嫡长男。

十辈邓宗诚，万历二十一年十月，邓宗诚，年二十岁，梁县人，系云南左卫中左所故正千户邓惟扬庶长男，比中三等。

十一辈邓东高，万历三十九年二月，大选过云南左卫中左所正千户一员邓东高，年十七岁，系故正千户邓宗诚嫡长男，比中三等。

十二辈邓洪，天启六年十二月，大选过云南左卫中[左]所正千户优给舍人一名，邓洪，年五岁，系故正千户邓东高嫡长男，照例与全俸优给，至天启十六年终住支。

段尧臣·署正千户事副千户·521·

一辈段通，缺。

二辈段义，缺。

三辈段海，旧选簿查有：永乐四年十一月，段海，系云南左卫中左所故百户段义嫡长男。

四辈段隆，旧选簿查有：宣德二年七月，段隆，系云南左卫中左所故不支俸土官百户段海嫡长男，钦准袭职。

五辈段兴，旧选簿查有：正统十年八月，段兴，系云南左卫中左所不支俸世袭土官副千户段隆嫡长男。

六辈段永才，旧选簿查有：成化三年三月，段永才，宜良县人，系云南左卫中左所不支俸世袭土官副千户段兴嫡长男。

弘治五年六月，段永才，年五十一岁，宜良县人，系云南左卫中左所副千户升正千户。

七辈段经，旧选簿查有：正德十三年十二月，段经，年十五岁，系云南左卫中左所不支俸土官正千户段永才庶长男。

八辈段绣，旧选簿查有：嘉靖二年闰四月，段绣，年二十七岁，宜良县人，系云南左卫中左所故不支俸土官正千户段经亲弟。

九辈段尧臣，旧选簿查有：嘉靖三十七年四月，段尧臣，年三十二岁，宜良县人，系云南左卫中左所故不支俸土官正千户段绣嫡长男。查伊父原替不支俸土官正千户，今故。查的伊祖永才成化十九年调征撒甸嵫峨功升正千户一级，查无功次，例应减革，本舍照例量革袭土官署正千户事副千户，仍不支俸。

十辈段灿，万历十四年四月，段灿，年三十五岁，宜良县人，系云南左卫中左所年老不支俸土官署正千户事副千户段尧臣嫡长男。伊父原袭祖职不支俸土官署正千户事副千户，今年老，本舍合照旧与替祖职不支俸土官署正千户事副千户，土官不比。

十一辈段奇凤，天启六年二月分，大选过云南左卫中左所署不支俸土官署正千户事副千户一员段奇凤，年十六岁，系故不支俸土官署正千户事副千户段灿然次男，土官不比。

张松·署正千户事副千户·522·

一辈张奴，缺。

二辈张寺，缺。

三辈张官音奴，缺。

四辈张斌，缺。

五辈张鑑，缺。①

六辈张珏，旧选簿查有：成化十四年十一月，张珏，呈贡县人，系云南左卫中左所不支俸土官正千户张斌嫡长孙。祖原系功升署正千户，遇例实授，父张鑑替职，病故，本人照例革袭原职署正千户事副千户。

七辈张举，缺。

---

① 《总汇》本册第454页有"年远事故中所正千户一员·张鑑"选簿，所载可与此"张松·署正千户事副千户"选簿"六辈张珏"所载相印证，此张松选簿载作本卫"中左所"而前张鑑选簿作"中所"，结合张氏武职的土官性质看，当以"中左所"为确。

八辈张松，旧选簿查有：嘉靖二年七月，张松，年二十岁，晋宁州人，系云南左卫中左所故不支俸土官正千户张举嫡长男。伊高祖斌原袭百户，历功升署正千户，遇例实授，沿袭，本人照例革去遇例，与袭署正千户事副千户，仍不支俸。

刘大选·副千户

内黄查有：刘贯，系刘旻旧名世明嫡长孙。有祖父吴元年归附收军，充头目，征进永州除潭州卫百户，改长沙卫，征进云南等处节次有功，钦升云南左卫世袭副千户，故。有父刘荣耳聋残疾，贯袭授云南左卫左所世袭副千户。

一辈刘旻，已载前黄。

二辈刘贯，已载前黄。

三辈刘刚，旧选簿查有：正统七年麓川功次，云南左卫左所副千户头功升正千户刘贯，老疾，有男刘刚替职。

四辈刘智，旧选簿查有：天顺三年六月，刘智，萍乡县人，系云南左卫中左所故正千户刘纲嫡长男，钦与世袭。

五辈刘铨，旧选簿查有：弘治二年十月，刘铨，萍乡县人，系云南左卫中左所世袭正千户刘智嫡长男，替职。

六辈刘和，旧选簿查有：正德四年十二月，刘和，萍乡县人，系云南左卫中左所故绝世袭正千户刘铨亲弟。

七辈刘宗，旧选簿查有：嘉靖五年四月，刘宗，萍乡县人，系云南左卫中左所正千户刘和嫡长男。

八辈刘裕，旧选簿查有：嘉靖十六年十月，刘裕，年二十岁，萍乡县人，系云南左卫中左所故正千户刘宗嫡长男。伊始祖贯以副千户麓川功升正千户，父沿袭。所据麓川功无头功奇功，本人照例革与副千户。

九辈刘大选，旧选簿查有：隆庆二年四月，刘大选，年三十一岁，萍乡县人，系云南左卫中左所阵亡副千户刘裕嫡长男。伊父原革袭副千户，嘉靖四十五年阵亡，本舍照例与袭副千户。其伊父阵亡功次，候核册至日另议。

万历十一年八月，一件查参卫官私投夷方引惹边衅事，准职方司手本，都察院咨该巡按云南御史崔廷试奏问得：犯人刘大选招系云南左卫中左所副千户，所犯合依诓骗人财定发边卫永远充军，本犯子孙革袭。查取洪武、永乐年间立功之人大次房无碍子孙降袭，如无，即行停革。万历十二年六月，该云南巡按御史崔廷试册开：

编发广西浔州卫中所永远充军讫。

十辈刘云龙，万历十七年四月，刘云龙，年二十九岁，萍乡县人，系云南左卫中左所充永远军副千户刘大选族叔。伊族侄原袭祖职副千户，万历十年为事充浔州卫永军，本舍先于十四年保送赴部。查伊祖父五辈未袭，恐有违碍，驳查去后，今准都察院咨回查明无碍，覆保前来，合照例于副千户上降二级，与袭试百户，比中三等。

十一辈刘继禄，天启五年五月补四月分大选，过云南左卫中左所试百户一员刘继禄，年三十岁，系故试百户刘云龙嫡次男，比中三等。

胡廷爵·副千户

外黄查有：胡廷爵，年二十岁，系云南左卫中左所副千户，原籍庐州府合肥县人。一世祖胡再兴，丁酉年从军，克破宣州升实授百户，克徽州等处获功升正千户，故。二世祖文洪武十六年袭，革除年间升正千户，西番招谕升指挥佥事，故。三世祖胡伦患病，未袭故绝。三世祖胡伸系胡文庶次男，优，宣德元年十月借袭副千户，故绝。四世祖胡暹系伦亲侄，景泰三年九月袭副千户，故。伯祖胡玹系嫡长男，成化十八年优，二十一年九月袭，故。堂伯胡经系嫡长男，优，正德五年四月袭，故绝。父经（线）系堂弟，嘉靖二十五年二月袭，故。廷爵系嫡长男，隆庆二年四月袭本卫中左所副千户。·524·

一辈胡再兴，已载前黄。

二辈胡文，已载前黄。①

三辈胡伸，旧选簿查有：永乐十七年五月，胡伸，年八岁，系云南左卫流官指挥佥事胡文庶次男。父原系世袭所镇抚，革除年间升正千户，后因西番招谕升除前职，病故，钦准伊父原职所镇抚升一级与副千户全俸优给，至永乐二十三年终住支。

旧选簿查有：宣德元年十月，胡伸，年十五岁，系云南左卫流官指挥佥事胡文庶次男。父原系所镇抚，革除年间升正千户，后因招谕升除前职，病故。兄胡伦残疾，不堪承袭。本人先因年幼，已依伊父原职所镇抚升一级与副千户俸优给，今出幼，钦准袭世袭副千户，于本卫中左所管事，待兄有男，还与职事。

---

① 该"二辈胡文"履历，又见《总汇》本册第402页"又一员·胡文"簿记载。

四辈胡伦，缺。

五辈胡暹，旧选簿查有：景泰三年九月，胡暹，年十五岁，合肥县人，系云南左卫中左所故世袭副千户胡伦亲侄。

六辈胡玹，旧选簿查有：成化二十一年九月，胡玹，年十六岁，合肥县［人］，系云南左卫中左所故世袭副千户胡暹嫡长男。

七辈胡经，旧选簿查有：正德五年四月，胡经，年十六岁，合肥县人，系云南左卫中左所故世袭副千户胡玹嫡长男。

八辈胡绦，旧选簿查有：嘉靖二十五年二月，胡绦，年三十五岁，合肥县人，系云南左卫中左所故副千户胡经从堂弟。

九辈胡廷爵，旧选簿查有：隆庆二年四月，胡廷爵，年二十岁，合肥县人，系云南左卫中左所故副千户胡绦嫡长男。

十辈胡绍功，万历二十四年八月，胡绍功，年十九岁，系云南左卫故副千户胡廷爵嫡长男，比中一等。

十一辈胡尧年，万历三十五年八月，大选过云南左卫中左所副千户一员胡尧年，年二十三岁，系故副千户胡绍功嫡长男，比中一等。

十二辈胡敬，崇祯三年六月，单本选过云南左卫中左所正千户优给舍人一名，胡敬，年七岁，系老副千户胡尧年亲孙。查伊祖于天启二年武定地方撒甸贼级七颗，查回职方司功次相同，合准并袭正千户全俸优给，扣至崇祯十年终住支。

崇祯十二年八月，大选过云南左卫中左所正千户一员胡敬，年十五岁，出幼替职，比中二等。

宋诏·副千户

内黄查有：宋傑，祥符县人，系宋兴嫡长男。有父洪武二年归附，四年拨羽林左卫马军总旗，十四年克曲靖等处，十七年除云南左卫后所世袭百户，二十八年钦改云南左护卫，复设云南左卫，老，傑永乐元年替云南左卫中左所世袭百户。宋俊系宋傑亲弟，兄四年征安南等处病故，侄宋宝年幼，俊借职，六年袭云南左卫中左所世袭百户，待侄长成，还与职事。宋荣系宋俊侄孙，叔祖将职事退还，父宋宝永乐十一年袭，叔祖革闲，故，荣正统二年袭。宋昂系宋荣嫡次男，父西堡有功升署正千户，老，兄宋昇替，故，昂成化十二年袭云南左卫中左所署正千户事副千户。

一辈宋兴，已载前黄。

二辈宋傑，旧选簿查有：永乐元年七月，宋傑，系云南左卫中左所世袭百户宋兴嫡长男。

三辈宋俊，旧选簿查有：永乐六年十一月，宋俊，系云南左卫中左所故世袭百户宋傑亲弟。兄有嫡长男宋宝，年幼，本人借职，待侄长成，还与职事。

四辈宋宝，旧选簿查有：永乐十一年八月，宋宝，系云南左卫中左所故世袭百户宋傑嫡长男。先因年幼，叔宋俊借袭职事，风颠在卫。今长成，退还职事，钦准袭授本卫所百户，伊叔革闲。

五辈宋荣，旧选簿查有：正统二年九月，宋荣，年十五岁，系云南左卫中左所故世袭百户宋宝庶长男。

成化三年二月，宋荣，年四十四岁，祥符县人，原系云南左卫后千户所百户，东苗杀贼获功一级升副千户，西堡杀贼获功一级例升署正千户。彼因东苗功未升，造册作百户开报，重升署副千户，今照例改正，升署正千户。

六辈宋昇，旧选簿查有：成化四年十月，宋昇，祥符县人，系云南左卫中左所署正千户事副千户宋荣嫡长男，钦与世袭。

七辈宋昂，旧选簿查有：成化十二月①，宋昂，祥符县人，系云南左卫中左所故署正千户事世袭副千户宋昇亲弟。

八辈宋泰，旧选簿查有：弘治十七年十二月，宋泰，祥符县人，系云南左卫中左所正千户宋昂亲孙。伊祖原系署正千户，成化二十三年遇例实授，今年老，本人照例革替署正千户事副千户。

九辈宋诏，旧选簿查有：嘉靖二十七年六月，宋诏，年十五岁，祥符县人，系云南左卫中左所故正千户宋泰亲堂侄。伊高祖宋荣功升副千户，后西堡杀贼升署正千户，曾祖昇至伯泰沿袭。所据西堡署职，例·526·应减革，本舍照例量革与副千户。

十辈宋伯祁，崇祯二年十月，大选过云南左卫后所实授百户一员宋伯祁，年三十岁，系故副千户宋诏堂侄。查五辈未袭，量减实授百户。俟宋齐魁生子，退还职事，比中三等。

---

① 原文作"成化十二月"，当有误。

速尚卿·副千户

外黄查有：土坚帖木，西安府人，系速古儿秃庶长男。父洪武三年归附，四年充羽林左卫中所总旗，十七年除云南前卫后所百户，十八年调云南左卫中左所，二十九年故。土坚帖木于三十年袭云南左卫中左所世袭百户。

一辈速古儿秃，已载前黄。

二辈土坚帖木，旧选簿查有：洪武三十年三月，土坚帖木，年十三岁，系云南左卫中左所故世袭百户速古儿秃庶长男，支俸操练至十六岁管事。

三辈速贵，旧选簿查有：永乐十四年十二月，速贵，系云南左卫中左所故世袭百户土坚帖木庶弟。

四辈速显，旧选簿查有：宣德七年四月，速显，系云南左卫中左所故世袭百户速贵嫡长男。

钦升簿查有：正统七年调征麓川上江等处剿杀蛮贼有功，云南左卫中左所百户三次头功升世袭副千户一员速显。

五辈速铭，旧选簿查有：成化四年十二月，速铭，西安府人，系云南左卫中左所副千户速显嫡长男，钦与世袭。

六辈速振，旧选簿查有：弘治十七年九月，速振，西安府人，系云南左卫中左所功升正千户速铭嫡长男，替职，钦与世袭。

七辈速朝，旧选簿查有：嘉靖十五年十月，速朝，西安府人，系云南左卫中左所故正千户速振嫡长男。伊祖铭原系副千户，尖山冒功升前职。所据冒功职级例应减革，本人革袭副千户。

八辈速尚卿，旧选簿查有：嘉靖四十一年十二月，速尚卿，年三十岁，长安县人，系云南左卫中左所年老副千户速朝嫡长男。

九辈速东升，万历十二年八月，速升，年二十九岁，长安县人，系云南左卫中左所患疾副千户速尚卿嫡长男，比中一等。·527·

十辈速高第，万历四十八年六月，单本选过云南左卫指挥佥事一员速高第，年三十六岁，系故功升指挥佥事速东升嫡长男。伊父原袭祖职副千户，于万历二十五等年调征顺大矣堵各斩首功二次题升指挥佥事。原题止准一辈不准并袭外，又于三十五六等年征寻甸等处，伊父速东升斩首五颗，本舍斩首三颗，查与核册功次相同，应于副千户上加斩功二级，仍与并袭指挥佥事，比中三等。

天启六年七月，内准云南巡抚闵咨称，顺大矣堵十三寨功止本身一辈。今云南左卫副千户速高第父速东升袭祖职副千户，征顺大十三寨功升指挥佥事。伊男速高第仍以冒袭指挥佥事前来，已经呈堂，将顺大十三寨功升职级姑从减革，改正祖职副千户，咨覆该抚去讫，以后不得朦胧承袭。

十一辈速弘仁，崇祯十年正月补九年十二月大选，过云南左卫中左所副千户一员速弘仁，年十五岁，系故副千户速高第庶长男，比中三等。

彭爵·副千户

内黄查有：彭龄，清丰县人，系彭道隆嫡长男。有父洪武九年充马军，十七年除云南左卫后所世袭百户，二十一年调中左所，十月钦授世袭，二十八年改设云南左护卫，十月复设云南左卫，三十五年升除大理卫中所副千户，当年调中左所，老疾。龄于永乐元年替授云南左卫中左所副千户，二年十二月钦与授流官。彭玘系彭龄嫡长孙，祖永乐六年交阯阵亡，父彭萱十二年袭，正统二年病故，玘于正统三年钦与全俸优给。

一辈彭道隆，已载前黄。

二辈彭龄，旧选簿查有：永乐元年三月，彭龄，系云南左卫中左所副千户彭道隆嫡长男。父原任世袭百户，洪武三十三年九月内升除前职，今为老疾，钦依"他父在边上多年，西平侯常差使他，着他替副千户，不为例"，授本卫所副千户。·528·

三辈彭萱，旧选簿查有：永乐十二年七月，彭萱，系云南左卫中[左]所阵亡副千户彭龄嫡长男。

四辈彭玘，旧选簿查有：正统十年十一月，彭玘，年十五岁，系云南左卫中左所故世袭副千户彭萱嫡长男。

五辈彭灏，旧选簿查有：成化二十一年七月，彭灏，清丰县人，系云南左卫中左所世袭副千户彭玘嫡长男。

六辈彭仁，旧选簿查有：正德十年十月，彭仁，清丰县人，系云南左卫中左所故世袭副千户彭灏庶长男。

七辈彭爵，旧选簿查有：嘉靖十九年十月，彭爵，年十岁，清丰县人，系云南左卫中左所故副千户彭仁庶长男，照例与全俸优给，至嘉靖二十三年终住支。

旧选簿查有：嘉靖二十五年十月，彭爵，年十五岁，清丰县人，系云南左卫中左所故副千户彭仁庶长男，优给出幼袭职。

八辈彭鹤，万历四十二年四月，大选过云南左卫中左所副千户一员彭鹤，年四十岁，系故副千户彭爵堂侄，比中二等。

梁世勋·副千户

外黄查有：梁聚，怀远县人，洪武二年归附，充小旗，四年充总旗，十八年升云南前卫右所世袭百户，二十五年升云南左卫中左所世袭副千户。

一辈梁聚，已载前黄。

二辈梁鑑，旧选簿查有：宣德三年五月，梁鑑，年十六岁，系云南左卫中左所世袭副千户梁聚庶长孙。

三辈梁溶，旧选簿查有：成化十年十二月，梁溶，怀远县人，系云南左卫中左所世袭副千户梁鑑庶长男。

四辈梁秀，旧选簿查有：弘治十四年闰七月，梁秀，怀远县人，系云南左卫中左所世袭副千户梁溶嫡长孙。

五辈梁世勋，旧选簿查有：嘉靖三十八年六月，梁世勋，年十六岁，怀远县人，系云南左卫中左所故副千户梁秀庶长男。·529·

马俊·副千户

一辈阿沙，缺。

二辈哈喇不花，试百户功次：候查。

实授百户功次：候查。

三辈马容，缺。

四辈马义，旧选簿查有：弘治十年十月，马义，杨宗县人，系云南都司云南左卫中左所不支俸土官百户马容嫡长男。伊父病故，本人照例袭职，仍不支俸。

五辈马俊，缺。

副千户功次：候查。

年远事故中左所副千户一员·何忠

洪武二十五年七月，何忠，旧名僧家奴，系云南左卫中左所故世袭副千户何顺嫡长男，钦准袭职，仍授本卫所世袭副千户。

又一员·赵荣

洪武二十五年七月，赵荣，系云南左卫前所故世袭副千户赵立嫡次男。有兄赵星吉先年病故，别无所生儿男，钦准袭职，授本卫中左所世袭副千户。·530·

李体乾·署副千户事实授百户

内黄查有：李政，滁州人。有曾祖李老老，乙未年归附从军，洪武四年阵亡。七年将祖父李保补役，十四年征平越等处，拨云南左卫前所，二十年升小旗，二十一年征定边县，二十二年征广西者满等寨，三十一年征蓝向下江等寨，永乐十三年并充总旗，调本卫后所，老。十四年父李清代役，并枪，仍充总旗，十七年征富州，正统三年征麓川反寇，十二月过潞江杀败贼众，四年攻破旧大寨杀败贼众，初四日攻克刀招罕寨阵亡。政系嫡长男，因父阵亡，正统六年钦升云南左卫后所试百户，征香炉山升署副千户，遇例实授，征东苗升正千户。

一辈李保，已载前黄。

二辈李清，已载前黄。

三辈李政，旧选簿查有：正统六年七月，云南左卫后所袭升试百户未定流世李政。

景泰三年十二月，云南左卫百户升署副千户李政。①

四辈李胜，旧选簿查有：成化七年五月，李胜，定远县人，系云南左卫左所正千户李政嫡长男，钦与世袭。

五辈李纲，旧选簿查有：弘治四年十月，李纲，定远县人，系云南左卫中左所世袭正千户李胜嫡长男。

六辈李昂，旧选簿查有：正德十四年四月，李昂，定远县人，系云南左卫中左所老疾正千户李纲嫡长男。曾祖李政袭升试百户，香炉山功升署副千户，遇例实授，东苗功升前职。祖胜、父纲沿袭。本人照例革去遇例一级，与做副千户。

---

① 《总汇》第59册第116页"又一员·李政"簿载："正统六年七月，云南右卫前所试百户李政，系总旗李清户名李老老男"，与此簿二辈李清、三辈李政及贴黄载曾祖李老老等可相印证，其"云南右卫前所"或当作"云南左卫后所"。

功次簿查有：嘉靖六年征寻甸，一人擒斩贼级四名颗，云南左卫中左所随征副千户升正千户李昂。

七辈李体乾，旧选簿查有：嘉靖二十九年四月，李体乾，年二十岁，定远县人，系云南左卫中左所年老副千户李昂庶长男。高祖政以试百户征香炉山升署副千户，遇例实授，征东苗功升正千户。曾祖胜、祖纲沿袭，至父昂革去遇例袭副千户，又以寻[甸]功升正千户，又查革做副千户。所据东苗功无擒斩，未经减革，本舍照例革袭署副千户事实授百户。

八辈李琼，万历二十六年十月，李琼，年三十五岁，系云南左卫中左所故署副千户事实授百户李体乾嫡长男，比中一等。

张嘉名·实授百户·531·

一辈张德元，缺。

二辈张英，缺。

三辈张孟昇，缺。

四辈张锦，缺。

五辈张俊，缺。

六辈张朝宾，功次簿查有：嘉靖八年二月，云南寻甸府等处擒斩蛮贼安铨功次，一人擒斩贼级三名颗四名颗五名颗汉官旗军舍人等一百三十六员名内，云南左卫中左所总旗升试百户一员张朝宾。

功次簿查有：嘉靖十四年三月，云南征剿过庄贼李贤等获功，一人自擒斩贼级三名颗四名颗五名颗汉官旗七十一员名内，云南左卫中左所总旗升试百户一员张朝宾。

七辈张嘉名，旧选簿查有：嘉靖四十二年八月，张嘉名，年三十五岁，河阳人，系云南左卫中左所年老不支俸土官实授百户张朝宾嫡长男。查得伊父张朝宾原补祖役总旗，嘉靖八年云南寻甸府等处擒斩蛮贼四名颗升试百户，十四年云南征剿庄贼李贤等擒斩三名颗重升试百户，二十四年遇例实授。所据伊父遇例职级例应减革，本舍照例革，于伊父云南寻甸府功升试百户上加征剿庄贼功重升试百户一级，改正与替升土官实授百户，仍不支俸。

八辈张应宿，崇祯八年正月补七年十二月大选，过云南左卫中左所不支俸土官实授百户一员张应宿，年二十四岁，系故实授百户张嘉名孙，土官不比。

纪鹤·实授百户

外黄查有：纪得，海州人，系纪贵嫡长男。父洪武元年归附，二年充总旗，十七年除云南左卫后所世袭百户，二十一年改中左所，三十五年故，得永乐元年袭职。

一辈纪贵，已载前黄。·532·

二辈纪得，旧选簿查有：永乐元年七月，纪得，系云南左卫中左所故世袭百户纪贵嫡长男。

三辈纪能，旧选簿查有：宣德四年四月，纪能，系云南左卫中左所世袭百户纪得嫡长男，患右眼残疾。

四辈纪勋，旧选簿查有：成化元年七月，纪勋，海州人，系云南左卫中左所世袭百户纪能庶长男。

五辈纪勤，旧选簿查有：弘治五年八月，纪勤，海州人，系云南左卫中左所故世袭百户纪能嫡长男。本人先因年幼被庶兄纪勋搀袭前职，今问断明白，改正袭职，庶兄革闲。

六辈纪崑，旧选簿查有：正德三年十一月，纪崑，年十五岁，海州人，系云南左卫中左所故世袭百户纪勤嫡长男。

七辈纪鹤，旧选簿查有：嘉靖十八年十二月，纪鹤，海州人，系云南左卫中左所故实授百户纪崑嫡亲堂侄。

八辈纪应凤：万历八年八月，纪应凤，年十七岁，海州人，系云南左卫中左所年老实授百户纪鹤年嫡次男。伊父原袭祖职实授百户，今老，应该伊兄纪应龙承袭，患瞽目，不堪，无子。本舍照例借替祖职实授百户，待后伊兄生有儿男，退还职事，考试三等。

何汉傑·实授百户

内黄查有：何源，西安府人，系何海旧名珠儿嫡长男。有父前原金院，洪武三年归附，四年充羽林左卫总旗，十一年收捕三副使，十二年调金吾后卫，十七年除云南前卫后所世袭百户，二十二年调云南左卫中所，二十八年钦改云南左护卫，复设云南左卫，老。源于三十五年五月替授云南左卫中左所世袭百户，永乐二年兑调云南右卫中所。

一辈何海，已载前黄。

二辈何源，已载前黄。

三辈何泉，旧选簿查有：永乐九年二月，何泉，系云南左卫中左所故世袭百户何源嫡长男。先因告袭比试不中，发海上捕倭，后取赴北京操练，运粮清水源回还，复比得中，敬准袭授本卫所世袭百户。

四辈何谦，旧选簿查有：正统七年三月，何谦，系云南左卫中左所故百户何泉嫡长男。

五辈何让，旧选簿查有：成化二年二月，何让，西安府人，系云南左卫中左所故世袭百户何谦亲弟。·533·

六辈何晟，旧选簿查有：弘治五年九月，何晟，西安府人，系云南左卫中左所世袭百户何让嫡长男。

七辈何俸，旧选簿查有：正德十年二月，何俸，河[阳]县人，系云南左卫中左所故世袭百户何晟嫡长男。

八辈何珍，旧选簿查有：嘉靖十六年十月，何珍，年二十七岁，河阳县人，系云南左卫中左所故百户何俸嫡次男。

九辈何汉傑，旧选簿查有：嘉靖四十二年六月，何汉傑，年二十六岁，河阳县人，系云南左卫中左所故实授百户何珍嫡长男。

十辈何守功，万历十八年十月，何守功，年十七岁，系云南左卫中左所故实授百户何汉傑嫡长男，比中三等。

李鳌·实授百户

内黄查有：李显，归化县人。曾祖李召岁，洪武十四年归附从军，十六年招集土军升云南左卫后所总旗，二十一年归并本卫中左所，三十一年故。祖李纳得补总旗，永乐八年疾。伯李信代总旗，宣德元年故。父李四弗岁补总旗，正统六年调征麓川反寇，攻破上江刀招汉贼寨，策应马鞍山攻破贼首思任发巢穴，正统七年升云南左卫中左所不支俸土官世袭百户，景泰二年故。显系嫡长男，本年钦准袭授本卫所不支俸土官世袭百户。

一辈李召岁，已载前黄。

二辈李纳得，已载前黄。

三辈李信，已载前黄。

四辈李佛岁，试百户功次：已载五辈选条。

实授百户功次：候查。

五辈李显，旧选簿查有：景泰二年九月，李显，系云南左卫中左所不支俸土官试百户李弗岁嫡长男。父原系总旗调征麓贼有功升前职，病故，钦准本人照例袭实授百户。

六辈李锐，旧选簿查有：成化十五年六月，李锐，归化县人，系云南左卫中左所故不支俸土官百户李显嫡长男，钦与世袭。

七辈李铠，旧选簿查有：弘治十年七月，李铠，归化县人，系云南都司云南左卫中左所不支俸土官百户李锐亲弟。伊兄病故，无嗣，本人照例袭职，仍不支俸。

八辈李文通，缺。·534·

九辈李鳌，缺。

十辈李培植，审稿查有：隆庆四年二月，李培植，年十八岁，归化县人，系云南左卫中左所阵亡不支俸土官实授百户李鳌嫡次男。伊父原袭祖职不支俸土官实授百户，嘉靖四十五年富民县阵亡，兄李培根亦同时阵亡，无嗣。本舍照旧准袭祖职不支俸土官实授百户，其伊父、兄阵亡功次，候核册至日另议。

十一辈李成梁，万历四十年八月，大选过云南左卫中左所不支俸土官实授百户一员李成梁，年四十岁，系老不支俸土官实授百户李培植嫡长男，土官不比。

十二辈李化鹏，崇祯五年二月，大选过云南左卫中左所不支俸土官实授百户一员李化鹏，年三十岁，系老不支俸土官实授百户李成梁嫡长男，土官不比。

可常友·实授百户

一辈可他，缺。

二辈可永安，缺。

三辈可永宁，缺。

四辈可永华，缺。

五辈可永富，钦升簿查有：正统八年调征麓川阵亡升试百户二员内一员可永富，系云[南]左卫中左所阵亡土军总旗可永华亲弟。

实授百户功次：候查。

六辈可大良，旧选簿查有：成化十四年十一月，可大良，新兴州人，系云南左卫中左所不支俸土官百户可永富嫡长男。父原系试百户，遇例实授，老疾，本人照例革替原职试百户。·535·

七辈可文通，旧选簿查有：弘治十一年七月，可文通，新兴州人，系云南都司云南左卫中左所不支俸土官百户可大良嫡长男。伊父老疾，本人照例替职，仍不支俸。

八辈可文遇，缺。

九辈可常友，旧选簿查有：嘉靖十九年十二月，可常友，新兴州人，系云南左卫中左所故不支[俸]土官实授百户可文遇庶长男。本人照例与袭伊父原职，仍不支俸。

十辈可时举，万历二十年九月，可时举，年三十一岁，新兴州人，系云南左卫中左所年老不支俸土官实授百户可常友庶长男，不比。

十一辈可为尧，万历三十六年十月，大选过云南左卫中左所不支俸土官一员可为尧，年二十二岁，系故土官实授百户可时举嫡长男，土官不比。

十二辈可继受，天启四年二月，大选过云南左卫中左所不支俸土官实授百户一员可继受，年二十岁，系疾不支俸土官实授百户可为尧嫡长男，土官不比。

艾七十四·实授百户

外黄查有：艾得春，旧名得春，固始县人，洪武二年归附，十七年除云南左卫后所世袭百户，三十二年升云南前卫中左所副千户。艾善系艾得春庶长男，父原系云南左卫中左所世袭百户，革除年间升除前职，永乐五年故，别无嫡男，善六年袭云南左卫中左所世袭百户。艾松系世袭百户艾俊嫡长孙，曾祖艾蕃袭高祖艾福职事，曾祖艾玘借职，退还，祖袭，故，父艾文未袭先故，松正德十五年袭职。

一辈艾得春，旧选簿查有：洪武三十三年六月，云南中卫中左所副千户艾得春。

二辈艾善，旧选簿查有：永乐六年九月，艾善，年十八岁，系云南中卫中左所副千户艾得春庶长男。父原系云南左卫中左所世袭百户，革除年间升除前职，病故。系止终本身，敬袭伊父原职世袭百户，至二十岁比试弓马。

三辈艾福，旧选簿查有：宣德九年八月，艾福，系云南左卫中左所世袭百户艾善嫡长男。

四辈艾蕃，旧选簿查有：景泰五年十月，艾蕃，年十六岁，固始县人，系云南左卫中左所世袭百户艾福庶长男。

五辈艾芭，旧选簿查有：天顺四年正月，艾芭，年十六岁，固始县人，系云南左卫中左所故世袭百户艾蕃亲弟。兄有嫡长男艾咬儿，年二岁，不堪承袭，本人借职，待侄长成，退还职事。

六辈艾俊，旧选簿查有：成化十年七月，艾俊，年十七岁，固始县人，系云南左卫中左所故世袭百户父艾蕃嫡长男。先因年幼，亲叔艾芭借职，本人长壮，告取职事，该与承袭，伊叔革闲。

七辈艾松，旧选簿查有：正德十五年十月，艾松，固始县人，系云南左卫中左所故世袭百户艾俊嫡长孙。父艾文未袭先故。

八辈艾秀，旧选簿查有：嘉靖十八年四月，艾秀，年四十五岁，固始县人，系云南左卫中左所故实授百户艾松亲叔。伊侄原袭前职，为侵欺筑城银两问拟立功，今故，本舍照例与袭实授百户。

九辈艾栢，旧选簿查有：嘉靖二十九年十月，艾栢，固始县人，系云南左卫中左所年老实授百户父艾秀嫡长男。

十辈艾七十四，旧选簿查有：嘉靖四十二年十二月，艾七十四，年一岁，固始县人，系云南左卫中左所故实授百户艾栢嫡长男。伊父原替祖职实授百户，嘉靖三十七年为修城拖欠银一百七两七钱，除追过外，尚欠银七十七两七钱，四十年故。本舍照例准与实授百户俸优给，扣至嘉靖五十五年终住支，出幼袭职。其伊父遗下该追银两，照数于本舍名下扣俸还官。

万历五年四月，艾国勋，年十八岁，固始县人，系云南左卫中左所故实授百户艾栢嫡长男，优给出幼袭职。查得本舍优给违限三年，限外有无多支俸粮，查扣毕日关支，比中三等。

十一辈艾科，万历二十七年十二月，艾科，年四十一岁，固始县人，系云南左卫中左所故世袭百户艾国勋堂弟，比中三等。

十二辈艾荷兴，天启五年二月，大选过云南左卫中左所实授百户一员艾荷兴，年十五岁，系故实授百户艾科庶长男，比中三等。

保思聪 · 实授百户

一辈保帖木，缺。·537·

二辈保善，旧选簿查有：洪武三十三年正月，保善，系云南左卫中左所故世袭百户保帖木嫡长男。

三辈保贵，旧选簿查有：永乐十年七月，保贵，系云南左卫中左所故世袭百户保善嫡长男。

四辈保瑛，旧选簿查有：宣德四年四月，保瑛，年十六岁，系云南左卫中左所故世袭百户保贵嫡长男。

正统七年二月，保瑛，系云南左卫中左所百户升本卫所副千户。

五辈保鑑，旧选簿查有：成化五年九月，保鑑，开城县人，系云南左卫中左所副千户保瑛嫡长男，钦与世袭。

六辈保恭，旧选簿查有：成化十二年十一月，保恭，开城县人，系云南左卫中左所故世袭副千户保鑑嫡长男。

[七辈]保晟，旧选簿查有：弘治十四年四月，保晟，开城县人，系云南左卫中左所世袭副千户保恭嫡长男。

[八辈]保思聪，缺。

九辈保东阳，万历十年二月，大选过云南左卫中左所照旧替世袭百户一员保东阳，年十六岁，系年老世袭百户保思聪嫡长孙，比中二等。

十辈保得举，万历十七年八月分，保得举，年四十岁，开城县人，系云南左卫中左所故实授百户保东阳亲叔。伊侄原袭实授百户，万历十三年故绝，该次侄保东晔承袭，患疾，无子，本舍合照例借袭实授百户，待伊侄保东晔疾痊，或生有儿男，退还职事，比中三等。

万历三十五年四月，大选过云南左卫中左所实授百户一员保东晔，年三十岁，系老实授百户保得举亲侄。查保得举原借东晔之职，今晔疾痊，应准还职实授百户，比中二等。

十一辈保天瑞，万历四十四年八月，大选过云南左卫中左所实授百户一员保天瑞，年廿岁，系故实授百户保东晔嫡长男，比中二等。

十二辈保天麟，天启七年四月，大选过云南左卫中左所实授百户一员保天麟，年二十岁，系故实授百户保天瑞亲弟，比中三等。·538·

张文儒·世袭百户

外黄查有：张昱，顺天府人，系张显名嫡长男。洪武元年归附，充马军，十七年除云南左卫后所世袭百户，故。昱三十四年袭授云南左卫后所世袭百户。张宽系张昱庶弟。张端系张宽嫡长男。张清系张端嫡长男。张勋系张清亲侄。张勤系张勋亲弟。

一辈张显名，已载前黄。

二辈张昱，已载前黄。

三辈张宽，旧选簿查有：永乐六年十一月，张宽，系云南左卫中左所故世袭百户张昱庶弟。

四辈张雄，旧选簿查有：永乐二十二年二月，张雄，系云南左卫中左所故世袭百户张宽亲弟。兄有嫡长男张端，年十岁，幼小，钦准本人借职，待侄长成，还与职事。

五辈张端，旧选簿查有：宣德四年四月，张端，年十五岁，系云南左卫中左所故世袭百户张宽嫡长男。先因年幼，叔张雄借职，今长成，退还职事，伊叔革闲。

六辈张清，旧选簿查有：景泰三年七月，张清，年十六岁，顺天府人，系云南左卫中左所故世袭百户张端嫡长男。

七辈张净，旧选簿查有：成化十四年十一月，张净，顺天府人，系云南左卫中左所故世袭百户张清亲弟。

八辈张勋，旧选簿查有：弘治九年九月，张勋，年十五岁，顺天府人，系云南左卫中左所故世袭百户张净嫡长男。

九辈张勤，旧选簿查有：正德八年二月，张勤，顺天府人，系云南左卫中左所故绝世袭百户张勋亲弟。

十辈张文儒，旧选簿查有：嘉靖十三年二月，张文儒，年二十二岁，顺天府人，系云南左卫中左所故绝百户张勤亲侄。

十一辈张国恩，万历十年十二月，张国恩，年二十七岁，北平府人，系云南左卫中左所故世袭百户张文儒庶次男，比中二等。

十二辈张应爵，万历三十一年六月，张应爵，年十九岁，北平府人，系云南左卫中左所故世袭百户张国恩庶长男，比中三等。·539·

赵承恩·实授百户

一辈赵惠，缺。

二辈赵福，缺。

三辈赵钦，试百户功次：候查。

实授百户功次：候查。

副千户功次：候查。

四辈赵琮，旧选簿查有：天顺七年九月，赵琮，河阳县人，系云南左卫中左所不支俸土官副千户赵钦嫡长男。

五辈赵熙，旧选簿查有：成化十六年二月，赵熙，河阳县人，系云南左卫中左所故不支俸土官副千户赵琮嫡长男。祖赵钦原系不支俸土官。

六辈赵钺，旧选簿查有：弘治十二年七月，赵钺，河阳县人，系云南左卫中左所不支俸土官副千户赵熙嫡长男。伊父老疾，本人照例替职，仍不支俸。

七辈赵赟，缺。

八辈赵承恩，缺。

九辈赵天麒，万历九年四月，赵天麒，年三十七岁，河阳县人，系云南左卫中左所不支俸土官实授百户赵承恩嫡长男。伊父原革袭不支俸土官实授百户，万历七年故。本舍照旧袭不支俸土官实授百户，土官不比。

[十辈赵光祖，]万历三十八年八月，大选过云南左卫中左所不支俸土官实授百户一员赵光祖，年二十五岁，系老不支俸土官实授百户赵天麒亲侄，土官不比。

杨景秀·实授百户

一辈药抽，缺。·540·

二辈杨药，缺。

三辈杨麻土，试百户功次：候查。

实授百户功次：候查。

四辈杨显，旧选簿查有：成化元年八月，杨显，云南土人，系云南左卫中左所不支俸土官百户麻土嫡长男。

五辈杨洪，旧选簿查有：弘治元年闰正月，杨洪，云南土人，系云南左卫中左所不支俸土官故世袭百户杨显嫡长男。

六辈杨朝佐，缺。

七辈杨景秀，旧选簿查有：嘉靖二十八年十二月，杨景秀，年十五岁，杨宗县人，系云南左卫中左所故不支俸土官实授百户杨朝佐嫡长孙。伊祖原袭不支俸土官实授百户，故，伊伯凤、父惠俱未袭先故。本舍照例与袭土官实授百户，仍不支俸。

八辈杨胜元，万历十五年八月，杨胜元，年二十八岁，杨宗县人，系云南左卫中左所年老不支俸土官实授百户杨景秀嫡长男。伊父原袭祖职不支俸土官实授百户，今年老，本舍合照旧与替祖职不支俸土官实授百户，土官不比。

[何毅·试百]户

万历三十二年十一月,单本选过云南左卫中所试百户一员何毅,年十九岁,系故试百户何汝登亲侄,比中三等。①

年远事故中左所实授百户一员·刘继先

洪武三十三年正月,刘继先,系云南左卫中左所故世袭百户刘西安奴嫡长男。·541·

又一员·张斌

宣德二年七月,张斌,系云南左卫中左千户所不支俸土官百户张观音通嫡长男。父为老疾告替,钦准替职。

杜一龙

天启六年七月,内准云南巡抚闵咨称,杜一龙父杜渐征矣堵功升试百户,原止本身一辈,今勘合填注"世袭"字样,显是情弊前来。查杜渐一单丁中会武,而以六岁子杜一龙并功冒注"世袭",此作奸之尤,均应褫夺。呈堂将父子革职,咨复该抚去讫,以后不得朦胧承袭。

曹琼·试百户

一辈曹春,试百户功次:候查。

二辈曹伦,旧选簿查有:成化元年八月,曹伦,宁晋县人,系云南左卫中左所百户曹春嫡长男,钦与世袭。·542·

三辈曹钰,旧选簿查有:弘治十一年九月,曹钰,宁晋县人,系云南左卫中左所

---

① 据《总汇》本册第458—459页"何廷相·实授百户"选簿之"五辈何汝登"选条载,何汝登系革借伊兄何汝謩试百户之职,伊兄疾痊或生有儿男时该退还职事,而此何毅簿恰载何毅系汝登亲侄,当承何廷相选簿"五辈何汝登"选条之后,作其"六辈何毅"选条。

故世袭百户曹伦嫡长男。

四辈曹瑛，旧选簿查有：正德十六年五月，曹瑛，宁晋县人，系云南左卫中左所故百户曹钰嫡长男。曾祖曹春系试百户，遇例实授，祖、父沿袭，本人照例革袭试百户。

五辈曹琼，缺。

六辈曹继爵，万历五年四月，曹继爵，年二十七岁，宁晋县人，系云南左卫中左所故实授百户曹琼嫡长男。革遇例，与袭试百户，比中三等。

七辈曹士达，万历三十四年十月，曹士达，年五岁，系云南左卫中左所故试百户曹继爵嫡长男，照例与全俸优给，至四十三年终住支。

万历四十二年七月，大选过云南左卫中左所试百户一员曹士达，年十五岁，出幼袭职，比中三等。

李应时·试百户

一辈弄尼，缺。

二辈者纳，缺。

三辈李安，缺。

四辈李文，旧选簿查有：天顺七年十二月，云南左卫总旗升试百户李文。

五辈李端，旧选簿查有：成化十三年三月，李端，晋宁州人，系云南左卫中左所故不支俸土官百户李文嫡长男，钦与世袭。

六辈李鍷，旧选簿查有：弘治十五年二月，李鍷，晋宁州人，系云南左卫中左所残疾不支俸土官实授百户李端嫡长男。伊父原系试百户，天顺八年遇例实授，本人照例革替试百户，仍不支俸。

七辈李应时，旧选簿查有：嘉靖十一年八月，李应时，年二十五岁，晋宁州人，系云南左卫中左所故试百户李鍷嫡长男。伊祖端原系试百户，遇例实授，伊父于弘治十五年减替前职，今冒作实授百户，本舍仍袭祖职试百户。

八辈李承勋，隆庆五年十二月分，李承勋，年二十六岁，晋宁州人，系云南左卫中左所老疾不支俸土官试百户李应时嫡长男。伊父原袭祖职不支俸土官试百户，今老，本舍照旧准替祖职不支俸土官试百户。

九辈李禧，万历二十三年三月，李禧，年二十六岁，晋宁州人，系云南左卫中左所故不支俸土官世袭试百户李承勋嫡长男。

李世荣·试百户

外黄查有：李世荣，年四十四岁，系云南左卫中左所不支俸土官试百户，原籍云南府晋宁州呈贡县人。始祖月鲁，洪武十六年收集充本卫所小旗，疾。高祖矣非代役，疾。曾祖矣仲代役，正统六年征进麓川有功升总旗，景泰三年贵州香炉山等处擒斩获功升试百户，老。祖李英系嫡长男，成化二年六月袭，疾。父李秀系嫡长男，弘治十三年十月袭，嘉靖十年故。世荣系庶长男，嘉靖十二年查曾祖矣仲原系功升试百户，天顺元年遇例实授，祖、父沿袭。所据遇例实授，例应减革，本人与袭祖职试百户，仍不支俸。

一辈月鲁，已载前黄。

二辈矣非，已载前黄。

三辈矣仲，旧选簿查有：景泰三年十二月，云南左卫总旗升试百户矣仲。

四辈李英，旧选簿查有：成化二年六月，李英，呈贡县人，系云南左卫中左所不支俸土官百户矣仲嫡长男，钦与世袭。

五辈李秀，旧选簿查有：弘治十三年十月，李秀，呈贡县人，系云南都司云南左卫中左所不支俸土官百户李英嫡长男。伊父老疾，本人照例替职，仍不支俸。

六辈李世荣，已载前黄。

[完尚卿·试百户]

……

[三辈完忠，旧选]簿查有：正统六年征麓川有功，总旗升试百户完忠。

[四辈完清，旧选]簿查有：成化元年八月，完清，年三十二岁，昆明县人，系云南左卫中左所不支俸土官百户完忠嫡长男，钦与世袭。

[五辈完铎，旧]选簿查有：成化十三年三月，完铎，昆明县人，系云南左卫中左所故不支俸土官世袭百户完清嫡长男。

[六辈完裕，]旧选簿查有：嘉靖元年十二月，完裕，年三十岁，昆明县人，系云南左卫中左所年老不支俸土官百户完铎嫡长男。曾祖忠功升试百户，遇例实授，沿袭，本人照例革替试百户。

七辈完尚卿，缺。

八辈完善，万历二十年十月，完善，年二十七岁，昆明县人，系云南左卫中左所老土官试百户完尚卿嫡长男。伊父原袭试百户，今老，本舍照旧与替土官试百户，仍不支俸。

九辈完尔初，万历四十二年十一月，大选过云南左卫中左所不支俸土官试百户一员完尔初，年二十岁，系土官试百户完善嫡次男，例不比试。

十辈完璋，崇祯七年正月补六年十二月大选，过云南左卫中左所不支俸土官试百户一员完璋，年三十二岁，系故试百户完善亲孙，土官不比。

金诏·试百户

一辈金冈，缺。

二辈金鸣，缺。

三辈金绶，缺。

四辈金瑄，试百户功次：候查。

五辈金辅，旧选簿查有：正德八年十月，金辅，昆明县人，系云南都司云南左卫中左所不支俸土官百户金瑄嫡长男。伊父原系试百户，遇例实授，今年老，本人照例革替本卫所原职土官试百户，仍不支俸。

六辈金弼，缺。

七辈金诏，旧选簿查有：嘉靖四十一年十二月，金诏，昆明县人，系云南都司[云南]左卫中左所不支俸土官试百户百户金弼嫡次男。伊父原系试百户，遇例实授，今痼疾。本人照例革替本卫所原职土官试百户，仍不支俸。

八辈金世贵，万历三十二年八月，大选过云南左卫中左所不支俸土官试百户一员金世贵，年三十九岁，系老试百户金诏嫡长男。

九辈金鼎元，万历四十七年十二月，单本选过云南左卫中左所不支俸土官署副千户一员金鼎元，年三十岁，系不支俸土官试百户金世贵嫡长男。既中试武举，仍照题例加升署副千户，不支俸，土官不比。

[蒋玥·冠带小旗]

功次簿查有：嘉靖八年为地方紧急贼情事，寻甸府等处擒斩蛮贼安铨功次内开：云南左卫中左所冠带舍人升小旗一名蒋玥。

隆庆五年八月，蒋应照，江阴县人，系云南左卫中左所年老冠带小旗蒋玥嫡长男。·546·

万历二十二年　月　日
委官武选司主事　陆经脩

五军都督府所属卫所·右军都督府·云南都司·云南右卫

原簿目录

指挥使一员
一号潘镗：始祖潘俊，代八，滕县人。

指挥同知七员
一号赵官：始祖赵福，代七，宜春县人。
二号李印亨：始祖李成，代七，宿迁县人。
三号杨世爵：始祖杨春甫，代七，丰城县人。
四号张鹏：始祖张三，代七，山后人。
五号孙承恩：始祖孙赟，代九，涞水县人。
六号苏世恩：始祖苏成，代九，清流县人。
七号孙鸾：始祖孙永，代五，盱眙县人。

年远事故二员
苏鑑：合肥县人。
汪昱：江夏县人。

署指挥同知二员、指挥佥事五员 续入潘遐龄，有印。
一号杨湘：始祖杨小，署同，代七，富民县人。
二号金重：始祖金山，署同，代七，安宁州人。
三号李时新：始祖李让，代六，合肥县人。
四号葛麇祖：始祖葛二，代八，滦州人。
五号纪尚贤：始祖纪胜，代九，如皋县人。
六号张凤祯：始祖张旺，代六，来安县人。
七号程垣：始祖程关得，代八，合肥县人。

调卫二员
高懋忠：巢县人，调临安卫。
张泰：合肥县人，调桂林右卫。

年远事故二员
张泰。
袁祯。·1·①

卫镇抚二员
一号杨铭：始祖杨鬼里赤，代七，辽阳纳哈赤达达人。
二号董昂：始祖董哑哈帖木儿，代四，麻陵人。

年远事故一员
王瑛：江都县人。

左所正千户二员
一号周诏：始祖周荣，代九，定远县人。
二号朱应元：始祖朱观保，代七，泰兴县人。

---

① 以下云南右卫、临安卫、越州卫、云南后卫、大罗卫、木密关守御所、凤梧守御所选簿皆据《中国明朝档案总汇》第59册整理，文中用阿拉伯数字标注原书页码，前后加"·"隔开，以方便本书使用者查阅《明档》原文。

署正千户一员、副千户一员

一号余继祖：始祖余宗，署正，代八，蕲州人。

二号赵俊：始祖赵立，代七，西宁州人。

调卫一员

赵麜祖：怀远县人，调广南卫左所。

辈数未全一员

沈淮：仁和县人。

年远事故一员

崔晟：大同县人。

署副千户二员、实授百户八员

一号赵熙：始祖赵贵，署副，代七，监利县人。

二号蒋镗：始祖蒋全，署副，代六，任城县人。

三号陈世卿：始祖陈华，代十，和州人。

四号李继祖：始祖李春，代九，全椒县人。

五号明良：始祖明亮，代九，郯城县人。

六号程希廉：始祖程溥，代五，良乡县人。

七号李应举：始祖李成，代七，聊城县人。

八号苏璋：始祖苏得，代六，定远县人。

九号潘辅：始祖潘仲和，代六，仁和县人。

十号陆承恩：始祖陆旺，代七，临淮县人。

年远事故四员

马俊。

赵英。

范凌家奴。

杨茂。

试百户十一员·2·

一号徐忠：始祖徐子成，代五，山阴县人。

二号张大金：始祖张得林，代六，全椒县人。

三号赵祖定：始祖赵鼎，代七，合肥县人。

四号吉世瑛：始祖吉驴儿，代三，宜安县人。

五号高尚举：始祖高亮，代四，常熟县人。

六号陈应祖：始祖陈亚名，代七，奉化县人。

七号胡轧：始祖胡驴子，代八，泰州人。

八号杨大伦：始祖杨佛保，代七，黄冈县人。

九号杨汝登：始祖杨忠，代六，兴化县人。

十号盛松：始祖盛成生，代六，安东县人。

十一号陆延龄：始祖陆仲恒，代六，嘉兴县人。

续入熊真，固始人，无印记。

辈数未全所镇抚一员

张元：寿州人。

年远事故九员

欧荣：所抚，桃源县人。

杜文：所抚。

杨云：所抚，北平府人。

张斌：所抚。

潘鑑：所抚。

时勋：所抚。

蒋伦：盱眙县人。

熊真：固始县人。

雷昇：临淮县人。

右所正千户二员

一号刘世韬：始祖刘海，代七，扶沟县人。

二号王文明：始祖王荣，代九，凤阳县人。

年远事故三员
尚英：大同县人。

郝亮。

王英。

署正千户一员、副千户四员
一号何邦臣：始祖何兴，署正，代七，宛平县人。

二号李东茂：始祖李源，代七，宛平县人。

三号黄本成：始祖黄三，代八，定远县人。

四号张良材：始祖张通，代五，宣城县人。

五号王言：始祖王韬，代五，元城县人。

年远事故二员
陈铣。

郑伦。

实授百户五员
一号杨思忠：始祖杨成，代八，兴平县人。

二号张应奎：始祖张成，代六，嘉兴县人。

三号韩应时：始祖韩光，代九，定远县人。

四号李节：始祖李信，代六，德安府人。

五号孙鹏：始祖孙保，代七，全椒县人。·3·

年远事故六员
虞孝儿。

汪文昌：六安州人。

杨斌。

王桧。

冯昇。

俞广。

试百户八员、所镇抚一员
一号田忠义：始祖田胜，代五，通州人。

二号王宗仁：始祖王钦，代五，胶水县人。

三号张朝用：始祖张兴，代七，凤阳县人。

四号瞿世爵：始祖瞿文，所抚，代七，江阴县人。

五号李思：始祖李能，代六，宜春县人。

六号王儒：始祖王俊，代五，宛平县人。

七号杨锐：始祖杨真，代六，江都县人。

八号李勋：始祖李荣三，代五，沅陵县人。

九号沈裕：始祖沈铨，代七。

年远事故七员
潘胜：莒州人。

刘政：湘潭县人。

李纲。

李昇：宛平县人。

李嵩：所抚，鄞县人。

洪卯孔：所抚。

胡俊：所抚，阿速人。

中所副千户六员
一号雷应孝：始祖雷亨，代十，仪真县人。

二号杨文华：始祖杨闰，代九，江都县人。

三号严璋：始祖严毅，代四，余姚县人。

四号赵永：始祖赵溥，代四，长乐县人。

五号尹凤梧：始祖尹道名，代八，亳县人。

六号潘应爵：始祖潘得，代六，扬州府人。

年远事故四员
甄忠。

任正。

秦怀。

张镐：平阳县人。

署副千户一员、实授百户九员

一号陈印绣：始祖陈忠，署副，代八，随州人。

二号王崇儒：始祖王四，代九，临淮县人。

三号杨循礼：始祖杨铭，代八，定远县人。

四号殷棠：始祖殷顺，代七，洛阳县人。

五号陈佐：始祖陈应，代八，石首县人。

六号欧应学：始祖欧志达，代五，南海县人。

七号张宪：始祖张铭，代八，滁州人。

八号徐第：始祖徐兴，代七，随州人。

九号黄恩：始祖黄纽，代八，当涂县人。

十号田畴：始祖田必成，代九，沔阳县（州）人。

年远事故三员

赵镗：固安县人。

张宣。

陈铎。

试百户八员、署试百户事总旗一员 续入

常自诚，新香（新乡）人，有印记。

一号谢宣：始祖谢成，代八，江陵县人。

二号刘俊：始祖刘海，代五，宿州人。

三号靳恩：始祖靳昶，代七，汾州人。

四号刘文举：始祖刘名远，代六，延津县人。

五号张德仪：始祖张贵，代八，荥阳县人。

六号陈凤朝：始祖陈兴四，代八，华亭县人。

七号唐应龙：始祖唐宗，代五，沅州人。

八号刘舄：始祖刘措，代六，大同县人。

九号丁时：始祖丁买住，署试总，代四，上海县人。

辈数未全二员

王时：中牟县人。

邢灿：上元县人。

革发所镇抚二员

何鑑。

张纲。

前所正千户三员

一号蒋珍：始祖蒋阿计，代七，宜兴县人。

二号郭科：始祖郭福，代八，封丘县人。

三号金暴：始祖金真，代七，合肥县人。

年远事故一员

孙斌：山后人。

副千户二员

一号孙汉：始祖孙得，代八，合肥县人。

二号黄九皋：始祖黄忠，代六，蒙城县人。

年远事故三员

祇鑑：灌县人。

陈伦：临川县人。

陈真。

署副千户二员、实授百户十员

一号陈云龙：始祖陈贵，署副，[代八]，潜山

县人。

二号潘俊：始祖潘铭，署副，代六，定远县人。

三号顾守义：始祖顾奴儿，代九，定远县人。

四号钟应鸣：始祖钟亮，代五，乌程县人。

五号林应福：始祖林兴旺，代十一，全椒县人。

六号黄堂：始祖黄得，代七，德化县人。

七号于廉：始祖于忠，代八，荆州府人。

八号张存仁：始祖张睿，代八，信阳县人。

九号石磐：始祖石阿伴，代五，无锡县人。·5·

十号史文臣：始祖史真，代八，望江县人。

十一号汪朝用：始祖汪通，代九，舒城县人。

十二号杨锐：始祖杨付四，代五，无锡县人。

年远事故三员

余俊。

张傑：华亭县人。

张善：汝阳县人。

试百户六员

一号姚良辅：始祖姚胜，代九，定远县人。

二号蒋应祖：始祖蒋贵，代五，清流县人。

三号王璋：始祖王贵，代五，沂水县人。

四号蔡遇时：始祖蔡冬儿，代七，江都县人。

五号周岐：始祖周锐，代六，昆山县人。

六号刘鹤龄：始祖刘大，代九，江夏县人。

调卫一员

陈应朝：宿松县人，调广南卫左所。

年远事故三员

吴昱：吴县人。

李政。

孙忠：所抚。

后所年远事故正千户一员

段勋：大兴县人。

署正千户二员、副千户三员

一号汪胜宗：始祖汪禧，署正，代九，合肥县人。

二号王汯：始祖汪镛，署正，代五，合肥县人。

三号王表：始祖王用，代八，寿州人。

四号孙尚贤：始祖孙继，代九，仪真县人。

五号关汝通：始祖关旭，代八，项城县人。

年远事故二员

姚英：合肥县人。

杨琮。

署副千户二员、实授百户四员

一号顾得良：始祖顾鲜，署副，代七，宜兴县人。

二号梅銮：始祖梅佛保，署副，代七，徐沟县人。

三号许承名：始祖许富，代九，当涂县人。

四号吴俸爵：始祖吴八，代七，江都县人。

五号韩钺：始祖韩成，代十，唐县人。

六号王诏：始祖王成，代七，江都县人。

年远事故七员

王英：寿光县人。

苏雄。

邵玒。

陈贵。

郭文。

康泰。

秦聚。·6·

试百户十二员、所镇抚二员

一号来应宣：始祖来驴儿，代七，永城县人。

二号高仁：始祖高文，代五，章丘县人。

三号水朝东：始祖水二，代九，建德县人。

四号毛凤翱：始祖毛阿上，代六，无锡县人。

五号张雷：始祖张福，代五，溧阳县人。

六号陈诏：始祖陈张弟，代五，广德州人。

七号杨塘：始祖杨惇，代六，海宁县人。

八号许迁：始祖许胜，代八，定远县人。

九号周文林：始祖周祥，代七，泗阳县人。

十号杨洲培：始祖杨正荣，所抚，代八，定远县人。

十一号葛朝阳：始祖葛买驴，代六，诸城县人。

十二号刘鳌：始祖刘胜，代五，定远县人。

十三号王辅：始祖忽什麻，代三，辽阳人。

十四号吕通：始祖吕友才，所抚，代四。

续入李俸，华阴人，有印。

年远事故一员

朱瑛。

革发一员

沈东昇：当涂县人。

中左所正千户三员

一号宋舜卿：始祖宋得，代七，五河县人。

二号张㳚：始祖张忠，代四，昆明县人。

三号黄邦佐：始祖黄元真，代七，和曲州人。

副千户[三]员　续入陈新表，富民[县]人，无印。

一号顾思：始祖顾福，代九，全椒县人。

二号杨应时：始祖杨庆安，代八，富民县人。

三号游鹏：始祖游□，代六，铜梁县人。

年远事故二员

陈鑑：富民县人。

张鼎：成都府人。

实授百户九员　续入朵云，西安人，无印记。

一号李昷：始祖李庆，代九，昆阳州人。

二号张世臣：始祖张羽，代七，昌黎县人。

三号李仁：始祖李通，代七，光州人。

四号张一科：始祖张坤，代八，襄阳府人。

五号尹爵：始祖尹应，代七，江川县人。

六号梁永：始祖梁贵，代六，上林县人。

七号杨增：始祖杨完者，代八，晋宁州人。

八号赵维藩：始祖赵良，代七，昆明县人。

九号李润：始祖李道亨，代七，昆阳县（州）人。·7·

年远事故三员

朵云：龙德县人。

杨琇：昆阳州人。

王兴。

试百户五员、所镇抚一员
一号张凤羽：始祖张关保，代六，富民县人。

二号陈爵：始祖陈英，代七，富民县人。

三号张恩：始祖张□，罗次县人。

四号寸滕爵：始祖寸保，代八，富民县人。

五号和景荣：始祖和亏，代六，富民县人。

六号苟重：始祖苟什，所抚，代七，华阳县人。

辈数未全一员
李玺：昆明县人。

年远事故所镇抚三员
诸宽：江都县人。

包安可台。

尤保保。

冠带总旗四员、总旗三名
徐大经：以下选簿遗失。

於栢。

胡承祖。

杨廷诺。

吴朝用。

姜淳。

顾忠。

选簿未载贴黄有名但袭替年月未开无凭吊查黄选者六员
潘雄：始祖潘进，代七，指挥使，和州人。

常自新：始祖常得，代六，中试百，新香（新乡）县人。

李俸：始祖李玉，代六，后副，华阴县人。

龚胜：始祖龚成，代五，后副，桃源县人。

金鉴：始祖金今保，代四，后百，常熟县人。

阙铭：始祖阙景中，代五，后抚，无锡县人。

潘镗·指挥使

一辈潘俊。①

二辈潘冕,旧选簿查有:宣德九年八月,潘冕,系云南都司都指挥佥事潘俊嫡长孙。祖原系燕山右卫指挥使,征剿胡寇升授前职,调本都司管事,病故。本人先年十岁,错报作九岁,已与伊祖原职指挥使俸优给,今出幼,钦准改正,袭世袭指挥使,定云南右卫。②·8·

三辈潘昇,旧选簿查有:正统八年十月,潘昇,系云南右卫故世袭指挥使潘冕堂弟。有亲兄潘泰儿患两眼瞎疾,不堪承袭,钦准本人袭职,待兄有男,还与职事。

四辈潘昶。

五辈潘让,旧选簿查有:天顺七年八月,潘让,年八岁,滕县人,系云南右卫故世袭指挥使潘陞亲侄。先因未生,父潘泰儿患眼疾,不堪承袭,叔潘昶袭职,续生本人,还与职事,钦与全俸优给,至天顺十四年终住支,伊叔革闲。

六辈潘详,旧选簿查有:成化十年七月,潘详,滕县人,系云南右卫故世袭指挥使潘让亲弟。

七辈潘珍,旧选簿查有:嘉靖元年六月,潘珍,滕县人,系云南右卫年老指挥使潘详嫡长男。

八辈潘镗,旧选簿查有:嘉靖二十三年二月,潘镗,年三十岁,滕县人,系云南右卫已故指挥使潘珍亲侄。伊伯原袭祖职指挥使,嘉靖二年侵欺料银八十两,未曾查出,病故。伊堂兄潘钰首出,起送中途病故。本舍系亲侄,与袭祖职指挥使,比试不中,照例与支半俸。候及二年,起送再比。仍将应支俸粮照数扣抵,原侵银两完足方许关支。

赵官·指挥同知

外黄查有:赵官,年二十二岁,系云南右卫世袭指挥同知,原籍江西袁州府宜春县人。一世祖赵福甲辰年归附,赴京升总旗,洪武元年升实授百户,授流官,四年与世袭,南康等县阵亡。二世祖赵芳系嫡长男,本年十一月袭,除饶州守御千户

---

① 《明仁宗实录》卷11,洪熙元年二月丁卯,"调都指挥使武让、都指挥佥事潘俊于云南都司"。
② 《总汇》第58册第386页"又一员·潘冕"簿,载潘冕拟于宣德九年出幼袭职时"定夺卫分",其记载与此簿"二辈潘冕"选条载其"定云南右卫"正相衔接。

所，十一年调南宁守御，拨右所，二十年调云南右卫，永乐元年征百夷鲁麻、木邦、孟定等处升副千户，调本卫中左所，三年征南阆山等处升世袭正千户，四年攻克化州等处升世袭指挥佥事，故。三世祖赵敬系庶长男，六年九月袭，正统六年麓川上江等处杀贼有功升指挥同知，景泰七年老疾。曾祖赵勋系嫡长孙，本年九月替，天顺二年老疾。祖赵英系嫡长男，成化二十三年九月替，正德三年老疾。父赵昂系嫡长男，十四年二月替，嘉靖三十三年老疾。官系庶长男，三十四年二月替云南右卫世袭指挥同知。

一辈赵福，已载前黄。

二辈赵芳，已载前黄。

三辈赵敬，旧选簿查有：永乐六年九月，赵敬，系云南右卫故指挥佥事赵芳庶长男。

四辈赵勋，旧选簿查有：景泰七年九月，赵勋，宜春县人，系云南右卫指挥同知赵敬嫡长孙，钦与世袭。

五辈赵英，旧选簿查有：成化二十三年九月，赵英，年十五岁，宜春县人，系云南右卫世袭指挥同知赵勋嫡长男。

六辈赵昂，旧选簿查有：正德十四年二月，赵昂，宜春县人，系云南右卫世袭指挥同知赵英嫡长男。

七辈赵官，旧选簿查有：嘉靖三十四年二月，赵官，宜春县人，系云南右卫年老指挥同知赵昂庶长男。

[八辈赵懋，]万历三十五年七月，单本选过云南右卫指挥同知一员赵懋，年十六岁，系老指挥同知赵官嫡长孙，比中三等。

李印亨·指挥同知

一辈李成。

二辈李贵，旧选簿查有：永乐十年十二月，李贵，系扬州卫指挥同知李成嫡长男，钦替世袭。

三辈李能，旧选簿查有：宣德十年九月，李能，系云南右卫世袭指挥同知李贵亲侄。伯有长弟李诞，残疾，不堪承替，钦准本人替职。待有男，还与职事。

四辈李昇，旧选簿查有：成化十七年六月，李昇，宿迁县人，系云南右卫故世袭指挥同知李能庶长男。

五辈李昂，旧选簿查有：弘治十三年十二月，李昂，宿迁县人，系云南右卫故世袭指挥同知李昇堂兄。

六辈李潮，旧选簿查有：嘉靖元年三月，李潮，宿迁县人，系云南右卫年老世袭指挥同知李昂亲侄。伊伯乏嗣，本人袭职，待伯有男，退还职事。

七辈李印亨，旧选簿查有：嘉靖二十六年十月，李印亨，宿迁县人，系云南右卫年老指挥同知李潮嫡长男。伊父原袭祖职指挥同知，为事参问徒罪，纳赎还职，今老，本舍照例与替祖职指挥同知。

八辈李孝先，万历十五年十二月，李孝先，年十六岁，宿迁县人，系云南右卫老指挥同知李印亨长男，比中·10·二等。

九辈李日兴，崇祯二年六月，大选过云南右卫指挥同知一员李日兴，年二十四岁，系老指挥同李孝先嫡长男，比中三等。

杨世爵·指挥同知

外黄查有：杨世爵，年二十五岁，系云南右卫实授指挥同知，原籍江西南昌府丰城县人。始祖杨春甫壬寅年归附从军，洪武十三年疾。高祖杨福代役，十四年调永平卫中所军，二十五年奉天征讨，[①]郑村坝功升小旗，三十三年白沟河功升百户，三十四年克丘县、威县、深州截路军马功升实授百户，西水寨功升副千户，本年征克白沟河、西水寨节次功升本所正千户，三十五年克金川门升平凉卫指挥同知，宣德七年升云南都司都指挥佥事[②]，正统三年病故。曾祖杨琳系嫡长男，正统三年袭云南右卫指挥同知，景泰二年征湖贵香炉山等处杀贼获功一级升署指挥使，天顺五年老。祖杨裕系嫡长男，本年优给，成化五年袭，弘治五年三月故。父杨翱系庶长男，十八年八月袭，嘉靖十八年老。兄杨世功系嫡长男，二十九年六月查香炉山功无擒斩革替指挥同知，故。世爵系亲弟，隆庆二年四月袭云南右卫指挥同知。

一辈杨春甫，已载前黄。

二辈杨福，已载前黄。

三辈杨琳，已载前黄。

四辈杨裕，旧选簿查有：天顺五年，杨裕，年八岁，丰城县人，系云南右卫老疾

[①] "奉天征讨"之"二十五年"当作"三十二年"。

[②]《明宣宗实录》卷97，宣德七年十二月丁未，"升……永平卫指挥同知杨福……俱署都指挥佥事事……杨福云南都司"。

指挥使杨琳嫡长男。钦与全俸优给，至天顺十二年终住支。

五辈杨翱，旧选簿查有：弘治十八年八月，杨翱，丰城县人，系云南右卫故世袭指挥使杨裕庶长男。

六辈杨世功，旧选簿查有：嘉靖二十九年六月，杨世功，年二十四岁，丰城县人，系云南右卫老疾署指挥使杨翱嫡长男。伊曾祖琳原袭指挥同知，征香炉山杀贼升署指挥使。所据香炉山功查无擒斩，本舍照例革替指挥同知。

七辈杨世爵，旧选簿查有：隆庆二年四月，杨世爵，年二十五岁，丰城县人，系云南右卫故指挥同知杨世功亲弟。

八辈杨怀忠，万历七年四月，杨怀忠，年二十岁，丰城县人，系云南右卫故指挥同知杨世爵嫡长男，比中一等。

九辈杨先声，万历三十五年十月，大选过云南右卫指挥同知杨先声，年二十五岁，系患疾指挥同知杨怀忠嫡长男，比中二等。·11·

十辈杨滋，崇祯九年二月，大选过云南右卫指挥同知一员杨滋，年三十一岁，系故指挥同知杨先声嫡长男，比中三等。

张鹏·指挥同知

外黄查有：张昇，山后人。有父张三，洪武十六年自愿充军，三十二年八月真定升小旗，十一月郑村坝升总旗，三十三年济南升百户，患病。将昇代役，三十五年五月泗州过淮河升正千户，六月渡江平定京师，钦升鹰扬卫指挥佥事，宣德六年调云南右卫。

一辈张三，已载前黄。

二辈张昇，已载前黄。

三辈张玉，旧选簿查有：正统六年十月，张玉，系云南右卫指挥佥事张昇户名张三庶长男。

钦升簿内查有：天顺七年东苗地方杀贼获功例升一级，云南右卫指挥佥事升指挥同知三员内一员张玉。

四辈张辅，旧选簿查有：成化六年八月，张辅，山后人，系云南右卫指挥同知张玉庶长男。

五辈张鹏，旧选簿查有：弘治十五年二月，张鹏，山后人，系云南右卫世袭指挥同知张辅嫡长男。

六辈张鸾，旧选簿查有：正德十四年六月，张鸾，山后人，系云南右卫故绝世袭指挥同知张鹏亲弟，优给出幼袭职。

七辈张鹍，旧选簿查有：嘉靖十一年六月，张鹍，年三十七岁，山后人，系云南右卫故绝指挥同知张鸾堂兄。

孙承恩·指挥同知

外黄查有：孙承恩，年三十二岁，系云南都司云南右卫指挥同知，原籍直隶保定府涞水县人。一世祖孙成，洪武三年应募充大兴左卫军，十二年故。二世祖孙斌，旧名子和，补役，二十五年兑换燕山右护卫后所，三十二年八月功升小旗，大宁、郑村坝有功升总旗，三十三年白沟河、济南功升实授百户，三十四年夹河、藁城有功升副千户，三十五年渡江克取应天有功升沂州卫指挥佥事，永乐十年故。三世伯祖孙智系亲男，袭，绝嗣。次伯祖孙亮系亲弟，十七年二月袭，宣德六年调云南右卫，八年故绝。高祖孙广系堂弟，幼小，二世叔祖孙信系亲叔，本年六月·12·借袭，九年故。孙广本年七月袭，天顺七年贵州东苗地方擒斩获功升本卫指挥同知，成化十三年老。曾祖孙清系亲男，十四年五月袭，弘治五年疾。祖孙昂系亲男，本年十二月袭，嘉靖十一年故。父孙世爵系嫡长男，十二年十月袭，故。承恩系长男，三十九年十二月替云南右卫指挥同知。

一辈孙赟，已载前黄。

二辈孙智，已载前黄。

三辈孙亮，旧选簿查有：永乐十七年二月，孙亮，系沂州卫故流官指挥佥事孙智亲弟。

四辈孙信，已载前黄。

五辈孙广，旧选簿查有：宣德九年七月，孙广，系云南右卫故世袭指挥佥事孙亮堂弟，与孙赟犯堂缘由再查。

天顺七年十二月，云南右卫指挥佥事升指挥同知孙广。

六辈孙清，旧选簿查有：成化十四年五月，孙清，涞水县人，系云南右卫指挥同知孙广嫡长男。

七辈孙昂，旧选簿查有：弘治五年十二月，孙昂，涞水县人，系云南右卫指挥同知孙清嫡长男。

八辈孙世爵，旧选簿查有：嘉靖十二年十月，孙世爵，年二十五岁，涞水县人，系云南右卫故指挥同知孙昂嫡长男。

九辈孙承恩，旧选簿查有：嘉靖三十九年十二月，孙承恩，年三十二岁，涞水县人，系云南右卫故指挥同知孙世爵男。

十辈孙仰斗，万历十八年十二月，孙仰斗，年五岁，系云南右卫老疾指挥同知孙承恩嫡长男，照例与全俸优给，至万历二十八年终住支。

万历二十九年八月，孙仰斗，年一十六岁，系云南右卫故指挥同知孙承恩嫡长男，出幼袭职，比中二等。

苏世恩·指挥同知

一辈苏成。·13·
二辈苏雄。①
三辈苏智，旧选簿查有：永乐六年十二月，苏智，年十六岁，系云南右卫后所故世袭百户苏雄嫡长男。

副千户功次：候查。

四辈苏瑾，旧选簿查有：景泰二年九月，苏瑾，系云南右卫后所失陷世袭副千户苏智嫡长男。

正千户功次：天顺七年十二月，云南右卫副千户升正千户苏瑾。

指挥佥事功次：候查。

五辈苏鑑，旧选簿查有：成化十三年十月，苏鑑，清流县人，系云南右卫指挥佥事苏瑾嫡长男。

指挥同知功次：候查。②

六辈苏昂，旧选簿查有：弘治十五年四月，苏昂，清流县人，系云南右卫功升指挥同知苏鑑嫡长男，钦与世袭。

七辈苏民望，旧选簿查有：嘉靖十四年六月，苏民望，年二十五岁，清流县人，

---

① 《总汇》本册第128页"又一员·苏雄"簿载："永乐元年四月，苏雄，系云南右卫后所世袭百户苏成嫡长男"，与本簿"一辈苏成""二辈苏雄""三辈苏智"等所载职级、年分及承袭关系皆相一致。
② 《总汇》本册第16页"年远事故指挥同知一员·苏鑑"簿载："弘治五年六月，苏鑑，年四十九岁，合肥县人，系云南右卫指挥佥事升指挥同知"，或正系此"五辈苏鑑"选条"候查"之指挥同知功次。二选簿之苏鑑，一为清流县人，一为合肥人，若此清流县为洪武初省入滁州之清流县而非福建之清流县，则与合肥县属庐州府境地相接，二苏鑑或实系同一人。

系云南右卫故署都指挥佥事苏昂嫡长男。伊父原袭祖职指挥同知，推升前职，今故。所据推升署职例无承袭，本舍照例革与祖职指挥同知。

八辈苏民膏，旧选簿查有：嘉靖二十八年八月，苏民膏，清流县人，系云南右卫故指挥同知苏民望亲弟。伊兄原袭祖职指挥同知，故绝。本舍先以舍人获功一级，升小旗一级系舍人获功，不及祖职，例不准袭，本舍照例与袭祖职指挥同知。

九辈苏世恩，旧选簿查有：嘉靖四十一年二月，苏世恩，年二十四岁，清流县人，系云南右卫故指挥同知苏民膏嫡长男。

十辈苏尧官，崇祯元年九月补八月分大选，过云南右卫指挥同知一员苏尧官，年二十四岁，系故指挥同知苏世恩侄孙，比中三等。

孙鸾·指挥同知

一辈孙永。

二辈孙能，旧选簿查有：宣德四年九月，孙能，年十五岁，系云南右卫中所故正千户孙永嫡长男，钦与世袭。

指挥佥事功次：候查。

旧选簿查有：景泰五年七月，云南右卫指挥佥事升指挥同知孙能。

三辈孙鑑，旧选簿查有：成化六年九月，孙鑑，盱眙县人，系云南右卫故指挥同知孙能嫡长孙，钦与世袭。·14·

四辈孙鹏，旧选簿查有：弘治十三年十二月，孙鹏，盱眙县人，系云南右卫故世袭指挥同知孙鑑嫡长男。初比不中，与支半俸，候二年再比。

五辈孙鸾，旧选簿查有：嘉靖十四年十二月，孙鸾，年二十三岁，盱眙县人，系云南右卫故绝指挥同知孙鹏从堂弟。

六辈孙应绶，万历二十五年七月，单本选过云南右卫指挥佥事一员孙应绶，年二十七岁，系故指挥同知孙鸾堂侄。查伊四世祖升指挥同知功不及数，合照例革袭指挥佥事，比中三等。①

---

① 《总汇》本册第22—23页"孙继高·指挥佥事"选簿，即此簿另立新簿者。该簿之"孙勇"即此簿"一辈孙永"选条之孙永，至孙印绶革袭指挥佥事后，嫡长男孙继高天启三年袭职。

潘遐龄·指挥同知

一辈潘进。①

二辈潘信。

三辈潘瑢。

四辈潘祺。

五辈潘昂。

六辈潘玺。

七辈潘雄。

八辈潘遐龄：年四岁，万历二十一年六月，大选过云南右卫老指挥同知潘雄庶长男，照例与全俸优给，至万历三十一年终住支。

万历三十三年八月，潘遐龄，年十六岁，系云南右卫故指挥同知潘雄庶长男，出幼袭职，限外有无多支，查扣，比中三等。·15·

九辈潘联桥，崇祯八年正月补七年十二月大选，过云南右卫指挥同知一员潘联桥，年二十五岁，系故指挥同知潘遐龄嫡长男，比中三等。

年远事故指挥同知一员·苏鑑

弘治五年六月，苏鑑，年四十九岁，合肥县人，系云南右卫指挥佥事升指挥同知。②

又一员·汪昱

弘治十年十二月，汪昱，江夏县人，系云南后卫革职世袭指挥同知汪润亲叔，待

---

① 《明太祖实录》卷173，洪武十八年五月己丑，"以洒阳卫指挥佥事潘进为云南右卫指挥同知。进和州人，有勇力，颇知读书。初从元将陈野先为勇士，及上渡江，来附，用为花枪先锋，累功至广西卫千户，十一年擢洒阳卫指挥佥事。傅友德征云南，进领兵屯七星关。未几，命署云南后卫，复改右卫，至是升同知。云南夷人叛服不常，军储不给，进能谨屯田，缮甲兵，严守备，由是军不乏食，事无废弛焉"。

② 此"年远事故指挥同知一员·苏鑑"簿之苏鑑，或即《总汇》本册第13—14页"苏世忠·指挥同知"选簿"五辈苏鑑"选条之苏鑑。

侄有男，还与职事。①

充军指挥同知·杨湘

编军簿查有：云南右卫土官指挥同知杨湘，嘉靖三十六年十一月，犯该监守自盗杂犯斩罪，照例编发平越卫中所永远充军。②

杨湘·署指挥同知

一辈杨小。

二辈杨保定。

三辈杨海，钦升簿查有：调征麓川杀贼有功，云南右卫总旗升试百户一员杨海。

正统七年征麓川获功，云南右卫左所试百户三次奇功、头功，并男杨荣随征，亦获头功，并升指挥佥事一员杨海。

景泰三年调征湖广香炉山等处杀贼获功一级二级并署职一级，云南右卫指挥佥事升署指挥同知二员内有杨海。·16·

四辈杨新，旧选簿查有：天顺二年七月，杨新，系云南右卫不支俸土官指挥同知杨海嫡长男。父原系总旗，节次调征麓贼有功历升指挥佥事，征湖广香炉山升署指挥同知，病故，本人照例该袭实授指挥同知。

五辈杨裕，旧选簿查有：弘治二年十月，杨裕，富民县人，系云南右卫土官指挥同知杨新庶长男。伊父老疾，本人照例替父原职指挥同知，原卫管事，仍不支俸。

六辈杨清，堂稿查有：嘉靖十七年，云南右卫土舍杨清。伊曾祖杨海原补祖役总旗，节次调征麓川等处有功历升指挥佥事，又于湖广香炉山获功升署指挥同知，冒供实授。祖杨裕俱沿袭，今年老，本舍系亲次男，照例革替署指挥同知。

七辈杨湘，旧选簿查有：嘉靖十八年十二月，杨湘，富民县人，系云南右卫故绝不支俸土官署指挥同知杨清亲弟。本人照旧与袭伊兄原职不支俸土官署指挥同知，

---

① 此"又一员·汪昱"选簿所载，与《总汇》本册第426—427页"汪辅·署百户总旗"簿之"七辈汪昱"选条几乎相同。所区别者，前簿为"云南右卫"，而汪辅选簿七辈选条则为"云南后卫"，又"革职"后无"世袭"二字。揆之右卫、后卫之别，当以"云南后卫"为确。

② 该"充军指挥同知"下旁注"已重"字样，与其后之"杨湘·指挥同知"选簿之"七辈杨湘"选条"充军簿查有"所载大体相同。

仍不支俸。

充军簿查有：嘉靖三十六年十一月，杨湘，系云南右卫指挥，犯该监守自盗充平越卫中所永远军。①

八辈杨春光：万历六年十月，杨春光，年二十一岁，富民县人，系云南右卫故为事充永远军不支俸土官署指挥同知事指挥佥事杨湘次房堂侄。伊堂伯原袭不支俸土官署指挥同知事指挥佥事，嘉靖三十六年犯该监守自盗问充平越卫中所永远军，隆庆三年故。本舍系土官，照旧准袭不支俸土官署指挥同知事指挥佥事，土官不比。

九辈杨方亨：万历三十四年四月，杨方亨，年九岁，系云南右卫故不支俸土官杨春光庶长男。照旧职衔纪录，至四十年出幼袭职。

万历四十一年二月，大选过云南右卫不支俸土官署指挥同知事指挥佥事一员杨方亨，年十六岁，系故不支俸土官署指挥同知事指挥佥事杨春光庶长男，土官不比。

金重·署指挥同知事指挥佥事

一辈金山。

二辈金奴禾。

三辈金亮，功次簿查有：景泰四年香炉山等处〔杀〕贼，云南右卫试百户升署副千户四员内一员金亮。

正千户功次：候查。

指挥佥事功次：候查。·18·

旧选簿查有：天顺七年十二月，云南右卫指挥佥事升同知金亮。②

四辈金铠，旧选簿查有：成化十七年九月，金铠，安宁州人，系云南右卫故不支俸土官指挥同知金亮庶长男。父原系署副千户，遇例实授，功升前职。本人先因年幼优给，今出幼，照例革袭指挥佥事。

五辈金钺，旧选簿查有：成化二十三年二月，金钺，安宁州人，系云南右卫故不

---

① 原《总汇》此杨湘选簿之前又有标注"已重"字样之"充军指挥同知·杨湘"簿，载："编军簿查有：云南右卫土官指挥同知杨湘，嘉靖三十六年十一月，犯该监守自盗杂犯斩罪，照例编发平越卫中所永远充军"。

② 《总汇》第58册第403页有云南左卫"又一员·金亮"选簿，载："天顺三年十二月，金亮，原系云南左卫中所正千户，贵州开通道路并湖广清浪二处杀贼获功二级，照例升指挥佥事"。彼载"云南左卫"而此簿之"三辈金亮"选条作"云南右卫"，除左卫、右卫之别外，彼之记载正好补充此"三辈金亮"选条中金亮之正千户至指挥佥事功次空缺，彼"又一员·金亮"选簿当系误"右"为"左"而阑入云南左卫之选簿。

支俸土官指挥佥事金凯亲弟。

六辈金胜。

七辈金重，旧选簿查有：嘉靖二十五年十月，金重，年一十七岁，安宁州人，系云南右卫故不支俸土官指挥使金胜嫡长男。伊曾祖亮原补祖役总旗，获功升实授百户，景泰二年香炉山功升署副千户，又获功历升指挥同知，故。伯祖铠革袭指挥佥事，故绝。祖钺袭。父胜袭授指挥同知，功升指挥使，今故。伊曾祖亮香炉山功升署副千户一级查无擒斩，及伊父袭指挥同知一级系冒袭，俱应减革，本舍照例革袭署指挥同知事指挥佥事，仍不支俸。

八辈金堂，万历十年六月，金堂，年二十一岁，安宁州人，系武定守御所故不支俸土官指挥同知金重亲侄。伊伯原革袭不支俸土官署指挥同知事指挥佥事，隆庆二年故绝，应该伊父金诚承袭，痼疾不堪。今本舍妄供实授，希图冒袭，合照例革袭不支俸土官署指挥同知事指挥佥事，土官不比。

九辈金守仁，万历三十年正月，金守仁，年十六岁，安宁州人，系武定守御所故不支俸土官署指挥同知事指挥佥事金堂嫡长男，土官不比。

李时新·指挥佥事

内黄查有：李铛，年二十五岁，合肥县人。始祖李让，洪武三十二年自愿立功带刀奉天征讨，克雄县，三十四年藁城升实授百户，六月渡江升正千户，宣德三年调云南右卫右所，正统三年征麓川剿杀贼一次头功，七年升指挥佥事，老。高祖李端替，故。曾祖李瑛系嫡长男，袭，故。祖李昂未袭，故。李山系庶长孙，袭，故。李铛系嫡长男，优袭云南右卫指挥佥事。

一辈李让，已载前黄。

二辈李端，旧选簿查有：正统十年九月，李端，系云南右卫世袭指挥佥事李让嫡长男。

三辈李瑛，旧选簿查有：成化十五年十二月，李瑛，合肥县人，系云南右卫故世袭指挥佥事李端嫡长男。

四辈李山，旧选簿查有：正德三年五月，李山，合肥县人，系云南右卫故世袭指挥佥事李瑛庶长孙男。·18·

五辈李铛，旧选簿查有：嘉靖十二年四月，李铛，年八岁，合肥县人，系云南右卫故指挥佥事李山嫡长男，照例与全俸优给，至嘉靖十九年终住支。

六辈李时新，旧选簿查有：隆庆二年六月，李时新，年三十岁，合肥县人，系云南右卫故指挥佥事李镗叔。

七辈李茂国，万历三十一年八月，大选过指挥佥事李茂国，年十九岁，系故指挥佥事李时新男，比中二等。

葛廕祖·指挥佥事

内黄查有：葛聚，年二十五岁，北京永平府滦州人。始祖葛二，洪武元年从军，十二年选充小旗，故。将聚户名不动补役，郑村大战升总旗，三十三年白沟大战升百户，东昌大战三十四年升副千户，藁城大战升正千户，三十五年平定京师钦升指挥佥事。

一辈葛二，已载前黄。

二辈葛聚，已载前黄。

指挥佥事功次：已载前黄。

三辈葛瑛，旧选簿查有：正统元年十二月，葛瑛，系云南都司都指挥佥事葛聚嫡长男。父原系兰州卫流官指挥佥事，后升前职，病故。[①]钦准本人袭父原职指挥佥事，与世袭，定云南右卫。

四辈葛政，旧选簿查有：天顺三年九月，葛政，滦州人，系云南右卫故世袭指挥佥事葛瑛嫡长男。

五辈葛昇，旧选簿查有：成化十年三月，葛昇，滦州人，系云南右卫故世袭指挥佥事葛政嫡长男。

六辈葛璋，旧选簿查有：弘治十三年十一月，葛璋，滦州人，系云南右卫故世袭指挥佥事葛昇嫡长男。

七辈葛崙，旧选簿查有：正德十二年二月，葛崙，滦州人，系云南右卫故世袭指挥佥事葛璋嫡长男，优给出幼袭职。

八辈葛廕祖，旧选簿查有：隆庆元年六月，葛廕祖，年二十岁，滦州人，系云南右卫年老指挥佥事葛崙男。

九辈葛世文，万历三十二年八月，葛世文，年三十岁，系云南右卫故指挥佥事葛

---

① 《明宣宗实录》卷62，宣德五年正月丁卯，"升……指挥佥事吕昇等二十人署都指挥佥事……指挥佥事署都指挥佥事者……行在金吾左卫葛聚云南都司"。

廕祖亲侄，比中二等。

十辈葛天麒，万历四十三年八月，大选过云南右卫指挥佥事一员葛天麒，年二十五岁，系疾指挥佥事葛世文嫡长男，比中一等。·19·

纪尚质·指挥佥事

外黄查有：纪智，如皋县人，系纪胜旧名文胜嫡长男。丙午年归附，吴元年拨应天卫，除百户，洪武十八年升除云南右卫前所世袭副千户，三十一年故，智当年袭云南右卫前所世袭副千户。纪绩系纪智嫡长男，父永乐十三年征剿交阯有功升本卫所正千户，老疾，绩于宣德六年替本卫所世袭正千户。纪恒系纪绩嫡长男，父正统六年征麓贼有功升指挥佥事，景泰五年故，恒六年袭云南右卫功升指挥佥事。

一辈纪胜，已载前黄。

二辈纪智，旧选簿查有：洪武三十一年九月，纪智，系云南右卫前所故世袭副千户纪胜嫡长男，永乐十三年交阯有功副千户升正千户，云南右卫前所。

三辈纪绩，旧选簿查有：宣德六年八月，纪绩，系云南右卫前所正千户纪智嫡长男。

指挥佥事功次：已载前黄。

四辈纪恒，旧选簿查有：景泰六年七月，纪恒，如皋县人，系云南右卫故指挥佥事纪绩嫡长男。

五辈纪辅，旧选簿查有：成化五年九月，纪辅，如皋县人，系云南右卫世袭指挥佥事纪恒嫡长男。

六辈纪瑛，旧选簿查有：正德二年十二月，纪瑛，如皋县人，系云南右卫年老世袭指挥佥事纪辅嫡长男。

七辈纪璋，旧选簿查有：正德九年十月，纪璋，如皋县人，系云南右卫故绝世袭指挥佥事纪瑛亲弟。

八辈纪尚贤，旧选簿查有：嘉靖二十年八月，纪尚贤，年二十八岁，如皋县人，系云南右卫故指挥佥事纪璋嫡长男，仍袭原职。

九辈纪尚质，旧选簿查有：嘉靖四十三年四月，纪尚质，年二十岁，如皋县人，系云南右卫故指挥佥事纪尚贤堂弟。伊堂兄原袭祖职指挥佥事，嘉靖三十四年为军人月粮事追赃银三十一两六钱，参问立功五年，三十六年发配，三十七年故。本舍照例准袭祖职指挥佥事，其伊兄立功年限未满，与支半俸，扣算满日方许全支，如有未完赃银，照数于本舍名下扣俸还官。

十辈纪起凤，万历二十三年十月，纪起凤，年二十六岁，系云南右卫患疾指挥佥事纪尚质嫡长男，比中二等。

十一辈纪万寿，崇祯元年五月补四月大选，过云南右卫指挥佥事优给舍人一名纪万寿，年八岁，系老指挥佥事纪起凤庶长男，照例与全俸优给，至崇祯六年终住支。·20·

张凤祯·指挥佥事

内黄查有：张振，来安县人，系张旺旧名羌儿庶长男。父甲午年归附，洪武四年选充总旗，十一年除南阳卫百户，十七年除镇南卫中左所副千户，二十二年为私役军人事问拟充军听征，二十五年复职，调云南右卫前所世袭副千户，三十三年阵亡，无男，振三十五年袭副千户。

一辈张旺，已载前黄。

二辈张振，已载前黄。

正千户功次：宣德九年四月，张振，系云南右卫前所副千户升本卫所正千户。

钦升簿查有：正统七年，云南麓川反寇思任发于上江等处，云南右卫前所正千户三次头功升指挥同知一员张振。

署指挥使功次：景泰三年十二月，云南右卫指挥同知升署指挥使张振。

三辈张武，旧选簿查有：景泰五年三月，张武，系云南右卫署指挥使事指挥同知。有父陈（张）振，原系指挥同知，湖广香炉山等处杀贼获功该升署职一级，未升，本人袭升前职。

四辈张斌，旧选簿查有：成化二年七月，张斌，来安县人，系云南右卫故指挥使张武亲弟，钦与世袭。

五辈张铠。

六辈张凤祯，旧选簿查有：……张凤祯，年二十五岁，来安县人，系云南右卫年老指挥同知张铠庶长男。伊祖振以副千户宣德九年下番五次升正千户，正统三年征麓川头功越升指挥同知，景泰二年香炉山功升署指挥使。伊父铠袭，革下番一级，与指挥同知。所据麓川越升一级例应减革，本人革替指挥佥事。

程垣·指挥佥事

外黄查有：程垣，年八岁，系云南右卫优给指挥佥事，原籍直隶庐州府合肥县人。一世祖程关得，乙未年从军，庚子年追陈氏至菜（采）石对敌升小旗，甲辰年故。二世祖程关补役，乙巳年攻湖州升淮安卫总旗，洪武元年克汴梁、河南、潼关功升天城卫百户，三年征进温州沿海，接应福州等处升横海卫副千户，十二年打造船只接应广东升本卫所正千户，调云南右卫左所，三十五年故。三世祖程辅系长男，永乐七年六月袭，宣德二年疾。高祖程继系嫡长男，本年八月替，麓川马鞍山征伤。曾祖程俊系嫡长男，年幼，三世祖程辅疾痊复任，功升指挥佥事，十四年故。高叔祖程缨景泰元年四月借袭，俊长[成]，成化（景泰）①四年八月袭，弘治十一年故。祖程钦系嫡长男，未袭，故。伯程兰系嫡长男，十四年十二月袭，正德五年故绝。父程嵩系亲侄，六年十月袭，嘉靖七年疾。垣系嫡长男，三十九年二月准云南右卫指挥佥事优给，至四十七年终住支。·21·

一辈程关得，已载前黄。

二辈程关，已载前黄。

三辈程辅，旧选簿查有：永乐七年六月，程辅，系云南右卫左所正千户程关嫡长男。父原系总旗，革除年间升除百户，又升副千户，灵璧县归附升正千户，病故。合依伊父原役总旗归附升一级，敬准改袭本卫所世袭百户。

四辈程继，旧选簿查有：正统六年八月，程继，系云南右卫左所副千户程辅嫡长男。

正统七年二月，程辅，系云南右卫左所正千户程继亲父。男调征麓川于马鞍山杀贼阵亡，有孙程俊幼小，本人袭升指挥佥事。

五辈程俊，旧选簿查有：景泰四年八月，程俊，年十五岁，合肥县人，系云南右卫故指挥佥事程辅嫡长孙。先因年幼，亲叔程缨借职，今长成，叔退还职事，该与承袭，伊叔革闲，钦与世袭。

六辈程兰，旧选簿查有：弘治十四年十二月，程兰，合肥县人，系云南右卫故世袭指挥佥事程俊嫡长孙。

七辈程嵩，旧选簿查有：正德六年十月，程嵩，年十五岁，合肥县人，系云南右卫故世袭指挥佥事程兰亲侄。

---

① 据本簿"五辈程俊"选条，此"成化"应为"景泰"之误。

八辈程垣，旧选簿查有：嘉靖三十九年二月，程垣，年六岁，合肥县人，系云南右卫故指挥佥事程崙庶长男，照例与全俸优给，至嘉靖四十七年终住支。

九辈程先陞，天启元年正月补泰昌元年十二月大选，过云南右卫指挥佥事一员程先陞，年三十一岁，系故指挥佥事程垣嫡长男，比中三等。

孙继高·指挥佥事

内黄查有：孙应绶，年二十七岁，系云南都司云南右卫指挥佥事，原籍直隶盱眙县人。始祖孙四儿洪武元年军，故。孙佛保补役，奇罗海口等处获功，故。孙勇系男补役，以父功升今卫中所正千户。孙能系嫡长男，宣德四年九月袭，正统六年麓川斩首功升指挥佥事，景泰五年清水营斩首功升指挥同知，故。孙鑑系嫡长男，成化六年·22·九月袭，故。孙鹏系嫡长男，弘治十三年十二月袭，故绝。孙鸾系堂弟，嘉靖十四年十二月袭，故。应绶系堂侄，万历二十五年七月，查孙能升指挥同知一级功不及数，革袭云南右卫指挥佥事。

天启二年三月补二月大选，过云南右卫指挥佥事一员孙继高，年三十三岁，系故指挥佥事孙应绶嫡长男，比中三等。①

年远事故指挥佥事一员·张泰

洪武二十五年七月，张泰，系大理卫故世袭指挥佥事张兴庶长男。父别无嫡长次男，钦准袭职，本卫无缺，授云南右卫世袭指挥佥事。

又一员·袁祯

洪武三十四年四月，袁祯，系陆凉卫前所世袭副千户袁昌嫡长男。祖袁敬任百户，父替，升副千户，后祖以致仕官升世袭指挥佥事，为事充军，父随祖充军在后，钦复父世袭副千户，因父跟瞿都督白沟河阵亡，钦准袭祖世袭指挥佥事，授云南右卫世袭指挥佥事。

---

① 此"孙继高·指挥佥事"选簿，当即《总汇》本册第14—15页"孙鸾·指挥同知"簿令立新簿者，该簿"一辈孙永"亦即此簿所在之"孙勇"。

张威·指挥佥事·23·

嘉靖二十一年四月，大选过云南右卫指挥佥事一员张威，年十九岁，均州人。查伊始祖张彬从军充小旗，洪武九年升总旗，十七年升百户，故。二辈张璘替，故。三辈张永袭，征麓川升副千户，又征贵州功升正千户，又征东苗功升指挥佥事，故。四辈张胜袭，故。五辈张佐袭，故。今本舍系佐亲男，准袭指挥佥事，比中三等。

崇祯十二年四月，大选过之（云）南右卫指挥佥事一员张祥，年三十七岁，系故指挥佥事张威亲孙，比中三等。

杨铭·卫镇抚

一辈杨鬼里赤。

二辈杨云。

三辈杨海。

四辈杨英。

五辈杨清，旧选簿查有：弘治十二年三月，杨清，辽阳人，系云南右卫故达官世袭卫镇抚杨英嫡长男。

六辈杨钺，旧选簿查有：嘉靖二年四月，杨钺，辽阳人，系云南右卫故世袭达官卫镇抚杨清嫡长男。先因立功，祖以下三辈黄、选俱无，今该巡抚咨来查勘明白，钦准袭职。·24·

七辈杨铭，旧选簿查有：嘉靖十六年四月，杨铭，年三十六岁，辽阳纳哈赤达达人，系云南右卫故卫镇抚杨钺亲弟。伊祖、兄三辈未比，照例住俸四年。

八辈杨凤朝，万历二年十二月，杨凤朝，年二十四岁，达达人，系云南右卫故卫镇抚杨铭嫡长孙。

九辈杨继宗，万历二十七年十二月，杨继宗，年十九岁，辽阳人，系云南右卫故达官卫镇抚杨凤朝嫡长男，比中二等。

十辈杨启先，万历四十四年四月，大选过云南右卫卫镇抚一员杨启先，年十八岁，系故卫镇抚杨继宗嫡长男，比中二等。

董昂·卫镇抚

一辈董哑哈帖木儿，已载三辈选条。

二辈董阿荅失里，已载三辈选条。

三辈董瑄，堂稿查有：董瑄，系云南右卫已故达官董阿荅失里嫡长孙。曾祖董哑哈帖木儿，洪武二十一年归附，除卫镇抚，二十四年调今卫，二十六年钦赐姓，故。祖董阿荅失里袭职，故。父董政未袭先故，瑄系嫡长孙，驳勘重复保送袭职。

四辈董昂，旧选簿查有：嘉靖三年六月，董昂，麻陵人，系云南右卫故达官卫镇抚董瑄嫡长男，优给出幼袭职。限外多支俸粮，扣除关支。

充军簿查有：嘉靖三十四年六月，董昂，云南右卫镇抚，麻陵人，犯该公侯私自呼唤，充五开卫左所边远军。·25·

年远事故卫镇抚一员·王乃久

永乐十七年八月，王铨，年十七岁，系云南右卫卫镇抚王祐次堂侄孙。本人有亲兄王洪，残疾，不堪承替，钦准替世袭卫镇抚，待兄有男，还与职事。

正统二年四月，王昇，系云南右卫卫镇抚王祐堂曾侄孙。堂曾祖叔先因老疾，父王洪残疾不堪承替，本人年二岁，幼小，叔王铨替职，今长成，告取职事。叔不肯退还，告送都察院问结明白，钦准本人袭职。

成化十三年十月，王纪，江都县人，系云南右卫世袭卫镇抚王昇庶长男。

弘治十七年二月，王瑛，江都县人，系云南右卫故世袭卫镇抚王纪嫡长男。

万历五年二月，王之宾，年二十一岁，江都县人，系云南右卫故卫镇抚王瑛亲侄孙，比中三等。

万历三十八年二月，大选过云南右卫照旧卫镇抚一员王乃久，年二十岁，系患疾卫镇抚王之宾嫡长男，比中三等。

周诏·正千户

外黄查有：周整，定远县人，系周荣嫡长男。父甲午年从军，辛丑年充总旗，甲辰年除百户，吴元年除振武卫副千户，洪武八年为事充军，十一年复除副千户，十六年为事，十七年释放，调云南右卫左所副千户，二十六年老，整于三十一年替副千户。

一辈周荣,已载前黄。

二辈周整,旧选簿查有:洪武三十一年九月,周整,系云南右卫左所流官副千户周荣嫡长男,钦与世袭。

三辈周普,旧选簿查有:宣德九年七月,周普,系云南右卫左所流官副千户周整嫡长男,钦与世袭。·26·

四辈周斌,旧选簿查有:景泰四年十二月,周斌,定远县人,系云南右卫左所世袭副千户周普嫡长男。

五辈周城,旧选簿查有:景泰六年七月,周城,直隶定远县人,系云南右卫左所故世袭副千户周斌亲弟。

六辈周伟,旧选簿查有:弘治元年七月,周伟,定远县人,系云南右卫左所世袭副千户周城嫡长男。

七辈周冕,旧选簿查有:弘治十六年九月,周冕,定远县人,系云南右卫左所世袭副千户周伟嫡长男。

正千户功次:候查。

八辈周良弼,旧选簿查有:嘉靖十八年四月,周良弼,定远县人,系云南右卫左所故正千户周冕亲侄。

九辈周诏,旧选簿查有:嘉靖四十年四月,周诏,年二十岁,定远县人,系云南右卫左所故正千户周良弼嫡长男。

朱应元·正千户

一辈朱观保。

二辈朱旺,旧选簿查有:永乐八年,云南右卫左所有功升正千户一员朱旺。

三辈朱英,旧选簿查有:宣德四年二月,朱英,年三岁,系云南右卫左千户所故正千户朱旺嫡长男。钦与全俸优给,至宣德十五年终住支。

正统五年八月,朱英,年十五岁,系云南右卫左所故正千户朱旺嫡长男。先年四岁,错报作三岁优给,今出幼,钦准改正袭职,与世袭。

四辈朱敬,旧选簿查有:成化十三年八月,朱敬,年十六岁,泰兴县人,系云南右卫左所故世袭正千户朱英嫡长男。

五辈朱弼,旧选簿查有:嘉靖五年八月,朱弼,泰兴县人,系云南右卫左所故正千户朱敬嫡次男。

六辈朱卿，旧选簿查有：嘉靖二十九年六月，朱卿，泰兴县人，系云南右卫左所故正千户朱弼亲堂弟。伊堂兄原袭祖职正千户，侵欠官银一十五两未曾交官，故。本舍照例与袭正千户，其伊堂兄未完赃银照数扣俸还官，完日方许支给。·27·

七辈朱应元，旧选簿查有：嘉靖四十二年十月，朱应元，年三十五岁，泰兴县人，系云南右卫左所故正千户朱卿嫡长男。

八辈朱邦臣，万历十五年四月，朱邦臣，年十岁，泰兴县人，系云南右卫左所故正千户朱应元庶长男，照例与全俸优给，至万历十九年终住支。

万历二十二年八月，朱邦臣，年十七岁，出幼袭职，比中三等。

余继祖·署正千户事副千户

外黄查有：余惠，蕲州人。父余宗旧名潮宗，癸卯年归附，洪武四年充小旗，四月充总旗，六年除百户，十一年授世袭，十六年为事发辽东充军，二十年征金山，除云南右卫前所世袭百户，老，惠替。余雄系余惠嫡长男，父故，雄袭云南右卫前所世袭百户。余俊系余雄嫡长男，父故，俊袭本卫所百户。余芳年二十岁，系云南右卫故指挥佥事余韬嫡长孙。伊高祖余胜成化二年替指挥佥事，老，祖韬弘治四年替，侵局料银一百九十八两，除完过尚欠缺一百二十一两，参问充终身军，故，父余辅患疾，不堪。所据伊始祖俊以副千户景泰二年香炉山升正千户，四年草塘升指挥佥事二级，功无擒斩，本舍量革署正千户事副千户。其伊祖原欠前项料银，照数扣俸完官，完日关支。

一辈余宗，已载前黄。

二辈余惠，已载前黄。

三辈余雄，已载前黄。

四辈余俊，已载前黄。

五辈余胜，旧选簿查有：成化二年七月，余胜，蕲州人，系云南右卫指挥佥事余俊嫡长男，钦与世袭。

六辈余韬，旧选簿查有：弘治四年十二月，余韬，蕲州人，系云南右卫世袭指挥佥事余胜嫡长孙。

七辈余芳，已载前黄。

八辈余继祖，旧选簿查有：隆庆二年八月，余继祖，年四岁，蕲州人，系云南右卫左所故署正千户事副千户余芳庶长男，照例与全俸优给，至隆庆十二年终住支。其伊祖余韬原侵局料银该扣未完米八十二石，即于本舍名下照数扣俸还官，完日支给。·28·

万历七年十二月，余继祖，年十五岁，蕲州人，系云南右卫左所故署正千户事副千户余芳庶长男，优给出幼袭职，比中三等。

九辈余从仁，崇祯九年四月，大选过云南右卫左所署正千户事副千户一员余从仁，年四十二岁，系故署正千户事副千户余继祖嫡长男，比中三等。

赵俊·副千户

一辈赵立。

二辈赵荣，旧选簿查有：洪武三十三年八月，云南右卫左所副千户赵荣。

三辈赵昱，旧选簿查有：永乐十三年八月，赵昱，年十五岁，系云南右卫左所失陷世袭副千户赵荣嫡长男。

四辈赵谦，旧选簿查有：景泰元年闰正月，赵谦，年十六岁，系云南右卫左所世袭副千户赵昱庶长男。

五辈赵纪，旧选簿查有：成化十二年八月，赵纪，西宁人，系云南右卫左所故世袭副千户赵谦嫡次男。有兄赵纲患眼瞎，不堪承袭，待兄有男，退还职事。

六辈赵惠，旧选簿查有：正德八年八月，赵惠，西宁州人，系云南右卫左所故世袭副千户赵纪嫡长男。

七辈赵俊，零选簿查有：嘉靖十九年十月，赵俊，西宁州人，系云南右卫左所老疾副千户赵惠嫡长男。

八辈赵文举，万历三年八月，赵文举，年三十岁，西迷州车不鲁沟人，系云南右卫故纳级指挥佥事赵俊嫡长男。伊父原替祖职副千户，嘉靖三十八年遇例纳授指挥佥事，万历二年故。所据纳级虚衔例不准袭，本舍照例革袭祖职副千户于原左所。

九辈赵慈孙，万历二十五年八月，大选过云南右卫左所副千户赵慈孙，年二十六岁，西宁州人。伊父赵文举原袭祖职副千户，万历三年加纳指挥佥事，今老。所据伊父加纳虚衔例不世袭，本舍合照例革替副千户，比中三等。·29·

十辈赵邦定，万历四十一年八月，大选过云南右卫左所副千户一员赵邦定，年二十二岁，系故副千户赵慈孙嫡长男，比中一等。

十一辈赵之颀，崇祯十五年四月，大选过云南右卫左所副千户一员赵之颀，年二十五岁，系老副千户赵邦定嫡长男，比中二等。

左所副千户一员·沈淮

景泰五年，云南右卫总旗升试百户沈傑。

天顺七年，云南右卫实授百户升副千户沈傑。

成化十年十二月，沈珎，仁和县人，系云南右卫左所副千户沈傑嫡长男，钦与世袭。

正德元年八月，沈淮，仁和县人，系云南右卫左所故世袭副千户沈珎嫡长男。

年远事故副千户一员·崔晟

景泰三年十二月，云南右卫总旗升试百户崔荣。

成化六年八月，崔昇，大同县人，系云南右卫左所副千户崔荣嫡长男，钦与世袭。

弘治元年十月，崔晟，大同县人，系云南右卫左所故世袭副千户崔昇亲弟。

充军正千户一员·金略

编军簿查有：云南右卫左所正千户金略，嘉靖三十四年六月，犯该计赃以监守自盗论，照例编发宁川卫中所永远充军。①

充军副千户一员·蒋镗·30·

编军簿查有：云南[右卫]左所副千户蒋镗，嘉靖三十五年正月，犯该计赃以监守自盗论，照例编发楚雄卫左所永远充军。②

---

① 此"编军簿查有"关于金略充军之记载，又见《总汇》本册第96—97页"金畧·正千户"选簿"七辈金畧"选条。
② 此"充军副千户一员·蒋镗"簿末注"重附"二字，其"编军簿查有"下之记载，又见《总汇》本册第32页"蒋镗·署副千户事实授百户"选簿之"六辈蒋镗"选条。

赵熙·署副千户事实授百户

外黄查有：赵庆，监利县人，系赵贵嫡长男。有父前陈氏下，甲辰年从军，丙午年充小旗，丁未年充总旗，洪武三年并枪，四年除凤翔卫百户，授流官，九年征察罕脑儿等处，三十一年征伯夷麓川，三十四年夹河阵亡，三十五年授云南右卫左所世袭百户。赵英系赵庆嫡长男。

一辈赵贵，已载前黄。

二辈赵庆，已载前黄。

三辈赵英，旧选簿查有：景泰三年十二月，云南右卫百户升署副千户赵英。①

四辈赵旭，旧选簿查有：天顺八年十月，赵旭，监利县人，系云南右卫左所正千户赵瑛嫡长男，钦与世袭。

五辈赵昂，旧选簿查有：成化十六年五月，赵昂，监利县人，系云南右卫左所正千户赵瑛嫡长孙。祖原系署副千户，遇例实授，功升前职。父赵旭袭职，故。本人照例革袭副千户。

六辈赵旻，旧选簿查有：嘉靖十年八月，赵旻，年二十九岁，监利县人，系云南右卫左所故世袭副千户赵昂亲弟。

七辈赵熙，旧选簿查有：嘉靖四十三年五月，赵熙，年三十一岁，监利县人，系云南右卫左所年老署副千户事实授百户赵旻嫡长男。

八辈赵朝忠，万历十一年十月，赵朝忠，年七岁，监利县人，系云南右卫左所故署副千户事实授百户赵熙嫡长男，照例与全俸优给，万历十八年终住支。

万历二十一年十二月，赵朝忠，年十七岁，系云南右卫左所故署副千户事实授百户赵熙嫡长男，出幼袭职，违限二年，限外有无多支俸粮，查扣关支，比中二等。·31·

蒋镗·署副千户事实授百户

一辈蒋全，旧选簿查有：洪武二十八年三月，云南右卫左所百户蒋全。

二辈蒋贵。

三辈蒋能，旧选簿查有：永乐十八年十一月，蒋能，年十五岁，系云南右卫左所

---

① 《总汇》本册第40页"又一员·赵英"簿载："正统四年七月，赵英，系云南右卫左所故世袭百户赵庆嫡长男"，可补此簿"三辈赵英"选条。

故世袭百户蒋全嫡长孙。

四辈蒋忠，旧选簿查有：成化元年八月，蒋忠，任城县人，系云南右卫左所副千户蒋能庶长男，钦与世袭。

五辈蒋勋，旧选簿查有：弘治八年十二月，蒋勋，任城县人，系云南右卫左所世袭副千户蒋忠嫡长男。

六辈蒋镗，旧选簿查有：嘉靖十八年二月，蒋镗，任城县人，系云南右卫左所故副千户蒋勋嫡长男。伊曾祖能以百户征麓川升副千户，相沿。所据麓川功无擒斩，相应减革，本人照例革袭署副千户事百户。伊父勋比试，供内开载不明，候查明至日另行定夺。

充军簿查有：嘉靖三十五年正月，蒋镗，系云南右卫左所千户，犯该私物当供官用，充楚雄卫左所永远军。

编军簿查有：云南右卫左所副千户蒋镗，嘉靖三十五年正月，犯该计赃以监守自盗论，照例编发楚雄卫左所永远充军。①

陈世卿·实授百户

外黄查有：陈进，和州人。陈华，乙未年充军，丙申年升义手小旗，洪武六年充总旗，十一年权河州右卫中所百户，十二年钦与授流官百户，十六年为事充军，充军遇免，调除云南右卫左所流官百户，故。将父陈用本年袭授本卫所世袭百户，三十五年阵亡。进系嫡长男，钦准袭职，仍授云南右卫左所世袭百户。陈纲系陈进嫡长孙。陈锐系陈纲亲侄。陈镗系陈锐亲弟。

一辈陈华，已载前黄。

二辈陈用，旧选簿查有：洪武二十五年七月，陈用，系云南右卫左所故流官百户陈华嫡长男，钦准袭职，与世袭，仍授本卫所世袭百户。·32·

三辈陈进，旧选簿查有：永乐元年闰十一月，陈进，年十五岁，系云南右卫左所世袭百户陈用嫡长男。

四辈陈傑，旧选簿查有：永乐十九年七月，陈傑，年六岁，系云南右卫左所故世袭百户陈进嫡长男。钦与全俸优给，至永乐二十七年终住支。

宣德五年十一月，陈傑，年十五岁，系云南右卫左所故世袭百户陈进嫡长男。

---

① 此"六辈蒋镗"选条"编军簿查有"所载，又见《总汇》本册第30—31页"充军副千户一员·蒋镗"簿下所载。

五辈陈纲，旧选簿查有：景泰二年九月，陈纲，年十五岁，系云南右卫左所故世袭百户陈傑嫡长男。

六辈陈锐，旧选簿查有：弘治十一年十一月，陈锐，和州人，系云南右卫左所世袭百户陈纲亲侄。伊伯年老，无嗣，本人替职，待伯有男，还与职事。

七辈陈铎，旧选簿查有：正德六年十月，陈铎，和州人，系云南右卫左所世袭百户陈锐亲弟。

八辈陈鏓，旧选簿查有：嘉靖十三年四月，陈鏓，年三十六岁，和州人，系云南右卫左所故绝百户陈铎亲弟。

九辈陈文彬，旧选簿查有：嘉靖二十八年六月，陈文彬，和州人，系云南右卫左所年老实授百户陈鏓嫡长男。

十辈陈世卿，旧选簿查有：隆庆元年八月，陈世卿，年五岁，和州人，系云南右卫左所故实授百户陈文彬庶长男，照例全俸优给，至隆庆十年终住支。

十一辈陈世有，万历六年十二月，陈世有，年四十岁，和州人，系云南右卫左所故世袭百户陈世卿堂兄，比中三等。

十二辈陈宰，万历二十八年八月，陈宰，年十八岁，和州人，系云南右卫左所故世袭百户陈世有嫡长男，比中二等。

十三辈陈尧道，万历三十八年八月，大选过云南右卫左所世袭百户一员陈尧道，年二十一岁，系故世袭百户陈宰堂侄，比中二等。

十四辈陈燿，天启七年七月，单本选过云南右卫左所实授百户一员陈燿，年二十岁，系故实授百户陈尧道嫡长男，比中二等。

李继祖·实授百户·33·

一辈李春。

二辈李志，旧选簿查有：洪武三十一年三月，李志，系云南右卫左所世袭百户李春庶长男。

三辈李旻，旧选簿查有：永乐元年闰十一月，李旻，旧名佛奴，年十岁，系云南右卫左所阵亡世袭百户李志嫡长男。

四辈李用，旧选簿查有：宣德二年七月，李用，年十岁，系云南右卫左千户所故世袭百户李旻堂弟。

五辈李崑，旧选簿查有：成化七年七月，李崑，全椒县人，系云南右卫左所世袭百户李用庶长男。

六辈李胜，旧选簿查有：弘治十三年十月，李胜，年十二岁，全椒县人，系云南右卫左所故世袭百户李崑亲侄，钦与全俸优给，至弘治十五年终住支。

七辈李岩，旧选簿查有：正德元年二月，李岩，全椒县人，系云南右卫左所故世袭百户李崑亲弟。

八辈李杰，旧选簿查有：嘉靖三年十二月，李杰，全椒县人，系云南右卫左所年老世袭百户李岩嫡次男。

九辈李继祖，旧选簿查有：嘉靖四十年十二月，李继祖，年十九岁，全椒县人，系云南右卫左所实授百户李杰庶长男。

十辈李承恩，万历十七年十月，李承恩，年十五岁，系云南右卫左所故实授百户李继祖嫡长男，比中三等。

十一辈李尚先，崇祯元年十月，大选过云南右卫左所实授百户一员李尚先，年二十三岁，系故实授百户李承恩嫡长男，比中三等。

明良·实授百户

内黄查有：明昭，郯城县人，系明祥举嫡长男。祖父明亮先王信下头目，洪武六年充军，十八年除羽林右卫前所世袭百户，二十七年老疾。父明祥举三十一年替授世袭百户，三十五年灵璧阵亡。昭于永乐二年钦准袭授本卫世袭百户。明纲系明昭堂弟，堂兄因残疾，纲于正统四年授世袭百户。

一辈明亮，已载前黄。

二辈明祥举，旧选簿查有：洪武三十一年三月，明祥举，系云南右卫左所世袭百户明亮嫡长男。·34·

三辈明昭，旧选簿查有：永乐二年正月，明昭，年十二岁，系云南右卫左所阵亡世袭百户明祥举嫡长男。

四辈明纲，旧选簿查有：正统四年七月，明纲，系云南右卫左所世袭百户明昭堂弟。

五辈明晟，旧选簿查有：天顺六年四月，明晟，郯城县人，系云南右卫左所世袭百户明昭庶长男。先因未生，父患残疾，堂叔明纲袭职，于湖广香炉山等处杀贼获功升署副千户，后遇例实授。续生本人，今长成，叔愿将自己获功一级并退还承袭，本人该袭副千户，伊堂叔革闲。

六辈明广，旧选簿查有：弘治六年九月，明广，年十六岁，郯城县人，系云南右卫左所革职世袭百户明晟嫡长男。

七辈明廉，旧选簿查有：弘治十六年八月，明廉，郯城县人，系云南右卫左所故世袭百户明广亲弟。

八辈明府，旧选簿查有：嘉靖十八年四月，明府，年四十五岁，郯城县人，系云南右卫左所故实授百户明廉亲弟。

九辈明良，旧选簿查有：隆庆元年二月，明良，年二十岁，郯城县人，系云南右卫左所故实授百户明府庶长男。

十辈明新民，天启七年七月，单本选过云南右卫左所实授百户一员明新民，年十五岁，系故实授百户明良庶长男，比中三等。

程希廉·实授百户

内黄查有：程瑄，良乡县人。曾祖程亮洪武元年归附从军，永乐二年老。伯祖程新代役，二十二年故。祖程茂补役，正统六年老。父程溥代役，景泰元年开通龙里等处道路杀贼斩首有功，未升，本年遇例纳米升所镇抚，二年征贵州香炉山等处节次擒斩贼级有功升署副千户，天顺元年遇例实授，二年征贵州东苗节次斩获首级三颗，七年升正千户，成化六年老。瑄系嫡长男，以父前项功次未升告明，查勘明白，七年替升本卫指挥佥事。程鹏系指挥同知程傑嫡长男。伊祖程溥原以军人开通道路未升，纳升所镇抚，征香炉山越升署副千户，遇例实授，东苗升正千户。伊父程瑄替，加开路功升指挥佥事。本人替，征安南功升前职。本人告替，照例革去伊曾辈纳粟、越升、遇例、开路四级，于军人累功三级，与做试百户，注左所。

一辈程溥，旧选簿查有：景泰三年正月，程溥，系云南右卫左所军升所镇抚。

天顺七年二月，云南右卫副千户升正千户程溥。

二辈程瑄，已载前黄。

三辈程傑，已载前黄。·35·

四辈程鹏，旧选簿查有：正德十年十二月，程鹏，良乡县人，系云南右卫指挥同知程傑嫡长男。伊祖程溥原以军人开通道路，未升，纳粟升所镇抚，征香炉山越升署副千户，遇例实授，征东苗，升正千户。伊父程瑄替，加开路功升指挥佥事，本人替，征安南功升前职。本人告替，照例革去伊祖辈纳粟、越升、遇例、开路四级，于军人累功三级，与做试百户，注左所。

五辈程希廉，旧选簿查有：嘉靖二十六年十月，程希廉，良乡县人，系云南右卫左所患疾试百户程鹏嫡长男。伊父原袭祖职试百户，嘉靖八年寻甸功升实授百户，后该巡抚衙门查革十三年荞甸功升副千户，为因寻甸功一级，未得辩复，未任，今老疾。所据寻甸功一级，已经巡抚衙门查革，难以准复，本舍照例丁祖职试百户上加伊父荞甸功级，与做实授百户。

六辈程文光，万历七年十月，程文光，年二十二岁，良乡县人，系云南右卫左所年老实授百户程希濂庶长男，比中二等。

七辈程世忠，万历四十四年八月，大选过云南右卫左所实授百户优给舍人一名程世忠，年六岁，系故实授百户程文光亲孙，照例与全俸优给，至五十二年终住支。

崇祯元年十月，大选过云南右卫左所实授百户一员程世忠，年十七岁，系故实授百户程文光嫡长孙，比中二等。但违限三年，有无多支俸粮，彼中查扣。

李应举·实授百户

外黄查有：李璧，聊城县人，系李成嫡长男。洪武元年归附，充总旗，二十年升世袭百户，老疾。璧替，授云南右卫左所世袭百户。李镐系李璧嫡长男。李贤系李镐长男。

一辈李成，已载前黄。

二辈李璧，旧选簿查有：洪武三十三年闰三月①，李璧，系云南右卫左所世袭百户李成嫡长男。

三辈李镐，旧选簿查有：永乐二十年三月，李镐，系云南右卫左所世袭百户李璧嫡长男。

四辈李贤，旧选簿查有：正统十一年二月，李贤，系云南右卫左所世袭百户李镐嫡长男。

景泰三年十二月，云南右卫百户升署副千户李贤。

五辈李昱，旧选簿查有：成化四年十月，李昱，聊城县人，系云南右卫左所副千户李贤嫡长男，钦与世袭。·36·

六辈李俊，旧选簿查有：弘治十年十月，李俊，聊城县人，系云南右卫左所世袭副千户李昱嫡长男。初比不中，照例替职，与支半俸，候及二年再比。

---

① 疑有误，闰三月者为洪武三十四年（1401）。

七辈李应举，旧选簿查有：嘉靖十三年六月，李应举，年二十七岁，聊城县人，系云南右卫左所故副千户李俊亲侄。伊曾祖贤景泰三年香炉山斩首不及数升署副千户，遇例实授，祖、伯沿袭。本人照例革斩首不及数所升署职，并遇例，与祖职百户。

八辈李一阳，隆庆五年八月，李一阳，聊城县人，系云南右卫左所年老世袭百户李应举嫡长男。

九辈李黉，泰昌元年十月分，大选过云南右卫左所实授百户一员李黉，年二十七岁，系故实授百户李一阳亲侄，比中一等。

苏璋·实授百户

内黄查有：苏得，定远县人，系苏文贵嫡长男。父癸巳年从军，庚子年阵亡，洪武十年将得拨府军卫操练，十二年充总旗，十四年除留守中卫，洪武门世袭百户，十七年调云南右卫左所世袭百户。

一辈苏得，已载前黄。

二辈苏庆，旧选簿查有：永乐三年四月，苏庆，系云南右卫左所故世袭百户苏得嫡长男。

三辈苏让，旧选簿查有：宣德二年七月，苏让，年十五岁，系云南右卫左千户所故世袭百户苏庆嫡次男。

四辈苏遵，旧选簿查有：弘治二年十月，苏遵，定远县人，系云南右卫左所故世袭百户苏让嫡次男。兄苏远患疾，不堪承袭，本人袭职，待兄有男，还与职事。

五辈苏瑛，旧选簿查有：弘治十年十月，苏瑛，定远县人，系云南右卫左所世袭百户苏遵嫡长男。伯苏远风疾，不堪，父借职，故。本人袭职，待伯有男，还与职事。

六辈苏璋，旧选簿查有：嘉靖十五年十月，苏璋，定远县人，系云南右卫左所故百户苏瑛堂弟。

七辈苏忠礼，万历二十一年九月，苏忠礼，年四十六岁，定远县人，系云南右卫左所故实授百户苏璋侄孙。查苏璋于嘉靖四十三年故绝，讫今三十年矣，本舍又年四十余岁矣，果系同宗枝派，岂肯延迟至今，违限既久，合照例革发。

七辈苏忠礼，万历二十四年正月分，单本选过云南右卫左所试百户一员苏忠礼，年四十六岁，定远县人。伊堂叔祖苏·37·璋原袭实授百户，嘉靖二十二年犯奸，问革为民，四十二年故绝。序该伊堂伯苏珊、堂兄苏仲金承袭，俱故绝。本舍先于万历十五年告袭，因为干证耽延违限，例应革袭。今据告前情，查有巡按驳查印验，与无故违限不同，合照例于实授百户上降一级，革袭试百户，先年比试得中。

八辈苏肇龙，天启二年三月补二月分大选，过云南右卫左所试百户一员苏肇龙，年二十一岁，系老试百户苏忠礼嫡长男，比中二等。

潘辅·实授百户

一辈潘仲和。

二辈潘锜，旧选簿查有：景泰三年十二月，云南右卫正千户升署指挥佥事一员潘锜。

三辈潘淳，旧选簿查有：成化元年九月，潘淳。伊父潘锜原系云南右卫左千户所军，纳米升试所镇抚，同伊伯征进湖广获功并升正千户，草塘有功升署指挥佥事，遇例实授，故。本人系嫡长男，袭指挥佥事，照例月支纳米所升俸一硕（石），仍依伊父军人获功四级加与百户俸，于本卫管事差操。

四辈潘槿。

五辈潘昶，旧选簿查有：正德十三年十月，潘昶，仁和县人，系云南右卫故指挥佥事潘槿嫡长男。伊曾祖潘锜以军人纳升试所镇抚，同曾祖潘镛麓川等处俱获三次头功，并升正千户，香炉山功升署指挥佥事。父承袭，遇例实授。所据伊曾祖纳升所镇抚，伊祖、父已足三辈，本人照例革去纳粟所升及遇例一级，仍依军人功升四级，与做实授百户，注左所。

六辈潘辅，旧选簿查有：嘉靖二十五年十月，潘辅，仁和县人，系云南右卫左所老疾降级调卫试百户潘昶嫡长男。伊父原袭祖职实授百户，为事降试百户，调广西全州守御千户所，今老疾。本舍照例暂替试百户于原卫所，带俸差操，候伊父身终之日，与袭祖职实授百户。

七辈潘轩，万历十三年六月，潘轩，年四十七岁，仁和县人，系云南右卫左所故暂替降级试百户潘辅亲弟。伊高祖潘锜以军人纳米授所镇抚，于正统六年麓川剿杀蛮贼头功三次并升正千户，景泰元年香炉山杀贼功升署指挥佥事，沿袭至伊父潘昶，赴部承袭，革去纳米职级，扣有军功四级，与袭实授百户，嘉靖六年寻甸失事，参降试百户，患疾。伊兄潘辅于二十五年保送赴部，查伊父见在，暂替所降试百户，候伊父身终之日，复袭实授百户。伊兄万历元年故绝，伊父·38·亦故，今保送本舍赴部复袭。但查伊高祖潘锜香炉山获功升署指挥佥事职级功无擒斩，系先年减革未尽，合照例革袭试百户，比中三等。

八辈潘傑，万历二十七年四月，潘傑，年二十九岁，系云南右卫左所故试百户潘轩亲侄，比中二等。

九辈潘维清，天启五年十二月，大选过云南右卫左所试百户一员潘维清，年三十四岁，系疾试百户潘傑嫡长男，比中二等。

陆承恩·世袭百户

一辈陆旺。

二辈陆受，旧选簿查有：正统七年征进云南麓川获功，云南右卫左所总旗二次奇功头功升世袭百户一员陆受。

三辈陆全，旧选簿查有：景泰六年十月，陆全，年三十四岁，临淮县人，系云南[右]卫左所世袭百户陆受嫡长男。①

四辈陆洪，旧选簿查有：成化七年七月，陆洪，临淮县人，系云南右卫左所故世袭百户陆全嫡长男。

五辈陆昇，旧选簿查有：弘治九年五月，陆昇，临淮县人，系云南右卫左所故世袭百户陆洪嫡长男。

六辈陆铠，旧选簿查有：嘉靖二年二月，陆铠，临淮县人，系云南右卫左所世袭百户陆昇嫡长男。

七辈陆承恩，旧选簿查有：嘉靖十一年十月，陆承恩，年十一岁，临淮县人，系云南右卫左所故百户陆昇嫡长孙，照例与全俸优给，至嘉靖十四年终住支。

嘉靖十六年四月，陆承恩，年十六岁，临淮县人，系云南右卫左所故百户陆铠嫡长男，优给出幼告袭，限外有无多支俸粮，查扣支给。

八辈陆祚，隆庆六年八月，陆祚，年二十岁，临淮县人，系云南右卫左所患疾世袭百户陆承恩嫡次男。

九辈陆天锡，万历十六年四月，陆天锡，年十七岁，临淮县人，系云南右卫左所故世袭百户陆祚嫡长男，比中二等。

---

① 《总汇》第58册第419页"又一员·陆全"载："景泰六年十月，陆全，年三十四岁，临淮县人，系云南左卫左所世袭百户陆受嫡长男"。其记载与此簿"二辈陆受""三辈陆全"选条除右卫、左卫之区别外，余皆相同。

年远事故左所世袭百户一员·马俊

洪武三十三年二月,马麟,系云南右卫左所故世袭百户马龙嫡长男。

永乐三年正月,马俊,年七岁,系云南右卫左所故世袭百户马麟嫡长男,敬与全俸优给,送锦衣卫关支,至永乐十年终住支袭职。

又一员·赵英

正统四年七月,赵英,系云南右卫左所故世袭百户赵庆嫡长男。[①]

又一员·范凌家奴

洪武二十四年五月,范凌家奴,年八岁,系云南右卫左所故世袭百户范庸嫡长男,至洪武三十一年出幼住支。

又一员·杨茂

洪武三十年九月,杨茂,系云南右护卫左所世袭百户杨福嫡长男。

徐忠·试百户

外黄查有:徐子成,山阴县人。父徐保洪武十八年为事发云南右卫左所充军,永乐二年老疾。兄徐子贯补役,永乐六年故。次兄徐子良补,宣德二年故。子成补,正统六年征麓川反寇,攻破上江刀招汉贼寨,攻破贼首思任发巢穴获头功二次,正统七年升总旗,天顺二年征贵州东苗攻破青崖等寨,攻破石门等寨,三年攻破义党、太阳等寨,节次斩获首级三颗,七年升云南右卫左所试百户,八年遇例实授。

一辈徐子成,旧选簿查有:天顺七年十二月,云南右卫总旗升试百户徐子成。·40·

二辈徐洪,旧选簿查有:成化七年四月,徐洪,绍兴府山阴县人,系云南右卫左所百户徐子成嫡长男,钦与世袭。

---

① 此"又一员·赵英"所载,可补充《总汇》本册第31页"赵熙·署副千户事实授百户"选簿之"三辈赵英"选条。

三辈徐昇，旧选簿查有：成化十七年九月，徐昇，年十五岁，山阴县人，系云南右卫左所故百户徐洪嫡长男。祖徐子成原系试百户，遇例实授，父徐洪替职，本人照例革袭试百户。

四辈徐诏，旧选簿查有：正德十年十二月，徐诏，山阴县人，系云南右卫左所故百户徐昇嫡长男。父袭试百户，遇例实授，本人照例革袭试百户。

五辈徐忠，旧选簿查有：嘉靖二十八年六月，徐忠，山阴县人，系云南右卫左所试百户徐诏嫡长男。

六辈徐国卿，万历十七年十月，大选过云南右卫左所照旧替试百户一员徐国卿，年十九岁，系年老试百户徐忠嫡长男，比中二等。

七辈徐元勋，天启七年四月，大选过云南右卫左所试百户一员徐元勋，年二十八岁，系老疾试百户徐国卿亲侄。伊伯老疾，无子，本舍借替前职。俟伯卿疾痊、生子退还，比中二等。

张大金·试百户

外黄查有：张武，全椒县人。曾祖张得林乙未年从军，洪武十八年征云南景东等处，十九年升小旗，二十二年老疾。祖张和代役，永乐六年有功实授小旗，正统元年并枪充总旗，正统五年老疾。父张源代役，并充总旗，六年征麓川获头功三次，七年升云南右卫左所实授百户，景泰五年老疾。武系嫡长男，六年钦准替授本卫所世袭百户。

一辈张得林，已载前黄。

二辈张和，已载前黄。

三辈张源，已载前黄。

四辈张武，旧选簿查有：景泰六年十月，张武，年二十二岁，全椒县人，系云南右卫左所百户张源嫡长男，钦与世袭。

五辈张永，旧选簿查有：成化二十三年十二月，张永，全椒县人，系云南右卫左所故世袭百户张武嫡长男。·41·

六辈张大金，旧选簿查有：嘉靖三年二月，张大金，年九岁，全椒县人，系云南右卫左所年老百户张永嫡长男，照例与全俸优给，至嘉靖八年终住支。

嘉靖十年二月，张大金，年十六岁，全椒县人，系云南右卫左所年老百户张永嫡长男。伊高祖和原系小旗，正统[元]年并升总旗，故。曾祖源替，功升前职，祖、父沿袭。本人先因年幼，已与百户全俸优给，今出幼。所据并枪一级例应减革，本人照例革袭试百户。

七辈张凌云，隆庆五年二月，张凌云，年三十五岁，全椒县人，系云南右卫左所患疾试百户张大金嫡长男，钦准替职。

八辈张守，万历九年八月，张守，年十岁，全椒县人，系云南右卫左所故试百户张凌云嫡长男，照例与全俸优给，至万历十三年终住支。

万历十五年二月，张守，年十五岁，全椒县人，系云南右卫左所故试百户张凌云嫡长男，出幼袭职，比中三等。

赵祖定·试百户

一辈赵鼎。

二辈赵英。

三辈赵冕。

四辈赵能。

五辈赵斌。

六辈赵辅，零选簿查有：弘治十四年十月，赵辅，合肥县人，系云南右卫左所世袭百户赵斌嫡长男。

七辈赵祖定，旧选簿查有：嘉靖三十四年十月，赵祖定，年十一岁，合肥县人，系云南右卫左所故实授百户赵辅嫡长孙，照例与全俸优给，至嘉靖三十七年终住支。·42·

旧选簿查有：嘉靖四十一年二月，赵祖定，年十四（十八）岁，合肥县人，系云南右卫左所故实授百户赵辅嫡长孙，优给出幼袭职。查伊祖赵能以试百户实授供内开麓川功，查黄天顺元年遇例，沿袭二辈。所据遇例不准承袭，本舍革袭试百户。

八辈赵希龙，万历二十三年八月，赵希龙，年十九岁，系云南右卫左所患疾试百户赵祖定嫡长男，比中三等。

吉世瑛·试百户

一辈吉驴儿。

二辈吉荣。

三辈吉世瑛，旧选簿查有：嘉靖三年六月，吉世瑛，宜安县人，系云南右卫左所故功升百户吉荣嫡长孙。伊祖原系总旗，普安获功升试百户，遇例实授，父渊残疾，不堪。本人革去遇例升级，照例革袭试百户，钦与世袭。

高尚举·试百户

内黄查有：高荣，常熟县人。曾祖高阿关洪武十九年充军，故。祖高敏补役，正统二年故。伯高亮补役，景泰二年征贵州香炉山寨有功升小旗，五年征贵州草塘阵亡，例升二级，无嗣。荣系亲侄，照例升试百户俸优给，天顺八年遇例实授，成化二年八月袭本卫所百户。

一辈高亮，已载前黄。·43·

二辈高荣，旧选簿查有：天顺四年九月，高荣。伊伯高亮原系云南右卫左千所小旗，于香炉山并贵州猫儿洞杀贼获功共二级，本人系亲侄，照例升试百户。

成化二年八月，高荣。伊伯高亮原系云南右卫左所总旗，阵亡。本人系亲侄，年幼，已与试百户俸优给，遇例实授，今出幼袭职。

三辈高明，旧选簿查有：嘉靖三年四月，高明，常熟县人，系云南右卫左所世袭副千户高荣庶长男。伊伯祖亮系小旗，阵亡，无嗣，例升二级，父以亲侄袭试百户，遇例实授，普安功升前职。今照例革去遇例职级，与替实授百户。

四辈高尚举，旧选簿查有：嘉靖十八年二月，高尚举，年八岁，常熟县人，系云南左所故实授百户高明嫡长男。伊祖荣原系军，景泰二年香炉山功升小旗，历功升前职，父明袭。所据香炉山功无擒斩，例应减革，本人照例革与试百户俸优给，至嘉靖二十四年终住支。

旧选簿查有：嘉靖二十六年十月，高尚举，年十六岁，常熟县人，系云南右卫左所故试百户高明嫡长男，优给出幼袭职。

五辈高科，万历二十九年十月，高科，年三十三岁，系云南右卫左所故试百户高尚举嫡次男，比中二等。

陈应祖·试百户

外黄查有：陈源，奉化县人。曾祖陈亚名，吴元年从军，洪武十八年充小旗，老疾。祖陈亚祥代役，并枪仍充小旗，故。父陈永补役，并枪充小旗，正统七年升总旗，残疾。源代役，充总旗，景泰二年香炉山获功一十三次，钦准云南右卫左所试百户。

一辈陈亚名，已载前黄。

二辈陈亚祥，已载前黄。

三辈陈永，已载前黄。

四辈陈源，已载前黄。

五辈陈瑾，旧选簿查有：弘治八年，陈瑾，年十五岁，奉化县人，系云南右卫左所百户陈源嫡长男。

六辈陈俸，旧选簿查有：嘉靖二年十月，陈俸，年十六岁，奉化县人，系云南右卫左所百户陈瑾嫡长男。伊祖源功升试百户，遇例实授，沿袭。本人已与百户俸优给，今出幼，革袭试百户。限外多支俸粮，查扣关支。

七辈陈应祖，旧选簿查有：嘉靖四十三年二月，陈应祖，年二十一岁，奉化县人，系云南右卫左所故试百户陈俸嫡长孙。·44·

胡轵·试百户

内黄查有：胡海，泰州人。祖胡驴子，吴元年归附选充小旗，洪武十八年病故。父胡普贤奴补役，十九年并枪仍充小旗，宣德元年故。兄胡通补役，并枪仍充小旗，正统六年调征麓川马鞍山杀贼阵亡，例升一级。海补役，八年照例升充总旗，景泰二年调征贵州香炉山等处苗贼获功一十二次，三年升云南右卫左所试百户，天顺元年遇例实授百户，成化四年钦与流官。胡泉系胡海嫡长男。胡潮系胡泉嫡长男。

一辈胡驴子，已载前黄。

二辈胡普贤奴，已载前黄。

三辈胡通，已载前黄。

四辈胡海，旧选簿查有：景泰三年，云南右卫总旗升试百户胡海。

五辈胡泉，旧选簿查有：成化七年四月，胡泉，泰州人，系云南右卫左所百户胡海嫡长男，钦与世袭。

六辈胡潮，旧选簿查有：正德五年八月，胡潮，泰州人，系云南右卫左所故百户胡泉嫡长男。伊祖原系试百户，天顺元年遇例实授，本人照例与做实授百户。

七辈胡应宗，旧选簿查有：嘉靖十二年八月，胡应宗，年九岁，泰州人，系云南右卫左所故百户胡潮嫡长男。伊曾祖原系试百户，天顺元年遇例实授，祖、父沿袭。所据遇例职级例应减革，本人革与试百户俸优给，至嘉靖十七年终住支。

旧选簿查有：嘉靖二十四年四月，胡应宗，年二十岁，泰州人，系云南右卫左所故试百户胡潮嫡长男，优给出幼袭职。限外有无多支俸粮，照例查扣支给。

八辈胡轵，审稿查有：隆庆三年八月，胡轵，年八岁，泰州人，系云南右卫左所故试百户胡应宗嫡长男。

万历四年十二月，胡轵，年十五岁，泰州人，系云南右卫左所故试百户胡应宗嫡长男，优给出幼袭职。

杨大伦·试百户

外黄查有：杨武，黄冈县人。祖杨佛保丙申年归附，洪武九年升小旗，十九年升总旗，三十二年升百户，故，例终本身。父杨寿照例补充总旗，复回原卫，老。武代役，仍并充总旗，天顺二年征贵州东苗，三年攻摆金寨，节次擒斩贼级三名颗，七年升云南右卫左所试百户，八年遇例实授。

一辈杨佛保，已载前黄。·45·

二辈杨寿，已载前黄。

三辈杨武，已载前黄。

四辈杨琼，旧选簿查有：成化七年四月，杨琼，黄冈县人，系云南右卫左所故百户杨武户名杨佛保嫡长孙，钦与世袭。

五辈杨湧，旧选簿查有：弘治十六年九月，杨湧，黄冈县人，系云南右卫左所故世袭百户杨琼嫡长男。

六辈杨鏊，旧选簿查有：嘉靖十六年十二月，杨鏊，年三十五岁，黄冈县人，系云南右卫左所故百户杨湧嫡长男。伊高祖武以总旗功升试百户，天顺八年遇例实授，祖、父相沿。所据遇例职级，例应减革，本人照例革与试百户。

七辈杨大伦，旧选簿查有：嘉靖三十九年二月，杨大伦，年二十四岁，系云南右卫左所故实授百户杨鏊嫡长男，革遇例实授职级，与袭试百户。

杨汝登·试百户

一辈杨忠。

二辈杨胜。

三辈杨琇，旧选簿查有：弘治二年八月，杨琇，年五岁，兴化县人，系云南右卫左所故功升试百户杨胜嫡长孙，钦与试百户俸优给，至弘治十一年终住支。

弘治十二年九月，杨琇，年十五岁，兴化县人，系云南右卫左所故功升试百户杨胜嫡长孙。

四辈杨仲，旧选簿查有：弘治十七年十二月，杨仲，兴化县人，系云南右卫左所故试百户杨琇亲叔。

五辈杨琮，旧选簿查有：嘉靖三年十二月，杨琮，兴化县人，系云南右卫左所老疾百户杨仲嫡长男。伊父原系革职试百户，仍遇例实授，本人照例革替试百户。

六辈杨汝登，旧选簿查有：嘉靖四十二年十二月，杨汝登，年八岁，兴化县人，系云南右卫左所年老实授百户杨琮嫡长男，革遇例与替试百户。

七辈杨化龙，万历三十二年十月，杨化龙，年二十五岁，系云南右卫左所患疾试百户杨汝登嫡长男，比中一等。·46·

盛松·试百户

一辈盛成生。

二辈盛贵。

三辈盛祥。

四辈盛荣，旧选簿查有：天顺七年十二月，云南右卫总旗升试百户盛荣。

五辈盛英，旧选簿查有：成化二十三年十一月，盛英，安东县人，系云南右卫左所试百户盛荣嫡长男。父遇例实授，本人照例革替试百户。

六辈盛松，旧选簿查有：嘉靖三年十月，盛松，安东县人，系云南右卫左所故革替试百户盛英嫡长男。

七辈盛栢，万历元年八月，盛栢，年四十五岁，安东县人，系云南右卫左所故实授百户盛松堂弟。伊堂兄原袭祖职试百户，嘉靖二十四年遇例实授，四十四年故。堂侄盛文先故，无嗣，次侄盛武痼疾，不堪。所据遇例职级例应减革，本舍照例准借袭祖职试百户。待后伊侄盛武疾瘥或生有儿男，退还职事。

八辈盛辅，万历二十七年四月，盛辅，年三十五岁，系云南右卫左所试百户盛栢嫡长男，比中二等。复查得盛辅，伊父盛栢原借堂兄盛松职事，据供盛松长男盛文故绝，次男盛武患病不袭，无嗣，及查宗图，又注盛武病故，两相矛盾，且盛栢系

万历元年借职，例有号纸，隐匿不投，情属可疑，待伊男袭替之日，务要原给号纸查对明确，方许承袭，立案存照。·47·

陆延龄·试百户

一辈陆仲垣，缺。

二辈陆继，缺。

三辈陆谦，旧选簿查有：景泰三年十二月，云南右卫总旗升试百户陆谦。

四辈陆灏，旧选簿查有：成化二十年八月，陆灏，年十五岁，嘉兴县人，系云南右卫左所百户陆谦嫡长孙。祖原系功升试百户。

五辈陆玺，旧选簿查有：正德十一年十月，陆玺，嘉兴县人，系云南右卫左所故试百户陆灏嫡长男。

六辈陆延龄，缺。

七辈陆瑞凤，万历十二年十二月，陆瑞凤，年二十五岁，嘉兴县人，系云南右卫左所患疾试百户陆延龄嫡长男，比中一等。

八辈陆之岱，崇祯八年正月，大选过云南右卫左所试百户一员陆之岱，年二十六岁，系故试百户陆瑞凤亲侄，比中三等。

熊真·试百户

外黄查有：熊善，固始县人。祖熊胜甲辰年军，残疾。父熊德山代役，洪武二十年升小旗，老。叔熊旺代役，征交阯阵亡。次叔熊伏保补役，正统六年征麓川，上江刀招罕贼寨攻破排栅获头功一次，七年升小旗，疾。善代役，并枪，仍充小旗，景泰元年为献俘事钦升总旗，天顺二年征贵州东苗，三年攻摆金寨、摆哥寨等处，节次斩获首级三颗，七年升云南右卫左所试百户，八年遇例实授，成化四年钦与流官。

一辈熊胜，已载前黄。

二辈熊德山，已载前黄。

三辈熊旺，已载前黄。·48·

四辈熊伏保，已载前黄。

五辈熊善，已载前黄。

六辈熊真，旧选簿查有：成化二十三年十一月，熊真，固始县人，系云南右卫左所试百户熊善嫡长男。父遇例实授，本人照例革替试百户。①

七辈熊应绶，隆庆六年四月，熊应绶，年二十五岁，固始县人，系云南右卫左所故试百户熊真亲侄孙。

八辈熊继周，崇祯三年二月，大选过云南右卫左所试百户一员熊继周，年十六岁，系故试百户熊应绶嫡长孙，比中三等。

左所所镇抚一员·张元

成化二十二年六月，张恺，寿州人，系云南右卫左所故世袭所镇抚张瑾亲侄。

嘉靖三年十二月，张元，年六岁，寿州人，系云南右卫左所世袭所镇抚张恺嫡长男。伊父年老，照例与本人全俸优给，至嘉靖十一年终住支。

嘉靖十四年四月，张元，年十七岁，寿州人，系云南右卫左所所镇抚张恺嫡长男，优给出幼告袭，限外多支俸粮，查扣支给。

年远事故所镇抚一员·欧荣

洪武三十四年，云南右卫左所所镇抚欧旻。

永乐十年正月，欧旺，年十五岁，系云南右卫左所故世袭所镇抚欧旻嫡长男。

成化五年六月，欧荣，年十五岁，常德府桃源县人，系云南右卫左所故世袭所镇抚欧旺庶长男。

又一员·杜文

洪武二十五年闰十二月，杜文，系云南右卫左所试所镇抚，告蒙本卫申达未蒙实授，本部具奏，钦依"他父从军年深伤残，与实授，世袭所镇抚，还着本卫所管事"。

---

① 《总汇》本册第51页"又一员·熊真"选簿所载"熊善"景泰七年升试百户，与此簿贴黄相一致，又载"熊真"替职履历，则与"六辈熊真"选条相同。

又一员·杨云

洪武三十四年四月,杨云,年十岁,北平府人,系云南右卫左所达官流官所镇抚杨家驴庶长男。父系捕鱼儿海归附除授,病故,与全俸优给,至十年终住支袭职。

又一员·张斌

永乐十三年十月,张斌,系云南中卫中左所流官副千户张正庶长男。父原系云南右卫左所世袭所镇抚,革除年间升除前职,病故,钦袭伊父原职世袭所镇抚,仍回云南右卫左所管事。

又一员·潘鑑

景泰三年正月,潘宗,系云南右卫左所军升所镇抚。

天顺四年正月,潘鑑,系云南右卫左所所镇抚潘琮堂侄。堂叔原系军人,纳米升前职,病故。本人袭职,照例月支俸米一石。

又一员·时勋

景泰三年正月,时宏,系云南右卫左所总旗升所镇抚。

成化四年四月,时勋。伊父时宏原系云南右卫左所总旗,遇例纳米升所镇抚,患疾。本人系嫡长男,·50·替职,照例月支俸一石。

试百户一员·蒋伦

景泰五年三月,蒋雄,系云南右卫左所阵亡小旗蒋名户名蒋志旺亲弟,照例升二级升试百户。

弘治八年八月,蒋伦,年十五岁,盱眙县人,系云南右卫左所百户蒋雄庶长男。父原系袭升试百户,天顺元年遇例实授,年老。本人已革与试百户俸优给,今出幼,照例袭试百户,钦与世袭。

又一员·熊真

天顺七年十二月,云南右卫总旗升试百户熊善。

成化二十三年十一月,熊真,固始县人,系云南右卫左所试百户熊善嫡长男。父遇例实授,本人照例革替试百户。①

又一员·雷昇

天顺七年十二月,云南右卫总旗升试百户雷春。

成化二十一年,雷昇,年十五岁,临淮县人,系云南右卫左所老疾百户雷春庶长男。父原系功升试百户,遇例实授,本人先因年幼,已革与试百户俸优给,今出幼,袭试百户。

充军簿查有:正德十三年三月,雷昇,原籍直隶凤阳府临淮县人,任云南右卫左千户所副千户,犯该诓骗人财,编发澜沧卫中所边卫军。·51·

刘世韬·正千户

内黄查有:刘安,扶沟县人,系刘海庶长男。有父洪武元年归附,十七年除世袭百户,三十三年白沟河阵亡,别无弟、男,安三十四年升除云南右卫右所世袭副千户。刘章年二十四岁,系云南右卫右所故正千户刘仁嫡长男,嘉靖八年八月钦准袭职。

一辈刘海,已载前黄。

二辈刘安,已载前黄。

三辈刘琼,旧选簿查有:正统七年二月,刘琼,系云南右卫右所副千户刘安嫡长男。父原系百户,革除年间升除前职,征剿上江贼寇获功升正千户,后攻打麓川贼寨阵亡,本人依父原职百户升一级袭副千户,听候定夺父阵亡功次。

正千户功次:正统八年三月,刘琼,系云南右卫右所阵亡副千户刘安嫡长男,袭升正千户。

四辈刘钺,旧选簿查有:成化二年九月,刘钺,扶沟县人,系云南右卫右所正千

---

① 此"又一员·熊真"簿载熊善升试百户时间及熊真替职履历,分别与《总汇》本册第48—49页"熊真·试百户"选簿之贴黄及"六辈熊真"选条相一致。

户刘琮嫡长男，钦与世袭。

五辈刘仁，旧选簿查有：弘治十七年八月，刘仁，年十六岁，扶沟县人，系云南右卫右所故世袭正千户刘钺庶长男，优给出幼袭职。

六辈刘章，已载前黄。

七辈刘世韬，旧选簿查有：嘉靖三十六年十二月，刘世韬，年二十五岁，系云南右卫右所故正千户刘章嫡长男。

八辈刘胤，万历十五年六月，刘胤，年二十一岁，扶沟县人，系武定守御所年老正千户刘世韬嫡长男，比中三等。

九辈刘得晋，万历四十二年十一月，大选过武定守御所正千户一员刘得晋，年二十二岁，系故正千户刘胤男，比中三等。

十辈刘昌祖，崇祯十年正月补九年十二月大选，过武定守御所正千户刘昌祖，年十八岁，系故正千户刘得晋嫡长男，比中三等。·52·

王文明·正千户

一辈王荣。

二辈王傑，旧选簿查有：永乐元年，王傑，系云南右卫右所功升年老副千户王荣嫡长男。父原系总旗，历功升前职，年老，本人敬袭本卫所副千户。

正千户功次：候查。

三辈王瑛，旧选簿查有：宣德八年七月，王瑛，系云南右卫故正千户王傑庶长男，钦与世袭。①

四辈王祯，旧选簿查有：天顺六年九月，王祯，年二十岁，凤阳县人，系云南右卫右所世袭正千户王瑛嫡长男。

五辈王昂，旧选簿查有：正德元年九月，王昂，凤阳县人，系云南右卫故功升指挥佥事王祯嫡长男，钦与世袭。

六辈王经，旧选簿查有：嘉靖三年十二月，王经，凤阳县人，系云南右卫故世袭指挥佥事王昂嫡长男。

七辈王文盛，旧选簿查有：嘉靖二十八年二月，王文盛，年十五岁，凤阳县人，

---

① 《总汇》本册第54页"又一员·王瑛"簿载王瑛袭职于"宣德八年十一月"，而此簿"三辈王瑛"选条载作"宣德八年七月"。除此外，二者其他记载皆相一致。

系云南右卫故指挥佥事王经嫡长男。伊祖王祯原系正千户，以荞甸功升指挥佥事，祖、父沿袭。所据荞甸功无擒斩，例应减革，本舍革与正千户，注右所。

八辈王缵。

九辈王文明，旧选簿查有：隆庆元年六月，王文明，年二十五岁，凤阳县人，系云南右卫右所故正千户王缵嫡次男。伊父原袭祖职正千户，嘉靖四十四年故，长兄王文臣患疾，不堪承袭，无子，本舍照例与借祖职正千户。待后伊兄王文臣疾痊或生有儿男，退还职事。

十辈王科，万历二十一年九月，单本选过云南右卫右所正千户王科，年十八岁，凤阳县人，正千户王文明亲侄，比中二等，本舍合照旧与替正千户。

年远事故右所正千户一员·尚英

天顺七年十二月，云南右卫百户升副千户尚英。·53·

天顺八年十一月，尚英，年四十五岁，大同县人，系云南右卫右所实授百户，贵州开通道路杀贼获功一级升副千户，贵州东苗杀贼获功一级该升正千户，造册仍作百户开报，重升副千户，今照例改正，升正千户。①

又一员·郝亮

洪武三十一年二月，郝亮，系云南右卫右所世袭正千户郝诚嫡长男。

又一员·王瑛

宣德八年十一月，王瑛，系云南右卫右所故正千户王傑庶长男，钦与世袭。②

---

① 此"年远事故右所正千户一员·尚英"簿记载尚英履历，除左卫、右卫之别外，其他皆与《总汇》第58册第433页"尚文·实授百户"选簿之贴黄及"四辈尚英"选条所载吻合，此尚英残簿之"云南右卫"当作"云南左卫"为确。
② 此"又一员·王瑛"簿载王瑛袭职年分、卫所属分、职级等，除月分上不同外，余皆与《总汇》本册第53页"王文明·正千户"之"二辈王傑"及"三辈王瑛"选条一致。

何邦臣·署正千户事副千户

一辈何兴：缺。

二辈何通，旧选簿查有：正统六年七月，何通，系云南右卫右千户所总旗升本卫所副千户。

景泰三年十二月，云南右卫副千户升署正千户何通。

三辈何儁，缺。

四辈何名，旧选簿查有：天顺六年四月，何名。伊祖何通，原系云南右卫右千户所副千户，湖广香炉山杀贼获功一级该升署正千户一级，贵州开通道路获功一级，仍作副千户开报，未升，老疾。本人已替伊祖署正千户，遇例实授，重升正千户，照例改正，升指挥佥事。

五辈何晟，旧选簿查有：成化十二年四月，何晟，年十六岁，宛平县人，系云南右卫故指挥佥事何名嫡长男，钦与世袭。·54·

六辈何本，旧选簿查有：正德十一年十月，何本，年十五岁，宛平县人，系云南右卫故指挥佥事何晟嫡长男。祖何名替署正千户，遇例实授，本人优给出幼，照例革袭正千户，注右所。

七辈何邦臣，旧选簿查有：嘉靖十五年八月，何邦臣，宛平县人，系云南右卫右所故正千户何本嫡长男。伊高祖通以副千户香炉山获功升署正千户，曾祖名遇例实授，贵州开通道路升指挥佥事，父袭，已革遇例与正千户。所据贵州升级系开通道路，例该减革，本人与袭署正千户事副千户。

八辈何可京，万历四十二年二月，大选过云南右卫右所署正千户事副千户优给舍人一名何可京，年五岁，系故署正千户事副千户何邦臣庶长重孙，照例与全俸优给，至五十一年终住支。

李东茂·副千户

内黄查有：李俸，宛平县人。始祖李源洪武三年归附，升小旗，二十年升总旗，故。高祖李本系嫡长男，补役，老。曾祖李俊系嫡长男，补役，正统六年麓川斩首有功升试百户，八年征贵州等处节次斩首有功升实授百户，老。祖李刚系嫡长男，袭，老。父李晟系嫡长男，袭，弘治十五年征贵州普安等处有功升副千户，本年龙山寨阵亡。俸系嫡长男，优给，正德五年革袭百户，嘉靖六年征寻甸等府斩首有功，七年升副千户。

一辈李源，已载前黄。

二辈李本，已载前黄。

三辈李俊，旧选簿查有：正统七年征进麓川有功，云南右卫右所总旗升试百户李俊。

四辈李纲，旧选簿查有：天顺八年，李纲，系云南右卫右所百户李俊嫡长男。

五辈李晟，旧选簿查有：弘治十三年六月，李晟，宛平县人，系云南右卫右所世袭百户李刚嫡长男。

六辈李俸，旧选簿查有：正德五年二月，李俸，年十五岁，宛平县人，系云南右卫右所阵亡百户李晟嫡长男。伊曾祖李俊原系功升试百户，天顺元年遇例实授，父以上例前承袭二辈。本人亦于例前优给，今出幼，照例革去遇例实授，再加阵亡袭升一级，仍该做世袭百户。

副千户功次：已载前黄。

七辈李东茂，旧选簿查有：嘉靖三十六年六月，李东茂，宛平县人，系云南右卫右所年老副千户李俸嫡长男。

八辈李安民，万历十五年二月，李安民，年二十五岁，宛平县人，系云南右卫右所故副千户李东茂嫡长男，比中二等。

九辈李光祖，崇祯九年六月，大选过云南右卫右所副千户一员李光祖，年三十四岁，系故副千户李安民嫡长男，比中三等。·55·

黄本成·副千户

外黄查有：黄玺，年六十岁，系云南右卫右所副千户，原籍直隶凤阳府定远县人。始祖黄三，丁酉年从军，癸卯年调飞熊卫，洪武十二年改密云守御所小旗，三十二年随军奉天征讨，三十三年残疾。高伯祖黄金幼名沟驴代役，白沟河升总旗，藁城、西水寨功升管军百户，三十五年齐眉山阵亡。高祖黄忠幼名伴儿系嫡长男，袭，随征，过淮河，克金川门，升密云后卫防（守）御所副千户，改密云后卫前所，宣德老疾。曾祖黄贵系嫡长男，九年五月替，正统六年调今本卫所，天顺二年老。祖黄宣系嫡长男，五年八月替，七年老疾。父黄昂系嫡长男，弘治元年九月替，嘉靖三年老疾。玺系嫡长男，五年十二月替云南右卫右所副千户。

一辈黄三，已载前黄。

二辈黄金沟驴,已载前黄。

三辈黄忠,已载前黄。

四辈黄贵,旧选簿查有:宣德九年五月,黄贵,系密云后卫前所副千户黄忠旧名伴儿嫡长男。

五辈黄宣,旧选簿查有:天顺五年八月,黄宣,凤阳府定远县人,系云南右卫右所世袭副千户黄贵嫡长男。

六辈黄昂,旧选簿查有:弘治元年九月,黄昂,定远县人,系云南右卫右所副千户黄宣嫡长男。

七辈黄玺,旧选簿查有:嘉靖五年十二月,黄玺,定远县人,系云南右卫右所副千户黄昂嫡长男。

八辈黄本成,旧选簿查有:嘉靖四十一年二月,黄本成,年二十岁,定远县人,系云南右卫右所年老副千户黄玺堂侄。伊堂伯原系祖职副千户,今年老,无子,本舍照例与借祖职副千户。待后伊伯黄玺生有儿男,退还职事。

九辈黄应钟,万历二十六年八月,黄应钟,年十八岁,系云南右卫右所故副千户黄本成嫡长男,比中二等。

十辈黄黼,天启元年二月,大选过云南右卫右所副千户一员黄黼,年十五岁,系故副千户黄应钟嫡长男,比中二等。

张良材·副千户·56·

一辈张通。

二辈张瑾,旧选簿查有:洪武二十五年七月,张瑾,系云南右卫中所故世袭副千户张通嫡长男,钦准袭职,仍授本卫所世袭副千户。

三辈张洪,旧选簿查有:景泰七年五月,张洪,宣城县人,系云南右卫右所世袭副千户张瑾嫡长孙。

四辈张昂,旧选簿查有:正德二年九月,张昂,宣城县人,系云南右卫右所故世袭副千户张洪嫡长男。

五辈张良材,旧选簿查有:嘉靖二十九年十二月,张良材,宣城县人,系云南右卫右所年老副千户张昂嫡长男。

六辈张维,万历十九年四月,张维,年二十九岁,宣城县人,系云南右卫右所故副千户张良材嫡长男,比中一等。

王言·副千户

一辈王韬,缺。

二辈王昇,旧选簿查有:永乐十八年五月,王昇,年十六岁,系云南右卫右所故世袭百户王韬嫡长男。

三辈王昱,旧选簿查有:正统六年七月,王昱,系云南右卫右所故世袭百户王昇庶堂弟。

四辈王钺,旧选簿查有:成化五年八月,王钺,年十五岁,元城县人,系云南右卫右所故世袭百户王昱庶长男。

副千户功次:候查。

五辈王言,旧选簿查有:正德十六年十月,王言,年十六岁,元城县人,系云南右卫右所故功升副千户王钺嫡长孙,优给出幼,钦与世袭。

六辈王民皞,万历二十一年八月,大选过云南右卫右所副千户一员王民皞,年十九岁,系云南左卫中所故副千户王世爵嫡长男。伊祖王言犯奸,问革为民,故。父王世爵袭,调云南左卫中所。本官准回原卫所,比中三等。

七辈王兴宗,崇祯八年六月,大选过云南右卫右所副千户一员王兴宗,年二十一岁,系老副千户王民皞庶长男,比中三等。·57·

田有功·试百户

崇祯四年十一月,单本选过云南右卫右所试百户一员田有功,年三十九岁,通州人,系故试百户田纲堂侄孙,比中三等。①

年远事故右所副千户一员·陈铣

洪武三十五年九月,陈铣,年十一岁,系云南右护卫右所故世袭副千户陈章嫡长男,支俸读书操练,至十五岁管事。

---

① 此"田有功·试百户"簿所载田有功之籍贯、卫所属分及承袭职级,皆与《总汇》本册第64页"田义忠·试百户"簿相一致,其六辈田蓝玉系田纲亲孙,此田有功为田纲堂侄孙,或田蓝玉故绝或事故之后,由田有功承袭。

五军都督府所属卫所·右军都督府·云南都司·云南右卫

又一员·郑伦

宣德十年五月，郑伦，系云南右卫右所世袭副千户郑斌嫡长男。

杨生·世袭百户

外黄查有：杨益，兴平县人。父杨成洪武二年归附，编充总旗，二十二年征越州、西堡等处，二十三年钦除世袭百户，老。益系嫡长男，替世袭百户。

一辈杨成，已载前黄。

二辈杨益，已载前黄。·58·

三辈杨琳，旧选簿查有：永乐二十年七月，杨林，系雅州守御千户所世袭百户杨益嫡长男，父为事做工病故，敬准本人袭授云南右卫右所世袭百户。

四辈杨鞠，旧选簿查有：天顺三年九月，杨鞠，兴平县人，系云南右卫右所故世袭百户杨琳嫡长男。

五辈杨振，旧选簿查有：成化十七年九月，杨振，年十五岁，兴平县人，系云南右卫右所故世袭百户杨鞠嫡长男。

六辈杨谨，旧选簿查有：正德元年十二月，杨谨，年十五岁，兴平县人，系云南右卫右所故世袭百户杨振嫡长男。

七辈杨生，旧选簿查有：嘉靖二十九年八月，杨生，年二十岁，兴平县人，系云南右卫右所年老世袭百户杨谨庶长男。

八辈杨思忠，审稿查有：隆庆四年二月，杨思忠，年六岁，兴平县人，系云南右卫右所残疾实授百户杨生庶长男，照例与全俸优给，至隆庆十二年终住支。

九辈杨懋谦，万历十九年四月，杨懋谦，年四岁，系云南右卫右所疾优给实授百户杨思忠嫡长男，照例与全俸优给，至万历二十九年终住支。

万历三十一年八月，杨懋谦，年十六岁，系云南右卫右所疾实授百户杨思忠嫡长男，出幼袭职，比中二等。

十辈杨恒谦，崇祯十五年八月，大选过云南右卫右所实授百户一员杨恒谦，年二十二岁，系故实授百户杨懋谦亲堂弟。俟扨谦生子退还，比中三等。

张应奎·实授百户

一辈张成,缺。

试百户功次:候查。

二辈张恺,旧选簿查有:成化七年七月,张恺,嘉兴县人,系云南右卫右所百户张成户名张鬻嫡长男,钦与世袭。

三辈张紞,旧选簿查有:弘治十七年十二月,张紞,嘉兴县人,系云南右卫右所百户张恺嫡长男。伊祖原系功升试百户,年老,父冒替,今年老,本人革替试百户。

四辈张经,旧选簿查有:正德三年六月,张经,年四十二岁,嘉兴县人,系云南右卫右所百[户]张紞亲叔。·59·

五辈张楫,旧选簿查有:嘉靖五年六月,张楫,年三十六岁,嘉兴县人,系云南右卫右所年老革袭试百户张经嫡长男。

实授百户功次:候查。

六辈张应奎,旧选簿查有:嘉靖三十二年六月,张应奎,年二十岁,嘉兴县人,系云南右卫右所故实授百户张楫嫡长男。

七辈张九功:万历十四年八月,张九功,年十六岁,嘉兴县人,系云南右卫右所故实授百户张应奎庶长男,比中三等。

八辈张浩:天启六年十二月,大选过云南右卫右所实授百户一员张浩,年十八岁,系故实授百户张九功嫡长男,比中三等。

韩应时·实授百户

外黄查有:韩荣,定远县人。有父韩光甲午年从军,洪武三年充小旗,十三年充总旗,十五年除试百户,十八年为事充军,二十六年升充马隆卫总旗,故。荣并枪仍充总旗,三十三年升除百户,钦准袭授,送云南右卫中左所。韩武系韩俊嫡长男。

一辈韩光,已载前黄。

二辈韩荣,旧选簿查有:永乐八年三月,韩荣,系总旗,革除年间升云南左卫左所百户,调云南右卫右所。

三辈韩昱,旧选簿查有:正统六年八月,韩昱,系云南右卫右所副千户韩荣嫡长男。父原系总旗，革除年间升百户，后剿杀蛮寇有功升前职。本人替职，照例减去革除年间所升一级，替试百户。

四辈韩景，旧选簿查有：正统七年二月，韩景，系云南右卫右所故百户韩昱亲弟。

五辈韩铨，旧选簿查有：景泰二年九月，韩铨，系云南右卫右所故百户韩景嫡长男，钦与世袭。

六辈韩俊，旧选簿查有：弘治四年七月，韩俊，定远县人，系云南右卫世袭百户韩铨嫡长男。

七辈韩武，旧选簿查有：弘治十七年六月，韩武，定远县人，系云南右卫右所故世袭百户韩俊嫡长男。

八辈韩勋，旧选簿查有：嘉靖十三年四月，韩勋，年二十九岁，定远县人，系云南右卫右所故绝百户韩武亲侄。伊高伯祖昱原系革袭试百户，遇例实授，高祖以下沿袭，本人照例革袭试百户。·60·

九辈韩应时，旧选簿查有：嘉靖四十三年九月，韩应时，年二十六岁，定远县人，系云南右卫右所年老实授百户韩勋嫡长男。

十辈韩承祖，万历十二年六月，韩承祖，年二十六岁，定远县人，系云南右卫右所患疾实授百户韩应时嫡长男。查伊祖韩勋先年保送赴部，已革袭试百户，父韩应时复冒袭实授百户。所据冒袭一级，例应减革，本舍合照例革替试百户，比中二等。

十一辈韩继芳，万历三十七年八月，大选过云南右卫右所试百户一员韩继芳，年三十一岁，定远县人，系患疾试百户韩承祖嫡长男，比中三等。

十二辈韩联芳，天启六年四月，大选过云南右卫右所试百户一员韩联芳，年三十岁，系故试百户韩继芳堂弟，比中三等。

李节·实授百户

一辈李信。

二辈李清，旧选簿查有：洪武三十三年闰三月，①李清，系云南右卫右所世袭百户李信嫡长男。

---

① 疑有误，闰三月在建文三年（1401），又即洪武三十四年。

三辈李瑄，旧选簿查有：永乐十五年二月，李瑄，年十六岁，系云南右卫右所故世袭百户李清嫡长男。

四辈李嵩，旧选簿查有：成化八年十二月，李嵩，年十五岁，随州人，系云南右卫右所世袭百户李瑄庶长男。

五辈李实，旧选簿查有：正德十六年二月，李实，年十七岁，随州人，系云南右卫右所百户李嵩嫡长男，优给出幼袭职。

六辈李节，旧选簿查有：嘉靖三十二年十月，李节，德安府人，系云南右卫右所实授百户李实嫡长男。·61·

七辈李相，万历十四年十月，李相，年十八岁，随州人，系云南右卫右所年老实授百户李节亲侄。伊伯原袭祖职实授百户，今年老无子，应该伊父李策承袭，患疾，不堪。本舍合照例借替祖职实授百户，待后伊伯李节生有儿男，退还职事，比中三等。

孙鹏·实授百户

一辈孙保，缺。

二辈孙福，缺。

三辈孙义，缺。

四辈孙礼，缺。

百户功次：候查。

五辈孙凯，旧选簿查有：天顺七年十二月，云南右卫百户升副千户孙凯。

六辈孙玺，旧选簿查有：成化二十一年十一月，孙玺，全椒县人，系云南右卫右所故副千户孙凯嫡长男。祖孙礼原系总旗，伤故。父袭升试百户，遇例实授，又获功升前职。本人照例革袭百户。

七辈孙鹏，旧选簿查有：正德五年六月，孙鹏，全椒县人，系云南右卫右所百户孙玺嫡长男。伊祖原系试百户，天顺元年遇例实授，又获功升副千户，父革袭实授百户，本人告袭。

充军簿查有：正德十三年三月，孙鹏，原籍直隶滁州全椒县人，任云南都司云南右卫右所百户，犯该监守自盗钱粮，编发腾冲卫后所永远军。

年远事故右所世袭百户一员·虞孝儿

洪武二十五年四月，虞孝儿，年四岁，供系云南右卫右所阵亡世袭百户虞通庶男。父洪武·62·[十]六年①云南娶到母回回二姐生下孝儿，洪武二十一年父阵亡，同母告蒙送赴京优给。查得本官系泗阳卫总旗，征南除授前职，洪武二十一年正妻王氏自泗阳起送到部，供无嫡庶儿男，已将女婿史拾保发和州充军。今虞孝儿止由递运关文自云南送至通政司状告送部，称系庶男，别无本卫公文保结，难便准信，合候照勘明白定夺。引至御前，钦与他全俸优给，至洪武三十六年出幼住支，还去取保勘。

又一员·汪文昌

洪武三十五年九月，汪文昌，年七岁，六安州人，系云南右卫右所阵亡世袭百户汪均嫡长男，钦与全俸优给，至永乐七年终住支袭职。

又一员·杨斌

洪武三十二年六月，杨润，系云南右卫右所世袭百户杨青嫡长男。

永乐七年六月，杨斌，年六岁，系云南右卫右所故世袭百户杨闰庶长男，敬与全俸优给，至永乐十五年终住支，赴京袭职。

又一员·王桧

洪武三十三年五月，王桧，系云南右卫右所世袭百户王美嫡长男。

又一员·冯昇

成化二十三年十二月，冯昇，泰州人，系云南右卫右所故百户冯俊嫡长男，钦与世袭。

---

① 原簿作"六年"，据贴黄，虞通原系泗阳卫总旗，征南除授云南右卫右所百户，故此应作"十六年"。

又一员·俞广·63·

天顺五年七月，俞广，年十六岁，常熟县人，系云南右卫右所故世袭百户俞全嫡长男。

田义忠·试百户

外黄查有：田胜，通州人。祖田真童洪武元年归附，三十三年故。伯田俊补役，正统四年老。胜代役，六年调征麓川反寇，七年升小旗，景泰四年调征草塘等寨节次斩获首级三颗，五年升总旗，天顺二年调征贵州东苗节次斩获首级三颗，七年升云南右卫右所试百户，八年遇例实授。

一辈田胜，已载前黄。

二辈田武，旧选簿查有：成化九年二月，田武，顺天府通州人，系云南右卫右所百户田胜嫡长男，钦与世袭。

三辈田铭，旧选簿查有：弘治十四年十一月，田铭，通州人，系云南右卫右所百户田武嫡长男。伊祖田胜原系试百户，老疾，父冒替前职，年老，本人照例革替试百户。

四辈田纲，旧选簿查有：正德十四年十二月，田纲，通州人，系云南右卫右所故百户田铭嫡长男。父革试百户，遇例实授，本人照例革袭试百户。

五辈田义忠，旧选簿查有：嘉靖三十一年二月，田义忠，通州人，系云南右卫右所故实授百户田纲庶长男。伊父原系试百户，遇例实授，本舍革遇例，与做试百户。

六辈田蓝玉，万历十七年十月，田蓝玉，年二十六岁，系云南右卫右所故试百户田义忠嫡长男，比中二等。①

王宗仁·试百户

外黄查有：王端，年四十四岁，胶州人。洪武十八年充军，永乐七年征进交阯阵

---

① 《总汇》本册第58页"田有功·试百户"选簿载："崇祯四年十一月，单本选过云南右卫右所试百户一员田有功，年三十九岁，通州人，系故试百户田纲堂侄孙，比中三等"，与此"田义忠"选簿在卫所属分、籍贯、职级等方面皆相同，或者田纲庶长孙田蓝玉事故后，由堂侄孙田有功承袭。

亡。父王钦补役，正统年调征麓川反寇获头功二次，七年升总旗，十四年调征贵州等处苗贼，景泰元年攻破狗场等寨，节次开道路斩获首级三颗，天顺元年升云南右卫右所试百户。五年，王端系嫡长男，替本卫所实授百户，成化四年钦与世袭。

一辈王钦，已载前黄。·64·

二辈王端，旧选簿查有：天顺五年七月，王端，莱州府人，系云南右卫右所试百户王钦嫡长男。父原系总旗，于贵州开通道路杀贼有功升前职，老疾，本人照例该替实授百户。

三辈王武，旧选簿查有：成化二十三年十一月，王武，年四岁，莱州府人，系云南右卫右所老疾百户王端庶长男，钦与全俸优给，至弘治十年终住支。

四辈王赟，旧选簿查有：正德十年八月，王赟，莱州府人，系云南右卫右所故百户王武亲弟。伊祖原系试百户，父替实授，本人照例革替试百户。

五辈王宗仁，旧选簿查有：嘉靖三十一年二月，王宗仁，胶水县人，系云南右卫右所故实授百户王赟嫡长男。伊父原系试百户，遇例实授，本舍革遇例，与做试百户。

六辈王世爵，万历十年二月，王世爵，年十八岁，胶水县人，系云南右卫右所故试百户王宗仁嫡长男，比中二等。

张朝用·试百户

一辈张兴。

二辈张敏。

三辈张荣。

四辈张琳，旧选簿查有：景泰五年九月，张琳，凤阳县人，系云南右卫右所试百户张荣户名张兴嫡长男。父原系总旗，调征麓贼头功升前职，今老疾，钦准本人替实授百户。

五辈张昱，旧选簿查有：成化十一年八月，张昱，年十五岁，凤阳县人，系云南右卫右所故百户张琳嫡次男，钦与世袭。

六辈张晟，旧选簿查有：正德四年十月，张晟，凤阳县人，系云南右卫右所百户张昱亲弟。伊祖张荣原系功升试百户，父张琳冒替实授，兄袭职，故绝，本人照例革试百户。

七辈张朝用，旧选簿查有：嘉靖十八年八月，张朝用，凤阳县人，系云南右卫右所故试百户张晟庶长男。

瞿世爵·所镇抚

外黄查有：瞿亮，江阴县人。父瞿文，癸卯年归附，洪武元年除所镇抚，五年故。亮十二年袭，二十年为倒死马匹事免罪发云南征进，二十五年复职，调云南右卫右所世袭所镇抚。

一辈瞿文，已载前黄。

二辈瞿亮，旧选簿查有：洪武二十八年三月，云南右卫右所所镇抚瞿亮。

三辈瞿昇，旧选簿查有：永乐十四年六月，瞿昇，年十七岁，系云南右卫右所故世袭所镇抚瞿亮庶长男。

四辈瞿用，旧选簿查有：正统八年九月，瞿用，系云南右卫右所故世袭所镇抚瞿昇嫡长男。

五辈瞿俊，旧选簿查有：天顺七年七月，瞿俊，年十五岁，江阴县人，系云南右卫右所故世袭所镇抚瞿用嫡长男。

六辈瞿灏，旧选簿查有：正德十四年八月，瞿灏，年十九岁，江阴县人，系云南右卫右所故世袭所镇抚瞿俊亲侄，优给出幼。限外多支俸一年，查扣毕日关支。

七辈瞿世爵，旧选簿查有：嘉靖四十年四月，瞿世爵，年二十岁，江阴县人，系云南右卫右所故所镇抚瞿灏堂侄。

李思·试百户

一辈李能。

二辈李鑑，旧选簿查有：天顺元年七月，李鑑，年二十八岁，宜春县人，系云南右卫右所试百户李能嫡长男。父原系小旗，调征麓贼获功三次升前职，今患疾，钦准本人替实授百户。

三辈李镛，旧选簿查有：成化二十二年十一月，李镛，宜春县人，系云南右卫右所百户李鑑亲弟。兄原系试百户，遇例实授，病故，本人照例革袭试百户。

四辈李儒，旧选簿查有：正德六年八月，李儒，宜春县人，系云南右卫右所故百户李镛嫡长男。伊父原系试百户，天顺五年比例实授，今照例革袭试百户。

五辈李宪，旧选簿查有：嘉靖三十三年十月，李宪，宜春县人，系云南右卫右所实授百户李儒亲次男。查得伊父原袭试百户，遇例实授，本舍革替试百户。

六辈李思，旧选簿查有：嘉靖三十九年二月，李思，年二十一岁，宜春县人，系云南右卫右所故试百户李宪亲弟。

王儒·试百户

一辈王俊，缺。

二辈王雄，缺。

试百户功次：候查。

三辈王琮，旧选簿查有：成化十九年九月，王琮，年十六岁，宛平县人，系云南右卫右所百户王雄庶长男。

四辈王佐，旧选簿查有：弘治十六年六月，王佐，宛平县人，年十五岁，系云南右卫右所百户王琮嫡长男。伊祖王雄原系功升试百户，天顺元年遇例实授，老疾。父革替，又遇例实授，故。本人已照例与实授百户俸优给，今出幼，仍袭百户，钦与世袭。

五辈王儒，旧选簿查有：正德十六年十月，王儒，宛平县人，系云南右卫右所故绝百户王佐亲弟。伊父琮原袭试百户，遇例实授，兄沿袭，本人照例革袭试百户。

杨锐·试百户

外黄查有：杨济，江都县人。曾祖杨真系丙申年何元帅下归附从军，洪武二①十年升充南昌左卫中所小旗，十八年调云南右卫前所，二十年升充本卫右所总旗，二十五年老疾。祖杨祖（礼）替役，并枪仍充总旗，永乐十二年交阯征进阵亡。伯杨芳补役，收充总旗，正统六年征麓川阵亡，例升一级，无儿男。济系亲侄，正统八年袭升云南右卫右所试百户。

一辈杨真，已载前黄。

二辈杨礼，已载前黄。

三辈杨芳，已载前黄。

四辈杨济，已载前黄。

---

① 此"二"字或系衍文。

五辈杨俊，旧选簿查有：成化六年七月，杨俊，江都县人，系云南右卫右所故百户杨济嫡长男，钦与世袭。

六辈杨锐，旧选簿查有：正德八年十月，杨锐，江都县人，系云南右卫右所故绝百户杨俊亲侄。伊祖原升试百户，遇例实授，本人照例革袭祖职试百户。

七辈杨仲鼎，万历元年八月，杨仲鼎，年二十六岁，江都县人，系云南右卫右所故试百户杨锐堂侄。伊堂伯原袭祖职试百户，嘉靖四十年故。堂兄杨仲皋告袭间查出杨锐名下欠少马驹银两，监追，于四十五年故绝。应该父杨钜承袭，有疾，不堪，本舍照例准袭祖职试百户。伊堂伯如有遗下该追官银，就于本舍名下扣俸还官。

李勋·试百户

一辈李荣三，缺。

二辈李贵，缺。

三辈李顺，户名李荣三，旧选簿查有：景泰三年十二月，云南右卫总旗升试百户李荣三。

四辈李清，旧选簿查有：成化六年四月，李清，沅陵县人，系云南右卫右所故百户李顺户名李荣三嫡长男，钦与世袭。

五辈李勋，旧选簿查有：正德元年八月，李勋，沅陵县人，系云南右卫右所世袭百户李清嫡长男。·68·

沈裕·试百户

一辈沈铨，缺。

二辈沈安，缺。

三辈沈庆受，缺。

四辈沈傑，缺。

五辈沈瑀，旧选簿查有：景泰四年七月，沈瑀，系云南右卫右所军人，丰济库纳银六百两，照例升所镇抚。

天顺七年十二月，云南右卫实授所镇抚升试百户沈瑀。

六辈沈谧，缺。

七辈沈裕，缺。

年远事故右所试百户一员·潘胜

景泰三年十二月，云南右卫总旗升试百户潘方。

天顺五年四月，潘茂，莒州人，系云南右卫右所故百户潘方亲弟，钦与世袭。

成化十七年九月，潘胜，年十六岁，莒州人，系云南右卫右所老疾百户潘茂嫡次男。伯潘方原系试百户，遇例实授，父袭职，本人先因年幼优给，今出幼，照例革替试百户。

又一员·刘政·69·

成化二十三年十一月，刘政，湘潭县人，系云南右卫右所试百户刘聚嫡长男。父遇例实授，本人照例革替试百户。

又一员·李刚

天顺八年十月，李刚。伊父李和系云南右卫右所总旗，征进东苗获升例一级，未升病故。本人系嫡长男，照例升试百户。

又一员·李昇

天顺二年七月，李纲，年十八岁，宛平县人，系云南右卫右所署所镇抚事试百户李智堂侄。堂伯李英原系总旗，调征麓贼伤故。将次堂伯袭升试百户，病故。有次三堂伯李顺，患眼瞎残疾，不堪承袭。今照例本人该袭实授百户，仍署所镇抚事。待有男，还与职事。

成化十九年七月，李昇，宛平县人，系云南右卫右所百户李纲嫡长男。堂伯祖李智原系袭升试百户，病故。天顺二年父袭，实授，亦故。本人照例革袭试百户。

所镇抚一员·李嵩

景泰三年正月，李清，系云南右卫右所小旗升所镇抚。

弘治元年闰九月，李嵩，鄞县人，系云南右卫右所老疾试所镇抚李清嫡长男。伊父原系本所军，遇例纳米升前职，今年老。本人替职，于本所照例月支俸一石差操，事故之日伊男再袭一辈，以后收充原役。

又一员·洪卯孔·70·

洪武二十九年二月，洪卯孔，系云南右卫右所故达官所镇抚洪伯帖木儿嫡长男，钦袭本卫所世袭所镇抚。

又一员·胡俊

弘治八年九月，胡俊，阿速人，系云南右卫右所故世袭达官所镇抚胡大都不花嫡长孙。

雷应孝·副千户

外黄查有：雷轰，仪真县人。有父雷亨丙申年归附，充先锋，吴元年除常州卫百户，洪武三年为事充军，八年赴京复职，调沔阳卫，十五年阵亡。轰十七年袭龙江卫副千户，二十二年为事充军，二十五年钦依复职，除平夷卫副千户，三十四年调云南右卫中所。

一辈雷亨，已载前黄。

二辈雷轰，已载前黄。

三辈雷复，旧选簿查有：永乐五年四月，雷复，系云南右卫中所残疾副千户雷轰嫡次男。

四辈雷泰，旧选簿查有：宣德三年八月，雷泰，系云南右卫中千户所副千户雷轰嫡长孙。祖先因残疾，本人未生，叔雷复替职。今续生，告袭，钦准袭职，与世袭，伊叔革闲。

五辈雷宣，旧选簿查有：成化三年六月，雷宣，仪真县人，系云南右卫中所正千户雷泰嫡长男，钦与世袭。

六辈雷坤，旧选簿查有：弘治十年十月，雷坤，年十五岁，仪真县人，系云南右卫中所老疾世袭正千户雷宣嫡长孙，优给出幼袭职。

七辈雷垣，旧选簿查有：弘治十七年八月，雷垣，仪真县人，系云南右卫中所故世袭正千户雷坤亲弟。

八辈雷辅，旧选簿查有：正德八年十二月，雷辅，仪真县人，系云南都司云南右卫中所正千户雷垣嫡长男。伊父今故，本人照例袭授本卫所正千户。·71·

九辈雷云，旧选簿查有：嘉靖十七年十二月，雷云，年三十五岁，仪真县人，系云南右卫中所故正千户雷辅叔祖。伊祖父泰以副千户麓川功升正千户，相沿。所据麓川功无头功、奇功，例应减革，本人革与副千户。

十辈雷应孝，旧选簿查有：嘉靖三十八年十二月，雷应孝，年二十岁，仪真县人，系云南右卫中所年老副千户雷云嫡次男。

十一辈雷起龙，万历四十年十二月，大选过云南右卫中所副千户一员雷起龙，年十七岁，系故副千户雷应孝嫡亲堂侄，比中二等。

杨文华·副千户

外黄查有：杨泉，[江都县]人，系杨闰亲弟。丙申年军，洪武四年除所镇抚，故。十七年将原（泉）起取赴京，袭所镇抚，二十年为归并所□□□征进，二十六年复职，调除云南右卫后所镇抚。杨贵系杨全嫡长孙，祖故，父杨俊袭职，征交[阯]亡故，贵于宣德四年八月袭所镇抚。杨宗年十岁，系杨贵嫡长男，父征麓川[对]敌阵亡，宗因年幼，正统五年升副千户俸优给，至八年终住支。杨勇系杨宗嫡长男，父原系署正千户，遇例实授，病故，勇于十六年七月照例革袭云南右卫中所署正千户事副千户，钦与世袭。

一辈杨闰，已载前黄。

二辈杨泉，旧选簿查有：洪武二十八年三月，云南右卫后所所镇抚杨泉。

三辈杨俊，旧选簿查有：永乐七年六月，杨俊，系云南右卫后所故世袭所镇抚杨全嫡次男。

四辈杨贵，旧选簿查有：宣德四年八月，杨贵，系云南右卫后千户所故世袭所镇抚杨俊嫡长男。

五辈杨宗，旧选簿查有：正统五年九月，杨宗，年十一岁，系云南右卫后所世袭所镇抚杨贵嫡长男。父征麓川与蛮贼对敌阵亡，钦准本人照例升一级，升副千户全俸优给，至正统八年终住支。

六辈杨勇，旧选簿查有：成化十六年七月，杨勇，江都县人，系云南右卫中所正千户杨宗嫡长男。父原系署正千户，遇例实授，本人照例革袭署正千户事副千户。

七辈杨经，旧选簿查有：弘治五年九月，杨经，年十五岁，江都县人，系云南右卫中所署正千户杨勇嫡长男。伊父天顺元年遇例实授，故。本人先因年幼，已革与副千户俸优给，今出幼，该袭署正千户。

八辈杨时。

九辈杨文华，旧选簿查有：嘉靖四十二年十二月，杨文华，年三十岁，江都县人，系云南右卫中所年老副千户杨时嫡长男。·72·

十辈杨思恭，万历十八年二月，杨思恭，年十八岁，江都县人，系云南右卫中所老疾副千户杨文华亲侄。伊伯原袭副千户，今老，无子。序该次伯杨文英承袭，亦老疾，无子，伊父杨文祯未替先故。本舍合照例借替副千户，待伊伯杨文华、杨文英各生有儿男，退还职事，比中二等。

十一辈杨思礼，万历三十二年八月，大选过云南右卫中所副千户一员杨思礼，年十七岁，系故副千户杨思恭堂弟，比中三等。

十二辈杨芳，崇祯四年闰十一月，单本选过云南右卫中所副千户一员杨芳，年三十八岁，系故副千户杨思礼侄，比中三等。

严璋·副千户

一辈严毅，缺。

实授百户功次：候查。

旧选簿查有：天顺七年十二月，云南右卫百户升副千户严毅。

二辈严明，旧选簿查有：成化元年八月，严明，余姚县人，系云南右卫中所副千户严毅嫡长男，钦与世袭。

三辈严正，旧选簿查有：弘治九年七月，严正，余姚县人，系云南右卫中所世袭副千户严明嫡长男。

四辈严璋，旧选簿查有：正德八年六月，严璋，年十五岁，余姚县人，系云南右卫中所故世袭副千户严正嫡长男。

五辈严训，万历五年八月，严训，年二十六岁，余姚县人，系云南右卫中所故副千户严璋嫡长男,比中三等。

赵永·副千户·73·

一辈赵溥,缺。

二辈赵瑛,缺。

三辈赵良,旧选簿查有:弘治十五年六月,赵良,长安县人,系云南右卫中所袭升副千户赵瑛亲侄。伊伯无嗣,本人替职,待伯有男还与职事,钦与世袭。

四辈赵永,旧选簿查有:正德十年十月,赵永,长安县人,系云南右卫中所世袭副千户赵良亲弟。先与赵儒优给,故绝,本人袭职。

五辈赵文用,万历二年十二月,赵文用,年二十一岁,长安县人,系云南右卫中所故副千户赵永堂侄孙。伊堂伯祖原袭祖职副千户,嘉靖四十一年故。伊堂伯赵俸未袭先故,堂兄赵文科患疾,无嗣。本舍照例准借袭祖职副千户,待后伊堂兄赵文科疾痊或生有儿男,退还职事。

六辈赵文科,万历十九年六月,赵文科,年三十九岁,长安县人,系云南右卫中所故副千户赵文用堂兄。伊堂弟原系借袭副千户,万历十年故,例应退还职事,本舍合照例与袭副千户,比中三等。

七辈赵希龙,天启元年二月,大选过云南右卫中所副千户一员赵希龙,年十六岁,系故副千户赵文科庶长男,比中三等。

尹凤梧·副千户

一辈尹道名,缺。

二辈尹忠,缺。

三辈尹能,缺。

四辈尹镛,钦升簿查有:景泰三年湖广香炉山等处杀贼获功一级二级,云南右卫总旗升试百户二十员内一员尹镛。

天顺八年东苗杀贼获功例升一级,云南右卫实授百户升副千户七员内一员尹镛。·74·

五辈尹瑄,旧选簿查有:成化十一年九月,尹瑄,亳县人,系云南右卫中所副千户尹镛嫡长男,钦与世袭。

六辈尹昂，旧选簿查有：弘治十一年九月，尹昂，亳县人，系云南右卫中所世袭副千户尹瑄嫡长男。

正千户功次：已载七辈选条。

七辈尹仲，旧选簿查有：嘉靖五年十二月，尹仲，亳县人，系云南右卫中所年老功升正千户尹昂嫡长男。伊曾祖镛景泰三年功升试百户，遇例实授，东苗功升副千户。祖瑄袭，故。父昂正德七年征进恶贼那代升今职。缘遇例一级例应减革，又正千户功革册未到，本人暂准革替副千户，候革册到日另行定夺。

八辈尹凤梧，旧选簿查有：嘉靖十三年四月，尹凤梧，年七岁，亳县人，系云南右卫中所故副千户尹仲嫡长男。照例与全俸优给，至嘉靖二十年终住支。仍候革册到日另行定夺。

嘉靖二十二年二月，尹凤梧，年十六岁，亳县人，系云南右卫中所故副千户尹仲嫡长男，优给出幼袭职。限外有无多支俸粮，查扣支给。

九辈尹乐尧，万历九年八月，尹乐尧，年十六岁，亳县人，系云南右卫中所患疾副千户尹凤梧嫡长男，比中三等。

潘应爵·副千户

外黄查有：潘中，扬州府人，系潘得旧名德嫡长男。丙申年归附，乙巳年选充骁骑前卫宿卫壮士，洪武三年充小旗，除莒州所百户，五年调骁骑右卫左所，七年授世袭，十一年升除宁海卫后所试千户，十二年实授流官副千户，十九年为事发平越卫，署后所，二十五年钦依复职，调云南右卫中所世袭副千户，二十九年老疾，告替。中三十四年替职，仍授云南右卫中所世袭副千户。潘震系潘中嫡长男，父老疾，震宣德八年替副千户。潘洪系潘震嫡长男，父正统十四年故，洪景泰二年袭世袭副千户。潘俸系潘洪嫡长男，父故，俸弘治十二年优给，至弘治十五年终住支。

一辈潘得，已载前黄。

二辈潘中，已载前黄。

三辈潘震，已载前黄。

四辈潘洪，已载前黄。[1]

---

[1] 又《总汇》本册第397页"又一员·潘洪"簿载："景泰二年九月，潘洪，年十五岁，系云南右卫中所故世袭副千户潘震嫡长男"，与此簿贴黄在潘洪景泰二年袭副千户相一致。

五辈潘俸，旧选簿查有：弘治十六年九月，潘俸，年十五岁，扬州人，系云南右卫中所故世袭副千户潘洪嫡长男。

六辈潘应爵，旧选簿查有：嘉靖二十七年四月，潘应爵，扬州府人，系云南右卫中所年老副千户潘俸亲侄。

七辈潘思九，万历二十八年九月分，单本选过云南右卫中所署试百户事冠带总旗一员潘思九，年十七岁，扬州府人。伊堂伯潘应爵原袭祖职副千户，万历四年因侵欺本年分折色秋粮银四百五十八两零参问永军，追完银六十两五钱，尚有三百九十七两零未完，除本犯子孙革袭外，该卫保送本舍到部。查潘应爵既充永军，本舍系大次房子孙，但六辈以上未袭，该降三级，姑与袭署试百户事冠带总旗，其潘应爵未完钱粮，应于本舍名下追还，比中二等。

年远事故中所副千户一员·甄忠

洪武三十四年四月，云南右卫中所副千户甄良。

永乐元年二月，甄荣，年十一岁，系云南右卫中所故世袭副千户甄良嫡长男。支俸读书操练，至十五岁管事。

永乐七年七月，甄忠，系云南右卫中所故世袭副千户甄荣庶叔。

又一员·任正

洪武三十四年，云南右卫右所副千户任立。

永乐十三年十月，任铭，系云南右卫中所失陷世袭副千户任立嫡长男。

宣德五年十一月，任正，年十六岁，系云南右卫中所故世袭副千户任铭嫡长男。

又一员·秦怀

洪武三十一年六月，秦怀，系云南右卫中所流官副千户秦广嫡长男，钦与世袭。

又一员·张镐

景泰六年四月，张镐，年三十二岁，平阳县人，系云南右卫中所副千户张进嫡长男，钦与世袭。

陈印绣·署副千户事实授百户

内黄查有：陈善，随州人。有祖父陈忠吴元年归附，充总旗，洪武二十年除百户，故。父陈铎袭世袭百户，三十三年白沟河阵亡。善系嫡长男，袭授云南右卫中所世袭百户。陈瑄系陈善嫡长男。陈昂系陈瑄嫡长男。陈印绣系陈璋嫡长孙。

一辈陈忠，已载前黄。

二辈陈铎，旧选簿查有：洪武二十六年六月，陈铎，系云南右卫中所故世袭百户陈忠嫡长男，钦准袭职，仍授本卫所世袭百户。①

三辈陈善，旧选簿查有：洪武三十四年九月，陈善，年十三岁，系云南右卫中所世袭百户陈铎嫡长男，袭本卫所世袭百户。

四辈陈瑄，旧选簿查有：宣德九年七月，陈瑄，年十五岁，系云南右卫中所故世袭百户陈善嫡长男。

钦升簿查有：景泰三年调征湖广香炉山等处杀贼获功署职一级，云南右卫百户升署副千户七员内一员陈宣。

五辈陈昂，旧选簿查有：成化三年八月，陈昂，随州人，系云南右卫中所副千户陈瑄嫡长男，钦与世袭。

六辈陈章，旧选簿查有：正德六年八月，陈章，随州人，系云南右卫中所故世袭副千户陈昂嫡长男。

七辈陈印绶，旧选簿查有：嘉靖六年二月，陈印绶，年十六岁，随州人，系云南右卫中所故副千户陈章嫡长孙。父仲患疾，不堪，本人告袭。伊高祖瑄原系百户，香炉山功升署副千户，遇例实授，传袭二辈，本人照例革袭署副千户事实授百户，支百户俸。

八辈陈印绣，旧选簿查有：嘉靖十二年十月，陈印绣，年二十岁，随州人，系云南右卫中所故绝署副千户事实授百户陈印绶亲弟。

九辈陈祯，系云南右卫故纳级署指挥佥事陈印绣嫡长男。伊父原袭署副千户事实

---

① 《总汇》本册第84页"又一员·陈铎"簿所载，与此簿"二辈陈铎"选条相同。

授百户，嘉靖二十四年遇例实授，三十四年纳级署指挥佥事，四十三年故。所据遇例并纳级职级，例不准袭，合革袭署副千户事实授百户，注原中所。

十辈陈见愚，万历八年八月，陈见愚，年二十岁，随州人，系云南右卫中所故署副千户事实授百户陈祯嫡长男，比中二等。·77·

十一辈陈大勋，天启五年十二月，单本选过云南右卫中所署副千户一员陈大勋，年二十五岁，系故署副千户陈见愚庶长男，比中二等。

王崇儒·实授百户

一辈王四。

二辈王善。

三辈王安，旧选簿查有：永乐十九年九月，王安，系府军后卫前所世袭所镇抚王善嫡长男。父为事立功，病故，钦准本人袭授云南右卫世袭镇抚。

四辈王贵，旧选簿查有：宣德四年七月，王贵，年十八岁，系云南右卫中千户所故世袭所镇抚王安亲弟。

五辈王越，旧选簿查有：成化十七年六月，王越，年十六岁，临淮县人，系云南右卫中所老疾副千户王贵嫡长男。

六辈王璋，旧选簿查有：正德三年五月，王璋，临淮县人，系云南右卫中所故世袭副千户王越嫡长男。

七辈王瑝，旧选簿查有：正德十三年八月，王瑝，临淮县人，系云南右卫中所故绝副千户王璋亲弟。

八辈王崇仁，旧选簿查有：嘉靖三十四年十月，王崇仁，临淮县人，系云南右卫中所年老副千户王瑝嫡长男。查得伊曾祖贵原以所镇抚天顺元年贵州关索岭等处获功一级升副千户，祖越、伯璋、父瑝沿袭。今查云南飞练等处获功升副千户系越升，例应减革，本舍革袭实授百户。

九辈王崇儒，旧选簿查有：嘉靖三十八年六月，王崇儒，临淮县人，系云南右卫中所故实授百户王崇仁亲弟。

十辈王守禄，万历四十二年二月，大选过云南右卫中所实授百户一员王守禄，年二十七岁，系故实授百户王崇儒侄，比中二等。·78·

杨循礼·实授百户

内黄查有：杨新，定远县人，系杨铭旧名四五嫡次男。有父甲午年从军，后于定远县选充百户，充万户，丙申年充副万户，甲辰年改设三山门所除副千户，洪武二年为门禁不严除本门百户，老疾。十三年敬令新替职，仍任百户，调云南右卫中所。

一辈杨铭，已载前黄。

二辈杨新，已载前黄。

三辈杨潜，旧选簿查有：永乐十三年十月，杨潜，系云南右卫中所失陷世袭百户杨新嫡长男。

四辈杨贵，旧选簿查有：景泰三年二月，杨贵，年十七岁，系云南右卫中所老疾副千户杨潜庶长孙。先因年幼，已与优给，出幼患疾，今痊可袭职，钦与世袭。

五辈杨伦，旧选簿查有：正德二年九月，杨伦，年十五岁，定远县人，系云南右卫中所故世袭副千户杨贵嫡长男，优给出幼袭职。

六辈杨茂，旧选簿查有：嘉靖十七年六月，杨茂，年二十岁，定远县人，系云南右卫中所故副千户杨伦嫡长男。伊高祖潜以百户麓川功升副千户，祖、父沿袭。所据麓川功无头功、奇功，本人照例革与百户。

七辈杨芳，旧选簿查有：嘉靖三十一年二月，杨芳，定远县人，系云南右卫中所故世袭百户杨茂亲弟。

八辈杨循礼，旧选簿查有：嘉靖四十四年六月，杨芳，年四十五岁，定远县人，系云南右卫中所实授百户，今患疾在所。有嫡长男杨循礼，见年二十一岁，告替。

殷棠·实授百户

一辈殷顺。

二辈殷雄，旧选簿查有：洪武三十一年七月，殷雄，系云南右卫中所世袭百户殷顺嫡长男。·79·

三辈殷鼎，旧选簿查有：永乐十六年七月，殷鼎，系云南右卫中所世袭百户殷雄嫡长男。

四辈殷鑑，旧选簿查有：景泰四年八月，殷鑑，洛阳县人，系云南右卫中所世袭百户殷鼎嫡长男。

五辈殷溥，旧选簿查有：成化十七年七月，殷溥，洛阳县人，系云南右卫中所世袭百户殷鑑嫡长男。

六辈殷昂，旧选簿查有：弘治二年十月，殷昂，洛阳县人，系云南右卫中所故世袭百户殷溥嫡长男。

七辈殷棠，旧选簿查有：嘉靖二十五年十二月，殷棠，洛阳县人，系云南右卫中所年老实授百户殷昂嫡长男。

八辈殷勋，万历四年十月，殷勋，年二十一岁，洛阳县人，系云南右卫中所年老实授百户殷棠嫡长男。

九辈殷烈，万历二十六年八月，殷烈，年三十三岁，系云南右卫中所故绝实授百户殷烈堂弟，比中三等。

十辈殷世节，万历三十二年九月，单本选过云南右卫中所实授百户一员殷世节，年十六岁，系故实授百户殷烈嫡长男，比中三等。

陈佐·实授百户

一辈陈应，缺。

二辈陈潮海，缺。

三辈陈用，缺。

四辈陈敏，缺。

五辈陈显，旧选簿查有：天顺八年六月，陈显，石首县人，系云南右卫中所故百户陈敏亲弟，钦与世袭。

六辈陈瑄，旧选簿查有：成化二十一年七月，陈瑄，石首县人，系云南右卫中所百户陈显嫡长男。伯陈敏原系功升试百户，遇例实授，病故，父[袭]职，本人照例革替试百户。

七辈陈俸，旧选簿查有：弘治十五年八月，陈俸，石首县人，系云南右卫中所世袭百户陈瑄嫡长男。

八辈陈佐。

九辈陈铛，万历五年八月，陈铛，年二十三岁，石首县人，系云南右卫中所故实授百户陈佐亲侄孙，革遇例，与袭试百户，比中二等。

十辈陈劼恩，万历三十六年八月，大选过云南右卫中所试百户一员陈劼恩，年二十岁，系故试百户陈铛嫡长男，比中二等。

欧应学·实授百户

一辈欧志达，缺。

二辈欧谦，缺。

三辈欧让，缺。

四辈欧清，缺。

五辈欧应学，旧选簿查有：嘉靖二十九年八月，欧应学，南海县人，系云南右卫中所故实授百户欧清嫡长孙。

六辈欧珮，万历十一年八月，欧珮，年二十八岁，南海县人，系云南右卫中所年老降级试百户欧应学亲男。伊父原袭祖职实授百户，万历九年犯该冒功参降试百户，仍调烟瘴广西柳州卫右所带俸差操，今老，遇蒙十年九月恩诏"军职为·81·事降调两广等处烟瘴卫所病故，不分已、未到卫，子孙为因路远，不能赴所调卫分起文承袭者，许令原卫起送承袭，带俸差操"，又遇蒙本年恩诏复职，本舍合照例与替祖职实授百户，照例回原籍云南右卫中所带俸差操，比中一等第九名。

七辈欧明弼，崇祯元年五月补四月大选，过云南右卫中所实授百户一员欧明弼，年二十九岁，系老实授百户欧珮庶长男，比中一等。

张宪·实授百户

外黄查有：张寿，滁州人，系张铭旧名明嫡长男。父洪武元年归附充百户，老，寿替云南右卫中所世袭百户。张春系张寿嫡长男，父故，春袭百户。张胜系张春嫡长男，父故，胜袭百户。张玘系张胜嫡长孙，祖疾，父张锐替，老，玘替世袭百户。张潮系云南右卫中所故百户张玘庶长男，优给，嘉靖十年四月袭职。

一辈张铭，已载前黄。

二辈张寿，旧选簿查有：洪武三十三年五月，张寿，系云南右卫中所世袭百户张铭嫡长男。

三辈张春，旧选簿查有：永乐五年五月，张春，年十五岁，系云南右卫中所故世袭百户张寿嫡长男。

四辈张胜，旧选簿查有：宣德八年八月，张胜，系云南右卫中所故世袭百户张春嫡长男。

五辈张锐，旧选簿查有：天顺二年十月，张锐，年二十四岁，滁州人，系云南右卫中所世袭百户张胜嫡长男。

六辈张玘，旧选簿查有：弘治十三年二月，张玘，滁州人，系云南右卫中所世袭百户张锐嫡长男。

七辈张潮，旧选簿查有：正德七年六月，张潮，年二岁，滁州人，系云南右卫中所故百户张玘庶长男，钦与全俸优给，正德十九年终住支。

八辈张宪，旧选簿查有：隆庆二年十月，张宪，年三十五岁，滁州人，系云南右卫中所故实授百户张潮嫡次男。

九辈张显臣，万历四十五年五月，大选过云南右卫中所实授百户一员张显臣，年三十岁，系故实授百户张宪堂侄，比中三等。·82·

徐第·实授百户

外黄查有：徐兴，随州人，甲辰年归附充小旗，洪武二年充总旗，十八年升世袭百户。徐斌系徐兴嫡长孙，祖老疾，父徐仲文先故，斌替授云南右卫中所世袭百户。徐论旧名伦，系徐斌嫡长男，父故，论年幼优，出幼，袭本卫所百户。徐镇系徐高嫡长男，父老，镇替授本卫所百户。

一辈徐兴，已载前黄。

二辈徐斌，旧选簿查有：永乐八年十一月，徐斌，系云南右卫中所老疾世袭百户徐兴嫡长孙，嫡长男徐仲文先年病故。

三辈徐论，旧选簿查有：宣德四年八月，徐论，旧名伦，年十五岁，系云南右卫中千户所故世袭百户徐斌嫡长男。

四辈徐昇，旧选簿查有：天顺三年七月，徐昇，随州人，系云南右卫中所故世袭百户徐论嫡长男。

五辈徐高，旧选簿查有：弘治三年九月，徐高，随州人，系云南右卫中所世袭百户徐昇嫡长男。

六辈徐镇，旧选簿查有：正德十五年四月，徐镇，随州人，系云南右卫中所年老百户徐高嫡长男。

七辈徐第，旧选簿查有：嘉靖四十二年十二月，徐第，年二十三岁，随州人，系云南右卫中所年老实授百户徐镇嫡长孙。

八辈徐行达，万历十一年十二月，徐行达，年十八岁，随州人，系云南右卫中所患疾世袭百户徐第嫡长男，比中一等。

年远事故中所世袭百户一员·赵镋

洪武二十九年八月，赵冕，系云南右卫中所故世袭百户赵成嫡长男，钦袭本卫所世袭百户。

宣德十年五月，赵昇，年十八岁，系云南右卫中所世袭百户赵冕嫡长孙。

景泰五年十月，赵璧，年十五岁，固安县人，系云南右卫中所故世袭百户赵昇嫡长男。·83·

弘治十七年八月，赵镋，年三岁，固安县人，系云南右卫中所年老世袭百户赵璧嫡长男，钦与全俸优给，至弘治二十八年终住支。

又一员·张宣

永乐元年四月，张傑，系云南右卫中所阵亡世袭百户张贤嫡长男。

永乐十八年十一月，张宣，年十五岁，系云南右卫中所失陷世袭百户张傑嫡长男。

又一员·陈铎

洪武二十六年六月，陈铎，系云南右卫中所故世袭百户陈忠嫡长男，钦准袭职，仍授本卫所世袭百户。①

谢宣·试百户

内黄查有：谢恩，江陵县人。高祖谢成甲辰年从军，乙巳年充小旗，洪武十七年征广南获功，二十年升总旗，老。曾伯祖谢能代，正统三年征进麓川阵亡。曾祖谢胜系亲弟，袭升署所镇抚事试百户，故。伯祖谢琳系嫡长男，袭，故绝。祖谢琛系亲弟，袭，老。父谢勋系嫡长男，替，嘉靖七年故。恩系嫡长男，九年八月革钦准一级，袭云南右卫中所试百户。

一辈谢成，已载前黄。

---

① 此"又一员·陈铎"簿所载，与《总汇》本册第 77 页"陈印绣·署副千户事实授百户"选簿"二辈陈铎"选条相同。

二辈谢能，已载前黄。

三辈谢胜，已载前黄。

四辈谢琳，旧选簿查有：景泰五年七月，谢琳，江陵县人，系云南右卫中所署所镇抚事试百户谢胜嫡长男。堂伯谢能系总旗，调征麓贼阵亡例升一级，父袭升前职，病故，钦准本人照例袭实授百户，仍署所镇抚事。

五辈谢琮，旧选簿查有：天顺三年九月，谢琮，年十七岁，江陵县人，系云南右卫中所故署所镇抚事百户谢琳亲次三弟。有次兄谢琼患颠风病疾，不堪承袭，本人袭职。待兄有男，还与职事。·84·

六辈谢勋，旧选簿查有：弘治十三年八月，谢勋，江陵县人，系云南右卫中所世袭百户谢琮嫡长男。

七辈谢恩。

八辈谢宣，旧选簿查有：嘉靖三十五年十月，谢恩，年五十五岁，江陵县人，系云南右卫中所试百户，今残疾。有嫡长男谢宣，见年二十八岁，告替。

九辈谢朝贤，万历十五年十二月，谢朝贤，年二十五岁，江陵县人，系云南右卫中所故试百户谢宣嫡长男，比中一等。

十辈谢绅，崇祯三年四月，大选过云南右卫中所试百户一员谢绅，年十九岁，系故试百户谢朝贤堂孙，比中三等。

刘俊·试百户

外黄查有：刘鑑，宿州人。曾祖刘大洪武元年归附，永乐十年故。祖刘海补役，以年深并充小旗，宣德十年老。父刘政代，正统六年并仍充小旗，本年征麓川当先斩级有功升总旗，景泰元年征贵州平越阵亡。鑑系嫡长男，袭升试百户，天顺八年遇例实授。

一辈刘海，已载前黄。

二辈刘政，已载前黄。

三辈刘鑑，旧选簿查有：天顺五年七月，刘鑑。伊父刘政原系云南右卫中千户所总旗，征进贵州开通道路杀贼阵亡，例升一级。本人系嫡长男，照例该升试百户。

四辈刘泉，旧选簿查有：弘治六年十二月，刘泉，宿州人，系云南右卫中所袭升试百户刘鑑嫡长男。伊父遇例实授，故，本人照例革袭试百户。

五辈刘俊，旧选簿查有：嘉靖五年十二月，刘俊，年三岁，宿州人，系云南右卫中所故试百户刘泉庶长男，照例与全俸优给，至嘉靖十六年终住支。

嘉靖十七年十月，刘俊，年十五岁，宿州人，系云南右卫中所故试百户刘泉庶长男，优给出幼袭职。

靳恩·试百户

外黄查有：靳贵，汾州人。曾祖昶洪武十三年选充小旗，十七年升小旗，十八年为事发云南右卫中所充军，三十五年遇例复役，永乐元年征伤。祖彪代，九年交阯阵亡。父溶补，并，天顺二年调征东苗，三年狗场等寨节次斩首三颗，七年升试百户，八年遇例实授，成化元年老。贵系嫡长男，替。

一辈靳昶，已载前黄。

二辈靳彪，已载前黄。

三辈靳荣，旧选簿查有：天顺七年十二月，云南右卫总旗升试百户靳荣。

五辈靳贵，旧选簿查有：成化元年九月，靳贵，汾州人，系云南右卫中所百户靳荣嫡长男，钦与世袭。

六辈靳通，旧选簿查有：弘治三年九月，靳通，汾州人，系云南右卫中所百户靳贵嫡长男。伊祖原系功升试百户，天顺八年遇例实授，年[老]，父替职，病故，本人照例革袭试百户。

七辈靳恩，旧选簿查有：嘉靖二十四年八月，靳恩，汾州人，系云南右卫中所年老试百户靳通嫡长男。

刘文举·试百户

外黄查有：刘鑑，系云南右卫中所试百户，延津县人。高祖刘名远洪武十四年军，二十二年升小旗，故。曾祖刘贵系嫡长男，补，正统七年征麓川等处斩首有功升总旗，故。祖刘景系嫡长男，补，故。父刘纪系嫡长男，补，故。鑑系嫡长男，补，嘉靖七年征云南寻甸等处斩首四颗，八年升试百户。

一辈刘名远，已载前黄。

二辈刘贵，已载前黄。

三辈刘景，已载前黄。

四辈刘纪，已载前黄。

五辈刘鑑，已载前黄。

六辈刘文举，旧选簿查有：嘉靖四十年八月，刘文举，年三十八岁，延津县人，系云南右卫指挥使司中所故实授百户刘鑑嫡长男，革遇例，与袭试百户。

七辈刘思忠，万历十七年十月，刘思忠，年二十二岁，系云南右卫中所年老试百户刘文举嫡长男，比中一等。

八辈刘国祯，万历三十九年十二月，大选过云南右卫中所副千户优给舍人一名刘国祯，年六岁，系故副千户刘思忠庶长男。查试百户寻甸功实授百户，丁苴白改功副千户，矣堵寨并授者也，照例与副千户全俸优给，至四十七年终住支。

张德仪·试百户

外黄查有：张德仁，系云南右卫中所试百户，荥阳县人。始祖张贵，洪武元年归附充小旗，三十三年升总旗，老。高祖张荣系嫡长男，幼，高义祖张隆代，荣长成，补，阵亡。曾祖张成系嫡长男，补，正统六年征麓川二次头功，七年升试百户，老。伯祖张伦系嫡长男，替，故。堂伯张秀系嫡长男，袭，故绝。祖张原系亲叔，未袭，故。父张贤，残疾，不堪。德仁系嫡长男，亦系秀堂侄，三十年六月袭云南右卫中所试百户。

一辈张贵，已载前黄。

二辈张隆，已载前黄。

三辈张荣，已载前黄。

四辈张成，已载前黄。

五辈张伦，旧选簿查有：天顺五年八月，张伦，荥阳县人，系云南右卫中所百户张成嫡长男，钦与世袭。

六辈张秀，旧选簿查有：弘治元年七月，张秀，荥阳县人，系云南右卫中所故世袭百户张伦嫡长男。

七辈张德仁，旧选簿查有：嘉靖三十年六月，张德仁，荥阳县人，系云南右卫中所世袭百户张秀亲堂侄。伊曾祖成原系麓川头功升试百户，后遇例实授，堂伯祖伦、堂伯秀沿袭。所据遇例应革，本舍革袭祖职试百户。·87·

八辈张德仪，旧选簿查有：嘉靖三十八年十二月，张德仪，年二十三岁，荥阳县人，系云南右卫中所故世袭试百户张德仁亲弟。

九辈张德智，万历二十四年八月，张德智，年三十六岁，系云南右卫中所故试百户张德仪亲弟，比中三等。

十辈张绅，天启七年二月，大选过云南右卫中所试百户一员张绅，年三十岁，系试百户张得（德）智嫡长男，比中三等。

陈凤翱·试百户

外黄查有：陈璧，华亭县人。始祖陈兴四，甲辰年从军，吴元年升小旗，老。祖陈关关系嫡长男，永乐十五年升总旗，调云南右卫，老。曾祖陈信系嫡长男，补役，景泰元年香炉山杀贼获功升试百户，老。祖陈淮系嫡长男，袭，老。父陈士溧系嫡长男，替，老。兄陈玺系嫡长男，替，故绝。璧系亲弟，二十九年八月袭试百户。

一辈陈兴四，已载前黄。

二辈陈关关，已载前黄。

三辈陈信，旧选簿查有：景泰三年十二月，云南右卫总旗升试百户陈信。

四辈陈淮，旧选簿查有：成化七年二月，陈淮，松江府华亭县人，系云南右卫中所百户陈信嫡长男，钦与世袭。

五辈陈士溧，旧选簿查有：弘治十七年十一月，陈士溧，华亭县人，系云南右卫中所世袭百户陈淮嫡长男。

六辈陈玺，旧选簿查有：嘉靖十二年二月，陈玺，年三十一岁，华亭县人，系云南右卫中所老疾百户陈士溧嫡长男。伊曾祖信原系升试百户，祖淮冒袭前职，父袭，本人照例革与试百户。

七辈陈璧，旧选簿查有：嘉靖二十九年八月，陈璧，华亭县人，系云南右卫中所故试百户陈玺亲弟。

八辈陈凤翱，旧选簿查有：嘉靖四十三年八月，陈凤翱，年二十岁，华亭县人，系云南右卫中所故试百户陈璧嫡长男。

九辈陈师表：万历二十八年二月，陈师表，年三十二岁，华亭县人，系云南右卫中所患疾试百户陈凤翱嫡长男，比中一等。·88·

唐应龙·试百户

一辈唐宗，旧选簿查有：天顺七年十二月，云南右卫总旗升试百户。

二辈唐俊，旧选簿查有：成化五年八月，唐俊，沅州人，系云南右卫中所百户唐宗嫡长男，钦与世袭。

三辈唐铨，旧选簿查有：弘治八年十二月，唐铨，沅州人，系云南右卫中所世袭百户唐俊嫡长男。

四辈唐秀，旧选簿查有：正德九年十二月，唐秀，沅州人，系云南右卫中所故百户唐铨庶长男。伊曾祖唐宗原系试百户，遇例实授，相沿袭至今，本人照例革袭祖职试百户。

五辈唐应龙，旧选簿查有：嘉靖三十四年二月，唐应龙，沅州人，系云南右卫中所故实授百户唐秀嫡长男。查得伊父原系试百户，遇例实授，今本舍仍革袭试百户。

六辈唐虞，万历四十二年十一月，大选过云南右卫中所试百户一员唐虞，年二十六岁，系故试百户唐应龙嫡长孙，比中三等。

刘昺·试百户

一辈刘措。

二辈刘花花。

三辈刘均儿。

四辈刘胜。 ·89·

五辈刘纶。

六辈刘昺，旧选簿查有：嘉靖十六年六月，刘昺，年三十一岁，大同县人，系云南右卫中所阵亡总旗刘纶嫡次男。伊父原补前役，嘉靖七年征叛贼安铨在於杨宣坡阵亡，例升一级，兄昇两眼青盲，本人照例于祖役总旗上加阵亡一级，与袭试百户，待兄有男，退还职事。

丁时·署试百户事总旗

外黄查有：丁海，上海县人。祖丁胜保癸卯年从军，故。父丁买补役，正统六年征麓川攻破杉木笼上寨贼首思任发巢穴，正统七年升小旗，景泰二年征贵州香炉山等处苗贼节次攻破铜鼓、鸡栖、香炉山等寨，景泰三年升总旗，四年征草塘等处苗贼，攻破水坪、地泡等寨，景泰五年攻破细沙、疆界等寨，攻破上塘、松坪等寨，节次斩获首级三颗，本年钦升云南右卫中所试百户，天顺元年遇例实授百户，天顺四年老疾。海系嫡长男，天顺五年钦准替授本卫所世袭百户。丁琓系丁海嫡长孙，伊祖原系试百户，天顺元年遇例实授，琓于正德五年钦准已与优给出幼，照例与做实授百户。

一辈丁买住，旧选簿查有：景泰五年，云南右卫总旗升试百户丁买住。

二辈丁海，旧选簿查有：天顺五年七月，丁海，上海县人，系云南右卫中所百户丁买住嫡长男，钦与世袭。

三辈丁琓，旧选簿查有：正德五年八月，丁琓，年十五岁，系云南右卫中所故百户丁海嫡长孙。伊祖原袭试百户，天顺元年遇例实授，本人已与优给，今出幼，照例与做实授百户。

四辈丁时，旧选簿查有：嘉靖十二年六月，丁时，年十岁，上海县人，系云南右卫中所故百户丁琓嫡长男。伊高祖买住原功升试百户，天顺元年遇例实授，曾祖、祖、父沿袭。所据遇例职级例应减革，本人照例革与试百户全俸优给，至嘉靖十六年终住支。

旧选簿查有：嘉靖十八年八月，丁时，年十六岁，上海县人，系云南右卫中所故试百户丁琓嫡长男。伊高祖买住以军人麓川头功升小旗，香炉山杀贼升总旗，草塘斩首升试百户，遇例实授，相沿。本人先因年幼，已革遇例，与试百户俸优给，今出幼。所据香炉山功无擒斩，例应减革，与袭署试百户事总旗食总旗名粮。限外有无多支俸粮，查扣支给。·90·

田嘉瑞·世袭百户

内黄查有：田胜，景陵县人，系田必成男。有父甲辰年充军，洪武五年征沙漠充小旗，十七年充总旗，二十一年征哈剌哈地面除世袭百户。田瑶系亲弟，袭，故。田旺袭，故。田俊袭，故。田安袭，故。田润袭，故。田秀袭，故。

一辈田必成。

二辈田胜。

三辈田瑶。

四辈田旺。

五辈田俊。

六辈田安。

七辈田润。

八辈田秀，俱载前黄。

九辈田畴，嘉靖三十年十月，田畴，系云南右卫中所世袭百户田秀嫡长男。

十辈田嘉瑞，万历九年十二月，年二十五岁，景陵县人，系云南右卫中所故世袭百户田畴嫡次男，比中二等。

十一辈田有年，天启元年十月，大选过云南右卫中所实授百户一员田有年，年十六岁，系故实授百户田嘉瑞庶长男，比中三等。

黄恩·世袭百户

零选簿查有：正德八年十月，黄鸾，当涂县人，系云南右卫中所故世袭百户黄瀚嫡长男。嘉靖十六年七月，黄恩，当涂县人，系云南右卫中所故百户黄鸾嫡长男。

一辈黄纽。

二辈黄儿。

三辈黄琮。

四辈黄洪。

五辈黄翰。

六辈黄鸾。

七辈黄恩。

八辈黄文科，万历五年二月，黄文科，年二十岁，当涂县人，系云南右卫中所故世袭百户黄恩堂侄，比中三等。

九辈黄立吉，万历四十七年八月，大选过云南右卫中所实授百户一员黄立吉，年三十五岁，系老实授百户黄文科嫡长男，比中三等。

常自诚·试百户

一辈常得。

二辈常咬儿。

三辈常广。

四辈常鑑。

五辈常时和。

六辈常自新。

七辈常自诚，万历九年十二月，常自诚，年二十四岁，新香（新乡）县人，系云南右卫中所故试百户常时和庶长男。伊父原补祖役总旗，嘉靖七年云南寻甸府等处斩蛮贼首级三颗升试百户，年老无子，堂兄常自新借替前职，三十七年续生本舍，今年已长成，合照例袭试百户，伊堂兄常自新革闲，比中二等。

八辈常居仁，万历十九年八月，常居仁，年二十五岁，系云南右卫中所年老试百户常自新嫡长男，比中二等。

九辈常永爵，天启六年二月，单本选过云南右卫中所试百户一员常永爵，年三十二岁，系老试百户常居仁嫡次男。伊兄永勋未袭先故，有侄嘉祚幼，疾，不堪。本舍借替前职，待侄疾痊或长成，退还，比中二等。

中所试百户一员·王时

景泰元年，云南右卫中所百户王政，系老疾试百户王雉嫡长男。

成化十二年八月，王宣，中牟县人，系云南右卫中所故百户王政堂侄，钦与世袭。

正德十五年十二月，王时，中牟县人，系云南右卫中所故百户王宣嫡次男。曾伯祖王雉功升试百户，堂伯祖王政袭实授，故绝，父系堂侄，例前沿袭，本人今遇例告袭，照例革与试百户。

又一员·邢灿

正德七年，云南右卫中所安南有功冠带总旗升实授百户邢钥。·93·

正德十六年二月，邢灿，上元县人，系云南右卫中所年老百户邢钥嫡长男。父系遇例纳粟冠带军人，获功三级升前职。本人照例革袭试百户，钦与世袭。

革发所镇抚一员·何鑑

景泰三年正月，何海，系云南右卫中所总旗升所镇抚。

成化二年八月，何鑑。伊父何海原系云南右卫中所总旗，遇例纳米升所镇抚，老疾。本人系嫡长男，替职，照例月俸一石。

又一员·张纲

天顺七年二月，张纲，年七岁，系云南右卫中所所镇抚张镛嫡次男。父原系军人，纳米升前职，调征麓川杀贼获功升副千户，病故。本人优给，照例月支俸一石，仍加杀贼功一级，加与小旗粮。

蒋琮·正千户

外黄查有：蒋胜，宜兴县人。祖父蒋阿计，乙未年从军，洪武五年充小旗，十四年发云南右卫前所，十五年逃回原卫自首充军，老疾。父蒋阿童代役，三十五年仍复原役，永乐元年起送贵州立功，故。胜系嫡长男，八年升正千户，授云南右卫前所世袭。

一辈蒋阿计，已载前黄。

二辈蒋阿童，已载前黄。

三辈蒋胜，旧选簿查有：永乐十三年五月，蒋胜，年十五岁，系云南右卫前所小旗蒋阿童嫡长男。父征进交阯为从擒拿贼首黎澄，病故，已升本人正千户优给，今出幼，钦袭世袭正千户。·94·

四辈蒋镛，旧选簿查有：天顺五年正月，蒋镛，宜兴县人，系云南右卫前所世袭正千户蒋胜庶长男。

五辈蒋端，旧选簿查有：成化六年六月，蒋端，年十五岁，宜兴县人，系云南右卫前所故世袭正千户蒋镛嫡长男。

六辈蒋巘，旧选簿查有：成化十四年五月，蒋巘，年十五岁，宜兴县人，系云南右卫前所故世袭正千户蒋端亲弟。

七辈蒋琮，旧选簿查有：嘉靖十五年八月，蒋琮，宜兴县人，系云南右卫前所故正千户蒋巘嫡长孙。

八辈蒋承恩，万历十一年十月，蒋承恩，年十六岁，宜兴县人，系云南右卫前所革职为民年老正千户蒋琮堂侄。伊堂伯原袭祖职正千户，嘉靖二十六年犯奸问拟为民，今老无子。查伊祖、父二辈俱未承袭，取有巡按御史查明印验，本舍合照例借替祖职正千户。待后伊堂伯蒋珍生有儿男，退还职事，仍照犯奸事例，注调附近广南卫左所，比中二等。

九辈蒋之劝，万历四十二年三月，单本选过广南卫左所正千户蒋之劝，年二十岁，系老正千户蒋承恩长男，比中二等。

郭科·正千户

一辈郭福。

二辈郭祐，旧选簿查有：洪武二十七年五月，郭祐，系云南右卫前所故世袭百户郭福嫡长男，钦袭本卫所世袭百户。

三辈郭仪，旧选簿查有：永乐八年正月，郭仪，年十八岁，系云南右卫前所世袭百户郭祐嫡长男。

四辈郭仍，旧选簿查有：永乐十七年三月，郭仍，系云南右卫前所世袭百户郭仪堂兄。

五辈郭佐，旧选簿查有：宣德七年十月，郭佐，系云南右卫前所故世袭百户郭仍亲弟。

副千户功次：候查。·95·

六辈郭豫，旧选簿查有：天顺八年七月，郭豫，封丘县人，系云南右卫前所世袭副千户郭佐庶长男。

七辈郭彬，旧选簿查有：正德三年五月，郭彬，封丘县人，系云南右卫前所年老世袭副千户郭豫嫡长男。

正千户功次：候查。

八辈郭科，旧选簿查有：嘉靖二十六年十月，郭科，封丘县人，系云南右卫前所年老正千户郭彬嫡次男。伊父原袭祖职副千户，获功升正千户，今老，伊兄郭斗文举中式，不愿承袭，本舍照例借替伊父功升正千户，待伊兄生有儿男，退还职事。

九辈郭维省，万历十三年六月，郭维省，年十六岁，封丘县人，系云南右卫前所年老纳级指挥佥事郭科亲侄。伊祖郭彬原袭祖职副千户，正德十五年广西十八寨等处斩首三颗升正千户，老，应该伊父郭斗承袭，于嘉靖三十二年文举中式，将职借与伊叔郭科承袭，三十四年遇例加纳指挥佥事，万历元等年历推四川都司佥书，今年老，退还。应该伊长兄郭维城、次兄郭维邦承袭，俱见充儒学生员，不愿承袭，无子。所据伊叔纳级虚衔及推升流官，俱例不准替，本舍合照例减革，借替祖职正千户。待后伊兄郭维城生有儿男，退还职事，比中三等。

十辈郭之光，万历三十八年十二月，大选过云南右卫前所正千户一员郭之光，年十九岁，系故正千户郭惟省亲侄，年以（已）长成，例应退还，比中二等。

金畧·正千户

一辈金真，旧选簿查有：洪武二十八年三月，云南右卫指挥佥事金真。

二辈金鼎，旧选簿查有：洪武三十四年闰三月，金鼎，系云南右卫世袭指挥佥事金真嫡长男，父白沟河阵亡。

三辈金宣，缺。

四辈金鑑，缺。

五辈金琮，缺。

充军簿查有：金琮，云南右卫指挥使，犯该监守自盗，于正德十四年三月十五日充发姚安卫中所永远军。

六辈金垒，缺。

七辈金畧，缺。

充军簿查有：嘉靖三十四年六月，金畧，系云南右卫千户，直隶合肥县人，犯该私物当供官用充宁川卫中所永远军。

编军簿查有：云南右卫左所正千户金畧，嘉靖三十四年六月，犯该计赃以监守自盗论，照例编发宁川卫中所永远充军。①

年远事故前所正千户一员·孙斌

景泰五年，云南右卫副千户升正千户孙忠。

天顺八年八月，孙伟，山后人，系云南右卫前所正千户孙忠庶长男，钦与世袭。

弘治二年十月，孙斌，年十六岁，山后人，系云南右卫前所监故世袭正千户孙伟庶长男，优给出幼袭职，年未及壮，不该调卫，候年二十岁查照定夺。

---

① 此"七辈选条"下"编军簿查有"之记载，又见《总汇》本册第30页"充军正千户一员·金畧"簿。

孙汉·副千户

内黄查有：孙忠，合肥县人。有父孙得，乙未年跟祖父孙伏二从军，丙申年征进金台阵亡。伯祖孙福节次随丁元帅征进，老疾。洪武二年令父孙得代役，三年调旗手所马军，十五年并充小旗，十九年充府军后卫马军总旗，二十一年除府军后卫百户，伤残，告替。忠系嫡长男，替职。

一辈孙得，已载前黄。·97·

二辈孙忠，已载前黄。

三辈孙瑛，旧选簿查有：宣德八年三月，孙瑛，系云南右卫前所故世袭百户孙忠嫡长男。

四辈孙钲，缺。

副千户功次：候查。天顺八年贵州东苗擒斩获功例升一级，云南右卫实授百户升副千户七员内一员孙钲。①

五辈孙清，旧选簿查有：成化十二年八月，孙清，年十五岁，合肥县人，系云南右卫前所故世袭百户孙瑛庶长孙。先因未生，叔孙钲袭职，功升副千户，续生本人，叔病故，已与优给，今出幼，该袭副千户。

六辈孙裕，旧选簿查有：弘治四年十二月，孙裕，合肥县人，系云南右卫前所故世袭副千户孙清堂兄。

七辈孙溥，旧选簿查有：弘治十七年六月，孙溥，年八岁，合肥县人，系云南右卫前所世袭副千户孙裕堂弟。兄先因本人未生，堂兄借袭，续生本人，告改优给，至弘治二十三年终住支，伊堂兄革闲。

旧选簿查有：正德六年八月，孙溥，年十五岁，合肥县人，系云南右卫前所故世袭副千户孙清庶弟。

八辈孙汉，旧选簿查有：嘉靖三十三年八月，孙汉，合肥县人，系云南右卫前所故副千户孙溥亲弟。

九辈孙世孝，万历元年六月，孙世孝，年二十五岁，合肥县人，系云南右卫前所年老副千户孙汉嫡长男。

十辈孙世勋，万历九年十二月，年二十岁，合肥县人，系云南右卫前所故副千户

---

① 《总汇》本册第420页"又一员·孙钲"载："景泰二年五月，孙钲，系云南后卫前所故世袭百户孙瑛嫡次男。有嫡长兄孙鑑患右膝跌伤残疾，不堪承袭，钦准本人袭职，待有男，还与职事"，簿中"后卫"若改"右卫"，则可补此"四辈孙钲"选条之"缺"。二簿所在孙钲当系同一人，其"右卫""后卫"之别，当以"右卫"为确。

孙世孝亲弟，比中二等。

十一辈孙联芳，万历四十二年十一月，大选过云南右卫前所实授百户一员孙联芳，年三十四岁，系故副千户孙世勋堂侄。查孙钲借实授百户之职而获功一级升副千户，其后退职于孙清，止该还百户故物，其自立功一级例该本身子孙另袭，况钲身已绝矣，岂得冒并，本舍准袭祖职实授百户。

黄九皋·副千户

一辈黄忠。·98·

二辈黄俊。

三辈黄潜，旧选簿查有：永乐二十二年二月，黄潜，系云南右卫前所故世袭百户黄俊嫡长男。

四辈黄瑢，旧选簿查有：景泰四年十月，黄瑢，年十五岁，蒙城县人，系云南右卫前所世袭百户黄潜嫡长男。父调征麓贼阵亡例升一级，本人先因年幼，已升与副千户俸优给，今出幼，该袭升流官副千户。

五辈黄礼，旧选簿查有：弘治七年九月，黄礼，蒙城县人，系云南右卫前所故袭升副千户黄瑢嫡长男，钦与世袭。

六辈黄九皋，旧选簿查有：嘉靖三十一年二月，黄九皋，年二十一岁，蒙城县人，系云南右卫前所故副千户黄礼亲侄。伊伯原祖职副千户，故绝，伊兄黄政未袭先故，伊侄黄朝立两眼瞎疾，不堪承袭，未曾生子，本舍照例借袭祖职副千户，待伊侄生有儿男，退还职事。

七辈黄裳，万历二十二年九月分，单本选过云南右卫前所副千户一员黄裳，年二十四岁，蒙城县人。伊叔祖黄九皋原袭副千户，今老，例应退还，本舍先于万历二十一年保送赴部，查系三辈未袭，已经驳查去后，今准都察院咨回查明无碍，覆保前来，合照旧与替副千户，先年比中。

年远事故前所副千户一员·纸鑑

洪武二十五年十月，云南右卫后所世袭副千户纸德。

洪武三十一年九月，纸伦，系云南右卫后所世袭副千户纸或旧名德嫡长男。

永乐十年二月，纸静，年十五岁，系云南右卫前所故世袭副千户纸伦嫡长男。

天顺元年九月，紙瑄，灌县人，系云南右卫前所故世袭副千户紙静嫡长男。
弘治元年七月，紙鑑，灌县人，系云南右卫前所世袭副千户紙瑄嫡长男。

又一员·陈伦

洪武三十五年十月，陈琮，系云南右卫前所世袭百户陈坚嫡长孙。·99·
正统六年九月，陈徽，系云南右卫前所百户陈琮嫡长男。
成化元年三月，陈钺，年十七岁，临川县人，系云南右卫前所副千户陈徽庶长男，钦与世袭。
弘治十年十一月，陈伦，临川县人，系云南右卫前所世袭副千户陈钺嫡长男。

又一员·陈真

洪武三十年九月，陈真，系云南右护卫前所世袭副千户陈兴嫡长男。

陈云龙·署副千户

一辈陈贵，缺。
二辈陈茂，缺。
三辈陈铭，旧选簿查有：永乐十三年八月，陈铭，年十五岁，系云南右卫前所故世袭百户陈茂嫡长男。
四辈陈源，旧选簿查有：宣德十年五月，陈源，年十五岁，系云南右卫前所故世袭百户陈铭嫡长男。
景泰三年十二月，云南右卫百户升署副千户陈源。
五辈陈俊，旧选簿查有：成化八年四月，陈俊，年十五岁，潜山县人，系云南右卫前所残疾副千户陈源嫡长男，钦与世袭。
六辈陈轩，旧选簿查有：弘治十七年十一月，陈轩，潜山县人，系云南右卫前所世袭副千户陈俊嫡长男。
七辈陈祁，旧选簿查有：正德十六年八月，陈祁，年十五岁，潜山县人，系云南右卫前所故世袭副千户陈轩嫡长男，优给出幼告袭。·100·
八辈陈云龙，旧选簿查有：嘉靖三十三年六月，陈云龙，潜山县人，系云南右卫前所故署副千户陈祁庶长男。

潘俊·署副千户事百户

查一世祖潘铭从军有功升小旗，洪武十八年升总旗，阵亡。二世祖潘勇，查系阵亡儿男升百户，故。三世祖潘全收补总旗，正统六年征麓川获头功一次升实授百户，正统十四年征贵州香炉山苗贼斩首二颗，景泰元年攻楮纪寨斩首一颗，仲家龙寨斩首一颗，二年攻香炉山寨斩首一颗，升署副千户，老。四世祖潘凯替，老。五世祖潘璨比替，故。六世祖潘俊优，比袭，故。七世祖潘珺自幼患耳聋，不堪保送。

一辈潘铭，缺。

二辈潘勇，缺。

三辈潘全，缺。

四辈潘凯，旧选簿查有：天顺八年七月，潘凯，定远县人，系云南右卫前所副千户潘全嫡长男，钦与世袭。

五辈潘璨，旧选簿查有：弘治元年七月，潘璨，定远县人，系云南右卫前所副千户潘凯嫡长男。伊祖潘全原系功升署副千户，天顺元年遇例实授，父替职，年老，本人替职，今又遇例，该与世袭。

六辈潘俊，旧选簿查有：正德十五年六月，潘俊，年十七岁，定远县人，系云南右卫前所故副千户潘璨嫡长男。伊曾祖潘全以总旗历功升至署副千户，遇例实授，传至本人，例前亦与实授副千户俸优给，今出幼，照例革袭署副千户事百户，限外多支俸二年，查扣毕日关支。

七辈潘世忠，隆庆六年七月，潘世忠，年二十岁，定远县人，系云南右卫前所故署副千户事实授百户潘俊嫡长孙。

八辈潘允恭，万历二十八年八月，潘允恭，年十六岁，系故署副千户事实授百户潘世忠嫡长男，比中三等。

顾守义·实授百户

外黄查有：顾守仁，年二十五岁，定远县人。祖顾奴儿甲午年从军，洪武十五年征乌部杀贼功升云南后卫左所小旗，十八年升总旗，永乐二年故。祖顾胜补，故绝。顾和系亲弟，补，麓川阵亡。祖顾纲户名不动，补，景泰元年征贵州苗贼功升试百户，二年征香炉山等寨杀贼功四年升实授百户，故。祖顾永系嫡长男，优，袭，弘治十五年疾。祖顾祥系嫡长男，十六年替，嘉靖三年故。父顾廷玺系嫡长男，本年袭，二十六年疾。守仁系嫡长男，二十七年袭云南右卫前所实授百户。·101·

一辈顾奴儿，已载前黄。

二辈顾胜，已载前黄。

三辈顾和，已载前黄。

四辈顾纲，旧选簿查有：景泰元年七月，云南右卫总旗升试百户顾奴儿。

五辈顾永，旧选簿查有：成化五年六月，顾永，年十五岁，定远县人，系云南右卫前所故百户顾纲户名顾奴儿嫡长男，钦与世袭。

六辈顾祥，旧选簿查有：弘治十六年九月，顾祥，定远县人，系云南右卫前所世袭百户顾永嫡长男。

七辈顾廷玺，旧选簿查有：嘉靖三年十二月，顾廷玺，定远县人，系云南右卫前所故世袭百户顾祥嫡长男。

八辈顾守仁，旧选簿查有：嘉靖二十七年四月，顾守仁，定远县人，系云南右卫前所痼疾实授百户顾廷玺嫡长男。

九辈顾守义，旧选簿查有：嘉靖四十三年六月，顾守义，年二十五岁，定远县人，系云南右卫前所故实授百户顾守仁亲弟。伊兄原替祖职实授百户，嘉靖三十七年因保违碍子孙参问定远所立功，解配着役，四十一年故绝。本舍照例与袭祖职实授百户，其伊兄立功年限未满，与支半俸，扣算满日方许全支。

十辈顾守礼，万历十九年八月分，顾守礼，年二十岁，定远县人，系云南右卫前所故纳级指挥佥事顾守义弟。伊兄原袭实授百户，遇例加纳指挥佥事，故绝。所据纳级虚衔例不准袭，合照例与袭实授百户，比中二等。

锺应鸣·实授百户

内黄查有：锺亮，乌城（程）县人。祖锺阿六洪武十八年为事发云南右卫充军，故。父锺胜孙补役，故。亮顶户名不动补役，正统六年征麓川刀招汉贼寨头功、奇功二次，一次推升小旗，一次推升总旗，景泰三年征香炉山擒获贼首三颗升试百户，天顺元年遇例实授。

一辈锺亮，已载前黄。·102·

二辈锺全，旧选簿查有：成化十二年八月，锺全，乌程县人，系云南右卫前所百户锺亮户名锺阿陆嫡长男，钦与世袭。

三辈锺秀，旧选簿查有：弘治十七年十一月，锺秀，乌程县人，系云南右卫前所世袭百户锺全嫡长男。

四辈锺英，旧选簿查有：嘉靖二年闰四月，锺英，乌程县人，系云南右卫前所故绝世袭百户锺秀亲弟。伊祖亮原系功升试百户，遇例实授，父、兄沿袭，今照例革与本人试百户。

功次簿查有：嘉靖六年征云南寻甸升实授一级，一人自擒斩贼级四名颗，云南右卫前所试百户升实授百户一员锺英。

五辈锺应鸣，旧选簿查有：嘉靖二十三年十月，锺应鸣，乌程县人，系云南右卫前所年老实授百户锺英嫡长男。

六辈锺一阳，万历五年八月，锺一阳，年三十七岁，乌程县人，系云南右卫前所年老实授百户锺应鸣嫡长男，比中二等。

七辈锺铛，万历二十一年二月，锺铛，年二十六岁，系云南右卫前所故实授百户锺一阳嫡长男，比中二等。

八辈锺文清，万历三十七年二月，大选过云南右卫前所实授百户一员锺文清，年十九岁，系故实授百户锺铛嫡长男，比中三等。

林应福·实授百户

外黄查有：林源，全椒县人。曾祖林兴旺甲午年从军，乙巳年选充小旗，洪武六年征王保保阵亡。祖林兴户名不动补实授小旗，永乐十年并充总旗，老。父林茂代役，并枪仍充总旗，故。兄林泉仍顶户名补役，仍并枪充总旗，正统六年征麓川反寇，十一月破上江刀招汉贼寨，闰十一月攻破杉木笼山贼寨，十二月攻贼首思仁发巢穴获头功二次，七年升云南右卫前所实授百户，景泰元年遇贼杀死。侄林丛系嫡长男，三年袭世袭百户，六年赴京比试中途漳死，未婚，无嫡庶亲弟。源系亲叔，袭世袭百户。林森系林源嫡长孙，伊祖年老，父林远替职，患疾，林森系嫡长男，替世袭百户。林应祈系林森嫡长男，嘉靖三年替职。

一辈林兴旺，已载前黄。

二辈林兴，已载前黄。

三辈林茂，已载前黄。·103·

四辈林泉，已载前黄。

五辈林丛，旧选簿查有：景泰三年九月，林丛，年十七岁，全椒县人，系云南右卫前所故百户林泉户名林兴儿嫡长男，钦与世袭。

六辈林源，旧选簿查有：天顺二年七月，林源，全椒县人，系云南右卫前所故世袭百户林丛亲叔。

七辈林远，旧选簿查有：成化十三年十月，林远，全椒县人，系云南右卫前所世袭百户林源嫡长男。

八辈林森，旧选簿查有：弘治十二年十一月，林森，全椒县人，系云南右卫前所世袭百户林远嫡长男。

九辈林应祈，旧选簿查有：嘉靖二年九月，林应祈，全椒县人，系云南右卫前所世袭百户林森嫡长男。

十辈林廷贵，旧选簿查有：嘉靖二十一年二月，林廷贵，全椒县人，系云南右卫前所故实授百户林应祈嫡长男，照例与全俸优给，至嘉靖二十九年终住支。

旧选簿查有：嘉靖三十一年八月，林廷贵，年十五岁，全椒县人，系云南右卫前所故实授百户林应祈嫡长男，优给出幼袭职。

十一辈林应福。

十二辈林芝，万历四年十二月，林芝，年二十岁，全椒县人，系云南右卫前所患疾实授百户林应福嫡长男。

十三辈林启俊，天启五年五月补四月分大选，过云南右卫前所实授百户一员林启俊，年二十岁，系故实授百户林芝庶长男，比中二等。

黄堂·世袭百户

外黄查有：黄敏，德化县人。父黄得旧名得住，丙午年选充总旗，洪武十六年归并云南右卫前所世袭百户，三十四年夹河阵亡。敏系嫡长男，袭授云南右卫前所世袭百户。黄裳系黄敏嫡长男。黄鑑系黄裳嫡长男。

一辈黄得，已载前黄。

二辈黄敏，已载前黄。·104·

三辈黄裳，旧选簿查有：宣德五年十二月，黄裳，系云南右卫前所世袭百户黄敏嫡长男。

四辈黄鑑，旧选簿查有：景泰二年八月，黄鑑，系云南右卫前所世袭百户黄裳嫡长男。

五辈黄瑜，旧选簿查有：成化十四年九月，黄瑜，德化县人，系云南右卫前所世袭百户黄鑑嫡长男。

六辈黄经，旧选簿查有：弘治十二年九月，黄经，年十五岁，德化县人，系云南右卫前所故世袭百户黄瑜嫡长男。

七辈黄堂，旧选簿查有：嘉靖十年二月，黄堂，年二十一岁，德化县人，系云南右卫前所故世袭百户黄经嫡长男。

八辈黄远，万历九年十二月，年十五岁，德化县人，系云南右卫前所故世袭百户黄堂庶次男，比中三等。

九辈黄恩，万历四十八年正月，大选过云南右卫前所实授百户一员黄恩，年十六岁，系故实授百户黄远庶长男，比中三等。

于廉·世袭百户

外黄查有：于春，荆州府人，系于忠旧名易福庶长男。父壬寅年归附，洪武六年除百户，调改桂林左卫，十六年为事发辽东充军，二十年复除云南右卫前所世袭百户，二十七年老疾，无嫡男，春于二十五年替云南右卫前所世袭百户。于谨系于春嫡长男。于廒系于襘嫡长男。

一辈于忠，已载前黄。

二辈于春，已载前黄。

三辈于瑾，旧选簿查有：永乐十三年八月，于瑾，年十五岁，系云南右卫前所故世袭百户春嫡长男。

四辈于玘，旧选簿查有：天顺五年七月，于玘，荆州府人，系云南右卫前所故世袭百户于谨嫡长男。

五辈于高，旧选簿查有：成化十一年五月，于高，荆州府人，系云南右卫前所故世袭百户于玘嫡长男。

六辈于襘，旧选簿查有：弘治五年二月，于襘，年十岁，荆州府人，系云南右卫前所故世袭百户于高嫡长男，钦与全俸优给，至弘治九年终住支。

七辈于廒，旧选簿查有：嘉靖五年四月，于廒，荆州府人，系云南右卫前所故世袭百户于襘嫡长男。

八辈于廉，旧选簿查有：嘉靖二十一年六月，于廉，荆州府人，系云南右卫前所故世袭百户于廕亲弟，仍袭原职。

九辈于採蘩，万历九年十月，于採蘩，年一十八岁，荆州府人，系云南右卫前所故实授百户于廉嫡长男。伊父原袭祖职实授百户，嘉靖三十六年为因保送舍人问发定远所杨梅哨立功，隆庆三年故。本舍照旧准袭祖职实授百户，仍查伊父于廉立功有无限满，扣俸关支，比中二等。

十辈于可登，崇祯七年四月，大选过云南右卫前所实授百户一员于可登，年二十八岁，系故实授百户于採蘩嫡长男，比中三等。

张存仁·世袭百户

外黄查有：张彬，信阳县人，系张睿[男]。有父洪武二年归附，除安丰卫百户，十六年归并云南右卫前所，故。彬以舍人取赴京操练，二十五年袭授本卫所世袭百户。张韶系张彬嫡长男。张毅系张韶堂兄。张衡系张毅嫡长男。张勋系张衡嫡长男。张鸾系张勋嫡长男。

一辈张睿，已载前黄。

二辈张彬，旧选簿查有：洪武二十五年七月，张彬，系云南右卫前所故世袭百户张睿嫡长男，钦准袭职，仍授本卫所世袭百户。

三辈张韶，旧选簿查有：永乐六年十二月，张韶，年十五岁，系云南右卫前所故世袭百户张彬嫡长男。

四辈张毅，旧选簿查有：永乐九年九月，张毅，系云南右卫前所滞故世袭百户张韶堂兄。

五辈张衡，旧选簿查有：正统七年二月，张衡，系云南右卫前所故百户张毅嫡长男。

六辈张勋，旧选簿查有：成化十七年六月，张勋，年十六岁，信阳县人，系云南右卫前所故世袭百户张衡嫡长男。·106·

七辈张鸾，旧选簿查有：嘉靖五年十二月，张鸾，信阳县人，系云南右卫前所年老世袭百户张勋嫡长男。

八辈张存仁，旧选簿查有：嘉靖十三年四月，张存仁，年二十一岁，信阳县人，[系]云南右卫前所故百户张鸾嫡长男。

九辈张应海，万历二十九年四月，大选过云南右卫前所故百户张存仁庶次男张应海，年三十一岁，比中三等。开国之功，难以泯没，查供结中张存仁病故年月字迹似有洗改，然张应山系长男，起文承袭，于万历二十年十一月二十四日病故，则字迹无洗改也。况洗改字迹，吏书常态，安知不伪以害本舍也，云南万里，百户微官，一经驳查，难以再袭，合降一级，与试百户。

石磬·实授百户

一辈石阿伴，功次簿查有：景泰三年香炉山等处擒斩获功升一级，云南右卫总旗升试百户二十员内一员石阿伴。

二辈石嵩，旧选簿查有：天顺四年四月，石嵩，无锡县人，系云南右卫前所故百户石旺户名石阿伴嫡长男，钦与世袭。

成化元年三月，石嵩，年三十三岁，无锡县人。有父石旺，原系云南右卫前所实授百户，天顺三年征进贵州东苗阵亡，例升一级。嵩系嫡长男，已袭伊父原职实授百户，今照例升一级升副千户。

三辈石珇，旧选簿查有：弘治八年十一月，石珇，无锡县人，系云南右卫前所袭升副千户石嵩嫡长男。

四辈石坚，零选簿查有：嘉靖八年八月，石坚，无锡县人，系云南右卫前所年老副千户石珇嫡长男。伊曾祖旺原补小旗，麓川功升总旗，香炉山功升试百户，天顺元年遇例实授，东苗阵亡，祖嵩袭升副千户，父沿袭。所据遇例一级应该减革，本人照例于试百户上加阵亡一级，与替实授百户。

五辈石磬，旧选簿查有：嘉靖三十六年四月，石坚，年五十五岁，无锡县人，系云南右卫前所瘸疾实授百户，嫡长男石磬年二十三岁，告替。

六辈石之介，万历八年十二月，石之介，年二十岁，无锡县人，系云南右卫前所老疾实授百户石磬嫡长男，比中三等。

七辈石之屏，万历四十一年八月，大选过云南右卫前所实授百户一员石之屏，年三十五岁，系故实授百户石之介堂弟，比中三等。·107·

史文臣·实授百户

外黄查有：史真，望江县人，辛丑年军，甲辰年小旗，洪武三年总旗，四年除百户。史暹系史真嫡长孙，祖老疾，父先故，暹于永乐八年替云南右卫前所世袭百户。史昱系史暹嫡长男，父疾，昱于景泰二年替云南右卫前所世袭百户。

一辈史真，已载前黄。

二辈史暹，旧选簿查有：永乐八年正月，史暹，年十六岁，系云南右卫前所世袭百户史真嫡长孙。

三辈史昱，旧选簿查有：景泰二年十一月，史昱，系云南右卫前所世袭百户史暹嫡长男。

四辈史谦，旧选簿查有：成化五年八月，史谦，望江县人，系云南右卫前所世袭百户史昱嫡长男。

五辈史雄，旧选簿查有：弘治六年十二月，史雄，望江县人，系云南右卫前所世袭百户史谦嫡长男。

六辈史略，旧选簿查有：弘治十五年九月，史略，望江县人，系云南右卫前所世袭百户史雄嫡长男。

七辈史儒，旧选簿查有：嘉靖五年十月，史儒，望江县人，系云南右卫前所故世袭百户史略嫡长男。

八辈史文臣，旧选簿查有：嘉靖四十三年十月，史文臣，年二十岁，望江县人，系云南右卫前所年老实授百户史儒嫡长男。

九辈史纪言，万历十三年八月，史纪言，年二十一岁，望江县人，系云南右卫前所故世袭百户史文臣嫡长男，比中三等。

十辈史载贤，天启五年十二月，大选过云南右卫前所实授百户一员史载贤，年三十一岁，系疾实授百户史记言庶长男，比中三等。

汪朝用·实授百户

一辈汪通，缺。·108·

二辈汪玺，旧选簿查有：洪武二十四年八月，汪玺，系云南右卫前所试所镇抚。先有云南都司公文备本官告，有父汪通系世袭百户，洪武七年病故，十八年钦除前职。今开故父丙申年从军脚色告请实授，引至御前，钦依"他父年深，升做本卫世袭卫镇抚"。

三辈汪斌，旧选簿查有：洪武二十七年正月，汪斌，系云南右卫故世袭卫镇抚汪玺堂弟，钦袭本卫世袭卫镇抚。

四辈汪政，旧选簿查有：永乐四年二月，汪政，系云南右卫故世袭卫镇抚汪斌亲弟。

五辈汪敏，旧选簿查有：永乐十六年十月，汪敏，年十五岁，系云南右卫故世袭卫镇抚汪政庶弟。

六辈汪寿，旧选簿查有：景泰五年九月，汪寿，舒城县人，系云南右卫故世袭卫镇抚汪敏嫡长男。

七辈汪荣，旧选簿查有：成化二十二年十一月，汪荣，舒城县人，系云南右卫故世袭卫镇抚汪寿嫡长男。

八辈汪鳌，旧选簿查有：嘉靖三年四月，汪鳌，舒城县人，系云南右卫年老卫镇抚汪荣亲侄。伊高伯祖通立功升百户，曾堂伯祖玺又立功升前职，曾伯祖政与曾祖敏以下俱例前沿袭。所据卫镇抚伊曾堂伯祖所升，今照例革与高伯祖原职实授百户，注前所。

九辈汪朝用，旧选簿查有：嘉靖四十一年八月，汪朝用，年二十一岁，舒城县人，系云南右卫前所故实授百户汪鳌嫡长男。

杨锐·实授百户

一辈杨付四，缺。

二辈杨继宗，缺。

三辈杨成，缺。

四辈杨玺，缺。

五辈杨锐，旧选簿查有：正德二年九月，杨锐，年十六岁，无锡县人，系云南右卫前所百户杨玺嫡长男。伊父原系试百户，天顺元年遇例实授，年老。本人已照例与实授百户俸优给，今出幼袭职，钦与世袭。

六辈杨椿，隆庆五年二月，杨椿，年二十岁，无锡县人，系云南右卫前所故实授百户杨锐侄孙。伊伯祖原袭祖职实授百户，嘉靖三十八年故绝，祖杨钥未袭先故，父杨应时瘸疾，不堪。所据伊曾祖杨玺天顺元年遇例实授一级，例应减革，本舍照例革袭试百户。

七辈杨永畅，万历二十年十月，杨永畅，年二十九岁，系云南右卫前所患疾试百户杨椿嫡长男，比中一等。

八辈杨可久，泰昌元年八月，大选过云南右卫前所试百户一员杨可久，年三十六岁，系疾试百户杨永畅嫡长男，比中三等。该礼部具题自八月初一日起改泰昌元年，九月十六日奉"钦此"。

年远事故前所世袭百户一员·余俊

洪武三十年七月，余惠，系云南右卫前所世袭百户余宗嫡长男。

永乐十年四月，余雄，系云南右卫前所故世袭百户余惠嫡长男。

永乐二十一年十二月，余俊，年十六岁，系云南右卫前所故世袭百户余雄嫡长男。

又一员·张英

成化六年七月，张傑，年十五岁，松江府华亭县人，系云南右卫前所故署所镇抚试百户张茂亲伯。·110·

张英，户名张显，原系总旗，调征麓川阵亡例升一级，本人先因未生，父张芳残疾，不堪承袭，叔袭升前职，遇例实授，续生本人，叔病故。已与实授百户俸优给，今出幼，该袭实授百户。

又一员·张善

洪武三十三年五月，张善，旧名文殊保，年一岁，汝阳县人，系云南右卫前所世袭百户张先庶长男，[白]沟河阵亡，与全俸优给，至[四]十六年终住支袭职。

姚良辅·试百户

一辈姚胜，缺。

二辈姚三，缺。

三辈姚泼驴，缺。

四辈姚荣，缺。

五辈姚端，户名姚胜，旧选簿查有：景泰五年，云南右卫总旗升试百户姚胜。

六辈姚泰，旧选簿查有：成化五年八月，姚泰，定远县人，系云南右卫前所百户姚端户名姚胜嫡长男，钦与世袭。

七辈姚僎，旧选簿查有：弘治十四年九月，姚僎，定远县人，系云南右卫前所世袭百户姚泰嫡长男。·111·

八辈姚纲，旧选簿查有：正德十五年六月，姚纲，定远县人，系云南右卫前所故百户姚僎嫡长男。曾祖姚端系功升试百户，祖、父沿袭实授百户，本人照例革袭试百户。

九辈姚良辅，旧选簿查有：嘉靖三十三年二月，姚良辅，定远县人，系云南右卫前所故实授百户姚纲嫡长男。伊父原袭试百户，遇例实授，本舍仍革袭试百户。

十辈姚暹，万历九年八月，姚暹，年五岁，定远县人，系云南右卫前所故试百户姚良辅嫡长孙，照例与全俸优给，至万历十八年终住支。

蒋应祖·试百户

一辈蒋贵，缺。

二辈蒋能，缺。

三辈蒋惠，缺。

四辈蒋铨，缺。

五辈蒋应祖，旧选簿查有：嘉靖五年十月，蒋应祖，年五岁，清流县人，系云南右卫前所老疾实授百户蒋铨嫡长孙。伊祖以总旗弘治十八年普安获功升试百户，遇例实授，父谕患疾不堪。所据遇例应该减革，本人照例革与试百户全俸优给，至嘉靖十四年终住支。

六辈蒋应初，万历六年二月，蒋应初，年四十岁，滁州人，系云南右卫前所老疾实授百户蒋应祖亲弟。伊兄原袭祖职实授百户，隆庆四年为整造军器事问发凤梧所立功，万历元年遇宥释放，今老，无子。伊次兄蒋应龙系庶出，例不得替。本舍系嫡男，照旧替实授百户。伊兄立功年限未满，与支半俸，扣至限满全支，考试二等。

七辈蒋希忠，万历二十八年八月，蒋希忠，年三十四岁，滁州人，系云南右卫前所老实授百户蒋应初嫡长男，比中二等。·112·

八辈蒋奇贤，崇祯十二年四月，大选过云南右卫前所实授百户一员蒋奇贤，年二十五岁，系老实授百户蒋希忠嫡长男，比中三等。

王璋·试百户

外黄查有：王能，沂水县人。曾祖王得新，洪武十九年为事发充云南右卫军，永乐十三年老。祖王定儿补，宣德六年患病。父王贵补，正统六年征麓川获头功二次，七年升实授总旗，景泰二年征贵州香炉山有功，三年升试百户，天顺元年遇例实授，成化六年老。能系嫡长男，七年四月替本卫所百户。

一辈王贵，已载前黄。

二辈王能，旧选簿查有：成化七年四月，王能，沂水县人，系云南右卫前所百户王贵户名王得辛（新）嫡长男，钦与世袭。

三辈王表，旧选簿查有：弘治四年十月，王表，沂水县人，系云南右卫前所故世袭百户王能嫡长男。

四辈王衷，旧选簿查有：正德十年六月，王衷，沂水县人，系云南右卫前所故百户王表亲弟。伊曾祖原系试百户，遇例实授，本人照例革袭试百户。

五辈王璋，旧选簿查有：嘉靖三年十月，王璋，年六岁，沂水县人，系云南右卫前所故革袭试百户王衷嫡长男，照例与全俸优给，至嘉靖十一年终住支。

嘉靖十四年四月，王璋，年十八岁，沂水县人，系云南右卫前所故试百户王衷嫡长男。

六辈王本信，万历十四年八月，王本信，年十五岁，沂水县人，系云南右卫前所故实授百户王璋庶长男。查伊父原袭试百户，遇例实授。所据遇例职级不准承袭，今本舍应照例革袭试百户，比中二等。

七辈王永宁，崇祯十二年十月，大选过云南右卫前所试百户一员王永宁，年十九岁，系故试百户王本信亲堂孙。俟兄生有儿男，退还，比中三等。·113·

蔡遇时·试百户

外黄查有：蔡文宿，系云南右卫前所试百户，江都县人。始祖蔡冬儿乙未年归附从军，丙午年升小旗，辛亥年升总旗，故。高祖蔡三保系嫡长男，补，故。曾祖蔡康系嫡长男，故。伯祖蔡显补，老，绝。祖蔡完系亲弟，先故。伯蔡洪系显亲侄，补，弘治十七年征贵州普安等处斩首有功升试百户，老，绝。文宿系亲侄，嘉靖五年替云南右卫前所试百户。

一辈蔡冬儿，已载前黄。

二辈蔡三保，已载前黄。

三辈蔡康，已载前黄。

四辈蔡显，已载前黄。

五辈蔡洪，已载前黄。

六辈蔡文宿，旧选簿查有：嘉靖五年八月，蔡文宿，江都县人，系云南右卫前所年老功升百户蔡洪亲侄。伊伯原系总旗，功升试百户，遇例实授，本人照例革替试百户，钦与世袭。

七辈蔡遇时，旧选簿查有：嘉靖三十五年六月，蔡遇时，江都县人，系云南右卫前所年老实授百户蔡文宿嫡长男，革遇例，与替试百户。

八辈蔡尚儒，万历五年二月分，蔡尚儒，年二十一岁，江都县人，系云南右卫前所故试百户蔡遇时嫡次男。伊父原替祖职试百户，隆庆六年故。伊兄蔡希儒系举人，不愿承袭，无子，本舍照例借袭祖职试百户。待后伊兄生有儿男，退还职事，考试三等。

九辈蔡显祖，万历四十四年十月，大选过云南右卫前所试百户一员蔡显祖，年十六岁，系老试百户蔡尚儒堂孙。查尚儒原借希儒职事，希儒子天奇业儒，复不愿职祖职，应及本舍，准替试百户，比中二等。

周岐·试百户

外黄查有：周滋，昆山县人。曾祖周孟和吴元年从军，洪武十六年归并云南右卫前所，永乐五年老。祖周俊代役，十三年疾。父周锐代役，正统六年征麓川获头功三次，正统七年升云南右卫前所试百户，正统十四年老。滋系嫡长男，景泰二年替实授百户，成化四年世袭。周官系周桓嫡长孙，祖故，官正德六年优给，至十六年终住支。周琳系周桓嫡次男，已与侄周官优给，故绝，伊祖周滋原系试百户替职，钦与实授，本人正德十五年钦准沿袭。

一辈周锐，已载前黄。

二辈周滋，旧选簿查有：景泰二年九月，周滋，系云南右卫前所试百户周锐嫡长男。父原系军人，调征麓贼获头功三次升前职，老疾，钦准本人照例替实授百户。

三辈周桓，旧选簿查有：成化二十二年四月，周桓，昆山县人，系云南右卫前所百户周滋嫡长男，钦与世袭。

四辈周官，旧选簿查有：正德六年四月，周官，年四岁，昆山县人，系云南右卫前所故世袭百户周桓嫡长孙，钦与全俸优给，至正德十六年终住支。

五辈周琳，旧选簿查有：正德十五年八月，周琳，昆山县人，系云南右卫前所故百户周桓嫡次男，已与侄周官优给，亦故绝，伊祖周滋原系试百户替职，钦准实授，本人沿袭。

六辈周岐，旧选簿查有：嘉靖二十五年四月，周岐，年一十五岁，昆山县人，系云南右卫前所借职年老百户周琳亲侄孙。伊高高祖锐以总旗功升试百户，钦与实授，高祖滋、伯官沿袭，故绝。父寅残疾，不堪承袭，本舍未生，叔祖琳借职，续生本舍，今长成，相应退还承袭。高高祖锐钦与实授，不由军功，例应减革，本舍照例改正，革替祖职试百户。

七辈周长年，万历二十年十二月，周长年，年三十岁，系云南右卫前所故试百户周岐嫡长男，比中二等。

八辈周承爵，万历四十二年二月，大选过云南右卫前所试百户一员周承爵，年二十九岁，系疾试百户周长年嫡长男，比中三等。

九辈周维新，崇祯七年四月，大选过云南右卫前所试百户一员周维新，年十七岁，系故试百户周承爵嫡长男，比中三等。

刘鹤龄·试百户

一辈刘大，缺。

二辈刘黑儿，缺。

三辈刘祯，钦升簿查有：正统七年征云南麓川，云南右卫前所总旗一次头功升试百户四员内一员刘祯。·115·

四辈刘英，旧选簿查有：景泰二年八月，刘英，系云南右卫前所试百户刘祯户名刘大嫡长男。父原系总旗，调征麓贼有功升前职，病故，钦准本人袭实授百户。

五辈刘澄，旧选簿查有：天顺四年闰十一月，刘澄，年十五岁，江夏县人，系云南右卫前所故百户刘英嫡长男，钦与世袭。

六辈刘纲，旧选簿查有：弘治八年十二月，刘纲，江夏县人，系云南右卫前所世袭百户刘澄嫡长男。

七辈刘恺，旧选簿查有：正德十五年十月，刘恺，江夏县人，系云南右卫前所年老百户刘纲嫡长男。高祖刘祯功升试百户，曾祖刘英钦准袭前职。

八辈刘思文，旧选簿查有：嘉靖二十一年十月，刘思文，江夏县人，系云南右卫前所故实授百户刘恺亲侄。伊始祖祯以总旗正统七年麓川功升试百户，高祖英钦准袭实授百户，祖、父沿袭。所据钦准职级不由军功，例无承袭，本人照例革袭试百户。

九辈刘鹤龄，旧选簿查有：嘉靖四十五年二月，刘鹤龄，年二十一岁，江夏县人，系云南右卫前所故百户刘思文嫡长男。

十辈刘华，万历八年八月，刘华，年十六岁，江夏县人，系云南右卫前所故试百户刘鹤龄嫡长男，比中二等。

年远事故前所试百户一员·吴昱

景泰五年，云南右卫总旗升试百户吴名。

成化四年九月，吴昱，吴县人，系云南右卫前所百户吴敬户名吴名嫡长男，钦与世袭。

又一员·李政

正统六年七月，云南右卫前所试百户李政，系总旗李清户名李老老男。①

所镇抚一员·孙忠

洪武二十九年二月，孙太平，系云南右卫前所故达官所镇抚孙车里帖木儿亲弟，钦袭本卫所世袭所镇抚。·116·

永乐十六年十二月，孙忠，年十五岁，系云南右卫前所故世袭所镇抚孙太平嫡长男。

---

① 此"又一员·李政"簿所载李清、李政之父子关系及户名李老老等，与《总汇》第58册第531页"李体乾·署副千户事实授百户"选簿载"曾祖李老老"及李清、李政之承袭关系相同，该李氏先拨云南左卫前所，又调后所，后定中左所。此李政簿之"云南右卫前所"当为"云南左卫后所"之误。

年远事故后所正千户一员·段勋

洪武二十四年八月，段庸，系云南右卫中左所副千户段安嫡长男。

永乐十四年七月，段沂，年十岁，系云南右卫流官指挥同知段镛嫡长男。父原系本卫后所副千户，革除年间升指挥佥事，系止终本身，后因灵璧县归附升除前职，失陷，钦准依伊父原职副千户升一级与正千户俸优给，至永乐十八年终住支。

正统六年三月，段楷，年三岁，系云南右卫后所故世袭正千户段沂庶长男，钦与全俸优给。

天顺二年十月，段瑄，年二岁，大兴县人，系云南右卫后所漛故世袭正千户段楷嫡长男，钦与全俸优给。

天顺五年八月，段傑，大兴县人，系云南右卫后所漛故世袭正千户段楷堂兄。

成化十六年八月，段勋，年十五岁，大兴县人，系云南右卫后所故世袭正千户段傑嫡长男。

汪胜宗·署正千户事副千户

外黄查有：汪淮，年五十九岁，系云南右卫后所署正千户，原籍庐州府合肥县人。始祖汪禧，乙未年渡江，乙巳年功升宣武卫小旗，吴元年功升淮安卫总旗，洪武三年温州沿海县捕贼人接应福州等处，七年升横海卫后所百户，八年实授，二十二年调云南右卫中所，二十五年故。高祖汪渡系嫡长男，二十六年六月袭，三十五年故。曾祖汪宏系嫡长男，永乐二年四月袭，十八年故。祖汪斌系嫡长男，宣德四年九月袭，正统六年征麓川功升副千户，景泰四年贵州香炉山升署正千户，遇例实授，成化三年故。伯父汪雄四年·117·四月比袭，十年故。堂兄汪浩系嫡长男，优给，十八年八月袭署正千户，纳银免比，弘治十二年故。堂侄汪金系嫡长男，优给，正德四年四月袭，比拖欠粮税遇革监追，嘉靖十九年故绝。淮系堂叔，二十九年四月比，革袭云南右卫后所署正千户，所欠粮税照数扣俸还官，完日支给。

一辈汪禧，已载前黄。

二辈汪度，旧选簿查有：洪武二十六年六月，汪度，系云南右卫后所故世袭百户汪禧嫡长男。钦准袭职，仍授本卫所世袭百户。

三辈汪宏，旧选簿查有：永乐二年四月，汪宏，年十一岁，系云南右卫中所阵亡世袭百户汪度嫡长男。

四辈汪斌，旧选簿查有：宣德四年九月，汪斌，年十五岁，系云南右卫后所故世袭百户汪宏嫡长男。

五辈汪雄，旧选簿查有：成化四年四月，汪雄，无为州人，系云南右卫后所正千户汪斌嫡长男，钦与世袭。

六辈汪浩，旧选簿查有：成化十八年八月，汪浩，年十六岁，无为州人，系云南右卫后所故正千户汪雄庶长男。祖汪斌原系署正千户，遇例实授，父袭职。本人先因年幼优给，今出幼，照例革袭署正千户事副千户。

七辈汪金，旧选簿查有：正德四年八月，汪金，年十五岁，无为州人，系云南右卫后所故世袭正千户汪浩嫡长男。

八辈汪淮，旧选簿查有：嘉靖二十九年四月，汪淮，合肥县人，系云南右卫后所故正千户汪金亲堂叔。伊堂兄浩原革袭署正千户事副千户，堂侄金冒袭正千户，管屯政拖欠粮税，遇革监追，故。所据冒袭职级例应减革，今本舍照例革袭祖职署正千户事副千户。其伊堂侄所欠粮税，照数本舍名下扣俸还官，完日方许支给。

九辈汪胜宗，旧选簿查有：隆庆元年十二月，汪胜宗，年二十五岁，合肥县人，系云南右卫后所故署正千户事副千户汪淮嫡长男。

十辈汪世勋，万历三十三年七月，单本选过云南右卫后所署正千户事副千户一员汪世勋，年三十九岁，合肥县人，系故署正千户事副千户汪胜宗嫡长男，比中二等。

十一辈汪汝洙，崇祯十一年十二月，大选过云南右卫后所署正千户事副千户一员汪汝洙，年二十三岁，系老署正千户事副千户汪世勋亲侄，比中三等。·118·

汪沄·署正千户事副千户

一辈汪镛，旧选簿查有：景泰三年十二月，云南右卫试百户升署副千户汪镛。

天顺三年十二月，汪镛，原系云南右卫后所副千户，贵州开通道路杀贼获功一级，照例升正千户。

二辈汪琳，旧选簿查有：成化四年四月，汪琳，合肥县人，系云南右卫后所正千户汪镛嫡长男，钦与世袭，

三辈汪宪，旧选簿查有：成化十二年八月，汪宪，合肥县人，系云南右卫后所故世袭正千户汪琳嫡长男。

四辈汪轩,缺。

五辈汪沄,旧选簿查有:嘉靖二十八年二月,汪沄,合肥县人,系云南右卫痼疾指挥同知汪轩嫡长男。伊高祖汪镛原系功升总旗,以麓川功越升实授百户,以贵州功升署副千户,以开通道路功越升正千户,至祖汪宪以督军功升指挥佥事,至父汪轩以云南功升署指挥同知。今查据越升二级及开通道路一级,俱应减革,本舍量革与正千户事副千户,注后所。

六辈汪维楫,隆庆四年八月,汪维楫,年三十岁,合肥县人,系云南右卫后所年老署正千户汪沄嫡长男。伊父原革替署正千户事副千户,纳级指挥佥事,今老。所据纳级虚衔,并查麓川、贵州开通道路功系越升,先年减革未尽,俱应减革,本舍照例革替副千户。

王表·副千户

内黄查有:王兴,寿州人。祖王庭玉,丙申年从军,甲辰年阵亡。父王用旧名拜儿补役,洪武五年选充小旗,十六年并升总旗,二十九年除沈阳右卫后所世袭百户,老疾。兴系嫡长男,替本卫所世袭百户。

一辈王用,已载前黄。

二辈王兴,已载前黄。·119·

三辈王刚,旧选簿查有:永乐十年七月,王刚,年十八岁,系交州右卫左所故世袭百户王兴嫡长男。父原系云南右卫后所百户,征进交阯调前卫,病故,敬准袭职,仍回云南右卫后所管事。

副千户功次:候查。

四辈王瑄,旧选簿查有:正统十三年九月,王瑄,系云南右卫后所故副千户王刚嫡长男,钦与世袭。

五辈王俊,旧选簿查有:成化二年四月,王俊,寿州人,系云南右卫后所故世袭副千户王瑄嫡长男。

六辈王泰,旧选簿查有:弘治十六年九月,王泰,寿州人,系云南右卫后所世袭副千户王俊嫡长男。

七辈王洪,旧选簿查有:正德元年七月,王洪,寿州人,系云南右卫后所故世袭副千户王泰亲弟。

八辈王表,旧选簿查有:嘉靖十五年十月,王表,寿州人,系云南右卫后所年老副千户王洪嫡长男。

孙尚贤·副千户

一辈孙继。

二辈孙文，旧选簿查有：洪武三十五年，孙文，系云南右卫后所故世袭副千户孙继嫡长男。

三辈孙忠，旧选簿查有：永乐十五年八月，孙忠，系云南右卫后所故世袭副千户孙文嫡长男。

四辈孙礼，旧选簿查有：正统二年八月，孙礼，系云南右卫后所世袭副千户孙忠嫡长男。

景泰三年，云南右卫副千户升署正千户孙礼。

五辈孙寿，旧选簿查有：天顺五年七月，孙寿，仪真县人，系云南右卫后所正千户孙礼嫡长男，钦与世袭。

六辈孙源，旧选簿查有：成化四年九月，孙源，仪真县人，系云南右卫后所故世袭正千户孙寿堂弟。有兄孙成患右脚残疾，不堪承袭，本人承袭，待有男，还与职事。·120·

七辈孙铭，旧选簿查有：弘治二年十月，孙铭，年十六岁，仪真县人，系云南右卫后所正千户孙源亲侄。伯祖孙礼原系功升署正千户事副千户，遇例实授，老疾，堂伯孙寿替职，病故，叔袭职，亦故。本人先因年幼，已革与署正千户事副千户俸[优]给，今出幼，又遇例，该袭实授正千户。

八辈孙俊，缺。

九辈孙尚贤，旧选簿查有：嘉靖三十三年六月，孙尚贤，仪真县人，系云南右卫后所副千户孙俊嫡长男。

十辈孙思孝，万历十四年六月，孙思孝，年二十九岁，仪真县人，系武定所故副千户孙尚贤嫡次男。伊父原袭云南右卫后所祖职副千户，嘉靖四十四年调武定所，隆庆四年故。应该伊兄孙思忠承袭，万历七年犯该偷盗军器硝黄问拟徒罪，有碍承袭。本舍合照例与袭祖职副千户，比中三等。

十一辈孙光远，万历三十二年九月，单本选过武定守御所副千户一员孙光远，年二十一岁，系故副千户孙思孝嫡长男，比中三等。

十二辈孙懋勋，崇祯元年四月，单本选过武定守御所副千户一员孙懋勋，年十六岁，系故副千户孙光远嫡长男，比中三等。

关汝通·副千户

内黄查有：关昭，年四十五岁，开封府项城县人。有父关旭，前辽阳省参故（政），洪武元年归附，二年克陕西，三年钦除骁骑后卫百户，征定西王保保，四年征西蜀，五年归并宁国卫，七年调征迤北，十一年调凤阳管领无回军，调守黄州，十四年征云南容美等处，十五年至仁德府阵亡。十七年起取赴京，袭除衢州守御千户所世袭百户，十八年敬升江阴卫中所世袭副千户，二十一年为养马事钦依征南九龙等处，调五开、普安，二十三年征密耶普也阿资，二十五年钦依复除云南右卫前所世袭副千户，二十六年征阿卯，[二十]七年征越州，二十九年征农真，三十一年征伯[夷]，三十四年调本卫后所。

一辈关旭，已载前黄。

二辈关昭，旧选簿查有：洪武二十八年三月，云南右卫前所副千户关昭。

三辈关祯，旧选簿查有：宣德元年十二月，关祯，系云南右卫后所故世袭副千户关昭嫡次男。

四辈关瑢，旧选簿查有：景泰二年九月，关瑢，系云南右卫后所故正千户关祯嫡长男，钦与世袭。

五辈关纯，旧选簿查有：成化元年十二月，关纯，年十六岁，项城县人，系云南右卫后所故世袭正千户关瑢庶长男。

六辈关辅，旧选簿查有：正德八年十月，关辅，项城县人，系云南右卫后所老疾世袭正千户关纯嫡长男。

七辈关轨，旧选簿查有：嘉靖三年六月，关轨，项城县人，系云南右卫后所故世袭正千户关辅亲弟。

八辈关汝通，旧选簿查有：隆庆元年八月，关汝通，年二十一岁，项城县人，系云南右卫后所年老正千户关轨嫡长男。伊父原袭祖职正千户，嘉靖三十八年委收屯米亏欠六百五十六石零，除扣俸还官外，尚欠米二百七十石一斗四升未完，今年老。查得伊高祖关祯正统六年麓川功升正千户一级，黄内查无"头功"字样，例应减革。本舍照例革袭副千户，其伊父遗下未完粮米，照数于本舍名下扣俸还官。

九辈关瀚，万历十年八月，关瀚，年七岁，项城县人，系云南右卫后所故副千户关汝通嫡长男，照例与全俸优给，至万历十七年终住支。

十辈关汝达，万历二十二年九月，单本选过关汝达，年四十一岁，系云南右卫后所故绝副千户关翰堂侄①，比中二等。

十一辈关洪，万历四十三年八月，大选过云南右卫后所副千户一员关洪，年四十二岁，系老副千户关汝达嫡长男，比中二等。

十二辈关永镇，天启六年六月，大选过云南右卫后所副千户一员关永镇，年三十岁，系故副千户关洪嫡长男，比中三等。

年远事故后所副千户一员·姚英

永乐元年十月，姚福，年十七岁，系云南右卫后所世袭百户姚保庶长男。

正统十二年七月，姚儁，系云南右卫后所副千户姚福嫡长男，钦与世袭。·122·

成化二十二年九月，姚英，年十六岁，合肥县人，系云南右卫后所老疾世袭副千户姚儁庶长男。

又一员·杨琮

正统七年二月，杨琮，系云南右卫后所所镇抚杨贵嫡长男。父先分哨上江与贼对敌阵亡，本人袭升副千户。

顾得良·署副千户事实授百户

外黄查有：顾岩，宜兴县人。有父顾鲜，丙申年从军，乙巳年充小旗，洪武十六年征进古州八万等洞充总旗，二十年征进全（金）山一迷河，二十一年除府军后卫世袭百户，三十四年夹河阵亡。[顾镔系顾]岩嫡次男，父故，镔年幼优给，出幼，宣德四年袭授百户。顾华系顾洪嫡次男，内实授一级系遇例，本人照例革袭署副千户事实授百户。

一辈顾鲜，已载前黄。

二辈顾岩，已载前黄。

---

① "侄"或应作"叔"。

三辈顾镔，旧选簿查有：永乐十八年十二月，顾镔，年六岁，系云南右卫后所故世袭百户顾岩嫡次男，钦与全俸优给。

景泰三年十二月，云南右卫百户升署副千户顾镔。

四辈顾洪，旧选簿查有：成化十三年三月，顾洪，宜兴县人，系云南右卫后所故副千户顾镔嫡长男，钦与世袭。

五辈顾华，旧选簿查有：正德八年六月，顾华，宜兴县人，系云南右卫后所故副千户顾洪嫡次男，内实授一级系遇例，本人照例革袭署副千户事百户。

六辈顾鸾，旧选簿查有：嘉靖十八年十一月，顾鸾，年三十岁，宜兴县人，系云南右卫后所已故副千户顾华嫡长男。伊父原袭署副千户事百户，为侵欺税粮参问立功，今故，本舍照旧与袭署副千户事百户。

七辈顾得良，旧选簿查有：嘉靖四[十]年①十月，顾得良，年三十岁，宜兴县人，系云南右卫后所故署副千户事百户……②

八辈顾承爵，万历十一年四月，顾承爵，年二十六岁，宜兴县人，系云南右卫后所患疾署副千户事百户顾得良嫡长男，比中一等。

九辈顾象先，天启七年四月，大选过云南右卫后所署副千户事实授百户一员顾象先，年二十五岁，系故绝署副千户事百·123·户顾承爵亲侄。有亲兄象乾笃疾，不堪承袭，本舍借袭前职。俟象乾疾痊、生子退还，比中一等。

梅銮·署副千户事实授百户

一辈梅佛保，缺。

二辈梅林，缺。

三辈梅刚，旧选簿查有：景泰三年十二月，云南右卫试百户升署副千户梅刚。

四辈梅坚，旧选簿查有：天顺八年十月，梅坚，徐沟县人，系云南右卫后所副千户梅刚嫡长男，钦与世袭。

五辈梅昇，旧选簿查有：弘治六月十月，梅昇，徐沟县人，系云南右卫后所世袭副千户梅坚嫡长男。

---

① 此"七辈顾得良"选条之"嘉靖四十年"，《总汇》原作"嘉靖四年"，此选簿载"六辈顾鸾"袭职于"嘉靖十八年"，"八辈顾承爵"袭职于"万历十一年"，"七辈顾得良"袭职当在二者之间，故此处或脱一"十"字，作"嘉靖四十年"。

② 此处原文至"百户"止，应缺"顾鸾……"等表明顾鸾、顾得良关系之文字。

六辈梅璋，旧选簿查有：弘治十五年六月，梅璋，徐沟县人，系云南右卫后所故世袭副千户梅昇嫡长男。

七辈梅銮，旧选簿查有：嘉靖二十四年八月，梅銮，徐沟县人，系云南右卫后所年老署副千户事实授百户梅璋庶长男。

八辈梅应时，万历十六年八月，梅应时，年十八岁，徐沟县人，系武定守御所故署副千户事实授百户梅銮嫡次男，比中三等。

九辈梅魁，万历四十五年二月，大选过武定所署副千户事实授百户一员梅魁，年二十岁，系故署副千户事实授百户梅应时嫡长男，比中二等。·124·

许承名·实授百户

外黄查有：许君聘，年四十岁，系云南都司云南右卫后所实授百户，原籍直隶太平府当涂县人。始始祖许富乙未从军，洪武六年充小旗，七年并充总旗，十五年拨守云南后所，十六年并充右卫前所，十八年除世袭百户，二十三年调今卫所，老疾。始祖许真系嫡长男，三十四年比袭，升云南后卫前所副千户，永乐三年为事立功五年，复职，调交州右卫左所，降世袭百户，老。高祖许志系嫡长男，宣德五年比袭，仍回今卫所，故。曾祖许能系嫡长男，优给，正统七年二月袭，比，成化十六年老疾。祖许洪系嫡长男，十七年七月比袭，弘治十四年老。父许鑑系嫡长男，优给，十七年八月袭，比，嘉靖十九年老。君召系嫡长男，二十九年八月比袭，故。君聘系亲弟，三十二年六月袭云南右卫后所百户。

一辈许富，已载前黄。

二辈许真，已载前黄。

三辈许志，已载前黄。

四辈许能，旧选簿查有：正统七年二月，许能，系云南右卫后所故百户许志嫡长男。

五辈许洪，旧选簿查有：成化十七年七月，许洪，当涂县人，系云南右卫后所世袭百户许能嫡长男。

六辈许鑑，旧选簿查有：弘治十八年八月，许鑑，年十五岁，当涂县人，系云南右卫后所年老世袭百户许洪庶长男，优给出幼袭职。

七辈许君召，旧选簿查有：嘉靖二十九年八月，许君召，当涂县人，系云南右卫后所年老世袭百户许鑑嫡长男。

八辈许君聘，旧选簿查有：嘉靖三十二年六月，许君聘，当涂县人，系云南右卫后所故实授百户许君召亲弟。

九辈许承名，旧选簿查有：嘉靖四十五年四月，许承名，年二十一岁，当涂县人，系云南右卫后所故实授百户许君聘嫡长男。

十辈许高选，万历四十七年八月，大选过云南右卫后所实授百户一员许高选，年十六岁，系故实授百户许承名庶长男，比中三等。

吴俸爵·实授百户·125·

一辈吴八，缺。

二辈吴璿，缺。

三辈吴鑑，缺。

四辈吴洪，旧选簿查有：景泰六年八月，吴洪，系云南右卫后所试百户吴璿嫡长孙。祖原系总旗，先因父吴鑑以余丁调征麓贼阵亡并升前职，老疾，钦准本人照例替实授百户。①

五辈吴荣，旧选簿查有：成化十七年六月，吴荣，年十六岁，江都县人，系云南右卫后所故世袭百户吴洪嫡长男。

六辈吴文，旧选簿查有：正德六年八月，吴文，江都县人，系云南右卫后所故百户吴荣嫡长男。

七辈吴俸爵，旧选簿查有：嘉靖四十二年十月，吴俸爵，年十五岁，江都县人，系云南右卫后所年老实授百户吴文庶长男。

韩钺·实授百户

外黄查有：韩贵，唐县人。有祖父韩成甲午年军，洪武元年充小旗，故。父韩真户名不动，十八年升总旗，二十九年升世袭百户，三十四年升副千户，故。贵系嫡长男，袭云南右卫前所世袭百户。

---

① 《总汇》本册437页"又一员·吴洪"簿载："景泰二年八月，吴洪，系云南后卫后所试百户吴璿嫡长孙。祖父原系总旗，先因父吴鑑以余丁调征麓贼阵亡并升前职，老疾，钦准本人照例替实授百户"，所载除"右卫"、"后卫"、景泰"六年"、"二年"之别外，余皆与此簿"四辈吴洪"选条记载相同，其所述吴璿、吴鑑、吴洪的关系亦复一致，其不同之处当系档案誊造致歧。

一辈韩成,已载前黄。

二辈韩真,已载前黄。

三辈韩贵,旧选簿查有:永乐四年正月,韩贵,年十八岁,系云南右卫中所副千户韩真嫡长男。父原系云南右卫中左所世袭百户,革除年间升除前职,病故,敬袭云南右卫前所世袭百户,至二十岁比试弓马。

四辈韩斌,旧选簿查有:永乐十三年十月,韩斌,系云南右卫后所世袭百户韩贵亲叔。

五辈韩潮,旧选簿查有:宣德十年九月,韩潮,系云南右卫后所世袭百户韩斌嫡长男。

景泰三年十二月,云南右卫副千户升署正千户韩潮。·126·

六辈韩宣,旧选簿查有:成化元年八月,韩宣,唐县人,系云南右卫指挥佥事韩潮嫡长男,钦与世袭。

七辈韩英,旧选簿查有:成化十九年十一月,韩英,年十六岁,唐县人,系云南右卫故指挥佥事韩宣庶长男。祖韩潮原系后所功升署正千户,遇例实授,获功升前职,年老,父替职,病故。本人先因年幼,已革与正千户俸优给,今出幼,仍袭后所正千户。

八辈韩宽,旧选簿查有:嘉靖三年十二月,韩宽,唐县人,系云南右卫后所故绝正千户韩英亲叔。伊父潮以署正千户开通道路升实授,沿袭,本人照例革袭署正千户[事]副千户。

九辈韩增,旧选簿查有:嘉靖三十年二月,韩增,年二十岁,唐县人,系云南右卫后所年老正千户韩宽庶长男。伊父原袭署正千户事副千户,遇例实授,今本舍革遇例,仍与做署正千户事副千户。

十辈韩钺,旧选簿查有:隆庆二年四月,韩钺,年三十岁,唐县人,系云南右卫后所故署正千户韩增堂侄。查伊高祖韩斌原袭祖职实授百户,至伊曾伯祖韩潮正统四年功升副千户,景泰三年功升署正千户,天顺元年遇例实授,本年开通道路功升正千户,改正指挥佥事,故,沿袭至伊堂叔韩增,已革袭署正千户,故绝。本舍系立功曾祖潮堂孙,今查副千户、署正千户系犯堂,例不准袭,本舍革袭实授百户。

十一辈韩忠,万历二年六月,韩忠,年二十二岁,唐县人,系云南右卫后所故实授百户韩钺嫡长男。

十二辈韩镇,万历十七年十二月,韩镇,年四十五岁,系云南右卫后所故绝实授百户韩忠亲叔,比中三等。

十三辈韩陞，万历四十六年四月，大选过云南右卫后所实授百户一员韩陞，年十六岁，系故实授百户韩镇嫡长孙，比中三等。

王诏·世袭百户

一辈王成。

二辈王晟，旧选簿查有：洪武三十三年十二月，王晟，系云南右卫后所故世袭百户王成嫡长男。

三辈王瑀，旧选簿查有：永乐二十年七月，王瑀，系云南右卫后所故世袭百户王晟嫡长男，患右眼残疾，敬准袭职。·127·

四辈王能，旧选簿查有：正统十四年九月，王能，年十六岁，系云南右卫后所故世袭百户王瑀嫡长男。

五辈王洪，旧选簿查有：成化十六年二月，王洪，江都县人，系云南右卫后所世袭百户王能嫡长男。

六辈王辅，旧选簿查有：正德七年八月，王辅，江都县人，系云南右卫后所年老世袭百户王洪嫡长男。

七辈王诏，旧选簿查有：嘉靖二十三年六月，王诏，年五岁，江都县人，系云南右卫后所故实授百户王辅庶长男，照例与全俸优给，嘉靖三十二年终住支。

嘉靖三十三年八月，王诏，年十五岁，系云南右卫后所故世袭百户王辅庶长男，出幼袭职。

八辈王谟，万历二十年八月，王谟，年三十三岁，系云南右卫后所故世袭百户王诏堂弟，比中三等。

九辈王嘉宠，万历四十四年十月，大选过云南右卫后所实授百户一员王嘉宠，年十八岁，系故实授百户王谟亲侄，比中三等。

年远事故后所实授百户一员·王英

成化二十三年十一月，王英，寿光县人，系云南右卫后所试百户王受嫡长男。父遇例实授，本人今又遇例，仍替实授百户。

又一员·苏雄

永乐元年四月，苏雄，系云南右卫后所世袭百户苏成嫡长男。①

又一员·邵珏

宣德四年八月，邵珏，系云南右卫后所故世袭百户邵信嫡长男。

又一员·陈贵·128·

洪武三十年九月，陈贵，系云南右护卫后所世袭百户陈名嫡长男。

又一员·郭文

洪武三十年九月，郭文，系云南右护卫后所世袭百户郭显道嫡长男。

又一员·康泰

洪武三十年九月，康泰，系云南右护卫后所世袭百户康宁嫡长男。

又一员·秦聚

洪武三十年九月，秦聚，系云南右护卫后所世袭百户秦兴嫡长男。

汪思中·实授百户

万历二十二年九月，单本选过云南右卫后所实授百户一员汪思中，年二十九岁，鄞县人。始祖汪茂林吴元年从军，洪武十六年征临安等处有功升小[旗]，二十二年克野涪寨获功升总旗，疾。汪敬庄系男，并补总旗，老。汪澄系男，并补总旗，正统

---

① 《总汇》本册第13—14页"苏世恩·指挥同知"选簿之"一辈苏成""二辈苏雄"履历缺载，从其"三辈苏智"选条可知苏雄亦云南右卫后所百户，与此"又一员·苏雄"簿所载卫分、职级及苏成苏雄承袭关系皆一致。

六年征麓川罕贼寨斩首三颗升冠带总旗，老。汪瑛系男，比替冠带总旗，故。汪钺系男，中式出仕，未替。祖汪宗澜系长孙，正德四年比袭冠带总旗，十五年征广西十八寨擒斩贼级三名颗，嘉靖二年升试百户，六年调征寻甸府等处擒斩蛮贼三颗，八年升实授百户，故。父汪阶系嫡长男，三十四年承袭，查无堂稿，减革本所总旗，万历十一年调征云南姚关等处缅贼斩首三颗，十二年升署试百户，今老。思中系嫡长男承替，告查复祖功二级，止于功次簿内查出升实授百户一级，相应量准袭实授百户。今据本官具告，准补本所祖缺伍印，比中一等。·129·

来应宣·试百户

外黄查有：来源，永城县人。祖来小公癸卯年从军，乙巳年拨沔阳卫，洪武十五年调云南右卫后所，三十四年故。父来驴儿户名不动补役，永乐七年故。源顶户名补役，正统六年征麓川攻破贼首思任发巢穴头功二次升总旗，景泰二年征贵州攻破香炉山寨升试百户，天顺元年遇例实授，成化四年钦与流官。

一辈来驴儿，已载前黄。

二辈来源，已载前黄。

三辈来正，旧选簿查有：成化四年九月，来正，永城县人，系云南右卫后所百户来源户名来小公嫡长男，钦与世袭。

四辈来胜，旧选簿查有：正德四年闰九月，来胜，永城县人，系云南右卫后所年老世袭百户来正嫡长男。

五辈来朝，旧选簿查有：正德十六年十月，来朝，永城县人，系云南右卫后所故百户来胜嫡长男。伊曾祖来源系功升百户，遇例实授，祖正及伊父沿袭，本人照例革袭试百户。

六辈来瀚，旧选簿查有：嘉靖十四年六月，来瀚，年二十一岁，永城县人，系云南右卫后所故试百户来潮亲弟。

七辈来应宣，旧选簿查有：嘉靖三十八年八月，来应宣，永城县人，系云南右卫后所故试百户来瀚嫡长男。

八辈来秉忠：万历二十四年二月选，秉忠，年十四岁，系云南右卫后所试百户来应宣庶长男，武定守御所，比中二等。

高仁·试百户

一辈高文，钦升簿查有：景泰三年香炉山等处杀贼获功一级、二级并署职一级总旗升试百户二十员内一员高文，系云南右卫。

二辈高昇，旧选簿查有：天顺七年七月，高昇，章丘县人，系云南右卫后所副千户高文嫡长男，钦与世袭。

三辈高谦，旧选簿查有：成化二十三年十一月，高谦，章丘县人，系云南右卫后所故世袭副千户高昇嫡长男。·130·

四辈高鑑，旧选簿查有：正德九年六月，高鑑，章丘县人，系云南右卫后所故世袭副千户高谦嫡长男。伊曾祖高文功升试百户，遇例实授，又获功升前职，本人照例革与实授百户。

五辈高仁，旧选簿查有：嘉靖十一年四月，高仁，年二十一岁，章丘县人，系云南右卫后所故实授百户高鑑嫡长男。伊高祖高文以总旗景泰三年以香炉山杀贼获功升试百户，遇例实授，又以开通道路升副千户，正德八年鑑已革袭前职。所据遇例一级仍该减革，本人照例革袭试百户。

六辈高克训，万历十年二月，高克训，年二十岁，章丘县人，系云南右卫后所故试百户高仁嫡长男，比中二等。

七辈高克恭，万历十九年十二月，高克恭，年二十一岁，系云南右卫后所故绝试百户高克训堂弟，比中二等。

八辈高一清，崇祯九年二月，大选过云南右卫后所试百户一员高一清，年三十五岁，系故试百户高克恭嫡长男，比中三等。

水朝东·试百户

外黄查有：水济。祖水二丙申年归附，洪武十五年调云南右卫，二十年升本卫后所小旗，二十三年故。堂伯水四保户名不动补役，宣德元年交阯沙河阵亡。伯水通补役，并枪仍充小旗，正统四年麓川上江阵亡例升一级。父水荣仍顶户名补役，升总旗，景泰二年征贵州香炉山等处苗处（贼），三月攻破铜鼓等寨，初六日攻破瓮州等寨，初七日攻破大小蚊虫等寨，初八日攻破鸡场等寨，初九日攻破凯里等寨，初十日攻破小江等寨，十一日攻破丁家台等寨，十二日攻破塘龙等寨，十三日攻破八卖等寨，十四日攻破当劳等寨，十五日攻破湾溪等寨，十七日攻破香炉山寨，景泰三年钦升云南右卫后所试百户，天顺元年遇例实授，成化元年故。济系嫡长男，年幼优给，候出幼袭职。

一辈水二，已载前黄。

二辈水四保，已载前黄。

三辈水通，已载前黄。

四辈水荣，已载前黄。

五辈水济，旧选簿查有：成化元年八月，水济，年六岁，建德县人，系云南右卫后所故百户水荣嫡长男，钦与全俸优给。

六辈水淮，旧选簿查有：弘治五年八月，水淮，建德县人，系云南右卫后所故世袭百户水济亲弟。·131·

七辈水秀，旧选簿查有：正德七年八月，水秀，建德县人，系云南右卫后所年老百户水淮嫡长男。内实授一级，系天顺元年遇例，本人照例该替实授百户。

八辈水季，旧选簿查有：正德十六年八月，水季，建德县人，系云南右卫后所故绝百户水秀亲弟。伊祖水荣功升试百户，遇例实授，伊伯济、父淮及兄俱沿袭，本人照例革袭试百户。

九辈水朝东，旧选簿查有：嘉靖二十八年十月，水朝东，建德县人，系云南右卫后所年老实授百户水季嫡长男。伊父水季原革袭试百户，遇例实授，本人仍革与试百户。

十辈水澄清，万历十五年六月，水澄清，年二十五岁，建德县人，系武定守御所故试百户水朝东嫡长男，比中三等。

毛凤翱·试百户

一辈毛阿上。

二辈毛回郎。

三辈毛胜。

四辈毛荣，旧选簿查有：成化十六年五月，毛荣，年十五岁，无锡县人，系云南右卫后所老疾百户毛胜嫡长孙。祖原系试百户，遇例实授。本人年幼优给，今出幼，照例革袭试百户。

五辈毛昂，旧选簿查有：正德十一年十月，毛昂，无锡县人，系云南右卫后所世袭试百户毛荣嫡长男。

六辈毛凤翱，旧选簿查有：嘉靖三十一年四月，毛凤翱，无锡县人，系云南右卫后所年老试百户毛昂嫡长男。

七辈毛勋，万历二年二月，毛勋，年二十三岁，无锡县人，系云南右卫后所故试百户毛凤翱嫡长男。

八辈毛文炳，万历二十三年八月，毛文炳，年十九岁，无锡县人，系云南右卫后所故绝试百户毛勋亲侄，比中二等。·132·

张雷·试百户

外黄查有：张福，溧阳县人。祖张林乙未年从军，洪武十五年调云南右卫后所，故。兄张孙孙户名不动补役，永乐六年阵亡。次兄张能补役，宣德七年故。福顶户名补役，正统六年麓川头功二次升总旗，景泰二年征香炉山攻破铜鼓、瓮舟、大小蚊虫、鸡场、凯里、小江等寨升试百户，天顺元年遇例实授。

一辈张福，已载前黄。

二辈张珑，旧选簿查有：成化七年四月，张珑，溧阳县人，系云南右卫后所百户张福户名张林嫡长男，钦与世袭。

三辈张本，旧选簿查有：弘治十八年，张本，年十五岁，溧阳县人，系云南右卫后所故世袭百户张珑嫡长孙，优给出幼袭职。

功次簿查有：嘉靖元年九月，征剿广西十八寨一人自擒斩贼级三名颗，云南右卫后所实授百户升副千户一员张本。

四辈张政，旧选簿查有：嘉靖十五年十二月，张政，溧阳县人，系云南右卫后所故副千户张本亲弟。伊曾祖福以总旗征香炉山升试百户，遇例实授，沿至兄本，广西功升前职。所据香炉［山］功无擒斩并遇例职级俱应减革，本人与袭试百户。

五辈张雷，旧选簿查有：嘉靖四十五年六月，张雷，年二十岁，溧阳县人，系云南右卫后所故试百户张政庶长男。

六辈张普和，崇祯三年四月，大选过云南右卫后所试百户一员张普和，年二十三岁，系故试百户张雷庶长男，比中三等。

陈诏·试百户

内黄查有：陈洪，广德州人。祖陈官受甲辰年归附，故。伯祖陈张弟补役，洪武元年升小旗，故。父陈礼顶伯祖名补役，并，正统六年征麓川反寇攻破贼首思任发巢穴获头功二次，七年升试百户，天顺元年遇例实授，老。洪系嫡长男，八年六月替授本卫所世袭百户。陈铉年四岁，系陈洪嫡长孙，伊祖故，父陈文未袭故，铉于弘治三年八月钦与全俸优给，至弘治十三年终住[支]。陈洪，广德州人，系云南右卫后所百户陈礼嫡长男，钦与世袭。

一辈陈张弟，已载前黄。

二辈陈礼，已载前黄。

三辈陈洪，已载前黄。

四辈陈铉，旧选簿查有：弘治十五年八月，陈铉，广德州人，系云南右卫后所故世袭百户陈洪嫡长孙。·133·

五辈陈诏，旧选簿查有：嘉靖三十六年六月，陈诏，年三十岁，广德州人，系云南右卫后所世袭百户陈铉嫡长男。查陈礼香炉山功系冒开，遇例实授一级该减革，照例革试百户。

六辈陈诰，万历六年十二月，陈诰，年三十五岁，广德州人，系武定守御所年老试百户陈诏亲弟。伊兄原袭祖职试百户，今老无子，本舍照例借替祖职试百户。待后伊兄生有儿男，退还职事，比试三等。

杨塘·试百户

外黄查有：杨惇，海宁县人。父文荣，洪武十九年为事发云南右卫左所充军，永乐十四年故。惇补，正统六年征麓川攻破上江刀招汉、杉木笼、思任发巢穴获头功三次，七年升试百户，八年调本卫后所，天顺元年遇例实授。

一辈杨惇，已载前黄。

二辈杨宾，旧选簿查有：成化元年八月，杨宾，年三岁，海宁县人，系云南右卫后所老疾百户杨惇庶长男，钦与全俸优给。

三辈杨宽，旧选簿查有：成化二年闰三月，杨宽，年三岁，海宁县人，系云南右卫后所老疾百户杨惇庶次男，钦与全俸优给。

四辈杨宇，旧选簿查有：成化十五年六月，杨宇，年十五岁，海宁县人，系云南右卫后所百户杨惇庶次男。伊父原系功升试百户，遇例实授，年老，已与庶长男优给，病故。本人先因年幼，亦与优给，今出幼，照例革袭试百户。

五辈杨胜，旧选簿查有：弘治十七年十一月，杨胜，海宁县人，系云南右卫后所世袭百户杨宇嫡长男。

六辈杨塘，旧选簿查有：嘉靖二十四年十月，杨塘，海宁县人，系云南右卫后所故实授百户杨胜嫡长男。伊祖宇原袭试百户，至父胜冒袭实授。所据冒袭职级例应减革，本舍照例革袭试百户。

七辈杨应东，万历三十一年六月，杨应东，年十九岁，海宁县人，系武定守御所故试百户杨塘嫡长孙。查麓川功原系冒滥，况未有三次奇功越升者，本当革发，姑念远民，准减袭冠带总旗，比中三等。

吉思恭

万历四十二年十二月，单本选过武定守御所试百户一员吉思恭，年三十五岁，迁安县人。查伊一世祖吉驴儿甲午年升小旗，洪武元年升总旗，疾。二世祖吉亨补役，阵亡。三世祖吉良补役，老。四世祖吉昂补役，疾。五世祖吉荣补役，弘治十四年调征贵州普安等处斩首功升试百户，故。六世祖吉世瑛袭，万历七年故。序该堂兄吉思忠承袭，患疾不堪，本舍系堂弟，告保赴部，查系违限年多，驳查咨回无碍，准借袭试百户，待思忠疾瘥或生子，退还职事，比中三等。

许迁·试百户

一辈许胜，缺。

二辈许兴，缺。

三辈许敬，缺。

四辈许能，旧选簿查有：天顺五年七月，许能，定远县人，系云南右卫后所百户许敬嫡长男，钦与世袭。

五辈许荣，旧选簿查有：成化三年二月，许荣，定远县人，系云南右卫后所故世袭百户许能嫡长男。

六辈许蕙，旧选簿查有：弘治十六年九月，许蕙，定远县人，系云南右卫后所故世袭百户许荣亲弟。

七辈许继魁，旧选簿查有：嘉靖元年八月，许继魁，定远县人，系云南右卫后所故绝百户许蕙堂侄。曾祖敬功升试百户，遇例实授，伯祖能、堂伯荣、蕙各沿袭，本人照例革袭试百户。

八辈许迁，旧选簿查有：嘉靖四十年八月，许迁，年二十二岁，定远县人，系云南右卫后所患疾实授百户许继魁嫡长男，革遇例，照旧试百户。

九辈许登云，万历二十四年六月，大选过许登云，年二十二岁，定远县人，系云南右卫故试百户许迁庶长男，比中三等。

十辈许显忠，万历四十八年二月，大选过云南右卫后所试百户一员许显忠，年二十八岁，系疾试百户许登云嫡长男，比中一等。

周文林·试百户

一辈周祥，缺。

二辈周斌，缺。

三辈周良，缺。

四辈周政，缺。

五辈周广，旧选簿查有：成化八年四月，周广，沔阳州人，系云南右卫后所故百户周政嫡长男，钦与世袭。

六辈周昂，旧选簿查有：弘治九年七月，周昂，沔阳州人，系云南右卫后所世袭百户周广嫡长男。

七辈周文林，旧选簿查有：嘉靖二十五年六月，周文林，沔阳州人，系云南右卫后所故实授百户周昂亲侄。伊曾祖良以总旗正统七年麓川一次头功升试百户，祖广、伯昂冒袭实授百户。所据冒袭职级例应减革，本舍照例革袭试百户。

八辈周濬，万历六年十二月，周濬，年十六岁，沔阳州人，系云南右卫后所年老试百户周文林亲侄。伊伯原袭祖职试百户，今老无子，本舍照例借替祖职试百户。待后伊伯生有儿男，退还原职事，比试三等。

九辈周运昌，万历三十七年二月，大选过云南右卫后所实授百户一员周运昌，年十六岁，系老疾试百户周濬庶长男，比中三等。查伊父周濬原袭试百户，于万历二十七年九月起，至二十八年五月止，云南金、腾、澜·136·沧等处地方斩首三颗升实授百户，本舍准替实授百户。

天启六年七月内准云南巡抚闵咨称，顺大矣堵十三寨功止本身一辈，今云南右卫后所试百户周运昌父周濬袭祖职试百户，征顺大功升实授百户，伊男周运昌仍以冒袭实授百户前来，已经呈堂将顺大矣堵功升职级姑从减革，改正祖职试百户，咨复该抚去讫，以后不得朦胧承袭。

杨洲培·所镇抚

外黄查有：杨贵，定远县人。有父杨正荣，甲午年归附，充百户，征伤。告袭父职，拨神策卫操练，十八年除云南左卫试百户，当年改金齿卫试百户，十九年改云南右卫后所试所镇抚，三十年钦与实授世袭职事。

一辈杨正荣，已载前黄。

二辈杨贵，已载前黄。

三辈杨珪，旧选簿查有：永乐十三年十月，杨珪，系云南右卫后所故世袭所镇抚杨贵庶长男。

四辈杨洪，旧选簿查有：天顺五年八月，杨洪，定远县人，系云南右卫后所世袭所镇抚杨珪嫡长男。

五辈杨勋，旧选簿查有：成化四年十二月，杨勋，定远县人，系云南右卫后所残疾世袭所镇抚杨洪嫡长男，钦与全俸优给。

六辈杨昂，旧选簿查有：弘治十一年二月，杨昂，年十六岁，定远县人，系云南右卫后所监故世袭所镇抚杨勋嫡长男。

七辈杨相，审稿查有：杨相，年二十岁，系本卫所所镇抚杨昂嫡长男，嘉靖六年钦准替职。·137·

八辈杨洲培，旧选簿查有：嘉靖四十五年二月，杨洲培，年二十岁，定远县人，系云南右卫后所年老所镇抚杨相嫡长男。

九辈杨汝忠，万历三十二年十月，杨汝忠，年三十二岁，系云南右卫后所患疾所镇抚杨洲培嫡长男，比中一等。①

葛朝阳·试百户

一辈葛买驴。

二辈葛里四保。

三辈葛能，户名葛买驴，旧选簿查有：景泰三年十二月，云南右卫总旗升试百户葛买驴。

---

① 《总汇》本册第140页"杨汝良"簿载："崇祯元年正月补天启七年十二月大选，过云南右卫后所所镇抚一员杨汝良，年三十一岁，系故所镇抚杨汝忠亲弟，比中三等"。该簿所载可续此"杨洲培·所镇抚"选簿"九辈杨汝忠"选条之后，作"十辈杨汝良"选条。

四辈葛鑑，旧选簿查有：成化四年九月，葛鑑，诸城县人，系云南右卫后所故百户葛能户名葛买驴嫡长男，钦与世袭。

五辈葛玘，旧选簿查有：正德十年十二月，葛玘，诸城县人，系云南右卫后所百户葛鑑嫡长男。祖葛能原升试百户，遇例实授，本人照例革替试百户。

六辈葛朝阳，缺。

刘鳌·试百户

一辈刘胜，缺。·138·

二辈刘忠，缺。

三辈刘傑，缺。

四辈刘荣，户名刘忠，旧选簿查有：弘治十八年，云南右卫后所总旗升试百户刘忠。

五辈刘鳌，旧选簿查有：正德十五年八月，刘鳌，定远县人，系云南右卫后所故百户刘荣嫡长孙。祖并充总旗，以曾祖刘忠获功升试百户，遇例实授，本人照例革袭试百户。

王辅·试百户

一辈忽什麻，旧选簿查有：成化二年，云南右卫实授总旗升试百户忽什麻，系西堡等处杀贼功次。

二辈王昇，旧选簿查有：成化十四年二月，王昇，辽阳人，系云南右卫后所故试百户顶户名忽什麻即王俊嫡长男。

三辈王辅，旧选簿查有：正德七年十月，王辅，年十七岁，辽阳人，系云南右卫后所故百户王昇嫡长男。伊父原袭试百户，成化二十三年遇例实授，本人照例革袭试百户。

四辈王恩，万历二年二月，王恩，年二十三岁，辽阳人，系云南右卫后所故实授百户王辅庶长男，革遇例与袭试百户。

五辈王道明，万历四十年八月，大选过云南右卫后所试百户一员王道明，年十六岁，系故试百户王恩庶长男，比中三等。

吕通·所镇抚·139·

一辈吕友才，缺。

二辈吕曦，旧选簿查有：景泰三年正月，吕曦，系云南右卫后所军升所镇抚。

三辈吕铨，旧选簿查有：天顺五年八月，吕铨，系云南右卫后所所镇抚吕曦嫡长男。父原系军人，纳米升前职，今病故。本人袭职，照例月支俸一石关支优给，今出幼袭职。

四辈吕通，缺。

杨汝良

崇祯元年正月补天启七年十二月大选，过云南右卫后所所镇抚一员杨汝良，年三十一岁，系故所镇抚杨汝忠亲弟，比中三等。①

李俸·试百户

外黄查有：李俸，年十六岁，系云南右卫后所故百户李淳嫡长男。伊曾祖李四儿以总旗功升试百户，遇例实授，祖、父沿袭。本人革与百户俸优给，今出幼，于嘉靖元年三月照例革袭试百户。

一辈李俸，已载前黄。

二辈李时华，隆庆四年八月二十七日，李时华，年三十岁，华阴县人，系云南右卫后所年老副千户李俸嫡次男。查伊父李俸以试百户嘉靖八年寻甸获功一级，冒报实授百户升副千户。所据冒报升级例应减革，本舍照例革替实授百户，钦准替职。

三辈李暹，万历二十三年十二月，大选过云南右卫后所实授百户一员李暹，年十六岁，系故实授百户李时华庶长男，比中三等。

四辈李迎春，万历三十二年十月，李迎春，年六岁，系云南右卫后所故实授百户李暹嫡长男，照例与全俸优给，至四十年终住支。·140·

四辈李迎春，万历四十三年八月，大选过云南右卫后所实授百户一员李迎春，年十七岁，出幼袭职，违限二年，限外有无多支俸粮，彼中查扣，比中二等。

---

① 此"杨汝良"簿所载，可接续《总汇》本册第137—138页"杨洲培·所镇抚"选簿"九辈杨汝忠"选条，作其十辈选条。

李嘉聘·副千户

万历四十四年十二月，单本选过武定守御所副千户一员李嘉聘，年十九岁，系老副千户李东旸嫡长男，比中三等。查得伊父李东旸于零选簿内载：万历七年六月，大选过李东旸，电白县人，系武定守御所年老副千户李应时嫡长男。查父东旸不比，无号纸，本舍名下罚俸三年。

李嘉聘，万历四十四年十二月，单本选过武定守御所副千户一员李嘉聘，年十九岁，系老副千户李东旸嫡长男，比中三等。①

年远事故后所试百户一员·朱瑛

天顺七年十二月，云南右卫总旗升试百户朱良。

成化七年八月，朱瑛，年四岁，嘉定县人，系云南右卫后所老疾百户朱良庶长男，钦与全俸优给，至成化十七年终住支。

革发试百户一员·沈东昇

景泰二年九月，沈容，系云南右卫小旗，照例自备米豆四百五十石运赴大同官仓纳完，升·141·授试百户管事，子、孙承袭。

成化十四年七月，沈文。伊父沈瑢原系云南右卫后所军，纳米升百户，老疾。本人系嫡长男，替职，照例月支俸一石。

嘉靖三十年二月，沈东昇，当涂县人，系云南右卫后所故纳粟试百户沈文亲侄孙，终本身止。

宋舜卿·正千户

一辈宋得。

---

① 此"李嘉聘·副千户"选簿载李应时等皆隶武定守御所，该武定所系隆庆初置，多调云南后卫后所等武职守之。又《总汇》本册第431页"李应时·副千户"选簿载"六辈李应时""七辈李东阳"选条，李应时原袭云南后卫后所副千户，调武定守御所，后李东阳替职，亦正在万历七年六月。两相比对，可见该"李嘉聘"簿系云南后卫"李东阳"簿另立新簿而阑入云南右卫选簿者。

二辈宋文，旧选簿查有：洪武二十八年三月，云南右卫中左所正千户宋文。

三辈宋亨，旧选簿查有：洪武三十一年二月，宋亨，系云南右卫中左所故世袭正千户宋文嫡长男。

四辈宋宣，旧选簿查有：宣德十年五月，宋宣，系云南右卫中左所世袭正千户宋亨嫡长男。

五辈宋端，旧选簿查有：成化元年八月，宋端，五河县人，系云南右卫中左所故世袭正千户宋宣亲侄。

六辈宋镇，旧选簿查有：成化二十年四月，宋镇，五河县人，系云南右卫中左所故世袭正千户宋端堂侄。

七辈宋舜卿，旧选簿查有：嘉靖五年十月，宋舜卿，五河县人，系云南右卫中左所年老世袭正千户宋镇嫡长男。

八辈宋聚奎，万历七年十月，宋聚奎，年二十岁，五河县人，系云南右卫中左所故正千户宋舜卿亲堂侄，比中二等。查得违限一十八年，合照例革发。·142·

张弼·正千户

一辈张忠，缺。

副千户功次：候查。

旧选簿查有：正统十一年七月，张忠，系云南右卫中左所副千户升本所正千户。

二辈张弘，旧选簿查有：景泰三年五月，张忠，年六十一岁，系云南右卫中左所不支俸土官正千户，老疾在卫。有嫡长男张弘，年三十五岁，替职。

三辈张斌，旧选簿查有：成化十六年八月，张斌，昆明县人，系云南右卫中左所故不支俸土官正千户张弘庶长男，钦与世袭。

四辈张弼，旧选簿查有：嘉靖元年十二月，张弼，年十七岁，昆明县人，系云南右卫中左所不支俸土官正千户张斌嫡长男。

黄邦佐·正千户

一辈黄元真，缺。

二辈黄澄江奴，缺。

三辈黄通，旧选簿查有：永乐八年四月，黄通，年十五岁，系云南右卫中左所不支俸管土军故世袭百户黄澂江奴嫡长男。

功次簿查有：正统七年麓川功，云南右卫中左所百户一次头功升副千户一员黄通。

四辈黄政，旧选簿查有：成化五年十一月，黄政，武定军民府人，系云南右卫中左所不支俸土官副千户黄通庶长孙，仍不支俸，钦与世袭。

五辈黄鑑，旧选簿查有：弘治十四年四月，黄鑑，武定军民府人，系云南都司云南右卫中左所残疾不支俸土官副千户黄政嫡长男。本人照例替职，仍不支俸。

堂稿查有：黄鑑，弘治十四年替职，嘉靖七年征进寻甸等处阵亡，恩系嫡长男，袭升一级，副千户升正千户。

六辈黄恩，缺。·143·

七辈黄邦佐，旧选簿查有：嘉靖三十八年八月，黄邦佐，年一十八岁，和曲州人，系云南右卫中左所故不支俸土官正千户黄恩堂侄，照旧正千户，仍不支俸。

八辈黄桂，万历二十八年七月，单本选过照旧不支俸土官正千户一员黄桂，年二十一岁，和曲州人，系云南武定守御千户所故不支俸世袭土官正千户黄邦佐亲侄，例不比试。

顾思·副千户

外黄查有：顾璿，全椒县人。父福旧名得福，丁酉年归附，甲辰年充百户，洪武八年升常德卫正千户。十年，璿系嫡长男充参事舍人，十二年充百户，十八年升虎贲左卫中所副千户，三十四年选升指挥佥事，三十五年拨云南右卫。

一辈顾福，已载前黄。

二辈顾璿，已载前黄。

三辈顾辕，旧选簿查有：永乐二十年六月，顾辕，系云南右卫流官指挥佥事顾璿嫡长孙。祖原系世袭副千户，革除年间升指挥佥事，病故，敬准本人袭伊祖原职副千户，于本卫中左所管事。

四辈顾勋，旧选簿查有：正统八年三月，顾勋，系云南右卫中左所阵亡副千户顾辕庶长男，袭升正千户。

五辈顾杰，旧选簿查有：天顺三年十二月，顾杰，年二十岁，全椒县人，系云南右卫中左所正千户顾勋亲弟，钦与世袭。

六辈顾谦，旧选簿查有：弘治三年十月，顾谦，全椒县人，系云南右卫中左所故世袭正千户顾杰嫡长男。

七辈顾恩，旧选簿查有：嘉靖三年四月，顾恩，全椒县人，系云南右卫中左所故世袭正千户顾谦嫡长男。

八辈顾纶，旧选簿查有：嘉靖十八年四月，顾纶，全椒县人，系云南右卫中左所故正千户顾恩堂弟。

九辈顾思，旧选簿查有：隆庆三年二月，顾思，年四十岁，全椒县人，系云南右卫中左所年老正千户顾纶堂弟。伊堂兄原袭祖职正千户，今年老无子，及查伊曾伯祖顾辕功升正千户一级系犯堂，例不准袭，本舍照例借祖职副千户。待后伊堂兄顾纶生有儿男，退还职事。·144·

杨应时·副千户

一辈杨庆安，缺。

二辈杨赛因奴，缺。

三辈杨通，缺。

四辈杨绍宗，缺。

五辈杨三容，旧选簿查有：景泰三年十二月，云南右卫试百户升署副千户杨三容。

六辈杨景，旧选簿查有：成化五年二月，杨景，富民县人，系云南右卫中所不支俸土官副千户杨三容嫡长男，钦与世袭。

七辈杨伦，旧选簿查有：弘治十二年三月，杨伦，富民县人，系云南都司云南右卫中左所不支俸土官副千户杨景嫡长男。伊父老疾，本人照例替职，仍不支俸。

八辈杨应时，旧选簿查有：嘉靖十八年八月，杨应时，年一十六岁，富民县人，系云南右卫中左所已故不支俸土官副千户杨伦嫡长男。本人照旧与袭伊父原职不支俸土官副千户，仍不支俸。

九辈杨恩，隆庆四年十二月，杨恩，年一十七岁，富民县人，系云南右卫中左所故不支俸土官副千户杨应时嫡长男。伊父原袭祖职不支俸土官副千户，嘉靖四十二年故，本舍照例准袭祖职不支俸土官副千户。

十辈杨松，万历七年四月，杨松，年三十一岁，富民县人，系云南右卫中左所故不支俸土官副千户杨恩亲堂弟。伊堂兄原袭祖职不支俸土官副千户，万历五年故，应该伊祖杨佑，未袭先故，伊伯杨应昆未袭故绝，伊父杨应祖患疾不堪，本舍系土官，照旧袭祖职不支俸土官副千户，土官不比。

十一辈杨进勋，万历四十四年正月，大选过云南右卫左所副千户一员杨进勋，年二十五岁，系故不支俸土官副千户杨松嫡长孙，例不比试。

游鹏·副千户

一辈游□。

二辈游昇，缺。

三辈游伦，旧选簿查有：永乐十三年十月，游伦，年十七岁，系云南右卫中左所故世袭副千户游昇庶长男。

四辈游瑛，旧选簿查有：正统六年闰十一月，游瑛，系云南右卫中左所故世袭副千户游伦嫡长男。

五辈游鑑，旧选簿查有：成化八年四月，游鑑，铜梁县人，系云南右卫中左所故世袭副千户游瑛嫡长男。

六辈游鹏，旧选簿查有：正德九年八月，游鹏，年十六岁，铜梁县人，系云南右卫中左所年老世袭副千户游鑑嫡长孙，优给出幼袭职。

七辈游恩，万历元年六月，游恩，年四十五岁，铜梁县人，系云南右卫中左所故副千户游鹏嫡长男。

八辈游其道，万历四十二年四月，大选过云南右卫中左所副千户一员游其道，年二十五岁，系故副千户游恩堂侄，比中二等。

朵云·实授百户

外黄查有：朵益，西安府人，系真官嫡长男。父洪武三年归附，充金吾左卫马军，七年征永平沙漠等处，十七年除云南前卫后所世袭百户，老。益于三十二年替。

一辈朵真官。

二辈朵益，俱载前黄。

三辈朵芳，旧选簿查有：永乐六年十二月，朵芳，年十五岁，系云南右卫中左所故世袭百户朵益嫡长男。

四辈朵胜，旧选簿查有：正统七年二月，朵胜，系云南右卫中左所百户朵芳嫡长男。

五辈朵祥，旧选簿查有：成化十年六月，朵祥，系云南右卫中左所世袭百户朵胜嫡长男。

六辈朵云，旧选簿查有：弘治十六年九月，朵云，西安府人，系云南右卫中左所世袭百户朵祥庶长男。①

七辈朵承爵，万历元年二月，朵承爵，年十七岁，西安府人，系云南右卫中左所故实授百户朵云嫡长孙。

年远事故中左所副千户一员·陈鑑

永乐二十二年二月，陈善，系云南右卫中左所故不支俸土官百户陈嘉亲弟，钦准袭职，与世袭。

天顺八年六月，陈谨，年二十三岁，富民县人，系云南右卫中左所不支俸土官副千户陈善嫡长男。

成化二十一年九月，陈鑑，富民县人，系云南右卫中左所世袭不支俸土官副千户陈谨嫡长男。②

又一员·张鼎

弘治六年十二月，张鼎，成都府人，系云南都司云南右卫中左所土官副千户张璿嫡长男。父老疾，本人优给出幼，照例袭职，仍不支俸。

陈新表·副千户·147·

一辈陈名。

---

① 《总汇》本册第156—157页"年远事故中左所世袭百户一员·朵云"选簿各选条所载，与此"朵云·实授百户"选簿第一至六辈选条之姓名、袭职时间等记载相吻合，可见二者实可并为一簿。二簿一作"西安府人"，一作"龙德县人"，疑"龙德"当作"隆德"，即今宁夏固原隆德县，在明时属陕西境地，"西安府"以地望称之，正指陕西州县而言，并非确指龙德县属西安府。

② 该簿陈善、陈谨、陈鑑数辈的承袭次第，正与《总汇》本册第147—148页"陈新表·副千户"选簿所载之"四辈陈善""五辈陈谨""六辈陈鑑"等相吻合，又皆富民县人，云南右卫中左所不支俸土官，正可补"陈新表"选簿前述三辈失载之内容。

二辈陈三保。

三辈陈嘉。

四辈陈善。

五辈陈谨。

六辈陈鑑。①

七辈陈新表，万历七年四月，陈新表，年三十八岁，富民县人，系云南右卫中左所故不支俸土官副千户陈鑑侄孙。伊堂伯祖原袭不支俸土官副千户，嘉靖四十三年故绝，应该伊高祖陈奴子、曾祖陈诩承袭，俱未袭先故，伯祖陈钺未袭故绝，祖陈钰、父陈世英亦未袭先故。本舍系土官，照旧袭不支俸土官副千户，土官不比。

李昂·世袭百户

外黄查有：李节，系昆阳州军籍。有祖父李庆前昆阳等处寸白管军百户，洪武十四年归附，十六年除云南前卫后所世袭百户，十八年调右卫后所，二十六年疾。父李山三十一年替云南右卫中左所世袭百户，永乐元年故。节系嫡长男，本年袭云南右卫中左所世袭百户。

一辈李庆，已载前黄。

二辈李山，已载前黄。

三辈李节，已载前黄。

四辈李源，旧选簿查有：正统七年二月，李源，系云南右卫中左所土官百户李节嫡长男。·148·

五辈李麟，旧选簿查有：景泰五年七月，李麟，昆阳州人，系云南右卫中左所不支俸土官百户李源嫡长男。

六辈李胜，旧选簿查有：成化二十三年九月，李胜，昆阳州人，系云南右卫中左所不支俸故世袭土官百户李麟嫡长男。

七辈李昂，旧选簿查有：正德十六年八月，李昂，年二十八岁，昆阳州人，系云南右卫中左所老疾不支俸土官百户李胜嫡长男。

八辈李尧卿，旧选簿查有：嘉靖十五年，李尧卿，年一十七岁，昆阳州人，系云

---

① 此簿"四辈陈善""五辈陈谨""六辈陈鑑"选条失载，而《总汇》本册第147页"年远事故中左所副千户一员·陈鑑"选簿所载陈善、陈谨、陈鑑等三辈正可分别补充之。

南右卫中左所故不支俸土官百户李昂嫡长男。本人与袭百户，仍不支俸。

九辈李昂，旧选簿查有：嘉靖二十九年八月，李昂，年二十二岁，昆阳州人，系云南右卫中左所故不支俸土官世袭百户李尧卿亲叔。伊侄原袭前职，故绝，本舍照例与袭土官世袭百户，仍不支俸。

十辈李嵩，万历八年六月，李嵩，年十九岁，昆阳州人，系云南右卫中左所年老不支俸土官世袭百户李昂庶长男。伊父原袭祖职不支俸土官世袭百户，今老，本舍照旧替祖职不支俸土官世袭百户，系土官不比。

十一辈李选，万历二十九年八月，大选过云南右卫中左所不支俸土官世袭百户李选，年十九岁，系故不支俸土官世袭百户李嵩嫡长男，土官不比。

十二辈李玄，天启五年十二月，大选过云南右卫中左所不支俸土官世袭百户一员李玄，年十七岁，系故不支俸土官世袭百户李选嫡长男，土官不比。

张世臣·世袭百户

外黄查有：张诩，昌黎县人，系张羽旧名把都罕庶长男。有父前元中尚监丞，洪武三年马军，十八年除世袭百户，故，无儿。诩洪武三十年袭授云南右卫中左所世袭百户。

一辈张羽，已载前黄。

二辈张诩，旧选簿查有：洪武三十年三月，张诩，年十一岁，系云南右卫中左所故世袭百户张羽庶长男，支俸操练至十六岁管事。

三辈张辅，旧选簿查有：正统七年二月，张辅，系云南右卫中左所百户张诩嫡长男。

四辈张锐，旧选簿查有：天顺七年九月，张锐，年三十岁，昌黎县人，系云南右卫中左所世袭百户张辅嫡长男。·149·

五辈张昆，旧选簿查有：成化十三年八月，张昆，昌黎县人，系云南右卫中左所故世袭百户张锐嫡长男。

六辈张滕霄，旧选簿查有：正德十一年十月，张滕霄，昌黎县人，系云南右卫中左所故世袭百户张昆嫡长男。

七辈张世臣，旧选簿查有：嘉靖四十年十月，张世臣，年二十岁，昌黎县人，系云南右卫指挥使司中左所年老世袭百户张滕霄嫡长孙。

八辈张世卿，隆庆四年十二月，张世卿，年二十二岁，昌黎县人，系云南右卫中左所故世袭百户张世臣亲弟，钦准袭职。

九辈张星灿，万历二十六年二月，年五岁，云南右卫中左所老疾实授世袭百户张世卿长男，全俸优给，三十五年终住支。

万历三十八年十二月，大选过云南右卫中左所实授百户一员张星灿，年十七岁，出幼袭职，比中一等。

李仁·世袭百户

外黄查有：李芳，光州人，系李通庶长男。有父洪武元年归附，五年充马军，十七年除云南右卫世袭百户，三十四年夹河阵亡，别无嫡男，芳永乐元年三月袭授云南右卫中左所世袭百户。李勋系李芳嫡长男。李荣系李勋嫡长男。李锐系李荣嫡长孙。

一辈李通，已载前黄。

二辈李芳，旧选簿查有：永乐元年三月，李芳，系云南右卫中左所阵亡世袭百户李通庶长男。

三辈李勋，旧选簿查有：永乐十五年十一月，李勋，年十六岁，系云南右卫中左所溘故世袭百户李芳嫡长男。

四辈李荣，旧选簿查有：正统六年六月，李荣，年十六岁，系云南右卫中左所故世袭百户李勋嫡长男。

五辈李玺，旧选簿查有：成化十三年十二月，李玺，光州人，系云南右卫中左所故世袭百户李荣嫡长男。·150·

六辈李锐，旧选簿查有：弘治十一年九月，李锐，年十五岁，系云南右卫中左所故世袭百户李玺嫡长男。

七辈李仁，旧选簿查有：嘉靖十一年十二月，李仁，年二十岁，光州人，系云南右卫中左所故世袭百户李锐嫡长男。

八辈李嘉祯，隆庆六年八月，李嘉祯，年十六岁，光州人，系云南右卫中左所年老世袭百户李仁庶长男。

九辈李经，万历三十二年十月，李经，年五岁，系云南右卫中左所疾实授百户李嘉祯嫡长男，照例与全俸优给，扣至四十一年终住支。

万历四十四年二月，大选过云南右卫中左所实授百户一员李经，年十六岁，出幼袭职，比中二等。

张一科·世袭百户

一辈张坤,缺。

二辈张和,旧选簿查有:洪武二十八年八月,张和,旧名和奴,系云南右卫中左所故世袭百户张坤嫡长男,钦袭本卫所世袭百户。

三辈张英,旧选簿查有:永乐元年十月,张英,系云南右卫中左所阵亡世袭百户张和庶弟。

四辈张昇,旧选簿查有:宣德五年十一月,张昇,年十七岁,系云南右卫中左所故世袭百户张和嫡长孙。父张将军保残疾,不堪承袭,本人未生,叔祖张英袭职,续生本人,今长成,退还职事,伊叔祖革闲。

五辈张清,旧选簿查有:天顺五年五月,张清,年十六岁,襄阳府人,系云南右卫中左所故世袭百户张昇亲侄。

六辈张溥,旧选簿查有:弘治四年四月,张溥,襄阳府人,系云南右卫中左所故世袭百户张清堂弟。·151·

七辈张霖,旧选簿查有:正德十六年十月,张霖,襄阳府人,系云南右卫中左所故世袭百户张溥嫡长男。

八辈张一科,旧选簿查有:嘉靖三十八年十月,张一科,襄阳府人,系云南右卫中左所故世袭百户张霖庶次男。伊父原袭祖职世袭百户,故。伊兄张一元残疾,无子。本舍借袭世袭百户,待后伊兄张一元生有儿男,退还职事。

九辈张良宰,崇祯六年四月,单本选过云南右卫中左所实授百户一员张良宰,年二十岁,系故实授百户张一科侄孙。查一科一辈未比,照例罚俸三年,比中三等。

尹爵·实授百户

一辈尹应,缺。

二辈尹鸣节,缺。

三辈尹鸣寺,旧选簿查有:景泰五年,云南右卫试百户升实授百户尹鸣寺。

四辈尹政,旧选簿查有:天顺八年八月,尹政,年三十岁,江川县人,系云南右卫中左所不支俸土官百户尹鸣寺嫡长男。

五辈尹浩,旧选簿查有:弘治十年十月,尹浩,江川县人,系云南都司云南右卫中左所不支俸土官百户尹政嫡长男。伊父患疾,本人照例替职,仍不支俸。

六辈尹武，旧选簿查有：正德十六年十二月，尹武，年二十八岁，江川县人，系云南右卫中左所年老不支俸土官世袭百户尹浩嫡长男。

七辈尹爵，旧选簿查有：嘉靖二十九年十二月，尹爵，年三十七岁，江川县人，系云南右卫中左所年老不支俸土官实授百户尹武嫡长男。

八辈尹之任，万历十七年十月，尹之任，年二十五岁，江川县人，系云南右卫中左所故不支俸土官实授百户尹爵亲孙。伊祖原袭祖职不支俸土官实授百户，万历七年故，应该伊父尹相承袭，今患疾，本舍合照旧与袭不支俸土官实授百户，土官不比。·152·

梁永·实授百户

一辈梁贵，缺。

二辈梁斌，旧选簿查有：洪武二十九年二月，梁斌旧名奴，年十四岁，系云南右卫中左所故世袭百户梁贵庶长男，钦袭本卫所世袭百户，支俸操练至十六岁管事。

三辈梁忠，缺。

四辈梁雄，旧选簿查有：弘治十六年九月，梁雄，上林县人，系云南都司云南右卫中左所已故不支俸土官百户梁忠嫡长男，照例袭职，仍不支俸。

五辈梁绶，零选簿查有：梁绶，年十七岁，宾州人，云南右卫中左所不支俸土官百户梁雄亲孙。

六辈梁永，旧选簿查有：嘉靖二十六年十月，梁永，年二十五岁，上林县人，系云南右卫中左所故不支俸土官实授百户梁绶嫡长男，照例与袭祖职实授百户，仍不支俸。

七辈梁柱，天启元年五月补四月分大选，过云南右卫中左所不支俸土官试百户一员梁柱，年十六岁，系故不支俸土官试百户梁承祖嫡长男，例不比试。

杨增·土官百户

一辈杨完者，缺。

二辈杨斌，旧选簿查有：洪武二十九年二月，杨斌，系云南右卫中左所故世袭百户杨完者嫡长男，钦袭本卫左所世袭百户。

三辈杨茂，旧选簿查有：永乐八年四月，杨茂，年十五岁，系云南右卫中左所不

支俸管土军故世袭百户杨斌嫡长男。·153·

四辈杨英，旧选簿查有：宣德六年六月，杨英，系云南右卫中左所不支俸故世袭土官百户杨茂嫡长男，钦准袭职。

五辈杨椿，旧选簿查有：成化十二年四月，杨椿，晋宁州人，系云南右卫中左所不支俸土官世袭百户杨瑛嫡长男。

六辈杨纲，旧选簿查有：成化二十三年二月，杨纲，晋宁州人，系云南右卫中左所不支俸土官世袭百户杨椿堂兄。待堂弟有男，退与职事。

七辈杨玺，缺。

八辈杨增，旧选簿查有：嘉靖十八年十月，杨增，晋宁州人，系云南右卫中左所已故不支俸土官百户杨玺嫡长男，本人与袭伊父原职不支俸土官百户。

九辈杨城，隆庆四年十二月，杨城，年四十二岁，富民县人，系云南右卫中左所故为民不支俸土官世袭百户杨增堂弟。伊堂兄原借袭不支俸土官世袭百户，嘉靖三十八年犯奸问革为民，四十一年故绝，本舍照例准袭不支俸土官世袭百户。

十辈杨奉先，万历十六年四月，杨奉先，年三十九岁，晋宁州人，系云南右卫中左所年老不支俸土官实授百户杨城嫡长男。伊父原袭祖职不支俸土官实授百户，今年老，本舍合照旧与替祖职不支俸土官实授百户，土官不比。

十一辈杨毓芳，崇祯十二年六月，单本选过云南右卫中左所不支俸土官实授百户一员杨毓芳，年二十三岁，系故不支俸土官实授百户杨奉先侄孙，土官不比。

赵维藩·实授百户

一辈赵良，缺。

二辈赵仕，缺。

三辈赵通，旧选簿查有：永乐八年五月，赵通，年十五岁，系云南右卫中左所土官百户赵仕嫡长男。父原系土军总旗，革除年间升除前职，病故，系止终本身。永乐八年三月十七日，敬准袭职，覆启，敬与流官附选。·154·

四辈赵宣，缺。

五辈赵斌，旧选簿查有：成化七年十二月，赵斌，幼名玄坛保，昆明县人，系云南右卫中左所故不支俸土官百户赵宣庶长男，钦与世袭。

六辈赵山海，缺。

七辈赵维藩，旧选簿查有：嘉靖四十年十二月，赵维藩，年二十五岁，昆明县人,系云南右卫中左所故不支俸土官实授百户赵山海嫡长男,照旧不支俸实授百户。

八辈赵烈,万历十六年四月,赵烈,年三十岁,昆明县人,系云南右卫中左所年老不支俸土官实授百户赵维藩嫡长男。伊父原袭祖职不支俸土官实授百户,今年老,本舍合照旧与替祖职不支俸土官实授百户,土官不比。

九辈赵之韩,万历二十八年十二月,赵之韩,年十九岁,昆明县人,系云南右卫中左所故不支俸土官实授百户赵烈嫡长男。伊父原袭祖职不支俸土官实授百户,今故。本舍合照旧与袭祖职不支俸土官实授百户,土官不比。

李润·实授百户

外黄查有:李安,昆阳州人。祖李道亨洪武十四年归附,充云南右卫中左所土军,二十二年升总旗,二十六年故。父李寿山年幼,叔祖李道源替役,永乐七年父出幼,改正补役,正统十三年老。安代役,仍充总旗,景泰二年攻破香炉山寨,三年升云南右卫中左所不支俸土官试百户,天顺七年遇例实授,[成化]二年攻破太平伐等寨节次斩获首级三颗,七年升本卫所土官副千户。

一辈李道亨,已载前黄。

二辈李道源,已载前黄。

三辈李寿山,已载前黄。

四辈李安,已载前黄。

五辈李纶,旧选簿查有:成化十六年四月,李纶,昆阳州人,系云南右卫中左所不支俸土官副千户李安嫡长男。父原系功升试百户,遇例实授,又获功升前职,本人照例革替实授百户。

六辈李恕,缺。

七辈李润,旧选簿查有:嘉靖二十六年八月,李润,年三十八岁,昆阳县人,系云南右卫中左所故不支俸土官副千户李恕亲堂弟。伊伯李纶原替实授百[户,故],堂兄李恕冒替副千户,故绝。所据冒替职级例应减革,本舍照例与袭祖职实授百户,仍不支俸。

魏国华

清黄查有：魏增，年四十二岁，云南武定所试百户，原籍清流县人。始祖魏荣洪武二十九年充云南后卫后所小甲，永乐二年升总旗，故。魏殴付补役，故。魏礼补役，正统六年麓川功升试百户，天顺元年遇例实授，故。魏璟系嫡长（次）男，成化三年八月袭，十九年撒甸杀贼功升副千户，故。魏旻（昊）系男，弘治九年九月，袭，故。魏时太系男，嘉靖十二年十二月，革遇例并杀贼功袭试百户，故。魏垣系男，三十年二[月]袭今所，故绝。增系弟，万历十四年六月比袭武定守御所试百户。

魏国华，万历四十一年八月，大选过武定守御所试百户一员魏国华，年十七岁，系故试百户魏增堂侄，比中二等。①

年远事故中左所世袭百户一员·朵云

洪武三十二年十二月，朵益，系云南[右卫中左]所世袭百户朵真官嫡长男。·156·

永乐六年十一月，朵芳，年十五岁，[系云南右卫中]左所故世袭百户朵益嫡长男。

正统七年二月，朵胜，系云南右[卫中左所世袭百户]朵芳嫡长男。

成化十年六月，朵祥，龙德县[人，系云南右]卫中左所世袭百户朵胜嫡长男。

弘治十六年九月，朵云，龙[德县人，系云南右]卫中左所世袭百户朵祥庶长男。②

又一员·杨琇

景泰元年十一月，杨芳，系云[南右卫中左]所不支俸土官试百户杨宗嫡长男。父原系总旗，调征麓贼有功升前职，病故，钦准[袭职，与袭实]授百户，仍不支俸。

---

① 此"魏国华"选簿当系云南后卫"魏垣·试百户"选簿"清黄"另立者，魏垣选簿见《总汇》本册第438页。该魏国华簿中"魏璟系嫡长男""魏旻系男"等，据魏垣选簿分别当作"魏璟系嫡次男""魏昊系嫡长男"。
② 该"年远事故中左所世袭百户一员·朵云"选簿所载各选条，与《总汇》本册第146—147页"朵云·实授百户"贴黄及各选条所载相吻合。

成化五年三月，杨林，昆阳州人，[系云南右卫]中左所不支俸土官世袭试百户杨芳嫡长男，照例该与实授百户，仍不支俸管事。

弘治十七年六月，杨琇，昆阳州人，系云南右卫中左所已故不支俸土官实授百户杨林嫡长男，照例袭职，仍不支俸。

又一员·王兴

永乐三年正月，王兴，旧名秃厮，系云南右卫中左所故世袭百户王哲堂侄。

张凤羽·试百户·157·

一辈张关保，缺。

二辈张鸣兴，缺。

三辈张保山，缺。

四辈张福，旧选簿查有：天顺……三岁，富民县人，系云南右卫中左所例不并枪土军总旗，贵州东苗杀贼获功升……未并枪总旗，开报升实授总旗，今照例改正升试百户，不支俸粮。

五辈张英，旧选簿查有：弘治……人，系云南右卫中左所不支俸土官故功升试百户张福嫡长男。

六辈张凤羽，候查。

七辈张应麒，万历六年二月，张应麒……人，系云南右卫中左所故不支俸土官实授百户张凤羽亲堂侄。伊堂伯原袭不支俸土官试百户，嘉靖……授，四十五年故绝，应该伊祖张玘承袭，未袭先故，伊父张仲荣年老，不堪。所据伊堂伯遇例职级……照例革袭不支俸土官试百户。

八辈张经，万历二十一年五月，张经……系云南右卫中左所故不支俸土官试百户张应麒嫡长男，不比。

陈爵·试百户

一辈陈英，缺。

二辈陈海，缺。

三辈陈斌，缺。·158·

四辈陈谦，旧选簿查有：弘治元年闰正月，陈谦，富民县人，系云南右卫中左所不支俸土官百户陈斌嫡长男。父原系功升试百户，遇例实授，本人照例革替试百户。

五辈陈铎，候查。

六辈陈鸾，候查。

七辈陈爵，候查。

八辈陈三策：万历十七年四月，陈［三策，富民县］人，系云南右卫中左所年老不支俸土官世袭百户陈爵嫡长男。伊父原袭祖职不［支俸土官］……今年老。本舍应照旧替祖职不支俸土官世袭百户，土官不比。

九辈陈王谟：万历四十四年八月，大选过[云南右卫中左所不]支俸土官实授百户一员陈王谟，年二十九岁，系疾不支俸土官实授百户陈三策嫡长男。

[张恩·试百户]

外黄查有……七年升云南右卫中左所不支俸土官试百户，老。礼天顺五年替授本……钦与世袭。

……

[三辈张竕]……

[四辈张礼]……系云南右卫中左所不支俸土官百户张竕嫡长男。

[五辈张鑑]……系云南右卫中左所故不支俸土官百户张礼嫡长男，钦与世袭。

[六辈张经]……系云南都司云南右卫中左所不支俸土官实授百户张鑑长男。伊祖张礼……袭职，老疾。本人照例革替伊祖原职试百户，仍不支俸。·159·

[七辈]张人傑……岁，罗次县人，系云南右卫中左所故不支俸土官试百户张经嫡长男。

[八辈]张恩，旧选簿查有……[罗]次县人，系云南右卫中左所年老不支俸土官张人傑嫡长男，照旧试[百户]……

[九辈张]道明：万历七年十月，张[道明]……［罗次］县人，系云南右卫中左所故不支俸土官试百户张恩嫡长孙。伊祖原替祖职不支[俸土官试百户，万]历元年故，应该伊父张大钦承袭，未袭先故，本舍照旧袭祖职不支俸土官试百户……·160·

五军都督府所属卫所·右军都督府·云南都司·临安卫

临安卫，原无目录，恐滋弊窦，不敢补造……指挥使孙治心起，至副千户胡六科……·161·

[临]安卫，附镇姚所。

李春华·指挥使

外黄查有：李春荣，年三十三岁，系寿州人。始祖李仲和甲辰年从军，故。高高祖李善补，洪武二十六年小旗，三十年并升总旗，三十二年功升实授百户，三十四年夹河功升副千户，三十五年阵亡。高祖李友系嫡长男，永乐元年袭升指挥佥事，正统七年麓川有功升指挥使，故。曾祖李铠系嫡长男，袭，故。祖李鳞系嫡长男，优，袭，故。伯父李遵系嫡长男，袭，故，无嗣。父李迪系亲弟，嘉靖元年袭，为事发永昌卫充终身军，十年遇例回卫，故。春荣系嫡长男，三十年袭祖职临安卫指挥使。

一辈李军（善）：已载前黄。

二辈李友，旧选簿查有：永乐元年七月，李友，系燕山右卫右所阵亡副千户李军（善）嫡长男。①

三辈李铠，旧选簿查有：景泰六年，李铠，系左军都督府故指挥佥事②李友嫡长男，袭，调临安卫。

指挥使功次：已载前黄。③

---

① 《明太宗实录》卷107，永乐八年八月乙未朔，"升……金吾左卫指挥同知……李友……俱为本卫指挥使"。《明英宗实录》卷43，正统三年六月"乙亥，云南总兵官黔国公沐晟等奏麓川宣慰思任发自立头目、知州刀珍罕、土官早亨等助其凶暴，亲率蛮寇来侵金齿，势愈猖獗，已遣署都指挥佥事李友发大理等卫所马步官军守备金齿，乞调大军剿之"。卷87，正统六年十二月丁未，"升云南都指挥佥事李友为都指挥同知，署都指挥佥事卢钺实授都指挥佥事，千百户旗军十三人俱升一级，以杀获师宗州反贼功也"；卷188，景泰元年闰正月庚午，"命云南都指挥使李友充右参将，听总督军务兵部右侍郎侯琏调度杀贼"。卷190，三月癸亥，"赏……及金沙江等处御贼有功都指挥方瑛、李友、马翔各银六两，彩段一表里"。卷224，景泰三年十二月，"丁未，命……都指挥使李友……俱升一级，官军一万六千余人升赏有差，以征湖广苗贼功也"。卷225，景泰四年正月乙丑，"乙丑，升云南都司都指挥使李友为左军都督佥事，金吾左卫带俸……以湖广香炉山杀贼功也"。卷238，景泰五年二月，"云南右参将都督佥事李友卒。友，直隶寿州人。父善，燕山右卫副千户，战死。友用善功授指挥佥事，宣德十年升云南署都指挥佥事，正统六年以征麓川功升都指挥使，景泰元年充右参将，同侍郎侯琏征贵州苗贼，已而还云南，仍充参将，协同都督沐璘镇守，卒于官"。

② 都督府额设武官有左、右都督，都督同知，都督佥事等，此"指挥佥事"系"都督佥事"之误。

③ 《明英宗实录》卷250，景泰六年二月，"辛巳，命故左军都督佥事李友子铠袭为指挥使"。

四辈李鳞，旧选簿查有：成化十一年九月，李鳞，寿州人，系临安卫故指挥使李铠庶长男。

五辈李遵，旧选簿查有：正德三年五月，李遵，寿州人，系临安卫故世袭指挥使李鳞嫡长男。

六辈李迪，旧选簿查有：嘉靖元年三月，李迪，寿州人，系临安卫故世袭指挥使李遵亲弟。兄无儿男，本人袭职。·162·

七辈李春荣，旧选簿查有：嘉靖三十一年十二月，李春荣，寿州人，系临安卫故世袭指挥使李迪嫡长男。

八辈李春华，旧选簿查有：嘉靖四十三年六月，李春华，年四十一岁，寿州人，系临安卫故指挥使李春荣亲弟。伊兄原袭祖职指挥使，嘉靖三十五年为申究积恶刁军等事参问龙里卫立功五年，四十二年发配，本年故绝。本舍照例准袭祖职指挥使，其伊兄立功年限未满，与支半俸，扣算满日，方许全支。

九辈李位，万历五年十月，李位，年三十五岁，寿州人，系临安卫年老指挥使李春华嫡长男。查伊高祖李友原系指挥佥事，正统六年麓川有功越升指挥使，沿袭至今。所据越升职级例应减革，本舍革替指挥同知，比中二等。

[十辈李大允，]万历三十五年六月，大选过临安卫指挥同知一员李大允，年十九岁，系老指挥同知李位嫡长男，比中二等。

十一辈李应昌，万历四十六年六月，大选过临安卫指挥同知优给舍人一名李应昌，年四岁，系故指挥同知李大允嫡长男，照例与全俸优给，至五十六年终住支。

崇祯三年二月，大选过临安卫指挥同知一员李应昌，年十六岁，出幼袭职，比中三等。

陈俊·指挥使

外黄查有：陈兴，临淮县人。有父陈牛儿辛丑年从军，改燕山中护卫，洪武十五年选充小旗，升总旗，克雄县升勇士百户，残疾。将兄陈广替，白沟河、济南升副千户，藁城全胜，故。次兄陈聚升正千户，齐眉山阵亡。[兴]永乐元年升指挥同知，钦与流官。

一辈陈牛儿，已载前黄。

二辈陈广，已载前黄。

三辈陈聚，已载前黄。

四辈陈兴,已载前黄。·163·

五辈陈佐,旧选簿查有:正统二年四月,陈佐,系临安卫故流官指挥同知陈兴亲弟。

六辈陈政,旧选簿查有:景泰三年十月,陈政,临淮县人,系临安卫故世袭指挥同知陈佐嫡长男。

天顺七年十二月,临安卫指挥同知升指挥使陈政。

七辈陈勋,旧选簿查有:弘治二年三月,陈勋,临淮县人,系临安卫指挥使陈政嫡长男。

八辈陈俊,旧选簿查有:嘉靖二年十月,陈俊,临淮县人,系临安卫故充军指挥使陈勋嫡长男。

王咸雍

崇祯九年九月,单本选过指挥使一员王咸雍,年二十七岁,合肥县人,系临安卫指挥使王元阳嫡长男。查伊父原因伊伯祖王廷光无嗣,借袭祖职指挥使。今伊伯祖廷光仍然乏嗣,伊父元阳已故。本舍借袭前职,结保无碍,合准袭指挥使。俟廷光生有儿男,退还职事,比中三等。

丘继武·指挥使

一辈丘玉,缺。

二辈丘真,旧选簿查有:永乐十一年六月,丘真,系羽林前卫故流官指挥佥事丘玉嫡长男,钦准袭授本卫指挥佥事。

正统七年七月,羽林前卫指挥佥事三次奇功升都指挥佥事丘真。[①]

三辈丘鑑,旧选簿查有:景泰七年七月,丘真,年六十岁,系云南都司都指挥同知。父老疾,有嫡长男丘鑑,年二十岁,照例替父原职指挥使,定临安卫。[②]·164·

四辈丘琮,旧选簿查有:成化十六年八月,丘琮,唐县人,系临安卫故世袭指挥使丘鑑庶长男。

---

① 《明英宗实录》卷157,正统十二年八月甲戌"调京卫带俸都指挥同知丘真于云南都司,提督临安卫守备"。
② 《明英宗实录》卷268,景泰七年七月丙子,"命……云南都指挥同知丘真子鑑代为临安卫指挥使"。

五辈丘维远，旧选簿查有：嘉靖九年六月，丘维远，年二十九岁，唐县人，系临安卫故都指挥佥事丘琮嫡次男。伊父原袭祖职指挥使，功升前职。所据都指挥系流官，例该减革，本人照例革袭祖职指挥使。

六辈丘继武，旧选簿查有：隆庆元年四月，丘继武，年三十四岁，唐县人，系临安卫故指挥使丘维远嫡次男。

七辈丘继祖，万历六年十月，丘继祖，年二十六岁，唐县人，系临安卫故指挥使丘继武堂弟，比中三等。

八辈丘洪，万历四十四年八月，大选过临安卫指挥使一员丘洪，年二十二岁，系老指挥使丘继祖嫡长男，比中二等。

孙延德·指挥佥事

天启元年三月，单本选过临安卫指挥佥事孙延德，年二十岁，系故指挥佥事孙宗祐嫡长男，比中三等。

刘恢业·指挥同知

外黄查有：始祖老刘，丙申年从军，克镇江、金坛、安庆、通州等处，洪武五年故。刘韬补役，洪武十七年查系年深有功升小旗，二十年征金山哈喇哈地有功升总旗，二十二年功升锦衣卫世袭实授百户，故。刘聚比袭实授百户，永乐元年调云南临安卫前所世袭实授百户。

一辈老刘，已载前黄。

二辈刘韬，已载前黄。·165·

三辈刘聚，旧选簿查有：洪武三十五年五月，刘聚，德化县人，永乐元年调临安卫前所，[系]世袭实授百户刘韬嫡长亲男。

四辈刘成，旧选簿查有：永乐八年五月，刘成，德化县人，系临安卫前所世袭实授百户刘聚亲弟。

五辈刘鑑，旧选簿查有：宣德十年五月，刘鑑，比袭实授百户，正统六年征韦郎贼寨斩首三颗，本年征刀招罕寨斩贼首二名颗，正统七年内功升副千户，景泰七年征铜鼓等处擒斩贼级三名颗，天顺二年升正千户，天顺四年征西堡白石崖等处擒斩贼级五名颗，成化二年升世袭指挥佥事，系刘成嫡长亲男。

六辈刘高，旧选簿查有：成化十七年九月，刘高，德化县人，临安卫世袭指挥佥事，系刘鑑亲侄。

七辈刘昺，旧选簿查有：嘉靖二年十月，刘昺，德化县人，比袭临安卫指挥佥事。嘉靖九年征阿迷州蒙自，攻史母等寨斩首一颗，十年征细狗牙寨斩首一颗，本年征六纳山寨生擒叛贼一名，斩首一颗，又征巩栢寨斩首一颗，十五年六月功升世袭指挥同知。

八辈刘鸿业，旧选簿查有：嘉靖四十四年十月，刘鸿业，德化县人，系临安卫世袭指挥同知刘昺嫡长亲男。

九辈刘恢业，旧选簿查有：万历九年九月，刘恢业，德化县人，系临安卫世袭指挥同知刘鸿业亲弟。

十辈刘存爱，万历二十九年十二月，大选过临安卫指挥同知一员刘存爱，年二十九岁，德化县人，系患疾指挥同知刘恢业嫡长男，比中二等。

刘之清。

刘祥麟，崇祯十二年二月，单本选过临安卫指挥佥事一员刘祥麟，年二十一岁，系故指挥佥事刘之清嫡长男，比中三等。

李思儋·指挥佥事

天启二年四月，大选过临安卫指挥佥事优给舍人一名李思儋，年十二岁，蕲县人，系故指挥佥事李应宠嫡长男，照例与全俸优给，至天启五年终住支。① ·166·

万鳌·指挥同知

外黄查有：万文凤，年三十一岁，系云南临安卫指挥同知，原籍湖广黄州府黄陂县人。一世祖万忠，丙午年归附，赴京，吴元年除兵马指挥，洪武六年赴京，拨羽林左卫，后除雄武卫指挥，十五年开设注临安卫，二十二年征摩沙广西回卫，十月钦准世袭指挥同知，永乐五年故。始祖万宾系嫡长男，六年十一月袭，宣德七年故。高祖万城系嫡长男，八年八月袭，正统三年征进麓川奇功四年升指挥使，八年复征麓川十年升都指挥佥事，十三年老。曾祖万禧系嫡长男，本年九月替，老。祖

---

① 《总汇》本册第184页又有"李思儋·指挥佥事"选簿，载李思儋出幼袭职及其叔李应震袭职履历。

万春系嫡长男，成化十二年替，二十二年故。伯父万福系嫡长男，本年九月袭，弘治十三年故绝。次伯万祯系亲弟，十四年闰七月袭，正德二年故绝。三伯万禘系亲弟，六年十月袭，故绝。父万祴系亲弟，嘉靖五年二月革袭指挥同知，二十二年故。兄万文龙系嫡长男，二十八年四月袭，三十二年故绝。文凤系亲弟，三十六年四月袭本卫指挥同知。

一辈万中，已载前黄。

二辈万宾，旧选簿查有：永乐六年十一月，万宾，系云南都司都指挥同知万中嫡长男。父原任临安卫世袭指挥同知，革除年间升前职，病故，系止终身。本人准袭原职指挥同知，仍回临安卫管事。

三辈万城，旧选簿查有：宣德八年八月，万城，系临安卫世袭指挥同知万宾嫡长男。

四辈万禧，旧选簿查有：正统十三年九月，万禧，系云南都司故都指挥佥事万城嫡长男。父原职指挥使，定临安卫管事。

五辈万春，旧选簿查有：成化十二年，万春，系临安卫患疾指挥佥事万禧嫡长男。

六辈万福，旧选簿查有：成化二十二年九月，万福，黄陂县人，系临安卫故指挥使万春嫡长男，钦与世袭。

七辈万祯，旧选簿查有：弘治十四年闰七月，万祯，黄陂县人，系临安卫故世袭指挥使万福亲弟。

八辈万禘，旧选簿查有：正德六年十月，万禘，黄陂县人，系临安卫故世袭指挥使万祯亲弟。

九辈万祴，旧选簿查有：嘉靖五年二月，万祴，黄陂县人，系临安卫故绝指挥使万禘亲弟。伊始祖中立功升指挥同知，高祖宾沿袭，至堂伯祖禧又获功历升都指挥佥事，堂伯春革袭前职，沿袭，至堂兄祯故绝，兄禘冒报作亲弟，亦沿袭，又绝。今本人勘系立功人指挥同知中嫡次孙以下玄孙，照例革去犯堂指挥使一级，与袭祖职指挥同知，仍世袭。

十辈万文龙，旧选簿查有：嘉靖二十八年四月，万文龙，黄陂县人，系临安卫故指挥同知万祴嫡长男。

十一辈万文凤，旧选簿查有：嘉靖三十六年四月，万文凤，黄陂县人，系临安卫故指挥同知万文龙亲弟。

十二辈万鳌，旧选簿查有：隆庆二年八月，万鳌，年八岁，黄陂县人，系临安卫

指挥同知万文凤嫡长男，照例於（与）全俸优给，至隆庆八年终住支。·167·

万历六年二月，万鏊，年十八岁，黄陂县人，系临安卫故指挥同知万文凤嫡长男，优给出幼袭职，比中一等。

十三辈万淳，万历四十四年七月，单本选过临安卫指挥同知一员万淳，年二十六岁，系故指挥同知万鏊亲侄，比中一等。

十四辈万渼，天启五年五月补四月大选，过临安卫指挥同知一员万渼，年十七岁，系故指挥同知万淳亲弟，比中二等。

王磐石·指挥同知

外黄查有：王磐石，年二十二岁，系云南临安卫指挥同知，原籍凤阳府五河县人。一世祖王名旧名原聚，癸巳年归附充百户，丙申年征常州阵亡。二世伯祖王大用充万户，己亥年克高亭山阵亡。二世祖王名充万户，乙巳年除百户，洪武二年授流官，调朔州卫，三年授世袭，四年升流官副千户，征虎林等处阵亡。三世祖王庆五年袭豹韬卫中所副千户，十五年征苗蛮杉木等处，十七年升龙虎卫世袭指挥佥事，三十年调临安卫，三十三年升指挥同知，三十五年故。四世祖王真永乐七年袭指挥佥事，宣德六年故。五世伯祖王源七年九月袭，调金齿卫指挥佥事，正统九年故绝。五世次伯祖王浩袭，十四年被贼杀死，绝。五世三伯祖王清景泰二年袭，天顺元年调临安卫，五年故绝。五世祖王濆系亲弟，六年七月袭，成化七年故。高祖王嵩系嫡长男，八年八月袭，十九年征寻甸，攻打叭喇等寨斩首四颗，弘治五年升指挥同知，十四年疾。曾祖王臣系嫡长男，十六年四月替，正德十四年故。祖王守中系长男，十五年六月袭，嘉靖七年调征寻甸攻打果马蛇山等处斩贼级五颗，八年升指挥使，十二年推升都司都指挥佥事，为事革职为民，四十二年病。父王应宿系嫡长男，疾，不堪。磐石系嫡长孙，本年十月替。查祖推升职级系流官，寻甸功升指挥使一级系自已获功自己犯罪，俱例不准袭，本舍革替本卫祖职指挥同知。

一辈王名，已载前黄。

二辈王庆，旧选簿查有：洪武三十四年四月，临安卫指挥佥事王庆。

三辈王真，旧选簿查有：永乐七年四月，王真，年十六岁，系临安卫指挥同知王庆嫡长男。父原系本卫世袭指挥佥事，革除年间升除前职，病[故]，准袭授伊父原系（职）世袭指挥佥事，仍回临安卫。

四辈王源，旧选簿查有：宣德七年九月，王源，系临安卫故世袭指挥佥事王贞嫡长男。

五辈王浩,审稿查有:选簿查有,正统十三年五月,王浩,系金齿军民指挥使司故世袭指挥佥事王源亲弟。·168·

六辈王清,审稿查有:选簿查有,景泰六年五月,王清,五河县人,系金齿军民指挥使司被贼杀死世袭指挥佥事王浩亲弟。

七辈王溃,旧选簿查有:天顺六年七月,王溃,五河县人,系临安卫故世袭指挥佥事王清亲弟。

八辈王嵩,旧选簿查有:成化八年八月,王嵩,五河县人,系临安卫故世袭指挥佥事王溃嫡长男。

弘治五年六月,王嵩,年四十一岁,五河县人,系临安卫指挥佥事升指挥同知。

九辈王臣,旧选簿查有:弘治十六年四月,王臣,五河县人,系临安卫功升指挥同知王嵩嫡长男,钦与世袭。

十辈王守中,旧选簿查有:正德十五年六月,王守中,五河县人,系临安卫故指挥同知王臣嫡长男。

十一辈王磐石,旧选簿查有:嘉靖四十二年十月,王磐石,年五十岁,五河县人,系临安卫都指挥佥事[王守中]嫡长孙。伊祖原袭祖职指挥同知,嘉靖七年征寻甸功升指挥使,推升都指挥佥事,十四事(年)为威力制缚人于私家拷打因而致死绞罪奏辩为民,今年老。父王应宿风疾,不堪。所据伊祖推升都指挥佥事系流官,寻甸功升指挥使一级系自己获功自己犯罪,俱例不准袭,本舍革袭指挥同知。

十二辈王之瑞,万历二十四年三月,单本选过临安卫指挥同知王之瑞,年十九岁,五河县人。伊父王磐石原袭指挥同知,万历十七年推升守备,今故。所据伊父流官例不准袭,本舍照旧袭指挥同知,比中一等。

十三辈王绳祖,万历四十五年五月,大选过临安卫指挥同知一员王绳祖,年二十岁,系老指挥同知王之瑞嫡长男,比中三等。

曹爱·指挥同知

外黄查有:曹昭,年三十六岁,扬州府六合县人。父曹胜丙申年三月渡江充军,克金坛,丁酉年克常州等处,戊戌年征湖州天目山,己亥年攻安庆充小旗,庚子年虎口城杀退陈寇,辛丑年克高邮,壬寅年克江西,癸卯接应安丰,甲辰年克庐州,乙巳年取海安坝,丙午克湖州,吴元年克苏州,洪武元年充总旗除百户,二年授流官敕命，三年授世袭敕命，四年并枪除副千户，十一年授世袭诰命，十二年升权指挥佥事，十六年授流官诰命，十七年为倭寇事钦发金齿卫充军，十八年复职，调流官指挥佥事，二十二年改金齿军民指挥使司，二十七年疾，告替。昭系嫡长男，三十一年替袭世指挥佥事，永乐元年为事有罪还职，永乐二年调广南卫。

一辈曹胜，已载前黄。·169·

二辈曹昭，旧选簿查有：永乐三年十二月，广南卫指挥佥事。

三辈曹晖，旧选簿查有：永乐六年十二月，曹晖，系广南卫指挥佥事曹昭亲弟。父原系流官指挥佥事，兄革除年间替职，病故，敬准袭职，与世袭。

四辈曹昂，旧选簿查有：宣德五年七月，曹昂，系广南卫世袭指挥佥事曹晖嫡长男。

指挥同知功次：功次簿查有，指挥佥事三次头功升世袭指挥同知曹昂。

五辈曹远，旧选簿查有：景泰元年闰正月，曹远，年十岁，系广南卫故世袭指挥同知曹昂嫡长男，钦与全俸优给，至景泰五年终住支。

六辈曹武，旧选簿查有：弘治十年二月，曹武，六合县人，系广南卫功升指挥同知曹远嫡长男，钦与世袭。

七辈曹忠，旧选簿查有：嘉靖五年四月，曹忠，六合县人，系广南卫指挥同知曹武嫡长男。

八辈曹爱，旧选簿查有：嘉靖三十一年四月，曹爱，年五十七岁，六合县人，系广南卫故指挥同知曹忠亲弟。伊兄原袭祖职指挥同知，犯奸参问为民，故绝。本舍照例与袭祖职指挥同知，注调临安卫。

九辈曹周嗣，万历五年八月，曹周嗣，年三十七岁，六合县人，系广南卫年老指挥同知曹爱嫡长男，比中二等。

十辈曹国麌，万历十三年八月，曹国麌，年十八岁，六合县人，系广南卫故指挥同知曹周嗣嫡长男，比中三等。

十一辈曹占元，天启四年二月，大选过广南卫指挥同知一员曹占元，年十八岁，系故指挥同知曹国麌亲孙，比中三等。

戎国用·指挥佥事

外黄查有：戎真，河南固始县人。父戎斌，前元兵千户，乙未年归附，克和州等处万户，甲辰年编伍充总旗，吴元年克苏州升世袭百户，洪武三年于仙游县搜捕贼人陈同对敌，生擒贼人二十四名，斩首二颗，升沂州卫右所副千户，洪武十六年授流官诰命武略将军，为归并军人事发辽东征进，洪武十九年赴京，二十年三月复除观海卫正千户，二十三年十月老疾。戎真三十二岁，查得父戎斌年深有功，二十四年二月十七日升西河中护卫指挥佥事，二十八年四月领军前往云南立卫，三十二年改云南后卫，三十五年故。三世伯祖戎安袭，永乐元年四月，袭除临安卫世袭指挥佥事，阵亡，无嗣。·170·

一辈戎斌，已载前黄。

二辈戎真，旧选簿查有：洪武二十四年二月十七日，戎真，系河南光州固始县人，年深有功升西河中护卫指挥佥事，系戎斌嫡长亲男，三十五年故。

三辈戎安，旧选簿查有：永乐元年四月，戎安，年三十二岁，系固始县人，系临安卫指挥佥事戎真嫡长亲男，袭除临安卫世袭指挥佥事，阵亡，无嗣。

四辈戎吉，旧选簿查有：正统三年，戎吉，年三十岁，固始县人，系临安卫世袭指挥佥事戎安亲弟。

五辈戎备，旧选簿查有：成化七年九月，戎备，年二十岁，固始县人，系临安卫指挥佥事戎吉庶长男。

六辈戎继，旧选簿查有：嘉靖元年，戎继，年二十五岁，固始县人，系临安卫世袭指挥佥事戎备嫡长男。

七辈戎国用，旧选簿查有：嘉靖二十九年八月，戎国用，年二十七岁，河南固始县人，系临安卫世袭指挥佥事戎继嫡长亲男。

八辈戎德治，万历二十九年四月，戎德治，年三十五岁，临安卫故指挥佥事戎国用嫡长男，比中一等。

庞懋勋·指挥佥事

内黄查有：庞瑄，怀远县人。父庞虎壬辰年军，吴元年克苏州升兴化卫副千户，洪武三年克定西兴源，除衡州卫指挥佥事，十五年调临安卫，父老，告替。瑄系庶长男，替临安卫指挥佥事，因父从军年深升指挥同知。

一辈庞虎，已载前黄。①

二辈庞瑄，旧选簿查有：洪武三十三年七月，庞瑄，系临安卫世袭指挥佥事庞虎庶长男。

三辈庞晟，旧选簿查有：永乐二十二年五月，庞晟，系临安卫流官指挥同知庞瑄嫡长男。父原系世袭指挥佥事，革除年间升除前职，病故，敬准本人袭授原职指挥佥事。

四辈庞溶，旧选簿查有：景泰二年九月，庞溶，年十五岁，系临安卫故世袭指挥佥事庞晟嫡长男。

五辈庞松，旧选簿查有：成化十八年八月，庞松，年十五岁，系临安卫故世袭指挥佥事庞溶嫡长男。先因年幼优给，今出幼袭职。·171·

六辈庞恩，旧选簿查有：正德十六年八月，庞恩，怀远县人，系临安卫故世袭指挥佥事庞松嫡长男。

七辈庞宪，旧选簿查有：嘉靖十一年六月，庞宪，年三十七岁，怀远县人，系临安卫故绝世袭指挥佥事庞恩亲弟。

八辈庞继先，旧选簿查有：嘉靖二十六年八月，庞继先，怀远县人，系临安卫故指挥佥事庞宪嫡长男。

九辈庞懋勋，旧选簿查有：隆庆元年八月，庞懋勋，年二十五岁，怀远县人，系临安卫故指挥佥事庞继先嫡长男。伊父原袭祖职指挥佥事，嘉靖四十一年推升霑平守备，四十五年故。所据推升虚衔例不准袭，本舍照例革袭祖职指挥佥事。

十辈庞元立，万历十七年二月，庞元立，年七岁，怀远县人，系临安卫故指挥佥事庞懋勋嫡长男，照例与全俸优给，至万历二十四年终住支。

万历二十六年十二月，庞元立，年十六岁，出幼袭职，有无多支俸粮，查扣，比中二等。

---

① 《明太祖实录》卷147，洪武十五年八月乙巳"宥靖州卫指挥佥事庞虎等罪，调临安、沾益守御。遣使赍敕谕之曰：人臣之怀忠义者，刚果正直，未有欺蔽其君者也。曩靖州经界不明，朕谓尔等忠良之臣，必能明之，遣镇抚毕安谕意再三，岂谓尔等潜通贿赂，卖弃其地入于蛮夷，乃饰词设谩，非欺君而何。致法司问拟如律，宥死，贬隶编伍。朕思尔等前劳既多，心所不忍，今姑释尔罪，调云南沾益、临安二卫守御，尚改过自新，毋蹈前非，符至即行"。

薛继武·指挥佥事

一辈薛文，缺。

二辈薛祥，缺。

三辈薛馘，旧选簿查有：永乐六年九月，薛馘，年十七岁，系临安卫故世袭指挥佥事薛祥嫡长男。

四辈薛琮，旧选簿查有：正统十年十二月，薛琮，系临安卫世袭指挥佥事薛馘嫡长男。

五辈薛镇，旧选簿查有：景泰七年七月，薛镇，滁州人，系临安卫故世袭指挥佥事薛琮嫡长男。

六辈薛潾，旧选簿查有：成化二十年六月，薛潾，滁州人，系临安卫世袭指挥佥事薛镇嫡长男。

七辈薛森，旧选簿查有：弘治十三年十二月，薛森，滁州人，系临安卫故世袭指挥佥事薛潾嫡长男。

充军簿查有：正德十三年四月，薛森任云南临安卫指挥佥事，犯该监守自盗官钱，编发金齿卫中所永远军。·172·

八辈薛继武，旧选簿查有：嘉靖三十二年二月，薛继武，年二十六岁，滁州人，系临安卫故指挥佥事薛森嫡长孙。伊祖原袭祖职指挥佥事，考选大理卫掌印，追完料银解府交纳后，接管指挥胡镗给散侵欺，将森参问充军，辩明释放，故，伊父瑄未袭先故，本舍与袭祖职指挥佥事。

九辈薛安远，万历十八年十月，薛安远，年十九岁，系临安卫故指挥佥事薛继武庶长男，比中三等。

储万钟·指挥佥事

一辈储傑，缺。①

二辈储绶，旧选簿查有：洪武三十三年十一月，储绶，系临安卫世袭指挥佥事储傑嫡长孙。

三辈储昇，旧选簿查有：宣德三年八月，储昇，年十六岁，系云南中卫指挥同知储绶庶长男。祖储傑原系临安卫指挥佥事，因老疾，父革除年间替升前职，系止终

---

① 《明太祖实录》卷182，洪武二十年八月，"庚申，遣使赍敕谕……金齿卫指挥李观、储傑等"。

身，为事，故。本人先因年幼，已与祖职指挥佥事俸优给，今出幼，准袭世袭指挥佥事，仍回临安卫管事。

四辈储鏋，旧选簿查有：景泰六年七月，储鏋，年二岁，凤阳县人，系临安卫署指挥同知事指挥佥事储昇嫡长男。父于湖广香炉山等处杀贼获功升前职，病故，照例与本人原职指挥佥事俸优给，出幼，仍袭署指挥同知事佥事。

五辈储铨，旧选簿查有：天顺四年三月，储铨，系云南都司临安卫指挥同知储昇庶长男。

六辈储祯，旧选簿查有：成化二十三年十一月，储祯，年十六岁，凤阳县人，系临安卫世袭指挥同知储铨嫡长男。

七辈储祥，旧选簿查有：正德七年六月，储祥，凤阳县人，系临安卫故世袭指挥同知储祯亲弟。

八辈储万钟，旧选簿查有：嘉靖十二年六月，储万钟，年二十一岁，凤阳县人，系临安卫守御通海故指挥同知储祥嫡长男。伊曾祖昇系指挥佥事，景泰元年香炉山领军，因斩首级升署指挥同知，冒作实授，祖、父沿袭。本人照例革领军冒报职级，与祖指挥佥事。

九辈储宠，隆庆……年……月，储宠，年十岁，凤阳县人，系临安卫老疾指挥佥事储万钟庶长男，照例与全俸优给，至隆庆八年终住支。

万历五年二月，储宠，年十七岁，凤阳县人，系临安卫故指挥佥事储万钟庶长男，优给出幼袭职，比中三等。

十辈储昌龄，年六岁，万历二十四年八月，大选过临安卫故指挥佥事储宠嫡长男，照例与全俸优给，万历三十二年终住支。·173·

十一辈储光裕，崇祯十三年六月，大选过临安卫指挥佥事一员储光裕，年十九岁，系疾指挥佥事储昌龄嫡长男，比中三等。

吴绍兴·指挥佥事

一辈吴元荣，缺。

二辈吴文旺，缺。

三辈吴善,缺。①

四辈吴振,缺。

五辈吴浩,旧选簿查有:永乐十二年十二月,吴浩,年十五岁,系木密关守御千户所副千户吴振嫡长男。祖吴善原系副千户,为老疾,父替职,祖后以致仕官朝见升指挥佥事,后调临安卫,病故。本人系吴善嫡长孙,钦准袭祖原职指挥佥事,仍回临安卫管事。

六辈吴海,旧选簿查有:宣德三年八月,吴海,系临安卫故指挥佥事吴浩亲弟,钦与世袭。

七辈吴魁,旧选簿查有:成化五年三月,吴魁,定远县人,系临安卫世袭指挥佥事吴海嫡长男。

八辈吴辅,旧选簿查有:成化二十一年九月,吴辅,定远县人,系临安卫守御通海世袭指挥佥事吴魁亲弟,等兄有男,还与职事。

九辈吴经,旧选簿查有:正德四年十月,吴经,定远县人,系临安卫守御通海世袭指挥佥事吴魁嫡长男。

十辈吴绍兴,缺。

十一辈吴道南,万历五年二月,吴道南,年二十六岁,定远县人,系临安卫年老指挥佥事吴绍兴嫡长男,比中三等。·174·

十二辈吴鸿基,万历三十六年十二月,大选过临安卫指挥佥事一员吴鸿基,年十九岁,定远县人,系故指挥佥事吴道南嫡长男,比中三等。

杨木·指挥佥事

外黄查有:杨应文,年五十六岁,系云南临安卫世袭指挥佥事,原籍直隶蓟州遵化县人。曾伯祖杨春旧名不仕人,洪武十七年从军,拨大宁左卫前所,二十八年改设营州左护卫,三十二年奉天征讨,白沟河、济南功升小旗,三十四年夹河、藁城功升试百户,三十五年渡江平定京师升武德卫右所副千户,永乐二年与世袭,八年征阿鲁台功升正千户,宣德三年调今本卫所,四年老疾。堂伯祖瘦儿患疾,无嗣。曾祖杨友系亲弟,正统八年八月借替,天顺五年贵州东苗地方擒斩获功,七年升本

---

① 《明太祖实录》卷202,洪武二十三年五月,"戊申,置宜良千户所。宜良去云南布政司百里,西平侯沐英遣千户许文、吴善等领兵镇守,文等乃筑城堡控制诸蛮,屯田以给军饷,民皆悦服输赋"。

卫指挥佥事，成化二年老疾。叔祖杨纪系嫡长男，三年二月替，十三年故。堂叔杨裔系嫡长男，优给，弘治六年二月袭，正德四年故。堂弟杨应武系嫡长男，八年十月优给，故绝。应文系应武堂兄，杨纪庶长兄嫡孙，嘉靖三十八年六月仍袭临安卫指挥佥事。

一辈杨春，已载前黄。

二辈杨友，旧选簿查有：正统六年八月，杨友，系临安卫右所正千户杨春次三弟。兄有亲侄杨瘦儿，患疾，不堪承替，本人替职，待有男，还与职事。

功次簿查有：天顺五六等年贵州东苗地方擒斩获功升一级，临安卫正千户升指挥佥事二员内一员杨友。

三辈杨纪，旧选簿查有：成化三年二月，杨纪，遵化县人，系临安卫指挥佥事杨友嫡长男。

四辈杨裔，旧选簿查有：弘治六年二月，杨裔，遵化县人，系临安卫故世袭指挥佥事杨纪嫡长男。

五辈杨应武，旧选簿查有：正德八年十月，杨应武，年四岁，遵化县人，系临安卫故世袭指挥佥事杨裔嫡长男，钦与全俸优给，至正德十九年终住支。

六辈杨应文，旧选簿查有：嘉靖三十八年六月，杨应文，遵化县人，系临安卫优给故绝指挥佥事杨应武堂兄。本舍正德十三年告袭，该本部行查，伊父、伊祖二辈未袭，致被杨敏告争，节经彼处巡按衙门重复勘辨，嘉靖三十六年该都察院题奉钦依"准辨，备咨"前来，理合收还，本舍合无准袭祖职指挥佥事。

七辈杨木，旧选簿查有：嘉靖四十三年二月，杨木，年五十一岁，遵化县人，系临安卫故指挥佥事杨应文嫡长男。

八辈杨本芳，万历十年十月，杨本芳，年二十五岁，遵化县人，系临安卫年老指挥佥事杨木嫡长男，比中二等。·175·

赵琼·指挥佥事

一辈赵忠，缺。

二辈赵禧，旧选簿查有：宣德八年八月，赵禧，系临安卫前所故世袭正千户赵忠亲侄。

指挥佥事功次：候查。

三辈赵瑄，旧选簿查有：正统九年二月，赵瑄，系临安卫故指挥佥事赵禧嫡长男。

四辈赵洪,旧选簿查有:成化九年九月,赵洪,蓟州人,系临安卫故指挥使赵瑄庶长男。

五辈赵濡,旧选簿查有:正德三年五月,赵濡,蓟州人,系临安卫故世袭指挥使赵洪……

六辈赵光祖,旧选簿查有:正德十六年五月,赵光祖,蓟州人,系临安卫世袭指挥……

七辈赵琼,旧选簿查有:嘉靖三十七年八月,赵琼,蓟州人,系临安卫故指挥使赵光祖嫡长男。查伊曾祖瑄以指挥佥事于正统十四年征普定等处功升指挥同知,天顺二年征贵州东苗功升指挥使,祖、父沿袭。所据普定、贵州二次升级功无擒斩,例不准袭,今本舍革袭指挥佥事。

万历十二年五月,一件为举劾武职官员以昭劝惩事,准职方司手本准都察院咨,该云南巡按御史崔廷试奏,问得犯人赵琼系临安卫指挥佥事,犯该监临主守自盗库钱,照例定发边卫永远充军,本犯子孙革袭。查取洪武、永乐年间立功赵忠大次房子孙保送赴部,于正千户上降一级承袭,如赵忠原无次房子孙,照例停革。

万历十三年七月,准都察院咨,据云南巡按御史李廷彦册开,定发贵州普安卫左所永远充军。

万历十六年三月二十三日,一件为奸侵官银事发嫁祸诬揭陷参枉拟永戍恳乞天恩俯赐勘辩以超整军极宽事,准都察院咨,该云南巡按御史苏酇奏,问得犯人赵琼犯该监临主守自盗库钱律斩,系杂犯准徒五年,照例定发边方立功五年,满日还职。缘本犯先问永远充军,今辩立功还职,本院覆请奉圣旨,"准辩改拟,钦此"。

八辈赵守乾,万历二十五年十一月,单本选过临安卫指挥佥事一员赵守乾,年三十七岁,蓟州人。伊父赵琼原袭指挥佥事,万历十三年为事问充普安卫永远军,十六年奉旨改拟立功,遗下赃银四百五十两七钱,所欠固多,似与本身拖欠有间,今故。本舍姑照旧与袭指挥佥事,未完赃银仍于本舍名下三年内追俸还官,完日方许关支,比中一等。

九辈赵守坤,天启元年二月,大选过临安卫指挥佥事一员赵守坤,年五十三岁,系故指挥佥事赵守乾亲弟,比中一等。查守乾赃银原限三年追俸还官,果否还完,该卫查明方许关支。

十辈赵一麒,天启五年十二月,大选过临安卫指挥佥事一员赵一麒,年四十岁,系疾指挥佥事赵守坤嫡长男,比中三等。

鲁仲昂·指挥佥事

外黄查有：鲁爵，武涉（陟）县人。鲁齐，旧名兴住，洪武七年归附，九年除授大同蒙古所副千户，十四年征云南，调守临安，十五年开设临安卫，十八年升本卫世袭指挥佥事，二十二年老疾。爵系庶长男，三十三年替临安卫世袭指挥佥事。鲁雄系鲁爵嫡次男，父故，兄鲁英永乐十五年袭，故，无儿，雄宣德五年袭。鲁纲系鲁雄嫡长男，父正统四年征麓川落水溺故，纲正统五年优给，至正统八年终住支。鲁琮系鲁纲堂弟，堂兄优给病故，无男。父鲁俊袭，景泰六年故，兄鲁城患风痫，无男，琮于七年袭临安卫世袭指挥佥事。

一辈鲁齐，已载前黄。

二辈鲁爵，旧选簿查有：洪武三十三年七月，鲁爵，系临安卫世袭指挥佥事鲁齐庶长男。

三辈鲁英，旧选簿查有：永乐十五年十月，鲁瑛，年十六岁，系临安卫故世袭指挥佥事鲁爵嫡长男。

四辈鲁雄，旧选簿查有：宣德五年八月，鲁雄，系临安卫故世袭指挥佥事鲁英亲弟。

五辈鲁纲，旧选簿查有：正统五年八月，鲁纲，年十六岁，系临安卫溺故世袭指挥佥事鲁雄嫡长男。

六辈鲁俊，旧选簿查有：正统七年三月，鲁俊，系临安卫溺故指挥佥事鲁雄堂兄。

七辈鲁琮，旧选簿查有：景泰七年十一月，鲁琮，武陟县人，系临安卫故世袭指挥佥事鲁俊嫡次男。有兄鲁城患风痫病，故不堪承袭，本人袭职，待兄有男，还与职事。

八辈鲁钺，旧选簿查有：弘治三年十一月，鲁钺，武陟县人，系临安卫故世袭指挥佥事鲁琮嫡长男。

九辈鲁仲辅，旧选簿查有：弘治十六年十二月，鲁仲辅，武陟县人，系临安卫故世袭指挥佥事鲁钺嫡长男。

十辈鲁文献，旧选簿查有：嘉靖元年六月，鲁文献，年十五岁，武陟县人，系临安卫故指挥佥事鲁仲辅嫡长男。·177·

十一辈鲁仲轩，旧选簿查有：嘉靖二十年六月，鲁仲轩，年四十五岁，武陟县人，系临安卫故指挥佥事鲁文献亲叔。

十二辈鲁钦，旧选簿查有：嘉靖二十九年十二月，鲁钦，武陟县人，系临安卫故指挥佥事鲁仲轩亲叔。

十三辈鲁仲昂，旧选簿查有：嘉靖三十九年十二月，鲁仲昂，武陟县人，系临安卫老疾指挥佥事鲁钦嫡长男。

十四辈鲁文忠，万历十二年十月，鲁文忠，年三十七岁，武涉（陟）县人，系临安卫年老指挥佥事鲁仲昂嫡长男，比中一等。

十五辈鲁崇义，年四岁，系临安卫故指挥佥事鲁文忠庶长男，全俸优给，至三十四年终住支。

万历三十五年九月，单本选过临安卫指挥佥事鲁崇义，年十六岁，出幼袭职，比中三等。

十六辈鲁崇礼，万历四十四年十月，大选过临安卫指挥佥事一员鲁崇礼，年十九岁，系故指挥佥事鲁崇义堂弟。崇义故绝，本舍父早世，兄崇仁充配不宜袭职，本舍无可属矣，保勘既明，准借袭指挥佥事，俟崇仁生子退还，比中二等。

曹维藩·指挥佥事

一辈曹胜，缺。

二辈曹荣，缺。

三辈曹俊，旧选簿查有：永乐十三年十月，曹俊，系临安卫指挥佥事曹荣庶兄。父曹胜原系世袭副千户，革除年间升都指挥佥事，灵璧县归附，实授贵州都司都指挥佥事，病故。嫡弟袭升前职，未定流世，病故，钦准袭授指挥佥事。

四辈曹瑄，旧选簿查有：正统三年十月，曹瑄，年十五岁，系临安卫故世袭指挥佥事曹俊嫡长男。·178·

五辈曹雄，旧选簿查有：审稿查有，曹雄，系临安卫年老指挥佥事曹瑄嫡长男。

六辈曹端，旧选簿查有：成化二十年四月，曹端，寿州人，系临安卫故世袭指挥佥事曹雄嫡长男。

七辈曹锐，旧选簿查有：弘治十三年八月，曹锐，寿州人，系临安卫故世袭指挥佥事曹端嫡长男。

八辈曹维藩，旧选簿查有：嘉靖三十七年八月，曹维藩，寿州人，系临安卫故指挥佥事曹锐嫡长男。

九辈曹承祖，万历十九年八月，曹承祖，年十七岁，寿州人，系临安卫老疾指挥佥事曹维藩庶长男，比中二等。

高懋恩·指挥佥事

外黄查有：高懋恩，年三十五岁，系云南都司临安卫指挥佥事，原籍直隶庐州府无为州巢县人。始祖高谦，乙未年随始伯祖高祖谅归附，除招远总管，庚子谅于采石阵亡，谦调升广武卫百户，洪武元年征进中原除天长卫副千户，三年授世袭，四年征西蜀升除广武卫指挥佥事，十三年调绍兴卫，十七年调云南右卫，故。高祖高宣系嫡长男，本年五月袭，比，故。曾祖高勋系嫡长男，正统三年九月比袭，景泰三年湖广香炉山杀贼获功一级升署指挥同知，天顺元年贵州关索岭等处杀贼获功升指挥同知，又于湖广鬼板杀贼获功升实授指挥同知，三年贵州开通道路杀贼获功一级升指挥使，历升都指挥同知，故。祖高胜系嫡长男，优给，成化三年九月袭，纳米免比，功升都指挥佥事，疾。伯高泰系嫡长男，正德八年十二月替，比，嘉靖三年犯奸为民，六年寻甸等府有功升小旗，老疾。堂兄高懋忠系庶长男，二十三年四月比，袭革指挥佥事，调临安卫，二十四年故绝。懋恩系堂弟，三十年二月比，袭临安卫指挥佥事。

一辈高谦，已载前黄。

二辈高宣，已载前黄。

三辈高勋，旧选簿查有：正统三年九月，高勋，系云南右卫世袭指挥佥事高宣嫡长男。

四辈高胜，旧选簿查有：成化三年九月，高胜，年二岁，系云南都司都指挥同知高勋庶长男。伊父原系云南右卫指挥佥事，节次获功历升指挥使，又升都指挥同知，故。照例革与本人指挥使俸优给，于本卫关支，候出幼袭职。

五辈高泰，旧选簿查有：正德八年，高泰，巢县人，系云南都司都指挥佥事高胜嫡长男。伊父原系云南右卫指挥使，功升前职，今患疾，本人照例革替伊父原卫原职指挥使。

六辈高懋忠，旧选簿查有：嘉靖二十二年四月，高懋忠，年二十五岁，巢县人，系云南右卫为民年老指挥使高泰庶长男。伊父原袭指挥使，为事问革为民，今年老。所据伊曾祖高勋香炉山功升署指挥同知，贵州开通道路功升指挥使，及伊父泰为民后功升小旗不及祖职，俱应减革，本舍照例革袭指挥佥事，注调临安卫带俸差操。

七辈高懋恩，已载前黄。·179·

八辈高承胤，年十一岁，万历二十二年四月，大选过临安卫故指挥佥事高懋恩侄，照例与全俸优给，至万历二十五年终住支。

万历二十八年十二月，高承胤，年十七岁，出幼袭职，比中三等，限外三年有无多支俸粮，查扣。

侯明之·指挥佥事

外黄查有：侯敏，怀远县人。祖父侯兴旧名，甲辰年军，充小旗，丙午年充总旗，洪武三年除升副千户，故。父侯蛮儿袭副千户，十九年为卖放囚人事问招免死发金齿充军，二十五年复职，除副千户，改名侯礼，三十五年小河阵亡。敏系嫡长男，袭。侯敬[系]亲弟，兄宣德六年为事问发运砖，故，嫡次男侯长幼小，敬准借职，待长成，还与职事。侯晟系故指挥佥事侯福嫡长男，袭。

一辈侯兴，已载前黄。

二辈侯礼，已载前黄。

三辈侯敏，旧选簿查有：永乐元年五月，侯敏，系龙里卫中所世袭副千户侯礼旧名理嫡长男。

四辈侯敬，旧选簿查有：宣德九年八月，侯敬，系龙里卫中所世袭副千户侯敏亲弟，兄为事运砖病故。有嫡次男侯长年七岁，幼小，本人年壮借职，钦准本人袭职，调临安卫前千户所，待长成，还与职。

功次簿查有：正统七年麓川二次头功，副千户升正千户一员侯敬。

五辈侯福，旧选簿查有：正统八年，侯福，系临安卫前所年老正千户侯敏嫡次男。

六辈侯晟，旧选簿查有：天顺八年八月，侯晟，年十五岁，怀远县人，系临安卫前所正千户侯福嫡长男，钦与世袭。

七辈侯文暹，旧选簿查有：成化十八年十一月，侯文暹，怀远县人，系临安卫前所故世袭正千户侯晟堂弟。

八辈侯辅，旧选簿查有：正德十三年八月，侯辅，怀远县人，系临安卫前所年老世袭正千户侯文暹嫡长男。

功次簿查有：嘉靖元年广西十八寨一人自擒斩贼级三名颗，临安卫前所正千户升指挥佥事一员侯辅。

九辈侯蕃，缺。

十辈侯明之，旧选簿查有：嘉靖三十四年二月，侯明之，年八岁，怀远县人，系临安卫指挥佥事侯蕃庶长男，照例与全俸优给，至嘉靖四十年终住支。

嘉靖四十四年二月，侯明之，年二十岁，怀远县人，系临安卫故指挥佥事侯蕃男，优给出幼袭职。

万历七年九月十二日，一件举劾武职官员事，该巡按御史刘维造缴招罪文册内开：临安卫指挥佥事侯明之犯该科敛军钱问充曲靖卫终身军。·180·

十一辈侯加爵，万历三十二年三月，单本选过临安卫署指挥佥事一员侯加爵，年二十九岁，怀远县人，系老指挥佥事侯明之嫡长男。查副千户系国初功，其升正千户系麓川功，无擒斩已有可议，至侯辅苗蛮功选止载三级，于例亦当稍减。伊父又犯军罪，姑免驳查，准减袭署指挥佥事，比中二等。

十二辈侯进爵，天启五年二月，大选过临安卫署指挥佥事一员侯进爵，年四十岁，系故署指挥佥事侯加爵亲弟，比中二等。

李延之·指挥佥事

外黄查有：李灏，罗山县人。祖李思齐，元朝太尉平章，洪武二年归附，三年除中书平章，故。父李永昌旧名世昌，钦除指挥同知，十八年钦依降除临安卫指挥佥事，故。灏系嫡长男，袭指挥佥事。李瀚系李灏庶弟，兄故，无儿，嫡次兄李澂袭，故，无儿，李洪袭，故，男李珉年幼，瀚钦准借授指挥佥事，待长成，还与职事。

一辈李思齐，已载前黄。

二辈李永昌，已载前黄。①

三辈李灏，旧选簿查有：永乐二年四月，李灏，年十六岁，系临安卫故世袭指挥佥事李永昌旧名昌世（世昌）嫡长男。

---

① 《明太祖实录》卷92，洪武七年八月癸丑，"以李世昌为金吾卫指挥同知。世昌，平章李思齐子也"；卷93，九月戊辰，"中书平章政事李思齐卒。思齐，字世贤，汝宁罗山县人。元李汝颖兵起，思齐率义兵屡复郡县，元以思齐有功授汝宁府府judge，后守关陕，累官太尉中书平章政事兼枢密院事。及王师入关，思齐退走凤翔，又走临洮，大将军徐达分遣都督冯宗异取临洮，思齐遂率众降。入朝，授江西行省左丞，洪武三年从大将军破定西王保保，还取兴元，升中书平章政事，复从征大同，行次代县得疾，还京师，赐第一区，授其子世昌金吾右卫指挥同知，甥郑玉羽林卫镇抚。思齐至是卒，时年五十二，遣官祭之，其妾郑氏亦自经死，追赠淑人，谥曰贞烈，合葬于上元县之向村"。

四辈李澂，旧选簿查有：永乐二十年三月，李澂，系临安卫故世袭指挥佥事李灏亲弟。

五辈李洪，旧选簿查有：永乐二十二年五月，李洪，系临安卫故世袭指挥佥事李澂庶兄。

六辈李潾，已载前黄。·181·

七辈李珉，旧选簿查有：正统二年四月，李珉，年十六岁，系临安卫故世袭指挥佥事李洪嫡长男。先因年幼，叔李潾借职，今长成，退还职事，伊叔革闲。

八辈李蕃，旧选簿查有：成化五年九月，李蕃，罗山县人，系临安卫世袭指挥佥事李珉庶长男。

九辈李实，旧选簿查有：成化十八年十一月，李实，年十五岁，罗山县人，系临安卫故世袭指挥佥事李蕃嫡长男。

十辈李完，旧选簿查有：正德元年九月，李完，罗山县人，系临安卫故世袭指挥佥事李实亲弟。

十一辈李仁，旧选簿查有：正德十年十二月，李仁，年五岁，罗山县人，系临安卫已故世袭指挥佥事李完嫡长男，钦与全俸优给，至正德十九年终住支。

十二辈李中珎，旧选簿查有：嘉靖二十六年二月，李中珎，罗山县人，系临安卫故指挥佥事李仁嫡长男。

十三辈李延之，旧选簿查有：嘉靖三十四年二月，李延之，年六岁，罗山县人，系临安卫故指挥佥事李中珎嫡长男，照例与全俸优给，至嘉靖四十二年终住支。

嘉靖四十四年二月，李延之，年十六岁，罗山县人，系临安卫故指挥佥事李中珎嫡长男。

十四辈李宗龄，万历十八年二月，李宗龄，年十七岁，罗山县人，系临安卫故指挥同知李延之嫡长男。伊父原袭指挥佥事，万历十一年征莽贼部功升指挥同知，十六年故。所据伊父部功升级例不准袭，本舍合照例革袭指挥佥事，比中三等。

十五辈李宗祚，万历四十六年七月，单本选过临安卫减袭指挥佥事一员李宗祚，年二十七岁，系故指挥同知李宗龄亲弟。查李宗祚祖职原系指挥佥事，伊兄李宗龄顺大地方功一级，题准不世袭，本舍以弟承兄，应减袭指挥佥事，比中二等。

刘时中·指挥佥事

一辈刘旺，缺。

二辈刘渊，旧选簿查有：洪武三十一年正月，刘渊，系楚雄卫后所世袭副千户刘旺嫡长男。

三辈刘昭，旧选簿查有：宣德八年八月，刘昭，系临安卫指挥佥事刘渊庶长男。父原系楚雄卫后所世袭副千户，革除年间升除前职，永乐三年调前卫管事，钦准本人替原职副千户，定本卫后所。·182·

正千户功次：候查。

四辈刘玑，旧选簿查有：成化五年八月，刘玑，平遥县人，系临安卫后所正千户刘昭嫡长男，钦与世袭。

五辈刘志[雄]，旧选簿查有：成化十五年三月，刘志雄，平遥县人，系临安卫后所故世袭正千户刘玑嫡长男。

六辈刘光，旧选簿查有：正德十三年八月，刘光，年十五岁，平遥县人，系临安卫后所为事革职年老世袭正千户刘志雄庶长男，优给出幼。

指挥佥事功次：候查。

七辈刘时中，旧选簿查有：嘉靖三十二年十月，刘时中，年五十九岁，平遥县人，系临安卫指挥佥事刘光嫡长男。

八辈刘坦，万历四年十二月，刘坦，年六岁，平遥县人，系临安卫年老指挥佥事刘时中庶长男，照例与全俸优给，至万历十二年终住支。

万历十三年十月，刘坦，年十六岁，平遥县人，系临安卫年老指挥佥事刘时中庶长男，出幼袭职，比中二等。

华应臣·指挥佥事

一辈华驴驴，缺。

二辈华八郎，缺。

三辈华俊，缺。

四辈华嵩，旧选簿查有：永乐二十年正月，华嵩，年十七岁，系交州中卫世袭指挥佥事华俊嫡长男。父原系临安卫指挥佥事，为事征进交阯，复职前卫，病故。钦准袭职，仍回临安管事。

旧选簿查有：景泰四年三月，华嵩，原系临安卫指挥使，为事充军，调征麓贼有功升金齿千户所副千户，于贵州杀贼获功该升一级，具奏钦升正千户，注临安卫。

五辈华铎，旧选簿查有：成化二年十一月，华铎，山后人，系临安卫指挥使华嵩

嫡长男，钦与世袭。·183·

六辈华玉，旧选簿查有：正德元年十二月，华玉，唐兀台人，系临安卫年老世袭指挥使华铎嫡长孙。

七辈华应臣，缺。

八辈华大任，万历四年八月，华大任，年二十六岁，唐兀台人，系临安卫故指挥佥事华应臣嫡长男。

李思儋·指挥佥事

天启六年十二月，大选过临安卫指挥佥事一员李思儋，年十七岁，出幼袭职。限外有无多支俸粮，查扣，比中一等。

崇祯十二年六月，大选过临安卫指挥佥事一员李应震，年二十七岁，系故指挥佥事李思儋亲叔，比中三等。①

魏朝凤·指挥佥事

外黄查有：魏朝凤，年四十岁，系云南临安卫钦准世袭实授指挥佥事，原籍永平府滦州人。始祖魏玉洪武三年归附从军，拨神策卫充参随，四年招集漫散头目魏仕能等二百名赴京升神武卫右所总旗，五年拨兴武卫右所，十五年拨临安卫中所，十九年功升本卫右所世袭百户，故。高祖魏信系庶长男，三十四年袭，故。曾祖魏海系嫡长男，永乐二十二年袭，景泰三年湖广香炉山杀贼头功升授副千户，五年残疾。祖魏辅系嫡长男，天顺元年十二月替，钦准实授，成化二年西堡功升授正千户，二十三年实授，老。伯魏镛系嫡长男，弘治元年十月替袭正千户，事故。亲兄魏翰系嫡长男，六年七月袭，故。侄魏忠系嫡长男，正德十四年二月袭，嘉靖六年寻甸斩首四颗升授指挥佥事，故绝。朝凤系亲叔，三十四年十二月香炉山、西堡俱有擒斩，并升指挥佥事。

一辈魏玉，已载前黄。

二辈魏信，旧选簿查有：洪武三十四年，魏信，系临安卫右所故百户魏玉庶长男。·184·

---

① 《总汇》本册第166页又有"李思儋·指挥佥事"选簿，载李思儋优给履历。

三辈魏海，旧选簿查有：永乐二十二年十一月，魏海，年十六岁，系临安卫右所故世袭百户魏信嫡长男。

功次簿查有：景泰三年香炉山等处杀贼功升一级，临安卫百户升副千户一员魏海。

四辈魏辅，旧选簿查有：天顺元年十二月，魏辅，年二十八岁，滦州人，系临安卫右所副千户①魏海嫡长男。父原系百户，于湖广香炉山等处杀贼头功升授前职，今患疾，钦准本人替实授副千户。

五辈魏镛，旧选簿查有：弘治元年十月，魏镛，滦州人，系临安卫右所正千户魏辅嫡长男。父原实授正千户，成化二十三年二月内实授，本人照例替世袭正千户。

六辈魏翰，旧选簿查有：弘治六年七月，魏翰，滦州人，系临安卫右所世袭正千户职事，原系魏镛嫡长男。

七辈魏忠，旧选簿查有：正德十四年二月，魏忠，滦州人，系临安卫右所世袭正千户职事，原系魏翰嫡长男。

八辈魏朝凤，旧选簿查有：嘉靖三十四年十二月，魏朝凤，滦州人，系临安卫故指挥佥事魏忠亲叔。伊曾祖海原袭祖职世袭百户，景泰三年香炉山功升授副千户，老。祖辅替，成化二年西堡功升授正千户，老。沿袭至忠，嘉靖六年寻甸斩首四颗升授指挥佥事，今故绝。所据香炉山、西堡俱查有擒斩，并伊亲侄忠升授指挥佥事职级，系功次簿、堂稿相同，准与本舍照例准世袭实授指挥佥事。

九辈魏承爵，万历三年六月，魏承爵，年二十三岁，滦州人，系临安卫世袭指挥佥事一员，比中二等。

十辈魏国勋，万历三十一年十二月，大选过临安卫右所署实授百户一员魏国勋，年二十九岁，滦州人，系老指挥佥事魏承爵嫡长男。查本舍供内官衔，选簿系指挥佥事，而黄内则止署副千户，前弊无穷，相应申究，而年远难追，姑就署职上降一级，与袭署实授百户，注右所，比中二等。

十一辈魏运徵，崇祯十三年六月，大选过临安卫右所署实授百户一员魏运徵，年三十岁，系老署实授百户魏国勋嫡长男，比中二等。

---

① 原选条"副"与"魏海"前各有约一字、三字的洗改痕迹。

郭珠·正千户

内黄查有：郭忠，沅陵县人。有父郭受甲辰年从军充小旗，洪武元年调武昌卫左所，九年并充总旗，十七年除府军前卫中左所百户，二十一年除横海卫副千户，为报脚色差错降临安卫右所世袭百户，三十三年故。忠系庶长男，三十四年袭临安卫右所世袭百户。

一辈郭受，已载前黄。·185·

二辈郭忠，旧选簿查有：洪武三十四年六月，郭忠，年十九岁，系临安卫右所故世袭百户郭受庶长男，钦袭本卫所世袭百户。

三辈郭伦，旧选簿查有：正统元年十月，郭伦，系临安卫右所世袭百户郭忠嫡长男。

四辈郭祯，旧选簿查有：成化三年二月，郭祯，沅陵县人，系临安卫右所正千户郭伦嫡长男，钦与世袭。

五辈郭镇，旧选簿查有：成化二十年十月，郭镇，沅陵县人，系临安卫右所世袭副千户郭祯嫡长男。

六辈郭仕濡，旧选簿查有：嘉靖十四年十月，郭仕濡，年二十岁，沅陵县人，系临安卫右所故副千户郭镇嫡长孙。伊高祖伦以百户贵州杀贼天顺二年陈情升前职，曾祖以下沿袭。本人照例革贵州杀贼陈情一级，与袭祖职百户。

七辈郭珠，旧选簿查有：嘉靖四十二年二月，郭仕濡，年五十六岁，系临安卫右所实授百户，今患疾在所。有嫡长男郭珠，见年二十一岁，告替，照旧实授百户。

八辈郭自全，万历十五年八月，郭自全，年十九岁，沅陵县人，系临安卫右所患疾实授百户郭珠嫡长男，比中二等。

九辈郭勋华，年六岁，系临安卫右所故实授百户郭自全嫡长男，万历二十四年九月，全俸优给，至三十二年终住支。①

万历三十五年二月，大选过临安卫右所实授百户一员郭勋华，年十七岁，系故实授百户郭自全嫡长男，比中二等。

---

① 该"九辈郭勋华"优给选条，又阑入《总汇》本册第293页"李功臣·实授百户"选簿，作"十辈郭勋华"选条，为"十辈郭勋华：年六岁，系临安卫右所故实授百户郭自全嫡长男，全俸优给，至万历三十二年终住支"。

查绍祖·指挥佥事

外黄查有：查荣，浮梁县人，查旭嫡长男。有祖查实庚子年归附，洪武四年拟充权百户，赴京钦除兴化卫百户，故。父查旭袭，除金吾后卫后所流官百户，十八年升云南前卫右所世袭副千户，三十三年阵亡。荣告袭，三十四年袭升云南前卫前所世袭正千户，永乐元年调临安卫中所。查俊系查豫嫡长男，伊父故，俊正德元年袭授临安卫中所世袭正千户。

一辈查实，已载前黄。

二辈查旭，已载前黄。

三辈查荣，已载前黄。

正千户功次：已载四辈选条。·186·

四辈查瑄，旧选簿查有：正统五年八月，查瑄，系临安卫中所副千户查荣庶长男。父为事问发金齿立功，不曾复职，剿杀蛮寇与贼对敌阵亡。本人年壮，钦准照例升一级袭流官正千户，调澜沧卫右所。

五辈查琳，旧选簿查有：景泰五年六月，查琳，浮梁县人，系澜沧卫右所故流官正千户查瑄亲弟，钦与世袭。

六辈查巽，旧选簿查有：成化八年四月，查巽，浮梁县人，系临安卫中所故世袭正千户查林（琳）嫡长男。

七辈查豫，旧选簿查有：成化十六年二月，查豫，浮梁县人，系临安卫中所故世袭千户查巽亲弟。

功次簿查有：成化十年安南头功一级该升指挥佥事。

八辈查俊，旧选簿查有：正德元年五月，查俊，浮梁县人，系临安卫中所故世袭正千户查豫嫡长男。

指挥佥事功次：查明安南头功一级，准儿男世袭指挥佥事。①

九辈查星，旧选簿查有：嘉靖十五年二月，查星，年二十岁，浮梁县人，系临安卫故指挥佥事查俊嫡长男。

---

① 此"七辈查豫"选条"成化十年安南头功一级该升指挥佥事"以小字载在"功次簿查有"左侧，"八辈查俊"选条"查明安南头功一级准儿男世袭指挥佥事"并没有紧接该选条"指挥佥事功次"右侧下，而是留有一小字的空白，当系补造所加。其所指"安南头功"为"成化十年"功，当系六辈查巽所历功，而七辈查豫仍袭其兄查巽原职正千户，至八辈查俊仍袭其父查豫原职正千户。查俊袭正千户之后方查出查巽之"安南头功"，查豫、查俊皆未载袭升，隔辈补造而未知所属，故载上述文字于七辈、八辈选条空白处。

十辈查绍祖，旧选簿查有：嘉靖三十九年六月，查绍祖，年二十岁，浮梁县人，系临安卫故指挥佥事查星嫡长男，准袭授指挥佥事。

十一辈查世科，万历四十一年八月，大选过临安卫指挥佥事一员查世科，年二十二岁，系故指挥佥事查绍祖庶长男，比中二等。

侯仲·正千户

外黄查有：侯旺，旧名世旺，江都县人，前元张氏下副使，吴元年归附，洪武三年充小旗，八年充总旗，十八年升云南前卫左所百户，永乐元年调临安卫左所。侯达系侯旺庶长男，父老疾，嫡兄侯显替职，征交阯亡故，无儿男，达袭百户。侯昇系侯达嫡长男，父征麓川有功，正统七年升本卫所副千户，老，昇天顺三年替临安卫副千户。

一辈侯旺，已载前黄。

二辈侯显，旧选簿查有：永乐二年七月，侯显，系临安卫左所世袭百户侯旺嫡长男。

三辈侯达，旧选簿查有：永乐十三年十月，侯达，年十八岁，系临安卫左所失陷世袭百户侯显庶弟。

四辈侯昇，旧选簿查有：天顺三年六月，侯昇，江都县人，系临安卫左所副千户侯达嫡长男，钦与世袭。·187·

五辈侯琛，旧选簿查有：弘治元年十月，侯琛，江都县人，系临安卫左所世袭副千户侯昇嫡长男。

六辈侯璋，旧选簿查有：弘治十七年闰四月，侯璋，江都县人，系临安卫左所故世袭副千户侯琛亲弟。

抄誊功次簿查有：征剿广西十八寨升一级不赏官旗军舍五十三员名，一人擒斩贼级三名颗，临安卫左所副千户升正千户一员侯璋。

嘉靖八年，云南寻甸军民府首贼安铨率领夷贼攻围寻甸等处升实授一级加赏，一人擒斩贼级五名颗，指挥、千、百户、旗、舍四十四员名，临安卫正千户升指挥佥事一员侯璋。

七辈侯仲，旧选簿查有：嘉靖十八年二月，侯仲，江都县人，系临安卫故指挥佥事侯璋嫡次男。伊曾祖达以百户麓川功升副千户，沿至父璋，征广西升正千户，寻甸升指挥佥事。所据麓川功无头功，本人照例革与正千户，注中所。

八辈侯述文，隆庆四年八月分，侯述文，年二十五岁，江都县人，系临安卫中所故纳级指挥佥事侯仲嫡长男。伊父原袭祖职正千户，嘉靖二十八年纳授指挥佥事，隆庆二年故。所据纳级虚衔例不准袭，本舍照例革袭祖职正千户。

九辈侯增爵，万历十一年二月，侯增爵，年五岁，江都县人，系临安卫左所故正千户纳级指挥佥事侯述文嫡长男。伊父原袭祖职正千户，嘉靖二十八年加纳指挥佥事，隆庆二年故。所据伊父纳级虚衔例不准袭，本舍照例革与祖职正千户俸优给，扣至万历二十年终住支，出幼袭职。

万历二十二年四月，大选过临安卫左所正千户一员侯增爵，年十六岁，系故正千户侯述文嫡长男，出幼袭职。违一年，限外有无多支俸粮，查扣关支，比中二等。

刘宾·正千户

外黄查有：刘顺，旧名添王奴，三原县军籍，系刘孛儿直嫡长孙。祖前乌撒宣慰司同知，洪武十六年赴京，钦除临安卫世袭卫镇抚，故，顺二十六年袭临安卫世袭卫镇抚。刘芳系刘顺嫡次男，父公干故，兄刘清患疾不能袭，芳永乐九年优给，十一年袭职。刘英系刘芳亲弟，兄袭职，故，无儿男，长兄清残疾，不堪承袭，有男刘敬幼小，英宣德元年借授本卫卫镇抚，待长成，还与职事。

一辈刘孛儿直，已载前黄。

二辈刘顺，旧选簿查有：洪武二十六年九月，刘顺，旧名添王奴，系临安卫故卫镇抚刘孛儿直嫡长孙。祖系洪武十四年云南归附，除卫镇抚，不分流世，病故。拟奏年浅，难准承袭，引至御前，钦依："着袭了，与世袭"，仍授本卫世袭卫镇抚。

三辈刘芳，旧选簿查有：永乐十五年六月，刘芳，年十六岁，系临安卫故世袭卫镇抚刘顺嫡次男。

四辈刘英，旧选簿查有：宣德元年十一月，刘英，年十八岁，系临安卫故世袭卫镇抚刘芳亲弟。兄刘清残疾，不堪承袭，有嫡长男刘敬年四岁，幼小，钦准本人借职，待长成，还与职事。·188·

五辈刘傑，缺。

六辈刘瑄，缺。

七辈刘金，缺。

堂稿查有：嘉靖十四年，题升云南嶍峨、昆阳等县获功升实授一级不赏，一人自擒斩贼级三名颗、四名颗、五名颗汉官旗，临安卫卫镇抚升正千户刘金。

八辈刘宾，旧选簿查有：嘉靖二十五年六月，刘宾，三原县人，系临安卫左所老疾正千户刘金嫡长男。

九辈刘成名，万历十三年二月，刘成名，年十二岁，三元县人，系临安卫左所故绝正千户刘宾堂侄。查本舍系五辈未袭，已经驳查无碍，应照新例量降一级。及查伊堂伯祖刘金嘉靖十四年嶍峨县功升正千户一级，在本舍为犯堂，例应减革。通前应减二级，合以实授百户全俸优给，至万历十五年终住支。

九辈刘成名，万历十八年八月，刘成名，年十七岁，三元县土人，系临安卫左所实授百户刘宾堂侄，今出幼袭职，土官不比。

十辈刘佩龙，万历三十三年八月，刘佩龙，年七岁，系临安卫左所故实授百户刘成名嫡长男，照例与全俸优给，至四十年终住支。

泰昌元年十月，大选过临安卫左所实授百户一员刘佩龙，年二十二岁，出幼袭职，比中一等。

周诏·正千户

一辈周仲，缺。

二辈周暹，旧选簿查有：永乐十五年九月，周暹，系临安卫左所世袭副千户周仲庶次男。

功次簿查有：正统六年麓川功次，临安卫左所副千户二次头功升世袭正千户一员周暹。

三辈周宗，旧选簿查有：天顺元年十二月，周琮，年二十一岁，和州人，系临安卫左所正千户周暹庶长男，钦与世袭。

四辈周政，旧选簿查有：成化六年九月，周政，年十五岁，和州人，系临安卫左所故世袭正千户周宗嫡长男。

五辈周冕，旧选簿查有：弘治九年五月，周冕，和州人，系临安卫左所故世袭正千户周政嫡长男。

六辈周潮，旧选簿查有：嘉靖二年九月，周潮，年十五岁，和州人，系临安卫左所故世袭正千户周冕嫡长男。

七辈周诏，审稿查有：嘉靖四十四年十二月，周诏，年三十五岁，和州人，系临男。父为老疾告替，系在外守御，洪武二十三年蜀府看榜升副千户。父子俱至御前，钦依："虽是迟年升的，他从军年深，替了，再升他男做世袭正千户，还回本卫所管事"。

七年九月，孙昂，系重庆卫黔江守御所故世袭正千户孙文嫡长男。

正统元年九月，孙祐，年十七岁，系重庆卫黔江守御所故世袭正千户孙昂嫡长男。

成化三年三月，孙庆禄，年十六岁，和州人，系重庆卫黔江守御所典刑世袭正千户孙祐嫡长男。

成化十七年四月，孙裬，和州人，系重庆卫黔江守御所为事监故正千户孙庆禄堂叔，本人年壮袭职，照例调临安卫左所带俸差操。

胡光·卫镇抚·194·

一辈胡俊，缺。

二辈胡智，旧选簿查有：洪武二十八年四月，授临安卫卫镇抚胡智。

三辈胡瀚，旧选簿查有：洪武三十二年七月，胡瀚，系临安卫故世袭卫镇抚胡智嫡长男。

四辈胡雄，旧选簿查有：正统九年八月，胡雄，年十五岁，系临安卫世袭卫镇抚胡瀚庶长男。

五辈胡璘，旧选簿查有：成化二十一年四月，胡璘，蕲州人，系临安卫世袭卫镇抚胡雄嫡长孙。

六辈胡经，旧选簿查有：弘治六年七月，胡经，年十一岁，系临安卫故世袭卫镇抚胡璘嫡长男，钦与全俸优给，至弘治九年终住支。

七辈胡光，旧选簿查有：嘉靖二十八年十月，胡光，年四岁，蕲州人，系临安卫为民故卫镇抚胡经嫡次男。伊父原袭祖[职]镇抚，犯奸问革为民，今故。本舍与袭祖职卫镇抚，照例注调楚雄卫。

八辈胡世禄，万历四十五年六月，大选过临安卫镇抚一员胡世禄，年二十二岁，蕲州人，系临安卫原调楚雄卫故镇抚胡光堂侄孙，准还临安卫，比中二等。

施大用·副千户

外黄查有：施智，霍丘县人。有父施得旧名张得前，吴元年克本城归附，拨骁骑左卫马军小旗，洪武元年克东昌、济宁、汴梁等处，二年克西京、鹿台，选充总旗，三年定西败王保保等除授羽林右卫右所百户，四年授流官，六年调广西都卫，八年调桂林左卫，九年征剿贺州等处，十二年改桂林中卫，十三年调守平卫，十五年换给世袭敕命，二十年征进金山复职，调云南前卫左所百户，二十八年改云南右护卫，二十九年正月钦改云南左护卫左所，三十年故，无嫡男。智系庶长男，三十二年袭百户，永乐元年调临安卫左所。贵系智嫡长男，父故，贵十九年五月全俸优给，宣德元年十二月袭授本卫所百户，天顺四年故。轧系贵嫡长男，天顺五年袭百户。父故，惠系轧嫡长男，成化十八年八月袭授临安卫左所世袭副千户。恩系故父惠嫡长男，嘉靖三年九月袭。大才系老副千户恩嫡长男，二十六年十月替职。·195·

一辈施德：已载前黄。

二辈施智，旧选簿查有：洪武三十二年七月，施智，年十二岁，系云南左护卫左所故世袭百户施德庶长男。

三辈施贵，旧选簿查有：永乐十九年五月，施贵，系临安卫左所故世袭百户施智嫡长男。

功次簿查有：正统七年征麓川功，云南临安卫左所百户三次头功，为因军器不整决罚纪罪后有功不升，止升未为事之先一级，升副千户一员施贵。

四辈施轧，旧选簿查有：天顺五年八月，施轧，霍丘县人，系临安卫左所故副千户施贵嫡长男，钦与世袭。

五辈施惠，旧选簿查有：成化十八年八月，施惠，年十五岁，霍丘县人，系临安卫左所故世袭副千户施轧嫡长男。

六辈施恩，旧选簿查有：嘉靖三年九月，施恩，霍丘县人，系临安卫左所故世袭副千户施惠嫡长男。

七辈施大才，旧选簿查有：嘉靖二十六年十月，施大才，霍丘县人，系临安卫左所老疾副千户施恩嫡长男。

八辈施大用，旧选簿查有：嘉靖四十一年二月，施大用，年三十五岁，霍丘县人，系临安卫左所故副千户施大才堂弟。伊堂兄原袭祖职副千户，嘉靖三十四年故，堂侄施庆得患风瘫，不堪承袭。本舍照例与借祖职副千户，待后伊堂侄施庆疾痊，或生有儿男，退还职事。

九辈施善庆，万历五年十月，施善庆，年二十岁，霍丘县人，系临安卫左所故副千户施大用嫡长男，比中二等。

十辈施泽民，万历四十一年二月，大选过临安卫左所副千户一员施泽民，年十八岁，系故副千户施善庆嫡长男，比中一等。

何朝相·副千户

外黄查有：何全，合肥县人。祖何聚洪武元年从军，二年除百户，十七年征金齿升副千户，二十二年问发充军，二十五年复除副千户，三十年老。父何暹替，永乐五年故。全系庶长男，与副千户俸优给。何俊系何全亲弟，兄优给故，俊袭副千户。何广系何俊嫡长男。何庆系何广嫡长男。何嵩系何庆嫡长男。

一辈何聚，已载前黄。

二辈何暹，已载前黄。

三辈何全，旧选簿查有：永乐八年五月，何全，系临安卫左所故世袭副千户何暹庶长男。

四辈何俊，旧选簿查有：永乐二十年正月，何俊，年十七岁，系临安卫左所故世袭副千户何暹庶次男，兄何全优给病故。

五辈何广，旧选簿查有：景泰四年八月，何广，合肥县人，系临安卫左所故世袭副千户何俊嫡长男。

六辈何庆，旧选簿查有：成化二十二年七月，何庆，合肥县人，系临安卫左所世袭副千户何广嫡长男。

七辈何嵩，旧选簿查有：正德十年六月，何嵩，合肥县人，系临安卫左所年老副千户何庆嫡长男。

八辈何朝相，旧选簿查有：嘉靖二十六年十月，何朝相，合肥县人，系临安卫左所年老副千户何嵩嫡长孙。伊祖原袭祖职副千户，老，伊父何言先以舍人为事问拟减等徒罪，患疾，不堪承替，本舍照例与替祖职副千户。

九辈何应宗，万历二年八月，何应宗，年二十五岁，合肥县人，系临安卫左所老疾副千户何朝相嫡次男。伊父原袭祖职副千户，今年老，应该伊兄何应祖承替，患疾，无子。本舍照例准借替祖职副千户，待后伊兄疾痊，或生有儿男，退还职事。

十辈何立本，万历二十四年三月，单本选过临安卫左所副千户何立本，年十八岁,合肥县人。伊叔原借袭祖职副千户,今老,例应退还,本舍照例袭副千户,比中二等。

十一辈何敦本,天启六年四月,大选过临安卫左所副千户一员何敦本,年四十岁,系老副千户何立本亲弟,比中二等。

十二辈何之蕃,崇祯六年八月,单本选过临安卫左所副千户优给舍人一名何之蕃,年三岁,系故副千户何敦本嫡长男,照例与全俸优给,至崇祯十七年终住支。

吴子忠·副千户

内黄查有:吴政,襄阳县人。有父吴麒,壬寅年归附,甲辰年充总旗,吴元年除通州卫百户,洪武三十年故。有嫡长兄吴福故,政系嫡次男,永乐元年袭临安卫左所百户。吴斌系吴政亲侄,有祖吴麒故,斌眼疾,叔借职,今痊,永乐十年袭百户,伊叔革闲。吴敬系吴斌亲弟,兄故,有男吴熊,宣德五年袭百户,待长成,还与职事。吴熊系吴敬亲侄,叔宣德五年袭职,故,熊宣德十年优给,正统四年袭百户。吴权系吴熊嫡长男,父景泰七年故,权天顺三年袭百户。吴仕贤系吴呆嫡长男,瘸疾,士贤正德八年替百户。·197·

一辈吴麒,已载前黄。

二辈吴政,旧选簿查有:永乐元年九月,吴政,系云南左护卫左所故世袭百户吴麒嫡次男。本所官军已调临安卫左所,兄有嫡长男吴斌,年十六岁,患眼疾,钦准令政袭职,授临安卫左所世袭百户,待侄长成,①还与职事。

三辈吴斌,旧选簿查有:永乐十年六月,吴斌,系临安卫左所故世袭百户吴麒嫡长孙。本人先患眼疾,叔吴政借职,今眼疾痊可,退还职事,伊叔革闲。

四辈吴敬,已载前黄。

五辈吴熊,旧选簿查有:正统四年九月,吴熊,年十六岁,系临安卫左所故世袭百户吴斌嫡长男。先因年幼,叔吴敬借职,病故,已与本人优给,今出幼,钦准袭职。

六辈吴权,旧选簿查有:天顺三年四月,吴权,年十五岁,襄阳县人,系临安卫左所故世袭百户吴熊嫡长男。

---

① 原簿"长成"二字旁各加小"×",系删除符号。吴政侄斯时"年十六岁",已"长成"但"患眼疾",故此处"长成"当改"疾痊"为确。

七辈吴昊,旧选簿查有:弘治元年十二月,吴昊,襄阳县人,系临安卫左所世袭百户吴权嫡长男。

八辈吴士贤,旧选簿查有:正德八年十月,吴士贤,襄阳县人,系临安卫左所百户吴昊嫡长男。

堂稿查有:嘉靖十四年三月,拟升调征云南嵎峨等处一人自擒斩贼级三名颗临安卫左所实授百户升副千户吴士贤。

九辈吴绍先,旧选簿查有:嘉靖十四年八月,吴士贤,年五十三岁,襄阳县人,系临安卫左所患疾百户。本人先征嵎峨等处斩首三颗升副千户,未任,今患疾在所。有嫡长男吴绍先,年二十七岁,告替,照例加伊父功升一级,与做副千户。

十辈吴子忠,旧选簿查有:嘉靖三十二年八月,吴子忠,年二十四岁,襄阳县人,系临安卫左所副千户今患疾在所吴绍先嫡长男。

十一辈吴道行,万历十一年十月,吴道行,年三十三岁,襄阳县人,系临安卫老疾纳级指挥佥事吴子忠嫡长男。伊父原袭祖职副千户,嘉靖三十七年遇例加纳指挥佥事,四十一年中式武举加升署指挥使,历升四川松潘副总兵,今老疾。所据伊父纳级虚衔并武举署职及推升流官,俱例不准替,本舍合照例革替祖职副千户于原左所,比中一等第十八名。

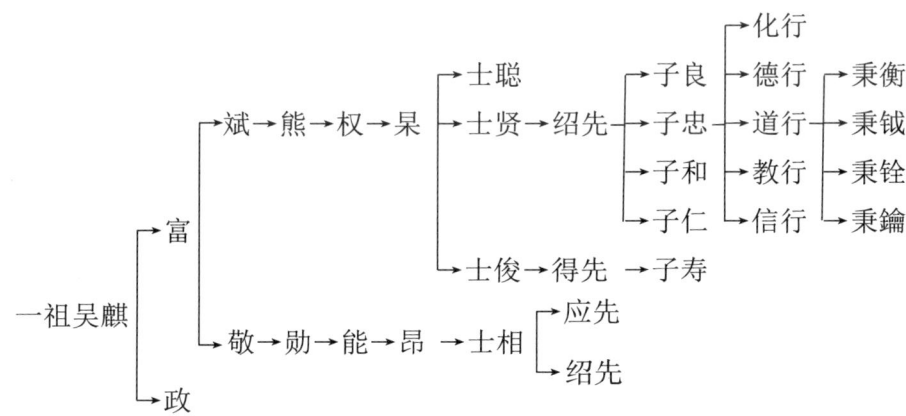

十二辈吴秉钺，万历二十三年正月，单本选过吴秉钺，年十八岁，襄阳［县］人，系临安卫左所故世袭副千户纳级指挥佥事吴道行男。伊父原袭副千户，遇例纳级指挥佥事，今故。所据纳级虚衔例不准袭，本舍照旧与袭副千户，比中三等。

十三辈吴宗业，崇祯二年四月，大选过临安卫左所副千户一员吴宗业，年二十岁，系故副千户吴秉钺嫡长男，比中二等。·198·

杨大有·副千户

一辈杨茂，缺。

二辈杨英，旧选簿查有：永乐八年四月，杨英，系临安卫左所老疾在卫世袭百户杨茂嫡长孙。

三辈杨晔，旧选簿查有：永乐二十年十一月，杨晔，系临安卫左所故世袭百户杨英亲叔。

四辈杨泰，旧选簿查有：宣德八年十一月，杨泰，系临安卫左所世袭百户杨晔嫡长男。

五辈杨锦，旧选簿查有：正统十年七月，杨锦，系临安卫左所故世袭百户杨泰堂弟。

景泰五年，临安卫百户升副千户一员杨锦。

六辈杨铨，旧选簿查有：成化十三年十二月，杨铨，蕲州人，系临安卫左所故副千户杨锦庶长男，钦与世袭。

七辈杨文彬，旧选簿查有：正德十四年六月，杨文彬，蕲州人，系临安卫左所老疾副千户杨铨庶长男。

八辈杨大有，旧选簿查有：嘉靖四十三年二月，杨大有，年二十一岁，蕲州人，系临安卫左所故副千户杨文彬嫡长男。

九辈杨御龙，天启七年六月，大选过临安卫左所副千户一员杨御龙，年三十一岁，系故副千户杨大有庶长男，比中三等。

年远事故左所副千户一员·张世德

洪武二十五年三月，张世德，系六凉卫左所阵亡世袭副千户张保嫡长男。

又一员·孙绍先·199·

永乐六年九月,孙宁,年十五岁,系临安卫左所阵亡世袭副千户孙安嫡长男。

正统十年九月,孙斌,系临安卫左所世袭副千户孙宁嫡长男。

成化二年十一月,孙晟,定远县人,系临安卫左所故世袭副千户孙斌嫡长男。

成化十三年十月,孙昱,定远县人,系临安卫左所故世袭副千户孙晟亲弟。

弘治九年十一月,孙伦,年十五岁,定远县人,系临安卫左所故世袭副千户孙昱嫡长男。贴黄开有:嘉靖十三年病故。

万历五年十月,孙绍先,年四十二岁,定远县人,系临安卫左所故副千户孙伦堂侄。查得本舍违限三十余年,照例革发讫。

盘应龙·实授百户

外黄查有:盘友,旧名夏友才,汉川县人,甲辰年归附充军,吴元年充小旗,洪武二年充总旗,十七年征广南等处升云南前卫左所世袭百户,二十九年改云南左卫,三十二年云南中卫,三十三年选署副千户,永乐元年钦准实授,定拨临安卫右所流官。

一辈盘友,已载前黄。

二辈盘郁,旧选簿查有:永乐二年四月,盘郁,系临安卫右所副千户盘友嫡长男。父系世袭百户,革除年间升除前职,病故,敬准袭授本卫左所世袭百户。

三辈盘安,旧选簿查有:永乐十七年九月,盘安,年十六岁,系临安卫左所故世袭百户盘郁嫡长男。

四辈盘铭,旧选簿查有:景泰三年九月,盘铭,年十六岁,汉川县人,系临安卫左所故世袭百户盘安嫡长男。

五辈盘忠,旧选簿查有:成化十三年十月,盘忠,汉川县人,系临安卫左所世袭百户盘铭嫡长男。·200·

六辈盘俸,旧选簿查有:正德三年二月,盘俸,汉川县人,系临安卫左所故世袭百户盘忠嫡长男。

七辈盘佐,旧选簿查有:正德八年八月,盘佐,汉川县人,系临安卫左所故绝世袭百户盘俸亲弟。

八辈盘珠,旧选簿查有:嘉靖二十六年十月,盘珠,汉川县人,系临安卫左所故实授百户盘佐嫡长男。

九辈盘应龙，旧选簿查有：隆庆二年二月，盘应龙，年二十二岁，汉川县人，系临安卫故纳级指挥佥事盘珠嫡长男。伊父原袭祖职实授百户，嘉靖四十一年遇例纳级指挥佥事，隆庆元年故。所据纳升职级例不准袭，本舍照例革袭祖职实授百户，注原左所。

十辈盘奠国，万历三十一年八月，大选过临安卫左所实授百户一员盘奠国，年十七岁，系故署副千户盘应龙庶次男。查实授百户系祖功，本舍准袭。伊父武定一功并无查，不准袭并，比中二等。

十一辈盘鼎新，万历四十四年八月，大选过临安卫左所实授百户一员盘鼎新，年十九岁，系故实授百户盘奠国侄。奠国原借袭兄职，今兄子鼎新且长，职在退还，本舍准袭实授百户，比中三等。

白世爵·实授百户

外黄查有：白忠，岳州府澧州人。父白成甲辰年从军，洪武六年拨武德卫充小旗，永乐元年调临安卫左所，八年父老疾。忠并枪，代充小旗，十七年并充总旗，正统六年调征麓川反寇，十一月攻破排栅杀败败（贼）众，十二月克破贼首思任发巢寨杀败夷贼，正统七年升临安卫左所实授百户，十二年七月钦与流官。

一辈白成，已载前黄。

二辈白忠，已载前黄。

三辈白英，旧选簿查有：景泰二年八月，白英，系临安卫左所故流官百户白忠嫡长男，钦与世袭。

四辈白骥，旧选簿查有：成化十四年九月，白骥，澧州人，系临安卫左所故世袭百户白英庶长男。

五辈白秀，旧选簿查有：弘治十七年二月，白秀，澧州人，系临安卫左所故世袭百户白骥嫡长男。

六辈白昆，旧选簿查有：正德十一年八月，白昆，澧州人，系临安卫左所故世袭百户白秀嫡长男。

七辈白昱，旧选簿查有：嘉靖十三年十二月，白昱，澧州人，年三十岁，系临安卫左所故百户白昆亲弟。

八辈白世勋，旧选簿查有：嘉靖二十八年六月，白世勋，澧州人，系临安卫左所故实授百户白昱嫡长男。

九辈白世爵，旧选簿查有：嘉靖三十四年十二月，白世爵，澧州人，系临安卫左所故实授百户白世勋亲弟。

十辈白天明，万历二十年十二月，白天明，年十八岁，系临安卫左所故实授百户白世爵嫡长男，比中二等。

十一辈白璟，崇祯八年正月补七年十二月大选，过临安卫左所实授百户一员白璟，年十九岁，系故实授百户白天明嫡长男，比中三等。

傅梦鹤・实授百户

外黄查有：傅惟学，系临安卫左所实授百户，新安县人。始祖傅二，洪武元年归附军，老。高伯祖傅保保代，永乐元年征交阯失陷，绝嗣。高祖傅斌补，十六年取年深升小旗，正统六年征麓川头功升总旗，老。曾伯祖傅琮补，故绝。曾祖傅珪补，老。祖傅景昇系嫡长男，补，弘治十五年征贵州普安等处节次斩首有功升试百户，故。父傅瀚系嫡长男，正德二年袭，八年遇例纳升副千户，九年征云南阿迷、蒙自等州县斩首三颗升正千户，二十二年具奏开除纳级，改正实授百户，老。惟学系嫡长男，二十八年替临安卫左所实授百户。

一辈傅斌，已载前黄。

二辈傅琮，已载前黄。

三辈傅珪，已载前黄。

四辈傅景昇，已载前黄。

五辈傅瀚，已载前黄。

六辈傅惟学，旧选簿查有：嘉靖二十八年六月，傅惟学，新安县人，系临安卫左所实授百户傅瀚嫡长男。伊父原袭祖职试百户，纳升副千户，蒙自县获功一级升正千户，具奏革去纳升职级，改正实授百户，老。本舍照例于祖职试百户上加伊父蒙自县功一级，与替实授百户。

七辈傅梦鹤，旧选簿查有：嘉靖三十一年六月，傅梦鹤，年十岁，新安县人，系临安卫左所故世袭百户傅惟学嫡长男，照例与全俸优给，至嘉靖三十五年终住支。

嘉靖四十一年二月，傅梦鹤，年二十岁，新安县人，系临安卫左所故实授百户傅惟学嫡长男，优给出幼袭职。

八辈傅良相，万历三十五年十月，大选过临安卫左所实授百户一员傅良相，年十九岁，新安县人，系故实授百户傅梦鹤庶长男。伊父纳级虚衔相应减革，准袭祖职实授百户，比中二等。

周继祖·实授百户

一辈周剪儿，缺。

二辈周美，缺。

三辈周彬，钦升簿查有：正统七年七月，调征云南麓川剿杀蛮贼有功，临安卫左所小旗一次奇功升试百户三员内一员周彬。

四辈周景，旧选簿查有：景泰六年七月，周彬，年六十二岁，系临安卫右所试百户，原系小旗，调征麓贼获奇功一次升前职，老疾在卫。有嫡长男周景，年二十一岁，照例该替实授百户。

五辈周原，旧选簿查有：天顺元年九月，周原，山阳县人，系临安卫左所故百户周景亲弟，钦与世袭。

六辈周昶，旧选簿查有：弘治四年十月，周昶，年十五岁，山阳县人，系临安卫左所故世袭百户周原庶长男。

七辈周儁，旧选簿查有：正德六年十月，周儁，年十五岁，山阳县人，系临安卫左所故世袭百户周昶嫡长男。

抄誊右府勘合查有：嘉靖六年征剿寻甸首贼安铨等，一人自擒斩贼级四名颗，临安卫左所随征实授百户升副千户一员周儁。

堂稿内查有：先该巡按云南御史毛凤韶造缴蒙自等县获功文册内开：阵亡升实一级，临安卫左所副千户升正千户一员周儁。

八辈周应祖，旧选簿查有：嘉靖十三年六月，周应祖，年七岁，山阳县人，系临安卫左所阵亡副千户周儁嫡长男。伊高祖彬原系小旗，麓川头功一次越升试百户，遇例实授，曾、祖、父沿袭，父嘉靖六年寻甸斩首四颗升副千户，九年蒙自县阵亡。今本舍年幼，保送优·203·给。所据越升并遇例二级不系军功，俱例该减革，扣有军功三级，加伊父前项阵亡一级，与实授百户俸于原卫所优给，至嘉靖二十年终住支。

旧选簿查有：嘉靖二十四年十二月，周应祖，年十八岁，山阳县人，系临安卫左所阵亡实授百户周儁嫡长男。

九辈周继祖，旧选簿查有：嘉靖四十年六月，周继祖，年三十岁，山阳县人，系临安卫左所故实授百户周应祖堂弟。

十辈周添爵，万历八年八月，周添爵，年二十六岁，山阳县人，系临安卫左所故实授百户周继祖嫡长男，比中一等。

十一辈周鼎臣，万历四十四年八月，大选过临安卫左所实授百户一员周鼎臣，年二十五岁，系老疾实授百户周添爵男，查无违碍，本舍准替祖职实授百户，比中一等。

年远事故左所世袭百户一员·徐信

永乐十四年十二月，徐信，年十八岁，系临安卫左所故世袭百户徐本嫡长孙。

又一员·温叶

成化六年八月，温叶，合肥县人，系临安卫左所故世袭百户温泰亲弟。

又一员·陈裕

永乐八年四月，陈聚，系临安卫左所故世袭百户陈广亲侄。

永乐十三年八月，陈镛，年十五岁，系临安卫左所故世袭百户陈聚嫡长男。

正统十年十二月，陈瑄，系临安卫左所世袭百户陈镛嫡长男。

成化元年十月，陈裕，年十五岁，当涂县人，系临安卫左所故世袭百户陈瑄亲弟。

贴黄开有：正德十五年八月病故。·204·

许应元·试百户

外黄查有：许海，荆门州人。有祖父许猪儿甲辰年从军，拨武德卫，洪武十四年拨守云南前卫左所，二十年升小旗，三十一年祖老疾。父许忠代役，永乐元年调临安卫左所，七年升总旗，正统元年老疾。海并充总旗，六年征麓川攻刀招汉贼破排栅当先杀败贼众，十二月克破贼首思任发巢寨杀败夷贼，正统七年升临安卫左所试百户。

一辈许猪儿，已载前黄。

二辈许忠，已载前黄。

三辈许海，钦升簿查有：正统七年调征麓川等处剿杀蛮贼，临安卫总旗一次头功升试百户二员内一员许海。

四辈许泰，旧选簿查有：天顺五年八月，许泰，荆门州人，系临安卫左所百户许海嫡长男，钦与世袭。

五辈许昇，旧选簿查有：成化二十年八月，许昇，年十七岁，荆门州人，系临安卫左所百户许泰嫡长孙。曾祖许海原系功升试百户，遇例实授，祖替职，老疾，本人照例革替试百户。

六辈许杲，旧选簿查有：弘治十八年十二月，许杲，荆门州人，系临安卫左所故世袭百户许昇亲弟。

七辈许应祖，旧选簿查有：嘉靖十四年二月，许应祖，年二十一岁，荆门州人，系临安卫左所故百户许杲嫡长男。伊伯昇原袭试百户，父冒袭实授，照例革试百户。

八辈许应宗，旧选簿查有：嘉靖二十六年六月，许应宗，荆门州人，系临安卫左所故试百户许应祖亲弟。

九辈许应元，旧选簿查有：嘉靖三十九年四月，许应元，年三十五岁，荆门州人，系临安卫左所故试百户许应宗堂兄。

十辈许登瀛，万历二十七年六月，许登瀛，年十九岁，系临安卫左所故试百户许应元嫡长孙，比中二等。

李富·试百户

外黄查有：李杲，洧川县人。曾祖李琳洪武元年归附，十四年有功升小旗，永乐元年调临安卫左所，三年故。祖李通并补小旗，宣德四年故。伯李源暂收军役，正统二年并充小旗，正统六年征进麓川上江刀招汉、思任发贼寨有功七年升总旗，天顺二年三年征进贵州东苗地方杀败贼众斩获首级，未升，故。李浩暂收军役，成化二年以伯李源征进贵州东苗功升试百户，三年故。杲系嫡长男，四年袭授本卫所试百户，十一年钦与世袭。

一辈李琳，已载前黄。

二辈李通，已载前黄。

三辈李源，已载前黄。

试百户功次：已载前黄。

四辈李浩，旧选簿查有：成化二年八月，李浩。伊父李源系临安卫左所总旗，东苗杀贼获功一级，未升故。本人系亲弟，伊兄原役总旗加获功一级，袭升试百户。

五辈李杲，旧选簿查有：成化四年十月，李杲，年十五岁，洧川县人，系临安卫左所故试百户李浩嫡长男。父原系总旗，东苗获功升前职，照例该袭实授百户。

六辈李钦，旧选簿查有：正德九年十月，李钦，洧川县人，系临安卫左所百户李杲嫡长男。伊祖李浩原系试百户，伊父照例袭授，今老疾，本人照例革替试百户。

七辈李富，旧选簿查有：嘉靖十二年二月，李富，年二十一岁，洧川县人，系临安卫左所故试百户李钦嫡长男。

八辈李可久，万历十一年八月，李可久，年三十三岁，洧川县人，系临安卫左所年老试百户李富嫡长男，比中乙等。

钱应爵·试百户

外黄查有：钱昇，海门县人。曾祖钱福贵吴元年充军，故。祖钱真保补，永乐元年调临安卫左所，七年并充小旗，二十二年疾。父钱山代，并，正统六年调征麓川上江刀汉思任发巢穴头功一次，七年升总旗，景泰二年贵州杀贼阵亡，例升一级。昇系嫡长男，天顺三年袭升试百户，八年遇例实授。钱凤系钱洪嫡长男，伊父原系试百户，遇例实授，本人照例革替试百户。钱镇系阵亡百户钱凤庶长男。伊高祖山原系军役，宣德九年并补小旗，麓川头功升总旗，阵亡。曾孙昇袭升试百户，遇例实授，祖、父沿袭，父嘉靖九年蒙自县阵亡。今年幼优给，所据并补并遇例二级不系军功例该减革，扣有军功并阵亡二级，加伊父前项阵亡一级，与试百户带俸，于至嘉靖十九年终住支。

一辈钱真保，已载前黄。

二辈钱山，已载前黄。

三辈钱昇，旧选簿查有：天顺二年八月，钱昇。伊父钱山原系临安卫右所总旗，于贵州开通道路杀贼阵亡，例升一级，本人系嫡长男，照例袭升试百户。

四辈钱洪，旧选簿查有：成化二十二年四月，钱洪，海门县人，系临安卫左所百户钱昇嫡长男。父原系功升试百户，遇例实授，本人照例革替试百户。·206·

五辈钱凤，旧选簿查有：正德十年六月，钱凤，海门县人，系临安卫左所年老百户钱洪嫡长男。伊父原系试百户，遇例实授，本人照例革替试百户。

堂稿查有：先该巡按云南御史毛凤韶造缴蒙自等县获功文册内开：阵亡升实授一级临安卫左所百户升副千户一员钱凤。

六辈钱镇，旧选簿查有：嘉靖十三年六月，钱镇，年八岁，海门县人，系临安卫左所阵亡百户钱凤庶长男。伊高祖山原系军役，宣德九年并补小旗，麓川头功升总旗，阵亡。曾祖昇袭升试百户，遇例实授，祖、父沿袭，父嘉靖九年蒙自县阵亡。今本舍年幼，保送优给。所据并补并遇例二级不系军功，俱例该减革，扣有军功二级加伊父前项阵亡一级，与试百户俸于原卫所优给，扣至嘉靖十九年终住支。

旧选簿查有：嘉靖二十四年十二月，钱镇，年十九岁，海门县人，系临安卫左所故试百户钱凤庶长男。

七辈钱应爵，旧选簿查有：隆庆元年六月，钱应爵，年二十岁，海门县人，系临安卫左所故试百户钱镇嫡长男。

［八辈钱及民，］万历三十四年十二月，大选过临安卫左所试百户一员钱及民，年十九岁，系故试百户钱应爵庶长男，比中一等。

杨钦·试百户

外黄查有：杨才，江都县人。有祖父杨李受，吴元年归附充小旗，洪武二十九年故。父杨政并补充小旗，三十五年年深未升人数准令照例升总旗，永乐元年调临安卫，正统三年老。才代役，六年并充总旗，本年征麓川反寇攻破上江刀招汉贼寨杀败贼众，攻破杉木笼山截路贼寨，克破贼首思任发巢穴杀败贼众，正统七年升临安卫左所试百户。

一辈杨李受，已载前黄。

二辈杨政，已载前黄。

三辈杨才，功次簿查有：正统七年麓川功，临安卫左所总旗一次头功升试百户二员内一员杨才。

四辈杨雄，旧选簿查有：天顺五年七月，杨雄，年十七岁，江都县人，系临安卫左所百户杨才嫡长男，钦与世袭。

五辈杨鸾，旧选簿查有：弘治元年十二月，杨鸾，江都县人，系临安卫左所世袭百户杨雄嫡长男。

六辈杨谅，旧选簿查有：弘治十三年十月，杨谅，年七岁，江都县人，系临安卫左所故世袭百户杨鸾嫡长男。

七辈杨麒,旧选簿查有:正德三年二月,杨麒,江都县人,系临安卫左所故世袭百户杨鸾亲弟。已与侄杨谅优给,本人袭职。

八辈杨钦,旧选簿查有:嘉靖二十九年八月,杨钦,江都县人,系临安卫左所故世袭百户杨麒嫡长男。伊曾祖才功升试百户,遇例实授,祖、伯、父沿袭,今本舍革遇例一级,仍袭试百户。

九辈杨大文,万历十四年十月,杨大文,年二十九岁,江都县人,系临安卫左所年老试百户杨钦嫡次男,比中三等。

十辈杨承祖,万历二十五年六月,杨承祖,年十九岁,江都县人,系临安卫左所患疾试百户扬大文嫡长男,比中二等。

张胤宗·试百户

外黄查有:张胤宗,年二十八岁,系云南都司临安卫左所试百户,原籍常州府无锡县人。始祖张亨二,洪武四年归附从军,拨云南前卫左所,十八年升小旗,调临安卫左所,永乐十八年老疾。高[高]祖张福代,并,正统六年征麓川二次头功七年升试百户,伤故。高祖张全系嫡长男,十一年袭,遇例实授,老疾。曾祖张鑑系嫡长男,成化四年十二月替,弘治十七年老疾。祖张麟系嫡长男,本年十一月替,嘉靖九年故。父大用系嫡长男,十一年八月革袭试百户,十七年故。胤宗系嫡长男,十九年十二月优给,三十三年十二月比袭云南都司临安卫左所试百户。

一辈张亨二,已载前黄。

二辈张福一,钦升簿查有:正统七年调征麓川剿杀蛮贼有功,二次头功小旗升试百户三员,内一员张福一系云南前卫。

三辈张全,旧选簿查有:正统十一年九月,张全,系临安卫左所试百户张福嫡长男。父原系小旗,征剿上江夷寇有功升除前职。

四辈张鑑,旧选簿查有:成化四年十二月,张鑑,无锡县人,系临安卫左所世袭百户张全嫡长男。

五辈张麟,旧选簿查有:弘治十七年十一月,张麟,无锡县人,系临安卫左所世袭百户张鑑嫡长男。

六辈张大用,旧选簿查有:嘉靖十一年八月,张大用,年三十岁,无锡县人,系临安卫左所故百户张麟嫡长男。伊高祖福原系试百户,曾祖全袭,遇例实授,祖、父沿袭。本人照例革去遇例，与袭试百户。

七辈张胤宗，旧选簿查有：嘉靖十九年十二月，张胤宗，年九岁，无锡县人，系临安卫左所故世袭百户张大用嫡长男，照例与全俸优给，至嘉靖二十四年终住支。

嘉靖二（三）十三年十二月，张胤宗，无锡县人，系临安卫左所故试百户张大用嫡长男，优给出幼袭职，限外有无多支俸粮，查扣毕日关支。·208·

八辈张鲤，万历十七年六月，张鲤，年十九岁，无锡县人，系临安卫左所故试百户张胤宗嫡长男，比中二等。

九辈张星，万历三十八年二月，大选过临安卫左所试百户一员张星，年十八岁，系故试百户张鲤嫡长男，比中三等。

十辈张暹，崇祯七年十月，大选过临安卫左所试百户一员张暹，年三十岁，系故试百户张星堂弟，比中二等。

刘明·试百户

外黄查有：刘添禄，年四十岁，系云南都司临安卫左所试百户，原籍滁州人。始始祖刘大受，乙未年归附从军，功升小旗，节年征进有功升总旗，三十二年故。始祖刘聚并补，永乐元年老疾。高祖刘安幼小，始叔祖刘郁代役，十七年刘安长成，改正并补，正统六年麓川阵亡。曾祖刘义系嫡长男，补，升试百户，遇例升实授百户，弘治三年老疾。祖刘恩系嫡长男，本年六月比替，老。父刘晓未袭，故。添禄系嫡长孙，嘉靖三十一年十二月比，革替临安卫左所试百户。

一辈刘大受，已载前黄。

二辈刘聚，已载前黄。

三辈刘郁，已载前黄。

四辈刘安，已载前黄。

五辈刘义，功次簿查有：正统八年麓川阵亡升试百户八员内一员刘义，系临安卫前所阵亡总旗刘安嫡长男。

六辈刘恩，旧选簿查有：弘治三年六月，刘恩，滁州人，系临安卫左所百户刘义嫡长男，钦与世袭。

七辈刘添禄，旧选簿查有：嘉靖三十一年十二月，刘添禄，滁州人，系临安卫左所故实授百户刘恩嫡长孙。查得伊曾祖原系试百户，遇例实授，本舍革遇例与做试百户。

八辈刘明，旧选簿查有：隆庆二年八月，刘明，年五十一岁，滁州人，系临安卫左所故试百户刘添禄亲叔。

九辈刘添职，万历九年八月，刘添职，年三十岁，滁州人，系临安卫左所故试百户刘明嫡次男，比中二等。·209·

鲍从信·试百户

一辈鲍显，缺。

二辈鲍郁，缺。

三辈鲍珎，缺。

四辈鲍洪，旧选簿查有：弘治五年六月，鲍洪，年五十二岁，六合县人，系临安卫左所已并枪总旗升试百户。

五辈鲍义，旧选簿查有：弘治八年二月，鲍义，六合县人，系临安卫左所百户鲍洪嫡长男。伊父功升试百户，遇例实授，本人照例革替试百户。

六辈鲍春，旧选簿查有：正德三年七月，鲍春，六合县人，系临安卫左所百户鲍义亲弟。伊兄原系试百户，弘治十八年遇例实授，故绝，本人照例革袭试百户。

七辈鲍伦，旧选簿查有：正德九年六月，鲍伦，六合县人，系临安卫左所故试百户鲍春嫡长男。

八辈鲍从信，旧选簿查有：嘉靖二十七年八月，鲍从信，六合县人，系临安卫左所故试百户鲍伦亲侄。

九辈鲍从政，万历十五年四月，鲍从政，年四十三岁，六合县人，系临安卫左所故试百户鲍从信亲弟，比中二等。

十辈鲍秉宗，万历四十五年八月，大选过临安卫左所试百户一员鲍秉宗，年二十五岁，系老试百户鲍从政嫡长男，比中三等。

十一辈鲍捷，崇祯元年二月，大选过临安卫左所试百户优给舍人一名鲍捷，年八岁，系故试百户鲍秉宗嫡长男，照例与全俸优给，至崇祯七年终住支。

雷以动·试百户·210·

一辈雷添受，缺。

二辈雷政，缺。

三辈雷忠，旧选簿查有：天顺七年十二月，临安卫总旗升试百户雷忠。

四辈雷鑑，旧选簿查有：成化五年六月，雷鑑，武陵县人，系临安卫左所百户雷忠嫡次男，钦与世袭。

五辈雷浩，旧选簿查有：弘治五年十一月，雷浩，年十七岁，武陵县人，系临安卫左所百户雷鑑嫡长男。伊祖雷忠原系试百户，天顺八年遇例实授，老疾，父替职，本人照例革袭试百户。

六辈雷玉，旧选簿查有：嘉靖六年四月，雷玉，武陵县人，系临安卫左所故百户雷浩嫡长男。伊父原系试百户，遇例实授，本人照例革袭试百户。

七辈雷以动，缺。

八辈雷孔威，万历十四年十月，雷孔威，年三十七岁，武陵县人，系临安卫左所年老试百户雷以动嫡长男，比中二等。

九辈雷显良，万历二十七年二月，雷显良，年十九岁，系临安卫左所故试百户雷孔威嫡长男，比中二等。

十辈雷兆斗，万历四十二年四月，大选过临安卫左所试百户一员雷兆斗，年十八岁，系故试百户雷显良嫡长男，比中三等。

聂秀·试百户

一辈聂贵，缺。

试百户功次：候查。

二辈聂成，旧选簿查有：景泰五年三月，聂成，系临安卫左所阵亡小旗聂贵嫡长男，照例升二级升试百户。

三辈聂麟，旧选簿查有：弘治五年八月，聂麟，沅州人，系临安卫左所功升百户聂成亲侄，钦与世袭，待伯有男，还与职事。·211·

四辈聂秀，旧选簿查有：正德十六年八月，聂秀，沅州人，系临安卫左所故百户聂麟嫡长男。伊伯祖聂成原袭试百户，遇例实授，父沿袭，本人照例革与试百户。

五辈聂胤，万历二十二年四月，聂胤，年十八岁，系临安卫左所故试百户聂秀庶长孙，比中三等。

周世勋·试百户

一辈周双顶，缺。

二辈周文，缺。

三辈周斌，缺。

四辈周达，缺。

五辈周凤，缺。

六辈周时济，缺。

试百户功次：候查。

七辈周世勋，旧选簿查有：嘉靖二十九年八月，周世勋，无锡县人，系临安卫左所故实授百户周时济嫡长男。伊父功升试百户，遇例实授，今本舍革遇例一级，仍袭试百户。

八辈周世荣，隆庆六年二月，周世荣，年四十五岁，无锡县人，系临安卫左所故试百户周世勋亲弟。伊兄原袭祖职试百户，嘉靖四十五年故，伊长侄周良翰未袭先故，次侄周良辅患疾无子。本舍照例准借袭祖职试百户，待后伊侄周良辅疾痊或生有儿男，退还职。·212·

陈大銮·署副千户事实授百户

一辈陈庸，缺。

二辈陈驴儿，缺。

三辈陈斌，缺。

四辈陈政，试百户功次：候查。

旧选簿查有：景泰五年，临安卫署副千户升实授副千户陈政。

五辈陈雄，旧选簿查有：成化四年九月，陈雄，衡山县人，系临安卫中所副千户陈政嫡长男，钦与世袭。

六辈陈瑀，旧选簿查有：弘治九年十一月，陈瑀，衡山县人，系临安卫中所世袭副千户陈雄嫡长男。

七辈陈大銮，旧选簿查有：嘉靖三十一年八月，陈大銮，衡山县人，系临安卫新安守御所年老副千户陈瑀嫡次男。查得伊曾祖政香炉山功升副千户一级功不及数，本舍照例革与署副千户事实授百户，比试弓马不中，照例与支半俸，候及二年起送再比。

八辈陈嘉华，万历十二年六月，陈嘉华，年二十六岁，衡山县人，系临安卫新安守御所故署副千户事实授百户陈大銮堂侄，比中三等。

邬云·所镇抚

一辈邬福，缺。

二辈邬隆，旧选簿查有：永乐元年十二月，邬隆，系临安卫左所故副千户邬福庶长男。父原任所镇抚，洪武三十四年招谕土官赴部升副千户，病故，钦准袭父原职所镇抚，授临安卫左所所镇抚。·213·

三辈邬诚，旧选簿查有：正统九年十月，邬诚，系临安卫左所镇抚邬隆嫡长男，钦与世袭。

四辈邬远，旧选簿查有：成化元年八月，邬远，武陟县人，系临安卫左所故世袭所镇抚邬诚嫡长男。

五辈邬俸，旧选簿查有：弘治九年十一月，邬俸，武陟县人，系临安卫左所世袭所镇抚邬远嫡长男。

六辈邬志清，旧选簿查有：正德六年六月，邬志清，武陟县人，系临安卫左所故世袭所镇抚邬俸嫡长男。

七辈邬云，旧选簿查有：嘉靖二年闰四月，邬云，年四岁，武陟县人，系临安卫左所故所镇抚邬志清嫡长男，钦与全俸优给，至嘉靖十二年终住支。

嘉靖十六年二月，邬云，年十八岁，武陟县人，系临安卫左所故所镇抚邬志清嫡长男，优给出幼袭职，限外多支俸粮查扣支给。

八辈邬震，万历四年十二月，邬震，年三十四岁，武陟县人，系临安卫左所故所镇抚邬云堂弟。伊堂兄原袭祖职所镇抚，隆庆元年故绝，应该伊父邬志淮承袭，年老不堪，本舍照例与袭祖职所镇抚。

九辈邬万全，万历二十一年八月，大选过临安卫左所所镇抚一员邬万全，系故所镇抚邬震嫡长男，比中三等。

朱世雍·所镇抚

一辈朱铭，旧选簿查有：洪武二十六年七月，朱荣，系海州卫前所世袭所镇抚朱礼弟。有兄为事，全家发云南充军，到彼又为事典刑，□□□补临安卫军。父朱铭为复职官员事起取赴京引奏，钦依："他男虽为事典刑，他立功在前，免他次男充军，就着袭所镇抚，临安卫管事"。

二辈朱谧，旧选簿查有：永乐四年四月，朱谧，系临安卫左所世袭所镇抚朱铭嫡长男。

三辈朱源，旧选簿查有：永乐十三年八月，朱源，系临安卫左所故世袭所镇抚朱谧嫡长男。

四辈朱昇，旧选簿查有：景泰二年九月，朱昇，系临安卫左所世袭所镇抚朱源嫡长男。

五辈朱鑑，旧选簿查有：成化十七年十月，朱鑑，合肥县人，系临安卫左所世袭所镇抚朱昇嫡长男。

六辈朱世雍，旧选簿查有：嘉靖三十七年十月，朱世雍，合肥县人，系临安卫左所世袭所镇抚朱鑑亲侄孙。伊伯祖原袭祖职所镇抚，故，伊堂伯朱文未袭故绝，次堂伯朱武亦未袭故，生堂兄朱连，患疾无子，不堪承袭。本舍照例借袭祖职所镇抚，俟伊堂兄朱连生有儿男退还职事。

七辈朱承祖，万历十三年四月，朱承祖，年三十一岁，合肥县人，系临安卫左所故所镇抚朱世雍嫡长男，比中二等。

年远事故左所试百户一员·李纯

正统八年三月，李雄，系临安卫左所阵亡总旗升试百户李昇嫡长男。

正统十二年十月，李宏，系临安卫左所阵亡总旗李昇亲侄。先因年幼，已升与试百户俸优给，今出幼，袭试百户。

弘治元年五月，李纯，无锡县人，系临安卫左所试百户李宏亲弟。兄原系试百户，天顺元年遇例实授，本人今又遇例，仍替实授百户。

佴秀·副千户

外黄查有：佴智，定远县人，系佴勇嫡次男。有父乙未年从军，甲辰年编伍除百户，洪武元年钦除副千户，四年升除济阳卫指挥佥事，五年征沙漠运粮迟慢自刎身故。十三年将兄佴仪起取赴京，钦除济宁卫左所副千户，二十二年为军役事钦依免罪降除平夷卫左所试百户，三十一年征进伯夷与贼对敌阵亡，别无儿男。智三十二年袭授平夷卫左所世袭百户，三十三年调曲靖卫中所。有故兄伛仪原系世袭副千户，先年为事降除百户，后阵亡，智仍袭百户，永乐五年六月具告定夺，钦准照依洪武旧例，本年九月袭授临安卫右所世袭副千户。伛璹系伛智庶长男。·215·

一辈伛勇，已载前黄。

二辈伛仪，已载前黄。

三辈伛智，旧选簿查有：永乐九年九月，伛智，系平夷卫左所百户伛仪亲弟。兄原系世袭副千户，为事降除前职，亡故。本人已袭百户，今告定夺，钦准照依洪武旧例授临安卫右所世袭副千户。

四辈伛璹，旧选簿查有：永乐二十年三月，伛璹，系临安卫右所故世袭副千户伛智嫡长男。

五辈伛璘，旧选簿查有：宣德七年九月，伛璘，系临安卫右所故世袭副千户伛璹庶弟。

六辈伛诚，旧选簿查有：天顺二年十月，伛诚，年三十岁，定远县人，系临安卫中所世袭副千户伛璘嫡长男。

七辈伛麟，旧选簿查有：成化二十三年十一月，伛麟，定远县人，系临安卫右所世袭副千户伛诚庶长男。伊祖改调本卫中所，父改正复回本所。

八辈伛铎，旧选簿查有：正德五年八月，伛铎，定远县人，系临安卫右所故世袭副千户伛麟嫡长男。

九辈伛镐，旧选簿查有：嘉靖十一年八月，伛镐，年三十一岁，定远县人，系临安卫右所故绝世袭副千户伛铎亲弟。

十辈伛秀，旧选簿查有：嘉靖三十四年十二月，伛秀，定远县人，系临安卫右所故副千户伛镐堂兄。伊堂弟原袭祖职副千户，今故绝，三堂弟铉耳疾无子。本舍照例与借袭祖职副千户，待后铉生有儿男，退还职事。

十一辈伛应辅：隆庆六年四月，伛应辅，年二十二岁，定远县人，系临安卫右所故副千户伛秀嫡长孙。伊堂叔祖伛镐原袭祖职副千户，故绝，应该次堂叔祖伛铉承袭，患疾无子，伊祖伛秀借职，隆庆二年故，伊父伛时忠未袭先故。本舍照例准借祖职副千户，待后伊次堂叔祖伛铉疾痊或生有儿男，退还职事。

十二辈伛应弼，万历十四年十月，伛应弼，年二十九岁，定远县人，系临安卫右所故副千户伛应辅堂弟，比中三等。

十三辈伛洪祖，万历二十五年六月分，大选过伛洪祖，年十七岁，定远县人，系临安卫右所故副千户倪应弼嫡长男，比中二等。

十四辈倪怀仁，万历四十四年十二月，单本选过临安卫右所副千户一员倪怀仁，年十九岁，系故副千户倪洪祖嫡长男，比中三等。·216·

吴龙·副千户

外黄查有：吴整，宿州人。有父吴真洪武元年从军，二年升充虎贲左卫左所总旗，十三年调宣武卫，十七年征和泥，二十年钦升临安卫后所世袭百户，六月调并右所，二十六年患疾。兄吴献三十一年替职，仍授临安卫右所世袭百户，三十五年阵亡。整系亲弟，永乐元年袭。

一辈吴真，已载前黄。

二辈吴献，旧选簿查有：洪武三十一年六月，吴献，系临安卫右所世袭百户吴真嫡长男。

三辈吴整，旧选簿查有：永乐元年七月，吴整，系临安卫右所阵亡世袭百户吴献亲弟。

四辈吴傑，旧选簿查有：宣德三年十一月，吴傑，系临安卫右千户所故世袭百户吴整嫡长男。

功次簿查有：天顺六七等年征进贵州东苗地方擒斩贼级有功升一级，云南都司临安卫实授百户升副千户九员[内]一员吴傑。

五辈吴泰，旧选簿查有：成化三年十一月，吴泰，宿州人，系临安卫右所副千户吴傑嫡长男，钦与世袭。

六辈吴勋，旧选簿查有：成化二十二年四月，吴勋，宿州人，系临安卫右所世袭副千户吴泰嫡长男。

七辈吴玺，旧选簿查有：弘治九年十二月，吴玺，宿州人，系临安卫右所故世袭副千户吴勋嫡长男。

八辈吴璧，旧选簿查有：嘉靖十三年十二月，吴璧，年四十岁，宿州人，系临安卫右所故绝副千户吴玺亲弟。

九辈吴时，旧选簿查有：嘉靖十八年十月，吴时，宿州人，系临安卫右所故副千户吴璧嫡长男。

十辈吴龙，旧选簿查有：嘉靖三十八年六月，吴龙，宿州人，系临安卫右所年老副千户吴时嫡长男。

十一辈吴国昌，万历十七年十月，吴国昌，年十九岁，系临安卫右所故副千户吴龙嫡长男，比中二等。

十二辈吴国安，万历四十年六月，大选过临安卫右所副千户一员吴国安，年十九岁，系故副千户吴国昌堂弟。兄，同祖也，应准袭副千户，比中三等。·217·

黄明举·副千户

外黄查有：黄明举，年二十四岁，系云南临安卫右所副千户，原籍四川泸州人。一世祖黄士潮，洪武四年从军，十五年拨临安卫，节征有功二十三年升小旗，永乐六年征交阯阵亡。二世祖黄刚补升总旗，正统六年征麓川二次头功七年升今卫所试百户，十二年故。高祖黄能系嫡长男，十三年九月袭，遇例实授世袭，老。曾祖黄杲系嫡长男，成化十五年正月替，故。祖黄云系嫡长男，弘治十八年十二月袭，正德十三年广西府十八寨并安铨擒斩贼级三颗，又未哨以前擒贼六名升副千户，嘉靖八年寻甸擒斩贼级五颗升正千户。父黄诏系嫡长男，以舍人斩首四颗升小旗，十二年云故，诏于十四年五月革袭遇例，加小旗一[级]授正千户，纳授指挥佥事，故。明举系嫡长男，四十年八月查革小旗并纳级，与袭临安卫右所副千户。

一辈黄士潮，已载前黄。

二辈黄刚，已载前黄。

三辈黄能，旧选簿查有：正统十三年九月，黄能，系临安卫右所试百户黄刚嫡长男。父原系小旗，于上江等处杀贼二次头功升除前职，被马跌伤病故，钦准本人袭实授世袭百户。

四辈黄杲，旧选簿查有：成化十五年正月，黄杲，泸州人，系临安卫右所百户黄能嫡长男，钦与世袭。

五辈黄云，旧选簿查有：弘治十八年十二月，黄云，泸州人，系临安卫右所故世袭百户黄杲嫡长男。

功次簿查有：正德十三年征剿广西府十八寨升一级加赏官一员，一人自擒斩贼级三名颗，又未哨以前自擒贼六名，临安卫右所实授百户升副千户一员黄云。

六辈黄诏，旧选簿查有：嘉靖十四年五月，黄诏，年二十四岁，泸州人，系临安卫右所故正千户黄云嫡长男。伊高祖刚原系功升试百户，遇例实授，曾祖、祖、父俱沿袭。父云调征十八寨并安铨二处功历升前职，今故，本舍告袭。所据遇例一级原非军功，例应减革，照例于副千户上加本舍自己安铨功升小旗一级，与做正千户。

七辈黄明举，旧选簿查有：嘉靖四十年八月，黄明举，年二十四岁，泸州人，系临安卫右所故正千户纳级指挥佥事黄诏嫡长男。伊父原以舍人嘉靖六年安铨斩首四颗升小旗，后袭祖职副千户，加安铨功一级袭升正千户，十八年遇例纳授指挥佥事，今故。所据伊父安铨功一级系弃小就大，并纳级职衔，俱例不准袭，本舍照例革袭祖职副千户。

八辈黄位中，万历十七年四月，黄位中，年二十九岁，系临安卫右所患疾副千户黄明举嫡长男，比中二等。

九辈黄衮，万历二十一年八月，黄衮，年十七岁，系临安卫右所故副千户黄位中嫡长男，比中二等。

郑德芳·副千户

内黄查有：郑雄，荆门州人。父郑思旧名思明，洪武四年归附从军，充权百户，十年世袭，十三年调泗州卫，十五年拨临安卫，十七年征两广，十八年升副千户，十九年征教化，二十一年攻来寨等处，二十五年授世袭，年老，告替，无嫡男。三十四年准替职，授临安卫右所世袭副千户。·218·

一辈郑思，已载前黄。

二辈郑雄，旧选簿查有：洪武三十三年六月，郑雄，系临安卫右所世袭副千户郑思庶长男。

三辈郑通，旧选簿查有：永乐十三年八月，郑通，系临安卫右所故世袭副千户郑雄嫡长男。

四辈郑泰，旧选簿查有：宣德七年八月，郑泰，年十五岁，系临安卫右所故世袭副千户郑通嫡长男。

五辈郑颐，旧选簿查有：天顺八年七月，郑颐，年十五岁，荆门州人，系临安卫右所故世袭副千户郑泰嫡长男。

六辈郑勋，旧选簿查有：弘治十一年九月，郑勋，荆门州人，系临安卫右所世袭副千户郑颐嫡长男。

七辈郑永，旧选簿查有：嘉靖十年六月，郑永，年三十三岁，荆门州人，系临安卫右所故副千户郑勋嫡长男，

八辈郑胤芳，旧选簿查有：嘉靖二十五年八月，郑胤芳，荆门州人，系临安卫右

所痼疾副千户郑永嫡长男。

九辈郑德芳，旧选簿查有：隆庆二年六月，郑德芳，年三十岁，荆门州人，系临安卫右所故副千户郑胤芳亲弟。

十辈郑俸，万历五年四月，郑俸，年二十岁，荆门州人，系临安卫右所故副千户郑德芳堂侄，比中三等。

十一辈郑傑，崇祯十年四月，大选过临安卫右所副千户一员郑傑，年四十八岁，系故副千户郑俸堂弟，比中三等。

余表·副千户

外黄查有：余禄，怀远县人。有父余成旧名奴子，乙未年从军，洪武四年充羽林卫前所小旗，十二年调豹韬卫总旗，十五年拨守临安卫左所，十八年除本卫右所世袭百户，老疾。兄余福三十二年替职，故，侄余安幼小。禄系亲弟，三十三年袭临安卫右所百户，待侄长成，还与职事。

一辈余成，已载前黄。·219·

二辈余福，已载前黄。

三辈余禄，旧选簿查有：洪武三十三年八月，余禄，系临安卫右所故世袭百户余福亲弟。兄有男余安，年方九岁，幼小，钦准禄袭职，待侄长成，还与职[事]。

四辈余信，旧选簿查有：永乐十三年八月，余信，年十六岁，系临安卫右所故世袭百户余禄亲侄。

五辈余广，旧选簿查有：正统元年九月，余广，系临安卫右所故世袭百户余信嫡长男。

钦升簿查有：正统七年调征麓川等处剿杀蛮贼有功，临安卫右所百户三次头功升世袭副千户一员余广。

六辈余济，旧选簿查有：天顺八年七月，余济，年十五岁，怀远县人，系临安卫右所副千户余广嫡长男。父为事病故，照例已与本人半俸优给，今出幼袭职，仍该支全俸。

七辈余昂，旧选簿查有：弘治十一年十二月，余昂，怀远县人，系临安卫右所故世袭副千户余济嫡长男，

八辈余得溁，旧选簿查有：嘉靖十四年六月，余得溁，年二十五岁，怀远县人，系临安卫右所故副千户余昂嫡次男。

九辈余嘉恩，旧选簿查有：嘉靖二十六年六月，余嘉恩，怀远县人，系临安卫右所故副千户余得溧嫡长男。

十辈余得忠，旧选簿查有：嘉靖二十七年十月，余得忠，怀远县人，系临安卫右所故副千户余得溧亲弟。

十一辈余表，旧选簿查有：隆庆二年八月，余表，年三十六岁，怀远县人，系临安卫右所故副千户余得忠嫡长男。

十二辈余文振，万历二十六年十一月，单本选过临安卫右所副千户一员余文振，年二十六岁。伊伯余表原袭副千户，今老无子，本舍合照例借替副千户，待伊伯余表生有儿男，退还职事，比中一等。

十三辈余大勋，崇祯十一年十二月，大选过临安卫右所副千户一员余大勋，年二十一岁，系老副千户余文振庶长男，比中二等。

白极·副千户

外黄查有：白兴旧名来兴，六安州人，丙申年从军，洪武四年充小旗，十二年充豹韬卫总旗，十八年除本卫所世袭百户。白寿富系白寿昌庶弟。白晟系白寿富嫡长男，父正统六年攻打思任发贼寨有功升世袭副千户，残疾，晟替临安卫世袭副千户。白春系白晟庶长孙。·220·

一辈白兴，已载前黄。

二辈白寿昌，旧选簿查有：永乐十年五月，白寿昌，系临安卫右所故世袭百户白兴嫡长男。

三辈白寿荣，旧选簿查有：宣德元年十二月，白寿荣，系临安卫右千户所故世袭百户白寿昌庶弟。侄白昱优给，病故。

四辈白寿富，旧选簿查有：宣德七年九月，白寿富，系临安卫右所故世袭百户白寿荣亲弟。有次兄白寿昇患残病，不堪承袭，钦准本人袭职，待有男，还与职事。

钦升簿查有：正统七年调征麓川上江等处剿杀蛮贼有功，临安卫百户二次头功升世袭副千户一员白寿富。

五辈白晟，旧选簿查有：正统十年九月，白晟，系临安卫右所世袭副千户白寿富嫡长男。

六辈白玘，旧选簿查有：成化元年九月，白玘，年二十五岁，六安州人，系临安卫右所世袭副千户白晟嫡长男。

七辈白春，旧选簿查有：弘治七年十二月，白春，年十六岁，六安州人，系临安卫右所故世袭副千户白玘庶长男。

八辈白奉，旧选簿查有：正德六年四月，白奉，六安州人，系临安卫右所故绝世袭副千户白春亲弟。

九辈白大经，旧选簿查有：嘉靖十三年六月，白大经，年二十岁，六安州人，系临安卫右所故副千户白奉嫡长男。

十辈白极，旧选簿查有：嘉靖四十一年二月，白大经，年五十岁，六安州人，系临安卫右所副千户，今患痼疾在所。有嫡长男白极，见年二十七年，告替，照旧副千户。

十一辈白允文，万历二十八年三月分，单本选过临安卫右所正千户一员白允文，年三十九岁。伊父白极原袭祖职副千户，万历十九年丁苴、白改等处斩首三颗升正千户，推升守备，今老。所据伊父推升流官例不准替，本舍合照旧与替正千户，比中一等。

十二辈白一言，天启六年四月，大选过临安卫右所正千户一员白一言，年十八岁，系老疾正千户白允文亲孙。有父白锦未袭先故，本舍以孙承祖，应替正千户，比中一等。

杨淮·副千户·221·

一辈杨洪，缺。

二辈杨真保，缺。

三辈杨林，旧选簿查有：正统十三年十一月，杨林，系临安卫右所试百户杨真保嫡长男。父原系小旗，于刀招汉等寨杀贼奇功升除前职，本人替实授世袭百户。

景泰五年临安卫百户升副千户杨林。

四辈杨裕，旧选簿查有：成化十一年八月，杨裕，年十五年（岁），巴县人，系临安卫右所故副千户杨林庶长男，钦与世袭。

五辈杨伦，旧选簿查有：弘治十六年二月，杨伦，巴县人，系临安卫右所世袭副千户杨裕嫡长男。

六辈杨淮，旧选簿查有：嘉靖四十二年八月，杨淮，系临安卫右所故副千户杨林嫡长男。

七辈杨陞先，崇祯十二年十二月，大选过临安卫右所副千户一员杨陞先，年二十三岁，系故副千户杨淮堂侄孙，比中三等。

速应春·副千户

一辈阿失，缺。

二辈速飞，旧选簿查有：永乐五年六月，速飞，年十五岁，系临安卫右所故世袭副千户阿失嫡长男。

三辈速贤，旧选簿查有：宣德五年八月，速贤，年十五岁，系临安卫右千户所故世袭副千户速飞嫡长男。

四辈速庸，缺。

五辈速广，缺。

六辈速应春，缺。·222·

祝南山·副千户

外黄查有：祝南山，年四十一岁，系云南临安卫右所副千户，原籍直隶庐州府合肥县人。一世祖祝九，乙未年从军，甲辰年充小旗，洪武元年阵亡。二世祖祝文贵补役，十四年老。三世祖祝茂代役，三十二年升总旗，三十五年故。四世祖祝原代役，永乐四年调临安卫中所，老疾。高祖祝瑄未补，曾祖祝濬代役，纳升今卫所镇抚，成化元年故。祖祝铨系嫡长男，优给，六年八月袭，正德十四年老疾。父祝昂系庶长男，十五年十二月替，嘉靖八年云南寻甸等处斩首三颗升实授百户，十一年阿迷、蒙自等县斩首三颗升副千户，云南嶍峨莽甸斩首三颗重升副千户，二十一年奏明并升正千户，三十二年为查盘余丁银两问发立功五年，故。南山系嫡长男，三十八年八月袭。查濬纳升所镇抚已足三辈，照例革袭临安卫右所副千户，支本俸扣算，南山五年限满全支，如未完银仍扣俸还官。

一辈祝九，已载前黄。

二辈祝文贵，已载前黄。

三辈祝茂，已载前黄。

四辈祝源，已载前黄。

五辈祝濬，已载前黄。

六辈祝铨，旧选簿查有：成化二年九月，祝铨，年十一岁，系云南都司临安卫右千[户]所所镇抚祝濬嫡长男。父原系临安卫右千户所所镇抚，故，照例准令本人所镇抚俸优给，于本卫关支，候出幼袭职。

七辈祝昂，旧选簿查有：正德十五年十二月，祝昂，年二十一岁，合肥县人，系临安卫右所年老所镇抚祝铨庶长男。伊祖祝濬系未并枪总旗，遇例纳升前职，本人照例准替，月支米一石。所据纳升三辈已足，事故之日，子孙革收祖役。

功次簿查有：嘉靖八年云南寻甸府等处擒斩蛮贼安铨，一人擒斩贼级三名颗，临安卫后所随征所镇抚升实授百户一员祝昂。

嘉靖十一年云南阿迷、蒙自等县一人擒斩贼级三名颗、四名颗、五名颗，临安卫右所实授百户升副千户一员祝昂。

嘉靖十四年云南征剿过庄贼一人自擒斩贼级三名颗、四名颗、五名颗临安卫右所实授百户升副千户一员祝昂。

堂稿簿查有：嘉靖二十一年四月，一件军官奋勇累建边功比例恳乞天恩均霑职级以图补报事内开：临安卫右所副千户祝昂系实授百户，九年阿迷、蒙自斩首三颗，十年征嶍峨、荞甸斩首三颗，俱以实授百户报验重升副千户，乞要并升正千户，合无将祝昂照例于阿迷、蒙自功升副千户上加嶍峨、荞甸重升副千户一级，与做正千户。本年四月初八日，题奉圣旨："是，钦此"。

八辈祝南山，旧选簿查有：嘉靖三十八年八月，祝南山，合肥县人，系临安卫右所故正千户祝昂嫡长男。伊曾祖祝濬原补祖役总旗，纳升所镇抚，故。祖祝铨优，袭，老。父祝昂袭，嘉靖六等年节次斩首有功历升正千户，嘉靖三十二年为查盘余丁银两问发立功五年，三十六年故。所据伊曾祖纳升所镇抚一级不由军功，例应减革，本舍照例革袭副千户，与支半俸，扣算伊父立功五年，限满方许全支，伊父如未完赃银仍照数于本舍名下扣俸还官。

九辈祝朝安，万历五年十二月，祝朝安，年二十四岁，合肥县人，系临安卫右所老疾副千户祝南山嫡次男。伊父原袭祖职副千户，今老，伦序该兄祝朝荣承袭，患疾无子，本舍照例借替祖职副千户。待后伊兄疾痊，或生有儿男，退还职事，考试二等。

十辈祝天祐，万历四十一年十月，大选过临安卫右所副千户一员祝天祐，年十八岁，系故副千户祝朝安亲侄。原借职退还改正，比中三等。·223·

黄如金·试百户

一辈黄良儿，缺。

二辈黄政，缺。

三辈黄智，试百户功次：候查。

四辈黄钺，旧选簿查有：成化元年九月，黄钺，年三十岁，万泉县人，系临安卫右所百户黄智嫡长男，钦与世袭。

五辈黄旻，旧选簿查有：弘治二年三月，黄旻，万泉县人，系临安卫右所百户黄钺堂侄。伊叔原系本卫所百户，今病故。本人袭原职百户，于本卫所支俸差操。

六辈黄澄，旧选簿查有：正德五年八月，黄澄，万泉县人，系临安卫右所年老百户黄钺嫡长男。伊父原系试百户，天顺元年遇例实授，本人照例与做实授百户。

七辈黄如金，旧选簿查有：嘉靖三十年二月，黄如金，年二十岁，万全县人，系临安卫右所故试百户黄澄亲侄。

八辈黄珊，万历八年八月，黄珊，年二十岁，万全县人，系临安卫右所故试百户黄如金嫡次男，比中一等。

九辈黄用，万历十七年十月，黄用，年十八岁，系临安卫右所故绝试百户黄珊亲弟。查伊四世族高伯祖黄智原补总旗，以征麓川功升试百户，伊曾祖黄旻以侄孙犯堂冒袭，伊祖、父沿袭，本舍应照例减革，与袭冠带总旗，比中三等。

内黄查有：黄如金，系临安卫右所试百户，万全县人。始祖黄福，吴元年充济南卫军，阵亡。洪武十五年黄良儿补役，调临安卫左所，十九年选充本卫右所小旗，永乐九年并升总旗，老。黄政补役，正统元年故。高伯祖黄智系嫡长男补役，六年征麓川一次头功升试百户，老。曾堂伯祖黄钟系嫡长男，残疾，未袭，绝嗣。次堂伯祖黄钺系亲弟，替，故，绝嗣。祖黄旻系钺堂侄，弘治二年袭，老。伯黄澄系嫡长男，正德五年替，故，绝嗣。父黄沧系亲弟，未袭，故。如金系嫡长男，亦系澄亲侄，三十年袭临安卫右所试百户。

黄珊，年二十岁，系临安卫右所故试百户黄如金嫡次男，万历八年八月钦准袭职。

十辈黄继统，天启元年八月，单本题覆过临安卫右所试百户一员黄继统，年二十九岁，系故冠带总旗黄用亲侄。

周廷美·试百户

外黄查有：周广，年六十岁，溧水县人。曾祖周彦名丁酉年从军，老。祖周圆代役，洪武十八年升小旗，故。父周英补充小旗，正统六年征麓川头功升总旗，老。广代，天顺二年征贵州东苗斩获首级升试百户，天顺八年遇例实授。

一辈周圆，已载前黄。

二辈周英，已载前黄。

三辈周广，已载前黄。

四辈周永清，旧选簿查有：成化九年九月，周永清，溧水县人，系临安卫右所百户周广嫡长男，钦与世袭。

五辈周廷美，旧选簿查有：嘉靖三十八年十月，周廷美，溧水县人，系临安卫右所故实授百户周永清侄孙，革遇例，照旧袭试百户。

六辈周文谟，万历二十六年十月，周文谟，年十八岁，溧水县人，系临安卫右所老试百户周廷美嫡长孙，比中二等。

七辈周文胤，天启五年五月补四月分大选，过临安卫右所试百户一员周文胤，年二十岁，系周文谟亲弟，比中三等。

韩思忠·试百户

一辈韩小大，缺。

二辈韩义，缺。

三辈韩英，缺。

四辈韩裕，缺。

五辈韩暹，缺。

六辈韩秀，吊来右府勘合查有：嘉靖十一年，阿迷、蒙自等府地方一人自擒斩贼级三名颗，临安卫左所总旗升试百户韩秀。

七辈韩思忠，旧选簿查有：嘉靖十七年十月，韩思忠，年二十三岁，孟津县人，系临安卫右所故试百户韩秀嫡长男。

八辈韩世美，万历二十三年十月，韩世美，年三十三岁，系临安卫后所革袭试百户韩思忠庶长男，比中二等。

九辈韩启元，万历四十四年二月，大选过临安卫右所试百户一员韩启元，年二十二岁，系疾试百户韩世美嫡长男，比中二等。

余承恩·试百户

外黄查有：余春，江津县人。曾祖余中甫洪武四年从军，十四年拨临安卫右所，二十三年升小旗，故。伯祖余源补役，永乐十年故。祖余海补，并，仍充小旗，故。父余全幼小，叔祖余潮补役，十年父余全改正，并，仍充小旗，正统六年征麓川获功二次升总旗，天顺四年征贵州西堡，节次攻克贼寨斩获首级三颗升试百户，患疾。春幼小，准令本卫所支实授百户俸优给。

一辈余中甫，已载前黄。

二辈余源，已载前黄。

三辈余海，已载前黄。

四辈余潮，已载前黄。

五辈余全，已载前黄。

六辈余春，旧选簿查有：成化十年十二月，余春，江津县人，系云南临安卫右所试百户余全庶长男。父原系总旗，西堡杀贼有功升前职，年五十九岁，患寒湿病疾，照例该与本人实授百户。

七辈余仁，旧选簿查有：嘉靖元年八月，余仁，江津县人，系临安卫右所故百户余春嫡长男。伊父原袭试百户，遇例实授，本人照例革袭试百户。

八辈余承恩，旧选簿查有：嘉靖二十三年十二月，余承恩，江津县人，系临安卫右所故试百户余仁嫡长男。

九辈余起雷，万历四十五年五月，大选过临安卫右所试百户一员余起雷，年十八岁，系故试百户余承恩庶长孙，比中三等。·226·

许恩·试百户

一辈许福，缺。

二辈许得，缺。

三辈许敬，缺。

四辈许斌，旧选簿查有：天顺七年十二月，临安卫总旗升试百户许斌。

五辈许春，旧选簿查有：成化十五年闰十月，许春，年十五岁，武进县人，系临安卫后所百户许斌庶长男。父原系试百户，遇例实授，本人照例革替试百户。

六辈许勋，旧选簿查有：正德十年十月，许勋，武进县人，系临安卫后所故百户许春嫡长男。父替试百户，遇例实授，本人照例革袭试百户。

七辈许恩，旧选簿查有：嘉靖三十五年十月，许恩，武进县人，系临安卫后所年老实授百户许勋嫡长男，革遇例，与替试百户。

八辈许承祖，万历二十年十二月，许承祖，年三十七岁，系临安卫后所故试百户许恩嫡长男，比中二等。

九辈许乔迁，万历三十六年八月，大选过临安卫后所试百户一员许乔迁，年三十三岁，系故试百户许承祖嫡长男，比中三等。

十辈许乔选，天启元年二月，大选过临安卫后［所］试百户一员许乔选，年三十一岁，系故试百户许乔迁亲弟，比中三等。

钟应麟·试百户

一辈钟辛一，缺。·227·

二辈钟旺，缺。

三辈钟胜，缺。

四辈钟宣，试百户功次：候查。

五辈钟应麟，旧选簿查有：嘉靖三十二年六月，钟应麟，黔阳县人，系临安卫后所老疾世袭百户钟宣嫡长孙。查得伊祖宣原系功升试百户，遇例实授。所据遇例实授例应减革，今本舍革袭试百户。

六辈钟云，万历十四年十月，钟云，年三十五岁，黔阳县人，系临安卫后所年老试百户钟应麟嫡长男，比中三等。

杨应文·试百户

外黄查有：杨政，赣县人。祖杨尹安甲辰年从军，拨归德卫后所，洪武十七年升小旗，残疾。伯父杨瑄照例免并枪充小旗，永乐元年调临安卫后所充小旗，残疾。政代役，并充总旗，正统六年征麓川奇功，七年升临安卫后所试百户。

一辈杨尹安，已载前黄。

二辈杨瑄，已载前黄。

三辈杨政，试百户功次：已载前黄。

旧选簿查有：景泰五年临安卫试百户升实授百户杨政。

四辈杨晟，旧选簿查有：天顺八年七月，杨晟，赣县人，系临安卫后所故世袭百户杨政嫡长男，钦与世袭。

五辈杨英，旧选簿查有：成化二十二年九月，杨英，赣县人，系临安卫后所故世袭百户杨晟嫡长男。

六辈杨麟，旧选簿查有：正德十四年十二月，杨麟，年二十五岁，赣县人，系临安卫后所故百户杨英嫡长男。

七辈杨应文，旧选簿查有：嘉靖二十九年四月，杨应文，赣县人，系临安卫后所老疾实授百户杨麟嫡长男。伊高祖政以小旗正统六年征麓川奇功升试百户，又以水平寨擒贼功升实授百户，曾祖晟、祖瑛、父麟沿袭。所据试百户一级系越升，例应减革，今本舍照例革替试百户。·228·

八辈杨起龙，万历二十六年六月，年八岁，系故绝试百户杨应文亲侄，全俸优给，三十二年终住支。

万历三十九年十月，大选过临安卫后所试百户一员杨起龙，年十五岁，出幼袭职，比中三等。

年远事故中所副千户一员·裴嘉爵

永乐四年六月，裴昱，系临安卫中所世袭百户裴焕庶长男。

宣德四年七月，裴寿，年十七岁，系临安卫中千户所故世袭百户裴昱庶长男。

宣德十年九月，裴荣，年十六岁，系临安卫中所故世袭百户裴寿堂弟。

成化七年闰九月，裴俊，乌江县人，系临安卫中所副千户裴荣嫡长男，钦与世袭。

弘治十五年二月，裴鑑，乌江县人，系临安卫中所世袭副千户裴俊嫡长男，钦与世袭。

万历三十五年二月，大选过临安卫新安守御所副千户一员裴嘉爵，年三十九岁，系疾副千户裴应祖嫡长男，比中二等。

又一员·戴铨

洪武三十一年六月，戴铨，系临安卫中所世袭副千户戴兴嫡次男。

万历三年十月，裴应祖，年二十七岁，乌江县人，系临安卫新安守御所故副千户裴鑑亲侄。①

革发一员·刘恩

万历六年七月，刘恩，年三十岁，永年县人，系临安卫中所故正千户刘广亲孙。万历五年六月保送到部，查无黄选，又违限四十七年，驳查去后，今准都察院咨称，伊父刘孟傑告袭，并无卷案可凭，违例已久，相应革发，以后子孙永不许袭。·229·

曾禄·世袭百户

一辈曾宣，缺。

二辈曾胜，旧选簿查有：永乐元年，曾胜，年十六岁，系赤水卫中所失陷世袭百户曾宣嫡长男。

三辈曾寿，旧选簿查有：正统六年，曾寿，系赤水卫中所故世袭百户曾胜嫡长男。

四辈曾钺，旧选簿查有：天顺七年，曾钺，年二十九岁，句容县人，系赤水卫中所世袭百户曾寿嫡长男。

五辈曾锐，旧选簿查有：弘治十五年六月，曾锐，句容县人，系临安卫中所世袭百户曾钺亲弟。伊兄原系赤水卫中所，为事调今卫所，故。本人袭职，仍去后调卫分。

六辈曾禄，旧选簿查有：正德九年六月，曾禄，句容县人，系临安卫中所故世袭百户曾锐嫡次男。

---

① 此"裴应祖"选条应接续前"年远事故中所副千户一员·裴嘉爵"簿"裴嘉爵"选条之前。

尚雄·正千户

内黄查有：尚四，原籍当涂县人，乙未年从军，节征太平、安庆等处功升小旗，老。二辈尚礼补役，洪武十三年并枪升总旗，二十年征金山一迷河功升百户，二十一年征帖木儿功升宁化所副千户，二十五年调云南临安卫右右所，守御通海，节征宁远，故。尚林系弟，袭，永乐六年征交阯故。尚志系弟，袭，老。尚雄系侄，袭副千户，天顺二年征贵州东苗擒斩有功升正千户，世袭。

一辈尚四，已载前黄。

二辈尚礼，已载前黄。

三辈尚林，已载前黄。

四辈尚志，已载前黄。

五辈尚雄，旧选簿查有：尚雄，年十九岁，当涂县人，系临安卫右右所通海御老副千户尚志亲侄。

功次簿有：天顺二年征贵州东苗斩级三颗题升正千户一员尚雄，钦与世袭。

六辈尚麒，弘治十三年，尚麒，年十六岁，当涂县人，系临安卫通海御所故正千户尚雄嫡长男。伊父于天顺二年征贵州东苗亲斩首级三颗题升正千户，本舍系长男，照例准袭正千户。·230·

编军簿查有：正德十二年十一月，准云南巡按咨内开：临安卫指挥佥事尚麒为守备不设充贵州都匀卫终身军。

七辈尚云程，崇祯十年十月，单本选过临安卫通海守御所正千户一员尚云程，年二十二岁，当涂县人。伊父尚麒弘治十五等年征贵州普安叛苗亲斩贼级三颗升指挥佥事，后以守备不设充终身军，遇赦回卫，故绝。今舍以尚麒亲堂曾孙该卫结保，本舍伦序应及承袭前来。查终身军例不及嗣，第查本舍违限太久，革去尚麒普安功一级，合准减袭祖职正千户，比中三等。

谭登·试百户

外黄查有：谭登，年五十五岁，系云南临安卫后所不支俸土官试百户，原籍临安宣慰司人。一世祖谭得荣，洪武十四年归附从军，十八年征广南等处升总旗，二十四年故。二世祖谭斌补役，三十四年故。三世祖谭珪幼小，三世庶伯祖谭忠代役，永乐六年谭珪出幼补役，宣德六年故。高祖谭钦幼小，三世堂伯祖谭恕暂补，故。堂高伯祖谭晟暂补，正统九年谭钦长成，补，成化五年老。曾祖谭九思补，十六年故。祖谭彦昭年幼，堂伯祖谭铠暂役，弘治元年彦昭长成，补，嘉靖十一年征乔（荞）甸有功十四年升试百户，故。父谭宪章系嫡长男，嘉靖十八年正月袭，故。登系嫡长男，二十三年十月袭临安卫后所不支俸土官试百户。

一辈谭得荣，已载前黄。

二辈谭斌，已载前黄。

三辈谭珏，已载前黄。

四辈谭钦，已载前黄。

五辈谭九思，已载前黄。

六辈谭彦昭，试百户功次：已载前黄。

七辈谭宪章，已载前黄。

八辈谭登，旧选簿查有：嘉靖二十三年十月，谭登，年二十五岁，系临安宣慰司人，系临安卫后所故不支俸土官试百户谭宪章嫡长男。

十辈谭承恩，万历二十三年三月，谭承恩，年二十三岁，临安宣慰司人，系临安卫后所阵亡土官试百户谭大经嫡长男。[①]·231·

裴文俊·试百户

内黄查有：裴文俊，年四十九岁，系临安卫后所试百户，新安县人。始祖裴四洪武三年军，选充小旗，十四年升总旗，故。高祖裴成补，失陷。曾祖裴暹补，故。祖裴济补，故。父裴孟祥补，正德十三年老。文俊系嫡长男，补，嘉靖十四年云南征剿过庄贼李贤等斩首三颗有功，本身升云南临安卫后所试百户。

一辈裴四，已载前黄。

二辈裴成，已载前黄。

三辈裴暹，已载前黄，

四辈裴济，已载前黄。

五辈裴祥，已载前黄。

六辈裴文俊，已载前黄。

七辈裴栋，审稿查有：隆庆三年十月，裴栋，年二十七岁，系新安县人，系临安

[①] 此"十辈谭承恩"选条承"八辈谭登"选条之后，其前缺"九辈谭大经"选条。

卫后所年老实授百户裴文俊嫡次男。

卫国·试百户

一辈卫阿三，缺。

二辈卫保，缺。

三辈卫思，缺。

四辈卫林，旧选簿查有：天顺七年，临安卫实授总旗升试百户卫林。

五辈卫浩，旧选簿查有：成化十一年八月，卫浩，石屏州人，系临安卫后所不支俸土官百户卫林嫡长男，钦与世袭。·232·

六辈卫国，旧选簿查有：正德十六年十月，卫国，年二十岁，石屏州人，系临安卫后所故不支俸土官百户卫浩庶长男。伊祖原功升试百户，遇例实授，父沿袭，本人照例革袭试百户。

七辈卫道，万历十五年四月，卫道，年二十六岁，石屏州人，系临安卫后所故不支俸土官试百户卫国侄孙。伊叔祖原借袭祖职不支俸土官试百户，万历二年故，应该退还伊父卫黎元承袭，患疾不堪，本舍合照旧与袭不支俸土官试百户。

八辈卫之中，万历四十四年二月，大选过临安卫后所土官试百户一员卫之中，年二十三岁，系故不支俸试百户卫道男，例不比试。

邵美·试百户

一辈邵兴，缺。

二辈邵贵，旧选簿查有：永乐十四年五月，邵贵，系临安卫左所试百户绍兴嫡长男。父原系总旗，差往西番招谕回还升除前职，病故，钦袭试百户。

三辈邵福，旧选簿查有：宣德十年九月，邵福，系临安卫后所试百户邵贵嫡长男。

四辈邵雄，旧选簿查有：正统七年二月，邵雄，系临安卫后所故试百户邵福嫡长男，本人仍袭试百户。

五辈邵弼，旧选簿查有：成化十六年八月，邵弼，武进县人，系临安卫后所百户邵雄嫡次男。

六辈邵鑑，旧选簿查有：正德十二年十一月，邵鑑，武进县人，系临安卫后所年老百户邵弼嫡长男。父革袭试百户，遇例实授，本人照例革替试百户。

七辈邵松，旧选簿查有：嘉靖二年闰四月，邵松，武进县人，系临安卫后所故革袭试百户邵鑑嫡长男。

八辈邵美，缺。

九辈邵先业，万历十一年二月，邵先业，年二十岁，武进县人，系临安卫后所故试百户邵美嫡长男，比中二等。

十辈邵承业，万历三十五年九月，单本选过临安卫后所试百户邵承业，年三十三岁，系故试百户邵先业堂弟，比中三等。·233·

后所试百户一员·杜如桂

成化元年三月，杜胜，河西县土人，系临安卫后所不支俸故土官百户杜刚嫡长男。

弘治二年六月，杜美，河西县人，系临安卫后所不支俸世袭土官百户杜胜嫡长男。

嘉靖四十四年十月，杜如桂，河西县人，系临安卫后所不支俸故土官实授百户杜美亲孙。革遇例一级，与袭替试百户，仍不支俸。①

年远事故所镇抚一员·李英

天顺七年闰七月，李英，系临安卫后千户所所镇抚李通嫡长男。父原系小旗，遇例纳米升前职，病故。本人袭职，照例月支俸一石。

杜华

一辈杜友诚。

二辈杜来福。

三辈杜永。

四辈杜刚。

---

① 此"后所试百户一员·杜如桂"簿所载杜胜、杜美、杜如桂等选条，可补《总汇》本册同页"杜华"选簿失载之"五辈杜胜""六辈杜美""七辈杜如桂"选条。

五辈杜胜。

六辈杜美。

七辈杜如桂。①

八辈杜华，万历十七年十月，杜华，年三十一岁，河西县人，系临安卫后所不支俸土官试百户杜如桂亲侄。伊曾祖杜美原袭实授百户，故，应该伊祖杜崇仁、父杜如松承袭，俱未袭先故。彼因本舍年幼，将职借与伊叔杜如桂，革去遇例袭试百户。今本舍长成，例应退还，合照旧与袭不支俸土官试百户，伊叔杜如桂革闲，土官不比。

九辈杜惟高，万历三十六年十月，大选过临安卫后所不支俸土官试百户一员杜惟高，年十九岁，系年老土官试百户杜华亲侄，土官不比。·234·

陈元庆·世袭百户

陈忠爱，万历四十四年八月，大选过临安卫新安守御所实授百户一员陈忠爱，年二十三岁，系老疾实授百户陈元庆嫡长男，比中一等。②

王朝恩·署正千户事副千户

外黄查有：王贵，广济县人。有祖父王俊卿，洪武十六年为蕲州卫军人潘官音保首告军役事蒙兵部起取，为祖年老，将父王喜旧名高三代役，拨府军卫前所军，二十六年升沈阳卫中所总旗，四月除骁骑右卫后所世袭百户，三十二年调云南左卫中左所，故。贵系嫡长男，永乐元年袭临安卫中左所世袭百户。

一辈王喜，已载前黄。

二辈王贵，旧选簿查有：永乐元年七月，王贵，年十二岁，系云南中护卫左所伤故世袭百户王嘉（喜）嫡长男。今本卫所官军钦调临安卫中左所，钦准袭授临安卫中左所世袭百户。

三辈王玺，旧选簿查有：宣德八年八月，王玺，年十五岁，系临安卫中左所故世

---

① 本"杜华"选簿之"五辈杜胜""六辈杜美""七辈杜如桂"等选条失载，《总汇》本册同页所收"后所试百户一员·杜如桂"簿杜胜、杜美、杜如桂等选条可补其缺。

② 该"陈元庆·世袭百户"簿所载，实可接续《总汇》本册第292页"陈嘉谟·世袭百户"选簿之"八辈陈元庆"选条，作其"九辈陈忠爱"选条。

袭百户王贵嫡长男。

功次簿查有：天顺二年东苗地方杀贼获功例升一级，临安卫实授百户升副千户二员内一员王玺。

钦升簿查有：成化二年西堡等处杀贼功次，临安卫实授百户升署副千户二员内一员王玺。

四辈王𬘓，旧选簿查有：成化七年闰九月，王𬘓，广济县人，系临安卫中左所署正千户王玺嫡长男。父原系副千户，西堡杀贼获功升署前职，患疾，本人照例该替副千户仍署正千户事。

五辈王佐，旧选簿查有：弘治八年四月，王佐，广济县人，系临安卫中左所署正千户事副千户王𬘓嫡长男。

六辈王麒，旧选簿查有：嘉靖十四年四月，王麒，年十六岁，广济县人，系临安卫中左所故署正千户事副千户王武勋嫡长男。①

七辈王朝恩，旧选簿查有：嘉靖三十二年六月，王朝恩，年十六岁，广济县人，系临安卫中左所故署正千户事副千户王麒嫡长男。

八辈王尚贤，万历四年十二月，王尚贤，年四岁，广济县人，系临安卫中左所故署正千户事副千户王朝恩庶长男，照例与全俸优给，至万历十四年终住支。

万历十六年四月，王尚贤，年十六岁，广济县人，系临安卫中左所故署正千户事副千户王朝恩嫡长男，出幼袭职，比中二等。·235·

九辈王尚德，天启四年四月，大选过临安卫中左所署正千户事副千户一员王尚德，年四十岁，系故署正千户事副千户王尚贤堂弟，比中一等。

唐相·副千户

一辈唐祥，缺。

二辈唐玺，缺。

三辈唐靖，旧选簿查有：永乐二十二年二月，唐靖，系临安卫中左所世袭副千户唐玺嫡长男。

四辈唐鑑，旧选簿查有：宣德八年八月，唐鑑，系临安卫中左所故世袭副千户唐靖嫡长男。

---

① 据此"六辈王麒"选条，其前当有"王武勋"选条，缺载。

五辈唐昇，审稿查有：唐昇，系临安卫中左所故百户唐鑑嫡长男。

六辈唐起，旧选簿查有：弘治三年十月，唐起，泗州人，系临安卫中左所故世袭副千户唐昇嫡长男。

七辈唐守一，旧选簿查有：正德九年五月，唐守一，年十六岁，系临安卫中左所故世袭副千户唐起嫡长男，优给出幼袭职。

八辈唐相，旧选簿查有：嘉靖三十二年五月，唐相，年三十六岁，泗州人，系临安卫纳级故指挥佥事唐守一嫡长男。伊父原袭祖职副千户，纳升指挥佥事，故。所据伊父纳升职级不由军功，例应减革，本舍照例革袭祖职副千户。

九辈唐世勋，万历十三年四月，唐世勋，年二十二岁，泗州人，系临安卫中所患疾副千户唐相庶长男，比中二等。

十辈唐国祚，年七岁，万历二十四年二月，大选过临安卫中所故副千户唐世勋嫡长男，全俸优给至万历三十一年终住支。

万历三十二年八月，大选过临安卫中所副千户一员唐国祚，年十六岁，出幼袭职，比中二等。

十一辈唐思安，崇祯二年十月，大选过临安卫中左所副千户优给舍人一名唐思安，年六岁，系故副千户唐国祚庶长男，照例优给，至崇祯十年终住支。·236·

詹承爵·副千户

外黄查有：詹承爵，年二十三岁，系云南临安卫中左所副千户，原籍河南汝宁府固始县人。始始祖詹得甲辰年从军，吴元年功升六安卫管军百户，洪武十六年故。房始叔祖詹班十七年十一月袭除太原前卫右所，故绝。始祖詹清系房兄，二十六年四月袭，永乐元年调临安卫中左所，故。高祖詹荣系嫡长男，本年十月袭，比，宣德五年故。曾祖詹雄系嫡长男，优给，十年九月袭，比，疾。曾叔祖詹傑系亲弟，五年九月借袭，比。祖詹恩系雄续生庶长男，优给，弘治四年十月袭，比，嘉靖元年老疾。父詹麒系嫡长男，三年二月比替，八年二月寻甸府擒斩贼级三名颗升副千户，故。承爵［系］嫡长男，三十六年十二月比袭临安卫中左所副千户。

一辈詹得，已载前黄。

二辈詹班，已载前黄。

三辈詹清，旧选簿查有：洪武二十六年四月，詹清，系太原前卫右所故世袭百户詹班房兄，袭除兴州前屯卫后所世袭百户。

四辈詹荣，旧选簿查有：永乐十九年十月，詹荣，系临安卫中左所世袭百户詹清嫡长男。

五辈詹雄，旧选簿查有：宣德十年九月，詹雄，系临安卫中左所故世袭百户詹荣嫡长男。

六辈詹傑，旧选簿查有：成化五年九月，詹傑，固始县人，系临安卫中左所世袭百户詹雄亲弟，告替，待兄有男，还与职事。

七辈詹恩，旧选簿查有：弘治四年十月，詹恩，年十五岁，固始县人，系临安卫中左所世袭百户詹雄庶长男。

八辈詹麒，旧选簿查有：嘉靖三年二月，詹麒，固始县人，系临安卫中左所世袭百户詹恩嫡长男。

功次簿查有：嘉靖八年二月，寻甸府一人擒斩贼级三名颗官旗军舍人等一百七十员名，内一员临安卫中左所百户升副千户詹麒。

九辈詹承爵，旧选簿查有：嘉靖三十六年十二月，詹承爵，年二十一岁，固始县人，系临安卫中左所故副千户詹麒嫡长男。

十辈詹廷纶，万历二十一年八月，詹廷纶，年十九岁，系临安卫中左所故副千户詹承爵嫡长男，比中二等。

牛仕芳·副千户

一辈牛成，缺。

二辈牛敏，旧选簿查有：永乐十七年十二月，临安卫左所世袭副千户牛敏，户名牛成。·237·

三辈牛麟，旧选簿查有：宣德五年七月，牛麟，系临安卫左千户所副千户牛敏户名牛成嫡长孙。

四辈牛通，旧选簿查有：天顺五年四月，牛通，丘县人，系临安卫中左所故世袭副千户牛麟嫡长男。

五辈牛昂，旧选簿查有：弘治二年六月，牛昂，丘县人，系临安卫中左所故世袭副千户牛通嫡长男。

六辈牛仕英，旧选簿查有：弘治十年十一月，牛仕英，丘县人，系临安卫中左所故世袭副千户牛昂亲侄。

七辈牛仕芳，旧选簿查有：嘉靖十三年二月，牛仕芳，年三十三岁，系临安卫中左所故绝副千户牛仕英亲弟。本人比试不中，暂准袭职，与支半俸，候及二年起送再比。

八辈牛应先，万历二年十月，牛应先，年二十四岁，丘县人，系临安卫中左所故副千户牛仕芳庶长男。伊父原袭祖职副千户，嘉靖四十三年故，应该伊兄牛应祖承袭，先以舍人为假雕印信事问拟永远充军，例应弟侄于祖职上降袭，本舍照例于祖职副千户上降一级，与袭实授百户。

九辈牛应科，万历二十七年二月，牛应科，年三十九岁，系临安卫中所故实授百户牛应先亲弟，比中二等。

十辈牛拱辰，万历四十二年七月，大选过临安卫中左所实授百户一员牛拱辰，年二十五岁，系疾实授百户牛应科嫡长男。比试不中，例支半俸，候及二年起送再比。

十一辈牛学孔，崇祯十一年十二月，大选过临安卫中左所实授百户一员牛学孔，年二十一岁，系故实授百户牛拱辰嫡长男，比中三等。

单从良·副千户

一辈单福，缺。

二辈单金，缺。

三辈单德，缺。·238·

四辈单义，缺。

五辈单政，旧选簿查有：永乐十三年八月，单政，年十五岁，系临安卫中左所故世袭副千户单义亲弟。

六辈单雄，旧选簿查有：正统四年九月，单雄，年十五岁，系临安卫中左所故世袭副千户单政嫡次男。

七辈单伦，旧选簿查有：成化十三年三月，单伦，武昌县人，系临安卫中左所故副千户单雄嫡次男，钦与世袭。有兄单傑患晕风病疾，不堪承袭，本人袭职，待兄有男，还与职事。

八辈单文，旧选簿查有：弘治十八年七月，单文，武邑县人，系临安卫中左所世袭副千户单伦嫡长男。

九辈单从良，旧选簿查有：嘉靖三十七年四月，单从良，武邑县人，系临安卫中左所故充军副千户单文堂弟。

十辈单应龙，万历四年八月，单应龙，年二十三岁，武邑县人，系临安卫中左所故副千户单从良亲侄。

十一辈单余庆，万历二十一年八月，单余庆，年十八岁，系临安卫中左所故副千户单应龙嫡长男，比中二等。

十二辈单余廥，万历二十七年四月，单余庆（廥），年十六岁，系临安卫中左所故副千户单余庆亲弟，比中二等。

火仲和

万历二十二年五月，单本选过署正千户火仲和一员，年十九岁，系塔滩里人。一世祖火都帖木儿洪武九年归附，十年充总旗，十九年升世袭百户，故。二世祖火喇虎袭，故。三世祖火昱原袭实授百户，景泰五年征草堂（塘）功升副千户，老。高祖火鑑比，袭，老。曾祖火盛替，正德六年征安南功升正[千]户，故。伯祖火恩袭，功升指挥佥事，故。伯火文灿嘉靖十九年告袭。所据草堂（塘）功不及数，革与署指挥佥事事正千户，今故绝。本舍告袭，但伊伯祖功升指挥佥事一级系犯堂，合照例革与署正千户事副千户，比中二等，与原卫前前所。

崇祯七年十月，大选过临安卫前前所署正千户事副千户一员火调鼎，年二十八岁，系疾署正千户事副千户火仲和嫡长男，比中三等。·239·

年远事故中左所副千户一员·汤惠

永乐元年七月，汤璿，系云南中护卫左所阵亡世袭百户汤兴嫡长男。今本卫所官军钦调临安卫中左所，钦准袭授临安卫中左所世袭百户。

正统六年八月，汤晟，系临安卫中左所百户汤璿嫡长男。

成化五年八月，汤武，常熟县人，系临安卫中左所副千户汤晟嫡长男，钦与世袭。

成化八年八月，汤懋，常熟县人，系临安卫中左所故世袭副千户汤武嫡长男。

弘治六年九月，汤惠，年十五岁，常熟县人，系临安卫中左所故世袭副千户汤懋庶堂弟。嫡兄汤恩残疾，不堪承袭，本人优给，今出幼袭职，待兄有男，还与职事。

贴黄查有：弘治十七年八月病故。

李继文·实授百户

外黄查有：李雄，茶陵县人。吴元年归附，克安仁等处除百户，洪武二十四年为事充军，故。李旺袭，故。李懋袭，三十四年升副千户，永乐元年调临安卫前所，故。雄系嫡长男，袭百户。李应宗系李荣庶长孙，祖故，伯李乔袭职，故，无儿，父李幹袭，疾，应宗替世袭百户。李勋年二十岁，系临安卫中左所世袭百户李应宗嫡长男，嘉靖三年替职。

一辈李蔓，已载前黄。

二辈李旺，旧选簿查有：洪武二十六年正月，李旺，系高邮卫兴化守御所故世袭百户李蔓嫡长男，钦准袭职，授兴化左屯卫右所世袭百户。

三辈李懋，旧选簿查有：洪武二十八年，李懋，系兴化左屯卫右所故百户李旺庶长男。

四辈李雄，旧选簿查有：永乐六年十一月，李雄，系临安卫前所副千户李懋嫡长男。父原任云南中护卫世袭百户，革除年间升除前职，病故，止终本身，今袭伊父原职，授临安卫前所世袭百户。·240·

五辈李乔，旧选簿查有：天顺元年十一月，李乔，系临安卫中左所故百户李雄庶长男。

六辈李幹，旧选簿查有：成化十三年二月，李幹，茶陵县人，系临安卫中左所故世袭百户李乔亲弟。

七辈李应宗，旧选簿查有：弘治元年五月，李应宗，茶陵县人，系临安卫中左所世袭百户李幹嫡长男。

八辈李勋，旧选簿查有：嘉靖三年十二月，李勋，茶陵县人，系临安卫中左所世袭百户李应宗嫡长男。

九辈李继文，旧选簿查有：嘉靖四十三年七月，李继文，年二十三岁，茶陵县人，系临安卫中左所年老实授百户李勋嫡长男。

十辈李元橹，万历二十六年十月，李元橹，年二十九岁，系临安卫中左所患疾实授百户李继文嫡长男，比中二等。

十一辈李先陞，万历三十八年四月，大选过临安卫中左所实授百户一员李先陞，年十九岁，系故实授百户李元橹嫡长男。未经比试，例止支半俸，候比试过开俸。

夏学·实授百户

一辈夏官音保,缺。

二辈夏暹,缺。

三辈夏荣,缺。

四辈夏景,功次簿查有:嘉靖元年题征剿广西府十八寨功次,一人自擒斩贼级三名颗,临安卫中左所实授冠带小旗升总旗一名夏景,冠带照旧荣身。

嘉靖六年云南寻甸贼首安铨等叛逆,一人擒斩贼级四名颗官旗一百三十六员名内:临安卫中左所总旗升试百户一员夏景,如未并枪止升实授总旗。

嘉靖十一年拟云南阿迷、蒙自县等处擒斩贼级官旗三十员名内,升实授一级一人自擒斩贼级三名颗、四名颗、五名颗内,临安卫中左所试百户升实授百户夏景。·241·

六辈夏文英,旧选簿查有:嘉靖二十一年二月,夏文英,上饶县人,系临安卫中左所老疾实授百户夏景嫡长男,仍替原职。

七辈夏学,旧选簿查有:嘉靖三十七年八月,夏学,上饶县人,系临安卫中左所实授百户夏文英嫡长男。

八辈夏康侯,万历九年二月,年二十一岁,上饶县人,系临安卫中左所故实授百户夏学庶长男,比中一等。

九辈夏昌嗣,天启元年十月,大选过临安卫中所实授百户一员夏嗣昌,年三十岁,系老实授百户夏康侯嫡长男,比中三等。

一件为世弁投叛等云南巡抚蔡侃题参临安卫百户夏嗣昌,崇祯五年九月内奉旨"夏嗣昌依拟,着彼处抚按处决,仍拔黄革袭"。①

郑彩·世袭百户

外黄查有:郑福,寿州人,系郑保嫡长男。有父乙未年巢县李普青下从军,洪武十一年征雪山松州充小旗,十五年并充龙江卫总旗,故。福于二十三年袭除世袭百户,拨锦衣卫带俸,永乐元年随军调临安卫中左所。

一辈郑保,已载前黄。

二辈郑福,已载前黄。

---

① 原该"夏学·实授百户"选簿有整体划去痕迹,当即"拔黄革袭"之意。

三辈郑铨，旧选簿查有：宣德六年九月，郑铨，系临安卫中左所世袭百户郑福嫡长男。

四辈郑瑄，旧选簿查有：景泰七年九月，郑瑄，寿州人，系临安卫中左所故世袭百户郑铨嫡长男。

五辈郑溥，旧选簿查有：成化二十年十月，郑溥，寿州人，系临安卫中左所世袭百户郑瑄嫡长男。

六辈郑奉，旧选簿查有：正德九年五月，郑奉，寿州人，系临安卫中左所老疾世袭百户郑溥嫡长男。·242·

七辈郑恩，旧选簿查有：嘉靖二十七年十月，郑恩，寿州人，系临安卫中左所老疾实授百户郑俸嫡长男。

八辈郑彩，旧选簿查有：嘉靖三十八年二月，郑彩，寿州人，系临安卫中左所故世袭百户郑恩嫡长男。

九辈郑堂，万历三十五年十月，大选过临安卫中左所故实授百户一员郑堂，年十七岁，系故实授百户郑彩嫡孙，比中三等。

十辈郑鳌，万历四十一年十月，大选过临安卫中左所实授百户一员郑鳌，年十七岁，系故实授百户郑堂堂弟。本舍伦序相应准借前职，待逢爵生子退还，比中三等。

十一辈郑兴祖，崇祯十三年六月，大选过临安卫中左所实授百户一员郑兴祖，年二十岁，系故实授百户郑鳌嫡长男，比中三等。

李堂·世袭百户

一辈李贵，缺。

二辈李敬，旧选簿查有：永乐十六年六月，李敬，系临安卫中左所故世袭百户李贵嫡长男。

三辈李英，旧选簿查有：正统三年十月，李英，年十六岁，系临安卫中左所故世袭百户李敬嫡长男。

四辈李黻，旧选簿查有：成化五年九月，李黻，怀宁县人，系临安卫中左所世袭百户李英嫡长男。

五辈李黻，旧选簿查有：成化八年八月，李黻，怀宁县人，系临安卫中左所故世袭百户李黻亲弟。

六辈李绫，旧选簿查有：成化十六年八月，李绫，怀宁县人，系临安卫中左所故世袭百户李㲄亲弟。·243·

七辈李绅，旧选簿查有：弘治二年十一月，李绅，怀宁县人，系临安卫中左所故世袭百户李绫亲弟。

八辈李堂，缺。

九辈李应祖，万历二年六月，李应祖，年二十二岁，怀宁县人，系临安卫中左所故世袭百户李堂嫡长男。

十辈李登科，万历四十二年十一月，大选过临安卫中左所实授百户一员李登科，年二十七岁，系老世袭百户李应祖嫡长男，比中一等。

曾有年·实授百户

外黄查有：曾洗，年三十八岁，系云南临安卫中左所副千户，原籍湖广黄州府黄冈县人。一世祖曾万孙乙未年归附从军，故。二世祖曾胜一补役，洪武六年疾。始祖曾斌补，永乐元年因年深升小旗，正统六年麓川阵亡。高祖曾政补，以阵亡升总旗，天顺二年东苗斩获首级三颗，七年升试百户，成化三年故。曾祖曾镛系嫡长男，四年九月袭，疾。祖曾祥亦疾，曾叔祖曾裕系亲弟，二十三年十一月借袭试百户，故。祥生父曾儒，系亲侄，改正优给，十七年二月袭，嘉靖七年寻甸等处斩首四颗功升副千户，故。洗系嫡长男，二十四年革袭实授百户，二十九年遇例纳授副千户。

一辈曾斌，已载前黄。

二辈曾政，旧选簿查有：天顺七年十二月，临安卫总旗升试百户曾政。

三辈曾镛，旧选簿查有：成化四年九月，曾镛，黄冈县人，系临安卫中左所故百户曾政嫡长男。

四辈曾裕，旧选簿查有：成化二十三年十一月，曾裕，黄冈县人，系临安卫中左所百户曾镛嫡次男。伊祖曾政原系试百户，遇例实授，病故，父袭职亦故，有嫡长兄曾祥患风瘫疾，不堪承袭。本人照例革袭试百户，待兄有男，还与职事。

五辈曾儒，旧选簿查有：弘治十七年二月，曾儒，年十六岁，黄冈县人，系临安卫中左所试百户曾裕亲侄。伊父曾祥残疾不堪，叔曾裕借替，故，本人改正袭职。

功次簿查有：嘉靖六年征云南寻甸，一人自擒斩贼级四名颗官旗军舍人等一百三十六员名，内一员临安卫中左所实授百户升副千户曾儒。

六辈曾洸，旧选簿查有：嘉靖二十四年四月，曾洸，年三十八岁，黄冈县人，系临安卫中左所故副千户曾儒嫡长男。伊高祖政以总旗正统六年征麓川阵亡，曾祖铺东苗斩首三颗升试百户，遇例实授，故，祖祥、叔祖裕袭，故，父儒袭百户，寻甸斩首四颗升副千户，·244·故。所据遇例一级不由军功，例应减革，本舍照例革袭实授百户。

七辈曾有年，旧选簿查有：隆庆二年六月，曾有年，年二十九岁，黄冈县人，系临安卫中左所年老纳级副千户曾洸嫡长男。伊父原袭祖职实授百户，嘉靖二十九年遇例纳授副千户，今年老。所据纳级虚衔例不准袭，本舍照例革替祖职实授百户。

八辈曾嵩龄，万历十七年十二月分，曾嵩龄，年二十四岁，黄冈县人，系临安卫中左所年老纳级副千户曾有年嫡长男。伊父原袭实授百户，隆庆二年加纳副千户，今老。所据伊父纳级虚衔例不准替，本舍合照例革替实授百户，比中一等。

九辈曾鼎，万历二十九年十一月，①单本选过曾鼎，年十七岁，黄冈县人，系云南临安卫中左所故世袭百户曾嵩龄嫡长男。本舍照旧准袭实授百户，比中三等。

徐必荣·实授百户

外黄查有：徐宣，巴陵县人。有父徐添奇甲辰年归附充小旗，洪武八年并充总旗，二十三年故。宣并枪仍充总旗，二十五年为年深起送赴京，除西河中护卫左所世袭百户，二十七年授世袭，永乐元年钦调临安卫中左所。徐英系徐宣嫡长男，有父永乐五年故，英六年袭临安卫中左所世袭百户。徐茂系徐英亲弟，兄病故，有嫡长男徐冕年幼，茂永乐十六年借职本卫所百户，待长成，还与职事。徐通系徐茂侄孙，先因父徐冕年幼，叔祖借职，父长成，告袭前职，老疾在卫，通成化七年替临安卫中左所世袭百户。徐纲系临安卫中左所年老世袭百户徐通嫡长男，嘉靖二年替职。

一辈徐添奇，已载前黄。

二辈徐宣，已载前黄。

三辈徐英，旧选簿查有：永乐六年十一月，徐英，年十六岁，系临安卫中左所故世袭百户徐宣嫡长男。

---

① 明代武选每年大选六次，每两月大选一次，该本年十一月不当大选之月，该"十一月"或误。又大罗卫选簿"张灿·指挥同知"簿之"八辈张国柱"选条亦载该张氏"万历二十九年七月"袭职，或误。

四辈徐冕，旧选簿查有：宣德十年九月，徐冕，系临安卫中左所故世袭百户徐英嫡长男。先因年幼，叔徐茂借职，今长成，退还职事，伊叔革闲。

五辈徐通，旧选簿查有：成化七年八月，徐通，巴陵县人，系临安卫中左千户所世袭百户徐冕嫡长男。

六辈徐纲，旧选簿查有：嘉靖二年三月，徐纲，巴陵县人，系临安卫中左所世袭百户徐通嫡长男。

七辈徐玺，旧选簿查有：嘉靖二十九年二月，徐玺，巴陵县人，系临安卫中左所故世袭百户徐纲嫡长男。·245·

八辈徐必荣，旧选簿查有：嘉靖三十九年十二月，徐必荣，年六岁，巴陵县人，系临安卫中左所故实授百户徐玺嫡长男，照例与全俸优给，至嘉靖四十七年终住支。

徐必荣：隆庆四年十二月二十四日，徐必荣，年十七岁，巴陵县人，系临安卫中左所故世袭百户徐玺嫡长男，优给出幼袭职，钦准袭职。

九辈徐胤昌，万历四十一年二月，大选过临安卫中左所实授百户一员徐胤昌，年十七岁，系老实授百户徐必荣庶长男，比中二等。

吴邦相·实授百户

内黄查有：吴信，和州人，系吴祥嫡长男。父丙午年归附充总旗，洪武十七年除世袭百户，十九年为事发金齿卫充军，故。信袭，三十四年为事发充军，永乐元年复职，授临安卫中左所百户。吴政系吴信嫡次男，父故，吴敏袭，亦故，无男，政袭本卫所百户。吴璧系吴政嫡长男，父故，璧袭世袭百户。吴荣系吴璧嫡长男，父疾，荣袭世袭百户。吴幹系故世袭百户吴荣嫡次男，兄吴能疾，不堪，无子。本人借职，待兄有男退还职事。吴潮年三十五岁，系临安卫中左所年老实授百户吴文中嫡长男，嘉靖四十四年替职。

一辈吴祥，已载前黄。

二辈吴信，旧选簿查有：洪武二十六年五月，吴信，系留守右卫右所故世袭百户吴祥嫡长男，袭除兴州后屯卫左所世袭。

三辈吴敏，旧选簿查有：永乐十三年八月，吴敏，系临安卫中左所故世袭百户吴信嫡次男。

四辈吴政，旧选簿查有：永乐十七年九月，吴政，系临安卫中左所故世袭百户吴敏亲弟。

五辈吴璧，旧选簿查有：景泰二年八月，吴璧，系临安卫中左所故世袭百户吴政嫡长男。

六辈吴荣，旧选簿查有：成化十五年十二月，吴荣，和州人，系临安卫中左所世袭百户吴璧嫡长男。

七辈吴幹，旧选簿查有：正德十四年八月，吴幹，和州人，系临安卫中左所故世袭百户吴荣嫡次男，兄吴能患疾不堪，无子，本人借职，待兄有男，退还职事。

八辈吴致中，旧选簿查有：嘉靖二十九年四月，吴致中，和州人，系临安卫中左所年老世袭百户吴幹亲侄。

九辈吴文中，旧选簿查有：嘉靖三十一年二月，吴文中，和州人，系临安卫中左所老疾世袭百户吴幹嫡长男。

十辈吴潮，旧选簿查有：嘉靖四十四年五月，吴潮，年三十五岁，和州人，系临安卫中左所年老实授百户吴文中嫡长男。·246·

十一辈吴邦相，旧选簿查有：隆庆三年四月，吴邦相，年二十一岁，和州人，系临安卫中左所故实授百户吴潮嫡长男。

十二辈吴登高，万历二十七年二月，吴登高，年十八岁，系临安卫中左所故实授百户吴邦相嫡长男，比中二等。

十三辈吴登第，万历四十年正月，单本选过临安卫中左所实授百户一员吴登第，年十九岁，系故实授百户吴登高亲弟。本舍准袭实授百户，待伊侄出幼之期退还，比中三等。

十四辈吴继爵，崇祯元年五月补四月分大选，过临安卫中左所实授百户一员吴继爵，年二十三[岁]，系老实授百户吴登第亲侄。本舍先因年幼借叔登第承袭，今继爵长成，例应退还，应准替实授百户，比中三等。

姚懋·实授百户

内黄查有：姚琬，旧名佛保，江都县人，系姚得嫡次男。父丙申年归附，癸卯年充小旗，洪武二年充总旗，十一年除沂州卫百户，十六年为整点大军发辽东征进，二十年复除韶州所流官百户，二十一年故。琬于二十二年袭除广洋卫中所世袭百户，永乐元年调临安卫中左所。姚俊系姚琬嫡长男，父故，俊永乐七年袭临安卫中左所世袭百户。

一辈姚得，已载前黄。

二辈姚琬，已载前黄。

三辈姚俊，旧选簿查有：永乐七年四月，姚俊，年十六岁，系临安卫中左所故世袭百户姚琬嫡长男。

四辈姚洪，旧选簿查有：天顺五年十一月，姚洪，系临安卫中左所为事充军故世袭百户姚俊嫡长孙。

五辈姚镗，旧选簿查有：弘治元年闰正月，姚镗，江都县人，系临安卫中左所故世袭百户姚洪嫡长男。

六辈姚恩，旧选簿查有：嘉靖二十年十二月，姚恩，江都县人，系临安卫中左所故实授百户姚镗嫡长男，仍袭原职。

七辈姚㦧，旧选簿查有：嘉靖四十年二月，姚㦧，年二十二岁，江都县人，系临安卫中左所故实授百户姚恩堂弟。

八辈姚大治，万历十四年十二月，姚大治，年十九岁，江都县人，系临安卫中左所故实授百户姚㦧嫡长男，比中二等。·247·

九辈姚世雍，天启六年八月，大选过临安卫中左所实授百户一员姚世雍，年二十岁，系故实授百户姚大治嫡长男，比中一等。

中左所世袭百户一员·史书

审稿查有：史能系史关儿嫡长男。

天顺五年八月，史鑑，溧水县人，系临安卫中左所百户史能亲侄，钦与世袭。

弘治五年十二月，史罿，溧水县人，系临安卫中左所世袭百户史鑑嫡长男。

正德三年十一月，史轪，溧水县人，系临安卫中左所故世袭百户史罿嫡长男。

万历十四年十月，史书，年十八岁，溧水县人，系临安卫中左所故世袭百户史轪亲侄。查伊二世祖史能原系功升试百户，遇例实授，节辈相沿冒袭实授百户，例应减革，今本舍照例革袭试百户，比中三等。

贾仕隆·试百户

内黄查有：贾通，茌平县人。有祖贾兴，洪武三年任镇抚垛集军充平山卫左所小旗，五年调天长卫，调龙虎卫右所，十八年残疾。父贾狗儿代役，二十四年调西河中护卫左所，二十八年并充小旗，调云南中护卫左所，三十四年亡故。通年幼，叔贾伕保暂收军役，永乐元年调临安卫中左所，六年调征交阯，九年故。通补役，十八年并充小旗，正统六年征麓川反寇，攻破上江刀招汉贼寨，攻杀马鞍山贼寇，克破贼首思任发巢穴，当先杀败贼众，正统七年升临安卫中左所试百户。贾城系贾通嫡长男，父天顺元年遇例实授，老，城四年钦准替临安卫中左所世袭百户。贾锐系贾城嫡长男，伊父年老，锐弘治二年钦准替临安卫中左所世袭百户。贾宗廉系贾锐嫡长男，伊祖贾通原系小旗，麓川二次头功升试百户，父冒替百户，本人照例仍替试百户。贾仕隆年十岁，系临安卫中左所故试百户贾宗廉庶长男，照例与全俸优给，至嘉靖二十四年终住支。·248·

一辈贾兴，已载前黄。

二辈贾狗儿，已载前黄。

三辈贾伕保，已载前黄。

四辈贾通，试百户功次：已载前黄。

五辈贾城，旧选簿查有：天顺三年八月，贾城，茌平县人，系临安卫中左所百户贾通嫡长男，钦与世袭。

六辈贾锐，旧选簿查有：弘治二年十一月，贾锐，茌平县人，系临安卫中左所世袭百户贾城嫡长男。

七辈贾宗廉，旧选簿查有：正德十二年六月，贾宗廉，茌平县人，系临安卫中左所试百户贾锐嫡长男。伊祖贾通原系小旗，麓川二次头功升试百户，父冒替百户，本人照例仍替试百户。

八辈贾仕隆，旧选簿查有：嘉靖二十年十二月，贾仕隆，年十岁，茌平县人，系临安卫中左所故试百户贾宗廉庶长男，照例与全俸优给，至嘉靖二十四年终住支。

嘉靖二十七年八月，贾仕隆，年十六岁，茌平县人，系临安卫中左所故试百户贾宗廉庶长男，优给出幼袭职。

九辈贾大显，万历二十四年正月，贾大显，年十九岁，茌平县人，系临安卫中左所老试百户贾仕隆嫡长男，伊父一辈未比，罚俸三年。

十辈贾大顺，万历二十六年三月分，单本选过临安卫中左所试百户贾大顺，年十八岁。伊兄贾大显原袭试百户，今故，兄子贾运祯患疾不堪。本舍合照例借袭试百户，待伊侄疾瘳、生有儿男，退还职事。

姚崇忠·试百户

外黄查有：姚完，合肥县人。高祖兴乙未年从军，乙巳年充总旗，阵亡。曾祖姚童儿补役，十五年阵亡。二十年祖姚再兴并充总旗，永乐九年故。叔姚贵宣德四年仍充总旗，天顺三年征贵州东苗斩首三颗功升试百户，八年遇例实授，老，无嗣。完系亲侄，成化九年替本卫所百户。

一辈姚兴，已载前黄。

二辈姚童儿，已载前黄。·249·

三辈姚再兴，已载前黄。

四辈姚贵，旧选簿查有：天顺七年十二月，临安卫总旗升试百户姚贵。

五辈姚完，旧选簿查有：成化九年十月，姚完，合肥县人，系临安卫中左所百户姚贵亲侄，钦与世袭，待叔有男，退还职事。

六辈姚昶，旧选簿查有：弘治二年六月，姚昶，合肥县人，系临安卫中左所百户姚完嫡三男。伊叔祖姚贵原系试百户，天顺八年正月以后遇例实授，照例本人革替试百户。

七辈姚能，旧选簿查有：嘉靖二十九年六月，姚能，合肥县人，系临安卫中左所充军故世袭百户姚昶庶长男。伊父原袭祖职试百户，为事充终身军，遇革释放，故，本舍照例与袭祖职试百户。

八辈姚崇忠，旧选簿查有：嘉靖三十八年八月，姚崇忠，合肥县人，系临安卫中左所故试百户姚能嫡长男。

九辈姚世廕，万历三十八年八月，大选过临安卫中左所试百户一员姚世廕，年十八岁，系故试百户姚承祖嫡长男，比中三等。

十辈姚万年，崇祯七年十月，大选过临安卫中左所试百户一员姚万年，[年]三十四岁，系故试百户姚世廕嫡长男，比中三等。

李表·试百户

一辈李受，缺。

二辈李亨，缺。

三辈李通，缺。

四辈李斌，试百户功次：已载六辈选条。·250·

五辈李铨，缺。

六辈李俊，旧选簿查有：景泰六年十月，李俊，系临安卫中左所试百户李铨亲侄。父李斌原系总旗，调征麓贼阵亡，例升一级，本人系嫡长男。先因年幼叔借职，今长成，退还职事，照例本人该袭实授百户，伊叔革闲。

七辈李琇，旧选簿查有：弘治十六年六月，李琇，年十六岁，宣城县人，系临安卫中左所年老世袭百户李俊嫡长男。

八辈李之臣，旧选簿查有：嘉靖十八年二月，李之臣，宣城县人，系临安卫中左所故百户李琇嫡长男。伊曾叔祖铨以试百户加升实授，相沿。所据加升系遇例，相应减革，本人照例革袭试百户。

九辈李表，旧选簿查有：嘉靖三十一年六月，李表，年六岁，宣城县人，系临安卫中左所故试百户李之臣嫡长男，照例与全俸优给，至嘉靖三十九年终住支。

嘉靖四十一年二月，李表，年十六岁，宣城县人，系临安卫中左所故试百户李之臣嫡长男，优给出幼袭职。

十辈李永龄，万历二十九年四月，李永龄，年二十九岁，临安卫中左所故试百户李表嫡长男，比中二等。

十一辈李兴祖，崇祯十三年六月，大选过临安卫中左所试百户一员李兴祖，年二十一岁，系老试百户李永龄庶长男，比中二等。

邢署·世袭百户

外黄查有：邢斌，沂水县人，系邢祯嫡长男。有祖邢拳，前王信下金院，吴元年归附，洪武元年钦除沂州卫百户，五年除宁国卫百户，十一年调太仓卫后所，十七年老。令父替职，仍任本卫百户，十八年调临安卫中所，二十六年为不应事钦免还职，三十五年灵璧县阵亡。斌于永乐元年袭父原职，仍授临安卫中所世袭百户。

一辈邢拳，已载前黄。

二辈邢祯，已载前黄。

三辈邢斌，旧选簿查有：永乐元年七月，邢斌，系临安卫中所阵亡世袭百户邢祯嫡长男。

四辈邢端，旧选簿查有：正统元年九月，邢端，系临安卫中所故世袭百户邢斌嫡长男。

五辈邢广，旧选簿查有：正统七年二月，邢广，系临安卫中所故百户邢端嫡长

男。·251·

六辈邢胜，旧选簿查有：成化九年十二月，邢胜，沂水县人，系临安卫中所世袭百户邢广嫡长男。

七辈邢佐，旧选簿查有：弘治十三年十月，邢佐，年十五岁，沂水县人，系临安卫中所故世袭百户邢胜嫡长男。

八辈邢武，旧选簿查有：嘉靖十六年八月，邢武，年二十五岁，沂水县人，系临安卫新安守御所故百户邢佐嫡长男。

九辈邢署，旧选簿查有：嘉靖二十一年十月，邢署，年二十一岁，沂水县人，系临安卫新安守御所故世袭百户邢武亲弟。

十辈邢继周，万历七年八月，邢继周，年二十八岁，沂水县人，系临安卫新安守御所世袭百户邢署嫡长男，比中三等。

十一辈邢镐，天启元年二月，大选过临安卫新安守御所实授百户一员邢镐，年三十一岁，系老实授百户邢继周亲侄，比中二等。

丁珩·实授百户

外黄查有：丁镇，武进县人。伯祖丁成，丁酉年归附，阵亡。祖丁老孙补役，射伤。义叔丁受户名不动代役，后丁受告系异姓，改正孙受，洪武六年将祖丁老孙起取赴京充军，故。父刚补役，洪武二十三年充总旗，老。兄丁鑑代役，正统六年疾。镇代役，仍充总旗，本年九等月征麓川，克破贼首思任发巢穴杀败贼众，七年告准并二次丁镇前功，升临安卫中左所实授百户。

一辈丁刚，已载前黄。

二辈丁鑑，已载前黄。

三辈丁镇，功次簿查有：正统七年征麓川，临安卫后所总旗二次头功实授百户二员内一员丁镇。

四辈丁洁，旧选簿查有：正统十四年十二月，丁洁，系临安卫中左所实[授]百户丁镇嫡长男。父原系总旗，调征麓贼共斩首六颗丁镇杀贼获头功二次并实授百户，本人替实授世袭百户。

五辈丁本，旧选簿查有：弘治二年十一月，丁本，武进县人，系临安卫中左所实授百户丁洁嫡长男。

六辈丁大显，旧选簿查有：嘉靖三十八年四月，丁大显，武进县人，系临安卫中

左所故实授百户丁本堂弟。·252·

七辈丁珩，旧选簿查有：嘉靖四十二年，丁珩，年三十岁，武进县人，系临安卫中左所故实授百户丁大显嫡次男。伊曾祖丁镇原系总旗，正统六年杀贼升本卫中左所实授百户，老。伊父丁大显袭，嘉靖三十九年故。兄丁瑜废疾，不堪。所据伊曾祖丁镇功升实授百户职级准袭，本舍照例借实授百户。待后伊兄丁瑜疾痊或生有儿男，退还职事。

八月（辈）丁祖廕，万历二十二年六月，丁祖廕，年十八岁，系临安卫中左所老实授百户丁珩男，比中一等。

高应朝·试百户

外黄查有：高昱，莒州人。父高季驴洪武元年军，二十一年充小旗，二十四年充总旗，故。兄高昶补，征交阯失陷。昱补，正统六年征麓川反寇，攻上江刀招汉贼寨当先杀败贼众，七年升临安卫中左所试百户。

一辈高季驴，已载前黄。

二辈高昶，已载前黄。

三辈高昱，已载前黄。

四辈高震，旧选簿查有：正统十三年九月，高震，系临安卫中左所试百户高昱嫡长男。父原系总旗，于上江等处杀贼有功升除前职，老疾，钦准本人替实授世袭百户。

五辈高嵩，旧选簿查有：景泰二年八月，高嵩，系临安卫中左所故世袭百户高震嫡长男。

六辈高昂，旧选簿查有：正德元年二月，高昂，年十六岁，莒州人，系临安卫中左所年老世袭百户高嵩嫡长男。

七辈高举，旧选簿查有：高举，系临安卫中左所故世袭百户高昂嫡长男。伊高祖昱功升试百户，故，曾祖震袭，正统十三年钦准实授，祖、父沿袭。所据钦准实授例应减革，本人照例革袭祖职试百户，嘉靖八年钦准袭职。

八辈高应朝，旧选簿查有：嘉靖三十八年八月，高应朝，莒州人，系临安卫中左所故实授百户高举嫡长男，革遇例袭试百户。

九辈高希尧，万历三十五年十月，大选过临安卫中左所试百户一员高希尧，年三十六岁，系老试百户高应朝嫡长男，比中一等。

十辈高文炳，万历四十三年四月，大选过临安卫中左所试百户一员高文炳，年二十岁，系故试百户高希尧嫡长男，比中一等。·253·

充军正千户一员·孙怀

编军簿查有：嘉靖二十七年十一月，云南临安卫右右所正千户孙怀，犯该监守自盗，系杂犯，照例编发遵化卫左所永远充军。①

右右所正千户·陈邦诏

陈缵宗：年四十一岁，系云南都司临安卫右右所故正千户陈缵绪亲弟，万历十九年十月袭正千户。

陈邦诏：崇祯九年四月，大选过临安卫右右所正千户一员陈邦诏，年四十六岁，系故正千户陈缵宗嫡长孙，比中二等。

邹接鲁·正千户

宝簿查有：邹易，宜兴县人，系临安卫右右所正千户邹希孟嫡长男。

万历二十九年十二月，邹接鲁，年十七岁，系临安卫右右所故世袭正千户邹易嫡长男，比中二等。

邹兆圣：崇祯元年十月，大选过临安卫右右所正千户一员邹兆圣，年二十一岁，系故正千户邹接鲁嫡长男，比中三等。·254·

许鹏·署正千户事副千户

一辈许友，旧选簿查有：洪武三十四年，临安卫右右所副千户许友。

二辈许毅，旧选簿查有：永乐二年十二月，许毅，年十七岁，系临安卫右右所故世袭副千户许有庶长男。

三辈许斌，旧选簿查有：正统六年十二月，许斌，系临安卫右右所世袭副千户许

---

① 此"充军正千户一员·孙怀"簿所载，又有《总汇》本册第274页"孙怀·副千户"选簿"六辈孙怀"选条"充军簿查有"与之大概一致。

毅嫡长男。

署正千户功次：已载六辈选条。

四辈许纶，旧选簿查有：成化八年八月，许纶，巢县人，系临安卫右右所正千户许斌嫡长男，钦与世袭。

五辈许爵，旧选簿查有：正德元年八月，许爵，巢县人，系临安卫右右所正千户许纶嫡长男，钦与世袭。

六辈许鹏，旧选簿查有：嘉靖四十四年二月，许鹏，年三十六岁，巢县人，系临安卫右右所年老正千户许爵嫡次男。伊曾祖许斌原替祖职副千户，景泰四年香炉山杀贼有功升署正千户，遇例实授，老。伊祖纶替，老。父爵替，今年老，兄许弼未袭先故，侄许勋废疾不堪。所据伊曾祖遇例实授职级，例应减革，本舍照例革借署正千户事副千户。待后伊侄许勋疾痊或生有儿男，退还职事。

七辈许自高，万历四十五年五月，大选过临安卫右右所署正千户事副千户一员许自高，年二十岁，系故署正千户事副千户许鹏次堂侄孙，比中三等。

单俸·副千户

一辈单成，缺。

二辈单兴，旧选簿查有：洪武二十七年正月，单兴，系临安卫右右所故世袭百户单成嫡长男，钦袭本卫所世袭百户。·255·

三辈单忠，旧选簿查有：审稿查有，单忠，系单兴亲弟。

四辈单旺，旧选簿查有：永乐十年四月，单旺，系临安卫右右所故世袭百户单忠亲弟。

五辈单琮，旧选簿查有：永乐二十二年五月，单琮，系临安卫右右所故世袭百户单旺嫡长男。

副千户功次：候查。

六辈单政，旧选簿查有：天顺五年正月，单政，井陉县人，系临安卫右右所副千户单琮嫡长男，钦与世袭。

七辈单昂，旧选簿查有：成化十一年四月，单昂，井陉县人，系临安卫右右所为事革职世袭副千户单政嫡长男。

八辈单昱，旧选簿查有：成化十九年十一月，单昱，井陉县人，系临安卫右右所世袭副千户单昂亲庶弟。兄为事革职，无儿男，本人袭职，待兄有男，还与职事。

九辈单俸，旧选簿查有：嘉靖元年三月，单俸，井陉县人，系临安卫右右所为事充军故世袭副千户单昱嫡长男。

何守位·副千户

内黄查有：何斌，合肥县人。父何泉旧名住儿，乙未年从军，洪武十一年充小旗，十五年并充总旗，二十一年除府军左卫水军所百户，二十三年调临安卫通海千户所世袭百户，故。斌系嫡长男，二十五年袭职，改本卫右所，三十一年具告改名何斌。

一辈何泉，已载前黄。

二辈何斌，已载前黄。

三辈何豫，旧选簿查有：永乐十三年八月，何豫，系临安卫右右所故世袭百户何斌嫡长男。

四辈何濬，旧选簿查有：景泰五年临安卫百户升副千户何濬。

五辈何本，旧选簿查有：成化十一年八月，何本，合肥县人，系临安卫右所故副千户何濬嫡长男，钦与世袭。

弘治五年六月，何本，年三十七岁，合肥县人，系临安卫右所副千户升正千户。·256·

六辈何忠，旧选簿查有：弘治十一年十一月，何忠，年十六岁，合肥县人，系临安卫右右所故世袭副千户何本庶长男。

七辈何塘，旧选簿查有：嘉靖十年六月，何塘，年二十三岁，合肥县人，系临安卫右右所故副千户何忠嫡长男。伊曾祖濬原袭百户，景泰元年贵州获功升副千户，祖本沿袭，至父忠袭，正德八年十八寨获功一级，九年失事降百户，十六年遇诏复前职，嘉靖二年奉勘合升副千户，今故。所据十八寨功升一级系自己立功自己犯罪，例无加升，本人该袭原职副千户。

八辈何守位，审稿查有：嘉靖四十五年二月，何守位，年三十三岁，合肥县人，系临安卫故纳级指挥佥事何塘嫡长男。伊父原袭祖职副千户，嘉靖十七年纳级指挥佥事，三十年征剿那鑑，因兵溃参提，问拟还职，三十七故。所据纳升职级例不准袭，本舍照例革袭祖职副千户，仍注原右右所。

九辈何朝俊，万历十一年二月，何朝俊，年二十七岁，合肥县人，系临安卫右右所患疾副千户何守位嫡长男，比中二等。

十辈何以策，天启六年十二月，大选过临安卫右［右］所副千户一员何以策，年十九岁，系故副千户何朝俊嫡长孙，比中二等。

孙仲署·副千户

外黄查有：孙信，上元县人。父孙智旧名狗子，乙未年归附，甲辰年充小旗，吴元年充总旗，洪武七年除百户，洪武三十四年夹河阵亡，别无嫡男。信系庶长男，永乐元年袭世袭百户。

一辈孙智，已载前黄。

二辈孙信，旧选簿查有：永乐元年七月，孙信，系临安卫右右所阵亡世袭百户孙智庶长男。

钦升功次簿查有：正统四年调征麓川剿杀蛮贼有功，云南都司临安卫百户升副千户孙信。

功次簿查有：正统九年钦升官三百四十员，出境剿杀犯边达贼有功，万全都司开平卫副千户升正千户五员内一员孙信。

三辈孙锐，零选簿查有：成化五年二月，孙锐，年十五岁，上元县人，系临安卫守御通海右右所老疾指挥佥事孙信庶长男。先因年幼已与优给，今出幼袭职。

四辈孙槐，旧选簿查有：嘉靖二十五年十二月，孙槐，上元县人，系临安卫通海守御所故指挥佥事孙锐嫡长男。伊曾祖信原袭祖职百户，麓川功升副千户，克列苏功升正千户，香炉山功升指挥佥事，故。祖锐袭，为事充终身军，故。父洪晕疾，不堪承袭。所·257·据伊曾祖麓川功升副千户、香炉山功升指挥佥事二级俱无擒斩，例应减革，合将本舍照例革袭副千户。

五辈孙仲署，旧选簿查有：嘉靖三十二年十月，孙仲署，年二十五岁，上元县人，系临安卫右右所副千户孙槐嫡长男。

六辈孙绍祖，万历八年四月，孙绍祖，年三十岁，上元县人，系临安卫右右所患疾副千户孙仲署嫡长男，比中二等。

七辈孙思祖，万历二十五年四月，孙思祖，年十六岁，上元县人，系临安卫右右所故副千户孙绍祖堂弟，比中二等。

年远事故右右所副千户一员·董震

洪武二十八年二月，临安卫右右所副千户董兴。

永乐八年五月，董礼，系临安卫右右所老疾在卫世袭副千户董兴庶长男。

正统十年十二月，董胜，系临安卫右右所世袭副千户董礼庶长男。

弘治五年六月，董震，巢县人，系临安卫右右所世袭副千户董胜嫡长男。

王配坤

崇祯十五年八月，大选过镇姚守御所炤（照）旧袭试百户一员王配坤，年二十八岁，系故试百户王国臣嫡次男。俟王配京疾痊或生子退还，比中二等。·258·

王尚贤·实授百户

内黄查有：[王勋]，系王胜嫡长男。有父乙未年归附从军，洪武五年征沙漠，九年充本卫小旗，十一年改金吾前卫，十二年升左所总旗，十三年拨通州所……①三十三年替职，仍授临安卫右右所百户。王黻年二十一岁，系王勋嫡长男，父故，黻于永乐七年袭临安卫右右所百户。王紞年二十三岁，系王黻庶长男，祖故，紞于永乐七年袭职，左腿疾，紞于正统十年替临安卫右右所百户。王鑑年二十五岁，系王紞嫡长男，父疾，鑑于成化五年替临安卫右右所百户。

一辈王胜，已载前黄。

二辈王勋，旧选簿查有：洪武三十三年七月，王勋，系临安卫右右所世袭百户王胜嫡长男。

三辈王黻，旧选簿查有：永乐七年二月，王黻，年十九岁，系临安卫右右所故世袭百户王勋嫡长男。

四辈王紞，旧选簿查有：正统十年十二月，王紞，系临安卫右右所世袭百户王黻庶长男。

五辈王鑑，旧选簿查有：成化五年十二月，王鑑，当涂县人，系临安卫右右所世袭百户王紞嫡长男。

六辈王湧，旧选簿查有：成化二十三年九月，王湧，年十五岁，当涂县人，系临

---

① 此处王胜拨通州所之后调卫及历功履历俱缺载，径续载其男王勋替职履历。

安卫右右所故世袭百户王鑑嫡长男。

七辈王珠，旧选簿查有：正德十一年十二月，王珠，年十七岁，当涂县人，系临安卫右右所故世袭百户王湧嫡长男。

八辈王尚贤，旧选簿查有：嘉靖四十二年十二月，王尚贤，年四十二岁，当涂县人，系临安卫右右所老实授百户王珠堂侄。伊伯原袭祖职实授百户，今年老，无子，本舍照例准借祖职实授百户。待后王珠生有儿男，退还职事。

九辈王懋官，万历十一年四月，王懋官，年二十四岁，当涂县人，系临安卫右右所年老实授百户王尚贤嫡次男，比中二等。

十辈王屏，万历二十五年二月，王屏，年十七岁，系临安卫右右所故世袭百户王懋官嫡次男，比中二等。

陈膺爵·实授百户

外黄查有：陈公性，常州县人。祖陈胜奴，洪武二十年充临安卫右右所军，宣德六年故。父陈谧补役，景泰三年残疾。公性代役，四年遇例自备银六百两赴贵州布政司丰济库纳完，五年升临安卫右右所镇抚。

一辈陈公性，已载前黄。·259·

二辈陈金，旧选簿查有：弘治十七年九月，陈金，常州县人，系临安卫右右所世袭所镇抚陈公性嫡长男。

功次簿查有：嘉靖十四年三月，拟升云南嶍峨、昆阳等县升实授一级不赏，一人自擒斩贼级三名颗官旗七十员名，临安卫所镇抚升实授百户陈金。

三辈陈膺爵，旧选簿查有：嘉靖二十九年十月，陈膺爵，年三十岁，常州县人，系临安卫右右所故实授百户陈金嫡长男。

四辈陈大壮，万历四十年三月，大选过临安卫右右所试百户一员陈大壮，年十九岁，系故实授百户陈膺爵嫡长孙。查陈公性纳银六百两以总旗升所镇抚，自景泰以后世世相沿，今已逾百年之外，其冒级冒俸不啻过之，本舍以孙承祖，革与试百户，比中一等。及查选簿、功次俱无"总、小旗"字样，其以纳级军役冒镇抚升实授百户明矣，除本舍姑准袭试百户，子孙减革小旗，不许仍复冒袭。

祁维屏·实授百户

外黄查有：祁旺，怀远县人，乙未年归附从军，甲辰年充小旗，洪武十九年充总旗，二十一年升世袭百户，二十三年调临安卫中所世袭百户，改通海所。祁茂系祁旺嫡长男。祁聚系祁茂嫡长男。祁遵系祁盛嫡长男。

一辈祁旺，已载前黄。

二辈祁茂，旧选簿查有：永乐五年九月，祁茂，系临安卫右右所世袭百户祁旺嫡长男。

三辈祁聚，旧选簿查有：永乐十六年六月，祁聚，年十六岁，系临安卫右右所故世袭百户祁茂嫡长男。

四辈祁暹，旧选簿查有：景泰六年，祁暹，年二十三岁，系临安卫右右所世袭百户祁聚嫡长男。

五辈祁盛，旧选簿查有：成化十五年八月，祁盛，怀远县人，系临安卫右右所故世袭百户祁暹嫡长男。

六辈祁遵，旧选簿查有：正德八年八月，祁遵，怀远县人，系临安卫右右所年老世袭百户祁盛嫡长男。

七辈祁治，旧选簿查有：嘉靖十二年四月，祁治，年二十七岁，怀远县人，系临安卫右右所故世袭百户祁遵嫡长男。

八辈祁维屏，旧选簿查有：嘉靖三十六年十二月，祁维屏，年二十岁，怀远县人，系临安卫右右所故实授百户祁治嫡长男。·260·

九辈祁汝庸，万历十五年二月，祁汝庸，年二十一岁，怀远县人，系临安卫右右所故实授百户祁维屏嫡长男，比中二等。

十辈祁继爵，万历三十二年二月，祁继爵，年十八岁，系临安卫右右所故实授百户祁汝庸嫡长男，比中二等。

十一辈祁继寿，天启七年四月，大选过临安卫右右所实授百户一员祁继寿，年三十二岁，系故实授百户祁继爵堂弟，比中三等。

郭世贤·实授百户

外黄查有：郭进，六合县人。有父郭成旧名长子，乙未年归附，洪武十六年并充小旗，十七年充总旗，十九年钦除留守右卫怀远门所百户，二十三年调临安卫右所，三十年故。进系嫡长男，三十一年袭临安卫右所世袭百户。郭鑑系郭进嫡长男。郭玺系郭鑑嫡长男。郭永系郭玺嫡长男。郭晟系郭永嫡长男。郭锐系郭晟嫡长男。

一辈郭成，已载前黄。

二辈郭进，旧选簿查有：洪武三十一年三月，郭进，系临安卫右所故流官百户郭成嫡长男，敬与世袭。

三辈郭鑑，旧选簿查有：宣德八年闰八月，郭鑑，系临安卫右右所世袭百户郭进嫡长男。

四辈郭玺，旧选簿查有：景泰二年十一月，郭玺，系临安卫右右所世袭百户郭鑑嫡长男。

五辈郭永，旧选簿查有：天顺八年七月，郭永，年十五岁，六合县人，系临安卫右右所故世袭百户郭玺嫡长男。

六辈郭晟，旧选簿查有：弘治十二年十一月，郭晟，六合县人，系临安卫右右所故世袭百户郭永嫡长男。

七辈郭锐，旧选簿查有：正德十四年十二月，郭锐，六合县人，系临安卫右右所故百户郭晟嫡长男。

八辈郭世贤，旧选簿查有：嘉靖十九年八月，郭世贤，年二十岁，六合县人，系临安卫右右所故实授百户郭锐嫡长男。

九辈郭有为，万历二年四月，郭有为，年二十六岁，六合县人，系临安卫右右所患疾世袭百户郭世贤嫡长男。

十辈郭有义，万历十一年二月，郭有义，年二十七岁，六合县人，系临安卫右右所故世袭百户郭有为亲弟，比中二等。

十一辈郭安民，万历四十年四月，大选过临安卫右右所实授百户一员郭安民，年十九岁，系故实授百户郭有义嫡长男，比中三等。

王诏·世袭百户

一辈王正，缺。

二辈王忠，缺。

三辈王焕，缺。

四辈王旭，旧选簿查有：永乐十三年十月，王旭，系临安卫右所失陷世袭百户王焕亲叔。

五辈王铭，旧选簿查有：永乐二十二年五月，王铭，系临安卫右右所故世袭百户王旭亲弟。

六辈王灏，旧选簿查有：宣德八年六月，王灏，系临安卫右右所世袭百户王铭嫡长男。

七辈王景，旧选簿查有：天顺二年八月，王景，含山县人，系临安卫右右所世袭百户王灏嫡长男。

八辈王瓛，旧选簿查有：弘治三年九月，王瓛，含山县人，系临安卫右右所故世袭百户王景亲弟。

九辈王麟，旧选簿查有：正德十一年十二月，王麟，和州人，系临安卫右右所故世袭百户王瓛嫡长男。·262·

十辈王诏，旧选簿查有：正德十三年十二月，王诏，含山县人，系临安卫右右所故绝世袭百户王麟亲弟。

十一辈王宿，万历三十九年八月，大选过临安卫右右所减袭试百户一员王宿，年十九岁，系故实授百户王诏堂侄。据条例，舍人犯永戍者许以次弟侄于祖职上降一级袭替。今长房王诏绝，次房王宪、勋父子俱犯永军，不许承袭。王宿，其三房之四辈也，三辈未袭，例应驳查，第念万里间关，姑准降袭试百户。本舍伊堂叔一辈未比，罚俸三年，比中三等。

苏钺·世袭百户

一辈苏禾甫，缺。

二辈苏雄，缺。

三辈苏纲，缺。

四辈苏桓，旧选簿查有：景泰五年，临安卫试百户升实授百户苏桓。

五辈苏昂，旧选簿查有：成化十二年二月，苏昂，泸州人，系临安卫右右所百户苏桓嫡长男，钦与世袭。

六辈苏锐，旧选簿查有：弘治十年十月，苏锐，泸州人，系临安卫右右所故世袭百户苏昂嫡长男。

七辈苏钺，旧选簿查有：正德十六年二月，苏钺，泸州人，系临安卫右右所故世袭百户苏锐亲弟。

八辈苏民怀，万历十五年四月，苏民怀，年二十九岁，泸州人，系临安卫右右所故实授百户苏钺嫡孙。伊祖原袭祖职实授百户，隆庆六年故，应该伊伯苏俸承袭，先以舍人犯充永军，例不准袭，许以次弟侄降一级承袭。伊父苏爵老疾不堪，本舍合照例于祖职实授百户上降一级，革袭试百户，比中三等。

九辈苏时润，万历三十二年二月，苏时润，年十九岁，系临安卫右右所患疾试百户苏民怀嫡长男，比中二等。

汪献琼·世袭百户

一辈汪福，缺。

二辈汪海，缺。

三辈汪辅，旧选簿查有：景泰五年三月，汪辅，系临安卫右右所阵亡小旗汪海嫡长男，照例升二级，升试百户。

四辈汪弼，旧选簿查有：天顺五年七月，汪弼，年十五岁，当涂县人，系临安卫右右所试百户汪辅亲弟。父汪海原系小旗，于金沙江阵亡例升二级，兄袭升前职，病故。今照例本人该袭实授百户，此误升一级袭试百户。

五辈汪潮，旧选簿查有：弘治三年八月，汪潮，年十六岁，当涂县人，系临安卫右右所故革职世袭百户汪弼嫡长男。

六辈汪大量，缺。

七辈汪献琼，缺。

八辈汪洪，天启元年五月补四月大选，过临安卫右所世袭百户一员汪洪，年四十岁，系故世袭百户汪献琼嫡长孙，比中三等。

赵完璧·世袭百户

一辈赵敬，缺。

二辈赵智，缺。

三辈赵安，缺。

四辈赵英，旧选簿查有：永乐十五年九月，赵英，年十五岁，系临安卫右右所故世袭百户赵安嫡次男。

五辈赵玺，旧选簿查有：天顺四年五月，赵玺，年十五岁，系临安卫右右所故世袭百户赵英庶长男。

六辈赵俊，旧选簿查有：弘治十四年闰七月，赵俊，卢龙县人，系临安卫右右所世袭百户赵玺嫡长男。

七辈赵钦，旧选簿查有：嘉靖九年八月，赵钦，年二十四岁，卢龙县人，系临安卫右右所故百户赵俊嫡长男。

八辈赵完璧，旧选簿查有：嘉靖四十年四月，赵完璧，年二十三岁，卢龙县人，系临安卫右右所故世袭百户赵钦嫡长男。

九辈赵兴国，万历二十一年二月，赵兴国，年十九岁，系临安卫右右所故世袭百户赵完璧嫡长男，比中二等。

十辈赵兴祖，万历三十七年十月，大选过临安卫右右所实授百户一员赵兴祖，年十九岁，系故实授百户赵兴国亲弟，比中二等。

十一辈赵炳，崇祯四年四月，大选过临安卫右右所实授百户优给舍人一名赵炳，年六岁，系故实授百户赵兴祖庶长男，照例与全俸优给，至崇祯十二年终住支。

年远事故右右所世袭百户一员·张权

景泰五年五月，张和，系临安卫右右所阵亡总旗张傑嫡长男，照例升二级升实授百户。

天顺三年九月，张胜，年十六岁，固始县人，系临安卫右右所被贼截死百户张和亲弟。

弘治三年六月，张权，年十五岁，固始县人，系临安卫右右所故世袭百户张胜嫡长男。

贴黄开有：嘉靖三年病故。·265·

又一员·潘诚

永乐十七年七月，潘镇，系临安卫右右所故世袭百户潘得山庶长男。

天顺二年十月，潘黼，年三十一岁，和州人，系临安卫右右所世袭百户潘镇嫡长男。

成化十八年十一月，潘诚，年十五岁，和州人，系临安卫右右所世袭百户潘黼嫡长男。

贴黄开有：嘉靖二十年十一月病故。

又一员·宇宽

弘治十七年九月，宇宽，泸州人，系临安卫右右所世袭百户宇海嫡长男，替职。

又一员·王文

成化四年二月，王文，年十五岁，江宁县人，系临安卫右右所故试百户王贵亲侄。伯系总旗，麓川杀贼获功升前职，病故。本人先因年幼，已与实授百户俸优给，今出幼，该袭实授百户。

张庇元

崇祯九年二月，单本选过云南镇姚守御所试百户一员张庇元，年二十五岁，系故试百户张世爵次男。俟伊兄廕元生子退还，比中三等。

郑朝臣

崇祯十年九月补八月大选，过临安卫新安所副千户一员郑朝臣，年四十九岁，系老副千户郑朝宪亲弟，比中三等。

周国臣·试百户

外黄查有：周国臣，年三十七岁，系云南临安卫右所试百户，原籍四川嘉定州犍为县人。一世祖周庆洪武四年从军，九年克四川等处功升小旗，二十二年征阿邦龙海寨等处功升总旗，故。二世祖周孙孙补役，永乐二十年征交阯阵亡。高伯高祖周雄年幼，二世叔祖周宣补役，正统元年周雄长成补役，六年征麓川阵亡。曾祖周祯系嫡长男，补役，七年因阵亡升试百户，天顺元年遇例实授，故。祖周玉系庶长男，优，成化二十一年九月袭，故。父周汉系嫡长男，弘治十四年九月袭，疾。国臣系嫡长男，嘉靖三十六年四月袭云南临安卫右所试百户。

一辈周庆，已载前黄。

二辈周孙孙，已载前黄。

三辈周宣，已载前黄。

四辈周雄，已载前黄。

五辈周祯，已载前黄。

六辈周玉，旧选簿查有：成化二十一年九月，周玉，年十五岁，犍为县人，系临安卫右右所故百户周祯庶长男。伯周雄原系总旗，阵亡，父袭升试百户，遇例实授，本人照例革袭试百户。

七辈周汉，旧选簿查有：弘治十四年九月，周汉，年十五岁，犍为县人，系临安卫右右所故世袭百户周玉嫡长男。

八辈周松，缺。

九辈周国臣，旧选簿查有：嘉靖三十六年四月，周国臣，犍为县人，系临安卫右右所老疾副千户周松嫡长男。伊父原替祖职试百户，遇例实授，纳升副千户。所据遇例实授并纳升职级俱不准袭，本舍照例革替祖职试百户。

十辈周显谟，万历二十三年二月，大选过周显谟，年十九岁，犍为县人，系临安卫右所故试百户周国臣次男。查伊兄周达孝犯奸不袭，本舍照例借袭祖职试百户，待达孝生男还职，比中三等。

[十一辈]周祖稷，崇祯三年六月，单本选过临安卫右所试百户一员周祖稷，年二十六岁，系老疾试百户周显谟亲侄。伊父达孝犯奸革袭，弟显谟告借，今疾，本舍系侄，应准还前职试百户，比中三等。·267·

郭卫邦·试百户

一辈郭敬忠，缺。

二辈郭安，试百户功次：候查。

三辈郭泰，缺。

四辈郭友，旧选簿查有：成化八年八月，郭友，三河县人，系临安卫右右所世袭百户郭泰嫡长男。

五辈郭瑛，旧选簿查有：正德元年八月，郭瑛，三河县人，系临安卫右右所故世袭百户郭友嫡长男。

六辈郭应勋，旧选簿查有：嘉靖二十九年四月，郭应勋，三河县人，系临安卫右右所故世袭百户郭英嫡长男。伊高祖安以总旗征麓川头功升试百户，曾祖泰冒替实授百户，祖友、父瑛例前沿袭。所据实授一级原无军功，例应减革，本舍照例与袭试百户。

七辈郭卫邦，旧选簿查有：嘉靖四十一年十月，郭卫邦，年二十八岁，三河县人，系临安卫右右所故试百户郭应勋嫡长男。

八辈郭重镇，万历十三年十二月，郭重镇，年十九岁，三河县人，系临安卫右右所患疾试百户郭卫邦嫡长男，比中三等。

九辈郭永增，万历四十四年十月，大选过临安卫右右所试百户一员郭永增，年二十三岁，系故试百户郭重镇堂侄，比中二等。

年远事故右右所试百户一员·钱辅

弘治十四年九月，钱辅，泸州人，系临安卫右右所百户钱玺嫡长男。伊父原系袭升试百户，天顺八年遇例实授，老疾，本人照例革替试百户。

贴黄开有：嘉靖三年病故。·268·

程九逵·试百户

万历四十六年四月，大选过临安卫新安守御所试百户优给舍人一名程九逵，年三岁，系故试百户程海庶长男，照例与全俸优给，至五十七年终住支。

崇祯十一年四月，大选过临安卫新安守御所试百户一员程九逵，年二十三岁，出幼袭职，比中一等。

王凝祉·试百户

万历三十三年八月，大选过新安守御所试百户一员王凝祉，年二十一岁，上元县人，系故绝试百户王凝祚堂弟。查伊一世祖王士亨洪武元年功升小旗，故。王斌系男，补役，征麓川阵亡。高祖王能系男，升总旗，故。王闰系男，补役，征广西十八寨擒斩五名颗升试百户，老。王昌系男，替，故。王凝祚系孙，袭试百户，今故绝。本舍伦序相当，合照旧准袭试百户，比中三等。

王用能·正千户

外黄查有：王著，遵化县人，洪武十七年从军，济南升小旗，西水寨升总旗，平定京师升徐州卫后所副千户，永乐二年与世袭。有父王福全从军，残疾，将著代役，比先漏报五年，具启添续，八年阿鲁台有功升正千户。

一辈王著，已载前黄。·269·

二辈王深，旧选簿查有：成化十三年八月，王深，遵化县人，系临安卫前前所老疾世袭正千户王著嫡长孙。

三辈王用能，旧选簿查有：嘉靖二年三月，王用能，遵化县人，系临安卫前前所故世袭正千户王深嫡次男。有兄王用贤保袭间故绝。

四辈王裔，万历十五年八月，王裔，年二十五岁，遵化县人，系临安卫前前所故正千户王用能堂侄。伊堂伯祖原袭祖职正千户，嘉靖八年犯奸问革为民，隆庆五年故绝。查本舍伊祖、父二辈未袭，取有巡按御史查明印验，免其驳查，本舍合照例与袭祖职正千户，比中三等。

五辈王万寿，万历四十年十月，大选过临安卫前所正千户王万寿，年十九岁，系疾正千户王裔嫡长男，比中三等。

徐继勋·正千户

一辈徐敬，缺。

二辈徐仪，缺。

三辈徐纪，缺。

四辈徐端，缺。

五辈徐澄，缺。

六辈徐相，旧选簿查有：嘉靖五年八月，徐相，六合县人，系临安卫功升指挥佥事徐澄嫡长男。伊曾祖纪原役总旗，纳米授所镇抚，准袭三辈，天顺元年获功二级升副千户。祖徐端袭，故。父澄袭，弘治十四年普安擒斩升正千户，正德十五年云南十八寨报效升前职。所据纳级已足三辈，又报效一级，俱应减革，本人于总旗上加军功三级，革袭副千户，注本卫前前所。

正千户功次：候查。

充军簿查有：嘉靖二十七年十一月，徐相，六合县人，系云南临安卫指挥佥事，犯该守备不设充乌撒卫左所边远军。

七辈徐继勋，缺。·270·

八辈徐策，万历十一年二月，徐策，年二十七岁，六合县人，系临安卫前前所故充终身军徐相嫡长孙。伊祖原袭祖职副千户，嘉靖八年云南寻甸等处擒斩蛮贼首级五名颗升正千户，二十七年犯该守备不设问充乌撒卫左所终身军，万历三年故。所据伊祖徐相寻甸功升正千户一级，系自己获功自己犯罪，例不准袭，本舍照例革袭祖职副千户，比中二等。

九辈徐到远，万历四十五年十月，大选过临安卫前前所副千户一员徐到远，年二十六岁，系老副千户徐策嫡长男，比中三等。

张邦教·副千户

外黄查有：张邦教，年九岁，系云南临安卫前前所优给副千户，原籍直隶和州含山县人。一世祖张骥，乙未年归附从军，蒙华总管将张骥改名华八，癸卯年三月除虎骧卫千户领军，吴元年正月阵亡。二世祖张嘉除授西安右卫中所世袭百户，洪武十八年正月升除锦衣卫中所副千户，二十一年十一月为力士执扇不齐调临安卫左所副千户，三十四年九月瓦屑坝水潦死。高伯祖张英系嫡长男，永乐元年八月袭，十一年病故，无嗣。高祖张雄系英庶弟，十五年九月比袭，景泰三年疾。曾祖张纲系庶长男，景泰四年十一月比袭，天顺八年十二月故。祖张锐系嫡长男，成化六年八月比袭，正德四年正月故。长伯张潮系嫡长男，八年八月比袭，十一年二月故，无嗣。次伯张淮系亲弟，嘉靖元年三月比袭，二年九月故，无嗣。父张涛系亲弟，九年四月比袭，三十四年十月老。邦教系嫡长男，四十二年四月照例与全俸优给。

一辈张骥，已载前黄。

二辈张嘉，已载前黄。

三辈张英，旧选簿查有：永乐元年八月，张英，系临安卫前前所潿故世袭副千户张嘉嫡长男。

四辈张雄，旧选簿查有：永乐十五年九月，张雄，系临安卫前前所故世袭副千户张英庶弟。

五辈张纲，旧选簿查有：景泰四年十一月，张纲，合肥县人，系临安卫前前所世袭副千户张雄庶长男。

六辈张锐，旧选簿查有：成化六年八月，张锐，年十六岁，含山县人，系临安卫前前所故世袭副千户张纲嫡长男。

七辈张潮，旧选簿查有：正德八年八月，张潮，含山县人，系临安卫前前所故世袭副千户张锐嫡长男。·271·

八辈张淮，旧选簿查有：嘉靖元年三月，张淮，含山县人，系临安卫前前所故世袭副千户张潮亲弟。

九辈张涛，旧选簿查有：嘉靖九年四月，张涛，年三十一岁，含山县人，系临安卫前前所故绝副千户张淮亲弟。

十辈张澜，旧选簿查有：嘉靖三十五年六月，张澜，含山县人，系临安卫前前所年老副千户张涛亲弟。伊兄原袭祖职副千户，今年老，无子，本舍照例借与替祖职副千户。待后伊兄生有儿男，退还职事。

十一辈张邦教，旧选簿查有：嘉靖四十二年四月，张邦教，年六岁，含山县人，系临安卫前前所老疾世袭副千户张涛嫡长男，照例与全俸优给，至嘉靖五十年终住支。

万历元年六月，张邦教，年十七岁，含山县人，系临安卫前前所年老副千户张涛嫡长男，优给出幼袭职。

十二辈张良候，万历三十九年八月，大选过临安卫前前所副千户一员张良候，年十八岁，系疾副千户张邦教嫡长男，比中二等。

崇正道·副千户

外黄查有：崇端，溧阳县人。父进旧名进保，乙未年从军，洪武八年充小旗，十二年充选豹韬卫总旗，十八年升临安卫前所世袭百户，二十四年改前前所，故。端系嫡长男，袭。弘系端嫡长男，老，替。陛系老疾副千户璘嫡长孙，缘副千户一级系堂始祖所升，例无承袭，本人照例革替祖职实授百户。

一辈崇进，已载前黄。

二辈崇端，旧选簿查有：永乐元年五月，崇端，系临安卫前前所故世袭百户崇进嫡长男。

三辈崇弘，旧选簿查有：宣德十年十一月，崇弘，系临安卫前前所世袭百户崇端嫡长男。

四辈崇纲，旧选簿查有：正统八年三月，崇纲，系临安卫前前所阵亡百户崇弘嫡长男，袭升副千户。

五辈崇禄，缺。

六辈崇璘，旧选簿查有：成化二十一年四月，崇璘，溧阳县人，系临安卫前前所故副千户崇纲堂弟。已与堂侄崇禄优给，病故。

七辈崇陛，旧选簿查有：正德八年八月，崇陛，溧阳县人，系临安卫前前所老疾副千户崇璘嫡长孙。缘副千户一级系堂伯祖所升，无例承袭，本人照例革替祖职实授百户。

功次簿查有：嘉靖八年征云南寻甸地方，一人擒斩贼级三名颗，临安卫通海前前所实授百户升副千户一员崇陛。·272·

八辈崇汝业，旧选簿查有：嘉靖二十八年二月，崇汝业，溧阳县人，系临安卫前前所故副千户崇陛嫡长男。

九辈崇正道，旧选簿查有：隆庆二年八月，崇汝业，年五十一岁，溧阳县人，系临安卫前前所副千户，今患疾在所。有嫡长男崇正道，见年三十一岁，告替。

十辈崇王治，万历十九年四月，崇王治，年二十岁，系临安卫前前所患疾副千户崇正道嫡长男，比中二等。

十一辈崇王化，万历四十四年十月，大选过临安卫前所副千户一员崇王化，年三十一岁，系故副千户崇王治亲弟，比中三等。

王弼·副千户

内黄查有：王璥，定远县人，系王兴旧名谷兴嫡长男。父甲午年军，丙申年充先锋，乙巳年充总旗，并，洪武七年除百户，八年授世袭，十一年升副千户，十五年调临安卫，故，璥袭世袭副千户。王冕系王璥嫡长男，父故，冕袭临安卫前前所世袭副千户。

一辈王兴，已载前黄。

二辈王璥，旧选簿查有：洪武二十九年十月，王璥，系临安卫前前所故流官副千户王兴嫡长男。

三辈王冕，旧选簿查有：永乐五年五月，王冕，系临安卫前前所故世袭副千户王璥嫡长男。

四辈王宗[英]，旧选簿查有：天顺三年八月，王宗英，定远县人，系临安卫前前所世袭副千户王冕庶长男。

五辈王嘉言，零选簿查有：王嘉言，定远县人，系临安卫前前所世袭副千户王宗英嫡长孙。伊祖为事降百户，故，本人照例袭祖职副千户。

六辈王粥，旧选簿查有：隆庆二年八月，王粥，年三十岁，定远县人，系临安卫通海[守]御前前所故副千户王嘉言亲侄。

七辈王锜，万历十八年十月，王锜，年二十三岁，定远县人，系临安卫前前所借职副千户王粥侄孙。伊堂叔祖王嘉言原袭祖职副千户，故绝，该伊父王道全承袭，以患疾无子，王粥借袭，续生本舍，长成，王粥不行退还，万历十三年评告参问充终身军。该卫保送本舍前来，查系五辈未袭，据有巡按抄招印验，合照例于祖职上降一级，与袭实授百户，比中三等。·273·

八辈王世爵，万历三十二年四月，王世爵，年十七岁，定远县人，系临安卫前前所故实授百户王锜嫡长男，比中三等。

九辈王世禄，泰昌元年十月，大选过临安卫前前所实授百户一员王世禄，年二十七岁，系故实授百户王世爵亲弟，比中三等。

孙怀·副千户

一辈孙添保，缺。

二辈孙普，缺。

三辈孙义，缺。

四辈孙英，旧选簿查有：永乐十三年十月，孙英，系临安卫后所故世袭百户孙义嫡长男。

景泰三年十二月，临安卫试百户升署副千户孙英。

天顺七年十二月，临安卫副千户升正千户孙英。

五辈孙贵，旧选簿查有：成化八年八月，孙贵，歙县人，系临安卫前前所正千户孙英嫡长男，钦与世袭。

六辈孙怀，旧选簿查有：嘉靖二年三月，孙怀，歙县人，系临安卫前前所年老正千户孙贵嫡长男。祖英功升署副千户，遇例实授，又功升前职，沿袭。本人已与优给，患病，今痊可，照例革袭副千户。

充军簿查有：嘉靖二十七年十一月，孙怀，歙县人，系云南都司临安卫千户，犯该监守自盗，充遵化卫左所永远军。①

杨景·副千户·274·

一辈杨泰，缺。

二辈杨宏，缺。

三辈杨麒，旧选簿查有：景泰五年，临安卫百户升副千户杨麒。②

四辈杨森，旧选簿查有：成化十二年十月，杨森，江夏县人，系临安卫前[前]所③副千户杨麒嫡长男，钦与世袭。

五辈杨旻，旧选簿查有：成化二十三年十二月，杨旻，年九岁，江夏县人，系临安卫前前所革职副千户杨森庶长男。已与嫡长弟杨晖优给，病故，该与本人转名优给，至弘治五年终住支。

六辈杨景，旧选簿查有：弘治十六年四月，杨景，江夏县人，系临安卫前前所故世袭副千户杨旻亲弟。

七辈杨世滋，万历十三年八月，杨世滋，年二十五岁，江夏县人，系临安卫前[前]所故副千户杨景侄孙，比中一等。

八辈杨绍宗，天启六年四月，大选过临安卫前前所副千户一员杨绍宗，年三十岁，系疾副千户杨世滋嫡长男，比中一等。

九辈杨士皇，崇祯八年八月，大选过临安卫前前所副千户一员杨士皇，年二十岁，系故副千户杨绍宗嫡长男，比中三等。

高冕·副千户

一辈高永，试百户功次：候查。

旧选簿查有：景泰三年十二月，临安卫试百户升署副千户高永。

---

① 《总汇》本册第254页"充军正千户一员·孙怀"簿所载与此选簿"六辈孙怀"选条之"充军簿查有"相一致。其前者在孙怀属"右右所"，此孙怀簿载孙氏属"前前所"，孙怀或先袭前前所副千户，再改右右所，后犯该监守自盗充永远军。

② 《总汇》本册第283页"又一员·杨麒"选簿杨宏、杨麒二辈袭职之履历，二者杨宏、杨麒之姓名相同，卫所属分与承袭时间、职级等互为补充。对于杨宏之父的记载，两簿有杨泰、杨春之别，当为字形相近而誊造致歧。

③ 参考《总汇》本册第283页"又一员·杨麒"选簿杨宏、杨麒选条记载，此"前所"当脱一"前"字，应为"前前所"。

二辈高寓，旧选簿查有：成化八年八月，高寓，年十六岁，山后人，系临安卫前所老疾副千户高永庶长男。·275·

三辈高晟，旧选簿查有：正德四年四月，高晟，年十八岁，上都达达人，系临安卫前前所故世袭副千户高寓亲侄。

四辈高冕，缺。

年远事故前前所副千户一员·董宽

洪武二十八年二月，临安卫前前所副千户董良。

永乐二十年六月，董庆，系临安卫前前所副千户董良庶长男。

天顺五年三月，董弼，海州人，系临安卫前前所世袭副千户董庆庶长男。

成化八年八月，董宽，年十六岁，海州人，系临安卫前前所故世袭副千户董弼嫡长男。

樊进学

选簿查有：樊恺，景泰五年，临安卫总旗升试百户一员樊恺。

樊嵩，成化十四年十一月，樊嵩，年十六岁，福清县人，系临安卫中所故百户樊恺嫡长男。父原系试百户，遇例实授，本人先因年幼优给，今出幼，照例革原职试百户。

樊端，正德七年六月，樊端，福清县人，系临安卫中所百户樊嵩亲弟。伊父原系试百户，天顺元年遇例实授，故，兄革袭试百户，弘治十八年又遇例实授，故绝，本人照例该与实授百户。①·276·

万历四十一年十一月，单本选过临安卫新安守御所试百户一员樊进学，年二十二岁，系故试百户樊端侄孙，比中三等。

樊心学，天启二年二月，单本选过临安卫新安守御所试百户一员樊心学，年十八岁，系故试百户樊进学堂弟，比中三等。

---

① 该"樊进学"簿所载樊恺、樊嵩、樊端各选条，又以完整选簿载在《总汇》本册第291页"樊端·实授百户"簿。

陈吾养·试百户

万历四十年四月，大选过临安卫右右所试百户一员陈吾养，年一十八岁，宜都县人。查伊父陈孺荀功次簿有，万历二十七年九月起至二十八年五月止，云南矣堵十三寨、金、腾、澜沧等处获功，一人自擒斩三名颗以上至六名颗应升实授一级官舍六十六员名内，通海守御右所小旗陈孺荀，顺大功升小旗，告改总旗，并升试百户。今本舍勘系嫡长男，应准袭试百户，比中二等。

邓继勋·世袭百户

内黄查有：邓彪，上高县人，系邓兴嫡长男。有父壬寅年归附从军，洪武五年除百户，十年授世袭，故。彪于三十五年袭授临安卫前所世袭百户。邓旭系邓彪嫡长男，父故，旭于永乐九年四月袭世袭百户。邓瑄系邓旭嫡长男，父故，瑄于宣德十年九月袭本卫所百户。邓林系邓鑑嫡长男，伊父患疾，林于弘治十六年四月钦准替授世袭百户。邓忠系临安卫前前所故世袭百户邓林嫡长男，嘉靖二年九月钦准袭职。·277·

一辈邓兴，已载前黄。

二辈邓彪，旧选簿查有：洪武三十五年七月，邓彪，系临安卫前前所故世袭百户邓兴嫡长男。

三辈邓旭，旧选簿查有：永乐九年四月，邓旭，年十五岁，系临安卫前前所故世袭百户邓彪嫡长男。

四辈邓瑄，旧选簿查有：宣德十年九月，邓瑄，年十六岁，系临安卫前前所故世袭百户邓旭嫡长男。

五辈邓宗，缺。

六辈邓鑑，旧选簿查有：成化元年九月，邓鑑，上高县人，系临安卫前前所故世袭百户邓瑄嫡长男。先因年幼，亲叔邓宗借职，今长壮，告取职事，本人袭职，伊叔革闲。

七辈邓林，旧选簿查有：弘治十六年四月，邓林，上高县人，系临安卫前前所世袭百户邓鑑嫡长男。

八辈邓忠，旧选簿查有：嘉靖二年七月，邓忠，上高县人，系临安卫前前所故世袭百户邓林嫡长男。

九辈邓继勋，旧选簿查有：嘉靖三十六年二月，邓继勋，上高县人，系临安卫前前所老疾世袭百户邓忠嫡长男。

十辈邓国相，万历十五年八月，邓国相，年三十五岁，上高县人，系临安卫前前所故世袭百户邓继勋嫡次男。据供伊父隆庆六年故，查贴黄册开伊父嘉靖四十四年故，姑准袭职，行卫查供状贴黄，因何远近不同，究明具呈抚按咨部查考，比中三等。

十一辈邓承祖，万历四十五年十月，大选过临安卫前前所实授百户一员邓承祖，年二十一岁，系故实授百户邓国相堂侄，比中二等。

李增·世袭百户

内黄查有：李英，滦州人，系李惟旧名惟一嫡长男。有父洪武三十①年归附，四年充振武卫总旗，十九年除临安卫前所世袭百户，二十四年老疾告替，英三十三年准令替授临安卫前前所世袭百户。李庆系李英嫡长男，李炅系李庆嫡长男。

一辈李惟，已载前黄。·278·

二辈李英，旧选簿查有：洪武三十三年四月，李英，系临安卫前前所世袭百户李惟嫡长男。

三辈李庆，旧选簿查有：宣德十年十一月，李庆，系临安卫前前所世袭百户李英嫡次男。

四辈李炅，旧选簿查有：正统十年十二月，李炅，系临安卫前前所世袭百户李庆嫡长男。

五辈李堋，旧选簿查有：成化十一年九月，李堋，滦州人，系临安卫前前所世袭百户李炅嫡长男。

六辈李錞，旧选簿查有：正德八年十二月，李錞，滦州人，系临安卫前前所老疾世袭百户李堋嫡长男。

七辈李灏，旧选簿查有：嘉靖十一年六月，李灏，年二十一岁，滦州人，系临安卫前前所故世袭百户李錞嫡长男。

八辈李增，旧选簿查有：嘉靖三十七年六月，李增，滦州人，系临安卫前前所故世袭百户纳级副千户李灏叔祖。查伊侄孙灏以世袭百户纳升副千户，故绝。所据纳

---

① 此"十"字当系衍文。

升职级例不准袭，本舍革袭祖职世袭百户。

九辈李登，万历二十六年二月，李登，年十九岁，系临安卫前前所故绝世袭百户李增侄孙。本舍四辈未袭，又违限三十余年，例应驳查，念云南路远且有巡按驳查无碍印信，姑准降袭试百户，比中三等。

十辈李永昌，天启五年五月补四月分大选，过临安卫前前所试百户一员李永昌，年十九岁，系故试百户李登嫡长男，比中三等。

厉嵩·实授百户

外黄查有：厉名，山阳县人，吴元年归附，洪武五年充小旗，六年充总旗，十九年除世袭百户。

一辈厉名，已载前黄。

二辈厉中，旧选簿查有：永乐四年四月，厉中，年十八岁，系临安卫前前所世袭百户厉名庶长男。父为老疾，敬准替职，回原卫所管事，至二十岁比试弓马。·279·

三辈厉鑑，旧选簿查有：永乐二十二年四月，厉鑑，系临安卫前前所故世袭百户厉中嫡长男。

四辈厉纲，旧选簿查有：景泰七年十二月，厉纲，年二十六岁，山阳县人，系临安卫前前所世袭百户厉鑑嫡长男。

五辈厉英，旧选簿查有：弘治九年二月，厉英，山阳县人，系临安卫前前所世袭百户厉纲嫡长男。

六辈厉戎，旧选簿查有：嘉靖二年闰四月，厉戎，山阳县人，系临安卫前前所年老世袭百户厉英嫡长男。

七辈厉嵩，旧选簿查有：嘉靖三十二年十二月，厉嵩，山阳县人，系临安卫前前所老疾实授百户厉戎嫡长男。

八辈厉振，万历十八年四月，厉振，年十六岁，系临安卫前前所故实授百户厉嵩庶长男，比中三等。

牟祯·世袭百户

一辈牟关，缺。

二辈牟胜，旧选簿查有：洪武三十三年四月，牟胜，系临安卫前前所世袭百户牟关嫡长男。

三辈牟英，旧选簿查有：永乐十三年八月，牟英，系临安卫前前所失陷世袭百户牟胜嫡长男。

四辈牟鑑，旧选簿查有：宣德十年九月，牟鑑，年十六岁，系临安卫前前所故世袭百户牟英嫡长男。

五辈牟瓆，旧选簿查有：成化十二年十一月，牟瓆，和州人，系临安卫前前所世袭百户牟鑑嫡长男。

六辈牟祯，旧选簿查有：正德元年八月，牟祯，和州人，系临安卫前前所世袭百户牟瓆嫡长男。

七辈牟守位，万历二十六年二月，牟守位，年十九岁，系临安卫前前所故实授百户牟祯嫡长孙，比中三等。·280·

许潮·实授百户

一辈许双顶，缺。

二辈许贵，缺。

三辈许鑑，缺。

四辈许亮，功次簿查有：正统六年麓川功次，云南剿杀蛮贼，云南中卫后所舍人二次头功升试所镇抚一员许亮。

天顺八年钦升官一千五百八十一员，俱于贵州东苗地方擒斩获功，云南都司临安卫试所镇抚升实授所镇抚五员内一员许亮。

五辈许瑄，旧选簿查有：成化元年九月，许瑄，年三十八岁，定远县人。有父许亮原系临安卫前千户所实授所镇抚，贵州东苗杀贼获功一级，该升实授百户，造册错作试所镇抚开报，重升实授所镇抚，未升老疾。本人系嫡长男，已替伊父原职实授所镇抚，照例改正，升一级替升实授百户。

六辈许聪，旧选簿查有：弘治五年四月，许聪，定远县人，系临安卫前前所百户许瑄嫡长男，钦与世袭。

七辈许禄，旧选簿查有：正德元年八月，许禄，定远县人，系临安卫前前所世袭百户许聪嫡长男。

八辈许潮，旧选簿查有：隆庆三年四月，许潮，年五十三岁，定远县人，系临安卫前前所故实授百户许聪嫡次男。

九辈许尚武，万历八年十二月，许尚武，年二十九岁，定远县人，系临安卫前前所年老实授百户许潮嫡长男，比中二等。查伊高祖许亮正统六年征麓川获头功一次，又征思任发获头功一次，止该升总旗，越升所镇抚，天顺二年东苗斩首功止该升试百户，冒升实授百户，今本舍合革去越升二级，与袭试百户。

十辈许克明，万历二十二年四月，大选过临安卫前前所署试百户事总旗一员许克明，年十八岁，系故绝试百户许尚武堂侄。查伊祖、父三辈未袭，例应驳查。今本舍要告愿减半级免驳查，合量革与袭署试百户事总旗，比中三等。

十一辈许世昌，万历三十九年十二月，大选过临安卫前所试百户一员许世昌，年二十五岁，系疾署试百户事总旗许克明嫡长男。查越升职级已经减革，与试百户。二十二年许克明告袭，查伊三辈未袭，例应驳查，克明告愿减半级免驳，量减与袭署试百户事总旗。夫应驳（袭）者无免驳降袭之例，滇南天末，本舍独以既经·281·驳查，又须万里往返为苦耳，以此降级，委属非例，许克明已降袭一辈，足当驳查之苦矣，本舍仍复替试百户，比中二等。

十二辈许重熙，崇祯七年十月，大选过临安卫前所试百户一员许重熙，年二十五岁，系疾试百户许世昌嫡长男，比中三等。

单应贤·实授百户

一辈单荣。

二辈单富。

三辈单寿。

四辈单与忠。

五辈单瑛。

六辈单铠。①

七辈单应贤，万历十四年四月，单应贤，年三十六岁，江都县人，系临安卫前前所故实授百户单铠嫡次孙。伊祖原袭祖职实授百户，隆庆五年故，应该伊父单恕承袭，未袭先故，伊兄单应爵患疾无子，本舍合照例借袭祖职实授百户。待后伊兄单

---

① 此"单应贤·实授百户"簿之"四辈单与忠""五辈单瑛""六辈单铠"等选条仅列选条而无具体袭替履历之记载，而《总汇》本册第283页"年远事故前前所世袭百户一员·单铠"簿之单与中、单瑛、单铠等选条所载，正系"四辈单与忠"等各选条该载内容。

应爵疾痊或生有儿男，退还职事，比中二等。

八辈单安国，万历二十五年六月，单安国，年十八岁，系临安卫前所患疾世袭百户单应贤嫡长男，比中二等。

九辈单可久，崇祯元年十月，大选过临安卫前前所实授百户一员单可久，年二十岁，系疾实授百户单安国嫡长男，比中三等。·282·

年远事故前前所世袭百户一员·单铠

永乐十四年七月，单与中，系临安卫前前所单富嫡长男。

正统九年二月，单瑛，系临安卫前前所故世袭百户单富亲侄。先因年幼，被庶叔单寿隐瞒不报袭职。本人今长成，钦准退还职事，伊叔革闲。

成化十八年九月，单铠，江都县人，系临安卫前前所世袭百户单瑛庶长男。

贴黄开有：嘉靖七年正月病故。①

又一员·史恭

洪武二十八年十一月，史绰，系临安卫前前所世袭百户史仙嫡长男。父为老疾，钦准替职，仍授本卫所世袭百户。

永乐元年七月，史恭，年九岁，系临安卫前前所伤故世袭百户史绰庶次男，钦与全俸优给，至永乐六年终住支袭职。

又一员·杨麒

永乐七年闰四月，杨宏，系临安卫前前所故世袭百户杨春庶长男。

正统六年闰十一月，杨麒，年十六岁，系临安卫前前所为事在监故世袭百户杨宏庶长男。②

---

① 此"年远事故前前所世袭百户一员·单铠"簿单与中、善瑛、单铠等各选条所载，即《总汇》本册282页"单应贤·实授百户"选簿之"四辈单与忠""五辈单瑛""六辈单铠"等该载者。此簿单铠选条载"贴黄开有"单铠"嘉靖七年正月病故"，而"单应贤"簿"七辈单应贤"选条则称其"隆庆五年故"，前后间隔44年。
② 此簿杨宏、杨麒之承袭次第，又见《总汇》本册第274—275页"杨景·副千户"选簿之"二辈杨宏""三辈杨麒"选条，正可补杨景选簿中杨宏、杨麒二辈选条之缺。

杨镇

万历二十二年十二月，杨镇，年二十六岁，上元县人，系临安卫前前所故实授百户杨和嫡长曾孙。查伊曾祖杨·283·和正德十五年袭职，嘉靖十六年老疾，至今五十余年，况已二辈未袭，即告称缘事，亦无招案可据，相应照违限例革发。①

万历二十三年四月，杨镇，年二十七岁，上元县人，系临安卫前前所故实授百户杨和嫡长曾孙。查得本舍初因二辈未袭，驳查后以年远革发，及查年远之故，则以伊祖杨松以□奸诞被王净奏办，牵连日久，事完告袭，尚在限内，方领文而病死。其父杨子廪又盲不袭，事出不幸，情有可原，具（且）滇南万里，比他处不同，即在寻常年限，似难责备，况有故乎？降级准袭，天理人情，实为允当，本舍今姑准降袭试百户，比中三等。

杨永龄，崇祯八年二月，大选过临安卫前前所试百户优给舍人一名杨永龄，年六岁，系疾试百户杨镇嫡长男，照例与全俸优给，至崇祯十七年终住支。

李灿然·试百户

外黄查有：李洪，桃源县人。祖父李贤，洪武二十二年垛充马隆卫小甲，调云南前卫中所，永乐五年老疾。父李斌代，十五年以年深并升小旗，正统六年麓川头功三次升试百户，调临安卫前前所，天顺元年遇例实授，年老。洪系嫡长男，袭临安卫前前所百户。

一辈李斌，试百户功次：已载前黄。

二辈李洪，旧选簿查有：天顺三年八月，李洪，常德府人，系临安卫前前所百户李斌嫡长男，钦与世袭。

三辈李玉，旧选簿查有：弘治十一年十一月，李玉，年十七岁，桃源县人，系临安卫前前所故世袭百户李洪嫡长男。

四辈李春，旧选簿查有：正德元年八月，李春，桃源县人，系临安卫前前所故世袭百户李玉亲弟。

五辈李芳，旧选簿查有：嘉靖十五年八月，李芳，桃源县人，系临安卫前前所年老百户李春嫡长男。伊曾祖斌以小旗麓川历功升试百户，遇例实授，祖、父沿袭，

---

① 此簿所载杨和，与《总汇》本册第287页"年远事故前前所试百户一员·杨和"所载杨和，皆上元县人，袭职临安卫前前所，以实授百户终。

本人照例革遇例一级，与替试百户。

六辈李灿然，旧选簿查有：嘉靖三十九年六月，李灿然，年二十三岁，桃源县人，系临安卫前前所故实授百户李芳嫡长男，革袭试百户。

七辈李运昌，万历三十四年四月，大选过临安卫前前所试百户一员李运昌，年十九岁，系老试百户李灿然嫡长男，比中一等。·284·

向应朝·试百户

一辈向福，缺。

二辈向秀一，缺。

三辈向春，缺。

四辈向英，试百户功次：已载七辈选条。

五辈向昇，旧选簿查有：成化三年六月，向昇，江宁县人，系临安卫前前所百户向英嫡长男，钦与世袭。

六辈向义，旧选簿查有：正德元年八月，向义，江陵县人，系临安卫前前所故世袭百户向昇嫡长男。

七辈向应朝，旧选簿查有：嘉靖二十七年十二月，向应朝，江陵县人，系临安卫前前所故实授百户向义亲侄。伊曾伯祖英以总旗正统六年麓川功升试百户，天顺元年遇例实授，伯祖昇、伯义沿袭。所据遇例职级不由军功，例应减革，与本舍试百户。

八辈向阳葵，万历五年四月，向阳葵，年三十五岁，江陵县人，系临安卫前前所年老试百户向应朝嫡长男，比中三等。

九辈向达，万历二十七年十月，向达，年三十九岁，系临安卫前前所患疾试百户向阳葵嫡长男，比中三等。

十辈向王化，万历四十二年四月，大选过临安卫前前所试百户一员向王化，年十八岁，系故试百户向达嫡长男，比中一等。

十一辈向王仁，崇祯十二年八月，大选过临安卫前前所试百户一员向王仁，年二十八岁，系故试百户向王化亲弟，比中三等。

李恩·试百户

外黄查有：李恩，年四十三岁，系云南临安卫守御通海前前所试百户，原籍福建漳州府龙岩县人。始祖李兴，洪武九年［充］留守右卫中所军，十五年升临安卫前所小旗，十八年故（改）前前所，永乐六年并充总旗，宣德十年老疾。高祖李胜代，并，疾。曾祖李定代，并，正统十四年征进陇川山茶寨，攻克金沙江，与贼对敌，斩获首级三颗，景泰元年升本卫试百户，天顺九年遇例实授，成化六年故。祖李岳系嫡长男，八年十月袭百户，钦与世袭，弘治十四年老疾。父李俊系嫡长男，正德元年八月替，九年故。恩系嫡长男，与百·285·户[俸]优给，嘉靖十二年六月袭临安卫守御通海前前所试百户。

一辈李兴，已载前黄。

二辈李胜，已载前黄。

三辈李定，审稿查有：临安卫总旗升试百户李定。

四辈李岳，旧选簿查有：成化八年十月，李岳，龙岩县人，系临安卫前前所故百户李定嫡长男，钦与世袭。

五辈李俊，旧选簿查有：正德元年八月，李俊，龙岩县人，系临安卫前前所世袭百户李岳嫡长男。

六辈李恩，旧选簿查有：正德十二年二月，李恩，年六岁，龙岩县人，系临安卫前前所已故百户李俊嫡长男。伊曾伯祖李成系小旗阵亡，伊曾祖李定补役，升阵亡二级，授试百户，遇例实授，伊祖、父沿袭，未革。本人照例革去遇例一级，与试百户俸优给，至正德二十年终住支。

旧选簿查有：嘉靖十二年六月，李恩，年十五岁，龙岩县人，系临安卫守御通海前前所故试百户李俊嫡长男，优给出幼告袭，限外空多支俸粮，查扣支给。

七辈李应兆，万历三十三年六月，大选过临安卫守御通海前前所试百户李应兆，年十九岁，[龙]岩县人，系故试百户李恩曾孙，出幼袭职，比中二等。

江九功·实授百户

一辈江澄。

二辈江源。

三辈江通。

四辈江达。·286·

五辈江纹。

六辈江鲤。

七辈江楠。

八辈江浙。

九辈江湖。

十辈江维仲。

十一辈江九功，万历二十四年七月，单本选过临安卫后所实授百户江九功，年三十九岁，六安州人。伊父江维仲原袭实授百户，嘉靖四十五年加纳副千户，隆庆五年中式武举，加升署指挥佥事，今疾。所据伊父纳级并武举虚衔，俱例不准袭，本舍照例与替祖职实授百户，比中二等。

十二辈江瀋，万历三十三年六月，大选过临安卫后所实授百户江瀋，年十九岁，六安州人，系老实授百户江九功长男，比中二等。

年远事故前前所试百户一员·杨和

景泰五年三月，杨茂，系临安卫右右所阵亡小旗杨信亲侄，照例升二级升试百户。

弘治十六年四月，杨和，上元县人，系临安卫前前所百户杨茂嫡长男。伊父原系试百户，天顺元年遇例实授，今年老，本人照例替百户，钦与世袭。

贴黄开有：嘉靖十三年九月，病故。①

革发所镇抚一员·徐缨

成化十四年四月，徐斌，江阴县人，系临安卫中所所镇抚徐信嫡长男。·287·

正德十五年十二月，徐缨，年二十一岁，江阴县人，系临安卫新安守御所故所镇抚徐斌嫡长孙。曾祖徐信系军人，遇例纳升前职，本人照例准袭，月支米一石。所据纳升三辈已足，事故之日子孙革收军役。

---

① 此簿所载杨和，与《总汇》本册第283—284页"杨镇"选簿所载杨和，皆上元县人，临安卫前前所百户。

张希范·试百户

一辈张通,缺。

二辈张迪,缺。

三辈张凤岐,功次簿查有:嘉靖十一年,云南阿迷、蒙自州等处升实授一级不赏,一人自擒斩贼级三名颗、四名颗、五名颗,临安卫总旗升试百户张岐凤。

四辈张希范,旧选簿查有:嘉靖二十七年六月,张希范,什邡县人,系临安卫右所故试百户张岐凤嫡长男。

五辈张任斌,万历十年二月,张任斌,年二十四岁,什邡县人,系临安卫右所患疾试百户张希范嫡次男,比中二等。

孙绍·实授百户

一辈孙礼,缺。

二辈孙贵,缺。

三辈孙宏,缺。

四辈孙迪,旧选簿查有:成化十二年十一月,孙迪,定远县人,系临安卫中所世袭百户孙宏亲侄。

五辈孙杲,旧选簿查有:弘治元年闰正月,孙杲,定远县人,系临安卫中所世袭百户孙迪嫡长男。

六辈孙怀,旧选簿查有:嘉靖元年六月,孙怀,定远县人,系临安卫新安守御所故世袭百户孙杲嫡长男。

七辈孙绍,旧选簿查有:嘉靖二十三年八月,孙绍,定远县人,系临安卫新安守御所老疾实授百户孙怀嫡长男。

八辈孙应朝,万历七年十月,孙应朝,年二十五岁,定远县人,系临安卫新安守御所故实授百户孙绍嫡长男,比中二等。

九辈孙后昌,万历四十二年七月,大选过临安卫新安守御所实授百户一员孙后昌,年十七岁,系故实授百户孙应朝庶长男,比中三等。

十辈孙世昌,崇祯十三年六月,大选过临安卫新安守御所实授百户一员孙世昌,年二十岁,系故实授百户孙后昌亲堂弟。俟伊兄际昌疾痊或生子退还,比中三等。

王相·世袭百户

外黄查有：王胜，旧名胜保，仪真县人，丙申年从军，洪武三年充小旗，十二年调豹韬卫中所，充总旗，十五年拨守临安卫，十八年钦除临安卫中所世袭百户。

一辈王胜，已载前黄。

二辈王斌，旧选簿查有：永乐三年七月，王斌，系临安卫中所世袭百户王胜嫡长男。

三辈王雄，旧选簿查有：永乐二十年八月，王雄，系临安卫中所故世袭百户王斌嫡次男。有兄王英残疾，不堪承袭，敬准本人袭职，待兄有男，还与职事。·289·

四辈王弼，旧选簿查有：宣德三年十一月，王弼，系临安卫中千户所故世袭百户王雄亲叔。

五辈王傑，旧选簿查有：天顺二年八月，王傑，仪真县人，系临安卫中所世袭百户王弼嫡长男。

六辈王演，旧选簿查有：弘治五年十一月，王演，仪真县人，系临安卫中所世袭百户王傑嫡长男。

七辈王濬，旧选簿查有：正德十三年十月，王濬，仪真县人，系临安卫中所调新安守御所故绝世袭百户王演亲弟。

八辈王相，旧选簿查有：嘉靖十六年八月，王相，仪真县人，系临安卫新安守御所故百户王濬嫡长男。

九辈王栋，万历三年六月，王栋，年四十三岁，仪真县人，系临安卫新安守御所故世袭百户王相堂弟。

十辈王樑，万历七年十月，王樑，年三十七岁，仪真县人，系临安卫新安守御所故世袭百户王栋亲弟，比中二等。

十一辈王一统，万历三十六年八月，大选过新安守御所世袭百户一员王一统，年十九岁，系老世袭百户王梁嫡长孙，比中二等。

十二辈王一本，崇祯十五年十月，大选过临安卫新安守御所实授百户一员王壹本，年三十五岁，系故实授百户王一统堂弟。俟一纶生子退还，比中三等。

张汉·实授百户

一辈张友，缺。

二辈张文，缺。

三辈张伦，旧选簿查有：正统三年八月，张伦，系临安卫右所实授百户。父原系总旗，征进安南等寨头功三次升世袭实授百户。

四辈张弼，旧选簿查有：成化十四年八月，张弼，滦州人，系临安卫世袭实授百户张伦嫡长男。·290·

五辈张权，旧选簿查有：正德十五年十二月，张权，滦州人，系临安卫右所世袭实授百户张弼嫡长男。

六辈张汉，旧选簿查有：嘉靖四十五年四月，年三岁，滦州人，系临安卫右所故实授百户张权嫡长男，照例与全俸优给，至嘉靖五十六年终住支。

七辈张源，万历二十四[年]九月，张源，年二十七岁，系临安卫右所故实授百户张权嫡次孙，比中三等。

八辈张勋，万历四十一年八月，大选过临安卫右所实授百户一员张勋，年十九岁，系老实授百户张源亲侄。本舍伦序相应，准借前职，待张源生子，退还职事，比中二等。

[樊端]·实授百户

樊□，缺。

樊荣，缺。

樊恺，旧选簿查有：景泰五年，临安卫总旗升试百户一员樊恺。

樊嵩，旧选簿查有：成化十四年十一月，樊嵩，年十六岁，福清县人，系临安卫中所故百户樊恺嫡长男。父原系试百户，遇例实授，本人先因年幼优给，今出幼，照例革原职试百户。

[樊端,]端旧选簿查有：正德七年六月，樊端，福清县人，系临安卫中所百户樊嵩亲弟。伊父原系试百户，天顺元年遇例实授，故，兄革袭试百户，弘治十八年又遇例实授，故绝，本人照例该与实授百户。①

---

① 此簿"樊端·实授百户"簿之"樊恺""樊嵩""樊端"等选条所载，与《总汇》本册第276—277页"樊进学"选簿之樊恺、樊嵩、樊端等选条相同，彼樊进学簿或系此樊端簿另立新簿而来。

窜尚珍·试百户

零选簿查有：窜绍，怀远县人，系临安卫新安守御所实授百户窜文嫡长孙。查得伊祖原系试百户，冒供实授。所据冒供例不准袭，本舍革袭试百户。·291·

万历三十五年二月，大选过临安卫新安守御所试百户一员窦（窜）尚珍，年十九岁，系故试百户窜绍嫡长男，比中二等。

陈嘉谟·世袭百户

外黄查有：陈兴，滁州人。有祖陈玉甲午年从军，戊戌年升正千户，甲辰年编除镇江所百户，吴元年阵亡。洪武九年父陈宝旧名官音奴袭除百户，[二]十三年为不应事调临安卫中所世袭百户，故。兴系嫡长男，袭授临安卫中所世袭百户。

一辈陈玉，已载前黄。

二辈陈宝，已载前黄。

三辈陈兴，旧选簿查有：洪武三十五年十二月，陈兴，系临安卫中所世袭百户陈宝嫡长男。

四辈陈洪，旧选簿查有：正统八年九月，陈洪，年十七岁，系临安卫中所世袭百户陈兴嫡长男。

五辈陈辅，旧选簿查有：成化二十年八月，陈辅，滁州人，系临安卫中所世袭百户陈洪嫡长男。

六辈陈儒，旧选簿查有：正德三年五月，陈儒，滁州人，系临安卫中所故世袭百户陈辅嫡长男。

七辈陈嘉谟，旧选簿查有：嘉靖元年六月，陈嘉谟，年九岁，滁州人，系临安卫中所改新安守御所故世袭百户陈儒嫡长男，钦与优给。

嘉靖十二年十二月，陈嘉谟，年二十岁，滁州人，系临安卫新安守御所故百户陈儒嫡长男。

八辈陈元庆，万历六年四月，陈元庆，年二十三岁，滁州人，系临安卫新安守御所故世袭百户陈嘉谟亲侄，比中二等。①

---

① 《总汇》本册第235页"陈元庆·世袭百户"选簿载："陈忠爱，万历四十四年八月，大选过临安卫新安守御所实授百户一员陈忠爱，年二十三岁，系老疾实授百户陈元庆嫡长男，比中一等"。该陈元庆簿实可接续此"八辈陈元庆"选条，作"九辈陈忠爱"选条。

李功臣·实授百户

外黄查有：李钊，黔阳县人。父李才甲辰年从军，吴元年选充总旗，洪武十五年拨云南左卫中所，十九年钦升临安卫右所世袭百户，二十六年老。钊系嫡长男，二（三）十四年替临安卫右所世袭百户。李源系李钊嫡次男，父老，源宣德三年替本卫所百户。李彬系李源嫡长男，父正统二年故，彬三年优给，九年袭百户。李烨系李彬嫡长孙，祖征进有功升副千户，父李松未袭先故，烨成化十一年袭临安卫右所副千户，钦与世袭。

一辈李才，已载前黄。·292·

二辈李钊，旧选簿查有：洪武三十三年六月，李钊，系临安卫右所世袭百户李才嫡长男。

三辈李源，旧选簿查有：宣德三年十一月，李源，系临安卫右千户所世袭百户李钊嫡次男。

四辈李彬，旧选簿查有：正统九年十月，李彬，年十五岁，系临安卫右所故世袭百户李源嫡长男。

五辈李烨，旧选簿查有：成化十九年十月，李烨，年十五岁，黔阳县人，系临安卫右所故副千户李彬嫡长孙，钦与世袭。

六辈李璋，旧选簿查有：正德七年六月，李璋，黔阳县人，系临安卫右所故世袭副千户李烨嫡长男。

七辈李尚文，旧选簿查有：嘉靖二十四年四月，李尚文，黔阳县人，系临安卫右所故副千户李璋嫡长男。

八辈李功蕃，旧选簿查有：嘉靖四十四年二月，李功蕃，年三十岁，黔阳县人，系临安卫右所年老副千户李尚文嫡长男。

九辈李功臣，旧选簿查有：隆庆二年八月，李功臣，年六岁，黔阳县人，系临安卫故纳级指挥佥事李功蕃亲弟。伊四世祖李彬原袭祖职实授百户，天顺七年东苗功升副千户，故。沿至伊兄李功蕃袭，纳级指挥佥事，隆庆元年故。所据东苗功无擒斩，并纳升职级，俱例不准袭，本舍照例革与实授百户俸优给，扣至隆庆十一年终住支，出幼袭职，注原右所。

万历八年六月，李功臣，年十七岁，黔阳县人，系临安卫右所故实授百户李功蕃亲弟，优给出幼袭职。查本舍起送过限二年，限外有无多支俸粮，合行查扣关支，比中二等。

十辈郭勋华，年六岁，系临安卫右所故实授百户郭自全嫡长男，全俸优给，至万历三十二年终住支。①

邵子谦·实授百户

外黄查有：邵溥，仪真县人。祖父邵旺，丙申年从军，乙巳年选充小旗，洪武十二年选充豹韬卫总旗，十三年钦调仪真卫，十五年拨守临安卫，十八年升除临安卫右所世袭百户，老疾。父邵盟替，故。溥系嫡长男，永乐元年袭本卫所世袭百户。

一辈邵旺，已载前黄。·293·

二辈邵盟，旧选簿查有：洪武三十二年三月，邵盟，系临安卫右所世袭百户邵旺嫡长男。

三辈邵溥，旧选簿查有：永乐元年七月，邵溥，系临安卫右所世袭百户邵盟嫡长男。

四辈邵勋，旧选簿查有：正统二年八月，邵勋，年十五岁，系临安卫右所故世袭百户邵溥嫡长男。

五辈邵广，旧选簿查有：成化六年十月，邵广，仪真县人，系临安卫右所世袭百户邵勋嫡长男。

六辈邵春，旧选簿查有：弘治十二年四月，邵春，仪真县人，系临安卫右所世袭百户邵广嫡长男。

七辈邵昂，旧选簿查有：正德七年六月，邵昂，仪真县人，系临安卫右所世袭百户邵春嫡长男。

八辈邵允中，旧选簿查有：嘉靖九年六月，邵允中，年三十三岁，仪真县人，系临安卫右所故百户邵昂嫡长男。

九辈邵允和，旧选簿查有：嘉靖二十三年十月，邵允和，仪真县人，系临安卫右所故实授百户邵允中亲弟。

十辈邵子谦，旧选簿查有：嘉靖四十四年八月，邵允和，年四十七岁，仪真县人，系临安卫右所实授百户，今患疾在所。有嫡长男邵子谦，见年二十岁，告替。

---

① 此"十辈郭勋华"优给选条，系临安卫右所"郭珠·正千户"选簿阑入者，见《总汇》本册第186页该簿"九辈郭勋华"选条。

十一辈邵起凤，万历三十八年二月，大选过临安卫右所世袭百户一员邵起凤，年十八岁，系故世袭百户邵子谦庶次男，准借世袭百户，待起龙生有儿男，退还职事，比中三等。

张凤羽·实授百户

外黄查有：张关，定远县人。祖张四甲辰年归附，洪武六年故。九年父张双儿充豹韬卫军，十五年拨临安卫右所，三十一年升小旗，永乐十九年升总旗，老疾。二十一年关并，代充，正统六年选弟张胜以余丁操练，调征麓川反寇，刀招汉寨杀败贼众，马鞍山阵亡，七年照例将弟功次并与关，升临安卫右所实授百户，十二年钦与流官。

一辈张双儿，已载前黄。

二辈张关，钦升簿查有：正统七年征云南麓川反寇思任发，临安卫右所总旗一次头功并弟张胜杀贼阵亡，并升百户一员张关。·294·

三辈张庸，旧选簿查有：景泰二年九月，张庸，系临安卫右所流官百户张关嫡长男，钦与世袭。

四辈张冕，旧选簿查有：成化四年十月，张冕，凤阳府定远县人，系临安卫右所世袭百户张庸嫡次男。

五辈张显，旧选簿查有：弘治十三年二月，张显，年十八岁，定远县人，系临安卫右所世袭百户张冕嫡长男。

六辈张廷相，旧选簿查有：嘉靖二十年十二月，张廷相，定远县人，系临安卫右所故实授百户张显嫡长男，仍袭原职。

七辈张凤羽，旧选簿查有：嘉靖三十二年二月，张凤羽，年五岁，怀远县人，系临安卫右所故实授百户张廷相嫡长男，照例与全俸优给，至嘉靖四十一年终住支。

隆庆二年八月，张凤羽，年二十岁，定远县人，系临安卫右所故实授百户张廷相嫡长男，优给出幼袭职。查得本舍优给违限六年，限外有无多支俸粮，查扣毕日关支。

八辈张承勋，万历二十三年八月，张承勋，年二十九岁，系患疾实授百户张凤羽嫡长男，比中一等。

九辈张永寿，万历三十八年八月，大选过临安卫右所实授百户优给舍人一名张永寿，年一岁，系故实授百户纳级指挥佥事张承勋男。据供张承勋故而生子永寿一岁，不能优给，则一岁优给岂少哉？夫所优给云者，正以袭替非时而恤死怜生，曲为之厚生云耳。查本舍宗图下有"永寿一岁，眼疾，不堪优给"云云，殊觉包藏祸心，本舍应革回，张永寿准以实授百户俸优给，扣至五十一年终住支。

天启七年四月，大选过临安卫右所实授世袭百户一员张永寿，年十八岁，出幼袭职。但俸粮有无多支，彼中查扣，比中二等。

莫应祖·实授百户

外黄查有：莫珪，靖州绥宁县人。有父莫宗旧名谷宗，洪武元年归附，洪武十一年充总旗，二十年除百户，调临安卫，故，珪袭百户。莫真系莫珪嫡长男。

一辈莫宗，已载前黄。

二辈莫珪，旧选簿查有：洪武三十年六月，莫珪，系临安卫右所故世袭百户莫宗嫡长男。·295·

三辈莫真，旧选簿查有：永乐七年十一月，莫真，年十七岁，系临安卫右所故世袭百户莫珪嫡长男。

四辈莫昇，旧选簿查有：正统七年二月，莫昇，系临安卫右所百户莫真嫡长男。

五辈莫宣，旧选簿查有：天顺四年八月，莫宣，绥宁县人，系临安卫右所故世袭百户莫昇嫡长男。

六辈莫松，旧选簿查有：弘治八年二月，莫松，绥宁县人，系临安卫右所故世袭百户莫宣庶长男。

七辈莫应祖，旧选簿查有：嘉靖五年八月，莫应祖，年七岁，系临安卫右所故世袭百户莫松嫡长男，照例与全俸优给，至嘉靖十二年终住支。

嘉靖十七年十月，莫应祖，年二十岁，绥宁县人，系临安卫右所故实授百户莫松嫡长男，优给出幼袭职，限外有无多支俸粮，查扣支给。

八辈莫如爵，万历二年八月，莫如爵，年八岁，绥宁县人，系临安卫右所老疾世袭百户莫应祖庶长男，照例与全俸优给，至万历八年终住支。

万历十四年十月，莫如爵，年十九岁，绥宁县人，系临安卫右所故世袭百户莫应祖庶长男，出幼袭职，比中三等。

九辈莫永昌，万历二十七年六月，大选过，年五岁，系临安卫右所故世袭百户莫如爵男，全俸优给，三十六年终住支。

十辈莫永昌，万历三十八年八月，大选过临安卫右所实授百户一员莫永昌，年十七岁，系故实授百户莫如爵嫡长男，比中三等。

唐守元·实授百户

外黄查有：唐洪，安仁县人。有伯祖唐文吴元年从军，洪武十年故。唐义真补役，升小旗，永乐十六年升总旗，年老。父唐瑀患疾，洪年幼，叔父唐琮替役，洪长成，改正代役，排栅杀贼，弟清余丁征麓川功，告准将弟清功次并与洪，升临安卫右所实授百户，钦与流官。

一辈唐义真，已载前黄。

二辈唐琮，已载前黄。·296·

三辈唐洪，功次簿查有：正统七年麓川功次，临安卫右所总旗一次头功，并弟唐清随征杀贼亦获头功，升百户一员唐洪。

四辈唐昇，旧选簿查有：成化十一年八月，唐昇，仁安（安仁）县人，系临安卫右所百户唐洪嫡长男，钦与世袭。

五辈唐春，旧选簿查有：嘉靖二年十月，唐春，年十八岁，安仁县人，系临安卫右所故百户唐昇庶长男，优给出幼袭职，限外多支俸粮，扣毕关支。

六辈唐守元，旧选簿查有：嘉靖四十二年十二月，唐守元，系临安卫右所故实授百户唐椿嫡长男。

七辈唐承勋，万历三十九年十月，大选过临安卫右所试百户一员唐承勋，年十九岁，系疾实授百户唐守元嫡长男。查条例，正统六年云南麓川功征苗贼头功、奇功及斩首升级官旗照例准袭内有越升者，照嘉靖元年事例减革，唐洪从征麓川，随军获功，俱并唐洪以总旗而升实授百户，正合越升之例，况功无擒斩，而唐洪坐受两级，实为冒滥，本舍应量减与试百户，比中二等。

八辈唐天锡，崇祯十三年六月，大选过临安卫右所试百户一员唐天锡，年二十七岁，系故试百户唐承勋嫡长男，比中二等。

钱守礼·实授百户

一辈钱福，缺。

二辈钱宇，旧选簿查有：正统十一年八月，钱宇，年十六岁，系临安卫右所试百户钱福嫡长男。父原系总旗，攻杀杉木笼山截路夷贼有功升除前职，病故，钦准本人袭实授世袭百户。

三辈钱武，旧选簿查有：弘治四年十二月，钱武，吴县人，系临安卫右所实授百户钱宇嫡长男，钦与世袭。

四辈钱乔，旧选簿查有：嘉靖五年八月，钱乔，吴县人，系临安卫右所年老百户钱武嫡长男。伊曾祖福原并功升试百户，祖宇袭，正统十一年钦准实授，父沿袭，本人照例革替试百户。

实授百户功次：候查。

五辈钱守礼，旧选簿查有：嘉靖二十九年十月，钱守礼，年二十岁，吴县人，系临安卫右所故实授百户钱乔嫡长孙。

六辈钱富民，万历十七年八月，钱富民，年十九岁，系临安卫右所年老实授百户钱守礼嫡长男，比中二等。·297·

七辈钱济民，天启元年二月，单本选过临安卫右所正千户一员钱济民，年四十一岁，系老正千户钱富民亲弟。查伊兄钱富民于万历十七年袭实授百户，三十四年间告复伊祖阵亡功并重升功二级题升正千户，今老，无嗣。本舍系亲弟，照例借替前职，俟兄富民生有儿男退还职事，比中三等。

八（七）辈钱济民，天启元年二月，单本选过临安卫右所正千户一员钱济民，年四十一岁，系老正千户钱富民亲弟，比中三等。

八辈钱崇时，崇祯十年十二月，大选过临安卫右所正千户一员钱崇时，年十六岁，系老正千户钱济民亲侄，比中三等。

年远事故右所世袭百户一员·刘朴

成化十五年三月，刘朴，湘潭县人，系临安卫右所世袭百户刘潭嫡长男。

又一员·万世候

景泰七年九月，万泰，黄陵（陂）县人，系临安卫右所百户万玉庶长男，钦与世袭。

弘治五年八月，万荣，黄陵（陂）县人，系临安卫右所革职世袭百户万泰嫡长男。

万历十年六月，万吉，年二十七岁，黄陂县人，系临安卫右所故世袭百户万荣嫡长孙。伊祖原袭祖职世袭百户，弘治十四年为擅杀良民参问本卫后所充终身军，嘉靖四十二年故，应该伊父万一本，见系生员，不愿承袭，本舍照旧袭祖职世袭百户，·298·比中二等。

万历三十五年九月，单本选过临安卫右所世袭百户一员万世候，年二十九岁，黄陂县人，系故世袭百户万吉嫡长男，比中三等。

窦贤忠·实授百户

零选簿查有：窦承恩，年十八岁，巫山县人，系临安卫右所故试百户窦廷秀庶长男，优给出幼袭职。查得本舍优给违限三年，限外有无多支俸粮，查扣毕日关支。

万历三十五年二月，大选过临安卫右所实授百户一员窦贤忠，年十九岁，系疾试百户窦承恩嫡长男。查伊祖功系洪永年功授总旗，至嘉靖六年蒙自擒斩功升试百户，十年嵋峨斩级三颗重升试百户。通状比照恩例告并前来，查与堂稿功次相同，应准并袭实授百户，比中二等。

窦洪昺，崇祯三年六月，单本选过临安卫右所实授百户一员窦洪昺，年二十六岁，系老实授百户窦贤忠亲男，比中三等。

刘仁·试百户

外黄查有：刘仁，年三十八岁，系云南都司临安卫右所试百户，原籍四川重庆府永川县人。一世祖刘伯成，洪武四年从军，二十二年升小旗，故。三十四年二世祖刘福补役，故。始祖刘义补役，故。高伯祖刘贵补役，正统六年征麓川反寇攻破上江刀招汉贼寨得获奇功，马鞍山克思仁发一次奇功、二次头功七年升试百户，故。曾祖刘越系亲侄，袭，故。祖刘茂系嫡长男，优给，弘治四年十月袭，比，嘉靖十七年老。父刘行恕系嫡长男，本年八月比，革袭试百户，遇例实授，故。仁系嫡长男，三十二年六月比，革遇例袭临安卫右所试百户。

一辈刘伯成，已载前黄。·299·

二辈刘福，已载前黄。

三辈刘义，已载前黄。

四辈刘贵，试百户功次：已载前黄。

五辈刘越，旧选簿查有：成化八年十月，刘越，永川县人，系临安卫右所故署所镇抚事百户刘贵亲侄，钦与世袭。

六辈刘茂，旧选簿查有：弘治四年十月，刘茂，年十七岁，永川县人，系临安卫右所故署所镇抚事世袭百户刘越嫡长男。

七辈刘行恕，旧选簿查有：嘉靖十七年八月，刘行恕，年三十一岁，永川县人，系临安卫右所年老百户刘茂嫡长男。伊曾祖贵以小旗正统七年一次奇功、二次头功升试百户，遇例实授，相沿。所据遇例职级应该减革，本人照例革与试百户。

八辈刘仁，旧选簿查有：嘉靖三十二年六月，刘仁，永川县人，系临安卫右所故实授百户刘行恕嫡长男。查得伊父原系试百户，后遇例实授，今本舍仍革与试百户。

九辈刘增，万历五年二月，刘增，年三十一岁，永川县人，系临安卫右所患疾试百户刘仁嫡长男，比中三等。

十辈刘培，万历二十九年十月，刘培，年三十九岁，永川县人，系临安卫右所故试百户刘增亲弟，比中二等。

十一辈刘胤宗，天启二年八月，大选过临安卫右所试百户一员刘胤宗，年三十岁，系老试百户刘培亲侄。伊伯年老无子，本舍借袭前职，俟伯生子退还，比中三等。

李士尧·试百户

外黄查有：李崇尧，系临安卫右所试百户，长宁县人。始祖李起洪武四年归附，充小旗，二十八年升总旗，老。始祖李黑蛮补役，阵亡。高祖李英代役，正统六年征麓川软弱，将堂高高叔李彬代征，头功一次升小旗，八年准并李瑛，授试百户，老。李宣袭，天顺元年遇例实授，老。李昇系嫡长男，袭，故。父李月系嫡长男，保送赴部。查得李英系总旗，以堂弟李彬功升百户。所据堂弟获功一级例无承袭，革冠带总旗。嘉靖九年征进阿迷、蒙自州县节次擒斩功升试百户，遇例实授，二十九年老。崇尧系嫡长男，三十年革遇例，替临安卫右所试百户。

一辈李起，已载前黄。·300·

二辈李黑，已载前黄。

三辈李英，已载前黄。

四辈李宣，已载前黄。

五辈李昇，旧选簿查有：成化十一年九月，李昇，长宁县人，系临安卫右所百户李宣嫡长男，钦与世袭。

六辈李文新，旧选簿查有：弘治九年十一月，李文新，年十五岁，长宁县人，系临安卫右所故世袭百户李昇嫡长男。

七辈李月，试百户功次：已载前黄。

八辈李崇尧，旧选簿查有：嘉靖三十年四月，李崇尧，长宁县人，系临安卫右所实授百户李月嫡长男。伊父月已革替总旗，嘉靖九年以斩获功升试百户，二十四年遇例实授，本舍照例革替试百户。

九辈李士尧，旧选簿查有：嘉靖四十三年十月，李士尧，年二十八岁，长宁县人，系临安卫右所故试百户李崇尧亲弟。

十辈李蕃，万历十九年四月，李蕃，年十九岁，系临安卫右所患疾试百户李士尧嫡长男，比中二等。

十一辈李正春，崇祯十三年六月，大选过临安卫右所试百户一员李正春，年十九岁，系故试百户李蕃次男，比中二等。

杨鹤·试百户

外黄查有：杨珎，旧名真，长寿县人。祖父杨受，洪武四年从军，选充小旗，二十五年升总旗，故。叔忠并充总旗，故。珎系故祖嫡长孙，具告改正，并充总旗，正统六年麓川头功，有弟杨宣以余丁亦同征进亦获头功，并与珍，升临安卫右所实授百户。

一辈杨受，已载前黄。
二辈杨忠，已载前黄。
三辈杨珎，已载前黄。
四辈杨暹，旧选簿查有：天顺八年六月，杨暹，长寿县人，系临安卫右所百户杨珎庶长男。父原系总旗，征进麓贼获功一次，弟杨瑄随征亦获头功一次，并升前职，今老疾。本人替职，钦与世袭。

五辈杨俊，旧选簿查有：正德九年八月，杨俊，长寿县人，系临安卫右所百户杨暹亲侄。伊祖杨珍征进麓川获功一次，堂叔祖杨瑄随征，亦获功一次，并升前职，本人照例革与试百户。

六辈杨鹤，旧选簿查有：嘉靖十八年十月，杨鹤，年八岁，长寿县人，系临安卫右所故试百户杨俊嫡次男，照例与全俸优给，至嘉靖二十四年终住支。

嘉靖二十六年二月，杨鹤，年十五岁，长寿县人，系临安卫右所故实授百户杨俊嫡次男，优给已革试百户，遇例实授，今出幼，仍革袭试百户。

七辈杨守爵，万历三年十二月，杨守爵，年二十五岁，长寿县人，系临安卫右所患疾试百户杨鹤嫡长男。

八辈杨宏毅，万历四十四年十二月，单本选过临安卫右所照旧试百户一员杨宏毅，年二十二岁，系故试百户杨守爵亲侄，比中二等。

九辈杨嗣昌，崇祯十三年六月，大选过临安卫右所试百户一员杨嗣昌，年二十五岁，系故试百户杨宏毅嫡长男，比中二等。

年远事故右所署正千户事副千户一员·刘谨

景泰二年十二月，临安卫副千户升署正千户刘钊。

景泰五年三月，刘谨，系临安卫右千户[所]署正千户事副千户。有父刘钊原系副千户，湖贵香炉山等处杀贼获功该升署职一级，未升病故，本人袭升前职。

副千户一员·马能

洪武二十五年九月，马贵，系昌国卫中所世袭副千户，为事犯该流罪，钦蒙免罪降除世袭所镇抚，调临安卫右所。·302·

永乐五年六月，马能，年十八岁，系六凉卫左所世袭所镇抚马贵庶长男。父原系世袭副千户，为事降除前职，病故，敬准照依洪武旧例袭授临安卫右所世袭副千户。

刘治·实授百户

外黄查有：刘诠，年二十一岁，丹徒县人。始祖刘真保，洪武十四年军，三十一年接应东川仁德府有功升小旗，三十二年征进维摩州等处擒贼三名，三十三年征进安宁州回还，永乐元年取勘年深有功旗军勘合升总旗，故。二世祖刘守一未役先故，祖刘晟收纪，出幼，补总旗，阵亡。父刘鑑系男，优，出幼，补总旗，景泰三年奉户部例纳米二百石准授三代所镇抚，鑑纳完除授本卫所镇抚职事，七年征湖广伪称王侯贼首，奋勇攻破绞罗、鬼板等寨节次斩首有功升本卫所世袭副千户，故。

诠系嫡长男，嘉靖六年八月比袭临安卫右所世袭副千户。

一辈刘真保。

二辈刘守一。

三辈刘晟。

四辈刘鑑。

五辈刘诠。

六辈刘治，万历二十年十二月，刘治，年三十七岁，丹徒县人，系临安卫右所故副千户刘诠嫡长孙。查伊曾祖刘鑑原役总旗，纳授所镇抚，以鬼板寨功升副千户，沿袭。所据纳授一级例应减革，本舍合照例革袭实授百户，比中一等。

七辈刘本爱，万历二十九年四月，刘本爱，年二十九岁，丹徒县人，系临安卫右所故实授百户刘治嫡长男，比中二等。

年远事故后所世袭百户一员·朱荣

洪武二十四年十一月，朱富，系临安卫后所故世袭百户朱全嫡长男，钦准袭职，仍授本卫所世袭百户。·303·

洪武三十三年十月，朱荣，年十一岁，系临安卫后所故世袭百户朱福嫡长男。

又一员·王衡

洪武三十年十一月，王忠，系临安卫后所故世袭百户王约嫡长男。

洪武三十五年十月，王衡，系临安卫后所阵亡世袭百户王忠庶弟。

又一员·拜绂

永乐九年二月，拜昇，年十六岁，系临安卫左所不支俸官土军故世袭百户拜也歹庶长男。

宣德二年十月，拜绂，系云南临安卫后所故土官百户拜昇亲兄。先系纪纲事内人犯，抄发充军，今内官云仙奏保，钦蒙不为例，着做流官百户。

又一员·王旭

成化四年十月，王禧，高邮州人，系临安卫后所百户王原嫡长男，钦与世袭。

弘治四年十二月，王旭，高邮州人，系临安卫后所世袭百户王禧嫡长男。

又一员·隗安

永乐六年九月，隗安，年九岁，系临安卫后所故世袭百户隗源庶次男，先次已与伊兄隗定优给，病故，今告转名优给。

又一员·吴璞

正德十五年，吴桧，真定县人，系临安卫后所故实授百户吴润嫡长男。伊祖铨原系总旗，景泰元年纳米升所镇抚，天顺二年东苗斩首三颗升前职，今本人照旧袭实授百户。

万历十一年二月，吴璞，年二十九岁，真定县人，系临安卫后所故实授百户吴桧嫡长孙，比中二等。·304·

奚凤·世袭百户

一辈奚玉，缺。

二辈奚政，缺。

三辈奚麟，缺。

四辈奚昇，旧选簿查有：景泰三年九月，奚昇，高邮州人，系临安卫后所故流官百户奚麟嫡长男，钦与世袭。

五辈奚宣，旧选簿查有：弘治元年十二月，奚宣，高邮州人，系临安卫后所故世袭百户奚昇嫡长男。

六辈奚凤，旧选簿查有：嘉靖元年八月，奚凤，高邮州人，系临安卫后所故世袭百户奚宣嫡长男。

吴世采·实授百户

一辈吴买子,缺。

二辈吴敬,缺。

三辈吴祥,旧选簿查有:洪武三十四年四月,吴祥,系临安护卫中所世袭百户吴敬亲弟,有兄北平失陷。

四辈吴能,旧选簿查有:宣德十年九月,吴能,系临安卫后所世袭百户吴祥嫡长男。·305·

五辈吴谦,旧选簿查有:天顺元年九月,吴谦,凤阳县人,系临安卫后所故世袭百户吴能嫡长男。

六辈吴钰,旧选簿查有:弘治九年十一月,吴钰,年十五岁,凤阳县人,系临安卫后所年老世袭百户吴谦嫡长男,优给出幼袭职。

七辈吴世采,旧选簿查有:嘉靖十八年十二月,吴世采,年二十岁,凤阳县人,系临安卫后所为民实授百户吴钰嫡长男。伊父吴钰原袭实授百户,犯奸参问为民,今年六十岁,本舍照旧与替祖职实授百户。

八辈吴尚文,万历八年十二月,吴尚文,年四十二岁,凤阳县人,系临安卫后所老疾世袭百户吴世采嫡长男。伊父原袭祖职世袭百户,嘉靖十八年为因伊祖吴钰犯奸为民,注调楚雄卫左所,四十二年遇例纳赎回卫,今老,本舍照旧替祖职世袭百户,比中二等。

九辈吴必选,万历三十二年八月,吴必选,年二十九岁,凤阳县人,系临安卫后所老实授百户吴尚文亲侄,比中二等。

十一辈吴曰启,崇祯十五年十月,大选过临安卫后所实授百户一员吴曰启,年二十一岁,系故实授百户吴必选亲侄,比中三等。

五军都督府所属卫所·右军都督府·云南都司·越州卫

原簿目录

越州卫指挥使二员

一号杨元和：始祖杨明，代八，寿州人。

二号张举：始祖张安宁，代六，汶上县人。

指挥同知二员

一号张允恭：始祖张亨，代七，和州人。

二号杨辉：始祖杨斌，代五，永城县人。

革发一员

曾用：山后人。

署指挥同知一员

一号胡来宾：始祖胡寿，代十，桐城县人。

年远事故一员

张浩：佥事。

卫镇抚一员

一号张爵：始祖张兴，代七，遵化县人。

左所正千户一员

一号何衣：始祖何琪，代八，凤阳府人。

年远事故一员

蒲容：邓州人。

副千户五员·307·

一号魏琪：始祖魏真，代六，合肥县人。

二号武英：始祖武耐惊，代四，六安州人。

三号宋腾宵：始祖宋兴，代七，定远县人。

四号张荷：始祖张良，代九，定远县人。

五号朱㮅：始祖朱士隆，代六，定远县人。

年远事故一员

于楫。

实授百户六员

一号郝林：始祖郝成，代六，曹县人。

二号吴韶：始祖吴忠，代八，盱眙县人。

三号贾昱：始祖贾谷名，代八，江都县人。

四号萧仲学：始祖萧成，代七，江宁县人。

五号陈世爵：始祖陈得良，代六，临淮县人。

六号许表：始祖许容，代七，盱眙县人。

年远事故五员

夏霖。

敖斌。

沈傑。

王玺：公安县人。

杨浤。

试百户三员、所镇抚二员

一号洪允章：始祖洪源，代五，德化县人。

二号高文用：始祖高得兴，代六，五和（河）县人。

三号习振：始祖习敬，代四，泰州人。

四号刘绍钦：始祖刘兴，代七，含山县人，所抚。

五号魏国臣：始祖魏把郎，代七，辽阳人，所抚。

年远事故三员

王宁。

黄润：所抚。

翟文质：所抚。

右所世袭百户

年远事故二员

陈义。

赵祥。

中所副千户

年远事故一员

李观。

世袭百户

年远事故二（三）员

潭滨。

何真。

曹得甫。

前所副千户

年远事故二员

朱观。

蒋忠。

世袭百户

年远事故二员

张义。

姚斌。

后所副千户

年远事故一员

杜弘。

世袭百户

年远事故二员

季真。

殷俊：公安县人。

中前所正千户二员

一号尹韬：始祖尹胜，代八，江都县人。

二号李东山：始祖李庸，代七，山后人。

年远事故二员

蒋锐：庐州人。

成钺：滁州人。

副千户一员

一号宗周：始祖宗守信，代七，鹿邑县人。

年远事故一员

董兰：定远县人。

实授百户五员

一号江镐：始祖江成，代五，盐城县人。
二号王胜：始祖王信，代四，昌平县人。
三号张韬：始祖张兴，代八，定远县人。
四号李实：始祖李龙，代九，泗州人。
五号王国瑞：始祖王兴，代七，洛河县人。

年远事故二员

陈銮：光山县人。

刘钢：山阳县人。

试百户八员、所镇抚一员、署试百户一员

一号赵云程：始祖赵源，代四，石首县人。
二号康恒：始祖康瑶，代六，卢龙县人。
三号张经：始祖张受，代七，松滋县人。
四号刘世武：始祖刘均遂，代六，大兴县人。
五号高恩：始祖高成，代五，上元县人。
六号王尧臣：始祖王六儿，代八，沔池县人。
七号杨勋：始祖杨接保，代七，攸县人。
八号阚汝洲：始祖阚龙，代九，寿春县人，所抚。
九号刘继勋：始祖刘聚，代七，咸宁县人。
十号郑羽：始祖郑俊，代三，石首县人，署试百。

中左所世袭百户

年远事故二员

孙庸。

李英。

所镇抚

年远事故一员

周忠。

冠带总旗一员

施继芳：定远县人。

杨元和·指挥使

外黄查有：杨显，寿州人，系杨明嫡长男。父随伯杨观渡江，伯升豹韬卫千户，父充舍人征中原，洪武元年充豹韬卫百户，十一年除济南卫副千户，二十一年升正千户，二十二年为事发普安卫听征，二十六年复除越州卫右所正千户，故。显比袭，三十二年为事充军，永乐元年复职，仍任越州卫右所正千户，归并左所。

一辈杨明，已载前黄。

二辈杨显，旧选簿查有：洪武二十七年九月，杨显，系越州卫右所故流官正千户杨明嫡长男，钦准袭职，与世袭，仍授本卫世袭正千户。·310·

三辈杨通，旧选簿查有：永乐二十年闰十二月，杨通，年十六岁，系三江卫右所世袭正千户杨显嫡长男。钦（显）原系越州卫左所正千户，调征交阯拨前卫，病故。钦准本人袭职，仍回越州卫左所管事。

指挥佥事功次：候查。

指挥同知功次：景泰五年五月，越州卫指挥佥事升指挥同知一员杨通。

指挥使功次：候查。

四辈杨冕，旧选簿查有：成化二年十一月，杨冕。伊父杨通原系越州卫正千户，节次有功历升指挥使，又升都指挥佥事，老疾。本人系嫡长男，照例革替指挥使，于原卫差操。

五辈杨节，旧选簿查有：弘治九年十一月，杨节，寿州人，系越州卫故世袭指挥使杨冕嫡长男。

六辈杨韬，旧选簿查有：正德十二年六月，杨韬，寿州人，系越州卫故世袭指挥使杨节嫡长男。

七辈杨署，旧选簿查有：嘉靖十五年六月，杨署，寿州人，系越州卫故指挥使杨韬亲弟。

八辈杨元和，旧选簿查有：嘉靖三十八年六月，杨元和，寿州人，系越州卫年老指挥使杨署嫡长男。

九辈杨知礼，万历十一年十月，杨知礼，年十六岁，寿州人，系越州卫故指挥使杨元和嫡次男，比中二等。

张举·指挥使

外黄查有：张旺，旧名山童。有父张安，吴元年从军，年老，将兄张安宁户名不动代役，功升勇士小旗，郑村坝升总旗，白沟河升百户，夹河阵亡。旺升本所正千户，洪武三十五年升豹韬卫指挥同知，后擒达贼升指挥使。

一辈张安宁，已载前黄。

二辈张旺，已载前黄。

三辈张钦，旧选簿查有：宣德九年，张钦，系越州卫故指挥使张旺嫡长男。

四辈张瑢，旧选簿查有：成化十二年五月，张容，汶上县人，系越州卫世袭指挥使张钦嫡长男。

五辈张雄，旧选簿查有：弘治二年六月，张雄，汶上县人，系越州卫故世袭指挥使张容嫡长男。·311·

六辈张举，旧选簿查有：正德十年六月，张举，汶上县人，系越州卫世袭指挥使张雄嫡长男。

充军簿查有：张举系越州卫指挥，犯该斩绞罪，嘉靖四十一年[①]五月充贵州安南卫右所永远军。职方司查系嘉靖十一年五月，张举系越州卫指挥充永远军讫。

七辈张学，隆庆六年十月，张学，年三十岁，汶上县人，系越州卫故指挥使张举堂弟。查得伊兄张举嘉靖六年间拟诈伪各卫指挥使文书空纸用印者律绞，饶死，发贵州安南卫充永远军，例不准袭，今本舍照例革发讫。

张允恭·指挥同知

内黄查有：张昱旧名僧保，系张亨嫡长男。父乙未年归附从军，叔祖张骥为义男，名叶景，亨乙巳年复姓张，骥征进伤故，父张亨钦除虎贲卫正千户，洪武四年升除兴化卫指挥佥事，五年故。将昱袭正千户，二十六年改越州卫前所。

一辈张亨，已载前黄。

二辈张昱，已载前黄。

三辈张敬，旧选簿查有：宣德七年十二月，张敬，系越州卫右所世袭正千户张昱庶长男。

景泰二年八月，越州卫正千户升指挥佥事一员张敬。

---

① 该"四十一年"之"四"字，旁注"○"划去。

四辈张淳，旧选簿查有：天顺四年八月，张淳，系越州卫指挥佥事张景嫡长男。父原系正千户，纳米升前职，为事立功病故。本人袭职，照例支正千户俸，仍加纳米所升俸一石。

五辈张捷，旧选簿查有：成化十七年二月，张捷，和州人，系越州卫故指挥佥事张淳嫡长男，钦与世袭。

指挥同知功次：已载六辈选条。

六辈张曑，旧选簿查有：正德十三年十二月，张曑，和州人，系越州卫年老指挥同知张捷嫡长男。父袭指挥佥事，六凉竹子箐功升前职，钦与世袭。

七辈张允恭，旧选簿查有：嘉靖十五年六月，张允恭，和州人，系越州卫故指挥同知张曑嫡长男。

八辈张书绅，万历五年十二月，张书绅，年二十岁，和州人，系越州卫故指挥同知张允恭庶长男。查伊曾祖张敬原系祖职正千户，以纳米升指挥佥事，孙张捷延袭，功升指挥同知，已冒袭二辈。所据纳升职级例应减革，本舍合照例革袭指挥佥事，比中二等。

九辈张烜，天启六年七月，单本选过越州卫指挥同知一员张烜，年十六岁，和州人，系老指挥佥事张书绅嫡长男。查得五世祖张捷功升指挥同知，六世祖张曑又重升指挥同知，伊父袭职之时未经改正，内有祖张敬系纳受一级减指挥佥事，今本舍结保辩袭前来，合于指挥佥事上加张曑重升功一级，改正指挥同知，比中三等。

杨辉·指挥同知

缺。

一辈杨斌，缺。

二辈杨林，旧选簿查有：永乐二十年闰十二月，杨林，系高邮卫指挥同知杨斌嫡长男。

宣德三年三月，越州卫，杨林，指挥同知。

三辈杨玥，旧选簿查有：景泰七年九月，杨玥，永城县人，系越州卫指挥同知杨林嫡长男。

四辈杨震，旧选簿查有：成化七年十二月，杨震，永城县人，系越州卫故世袭指挥同知杨玥嫡长男。

五辈杨辉，旧选簿查有：正德十一年十月，杨辉，永城县人，系越州卫年老指挥同知杨震嫡长男。

革发指挥同知一员·曾用

外黄查有：曾思鲁，旧名五，山阳县人。有兄曾来住丙午年充军，洪武十六年故。将思鲁·313·补役，二十五年调燕山中护卫后所充小旗，三十二年真定升总旗，郑村坝升百户，三十三年济南升副千户，三十五年平定京师升府军后卫指挥佥事。

正统元年七月，曾昇，系越州卫流官指挥佥事曾思鲁嫡长男。

天顺七年十月，曾瑢，山阳县人，系越州卫世袭指挥佥事曾昇嫡长男。

弘治五年六月，曾瑢，年六十二岁，山阳县人，系越州卫指挥佥事升指挥同知。

弘治五年二月，曾勋，山后人，系越州卫功升指挥同知曾瑢嫡长男，钦与世袭。

嘉靖十六年十二月，曾用，山后人，系越州卫故指挥同知曾勋嫡长男。伊父勋正德十六年六月十四日病故，至嘉靖十年九月人文到部，系是十年之外人数，照例革发为民随住。

胡来宾·署指挥同知事指挥佥事

内黄查有：胡寿旧名李寿，桐城县人，庚子年归附军，辛丑年克安庆，壬寅年克江西，癸卯年充小旗，洪武五年征沙漠升总旗，十四年征灰山、云南大理等处，十七年钦除府军前卫百户，二十一年征捕鱼儿海子回还，钦除豹韬卫副千户，二十二年调本卫右所。胡赟年三十八岁，胡寿嫡长男，父疾，赟永乐三年替本卫所副千户。胡纬年三十岁，胡经亲弟，伊兄故绝，纬正德十四年二月二十八日袭授本卫世袭指挥同知。

一辈胡寿，已载前黄。

二辈胡赟，旧选簿查有：永乐三年三月，胡赟，系越州卫左所世袭副千户胡受嫡长男。

三辈胡琏，旧选簿查有：宣德九年四月，胡琏，系越州卫左所世袭副千户胡赟嫡长男。

功次簿查有：正统六年副千户一次奇功升世袭正千户一员胡琏。

指挥佥事功次：已载四辈选条。·314·

四辈胡灏，旧选簿查有：正统七年二月，胡灏，系越州卫左所副千户胡琏嫡长男。父征上江获功升世袭正千户，后攻打麓川贼寨阵亡，本人袭父原职正千户，听候定夺父阵亡功次。

旧选簿查有：正统八年三月，胡灏，系越州卫左所阵亡正千户胡琏嫡长男，袭职升指挥佥事。

五辈胡椿，旧选簿查有：成化十一年九月，胡椿，桐城县人，系越州卫故世[袭指]挥佥事胡灏嫡长男，钦与世袭。

署指挥同知功次：候查。

六辈胡经，旧选簿查有：弘治十七年六月，胡经，桐城县人，系越州卫故功升指挥同知胡椿嫡长男，钦与世袭。

七辈胡纬，旧选簿查有：正德十四年二月，胡纬，桐城县人，系越州卫故世袭指挥同知胡经亲弟。

八辈胡继忠，旧选簿查有：嘉靖九年六月，胡继忠，年二十五岁，桐城县人，系越州卫故指挥同知胡纬嫡长男。

九辈胡大宾，旧选簿查有：嘉靖三十一年八月，胡大宾，年二十四岁，桐城县人，系越州卫故指挥同知胡继忠庶长男。查得胡椿指挥同知一级功无擒斩，本舍照例革与署指挥同知事指挥佥事。

十辈胡来宾，旧选簿查有：嘉靖四十五年八月，胡来宾，年二十一岁，桐城县人，系越州卫指挥同知胡大宾嫡弟。伊父胡继忠原袭祖职署指挥同知事指挥佥事，故。本舍先因年幼，庶兄故（胡）大宾借授前职。今本舍长成，照例退还，与袭祖职署指挥同知事指挥佥事，伊兄革闲。

十一辈胡靖，万历三十二年十月，胡靖，年十岁，系越州卫老署指挥同知事指挥佥事胡来宾嫡长男。曾经议减其署挥同一级系减革未尽者，准本舍以指挥佥事全俸优给，姑准出幼袭署指挥同知事指挥佥事，至三十六年终住支。

万历三十七年十二月，大选过越州卫署指挥同知事指挥佥事一员胡靖，年十六岁，系故署指挥同知事指挥佥事胡来宾嫡长男，出幼袭职，比中二等。

年远事故指挥佥事一员·张浩

洪武二十五年九月，张义，系宁国卫流官指挥佥事。先调会川，改调越州卫。

洪武二十七年六月，张浩，旧名歹儿，年九岁，系宁国卫故流官指挥佥事张义侄孙。·315·叔祖张义为总旗王兴招指不法，钦蒙宥罪，调越州中途病故，钦准袭职，连家小还去越州卫，授越州卫世袭指挥佥事，支俸操练，出幼时管事。

张爵·卫镇抚

外黄查有：张荣，旧名锁儿，遵化县人。有父张大，洪武四年自愿充通州卫军，二十二年残疾。将兄张兴代役，二十八年残疾。将荣代役，三十三年白沟河升小旗，三十四年夹河升试百户，三十五年平定京师升宁海卫前所副千户，永乐二年钦与世袭。

一辈张兴，已载前黄。

二辈张荣，已载前黄。

三辈张铭，旧选簿查有：永乐十八年十二月，张铭，系宁海卫前所故世袭副千户张荣庶长男。

宣德九年三月，越州卫张铭卫镇抚，系副千户改。

四辈张淏，旧选簿查有：成化二年二月，张淏，遵化县人，系越州卫世袭卫镇抚张铭嫡长男。

五辈张勋，旧选簿查有：弘治十二年六月，张勋，遵化县人，系越州卫世袭卫镇抚张淏嫡长男。

六辈张廷瑞，旧选簿查有：正德十一年十月，张廷瑞，遵化县人，系越州卫已故卫镇抚张勋嫡长男。

七辈张爵，旧选簿查有：嘉靖二十一年四月，张爵，遵化县人，系越州卫故卫镇抚张廷瑞嫡长男。

何衣·正千户

外黄查有：何永亨，和州人。有父何琪，系德兴翼元帅何铭亲侄，丙申年归附，辛丑年充舍人，壬寅年克南昌，癸卯年征鄱阳湖，甲辰年克湖广，攻赣州，乙巳年克永新，除雄武卫百户，丙午年克茶陵，吴元年克苏州，调横海卫，洪武二年克大同，三年克定西沔州，升定远卫副千户，五年征甘肃，十一年钦除高邮卫权指挥佥事，十二年钦与实授，十三年调长沙护卫，二十六年调越州卫，三十一年升辽东都司都指挥同知。·316·永乐二年故。①有兄何永龄三年袭越州卫世袭指挥佥事，四年故，无儿男。永亨系庶弟，六年袭越州卫世袭指挥佥事。何永年系何永亨亲弟，兄正统十二年故，无儿男，永乐十四年袭越州卫世袭指挥佥事。

一辈何琪，已载前黄。

二辈何永龄，旧选簿查有：永乐三年八月，何永龄，系辽东都司都指挥同知何琪嫡长男。父原任越州卫流官指挥佥事，革除年间升除前职，为事降百户立功，病故。本人告袭，先次具奏，钦准仍袭指挥佥事，去越州管事。引选，敬与世袭职事。

三辈何永亨，旧选簿查有：永乐六年十一月，何永亨，年十五岁，系越州卫故世袭指挥佥事何永龄庶弟。

四辈何永年，旧选簿查有：正统十四年五月，何永年，系越州卫故世袭指挥佥事何永亨亲弟。

五辈何辅，旧选簿查有：天顺七年九月，何辅，凤阳府人，系越州卫世袭指挥佥事何永年嫡长男。

六辈何律，旧选簿查有：弘治四年七月，何律，凤阳府人，系越州卫世袭指挥佥事何辅嫡长男。

七辈何遵，旧选簿查有：嘉靖十六年六月，何遵，年五十岁，滁州人，系越州卫故绝事充军指挥佥事何律堂侄。伊堂伯原替洪武年间祖职指挥佥事，侵盗银两八百余两，犯该斩首示众，遇例充军，故。本舍系次房子孙，照例于祖职指挥佥事上降一级，与袭正千户，注左所，带俸差操。伊伯遗下该追银粮，将应得俸粮②照数扣抵还官，完日方许关支。

八辈何衣，旧选簿查有：嘉靖三十一年八月，何衣，年三十五岁，滁州人，系云南越州卫左所故正千户何遵嫡次男。

九辈何国器，万历五年六月，何国器，年二十一岁，滁州人，系越州卫左所故正千户何衣嫡长男，比中三等。

---

① 《明太祖实录》卷235，洪武二十七年十一月乙丑，"越州土酋阿资复叛，西平侯沐春都督何福等率兵讨之……又别遣指挥何琪、俞别领壮伏于岐路以兵挑战。于是，蛮寇悉众以出，伏兵四起纵击，大败之，杀获甚众，惟阿资脱身遁去"；《明太宗实录》卷29，永乐二年三月甲子，"刑部尚书郑赐言：辽东都司都指挥同知何琪，不修边备，失误军机，当斩。上曰：守将所以捍御外患，一有不谨，误事非轻。琪不能尽心边事，致虏侵掠，不正其罪，何以戒后来，罪之如律"。

② 原簿此"七辈何遵"选条下"将应得俸粮"五字重出，系衍文，已删重出文字。

十辈何东凤，万历四十年四月，大选过越州卫左所正千户一员何东凤，年二十一岁，系疾正千户何国器嫡长男，比中一等。

年远事故左所正千户一员·蒲容

洪武二十八年三月，越州卫右所所镇抚蒲兴。·317·

洪武三十四年，越州千户所所镇抚蒲兴。

永乐三年四月，蒲芳，年十岁，系越州卫左所世袭所镇抚蒲兴庶长男。父为老疾不能管事，敬与全俸优给，至永乐七年终住支，起送赴京袭职。

永乐九年四月，蒲芳，年十五岁，系越州卫左所老疾世袭所镇抚蒲兴庶长男。

正统八年四月，蒲昇，系越州卫左所阵亡所镇抚蒲芳嫡长男，袭升副千户。

景泰五年，越州卫副千户升正千户一员蒲昇。

弘治四年七月，蒲容，邓州人，系越州卫左所故功升正千户蒲昇嫡长男，钦与世袭。

魏琪·副千户

缺。

一辈魏真，旧选簿查有：洪武二十八年四月，越州卫后所副千户魏真。

二辈魏奎，旧选簿查有：永乐元年九月，魏奎，系越州卫后所流官副千户魏真庶长男，钦与世袭。

三辈魏绒，旧选簿查有：永乐二十一年二月，魏绒，年十六岁，系越州卫左所被贼杀死世袭副千户魏奎嫡长男。

四辈魏安，旧选簿查有：天顺六年四月，魏安，年三十八岁，合肥县人，系越州卫左所世袭副千户魏绒嫡长男。

五辈魏伦，旧选簿查有：成化二十一年二月，魏伦，合肥县人，系越州卫左所世袭副千户魏安嫡长男。

六辈魏琪，旧选簿查有：正德五年四月，魏琪，合肥县人，系越州卫左所年老世袭副千户魏伦嫡次男。·318·

武英·副千户

缺。

一辈武耐惊,缺。

二辈武成,试百户功次:候查。

旧选簿查有:景泰五年,越州卫试百户升实授百户武成。

天顺七年十二月,越州卫实授百户升副千户武成。

三辈武洪,旧选簿查有:成化三年六月,武洪,六安州人,系越州卫左所副千户武成嫡长男,钦与世袭。

四辈武英,旧选簿查有:弘治十七年六月,武英,六安州人,系越州卫左所世袭副千户武洪嫡长男。

五辈武国相,隆庆六年四月,武国相,年二十六岁,六安州人,系越州卫左所故副千户武英亲孙。伊祖原替祖职副千户,嘉靖三十九年故,伯武举废疾无子,父武学幼患目疾,不堪,本舍照例准借袭祖职副千户。待后伊伯武举疾痊,或生有儿男,退还职事。

宋腾宵·副千户

外黄查有:宋兴,定远县人,癸巳年从军,洪武七年充小旗,十一年充金吾前卫总旗,十三年除长沙卫百户,二十六年调越州卫后所,永乐元年调本所。

一辈宋兴,已载前黄。

二辈宋恺,旧选簿查有:永乐四年七月,宋恺,系越州卫左所流官百户宋兴嫡长男,钦与世袭。

三辈宋祥,旧选簿查有:正统元年七月,宋祥,系越州卫左所世袭百户宋恺嫡长男。

钦升簿查有:正统七年七月,麓川杀贼获功,越州卫左所一次奇功升世袭副千户一员宋祥。

四辈宋林,旧选簿查有:成化八年十月,宋林,凤阳府定远县人,系越州卫左所正千户宋祥嫡长男,钦与世袭。·319·

五辈宋昱,旧选簿查有:弘治四年十月,宋昱,定远县人,系越州卫左所世袭正千户宋林嫡长男。

六辈宋良佐，旧选簿查有：嘉靖十年八月，宋良佐，年二十六岁，定远县人，系越州卫左所故世袭正千户宋昱嫡长孙。

七辈宋腾宵，旧选簿查有：嘉靖二十八年二月，宋腾宵，定远县人，系越州卫左所故正千户宋良佐嫡长男。伊高高祖宋祥原系副千户，以东苗功升正千户，高、曾、祖、父沿袭，今查据东苗功无擒斩，例应减革，本舍革与做副千户。

八辈宋久安，万历二十六年三月分，单本选过越州卫左所副千户宋久安，年十八岁。伊父宋腾宵原袭副千户，隆庆元年加纳指挥佥事，今故。所据伊父纳级虚衔例不准袭，本舍合照旧与袭副千户。

九辈宋弘禧，崇祯四年八月，大选过越州卫左所副千户一员宋弘禧，年十七岁，系故副千户宋久安嫡长男，比中三等。

十辈宋弘儒，崇祯十年四月，大选过越州卫左所副千户一员宋弘儒，年十九岁，系故副千户宋弘禧亲弟，比中三等。

张荷·副千户

缺。

一辈张良，缺。

二辈张璧，旧选簿查有：洪武三十五年，越州千户所百户张璧。

三辈张亮，旧选簿查有：永乐十八年十一月，张亮，年十五岁，系越州卫左所故世袭百户张璧庶长男。

功次簿查有：正统六年麓川，越州卫左所百户一次头功因攻寨退缩降充小旗，准复原职百户，仍升副千户一员张亮。

四辈张冕，旧选簿查有：成化二年六月，张冕，凤阳府定远县人，系越州卫左所副千户张亮庶长男，钦与世袭。

五辈张威，旧选簿查有：弘治四年七月，张威，定远县人，系越州卫左所世袭副千户张冕嫡长男。

六辈张夔，旧选簿查有：正德二年四月，张夔，定远县人，系越州卫左所故世袭副千户张威嫡长男。

七辈张晓，旧选簿查有：正德十一年十月，张晓，定远县人，系越州卫左所故世袭副千户张夔嫡长男。

八辈张晖，旧选簿查有：嘉靖三十年二月，张晖，定远县人，系越州卫左所故副千户张晓堂弟。

九辈张荷，旧选簿查有：嘉靖四十二年二月，张荷，年四十一岁，定远县人，系越州卫左所故副千户张晖亲叔。①

九辈张凤翱，万历十九年十月，张凤翱，年十九岁，定远县人，系越州卫左所年老副千户张晖嫡长男，比中二等。

十辈张国祯，崇祯四年六月，大选过越州卫左所副千户一员张国祯，年二十二岁，系老副千户张凤翱亲侄。俟伊伯凤翱生子退还，比中三等。

朱㻂·副千户

缺。

一辈朱士隆，旧选簿查有：洪武三十四年越州千户所副千户朱仕隆。

二辈朱衡，旧选簿查有：永乐元年九月，朱衡，系越州卫右所阵亡世袭副千户朱士隆亲弟。

三辈朱全，旧选簿查有：永乐二十二年十一月，朱全，系越州卫左所故世袭副千户朱衡亲弟。堂兄朱昺先年病故，有堂侄朱辇年五岁，幼小，钦准本人借职，待长成，还与职事。

四辈朱辇。

五辈朱珵，旧选簿查有：成化二十三年二月，朱珵，定远县人，系越州卫左所世袭副千户朱辇嫡长男。

六辈朱㻂，旧选簿查有：正德二年七月，朱㻂，定远县人，系越州卫左所年老世袭副千户朱珵嫡长男。

七辈朱寅，隆庆四年十二月，朱寅，年三十五岁，定远县人，系越州卫左所故副千户朱㻂堂侄。伊堂伯原替祖职副千户，嘉靖四十一年故绝，应该堂兄朱宥承袭，瞽目不堪，无子，本舍照例准借袭祖职副千户。待后伊兄朱宥生有儿男，退还职事。

八辈朱国胤，万历四十年三月，大选过越州卫左所副千户一员朱国胤，年十九岁，系老副千户朱寅亲孙，比中二等。

---

① 此"九辈张荷"选条，原簿已划去，旁注划去缘由的说明，字漫漶莫辨。

郝林·实授百户

缺。

一辈郝成，旧选簿查有：洪武二十八年三月，越州卫后所百户郝成。

洪武三十四年，越州卫千户所百户郝成。

二辈郝宽，旧选簿查有：永乐三年十一月，郝宽，系越州卫左所世袭百户郝成嫡长男。

三辈郝礼，旧选簿查有：永乐二十二年二月，郝礼，年十六岁，系越州卫左所故世袭百户郝宽嫡长男。

四辈郝忠，旧选簿查有：天顺七年三月，郝忠，年二十一岁，曹县人，系越州卫左所世袭百户郝礼庶长男。

五辈郝玺，旧选簿查有：弘治五年十一月，郝玺，曹县人，系越州卫左所故世袭百户郝忠嫡长男。

六辈郝林，旧选簿查有：嘉靖二十八年十月，郝林，曹县人，系越州卫左所故世袭百户郝玺嫡长男。

吴韶·实授百户

外黄查有：吴义，年三十四岁，盱眙县人。父吴忠旧名石榴，甲午年从军，癸卯年充小旗，洪武九年充总旗，十三年除长沙卫护①流官百户，二十三年调越州，故。义系嫡长男，袭百户，永乐元年调本卫左所。吴斌年二十七岁，系吴义嫡长男，父故，斌于永乐十四年袭本卫所百户。

一辈吴忠，已载前黄。·322·

二辈吴义，旧选簿查有：洪武三十一年二月，吴义，系越州卫后所故流官百户吴忠嫡长男，敬与世袭。

洪武三十五年，吴义，系越州卫千户所百户。

三辈吴斌，旧选簿查有：永乐十四年三月，吴斌，系越州卫左所故世袭百户吴义嫡长男。

四辈吴刚，旧选簿查有：正统九年三月，吴刚，年十六岁，系越州卫左所世袭百户吴斌嫡长男。

---

① 此"长沙卫护"或当作"长沙护卫"。

五辈吴廉，旧选簿查有：成化五年十二月，吴廉，盱眙县人，系越州卫左所世袭百户吴刚嫡长男。

六辈吴瑛，旧选簿查有：弘治十八年八月，吴英，盱眙县人，系越州卫左所世袭百户吴廉嫡长男。

七辈吴镗，旧选簿查有：嘉靖十六年六月，吴镗，年三十二岁，盱眙县人，系越州卫左所年老百户吴英嫡长男。

八辈吴韶，旧选簿查有：嘉靖三十年六月，吴韶，盱眙县人，系越州卫左所故世袭百户吴镗嫡长男。

九辈吴胜齐，隆庆四年十二月，吴胜齐，年五十六岁，盱眙县人，系越州卫左所患疾世袭百户吴韶嫡长男，钦准替职。

十辈吴希尧，万历二十九年六月，吴希尧，年十九岁，系越州卫左所患疾世袭百户吴胜齐嫡长男，比中二等。

十一辈吴希舜，万历四十二年七月，大选过越州卫左所实授百户一员吴希舜，年十八岁，系故实授百户吴希尧亲弟，比中三等。

十二辈吴乾相，崇祯元年九月补八月分大选，过越州卫左所实授百户一员吴乾相，年十五岁，系故实授百户吴希舜嫡长男，比中三等。

贾昱·实授百户

内黄查有：贾弘旧名士弘，系贾谷名嫡长男。父乙未年归附，洪武四年充小旗，十二年充总旗，十七年除虎贲右卫后所世袭百户，二十年调越州卫左所。

一辈贾谷名，已载前黄。·323·

二辈贾弘，已载前黄。

三辈贾琮，旧选簿查有：洪熙元年八月，贾琮，年十六岁，系越州卫左所故世袭百户贾弘嫡次男。

四辈贾能，旧选簿查有：正统九年三月，贾能，年十六岁，系越州卫左所世袭百户贾宗嫡长男。

五辈贾镛，旧选簿查有：成化十五年六月，贾镛，江都县人，系越州卫左所故世袭百户贾能嫡长男。

六辈贾宣，旧选簿查有：正德五年六月，贾宣，江都县人，系越州卫左所年老世袭百户贾镛嫡长男。

七辈贾岩，旧选簿查有：嘉靖十七年八月，贾岩，年二十五岁，江都县人，系越州卫左所故百户贾宣嫡长男。

八辈贾昱，旧选簿查有：隆庆二年十月，贾昱，年三十八岁，江都县人，系越州卫左所故实授百户贾岩亲弟。

九辈贾国安，万历五年二月，贾国安，年二十九岁，江都县人，系越州卫左所患疾实授百户贾昱嫡长男，比中三等。

十辈贾汉臣，万历十八年十二月，贾汉臣，年二十岁，系越州卫左所故实授百户贾国安嫡长男，比中三等。

十一辈贾锡爵，万历三十八年十二月，大选过越州卫左所世袭百户一员贾锡爵，年十九岁，系犯盗革职实授百户贾汉臣长男，比中二等。

萧仲学·实授百户

缺。

一辈萧成，旧选簿查有：洪武二十八年三月，越州卫后所百户萧成。

二辈萧贵，旧选簿查有：洪武三十一年二月，萧贵，系越州卫后所世袭百户萧成嫡长男。

三辈萧亮，旧选簿查有：永乐元年六月，萧亮，系越州卫后所阵亡世袭百户萧贵嫡长男。

四辈萧璟，旧选簿查有：宣德二年十二月，萧璟，年十五岁，系越州卫左千户所淂故世袭百户萧亮嫡长男。

五辈萧潮，旧选簿查有：天顺七年六月，萧潮，年三十三岁，江宁县人，系越州卫左所世袭百户萧景嫡长男。

六辈萧辅，旧选簿查有：弘治元年七月，萧辅，江宁县人，系越州卫左所故世袭百户萧潮嫡长男。

七辈萧仲学，旧选簿查有：嘉靖二十九年四月，萧仲学，江宁县人，系越州卫左所故世袭百户萧辅亲侄。

八辈萧鸣鹤，万历五年六月，萧鸣鹤，年三十一岁，江宁县人，系越州卫左所年老世袭百户萧仲学亲侄，比中三等。

九辈萧茂，万历二十三年十月，萧茂，年十八岁，系越州卫左所故世袭百户萧鸣鹤嫡长男，比中二等。

十辈萧思振，天启六年六月，大选过越州卫左所实授百户一员萧思振，年二十四岁，系疾实授百户萧茂嫡长男，比中三等。

陈世爵·实授百户

缺。

一辈陈得良，旧选簿查有：洪武三十四年，越州千户所百户陈得良，旧名德良。

二辈陈兴，旧选簿查有：永乐四年七月，陈兴，系越州卫左所世袭百户陈得良嫡长男。

三辈陈雄，旧选簿查有：洪熙元年二月，陈雄，系越州卫左所世袭百户陈兴亲弟。

四辈陈刚，旧选簿查有：正统十三年十一月，陈刚，年十五岁，系越州卫左所故世袭百户陈兴庶长男。

五辈陈鋐，旧选簿查有：弘治十年二月，陈鋐，临淮县人，系越州卫左所世袭百户陈刚嫡长男。·325·

六辈陈世爵，旧选簿查有：嘉靖三十一年八月，陈世爵，临淮县人，系越州卫左所故实授百户陈鋐嫡长孙。

七辈陈应槐，万历二十三年十月，［陈］应槐，年十七岁，系越州卫左所故世袭百户陈世爵亲侄，比中二等。

八辈陈万兵，万历四十四年十月，大选过越州卫左所实授百户一员陈万兵，年二十岁，系故实授百户陈应槐亲侄，比中三等。

许表·实授百户

缺。

一辈许容，缺。

二辈许迪，旧选簿查有：洪武三十五年，越州千户所百户许迪。

三辈许英，旧选簿查有：永乐十四年三月，许英，系越州卫左所失陷世袭百户许迪嫡长男。

四辈许政，旧选簿查有：正统九年二月，许政，系越州卫左所故世袭百户许英嫡长男。

五辈许淳，旧选簿查有：成化八年十月，许淳，泗州人，系越州卫左所世袭百户许政嫡长男。

六辈许森，旧选簿查有：弘治四年七月，许森，泗州人，系越州卫左所故世袭百户许淳嫡长男。

七辈许表，旧选簿查有：正德五年六月，许表，盱眙县人，系越州卫左所故世袭百户许森嫡长男。

八辈许敖，隆庆四年十月，许敖，盱眙县人，系越州卫左所故世袭百户许表嫡长男。

九辈许登云，万历十九年六月，许登云，年三十岁，系越州卫左所年老世袭百户许敖嫡长男，比中三等。

十辈许尚仁，万历三十五年十月，许尚仁，年二十八岁，系越州卫左所老实授百户许登云嫡长男，比中三等。·326·

年远事故左所世袭百户一员·夏霖

永乐元年七月，夏霖，年十一岁，系越州卫左所阵亡世袭百户夏荣嫡长男，支俸读书操练至十五岁管事。

又一员·敖斌

成化六年八月，敖斌，年十六岁，湘阴县人，系越州卫左所故百户敖傑庶长男，钦与世袭。

又一员·沈傑

永乐六年五月，沈傑，系广南卫前所副千户沈忠嫡长男。父原系越州卫左所世袭百户，革除年间升除前职，病故，系止终本身，敬准袭父原职世袭百户，仍回越州卫左所。

又一员·王玺

弘治十六年四月,王玺,公安县人,系越州卫左所世袭百户王琮嫡长男。

又一员·杨浤

洪武二十七年九月,杨春,系越州卫后所故流官百户杨景嫡长男,钦准袭职,与世袭,仍授本卫所世袭百户。

永乐元年九月,杨贵,系越州卫后所故世袭百户杨春亲弟。

永乐十八年十一月,杨鑑,年十五岁,系越州卫左所故世袭百户杨贵嫡长男。

正统十一年八月,杨浤,年十一岁,系越州卫左所故世袭百户杨鑑嫡长男,钦与全俸优给,至正统十四年终住支。·327·

又一员·刘遇诏

正统七年,上江有功总旗升百户一员刘璧。

天顺二年十一月,刘灏,湘阴县人,系越州卫左所百户刘璧嫡长男,钦与世袭。

弘治二年八月,刘凤,湘阴县人,系越州卫左所世袭百户刘灏嫡长男。

万历元年八月,准都察院咨为袭职事内开:越州卫舍人刘忠回称十五年之外,例应革发。

万历二十八年八月,大选过越州卫左所署试百户事冠带总旗一员刘遇诏,年十九岁,湘阴县人。查伊一世祖刘庆孙,洪武二十二年军,编充小甲,并枪得胜升总旗,残疾。二世祖刘璧代役,正统六年征进麓川上江刀招罕寨杀级头功升实授百户,老。三世祖刘灏比替,老。四世祖刘俸比替,嘉靖四十年故。父刘忠系男,万历十二年告保起送赴部比试间病故。今遇诏系男,告袭。查系洪武、正统年功,例不减革。第万历元年刘忠以十五年革发矣,至十二年又赴部比试病故,与人文不到部者不同,姑念远方,减革与署试百户事冠带总旗,比中三等。①

---

① 《总汇》本册第330—331页"刘绍钦"选簿之"九辈刘承佐"选条,实应接续该"刘遇诏"簿刘遇诏选条之后。

洪允章·试百户

缺。

一辈洪源，小旗功次：候查。

总旗功次：候查。

功次簿查有：景泰五年头破，俱于贵州草塘等处杀贼获功升一级，云南都司越州总旗升试百户二员内一员洪源。

二辈洪铭，旧选簿查有：成化二年七月，洪铭，德化县人，系越州卫左所百户洪源嫡长男，钦与世袭。·328·

三辈洪钺，旧选簿查有：成化十七年四月，洪钺，年十五岁，德化县人，系越州卫左所故百户洪源嫡长（次）男。父原系试百户，遇例实授，兄洪铭袭职，本人先因年幼优给，今出幼，照例革袭试百户。

四辈洪立，旧选簿查有：正德五年六月，洪立，年十六岁，德化县人，系越州卫左所百户洪钺嫡长男。伊祖原系试百户，天顺元年遇例实授，本人已与实授百户俸优给，今出幼，照例仍革与试百户。

五辈洪允章，审稿查有：隆庆三年十月，洪允章，年二十七岁，德化县人，系越州卫左所故试百户洪立亲侄。

六辈洪大德，万历二十四年八月，大选过越州卫左所大德，年十六岁，系年老越州卫左所试百户洪允章庶长男，比中二等。

七辈洪相度，天启六年八月，大选过越州卫左所试百户一员洪相度，年十八岁，系故试百户洪大德嫡长男，比中三等。

八辈洪相体，崇祯十一年六月，大选过越州卫左所试百户一员洪相体，年二十四岁，系故试百户洪相度亲弟，比中三等。

高文用·试百户

外黄查有：高振，五河县人。祖高得兴，丙申年归附，充小旗，洪武元年并充总旗，十年阵亡。父高闰兴补役，二十四年调越州卫，二十九年并充小旗，永乐七年并升充总旗，老。振代役，并充总旗，天顺二年征贵州东苗，本年破牛破（皮）箐、笔架山等寨，十二月攻破摆龙、摆谷等寨，天顺三年攻破谷林等寨，三月攻破冗倒等寨，五月攻破琵琶等寨，节次斩获首级五颗，七年升越州卫左所试百户，八年遇例实授百户。

一辈高得兴，已载前黄。

二辈高闻兴，已载前黄。

三辈高振，已载前黄。

四辈高广，缺。·329·

五辈高璟，旧选簿查有：弘治十七年九月，高璟，五和（河）县人，系越州卫左所百户高广嫡长男。伊祖高振原系试百户，天顺八年遇例实授，老疾。父冒替百户，故。本人照例革袭试百户。

六辈高文用，旧选簿查有：嘉靖三十年二月，高文用，五和（河）县人，系越州卫左所故试百户高瑾侄孙。

刁振·试百户

缺。

一辈刁敬，功次簿查有：正统七年征麓川功次，云南越州卫左所总旗一次头功升试百户三员内一员刁敬。

二辈刁昱，旧选簿查有：景泰三年十一月，刁昱，年十五岁，泰州人，越州卫左所试百户刁敬嫡长男。父原系总旗，调征麓贼获头功一次升前职，病故。本人先因年幼，已与实授百户俸优给，今出幼，照例袭实授百户。

三辈刁辅，旧选簿查有：弘治五年十一月，刁辅，泰州人，系越州卫左所故百户刁昱嫡长男，钦与世袭。

四辈刁振，旧选簿查有：嘉靖二十七年四月，刁振，泰州人，系越州卫左所故实授百户刁辅嫡长男。伊曾祖刁敬原系总旗，正统七年以麓川功升试百户，故，祖昱袭，后因敬麓川功越升实授百户，故，父辅袭。所据越升一级，例应减革，与本舍试百户。

刘绍钦·所镇抚

内黄查有：刘成，含山县人。父刘兴乙未年军，洪武元年选充小旗，九年充羽林右卫总旗，十三年除长沙护卫左所流官所镇抚，二十六年改复越州卫，老疾。成系嫡长男，袭，三十二年升本卫卫镇抚。

一辈刘兴,已载前黄。·330·

二辈刘成,旧选簿查有:洪武二十七年七月,刘成,系越州卫前所流官所镇抚刘兴嫡长男。父为征伤,钦准替职,与世袭,仍授本卫所世袭所镇抚。

三辈刘濬,旧选簿查有:正统元年七月,刘濬,系越州卫流官卫镇抚刘诚嫡长孙。祖原系本卫前所所镇抚,革除年间升除前职,钦准本人仍替原职所镇抚,前去本卫左所管事。

四辈刘钰,旧选簿查有:成化九年九月,刘钰,含山县人,系越州卫左所世袭所镇抚刘濬嫡长男。

五辈刘容,旧选簿查有:弘治六年十二月,刘容,含山县人,系越州卫左所世袭所镇抚刘钰嫡长男。

六辈刘秉彝,旧选簿查有:嘉靖二十八年十月,刘秉彝,含山县人,系越州卫左所故世袭所镇抚刘容亲孙。

七辈刘绍钦,旧选簿查有:嘉靖四十五年十月,刘绍钦,年二十一岁,含山县人,系越州卫左所故所镇抚刘秉彝嫡长男。

八辈刘天衢,万历二十五年十月,刘天衢,年十九岁,含山县人,系越州卫左所患疾所镇抚刘绍钦嫡长男,比中一等。

九辈刘承佐,崇祯元年二月,单本选过越州卫左所署试百户事冠带总旗一员刘承佐,年十九岁,系越州卫左所疾署试百户事冠带总旗刘遇诏嫡长男,比中二等。①

十辈刘三傑,崇祯十三年六月,大选过越州卫左所所镇抚一员刘三傑,年三十一岁,系老所镇抚刘天衢嫡长男,比中一等。

魏国臣·所镇抚

外黄查有:魏时,系越州卫左所所镇抚,原籍辽阳人。高伯祖魏把郎系纳哈出下头目,洪武二十年归附,赴京,钦除济南卫中所百户,二十三年调六凉卫,故绝。[高]祖魏捨郎系亲弟,三十四年调曲靖卫,永乐元年调越州卫,老。[曾]祖魏璟嫡长男,目瞎,不堪。祖魏仪系嫡长男,幼,曾叔祖魏玘系璟亲弟,正统十年征(借)替,降所镇抚,老。祖魏仪长成,成化六年替,老。父魏迪系嫡长男,弘治六年

---

① 此"九辈刘承佐"选条,与前"八辈刘天衢"及后"十辈刘三傑"皆不相衔接,查《总汇》本册第328页有"又一员·刘遇诏"簿,所述袭替履历与该簿刘遇诏选条相承接。

替,故。时系嫡长男,嘉靖十七年袭越州卫左所所镇抚。

一辈魏把郎,已载前黄。

二辈魏捨郎,已载前黄。

三辈魏玑,旧选簿查有:正统十年十月,魏玑,系越州卫左所百户魏捨郎嫡次男。伯魏把郎先跟纳哈出归附,除百户,病故。父于革除年间仍袭前职,有嫡长孙魏仪年六岁,幼小。钦准本人降袭一等,替授所镇抚,待长成,还与职事。

四辈魏仪,旧选簿查有:成化六年二月,魏仪,辽阳人,系越州卫左所故百户魏捨郎嫡长孙。伯祖魏把郎归附除百户,病故。祖于革除年间仍袭前职,本人先因年幼,亲叔魏玑借职,照例降袭一级,替授所镇抚,今长壮,退还职事,该与承袭,伊叔革闲。

五辈魏迪,旧选簿查有:弘治十六年九月,魏迪,辽阳人,系越州卫左所世袭所镇抚魏仪嫡长男。

六辈魏时,旧选簿查有:嘉靖十七年十月,魏时,年二十五岁,辽阳人,系越州卫左所故所镇抚魏迪嫡长男。

七辈魏国臣,旧选簿查有:嘉靖四十五年八月,魏国臣,年二十六岁,辽阳人,系越州卫左所年老所镇抚魏时嫡长男。

八辈魏尚忠,万历三十七年六月,大选过越州卫左所所镇抚一员魏尚忠,年十八岁,系老所镇抚魏国臣孙,比中二等。

年远事故左所试百户一员·王宁

正统八年四月,升试百户俸优给王宁,年九岁,系越州卫左所阵亡总旗王暹嫡长男。

所镇抚一员·黄润

景泰二年八月,黄(军)人升所镇抚一员黄鑑,系越州卫。

成化元年十一月,黄澍。伊父黄鑑原系越州卫左千户所军,纳米升所镇抚,老疾。本人系嫡长男,替职,照例月支米一石。

成化七年四月,黄润。伊父黄鑑原系越州卫左千户所军,遇例纳米升所镇抚,老疾,伊兄黄澍系嫡长男,替职,故。本人系次男,袭职。

又一员·翟文质

洪武二十八年三月，越州卫左所镇抚翟礼。

洪武三十一年二月，翟文质，系越州卫左所世袭所镇抚翟礼嫡长男。

年远事故中所世袭百户一员·谭滨

洪武三十一年四月，潭（谭）滨，系越州卫中所故世袭百户谭海亲弟。

又一员·何真

洪武二十八年六月，何真，年四岁，系越州卫中所故世袭百户何俊嫡长男，敬与全俸优给，至洪武三十三年终住支袭职。

又一员·曹得甫

洪武二十七年七月，曹得甫，系广洋卫中所世袭百户，为多画卯历事钦调越州卫，不管军，不支俸。

年远事故前所副千户一员·朱观

洪武二十五年九月，朱观，旧名干音保，年四岁，系越州卫中前所故世袭副千户朱敏嫡·333·长男，钦与全俸优给，至洪武三十六年终出幼住支。

又一员·蒋忠

永乐元年六月，蒋忠，系澜沧卫中右所世袭副千户蒋嘉嫡长男。父原任越州卫前所，洪武三十二年因裁革调除前职，病故，钦袭越州卫前所世袭副千户。

年远事故前所世袭百户一员·张义

洪武二十七年七月，张义，系越州卫前所流官百户张兴嫡长男，父为征伤残疾，钦准替职与世袭，仍授本卫所世袭百户。①

又一员·姚斌

永乐元年十一月，姚斌，年七岁，系越州卫前所阵亡世袭百户姚兴庶长男，钦与全俸优给，至永乐八年终住支袭职。

尹韬·正千户

缺。

一辈尹胜，缺。·334·

二辈尹斌，旧选簿查有：永乐三年四月，尹斌，系曲靖卫中前所流官副千户尹胜嫡长男，敬与世袭。

三辈尹雄，旧选簿查有：永乐十三年八月，尹雄，年十七岁，系曲靖卫中前所故世袭副千户尹斌嫡长男。

四辈尹翊，旧选簿查有：宣德四年十一月，尹翊，系曲靖卫中前千户所故世袭副千户尹雄亲弟。

正千户功次：候查。

五辈尹广，旧选簿查有：正统九年三月，尹广，系曲靖卫中前所故世袭正千户尹翊嫡长男。

六辈尹纶，旧选簿查有：成化十四年四月，尹纶，江都县人，系越州卫指挥佥事尹广亲侄。伯为事革职，本人照例革袭祖职正千户。

七辈尹纯，旧选簿查有：弘治十三年八月，尹纯，江都县人，系越州卫指挥佥事尹广庶长男。伊父原系本卫中前所世袭正千户，功升前职，为事问革。本人先因未生，堂兄尹纶借袭，照例革与祖职正千户，故。续生本人，仍袭正千户。

八辈尹韬，旧选簿查有：正德八年十二月，尹韬，江都县人，系越州卫中前所老疾世袭正千户尹纶庶长男。

---

① 《总汇》本册第338—339页"张韬·实授百户"选簿之"一辈张兴""二辈张义"选条原载"缺"。此二簿载张兴张义父子姓名及承袭职级皆同，实可并载一簿，而二簿之"中前所"与"前所"之别，或为选簿誊造之误，或为卫内所分调整而致。

李东山·正千户

外黄查有：李宗阳，年四十四岁，山后人。始祖李文便洪武六年军，疾。高祖李荣名不动代役，三十三年白沟河升小旗，三十五年攻打九门升试百户，渡江升弘农卫左所正千户，宣德八年调曲靖卫，老。曾祖李昂系嫡长男，替，调越州卫中前所，故。曾①祖李弼系嫡长男，幼，曾始（叔）祖李英系昂亲弟，借职，祖弼长成，袭，老。父李贤系嫡长男，二十七年替越州卫中前所正千户。

一辈李庸，已载前黄。

二辈李昂，旧选簿查有：审稿查有，李昂，系李庸嫡长男。父原系小旗功升前职，授弘农卫左所正千户，调越州卫中前所。

三辈李英，旧选簿查有。

四辈李弼，旧选簿查有：天顺三年十一月，李弼，山后人，系越州卫中前所故正千户李昂嫡长男。先因年幼，亲叔李英借职。今长成，告取职事，本人袭职，伊叔革闲。

五辈李贤，旧选簿查有：弘治十七年九月，李贤，山后人，系越州卫中前所世袭正千户李弼嫡长男。·335·

六辈李宗阳，旧选簿查有：嘉靖二十七年四月，李宗阳，山后人，系越州卫中前所老疾正千户李贤嫡长男。

七辈李东山，旧选簿查有：嘉靖四十三年十月，李东山，年三十三岁，山后人，系越州卫中前所年老正千户李宗阳嫡长男。

八辈李元震，万历三十七年八月，大选过越州卫中前所正千户一员李元震，年十八岁，系老正千户李东山嫡长男，比中三等。

年远事故中前所正千户一员·蒋锐

成化二年闰三月，蒋能，庐州人，系越州卫中前所正千户蒋诚嫡长男，钦与世袭。

弘治五年十一月，蒋锐，庐州人，系越州卫中前所世袭正千户蒋能嫡长孙。

---

① 此"曾"字当系衍文。

又一员·成钺

洪武二十七年二月,成敬,系越州卫前所流官百户成大玉嫡长男。父为风湿病症告替,钦准替职,与世袭,仍授本卫所世袭百户。

永乐元年九月,成忠,年十五岁,系越州卫前所故世袭百户成敬嫡长男。

景泰三年十二月,成(越)州卫副千户升署正千户一员成立。

成化五年十一月,成钺,滁州人,系越州卫中前所正千户成立庶长男。

宗周·副千户

缺。

一辈宗守信,缺。·336·

二辈宗文,旧选簿查有:洪武三十一年二月,宗文,系越州卫前所世袭百户宗守信嫡长男。

三辈宗昱,旧选簿查有:永乐二十年,宗昱,年十六岁,系曲靖卫中前所故世袭百户宗文嫡长男。

副千户功次:正统七年麓川有功升副千户宗昱。

四辈宗颙,旧选簿查有:成化二年三月,宗颙,鹿邑县人,系越州卫中前所副千户宗昱嫡长男,钦与世袭。

五辈宗儒,旧选簿查有:弘治五年十一月,宗儒,鹿邑县人,系越州卫中前所故世袭副千户宗颙嫡长男。

六辈宗源,旧选簿查有:正德五年六月,宗源,鹿邑县人,系越州卫中前所年老世袭副千户宗儒嫡长男。

七辈宗周,旧选簿查有:嘉靖二十六年二月,宗周,鹿邑县人,系越州卫中前所故副千户宗源长男。

八辈宗国正,万历二十九年二月,宗国正,年十八岁,系越州卫中前所老副千户宗周亲孙,比中二等。

王家胤·实授百户

万历二十三年十月,零选查有:王宗武,年十九岁,洛河县人,系越州卫中前所患疾实授百户王国瑞嫡长男。

万历四十四年十二月，单本选过越州卫中前所实授百户一员王家胤，年二十岁，系故实授百户王宗武嫡长男，比中二等。

江镐·实授百户

缺。

一辈江成，缺。

二辈江清，缺。

三辈江元，缺。

四辈江友富，旧选簿查有：景泰五年，江友富，系越州卫总旗升试百户。

实授百户功次：候查。

五辈江镐，旧选簿查有：成化六年六月，江镐，年八岁，盐城县人，系越州卫中前所故副千户江友富嫡长男，钦与全俸优给，至成化十二年终住支。

王胜·实授百户

缺。

一辈王信，缺。

二辈王福，缺。

三辈王蓉，旧选簿查有：天顺二年十一月，王蓉，昌平县人，系越州卫中前所世袭百户王福嫡长男。

四辈王胜，旧选簿查有：成化二十二年四月，王胜，昌平县人，系越州卫中前所世袭百户王蓉嫡长男。

张韬·实授百户

缺。

一辈张兴，缺。

二辈张义,缺。①

三辈张铭,缺。

四辈张琏,旧选簿查有:正统十一年二月,张琏,系越州卫中前所世袭百户张铭嫡长男。

五辈张广,旧选簿查有:成化十一年九月,张广,定远县人,系越州卫中前所故世袭百户张琏嫡长男。

六辈张轩,旧选簿查有:弘治四年七月,张轩,年十七岁,定远县人,系越州卫中前所故世袭百户张广嫡长男。

七辈张经,旧选簿查有:弘治十一年二月,张经,年八岁,定远县人,系越州卫中前所故世袭百户张轩嫡长男,钦与全俸优给,至弘治十七年终住支。

八辈张韬,候查。

李灿·实授百户

天启六年十月,大选过越州卫中前所实授百户一员李灿,年十八岁,出幼袭职,比中三等。

年远事故中前所世袭百户一员·陈銮

景泰三年五月,陈广,光山县人,系越州卫中前所故世袭百户陈纲嫡长男。

成化十年四月,陈辅,年四岁,光山县人,系越州卫中前所故世袭百户陈广嫡长男,钦与全俸优给,至成化二十年终住支。

成化十二年五月,陈廉,光山县人,系越州卫中前所故世袭百户陈广亲弟。已与侄陈辅优给,亦故。

弘治五年八月,陈銮,光山县人,系越州卫中前所世袭百户陈廉嫡长男。

---

① 《总汇》本册第334页"年远事故前所世袭百户一员·张义"簿载:"洪武二十七年七月,张义,系越州卫前所流官百户张兴嫡长男。父为征伤残疾,钦准替职与世袭,仍授本卫所世袭百户"。其记载张兴张义父子与此簿一辈、二辈姓名相同,承袭职级亦同,二处"中前所"与"前所"之别为选簿誊造致歧或卫内所分调整的结果。

又一员·刘钢

景泰五年，刘清，系越州卫试百户升实授百户。

弘治元年七月，刘钢，山阳县人，系越州卫中前所功升百户刘清嫡长孙。

赵云程·试百户

内黄查有：赵瑾，石首县人。曾祖赵福一，以外祖马谷瑞户名甲辰年归附，老疾。祖赵冬儿代役，二十四年调越州卫，十二年征伤残疾。叔祖赵鑑代役，老。父赵源代役，正统三年并充小旗，六年征麓川杀贼有功升总旗，调越州卫中前所，景泰元年征贵州西堡等处节次斩首三颗有功升试百户，天顺二年故。瑾系嫡长男，三年袭本卫所百户。

一辈赵源，已载前黄。

二辈赵瑾，旧选簿查有：天顺三年九月，赵瑾，石首县人，系越州卫中前所试百户赵源嫡长男。父原系总旗，贵州开通道路有功升前职，病故，本人照例革（与）袭实授百户。

三辈赵通，旧选簿查有：弘治十一年九月，赵通，石首县人，系越州卫中前所副千户赵瑾嫡长男。祖赵源天顺元年功升试百户，故，父冒袭百户，又功升前职，年老，本人照例革替百户。

四辈赵云程，旧选簿查有：嘉靖二十九年二月，赵云程，石首县人，系越州卫中前所故实授百户赵通亲孙。伊高祖源以军并充小旗，麓川功升总旗，贵州功升试百户，曾祖瑾冒袭实授百户，以乔甸等处功升副千户。冒袭一级已经减革，本舍仍革并充一级，与做试百户。

五辈赵晋卿，万历十二年十月，赵晋卿，年十八岁，石首县人，系越州卫中前所年老试百户赵云程嫡长男，比中·340·二等。

六辈赵上邦，万历四十二年十一月，大选过越州卫中前所试百户一员赵上邦，年二十二岁，系疾试百户赵晋卿嫡长男，比中一等。

康恒·试百户

缺。

一辈康瑶，缺。

二辈康胜，缺。

三辈康宁，功次簿查有：正统六年麓川功次，云南剿杀蛮贼云南左卫后所二次头功升试百户五员内一员康宁。

四辈康琮，旧选簿查有：天顺四年五月，康琮，永平府[人]，系越州卫中前所署所镇抚事百户康宁嫡长男，钦与世袭。

五辈康懋，旧选簿查有：弘治二年四月，康懋，卢龙县人，系越州卫中前所世袭百户康琮嫡长男。

六辈康恒，旧选簿查有：隆庆三年四月，康恒，年二十九岁，卢龙县人，系越州卫中前所故实授百户康懋亲侄。查伊始祖康胜以总旗永乐九年征交阯阵亡，高祖康宁补，正统六年麓川等处二次头功升试百户，冒供，八年剖付开康胜阵亡，将宁升实授百户，琮、懋沿袭。所据冒供例难承袭，今本舍革袭试百户。

张经·试百户

外黄查有：张暹，原系总旗，正统六年麓川功升曲靖卫中前所试百户，调越州卫中前所，天顺元年遇例实授百户。·341·

一辈张受，缺。

二辈张斌，缺。

三辈张暹，已载前黄。

四辈张澜，旧选簿查有：成化二年闰三月，张澜，松慈（滋）县人，系越州卫中前所百户张暹嫡长男，钦与世袭。

五辈张伦，旧选簿查有：弘治元年七月，张伦，松慈（滋）县人，系越州卫中前所百户张澜嫡长男。伊祖张暹原系试百户，天顺元年遇例实授，父替职，年老，本人替职，今又遇例，该与世袭。

六辈张昂，旧选簿查有：正德五年六月，张昂，松滋县人，系越州卫中前所老疾百户张伦嫡长男。伊祖原系试百户，天顺元年遇例实授，本人照例革与试百户。

七辈张经，旧选簿查有：嘉靖二十一年二月，张经，松滋县人，系越州卫中前所故实授百户张昂嫡长男。伊高祖暹以总旗正统七年麓川头功升试百户，天顺元年遇例实授。所据遇例职级例无承袭，本人照例革与试百户。

八辈张良臣，万历五年十二月，张良臣，年三十岁，松滋县人，系越州卫中前所年老实授百户张经嫡长男。革遇例，与替试百户，比中二等。

九辈张一星，万历三十一年六月，大选过越州卫中前所减袭署试百户冠带总旗张一星，年十九岁，系故试百户张良臣嫡长男。查麓川功原无擒斩，而供内又称永乐年升试百户，前后相背，姑念边民，准降袭署试百户冠带总旗，比中三等。

十辈张大道，崇祯十年正月补九年十二月大选，过越州卫中前所署试百户事冠带总旗一员张大道，系老署试百户事冠带总旗张一星嫡长男，比中三等。

刘世武·试百户

外黄查有：刘晟，系刘聚嫡长男。父原系兴武卫杨林守御所总旗，正统四年麓川阵亡，例升一级，刘晟袭升百户，八年调越州卫中前所。

一辈刘均遂，缺。·342·

二辈刘聚，已载前黄。

三辈刘晟，已载前黄。

四辈刘瑜，旧选簿查有：成化十二年八月，刘瑜，大兴县人，系越州卫中前所百户刘晟嫡长男。

五辈刘钥，旧选簿查有：正德五年六月，刘钥，大兴县人，系越州卫中前所老疾百户刘瑜嫡长男。伊祖原系试百户，天顺元年遇例实授，本人照例革与试百户。

六辈刘世武，旧选簿查有：嘉靖二十五年十月，刘世武，大兴县人，系越州卫中前所年老实授百户刘钥嫡长男。伊父原替试百户，今本舍冒供实授，仍照例革与试百户。

七辈刘胤昌，隆庆六年十二月，刘胤昌，年二十三岁，大兴县人，系越州卫中前所患疾试百户刘世武嫡长男。

八辈刘天祚，万历二十九年六月，刘天祚，年十九岁，系越州卫中前所患疾试百户刘胤昌嫡长男，比中二等。

高恩·试百户

缺。

一辈高成，缺。

二辈高辅，功次簿查有：正统六年麓川功次，曲靖卫中前所所镇抚二次头功，并男高节随征杀贼亦获头功二次，并升正千户一员高辅。

三辈高敏，旧选簿查有：正统十年九月，高敏，系越州卫中前所流官正千户高辅旧名称儿嫡长男。父原系总旗，革除年间升所镇抚，后调[征]蛮（麓）川蛮贼，与义男高节俱获功一级，并升前职。本人该革去革除前（年）间所升并义男并升功次，依伊父原役总旗升一级，钦准替职试百户。

四辈高昇，旧选簿查有：成化二十三年六月，高昇，上元县人，系越州卫中前所副千户高敏嫡长男。父原系试百户，遇例实授，获功升前职，本人照例革替百户。

五辈高恩，旧选簿查有：嘉靖三十一年八月，高恩，上元县人，系越州卫中前所故实授百户高昇侄孙。查得伊伯祖原革袭试百户，本舍冒供实授，今仍与做试百户。·343·

王尧臣·试百户

外黄查有：王瀚，沔池县人。始祖王六儿，洪武六年军，二十二年功升小旗，二十三年选升总旗，故。高伯祖王仙童补，失陷，绝。高祖王官音保系亲弟，补，正统六年征麓川一次头功七年升试百户，八年调曲靖卫，本年调越州卫中前所，年老。曾祖王端系嫡长男，天顺元年遇例实授，老。伯祖王全系嫡长男，未替，故，绝嗣。祖王玉系嫡次男，替实授百户，弘治十一年故。父王经系嫡长男，袭实授百户，嘉靖十九年老。瀚系嫡长男，二十一年十月革遇例，替越州卫中前所试百户。

一辈王六儿，已载前黄。

二辈王仙童，已载前黄。

三辈王官音保，钦升簿查有：正统七年征云南麓川，杨林堡守御所总旗一次头功升试百户二员内一员王官音保。

四辈王端，已载前黄。

五辈王玉，旧选簿查有：成化十五年三月，王玉，沔池县人，系越州卫中前所世袭百户王端嫡次男。

六辈王经，旧选簿查有：弘治十四年十一月，王经，沔池县人，系越州卫中前所故世袭百户王玉嫡长男。

七辈王瀚，旧选簿查有：嘉靖二十一年十月，王瀚，沔池县人，系越州卫中前所老疾实授百户王经嫡长男。伊曾祖王官音保以总旗正统七年麓川功升试百户，沿至伊祖玉，冒替实授百户。所据冒替职级例应减革，本人照例革替试百户。

八辈王尧臣，旧选簿查有：嘉靖四十五年八月，王尧臣，年二十六岁，沔池县人，系越州卫中前所年老试百户王瀚嫡长男。

九辈王言纶，万历三十二年十月，大选过越州卫中所试百户一员王言纶，年十五岁，系老试百户王尧臣嫡孙，比中三等。

杨勋·试百户

缺。

一辈杨接保，缺。·344·

二辈杨贵，试百户功次：已载三辈选条。

三辈杨纲，功次簿查有：正统八年云南麓川阵亡，杨纲，系越州卫左所阵亡总旗杨贵嫡长男。

四辈杨溥，旧选簿查有：成化十五年六月，杨溥，攸县人，系越州卫中前所百户杨纲嫡长男。伊父原系功升试百户，遇例实授，患疾，本人照例革替试百户。

五辈杨瑛，旧选簿查有：弘治十八年十一月，杨英，攸县人，系越州卫中前所百户杨溥嫡长男。伊父原系试百户，天顺元年遇例实授，本人照例该与实授百户。

六辈杨宪，旧选簿查有：嘉靖二十五年六月，杨宪，攸县人，系越州卫中前所年老实授百户杨珎嫡长男。伊曾祖溥原袭试百户，父珎袭，遇例实授，今本舍仍革替试百户。①

七辈杨勋，旧选簿查有：嘉靖三十四年八月，杨勋，攸县人，系越州卫中前所故试百户杨宪嫡长男。

八辈杨正华，万历二十八年四月，杨正华，年十七岁，攸县人，系越州卫中前所老试百户杨勋嫡长男，比中三等。

阚汝洲·所镇抚

外黄查有：阚文，寿春县人，系已故百户阚龙庶长男。丙申年归附，戊戌年充万户，甲辰年充总旗，九年除所镇抚，十一年除陈州卫百户，故。文袭镇抚，二十六年调越州卫后所，三十一年升副千户，永乐二年钦与流官。

---

① 据此"六辈杨宪"选条，在"五辈杨瑛""六辈杨宪"选条之间当有"杨珎"一辈。

一辈阚龙，已载前黄。

二辈阚文，已载前黄。

三辈阚政，旧选簿查有：永乐十年十月，阚政，系广南卫前所流官副千户阚文嫡长男。父原任越州卫世袭所镇抚，革除年间升除前职，病故，敬袭伊父原职世袭所镇抚，仍回越州卫左所管事。

四辈阚微，旧选簿查有：正统五年十二月，阚微，系越州卫左所故世袭所镇抚阚政嫡长男。

五辈阚宏，旧选簿查有：成化八年十月，阚宏，寿春县人，系越州卫中前所故世袭所镇抚阚微嫡长男。·345·

六辈阚经，旧选簿查有：弘治十七年九月，阚经，寿春县人，系越州卫中前所世袭所镇抚阚宏嫡长男，替职。

七辈阚斌，旧选簿查有：嘉靖十六年六月，阚斌，年二十七岁，寿春县人，系越州卫中前所故所镇抚阚经嫡长男。

八辈阚汝兰，旧选簿查有：嘉靖三十年六月，阚汝兰，寿春县人，系越州卫中前所故世袭所镇抚阚斌嫡长男。

九辈阚汝洲，旧选簿查有：隆庆元年八月，阚汝洲，年二十六岁，寿春县人，系越州卫中前所故所镇抚阚汝兰亲弟。

十辈阚邦臣，万历二十五年十二月，阚邦臣，年十八岁，系故所镇抚阚汝洲嫡长男，比中三等。

十一辈阚元亨，万历四十七年八月，单本选过越州卫中所所镇抚一员阚元亨，年十五岁，系故所镇抚阚邦臣嫡长男，比中三等。

刘继勋·试百户

外黄查有：刘继勋，年五十五岁，系云南越州卫中前所试百户，原籍武昌府咸宁县人。一世祖刘华甲辰年归附充头功，吴元年升镇抚，老疾。二世伯祖刘爵替，故。二世祖刘聚袭试百户，二十六年充总旗，老疾。始祖刘刚系嫡长男，代，并，正统四年征麓川阵亡，例升一级。高祖刘文善系嫡长男，袭升试百户，天顺元年实授，老疾。曾祖刘俊系嫡长男，成化二十一年七月比替，老疾。祖刘玺系嫡长男，正德五年六月比替，老疾。父刘翱系嫡长男，嘉靖十四年八月比替，十五年实授，老疾。继勋系嫡长男，三十九年十二月替越州卫中前所试百户。

一辈刘聚，已载前黄。

二辈刘刚，已载前黄。

三辈刘文善，旧选簿查有：审稿查有，刘刚，原系越州卫中前所总旗，正统五年麓川有功阵亡，有男刘文善袭升试百户。

四辈刘俊，旧选簿查有：成化二十一年七月，刘俊，咸宁县人，系越州卫中前所百户刘文善嫡长男。祖刘刚原系总旗，阵亡，父袭升试百户，遇例实授，本人照例革替试百户。

五辈刘玺，旧选簿查有：正德五年六月，刘玺，咸宁县人，系越州卫中前所年老百户刘俊嫡长男。伊祖原系试百户，天顺元年遇例实授，父革袭试百户，成化二十三年又遇例，本人照例革与试百户。

六辈刘翱，旧选簿查有：嘉靖十四年八月，刘翱，年二十六岁，咸宁县人，系越州卫中前所年老百户刘玺嫡长男。伊父原系革袭试百户，复遇例实授，本人照例革试百户。·346·

七辈刘继勋，旧选簿查有：嘉靖三十九年十二月，刘继勋，咸宁县人，系越州卫中前所老疾实授百户刘翱嫡长男，革遇例，与替试百户。

八辈刘拱北，万历五年二月，刘拱北，年二十四岁，咸宁县人，系越州卫中前所患疾试百户刘继勋嫡长男，比中三等。

九辈刘纯仁，万历三十七年八月，大选过越州卫中前所试百户一员刘纯仁，年十六岁，咸宁县人，系患疾试百户刘拱北嫡孙，比中三等。

郑羽·署试百户事总旗

缺。

一辈郑俊，总旗功次：已载三辈选条。

二辈郑纲，功次簿查有：弘治十七年普安获功，定与三名颗以上者准升一级，越州卫总旗升试百户一员郑纲。

三辈郑羽，旧选簿查有：嘉靖二十一年二月，郑羽，石首县人，系越州卫中前所老疾实授百户郑纲嫡长男。伊曾祖曾（郑）春以军宣德六年并枪充小旗，祖俊并补，天顺二年东苗功升总旗，父纲弘治十七年普安斩首功升试百户，遇例实授。所据并枪不由军功，并遇例职级，俱应减革，本人照例革与署试百户事总旗，仍食总旗名粮。

年老（远）事故中左所所镇抚一员·周忠

洪武二十七年六月，周忠，系长沙护卫中所今改越州卫中左所流官所镇抚周德兴嫡长男。父为风瘫病证，钦准替职，与世袭，仍授本卫所世袭所镇抚。·347·

左所冠带总旗一员·施继芳

洪武二十七年七月，施信，系越州卫后所流官百户施德嫡长男。父为征伤残疾，钦准替职，与世袭，仍授本卫所世袭百户。

永乐元年七月，施逊，年十四岁，系越州卫后所为事充军故世袭百户施信堂侄。钦准袭职，仍授本卫所世袭百户，支俸读书操练，至十五岁管事。

正统九年三月，施端，系越州卫左所世袭百户施逊嫡长男。

成化十五年六月，施镇，定远县人，系越州卫左所世袭百户施端嫡长男。

嘉靖十二年十月，施纪，年三十岁，定远县人，系越州卫左所故百户施镇嫡长男。伊曾祖逊以堂伯祖信堂侄立功百户得侄孙例前沿至父，本人照例革充总旗。

隆庆三年六月，施继芳，年二十六岁，定远县人，系越州卫左所故实授百户施镇亲孙。查伊伯父施纪先年告袭，查革犯堂，与总旗。今本舍告辩先年减革职级，查系永乐元年袭百户，合准与冠带总旗。

万历二十二年　月　日　委官武选司主事陆经脩·348·

五军都督府所属卫所·右军都督府·云南都司·云南后卫

原簿目录

指挥使三员

一号刘继志：始祖刘海，代七，济宁州人。

二号方祥：始祖方成，代七，定远县人。

三号刘起沛：始祖刘宠，代八，寿州人。

年远事故一员

成文：巢县人。

革发一员

窦桔：邠州人。

指挥同知二员

一号李春荣：始祖李顺，代七，青县人。

二号韩世爵：始祖韩文，代八，定远县人。

年远事故一员

欧玉。

指挥佥事五员

一号刘东阳：始祖刘福，代八，宣城县人。

二号樊尚仁：始祖樊牟，代八，含山县人。

三号缪宗臣：始祖缪弼，代九，滁州人。

四号刘应祈：始祖刘永，代六，滨州人。

五号孙雄：始祖孙信，代七，萧县人。

年远事故三员

吴雄。

崔伸。

李济。

署指挥佥事事正千户二员

一号邓显祖：始祖邓税远，代八，临武县人。

二号王世昌：始祖王伯让，代七，卢龙县人。·349·

卫镇抚一员

一号郭太：始祖郭彦刚，代七，南郑县人。

左所正千户一员

一号陈尧道：始祖陈雍，代八，宁国府人。

年远事故一员

袁弘：景陵县人。

副千户七员

一号陈训：始祖陈英一，代六，新涂县人。

二号黄敏：始祖黄义，代六，陕州人。

三号张心：始祖张敬，代七，合肥县人。

四号宋贤：始祖宋贵，代七，太康县人。

五号王殿：始祖黄（王）真，代八，合肥县人。

六号朱国用：始祖朱兴，代六，合肥县人。

七号于尚贤：始祖于皂住，代六，宝应县人。

实授百户二员

一号朱衣：始祖朱马儿，代七，合肥县人。

二号王宽：始祖王来兴，代六，西安县人。

年远事故六员

骆昂：山阳县人。

陈铠：吴江县人。

李勋：蒙城县人。

王选。

朱瑛：太平府人。

宋英。

试百户八员、署所镇抚事试百户一员、所镇抚一员

一号张鹏：始祖张幹，代五，江陵县人。

二号程济：始祖程忠，代四，寿州人。

三号张辅：始祖张捨延，代四，余姚县人。

四号张诏：始祖张源，代六，沧州人。

五号杨诏：始祖杨裕，代五，嘉定州人。

六号田旻：始祖田澄，代四，永宁县人。

七号李琼：始祖李官保，代八，丹稜县人。

八号何聪：始祖何昇，代六，滁州人。

九号刘万钟：始祖刘聚，署所抚，代五，顺义县人。

十号穆文举：始祖穆正典，所抚，代七，寿州人。

右所年远事故正千户一员

尹玉：上元县人。

副千户三员

一号朱继秀：始祖朱得山，代七，江阴县人。

二号许爵：始祖许进，代六，盱眙县人。

三号仝性忠：始祖仝兴，代八，大同县人。

年远事故四员

宋洪：定远县人。

秦铭：合肥县人。

巫贵。

李忠。

实授百户四员

一号薛世廉：始祖薛娄儿，代七，监利县人。

二号段续：始祖段珪，代七，新蔡县人。

三号盛武：始祖盛永安，代八，六安州人。

四号陆松：始祖陆阿来，代五，金坛县人。

年远事故二员

金璋：高邮州人。

张锐：益都县人。

试百户六员、署试百户事总旗一员　续入

金声，高邮人，无印。

一号王宗祐：始祖王谷兴，代七，盱眙县人。

二号崔凤：始祖崔齐儿，代四，寿光县人。

三号陈德缙：始祖陈丑驴，代七，太康县人。

四号锺鑨：始祖锺得，代四，庐陵县人。

五号李宣：始祖李成，代五，华阳县人。

六号冯凤鸣：始祖冯成，代二，迁安县人。

七号程世勋：始祖程铭，署试总，代六，晋江县人。

年远事故二员

柴昂：署所抚，巴县人。

赵荣：试百。

中所年远事故正千户一员

吕焘：固始县人。

副千户二员

一号李大才：始祖李成，代八，上元县人。

二号胡实：始祖胡二春，代五，衡阳县人。

年远事故四员

杨泰：鄱阳县人。

安义。

潘洪。

刘振：永城县人。

实授百户四员

一号孙光祖：始祖孙福，代十，星子县人。

二号倪端：始祖倪全，代八，临淮县人。

三号陶国凤：始祖陶祖一，代十，宿松县人。

四号陈奉祖：始祖陈凯，代六，蕲水县人。

年远事故六员

柯斌：含山县人。

刘澄：滦州人。

孙荣。

孙斌。

刘英。

董洪。

试百户九员、署试百户事总旗一员

一号鲁增：始祖鲁友，代七，抚宁县人。

二号王世仁：始祖王应宗，代七，六安州人。

三号王道：始祖王得，代五，阳曲县人。

四号李增：始祖李成，代七，中牟县人。

五号宋向阳：始祖宋忠，代六，黄冈县人。

六号余言：始祖余来孙，代七，宜春县人。

七号李同桂：始祖李三驴，代七，济宁州人。

八号戴廷惠：始祖戴如童，代六，抚宁县人。

九号尹晟：始祖尹进，代五，常宁县人。

十号李朝阳：始祖李景先，署试总，代七，商水县人。

前所正千户三员

一号陈铿：始祖陈福，代七，定远县人。

二号郭仁：始祖郭僧保，代八，泰州人。

三号陈大策：始祖陈进，代七，定远县人。

副千户四员

一号王廷辅：始祖王任，代六，含山县人。

二号方承爵：始祖方玉，代七，定远县人。

三号熊璋：始祖熊舍保，代八，全州人。

四号李胭：始祖李春，代六，江都县人。

年远事故一员

甄英：亳县人。

实授百户四员

一号吕应钟：始祖吕记儿，代七，陈留县人。

二号谢怀：始祖谢伯，代七，合肥县人。

三号韦信：始祖韦吉，代五，丹徒县人。

四号何尚爵：始祖何海，代八，夏邑县人。

年远事故九员

柳澄：即墨县人。

汤贵：金华县人。

吴昇：郑州人。

陈淮：如皋县人。

孙钲。

朱源。

于瑛。

边洪：溧县人。

张永：通州人。

试百户八员、所镇抚一员、署百户总旗一员

一号陈世赟：始祖陈良，代五，高邮州人。

二号刘永胜：始祖刘福祖，代八，江陵县人。

三号张仰极：始祖张忠，代七，黄岩县人。

四号张辅：始祖哈纳出（纳哈出），代八，山后人。

五号林武朝：始祖林志刚，代八，仪封县人。

六号李国贤：始祖李添奴，代七，吴县人。

七号……

八号叶珉：始祖叶杜兴，代五，休宁县人。

九号金俊：始祖金志，所抚，代六，昆山县人。

十号汪辅：始祖汪义，署百总，代八，江夏县人。

辈数未全一员

狄松：溧阳县人。

年远事故二员

李英：试署所抚，丹徒县人。

李勤：所镇（抚），黄岩县人。

后所正千户二员

一号李春：始祖李政，代九，含山县人。

二号王诏：始祖王云，代八，滁州人。

年远事故二员

杜洪：穀城县人。

许琏：巢县人。

副千户二员

一号魏舜麟：始祖魏晟，代六，祥符县人。

二号李应时：始祖李文荣，代六，电白县人。

辈数未全一员

徐鐏：霍丘县人。

实授百户四员

一号贺恩：始祖贺成，代六，鄢城县人。

二号于俸：始祖于仲敬，代六，平度州人。

三号葛应时：始祖葛敬，代九，高邮州人。

四号覃鸾：始祖覃弘，代四，高要县人。

年远事故八员

吕经：咸城（咸宁）县人。

王洪：崇明县人。

王玺。

吴洪。

赵旺。

曹璘：怀远县人。

吕文。

王刚：上犹县人。

试百户七员、试百户署所镇抚事一员
一号魏垣：始祖魏荣，代七，清流县人。

二号苗玘：始祖苗胜，代七，沭阳县人。

三号张鸾：始祖张俊，代四，番禺县人。

四号金玉：始祖金保子，代五，南昌县人。

五号梁材：始祖梁成，代八，睢州人。

六号任繡：始祖任剪儿，代五，聊城县人。

七号叶敷：始祖叶英，代五，仁和县人。

八号黎俸：始祖黎亚章，试署所抚，代七，怀集县人。

年远事故二员
王玉：奉化县人。

许铨：所抚。选簿遗失，查出。

冠带总旗一员、总旗一名、小旗一名
刘承恩。

蔡继先。

沈聘贤：选簿遗失。

选簿未载贴黄有名但袭替年月未开无凭吊查黄选者三员
花俊：所抚，始祖花关童，代四，丹徒县人。

黄宝：后试百，始祖黄选，代六，光泽县人。

刘义：后试百，始祖刘清，代二，邵阳县人。

刘继志·指挥使

外黄查有：刘继忠，年三十一岁，系云南后卫带俸都指挥佥事。始祖刘海洪武十二年充燕山左护卫后所军，三十二年奉天征讨郑村坝奇功升总旗，三十三年白沟河功升百户，又于白沟河对敌功升指挥佥事，三十四年夹河奇功升指挥同知，故。高祖刘玉系嫡长男，袭指挥同知，以守御永平节次功升指挥使，二十二年迤北征进升云南都司都指挥佥事，麓川功升都指挥同知，香炉山功升署都指挥使，老。曾祖刘镛系庶长男，革替指挥使，定云南后卫，嶍峨功升都指挥佥事，老。祖刘儁系嫡长男，革替指挥使，疾。父刘塘系嫡长男，替，征寻甸阵亡。继忠系嫡长男，以阵亡优袭云南后卫带俸都指挥佥事。

一辈刘海，已载前黄。

二辈刘玉，旧选簿查有：永乐二年二月，刘玉，系金吾左卫指挥同知刘海嫡长男。父原系军，征进历升前职，守永平，病故。

三辈刘镛，旧选簿查有：景泰七年正月，刘玉，年六十四岁，系云南都司署都指挥使事都指挥同知，老疾。有庶长男刘镛，年二十岁，照例替父原职指挥使，定云南后卫。

四辈刘儁，旧选簿查有：弘治十四年闰七月，刘儁，济宁州人，系云南都司指挥佥事刘镛嫡长男。伊父原系云南后卫世袭指挥使，功升前职，老疾。本人照例革替伊父原职指挥使，仍于原卫支俸。

五辈刘塘，旧选簿查有：正德十二年八月，刘塘，济宁州人，系云南后卫故世袭指挥使刘儁嫡长男，优给出幼袭职。

六辈刘继忠，旧选簿查有：嘉靖十六年四月，刘继忠，年十五岁，济宁州人，系云南后卫阵亡指挥使刘塘嫡长男。伊父原袭前职，征寻甸阵亡，本人先因年幼，已与都指挥佥事俸优给，今出幼，照例袭升都指挥佥事。

七辈刘继志，旧选簿查有：嘉靖四十四年十月，刘继志，年三十九岁，济宁州人，系云南后卫故都指挥佥事刘继忠亲弟。伊父刘塘原袭祖职指挥使，嘉靖六年征寻甸阵亡，伊兄刘继忠袭升都指挥佥事，故绝。其都指挥职级系流官，本舍照例革袭祖职指挥使。

八辈刘甡民，万历九年六月，刘甡民，年二十六岁，系云南后卫故指挥使刘继志嫡长男，比中二等。

九辈刘用光，万历四十六年四月，大选过云南后卫指挥使一员刘用光，年三十岁，系故指挥使刘甦民嫡长男，比中二等。

十辈刘次道，天启四年四月，单本选过云南后卫指挥使一员刘次道，年十岁，系故指挥使刘用光嫡长男，比中三等。

方祥·指挥使

外黄查有：方玉，定远县人，系方成男。父前义兵，乙未年渡江，丙午年克广德，丁酉年克宁国，戊戌年克婺源等处，己亥年克诸暨授管军总管，庚子年接应诸暨，癸卯年策应东阳，庚辰（甲辰）年授千户，乙巳年克严州大浪滩，策应诸暨，丙午年克桐庐、富阳、余杭，平定杭州，吴元年除杭州卫正千户，征温、台、福建等处，洪武元年授流官诰命，二年迤北征进，三年克定西沔州、兴源，六月调守汉中，授世袭诰命，四年征四川保宁等处，调成都前卫中所，十年征威、茂、叠州，授世袭诰命，十三年升水军右卫指挥佥事，十四年调宁波卫，十六年授流官诰命，十七年为迟慢修城事发大理卫充军，二十年调金齿听征，二十四年征越州阿资，七月调临安卫，二十五年钦准复职，调六凉卫，二十七年为因年老，玉替职，任本卫世袭指挥佥事，后调云南后卫。

一辈方成，已载前黄。

二辈方玉，已载前黄。

三辈方济，旧选簿查有：永乐二十二年十一月，方济，年十五岁，系云南后卫故世袭指挥佥事方玉庶长男。

钦升簿查有：正统七年云南后卫指挥佥事二次头功并有弟方浩随征杀贼亦获头功一次并升指挥使一员方济。

四辈方敬，旧选簿查有：成化三年九月，方敬，凤阳府定远县人，系云南后卫指挥使方济嫡次孙，钦与世袭。

五辈方仲，旧选簿查有：弘治八年四月，方仲，定远县人，系云南都司都指挥佥事方敬嫡长男。伊父原系云南后卫指挥使，功升前职，今故。本人照例革袭伊父原职指挥使，仍注原卫支俸管理杂事。

六辈方策，旧选簿查有：嘉靖十一年四月，方策，年三十四岁，定远县人，系云南后卫已故都指挥同知方仲嫡长男。伊父原袭祖职指挥使，历功升前职，今故，本舍告袭。所据都指挥系流官例无承袭，本舍照例革袭指挥使。

七辈方祥，候查。

八辈方升，万历三年八月，方升，年十岁，定远县人，系云南后卫故指挥使方祥嫡长男，照例与全俸优给，至万历七年终住支。

万历九年二月，方升，年十七岁，定远县人，系云南后卫故指挥使方祥嫡长男，优给出幼袭职，比中二等。查本舍违限一年，有无多支俸粮，查扣毕日关支。

九辈方元，天启六年八月，大选过云南后卫指挥使一员方元，年十六岁，系故指挥使方升庶长男，比中三等。

刘起沛·指挥使

外黄查有：刘英，寿州人。有父刘宠前陈也先下万户，丙申年建康投附元帅严文贵下从军，戊戌年征宜兴充总管，甲辰年征庐州，设神武卫充百户，丙午年克新化升千户，五月实授潭州卫正千户，洪武五年克四（泗）城州寨药箭伤故。九年英袭父职，授宝庆卫世袭正千户，十六年征师宗州，十九年钦升云南右卫世袭指挥佥事，二十年征摩沙勒寨，三十三年升指挥同知，三十四年升都指挥佥事，三十五年实授，钦准实授云南都司都指挥佥事，永乐二年与世袭流官职事。·356·

一辈刘宠，已载前黄。

二辈刘英，已载前黄。

三辈刘镇，旧选簿查有：永乐六年十一月，刘镇，系云南都司都指挥佥事刘英嫡长男。父原任前云南左护卫世袭指挥佥事，革除年间升除前职，病故，系止终本身，合袭伊父原职，授云南后卫世袭指挥佥事。

四辈刘润，旧选簿查有：正统二年十二月，刘润，系云南后卫故世袭指挥佥事刘镇庶长男。

天顺七年云南后卫指挥同知升指挥使刘润。

五辈刘桓，旧选簿查有：成化五年八月，刘桓，年十五岁，寿州人，系云南后卫故指挥使刘润庶长男，钦与世袭。

六辈刘玺，旧选簿查有：正德四年二月，刘玺，直隶寿州人，系云南都司都指挥同知刘桓嫡长男。伊父原系云南后卫指挥使，功升前职，因调征贵州失陷城池问发广东南海卫永远充军，在监病故。后该伊母具奏，钦准分豁，本人照例承袭伊祖原职指挥使，仍于原卫带俸。

七辈刘玄龄，旧选簿查有：嘉靖十六年八月，刘玄龄，年六岁，寿州人，系云南后卫故指挥使刘玺庶次男，照例与全俸优给，至嘉靖二十四年终住支。

八辈刘起沛，旧选簿查有：嘉靖四十年六月，刘起沛，年三岁，寿州人，系云南后卫故指挥使刘玺嫡长孙，照例与半俸优给，至嘉靖五十三年［终］住支。查伊父刘玄龄犯奸，例应调卫，本舍与半俸优给，候出幼日仍调附近卫所。

刘光显，崇祯三年四月，单本选过云南后卫指挥使一员刘光显，年二十一岁，系故指挥使刘起沛堂侄，比中三等。

年远事故指挥使一员·成文

永乐二年二月，成智，年十六岁，系云南后卫前所故世袭百户成实嫡长男。

天顺五年四月，成宗。伊父成智原系云南后卫指挥同知，贵州开通道路杀贼获功一级该升指挥使，未升老疾。本人系庶长男，照例该袭升流官指挥使。

弘治十六年六月，成文，巢县人，系云南后卫世袭指挥使成宗庶长男。伊嫡兄成斌行止有亏，不堪，本人替职，待兄有男，还与职事。

贴黄开有：弘治十六年十月，病故。

革发指挥使一员·窦桔

正统十一年九月，窦英，系云南后卫故世袭指挥同知窦清嫡长男。

天顺七年十二月，云南后卫指挥同知升指挥使窦英。

成化十三年八月，窦璘，邳州人，系云南后卫指挥使窦瑛嫡长男。

嘉靖十六年十月，窦桔，年三十九岁，直隶邳州人，系云南后卫故绝指挥使窦璘亲侄。伊伯成化十三年替职，至正德十六年故绝。今本舍方保告袭，扣算病故年分，至今已在十六年之外，照例不准承袭，革发原籍为民。

李春荣·指挥同知

外黄查有：李春荣，年十二岁，系云南后卫优给指挥同知，原籍河间府青县人。始祖李顺洪武元年充军，十三年升小旗，二十八年升总旗，三十二年奉天征讨，平定九门、郑州、真定功升百户，大宁、郑村坝功升实授百户，三十三年白沟河、济南功升副千户，三十四年夹河、藁城、西水寨功升指挥同知，三十五年平定京师，永乐元年升都指挥同知，六年升都指挥使，老疾。高祖李勇七年正月替金吾右卫指挥使，宣德六年调今卫，老疾。曾伯祖李祥系庶长男，未生，高叔祖李让系亲弟，借袭。续生祥，长成，正统十四年十二月袭，功升都指挥佥事，弘治五年故。堂伯祖李增系嫡长男，六年二月袭，为侵欺钱粮发金齿卫中所永远充军，嘉靖十一年故，本人子孙革袭。父李朝阳系次房堂侄，十四年四月袭，革授指挥同知，功升都指挥同知，十七年故。春荣系庶长男，年十二岁，三十四年八月照例与指挥同知。

一辈李顺，已载前黄。

二辈李勇，已载前黄。

三辈李让，旧选簿查有：宣德十年八月，李让，系云南后卫指挥使李勇亲弟。·358·

四辈李祥，旧选簿查有：正统十四年十二月，李祥，系云南后卫故世袭指挥使李勇庶长男。父老疾，本人未生，叔李让替职，续生本人，今长成，退还职事，钦准本人袭职，伊叔革闲。

五辈李增，旧选簿查有：弘治六年二月，李增，直隶青县人，系云南都司都指挥佥事李祥嫡长男。伊父原系云南后卫指挥使，功升前职，病故。本人照例袭伊父原职指挥使，仍于云南后卫带俸差操。

六辈李朝阳，旧选簿查有：嘉靖十四年四月，李朝阳，年三十岁，青县人，系云南后卫为事故绝都指挥同知李增堂侄。伊伯原袭洪武年间祖职指挥使，历功升前职，为因侵欺官银问拟永远充军，监追完足发配，故绝，本舍系次房子孙告袭。所据都指挥系流官例无承袭，照例于祖职指挥使上量降一级，与袭指挥同知，于原卫带俸差操。

七辈李春荣，旧选簿查有：嘉靖三十四年八月，李春荣，年七岁，青县人，系云南后卫故指挥同知李朝阳庶长男，照例与全俸优给，至嘉靖四十二年终住支。

旧选簿查有：嘉靖四十四年十二月，李春荣，年一十八岁，青县人，系云南后卫故指挥同知李朝阳嫡长男，优给出幼袭职。查本舍出幼违限二年，限外有无多支俸粮，查扣关支。

八辈李承唐，万历四十四年八月，大选过云南后卫指挥同知一员李承唐，年十九岁，系故指挥同知李春荣庶长男，比中三等。

韩世爵·指挥同知

一辈韩文，缺。

二辈韩友,缺。

三辈韩诚,缺。

四辈韩懋,旧选簿查有:正统六年六月,韩懋,系云南后卫指挥同知韩诚嫡长男。

五辈韩荣,旧选簿查有:成化十一年二月,韩荣,定远县人,系云南后卫故世袭指挥同知韩懋嫡长男。·359·

六辈韩纲,旧选簿查有:弘治四年十二月,韩纲,定远县人,系云南后卫故世袭指挥同知韩荣亲叔。

七辈韩伦,旧选簿查有:弘治十六年十一月,韩伦,定远县人,系云南后卫指挥同知韩纲嫡长男。

八辈韩世爵,旧选簿查有:嘉靖三十二年二月,韩世爵,年二十六岁,定远县人,系云南后卫故指挥同知韩伦嫡长孙。伊祖原袭祖职指挥同知,故。伊伯誉患疾,不堪承袭,未曾生子,伊父举未袭先故。本舍照例借袭祖职指挥同知,待后伊伯生有儿男,退还职事。

九辈韩维藩,万历十四年十月,韩维藩,年十九岁,定远县人,系云南后卫故指挥同知韩世爵嫡长男,比中三等。

[十辈韩维垣,]万历三十五年八月,大选过云南后卫指挥同知一员韩维垣,年十九岁,系故指挥同知韩维藩亲弟,比中三等。

年远事故指挥同知一员·欧玉

洪武二十八年二月,云南后卫指挥同知欧庆。

永乐三年四月,欧玉,系云南都司都指挥佥事欧庆嫡长男。父原任云南后卫世袭指挥同知,革除年间升除前职,病故。敬与原职指挥同知全俸优给,就于本卫关支,至永乐五年终住支,起送赴京袭职。

刘东阳·指挥佥事

外黄查有:刘傑,宁国府人,系刘福嫡长男。有父丙申年归附充先锋,戊戌年充都先锋,甲辰年充总旗,洪武元年选充德清卫百户,十二月实授,四年升副千户,十七年升金吾前卫指挥佥事,故,傑袭指挥佥事。刘澄系刘傑嫡长男,永乐十一年问罪发做总旗立功，十三年赦宥复职，调云南后卫，老，兄刘渊替，杀死，无儿男，澄袭指挥佥事。

一辈刘福，已载前黄。·360·

二辈刘傑，已载前黄。

三辈刘渊，旧选簿查有：宣德五年七月，刘渊，系云南后卫世袭指挥佥事刘傑嫡长男。

四辈刘澄，旧选簿查有：正统三年八月，刘澄，系云南后卫被贼杀死世袭指挥佥事刘渊亲弟。

五辈刘铠，旧选簿查有：成化六年六月，刘铠，年十五岁，宣城县人，系云南后卫老疾世袭指挥佥事刘澄庶长男。

六辈刘瑄，旧选簿查有：弘治十七年十一月，刘瑄，宣城县人，系云南后卫故世袭指挥佥事刘铠嫡长男。

七辈刘凤翱，旧选簿查有：嘉靖二十二年十月，刘凤翱，年二十三岁，宣城县人，系云南后卫已故指挥佥事刘瑄庶长男，候查明方准收俸。

八辈刘东阳，旧选簿查有：嘉靖二十六年十二月，刘东阳，年六岁，宣城县人，系云南后卫故指挥佥事刘凤翱嫡长男，照例与全俸优给，至嘉靖三十四年终住支。

九辈刘万民，万历二十七年四月，刘万民，年三十岁，系云南后卫患疾指挥佥事刘东阳嫡长男，比中二等。

十辈刘光沛，万历四十八年六月，刘光沛，年二十六岁，系故署指挥佥事刘万民嫡长男，比中二等。

樊尚仁·指挥佥事

外黄查有：樊福旧名初，年十四岁，直隶和州含山县人。父樊牟旧名三保，甲午年归附从军，吴元年调大河卫，洪武七年选充水军右卫左所小旗，十五年充总旗，十九年升和阳卫中左所流官百户，钦调蒙化卫右所，故。福［系］庶长男，永乐二年袭云南后卫右所世袭百户。

一辈樊牟，已载前黄。

二辈樊福，旧选簿查有：永乐二年正月，樊福旧名福初，系云南后卫右所阵亡流官百户樊牟旧名三保庶长男。

三辈樊斌，旧选簿查有：永乐十三年十二月，樊斌，系云南后卫右所故世袭百户樊福亲弟。兄有嫡长男樊贵，年四岁，幼小。钦准袭职，待侄长成，还与职事。

四辈樊贵，旧选簿查有：宣德四年九月，樊贵，系云南后卫右所故世袭百户樊福嫡长男。先因年幼，叔樊斌借职。今长成，退还职事，伊叔革闲。·361·

五辈樊晟，旧选簿查有：成化五年八月，樊晟，含山县人，系云南后卫右所世袭百户樊贵庶长男。

六辈樊泰，旧选簿查有：弘治十四年九月，樊泰，含山县人，系云南后卫右所世袭百户樊晟嫡长孙。

副千户、正千户、指挥佥事功次：俱载八辈选条。

七辈樊世鲸，审稿查有：嘉靖二十三年十二月，樊世鲸，年二十二岁，含山县人，系云南后卫故都指挥佥事樊泰嫡长男。伊父原袭副千户，获功历升指挥佥事，推升署都指挥佥事，功升实授都指挥佥事，今故。所据推升署都指挥佥事系虚衔例应减革，本舍照例于祖职副千户上加伊父征进广西并白石等寨，阿速（迷）、蒙功三级，与袭署指挥同知事指挥佥事。

八辈樊尚仁，旧选簿查有：隆庆三年二月，樊尚仁，年二十五岁，含山县人，系云南后卫故署都指挥佥事樊世鲸嫡长男。伊祖樊泰原袭祖职副千户，正德二年师宗州斩首三颗升正千户，六年白石等寨斩首三颗升指挥佥事，节次部下有功升都指挥佥事，故。伊父樊世鲸革袭署指挥同知事指挥佥事，嘉靖二十四年遇例实授，二十九年历推署都指挥佥事贵州参将，四十三年故。所据部功并推升职级俱例不准袭，本舍照例革袭祖职指挥佥事。

九辈樊高明，万历三十年四月，大选过云南后卫右所正千户一员樊高明，年二十二岁，含山县人，系老指挥佥事樊尚仁嫡长男。祖功系实授百户升至指挥佥事，供内功次与选簿互异，又多系部功，沿袭已久，姑准袭正千户，比中一等。

缪宗臣·指挥佥事

外黄查有：缪贤，滁州人，系缪弼旧名留儿嫡长男。有父甲午年从军，洪武三年充小旗，四年除百户，十八年升府军卫中所副千户，老疾，告替。贤于三十二年替，永乐元年调云南后卫中所。

一辈缪弼，已载前黄。

二辈缪贤，已载前黄。

副千户功次：候查。

三辈缪良，旧选簿查有：永乐六年十一月，缪良，系云南后卫中所故世袭副千户缪贤亲弟。

永乐十三年交阯有功，云南后卫中所副千户升正千户缪良。

四辈缪胜，旧选簿查有：洪熙元年八月，缪胜，年十五岁，系云南后卫中所故正千户缪良庶长男，钦与世袭。

五辈缪庸，旧选簿查有：景泰三年九月，缪庸，年十五岁，滁州人，系云南后卫中所正千户缪胜嫡长男。父调征麓贼阵亡，本人先因年幼，照例升一级，已升与指挥佥事俸优给，今出幼，该袭升流官指挥佥事。

六辈缪潾，旧选簿查有：弘治八年八月，缪潾，年十五岁，滁州人，系云南后卫袭升指挥佥事缪庸嫡长男，优给出幼袭职，钦与世袭。·362·

七辈缪镇，缺。

八辈缪宗舟，旧选簿查有：嘉靖十八年四月，缪宗舟，年七岁，滁州人，系云南后卫故指挥佥事缪潾嫡长孙，照例於（与）全俸优给，至嘉靖二十五年终住支。

九辈缪宗臣，旧选簿查有：嘉靖二十四年二月，缪宗臣，年七岁，滁州人，系云南后卫故优给指挥佥事缪宗舟亲弟，照例与全俸优给，至嘉靖三十一年终住支。

嘉靖三十二年六月，缪宗臣，年十五岁，滁州人，系云南后卫故优给指挥佥事缪宗舟亲弟，优给出幼袭职。

十辈缪邦侯，万历二十四年十月，缪邦侯，年十五岁，滁州人，系云南后卫故指挥佥事缪宗臣嫡长孙，比中三等。

刘应祈·指挥佥事

一辈刘永，缺。

二辈刘海，旧选簿查有：宣德七年，刘海，系云南后卫右所流官正千户刘永嫡长男。

三辈刘和，旧选簿查有：景泰元年三月，刘和，系云南后卫右所故世袭正千户刘海嫡长男。

四辈刘斌，旧选簿查有：成化五年六月，刘斌，滨州人，系云南后卫右所故世袭正千户刘和嫡长男。

指挥佥事功次：已载六辈选条。

五辈刘璋，旧选簿查有：正德十二年闰十二月，刘璋，年十五岁，滨州人，系云南后卫故功升指挥佥事刘斌嫡长男，已与优给，续奉勘合以父云南功升指挥同知，本人今出幼袭指挥同知，钦与世袭。

六辈刘应祈，旧选簿查有：嘉靖四十一年二月，刘应祈，年三十岁，滨州人，系云南后卫故指挥同知刘璋亲侄。伊祖刘斌原袭祖职正千户，弘治十五年征普安响水等寨共斩首六颗升指挥佥事，正德二年征广宗州功升指挥同知，故。伊伯刘璋优袭，嘉靖二年征收局料银两侵欺四百八十三两七钱五分，参问五开卫永远充军，遇例审得诬枉，改发边方立功四年，追完赃银一十七两，尚欠银四百六十六两七钱五分，未经发配，三十二年故。所据伊祖广宗州功升指挥同知一级查无功次，例应减革，本舍革袭指挥佥事。其伊伯未经发配病故，照例与支半俸，扣算满日方许全支，遗下伊伯该追赃银照数于本舍名下扣俸还官。

七辈刘崙，万历八年十月，刘崙，年二十六岁，滨州人，系云南后卫故指挥佥事刘应祈嫡长男。伊父原袭祖职指挥佥事，万历六年故。本舍照旧袭祖职指挥佥事，查得伊父拖欠未完料银三百二十五两三钱九分，就于本舍名下扣俸补还，完日方许关支，比中二等。·363·

八辈刘绍庆，天启七年六月，大选过云南后卫指挥佥事一员刘绍庆，年十七岁，系故指挥佥事刘崙庶次男，比中三等。

孙雄·指挥佥事

一辈孙信，缺。

二辈孙弘，旧选簿查有：洪武二十九年九月，孙弘，系大同右护卫故世袭指挥佥事孙信嫡长男，钦与大同后卫指挥佥事。

三辈孙镛，旧选簿查有：洪武三十四年，孙镛，系大同后卫故指挥佥事孙弘嫡长男。

四辈孙淮，旧选簿查有：永乐二十年正月，孙淮，系大同右卫世袭指挥佥事孙镛嫡长男。父为事做工病故，钦准本人袭授云南后卫世袭指挥佥事。

五辈孙鑑，旧选簿查有：天顺五年八月，孙鑑，萧县人，系云南后卫世袭指挥佥事孙淮嫡长男。

六辈孙昱，旧选簿查有：弘治元年七月，孙昱，萧县人，系云南后卫故世袭指挥佥事孙鑑嫡长男。

七辈孙雄，旧选簿查有：正德九年十二月，孙雄，年十五岁，萧县人，系云南后卫故指挥佥事孙昱嫡长男。

年远事故指挥佥事一员·吴雄

永乐七年六月，吴雄，系金齿军民指挥使司指挥佥事吴理嫡长男。有祖吴宪原·364·系致仕卫镇抚，因朝见升指挥佥事，赴任云南后卫卫镇抚，祖为年老将父替升前职，未定流世，征安南阵亡，敬准袭世袭指挥佥事。

又一员·崔伸

洪武二十六年四月，崔伸，系崔雄男，见任临安卫副千户，钦依越正千户升除云南后卫世袭指挥佥事。

又一员·李济

洪武三十四年四月，李济，系云南后卫世袭指挥佥事李谦嫡长男。父白沟河阵亡，钦袭本卫世袭指挥佥事。

邓显祖·署指挥佥事

内黄查有：邓文旧名午晚，桂阳州人。父邓税远充军，升小旗，功升总旗，功升百户，升副千户，故。文袭升正千户，钦与世袭。

一辈邓税远，已载前黄。

二辈邓文，已载前黄。

三辈邓政，旧选簿查有：正统十年十二月，邓政，系云南后卫左所正千户邓文旧名午晚嫡长男，钦与世袭。

四辈邓瑛，旧选簿查有：成化十二年五月，邓瑛，临武县人，系云南后卫左所世袭正千户邓政嫡长男。

五辈邓俊，旧选簿查有：弘治十七年八月，邓俊，临武县人，系云南后卫左所故世袭正千户邓瑛嫡长男。·365·

六辈邓傑，旧选簿查有：正德十二年十一月，邓傑，临武县人，系云南后卫左所故绝世袭正千户邓俊亲弟。

功次簿查有：嘉靖十四年三月初七日，为捷音事查得云南征剿过庄贼李贤等获功，一人自擒斩贼级三名颗、四名颗、五名颗汉官旗七十一员名，云南后卫左所正千户升署指挥佥事一员邓傑。

七辈邓承爵，旧选簿查有：嘉靖三十六年八月，邓承爵，年二十岁，临武县人，系云南后卫年老署指挥佥事邓傑嫡长男。

八辈邓显祖，旧选簿查有：嘉靖四十年四月，邓显祖，年六岁，系临武县人，系云南后卫故署指挥佥事邓承爵嫡长男，照例与全俸优给，至嘉靖四十九年终住支。

邓显祖，隆庆六年二月，邓显祖，年十六岁，临武县人，系云南后卫故署指挥佥事邓承爵嫡长男，优给出幼袭职。

九辈邓承禄，万历二十六年十月，大选邓承禄，年四十五岁，系云南后卫系故署指挥佥事事正千户邓显祖亲叔，比中三等。

王世昌·署指挥佥事事正千户

一辈王伯让，缺。

二辈王贵，缺。

三辈王斌，旧选簿查有：永乐九年二月，王斌，系金吾左卫前所灵璧县阵亡试百户王伯让嫡次男，敬袭世袭正千户。

四辈王瓒，旧选簿查有：天顺二年七月，王瓒，卢龙县人，系云南后卫前所世袭正千户王斌嫡长男。

五辈王镇，旧选簿查有：成化十四年七月，王镇，卢龙县人，系云南后卫前所故世袭正千户王瓒嫡长男。

六辈王章，旧选簿查有：正德九年六月，王章，卢龙县人，系云南后卫前所故世袭正千户王镇嫡长男。

署指挥佥事功次：候查。

七辈王世昌，旧选簿查有：嘉靖三十三年六月，王世昌，年一十五岁，卢龙县人，系云南后卫故署指挥佥事王章庶长男。查得伊父璋原袭祖职正千户，历功升署指挥使，为事降指挥佥事，推升守备佥书，故。所据指挥佥事系自己立功自己犯罪，及推升流官，俱应减革，本舍量革与署指挥佥事事正千户。

八辈王九思，万历十四年八月，王九思，年二十五岁，卢龙县人，系云南后卫瘸疾指挥佥事王世昌嫡长男。伊父原袭祖职署指挥佥事事正千户，万历十一年征剿云南等处缅贼有功钦升实授指挥佥事，今老疾。所据伊父云南有功钦升职级，原非擒斩，例不准替，本舍合照例革替祖职署指挥佥事事正千户，比中一等第三十一名。

九辈王九（之）师，崇祯九年十月，大选过云南后卫署指挥佥事事正千户一员王之师，年四十二岁，系老署指挥佥事事正千户王九思嫡长男，比中三等。

郭太·卫镇抚

一辈郭彦刚，缺。

二辈郭斌，旧选簿查有：洪熙元年闰七月，郭斌，系兰州卫右州（所）世袭副千户郭彦刚嫡长男。

三辈郭琳，旧选簿查有：成化元年十二月，郭琳，南郑县人，系云南右卫世袭卫镇抚郭斌嫡长男。

四辈郭玘，旧选簿查有：成化十六年五月，郭玘，南郑县人，系云南后卫故世袭卫镇抚郭琳堂弟。

五辈郭晟，旧选簿查有：弘治十四年闰七月，郭晟，南郑县人，系云南后卫世袭卫镇抚郭玘嫡长男。

六辈郭景，旧选簿查有：正德元年十月，郭景，南郑县人，系云南后卫故世袭卫镇抚郭玘嫡次男。兄郭晟患疾不堪，本人借职，待兄有男，还与职事。

七辈郭太，旧选簿查有：正德十三年六月，郭太，年八岁，南郑县人，系云南后卫故卫镇抚郭景嫡长男，钦与全俸优给，至正德二十年终住支。·367·

陈尧道·正千户

外黄查有：陈忠，宁国府人，系陈雍旧名高兴嫡长男。乙（己）亥年归附，甲辰年选充百户，洪武十八年升除云南左卫后所副千户，二十年调洱海卫右所，故。忠袭，授洱海卫中所世袭副千户，永乐元年调云南后卫左所。

一辈陈雍，已载前黄。

二辈陈忠，已载前黄。

三辈陈彝，旧选簿查有：永乐十三年十二月，陈彝，系云南后卫左所故世袭副千户陈忠亲弟。

四辈陈英，旧选簿查有：宣德五年五月，陈英，系云南后卫左所世袭副千户陈彝嫡长男。

五辈陈彬，旧选簿查有：景泰五年四月，陈彬，宁国府人，系云南后卫左所故世袭副千户陈英嫡长男。

六辈陈宽，旧选簿查有：弘治十二年九月，陈宽，宁国府人，系云南后卫左所世袭副千户陈彬嫡长男。

七辈陈仁，旧选簿查有：嘉靖五年十二月，陈仁，宁国府人，系云南后卫左所故世袭副千户陈宽嫡长男，优给出幼袭职，限外多支俸粮，查扣关支。

堂稿查有：嘉靖十四年云南嶍峨等县获功升实授一级不赏，一人自擒斩贼级三名颗四名颗五名颗汉官旗七十一员名内云南后卫左所副千户升正千户陈仁。

八辈陈尧道，旧选簿查有：嘉靖十六年八月，陈尧道，年七岁，宁国府人，系云南后卫左所故副千户陈仁嫡长男。伊父原袭前职，嘉靖十四年莽甸获功一级升正千户，未任，故。本人照例于祖职副千户上加伊父军功一级，与正千户俸优给，扣至嘉靖二十三年终住支。

旧选簿查有：嘉靖二十五年二月，陈尧道，宁国府人，系云南后卫左所正千户陈仁嫡长男。伊父原袭副千户，获功升正千户，未任故。本舍先因年幼，已与正千户俸优给，今出幼，仍袭伊父功升正千户。

年远事故左所正千户一员·袁弘

天顺四年九月，袁贵，系云南后卫左千户所故世袭正千户袁清嫡长男。

弘治五年二月，袁弘，景陵县人，系云南后卫左所故世袭正千户袁贵嫡长男。

陈训·副千户

一辈陈英一，缺。

二辈陈仲，缺。

三辈陈珊，钦升簿查有：正统七年七月，调征云南麓川于上江等处杀蛮贼有功云南后卫左所总旗三次奇功头功升副千户一员陈珊。

旧选簿查有：景泰元年七月，云南后卫副千户升正千户一员陈珊。

钦升簿查有：景泰四年七月，贵州草塘等处杀贼获功一级云南后卫指挥佥事升指挥同知一员陈珊。

四辈陈铭，旧选簿查有：成化四年九月，陈铭，年十五岁，新涂县人，系云南后卫故指挥同知陈珊嫡长男，钦与世袭。

五辈陈轩，旧选簿查有：弘治七年四月，陈轩，年十六岁，新涂县人，系云南后卫故指挥同知陈铭嫡长男，优给出幼袭职。

六辈陈训，旧选簿查有：嘉靖十三年八月，陈训，年十岁，新涂县人，系云南后卫故指挥同知陈轩庶长男。伊曾祖珊原以总旗正统六年麓川杀贼越升副千户，贵州获功升正千户，香炉山获功升指挥佥事，草塘获功升指挥同知，祖、父沿袭。所据麓川功无擒斩越升职级例应减革，本人于总旗上加军功四级与正千户俸优给，至嘉靖十七年终住支，注左所。

旧选簿查有：嘉靖二十年二月，陈训，年十七岁，新涂县人，系云南后卫左所优给正千户已故指挥同知陈轩庶长男。伊高祖珊以总旗麓川奇功头功三次升副千户，景泰元年贵州功升正千户，三年香炉山功升指挥佥事，四年草塘功升指挥同知，祖、父沿袭，故。本人优给，已革与左所正千户俸，今出幼，所据香炉山功无擒斩例应减革，照例革袭副千户。

充军簿查有：嘉靖三十七年二月，陈训，新涂县人，系云南后卫左所副千户，犯该监守自盗问发重庆卫左所永远充军。

黄敏·副千户

一辈黄义，缺。

二辈黄礼，旧选簿查有：洪武三十一年，黄礼，系洱海卫中所世袭百户黄义嫡长男。

三辈黄玺，旧选簿查有：永乐二十二年二月，黄玺，系云南后卫左所故世袭百户黄礼嫡长孙。

副千户功次：候查。

四辈黄政，旧选簿查有：成化九年十二月，黄政，陕州人，系云南后卫左所故副千户黄玺嫡长男，钦与世袭。

五辈黄伸，旧选簿查有：弘治十四年六月，黄伸，陕州人，系云南后卫左所故世袭副千户黄政嫡长男。

六辈黄敏，旧选簿查有：正德七年六月，黄敏，陕州人，系云南后卫左所故世袭副千户黄伸亲叔。

七辈黄表，万历六年六月，黄表，年三十八岁，陕州人，系云南后卫左所故实授百户黄敏亲侄。查伊祖黄玺正统六年麓川杀贼获功升副千户，至黄敏为效滥等事查革实授百户，今本舍照旧袭实授百户，比中三等。

张心·副千户

内黄查有：张济，合肥县人。有祖张敬乙未年从军，甲辰年敬除百户，洪武元年授流官敕命，四年升横海卫副千户，故。父张本袭，二十一年为整点大军事发金齿充军，原授诰五道追夺，二十五年复职，除世袭副千户，阵亡。济系嫡长男，袭，永乐元年调云南后卫左所。张伦系正千户张璘嫡长男。父袭副千户，思宗州功升前职，伦正德十五年替。

一辈张敬，已载前黄。

二辈张本，已载前黄。

三辈张济，旧选簿查有：永乐元年三月，张济，系洱海卫中所阵亡世袭副千户张本嫡长男。

四辈张刚，旧选簿查有：永乐二十一年七月，张纲，系云南后卫左所为事做工故世袭副千户张济嫡长男。

五辈张璘，旧选簿查有：成化九年九月，张璘，合肥县人，系云南后卫左所故世袭副千户张刚嫡长孙。

六辈张伦，旧选簿查有：正德十五年十月，张伦，合肥县人，系云南后卫左所老疾正千户张璘嫡长男。父袭副千户，思宗州功升前职。

七辈张心，旧选簿查有：嘉靖十九年十月，张心，年九岁，合肥县人，系云南后卫左所故正千户张伦嫡长男，照例与全俸优给，至嘉靖二十四年终住支。·370·

旧选簿查有：嘉靖二十五年十月，张心，年十五岁，合肥县人，系云南后卫左所故正千户张伦嫡长男，优给出幼袭职。伊祖璘以副千户思宗州功升正千户，父伦沿袭。所据思宗州功无擒斩，本舍照例革与副千户。

八辈张椿，万历三年四月，张椿，年四十岁，合肥县人，系云南后卫左所故副千户张心堂弟。伊堂兄原袭祖职副千户，隆庆四年故绝，应该伊兄张松承袭，年老无子，本舍照例准借袭祖职副千户。待后伊兄生有儿男，退还职事。

九辈张承爵，万历二十四年十一月，张承爵，年十六岁，合肥县［人］，系云南后卫左所故副千户张椿堂孙。查承爵以上四辈未袭，例当驳查，念其万里长途，姑降一级与袭实授百户，比中三等。

宋贤·副千户

外黄查有：宋兴，泰（太）康县人，系宋贵嫡长男。父洪武元年归附，二年除广西卫百户，八年调桂林右卫，十七年为事充军，二十年钦取复职，除云南洱海卫世袭百户，三十一年阵亡。兴三十二年袭职，仍授洱海卫中所世袭百户，永乐元年调云南后卫左所。宋昱系宋兴次男。父故，兄宋英袭，故，无儿，昱宣德七年袭授本卫所百户。

一辈宋贵，已载前黄。

二辈宋兴，已载前黄。

三辈宋英，已载前黄。①

四辈宋昱，已载前黄。

五辈宋纲，旧选簿查有：成化二年七月，宋纲，太康县人，系云南后卫左所故副千户宋昱嫡次男，钦与世袭。

六辈宋祯，旧选簿查有：正德四年闰九月，宋祯，年十五岁，太康县人，系云南后卫左所故世袭副千户宋纲嫡长男。

七辈宋贤，旧选簿查有：嘉靖十三年八月，宋贤，年二十岁，太康县人，系云南后卫左所故副千户宋祯嫡次男。

王殿·副千户

外黄查有：王真旧名焦老，合肥县人，乙未年从军，丙午年调英武卫充小旗，洪武十一年充总旗，十四年除羽林左卫后所世袭百户，十八年钦升大理卫中右所世袭副千户，永乐元年调云南后卫左所。王清系王真庶长男。王璧系王清嫡长男。·371·

一辈王真，已载前黄。

---

① 《总汇》本册第376页"又一员·宋英"载："永乐二十年六月，宋英，系云南后卫左所故世袭百户宋兴嫡长男"，或可补此簿贴黄及"三辈宋英"选条记载。

二辈王清，旧选簿查有：永乐六年五月，王清，系云南后卫左所老疾世袭副千户王真庶长男。

三辈王璧，旧选簿查有：永乐二十年正月，王璧，系云南后卫左所故世袭副千户王清嫡长男。

四辈王铨，旧选簿查有：正统六年九月，王铨，系云南后卫左所故副千户王璧嫡长男。

五辈王纲，旧选簿查有：成化七年闰九月，王纲，合肥县人，系云南后卫左所故世袭副千户王铨嫡长男。

六辈王京，旧选簿查有：弘治七年九月，王京，年十五岁，合肥县人，系云南后卫左所故世袭副千户王纲嫡长男，优给出幼袭职。

七辈王诏，旧选簿查有：嘉靖二十年二月，王诏，年四十岁，合肥县人，系云南后卫左所老疾副千户王京嫡长男，仍袭原职。

八辈王殿，旧选簿查有：嘉靖三十四年四月，王殿，合肥县人，系云南后卫左所痼疾副千户王诏嫡长男。

九辈王之屏，万历元年八月，王之屏，年二十八岁，合肥县人，系云南后卫左所故副千户王殿嫡长男。

十辈王民皞，万历二十三年八月，王民皞，年十九岁，系云南后卫左所故副千户王之屏亲侄，比中二等。

朱国用·副千户

一辈朱兴，缺。

二辈朱贵，缺。

旧选簿查有：永乐十二年交阯有功，百户升副千户云南后卫左所朱贵。

三辈朱成，旧选簿查有：永乐二十年闰十二月，朱成，系云南后卫左所故副千户朱贵庶长男，钦与全俸优给，至永乐二十八年终住支。·372·

四辈朱琇，旧选簿查有：成化九年十月，朱琇，合肥县人，系云南后卫左所故世袭副千户朱成嫡长男。

五辈朱鑑，旧选簿查有：弘治十七年八月，朱鑑，合肥县人，系云南后卫左所故世袭副千户朱琇嫡长男。

六辈朱国用，旧选簿查有：嘉靖三十一年八月，朱国用，年九岁，合肥县人，系云南后卫左所故副千户朱鑑嫡长孙，照例与全俸优给，至嘉靖三十六年终住支。

七辈朱朝昌，万历二十四年六月，大选过［朱］朝昌，年十八岁，合肥县人，系云南后卫左所故副千户朱国用嫡长男，比中三等。

八辈朱家相，万历四十三年八月，大选过云南后卫左所副千户一员朱家相，年十五岁，系故副千户朱朝昌嫡长男。本舍以子承父，应准袭前职，比中三等。

于尚贤·副千户

外黄查有：于昇，宝应县人。高祖于皂住丙午年归附，洪武十五年征乌撒、曲靖等处有功，二十年升小旗，故。曾祖于胜补役，永乐十三年升总旗，老。祖于瑄补役，正统六年征进云南麓川获头功二次升实授百户，老。父于鑑系嫡长男，景泰七年替，故。昇系嫡长男，弘治十二年优给，正德三年袭，嘉靖七年云南寻甸土舍安铨叛乱，攻打五条沟、柴冲、青山等寨节次擒斩贼级四名颗有功，八年升云南后卫左所副千户。

一辈于皂住，已载前黄。

二辈于胜，已载前黄。

三辈于瑄，已载前黄。

四辈于鑑，旧选簿查有：景泰七年九月，于鑑，宝应县人，系云南后卫左所百户于瑄嫡长男，钦与世袭。

五辈于昇，旧选簿查有：正德四年二月，于昇，年十五岁，宝应县人，系云南后卫左所故百户于鑑嫡长男。

副千户功次：已载前黄。

六辈于尚贤，旧选簿查有：嘉靖四十一年八月，于尚贤，年三十岁，宝应县人，系云南后卫左所年老副千户于昇嫡长男。

七辈于继勋，万历十三年八月，于继勋，年二十二岁，宝应县人，系云南后卫左所故副千户于尚贤嫡长男，比中三等。·373·

八辈于应祖，万历四十二年四月，大选过云南后卫左所副千户一员于应祖，年三十一岁，系故副千户于继勋嫡长男，比中三等。

九辈于腾龙，万历四十六年四月，大选过云南后卫左所副千户一员于腾龙，年十六岁，系故副千户于应祖嫡长男，比中三等。

朱衣·实授百户

外黄查有：朱衣，年四十九岁，系云南后卫左所实授百户，原籍直隶庐州府合肥县人。一世祖朱马儿乙未年从军，二十三年征撒毛、王关、镇南等洞，二十四年升总旗，疾。始祖朱铭代役，调利州卫，三十一年选保百户，三十五年钦与实授，永乐十七年故。高祖朱信承袭，降充总旗，正统三年麓川阵亡。曾祖朱瑛系亲男，六年七月袭升实授百户，天顺三年东苗斩首有功六年升副千户，成化七年故。祖朱昇系嫡长男，八年二月袭，正德六年故。父朱冠系嫡长男，七年八月袭，嘉靖四年故。衣系嫡长男，十一年四月革遇例与袭实授百户，三十六年钦调云南后卫左所实授百户。

一辈朱马儿，已载前黄。

二辈朱铭，已载前黄。

三辈朱信，已载前黄。

四辈朱瑛，已载前黄。

五辈朱昇，已载前黄。

六辈朱冠，已载前黄。

七辈朱衣，已载前黄。

王宽·实授百户·374·

一辈王来兴，缺。

二辈王锁儿，缺。

三辈王四保，缺。

实授百户功次：已载四辈选条。

四辈王俊，旧选簿查有：景泰七年九月，王俊，潮州府人，系云南后卫左所试百户王四保嫡长男。父原系小旗，调征麓贼获头功二次升前职，今老疾，钦准本人替实授百户。

五辈王钢，旧选簿查有：成化二十三年二月，王纲，西安县人，系云南后卫左所世袭百户王俊嫡长男。

六辈王宽，旧选簿查有：正德七年十月，王宽，西安县人，系云南后卫左所年老百户王纲嫡长男。

七辈王文举，万历十一年四月，王文举，年三十五岁，西安县人，系云南后卫左所故实授百户王宽亲侄。伊伯原袭祖职实授百户，隆庆四年故，应该伊堂兄王应春袭职，患疾不堪，无子，伊父王宇未袭先故。本舍应照例借袭祖职实授百户，待后伊堂兄疾痊或生有儿男，退还职事，比中三等。

八辈王思贤，万历四十五年十二月，大选过云南后卫左所实授百户一员王思贤，年二十一岁，系故实授百户王文举嫡长孙，比中二等。

年远事故左所世袭百户一员·骆昂

成化七年十月，骆宁，山阳县人，系云南后卫左所百户骆忠嫡长男，钦与世袭。

成化十五年十二月，骆昂，山阳县人，系云南后卫左所故世袭百户骆宁嫡长男。

又一员·陈铠

正统十三年七月，陈玘，系云南后卫左所试百户陈洪户名陈益嫡长男。父于江等处杀贼获功升除前职，病故，钦准本人袭实授世袭百户。

成化二十二年九月，陈铠，吴江县人，系云南后卫左所故世袭百户陈玘嫡长男。贴黄开有：正德十年三月病故。

又一员·李勋

成化十一年八月，李勋，年十五岁，蒙城县人，系云南后卫左所故世袭百户李祯嫡长男。

又一员·王选

永乐四年四月，王春，系云南后卫左所故世袭百户王琮亲叔。

正统四年十一月，王选，年十五岁，系云南后卫左所老疾世袭百户王春庶长男。

又一员·朱瑛

天顺二年八月，朱瑛，太平府人，系云南后卫左所世袭百户朱亮庶长男。

又一员·宋英

永乐二十年六月，宋英，系云南后卫左所故世袭百户宋兴嫡长男。①

张鹏·试百户

外黄查有：张端，年四十二岁，荆州府江陵县人。义曾祖熊秀洪武十八年为事发云南充军，洪武二十年调拨洱海卫，病故，无儿男。祖张五通保户名不动补役，永乐元年二月调云南后卫左所，永乐八年故。叔张幹顶户名补役，正统六年九月调征麓川反寇，十一月初五日首夺上江西岸，十一日攻破刀招汉贼寨，闰十一月二十一日攻破杉木笼山寨，十二月十三日攻破贼首思任发巢穴获头功三次，正统七年二月十九日升云南后卫左所试百户，正统十四年老，无儿男。端系亲侄，天顺六年六月二十六日钦准替授本卫所世袭百户。·376·

一辈张幹，已载前黄。

二辈张端，旧选簿查有：天顺六年六月，张端，江陵县人，系云南后卫左所百户张幹户名熊秀亲侄，钦与世袭。

三辈张表，旧选簿查有：成化十二年十月，张表，江陵县人，系云南后卫左所残疾百户张端嫡长男。钦与全俸优给，至成化十六年终住支。

四辈张正，旧选簿查有：弘治二年六月，张正，江陵县人，系云南后卫左所故百户张端嫡次男。伊叔祖原系试百户，父天顺六年替职实授，兄张表照例革替试百户，本人今又遇例，该袭实授百户。

五辈张鹏，旧选簿查有：嘉靖二十八年十月，张鹏，江陵县人，系云南后卫左所故实授百户张正嫡次男。伊父张正原袭祖职试百户，遇例实授。所据遇例职级不由军功，例应革减，本舍照例与袭祖职试百户。

六辈张承祖，万历四年十月，张承祖，年二十岁，江陵县人，系云南后卫左所年老试百户张鹏庶长男。

① 此"又一员·宋英"簿所载，或即《总汇》本册第371页"宋贤·副千户"选簿之"三辈宋英"选条该载者。

七辈张绅，万历二十九年四月，大选过张绅，年十八岁，系云南后卫左所已故试百户张承祖嫡长男，比中二等。

程济·试百户

一辈程忠，试百户功次：候查。

二辈程信，旧选簿查有：天顺七年十一月，程信，寿州人，系云南后卫左所故百户程忠庶长男，钦与世袭。

三辈程纶，旧选簿查有：正德七年八月，程纶，寿州人，系云南后卫左所老疾百户程信嫡次男。内实授一级系天顺八年遇例，本人照例革替试百户。

四辈程济，缺。

张辅·试百户

内黄查有：张晖，余姚县人。祖张细回充军，永乐七年征交阯阵亡。宣德二年晖旧名捨延补，景泰三年调征贵州关索岭苗贼斩首三颗未升，二年征香炉山擒斩贼级三名颗三年升小旗，天顺元年重升小旗，改升总旗，天顺三年调征东苗摆郎、容填等寨节次斩获首级三颗，七年升云南后卫试百户，八年遇例实授，成化四年与流官。·377·

一辈张捨延，旧选簿查有：天顺七年十二月，云南后卫实授总旗升试百户张捨延。

二辈张傑，旧选簿查有：成化二年六月，张傑，余姚县人，系云南后卫左所百户张晖即张捨延嫡长男，钦与世袭。

三辈张翼，旧选簿查有：正德七年六月，张翼，余姚县人，系云南后卫左所百户张傑嫡长男。伊祖张晖原系试百户，天顺元年遇例实授，年老，伊父冒替，本人照例已革与试百户俸优给，今出幼袭职。

四辈张辅，旧选簿查有：嘉靖三十二年五月，张辅，年二十岁，余姚县人，系云南后卫左所故试百户张翼嫡次男。伊父原袭祖职试百户，为事参问立功，故。伊兄张辂犯盗事发，行止有亏，不堪承袭，未曾生子。本舍照例借袭祖职试百户，待后伊兄生有儿男，退还职事。

五辈张登元，万历二十一年八月，张登元，年二十一岁，余姚县人，系武定守御所年老试百户张辅嫡长男，比中一等。

张诏·试百户

外黄查有：张雄，沧州人。曾祖张源洪武二年归附，九年充小旗，十七年克石门升总旗，三十二年升本卫百户，故。祖张永并枪补充原役总旗，故。父张钦补充总旗，叔张铭以余丁征麓川头功，正统七年将叔前功并升试百户，天顺元年遇例实授百户。张昂系云南后卫左所故百户张雄嫡长孙，伊曾祖原系试百户，遇例实授，本人优给未革，今出幼，照例革袭试百户。

一辈张源，已载前黄。

二辈张永，已载前黄。

三辈张钦，已载前黄。

四辈张雄，旧选簿查有：天顺四年八月，张雄，沧州人，系云南后卫左所故百户张钦户名张原嫡长男，钦与世袭。

五辈张昂，旧选簿查有：正德十年八月，张昂，沧州人，系云南后卫左所故百户张雄嫡长孙。伊曾祖原系试百户，遇例实授，本人优给未革，今出幼，照例革袭试百户。

六辈张诏，旧选簿查有：嘉靖四十五年六月，张诏，年三十岁，沧州人，系云南后卫左所年老试百户张昂嫡长男。·378·

杨诏·试百户

外黄查有：杨裕，嘉定州人。祖杨小关吴元年从军，洪武二十八年年老。兄杨继先户名不动代役，正统元年故。裕顶户名补役，六年麓川获功二次七年升总旗，景泰元年关索岭等处开通[道]路斩首三颗，天顺元年升云南后卫左所试百户，遇例实授，成化四年与流官。

一辈杨裕，已载前黄。

二辈杨洪，旧选簿查有：成化七年七月，杨洪，嘉定州人，系云南后卫左所百户杨裕户名杨小关嫡长男，钦与世袭。

三辈杨雄，旧选簿查有：弘治三年八月，杨雄，嘉定州人，系云南后卫左所故世袭百户杨洪嫡长男。

四辈杨儒，旧选簿查有：嘉靖五年八月，杨儒，年十六岁，嘉定州人，系云南后卫左所故世袭百户杨雄嫡长男，优给出幼袭职，限外多支俸粮，查扣关支。

五辈杨诏，审稿查有：隆庆三年十月，杨诏，系云南后卫左所故实授百户杨儒嫡长男。查伊祖杨裕正统六年征麓川功升总旗，景泰元年贵州草塘功升试百户，天顺八年遇例实授，今冒供征东苗功升实授百户。所据冒供例难准袭，本舍革袭试百户。

田旻·试百户

一辈田澄，旧选簿查有：景泰五年，云南后卫总旗升试百户田澄。

二辈田刚，旧选簿查有：成化元年八月，田刚，永宁县人，系云南后卫左所试百户田澄嫡长孙。祖原系总旗，于贵州草塘等处杀贼获功升前职，病故。本人先因年幼，照例已升与实授百户俸优给，今出幼，袭实授百户。

三辈田胜，缺。

四辈田旻，旧选簿查有：正德九年十月，田旻，年十五岁，永宁县人，系云南后卫左所故百户田胜嫡长男。伊高祖田澄原系试百户，遇例实授，伊父祖例前承袭，相沿至今。本人先因年幼，例前已与百户俸优给，今出幼，照例革与试百户。·379·

五辈田汝耕，万历三年二月，田汝耕，年二十七岁，永宁县人，系云南后卫左所故试百户田旻亲侄。

六辈田应春，万历二十三年六月，田应春，年十九岁，永宁县人，系云南后卫左所故试百户田汝耕嫡长男，比中三等。

李琼·试百户

一辈李官保，缺。

二辈李各保，缺。

三辈李广，缺。

四辈李滨，旧选簿查有：正统十四年十二月，李滨，系云南后卫左所试百户李广户名李官保嫡长男。父原系总旗，调征麓贼有功升前职，病故，钦与本人实授百户俸优给，至景泰八年终住支。

五辈李瑛，旧选簿查有：成化十三年七月，李瑛，丹棱县人，系云南后卫左所故百户李滨嫡长男，钦与世袭。

六辈李雄，旧选簿查有：弘治十二年十二月，李雄，丹棱县人，系云南后卫左所故世袭百户李瑛亲弟。

七辈李海，旧选簿查有：弘治十五年四月，李海，丹棱县人，系云南后卫左所故世袭百户李雄亲叔。

八辈李琼，旧选簿查有：正德九年十二月，李琼，丹棱县人，系云南后卫左所故百户李海亲侄。伊祖李广原系试百户，长伯李滨袭实授，例前传至今，本人照例革袭试百户。

何聪·试百户·380·

一辈何昇，缺。

二辈何真，缺。

三辈何亨，旧选簿查有：永乐元年闰十一月，何亨，系云南后卫左所阵亡世袭百户何真嫡长男。

四辈何信，旧选簿查有：正统十年十月，何信，系云南后卫左所世袭百户何亨嫡长男。

五辈何纲，旧选簿查有：成化八年十月，何纲，滁州人，系云南后卫左所世袭百户何信嫡长男。

六辈何聪，旧选簿查有：弘治十四年闰七月，何聪，年十五岁，滁州人，系云南后卫左所故世袭百户何纲嫡长男。

刘万钟·署所镇抚事试百户

一辈刘聚，缺。

署所镇抚事试百户功次：候查。

二辈刘文，缺。

三辈刘通，旧选簿查有：弘治十一年七月，刘通，顺义县人，系云南后卫左所故署所镇抚事世袭百户刘文亲侄。

四辈刘潮，旧选簿查有：正德十五年八月，刘潮，顺义县人，系云南后卫左所署所镇抚事百户刘通嫡长男。曾祖刘聚功升试百户，遇例实授，祖、父沿袭，本人照例革与试百户。

五辈刘万钟，旧选簿查有：嘉靖三十二年六月，刘万钟，顺义县人，系云南后卫左所老疾实授百户兼署所镇抚刘潮嫡长男。查得伊父原替试百户，兼署所镇抚事，后遇例实授，今本舍革遇例，与署所镇抚事试百户。·381·

穆文举·所镇抚

外黄查有：穆谦，寿州人，系穆永旧名允庶长男。有祖穆润富丙申年归附，甲辰年克庐州阵，残疾。乙巳年令义伯穆正兴代役，洪武三年除羽林右卫百户，复姓，洪武七年升太原护卫千户，十二年十二月病故。有父穆永先于八年拨金吾左卫充舍人，十七年六月敬除江阴卫左所试所镇抚，十九年征都匀麻哈等处，二十年九月钦与实授世袭所镇抚，二十三年五月调云南平夷卫左所，二十九年七月调云南右卫中所，改名穆永，三十五年四月小河阵亡。谦永乐二年四月钦准授云南后卫左所世袭所镇抚。穆玉系穆谦嫡长孙，祖病故，父穆滨袭，成化八年八月钦准替授云南后卫左千户所世袭所镇抚。

一辈穆正兴，已载前黄。

二辈穆永，旧选簿查有：洪武三十一年九月，云南右卫中所世袭所镇抚穆永，旧名允。

三辈穆谦，旧选簿查有：永乐二年四月，穆谦，系云南右卫后所副千户穆永庶长男。父原任世袭所镇抚，三十二年升除前职，阵亡，钦准袭父原职所镇抚，授云南后卫左所世袭所镇抚，支俸读书操练，至十五岁出幼管事，二十岁比试弓马。

四辈穆宾，旧选簿查有：正统七年二月，穆宾，系云南后卫左所故所镇抚穆谦嫡长男。

五辈穆玉，旧选簿查有：成化八年十月，穆玉，寿州人，系云南后卫左所世袭所镇抚穆宾嫡长男。

六辈穆昇，旧选簿查有：正德三年十二月，穆昇，寿州人，系云南后卫左所年老世袭所镇抚穆玉嫡长男。

七辈穆文举，旧选簿查有：嘉靖二十四年十二月，穆文举，寿州人，系云南后卫左所老疾所镇抚穆昇嫡长男。

年远事故右所正千户一员·尹玉

天顺元年九月，尹玉，上元县人，系云南后卫右所正千户尹镇嫡长男，钦与世袭。·382·

朱继秀·副千户

外黄查有：朱得山，江阴县人。有父朱福先系军，洪武十四年为因年老将得山户名不动代役，三十二年郑村坝升小旗，三十三年济南升总旗，三十四年藁城升试百户，三十五年小河战胜永乐元年升永平卫中前所副千户，三年与世袭。

一辈朱得山，旧选簿查有：永乐三年十二月，朱得山旧名伏叁，系永平卫中前所总旗，夹河升试百户，未给勘合，小河西奇功升副千户，今给勘合见在，敬依止该升本卫所世袭副千户。

二辈朱兴，旧选簿查有：永乐八年二月，朱兴，系永平卫中前所故副千户朱得山嫡长男。

三辈朱成，旧选簿查有：宣德十年四月，朱成，系永平卫中前所故世袭副千户朱兴庶弟。

四辈朱镛，旧选簿查有：成化元年九月，朱镛，江阴县人，系云南后卫右所故世袭副千户朱成嫡长男。

五辈朱辉，旧选簿查有：弘治元年十二月，朱辉，江阴县人，系云南后卫右所世袭副千户朱镛嫡长男。

六辈朱继宗，旧选簿查有：正德六年十月，朱继宗，江阴县人，系云南后卫右所故副千户朱晖庶长男，钦与全俸优给，至正德十六年终住支。

嘉靖三年二月，朱继宗，江阴县人，系云南后卫右所故世袭副千户朱晖庶长男，优给出幼袭职，限外多支俸粮，扣毕关支。

七辈朱继秀，旧选簿查有：嘉靖十六年六月，朱继秀，江阴县人，系云南后卫右所故绝副千户朱继宗亲堂弟。

八辈朱俊，万历十四年二月，朱俊，年三十一岁，江阴县人，系云南后卫右所故副千户朱继秀庶长男，比中三等。

九辈朱万年，万历三十二年十月，大选过云南后卫右所副千户一员朱万年，年二十岁，系故副千户朱俊嫡长男，比中二等。

许爵·副千户

外黄查有：许达旧名定住，盱眙县人。父许进甲午年归附，洪武十七年充小旗，十八年升总旗，十九年除百户，故。达系庶长男，袭世袭百户。许皋系许达嫡长孙，祖原系百户，正统六年上江招汉寨有功升副千户，阵亡，父许政袭副千户，取阵亡功次加升正千户，老，皋优给，成化二十二年袭正千户。

一辈许进，已载前黄。

二辈许达，旧选簿查有：永乐二年正月，许达，旧名定住，系云南后卫右所流官百户许进庶长男，钦与世袭。

正千户功次：已载前黄。·383·

三辈许政，旧选簿查有：正统七年二月，许政，系云南后卫右所百户许达嫡长男。父征上江获功升副千户，后攻打麓川贼寨阵亡，本人袭父原职副千户，听候定夺父阵亡功次。

正统八年三月，许政，系云南后卫右所阵亡副千户许达嫡长男，袭升正千户。

四辈许皋，旧选簿查有：成化二十二年九月，许皋，盱眙县人，系云南后卫右所老袭升正千户许政嫡长男，钦与世袭。

五辈许傑，旧选簿查有：正德十二年四月，许傑，盱眙县人，系云南后卫右所故世袭正千户许皋嫡长男。

六辈许爵，旧选簿查有：嘉靖三十三年十二月，许爵，年三十三岁，盱眙县人，系云南后卫右所年老正千户许傑嫡长男。伊高祖达原袭实授百户，正统六年上江招汉寨功升副千户，阵亡，曾祖政袭加阵亡功升正千户，祖皋袭，父傑袭。所据上江功无擒斩，例应减革，本舍革与副千户。

仝性忠·副千户

内黄查有：仝兴，大同县人。有兄仝友，洪武四年充军，三十一年故。将兴补役，三十三年白沟河大战升小旗，三十四年夹河大战升总旗，三十五年克东河（阿）等处钦除大同后卫中所百户，永乐二年与世袭。仝全系仝兴嫡长男，父永乐八年故，全于九年优给，十九年终住支袭职。仝贵系仝全堂兄，堂弟永乐十六年故，兄仝名袭职，宣德七年故，无儿男，贵于正统二年袭大同后卫中所世袭百户。

一辈仝兴，已载前黄。

二辈仝全，已载前黄。

三辈仝名，旧选簿查有：永乐十六年，仝名，系大同后卫中所故世袭百户仝兴亲侄。

四辈仝贵，旧选簿查有：正统二年四月，仝贵，系大同后卫中所故世袭百户仝名嫡长男。

五辈仝昇，旧选簿查有：景泰四年七月，仝昇，大同县人，系云南后卫右所故世袭百户仝贵嫡长男。

六辈仝纲，旧选簿查有：成化十四年二月，仝纲，大同县人，系云南后卫右所世袭百户仝昇亲侄。

七辈仝琮，旧选簿查有：正德十三年八月，仝琮，年十六岁，大同县人，系云南后卫右所故世袭百户仝纲嫡长男。祖弘治十八年病故，伊父仝俊正德三年保送到部，驳行查勘，开报在途病故。扣算伊祖仝纲病故虽在十年之外，伊父仝俊保送到部驳查系在十年以里人数，本人照例准袭伊祖原职百户。

功次簿查有：嘉靖十四年拟升云南嶍峨、昆阳等县擒斩贼级汉官旗七十一员名，内一员云南后卫右所实授百户升副千户仝琮。·384·

八辈仝性忠，旧选簿查有：嘉靖二十九年八月，仝性忠，大同县人，系云南后卫右所副千户仝琮嫡长男。

九辈仝斯义，万历二十六年六月，仝斯义，年三十五岁，系云南后卫右所故副千户仝性忠堂侄。查本舍三辈未袭，例应一查，以有巡按驳查无碍印信，姑准收选。再查伊堂伯祖仝琮升副千户功无擒斩，且自本舍袭之为犯堂，合照例降袭实授百户，比中三等。

十辈仝时泰，万历四十一年八月，大选过云南后卫右所实授百户一员仝时泰，年二十五岁，系故实授百户仝斯义嫡长男，比中三等。

宋智·副千户

一辈宋成。

二辈宋义。

三辈宋谨。

四辈宋纲。

五辈宋洪。

六辈宋昂。

七辈宋昶。

八辈宋学邺。

九辈宋智,崇祯七年十月,大选过云南后卫右所副千户一员宋智,年三十四岁,系故副千户宋洪孙,比中二等。

薛世廉·实授百户

外黄查有:薛能,监利县人。祖薛文名癸卯年归附,洪武十五年故。父薛娄儿户名不动补役,永乐元年调云南后卫右所,五年并充小旗,宣德九年老疾。能顶户名代并小旗,正统六年征麓川反寇,攻破刀招汉贼寨,破贼首思任发巢穴,七年升总旗,景泰二年征香炉山苗贼攻破香炉山寨获功一十二次,三年升云南后卫右所试百户,天顺元年遇例实授百户,二年征东苗,三年节次斩获首级三颗,七年升本卫所副千户,成化四年钦与流官。

一辈薛娄儿,已载前黄。

二辈薛能,旧选簿查有:景泰二年香炉山有功,云南后卫右所总旗升百户一员薛能。

天顺二年征东苗等处有功,云南后卫右所百户升副千户一员薛能。

三辈薛晟,旧选簿查有:成化七年七月,薛晟,监利县人,系云南后卫右所副千户薛能嫡长男,钦与世袭。

四辈薛景,旧选簿查有:弘治二年八月,薛景,监利县人,系云南后卫右所故世袭副千户薛晟亲弟。

五辈薛浩,旧选簿查有:弘治十四年六月,薛浩,监利县人,系云南后卫右所故世袭副千户薛景嫡长男。

六辈薛泰,旧选簿查有:正德九年十二月,薛泰,监利县人,系云南后卫右所世袭副千户薛浩嫡长男。

七辈薛世廉,旧选簿查有:嘉靖二十年十二月,薛世廉,监利县人,系云南后卫右所故副千户薛泰嫡长男。伊高祖能以小旗历功升试百户,天顺元年遇例实授,又征东苗获功升副千户,祖、父沿袭。所据遇例职级,例应减革,照例革与本舍实授百户。

八辈薛应元,万历十年十二月,薛应元,年三十三岁,监利县人,系云南后卫右所故实授百户薛世廉嫡长男，比中二等。

九辈薛瓒，万历四十二年十一月，大选过云南后卫右所实授百户一员薛瓒，年三十四岁，系实授百户薛应元嫡长男，比中三等。·386·

段续·实授百户

外黄查有：段清，年三十五岁，新蔡县人，系段珪嫡长男。有父洪武三年充小旗，洪武二十八年授世袭百户，故，清袭世袭百户。段雄年二十七岁，系段清玄孙，高祖老，曾祖未袭先故，祖段敏替，疾，伯段镔替，故，无儿，雄亲侄，袭世袭百户。段琇年二十五岁，系段雄嫡长男。父故，琇袭世袭百户。

一辈段珪，已载前黄。

二辈段清，旧选簿查有：洪武三十三年，段清，系蒙化县（卫）右所故世袭百户段珪嫡长男。

三辈段敏，旧选簿查有：正统元年九月，段敏，系云南后卫右所世袭百户段清嫡长孙。

四辈段镔，旧选簿查有：成化元年八月，段镔，新蔡县人，系云南后卫右所世袭百户段敏嫡长男。

五辈段雄，旧选簿查有：弘治八年二月，段雄，新蔡县人，系云南后卫右所故世袭百户段镔亲侄。

六辈段琇，旧选簿查有：正德十三年六月，段琇，新蔡县人，系云南后卫右所故世袭百户段雄嫡长男。

七辈段续，旧选簿查有：嘉靖四十年二月，段续，年二十岁，新蔡县人，系云南后卫右所年老实授百户段琇嫡长孙。

八辈段绎，万历三十六年八月，大选过云南后卫右所实授百户一员段绎，年二十岁，系故实授百户段续堂弟，比中三等。

盛武·实授百户

内黄查有：盛福，陆（六）安州人。祖父永安乙未年归附，甲辰年编伍充千户，吴元年调德清卫副千户，征苏州攻间门被炮打死。父盛祐于当年克温、台州，袭德清卫所镇抚，洪武四年调仁和卫，七年为五安住击鼓事问罪断发陈州卫总旗，十年征西番除杭州右卫流官镇抚，十七年调云南大理卫所镇抚，病故，别无嫡长次男。福系庶长男，二十六年袭本卫所镇抚，洪武三十一年升世袭副千户，永乐元年调云南后卫，二年钦与流官。盛懋年二十三岁，系盛福嫡长男。父永乐十八年为事刑部问徒罪运砖，复还本卫世袭所镇抚，疾，懋宣德八年替所镇抚。

一辈盛永安，已载前黄。·387·

二辈盛祐，已载前黄。

三辈盛福，旧选簿查有：永乐十八年五月，盛福，原系大理卫中所所镇抚，革除年间升景东卫左所副千户，永乐元年云南后卫后所，为事犯重事做工，仍授原职所镇抚，于云南后卫右所管事。

四辈盛懋，已载前黄。

五辈盛瑀，旧选簿查有：景泰四年三月，盛瑀，六安州人，系云南后卫右所世袭所镇抚盛懋庶次男。父病故，嫡长兄盛瑛患左腿瘘缩残疾，不堪承袭。本人先因年幼，已与优给，出幼患疾，今痊疴袭职，待有男，还与职事。

六辈盛聪，旧选簿查有：弘治八年八月，盛聪，年十五岁，六安州人，系云南后卫右所故世袭所镇抚盛瑀庶长男，优给出幼袭职。

功次簿查有：嘉靖八年寻甸府等处功次，一人擒斩贼级三名颗，云南后卫右所实授百户升副千户一员盛聪。

七辈盛文，旧选簿查有：嘉靖三十六年十二月，盛文，年四十岁，六安州人，系云南后卫右所年老实授百户盛聪嫡长男。

八辈盛武，旧选簿查有：嘉靖四十年四月，盛武，年四十岁，六安州人，系云南后卫右所故实授百户盛文亲弟。

陆松·实授百户

一辈陆阿来，缺。

二辈陆旺，缺。

三辈陆斌，户名陆旺，旧选簿查有：景泰三年十二月，云南后卫总旗升试百户一员陆旺。

四辈陆智，旧选簿查有：成化二年七月，陆智，金坛县人，系云南后卫右所百户陆斌户名陆旺嫡长男，钦与世袭。

五辈陆松，旧选簿查有：正德八年八月，陆松，年十五岁，金坛县人，系云南后

卫右所老疾世袭百户陆智庶长男，优给出幼袭职。·388·

年远事故右所世袭百户一员·金璋

成化二十一年七月，金铨，高邮州人，系云南右卫右所世袭百户金淮嫡长男。

弘治十三年二月，金璋，高邮州人，系云南后卫右所故世袭百户金铨嫡长男。①

又一员·张锐

成化五年九月，张锐，益都县人，系云南后卫右所老疾百户张荣庶长男，钦与全俸优给。

金声·世袭百户

万历十四年二月，大选过云南后卫右所照旧世袭百户一员金声，年十八岁，高邮州人，系故世袭百户金璋堂侄孙，比中三等。

选簿查有：成化二十一年七月，金铨，高邮州人，系云南右卫右所世袭百户金淮嫡长男。

弘治十三年二月，金璋，高邮州人，系云南后卫右所世袭百户金铨嫡长男。②

功次簿查有：正统七年麓川功次，云南后卫右所总旗二次头功升百户一员金得兴。

王宗祐·试百户

外黄查有：王鑑，盱眙县人。曾祖王谷兴丙午年从军，洪武五年充小旗，十年充总旗，十一年故。祖王章保年幼，纪录，十六年收充幼军，调云南后卫左所，永乐元年并充总旗，九年为事发充军，十四年残疾。父王皋顶祖名代役，二十二年遇例

---

① 此"年远事故右所世袭百户一员·金璋"之金铨、金璋选条所载，又见《总汇》本册同页"金声·世袭百户"选簿"选簿查有"下载。
② 此"金声·世袭百户"簿之"选簿查有"下所载金铨、金璋选条，与《总汇》本册本页"年远事故右所世袭百户一员·金璋"簿金铨、金璋选条所载相同。

实授，复原伍总旗，正统六年麓川阵亡例升一级。鑑系嫡长男，八年袭升云南后卫右所试百户，天顺元年遇例实授，成化四年钦与流官。

一辈王谷兴，已载前黄。

二辈王章保，已载前黄。·389·

三辈王臬，已载前黄。

四辈王鑑，旧选簿查有：正统八年二月，王鑑，系云南后卫右所阵亡总旗王臬顶户名王章[保]嫡长男，敬袭试百户。

五辈王晟，旧选簿查有：成化二十二年六月，王晟，盱眙县人，系云南后卫右所百户王鑑嫡长男。父原系袭升试百户，遇例实授，今病故，本人照例革袭试百户。

六辈王𫄧，旧选簿查有：嘉靖五年十月，王𫄧，盱眙县人，系云南后卫右所年老百户王晟嫡长男。父原袭试百户，遇例实授，本人革替原祖职试百户。

七辈王宗祐，旧选簿查有：嘉靖十二年六月，王宗祐，年八岁，盱眙县人，系云南后卫右所故试百户王𫄧嫡长男，照例与全俸优给，至嘉靖十八年终住支。

嘉靖二十年五月，王宗祐年十六岁，盱眙县人，系云南后卫右所故试百户王𫄧嫡长男，优给出幼袭原职。

八辈王继美，万历三年二月，王继美，年二十六岁，盱眙县人，系云南后卫右所故试百户王宗祐嫡长男。

九辈王英才，万历十四年八月，王英才，年十岁，盱眙县人，系云南后卫右所故试百户王继美嫡长男，照例与全俸优给，至万历十八年终住支。

万历二十二年八月，王英才，年十九岁，出幼袭职，比中三等。

崔凤·试百户

一辈崔齐儿，缺。

二辈崔忠，户名崔齐儿，钦升簿查有：正统七年征麓川，云南后卫右所小旗三次头功升试百户三员内一员崔齐儿。

三辈崔裕，旧选簿查有：成化十三年八月，崔裕，寿光县人，系云南右卫右所老疾百户崔忠户名崔齐儿嫡长孙。

四辈崔凤，旧选簿查有：嘉靖二十一年八月，崔凤，寿光县人，系云南后卫右所故实授百户崔裕亲侄。伊曾祖忠补户名齐儿充小旗，正统三、四等年征麓川获头功三次历升试百户，天顺元年遇例实授，故。伊祖先故，伯裕袭，绝，本舍系亲侄，

革去遇例，与袭祖职试百户。·390·

五辈崔应学，万历元年八月，崔应学，年二十岁，寿光县人，系云南后卫右所年老试百户崔凤嫡长男。

六辈崔明正，万历四十年八月，大选过云南后卫右所试百户一员崔明正，年二十四岁，系疾试百户崔应学嫡长男，比中二等。

七辈崔仁化，崇祯四年正月补三年十二月分大选，过云南后卫右所试百户一员崔仁化，年二十二岁，系故试百户崔明正嫡长男，比中三等。

陈德缙·试百户

外黄查有：陈秀，年三十岁，系云南后卫右所试百户，太康县人。始祖父陈伴儿洪武元年从军，故。二世祖陈丑驴补，永乐元年征交阯升小旗，故。三世祖陈亮代，正统六年征麓川攻思任发大寨杀败贼众得获头功，七年升试百户，天顺元年遇例实授，老。陈泰系长男，替，故。陈鑑系长男，袭，故绝。陈钦系亲弟，袭，故绝。秀系亲侄，嘉靖十三年革袭试百户。

一辈陈丑驴，已载前黄。

二辈陈亮，已载前黄。

三辈陈泰，旧选簿查有：天顺五年八月，陈泰，太康县人，系云南后卫右所百户陈亮嫡长男，钦与世袭。

四辈陈鑑，旧选簿查有：成化十二年十二月，陈鑑，太康县人，系云南后卫右所故世袭百户陈泰嫡长男。

五辈陈钦，旧选簿查有：弘治八年十一月，陈钦，太康县人，系云南后卫右所世袭百户陈鑑亲弟。

六辈陈秀，旧选簿查有：嘉靖十三年六月，陈秀，年三十一岁，太康县人，系云南后卫右所故百户陈钦亲侄。伊曾祖亮以小旗麓川获功二级越升试百户，遇例实授，祖、父沿袭，本人照例革袭试百户。

七辈陈德缙，旧选簿查有：嘉靖四十一年八月，陈秀，年五十九岁，太康县人，系云南后卫右所实授百户，今患老疾在所。有嫡长男陈德缙，见年二十岁，告替，革遇例与替试百户。

八辈陈相，万历十四年二月，陈相，年二十一岁，太康县人，系云南后卫右所患疾试百户陈德缙嫡长男，比中三等。

九辈陈其义，崇祯二年六月，大选过云南后卫右所试百户一员陈其义，年二十五岁，系老试百户陈相嫡长男，比中三等。·391·

锺鐩·试百户

一辈锺得，缺。

二辈锺鼎，缺。

三辈锺信，旧选簿查有：成化二十三年七月，锺信，庐陵县人，系云南后卫右所百户锺鼎嫡长男。父原系功升试百户，遇例实授，本人照例革替试百户。

四辈锺鐩，旧选簿查有：嘉靖三十二年十一月，锺鐩，庐陵县人，系云南后卫右所故试百户锺信亲侄。伊伯原革替祖职试百户，今故，兄镇患疾，未曾生子，本舍照例借袭祖职试百户。待后伊兄镇生有儿男，还退职事。

李宣·试百户

一辈李成，缺。

二辈李真，缺。

三辈李魁，缺。

试百户功次：候查。

四辈李雄，旧选簿查有：成化十三年八月，李雄，华阳县人，系云南后卫右所百户李魁嫡长男，钦与世袭。

五辈李宣，旧选簿查有：正德八年八月，李宣，华阳县人，系云南后卫右所世袭百户李雄嫡长男。内实授一级系遇例，本人已与优给，今出幼，照例革袭试百户。

六辈李朝鸾，万历十一年八月，大选过李朝鸾，年四十岁，华阳县人，系云南后卫右所故试百户李宣堂侄，比中三等。

七辈李培东，万历二十五年六月，大选过李培东，年十七岁，系云南后卫右所故试百户李朝鸾嫡长男，比中三等。·392·

冯凤鸣·试百户

内黄查有：冯昊。始祖冯买牛吴元年归附军，疾。高祖冯成代充小甲，二十三年开设蒙化卫升小旗，永乐元年调云南后卫，阵亡。曾祖冯信以阵亡补升总旗，正统六年征麓川获头功一次升试百户，故。冯贵系嫡长男，故。冯凯系嫡长男，袭，故。昊系嫡长男，优，袭云南[后]卫右所试百户。

一辈冯成，已载前黄。

二辈冯信，已载前黄。

三辈冯贵，已载前黄。

四辈冯凯，旧选簿查有：成化九年十二月，冯凯，迁安县人，系云南后卫右所故世袭百户冯贵嫡长男。

五辈冯昊，旧选簿查有：正德十二年十一月，冯昊，迁安县人，系云南后卫右所故百户冯凯嫡长男。曾祖冯信功升试百户，祖冯贵遇例袭实授，本人优给出幼，照例革袭试百户。

六辈冯凤鸣，旧选簿查有：嘉靖四十四年十月，冯凤鸣，年二十三岁，迁安县人，系云南后卫右所年老实授百户冯昊嫡次男，革遇例，与替试百户。

程世勋·署试百户事总旗

内黄查有：程海，晋江县人。曾祖程彦洪武九年垛充留守右卫军，永乐元年调云南后卫右所，故。伯程贵补役，故，无男。父程铭补役，正统六年麓川杀贼有功升本所试百户，老疾。海系庶长男，优给，成化十一年七月钦与世袭。

一辈程铭，已载前黄。

二辈程海，旧选簿查有：成化四年九月，程海，晋江县人，系云南后卫右所老疾百户程铭庶长男，钦与世袭。

三辈程济，旧选簿查有：弘治六年十二月，程济，晋江县人，系云南后卫右所故世袭百户程海庶弟。

四辈程佐，旧选簿查有：嘉靖四年二月，程佐，晋江县人，系云南后卫右所百户程济嫡长男。查得伊祖铭以试百户天顺元年遇例实授，伯父与父沿袭，本人照例革袭试百户。

五辈程松，旧选簿查有：嘉靖十三年六月，程松，年二十二岁，晋江县人，系云南后卫右所故试百户程佐嫡长男。伊曾祖铭以军人麓川斩获头功三次越升前职，本人扣有实功二级署一级，照例与署试百户事食总旗名粮。

六辈程世勋，旧选簿查有：嘉靖三十七年四月，程世勋，晋江县人，系云南后卫右所故署试百户事总旗程松嫡长男。

七辈程道南，万历十三年六月，程道南，年二十三岁，晋江县人，系云南后卫右所故署试百户事食总旗名粮程世勋嫡长男，比中一等。

年远事故右所署所镇抚事世袭百户一员·柴昂

成化三年十月，柴刚，巴县人，系云南后卫右所署所镇抚事百户柴聚亲侄，钦与世袭。有嫡长兄柴能老疾，不堪承袭。待兄有男，还与职事。

弘治十一年七月，柴昂，巴县人，系云南后卫右所署所镇抚事世袭百户柴刚嫡长男。

试百户一员·赵荣

景泰二年九月，云南后卫军升试百户一员赵祥，于平越卫官仓减半纳米一百五十石。

成化二年八月，赵荣。伊父赵祥原系云南后卫右所军，遇例纳米升试百户，遇例实授，老疾。本人系嫡长男替职，照例月支俸一石。·394·

年远事故中所正千户一员·吕焘

正统四年四月，吕鑑，系云南后卫后所副千户吕瑞嫡长男，钦与世袭。

成化四年四月，吕焘，年十六岁，固始县人，系云南后卫中所故正千户吕鑑嫡长男，钦与世袭。

李大才·副千户

内黄查有：李俊，上元县人。有父李成丙申年充军，乙巳年充小旗，洪武十四年充总旗，故。俊十六年充小旗，户名不动并枪，得胜充总旗，十八年除充府军前卫后所百户，二十年授世袭，永乐元年调云南后卫中所。李荣系李俊嫡长男。永乐元年差往八百等处公干，二年升本卫所副千户，故。荣永乐六年优，至本年终住支，袭，七年敬与世袭。李谦系李荣嫡长男，父故，谦宣德九年袭。

一辈李成，已载前黄。

二辈李俊，已载前黄。

三辈李荣，旧选簿查有：永乐七年六月，李荣，年十五岁，系云南后卫中所副千户李俊嫡长男。父原系世袭百户，因差送赏赐往八百等处给赏土官，回还，赴京升除前职，未定流世，病故。先次敬准本人袭授副千户，候年二十岁，比试弓马，今覆启，与世袭，附选。

四辈李谦，已载前黄。

五辈李裕，旧选簿查有：成化四年十月，李裕，上元县人，系云南后卫中所世袭副千户李谦嫡长男。

六辈李晟，旧选簿查有：弘治十七年九月，李晟，上元县人，系云南后卫中所世袭副千户李裕亲侄，替职。

七辈李朝用，旧选簿查有：嘉靖十八年四月，李朝用，上元县人，系云南后卫中所故副千户李晟嫡长男。

八辈李大才，旧选簿查有：嘉靖二十八年二月，李大才，年二十岁，上元县人，系云南后卫中所故副千户李朝用亲堂弟。

九辈李拱斗，万历三十三年八月，大选过云南后卫中所副千户一员李拱斗，年四十五岁，上元县人，系故副千户李大才长男，承袭祖职副千户，比中二等。·395·

胡实·副千户

一辈胡二春，缺。

二辈胡海，缺。

三辈胡铭，旧选簿查有：天顺二年十月，胡铭，衡阳县人，系云南后卫中所故百户胡海嫡长男，钦与世袭。

四辈胡昇，旧选簿查有：成化七年四月，胡昇，衡阳县人，系云南后卫中所世袭百户胡铭嫡长男。

副千户功次：已载五辈选条。

五辈胡实，旧选簿查有：嘉靖三年十月，胡实，衡阳县人，系云南后卫中所老疾正千户胡昇嫡长男。伊曾祖海立功升试百户，遇例实授，祖沿袭，父普安功升副千户，师宗州功升前职，本人照例革袭副千户。

年远事故中所副千户一员·杨泰

成化十七年七月，杨璘，鄱阳县人，系云南后卫中所副千户杨信嫡长男，钦与世袭。

弘治元年十二月，杨泰，鄱阳县人，系云南后卫中所故副千户杨璘亲弟。

又一员·安义

永乐元年十二月，安义，旧名观音保，年十九岁，系云南后卫中所故世袭副千户安荣嫡长男。·396·

又一员·潘洪

景泰二年九月，潘洪，年十五岁，系云南右卫中所故世袭副千户潘震嫡长男。①

又一员·刘振

成化元年十月，刘振，年十六岁，永城县人，系云南后卫中所副千户刘英嫡长男，钦与世袭。

孙光祖·实授百户

外黄查有：孙铭，星子县人。有祖父孙福旧名孙德，壬寅年归附从军，洪武二年充旗手，充总旗，十七年钦取赴京除府军前卫右所百户，永乐元年调云南后卫，老疾。有父孙荣替本卫所世袭百户，故。兄孙镇系嫡长男，袭，故，无儿男，铭系亲弟，袭授云南后卫中所世袭百户。

一辈孙福，已载前黄。

二辈孙荣，旧选簿查有：永乐十二年十二月，孙荣，系云南后卫中所世袭百户孙

---

① 此"又一员·潘洪"簿所载，与《总汇》本册第75页"潘应爵·副千户"簿之贴黄载潘洪景泰二年袭副千户一致，实为该簿"四辈潘洪"选条该载内容。

福旧名孙德嫡长男。①

三辈孙镇，旧选簿查有：宣德三年十一月，孙镇，年十五岁，系云南后卫中千户所故世袭百户孙荣嫡长男。

四辈孙铭，旧选簿查有：宣德九年十月，孙铭，系云南后卫中所故世袭百户孙镇亲弟。

五辈孙洪，旧选簿查有：景泰三年十一月，孙洪，星子县人，系云南后卫中所故世袭百户孙铭嫡长男。

六辈孙晟，旧选簿查有：成化十一年七月，孙晟，星子县人，系云南后卫中所故世袭百户孙洪嫡长男，钦与全俸优给，至成化十九年终住支。

七辈孙淳，旧选簿查有：成化十五年六月，孙淳，星子县人，系云南后卫中所故世袭百户孙洪堂弟。已与侄孙晟优给，亦故。

八辈孙经，旧选簿查有：弘治十八年二月，孙经，星子县人，系云南后卫中所世袭百户孙淳嫡长男。·397·

九辈孙璋，旧选簿查有：嘉靖十三年二月，孙璋，年二十九岁，星子县人，系云南后卫中所年老百户孙经嫡长男。

十辈孙光祖，旧选簿查有：隆庆元年四月，孙光祖，年二十五岁，星子县人，系云南后卫中所故实授百户孙璋庶长男。

十一辈孙永年，万历二十六年九月分，单本选过云南后卫中所实授百户一员孙永年，年二十岁。伊父孙光祖原袭实授百户，万历四等年为事问拟永戍，后题改立功，二十二年复职到任，今患疾。本舍合照例与替实授百户，比中二等。

十二辈孙麐先，崇祯十年正月补九年十二月大选，过云南后卫中所实授百户一员孙麐先，年二十四岁，系故实授百户孙永年亲孙，比中二等。

倪端·实授百户

内黄查有：倪全，旧名胜，临淮县人。有祖父倪大吴元年从军。倪成役，三十一年故。全补，三十三年济南升小旗，三十四年夹河升总旗，三十五年金川门升镇西卫前所百户，永乐三年钦与世袭。倪青系倪全嫡长男，父老，青正统三年替镇西卫前所世袭百户。

---

① 此簿"二辈孙荣"选条所载，与《总汇》本册第401页"又一员·孙荣"簿所载相同。

一辈倪全，已载前黄。

二辈倪青，已载前黄。

三辈倪忠，旧选簿查有：成化七年七月，倪忠，临淮县人，系云南后卫中所世袭百户倪青嫡长男。

四辈倪钰，旧选簿查有：弘治十一年二月，倪钰，临淮县人，系云南后卫中所故世袭百户倪忠嫡长男。

五辈倪镇，旧选簿查有：嘉靖十一年九月，倪镇，临淮县人，系云南后卫中所实授百户倪钰亲弟。

六辈倪廷辅，旧选簿查有：嘉靖二十六年十月，倪廷辅，临淮县人，系云南后卫中所瘸疾实授百户倪镇嫡长男。

七辈倪廷弼，旧选簿查有：嘉靖二十九年八月，倪廷弼，临淮县人，系云南后卫中所老疾实授百户倪镇嫡长（次）男。

八辈倪端，旧选簿查有：隆庆二年八月，倪端，年二十一岁，临淮县人，系云南后卫中所故实授百户倪廷弼嫡长男。·398·

九辈倪如彭，万历四十四年正月，大选过云南后卫中所实授百户一员倪如彭，年三十七岁，系老实授百户倪端嫡长男，比中三等。

十辈倪嗣勋，崇祯七年正月补六年十二月大选，过云南后卫中所实授百户一员倪嗣勋，年十八岁，系故实授百户倪如彭嫡长男，比中三等。

陶国凰·实授百户

外黄查有：陶增，系宿松县人。始祖陶祖一甲辰年从军，洪武五年甘肃功升小旗，故。高祖陶寄儿补役，永乐四年交阯功升总旗，故。曾祖陶荣幼小，高叔祖陶广代役，曾祖陶荣长成，改补，正统六年麓川三次头功升试百户，景泰元年香炉山斩首一颗，天顺元年升实授百户，二年东苗斩首三颗升副千户，老。祖陶祯系嫡长男，替，老。伯陶昂系嫡长男，替，故绝。父陶景系亲弟，袭，嘉靖六年寻甸府擒斩二名颗、搜斩一名颗升正千户，老。增系嫡长男，十二年革袭云南后卫中所百户。

一辈陶祖一，已载前黄。

二辈陶寄儿，已载前黄。

三辈陶广，已载前黄。

四辈陶荣,已载前黄。

五辈陶祯,旧选簿查有:成化七年七月,陶祯,宿松县人,系云南后卫中所副千户陶荣嫡长男,钦与世袭。

六辈陶昂,旧选簿查有:弘治十四年六月,陶昂,宿松县人,系云南后卫中所世袭副千户陶祯嫡长男。

七辈陶景,旧选簿查有:弘治十六年六月,陶景,宿松县人,系云南后卫中所故世袭副千户陶昂亲弟。

八辈陶增,旧选簿查有:嘉靖十二年六月,陶增,年二十五岁,宿松县人,系云南后卫中所年老正千户陶景嫡长男。伊曾祖荣功升试百户,香炉山斩首不及数升百户,东苗斩首四颗升副千户,沿至父,嘉靖六年寻甸搜斩升前职。本人照例革斩首不及数及搜斩职级,与替实授百户。

九辈陶国凤,旧选簿查有:嘉靖三十六年二月,陶国凤,宿松县人,系云南后卫中所故正千户陶增嫡次男。伊父原替实授百户,武举中试加升署正千户,遇例实授,伊兄国麟未袭故绝。所据武举加升并遇例实授职级,俱不准袭,本舍照例革袭实授百户。·399·

十辈陶国凰,旧选簿查有:嘉靖四十五年六月,陶国凰,年二十岁,宿松县人,系云南后卫中所故实授百户陶国凤亲弟。

十一辈陶云龙,万历二十三年十月,陶云龙,年十六岁,系云南后卫中所故实授百户陶国凰嫡长男,比中二等。

陈奉祖·实授百户

一辈陈凯,缺。

二辈陈俊,缺。

三辈陈继,缺。

四辈陈顺,旧选簿查有:永乐十三年十月,陈顺,系云南后卫中所故世袭百户陈继嫡长男。

五辈陈昂,旧选簿查有:天顺二年八月,陈昂,蕲水县人,系云南后卫中所世袭百户陈顺嫡长男。

六辈陈奉祖,旧选簿查有:弘治十一年二月,陈奉祖,蕲水县人,系云南后卫中所故世袭百户陈昂亲侄。

年远事故中所世袭百户一员·柯斌

洪武三十五年九月,柯斌,旧名关保,年八岁,含山县人,系云南后卫中所阵亡流官百户柯兴聚亲侄,钦与全俸优给,至永乐六年终住支袭职。·400·

又一员·刘澄

天顺七年三月,刘澄,年二十六岁,滦州人,系云南后卫中所世袭百户刘轨嫡长男。

又一员·孙荣

永乐十二年十二月,孙荣,系云南后卫中所世袭百户孙福旧名孙德嫡长男。[1]

又一员·孙斌

洪武三十三年十月,孙斌,年十岁,系云南后卫中所故世袭百户孙成嫡长男。

又一员·刘英

永乐十三年十月,刘英,年十五岁,系云南后卫中所故世袭百户刘福嫡长男。

又一员·董洪

永乐十四年十二月,董洪,系云南后卫中所故世袭百户董成亲弟。

鲁增·试百户

外黄查有:鲁凤,年四十八岁,系云南后卫中所试百户,原籍直隶永平府滦州抚宁县人。始祖鲁友洪武四年归附从军,升振武卫右所总旗,[二]十三年开设蒙化卫

---

[1] 此"又一员·孙荣"簿所载,与《总汇》本册第397页"孙光祖·实授百户"簿"二辈孙荣"选条所载相同。

中所，永乐元年调云南后卫中所，本年二月老。高祖李三保暂收军役，故。正统四年六月，曾伯祖鲁成暂收军役，五年二月并升总旗，十一月麓川思任发大寨阵亡，绝嗣。曾祖鲁俊系亲弟，六年五月袭升本卫所试百户，成化十一年故。祖鲁镇系嫡长男，十二年八月比袭实授百户，二十一年故。父鲁昇系嫡长男，优给，弘治五年九月袭，十二年比试，嘉靖十六年故。凤系嫡长男，十八年六月比，革袭本卫所试百户。

一辈鲁友，已载前黄。
二辈鲁成，已载前黄。·401·
三辈鲁俊，已载前黄。
四辈鲁镇，旧选簿查有：成化十二年八月，鲁镇，抚宁县人，系云南后卫中所故百户鲁俊嫡长男，钦与世袭。
五辈鲁昇，旧选簿查有：弘治五年九月，鲁昇，年十五岁，抚宁县人，系云南后卫中所故世袭百户鲁镇嫡长男。
六辈鲁凤，旧选簿查有：嘉靖十八年六月，鲁凤，抚宁县人，系云南后卫中所故百户鲁昇嫡长男。伊高祖成以总旗麓川阵亡，曾祖俊以阵亡功升试百户，相沿，本人冒供实授。所据冒供职级例无承袭，照例革与试百户。
七辈鲁增，缺。

王世仁·试百户

一辈王应宗，缺。
二辈王二，缺。
三辈王裕，缺。
四辈王英，缺。
五辈王显，缺。
六辈王经，缺。
试百户功次：候查。
七辈王世仁，旧选簿查有：嘉靖三十二年十月，王世仁，六安州人，系云南后卫中所故实授百户王经嫡长男，革遇例与袭试百户。·402·

王道·试百户

外黄查有：王敬，大同府浑源州西名村人。祖王得甲辰年傅元帅归附从军，吴元年选充鹰扬卫小旗，洪武十三年并充总旗，永乐元年调云南后卫中所，故。敬年幼纪录，出幼并枪仍充总旗，景泰二年调征贵州香炉山等处苗贼，攻破鸡场等山寨获功一十二次，三年升云南后卫中所试百户，天顺元年遇例实授，成化四年钦与流官。王成系王敬嫡长男，父原系功升试百户，遇例实授，患疾，成于成化十九年照例革与试百户俸优给。

一辈王得，已载前黄。

二辈王敬，已载前黄。

三辈王成，旧选簿查有：弘治三年六月，王成，阳曲县人，系云南后卫中所老疾百户王敬嫡长男。父系试百户，天顺元年遇例实授，本人先因年幼，照例已革与试百户俸优给，今出幼，遇例，该袭实授百户。

四辈王应宗，旧选簿查有：正德十四年十月，王应宗，年十五岁，系云南后卫中所故百户王成嫡长男。祖王敬功升试百户，遇例实授，父已革与试百户俸优给，出幼，又遇例沿袭实授，本人照例革与祖职试百户。

五辈王道，旧选簿查有：嘉靖十七年二月，王道，年九岁，阳曲县人，系云南后卫中所故试百户王应宗嫡长男，照例与全俸优给，至嘉靖二十二年终住支。

嘉靖二十六年八月，王道，年十六岁，阳曲县人，系云南后卫中所故试百户王应宗嫡长男，优给出幼袭职。

李增·试百户

内黄查有：李铭，中牟县人。祖李成洪武元年充军，二年选充小旗，二十三年设蒙化卫，二十五年故。父李荣户名不动补，永乐十二年故。铭年幼纪录，二十二年补役，正统六年并充小旗，本年征麓川攻刀招汉寨，木笼山，破贼首思任［发］获头功二次，七年升云南后卫中所试百户署所镇抚事，天顺元年遇例实授百户，成化四年钦与流官。

一辈李成，已载前黄。

二辈李荣，已载前黄。

三辈李铭，已载前黄。

四辈李昇，旧选簿查有：成化七年十月，李昇，中牟县人，系云南后卫中所署所镇抚事百户李铭嫡长男，钦与世袭。·403·

五辈李昂，旧选簿查有：弘治十五年六月，李昂，中牟县人，系云南后卫中所世袭百户李昇嫡长男。

六辈李应时，旧选簿查有：嘉靖二十七年六月，李应时，中牟县人，系云南后卫中所年老实授百户李昂嫡长男。伊曾祖铭原以试百户遇例实授，祖昇父昂沿袭。所据遇例一级不由军功，例应减革，本舍照例革替试百户。

七辈李增，旧选簿查有：隆庆元年六月，李增，年二十七岁，中牟县人，系云南后卫中所年老实授百户李应时嫡长男。革遇例与替试百户。

八辈李思忠，万历二十二年正月分，单本选过云南后卫中所署正千户事副千户一员李思忠，年三十三岁。伊父李增原袭试百户，故。本舍先于万历十四年中式武举加升署所镇抚，二十年丁、改①地方获功一级，系弃小就大，例不准并，但以署职获功与犯堂不同，今姑于祖职试百户上加武举、署职二级并获功一级，与做署正千户事副千户，候子孙袭职替之日止袭祖职试百户，武举不比。

九辈李自芳，万历三十九年八月，大选过云南后卫中所试百户优给舍人一名李自芳，年七岁，系老署正千户事副千户李思忠孙。祖职试百户，其加级则李思忠自立之功名，非祖职也。思忠告老，有子廷栋未袭先故。本舍其嫡孙也，应替，以试百户全俸优给，至四十六年终住支。

宋向阳·试百户

外黄查有：宋俊，黄州府人。祖宋忠洪武十六年为事发充武德卫军，二十年并枪充小旗，二十一年调拨洱海卫，二十四年调蒙化卫，永乐元年调云南后卫中所，老。父宋贤户名不动补役，并枪仍充小旗，正统六年调征麓川反寇，十一月攻破上江刀招汉贼寨，二十一日攻破杉木笼山寨，十二月攻破贼首思任发巢穴获头功二次，正统七年升云南后卫中所试百户，疾。俊系嫡长男，替本卫所实授百户，成化四年七月钦与世袭。

一辈宋忠，已载前黄。

二辈宋贤，已载前黄。

---

① 丁即丁苴，白即白改。

三辈宋俊，旧选簿查有：景泰七年十一月，宋俊，黄陂县人，系云南后卫中所试百户宋贤嫡长男。父原系小旗，调征麓贼获头功二次升前职，今老疾，钦准本人替实授百户。

四辈宋贵，旧选簿查有：成化九年二月，宋贵，黄陂县人，系云南后卫中所世袭百户宋俊嫡长男。

五辈宋经，旧选簿查有：正德十一年四月，宋经，年十六岁，系云南后卫中所故百户宋贤（贵）庶长男。曾祖宋贤功升试百户，祖俊钦准替前职。本人优给出幼，照例革袭试百户。限外多支俸一年，查扣毕日关支。

堂稿查有：嘉靖·404·十九年七月，一件查盘钱粮事，该巡按云南御史彭时济奏问得犯人宋经系云南后卫中所试百户，侵欺荞粮银四两八钱，问拟监守自盗杂犯斩罪，遇革追赃，完日还职，带俸差操，不许管军管事。

六辈宋向阳，旧选簿查有：嘉靖三十八年四月，宋向阳，黄冈县人，系云南后卫中所年老试百户宋经嫡长男。

七辈宋明时，万历二十三年八月，宋明时，年二十九岁，系云南后卫中所患疾试百户宋向阳嫡长男，比中三等。

[八辈]宋仪，崇祯五年正月补四年十二月分大选，过云南后卫中所试百户一员宋仪，年三十二岁，系故试百户宋明时堂[侄]。候伊伯宋明朝生子退还，比中二等。

余言·试百户

外黄查有：余庆，宜春县人。曾祖余来孙辛丑年八月归附从军，丙午年选充袁州卫小旗，洪武十四年调征云南，十五年故。祖余英年幼，十八年起取赴京，拨锦衣卫纪录，出幼，调云南后卫中所，十五年残疾。父余斌顶户名代役，并枪仍充小旗，二十年升总旗，正统六年九月调征麓川反寇，十一月十一日攻破上江刀招汉贼寨获头功一次，正统六年九月十八日升云南后卫中所试百户，景泰七年年老。庆系嫡长男，天顺元年七月二十一日钦准替授本卫所实授百户，成化四年七月十二日钦与世袭。

一辈余来孙，已载前黄。
二辈余英，已载前黄。
三辈余斌，已载前黄。
四辈余庆，已载前黄。

五辈余洪，旧选簿查有：弘治元年三月，余洪，宜春县人，系云南后卫中所世袭百户余庆嫡长男。

弘治十五年，云南后卫中所云山寨有功百户升副千户一员余洪。

六辈余玺，旧选簿查有：正德八年六月，余玺，宜春县人，系云南后卫中所年老副千户余洪嫡长男。伊曾祖余斌原系功升试百户，祖余庆天顺元年替实授百户，老疾，父替职，获功升前职，本人照例革替实授百户。

七辈余言，旧选簿查有：嘉靖九年四月，余言，年六岁，宜春县人，系云南后卫中所故世袭百户余玺庶长男，照例与全俸优给，嘉靖十七年终住支。

嘉靖十八年十月，余言，年十五岁，宜春县人，系云南后卫中所故百户余玺庶长男。伊曾祖庆以试百户钦准·405·实授，相沿，本人照例革钦准职级，与袭试百户。

八辈余化龙，万历十九年二月，余化龙，年十九岁，系云南后卫中所故试百户余言嫡长孙。查伊祖原袭试百户，遇例实授。所据遇例职级不准承袭，本舍合革遇例与袭试百户，比中二等。

九辈余得龙，万历四十四年正月，大选过云南后卫中所试百户一员余得龙，年三十七岁，宜春县人，系故试百户余化龙亲弟，比中三等。

李同桂·试百户

外黄查有：李海，山东济宁州人。伯李澍洪武九年十月投充府军卫骁骑舍人，洪武十四年病故。洪武十九年父李三驴户名不动补役，洪武二十一年调蒙化州屯种，洪武二十三年充本卫中所军，永乐元年二月调云南后卫中所，永乐九年并枪充小旗，宣德七年老疾。海年幼，庶兄李顺暂收军役，正统六年因庶兄软弱，选海征，并枪仍充小旗，九月调征麓川反寇获头功三次，正统七年升云南后卫中所试百户，天顺元年正月二十一日遇例实授百户。

一辈李三驴，已载前黄。

二辈李顺，已载前黄。

三辈李海，已载前黄。

四辈李镇，旧选簿查有：成化十三年十月，李镇，济宁州人，系云南后卫中所故署所镇抚事百户李海嫡长男，钦与世袭。

五辈李经，旧选簿查有：弘治十五年八月，李经，年十五岁，济宁州人，系云南后卫中所故署所镇抚事世袭百户李镇庶长男。

六辈李向阳，旧选簿查有：嘉靖二十四年十二月，李向阳，济宁州人，系云南后卫中所故试百户李经嫡长男。

七辈李同桂，审稿查有：隆庆三年十月，李同桂，年二十五岁，济宁州人，系云南后卫中所故试百户李向阳嫡长男。

八辈李如桂，万历三十三年十月，李如桂，年四十七岁，系云南后卫中所故试百户李同桂亲弟，比中三等。·406·

九辈李萃，天启五年十月，大选过云南后卫中所试百户一员李萃，年二十八岁，系老试百户李如桂嫡长男，武举不比。

戴廷惠·试百户

一辈戴如童，缺。

二辈戴清，缺。

三辈戴诚，旧选簿查有：成化八年七月，戴诚，抚宁县人，系云南后卫中所试百户戴清亲弟，兄原系总旗，大坝杀贼获功升前职，今病故，照例本人该袭实授百户。

四辈戴经，旧选簿查有：成化十八年九月，戴经，年十五岁，抚宁县人，系云南后卫中所故百户戴诚庶长男。伯祖①戴清原系试百户，父于成化年间袭实授，本人照例革袭试百户。

五辈戴儒，旧选簿查有：正德六年十月，戴儒，抚宁县人，系云南后卫中所百户戴经嫡长男。伊父原革袭试百户，成化二十三年遇例实授，今故。本人袭职，照例革与试百户。

六辈戴廷惠，旧选簿查有：嘉靖三十二年六月，戴廷惠，年二十二岁，抚宁县人，系云南后卫中所老疾试百户戴儒嫡长男。伊父原袭祖职试百户，为事参问立功，遇宥回卫，今老，本舍照例与替祖职试百户。

七辈戴廷辅，隆庆六年二月，戴廷辅，年四十五岁，抚宁县人，系云南后卫中所故试百户戴廷惠堂兄。

---

① 此"祖"字当系衍文。

尹晟·试百户

内黄查有：尹义，常宁县人。曾祖尹惟华甲辰年从军，故。祖尹旻惠补，永乐元年调云南后卫中所，故。伯尹生保补，故。父尹进补，正统六年麓川节次攻克思任发等寨有功升本卫所试百户，天顺元年遇例实授，老。义系嫡长男，替百户。尹荣系尹义嫡长男。·407·

一辈尹进，户名尹惟华，钦升簿查有：正统七年调征麓川上江等处剿杀蛮贼有功，云南后卫中所军人三次头功升试百户一员尹惟华。

二辈尹义，旧选簿查有：成化二年七月，尹义，常宁县人，系云南后卫中所百户尹进户名尹惟华嫡长男，钦与世袭。

三辈尹荣，旧选簿查有：弘治元年闰正月，尹荣，常宁县人，系云南后卫中所故世袭百户尹义嫡长男。

四辈尹昂，旧选簿查有：正德五年八月，尹昂，常宁县人，系云南后卫中所年老副千户尹荣嫡长男。伊祖原系试百户，天顺元年遇例实授，又获功升前职，本人照例与做副千户。

五辈尹晟，旧选簿查有：嘉靖十六年四月，尹晟，年四十岁，常宁县人，系云南后卫中所故副千户尹昂亲弟。伊曾祖进功升试百户，天顺元年遇例实授，老，祖义替，故，父瑢袭，冒供副千户。所据冒供、遇例职级俱应减革，本人照例革与试百户。

六辈尹良弼，万历二年二月，尹良弼，年四十二岁，常宁县人，系云南后卫中所故试百户尹晟亲侄。

七辈尹诏，万历十六年八月，尹诏，年十九岁，常宁县人，系云南后卫中所患疾试百户尹良弼嫡长男，比中二等。

八辈尹诰，万历三十二年二月，尹诰年三十岁，常宁县人，系云南后卫中所故试百户尹诏亲弟，比中三等。

九辈尹任大，天启七年六月，大选过云南后卫中所试百户一员尹任大，年三十二岁，系疾试百户尹诰嫡长男，比中二等。

李朝阳·署试百户事总旗

一辈李景先，缺。

二辈李川儿，缺。

三辈李忠，缺。

四辈李荣，旧选簿查有：景泰五年七月，李荣，商水县人，系云南后卫中所试百户李忠户名李景先嫡长男。父原系小旗，调征麓贼获头功二次升试百户，又于湖贵香炉山等处杀贼获功，该升署职一级，未升病故，钦准本人照例袭实授百户升署副千户事。

五辈李俊，旧选簿查有：成化十八年六月，李俊，商水县人，系云南后卫中所故署副千户事百户李荣嫡长男。

六辈李彬，旧选簿查有：正德十二年十一月，李彬，商水县人，系云南后卫中所故副千户李俊嫡长男。曾祖李忠功升试百户，香炉山获功署一级，越升署副千户，遇例实授，本人照例革袭实授百户。

七辈李朝阳，旧选簿查有：嘉靖二十九年二月，李朝阳，商水县人，系云南后卫中所故实授百户李彬嫡长男。伊父原袭祖职实授百户，侵欠官银七两二钱，参问立功，遇有复职，故。所据伊高祖忠正统二年并升小旗不由军功，景泰二年征炉山升署副千户功无擒斩，俱应减革，止有正统六年头功二级，本舍照例革袭署试百户事总旗，仍将名粮照数扣除还官，完日方许支给。

陈镗·正千户

外黄查有：陈谅，定远县人，系陈福旧名德嫡长男。父辛丑年充军，丙午年选充小旗，洪武四年除青州卫百户，十七年钦授府军前卫左所世袭副千户，三十一年老疾。谅三十四年替授蒙化卫副千户，永乐元年调云南后卫中所。

一辈陈福，已载前黄。

二辈陈谅，已载前黄。

三辈陈刚，旧选簿查有：永乐十三年十二月，陈刚，年十五岁，系云南后卫左所失陷世袭副千户陈谅嫡长男。

钦升功次簿查有：正统七年征麓川，云南后卫左所副千户二次头功升正千户一员陈刚。

四辈陈昇，旧选簿查有：景泰四年八月，陈昇，定远县人，系云南后卫左所世袭正千户陈刚嫡长男。

五辈陈傑，旧选簿查有：成化八年七月，陈傑，凤阳府定远县人，系云南后卫指挥佥事陈昇庶长男，钦与世袭。

六辈陈裕，旧选簿查有：弘治十五年十二月，陈裕，定远县人，系云南后卫世袭指挥佥事陈傑嫡长男。

七辈陈铠，旧选簿查有：嘉靖十七年十二月，陈铠，定远县人，系云南后卫故指挥佥事陈裕庶长男。伊高高祖刚原系正千户，天顺元年贵州开通道路升指挥佥事，高、曾、祖、父沿袭。所据贵州开通道路功无擒斩，例应减革，本人照例革与祖职正千户俸优给，至嘉靖二十五年终住支。·409·

旧选簿查有：嘉靖二十六年十二月，陈铠，年十五岁，定远县人，系云南后卫故指挥佥事陈裕庶长男。伊高高祖刚原袭正千户，天顺元年贵州功升指挥佥事，高、曾、祖、父沿袭，故。本舍先因年幼，已革与正千户俸优给，今出幼袭职，仍革袭正千户，注前所。

郭仁·正千户

一辈郭僧保，缺。

二辈郭伯二，缺。

三辈郭进，旧选簿查有：宣德元年七月，郭进，系行在锦衣卫右所故所镇抚郭让男。

正统四年麓川功次云南后卫百户升副千户一员郭进。

正统七年麓川功次，云南后卫前所副千户二次头功升世袭正千户一员郭进。

钦升簿查有：天顺元年云南后卫正千户升指挥佥事一员郭进。

四辈郭璘，旧选簿查有：天顺五年八月，郭璘，泰州人，系云南后卫指挥佥事郭进嫡长孙，钦与世袭。

五辈郭琦，旧选簿查有：成化十二年八月，郭琦，泰州人，系云南后卫故世袭指挥佥事郭璘亲弟。

六辈郭完，旧选簿查有：弘治十七年二月，郭完，泰州人，系云南后卫故指挥佥事郭琦亲侄。

七辈郭如松，旧选簿查有：嘉靖二年十月，郭如松，泰州人，系云南后卫故指挥佥事郭完嫡长男。伊高祖进系所镇抚，麓川冒作百户获功三级升前职，沿袭。本人于所镇抚上扣加三级，与袭正千户，注前所。

八辈郭仁，旧选簿查有：嘉靖四十四年二月，郭仁，年三十二岁，泰州人，系云南后卫前所年老正千户郭如松嫡长男。

九辈郭应魁，万历十五年八月，郭应魁，年三十岁，泰州人，系云南后卫前所故正千户郭仁嫡长男，比中三等。

十辈郭簦，天启二年三月补二月分大选，过云南后卫前所正千户一员郭簦，泰州人，系故正千户郭应魁嫡长男，比中三等。·410·

陈大策·正千户

外黄查有：陈文，定远县人，系进嫡次男。有父甲午年从军，洪武六年除百户，十七年升副千户，故，有嫡长兄陈仲先故，无儿男，文于三十年袭副千户。

一辈陈进，已载前黄。

二辈陈文，旧选簿查有：洪武三十年六月，陈文，系临安卫前所世袭副千户陈进嫡次男。

三辈陈昇，旧选簿查有：宣德十年九月，陈昇，系云南后卫前所世袭副千户陈文庶长男。

四辈陈钢，旧选簿查有：成化十二年十一月，陈钢，定远县人，系云南后卫前所世袭副千户陈昇嫡长男。

五辈陈琦，旧选簿查有：弘治三年十月，陈琦，定远县人，系云南后卫前所故世袭副千户陈钢嫡长男。

六辈陈诏，旧选簿查有：嘉靖三年十月，陈诏，定远县人，系云南后卫前所老疾副千户陈琦嫡长男。

功次簿查有：嘉靖八年寻甸府等处功次，一人擒斩贼级四名颗，云南后卫前所副千户升正千户一员陈诏。

七辈陈大策，旧选簿查有：嘉靖三十四年四月，陈大策，定远县人，系云南后卫前所年老正千户陈诏嫡长男。

充军簿查有：嘉靖四十五年闰十月，陈大策，定远县人，系云南后卫前所正千户，犯该受财枉法充景东卫中所终身军。

八辈陈梧，万历三十一年十月，陈梧，定远县人，系云南后卫前所问军正千户陈大策堂侄。查得陈大策续犯永军，本舍五辈未袭，例应驳查，据告称万里远民，愿减二级承袭，姑准实授百户，比中三等。

九辈陈起凤，万历四十七年四月，大选过云南后卫前所实授百户一员陈起凤，年三十二岁，系故实授百户陈梧嫡长男，比中三等。

赵应魁·冠带总旗

万历三十八年八月，大选过云南后卫后所减袭冠带总旗赵应魁，年二十五岁，系故实授百户赵义嫡长孙。查伊始祖赵得洪武元年军，升小旗，三年升总旗，故。祖赵普并补，故。祖赵显补役，十八年征广西七寨八寨斩首二级升调云南后卫百户，永乐三年升除神策卫世袭百户，故。祖赵仲保·411·比袭，故。祖赵旺系男，比袭，故绝。祖赵斌系弟，比袭，老。祖赵义系男，比袭，故。父赵凤朝系男，患疾，不堪保送，应魁系凤朝嫡长男，查限外二十四年，又比试不中，准降袭冠带总旗。

崇祯十三年十月，单本选过云南后卫后所世袭试百户一员赵璧，年三十岁，系冠带总旗赵应魁嫡次男。该卫援例保送辩复借替前来，查其违限一款，减在例先，难以遽复，比试不中，邦政无减级之例，应准量复一级，与替试百户。俟伊兄赵完生子退还，比中三等。

王廷辅·副千户

外黄查有：王忠，含山县人。有父王任旧姓刘，乙未年从军，洪武四年钦除百户，管新操水军，洪武二十年故。忠于洪武二十一年二月敬袭兴武卫左所世袭百户，永乐元年调云南后卫前所。

一辈王任，已载前黄。

二辈王忠，已载前黄。

三辈王敏，旧选簿查有：永乐二十二年二月，王敏，系云南后卫前所世袭百户王忠嫡长男。

钦升簿查有：正统七年调征麓川上江等处剿杀蛮贼，云南后卫前所百户一次头功升副千户王敏。

四辈王昇，旧选簿查有：天顺三年七月，王昇，含山县人，系云南后卫前所副千户王敏嫡长男，钦与世袭。

五辈王昂，旧选簿查有：正德十一年六月，王昂，含山县人，系云南后卫前所故绝世袭副千户王昇亲弟。

六辈王廷辅，旧选簿查有：嘉靖十三年四月，王廷辅，年二十三岁，含山县人，系云南后卫前所老疾副千户王昂庶长男。

七辈王邦畿，万历十三年八月，王邦畿，年三十九岁，含山县人，系云南后卫前所故副千户王廷辅亲侄，比中三等。

八辈王朝选，万历二十七年十月，王朝选，年十八岁，系云南后卫前所故副千户王邦畿嫡长男，比中二等。·412·

方承爵·副千户

一辈方玉，缺。

二辈方昇，缺。

三辈方铨，缺。

四辈方理，缺。

五辈方正，缺。

六辈方珊，缺。

七辈方承爵，旧选簿查有：嘉靖三十三年六月，方承爵，定远县人，系云南后卫前所老疾副千户方珊庶长男。

八辈方承荣，万历二十三年二月，大选过云南后卫前所副千户一员方承荣，年三十九岁，系老疾副千户方承爵堂弟。伊堂兄乏嗣，本舍借替祖职副千户，待承爵生男还职，比中三等。

九辈方本高，万历三十七年八月，大选过云南后卫前所副千户一员方本高，年三十四岁，定远县人，系患疾副千户方承荣嫡长男，比中一等。

十辈方从明，崇祯八年正月补七年十二月大选，过云南后卫前所副千户一员方从明，年二十五岁，系故副千户方本高侄，比中三等。

熊璋·副千户

一辈熊舍保，缺。·413·

二辈熊谦，缺。

三辈熊让，缺。

四辈熊谏，缺。

五辈熊諡，钦升簿查有：正统八年二月二十三日，并升官一员熊諡，系云南后卫后所小旗熊谏亲弟。兄调征麓川阵亡，次兄熊让亦随征阵亡，并与本人升试百户。

景泰三年十二月十九日，调湖广贵州香炉山等处杀贼获功一级、二级并署职一级，云南后卫百户升署副千户一员熊諡。

天顺元年九月二十八日征贵州关索岭等处开通道路杀贼获功一级，云南后卫百户升副千户一员熊諡。

天顺元年十月初二日，征进湖广鬼板等处杀贼获功一级，云南后卫副千户升正千户一员熊諡。

天顺三年七月，熊諡原系云南后卫前所副千户，贵州开通路道、湖广清浪二处杀贼获功一级，照例升指挥佥事。

六辈熊泰，旧选簿查有：成化十九年九月，熊泰，全州人，系云南后卫指挥佥事熊諡嫡长男，钦与世袭。

七辈熊璧，旧选簿查有：嘉靖十三年八月，熊璧，年三十五岁，全州人，系云南后卫充军故绝指挥佥事熊泰亲侄。伊祖諡原袭试百户，贵州差解苗贼功升实授百户，又开通道路功升副千户，香炉山并湖广二处获功历升前职，伯泰沿袭，为因侵欺钱粮问拟充军，今故绝。所据差解苗贼并开通道路二级，查无斩首，例应减革，本人照例与袭副千户，注前所，带俸差操。

八辈熊璋，旧选簿查有：嘉靖二十八年十月，熊璋，全州人，系云南后卫前所故副千户熊璧堂弟。

九辈熊应爵，万历五年八月，熊应爵，年三十五岁，全州人，系云南后卫前所年老副千户熊璋堂侄。伊堂叔原借袭祖职副千户，今老，本舍照例准替祖职副千户，伊堂叔熊璋革闲，比试二等。

十辈熊化麟，万历三十八年九月，单本选过云南后卫前所署指挥佥事事正千户一员熊化麟，年三十岁，故副千户熊应爵嫡长男，系云南功升正千户。据告熊应爵以终身军已经遇宥，免其发遣，释放回卫，应照民人拟升署小旗一节，覆查功次相同，应于正千户上加署指挥佥事事正千户，比中三等。

李胭·副千户

一辈李春，缺。·414

二辈李斌，旧选簿查有：永乐二年二月，李斌，系云南后卫前所故世袭百户李春嫡长男。

副千户功次：候查。

三辈李清，旧选簿查有：正统八年二月，李清，系云南后卫前所阵亡百户李斌嫡长男，袭升副千户。

四辈李琳，旧选簿查有：天顺二年十二月，李琳，江都县人，系云南后卫前所副千户李清嫡长男，钦与世袭。

五辈李胜，旧选簿查有：弘治十一年七月，李胜，江都县人，系云南后卫前所故世袭副千户李琳庶长男。

六辈李朋，旧选簿查有：正德三年九月，李朋，江都县人，系云南后卫前所故绝世袭副千户李胜亲弟。

年远事故前所副千户一员·甄英

永乐十六年三月，云南后卫前所副千户甄忠。

宣德五年七月，甄陶，系云南后卫前所故世袭副千户甄忠嫡长男。

天顺七年九月，甄表，系云南后卫前所世袭副千户甄陶嫡长男。

弘治十三年二月，甄英，亳县人，系云南后卫前所故世袭副千户甄表庶长男。

吕应钟·实授百户

外黄查有：吕斌，陈留县人。祖吕记儿洪武二年充军，二十九年升小旗，三十年故。父吕留住户名不动补役，仍充小旗，永乐八年并升总旗，宣德九年老。斌顶户名代役，并充总旗，正统六年征麓川反寇攻破贼首思任发巢穴获头功二次，七年升云南后卫前所实授百户。

一辈吕记儿，已载前黄。
二辈吕留住，已载前黄。
三辈吕斌，已载前黄。
四辈吕鑑，旧选簿查有：成化四年九月，吕鑑，陈留县人，系云南后卫前所百户吕斌户名吕记儿嫡长男。

五辈吕海，旧选簿查有：弘治十四年闰七月，吕海，陈留县人，系云南后卫前所世袭百户吕鑑嫡长男。

六辈吕彦良，旧选簿查有：正德八年六月，吕彦良，年十五岁，系云南后卫前所故世袭百户吕海嫡长男。

七辈吕应钟，旧选簿查有：嘉靖十八年十二月，吕应钟，年五岁，陈留县人，系云南后卫前所故实授百户吕彦良嫡长男，照例与全俸优给，至嘉靖二十七年终住支。

旧选簿查有：嘉靖二十九年二月，吕应钟，年十五岁，陈留县人，系云南后卫前所故实授百户吕彦良嫡长男，优给出幼袭职。

八辈吕荣盛，万历四十年十月，大选过云南后卫前所实授百户一员吕荣盛，年十五岁，系故实授百户吕应钟嫡长孙，比中三等。

谢怀·世袭百户

一辈谢伯，缺。

二辈谢芳，旧选簿查有：洪武三十一年六月，谢芳，系临安卫前所世袭百户谢伯庶长男。

三辈谢雄，审稿查有：谢雄，系谢芳庶长孙。祖永乐八年十月内病故，父谢懋年幼，已与优给，十五年出幼袭职，患左腿残疾，无嫡长男。雄于正统十四年十二月钦准替授云南后卫前所世袭百户。

四辈谢懋，旧选簿查有：永乐十五年三月，谢懋，系云南后卫前所故世袭百户谢芳嫡长男。·416·

五辈谢斌，旧选簿查有：成化十八年十二月，谢斌，合肥县人，系云南后卫前所故世袭百户谢雄亲弟。

六辈谢晟，旧选簿查有：弘治三年二月，谢晟，合肥县人，系云南后卫前所故世袭百户谢斌嫡长男。

七辈谢怀，旧选簿查有：正德十一年六月，谢怀，合肥县人，系云南后卫前所绝世袭百户谢晟亲侄。

八辈谢钦，万历二十年十月，谢钦，年二十五岁，系云南后卫前所故实授百户谢怀亲侄孙，比中二等。

九辈谢奇勋，万历四十四年四月，大选过云南后卫前所实授百户一员谢奇勋，年三十五岁，系故实授百户谢钦嫡长男，比中三等。

韦信·实授百户

外黄查有：韦海，丹徒县人。祖韦祥一，洪武二十三年军，永乐元年调云南后卫前所，老。父韦吉代役，正统六年调征麓川反寇，首夺上江西岸，攻破刀招汉贼寨，杉木龙山寨，贼首思任发巢穴获头功三次，正统七年升试百户，老疾。海系嫡长男，钦与替授本卫所实授百户，天顺二年调征贵州东苗，攻破水军（车）坝等寨，董农、竹盖等[寨]，天顺三年攻破太阳等寨，蜂糖寨、谷广等寨节次斩获首级三颗，天顺七年钦升副千户，成化四年钦与流官。韦儒年十五岁，系韦鑑嫡长男。伊曾祖韦吉原系试百户，祖韦海遇例实授，又获功升前职，父例前承袭。本舍亦于例前优给，今出幼，照例革袭实授百户。

一辈韦吉，已载前黄。

二辈韦海，旧选簿查有：景泰四年八月，韦吉，年六十六岁，系云南后卫前所试百户。原系军人，调征麓川杀贼获头功升前职，老疾在卫。有嫡长男韦海，年三十六岁，照例替实授百户。

天顺七年十二月，云南[后]卫百户升副千户一员韦海。

三辈韦鑑，旧选簿查有：成化二十二年九月，韦鑑，丹徒县人，系云南后卫前所老疾功升副千户韦海嫡长男，钦与世袭。

四辈韦儒，旧选簿查有：正德四年十二月，韦儒，丹徒县人，系云南后卫前所故副千户韦鑑嫡长男。伊曾祖韦吉原系试百户，祖韦海遇例实授，又获功升前职，父例前承袭，本舍亦于例前优给，今出幼，照例革袭实授百户。

五辈韦信，旧选簿查有：嘉靖四十五年十二月，韦信，年四十五岁，丹徒县人，系云南后卫前所年老实授百户韦儒堂弟。伊堂兄原复袭祖职实授百户，今年老无子，本舍照例与借祖职实授百户。待后伊堂兄韦儒生有儿男，退还职事。

六辈韦良相，万历六年六月，韦良相，年十九岁，丹徒县人，系云南后卫前所故实授百户韦信嫡长男，比中二等。·417·

七辈韦大贤，天启五年十月，大选过云南后卫前所实授百户一员韦大贤，年三十一岁，系老实授百户韦良相侄孙，武举不比。

何尚爵·实授百户

外黄查有：何敬，夏邑县人。有祖父何海旧名通海，洪武元年归附，除徐州卫百户，二十年阵亡。父何源袭百户，三十四年故。敬系嫡长男，袭，永乐元年调云南后卫。

一辈何海，已载前黄。

二辈何源，已载前黄。

三辈何敬，已载前黄。

四辈何洪，旧选簿查有：正统十年五月，何洪，系云南后卫前所世袭百户何敬嫡长男。

五辈何铨，旧选簿查有：成化八年十二月，何铨，夏邑县人，系云南后卫前所故世袭百户何洪庶长男。

六辈何昊，旧选簿查有：弘治十五年十二月，何昊，夏邑县人，系云南后卫前所世袭百户何铨嫡长男。

七辈何辅，旧选簿查有：嘉靖十八年六月，何辅，年三十岁，夏邑县人，系云南后卫前所老疾实授百户何昊嫡长男。

八辈何尚爵，旧选簿查有：嘉靖三十二年四月，何尚爵，夏邑县人，系云南后卫前所故实授百户何辅嫡长男。

九辈何明相，万历二十二年六月，何明相，年十八岁，系云南后卫前所故实授百户何尚爵嫡长男，比中一等。

十辈何起龙，崇祯元年十月，大选过云南后卫前所实授百户一员何起龙，年三十岁，系老实授百户何明相嫡长男，比中二等。·418·

年远事故前所世袭百户一员·柳澄

正统九年闰七月，柳恂，系云南后卫前所试百户柳晟嫡长男。父原系小旗，调征麓川蛮贼节次有功升前职，病故，钦准本人袭实授世袭百户。

成化十二年十二月，柳文，即墨县人，系云南后卫前所世袭百户柳恂嫡长男。

弘治十一年二月，柳澄，即墨县人，系云南后卫前所故世袭百户柳文嫡长男。

贴黄开有：嘉靖十年病故。

又一员·汤贵

天顺七年十二月，云南后卫总旗升试百户一员汤信。

成化七年七月，汤贵，金华县人，系云南后卫前所百户汤信嫡长男，钦与世袭。

又一员·吴昇

成化五年十月，吴昇，年十六岁，郑州人，系云南后卫前所试百户吴智庶长男。父原系军人，征麓川头功三次升前职，老疾。本人先因年幼，照例已与实授百户俸优给，今出幼，该袭实授百户。

又一员·陈淮

景泰七年五月，陈铭，如皋县人，系云南后卫前所失陷百户陈玘户名陈胜嫡长男，钦与世袭。

弘治十四年闰七月，陈淮，年十五岁，系云南后卫前所老疾世袭百户陈铭嫡长·419·男，优给出幼袭职。

贴黄开有：嘉靖十年病故。

又一员·孙钲

景泰二年五月，孙钲，系云南后卫前所故世袭百户孙瑛嫡次男。有嫡长兄孙鑑患右膝跌伤残疾，不堪承袭，钦准本人袭职，待有男，还与职事。①

又一员·朱源

正统二年二月，朱源，年十七岁，系云南后卫前所阵亡世袭百户朱良嫡长男。

又一员·于瑛

成化四年九月，于瑛，年十五岁，系云南后卫前所百户于福户名于九儿嫡长男，钦与世袭。

---

① 该"又一员·孙钲"簿当即《总汇》本册第97—98页"孙汉·副千户"选簿"四辈孙钲"选条"缺"载之内容，其"云南后卫前所"误，当作"云南右卫前所"。

又一员·边洪

成化二十年四月，边洪，潦县人，系云南后卫前所故世袭百户边贵嫡次男。

贴黄开有：嘉靖十年六月病故。

又一员·张永

景泰七年十二月，张永，年四岁，顺天府通州人，系云南后卫前所试百户张文户名张义庶长男。父原系总旗，调征麓贼获功升前职，病故，照例钦与本人实授百户俸优给，至景泰十七年终住支。·420·

陈世赟·试百户

内黄查有：陈顺，高邮州人。曾祖陈九一甲午年从军，洪武十一年故。祖陈罩儿补役，永乐十七年老。父陈良代役，宣德元年并枪充小旗，七年故。顺年幼，叔陈忠暂收军，正统八年顺长成，改正补役，并枪仍充小旗，景泰二年征贵州香炉山等处苗贼节次攻铜鼓等寨斩获首级三颗升总旗，四年征草塘地泡、三百罗等寨，五年攻细沙、三百獠、大乖西等寨斩获首级三颗升试百户，天顺元年遇例实授，二年征东苗石门、丹扒等寨擒斩贼级三名颗升副千户。陈昱系陈顺嫡长男，父因重升总旗一级成化二年改正升正千户，老，昱替云南后卫左所正千户。

一辈陈良，已载前黄。

二辈陈顺，旧选簿查有：成化二年正[月]，陈顺户名陈罩儿，高邮州人，系云南后卫左千户所小旗，开通道路例升一级未升，香炉山获功一级，草塘获功一级，升试百户，遇例实授，后因开通道路功该升副千户，又东苗获功一级升副千户，今照例改正，依副千户加重升总旗一级升正千户。

三辈陈昱，旧选簿查有：成化十二年十二月，陈昱，高邮州人，系云南后卫左所正千户陈顺嫡长男，钦与世袭。

四辈陈经，旧选簿查有：弘治十四年九月，陈经，高邮州人，系云南后卫左所世袭正千户陈昱嫡长男。

吊来招内查有：陈经，原犯赃问腾冲卫充军，监追，遇赦免赃，改发贵州清平卫充军，后逃回，又遇赦，不首，老疾……

五辈陈世赟，旧选簿查有：嘉靖二十七年八月，陈世赟，高邮州人，系云南后卫充军故指挥佥事陈经嫡长男。伊高祖良原补军役，宣德八年并枪升小旗。曾祖顺替，香炉山功升总旗，草塘功升试百户，遇例实授，东苗功升副千户，开通道路升正千户。祖昱、父经沿袭，普安功升指挥佥事，为事充终身军，故。所据并枪、遇例、开通道路俱不由军功，例应减革，普安功升指挥佥事系自己获功自己犯罪，例不准袭，扣有军功三级，本舍照例革袭试百户。

刘永胜·试百户

一辈刘福祖，缺。

二辈刘狗儿，缺。

三辈刘保，缺。

四辈刘赛赛，缺。

五辈刘英，户名刘福祖，功次簿查有：正统六年麓川小旗二次头功升试百户，云南后卫前所二员内一员刘福祖。

六辈刘全，旧选簿查有：天顺八年八月，刘全，江陵县人，系云南后卫前所百户刘英户名刘福祖嫡长男，钦与世袭。

七辈刘斌，旧选簿查有：弘治十八年八月，刘斌，年十五岁，系云南后卫前所老疾世袭百户刘全嫡长孙，优给出幼袭职。

八辈刘永胜，旧选簿查有：嘉靖三十四年十二月，刘永胜，江陵县人，系云南后卫前所故实授百户刘斌庶长男。查得伊高祖刘英以户名小旗于正统六年麓川获头功二次升试百户，今冒供实授，曾祖铨、父斌沿袭。本舍革冒供实授，与袭试百户。

九辈刘宏卿，万历二十七年十二月，刘宏卿，年二十六岁，系云南后卫前所故试百户刘永胜嫡长男，比中三等。

张仰极·试百户

外黄查有：张琳，黄岩县人。曾祖张忠吴元年从军，洪武四年升水军右卫实授小旗，十五年有功升实授总旗，二十一年为事发临安卫充军，永乐元年起取，四年老疾。祖张义顶户名代役，十年并充总旗，二十二年阵亡。父张鑑免并充总旗，宣德三年调云南后卫前所，正统六年征麓川，七年升本卫所实授百户，天顺元年年老。

琳系嫡长男，成化二年优给。

一辈张忠，已载前黄。

二辈张义，已载前黄。

三辈张鑑，已载前黄。

四辈张琳，旧选簿查有：成化九年十月，张琳，黄岩县人，系云南后卫前所老疾百户张鑑嫡长男，钦与世袭。

五辈张全，旧选簿查有：正德二年六月，张全，黄岩县人，系云南后卫前所世袭百户张琳嫡长男。

六辈张应朝，旧选簿查有：嘉靖六年十月，张应朝，黄岩县人，系云南后卫前所已故百户张全嫡长男。伊曾祖鑑系功升试百户，遇例实授，祖、父沿袭，本人照例革去遇例职级，与袭试百户。·422·

七辈张仰极，旧选簿查有：隆庆二年八月，张仰极，年六岁，黄岩县人，系云南后卫前所故实授百户张应朝庶长孙，革遇例，与试百户俸优给，至隆庆十年终住支。

万历六年二月，张仰极，年十五岁，黄岩县人，系云南后卫前所故试百户张应朝庶长孙，优给出幼袭职，比中二等。

八辈张邦俊，万历二十三年三月分，单本选过张邦俊，年三十六岁，黄岩县人，系云南后卫前所故世袭试百户张仰极亲叔。伊侄原袭试百户，今故绝，本舍今照例与袭试百户，比中二等。

九辈张仰薇，万历三十三年十月，张仰薇，年五岁，系云南后卫前所故试百户张邦俊亲侄，照例与全俸优给，至四十二年终住支。

十辈张仰斗，万历四十三年二月，大选过云南后卫前所试百户一员张仰斗，年三十八岁，系故试百户张仰薇堂兄，因故绝，序该张小二承袭，得患足疾，不堪承职，准张仰斗借袭试百户，待小二生子还职，比中二等。

张辅·试百户

一辈纳哈出，缺。

二辈纳哈马来，缺。

三辈张成，户名纳哈出，钦升簿查有：正统七年云南麓川反寇思任发有功，云南后卫前所军人三次头功升试百户六员内一员纳哈出。

四辈张瑾，旧选簿查有：成化元年十月，张瑾，山后人，系云南后卫前所百户张成嫡长男，钦与世袭。

五辈张昂，旧选簿查有：成化十七年九月，张昂，山后人，系云南后卫前所故百户张瑾堂侄。堂伯祖张成原系试百户，遇例实授，故，堂伯张瑾袭职。本人先因年幼优给，今出幼，照例革袭试百户。

六辈张胜，旧选簿查有：成化十九年四月，张胜，山后人，系云南后卫前所故试百户张昂亲叔。

七辈张俊，旧选簿查有：正德二年二月，张俊，山后人，系云南后卫前所百户张瑾嫡长男。

八辈张辅，旧选簿查有：嘉靖二十年十月，张辅，年十二岁，山后人，系云南后卫前所故百户张俊嫡长男。伊祖成原系功升试百户，天顺元年遇例实授，祖、父沿袭。所据遇例职级例应减革，本人照例革与试百户俸优给，至嘉靖二十二年终住支。·423·

林武朝·试百户

一辈林志刚，缺。

二辈林挠儿，缺。

三辈林忠，缺。

试百户功次：候查。

四辈林茂，旧选簿查有：天顺三年九月，林茂，仪封县人，系云南后卫前所百户林忠户名林挠儿嫡长男，钦与世袭。

五辈林宣，旧选簿查有：弘治八年十一月，林宣，仪封县人，系云南后卫前所世袭百户林茂嫡长男。

六辈林容，旧选簿查有：正德七年八月，林容，仪封县人，系云南后卫前所故绝世袭百户林宣亲弟。

七辈林文朝，旧选簿查有：嘉靖五年十月，林文朝，年七岁，仪封县人，系云南后卫前所故世袭百户林容嫡长男。伊曾祖忠以军人正统七年征麓川反寇三次头功升试百户，祖茂冒袭实授百户，伯与父沿袭，今照例革去冒袭一级，与本人试百户全俸优给，至嘉靖十二年终住支。

八辈林武朝，旧选簿查有：嘉靖二十七年八月，林武朝，仪封县人，系云南后卫前所故世袭百户林文朝堂弟。伊堂兄原与试百户俸优给，未曾出幼为事，抵充军，故绝。所据实授百户一级，系冒供例应减革，本舍革袭祖职试百户。

九辈林仰高，万历二十年八月，林仰高，年十八岁，系云南后卫前所年老试百户林武朝嫡长男，比中二等。

李国贤·试百户

一辈李添奴，缺。

二辈李秀，缺。·424·

三辈李成，缺。

四辈李润，缺。

五辈李禄，缺。

六辈李文表，功次簿查有：嘉靖八年为地方紧急贼情事，云南寻甸等处擒斩蛮贼安铨功次，云南后卫前所报效总旗升试百户一员李文表，如未并枪，止升实授总旗。

七辈李国贤，旧选簿查有：嘉靖四十四年五月，李国贤，年二十二岁，吴县人，系云南后卫前所年老试百户李文表嫡长男。

八辈李联芳，万历元年八月，李联芳，年七岁，吴县人，系云南后卫前所故试百户李国贤嫡长男。照例与全俸优给，至万历八年终住支。

万历十年四月，李联芳，年十五岁，吴县人，系云南后卫前所故试百户李国贤嫡长男，优给出幼袭职。查本舍违限二年，限外有无多支俸粮，查扣毕日关支，比中二等。

金俊·所镇抚

外黄查有：金寔，昆山县人，系金志旧名华庶长男。有父丙午年归附从军，吴元年钦除长淮卫所镇抚，洪武五年归并大河卫中左所，十一年故，别无嫡男。寔于十四年袭除，洪武三十一年为年深钦升世袭卫镇抚，就于本都司补缺，三十二年授临安卫卫镇抚，永乐元年调云南后卫。

一辈金志，已载前黄。

二辈金寔，已载前黄。

三辈金玺，旧选簿查有：宣德十年，金玺，系云南后卫流官卫镇抚金寔庶长男。父原系本卫前所世袭所镇抚，革除年间升前职，为因老疾。本人年幼，已与伊父原职所镇抚俸支给，今出幼，钦准本人袭本卫所世袭所镇抚。

四辈金昂，旧选簿查有：成化十二年七月，金昂，昆山县人，系云南后卫前所故世袭所镇抚金玺嫡长男。

五辈金成，旧选簿查有：正德十一年十二月，金晟，昆山县人，系云南后卫前所故世袭所镇抚金昂嫡长男。·425·

六辈金俊，旧选簿查有：嘉靖二十九年六月，金俊，昆山县人，系云南后卫前所故所镇抚金澄嫡长男。

七辈金荣高，万历十四年四月，金荣高，年二十九岁，昆山县人，系武定守御所故所镇抚金俊嫡长男，比中二等。

汪辅·署百户总旗

一辈汪义，缺。

二辈汪敬，缺。

三辈汪源，旧选簿查有：永乐十七年十一月，汪源，系云南后卫前所故世袭百户汪敬庶长男。

四辈汪洪，旧选簿查有：正统八年三月，汪洪，系云南后卫前所阵亡副千户汪源堂弟，袭升正千户。

景泰五年云南后卫正千户升指挥佥事一员汪洪。

五辈汪鼎，旧选簿查有：成化六年十二月，汪鼎，江夏县人，系云南后卫故指挥同知汪洪嫡长男，钦与世袭。

六辈汪润，旧选簿查有：成化二十二年九月，汪润，江夏县人，系云南后卫故世袭指挥同知汪鼎嫡长男。

七辈汪昱，旧选簿查有：弘治十年十二月，汪昱，江夏县人，系云南后卫革职指挥同知汪润亲叔，待侄有男，还与职事。①

八辈汪辅，旧选簿查有：嘉靖元年六月，汪辅，江夏县人，系云南后卫故指挥同

---

① 《总汇》本册第16页"又一员·汪昱"簿载该汪昱履历，除"云南后卫"作"云南右卫"，"革职"前有"世袭"二字外，其他文字皆与此"七辈汪昱"选条相同，前汪昱簿中"云南右卫"或当作"云南后卫"。

知汪昱侄孙。伊五世伯祖义功升百户，高伯祖敬、堂曾伯祖源袭，功升副千户，阵亡。曾祖洪以堂弟袭升正千户，又历功升前职，祖鼎、父润及叔祖沿袭。缘正千户以上犯堂，例应减革，本人照父祖原无总小旗事例，扣与亲祖功二级，做署百户食总旗名粮，世袭，仍注前所。

九辈汪朝宗，隆庆六年二月，汪朝宗，年三十五岁，江夏县人，系云南后卫前所年老正千户汪辅嫡长男。伊父原革袭祖职署百户，嘉靖七年征云南寻甸等处，亲斩贼级五颗升试百户，十三年武举中式，加升署正千户，历升松潘副总兵，今年老。所据武举·426·职级并推升流官，例不准替，本舍照例革替试百户。①

十辈汪恂公，万历二年十二月，汪恂公，年一十六岁，江夏县人，系云南后卫前所故试百户汪朝宗嫡长男。伊父原袭祖职试百户，隆庆六年遇例纳授指挥佥事，今故。所据纳级虚衔例不准袭，本舍照例革袭祖职试百户。

前所试百户一员·狄松

正德十二年八月，狄松，溧阳县人，系云南后卫前所年老百户狄勋嫡长男。曾祖狄礼系功升试百户，遇例实授，祖、父沿袭，本人照例革替试百户。

年远事故试百户署所镇抚一员·李英

天顺七年十一月，李谦，丹徒县人，系云南后卫前所故百户署所镇抚事李文嫡长男，钦与世袭。

成化二十年十二月，李英，年十岁，丹徒县人，系云南后卫前所署所镇抚事百户李谦嫡长男。祖李文原系试百户，遇例实授，病故，父袭职亦故。本人照例革与试百户俸优给，至成化二十四年终住支，候出幼袭试百户，仍署所镇抚事。贴黄开有：嘉靖二十年病故。

---

① 《明世宗实录》卷393，嘉靖三十二年正月丁酉，"巡抚云南都御史鲍象贤既至，镇调集土汉兵七万人，广集粮运，将克期分哨进剿元江，为必敌计。逆贼那鉴大惧，仰药死。象贤檄百户汪辅入城抚谕其众众，咸稽首奉命，擒斩戕土官知府那宪者阿捉及杀布政使徐樾者曰光龙色首以献。鉴子恕输退所占那昕封銮等村寨，并出所质镇沅府印，纳象十二只代累岁逋赋。象贤命阖府官民推那氏当立者，众举前土官那端从孙从仁。象贤乃疏言其状，请废恕，贷其死，命从仁暂统其众。加汪辅以千户职事督视之，其参政郝维岳、佥事王养浩、都指挥陈鳖、贺凤守备贺景始虽失事，继亦有劳，乞复其俸，兵部覆如象贤议，从之"；卷510，嘉靖四十一年六月己卯，"命贵州铜仁右参将汪辅充副总兵，分守四川松潘等处"。

试所镇抚一员·李勤

景泰六年四月，李勤，年三十三岁，黄岩县人，系云南后卫前所试所镇抚李幹嫡长男。父原系军人，于新添卫官仓纳米以供边储升前职，今患疾，本人照例仍替试所镇抚。·427·

李春·正千户

外黄查有：李和，含山县人，系李政元帅嫡孙。甲午年于曾叔祖李普发元帅下充万户，乙未年带父李昭和州归附，曾叔祖李政丙申年授左副元帅，癸卯年阵亡，父李昭当年充参侍舍人，甲辰年除凤翔卫百户，洪武元年除虎贲卫右所正千户，五年阵亡。和袭除豹韬卫左所正千户，永乐元年调云南后卫后所。

一辈李政，已载前黄。

二辈李普发，已载前黄。

三辈李昭，已载前黄。

四辈李和，已载前黄。

五辈李景，旧选簿查有：永乐十五年六月，李景，系云南后卫后所失陷世袭正千户李和庶长男。

六辈李能，旧选簿查有：景泰七年九月，李能，含山县人，系云南后卫后所世袭正千户李景嫡长男。

七辈李纲，旧选簿查有：成化十八年十二月，李纲，含山县人，系云南后卫后所世袭正千户李能嫡长男。

八辈李鑑，旧选簿查有：弘治十六年九月，李鑑，年十六岁，含山县人，系云南后卫后所故世袭正千户李纲嫡长男。

九辈李春，旧选簿查有：嘉靖十五年十月，李春，含山县人，系云南后卫后所故正千户李鑑嫡次男。

王诰·正千户

外黄查有：王恕，滁州人。祖王云甲午年投顺充小旗，后充百户，甲辰年除充百户，洪武十一年调权广武卫前所副千户，十二年实授本卫流官副千户。父王铭先于洪武六年除英武卫流官所镇抚，十一年授泉州卫流官百户，祖老疾，父替广武卫副千户，三十四年阵亡。恕系嫡长男，三十五年袭景东卫左所世袭副千户，永乐元年调云南后卫后所。王宁系王恕嫡长男。王谊系王宁庶长男，父正统六年当先攻破上江寨杀败夷寇头功升正千户，残疾，无嫡男，谊优给，出幼袭正千户，与世袭。王斌系王裕嫡长男。

一辈王云，已载前黄。·428·

二辈王铭，已载前黄。

三辈王恕，已载前黄。

四辈王宁，旧选簿查有：永乐二十年七月，王宁，系云南后卫后所故世袭副千户王恕嫡长男。

正千户功次：已载前黄。

五辈王谊，旧选簿查有：正统十四年九月，王谊，系云南后卫后所残疾正千户王宁庶长男。

六辈王裕，旧选簿查有：成化二十一年四月，王裕，滁州人，系云南后卫后所故世袭正千户王谊嫡长男。

七辈王斌，旧选簿查有：正德十一年六月，王斌，滁州人，系云南后卫后所故世袭正千户王裕嫡长男。

八辈王诰，旧选簿查有：嘉靖二十一年十月，王诰，年二十岁，滁州人，系云南后卫后所故正千户王斌嫡次男。

九辈王应爵，万历十二年十二月，王应爵，年十五岁，滁州人，系武定守御所年老正千户王诰嫡长男，比中二等。

年远事故后所正千户一员·杜洪

景泰三年十二月，云南后卫总旗升试百户杜保住。

景泰五年，云南后卫试百户升实授百户杜保住。

成化四年七月，杜洪，縠城县人。有父杜海户名杜保住原系云南后卫后所总旗，贵州开通道路杀贼获功一级未升，又于香炉山杀贼获功一级升试百户，贵州草塘杀贼获功一级升实授百户，后将开通道路功次依原报总旗重升试·429·百户，未经改正，又于湖广杀贼获功一级升副千户，年老。本人系嫡长男，照例改正袭升正千户。

又一员·许傑

成化五年二月，许祯，巢县人，系云南后卫后所故正千户许让嫡长男，钦与世袭。

弘治十四年九月，许琏，巢县人，系云南后卫后所世袭正千户许祯嫡长男。贴黄查有：嘉靖七年病故。

万历十八年十二月，许傑，年二十五岁，巢县人，系云南后卫后所故正千户许琏亲侄孙，比中三等。

魏舜麟·副千户

外黄查有：魏璿，祥符县人，系魏晟嫡长男。有父前李思齐下头目，洪武七年取赴京，除台州府宁波县铁场巡检，十七年除燕山前卫后所试百户，二十四年与流官百户，年老。璿三十四年替授景东卫左所世袭百户。魏玺系魏璿嫡长男。

一辈魏晟，已载前黄。

二辈魏璿，已载前黄。

三辈魏玺，旧选簿查有：永乐二十年五月，魏玺系云南后卫后所故世袭百户魏璿嫡长男。

钦升簿查有：正统七年麓川反寇思任发征进一次头功升副千户，云南后卫后所百户魏玺。

四辈魏镛，旧选簿查有：天顺六年七月，魏镛，祥符县人，系云南后卫后所副千户魏玺嫡长男，钦与世袭。

五辈魏晟，旧选簿查有：弘治十年七月，魏晟，祥符县人，系云南后卫后所故世袭副千户魏镛嫡长男。·430·

六辈魏舜麟，旧选簿查有：嘉靖十八年八月，魏舜麟，年九岁，祥符县人，系云南后卫后所故副千户魏晟庶长男，照例与全俸优给，至嘉靖二十三年终住支。

嘉靖二十四年十二月，魏舜麟，年十五岁，祥符县人，系云南后卫后所故副千户魏晟庶长男。

七辈魏守恭：万历十七年八月，魏守恭，年三十四岁，系武定守御所故副千户魏舜麟堂侄孙，比中二等。

李应时·副千户

一辈李文枭，缺。

二辈李成，缺。

三辈李清，旧选簿查有：景泰七年七月，李清，系云南后卫后所试百户李成户名李文枭嫡长男。父原系总旗，调征麓川贼获功升前职，照例本人该袭实授百户。

天顺四年三月，李清，伊父李成系云南后卫后所百户，贵州草塘杀贼阵亡，例升二级，本人系嫡长男，照例袭升正千户。

四辈李振，旧选簿查有：成化四年九月，李振，电白县人，系云南后卫后所故百户李清嫡长男，钦与世袭。

五辈李裕，旧选簿查有：弘治八年九月，李裕，年十九岁，电白县人，系云南后卫后所故世袭副千户李振嫡长男。

六辈李应时，旧选簿查有：嘉靖二十八年二月，李应时，电白县人，系云南后卫后所故副千户李裕亲侄。

七辈李东阳，万历七年六月，李东阳，年三十五岁，电白县人，系武定守御所年老副千户李应时嫡长男，比中二等。①

冠带总旗一员·刘承恩

外黄查有：刘俊，福宁县人。曾祖吴得用吴元年归附从军，洪武四年拨兴化卫，十年病故。祖刘彦名补役，永乐元年调云南后卫右所，永乐十一年并充小旗，故。·431·父刘斌年幼，义伯刘胜暂收军役，宣德元年父长成，并充小旗，正统六年并充总旗，十月调征麓川反寇攻打思任发贼寨阵亡，例升一级。俊系嫡长男，正统八年袭升云南后卫右所试百户，天顺元年遇例实授。

成化十五年三月，刘纶，福宁县人，系云南后卫右所故百户刘俊嫡次男。父原系试百户，遇例实授，兄刘经患眼疾。本人照例革袭试百户，待兄有男，还与职事。

正德九年十二月，刘瀚，福宁县人，系云南后卫右所老疾百户刘纶庶长男。伊父原系试百户，遇例实授，本人照例革替试百户。

---

① 《总汇》本册第141页"李嘉聘·副千户"选簿，其记载李应时、李东旸袭替履历等与此李应时选簿"六辈李应时""七辈李东阳"选条相一致。此"李东阳"簿本在"云南后卫后所"位置，而彼"李嘉聘"簿误归"云南右卫后所"处。

嘉靖十六年六月，刘承恩，年二十一岁，福宁县人，系云南后卫右所故试百户刘瀚嫡长男。伊高祖斌以小旗正统六年并枪充总旗，阵亡，曾祖俊袭升试百户，祖、父相沿，本人照例革去并枪，与冠带总旗。

总旗一名·蔡继宗

外黄查有：蔡成，丹徒县人。祖蔡小三洪武二十四年为事充军，故。父蔡闰户名不动补役，宣德六年下番六次升小旗，故。成顶户名补役，并枪仍充小旗，正统六年调征麓川，上江刀招汉贼寨，克破思任发巢穴，七年升总旗，天顺二年征贵州东苗等寨节次斩获首级三颗，七年升云南后卫前所试百户，遇例实授。蔡裕系蔡成嫡长男。

天顺七年十二月，云南后卫总旗升试百户蔡小三。·432·

成化五年六月，蔡裕，丹徒县人，系云南后卫前所百户蔡小三嫡长男，钦与世袭。

弘治五年九月，蔡继宗，丹徒县人，系云南后卫前所百户蔡裕嫡长男。伊祖原系……

后所副千户一员·徐思明

永乐十三年八月，徐源，系云南后卫后所故世袭百户徐荣嫡长男。

天顺三年九月，徐昂，霍丘县人，系云南后卫后所故世袭副千户徐源嫡长男。

弘治十四年闰七月，徐清，霍丘县人，系云南后卫后所世袭副千户徐昂嫡长男。

正德三年十一月，徐镈，年十五岁，霍丘县人，系云南后卫后所故世袭副千户徐清嫡长男。

万历八年八月，徐文举，年三十岁，霍丘县人，系云南后卫后所故副千户徐镈亲侄，比中二等。伊伯徐镈于嘉靖四十三年病故，至今已十有七年，例应革发。据供因父、兄相继病故，因而迟延，情有可原，姑准照袭，仍行查明。

徐联芳，万历三十二年十月，徐联芳，年十六岁，系云南后卫后所故副千户徐文举庶长男，比中三等。

徐思明，崇祯九年十月，大选过云南后卫后所副千户一员徐思明，年十九岁，系故副千户徐联芳嫡长男，比中一等。

贺恩·实授百户

外黄查有：贺清，郾城县人。祖贺成洪武元年归附从军充小旗，十九年充总旗，永乐元年老疾。父贺宽户名不动代役，永乐四年为事革充军，十一年病故。清顶户名补役，二十二年遇例复役，正统五年并枪仍充总旗，正统六年调征麓川反寇，首夺上江西岸，攻围刀招汉贼寨，克破排栅冲入贼阵杀败贼众，策应马鞍山，攻破贼首思任发巢穴，获奇功头功二次，正统七年升云南后卫后所世袭实授百户。·433·

一辈贺成，已载前黄。

二辈贺宽，已载前黄。

三辈贺清，已载前黄。

实授百户功次：已载前黄。

四辈贺宁，旧选簿查有：成化四年九月，贺宁，郾城县人，系云南后卫后所百户贺清户名贺成嫡长男，钦与世袭。

五辈贺昂，旧选簿查有：弘治五年八月，贺昂，郾城县人，系云南后卫后所百户世袭贺宁嫡长男。

六辈贺恩，旧选簿查有：嘉靖十年八月，贺恩，年二十二岁，郾城县人，系云南后卫后所年老世袭百户贺昂庶长男。

七辈贺诏，隆庆六年十二月，贺诏，年十九岁，郾城县人，系云南后卫后所故实授百户贺恩庶长男。

八辈贺拱极，万历二十五年六月，大选过贺拱极，年十九岁，系云南后卫后所故实授百户贺诏嫡长男，比中三等。

于俸·实授百户

一辈于仲敬，缺。

二辈于得，缺。

三辈于贤，旧选簿查有：永乐二十年三月，于贤，系云南后卫后所故世袭百户于得亲侄。

四辈于文，旧选簿查有：正统七年二月，于文，系云南后卫后所故百户于贤嫡长男。·434·

五辈于镇，旧选簿查有：成化九年九月，于镇，平度州人，系云南后卫后所老疾世袭百户于文嫡长男。

六辈于俸，旧选簿查有：正德四年十月，于俸，平度州人，系云南后卫后所老疾世袭百户于镇嫡长男。

葛应时·实授百户

内黄查有：葛瑄，高邮州人。祖父葛敬旧名居敬，前山东行枢密院佥院，吴元年归附，克取青州，洪武二年并枪选充骁骑前卫壮士，三年充壮士旗手，十一月除怀庆守御百户，六年调武冈守御所，十八年升本卫前所副千户，二十八年钦改云南左护卫，复改云南左卫后所，年老疾告替。父葛鹏于洪武三十一年替职，仍授云南左卫所，三十四年故。叔葛翱于永乐三年袭授本卫副千户，五年病故。瑄系亲侄，六年袭副千户。

一辈葛敬，已载前黄。

二辈葛鹏，已载前黄。

三辈葛翱，已载前黄。

四辈葛瑄，旧选簿查有：永乐十六年五月，葛瑄，系云南后卫后所副千户。

五辈葛玺，旧选簿查有：永乐十九年十月，葛玺，系云南后卫后所故世袭副千户葛瑄堂弟。堂兄有嫡长男葛徵，年六岁，幼小，钦准本人借职，待堂侄长成，还与职事。①

六辈葛徵，缺。

七辈葛震，旧选簿查有：景泰五年十月，葛震，高邮州人，系云南后卫后所故世袭副千户葛徵嫡长男。

八辈葛裕，旧选簿查有：弘治十三年十二月，葛裕，高邮州人，系云南后卫后所世袭副千户葛震嫡长男。

九辈葛应时，旧选簿查有：嘉靖二十年十二月，葛应时，高邮州人，系云南后卫后所世袭副千户葛裕次房亲侄。伊伯原袭副千户，弘治十四年侵欺屯粮问拟监守自盗杂犯，准徒五年，监追，勘无家产，奏准免赃充军，未遣故绝。保送前来，所据伊伯侵欺钱粮数多，仍照永远充军事例，将本舍于祖职副千户上降一级与袭实授百

---

① 《总汇》第58册第505页"年远事故后所副千户一员·葛瑄"簿所载葛鹏、葛翱、葛瑄等选条所载，可与此簿贴黄及二辈葛鹏等选条相印证补充。大概葛瑄原袭云南左卫后所副千户，后调云南后卫后所。

户。·435·

覃鸾·实授百户

一辈覃弘，旧选簿查有：景泰五年，云南后卫总旗升试百户覃弘。

天顺七年十二月，云南后卫百户升副千户覃弘。

二辈覃纲，旧选簿查有：成化十年九月，覃纲，高要县人，系云南后卫后所副千户覃弘嫡长男，钦与世袭。

三辈覃琮，旧选簿查有：弘治十一年七月，覃琮，高要县人，系云南后卫后所故世袭副千户覃纲嫡长男。

四辈覃鸾，旧选簿查有：正德十一年十月，覃鸾，年十五岁，高要县人，系云南后卫后所故副千户覃琮嫡长男。曾祖覃弘原升试百户，遇例实授，又功升前职，本人优给出幼，仍照例革袭实授百户。

年远事故后所世袭百户一员·吕经

天顺八年十月，吕洪，陕西咸宁县人，系云南后卫后所故世袭百户吕智庶长男。

弘治十七年十一月，吕经，年十五岁，咸城（宁）县人，系云南后卫后所老疾世袭百户吕洪嫡长男。贴黄开有：正德十五年八月病故。

又一员·王洪

永乐二十一年十二月，王逊，系云南后卫后所故世袭百户王启嫡长男。

天顺八年十月，王佐，崇明县人，系云南后卫后所世袭百户王逊嫡长男。

成化二十年七月，王洪，崇明县人，系云南后卫后所世袭百户王佐嫡长男。贴·436·黄开有：嘉靖二年病故。

又一员·王玺

天顺六年正月，王鑑，蓝田县人，系云南后卫后所百户王昱户名王四儿亲侄，钦与世袭。

弘治九年九月，王玺，年十五岁，系云南后卫后所百户王昱庶长男。父系功升试百户，天顺元年遇例实授，本人未生，堂兄王鑑替职，续生本人，具告改正，已革与试百户俸优给，今出幼，照例袭实授百户。 贴黄开有：嘉靖三年病故。

又一员·吴洪

景泰二年八月，吴洪，系云南后卫后所试百户吴璿嫡长孙。祖父原系总旗，先因父吴鑑以余丁调征麓贼阵亡并升前职，老疾，钦准本人照例替实授百户。①

又一员·赵旺

永乐二十年三月，赵旺，系云南后卫后所故世袭百户赵义堂弟。

又一员·曹璘

天顺三年六月，曹璘，年三十一岁，凤阳府怀远县人，系云南后卫后所世袭百户曹瑄嫡长男。

又一员·吕文

永乐十六年七月，吕文，系云南后卫后所流官百户吕显忠嫡长男，钦与世袭。·437·

又一员·王刚

天顺四年十月，王刚，年三岁，上犹县人，系云南后卫后所老疾百户王用户名王今仔庶长男，钦与全俸优给，至天顺十五年终住支。

---

① 该"又一员·吴洪"簿所叙述的吴璿、吴鑑、吴洪之间的履历关系，与《总汇》本册第125—126页"吴俸爵·实授百户"选簿之"四辈吴洪"选条所描述的吴璿等三人履历关系一致。二者"右卫""后卫"、景泰"六年""二年"之别，或系档案誊造致歧，当以吴俸爵选簿四辈吴洪选条所载为是。

魏垣·试百户

外黄查有：魏璟，清流县人。祖魏荣洪武十七年举保力士，调云南景东卫，二十九年充小甲，调云南后卫后所，永乐四年升小旗，五年升总旗，故。父魏礼年幼，叔魏欧付暂充总旗，正统元年父告改正，并枪仍充补总旗，六年征进麓川节次攻打刀招汉、杉木笼、思任发等寨有功，七年升试百户，天顺元年遇例实授，故。兄魏琮先故，璟系嫡次男，钦袭本卫所实授百户。魏昊系魏璟嫡长男，伊父弘治元年撒甸等处获功升副千户，年老。昊替云南后卫后所副千户，与世袭。

一辈魏荣，已载前黄。

二辈魏欧付，已载前黄。

三辈魏礼，已载前黄。

四辈魏璟，旧选簿查有：成化三年八月，魏璟，清流县人，系云南后卫后所故百户魏礼嫡次男，钦与世袭。

五辈魏昊，旧选簿查有：弘治九年九月，魏昊，清流县人，系云南后卫后所功升副千户魏景嫡长男，钦与世袭。

六辈魏时泰，旧选簿查有：嘉靖十二年十二月，魏时泰，年二十一岁，清流县人，系云南后卫故副千户魏昊嫡长男。伊曾祖礼功升试百户，遇例实授，祖璟袭，成化十九年撒甸杀贼升前职，父袭。所据遇例并杀贼查无斩首，例应减革，本人与袭试百户。

七辈魏垣，旧选簿查有：嘉靖三十年二月，魏垣，年二十岁，清流县人，系云南后卫后所故世袭百户魏时泰嫡长男。

八辈魏增，万历十四年六月，魏增，年四十二岁，清流县人，系武定守御所故试百户魏垣亲弟，比中三等。[①]·438·

苗玘·试百户

一辈苗胜，缺。

二辈苗清，缺。

[①] 此"魏垣·试百户"贴黄及各选条所载，大略与《总汇》本册第156页"魏国华"选簿相仿而更详细，二者原籍皆清流县，始祖魏荣，洪武二十九年充云南卫后所小甲……沿袭至魏增时，万历十四年六月袭武定所试百户。彼"魏国华"簿当即此"魏垣"簿"清黄"而另誊造者。

三辈苗兴，缺。

四辈苗成，缺。

试百户功次：候查。

五辈苗旺，旧选簿查有：正统十年十一月，苗旺，系云南后卫后所试百户苗成户名苗胜亲侄。叔原系总旗，调征麓川蛮贼有功升除前职，钦准本人替实授世袭百户。

六辈苗友[全]，旧选簿查有：弘治二十一年四月，苗友全，沭阳县人，系云南后卫后所世袭百户苗旺嫡长男。

七辈苗玘，旧选簿查有：嘉靖三年二月，苗玘，沭阳县人，系云南后卫后所老疾百户苗友全嫡长男。伊曾叔祖苗成原系功升试百户，祖旺钦准实授，本人照例革与试百户。

张鸾·试百户

外黄查有：张俊，系番禺县人。祖张细奴洪武十八年充锦衣卫力士，永乐十六年故。父张矜户名不动补役，正统四年患疾。俊顶户名代役，六年并充小旗，征麓川攻破贼首思任发巢穴获头功一次，七年升总旗，景泰三年征香炉山等处苗贼节次斩获首级三颗，三年升云南后卫后所试百户，景泰四年征草塘等处苗贼擒斩贼级四名颗，本年升本卫所实授百户，成化四年钦与世袭。

一辈张俊，户名张细奴，旧选簿查有：景泰三年十二月，云南后卫总旗升试百户张细奴。

二辈张钰，旧选簿查有：成化十年九月，张钰，番禺县人，系云南后卫后所百户张俊户名张细奴嫡长男，钦与世袭。

三辈张谅，旧选簿查有：弘治六年闰五月，张谅，番禺县人，系云南后卫后所功升副千户张钰嫡长男，钦与世袭。·439·

四辈张鸾，旧选簿查有：正德十年二月，张鸾，年十一岁，番禺县人，系云南后卫后所残疾副千户张谅嫡长男。伊祖报捷升副千户，例该减革，本舍革与百户俸优给，至正德十四年终住支。

旧选簿查有：嘉靖十九年八月，张鸾，年三十五岁，番禺县人，系云南后卫后所故副千户张谅嫡长男。伊曾祖俊以力士正统六年并充小旗，历功升实授百户，祖钰报捷升副千户，相沿，父疾。本人年幼，已革报捷与实授百户俸优给，今出幼袭职。所据并充不由军功，例应减革，本人与袭试百户，限外有无多支俸粮，查扣关支。

金玉·试百户

一辈金保子，缺。

二辈金济，缺。

三辈金钊，户名金保子，旧选簿查有：景泰三年十二月，云南后卫总旗升试百户金保子。

四辈金谅，旧选簿查有：成化二十年八月，金谅，南昌县人，系云南后卫后所百户金钊户名金保子嫡长男。父原系功升试百户，遇例实授，本人照例革替试百户。

五辈金玉，旧选簿查有：正德十五年八月，金玉，南昌县人，系云南后卫后所故绝百户金谅亲侄。伯替试百户，遇例实授，本人照例革替试百户。

梁材·试百户

外黄查有：梁铭，睢州人。祖梁成洪武元年选充小旗，十九年以年深钦升总旗，二十年调景东卫左所，故。祖梁奴儿并充总旗，故。父梁忠补，并总旗，正统六年征进麓川，节次思任发等寨杀贼有功，七年升本卫所试百户，天顺元年遇例实授，老疾。铭系嫡长男，天顺六年四月替本卫所实授百户，成化十一年钦与世袭。梁顺系梁铭嫡长男。梁森系梁顺嫡长男。

一辈梁成，已载前黄。·440·

二辈梁奴儿，已载前黄。

三辈梁忠，已载前黄。

四辈梁铭，旧选簿查有：天顺六年四月，梁铭，睢州人，系云南后卫后所百户梁忠户名梁成嫡长男，钦与世袭。

五辈梁顺，旧选簿查有：成化十三年八月，梁顺，睢州人，系云南后卫后所百户梁铭嫡长男。

六辈梁森，旧选簿查有：正德四年八月，梁森，睢州人，系云南后卫后所年老世袭百户梁顺嫡长男。

七辈梁琛，旧选簿查有：嘉靖十一年八月，梁森，年五十五岁，睢州人，系云南后卫后所百户。伊高祖忠系试百户，遇例实授，曾祖铭以后二辈相沿，至本人，今患疾。有嫡长男梁琛，年二十五岁，告替，照例革与试百户。

八辈梁材，旧选簿查有：嘉靖三十八年十二月，梁材，年二十四岁，睢州人，系云南后卫后所故实授百户梁珍嫡次男。伊父原替试百户，遇例实授，今故，兄梁栋患疾，不堪承袭，无子。所据伊父遇例实授一级不由军功，例应减革，本舍照例革借试百户。待后伊兄梁栋生有儿男，退还职事。

九辈梁应龙，万历二十八年六月，梁应龙，年三十九岁，睢州人，系武定守御所故试百户梁材嫡长男，比中一等。

任繡·试百户

一辈任剪儿，缺。

二辈任贵，缺。

试百户功次：候查。

三辈任俊，旧选簿查有：天顺六年六月，任俊，聊城县人，系云南后卫后所故百户任贵户名任剪儿嫡长男，钦与世袭。·441·

四辈任宽，旧选簿查有：正德元年七月，任宽，聊城县人，系云南后卫后所世袭百户任俊嫡长男。

五辈任繡，旧选簿查有：嘉靖十七年六月，任繡，年二十岁，聊城县人，系云南后卫后所年老百户任宽庶长男。伊祖贵原系试百户，遇例实授，相沿。所据遇例职级例无承袭，本人与试百户。

叶敷·试百户

外黄查有：叶英，仁和县人。祖叶胜保洪武十三年充力士，开设景东卫拨本卫充军，调云南后卫，老。兄叶荣户名不动补替，正统六年患病。英顶户名替，景泰元年调征贵州关索岭苗贼节次斩获首级三颗，二年征香炉山苗贼获功一十二次，三年升小旗，天顺元年以贵州功升小旗，具告改正升总旗，二年调征东苗水车坝等寨，三年攻蜂塘寨，节次斩获首级三颗，七年升云南后卫后所试百户，八年遇例实授。

一辈叶英，已载前黄。

二辈叶玺，旧选簿查有：成化十九年七月，叶玺，仁和县人，系云南后卫后所百户叶英嫡长男。父原系功升试百户，遇例实授，病故。本人先因年幼优给，今出幼，照例革袭试百户。

三辈叶辅，旧选簿查有：弘治十四年四月，叶辅，仁和县人，系云南后卫后所百户叶玺庶弟。兄原系试百户，成化二十三年遇例实授，故，本人照例革袭试百户。

四辈叶应元，旧选簿查有：嘉靖十七年六月，叶应元，年二十四岁，仁和县人，系云南后卫后所老疾百户叶辅庶长男。伊祖英原系试百户，遇例实授，相沿。所据遇例职级例无承袭，本人与试百户。

五辈叶敷，旧选簿查有：嘉靖四十五年六月，叶敷，年二十岁，仁和县人，系云南后卫后所年老实授百户叶应元堂侄。伊堂伯原袭祖职试百户，遇例实授，嘉靖三十四年因侵欠椿木银一两五钱参问立功五年，四十年限满还职，今年老。应该堂兄叶秉彝，以舍人为盗，有碍承替，无子。所据遇例职级例不准袭，本舍照例革借试百户。待后伊伯叶应元、伊兄叶秉彝各生有儿男，退还职事。

万历七年九月十二日，一件武职违例索财等事，该巡按御史刘维造缴招罪文册内开：云南后所试百户叶敷犯该科敛军钱，问充蒙化卫终身军。

六辈叶培，万历三十二年十二月，大选过云南后卫后所试百户一员叶培，年三十一岁，仁和县人，系叶敷嫡长男，比中二等。·442·

黎俸·试百户署所镇抚事

外黄查有：黎忠，怀集县人。祖黎亚章洪武十八年充力士，二十三年开设景东卫，二十七年并充小旗，三十五年故。黎春幼小，纪录，永乐七年出幼，顶户名补役，正统六年征麓川，攻破贼首思任发巢穴获头功三次，七年升云南后卫后所试百户署所镇抚事，景泰七年老疾。忠系嫡长男，本人替本卫所实授百户，仍署所镇抚事，成化四年钦与世袭。

一辈黎亚章，已载前黄。

二辈黎春，已载前黄。

三辈黎忠，旧选簿查有：景泰七年九月，黎忠，怀集县人，系云南后卫后所署所镇抚事试百户黎春户名黎亚章嫡长男。父原系军人，调征麓贼获头功三次升前职，今老疾，钦准本人替实授百户，仍署所镇抚事。

四辈黎浦，旧选簿查有：成化十三年七月，黎浦，怀集县人，系云南后卫后所故署所镇抚事百户黎忠亲弟，钦与世袭。

五辈黎振，旧选簿查有：弘治十三年十月，黎振，怀集县人，系云南后卫后所署所镇抚事世袭百户黎浦嫡长男。

六辈黎文，旧选簿查有：正德十六年五月，黎振，年三十六岁，怀集县人，系云南后卫后所署所镇抚事百户。祖黎春功升所镇抚事试百户，伯黎忠景泰七年钦准实授前职，沿袭至本人，今患残疾，无嗣。在所有堂弟黎文，年三十岁，照例革去钦准一级，与替祖原职署所镇抚事试百户，待有男，取还职事。本人一辈未比，照例住俸三年。

七辈黎俸，旧选簿查有：黎俸，怀集县人，系云南后卫后所故试百户署所镇抚事黎文嫡长男，仍袭原职。

八辈黎辅，隆庆六年二月，黎辅，年二十岁，怀集县人，系云南后卫后所故百户署所镇抚事黎俸嫡长男，革遇例与袭试百户署所镇抚事。

年远事故后所试百户一员·王玉

成化四年四月，王成，奉化县人，系云南后卫后所故百户……钦与世袭。·443·

成化二十一年十二月，王玉，奉化县人，系云南后卫后所故百户……王庆原系功升试百户，遇例实授，病故，父袭职，本人照例革袭……[贴黄]开有：嘉靖七年七月病故。

所镇抚一[员]·许铨

永乐四年五月，许铨，系云南后卫后所故世袭所镇抚许成嫡长男。·444·

五军都督府所属卫所·右军都督府·云南都司·大罗卫

原簿目录

指挥同知一员

一号张灿：始祖张刚，代六，寿州人。

指挥佥事二员

一号王威：始祖王显，代七，大名府人。

二号吴邦：始祖吴福，代九，湖口县人。

左所正千户二员

一号徐英：始祖徐昇，代七，仪真县人。

二号童舟：始祖童铸，代九，全椒县人。

副千户四员

一号晁曦：始祖晁进，代八，宿迁县人。

二号杨鹤龄：始祖杨青，代七，泰州人。

三号朱邦固：始祖朱禧，代七，溧阳县人。

四号罗九章：始祖罗安，代七，汉阳县人。

续入饶训：南城人，有印。

实授百户五员

一号梅芷：始祖梅子成，代七，舒城县人。

二号方世显：始祖方旺儿，代七，建平县人。

三号张诰：始祖张成，代七，淮来（怀来）县人。

四号李森：始祖李转子，代五，大兴县人。

五号卜坤：始祖和马立者，代六，西宁土人。

续入王宪：陈州人，无印。

试百户三员、署试百户一员

一号陈为敬：始祖陈玄，代六，通州人。

二号李嵩：始祖李买儿，代七，南阳县人。

三号徐昃：始祖徐兴，代六，高邮州人。

四号俞崇文：始祖俞祯，代五，署试，宁海县人。

右所副千户三员

一号卢云：始祖卢闰，代八，怀远县人。

二号成儒：始祖成志芳，代十，景陵县人。

三号柳文彬：始祖柳保儿，代八，句容县人。

署副千户一员、实授百户三员

一号塞亨：始祖塞忠，代七，署副，江都县人。

二号孙相：始祖孙名一，代八，归安县人。

三号朱官：始祖朱英，代七，寿州人。

四号顾命：始祖顾荣，代八，无锡县人。

试百户六员

一号王司韶：始祖王兴，代八，无锡县人。

二号纪功：始祖纪敢儿，代五，通州人。

三号温裕：始祖温胜，代七，武进县人。

四号高鼎：始祖高奴儿，代五，洛阳县人。

五号谢承恩：始祖谢英，代七，无锡县人。

六号范恩：始祖范蛮儿，代六，合肥县人。

总旗二名

厉恩：仁和县人。

王护：昌国县人。

张灿·指挥同知

缺。

一辈张刚，旧选簿查有：洪武三十一年四月，澜沧卫指挥佥事张刚。·446·

二辈张良，旧选簿查有：永乐十六年九月，张良，系澜沧卫阵亡世袭指挥佥事张刚嫡次男。

三辈张福，旧选簿查有：永乐二十二年五月，张福，年十六岁，系澜沧卫故世袭指挥佥事张良嫡长男。

四辈张怀，旧选簿查有：成化元年十二月，张怀，寿州人，系澜沧卫指挥同知张福嫡长男，钦与世袭。

指挥同知功次：候查。

五辈张尧，旧选簿查有：弘治十四年九月，张尧，寿州人，系大罗卫故世袭指挥同知张怀嫡长男。伊父原系澜沧卫，调今卫。

充军簿查有：张尧，任云南大罗卫指挥同知，犯该监守自盗官钱，于正德十三年四月编发金齿卫中所永远充军。

六辈张灿，旧选簿查有：嘉靖二十六年十二月，张灿，寿州人，系大罗卫故指挥同知张尧嫡长孙。

七辈张光胤，万历五年十二月，张光胤，年二十七岁，寿州人，系大罗卫老疾指挥同知张灿嫡长男。伊父原袭祖职指挥同知，隆庆六年为事问发立功五年，万历元年遇宥复职，今老，本舍于万历四年保送赴部。查得伊曾祖张尧正德十三年犯该监守自盗编发金齿卫永远充军，应合停革间续该本舍告补，已经奏辩复职，改拟杖罪。随经驳查去后，今既查明覆保前来，本舍照旧准替祖职指挥同知，考试三等。

八辈张国柱，万历二十九年七月，张国柱，年二十四岁，寿州人，系大罗卫指挥同知功升署都指挥同知故张光胤嫡长男。功升流官例不准袭，本舍合照与袭祖职指挥同知，比中二等。

九辈张万春，崇祯七年四月，大选过大罗卫指挥同知一员张万春，年十四岁，系故指挥同知张国柱嫡长男，比中三等。

王威·指挥佥事

缺。

一辈王显，缺。

二辈王敬，旧选簿查有：永乐十年十一月，王显，年五十五岁，系隆庆右卫中所正千户。原系本卫后所军，征进有功升除前职，今为两眼翳膜已成眼疾。有嫡长男王敬，年三十岁，替职。·447·

三辈王能，旧选簿查有：正统五年十二月，王能，系大理卫中左所世袭正千户王敬嫡长男。父征进麓川与蛮贼对敌阵亡，钦准本人照例升一级，袭流官指挥佥事。

四辈王洪，旧选簿查有：成化二年二月，王洪，山后人，系大理卫故指挥佥事王能嫡长男。指挥佥事功次：已载三辈选条。

五辈王臣，旧选簿查有：正德六年四月，王臣，山后人，系大罗卫故世袭指挥佥事王洪嫡长男。伊父原系大理卫，调今卫。

六辈王经纶，旧选簿查有：嘉靖二十二年十二月，王经纶，年二十五岁，大名府人，系大罗卫故指挥佥事王臣嫡长男。

七辈王威，旧选簿查有：嘉靖四十三年二月，王威，年二十二岁，大名府人，系大罗卫故指挥佥事王经纶亲侄。

八辈王裔，万历四年四月，王裔，年四岁，大名府人，系大罗卫故指挥佥事王威嫡长男，照例与全俸优给，至万历十五年终住支。

九辈王咸，万历十年十二月，王咸，年二十五岁，系大名府人，系大罗卫故指挥佥事王威亲堂弟，比中二等。

吴邦·指挥佥事

外黄查有：吴海，湖口县人，系吴通亲弟。有父吴福，幼年间父母俱亡，于母舅孟得成家住过，就随姓孟，丙申年归附，洪武三年除明州卫百户，十一年除袁州卫左所试千户，十二年实授流官副千户。有兄吴通先充参侍舍人，父老疾，钦依替职，仍授袁州卫左所副千户，十八年取父赴京，除骁骑右卫指挥佥事，二十年兄回卫，钦令父在闲，二十四年为贴黄事将父，二十六年为父管屯回还，本年钦依越世袭副千户，又越正千户，升除南昌左卫世袭指挥佥事，二十八年为犯罪钦打身死。有嫡长侄吴吉祥保年六岁，二十九年因父以致仕官钦取赴京自奏，令海袭职，授赣州卫世袭指挥佥事。吴坚系吴海亲侄。

一辈吴福，已载前黄。

二辈吴通，已载前黄。

三辈吴海，旧选簿查有：洪武二十八年十月，吴海，系南昌左卫故世袭指挥佥事吴通亲弟，钦准赣州卫世袭指挥佥事。

四辈吴坚，旧选簿查有：永乐二十二年九月，吴坚，系赣州卫故世袭指挥佥事吴海亲侄。

五辈吴瑾，旧选簿查有：正统六年七月，吴瑾，系云南都司故都指挥佥事吴坚嫡长男，钦准本人袭父原职指挥佥事，定洱海卫管事。·448·

六辈吴鑑，旧选簿查有：天顺二年八月，吴鑑，湖口县人，系洱海卫伤故世袭指挥佥事吴瑾嫡长男。

七辈吴绅，旧选簿查有：成化十七年九月，吴绅，湖口县人，系洱海卫世袭指挥佥事吴鑑嫡长男。

八辈吴国，旧选簿查有：嘉靖十三年六月，吴国，年二十二岁，湖口县人，系大罗卫故指挥佥事吴绅嫡长孙。

九辈吴邦，旧选簿查有：嘉靖四十三年二月，吴邦，年二十八岁，湖口县人，系大罗卫故指挥佥事吴国亲弟。

十辈吴玺，万历十四年二月，吴玺，年二十六岁，湖口县人，系大罗卫故指挥佥事吴邦嫡长男，比中二等。

徐英·正千户

外黄查有：徐广，仪真县人。有父徐昇丙申年归附，甲申年除百户，洪武元年升正千户，阵亡。广袭除副千户，十二年升正千户，十五年整点大军事发曲靖卫充军，二十五年复职，调澜沧卫中左所。徐安系徐广嫡长男，父老疾，安永乐[二十]二年五月替授本卫所正千户。徐原系徐安嫡长男，父故，源于正统二年钦准袭授世袭[正千]户。徐衡系徐源嫡长男，父故，衡于正统九年闰七月钦与全俸优给。

一辈徐昇，已载前黄。

二辈徐广，已载前黄。

三辈徐安，已载前黄。

四辈徐源，已载前黄。

五辈徐衡，旧选簿查有：景泰三年二月，徐衡，系澜沧卫中左所故世袭正千户徐源嫡长男。先因年幼，已与优给，出幼患疾，今痊疴袭职。

六辈徐瓛，旧选簿查有：成化二十一年七月，徐瓛，仪真县人，系澜沧卫中左所故世袭正千户徐衡嫡长男。

七辈徐英，旧选簿查有：嘉靖二十五年六月，徐英，年三十二岁，仪真县人，系大罗卫左所故绝正千户徐瓛亲侄。

八辈徐荣，万历二年四月，徐荣，年二十五岁，仪真县人，系大罗卫左所故正千户徐英嫡长男。

童舟·正千户

内黄查有：童旻，系全椒县人。有祖父童铸旧名黑儿，甲午年从军，吴元年充小旗，洪武二年充总旗，三年除百户，老。有父童义替，十八年除副千户，二十三年钦升指挥佥事，为拨乱队伍事降除六凉卫副千户，二十四年升大理卫指挥佥事，永乐元年调澜沧卫指挥佥事，老。旻系嫡长男，替本卫所副千户。童膑系童旻嫡长男，永乐十九年为[不]法等事问立功，故，膑袭本卫所副千户。童俌系童膑嫡长男，父正统四年麓川阵亡，俌年幼，叔童胜借职，照例袭正千户，今长成，退还职事，俌于正统十三年钦准袭授澜沧卫左所流官正千户，伊叔革闲。童显系童俌嫡长男，父故，显钦准袭本卫所正千户。童璠系童显嫡长男，父故，璠钦与全俸优给，至弘治十七年终住支。

一辈童铸，已载前黄。

二辈童义，已载前黄。

三辈童旻，已载前黄。

四辈童膑，已载前黄。

五辈童胜，已载前黄。

六辈童俌，已载前黄。

七辈童显，已载前黄。

八辈童璠，已载前黄。

九辈童舟，旧选簿查有：嘉靖三十三年十二月，童舟，年二十岁，全椒县人，系大罗卫左所故正千户童璠嫡长男。

晁曦·副千户

缺。

一辈晁进，缺。

二辈晁能，缺。

三辈晁广，旧选簿查有：永乐十年正月，晁广，系曲靖卫中左所优给残疾副千户晁能亲弟。

四辈晁溁，旧选簿查有：正统六年八月，晁溁，系曲靖卫中左所副千户晁广嫡长男。父为事提问病故，本人袭职，调澜沧卫中左所管事。

五辈晁观，旧选簿查有：景泰七年十二月，晁观，年十五岁，宿迁县人，系澜沧卫中左所故世袭副千户晁溁嫡长男。

六辈晁觐，缺。

七辈晁泰，旧选簿查有：成化二十二年六月，晁泰，宿迁县人，系澜沧卫中左所故世袭副千户晁观嫡长男。

八辈晁曦，旧选簿查有：嘉靖五年四月，晁曦，宿迁县人，系大罗卫左所老疾世袭副千户晁泰嫡长男。

九辈晁日昇，万历十四年八月，晁日昇，年八岁，宿迁县人，系大罗卫左所故副千户晁曦嫡长孙，照例与全俸优给，至万历二十年终住支。

九辈晁日昇，万历二十三年二月，大选过大罗卫左所副千户一员晁日昇，出幼袭职，比中三等。

杨鹤龄·副千户

内黄查有：杨青旧名保，泰州人。有父杨兴吴元年军，老。令保代，洪武二十三年赴京比箭，已中，钦依锦衣卫带刀，二十一年改名青，二十七年除世袭百户，三十一年改设澜沧卫中左所。杨旺系杨青嫡长男，父任，故，旺袭授澜沧卫中左所世袭百户。杨傑系杨旺嫡长男，父故，傑宣德三年袭授本卫所百户。

一辈杨青，已载前黄。

二辈杨旺，旧选簿查有：永乐三年七月，杨旺，年十五岁，系澜沧卫军民指挥使司中左所故世袭百户杨青嫡长男。

三辈杨傑，旧选簿查有：宣德三年三月，杨傑，年十七岁，系澜沧卫中左所故世袭百户杨旺嫡长男。

四辈杨壹，旧选簿查有：景泰七年十一月，杨一，年二十一岁，泰州人，系澜沧卫中左所世袭百户杨傑嫡长男。

副千户功次：候查。

五辈杨垣，旧选簿查有：弘治元年十二月，杨垣，泰州人，系澜沧卫中左所残疾世袭副千户杨一嫡长男。先因年幼优给，该成化十七年终住支，出幼间迁延年久，照例袭职，仍行该卫查扣多支俸粮照数还官，毕日关支。

六辈杨科，旧选簿查有：正德七年八月，杨科，泰州人，系澜沧卫中左所世袭副千户杨垣嫡长男。伊父弘治七年调大罗卫左所，患疾，本人替授本卫所世袭副千户。

七辈杨鹤龄，旧选簿查有：嘉靖四十一年六月，杨鹤龄，年二十三岁，泰州人，系大罗卫左所故副千户杨科嫡长男。

八辈杨鹤年，隆庆四年十二月，杨鹤年，扬州府人，系大罗卫左所故副千户杨鹤龄亲弟。

朱邦固·副千户

外黄查有：朱禧旧名添喜，溧阳县人，癸卯年归附，洪武九年充小旗，十五年充总旗，二十二年除世袭百户。朱亮系朱禧嫡长男，父老，亮替澜沧卫中左所世袭百户。朱玘系朱亮嫡长男，父故，玘袭百户。朱怀系朱玘嫡长男（孙），祖于麓川等寨杀贼有功升副千户，故，父朱旭袭，亦故，怀优，成化十六年终住支。朱衮系大罗卫左所故副千户朱怀嫡长男，伊父原系澜沧卫中左所，调今卫，嘉靖二年袭职。

一辈朱禧，已载前黄。

二辈朱亮，旧选簿查有：永乐四年闰七月，朱亮，系澜沧卫军民指挥使司中左所世袭百户朱禧嫡长男。

三辈朱玘，旧选簿查有：宣德三年四月，朱玘，系澜沧卫中左所故世袭百户朱亮嫡长男。

审稿查有：功次簿查有，正统六年麓川功次，澜沧卫中左所百户一次头功升副千户一员朱玘。

四辈朱旭，旧选簿查有：天顺元年九月，朱旭，溧阳县人，系澜沧卫中左所故世袭副千户朱玘嫡长男，钦与世袭。

五辈朱怀，旧选簿查有：成化十七年十月，朱怀，年十五岁，溧阳县人，系澜沧卫中左所故世袭副千户朱旭嫡长男。·452·

六辈朱衮，旧选簿查有：嘉靖二年七月，朱衮，溧阳县人，系大罗卫左所故世袭副千户朱怀嫡长男。伊父原系澜沧卫中左所，调今卫所。

七辈朱邦固，旧选簿查有：嘉靖三十二年四月，朱邦固，溧阳县人，系大罗卫左所老疾副千户朱滚嫡长男。

八辈朱继祖，万历十四年二月，朱继祖，年十九岁，溧阳县人，系大罗卫左所年老副千户朱邦固嫡长男，比中三等。

罗九章·副千户

缺。

一辈罗安，缺。

二辈罗森，审稿簿查有：永乐二十年三月，罗森，系澜沧卫中左所世袭百户罗安嫡长男。

三辈罗璘，审稿簿查有：宣德三年十一月，罗璘，系故世袭百户罗森嫡长男。

副千户功次：功次簿查有，正统七年麓川剿杀蛮贼，澜沧卫中左所百户三次奇功头功升世袭副千户一员罗璘。

四辈罗英，审稿簿查有：景泰七年十一月，罗英，系世袭副千户罗璘嫡长男。

五辈罗鄊，审稿簿查有：弘治六年四月，罗鄊，汉阳县人，系澜沧卫中左所故世袭副千户罗英庶长男。

六辈罗冠，审稿簿查有：零选簿查有，嘉靖十七年六月，罗冠，汉阳县人，系大罗卫左所故副千户罗鄊嫡次男。伊曾祖璘以百户麓川功升前职，祖、父相沿。所据麓川功查无头功奇功，本人照例革袭百户。

七辈罗九章，审稿簿查有：隆庆三年六月，罗九章，年二十二岁，汉阳县人，系大罗卫左所年老实授百户罗冠嫡长男。查麓川头功例不减革，今有先年本部功票见存，合准复替祖职副千户。

八辈罗九星，万历二十六年六月，罗九星，年二十九岁，系大罗卫左所故副千户罗九章亲弟，比中三等。

九辈罗应禄，崇祯八年六月，单本选过大罗卫左所副千户一员罗应禄，年十八岁，系故副千户罗九星嫡长男，比中三等。·453·

饶训·副千户

内黄查有：饶训，江西建昌府南城县人。曾祖饶蕃六辛丑年归附，丙午年编充总甲，洪武元年调兴武[卫]，故。祖饶昭补役，调鹰扬卫，三十一年调澜沧卫中左所，永乐十八年老。父饶遏代役，正统六年征进麓川攻破更憂、南牙等处贼寨，十三年以年深并枪升总旗，景泰元年遇例贵州纳米一百五十石，二年升本卫所试百户，七年征进湖广攻破峒、绞罗、高山等寨杀贼有功，天顺元年升实授百户，二年征进贵[州]，节次攻克东苗戎坝等处杀贼有功，七年老。训系庶长男，年幼，八年优给，以父东苗等处功升副千户，成化三年钦准替澜沧卫中左所副千户，十一年钦与世袭。

一辈饶遏，已载前黄。

二辈饶训，已载前黄。

三辈饶世功，隆庆四年十月分，饶世功，年二十七岁，南城县人，系大罗卫左所故副千户饶训嫡长孙。伊祖原替祖职澜沧卫中左所副千户，正德七年为地方贼情事调大罗卫左所，嘉靖三十五年故，父饶佐未袭先故。查得伊曾祖饶遏景泰元年遇例纳授试百户一级不系军功，例应减革，本舍照例革袭祖职实授百户。

张诰·世袭百户

缺。

一辈张成，缺。

二辈张斌，旧选簿查有：永乐十三年八月，张斌，系澜沧卫中左所世袭百户张成嫡长男。

三辈张广，旧选簿查有：永乐十九年四月，张广，系澜沧卫中左所故世袭百户张斌嫡长男。

四辈张铭，旧选簿查有：正统十四年十二月，张铭，系澜沧卫中左所故世袭百户张广嫡长男。

五辈张端，旧选簿查有：天顺八年八月，张端，顺天府人，系澜沧卫中左所故世袭百户张铭嫡长男。

六辈张俊，旧选簿查有：弘治六年七月，张俊，年十六岁，顺天府人，系澜沧卫中左所故世袭百户张端嫡长男。

七辈张诰，旧选簿查有：嘉靖九年八月，张诰，年二十一岁，淮来县人，系大罗卫左所年老百户张俊嫡长男。

八辈张星，隆庆四年十月分，张星，年二十八岁，淮来县人，系大罗卫左所年老世袭百户张诰亲侄。伊伯原袭祖职百户，隆庆三年老，无嗣，父张表未袭先故，本舍照例准借替祖职世袭百户。待后伊伯张诰生有儿男，退还职事。

九辈张戟，万历二十九年六月，张戟，年二十九岁，系大罗卫左所世袭百户张星嫡长男，比中三等。

十辈张宸，万历四十五年六月，大选过大罗卫左所实授百户一员张宸，年十九岁，系疾实授百户张戟嫡长男，比中三等。

李森·世袭百户

缺。

一辈李转子，缺。

二辈李福，缺。

三辈李济，缺。

四辈李政，旧选簿查有：天顺二年十月，李政，大兴县人，系澜沧卫中左所试百户李荣户名李佛保嫡长男。父原系总旗，调征麓川贼获头功一次升前职，病故，今照例本人该袭实授百户。

五辈李森，旧选簿查有：正德三年七月，李森，大兴县人，系澜沧卫中左所调大罗卫左所百户李政嫡长男，钦与世袭。

卜坤·世袭百户

外黄查有：卜彦者，陕西西宁土人。和马立者，洪武三年归附从军，四年征进甘肃，五年拨和阳卫，十二年充小旗，十五年关索岭与贼对敌阵亡。十七年将彦者照例与总旗粮优给，三十一年调澜沧卫中左所，正统六年征进麓川反寇哨孟底寨斩首级三颗，七年升澜沧卫中左所实授百户，十二年钦与流官。

一辈和马立者，已载前黄。·455·

二辈卜彦者，旧选簿查有：正统七年，钦升簿内查有，麓川剿杀蛮贼三次奇功头功总旗升百户一员卜彦者。

三辈卜斌，旧选簿查有：正统九年十一月，卜斌，系澜沧卫中左所百户卜彦者嫡长男，钦与世袭。

四辈卜桂，旧选簿查有：天顺三年九月，卜桂，西宁土人，系澜沧卫中左所世袭百户卜斌嫡长男。

五辈卜淳，缺。

六辈卜坤，旧选簿查有：嘉靖十年十月，卜坤，年三十岁，西宁土人，系大罗卫左所故世袭百户卜淳嫡长男。

七辈卜颐，隆庆四年十月，卜颐，年二十五岁，西宁州人，系大罗卫左所故实授百户卜象嫡次男。伊父原袭祖职实授百户，嘉靖四十三年故，应该兄卜贲承袭，先于四十年以舍人犯奸问革为民，本舍照例准袭祖职实授百户。①

八辈卜谦，万历九年十月，年三十岁，西宁州人，系大罗卫左所故实授百户卜颐亲弟，比中二等。

九辈卜思禹，万历四十二年二月，大选过大罗卫左所实授百户卜思禹，年四十五岁，系故实授百户卜谦堂侄，比中二等。

王宪·实授百户

一辈王全，旧选簿查有：永乐三年七月，王政，系澜沧卫中左所世袭百户王全嫡长男。

二辈王胜，旧选簿查有：正统二年三月，王胜，系澜沧卫中左所世袭百户王政嫡长男。

三辈王铎，旧选簿查有：天顺三年二月，王铎，系澜沧卫中左所故世袭百户王胜嫡长男。

四辈王宪，旧选簿查有：弘治三年九月，王宪，陈州人，系澜沧卫中左所故世袭百户王铎庶长男。

五辈王邦俊，万历二年二月，王邦俊，年二十岁，陈州人，系大罗卫右所故实授百户王宪嫡长孙。·456·

---

① 从"七辈卜颐"选条看，"六辈卜坤"之后，应有卜象一辈失载。

陈为敬·试百户

缺。

一辈陈玄,缺。

二辈陈俊,缺。

三辈陈裕,旧选簿查有:功次簿查有,正统六年调征麓川阵亡升试百户二员内一员陈裕,系澜沧卫中左所阵亡总旗陈俊嫡长男。

四辈陈远,旧选簿查有:成化二十一年七月,陈远,通州人,系澜沧卫中左所百户陈裕嫡长男。祖陈俊原系总旗,阵亡,父袭升试百户,遇例实授,本人照例革替试百户。

五辈陈策,旧选簿查有:零选簿查有,嘉靖十九年十月,陈策,通州人,系大罗卫左所故试百户陈远嫡长男。

六辈陈为敬,旧选簿查有:嘉靖三十六年六月,陈为敬,年四十一岁,通州人,系大罗卫左所故试百户陈策嫡长男。

七辈陈大训,万历十二年六月,陈大训,年二十六岁,通州人,系大罗卫左所年老试百户陈为敬嫡长男,比中二等。

八辈陈国论,万历二十六年六月,陈国论,年十九岁,系大罗卫左所故试百户陈大训嫡长男,比中二等。

李嵩·试百户

缺。

一辈李买儿,缺。·457·

二辈李旻,缺。

三辈李贤,缺。

四辈李文,旧选簿查有:天顺三年九月,李文,南阳县人,系澜沧卫中左所百户李贤户名李荣嫡长男,钦与世袭。

五辈李潘,旧选簿查有:成化十一年九月,李潘,年十五岁,南阳县人,系澜沧卫中左所故世袭百户李文嫡长男。

六辈李玉,旧选簿查有:弘治十年十一月,李玉,南阳县人,系澜沧卫中左所世袭百户李潘嫡长男。伊父故,本人优给,调大罗卫左所。今出幼袭职,仍去后调卫所。

七辈李嵩，旧选簿查有：正德八年十月，李嵩，南阳县人，系大罗卫左所试百户李玉嫡长男。伊父今故，本人照例袭授本卫所试百户。

徐昂·试百户

缺。

一辈徐兴，缺。

二辈徐伴叔，缺。

三辈徐旺儿，缺。

四辈徐谦，旧选簿查有：正统六年调征麓川阵亡升试百户二员内一员徐谦，系澜沧卫中左所阵亡总旗徐旺儿嫡长男。

五辈徐实，旧选簿查有：成化十四年四月，徐实，高邮州人，系澜沧[卫]中左所残疾百户徐谦庶长男。父原系试百户，遇例实授，先因年幼，已与优给。今出幼，照例减革，该袭原职试百户。

六辈徐昂，旧选簿查有：嘉靖三十一年八月，徐昂，年二十六岁，高邮州人，系大罗卫左所故实授百户徐实亲侄孙。查得伊伯祖原系试百户，遇例实授，今本舍仍革与试百户。

七辈徐登，万历二十八年三月分，单本选过大罗卫左所试百户一员徐登，年十八岁。伊叔徐昂原袭试百户，今故，本舍合照例与袭试百户，比中二等。·458·

俞崇文·署试百户

缺。

一辈俞祯，缺。

二辈俞海，旧选簿查有：钦升［簿］查有，景泰七年征上青洞，澜沧卫杀贼有功试百户升实授百户俞海。

三辈俞仕鲸，旧选簿查有：成化四年十月，俞仕鲸，系大罗卫中所①实授百户俞海嫡长男。

---

① 此"大罗卫中所"误，俞仕鲸袭职时该卫尚未设置，仍当为乃父俞海所属"澜沧卫"。

四辈俞宥，审稿簿查有：嘉靖二十九年二月，俞宥，宁海县人，系大罗卫左所故实授百户俞仕鲸嫡长孙。伊曾祖海原补总旗，纳升试百户，以湖广功升实授百户，祖仕鲸沿袭。所据纳级不由军功，湖广功无擒斩，俱例应减革，本舍照例革与署试百户事食总旗名粮。

五辈俞崇文，审稿簿查有：隆庆三年十月，俞崇文，年二十六岁，宁海县人，系大罗卫左所年老冠带总旗署试百户事俞宥嫡长男。

卢云·副千户

缺。

一辈卢闰，缺。

二辈卢潮，缺。

三辈卢浩，旧选簿查有：洪武三十五年七月，卢浩，系洱海卫中前所故世袭副千户卢潮嫡长男。

四辈卢郁，旧选簿查有：宣德八年八月，卢郁，系洱海卫洱海所世袭副千户卢浩嫡长男。

五辈卢鑑，旧选簿查有：景泰六年七月，卢鑑，怀远县人，系洱海卫洱海所世袭副千户卢郁嫡长男。·459·

六辈卢晟，旧选簿查有：成化十六年十二月，卢晟，怀远县人，系洱海卫洱海所世袭副千户卢鑑嫡长男。

七辈卢琇，旧选簿查有：弘治十四年四月，卢琇，怀远县人，系大罗卫右所世袭副千户卢晟嫡长男。父原系洱海卫洱海所，调今卫所。

八辈卢云，旧选簿查有：嘉靖十五年六月，卢云，怀远县人，系大罗卫右所老疾副千户卢琇嫡长男。

九辈卢怀仁，万历五年二月，卢怀仁，年四十岁，怀远县人，系大罗卫右所老疾副千户纳级指挥佥事卢云嫡长男。伊父原替祖职副千户，嘉靖二十九年纳级指挥佥事，今老疾。所据纳级虚衔例不准替，本舍照例革替祖职副千户，考试二等。

成儒·副千户

内黄查有：成贵旧名复寿，景陵县人。父志芳甲辰年归附，三月选充小旗，洪武元年充总旗，十八年故。复寿年幼纪录，二十六年并充总旗，三十年以取年深除沈阳右卫前所世袭百户。

一辈成志芳，已载前黄。

二辈成贵，已载前黄。

三辈成斌，旧选簿查有：永乐十二年八月，成斌，年三岁，系洱海卫左所故世袭百户成贵嫡长男，钦与全俸优给，至永乐二十二年终住支。

四辈成顺，旧选簿查有：永乐十四年七月，成顺，系洱海卫左所故世袭百户成贵亲弟。

五辈成实，旧选簿查有：功次簿内查有，正统七年征云南麓川，洱海卫左所百户一次头功升副千户一员成实。

六辈成景，旧选簿查有：成化四年二月，成景，景陵县人，系洱海卫洱海所副千户成实嫡长男，钦与世袭。

七辈成功，旧选簿查有：弘治十五年二月，成功，景陵县人，系大罗卫右所故世袭副千户成景嫡长男。伊父原伊（系）洱海卫洱海所，调今卫所。

八辈成才，旧选簿查有：正德十一年四月，成才，景陵县人，系大罗卫右所年老副千户成功嫡长男。

九辈成科，旧选簿查有：嘉靖二十九年四月，成科，景陵县人，系大罗卫右所老疾副千户成才嫡长男。·460·

十辈成儒，旧选簿查有：隆庆元年四月，成儒，年三十二岁，景陵县人，系大罗卫右所故副千户成科堂弟。伊堂兄成科原袭副千户，嘉靖三十九年故绝，次伯成峰未袭先故，堂兄成仁两眼盲疾，无子，本舍照例与借祖职副千户。待后伊堂兄成仁疾痊或生有儿男，退还职事。

柳文彬·副千户

外黄查有：柳青，有兄保儿，句容县人，洪武十一年充军，三十二年真定升勇士小旗，郑村坝升总旗，三十三年济南升百户，三十四年西水寨升副千户，故。青借职，平定京师升豹韬卫左所正千户。柳盛系柳青亲侄，叔将前职退还承袭，盛于永乐二年袭职，仍授本卫所世袭正千户，叔革闲，宣德八年调洱海卫洱海所。

一辈柳保儿，已载前黄。

二辈柳青，已载前黄。

三辈柳盛，审稿查有：永乐十一年十月，柳盛，系豹韬卫左所世袭正千户柳青亲侄。父柳保儿原系军升副千户，伤故，叔袭升前职，今长成，退还职事，钦准袭授本卫所正千户，叔革闲。

四辈柳瑛，审稿查有：正统七年二月，柳瑛，系洱海卫洱海所正千户柳盛亲侄。

五辈柳本，审稿查有：成化十一年八月，柳本，句容县人，系洱海卫洱海所世袭正千户柳瑛嫡长男。

六辈柳璧，审稿查有：弘治十六年六月，柳璧，句容县人，系洱海卫洱海所故世袭正千户柳本嫡长男。

七辈柳遵，审稿查有：嘉靖十六年二月，柳遵，句容县人，系大罗卫右所故正千户柳璧嫡长男。伊堂始伯祖青立功升前职，绝。高伯祖盛以亲侄承袭，绝。曾祖瑛又以亲侄袭，祖、父相沿。所据二辈亲侄，即系侄孙，本人正系侄孙以下人数，相应减革，照例革收总旗。

八辈柳文彬，审稿查有：嘉靖四十三年四月，柳文彬，年二十二岁，句容县人，系大罗卫右所老疾冠带总旗柳遵亲侄。查得伊始祖柳保儿原系功升副千户，故。有子柳盛年幼，不堪，始叔祖柳青系亲弟借职，获功升正千户，续因柳盛长成，退还前职，沿袭至伊伯柳遵误作犯堂，减革冠带总旗，今老疾，无子。所据伊始叔祖功升正千户职级，委系犯堂，应该减革。其始祖功升副千户，相应查复，本舍照例借复祖职副千户。待后伊伯柳遵生有儿男，退还职事。

九辈柳星，万历四十年三月，大选过大罗卫右所副千户柳星，年二十五岁，系故副千户柳文彬嫡长男，比中二等。·461·

蹇亨·署副千户事实授百户

外黄查有：蹇祯，江都县人。祖蹇忠旧姓王，乙未年充军，丙申年充千户，乙未年编充总旗，洪武七年除广洋卫百户，十五年为造舡迟慢发云南充军，二十年复职，调洱海卫前所世袭百户，老疾。父蹇荣三十二年替本卫所世袭百户，三十四年升本卫所副千户，永乐十一年故。祯系嫡长男，十七年袭父原职洱海卫洱海所世袭百户。

一辈蹇忠，已载前黄。

二辈蹇荣，已载前黄。

三辈蹇祯，旧选簿查有：永乐十七年十一月，蹇祯，系洱海卫洱海所副千户蹇荣嫡长男。父原系世袭百户，革除年间升除前职，病故，钦准袭父原职世袭百户。

四辈蹇洪，旧选簿查有：正统十三年七月，蹇洪，系洱海卫洱海所百户蹇祯嫡长男，钦与世袭。

五辈蹇震，旧选簿查有：成化元年九月，蹇震，江都县人，系洱海卫洱海所故世袭百户蹇洪嫡长男。

弘治五年六月，蹇震，年三十九岁，江都县人，系洱海卫洱海所实授百户升副千户。

六辈蹇镗，旧选簿查有：嘉靖二十一年四月，蹇镗，年二十五岁，江都县人，系大罗卫右所故副千户蹇震亲侄。伊伯震以实授百户弘治二年撒甸功升副千户，故绝。所据撒甸功不及数，例应减革，本人照例革与署副千户事实授百户。

七辈蹇亨，审稿内查有：隆庆三年六月，蹇亨，年二十一岁，江都县人，系大罗卫右所年老署副千户事实授百户蹇镗嫡长男。

八辈蹇达，万历三十年八月，蹇达，年四十二岁，系大罗卫右所故署副千户事实授百户蹇亨亲弟。查撒甸功既曾减，则署职亦当去，准减袭实授百户，比中二等。

孙相·实授百户

缺。

一辈孙名一，缺。

二辈孙阿曹，缺。·462·

三辈孙能，旧选簿查有：正统五年五月，洱海卫试所镇抚孙能。

正统七年，云南麓川反寇思任发等处，洱海所试所镇抚二次头功升副千户二员内一员孙能。

四辈孙玘，旧选簿查有：景泰六年十二月，孙玘，归安县人，系洱海卫洱海所副千户孙能嫡长男，钦与世袭。

五辈孙辅，缺。

六辈孙韬，旧选簿查有：正德元年六月，孙韬，年二十三岁，归安县人，系大罗卫右所副千户孙辅嫡长男。

七辈孙枝，旧选簿查有：嘉靖十六年八月，孙枝，年三十岁，系大罗卫右所故副千户孙韬嫡长男。伊高祖能以总旗纳级所镇抚，麓川二次头功升副千户，正统八年复调麓川开通道路升正千户。曾祖玘已革纳粟一级，与替副千户，祖、父沿袭。所据开通道路升级例仍该革,本人照例革与百户。

八辈孙相,旧选簿查有:嘉靖二十八年十二月,孙相,年三十一岁,归安县人,系大罗卫右所故实授百户孙枝亲堂弟。

朱官·实授百户

缺。

一辈朱英,缺。

二辈朱保,缺。

三辈朱瓛,缺。

四辈朱礼,旧选簿查有:永乐二十二年十一月,朱礼,系洱海卫洱海所世袭百户朱保亲侄。

五辈朱永,旧选簿查有:正统十四年九月,朱永,年十一岁,系洱海卫洱海所故世袭百户朱礼嫡长男,钦与全俸优给,至景泰三年终住支。

六辈朱洪,旧选簿查有:弘治十五年四月,朱洪,寿州人,系大罗卫右所世袭百户朱永嫡长男。伊父原系洱海卫洱海所,调今卫所。·463·

七辈朱官,旧选簿查有:嘉靖二十三年六月,朱官,寿州人,系大罗卫右所故实授百户朱洪嫡长孙。

八辈朱印,万历九年十二月,朱印,年二十六岁,寿州人,系大罗卫右所年老实授百户朱官嫡长男,比中二等。

九辈朱万春,万历四十年四月,大选过大罗卫右所实授百户一员朱万春,年二十九岁,系疾实授百户朱印嫡长男,比中一等。

顾命·实授百户

缺。

一辈顾荣,旧选簿查有:钦升簿查有,正统七年征麓川,洱海卫总旗一次头功升试百户二员内一员顾荣。

二辈顾小源,缺。

三辈顾聚,缺。

四辈顾敬,旧选簿查有:景泰七年七月,顾聚,户名顾荣,年六十二岁,系洱海卫洱海所署所镇抚事试百户。原系总旗，调征麓川贼获功升前职，老疾。有嫡长男顾敬，年二十八岁，照例该替实授百户，仍署所镇抚事。

五辈顾忠，旧选簿查有：弘治四年十二月，顾忠，无锡县人，系洱海卫洱海所实授百户顾敬嫡长男，钦与世袭。

六辈顾英，旧选簿查有：嘉靖六年十月，顾英，无锡县人，系大罗卫右所故百户顾忠嫡长男。伊曾祖聚原系功升试百户，祖敬袭，钦准实授，父沿袭。本人照例革去钦准一级，与袭试百户。

旧选簿查有：功次簿内查有，嘉靖十四年云南昆阳等县升实授一级不赏，一人自擒斩贼级三名颗、四名颗、五名颗官旗七十一员名内，大罗卫右所试百户升实授百户顾英。

七辈顾俊，旧选簿查有：嘉靖二十四年二月，顾俊，无锡县人，系大罗卫右所故实授百户顾英亲弟。

八辈顾命，旧选簿查有：嘉靖四十一年六月，顾命，年二十五岁，无锡县人，系大罗卫右所痼疾实授百户顾俊嫡长男。

九辈顾清臣，万历四十五年六月，大选过大罗卫右所实授百户一员顾清臣，年三十九岁，系故实授百户顾命嫡长男，比中三等。·464·

王司韶·试百户

缺。

一辈王兴，缺。

二辈王祯，缺。

三辈王斌，审稿内查有：功次簿查有，正统七年麓川功次剿杀蛮贼内开：洱海千户所总旗一次头功升试百户四员内一员王斌。

四辈王鑑，旧选簿查有：天顺二年八月，王鑑，无锡县人，系洱海卫洱海所故百户王斌亲侄，钦与世袭。

五辈王俊，旧选簿查有：成化十七年九月，王俊，无锡县人，系洱海卫洱海所百户王鑑嫡长男。叔祖王斌原系试百户，遇例实授，父袭职，本人照例革替试百户。

六辈王郷，旧选簿查有：正德十年六月，王郷，无锡县人，系大罗卫右所年老百户王俊嫡长男。伊父原替试百户，遇例实授，本人照替①例革替试百户。

七辈王澂，旧选簿查有：嘉靖元年三月，王澂，无锡县人，系大罗卫右所故世袭试百户王鄉亲弟。伊父王俊原系洱海卫洱海所，选调今卫所。

八辈王司韶，审稿内查有：嘉靖四十四年八月，王司韶，年三十六岁，无锡县人，系大罗卫右所故试百户王臣亲侄。

纪功·试百户

缺。

一辈纪敢儿，缺。

二辈纪官保，缺。

三辈纪昇，旧选簿查有：正统十一年五月，纪昇，系洱海卫洱海所试百户纪官保嫡长男。父原系总旗，攻克上江[刀]招汉贼寨有功升除前职，病故，钦准本人袭实授世袭百户。·465·

四辈纪洪，旧选簿查有：成化十五年六月，纪洪，年十六岁，通州人，系洱海卫洱海所故世袭百户纪昇嫡长男。先因年幼优给，扣该成化十三年终住支。今出幼，多支俸一年，照例袭职，仍行该卫将支俸照数扣除还官，毕日关支。

五辈纪功，旧选簿查有：正德十一年十月，纪功，年二十九岁，通州人，系大罗卫右所实授百户纪洪嫡长男。伊父年老，本人照例革替祖职试百户，伊父一辈未比，住俸三年。

六辈纪文献，万历二十四年三月，单本选文献，年三十八岁，系大罗卫右所故试百户纪功嫡长孙，比中三等。

温裕·试百户

缺。

一辈温胜，缺。

二辈温喜，缺。

三辈温保，旧选簿查有：钦升［簿］查有，正统七年征麓川，洱海卫总旗一次头

---

① 该"替"字当系衍文。

功升试百户四员内一员温保。

四辈温全，旧选簿查有：景泰五年十月，温全，年二十三岁，武进县人，系洱海卫洱海所试百户温保嫡长男。父原系总旗，调征麓贼有功升前职，今患疾，本人照例替实授百户。

五辈温经，旧选簿查有：成化十八年二月，温经，武进县人，系洱海卫洱海所百户温全嫡长男。钦与世袭。

六辈温怀，旧选簿查有：正德元年八月，温怀，武进县人，系大罗卫右所故世袭百户温经嫡长男。伊父原系洱海卫洱海所，调今卫所。

七辈温裕，旧选簿查有：嘉靖二十三年八月，温裕，武进县人，系大罗卫右所故实授百户温怀亲弟。伊曾祖保以总旗征麓贼头功升试百户，遇例实授，祖、父、兄沿袭。所据遇例职级，例应减革，本人照例革袭试百户。

八辈温荣，万历二十一年十二月，温荣，年二十八岁，系大罗卫右所故试百户温裕嫡长男，比中三等。·466·

高鼎·试百户

缺。

一辈高奴儿，缺。

二辈高亮，缺。

三辈高质，旧选簿查有：成化二年七月，高质，洛阳县人，系洱海卫洱海所故署所镇抚事百户高亮嫡长男，钦与世袭。

四辈高勋，旧选簿查有：成化十七年九月，高勋，洛阳县人，系洱海卫洱海所故百户高质嫡长男。祖高亮原系试百户，遇例实授，故，父袭职，本人照例革袭试百户。

五辈高鼎，旧选簿查有：正德八年十二月，高鼎，洛阳县人，系大罗卫右所实授百户高勋嫡长男。伊曾祖原系试百户，遇例实授，伊父袭职，今老疾，本人照例革替本卫所原职试百户。

六辈高任，万历二十八年八月，高任，年二十岁，洛阳县人。查伊始祖高林洪武二年从军，阵亡。高奴儿补役，永乐十一年征哨英子洪斩首二级升小旗，老。高亮并役，正统六年征进麓川，攻打上江刀招罕等寨斩首二级头功升总旗，复征杉木笼山寨斩首一级升洱海卫百户，故。高质比袭，故。高勋比袭，调大罗卫，老。高鼎比袭。查伊曾祖高亮原系试百户，遇例实授，照例革替本卫所原职试百户，嘉靖四十五年故。序该高金承袭，瘫患，故绝，伊父高登因患目疾亦故。高任系高鼎嫡次孙，违限三十余年，例应革发，第念大罗距京万有余里，目今地方用兵需人为急，准降署试百户事冠带总旗，比中二等。

谢承恩·试百户

缺。

一辈谢英，缺。

二辈谢兴，缺。

三辈谢春，缺。

四辈谢洪，旧选簿查有：景泰五年十月，谢洪，无锡县人，系洱海所试百户谢春户名谢兴嫡长男。父原系小旗，调征麓川贼获头功二次升前职，今患疾，本人照例替实授百户。

五辈谢玘，旧选簿查有：弘治二年八月，谢玘，无锡县人，系洱海卫洱海所世袭百户谢洪嫡长男。

六辈谢诏，旧选簿查有：嘉靖十九年十二月，谢诏，年三十九岁，无锡县人，系大罗卫右所故实授百户谢玘嫡次孙。伊高祖春户名兴以小旗征麓川获头功二次升试百户，遇例实授，相沿。所据遇例职级例应减革，本人革袭试百户。

七辈谢承恩，旧选簿查有：嘉靖四十三年六月，谢承恩，年二十七岁，无锡县人，系大罗卫年老实授百户谢诏嫡长男。

八辈谢承宠，万历二十年八月，谢承宠，年二十七岁，系大罗卫右所故绝试百户谢承恩堂弟，比中二等。

范恩·署试百户事总旗

缺。

一辈范蛮儿，缺。

二辈范顺，缺。

三辈范礼，旧选簿查有：正统十二年闰四月，范礼，系洱海卫洱海所试百户范顺亲弟。兄原系总旗，有堂侄范喜以余丁随征大候州杀退蛮贼头功，愿将功次并与升除前职，病故，钦准本人袭实授百户。

景泰三年十二月，洱海卫百户升署副千户范礼。

四辈范成，旧选簿查有：成化三年八月，范成，合肥县人，系洱海卫洱海所世袭副千户范礼嫡长男，钦与世袭。

五辈范广，旧选簿查有：弘治十三年十一月，范广，合肥县人，系大罗卫右所世袭副千户范成嫡长男。伊父原系洱海卫洱海所，调今卫所。

六辈范恩，旧选簿查有：嘉靖十七年六月，范恩，年二十一岁，合肥县人，系大罗卫右所故副千户范广嫡长男。伊曾伯祖顺原系总旗，堂伯祖喜系顺堂侄，以余丁大候州获功一级，并与升试百户，遇例实授，故绝。曾祖礼系顺亲弟，袭，景泰四年香炉山获功升署副千户，相沿。所据大候州功一级系犯堂，香炉山功查无擒斩，及钦准职级，俱应减革，本人与袭署试百户事总旗。

七辈范惟恭，万历二年二月，范惟恭，年二十一岁，合肥县人，系大罗卫右所故署试百户事总旗范恩嫡长男。·468·

右所总旗一名·厉恩

成化三年四月，厉鑑，仁和县人，系洱海卫洱海所百户厉政户名厉忠嫡长男，钦与世袭。

成化十八年二月，厉昇，仁和县人，系洱海卫洱海所百［户］厉鑑嫡长男。伊祖厉政原系功升试百户，遇例实授，老疾，父替职，病故，本人照例革袭试百户。

弘治十三年六月，厉玺，仁和县人，系大罗卫右所故百户厉昇嫡长男。伊父原系洱海卫洱海所，调今卫所。

正德七年八月，厉爵，年四岁，仁和县人，系大罗卫右所故世袭百户厉玺嫡长男，钦与全俸优给，至正德十七年终住支。

嘉靖十五年八月，厉恩，年三十三岁，仁和县人，系大罗卫右所故百户厉玺嫡次男。伊始祖政以军人麓川获功越升试百户，遇例实授，相沿。本人照例革越升及遇例职级，与总旗。

左所小旗一名·王护

钦升宝簿内查有：景泰四年四月，王秀，系澜沧卫中左所军人王保弟补役孙王宗

男,辽东卫铁岭卫仓纳米豆八百石,照例升试百户。·469·

嘉靖十七年六月,王护,年三十三岁,昌国县人,系大罗卫左所故百户王儁嫡次男。①伊祖琇以旗军景泰四年纳米照例升试百户,准子孙承袭,七年征湖广鸭良寨获功升百户,相沿。所据纳升职级扣至本人承袭已后,定三辈止有军功一级,以后子孙该与小旗。

王业昌,万历五年二月,王业昌,年二十一岁,昌国县人,系大罗卫左所年老实授百户王护嫡长男。伊父原袭实授百户,嘉靖二十九年纳级副千户。及查伊曾祖王琇以总旗纳授试百户,景泰七年湖广鸭良寨斩首功升实授百户,伊父冒袭。所据伊父纳级虚衔并冒袭职级俱例不准替,本舍照例革替祖职试百户,考试三等。·470·

---

① 此王护父王儁袭职履历,未列选条记载。

五军都督府所属卫所·右军都督府·云南都司·木密关守御所

原簿目录

正千户二员
一号赵诰：始祖赵贵，代六，宿松县人。
二号黄光：始祖黄暹，代八。

副千户[四员]
一号司戎：始祖司名，代七，凤阳县人。
二号裴鎏：始祖裴士中，代六，宝坻县人。
三号金本高：始祖金鑑，代八，荆州府人。
四号郭世爵：始祖郭铺，代六，昆山县人。

年远事故一员
魏京：滁州人。

实授百户五员
一号杨思忠：始祖杨五，代六，绛州人。
二号张熊：始祖张贵，代七，全椒县人。
三号迟汝先：始祖迟川哥，代九，江都县人。
四号李大贤：始祖李伯颜，代七，密云县人。
五号陈雄：始祖陈敬，代五，永平府人。

年远事故二员
刘辅：应城县人。
蔡嵒：武进县人。

试百户六员、所镇抚一员
一号可继勋：始祖可锁住，代六，西宁州人。
二号蒋国用：始祖蒋兴，代六，庐江县人。
三号王三聘：始祖王捨住，代八，泉宁府人。
四号马应科：始祖马显道，代七，昌黎县人。
五号蔡滋阳：始祖蔡仲茂，代四，固安县人。
六号马云龙：始祖马心心，代六，密云县人。
七号鲁俸：始祖鲁仲，代六，定远县人。

年远事故五员
宋鎏：淄川县人。
金兰：武进县人。
姚寓。
李沈。
归龄。

总旗二名
崔桓：大兴县人。
胡九洲：合肥县[人]。

赵诰·正千户

外黄查有：赵贵旧名计儿，江都县人。有妻父王狗儿丙午年充军，洪武二十六年妻父残疾，将贵代役，三十三年济南升小旗，三十四年夹河升试百户，三十五年平定京师升信阳卫中所副千户，永乐二年与世袭。

一辈赵贵，已载前黄。

二辈赵斌，缺。

正千户功次：候查。

三辈赵勋，旧选簿查有：景泰七年三月，赵勋，宿松县人，系木蜜（密）关①守御千户所正千户赵斌嫡长男。

四辈赵瑄，旧选簿查有：弘治十三年十月，赵瑄，宿松县人，系木密关守御千户所世袭正千户赵勋嫡长男。

五辈赵宏，缺。

六辈赵诰，旧选簿查有：嘉靖十六年八月，赵诰，宿松县人，系木密关守御所故绝正千户赵瑄亲侄。

七辈赵维贤，缺。

八辈赵良臣，万历二十年十月，赵良臣，年十九岁，宿松县人，系木密关守御所老疾副千户赵维贤嫡长男，比中二等。

九辈赵三奇，崇祯三年四月，单本选过木密关守御所副千户一员赵三奇，年二十三岁，系老副千户良臣嫡长男，比中三等。

黄光·正千户

缺。

一辈黄暹，缺。

二辈黄顺，缺。

三辈黄源，缺。

四辈黄谏，缺。

五辈黄越，缺。

六辈黄让，缺。

---

① 木密关，选簿间亦载作"木蜜关"，今统一作"木密关"，不再注明。

七辈黄堂，缺。

充军簿查有：嘉靖十八年正月，黄堂，系云南木密所千户，犯守备不设充腾冲卫左所边卫军。

八辈黄光，缺。

司戎·副千户

外黄查有：司文，凤阳县人，系司名嫡长男。有父甲午年同叔祖司成从军，辛丑年失陷，吴元年拨充小旗，洪武四年选总旗，十八年除金吾前卫水军所百户，二十三年调拨木密关守御所，二十八年为事还职，故，文当年袭授本所百户。·473·

一辈司名，已载前黄。

二辈司文，旧选簿查有：洪武三十年八月，司文，系云南木密关守御千户所故流官百户司名嫡长男，钦与世袭。

三辈司政，旧选簿查有：宣德五年十一月，司政，系木密关守御千户所故世袭百户司文嫡长男。

四辈司铨，旧选簿查有：正统七年二月，司铨，系木密关守御千户所百户司政嫡长男。父攻打高麓（黎）贡山蛮贼，本人袭父原职百户，听候定夺父伤故功次。

旧选簿查有：正统八年四月，司铨，系木密关守御所伤故百户司政嫡长男，袭升副千户。

五辈司廉，旧选簿查有：弘治元年五月，司廉，凤阳县人，系木密关守御所故袭升副千户司铨嫡长男。

六辈司宪，旧选簿查有：嘉靖十五年八月，司宪，凤阳县人，系木密关守御所故副千户司廉嫡长男。

七辈司戎，旧选簿查有：嘉靖三十四年八月，司戎，凤阳县人，系木密关守御所患疾副千户司宪嫡长男。

八辈司或，万历九年六月，司或，年三十岁，凤阳县人，系木密关守御所故副千户司戎堂弟，比中三等。

九辈司希光，万历十九年十二月，司希光，年九岁，系木密关守御所故副千户司或嫡长男，照例与全俸优给，至万历二十四年终住支。

万历二十四年十二月，司希光，年十五岁，凤阳县人，系木密关守御所故副千户司或嫡长男，比中三等。

裴銮·副千户

外黄查有：裴士中旧名甫，年四十一岁，洪武三十二年垛充武城左卫中所小旗，三十三年从军，奉，攻围济南升总旗，三十四年升试百户，三十五年钦升绍兴卫后所副千户。裴宣系裴士中亲侄，替职。

一辈裴士中，已载前黄。·474·

二辈裴宣，已载前黄。

三辈裴鑑，旧选簿查有：宣德四年四月，裴鑑，系绍兴卫后所故世袭副千户裴宣嫡长男。

四辈裴虹，旧选簿查有：天顺八年十月，裴虹，宝坻县人，系木密关守御千户所故世袭副千户裴鑑嫡长男。

五辈裴诚，旧选簿查有：正德九年八月，裴诚，宝坻县人，系木密关守御所故世袭副千户裴虹嫡长孙。伊始祖原系绍兴卫后所，曾祖调神武左卫中所，又调今所。

六辈裴銮，旧选簿查有：嘉靖三十年四月，裴銮，宝坻县人，系木密关守御所年老副千户裴诚嫡长男。

七辈裴希度，万历九年二月，裴希度，年二十岁，宝坻县人，系木密关守御所老疾副千户裴銮嫡长男，比中二等。

金本高·副千户

缺。

一辈金鑑，缺。

二辈金璧，旧选簿查有：永乐五年正月，金璧，系木密关守御所世袭百户金鑑嫡长男。

三辈金鼎，旧选簿查有：永乐十三年十月，金鼎，年十五岁，系木密关守御千户所失陷世袭百户金璧嫡长男。

副千户功次：正统七年麓川功次，木密关守御千户所百户升副千户金鼎。

四辈金声，缺。

五辈金锐，旧选簿查有：成化二十三年二月，金锐，年十八岁，荆州人，系木密关守御所故世袭副千户金声庶次男。先因年幼优给，今出幼袭职。

六辈金灿，旧选簿查有：正德十三年四月，金灿，荆州府人，系木密关守御所副千户金锐嫡长男。

七辈金印，旧选簿查有：嘉靖二十七年十月，金印，荆州府人，系木密关守御所老疾副千户金灿嫡长男。·475·

八辈金本高，旧选簿查有：嘉靖四十四年二月，金本高，年二十岁，荆州府人，系木密关守御千户所故副千户金印嫡长男。

万历十六年闰六月，一件举劾武职官员事，准都察院咨据巡按云南监察御史苏节奏，问得：犯人金本高犯该典刑，本犯子孙不准承袭，奉圣旨"依拟，监候详决，钦此"。

郭世爵·副千户

缺。

一辈郭镛，缺。

二辈郭济，旧选簿查有：成化四年十二月，郭济，昆山县人，系木密关守御所带管易龙堡世袭百户郭镛嫡长男。

三辈郭瑞，旧选簿查有：弘治二年八月，郭瑞，昆山县人，系木密关守御所带管易龙堡故世袭百户郭济嫡长男。

四辈郭振，旧选簿查有：正德十三年十二月，郭振，年二十四岁，昆山县人，系木密关守御所带管易龙堡世袭百户郭瑞嫡长男。

副千户功次：候查。

五辈郭採，旧选簿查有：嘉靖二十九年二月，郭採，昆山县人，系木密关守御千户所为民故副千户郭振亲弟。伊兄原袭祖职实授百户，获功升副千户，犯奸问革为民，故绝，本舍与袭副千户，照例注调马龙守御所。

六辈郭世爵，旧选簿查有：隆庆三年四月，郭世爵，年二十岁，昆山县人，系马龙守御所故副千户郭採亲侄。

七辈郭卫国，万历三十二年八月，郭卫国，年十六岁，系木密关守御所带管易龙堡副千户郭世爵嫡长男。查郭振一级自立功自犯罪，相应减革，止存祖职，本舍与替署副千户事实授百户，比中二等。

八辈郭为翰，天启七年六月，单本选过木密关守御所署副千户事实授百户一员郭

为翰,年十七岁,系故署副千户事实授百户郭卫国嫡长男,比中二等。·476·

年远事故木密关守御所副千户一员·魏京

洪武三十二年,木密关守御千户所总旗升试百户魏兴。

景泰三年二月,魏鏆,系木密关守御千户所世袭副千户魏鼎嫡长男。父为事在监病故,本人年壮,照例袭职,调金齿司左所。

成化十五年十二月,魏瀚,滁州人,系木密关守御所世袭副千户魏鏆庶长男。

弘治十六年四月,魏京,滁州人,系木密关守御所故世袭副千户魏瀚嫡长男。

王鹤龄·副千户

内黄查有:王三聘,年二十二岁,系云南都司木密关守御所试百户,原籍迤北泉宁①府人。始祖王得全洪武十四年归附,老。王舍住代役,二十二年选充小旗,永乐十九年选充总旗。王遑代役,正统六年麓川功升今所试百户,故。王显遇例实授,老。王宁系嫡长男,成化十二年八月替,老。王爵系嫡长男,弘治十八年四月替,老。王立系的(嫡)长男,嘉靖五年十二月革遇例替试百户,故。王辛系爵亲侄,十三年十月袭,遇例实授,二十七年纳级副千户,老。三聘系嫡长男,四十四年二月革遇例并纳级,替木密关守御所试百户。

天启元年二月,单本选过木密关守御所试百户一员王鹤龄,年十七岁,系老试百户王三聘嫡长孙。查伊祖原替试百户,因守备不设问拟终身军,遇宥,伊父未袭先故,合照例准替祖职试百户,比中三等。

杨思忠·百户

外黄查有:杨宗,绛州人。父杨五洪武十二年垜充土官,十五年调镇江卫,并枪充小旗,十七年并枪升总旗,二十二年为事发充木密关守御千户所军,年老。兄杨旺代役,并枪仍充总旗,正统六年征麓川伤故,例升一级。宗系亲弟,正统八年钦准袭升木密关守御千户所试百户,天顺元年遇例实授百户,调征贵州东苗等处节次

---

① 泉宁,又作"全宁"。

斩获首级四颗升本所副千户，钦与流官。·477·

一辈杨五，已载前黄。

二辈杨宗，旧选簿查有：天顺七年十二月，木密关守御千户所实授百户升副千户杨宗。

三辈杨英，旧选簿查有：成化六年十二月，杨英，绛州人，系木密关守御千户所副千户杨宗嫡长男，钦与世袭。

四辈杨高，旧选簿查有：弘治九年闰三月，杨高，年十八岁，绛州人，系木密关守御所故世袭副千户杨英亲侄。

五辈杨武，旧选簿查有：正德十年八月，杨武，年九岁，绛州人，系木密关守御千户所故世袭副千户杨高嫡长男。伊祖原系试百户，遇例实授，又功升前职，伊父例前承袭，本人照例革与实授百户俸优给，至正德十五年终住支。

旧选簿查有：嘉靖十三年十二月，杨武，年二十七岁，绛州人，系木密关守御所故副千户杨高嫡长男。伊曾伯祖旺原系总旗，麓川伤故，曾祖宗袭升试百户，遇例实授，东苗斩首升前职。伯英、父高俱沿袭，故。本舍先因年幼，将遇例一级减革，已与百户俸优给，出幼间嘉靖六年因叛贼安铨攻劫城池无印，保送告明，总镇随军征进斩首四颗，今告袭。所据伊曾伯祖被伤一级仍应减革，准与试百户上加自己获功一级，与做实授百户。其本舍违限十年之外，多支俸粮，查扣支给。

六辈杨思忠，旧选簿查有：嘉靖三十五年二月，杨思忠，系木密关守御所百户杨武嫡长男。

七辈杨明廷，万历二十三年九月，内单本选［过］木密关守御所指挥佥事杨明廷，年二十六岁，系杨思忠亲男。杨思忠沿袭实授百户，万历十三年征岳罕斩叛贼首级六颗升世袭一级副千户，十九年征丁改擒斩二百二十二名颗，愿将前功移复原降祖杨旺阵亡一级，奏准升复世袭正千户。十九年内杨明廷以应袭调征丁改斩首六颗，生擒一名羊助升二级总旗。及查堂稿功次相同，且系自立军功，应合照大理卫陈守爵例准加一级，与做世袭指挥佥事，比中一等。

八辈杨祖烈，天启五年十月，大选过木密关守御所指挥佥事一员杨祖烈，年二十岁，系阵亡指挥佥事杨明廷嫡长男，系武举免比。

张熊·实授百户

外黄查有：张文，全椒县人，系张贵嫡长孙。有祖甲午年从军，洪武十一年充小旗，十六年并枪仍充小旗，十七年升总旗，十九年钦除留守右卫定淮门所流官百户，二十年为少军事钦发征进，二十五年钦依复职，调为马隆卫世袭百户，疾。有父张和患眼瞎，文三十一年替马隆守御所古城堡世袭百户。

一辈张贵，已载前黄。

二辈张文，已载前黄。

三辈张豫，旧选簿查有：正统元年十二月，张豫，系木密关守御千户所世袭百户张文嫡长男。

四辈张瑾，旧选簿查有：成化七年二月，张瑾，年十九岁，全椒县人，系木密关守御所世袭百户张豫堂侄，待堂伯有男，还与职事。

五辈张俊，旧选簿查有：正德四年六月，张俊，全椒县人，系木密关守御千户所带管古城堡百户张瑾嫡长男。

六辈张勋，旧选簿查有：嘉靖二十六年十月，张勋，全椒县人，系木密关守御所带管古城堡老疾实授百户张俊嫡长男。

七辈张熊。

八辈张守功，万历二十三年十月，张守功，年十六岁，系木密关守御所带管古城堡故世袭百户张熊亲侄，比中三等。

九辈张守正，万历三十七年八月，大选过木密关守御所带管古城堡世袭百户一员张守正，年十八岁，系故世袭百户张守功亲弟，比中二等。

十辈张九卿，天启七年六月，大选过木密关守御所带管古城堡实授百户一员张九卿，年三十八岁，系疾实授百户张守正嫡长男，比中二等。

迟汝先·实授百户

外黄查有：迟厚旧名保子，江都县人，系迟川哥嫡长男。有父丙申年从军，洪武十五年老。今保子户名不动代役，十九年改留守左卫。父于洪武二十二年钦除试百户，二十四年故。厚于二十六年袭授本所世袭百户。迟铭系迟厚嫡次男。迟睿系迟铭亲弟。迟瑄系迟睿嫡长男。迟陞系迟铭侄孙，伯祖故，祖迟睿袭职，故，父迟瑄袭，老，陞于成化十五年替。迟高系迟陞嫡长男。

一辈迟川哥，已载前黄。

二辈迟厚，已载前黄。

三辈迟铭，已载前黄。

四辈迟睿，旧选簿查有：永乐十二年七月，迟睿，年十六岁，系木密关守御千户所故世袭百户迟铭亲弟。

五辈迟瑄，旧选簿查有：宣德九年二月，迟瑄，年十七岁，系木密关守御千户所故世袭百户迟睿嫡长男。

六辈迟陛，旧选簿查有：成化十五年闰十月，迟陛，江都县人，系木密关守御所世袭百户迟瑄嫡长男。

七辈迟高，旧选簿查有：弘治十二年十二月，迟高，江都县人，系木密关守御千户所故世袭百户迟陛嫡长男。

八辈迟诏，旧选簿查有：嘉靖十七年四月，迟诏，年二十五岁，江都县人，系木密关守御所年老百户迟高嫡长男。

九辈迟汝先，旧选簿查有：嘉靖二十一年二月，迟汝先，年二十岁，江都县人，系云南木密关守御千户所故纳级副千户迟诏嫡长男。伊父原袭祖职实授百户，级（纳）升副千户，故。所据伊父纳升职级不由军功，例应减革，本舍照例革袭祖职实授百户。

十辈迟敏政，万历二十年三月，迟敏政，年三十二岁，江都县人，系迟汝先嫡长男。伊父原袭实授百户，遇例加纳副千户，今老。所据纳级虚衔例不准替，本舍合照旧与替实授百户，比中一等。

十一辈迟玉铉，崇祯十年十二月，大选过木密关守御所实授百户一员迟玉铉，年十九岁，系故实授百户迟敏政嫡长孙，比中三等。

李大贤·世袭百户

缺。

一辈李伯颜，缺。

二辈李海，缺。

三辈李远，缺。

四辈李子英，旧选簿查有：天顺六年十二月，李子英，密云县人，系木密关守御所故百户李远嫡长男，钦与世袭。·480·

五辈李钦，旧选簿查有：弘治九年七月，李钦，密云县人，系木密关守御所世袭百户李子英嫡长男。

六辈李鑑，旧选簿查有：正德元年二月，李鑑，密云县人，系木密关守御所故世袭百户李钦亲弟。

七辈李大贤，隆庆五年十月，李大贤，年四十一岁，密云县人，系木密关守御所故实授百户李鑑亲侄。查得伊祖李海原以总旗正统六年征麓川头功升试百户，袭至李远，正统年间查年深获功升实授百户。所据年深获功不系擒斩，例应减革，今本舍合革袭试百户。

八辈李大良，万历九年十月，年三十五岁，密云县人，系木密关守御所故试百户李大贤亲弟，比中三等。

九辈李增春，万历四十一年十二月，大选过木密关守御所试百户一员李增春，年十六岁，系老试百户李大良嫡长男，比中二等。

陈雄·世袭百户

缺。

一辈陈敬，缺。

二辈陈斌，缺。

三辈陈亨，缺。

四辈陈贵，旧选簿查有：正统十三年八月，陈贵，系木密关守御千户所试百户陈亨嫡长男。父原系总旗，攻破思任发贼寨有功升除前职，本人替职，钦准替实授世袭百户。

五辈陈雄，旧选簿查有：景泰五年九月，陈雄，年十六岁，永平府人，系木密关守御千户所故世袭百户陈贵嫡长男。

六辈陈高，万历四十二年二月，大选过木密关守御所世袭百户一员陈高，年二十岁，系故世袭百户陈雄嫡长孙。陈高先告袭职，因供册年月差错，暂降总旗。今查回无碍，应复原职，准袭世袭百户，比中二等。·481·

蒋汝荣·试百户

一辈蒋兴。

二辈蒋旺。

三辈蒋敬。

四辈蒋纪。

五辈蒋纶。

六辈蒋国用，。

七辈蒋汝荣，万历二十一年四月，蒋汝荣，年十九岁，庐江县人，系木密关守御所故试百户蒋国用嫡长男，比中三等。

年远事故木密关守御所世袭百户一员·刘辅

宣德五年十二月，刘庸，系木密关守御千户所故世袭百户刘傑嫡长男。

正统九年八月，刘庆，系木密关守御千户所故世袭百户刘庸庶弟。

成化三年二月，刘辅，应城县人，系木密关所故世袭百户刘庆嫡长男。

又一员·蔡勗

景泰二年八月，木密关守御千户所带管易龙堡军人升所镇抚蔡润，户名蔡真保。·482·

天顺七年十二月，木密关守御千户所试所镇抚升实授所镇抚蔡润。

成化六年三月，蔡勗，武进县人。有父蔡润系木密关守御千户所所镇抚，东苗获功该升一级，造册错作试所镇抚开报重升所镇抚，未曾改正，今老疾。本人系嫡长男，照例改正，袭升实授百户。

蔡滋阳·试百户

缺。

一辈蔡仲茂，旧选簿查有：天顺七年十二月，木密关守御千户所实授总旗升试百户蔡仲茂。

二辈蔡成，旧选簿查有：成化四年十月，蔡成，固安县人，系木密关守御千户所故百户蔡仲茂嫡长男。钦与世袭。

三辈蔡幹，旧选簿查有：正德十三年四月，蔡幹，固安县人，系木密关守御千户所年老百户蔡成嫡长孙。曾祖蔡仲茂功升试百户，遇例实授，本人照例革替试百户。

四辈蔡滋阳，旧选簿查有：嘉靖三十八年六月，蔡滋阳，固安县人，系木密关守御所年老试百户蔡幹嫡长男。伊父原袭祖职试百户，嘉靖八年为犯奸事参问为民，今年老，本舍照例与替祖职试百户，改调凤梧守御千户所。①

马腾云

外黄查有：马腾云，年二十一岁，原籍直隶昌黎县人。始祖马关道洪武元年军，二十年功升湖广辰州卫小旗，二十二年取勘年深升总旗，二十四年改调木密所，阵亡。二世祖马福补役，老。三世祖马善补役，正统六年征麓川攻破思任发等·483·寨阵首功升试百户，八年复征六（麓）川追捕贼首思任发头功升实授百户，老。马俭系嫡长男，替，故。马济系嫡长男，袭，故。伯祖马聪系嫡长男，袭，绝。父马应科系亲侄，袭，老。腾云系嫡长男，万历十一年替，授本所世袭实授百户。

马和銮，万历四十八年二月，大选过木密关守御所实授百户一员马和銮，年二十八岁，系老实授百户马腾云嫡长男，比中一等。

马云龙·试百户

缺。

一辈马心心，缺。

二辈马逸，缺。

三辈马成，缺。

四辈马英，旧选簿查有：弘治八年，木密关守御所总旗升试百户马英。

五辈马钦，旧选簿查有：正德十四年四月，马钦，密云县人，系木密关守御所年老百户马英嫡长男。父系试百户，遇例实授，本人照例革替试百户。

六辈马云龙，旧选簿查有：隆庆二年四月，马云龙，年二十岁，密云县人，系木密关守御所年老试百户马钦嫡长男。

七辈马希麒，万历二十六年十月，马希麒，年二十六岁，系木密关守御所患疾试百户马云龙嫡长男，比中一等。·484·

---

① 该"蔡滋阳·试百户"簿之"四辈蔡滋阳"，"改调凤梧守御所"，而凤梧所选簿原目录将之载入"选簿未载贴黄有名但袭替年月无凭吊查黄选者六名"之一，蔡滋阳选簿并非"选簿未载"，是载在木密关所，未载凤梧所。

鲁俸·所镇抚

缺。

一辈鲁仲，缺。

二辈鲁宽，缺。

三辈鲁让，旧选簿查有：永乐六年十一月，鲁让，系木密关守御千户所故世袭所镇抚鲁宽嫡长男。

四辈鲁纲，旧选簿查有：正统七年二月，鲁纲，系木密关守御千户所所镇抚鲁让嫡长男。

五辈鲁璠，旧选簿查有：天顺元年七月，鲁璠，定远县人，系木密关守御千户所故所镇抚鲁纲嫡长男，钦与世袭。

六辈鲁俸，旧选簿查有：弘治四年七月，鲁俸，年十九岁，定远县人，系木密关守御所为事监故世袭所镇抚鲁璠嫡长男。本人年幼，未调该卫。

七辈鲁文质，隆庆五年四月，鲁文质，定远县人，系木密关守御所故所镇抚鲁俸侄孙。

八辈鲁克敏，万历二十三年十月，鲁克敏，年二十五岁，系患疾所镇抚鲁文质嫡长男，比中一等。

九辈鲁钟圣，崇祯三年六月，单本选过木密关守御所所镇抚一员鲁钟圣，年三十岁，系老所镇抚克敏长男，比中二等。

年远事故木密关守御所试百户一员·宋銮

正统六年七月，宋瑛。父宋洪系木密关守御所总旗，调征麓川阵亡，本人系亲男，升本卫所试百户。·485·

弘治七年九月，宋銮，年十五岁，淄川县人，系木密关守御所试百户宋瑛嫡长孙。

又一员·金兰

景泰二年八月，木密关守御所军人升所镇抚金仪。

天顺八年七月，金仪，年五十一岁，原系木密关守御千户所易隆堡军，遇例纳米升所镇抚。今患两眼翳膜残疾，有嫡长男金钥，年三十岁，替授伊父原职所镇抚。

成化二十二年十一月，金兰，武进县人，系木密关守御所所镇抚金钥亲侄。伊祖金仪原系本所军，遇例纳米升前职，老疾。伊伯替职，故，无儿男。本人先因年幼优给，今出幼，仍袭所镇抚，照例月支俸一石，于本所差操，候事故之日止收军役。

又一员·姚寓

景泰三年正月，木密关守御所军升所镇抚姚寓。

天顺七年四月，姚寓，年五十七岁，系云南都司木密关守御千户所所镇抚，今患左手跌伤残疾。有嫡长男姚俨，年十五岁，替职。

又一员·李沈

景泰三年八月，木密关守御千户所军人升所镇抚李仲义。

成化四年十一月，李沈。伊父李仲义，系木密关守御千户所军，遇例纳米升所镇抚，患疾。本人系嫡长男，替职，照例月支俸一石。

又一员·归龄

景泰二年八月，木密关守御所军人升所镇抚归庭兰。

天顺七年四月，归龄，系木密关守御千户所所镇抚归庭兰亲侄。叔原系军人，遇例纳……

木密关守御所总旗一名·崔桓

正统十年三月，崔林，乳名圆安，系木密关守御千户所副千户崔原旧名二亲侄孙。

成化十五年八月，崔裕，大兴县人，系木密关守御所故世袭副千户崔林嫡长男。

嘉靖十六年五月，崔桓，大兴县人，系木密关守御所故副千户崔裕嫡长男。伊堂高伯祖源立功升前职，绝，祖琳系侄孙承袭。所据琳正系立功人二辈未袭侄孙以下人数，例应减革，本人照例革充总旗。

又一名·胡义

外黄查有：胡贤，旧名思贤，合肥县人，系胡兴堂弟。有兄从军，丁酉年除千户，壬寅年编伍充总旗，洪武九年钦取赴京除百户，故。堂侄胡斌袭，故，无儿男，亲弟胡定住患疾，贤系堂叔，袭。胡遑系胡贤嫡长男，父故，遑袭。胡鑑系胡遑嫡长男。

洪武三十年八月，胡贤，旧名思贤，系木密关守御千户所故世袭百户胡斌堂叔。

永乐七年五月，胡遑，系木密关守御千户所故世袭百户胡贤嫡长男。

宣德八年十月，胡鑑，年十六岁，系木密关守御千户所故世袭百户胡遑嫡长男。

成化十二年八月，胡庠，合肥县人，系木密关守御千户所世袭百户胡鑑嫡长男。

正德九年二月，胡端，合肥县人，系木密关守御千户所故世袭百户胡庠嫡长男。

嘉靖十九年十二月，胡九洲，年八岁，合肥县人，系木密关守御所年老百户胡端长男。伊堂高伯祖兴洪武九年升百户，故。堂伯祖斌袭，故绝。高祖贤袭，故。曾、祖、父沿袭。所据伊祖贤以堂弟承袭堂兄兴职事，例系犯堂。所据犯堂职级例应减革，本人照例革与总旗名粮纪录，候年二十岁出幼并补。

万历二十九年十二月，胡义，年十六岁，系木密关守御所总旗胡九洲孙，冒袭，革发，仍行查究妄保之官。

魏国政·副千户

天启六年八月，大选过武定守御所副千户一员魏国政，年十五岁，系疾副千户魏守恭嫡长男，比中三等。

来允忠·试百户

天启元年五月补四月大选，过武定所试百户一员来允忠，年二十四岁，系故试百户来秉忠亲弟，比中三等。

五军都督府所属卫所·右军都督府·云南都司·凤梧守御所

原簿目录

凤梧所指挥佥事二员
一号金绍奎：始祖岁迦歹，代八，嵩明县人。
二号袁昆：始祖袁宝，代七，嵩明州人。
续入金守仁：安宁人，有印。

正千户三员
一号李节：始祖李惠，代七，嵩明州人。
二号木资元：始祖也先帖木儿，代十，嵩明州人。
三号李躬行：始祖李护，代九，嵩明州人。

副千户四员
一号杨顺诚：始祖杨长，代八，嵩明州人。
二号杨学：始祖杨坚，代十，嵩明州人。
三号诸爱：始祖杨林奴，代七，嵩明州人。
四号赵云汉：始祖赵平，代七，嵩明州人。

世袭百户二员
一号李崇：始祖李羡，代七，嵩明州人。
二号段锦：始祖段俸，代六，嵩明州人。

试百户十一员
一号章璞：始祖忽都不花，代八，高明州人。
二号张毘（鹍）：始祖张文海，代六，嵩明州人。
三号杨启东：始祖杨禾，代八，嵩明州人。
四号李遇春：始祖李罗芜，代六，昆明县人。
五号杨祖胤：始祖杨哈喇那，代七，嵩明州人。
六号施浩：始祖施奴，代五，嵩明州人。
七号杨启良：始祖杨奴子，代七，嵩明州人。
八号黄朝用：始祖黄捨僧，代七，嵩明州人。
九号李傑：始祖也标，代八，嵩明州人。·491·
十号李继文：始祖李昭，代六，嵩明州人。
十一号李文潮：始祖李亏，代八，嵩明州人。

选簿未载贴黄有名但袭替年月无凭吊查黄选者六名
苏鸾：始祖苏长，挥同，嵩明州人。①
完大经：始祖完者不花，副千，昆明县人。②
李蓁：始祖李文通，实百，嵩明州人。

---

① 原簿第492页，该凤梧所之"苏继勋"选簿载，"查始祖苏长，洪武十四年军，升小旗……次伯祖苏赞袭……因重升改升指挥同知，故。长伯祖苏鸾袭……"，亦即此目录所载"无凭吊查黄选"之"苏鸾"者。
② 该目录所载之"完大经"，原簿第513页有"完大缙·副千户"簿，有载"完大缙……系故绝土官副千户完大经堂弟，查伊兄'选簿未载，贴黄有名，但袭替年月无凭吊查黄选者六名'内一名完大经，始祖完者不花，副千户，昆明县人"，即此。

蔡滋阳：始祖蔡辰，试百，固安县人。①
万秀：始祖万得忠，试百，昆明县人。
良辉：始祖良宗，试百，嵩明州人。

---

① 该凤梧守御所"无凭吊查黄选"之"蔡滋阳"，在木密关守御所选簿目录之"试百户"有"五号蔡滋阳：始祖蔡仲茂，代四，固安县人"；该木密关所"蔡滋阳·试百户"选簿载于《总汇》本册第483页。

苏继勋

万历二十一年五月，单本选过苏继勋，年二十七岁，嵩明州人，系凤梧守御所不支俸土官指挥佥事苏鹄次侄孙。查始祖苏长，洪武十四年军，升小旗，老。高祖苏官音资代，故。曾祖苏海幼，高叔祖苏嵩暂替，故绝，苏海长成，补，麓川头功升总旗，思任寨头功升实授百户，景泰元年把三寨杀首二颗、陇笭关斩首一颗，二年香炉山斩首一颗升副千户，老。祖苏长受疾，故。长伯祖苏贤袭，故绝。次伯祖苏赟袭，成化十九年阿贵寨斩首二颗，弘治十三年纳红寨斩首二颗、菜塘寨斩首二颗、得山寨斩首一颗升正千户，十五年伏佑寨斩首一颗、龙山寨斩首一颗、马蚁龙山寨斩级三颗，正德二年周衣硬寨斩首一颗、普龙寨斩首一颗、长沙寨斩首一颗、英得寨斩首一颗升指挥佥事，三年广西有功升指挥佥事，因重升改升指挥同知，故。长伯祖苏鸾袭，嘉靖十一年因安铨仇陷问发神电卫充终身军，故绝。隆庆二年次叔祖苏鹄借袭，景泰三年越升副千户一级应革，袭指挥佥事，万历十二年故，应该退还。祖苏鸿、父苏德威俱未袭先故，兄苏继功亦未袭故绝，本舍系次男，合照旧与袭土官指挥佥事，仍不支俸。·492·

金绍奎·指挥佥事

一辈夥迦歹，缺。

二辈哈喇，缺。

三辈金山保，旧选簿查有：景泰三年十二月，云南中卫总旗升试百户金山保。

天顺七年十二月，云南中卫百户升副千户金山保。

四辈金武隆，旧选簿查有：成化二年九月，金武隆，嵩明州人，系云南中卫中左所不支俸土官副千户金山保嫡长男。

正千户功次：候查。

五辈金玺，旧选簿查有：弘治三年八月，金玺，嵩明州人，系云南中卫中左所不支俸土官正千户金武隆嫡长孙。伊祖老疾，父金镛未袭先故。本人照例替祖原职土官正千户，仍不支俸。

旧选簿查有：查得抄誊右府勘合簿内查有，普安功次，云南中卫正千户升指挥佥事六员内有金玺。

六辈金鼎，缺。

七辈金昱，旧选簿查有：嘉靖十八年八月，金昱，嵩明州人，系云南凤梧守御千户所已故不支俸土官指挥佥事金鼎亲弟。伊兄金鼎故绝，本人系亲弟，照旧与袭伊兄原职不支俸土官指挥佥事职事。

八辈金绍奎，缺。

九辈金为贵，十月，大选过凤梧守御所不支俸土官指挥佥事一员金为贵，年二十三岁，嵩明州人。始祖岁迦罗洪武十四年归附充小旗，二十五年征越州功升总旗，故。二世祖哈喇补，故。三世祖金山保补，正统六年征上江擒斩三名颗功升土官试百户，景泰元年征香炉山擒斩四名颗升实授百户，天顺二年征贵州狗场等寨斩首三颗升副千户，老。四世祖金武隆替，成化十九年征撒甸擒斩五名颗升正千户，老。五世祖金镛未袭，故。六世祖金玺替，弘治十五年调征普安有功升土官指挥佥事，故。七世祖金鼎袭，故绝。金昱系亲弟，袭，故。八世祖金绍奎袭，故绝，父绍斗系亲弟，未袭故。本舍系绍斗嫡长男，绍奎亲侄，照例与袭不支俸土官指挥佥事，土官不比。·493·

袁昆·指挥佥事

一辈袁实，缺。

二辈袁保，旧选簿查有：永乐六年九月，袁保，系云南中卫中左所故土官百户袁实嫡长男。

副千户功次：候查。

三辈袁盛，旧选簿查有：正统十一年五月，袁盛，系云南中卫中左所不支俸故土官副千户袁保嫡长男，钦准袭职。

四辈袁永，旧选簿查有：景泰五年十月，袁永，嵩明州土人，系云南中卫中左所不支俸土官副千户袁盛嫡长男。

五辈袁鑑，旧选簿查有：成化九年九月，袁鑑，嵩明州土人，系云南中卫中左所不支俸故土官副千户袁永嫡长男，钦与世袭。

正千户功次：候查。

六辈袁谦，旧选簿查有：正德十一年二月，袁谦，年三十岁，嵩明州人，系云南都司云南中卫中左所不支俸土官正千户袁鑑嫡长男。伊父原袭副千户，功升前职，病故。本人照例袭授正千户，仍不支俸。

指挥佥事功次：候查。

七辈袁昆，缺。

八辈袁华黼，万历二十四年十一月，袁华黼，年十九岁，嵩明土人，系凤梧所故不支俸土官指挥佥事袁昆长孙，不比。

李节·正千户

一辈李惠，缺。

二辈李敬，缺。·494·

三辈李芳，旧选簿查有：正统十二年二月，李芳，年二岁，系云南左卫总旗李敬亲侄。征进麓贼阵亡，例升一级，无儿男，本人年幼，照例升与试百户俸优给。

旧选簿查有：天顺七年十二月，云南中卫百户升副千户李芳。

四辈李政，旧选簿查有：成化十一年十二月，李政，嵩明县（州）人，系云南中卫中左所不支俸土官副千户李芳嫡长男，钦与世袭。

五辈李琇，旧选簿查有：弘治元年三月，李琇，嵩明州人，系云南中卫中左所不支俸土官世袭副千户李政嫡长男。

正千户功次：候查。

六辈李容，旧选簿查有：正德六年十二月，李容，嵩明州人，系云南都司云南中卫中左所正千户李琇嫡长男。伊父今故，本人照例袭授伊父功升正千户。

七辈李节，缺。

八辈李应珊，旧选簿查有：隆庆六年七月，李应珊，年三十五岁，嵩明州人，系凤梧守御千户所年老不支俸土官正千户李节嫡长男。伊父原袭祖职正千户，嘉靖二十五年犯该立功五年，限满还职，今年老，本舍照例准替祖职不支俸土官正千户。

九辈李盛，万历十三年四月，李盛，年十七岁，嵩明州人，系凤梧守御千户所故不支俸土官正千户李应珊嫡长男。伊父原袭祖职不支俸土官正千户，万历三年故。本舍合照旧与袭祖职不支俸土官正千户，土官不比。

木资元·正千户

一辈也先帖木儿，已载八辈选条。

二辈梁秃满帖木儿，已载八辈选条。

三辈木高，已载八辈选条。

四辈木润，旧选簿查有：宣德二年七月，木润，系云南中卫中左所故不支俸土官世袭副千户木高嫡长男，钦准袭职。

正千户功次：已载五辈选条。

五辈木裕，旧选簿查有：正统十年七月，木裕。父木润系云南中卫中左所副千户，调征麓川于亚岭江与蛮贼对敌阵亡。本人系亲男，先已袭父原职副千户，因阵亡功次照例升一级升正千户。·495·

六辈木宏，旧选簿查有：成化八年八月，木宏，嵩明州人，系云南中卫中左所不支俸土官正千户木裕嫡长男，钦与世袭。

七辈木华，旧选簿查有：成化十九年六月，木华，嵩明州人，系云南中卫中左所不支俸土官故世袭正千户木宏嫡长男。

八辈木端，缺。

题稿查有：木端。始始祖也先帖木儿，洪武十四年归附土军，克罗次等处山寨，十六年克复嵩明州，反贼出降，生擒解官回还，病故。始祖木高因年幼小，高祖姑夫梁秃满帖木儿赴京，钦准除云南前卫中左所副千户，病故，始祖木高长成，告袭，授本卫所副千户，永乐二年调云南中卫中左所，故。高祖木润袭职，征麓川等处前进缅甸，遇贼对敌阵亡。曾祖木裕袭升正千户，老疾。祖父木宏替职，故。父木华袭职，患疾。木端系长亲男，替职。

九辈木銮，旧选簿查有：嘉靖六年四月，木銮，年三十三岁，嵩明州人，系云南中卫中左所不支俸土官故世袭正千户木端嫡长男。

十辈木资元，旧选簿查有：嘉靖四十年八月，木资元，年二十五岁，嵩明州人，系云南中卫中左所不支俸老疾土官正千户木銮嫡长男，照旧不支俸土官正千户。

李躬行·正千户

一辈李护，缺。

二辈李罗苴，缺。

三辈李良，缺。

四辈李祯，旧选簿查有：永乐十七年五月，李祯，即李真，系云南中卫中左所不支俸管土军故百户李罗苴嫡长男。先因年幼，叔李良借职，今长成，退还职事，钦准世袭百户，伊叔革闲。

副千户功次：候查。·496·

五辈李雄，旧选簿查有：正统十年八月，李雄，系云南中卫中左所不支俸土官副千户李祯嫡长男，钦与世袭。

六辈李俊，缺。

七辈李廷辅，旧选簿查有：成化二十三年十二月，李廷辅，嵩明州人，系云南中卫中左所不支俸土官副千户李俊嫡长男。

正千户功次：候查。

八辈李宗，缺。

九辈李躬行，旧选簿查有：嘉靖三十一年十二月，李躬行，嵩明州人，系凤梧守御千户所老不支俸土官正千户李宗嫡长男。

十辈李绍先，万历六年十月，李绍先，年十九岁，嵩明州人，系凤梧守御所阵亡不支俸土官正千户李躬行嫡长男。伊父原替祖职不支俸土官正千户，嘉靖四十五年武定府阵亡，本舍照旧袭祖职不支俸土官正千户。其伊父阵亡功级，候核册至日另议，土官不比。

十一辈李万年，万历二十六年十一月，年二十岁，嵩明州人，系凤梧所不支俸土官正千户李绍先嫡长男。伊父原袭祖职土官正千户，今故。及查得簏川功升副千户，普安功升正千户，俱无凭据，本舍合量革袭不支俸土官署正千户事副千户。

十二辈李万春，天启四年二月，大选过凤梧守御所不支俸土官署正千户事副千户一员李万春，年四十三岁，系疾不支俸土官署正千户事副千户李万年堂弟。准借替署正千户事副千户，俟万年生子退还，土官不比。

金守仁·署指挥同知事指挥佥事

一辈金山。·497·

二辈金奴。

三辈金亮。

四辈金铠。

五辈金钺。

六辈金胜。

七辈金重。

八辈金堂，零选簿查有：金堂，年二十二岁，安宁州人，系武定守御所故不支俸土官指挥同知金重亲侄。伊伯原革袭不支俸土官署指挥同知事指挥佥事，隆庆二年故绝，应该伊父金诚承袭，痼疾，不堪。今本舍妄供实授，希图冒袭，今照例革袭不支俸土官署指挥同知事指挥佥事。

九辈金守仁，万历二十二年正月，金守仁，年十八岁，安宁州人，系武定守御所故不支俸土官署指挥同知事指挥佥事金堂嫡长男。本舍照旧以袭署指挥同知事指挥佥事，□□仍不支俸。

十辈金增，万历四十一年八月，大选过武定守御所不支俸土官署指挥同知事指挥佥事一员金增，年三十七岁，安宁州人，系故金守仁亲叔，准袭署指挥同知事指挥佥事，仍不支俸，土官不比。

杨顺诚·副千户

一辈杨长，缺。

二辈杨山，缺。

三辈杨严，旧选簿查有：永乐十三年八月，杨严，系云南中卫中左所不支俸管土军渖故百户杨山嫡次男，钦与世袭。

四辈杨文，旧选簿查有：宣德四年九月，杨文，系云南中卫中左所故不支俸土官百户杨严亲弟，钦准袭职，与世袭。

五辈杨芳，旧选簿查有：正统十二年八月，杨芳，系云南中卫中左所不支俸故世袭土官百户杨文嫡长男，钦准袭职。

六辈杨钺，旧选簿查有：成化二十年二月，杨钺，云南府人，系云南中卫中左所不支俸故世袭土官百户杨芳庶长男。

七辈杨廉，缺。

副千户功次：候查。

八辈杨顺诚，旧选簿查有：嘉靖三十二年七月，杨顺诚，年一十五岁，嵩明州人，系凤梧守御所不支俸老疾土官副千户杨廉嫡长孙，与替祖职土官副千户，仍不支俸。

九辈杨新，万历三年八月，杨新，年十六岁，嵩明州人，系凤梧守御所故不支俸土官副千户杨顺诚嫡长男。伊父原袭祖职不支俸土官副千户，嘉靖三十九年故，本舍照旧与袭祖职不支俸土官副千户。

十辈杨舒畅，万历四十三年八月，大选过凤梧守御所故不支俸土官副千户一员杨舒畅，年三十七岁，系老不支俸土官副千户杨新嫡长男，土官例不比试。

杨学·副千户

一辈杨圣，缺。
二辈杨奴，缺。
三辈杨胜，缺。
四辈杨正，缺。·499·
五辈杨平，试百户功次：候查。
六辈杨祥，缺。
旧选簿查有：天顺七年十二月，云南中卫百户升副千户杨祥。
七辈杨洪，旧选簿查有：成化二十二年十一月，杨洪，嵩明州人，系云南中卫中左所不支俸土官副千户杨祥嫡长男。父原系试百户，遇例实授，又获功升前职，病故，本人照例革袭实授百户。
八辈杨轸，缺。
九辈杨瀚，缺。
副千户功次：已载十辈选条。
十辈杨学，旧选簿查有：嘉靖三十七年四月，杨学，嵩明州人，系凤梧守御所老疾不支俸土官副千户杨翰嫡长男。伊父原袭不支俸土官实授百户，嘉靖六年寻甸府擒斩贼级四名颗升土官副千户，今老疾，本舍照旧与替土官副千户，仍不支俸。
十一辈杨春光，万历二十七年正月，年三十岁，嵩明州人，系凤梧所不支俸土官副千户杨学庶长男。伊父原替土官副千户，今故。查伊祖冒袭遇例职级，先年革减已尽，本舍合照旧与袭不支俸土官副千户。

诸爱·副千户

一辈杨林奴，缺。
二辈奴古力，缺。
三辈诸家奴，试百户功次：候查。
实授百户功次：候查。
四辈诸琛，缺。

五辈诸政，缺。

六辈诸文秀，缺。

副千户功次：候查。·500·

七辈诸爱，旧选簿查有：嘉靖三十三年四月，诸爱，年三十五岁，嵩明州人，系凤梧守御所不支俸土官副千户诸文秀嫡长男。

八辈诸民怀，万历四年十二月，诸民怀，年三十岁，嵩明州人，系凤梧守御所老疾不支俸土官副千户诸爱亲侄。伊伯原袭不支俸土官副千户，今老，无子，应该伊父诸敬承替，患疾，不堪。本舍照例借替不支俸土官副千户，待后伊伯生有儿男，退还职事。

九辈诸藩裕，万历二十九年十二月，诸藩裕，年二十三岁，嵩明州人，系凤梧守御所故不支俸土官副千户诸民怀嫡次男，土官不比。

十辈诸宗，天启五年十月，单本选过凤梧所不支俸土官指挥佥事一员诸宗，年十八岁，系阵亡不支俸土官副千户诸藩裕嫡长男。查得伊父诸藩裕应加搜捕石峒偶遇东川强寇阿鲁等贼众冲突一时阵亡世袭二级，并袭指挥佥事，土官不比。

赵云汉·副千户

一辈赵平，缺。

二辈赵惠，缺。

三辈赵思恭，试百户功次：候查。

实授百户功次：候查。

四辈赵斌，旧选簿查有：天顺三年十二月，赵斌，嵩明州人，系云南中卫中左所不支俸土官百户赵思恭嫡长男。

五辈赵忠，旧选簿查有：成化二年九月，赵忠，嵩明州人，系云南中卫中左所故不支俸土官百户赵斌嫡长男。·501·

六辈赵谨，旧选簿查有：弘治五年九月，赵谨，嵩明州人，系云南都司云南中卫中左所不支俸土官百户赵忠嫡长男。伊父革职为民，本人照例袭职，仍不支俸。

副千户功次：候查。

七辈赵云汉，缺。

八辈赵印，万历二年十二月，赵印，年十五岁，效古里人，系凤梧守御所年老不支俸土官副千户赵云汉庶长男。伊父原袭祖职不支俸土官副千户，今年老，本舍照旧准替祖职不支俸土官副千户。

李崇·世袭百户

一辈李羡，缺。

二辈李志明，缺。

三辈李忠，旧选簿查有：永乐六年九月，李忠，系云南中卫中左所世袭土官百户李志明嫡长男。

四辈李英，旧选簿查有：宣德四年七月，李英，系云南中卫中左所故不支俸土官世袭百户李忠嫡长男，钦准袭职。

五辈李鑑，旧选簿查有：天顺八年二月，李鑑，嵩明州人，系云南中卫中左所不支俸土官世袭百户李英嫡长男。

六辈李琮，旧选簿查有：弘治十二年七月，李琮，嵩明州人，系云南中卫中左所不支俸土官百户李鑑嫡长男。伊父病故，本人照例袭职，仍不支俸。

七辈李崇，缺。

[八]辈李应东，万历三十四年四月，大选过凤梧守御所不支俸土官实授百户一员李应东，年三十一岁，系已故不支俸土官实授百户李崇亲侄，土官不比。

九辈李登先，万历四十六年八月，大选过凤梧守御所不支俸土官实授百户一员李登先，年二十八岁，系故不支俸土官实授百户李崇孙，土官不比。·502·

段锦·百户

一辈段俸，缺。

二辈段左脚，缺。

三辈段定，旧选簿查有：永乐十年八月，段定，系云南中卫中左所故百户段左脚亲弟。

四辈段得，旧选簿查有：正统三年十二月，段得，系云南中卫中左所不支俸土官百户段左脚嫡长孙。祖为事立功病故，父段公患耳聋残疾，本人未生，叔祖段定袭职。续生本人，叔祖将前职退还，钦准本人改正袭职，伊叔祖革闲。

五辈段土保，旧选簿查有：天顺三年八月，段土保，系云南中卫前所不支俸故土官百户段得嫡长［男］。先因年幼，亲叔段诚借职，今长成，退还职事，本人袭职,伊叔革闲。

六辈段锦,旧选簿查有:弘治三年八月,段锦,嵩明州人,系云南中卫中左所不支俸土官百户段土保嫡长男。伊父为事革职,本人年幼,准令不支俸优给,今出幼,照例袭祖原职土官百户,仍不支俸。

李同桂

崇祯十二年四月,大选过凤梧所不支俸土官实授百户一员李同桂,年四十九岁,系故不支俸土官实授百户李宗臣亲次男,土官不比。·503·

章璞·试百户

一辈忽都不花,缺。
二辈章彦都,缺。
三辈章英,缺。
四辈章仲和,缺。
五辈章祺,试百户功次:候查。
六辈章权,缺。
七辈章云汉,缺。
八辈章璞,旧选簿查有:隆庆三年四月,章璞,年一十五岁,嵩明州人,系凤梧守御所不支俸土官实授百户章云瀚嫡长男。伊父原袭祖职不支俸土官试百户,遇例实授,嘉靖三十九年故。所据遇例职级例不准袭,本舍照例革袭祖职试百户,仍不支俸。
九辈章进上,万历三十七年四月,大选过凤梧守御千户所不支俸土官试百户一员章进上,年二十四岁,系老不支俸土官试百户章璞嫡长男,土官不比。

张鹍·试百户

一辈张文海,缺。·504·
二辈张保,缺。
三辈张喜,缺。

四辈张从政，试百户功次：候查。

五辈张文隆，旧选簿查有：正德十年十月，张文隆，年三十三岁，嵩明州人，系云南都司云南中卫中左所百户张从政嫡长男。伊父补役，总旗功升试百户，遇例实授，今老疾。本人照例革替伊父功升试百户，仍不支俸。

六辈张鹏，旧选簿查有：嘉靖二十年八月，张鹏，嵩明州人，系凤梧守御千户所老疾不支俸土官试百户张文隆庶长男。①

杨启东·试百户

外黄查有：杨启东，年四十六岁，系云南都司凤梧守御千户所不支俸土官实授百户，原籍云南府嵩明州人。一世祖杨禾，洪武十四年从军，十六年选充云南前卫后所小旗，二十三年调云南中卫中左所，故。始祖杨亏美补役，永乐二年征交阯阵亡。高祖药师奴年幼，始叔祖杨亏末补役，十四年故。十五年仍将药师奴补小旗，正统二年征麓川上江刀招罕头功升总旗，马鞍山、思仁发斩首获功升试百户，十三年征陇川金沙江被伤。曾祖杨显系嫡长男，景泰五年十月照例替实授百户，七年故。祖杨贤系嫡长男，幼小，堂伯祖杨晟告借前职，起送间故，祖杨贤长成，成化九年九月袭，正德十三年老。父杨玺系庶长男，十四年二月替，嘉靖十一年调今所，十二年故。启东系嫡长男，十四年十二月袭云南凤梧守御所不支俸土官试百户。

一辈杨禾，已载前黄。

二辈杨亏美，已载前黄。

三辈杨亏末，已载前黄。

四辈药师奴，试百户功次、实授百户功次：俱载前黄。·505·

五辈杨显，旧选簿查有：景泰五年十月，杨显，嵩明州土人，系云南中卫中左所不支俸土官试百户药师奴嫡长男。父原系小旗，调征麓贼获功二次升前职，今老疾，钦准本人照例替实授百户。

六辈杨贤，旧选簿查有：成化九年九月，杨贤，嵩明州土人，系云南中卫中左所故不支俸土官百户杨显嫡长男，钦与世袭。

七辈杨玺，旧选簿查有：正德十四年二月，杨玺，年二十六岁，嵩明州人，系云

---

① 该凤梧所"张鹏·试百户"选簿，至万历间又以"张翼邦"为脚辈立簿，见原簿第512页。

南中卫中左所年老不支俸土官百户杨贤庶长男。曾祖药师奴功升试百户，祖杨显钦准替前职。

八辈杨启东，旧选簿查有：嘉靖十四年十二月，杨启东，年十五岁，嵩明州人，系云南中卫中左所今调凤梧守御所故不支俸土官百户杨玺嫡长男，仍不支俸。

九月杨侣桂，万历十四年六月，杨侣桂，年二十一岁，嵩明州人，系凤梧守御所故不支俸土官试百户杨启东庶长男。伊父原袭祖职不支俸土官试百户，嘉靖三十四年遇例加纳副千户，万历八年故。所据伊父纳级虚衔例不准袭，本舍合照例革袭祖职不支俸土官试百户，土官不比。

十辈杨登高，万历四十五年十二月，大选过凤梧守御所不支俸土官试百户一员杨登高，年四十岁，系故土官试百户不支俸杨侣桂嫡长男，例不比试。

李遇春·试百户

外黄查有：李遇春，年四十三岁，系云南都司凤梧守御千户所不支俸土官试百户。原籍云南府昆明县人。始祖罗芜洪武十五年归附从军，二十二年故。高祖亏苴补役，正统三年征麓川斩获首级、象只功升小旗，六年攻破上江刀招罕功升总旗，攻围麓川剿杀蛮贼二次头功升试百户，老。高祖李亏宗替职，天顺元年升实授，成化二年疾。曾祖李昭残疾，祖李佑系嫡长孙，优给，十二年五月袭，正德十年故。父李玺系嫡长男，查系（伊）高祖李亏宗原替试百户，遇例实授，照例革袭试百户，又遇例实授，嘉靖二十七年故，遇春系嫡长男。所据伊父遇例职级例应减革，本舍照例袭守御凤梧所土官试百户，仍不支俸。

一辈李罗芜，已载前黄。
二辈李亏苴，试百户功次：已载前黄。
三辈李亏宗，已载前黄。
四辈李佑，已载前黄。
五辈李玺，已载前黄。
六辈李遇春，已载前黄。

八辈李宏，万历十五年四月，李宏，年二十七岁，昆明县人，系凤梧守御所故不支俸土官试百户李遇春亲侄。伊伯原袭祖职不支俸土官试百户，万历十三年故绝，应该伊父李遇时承袭，年老不堪，本舍合照旧与袭祖职不支俸土官试百户，土官不比。

杨祖胤·试百户

一辈杨哈喇那，缺。

二辈杨保，缺。

三辈杨敏，缺。

四辈杨裕，旧选簿查有：景泰七年八月，杨敏，系云南中卫中左所不支俸土官试百户，原系总旗，调征簏贼获功升前职，老疾在卫。有嫡长男杨裕，年二十七岁，照例该替实授百户，仍不支俸。

五辈杨溥，旧选簿查有：弘治三年八月，杨溥，嵩明州人，系云南都司云南中卫中左所不支俸土官实授百户杨裕庶长男。伊父病故，本人照例袭父原职土官实授百户，仍不支俸。

六辈杨植，旧选簿查有：正统七年十月，杨植，嵩明州人，系云南都司云南中卫中左所不支俸土官实授百户杨溥嫡长男。伊父今故，本人照例袭授本卫所土官实授百户，仍不支俸。

七辈杨祖胤，旧选簿查有：嘉靖四十二年六月，杨祖胤，年一十七岁，嵩明州人，系凤梧守御千户所年老不支俸土官实授百户杨植嫡长男。伊高祖杨敏遇例实授一级不由军功，例应减革，本人照例革替土官试百户，仍不支俸。·507·

施浩·试百户

一辈施奴，缺。

二辈施明，缺。

三辈施受，缺。

四辈施永得，试百户功次：已载五辈选条。

五辈施浩，旧选簿查有：正德十四年六月，施浩，年三十一岁，嵩明州人，系云南中卫中左所不支俸土官百户施永得嫡长男。伊父系总旗，普安功升试百户，遇例实授，本人革去遇例一级，替伊父不支俸土官试百户。

杨启良·试百户

一辈杨奴子，缺。

二辈杨三，试百户功次：已载七辈选条。

三辈杨志，缺。

四辈杨政，缺。

五辈杨顺，缺。

六辈杨启明，已载七辈选条。

七辈杨启良，旧选簿查有：隆庆二年八月，杨启良，年三十三岁，嵩明州人，系凤梧守御所阵亡不支俸土官试百户杨启明亲弟。始祖杨奴子，嵩明州人，洪武十四年归附，十五年充云南中卫左所小旗，老。杨三系嫡长男，替，正统六年征麓川上江等处斩首三颗升总旗，本年复征麓川斩首三颗头功七年升不支俸土官试百户，老。杨志系嫡长男，替，故。杨政系嫡长男，替，故。杨顺系嫡长男，袭，嘉靖十一年改调凤梧守御千户所，今年老。杨启明系嫡长男，保送到部，今嘉靖三十三年十一月内准照例与替不支俸土官试百户。

八辈杨启仁，万历七年八月，杨启仁，年三十岁，嵩明州人，系凤梧守御所故绝不支俸土官试百户杨启良堂弟。伊堂兄原袭祖职不支俸土官试百户，万历三年故绝，应该伊次伯祖杨林、杨受、堂兄杨启能承袭，俱未袭故绝，伊高祖杨平、祖杨聪亦未袭先故，父杨遇时年老不堪，本舍系土官，照旧袭祖职不支俸土官试百户，系土官不比。

九辈杨斗，万历十九年二月，杨斗，年十六岁，嵩明州人，系凤梧守御所故不支俸土官试百户杨启仁嫡长男。伊父原袭祖职不支俸土官试百户，万历十六年故。本舍合照旧与袭不支俸土官试百户，土官不比。

十辈杨启德，万历三十四年四月，大选过凤梧守御所不支俸土官试百户一员杨启德，年三十六岁，系故不支俸土官试百户杨斗亲叔，土官不比。

黄朝用·试百户

一辈黄捨僧，缺。

二辈黄刚，缺。

三辈黄斌，缺。

四辈黄锁，缺。

五辈黄祯，试百户功次：候查。

六辈黄正乙，缺。

七辈黄朝用，旧选簿查有：嘉靖三十三年三月，黄朝用，年二十八岁，嵩明州人，系凤梧守御所不支俸土官实授百户黄正乙亲侄。

李傑·试百户

一辈也标，缺。

二辈布也，缺。

三辈纳空，试百户功次：已载四辈选条。

四辈李文，旧选簿查有：宝簿查有，景泰五年十月，李文，杨林县土人，云南中卫中左所不支俸土官试百户纳空嫡长男。父原系小旗，调征麓贼获头功二次升前职，今老疾，钦准本人照例替实授百户。

五辈李英，缺。

六辈李斌，缺。

七辈李俊，缺。

八辈李傑，旧选簿查有：嘉靖十六年二月，李傑，年三十八岁，嵩明州人，系凤梧守御所故不支俸土官李俊亲弟。伊高祖纳空以小旗正统六年麓川等处二次头功升试百户，钦准实授。所据钦准职级例应减革，本人照例袭试百户，仍不支俸。·510·

李继武·试百户

一辈李昭，缺。

二辈李益，缺。

三辈李芳，缺。

四辈李淳，试百户功次：候查。

五辈李时用，旧选簿查有：正德九年六月，李时用，年三十九岁，嵩明县人，系云南都司云南中卫中左所不支俸土官实授百户李淳嫡长男。伊父原系试百户，遇例实授，病故。本人革去遇例一级，袭授本卫所试百户。

六辈李继武，缺。

七辈李继功，万历十九年六月，李继功，年三十五岁，嵩明县人，系凤梧守御所故绝土官实授百户李继武堂弟。伊堂兄原袭实授百户，万历十一年故绝，应该伊父李时傑承袭，未袭先故。本舍合照旧与袭不支俸土官实授百户，不比。

李文潮·试百户

一辈李亏，缺。

二辈李非索，缺。

三辈李矣恐，缺。

四辈李矣羡，缺。

五辈李茂，缺。

六辈李顺，缺。

七辈李宽，功次簿查有：嘉靖六年云南寻甸军民府首贼安铨领夷贼攻围寻甸府等处，一人擒斩贼级三名颗官旗军舍人等一百一十七员名内，云南右卫随征总旗升试百户一员李宽。

八辈李文通，旧选簿查有：嘉靖二十八年十月，李文潮，年三十岁，嵩明州人，系凤梧守御千户所年老不支俸土官实授百户李宽嫡长男。伊父原补祖役总旗，获功升试百户，遇例实授，老。所据遇例职级，不由军功，例应减革，本舍照例革替伊父功升土官试百户，仍不支俸。

九辈李世荣，万历十五年四月，李世荣，年二十五岁，嵩明州人，系凤梧守御所年老不支俸土官试百户李文潮嫡长男。伊父原袭祖职不支俸土官试百户，今年老，本舍合照旧与替祖职不支俸土官试百户，土官不比。

十辈李翘选，万历二十九年四月，李翘选，年十八岁，嵩明州人，系凤梧守御所故不支俸土官试百户李世荣嫡长男，土官不比。

十一辈李陛选，崇祯四年四月，大选过凤梧守御所不支俸土官试百户优给舍人一名李陛选，年六岁，系故不支俸土官试百户李翘选亲弟，照例不支俸优给，至崇祯十三年出幼。

张翼邦

万历二十四年七月，张翼邦，年二十六岁，嵩明州人。一世祖张文海洪武十六年归附升总旗，故。二世祖张保补，故。三世祖张英补，故。四世伯祖张胜、张通补，故。四世祖张喜补，故。五世祖张从政补，弘治十五年征进普安等处斩首三颗，十八年奉勘合升不支俸土官试百户，老。六世祖张文隆替，老。七世祖张鹍替，老。父张汝功替，故。本舍系嫡长男，合照旧与袭不支俸土官试百户，不比。^①·512·

完大缙·副千户

万历四十四年十二月，单本选过云南凤梧守御所不支俸土官副千户完大缙，年三十九岁，昆明县人，系故绝土官副千户完大经堂弟。查伊兄"选簿未载，贴黄有名，但袭替年月无凭吊查黄选者六名"内一名完大经。始祖完者不花，副千户，昆明县人，今本舍照例仍袭不支俸土官副千户，例不比试。

崇祯十二年八月，大选过凤梧守御所不支俸土官副千户一员完廕爵，年三十九岁，系老副千户完大缙嫡长男，土官不比。

      万历二十二年……月……日，委官武选司主事陆经脩·513·

---

① 该"张翼邦"选簿所载各辈次第，除其"三世祖""四世伯祖"外，其序次与原簿第504—505页"张鹍·试百户"选簿大略相同，应即张鹍以后另立簿者。

后 记

从2012年迄今，滇黔卫所选簿的整理校读已陆续用时近8年。在此过程之中，首先必须感谢我的硕士研究生导师梁志胜先生。梁老师20年来一直坚持研究明代卫所武官世袭制度，其主要利用的史料即中国第一历史档案馆藏明代武职选簿。我2010年进入安顺学院工作以后，逐渐关注起黔中屯堡文化研究，认为厘清屯堡研究中的一些关键性问题必须从明代卫所制度及其地方实践开始。始于梁先生的影响而基于对明清滇黔历史的认知，我开始研究由中国第一历史档案馆、辽宁省档案馆编，广西师范大学出版社出版的《中国明朝档案总汇》所收之明代卫所武职选簿资料。

在检阅武职选簿资料过程中，我发现这些资料虽然体量庞大，但未免予人陈陈相因、米盐琐碎之感。针对某个具体问题展开研究时，若不把所涉及的相关选簿资料全部检索一过，实难以获得一二可用之资料。在利用选簿开展卫所移民、靖难"南军"等问题的过程中，我逐渐有了整理选簿作自身之用的想法并付诸行动，于是从平越等卫选簿开始作资料整理之工作。

在整理选簿资料的时候，我将之与本科历史专业课程教学、科研训练等结合起来，训练指导学生作文字录入工作。在此，亦对参与其中的学生致以衷心的谢忱。

2009级思想政治教育本科班沈璐云、窦洪磊初步抄录了威清卫、安南卫的选簿资料。2010级历史教育本科班赵小芳、任柳、王明兴、张定菊、陈婷婷及该班其他不少同学，在2012至2013年度更是用了大量时间抄录云南、贵州、广西、四川、湖广等都司卫所选簿资料。在此，谨对在资料抄录及初步校对过程中付出过努力的所有同学表达诚挚的谢意。

在条件允许的前提下，尽可能吸收本科学生参与项目，鼓励他们参与承担部分基础性工作，力所能及地予以指导，将课堂教学与课外实践、理论讲授与实操实训结合起来，我希望能克服种种困难在教学活动中一直坚持这一点。

本书申报"2019年度国家古籍整理出版专项经费资助项目"得以立项，要感谢广西师范大学出版社集团有限公司及有关专家的鼎力支持。该社责任编辑徐良妍等，为本书的顺利出版付出了大量心血，谨致谢忱。

Treasures for Scholars Worldwide

本书出版得到国家古籍整理出版专项经费资助

明代卫所选簿校注

◎孟凡松 编著

贵州卷

广西师范大学出版社
·桂林·

MINDAI WEISUO XUANBU JIAOZHU

图书在版编目（CIP）数据

明代卫所选簿校注. 云南卷、贵州卷：全 2 册 / 孟凡松编著. —桂林：广西师范大学出版社，2020.3
　ISBN 978-7-5598-2697-8

　Ⅰ．①明… Ⅱ．①孟… Ⅲ．①卫所制(明兵制)—史料—云南②卫所制(明兵制)—史料—贵州 Ⅳ．①E294.8

中国版本图书馆 CIP 数据核字（2020）第 042082 号

广西师范大学出版社出版发行
(广西桂林市五里店路 9 号　邮政编码：541004)
　网址：http://www.bbtpress.com
出版人：黄轩庄
全国新华书店经销
广西广大印务有限责任公司印刷
(桂林市临桂区秧塘工业园西城大道北侧广西师范大学出版社集团有限公司创意产业园内　邮政编码：541199)
开本：787 mm × 1 092 mm　1/16
印张：74.5　　字数：752 千字
2020 年 3 月第 1 版　　2020 年 3 月第 1 次印刷
定价：390.00 元（全 2 册）
如发现印装质量问题，影响阅读，请与出版社发行部门联系调换。

前 言

《中国明朝档案总汇》共分折件、档册、书册等三编,其第二编档册类,主要收录武职选簿。"所谓《武职选簿》,是记载明代京内外各卫所职官袭替补选情况的登记簿",①是明代兵部武选清吏司审查内外卫所武职继承人资格的记录总汇。对于武职选簿的内容与学术价值,陕西师范大学梁志胜先生云:

> 选簿以历代脚色为纲,内容包括了祖辈以来的籍贯、从军缘由、历辈袭替时间、原因、武职的升降调迁、功次赏罚等。选簿的编成,除了历次武选结果的记录外,还参考并收录了其他一些与武选密切相关的重要文书档案,诸如贴黄、功次簿、零选簿、审稿、堂稿、诰敕等。②

> 选簿的利用价值不仅仅在于可以研究明代卫所及其武官世袭制度,其丰富的内容还可以用来研究明代的少数民族、人口迁徙、郑和下西洋、靖难之役、武官家族变迁等诸多重要问题。③

武职选簿不仅为研究明代卫所武官世袭制度的最有价值的原始资料,也是研究明史其他诸多重要领域的基本史料之一。对于武职选簿的普遍史料价值,学术界已有充分的表述,兹结合现存明代云南与贵州之卫所选簿具体言之。

第一,卫所职役来源与移民研究。明初卫所移民曾对中国社会产生过广泛而深远的影响,有关研究也不胜枚举。然而,从某种程度上说,学术界迄今仍未能充分地挖掘选簿资料所昭示的移民史与社会史意义。

明初卫所的职、役之别是此类研究首先应澄清的前提性问题。在卫所中,其主

---

① 《中国第一历史档案馆藏明朝档案编辑说明》第4页,收入中国第一历史档案馆、辽宁省档案馆编《中国明朝档案总汇》(01),桂林:广西师范大学出版社,2001年。
② 梁志胜:《明代卫所武官世袭制度研究》,北京:中国社会科学出版社,2012年,第13页。
③ 同前,第32页。

导群体为"职",也即卫所中的世袭武官群体;而其主体则属于"役",也即数量最为庞大的旗军及家族家庭成员。前者袭职,后者充役,二者的地方影响并不能混淆言之。这种混淆主要体现为将"职"的来源研究等同于卫所移民研究,而在相当程度上忽视"役"的主体性存在及其与"职"的来源的重大区别。从贵州都司威清卫、安南卫及治地在贵州境内而隶属于湖广都司的清浪卫、平溪卫选簿中,可以发现相当部分原充旗军之役者,明代中后期陆续历功升授百户、试百户之类中低阶世袭武职,他们都有相对集中的来源地和相对雷同的始祖从军履历,如威清卫之于湘乡县、浏阳县,安南卫之于武冈州、邵阳县,清浪卫之于麻城县、黄冈县,平溪卫之于蕲州、黄梅县等,他们多有洪武二十二年(1389)垛集充军,旋编入相应卫所充役的始祖履历。

第二,靖难之役及相关明初政治、军事史研究。从明初到明后期,现存卫所选簿大多是万历、天启、崇祯年间存留下来的,其在保存和使用过程中,漫漶、损毁、磨改之处在所难免。对于明初史事,选簿抄誊时间愈后,减省之处也相应愈多。选簿记载明初史事,愈后而愈省,除前述诸种客观原因而外,也有主观原因而导致的删节、改篡现象的存在。以云南左卫选簿为例,尽管有相当多的证据表明,该卫为建文朝廷"征云南兵入京备征"①的主要兵力之一,代表朝廷讨伐朱棣"靖难"之师,并在白沟河、夹河等战役中有大量伤亡。在选簿中,该卫的"南军"履历间有记载,更多则被删减隐没。夹河之役中,南军悍将楚智力战而殁,据云南左卫选簿"楚僎"簿载:楚智,太康县人,旧名观音奴,"前王保保下湖广省左丞,洪武五年充银牌总先锋,十三年除温州卫中所镇抚,十八年钦升云南左卫镇抚,十九年钦升云南左卫前所世袭副千户,三十四年夹河阵亡"②。据《皇明表忠纪》云:楚智,"洪武中称骁将,数出塞有功,历升都指挥使。建文初,守北平,寻召还……"③。选簿对楚智履历的记载,详其籍贯、从军始末等,然自其升副千户以后至夹河战役阵亡之前,洪武晚季至"革除年间"约有15年的履历皆语焉不详,当系选簿有意删略之故。楚智洪武年间即已调入云南左卫的武职,除少数明确载有"白沟河阵亡""夹河阵亡"等字样外,大多仅能从袭替时间的整体统计上推测他们可能具有"南军"履历。

---

① 参见《皇明大政纪》卷五,建文元年七月;《明政统宗》卷六,建文元年七月;《宪章录》卷十三《革除建文元年己卯至二年庚辰》;《吾学编·建文逊国记》等。
② 第58册,第476页。
③ (明)钱士昇:《皇明表忠纪》卷5《死战列传·楚智》,《明代传记丛刊》第64册,第280页。

第三，明代军事活动、边疆史地及少数民族史研究。选簿以载武职历辈袭替时间、原因为首要之内容，在其记载武职功次及黜陟之时，必然也含有丰富的有关明代军事活动的信息。

举例而言，滇黔卫所选簿所记载的明代军事活动信息包括：洪武年间初征云南、再征云南诸战役，永乐年间征交阯诸战役，正统年间麓川战役，随后的韦同烈之变，弘治间米鲁之乱，还有山都掌、东苗、西苗、大藤峡等地方性军事活动，及至明末奢安事变等，选簿中都有直接的记载。研究明代西南地方变乱与军事活动等史事，选簿是不可忽视的资料。西南等地诸卫所军事活动，又大多关涉西南边疆及地方少数民族事件，故滇黔卫所选簿又为边疆史地与少数民族史研究的重要参考资料。

第四，明代地方家族与人物史研究。明代卫所武职世袭制度在西南地区的实施，不仅是明王朝"正统"屯戍边疆的体现，更与武职家族种种利益直接相关。值此之故，西南卫所移民家族及其后裔，尤其重视入黔入滇始祖从军履历及其后裔军功功次、历辈袭替次第之记载，并将此种记载体现于家谱、墓志、神榜之中。然而，此种记载未免因年代久远而渐次失载失真，若能有选簿记载之参考，于考究地方家族之发展及人物之升降，自然可以在很大程度上起到佐证索隐之成效。但凡有选簿存留之卫所，探究该地区卫所家族及从卫所家族再次迁徙之旁裔时，选簿都是不可或缺的基础性文献。

除以上数端以外，对于明代地方军功科举文化之消长，新旧官群体势力之演进，边疆汉族之在地化发展及此背景下的族群关系，一些隐没而不彰显的关乎边疆、民族或吏治的事件等，皆有赖于从选簿中挖掘史料。例如，《明太祖实录》所载洪武二十一年（1388）"女直千户孛罗哥等叛于沅江"[①]一事，在当时虽造成一定影响，而后来之史料间或提及，多亦一语及之。关于此事，在选簿中亦有极零星而易被忽视的记载。在威清卫指挥佥事陈国柱选簿中，记载羽林右卫百户陈保，"（洪武）二十一年授流官，于重庆等处追赶达军"，[②]此百户陈保追赶达军一事，也即孛罗哥叛逃事件。又如嘉靖年间云南曾发生数次群体性贪污事件，在诸次事件中遭到处罚的云南卫所武职，选簿中也有多处相关记载。

前述滇黔武职选簿的学术研究价值毋庸赘言，应当注意的问题是利用武职选簿

---

① 《明太祖实录》卷194，洪武二十一年十一月庚子。
② 《中国明朝档案总汇》，第60册，第126页。

进行明代史事研究的方法。以数年来利用选簿史料的经验看，尤要注意数理统计与"局部履历"方法的运用。无论形式还是内容上，选簿史料都具有高度相似性，在做群体性的研究时，须借助于数理统计方法并充分运用。在数理统计的基础上，本书特意提出"局部履历"研究法。该种方法实际上是数理统计法在武职选簿利用上的创造性应用，也即通过比对卫所职役在特定时间节点、特定身份背景、特定卫分及籍贯等"局部履历"方面的相似性，总结卫所职役在特定前提下的群体性履历，探求隐藏在武职个体命运背后的一般性、局部性史事。

凡 例

一、本书所收选簿包括《中国明朝档案总汇》（后文简称《明档》）第60册所收贵州都司平越卫、威清卫、安南卫等三卫选簿，第63册湖广都司清浪卫选簿，第64册湖广都司平溪卫选簿。明代清浪、平溪二卫长期隶属湖广都司，然其卫治皆在贵州境内，故将二卫选簿也一并收录。

二、标注原簿册数、页码。本书仍在书中标注各选簿在《明档》中的册数、页码。各卫选簿收入《明档》的册数在书中加注说明；页码用阿拉伯数字表示，并在数字前后加"·"标识，以方便本书使用者查阅选簿原文。

三、各选簿皆列标题。其原簿有开列脚辈姓名者，仍依原簿以"脚辈姓名"加"脚辈职级"为标题，中间用"·"隔开；其为"年远事故"及"革发"等残簿者，若原残簿有"年远事故……""又一员"等作标题的字样，则以"年远事故……""又一员"等文字加最后一辈选条所列姓名为标题，中间用"·"隔开；残簿若无"年远事故……"等标题性质字样，则由校者添加标题，由"年远事故……一员"或"又一员"加最后一辈选条姓名为标题，中间仍用"·"隔开。大概而言，原簿有脚辈姓名者，以脚辈姓名加脚辈职级为标题；原簿为残簿而无脚辈姓名者，以"年远事故……""又一员"等字样加最后一辈选条姓名为标题。

四、重出选簿加注说明。个别武职的袭替履历既见于完整选簿，又见于"年远事故"或"辈数未全"之残簿，仍照《明档》原样抄录而加注给予说明。

五、原簿目录仍旧抄录。本书所收五卫选簿原皆各立总目，仍照录原簿目录。

六、原簿留白之处理。原簿贴黄、选条间有留白之处，留白缘由约分三种情况：其一，因避讳而留白，原簿遇有"钦升""钦与""钦袭""钦依""诰命""遇宥""圣旨"等字样时，其"钦""诰""宥""圣"等文字之前留白，今本书不再留白；其二，原簿袭替年月失载，失载之年号、年、月留白，其年号及年、月可据贴黄及前后选条增补者，仍予增补，并加"[ ]"标识；不可考者，量加"□"标识之；其三，原簿各选条抄录功次，有"量空一字，下分行附抄"者，又有选条之"某辈选缺，则旁注小'缺'字，某功次缺，则旁注小'候查'字，俱留半行"者，①此类留白之处，今本书皆另起一段。

七、原簿文字错讹处理。原簿有倒文者，大多旁注倒字符号，个别倒字符号漫漶不清，今皆直接改正；原簿有数字衍出者，若旁注删除符号则直接删去衍字不录，若无删除符号则加注说明；原簿前后两字相同时，间用叠字符号标识，今删叠字符号，仍抄录前后相同之字；原簿间有整行误抄或连续多字衍出者，今直接删去不录；原簿间有错字，先录错字，在错字后加"（）"并在"（）"内标出改正之字；原簿间有漏字，所漏之字加"[ ]"标识；原簿间用俗字或省写之字，如"副千户"作"付千户"，"景泰"作"景太"，"嘉靖"作"加靖"等，今直接改正"付千户"为"副千户"，"景太"为"景泰"，"加靖"为"嘉靖"等，不另标注。

八、原簿漫漶文字处理。原簿间有漫漶处，或因文字上盖有印章或加有"某某对讫"字样而难以辨识，或因影印文字缩放过小而不能识别，或因原簿本身漫漶残缺，其漫漶或连续无法辨识文字约在三字及三字以内者，无法辨识之字各加"□"号标识，四字及以上字数者，加"……"标识。

九、原簿之数字处理。选簿中之数字，约有数端：其一，人名、地名中含数字，大写或小写，今仍其旧抄录；其二，年号纪年及其月日数字，原簿多小写，间亦有大写，今统一录作小写；其三，选簿贴黄或选条载官舍旗军历功员名数，或历功擒斩"贼级"名颗数等，多作大写，间用小写，今统一录作小写；其四，原簿记载袭替及优给优养武职年岁多作小写，今统一小写录之；其五，原簿记载"年远事故""辈数未全"等武职，平越卫选簿多作"一员""又乙员"，威清卫、安南卫选簿多作"壹员""又壹员"，今统一录作"一员""又一员"；其六，原簿记载袭替辈数多用小写，而记载武职比试等次则大、小写参半，今统一小写录之。总之，除人名、地名仍旧抄录外，选簿涉及统计性质之数字者，无论大小写，今统一录作小写。

十、人名异字处理。原簿贴黄或各选条人名，有系指同一人而用字同音异形甚至音形相异者，仍各沿其旧，不予改动。

十一、地名异字处理。原簿地名有同一地名而字形相异者，如"武冈"又作

---

① 参见本书《兵部为清查功次、选簿以裨军政事》。

"武岗","交阯"又作"交趾","滕县"又或作"藤县""腾县","盱眙"又作"盱眙","颖上"作"颍上","平溪卫"间作"平谿卫"等,今统一改通用地名用字,径改"武岗"为"武冈","交阯"为"交阯","藤县""腾县"为"滕县","盱眙"为"盱眙""颍上"为"颍上","平谿卫"为"平溪卫"等,其他个别地名误字,在"( )"内改正。

十二、选簿所载诸卫武职,其史料有见于明历朝实录、《中国地方志集成·贵州府县志辑》等相关史籍或方志者,在相应位置加注作史料补充。

十三、本书整理的诸卫选簿均为明朝档案,所涉民族名称,如"夷""回回"等。本着历史唯物主义态度,尊重历史,保留原样,非歧视少数民族之意。

目 录

兵部为清查功次、选簿以裨军政事 …………………………………… 1

五军都督府所属卫所·右军都督府·贵州都司·平越卫 …………… 5

  原簿目录 ………………………………………………………………… 7
  张衍宗·指挥使 ………………………………………………………… 12
  赵祐·指挥使 …………………………………………………………… 13
  王国用·指挥使 ………………………………………………………… 14
  张其威·指挥使 ………………………………………………………… 15
  郭怀恩·指挥使 ………………………………………………………… 16
  李经·指挥使 …………………………………………………………… 17
  林朝阳·指挥同知 ……………………………………………………… 17
  王都·指挥同知 ………………………………………………………… 18
  年远事故指挥同知一员·戴英 ………………………………………… 19
  李学孝·指挥佥事 ……………………………………………………… 19
  贾世臣·指挥佥事 ……………………………………………………… 20
  丘宗尧·指挥佥事 ……………………………………………………… 21
  曹希惠·指挥佥事 ……………………………………………………… 23
  周易·指挥佥事 ………………………………………………………… 23
  奚天宠·指挥佥事 ……………………………………………………… 24
  年远事故指挥佥事一员·王用 ………………………………………… 25
  又一员·冯威 …………………………………………………………… 26
  王朝泰·指挥佥事 ……………………………………………………… 26

张显·卫镇抚	26
刘良贵·卫镇抚	27
齐臣·署指挥佥事事正千户	28
刘应武·署指挥佥事事正千户	29
戴崇武·署指挥佥事事正千户	30
姜汉·正千户	32
张鹏翼·署指挥佥事事正千户	33
傅好礼·正千户	34
潘一云·副千户	35
陈策·副千户	35
李通·副千户	36
夏应科	37
左所年远事故副千户一员·孙广	37
刘待聘·署副千户事实授百户	37
刘效廉·实授百户	38
刘崇仁·实授百户	39
范承祖·实授百户	40
刘继宗·实授百户	41
龚应宗·实授百户	41
左所年远事故实授百户一员·周完	42
又一员·周定	42
卢应祖·试百户	43
杨灿·试百户	43
孔罱·试百户	44
姜遇文·试百户	45
唐希尧·试百户	45
左所年远事故试百户一员·谭秀	46
年远事故所镇抚一员·李敬	46
年远查无宝簿革发实授百户一员·严成相	46
贾尔爵·试百户	47
陆惠·署试百户事总旗	47

袁武·冠带总旗	47
林刘汉·正千户	48
高远·正千户	49
仲恩·副千户	49
马承宠·副千户	50
戎羽·副千户	51
周朝用·副千户	52
陈相·副千户	52
右所年远事故副千户一员·唐勋	53
戴伦·署副千户事实授百户	53
张羽·实授百户	54
邵思周·实授百户	55
曹珑·实授百户	55
耿思忠·实授百户	56
戴世臣·实授百户	57
杨应春·实授百户	58
右所优养世袭百户一员·李昶	58
毛恩·试百户	58
张应文·试百户	59
姚大鳌·试百户	60
胡珊·试百户	61
陈尚策·所镇抚	61
吴潮·试百户	62
赵大棋·正千户	62
王师武·正千户	63
邓遵·正千户	65
王大臣·副千户	65
吴良辅·副千户	66
孙尚宾·副千户	67
傅朝·副千户	68
中所年远事故副千户一员·赵勇	69

李正中·署副千	69
徐楠·实授百户	69
章良臣·实授百户	70
周应武·世袭百户	70
杨时傑·署试百户事冠带总旗	71
中所年远事故署副千户事实授百户一员·张映	71
世袭百户一员·严真	72
又一员·张胜	72
中所世袭百户一员·王晟	72
又一员·宋恩	72
又一员·张兰	73
王继美·试百户	73
彭继勋·试百户	74
李春荣·试百户	74
冷璧·试百户	75
张时亨·试百户	76
周仮·署试百户事冠带总旗	76
中所试百户一员·杨时傑	77
又一员·高辅	77
年远事故一员·周仮	77
聂应奎·正千户	77
杨元吉·世袭百户	78
李章·副千户	79
徐节·副千户	80
前所年远事故副千户一员·冯时	80
又一员·田广	81
又一员·朱荣	81
革发一员·周与敬	81
尹弼·实授百户	82
施贤·百户	82
徐卫·实授百户	83

张胜武·百户 ……………………………………………………… 83

陈璋·世袭百户 …………………………………………………… 84

葛应朝·实授百户 ………………………………………………… 85

前所实授百户一员·葛应朝 ……………………………………… 86

年远事故一员·董源 ……………………………………………… 86

又一员·王鑑 ……………………………………………………… 86

又一员·周通 ……………………………………………………… 87

又一员·吴志 ……………………………………………………… 87

又一员·张举 ……………………………………………………… 87

革发一员·贺廷桂 ………………………………………………… 87

舒应春·试百户 …………………………………………………… 87

钱以成·试百户 …………………………………………………… 88

周宗汉·试百户 …………………………………………………… 88

徐世卿·试百户 …………………………………………………… 89

前所年远事故试百户一员·罗应武 ……………………………… 90

王都 ………………………………………………………………… 90

文嘉爵·署百户事冠带总旗 ……………………………………… 90

许仁·署试百户事冠带总旗 ……………………………………… 91

吴尚文·副千户 …………………………………………………… 91

安大朝·副千户 …………………………………………………… 92

陈勋·副千户 ……………………………………………………… 94

刘芳·副千户 ……………………………………………………… 95

曹怀忠·副千户 …………………………………………………… 95

麻献能·署副千户事实授百户 …………………………………… 97

陈诰·实授百户 …………………………………………………… 97

兰世奇·实授百户 ………………………………………………… 98

冯世爵·实授百户 ………………………………………………… 99

严通·实授百户 …………………………………………………… 100

张庠·实授百户 …………………………………………………… 100

后所年远事故世袭百户一员·王子贵 …………………………… 101

查无黄选、贴黄、宝簿革发实授百户一员·王世臣 …………… 101

刘松·试百户	102
锺永贵·试百户	102
后所年远事故试百户一员·汪澜	102
又一员·杜遵	103
实授百户一员·汪承祖	103
平越站年远事故世袭百户一员·陆广	103
平越卫杨老站年老远事故世袭百户一员·巩亨	103
陈麈·署试百户事总旗	104
杜遵·试百户	104
右所冠带总旗一员·商锐	105
小旗一名·张绪	105
中所总旗一名·丁垣	106
前所冠带总旗一员·周道	106
后所冠带总旗一员·王应秀	107
冠带总旗一员·伍凤	107

五军都督府所属卫所·右军都督府·贵州都司·威清卫 … 109

原簿目录	111
苏松·指挥使	114
张凤翔·指挥使	114
高爵·指挥使	116
杨煜·指挥同知	117
魏国·指挥同知	119
王尚仁·指挥同知	120
涂极·指挥同知	121
张勋·指挥同知	122
刘继宗·指挥同知	123
年远事故指挥同知一员·蔡秉信	124
焦大成·指挥佥事	124
朱伋·指挥佥事	126
张腾云·指挥佥事	127

柳廷用·指挥佥事 …………………………… 128

秦国柱·指挥佥事 …………………………… 129

陈国柱·指挥佥事 …………………………… 131

刘世爵·指挥佥事 …………………………… 132

王家相·指挥佥事 …………………………… 133

强仕勋·卫镇抚 ……………………………… 133

蒋汝贤·正千户 ……………………………… 134

左所正千户一员·朱浩 ……………………… 136

年远事故一员·纪正 ………………………… 136

丘山·副千户 ………………………………… 136

周梦旸·副千户 ……………………………… 137

朱朝相·副千户 ……………………………… 138

刘应试·实授百户 …………………………… 140

杨勋·实授百户 ……………………………… 141

张世恩·世袭百户 …………………………… 141

席玉·世袭百户 ……………………………… 142

戴冠·世袭百户 ……………………………… 142

季添爵·实授百户 …………………………… 143

年远事故世袭百户一员·段如锦 …………… 144

胡勋·试百户 ………………………………… 144

金良辅·试百户 ……………………………… 144

刘桧·试百户 ………………………………… 145

李毓龄·副千户 ……………………………… 146

倪源·正千户 ………………………………… 146

刘宠·副千户 ………………………………… 147

秦应雷·副千户 ……………………………… 149

俞舜臣·实授百户 …………………………… 150

郑阳·实授百户 ……………………………… 150

濮泰·世袭百户 ……………………………… 151

卞恩·实授百户 ……………………………… 152

张月桂·实授百户 …………………………… 152

右所年远事故世袭百户一员·张星 ………………………… 153

范钺·试百户 ………………………… 153

周经·试百户 ………………………… 154

李春芳·所镇抚 ………………………… 154

贾樑·正千户 ………………………… 155

林云汉·正千户 ………………………… 157

程诏·副千户 ………………………… 158

夏膺武·副千户 ………………………… 158

石国柱·副千户 ………………………… 159

王应文·副千户 ………………………… 160

陈凤翔·署副千户事实授百户 ………………………… 161

张铠·世袭百户 ………………………… 161

孙世清·实授百户 ………………………… 162

中所年远事故世袭百户一员·徐英 ………………………… 163

又一员·戴诚 ………………………… 163

又一员·高胜 ………………………… 164

又一员·邢锐 ………………………… 164

何自然·试百户 ………………………… 164

汤学伊·署试百户事总旗 ………………………… 165

年远事故试百户一员·罗钦 ………………………… 165

年远事故所镇抚一员·郭顺 ………………………… 165

高宗圣·正千户 ………………………… 166

靳绍芳·正千户 ………………………… 166

李美·正千户 ………………………… 167

王大经·副千户 ………………………… 168

王俾·世袭百户 ………………………… 169

年远事故副千户一员·张世旗 ………………………… 169

杜添俸·实授百户 ………………………… 170

李承芳·实授百户 ………………………… 171

年远事故世袭百户一员·唐昇 ………………………… 171

彭克寿·试百户 ………………………… 172

江应龙·试百户	173
魏应宸·所镇抚	173
胡世英·副千户	174
张大勋·副千户	175
张拱辰·副千户	176
王廷禄·实授百户	177
刘安爵·实授百户	177
张民望·实授百户	178
安世勋·世袭百户	179
汤执中·试百户	180
韩世恩·试百户	180
朱玉·试百户	181

五军都督府所属卫所·右军都督府·贵州都司·安南卫 …………183

原簿目录	185
吴显宗·指挥使	189
吴南·指挥使	190
梁世荣·指挥使	191
指挥使一员·刘麟	192
李长年·署指挥使事指挥同知	193
寻略·指挥同知	194
宋云·指挥同知	195
张鸿·指挥同知	196
萧时中·署指挥同知事指挥佥事	197
徐建中·指挥佥事	198
陶鼎·指挥佥事	199
胡荣祖·指挥佥事	200
陆堂·指挥佥事	201
王明哲·指挥佥事	202
林尚忠·指挥佥事	203
李经·指挥佥事	205

何悌·指挥佥事 206
康济·指挥佥事 206
王嘉忠·指挥佥事 207
袁纲·敷勇卫指挥佥事 208
年远事故卫镇抚一员·姚崇智 209
又一员·罗延祚 209
李显忠·正千户 210
潘大勋·副千户 211
张约·副千户 212
刘权·实授百户 212
姚谟·实授百户 213
夏世勋·实授百户 214
蔡嘉宾·实授百户 214
邹然·世袭百户 215
李应祖 216
左所实授百户一员·李谦 216
又一员·黄一龙 216
年远事故世袭百户一员·刘义 217
又一员·李真 217
又一员·李元阳 217
又一员·吴国柱 217
袁森·试百户 218
吴桂·副千户 218
解恩·副千户 219
张忠·副千户 220
阮思尧·署副千户事实授百户 221
杨锡胤·正千户 222
刘邦鼎·实授百户 222
苏世忠·实授百户 223
王印·实授百户 224
李栋·实授百户 225

郭尚宾·实授百户 ·················· 225

黄献奇·试百户 ·················· 226

唐武·试百户 ·················· 226

戴珮·试百户 ·················· 227

罗恩·试百户 ·················· 228

邓明藩·试百户 ·················· 228

贺鑑·试百户 ·················· 229

刘汉·试百户 ·················· 230

右所试百户一员·周景良 ·················· 230

邵玉·正千户 ·················· 230

孙琦·正千户 ·················· 231

殷爵·正千户 ·················· 232

秦爵·副千户 ·················· 233

钱昇·副千户 ·················· 234

年远事故中所副千户一员·王骥 ·················· 234

又一员·戚昇 ·················· 235

又一员·李瑄 ·················· 235

革发一员·王阁 ·················· 235

赵民望·实授百户 ·················· 235

于岳·实授百户 ·················· 236

杨威·实授百户 ·················· 237

李闰·实授百户 ·················· 238

年远事故世袭百户一员·李惠 ·················· 238

王厚·试百户 ·················· 238

胡宾·试百户 ·················· 239

童仁·所镇抚 ·················· 240

中所所镇抚一员·章显 ·················· 241

王斗·正千户 ·················· 241

陈科·正千户 ·················· 242

李开·正千户 ·················· 243

钱韬·副千户 ·················· 244

於世奇·副千户 245
伍偏·副千户 246
年远事故前所副千户一员·陈新 246
宇效忠·实授百户 246
周用·世袭百户 247
罗文松·实授百户 248
王任·实授百户 248
李可登·实授百户 249
张应震·所镇抚 250
年远事故前所世袭百户一员·杨芳 250
又一员·唐鑑 251
又一员·吴遵 251
前所试百户一员·陈雄 251
年远事故所镇抚一员·张继爵 252
崔一鸣·试百户 252
戚显荣·正千户 252
张宁·副千户 253
萧权·副千户 254
席恩·副千户 255
夏武·副千户 256
于跃·署副千户事实授百户 257
丁自诚·实授百户 258
刘铿·世袭百户 258
王诏·世袭百户 259
后所世袭百户一员·韩相 260
年远事故一员·陆英 260
又一员·熊壮 260
又一员·王福 261
又一员·贺质 261
胡裕·试百户 261
杨朝·试百户 262

后所试百户一员·黄继 ········· 263
又一员·刘芳 ········· 263
刘廷俸·试百户 ········· 263
李旸·世袭百户 ········· 264
杨爱·实授百户 ········· 265
年远事故尾洒堡世袭百户一员·陈添爵 ········· 266
杨茂·实授百户 ········· 266
张辂·试百户 ········· 267

五军都督府所属卫所·前军都督府·湖广都司·清浪卫 ········· 269

原簿目录 ········· 271
赵之牧·指挥使 ········· 275
高梁材·指挥使 ········· 276
陈应龙·指挥使 ········· 277
王节·指挥使 ········· 278
李应时·指挥同知 ········· 279
傅箕·指挥同知 ········· 280
尹继宗·指挥同知 ········· 281
陶启忠·指挥同知 ········· 281
祝明·指挥佥事 ········· 282
李麟·指挥佥事 ········· 283
李鸣凤·指挥佥事 ········· 283
李显·指挥佥事 ········· 284
陶应明·指挥佥事 ········· 285
孙源清·指挥佥事 ········· 286
夏邦正·指挥佥事 ········· 287
赵东·指挥佥事 ········· 288
朱维岳·指挥佥事 ········· 289
张观·卫镇抚 ········· 290
罗锐·卫镇抚 ········· 290
傅高·署指挥佥事事正千户 ········· 291

朱芳·署指挥佥事事正千户 ………………………… 292
刘仁·正千户 ………………………………………… 293
伊勖·副千户 ………………………………………… 294
刘祐·副千户 ………………………………………… 295
谢惠·世袭百户 ……………………………………… 296
樊卫·世袭百户 ……………………………………… 297
娄高·实授百户 ……………………………………… 298
孙尚谦·实授百户 …………………………………… 298
郭永贵·百户 ………………………………………… 299
何乐·试百户 ………………………………………… 300
陈玉·试百户 ………………………………………… 300
胡忠·试百户 ………………………………………… 301
董仕明·试百户 ……………………………………… 302
李仲·试百户 ………………………………………… 303
王贤·试百户 ………………………………………… 303
王璋·正千户 ………………………………………… 304
傅时霖·正千户 ……………………………………… 305
王衮·副千户 ………………………………………… 305
苏瑞·副千户 ………………………………………… 306
常胜·副千户 ………………………………………… 307
苏云·实授百户 ……………………………………… 308
何武勋·世袭百户 …………………………………… 309
江珊·实授百户 ……………………………………… 309
陈金·实授百户 ……………………………………… 310
王世臣·实授百户 …………………………………… 311
赵璋·试百户 ………………………………………… 312
胡贡·试百户 ………………………………………… 313
张书·试百户 ………………………………………… 313
郭正·试百户 ………………………………………… 314
吴崑·试百户 ………………………………………… 314
袁相·试百户 ………………………………………… 316

胡汉·试百户 …… 316

蔡玉·冠带总旗 …… 317

何绶·正千户 …… 317

顾满·正千户 …… 318

王御·署正千户事副千户 …… 319

訾嘉猷·副千户 …… 320

高显祖·副千户 …… 321

杨森·世袭百户 …… 321

杨万春·试百户 …… 322

余尧臣·试百户 …… 323

刘纬·试百户 …… 323

华堂高·试百户 …… 324

何正·试百户 …… 325

张应·试百户 …… 325

谢承勋·试百户 …… 326

陈文·试百户 …… 327

洪汝舟·试百户 …… 327

李成辅·所镇抚 …… 328

卢勋·冠带总旗 …… 329

镇抚·李伟 …… 329

韦尚武·正千户 …… 329

卜伦·正千户 …… 330

舒英·正千户 …… 331

边上将·副千户 …… 331

康骥·副千户 …… 333

姜世雄·世袭百户 …… 334

史文·世袭百户 …… 335

宋策·实授百户 …… 335

卫淇·实授百户 …… 336

袁锐·实授百户 …… 337

华恩·百户 …… 338

詹勋·试百户 338

刘爵·试百户 338

朱纯·试百户 339

赵金·试百户 339

田世茂·冠带总旗 340

刘宪·冠带总旗 340

石大用·副千户 341

高明·副千户 342

徐堂·副千户 342

月东来·副千户 343

胡旦·署副千户事实授百户 344

刘鸾·世袭百户 345

梅月·实授百户 345

许时用·世袭百户 346

张本·世袭百户 346

高世勋·实授百户 347

陈善道·世袭百户 348

胡寿龄·实授百户 348

周金山·试百户 349

陈六十保·试百户 350

年远事故官员· 350

蒋继贤 350

韩绶 351

李恺 351

戚廷圭 351

王徽 351

周卿 352

曾辉 352

左胜 352

熊梦吉 353

铁珍 353

叶茂	353
段武英	354
高旺	354
孙英	354
辛鑑	354
李贤	355
袁辅	355
董明	355
王辅	356
杨勋	356
王玺	356
周勋	356
傅兴	356
张勇	357
吕崇政	357
詹雄	357
熊奎	357
何英	358
曾伦	358
夏臣	358
唐贤	358
偶廷玉	359
邹玉	359
詹洪	359
总旗·邢端	359

五军都督府所属卫所·前军都督府·湖广都司·平溪卫 …………361

原簿目录	363
郑嗣贤·指挥使	367
毛蕡·指挥使	368
许登霄·指挥使	368

侯杰·指挥同知	370
李炽·指挥同知	371
洪世臣·指挥同知	372
刘任·指挥同知	373
张松·指挥同知	374
铁一柱·指挥佥事	375
袁应龙·指挥佥事	376
李春芳·指挥佥事	377
慕显祖·指挥佥事	378
钱重·指挥佥事	379
於岳·指挥佥事	380
高岳·指挥佥事	381
万里鹏·指挥佥事	382
高楠·指挥佥事	383
陆时秋·指挥佥事	384
徐三礼·指挥佥事	385
夏廷绅·卫镇抚	386
高应宸·指挥佥事	386
郑之屏·卫镇抚	387
贺恩·正千户	388
唐民望·实授百户	388
汪朝东·副千户	389
张官·副千户	389
周尚文·实授百户	390
夏松·百户	391
邓位·试百户	391
田时秋·试百户	392
田世学·试百户	393
陈勋·试百户	393
成天爵·试百户	394
叶允中·试百户	395

马相·试百户 …………………………………… 396

关志学·试百户 …………………………………… 396

韦天爵·署百户事总旗 …………………………… 396

孙承祖·冠带总旗 ………………………………… 397

胡献琛·实授百户 ………………………………… 398

张宪·副千户 ……………………………………… 398

殷龙·副千户 ……………………………………… 399

姚材·副千户 ……………………………………… 400

王世卿·副千户 …………………………………… 400

秦佐·副千户 ……………………………………… 401

孟养浩·署副千户事实授百户 …………………… 401

陈天表·实授百户 ………………………………… 402

程万里·实授百户 ………………………………… 403

刘端·试百户 ……………………………………… 404

方寸公·试百户 …………………………………… 405

黄袞·试百户 ……………………………………… 405

陈大用·署试百户 ………………………………… 406

武安邦·正千户 …………………………………… 406

夏霆·署正千户事副千户 ………………………… 407

范世勋·副千户 …………………………………… 408

王荩臣·百户 ……………………………………… 409

周易东·实授百户 ………………………………… 410

贺天锡·实授百户 ………………………………… 411

张桐·实授百户 …………………………………… 411

周璋·试百户 ……………………………………… 412

聂信·试百户 ……………………………………… 413

唐时雍·正千户 …………………………………… 413

汪若渊·正千户 …………………………………… 414

庞鸾·正千户 ……………………………………… 415

张应文·正千户 …………………………………… 416

马负图·正千户 …………………………………… 417

苑廷瑞·副千户 …… 418

沈衡·副千户 …… 418

高凤·世袭百户 …… 419

韩天爵·实授百户 …… 420

陈魁·世袭百户 …… 420

方正·实授百户 …… 421

王华·实授百户 …… 421

冯相·试百户 …… 422

王尚贤·试百户 …… 422

朱缨·试百户 …… 423

李廷洁·署百户事总旗 …… 424

蒋承恩·正千户 …… 425

朱祐·副千户 …… 426

单廷勋·副千户 …… 427

答时·副千户 …… 428

万福·副千户 …… 428

陈尚策·署副千户事实授百户 …… 429

刘存恕·实授百户 …… 430

郑臣周·实授百户 …… 430

倪养正·百户 …… 431

蔡金·实授百户 …… 432

燕荣召·署实授百户事试百户 …… 432

胡正·试百户 …… 433

周邦·试百户 …… 434

田世勋·试百户 …… 435

刘宥·试百户 …… 435

熊世杰·试百户 …… 435

王应鳌·试百户 …… 436

马堂·实授百户 …… 437

年远事故官员 …… 438

指挥使一员·钱坚 …… 438

署指挥佥事事正千户一员·蒋林 ……………………………………… 438

卫镇抚一员·程琮 ………………………………………………………… 438

左所副千户一员·张春 …………………………………………………… 439

世袭百户四员·汤辅 ……………………………………………………… 439

世袭百户四员·黄恩 ……………………………………………………… 439

世袭百户四员·陈铭 ……………………………………………………… 440

世袭百户四员·方纲 ……………………………………………………… 440

试百户一员·郑鑑 ………………………………………………………… 440

右所正千户二员·李实 …………………………………………………… 440

右所正千户二员·呼荣 …………………………………………………… 441

副千户一员·陈兴 ………………………………………………………… 441

世袭百户五员·朱禄 ……………………………………………………… 441

世袭百户五员·陈节 ……………………………………………………… 441

世袭百户五员·曹昇 ……………………………………………………… 442

世袭百户五员·杨质 ……………………………………………………… 442

世袭百户五员·田鸢 ……………………………………………………… 442

中所副千户四员·王贤 …………………………………………………… 442

中所副千户四员·王簪 …………………………………………………… 443

中所副千户四员·杨时 …………………………………………………… 443

中所副千户四员·孙贵 …………………………………………………… 443

世袭百户四员·罗瑄 ……………………………………………………… 444

世袭百户四员·郑寿 ……………………………………………………… 444

世袭百户四员·何俺 ……………………………………………………… 444

世袭百户四员·江山 ……………………………………………………… 444

前所副千户一员·杨威 …………………………………………………… 445

世袭百户四员·曹瑛 ……………………………………………………… 445

世袭百户四员·李材 ……………………………………………………… 445

世袭百户四员·王澄 ……………………………………………………… 445

世袭百户四员·王聪 ……………………………………………………… 446

后所副千户一员·袁辅 …………………………………………………… 446

世袭百户六员·吕忠 ……………………………………………………… 446

世袭百户六员·打诚 …… 446
世袭百户六员·袁广 …… 447
世袭百户六员·张能 …… 447
世袭百户六员·周文 …… 447
世袭百户六员·李春 …… 447

后记 …… 449

兵部为清查功次、选簿以裨军政事

隆庆三年九月，该本部尚书霍、左侍郎曹议得：武选司库贮功次、选簿及零选簿年久浥烂，而近年获功堂稿与核册、题覆尚未誊造，每遇选官清黄之期，典籍残阙，卒难寻阅，合宜及时照例修补。题奉钦依：续该尚书郭、右侍郎王严加清理，详定规议。①先后行委车驾司员外郎赖嘉谟、武选司主事谢东阳，会同武选司郎中吴允、李汶、王俸、王叔杲、刘汉儒、员外郎张世烈、主事李与善、宗弘暹、李承式、韩应元、李松、彭富，开局立法，督率选到七十八卫所吏役逐一将功次、零选、堂稿及新功核、题未经立簿者尽行修补誊造外，为照选簿备载内、外二黄、零选、功次及续附节年选过审稿，所以为清黄选官计也。往年修造辈数或缺而未备，职姓或混而未清，功次或未尽誊，审稿或未尽附，终非完籍，未便稽考。且革发、充军、揭黄等项原未该载，每遇大选，无从检查，竟滋奸弊。今以各卫所官员照级类造，对核明白，用司印钤盖，依样另造目录二本，总列成帙，题曰"武职选簿"，一本送堂贮库，一本存司，掌印官相沿交收，俾按簿查名，一览可知，以杜将来吏胥去籍之弊，仍申明先年员外郎马坤等原议，"专委本司员外郎提督管贮前簿，单月附选"，及今重议"每遇大选，看选主事各照所管新官、旧官、升调、给养、未及六十，督率该吏赴库查选，不得出外，以致损改"。后凡该司接任官员，务宜留心掌修，应附应补，及时誊写，不得如前混遗，庶簿籍完备，可以永便于检查而功罪明核，又能潜杜夫奸弊。今将目今修造及日后附补事宜凡例开列于后。须至簿者，计开凡例二十一款。

一、每卫各立一簿，所附卫后，如卫官多者，各所另为一簿，亦照左右中前后次序，不相混淆，如官少则二卫并为一簿，仍各立总目以便检查。

一、指挥使、指挥同知、指挥佥事、正千户、副千户、实授百户、试百户、署试

---

① 据《明穆宗实录》《明神宗实录》等相关记载，该"本部尚书霍""左侍郎曹""续该尚书郭""右侍郎王"分别当为霍冀、曹邦辅、郭乾、王遴。

百户事冠带总、小旗，分为七项誊造。仪卫正与正千户同级，卫镇抚、仪卫副与副千户同级，所镇抚、典仗与试百户同级，俱照级类造。如见任都指挥佥事以上及署都指挥佥事以上，此乃流官，止加于指挥使之首类造，其署指挥使事则加于指挥同知之首类造，署指挥同知事则加于指挥佥事之首类造，以下五级署职，俱照此例。其有以大署小，如实授百户署所镇抚事之类，乃署掌其事也，非级也，与前署职不同，仍归本级实授百户内抄造。

一、各卫所照官级次序，先以贴黄历查辈数、袭替、优给、功罪、升革年月，将旧选簿逐一磨对，如黄、选功罪原载相同者，备细抄誊；其中有缺者，吊取内外二黄、审稿、零选、功次等簿，查出补写各辈项下。其选簿内有重复及非关系选法者不录，庶免淆乱。如旧选簿未载，贴黄有名，系近年官员，不得遗去。但袭替年月未开，无凭吊查黄、选者，止附抄总目后，俟后子孙袭替之日补造。

一、每员止用半叶，首书脚辈姓名，下用二行抄黄，每行分写。二黄俱有，从其详者书之。其辈数各占一行，先抄零选，若系优给出幼，亦每行内分写。其有功次，量空一字，下分行附抄，字多不拘一行。如无选有黄，则书"已载前黄"；如功次或载黄内，则书"已载前黄"；或载选内，则书"已载某辈选条"，免费时日查抄。至于某辈选缺，则旁注小"缺"字，某功次缺，则旁注小"候查"字，俱留半行。并前内、外黄俱无，亦注小"缺"字，以俟子孙袭替之日查补。

一、凡本人顶祖役总、小旗立功升试百户以上，缘总、小旗不入大选，无选条可抄，而本人功次又多系祖名，今以本人作一辈起，于下先将贴黄所开祖、父总、小旗姓名功次抄出，方查抄本人功次，如祖、父系宣德以后功，亦须查录。

一、凡旧选簿未载而有近年审稿者，此必当日所遗，该与抄造。

一、凡选条、内外黄、功次、诰命中如有差落者，照旧传疑，不得增改，其有选条、功次原错附者，今俱改正抄写本人名下，以便检查。

一、凡子替故绝，或孙年幼，本人病痊，年未六十，应得复袭原职者，不作辈数，止附于子选条下。

一、调卫：除不得复还原卫者，该载所调卫分，原卫止注明总目叶内。其例得回卫并未经子孙袭替改调附近卫所者，仍造归本卫，庶检查不混。

一、旧选簿内止载数辈，无贴黄可查前后辈数，以凭吊查零选、功次者，则于各官级之后另用叶数类抄，约照员数各留白叶，俟后子孙袭替，每大选毕日，该司员外郎督率各该吏役查照前式将审稿备细抄誊各官级之尾，每员照旧仍用半叶。

一、凡革充冠带总、小旗与总、小旗，虽不入大选，然日后获功，例升试百户，子孙袭替之日，前二级功次又所必查。今附七类之后，以备参考。

一、凡选条末辈，查贴黄开称死故，在今新限十二年、十五年外者，不问子孙弟侄有［无，例］当革发，止附七类叶后，以备参考。如死故年月未开者，仍依级抄，待其袭替之日，查明定夺。

一、优养：新官不拘年限，生子准袭；旧官十年生子准袭者，照旧与袭替、优给并造外，其优养妇女，系户无承袭之人，止附类抄叶尾，用备查考，以杜后来冒袭之弊。

一、充军：有终身者，终身方许承袭。有永远者，不得承袭。及许洪武、永乐年间立功子孙降袭，旧未登簿，竟贻冒袭之弊。今吊职方司编军簿，尽数抄附各人项下，庶后隐情不供者难逃检查。其编军簿内原未开出原卫所者，总附目录，以便查考。

一、选簿、审稿如开贴黄查有功次选条者，此系各卫自造文册，难以凭信，俱不附写。

一、每簿前各将卫所官员照级编号，开立总目，大书脚选姓名，名下注立功始祖及籍贯、代数，并前项类抄，亦附于后。至于年远事故及已经革发揭黄，不准袭替者，类附总目后，另书一款，用备参考，以杜日后买嘱隐情保袭之弊。

一、凡旧选簿总目有名，后未开载者，查出尽数抄造。如仍旧无查，亦开附总目之后。

一、旧革发人员未附选簿，以致复保，无凭稽察。后遇选毕，该管员外郎一并抄附选簿。

一、旧核册功次未附选簿，以致册籍散逸，查选未便。后经核题录升，该管协司郎中，督率吏役，抄附各人名下，以便大选检查。

一、旧充军揭黄，未附选簿，以致大选清黄，或滋奸弊。后遇前项文移到部，即时抄附各人名下，以便查考。

一、后经调卫不得还卫者，将祖卫、来历、缘由，抄续今调卫分。两卫总纲内俱要各将调去、调来官级、姓名，明注于后，以便检查。

隆庆四年六月……日
兵部尚书郭、右侍郎王
委官车驾司员外郎赖嘉谟、武选司主事谢东阳
监写经历

五军都督府所属卫所·右军都督府·贵州都司·平越卫

原簿目录

指挥使四员
一号张衍宗：始祖张聚，代八，长葛县人。
二号赵祐：始祖赵奎，代七，定远县人。
三号郭怀恩：始祖郭斌，代七，山后人。
四号王国用：始祖王雄，代七，齐东县人。

指挥同知二员
一号林朝阳：始祖林斌，代九，定远县人。
二号王都：始祖王鹍，代八，滁州人。

年远事故一员
戴英。

指挥佥事六员，续入王朝泰：六安州人，无印。
一号李学孝：始祖李岳，代八，定远县人。
二号贾世臣：始祖贾旺，代六，合肥县人。
三号丘宗尧：始祖丘胜，代五，大兴县人。
四号曹希惠：始祖曹良，代八，临淮县人。
五号周易：始祖周成，代八，盱眙县人。
六号奚天宠：始祖奚成，代八，江阴县人。

年远事故二员
王用：六安州人。
冯威：宝应县人。

卫镇抚二员
一号张显：始祖张胜，代六，迁安县人。
二号刘良贵：始祖刘□，代六，临淮县人。

左所署指挥佥事四员、正千户二员·1·①
一号刘应武：始祖刘聚，代八，确山县人，署佥。
二号齐臣：始祖齐整，代八，开州人，署佥正。
三号戴崇武：始祖戴成，代九，寿州人，署佥正。
四号张鹏翼：始祖张福，代八，江都县人，署佥正。
五号江（姜）汉：始祖姜春，代九，睢宁县人。
六号傅好礼：始祖傅兴，代七，金华县人。

副千户三员
一号潘一云：始祖潘真，代六，巴陵县人。
二号陈策：始祖陈瑶，代七，六安州人。
三号李通：始祖李景，代五，定远县人。

---

① 以下平越、威清、安南三卫选簿皆据《中国明朝档案总汇》第60册整理，文中用阿拉伯数字标注原书页码，前后加"·"隔开，以方便本书使用者查阅《明档》原文。

年远事故一员

孙广：信阳县人。

署副千户一员、实授百户五员

一号刘待聘：始祖刘兴，代七，德安县人，署副。

二号刘效廉：始祖刘忠，代五，武陵县人。

三号刘崇仁：始祖刘清，代九，新化县人。

四号范承祖：始祖范进，代四，鄢陵县人。

五号刘继宗：始祖刘福，代九，盱眙县人。

六号龚应宗：始祖龚贤，代七，南昌县人。

年远事故二员

周完：宜城县人。

周定：安岳县人。

试百户四员、署试百户事总旗

一号杨灿：始祖杨秀，代五，沭沭阳县人。

二号孔署：始祖孔名亮，代八，六合县人。

三号姜遇文：始祖姜伯全，代七，黄县人。

四号唐希尧：始祖[唐]以文，代七，沅州人。

五号陆惠：始祖陆仕，代四，沅州人，署试。

年远事故二员

谭秀：麻阳县人。

字敬：顺天府人。

右所正千户二员

一号林刘汉：始祖林九儿，代八，长乐县人。

二号高远：始祖高……，代六，通州人。

副千户五员

一号仲恩：始祖仲真，代八，扬州府人。

二号马承宠：始祖马龙，代八，合肥县人。

三号戎羽：始祖戎毅，代八，寿州人。·2·

四号周朝用：始祖周……，代七，通城县人。

五号陈相：始祖陈胜保，代七，江都县人。

年远事故一员

唐勋：萧县人。

署副千户一员、实授百户六员

一号戴伦：始祖戴兴，代九，江宁县人，署副。

二号张羽：始祖张瘦儿，代七，福山县人。

三号邵思周：始祖邵贵，代六，江陵县人。

四号曹珑：始祖曹振，代七，濠州人。

五号耿思忠：始祖耿子成，代八，山阳县人。

六号戴世臣：始祖戴辛，代七，永丰县人。

七号杨应春：始祖杨现，代四，武冈州人。

年远事故一员

李昶：寿州人。

试百户五员、所镇抚一员

续入总旗袁武：进贤县人，无印。

一号毛恩：始祖毛贵孙，代六，无锡县人。

二号张应文：始祖张琳，代四，丰润县人。

三号姚大鳌：始祖姚昇，代四，无锡县人。

四号胡珊：始祖胡成，代七，德清县人。

五号吴潮：始祖吴周保，代四，天长县人。

六号陈尚策：始祖陈子中，代十，定远县人。

中所正千户三员

一号赵大棋：始祖赵敏，代八，陇西县人。

二号王师武：始祖王兴，代九，和州人。

三号邓遵：始祖邓兴，代五，宁县人。

副千户四员

一号王大臣：始祖王道，代九，固安县人。

二号吴良辅：始祖吴世英，代十一，湘阴县人。

三号孙尚宾：始祖孙彦良，代七，马邑县人。

四号傅朝：始祖傅满，代六，滑县人。

年远事故一员

赵勇。

实授百户三员

续入杨元吉：定远人，无印。·3·

一号徐楠：始祖徐胜，代七，德清县人。

二号章良臣：始祖章安，代七，无锡县人。

三号周应武：始祖周福，代五，钱塘县人。

辈数未全三员

王晟：宿迁县人。

宋恩：叶县人。

张兰：麻城县人。

年远事故三员

张映：汝阳县人，署副。

严真：顺昌县人。

张胜：无锡县人。

试百户五员

一号王继美：始祖王真，代九，唐县人。

二号唐继勋：始祖彭忠，代六，衡阳县人。

三号李春荣：始祖李永中，代七，泽州人。

四号冷璧：始祖冷茂一，代九，无锡县人。

五号张时亨：始祖张得山，代六，天长县人。

辈数未全二员

杨时傑：衡山县人。

高辅：舒城县人。

年远事故一员

周仮：宜兴县人。

前所正千户一员

一号聂应奎：始祖聂宝，代八，亳县人。

辈数未全一员

王达：闻中县人。

副千户二员

一号李章：始祖李春，代八，滦州人。

二号徐节：始祖徐与，代七，榆赣县人。

年远事故三员

冯时：高邮州人。

田广：定远县人。

朱荣：无为州人。

革发一员

周与敬：江阴县人。

实授百户五员

一号尹弼：始祖尹开二，代六，无锡县人。

二号施贤：始祖施显，代七，固始县人。

三号徐卫：始祖徐辉，代七，宣城县人。·4·

四号张胜武：始祖张海，代四，汝阳县人。

五号陈璋：始祖陈胜，代八，定远县人。

续入葛应朝：滦州人，无印。

辈数未全一员

葛应朝：阳信县人。

年远事故五员

董源。

王鑑：江都县人。

周通：鄞县人。

吴志。

张澍：临淮县人。

革发一员

贺廷桂：六合县人。

试百户三员、署试百户事冠带总旗三员

续入杨时杰：衡山人，无印。

周伋：宜兴人，无印。

一号舒应春：始祖舒用，代五，武冈州人。

二号周宗汉：始祖周宗，代五，无锡县人。

三号徐世卿：始祖徐彬，代七，宿迁县人。

四号文嘉爵：始祖文玉，代八，攸县人，署试。

五号许仁：始祖许真，代八，安仁县人，署试。

六号钱以成：始祖钱阿关，代八，无锡县人。

年远事故一员

罗相：麻阳县人。

后所副千户五员

一号吴尚文：始祖吴兴，代六，山阳县人。

二号安大朝：始祖安保，代七，定远县人。

三号陈勋：始祖陈，代八，醴陵县人。

四号刘芳：始祖刘敏，代七，颍上县人。

五号曹怀忠：始祖曹汝霖，代八，峄县人。

辈数未全一员

马武：余姚县人。

署副千户一员、实授百户六员

一号麻献能：始祖麻直，代六，宣城县人，署副。

二号陈诰：始祖陈名，代七，六安州人。

三号兰世奇：始祖兰真，代八，平江县人。

四号冯世爵：始祖冯玉海，代七，密云县人。

五号严通：始祖严童儿，代七，合肥县人。

六号张库：始祖张玉，代八，睢州人。

七号李自然：始祖李景原，代九，汝阳县人。

年远事故一员

王子贵。·5·

试百户二员、署试百户事总旗一员

续入杜遵：江阴人，无印。

一号刘松：始祖刘旺，代六，新化县人。

二号锺永贵：始祖锺□，代四，新化县人。

三号陈滕：始祖陈庆一，代三，茶陵县人，署试总。

年远事故二员

汪澜：舒城县人。

杜遵：江阴县人。

平越站年远事故世袭百户一员

陆广：高邮州人。

杨老站年远事故世袭百户一员

巩亨。

冠带总旗四员、总旗一名

张绪：无锡县人。

丁垣：无锡县人。

周道：武进县人。

王应秀：永平府人。

伍凤：无为州人。

张衍宗·指挥使

外黄查有：张振，年四十二岁，河南许州长葛县人。有父张聚，洪武元年从军，选充骁骑左卫后所小旗，老疾。将振户名不动代役，三十二年郑村坝大战全胜升充总旗，三十三年白沟河大战全胜升实授百户，三十四年夹河、藁城大战全胜升副千户，三十五年泗河、灵璧县大战全胜，平定京师，钦升府军卫指挥佥事，永乐二年十二月钦与流官。张麟年七岁，系张振嫡长男。父永乐二年给授流官诰命一道，七年迤北征进，与胡寇对敌，伤故。麟于永乐九年敬与全俸优给，十七年终住支袭职，十八年三月钦准袭授本卫世袭指挥佥事。张能年九岁，系张麟嫡长男。父宣德六年十二月调平越卫，病故。能年幼，于正统六年四月钦与全俸优给，出幼，十三年九月钦准袭授平越卫世袭指挥佥事。张大儒年二十岁，系平越卫指挥使张辅嫡次男，嘉靖七年八月钦准替职。

一辈张聚，已载前黄。

二辈张振，已载前黄。

三辈张麟，旧选簿查有：永乐十八年三月，张麟，系府军卫伤故流官指挥佥事张振嫡长男。

四辈张能，旧选簿查有：正统六年四月，张能，年九岁，系平越卫故世袭指挥佥事张麟改名林嫡长男，钦与全俸优给，至正统十二年终住支。·6·

旧选簿查有：正统十三年九月，张能，系平越卫故世袭指挥佥事张麟嫡长男。①

五辈张文，旧选簿查有：成化十六年四月，张文，长葛县人，系平越卫故指挥使张能庶长男。

六辈张辅，旧选簿查有：正德十年十月，张辅疑有，年三十六岁，长葛县人，系贵州都司平越卫都指挥佥事张文嫡长男。伊父原袭指挥使，功升前职，今病故，本人照例革袭祖职指挥使。

七辈张大儒，缺。

八辈张衍宗，旧选簿查有：嘉靖四十八年②，张衍宗，年二十二岁，长葛县人，

---

① 据弘治《贵州图经新志》卷12《平越卫军民指挥使司·官室》载："水城……成化间，指挥张能奏允，决西山之水至城西门外，增筑瓮城护之，以便汲引"。前引见《中国地方志集成·贵州府县志辑》，成都：巴蜀书社，2006年，第1册，第130页。后文续引该丛书所收地方志，简称《志辑》，且仅标注册数、页码；引同一方志若已标注册数，则仅标注页码。

② 疑有误。张大儒嘉靖三十八年（1559）故，时年五十一岁，张衍宗或即是年袭职。

系平越卫故指挥使张大儒庶长男。伊父原袭祖职指挥使，嘉靖二十八年推以都指挥体统行事，守备铜仁地方，失事参问，充终身军赎罪，三十八年故。所据伊父推升级系虚衔，例不准袭，本舍照例革袭祖职指挥使。

九辈张四维，万历五年二月，张四维，年二十二岁，长葛县人，系平越卫故指挥使张衍宗嫡长男，比中三等。①

十辈张其威，万历四十四年四月，单本选过平越卫指挥使一员张其威，年二十五岁，系老指挥使张四维庶长男，比中一等。②

赵祐·指挥使

内黄查有：赵瑛，旧名保儿，定远县人，系阵亡百户赵奎嫡长男。有父甲午年从军，克滁州、六合，乙未年克和州，渡江克彩（采）石、太平、溧水、溧阳，丙申年克中成水寨陈也先营，并取台城、镇江、广德等处，丁酉年克守长兴，壬寅年征进湖州、吴江，甲辰年充总旗，吴元年克苏州，并取上虞县、余姚、明州、福州等处，洪武元年克平阳、太原，二年克陕西，三年除授西安卫百户，授世袭敕命，克取定西，调守平凉，征开城县南川，与贼对敌阵亡。瑛于九年充羽林左卫参侍舍人，后于国读书，十一年袭除兴化守御千户所百户，授世袭敕命，十二年拨属高邮卫，十四年调宝庆卫中所，十五年征进云南七渡河等处，十七年调平越卫中所，二十一年征揭西、龙海等处，二十六年征西堡等处，将原授敕命拘收，换授世袭诰命，二十九年征水西居宗，三十一年征清水江、金石番等处回卫。赵信系赵瑛嫡次男，父病故，兄赵俊洪熙元年钦准袭职，亦故，无儿男，信于宣德五年钦准袭授本卫所百户。

一辈赵奎，已载前黄。

二辈赵瑛，已载前黄。

三辈赵俊，已载前黄。·7·

四辈赵信，旧选簿查有：景泰三年十二月，赵信，系平越卫指挥同知升指挥

---

① 万历《贵州通志》卷12《平越卫·职官·指挥使》载："张聚，长葛人，洪武元年功升小旗，二十五年男振功升指挥佥事，宣德六年三世孙林调本卫，正统十四年四世孙能功升指挥使，弘治七年五世孙文功升都指挥佥事，沿四维袭"（日本藏中国罕见地方志丛刊本，北京：书目文献出版社，1990年，第264页。下引该志系同一丛书本，仅标注页码）。

② 《明档》本册第9页有脚辈姓名"张其威·指挥使"字样，其下贴黄、选条皆无。

使。①

五辈赵晟，旧选簿查有：天顺三年六月，赵晟，系贵州都司故都指挥佥事赵信庶次男，照例袭父原职指挥使，定本都司平越卫。②

六辈赵垣，缺。

七辈赵玺，旧选簿查有：嘉靖十五年十月，赵玺，年四十二岁，定远县人，系平越卫都指挥佥事赵垣嫡长男。伊父原袭祖职指挥使，获功升前职，今故。所据都指挥系流官，例无承袭，本舍照例革与祖职指挥使。

八辈赵祐，旧选簿查有：嘉靖三十一年四月，赵祐，年三十七岁，定远县人，系平越卫故指挥使赵玺嫡长男。

九辈赵弘道。

十辈赵纯忠，万历二十年二月，赵纯忠，年二十五岁，系平越卫故指挥佥事赵弘道嫡长男，比中三等。③

十一辈赵民望，万历四十六年四月，大选过平越卫指挥佥事一员赵民望，年二十一岁，系故指挥佥事赵纯忠嫡长男，比中二等。

十二辈赵民怀，天启五年六月，大选过平越卫指挥佥事一员赵民怀，年二十岁，系故绝指挥佥事赵民望亲弟，序该本舍承袭前职，比中三等。

王国用·指挥使

一辈王雄，缺。

二辈王俊，旧选簿查有：永乐二十二年九月，王俊，系陕西都司流官都指挥佥事

---

① 弘治《贵州图经新志》卷12《平越卫军民指挥使司·人物》："赵信，本卫人，任百户，骁勇善战，胆力过人，以武功累官贵州都指挥佥事，奉敕守备平越等地方，苗蛮畏之如虎"（第131页）。又《明英宗实录》卷212，景泰三年正月壬寅载："命……平越卫指挥同知赵信为署都指挥佥事，代张任守备隆兴等卫"。
② 《明宪宗实录》卷66，成化五年四月壬申，"命……都指挥佥事赵晟代李顺管操，从镇守等官推举也"；卷96，成化七年闰九月辛亥，"罢贵州守备兴隆等卫所都指挥佥事王聚，以都指挥佥事赵晟代之"；卷120，成化九年九月丁酉，"巡抚贵州右佥都御史宋钦劾奏都指挥佥事赵晟私役部卒、多纳赂遗、并盗支廪米等罪，都察院请下巡按御史逮治如律，从之"，此《明宪宗实录》所载都指挥佥事赵晟当即此簿"五辈赵晟"。又有《明孝宗实录》卷65，弘治五年七月乙亥载"云南都司都指挥使赵晟""充右参将，协守贵州兼提督清浪等处"，此赵晟于弘治五年至十七年间履职贵州等处。
③ 万历《贵州通志》卷12《平越卫·职官·指挥佥事》载："赵奎，定远县人，洪武元年功升百户。七年男瑛调本卫。正统六年三世孙雄功升指挥佥事，景泰元年功升指挥同知，至弘道降指挥佥事，沿纯忠袭"（第264页）。

王雄嫡长男,父原系忠义右卫指挥使,后升前职,病故,钦准本人袭父职指挥使,与世袭。①

三辈王傑,旧选簿查有:天顺八年十月,王傑,齐东县人,系平越卫故世袭指挥使王俊亲弟。·8·

四辈王宾,旧选簿查有:成化四年九月,王宾,齐东县人,系平越卫故世袭指挥使王傑嫡长男。

五辈王辅,旧选簿查有:弘治九年十一月,王辅,齐东县人,系平越卫世袭指挥使王宾嫡长男。

六辈王表,旧选簿查有:嘉靖六年二月,王表,年三十一岁,齐东县人,系贵州都司年老[都]指挥佥事王辅嫡长男。伊父原袭指挥,功升前职,今年老。本舍告替,缘都指挥系流官,例无承袭,与替祖职指挥使,注平越卫。

七辈王国用。

八辈王一麟。万历四年二月,王一麟,年三十一岁,齐东县人,系平越卫老疾指挥使王国用嫡长男。伊父原替祖职指挥使,嘉靖四十三年推升铜仁守备,今瘸疾。所据推升流官例无承袭,本舍照例革替祖职指挥使。②

九辈王镇邦。万历三十二年八月,大选过平越卫指挥使一员王镇邦,年十八岁,系老指挥使王一麟嫡长孙。伊父王旭,未袭,故。伊祖一麟原替祖职指挥使,于万历十一等年推升铜仁守备、腾冲参将,今革任回卫,老。所据推升流官,例无承袭,本舍准替祖职指挥使,比中二等。③

张其威·指挥使 ④

---

① 据嘉靖《贵州通志》卷6《学校·平越卫》引按察使杜铭《平越卫儒学记略》云,宣德癸丑(宣德八年,1433年)贵州按察副史李睿命指挥王俊、刘璿创建卫学(第347页)。
② 万历《贵州通志》卷12《平越卫·职官·指挥使》载:"王成,齐东县人,洪武二年从军。三十二年三世孙雄功升小旗,历升指挥。宣德六年四世孙俊调本卫,沿一麟袭"(第264页)。
③ 《明神宗实录》卷250,万历二十年七月丁亥,"以游击管贵州清浪参将事王一麟为云南腾冲参将"。
④ 此簿仅存脚辈姓名,其下贴黄、选条皆缺,或据"张衍宗·指挥使"选簿"十辈张其威"选条(《明档》本册第7页)另立之新簿。

郭怀恩·指挥使

内黄查有：郭璘，山后人。曾祖郭士中，洪武三年军，故。[祖]郭斌补役，三十三年白沟河功升小旗，三十四年藁城升试百户，三十五年渡江功升正千户，注平越卫前所，交阯失陷。父郭清袭，正统八年为事问发立功，景泰二年香炉山斩首三颗，遇赦还职，升署指挥佥事，天顺三年东苗斩获贼级三颗功升指挥佥事，老。璘系嫡长男，替。[成化]十五年西堡子杀贼斩获首级五颗，功升[指]挥同知，弘治六年都匀杀贼斩首四颗，七年升平越卫指挥使。郭勋系郭璘庶长男，伊父疾，勋袭指挥使。郭世恩系郭勋嫡长孙，优给出幼袭职。郭宏，年三十八岁，系平越卫故指挥使郭世恩亲叔，嘉靖四十年袭职。

一辈郭斌，旧选簿查有：永乐十六年六月，郭斌，系平越卫前所正千户。·9·

二辈郭清，旧选簿查有：宣德四年十一月，郭清，系平越卫前千户所故世袭正千户郭斌嫡长男。

旧选簿查有：景泰三年十二月，郭清，系平越卫正千户升指挥佥事。

三辈郭璘，旧选簿查有：成化九年九月，郭璘，山后人，系平越卫指挥佥事郭清嫡长男。

四辈郭勋，旧选簿查有：正德四年六月，郭勋，山后人，系平越卫年老风疾功升指挥使郭璘庶长男。

五辈郭世恩，旧选簿查有：嘉靖二十四年十二月，郭世恩，年六岁，兴州人，系贵州平越卫故指挥使郭勋嫡长孙。伊祖原袭祖职指挥使，为事立功，故。父琼未袭，故。本舍照例与指挥使俸优给，至嘉靖三十三年终住支。

六辈郭宏，旧选簿查有：嘉靖四十年八月，郭宏，年三十八岁，山后人，系平越卫故指挥使郭世恩亲叔。

七辈郭怀恩，旧选簿查有：嘉靖四十四年十二月，郭怀恩，年二十二岁，山后人，系平越卫故指挥使郭宏嫡长男。①

八辈郭维藩，万历二十三年二月，年十七岁，兴州人，系平越卫故指挥使郭怀恩亲侄，比中三等。

九辈郭镇黔，泰昌元年八月，大选过平越卫指挥使一员郭镇黔，年二十岁，系故

---

① 万历《贵州通志》卷12《平越卫·职官·指挥使》载："郭仕中，山后人，洪武三年从军。二十三年男斌功升副千户，永乐十五年调本卫正千户。景泰三年三世孙清功升指挥佥事。弘治六年四世孙璘功升指挥使，沿维藩袭"（第264页）。

指挥使郭维藩亲男,比中一等。

十辈郭维屏,天启六年二月,大选过平越卫指挥使一员郭维屏,年三十二岁,系故指挥使郭镇黔亲叔,比中二等。

李经·指挥使

崇祯十五年二月,单本选过平越卫指挥使一员李经,年十六岁,系故指挥使李昌祚嫡长男,比中三等。·10·

林朝阳·指挥同知

一辈林斌,缺。

二辈林玉,缺。

三辈林源,缺。

四辈林清,旧选簿查有:永乐二十二年二月,林清,系广州前卫故世袭指挥佥事林源嫡长男。

审稿查有:吊来勘合,景泰三年,广东大洲头等处共斩首贼级三颗广州前卫指挥佥事升指挥同知林清。①

五辈林宣,旧选簿查有:成化十年三月,林宣,定远县人,系平越卫故指挥同知林清嫡长男,钦与世袭。

六辈林锦,旧选簿查有:成化十九年四月,林锦,定远县人,系平越卫故世袭指挥同知林宣嫡长男。

七辈林高,旧选簿查有:正德二年七月,林高,年十五岁,定远县人,系平越卫故世袭指挥同知林锦嫡长男,优给出幼袭职。

八辈林遷,旧选簿查有:嘉靖二十六年十月,林遷,定远县人,系平越卫老疾指挥同知林高嫡长男。

九辈林朝阳,旧选簿查有:嘉靖三十一年十月,林朝阳,定远县人,系平越卫故指挥同知林遷嫡长男。

十辈林起凤,万历二十一年十月,林起凤,年十六岁,系平越卫故指挥同知林朝

---

① 《明宪宗实录》卷31,成化二年六月辛亥,"谪广东都指挥佥事林清戍贵州平越卫……清守备高州府不设备……至是,都察院上清等罪状,遂谪降有差"。

阳嫡长男，比中三等。①

十一辈林栋材，万历四十四年二月，大选过平越卫指挥同知一员林栋材，年十八岁，系故指挥同知林起凤嫡长男，比中二等。

王都・指挥同知・11・

一辈王鹍，缺。

二辈王善，缺。

三辈王骥，旧选簿查有：永乐十二年十二月，王骥，系富峪卫指挥佥事王善嫡长男。父原系指挥佥事，白沟河伤故，本人升指挥同知，因年幼在卫优给，今出幼，钦准袭授指挥同知。

四辈王良，旧选簿查有：正统十四年二月，王良，系平越卫故指挥同知王骥嫡长男。

天顺七年十二月，王良，平越卫指挥同知升指挥使。

五辈王昇，旧选簿查有：成化十二年十一月，王昇，滁州人，系平越卫指挥使王良嫡长男，钦与世袭。

六辈王鹏，旧选簿查有：正德四年十月，王鹏，滁州人，系平越卫指挥使王昇嫡长男。

七辈王鹍，旧选簿查有：嘉靖元年六月，王鹍，滁州人，系平越卫故绝指挥使王鹏亲弟。

八辈王都，旧选簿查有：嘉靖二十年八月，王都，滁州人，系平越卫故指挥使王鹍嫡长男。本人先因年幼，革与指挥同知俸优给，今出幼，仍袭指挥同知。

九辈王之臣，万历二年十月，王之臣，年二十七岁，滁州人，系平越卫患疾指挥同知王都嫡长男。②

十辈王建中，万历二十六年二月，王建中，年二十一岁，系平越卫患疾指挥同知王之臣嫡长男，比中一等。

---

① 万历《贵州通志》卷12《平越卫・职官・指挥同知》载："林斌，定远县人，洪武元年功升副千户。景泰三年四世孙清以先世功升指挥同知，五年功升指挥使，成化元年失机充本卫军，蒙宥降指挥同知。沿起凤袭"（第264页）。

② 万历《贵州通志》卷12《平越卫・职官・指挥同知》载："王胜，滁州人，洪武元年从军，升百户，二十二年男善功升指挥佥事。永乐五年三世孙骥以父功升指挥同知，调本卫，沿之臣袭"（第264页）。

十一辈王运昌，天启六年五月，单本选过平越卫都指挥佥事一员王运昌，年二十五岁，系指挥同知王建忠嫡长男。伊父于天启三年援黔阵亡，题奉钦依袭升二级在卷。本舍以子承父结保前来，查与原题功次相同，应与祖职指挥同知上加伊父阵亡功二级，合准袭升都指挥佥事，以后子孙止许世袭指挥使，比中一等。

年远事故指挥同知一员·戴英

洪武二十六年十一月，戴宏，系平越卫故世袭指挥同知戴旺庶长男。父别无嫡长、次男，钦准袭·12·职，仍授本卫世袭指挥同知。①

永乐十三年十二月，戴恭，系平越卫故世袭指挥同知戴宏嫡长男。

正统三年十月，戴英，系平越卫世袭指挥同知戴恭嫡长男。父为事在监病故，本人年壮，钦准袭职。

李学孝·指挥佥事

外黄查有：李学孝，年二十六岁，系贵州平越卫指挥佥事，原籍直隶凤阳府定远县人。一世祖李山，甲午年归附从军，戊戌举保帐前先锋，平湖州、江州，抵蓟门下营，吴元年复本城，除宜兴卫指挥同知，洪武元年调泉州卫，七年为周千户隐藏玉碗事降授南宁卫指挥佥事，十一年故。始祖李福，十八年十月袭除府军前卫指挥佥事，二十年调苏州卫，二十五年调今本卫，老。高祖李常系嫡长男，宣德五年十二月比，替，疾。曾祖李纶系嫡长男，景泰五年十月比，替，弘治十二年老。祖李云系举人，尚未生子。叔祖李霖系嫡次男，本年七月借替，比，正德元年疾。父李继韶系云嫡长男，二年十一月优给，正德十一年袭，比，嘉靖三十五年老。兄李学忠系嫡长男，本年十二月比，替，故。学孝系亲弟，四十年十二月袭平越卫指挥佥事。

一辈李岳，已载前黄。②

二辈李福，旧选簿查有：洪武二十五年五月，李福，系平越卫世袭指挥佥事。

---

① 据嘉靖《贵州通志》卷8《寺观·平越卫》载，指挥戴旺于洪武二十一年在平越卫治南二里处建月山寺（第392页）。
② 此"一辈李岳"即贴黄"一世祖李山"，弘治《贵州图经新志》卷12《平越卫军民指挥使司·名宦》载："李山，凤阳定远人，国初从征，累著战功，为宜兴卫指挥同知，后以事调平越卫指挥佥事，寻卒于官，太祖高皇帝遣官赐祭，优恤其家"（第131页）。据贴黄载，李山以指挥同知降调南宁卫指挥佥事，卒于任，至其子李福袭职，历调平越卫。

三辈李瑺，旧选簿查有：宣德五年十二月，李瑺，系平越卫世袭指挥佥事李福嫡长男。

四辈李纶，旧选簿查有：景泰五年十月，李纶，年二十二岁，定远县人，系平越卫世袭指挥佥事李瑺嫡长男。

五辈李霖，旧选簿查有：弘治十二年七月，李霖，定远县人，系平越卫世袭指挥佥事李纶嫡次男。伊兄李云乡试中式，不愿承袭。①本人替职，待兄有男，还与职事。

六辈李继韶，缺。

七辈李学忠，旧选簿查有：嘉靖三十五年十二月，李学忠，定远县人，系平越卫老疾指挥佥事李继韶嫡长男。

八辈李学孝，旧选簿查有：嘉靖四十年二月，李学孝，年二十六岁，定远[县]人，系平越卫故指挥佥事李学忠亲弟。·13·

九辈李养元，万历八年六月，李养元，年三岁，定远县人，系平越卫故指挥佥事李学孝亲侄，照例与全俸优给，至万历十九年终住支。

万历二十年十二月，李养元，年十六岁，系平越卫故指挥佥事李学孝亲侄，出幼袭职，比中一等。②

十辈李宗本，万历四十五年十二月，大选过平越卫指挥佥事一员李宗本，年十八岁，系故指挥佥事李养元嫡长男，比中二等。

贾世臣·指挥佥事

内黄查有：贾谦，合肥县人，系贾旺旧名兴旺嫡次男。有父丁酉年归附，升充百户，戊戌年升充千户，壬寅年选充小旗，洪武元年充总旗，三年际（除）充百户，十一年除虎贲左卫中所千户，十七年除武德卫指挥佥事，二十四年老疾，告替。有嫡长兄贾谨随父征进越州，被贼杀死，别无儿男，谦于二十九年替授安庄卫世袭指挥佥事，三十三年调平越卫。贾瑄系贾谦嫡长男。贾璿系贾瑄嫡次孙。

---

① 据弘治《贵州图经新志》卷12《平越卫军民指挥使司·科甲》载："李云，本卫人，成化庚子年举人（成化十六年，1480年）"（第132页）。
② 万历《贵州通志》卷12《平越卫·职官·指挥佥事》载："李山，定远县人，前元甲午从军，充先锋，吴元年升指挥同知，七年因周千户隐藏玉碗降指挥佥事。二十五年男福调本卫，沿养元袭"（第264页）。此载李山传与前引弘治《贵州图经新志》所载略异，相对更准确、具体。

一辈贾旺,已载前黄。

二辈贾谨,已载前黄。

三辈贾谦,旧选簿查有:洪武二十四年四月,贾谦,系平越卫世袭指挥佥事,钦调平越卫。

旧选簿查有:八年九月,贾瑄,系平越卫世袭指挥佥事贾谦嫡长男。

四辈贾璿,旧选簿查有:成化十一年九月,贾璿,年十五岁,合肥县人,系平越卫故世袭指挥佥事贾宣嫡次孙。

五辈贾爵,旧选簿查有:正德七年八月,贾爵,合肥县人,系平越卫故世袭指挥佥事贾璿嫡长男。

六辈贾世臣,旧选簿查有:嘉靖十四年八月,贾世臣,年六岁,合肥县人,系平越卫痼疾指挥佥事贾爵庶长男,照例与全俸优给,至嘉靖二十二年终住支。

旧选簿查有:嘉靖二十四年二月,贾世臣,年十六岁,合肥县人,系平越卫故指挥佥事贾爵庶长男,优给出幼袭职。

七辈贾安国,万历三年十二月,贾安国,年三岁,合肥县人,系平越卫故指挥佥事贾世臣嫡长孙,照例与全俸优给,至万历十四年终住支。

万历十五年十月,贾安国,年十六岁,合肥县人,系平越卫故指挥佥事贾世臣嫡长孙,出幼袭职,比中二等。①

八辈贾功陛,万历三十八年六月,大选过平越卫指挥佥事一员贾功陛,年十八岁,系故指挥佥事贾安国长男,比中三等。·14·

丘宗尧·指挥佥事

外黄查有:丘岳,大兴县人。祖丘道童,洪武二十一年归附,除福宁卫所镇抚,三十四年调平越卫左所,故。父丘胜正统九年替职,为事问发充军,景泰元年至三年本处开通道路擒斩贼级八名颗,有功未升,四年征草塘等处节次杀贼斩首三颗,有功五年升小旗,天顺元年十月以前杀贼功升[冠带总旗],续为检举事改冠带小旗,三年征东苗等处节次杀贼斩首三颗有功七年升冠带总旗,八年以递年杀贼功次具奏,蒙改升实授所镇抚,征伤。岳系亲男,天顺二年替职,七年调本卫右所,十七

---

① 万历《贵州通志》卷12《平越卫·职官·指挥佥事》:"贾旺,合肥县人,洪武元年充总旗,十七年功升指挥佥事,三十年男谦调本卫,沿安国袭"(第264页)。

年钦与世袭。丘宗尧年六岁，系平越卫故指挥佥事丘山嫡次男，照例与全俸优给，至嘉靖三十六年终住支。

一辈丘胜，已载前黄。

二辈丘岳，实授百户功次，弘治七年都匀功次，一人自擒斩贼［级］四名颗，平越卫所镇抚升实授百户一员丘岳。

吊来勘合查有：弘治十八年，贵州普安获功，一人自斩贼级三名颗，平越卫实授百户升副千户丘岳。

三辈丘汉，旧选簿查有：正德元年九月，丘汉，大兴县人，系平越卫右所功升副千户丘岳嫡长男。审稿查有：嘉靖二十八年十二月，审稿查有功次，正统（德）六年，贵州征剿乖西、清水江苗贼功次，平越卫升一级不赏一人自擒斩贼级三名颗、四名颗官舍旗军共四十员名，右所实授副千户升正千户五员内一员丘汉。

审稿查有：嘉靖二十六年审稿查有：吊来正德九年镇篁功次勘合，一人自擒斩贼级三名颗，平越卫右所正千户升指挥佥事丘汉。

四辈丘山，旧选簿查有：嘉靖二十六年十二月，丘山，大兴县人，系平越卫年老指挥佥事丘汉嫡长男。

五辈丘宗尧，旧选簿查有：嘉靖二十八年十二月，丘宗尧，年六岁，大兴县人，系平越卫故指挥佥事丘山嫡次男，照例与全俸优给，至嘉靖三十六年终住支。

旧选簿查有：嘉靖三十八年四月，丘宗尧，年十六岁，大兴县人，系平越卫故指挥佥事丘山嫡次男，优给出幼袭职。查得本舍优给违限一年，限外有无多支俸粮，查扣毕日关支。

六辈丘珍，万历三年十二月，丘珍，年四十六岁，大兴县人，系平越卫故绝指挥佥事丘宗尧亲叔。伊侄原袭祖职指挥佥事，隆庆四年推升普安守备，万历二年故绝。所据推升流官例不准袭，本舍照例革袭祖职指挥佥事。

七辈丘宗夔，万历十四年十月，丘宗夔，年二十七岁，大兴县人，系平越卫患疾指挥佥事丘珍嫡长男，比中三等。①

八辈丘民信，天启五年六月，大选过平越卫指挥佥事一员丘民信，年二十六岁，系故指挥佥事丘宗夔亲侄。伊伯父丘宗夔生有长孙丘第，年幼，不堪承袭，待出幼之日退还前职，比中二等。

---

① 万历《贵州通志》卷12《平越卫·职官·指挥佥事》载："丘道童，泰兴县人，前元枢院断事，洪武二十二年授所镇抚，调本卫，正德六年四世孙汉以先世功升指挥佥事，沿宗夔袭"（第264页）。

曹希惠·指挥佥事

一辈曹良，旧选簿查有：洪武二十五年七月，钦依清平卫世袭指挥佥事曹良。

二辈曹恭，旧选簿查有：洪武三十年二月，曹恭，系清平卫世袭指挥佥事曹良嫡长男。

三辈曹镇，旧选簿查有：永乐十七年三月，曹镇，系清平卫故世袭指挥佥事曹恭嫡长男。

四辈曹铣，旧选簿查有：宣德元年十月，曹铣，年十六岁，系清平卫世袭指挥佥事曹镇亲弟。

五辈曹武，旧选簿查有：成化……年……月，曹武，临淮县人，系清平卫世袭指挥佥事曹〔铣〕嫡次男。

六辈曹璋，旧选簿查有：成化二十三年九月，曹璋，年十五岁，临淮县人，系清平卫故世袭指挥佥事曹武嫡长男。

七辈曹元忠，旧选簿查有：正德十三年六月，曹元忠，临淮县人，系平越卫故世袭指挥佥事曹璋嫡长男。父在清平卫，为事调今卫。

八辈曹希惠，旧选簿查有：嘉靖二十六年四月，曹希惠，临淮县人，系清平卫故指挥佥事曹元忠嫡长男。

周易·指挥佥事

外黄查有：周礼，盱眙县人。有父周成，丙申年归附，充先锋，癸卯年充小旗，洪武十年充总旗，十一年赴京，钦除贵州卫后所权百户，十二年钦与实授，十六年归并左所，十七年授流官敕命，老。礼系嫡长男，替职，为父年深，钦依越世袭百户升除平越卫左所世袭副千户，三十一年调本卫后所。周昇系周礼嫡长孙。祖老疾，昇宣德八年替，授本卫所副千户。周豫系周昇嫡长男。父正统四年征进麓川阵亡，钦升本卫所正千户。豫年幼，正统六年优给，出幼，正统九年袭授平越卫后所世袭正千户。

一辈周成，已载前黄。

二辈周礼，旧选簿查有：洪武二十六年正月，周礼，系贵州卫左所流官百户周成嫡长男。父为老疾告替，系在外守御，父子俱至御前，钦依："他从军做官多年，替了，越世袭百户升平越卫左所世袭副千户"。·16·

三辈周昇，旧选簿查有：宣德八年七月，周昇，系平越卫后所世袭副千户周礼嫡长孙。

四辈周豫，旧选簿查有：正统九年闰七月，周豫，年十六岁，系平越卫后所亡故正千户周昇嫡长男，钦与世袭。

五辈周玺，旧选簿查有：成化二十三年二月，周玺，盱眙县人，系平越卫后所世袭正千户周豫嫡长男。

六辈周勋，旧选簿查有：弘治七年九月，周勋，盱眙县人，系平越卫后所世袭正千户周玺嫡长男。

抄誊簿查有：正德六年，乖西清水江苗贼功次，平越卫升一级不赏一人自擒斩贼级三名颗、四名颗官舍旗军共四十员名，后所实授正千户升指挥佥事一员周勋。

七辈周祐，旧选簿查有：嘉靖十二年六月，周勋，年五十八岁，盱眙县人，系平越卫指挥佥事，今患疾在卫。有嫡长男周祐，年二十八岁，告替。本人原系正千户，正德年间升前职。伊男暂准袭职，候革册到日定夺。

八辈周易，旧选簿查有：隆庆二年四月，周易，年二十九岁，盱眙县人，系平越卫故充军指挥佥事周祐嫡长男。伊父原替祖职指挥佥事，嘉靖三十五年因受财问发叙南卫充终身军，四十五年故。本舍照例复袭祖职指挥佥事。

编军簿查有：贵州平越卫指挥佥事周祐，嘉靖三十九年十月犯该受财枉法律绞，系杂犯，照例编发叙南卫中所充军终身。

九辈周孝思，万历十一年四月，周孝思，年二十二岁，盱眙县人，系平越卫故指挥佥事周易嫡长男，比中二等。①

万历四十五年五月二十五日，该本部题覆过贵州平越卫指挥佥事周孝思，侵盗军饷七百五十三两三钱九分，问拟斩罪，监追十余年，仅完五百五十三两三钱六分，尚欠二百两，援引恩诏豁免，虽已监毙狱底，法应揭黄革袭，该省巡按杨鹤具题前来，本部覆奉钦依："将周孝思揭黄，不许子孙承袭"。

奚天宠·指挥佥事

一辈奚成，缺。

---

① 万历《贵州通志》卷12《平越卫·职官·指挥佥事》载："周成，盱眙县人，洪武元年功升百户，十六年男礼调本卫，正德六年七世孙勋以先世功升指挥佥事，沿孝思袭"（第264页）。

二辈奚伦,缺。·17·

三辈奚仕锺,缺。

四辈奚得,缺。

五辈奚能,旧选簿查有:天顺四年十月,奚能,年十五岁,江阴县人,系平越卫右所试百户奚得亲侄孙。

副千户功次:候查。

六辈奚杰,旧选簿查有:弘治十四年十一月,奚杰,江阴县人,系平越卫右所功升副千户奚能嫡长男,钦与世袭。

正千户功次:候查。

指挥佥事功次:候查。

七辈奚都,旧选簿查有:嘉靖元年十月,奚都,江阴县人,系平越卫故指挥佥事奚杰嫡长男。

八辈奚天宠,旧选簿查有:嘉靖三十五年十二月,奚天宠,江阴县人,系平越卫故指挥佥事奚都嫡长男。

九辈奚国柱,万历二十五年二月,奚国柱,年二十六岁,系平越卫老指挥佥事奚天宠庶长男。查伊伯祖以伯阵亡功升试百户。所据阵亡升级,伯侄不得并袭,本舍合照例革袭署指挥佥事事正千户,比中一等。①

年远事故指挥佥事一员·王用②

洪武二十四年四月,王武,年十五岁,系平越卫世袭指挥佥事王先嫡长男。父白沟河阵亡,钦袭本卫世袭指挥佥事。③

宣德十年十二月,王政,系平越卫故世袭指挥佥事王武嫡长男。

---

① 万历《贵州通志》卷12《平越卫·职官·指挥佥事》载:"奚成,江阴县人,吴元年从军,升总旗,洪武十四年调本卫,功升指挥佥事,沿国柱袭"(第264页)。
② 据下引万历《贵州通志》卷12《平越卫·职官·指挥佥事》王成传载,此"年远事故指挥佥事乙员·王用"簿与《明档》本册第19页"王朝泰·指挥佥事"簿应并为一簿,其王先之父即王成,王成七世孙即王廉。
③ 弘治《贵州图经新志》卷12《平越卫军民指挥使司·名宦》载:"王先,合肥人,洪武间任平越卫指挥佥事,智勇谋略一时无右,蛮夷畏之,不敢犯其锋"(第131页)。六安、合肥毗邻,方志概言合肥人,盖以合肥为著籍而笼统言之。又万历《贵州通志》卷12《平越卫·名宦》载:"王先,洪武间指挥佥事,智勇谋略,蛮夷畏服"(第266页)。又此载王先白沟河阵亡,当在其任职平越卫之后。查白沟河在洪武间无它重大战事,惟"靖难之役"中双方皆有较大伤亡,则选簿"洪武二十四年四月"当作"洪武三十四年四月"。

正统十二年十月，王刚，年十六岁，系平越卫故世袭指挥佥事王政嫡长男。

弘治七年九月，王用，六安州人，系平越卫故世袭指挥佥事王刚嫡长男。·18·

又一员·冯威

正统十年八月，冯信，系平越卫左所正千户冯荣嫡长男。

景泰五年，冯信，系平越卫正千户升指挥佥事。

成化十二年十二月，冯福，宝应县人，系平越卫指挥佥事冯信嫡次男。

弘治十七年八月，冯威，宝应县人，系平越卫世袭指挥佥事冯福亲侄，待伯有男，还与职事。

王朝泰·指挥佥事

王廉。

王朝泰，万历八年六月分，王朝泰，年二十六岁，六安州人，系平越卫故充终身军指挥佥事王廉嫡长孙。伊祖原袭祖职指挥佥事，嘉靖四年为浥烂稻谷问充乌撒卫后所终身军，万历四年故。应该伊父王汉承袭，患疾不堪，本舍照例袭祖职指挥佥事，比中二等。①

王诏，万历四十六年四月，大选过平越卫指挥佥事一员王诏，年三十一岁，系故指挥佥事王朝泰嫡长男，比中二等。

张显·卫镇抚

外黄查有：张胜，迁安县人，洪武三十三年攻济南升小旗，三十四年西水寨升试百户，三十五年渡江升松门卫隘顽所副千户，永乐三年钦与世袭，十五年改平越卫卫镇抚。·19·

一辈张胜，已载前黄。

二辈张源，旧选簿查有：正统元年闰六月，张源，系平越卫为事纳米故世袭卫镇抚张胜嫡长男。

---

① 万历《贵州通志》卷12《平越卫·职官·指挥佥事》载："王成，六安州人，洪武元年功升副千户，二十年男先功升指挥佥事，调本卫。嘉靖四年七世孙廉侵欺稻谷充乌撒卫军，沿朝泰奉例袭"（第264页）。

三辈张琮，旧选簿查有：天顺三年九月，张琮，迁安县人，系平越卫故世袭卫镇抚张源嫡长男。

四辈张拱，旧选簿查有：弘治十四年十一月，张拱，迁安县人，系平越卫世袭卫镇抚张琮嫡长男。

五辈张恩，旧选簿查有：嘉靖十年六月，张恩，年四十岁，迁安县人，系平越卫年老世袭卫镇抚张拱嫡长男。

六辈张显，旧选簿查有：嘉靖三十一年十月，张显，迁安县人，系平越卫故卫镇抚张恩嫡长男。

七辈张问智，隆庆六年十月，张问智，年七岁，迁安县人，系平越卫故卫镇抚张显嫡长男，照例与全俸优给，至万历八年终住支。

万历十年四月，张问智，年十七岁，迁安县人，系平越卫故卫镇抚张显嫡长男，出幼袭职，比中二等。

刘良贵·卫镇抚

一辈。

二辈刘信，缺。

三辈刘敏，旧选簿查有：永乐十一年九月，刘敏，系平越卫世袭卫镇抚刘信嫡长男。

四辈刘嵩，旧选簿查有：景泰三年十月，刘嵩，临淮县人，系平越卫世袭卫镇抚刘敏嫡长男。

五辈刘翰，旧选簿查有：成化十六年十月，刘翰，临淮县人，系平越卫世袭刘嵩嫡次男。·20·

六辈刘良贵，旧选簿查有：正德十四年八月，刘良贵，临淮县人，系平越卫年老世袭卫镇抚刘翰嫡长男。

七辈刘衍。

八辈刘梦阳，万历十一年六月，刘梦阳，年三十岁，临淮县人，系平越卫年老卫镇抚刘衍嫡长男，比中二等。

九辈刘炳，万历三十五年六月，大选过平越卫卫镇抚一员刘炳，年二十岁，系患疾卫镇抚刘梦阳嫡长男，比中二等。

齐臣·署指挥佥事事正千户

内黄查有：齐瑄。有父齐整，洪武二年归附军，选充总旗，二十二年除成都左卫右所世袭百户，故，瑄于洪武三十二年袭平越卫中所世袭百户。齐琳系齐瑄亲弟，兄永乐四年故，无儿男，琳于永乐五年仍授平越卫中所世袭百户。齐胜系齐琳嫡长男，父因前疾，胜于正统七年钦准替授平越卫中所世袭百户。齐英系齐胜嫡次男，父于草塘杀贼有功升副千户，东苗杀贼有功升正千户，又于贵州西堡杀贼有功升署指挥佥事。齐贤系平越卫指挥佥事齐武嫡长男。伊父原系署指挥佥事事正千户，于弘治十八年遇例。实授一级例该减革，本人照例革替署指挥佥事事正千户，嘉靖八年钦准替职。

一辈齐整，已载前黄。

二辈齐瑄，旧选簿查有：洪武三十二年六月，齐瑄，系平越卫中所故世袭百户齐整嫡长男。

三辈齐琳，旧选簿查有：永乐五年正月，齐琳，年十八岁，系平越卫中所故世袭百户齐瑄［亲弟］。

四辈齐胜，旧选簿查有：正统七年九月，齐胜，系平越卫中所世袭百户齐琳嫡长男。

功次簿查有：天顺八年贵州东苗地方擒斩获功官一千五百八十一员内平越卫副千户升正千户七员内一员齐胜。

副千户功次：已载前黄。

指挥佥事功次：已载前黄。

五辈齐英，旧选簿查有：成化十一年二月，齐英，开州人，系平越卫署指挥佥事事正千户齐胜嫡次男。

六辈齐武，旧选簿查有：弘治十七年九月，齐武，开州人，系平越卫指挥佥事齐英嫡长男。伊父原系署指挥佥事事正千户，成化二十三年遇例实授，本人照例革替署指挥佥事事正千户。

七辈齐贤，旧选簿查有。·21·

八辈齐臣，旧选簿查有：嘉靖四十四年十二月，齐臣，年二十八岁，开州人，系平越卫年老署指挥佥事事正千户齐贤嫡长男。

九辈齐治国，万历二十一年八月，齐治国，年二十岁，开州人，系平越卫患疾署指挥佥事事正千户齐臣嫡长男，比中三等。①

十辈齐之贵，崇祯元年二月，大选过平越卫署指挥佥事事正千户一员齐之贵，年十六岁，系故署指挥佥事事正千户齐治国嫡长男，比中三等。

刘应武·署指挥佥事[事正千户]

外黄查有：刘晟，汝宁府人。祖父刘聚，乙未年跟扒头李元帅渡江充万户，丙申年克中承水寨升充总管，甲辰年克武昌敬除千户，洪武元年征山西，四年授正千户，克瞿塘、重庆、保宁，五年升除本卫指挥佥事，故。父刘义洪武八年充参侍舍人，九年除散骑舍人，征迤西钦袭沅州卫左所正千户，故。晟系嫡长男，袭授正千户。刘璿系刘晟嫡长男，袭授本所正千户。

一辈刘聚，已载前黄。

二辈刘义，已载前黄。

三辈刘晟，旧选簿查有：洪武二十七年七月，刘晟，系平越卫左所故世袭正千户刘义嫡长男，钦袭本卫所世袭正千户。

四辈刘璿，旧选簿查有：宣德四年十一月，刘璿，系平越卫左千户所故世袭正千户刘晟嫡长男。②

钦升簿查有：正统四年钦升官八十五员，剿杀贵州计砂等寨苗贼有功内平越卫正千户升指挥佥事一员刘璿。

钦升簿查有：正统七年征麓川获功，平越卫指挥佥事一次头功升指挥同知一员刘璿。

钦升簿查有：景泰五年钦升官五百八十九员，俱于贵州草塘等处功升一级内平越卫指挥同知升指挥使一员刘璿。

五辈刘缙，旧选簿查有：成化二年六月，刘缙。伊父刘璿原系平越卫指挥使，

---

① 万历《贵州通志》卷12《平越卫·职官·署指挥佥事》载："齐整，开州人，洪武二年充总旗，功升百户，二十七年调本卫。天顺八年三世孙胜功升署指挥佥事，沿治国袭"（第264页）。

② 弘治《贵州图经新志》卷12《平越卫军民指挥使司·名宦》载："刘璿，河南确山人，任平越卫千户，累功升都指挥，清慎老练，好儒能诗，所著有《竹亭退隐》《琅玕有咏》等集"（第131页）。此"琅玕有咏"，万历《贵州通志》卷12《平越卫·名宦·刘璿》作"琅玕百咏"（第267页）。又据嘉靖《贵州通志》卷6《学校·平越卫》引按察使杜铭《平越卫儒学记略》云，宣德八年（1433年）贵州按察副史李睿命指挥王俊、刘璿创建卫学（第347页）。

东苗等处获功升都指挥佥事，老疾。①本人系嫡长男，照例革替指挥使，仍依原卫差操。

六辈刘怀，旧选簿查有：弘治八年四月，刘怀，确山县人，系贵州都司指挥佥事刘缙嫡长男。伊父原系平越卫指挥使，功升前职，今年老。本人照例革替伊父原职指挥使，仍注原卫支俸，管理杂事。②

七辈刘继勋，旧选簿查有：嘉靖二十年八月，刘继勋，年二十五岁，确山县人，系贵州都司平越卫已故充军指挥使刘怀嫡长孙。伊高祖刘璿以正千户贵州功升指挥佥事，麓川头功升指挥同知，草塘功升指挥使。祖刘怀为事降指挥同知，镇筸功复升指挥使，嘉靖七年为事问发四川松潘卫充终身军，今故。父刘通未袭先故，本舍系刘怀嫡长孙。所据伊高祖刘璿贵州草塘功升指挥佥事及指挥使二级，俱查无擒斩，及伊祖怀降级指挥同知后镇筸功复升指挥使一级，系自己获功[自]己犯罪，例不准袭，俱例应减革，本舍照例革袭指挥佥事。·22·

八辈刘应武，旧选簿查有：嘉靖三十八年二月，刘应武，确山县人，系平越卫故指挥佥事刘继勋嫡长男。查伊高高祖璿以正千户于贵州功升指挥佥事，麓川功升指挥同知，草塘功升指挥使。曾祖怀袭，为事降指挥同知，复以镇筸功升指挥使，问充终身军，故。至父勋告袭，已革指挥佥事。所据贵州、麓川、草塘、镇[筸]历功升职，俱无擒斩，系减革未尽，今本舍革袭署指挥佥事。

九辈刘之屏，万历三年二月，刘之屏，年二十岁，确山县人，系平越卫故署指挥佥事事正千户刘应武嫡长男。③

十辈刘威，万历三十八年四月，大选过平越卫署指挥佥事事正千户一员刘威，年十八岁，系故署指挥佥事事正千户刘之屏嫡长男，比中三等。

戴崇武·署指挥佥事事正千户

内黄查有：戴琼，年一十九岁，凤阳府寿州人。祖戴成归附，丙午年充百户，吴元年为军数短少发充军，洪武二年除辰州卫所镇抚，八年故。父戴信袭，二十七年故。琼系嫡长男，二十八年袭平越卫左所所镇抚。戴胜年二十岁，系戴琼嫡长男，

---

① 《明宪宗实录》卷31，成化二年六月庚子载，"命贵州都指挥佥事刘璇子缙代父原职平越卫指挥使"。
② 《明孝宗实录》卷95，弘治七年十二月丙寅："命贵州都指挥佥事刘缙之孙怀代原职平越卫指挥使"。
③ 万历《贵州通志》卷12《平越卫·职官·署指挥佥事》载："刘聚，确山县人，洪武元年功升指挥佥事，十三年男义授散骑舍人，袭正千户，十四年调本卫。宣德九年四世孙璿功升署指挥佥事，沿之屏袭"（第264页）。

父老，胜正统十一年袭所镇抚。戴恩年三十六岁，系平越卫指挥使戴清嫡长男。曾祖戴胜原袭祖职所镇抚，草塘斩首六颗升副千户，历升署指挥佥事。祖铨遇例实授，都清俘获幼男升指挥同知，普安功升指挥使。父革袭指挥同知，乖西功升前职。所据俘获幼男，例该减革指挥同知，嘉靖二年替。

一辈戴成，已载前黄。

二辈戴信，已载前黄。

三辈戴琼，旧选簿查有：[洪武]二十八年正月，戴琼，年十一岁，系平越卫左所故世袭所镇抚戴信嫡长男，钦袭本卫所世袭所镇抚，支俸操练，至十六年管事。

四辈戴胜，旧选簿查有：正统十年九月，戴胜，系平越卫左所世袭所镇抚戴琼嫡长男。

五辈戴铨，旧选簿查有：成化七年闰九月，戴铨，寿州人，系平越卫署指挥佥事戴胜嫡长男。父原系正千户，西堡杀贼获功升署前职，患疾，本人照例该替正千户，仍署指挥佥事事。

六辈戴清，缺。

七辈戴恩，旧选簿查有：弘治十八年九月，戴清，年五十四岁，寿州人，系平越卫指挥使。伊祖戴胜原袭祖职所镇抚，草塘斩首六颗升副千户，历升署指挥佥事。父铨遇例实授，都清俘获幼男升指挥同知，普安功升指挥使。本人革袭指挥同知，乖西功升前职，今患疾。有嫡长男戴恩，年三十六岁，告替。所据俘幼男，例该减革，照例与替指挥同知。·23·

八辈戴坤，旧选簿查有：嘉靖二十七年十二月，戴坤，年三十八岁，寿州人，系平越卫老疾指挥同知戴恩嫡长男。伊高祖原袭所镇抚，草塘斩首有功越升副千户，东苗功升正千户，西堡功升署指挥佥事。曾祖铨替，遇例实授，都清功升指挥同知，普安功升指挥使。祖清革遇例，替指挥同知。父恩革都清功替指挥同知。所据越升职级与东苗功查无擒斩，俱例应减革，本舍照例革替署指挥佥事事正千户。

九辈戴崇武，旧选簿查有：嘉靖四十四年五月，戴崇武，年二十岁，寿州人，系平越卫故署指挥佥事事正千户戴坤嫡长男。

十辈戴周冕，万历二十年十一月，戴周冕，年十八岁，系平越卫故署指挥佥事事正千户戴崇武嫡长男，比中二等。①

---

① 万历《贵州通志》卷12《平越卫·职官·指挥同知》载："戴成，寿州人，洪武二年授所镇抚。十六年男信调本卫。成化二年四世孙胜功升指挥佥事。弘治七年五世孙铨功升指挥同知，沿周冕袭"（第264页）。

十一辈戴金绶，崇祯四年闰十一月，单本选过平越卫署指挥佥事一员戴金绶，年二十一岁，系老署指挥佥事事正千户戴周冕长男，比中三等。

姜汉·正千户

内黄查有：姜熊，年二十七岁，睢宁县人。伯姜春己亥年归附充军，守御宜兴，癸亥（卯）年征庐州等处，攻武昌充小旗，甲辰年克武昌，乙巳年克永新，丙午年克湖州等处充总旗，吴元年除虎贲卫百户，十月调金吾卫，洪武元年授流官，获从往北京，三年克定西，取兴原，授世袭，四年升副千户，调岳州卫，收捕桂阳等处，五年征诸洞蛮夷，克五开等处洞寨，七月于袭浪团，伯阵亡。父姜贤九年袭荆州卫副千户，十五年为军人吴黑子告，免问杖，调云南平越卫，十六年归并本卫左所，二十六年为清理贴黄将伯诰命拘收，二十八年还职。父疾告替，熊系庶长男，于三十五年替，仍授平越卫左所副千户。姜清年三十六岁，系姜熊嫡长男。父因征交趾余寇有功，永乐十三年升本卫所正千户，清于正统元年替袭正千户。姜宗年十三岁，系姜清嫡长男。父疾，于正统九年优给，出幼，于十二年袭本卫所正千户。姜一元二十岁，平越卫年老世袭指挥佥事姜武嫡长男，嘉靖元年十月替职。

一辈姜春，已载前黄。

二辈姜贤，已载前黄。

三辈姜熊，已载前黄。

四辈姜清，旧选簿查有：正统六年闰六月，姜清，系平越卫后所正千户姜熊嫡长男，钦与世袭。

五辈姜宗，旧选簿查有：正统十二年八月，姜宗，年十五岁，系平越卫后所残疾世袭正千户姜清嫡长男。·24·

六辈姜武，旧选簿查有：弘治五年十二月，姜武，睢宁县人，系平越卫功升指挥佥事姜宗嫡长男。

七辈姜一元，旧选簿查有：嘉靖元年十月，姜一元，睢宁县人，系平越卫年老世袭指挥佥事姜武嫡长男。

八辈姜渭，旧选簿查有：嘉靖十二年六月，姜渭，年十五岁，睢宁县人，系平越卫故指挥佥事姜一元嫡长男。伊曾祖宗原袭正千户，景泰元年领军开通道路升前职。祖、父沿袭。本人照例革开通[道]路一级，与正千户，注左所。

九辈姜汉，审稿查有：隆庆三年六月，姜汉，年三十岁，邳州人，系平越卫左所在逃正千户姜渭堂弟。伊堂兄原袭祖职正千户，嘉靖二十五年为僧在逃，无子，本舍照例准与借祖职正千户，待后伊堂兄姜渭回还，或生有儿男，退还职事。

十辈姜茂阳，万历十一年六月，姜茂阳，年二十一岁，睢宁县人，系平越卫左所故正千户姜汉嫡长男，比中二等。

张鹏翼·署指挥佥事事正千户

外黄查有：张佑，年五十岁，系贵州平越卫指挥佥事，原籍江都县人。高祖张福，丙申年从军，甲辰年克安丰，守御沔阳除百户，洪武九年故。曾祖张景袭沅州卫前所百户，十四年调平越卫左所，二十八年征伤。祖张宏系长男，永乐十六年替，正统四年故。父张勇系嫡长男，优，袭，成化十五年阿尾寨等处斩首三颗，成化十六年升副千户，二十二年八月老。兄张佐系嫡长男，优，故。佑系亲弟，十七年袭，正德七年征乖西阻召寨擒斩首三名颗升正千户，十四年征香炉山斩首三颗升指挥佥事。

一辈张福，已载前黄。

二辈张景，已载前黄。

三辈张宏，已载前黄。

四辈张勇，旧选簿查有：[正统]四年闰二月，张勇，年十岁，系平越卫左所故世袭百户张宏嫡长男，钦与全俸优给，至正统八年终住支。

旧选簿查有：正统十年三月，张勇，年十七岁，系平越卫左所故世袭百户张宏嫡长男，先因年幼，已与优给，后出幼患病，今痊可袭职。

五辈张佐，旧选簿查有：成化二十三年九月，张佐，年三岁，江都县人，系平越卫左所老疾功升副千户张勇嫡长男，钦与全俸优给，至弘治十一年终住支。

六辈张佑，旧选簿查有：弘治十七年四月，张佑，江都县人，系平越卫左所优给病故副千户张佐亲弟。

七辈张绍宗，旧选簿查有：嘉靖二十年十月，张绍宗，江都县人，系平越卫实授指挥佥事张佑嫡长男。伊祖勇，成化十五年以百户攻打阿尾寨功升副千户，疾。伯父佐袭，故绝。父佑袭，正德三年征进乖西功升正千户，攻打硬团功升指挥佥事，相沿承袭。所据阿尾寨功查无擒斩，例应减革，本人照例革替署指挥佥事事正千户。

八辈张鹏翼，旧选簿查有：隆庆三年六月，张鹏翼，年八岁，江都县人，系平越卫故署指挥佥事事正千户张绍宗嫡长孙。伊祖原袭祖职署指挥佥事事正千户，嘉靖三十四年为事问徒革职，四十二年故。伊父张登系生员，不愿承袭。本舍照例准与署指挥佥事事正千户俸优给，扣至隆庆九年终住支，出幼袭职。

万历五年六月，张鹏翼，年十六岁，江都县人，系平越卫故署指挥佥事[事]正千户张绍宗嫡长孙，优给出幼袭职，比中三等。①

九辈张延龄，万历卅五年八月，大选过平越卫署指挥使事指挥同知一员张延龄，年十八岁，系老署指挥佥事［事］正千户张鹏翼嫡长男。伊父原袭署指挥佥事[事]正千户，万历二十八年征播，攻平越、乌江等处，亲斩首级九颗，升署指挥使。查与题稿相同，本舍应以署指挥佥事上加伊父播功二级，与袭署指挥使事指挥同知，比中一等。

傅好礼·正千户

一辈傅兴，旧选簿查有：洪武二十五年五月，平越卫左所世袭百户傅兴。

二辈傅表，旧选簿查有：永乐十四年十一月，傅表，年十九岁，系平越卫左所故世袭百户傅兴亲侄。

三辈傅瑛，旧选簿查有：正统十年九月，傅瑛，系平越卫左所故世袭百户傅表嫡长男。

天顺七年十二月，傅瑛，系平越卫实授百户，升副千户。

四辈傅俊，旧选簿查有：成化十二年二月，傅俊，金华县人，系平越卫左所世袭副千户傅瑛嫡长男。·26·

五辈傅勇，旧选簿查有：弘治九年十一月，傅勇，金华县人，系平越卫左所世袭副千户傅俊嫡长男。

正千户功次：候查。

六辈傅珍，旧选簿查有：嘉靖元年八月，傅珍，金华县人，系平越卫左所正千户傅勇嫡长男。伊祖职原系副千户，获功升前职，钦与世袭。

七辈傅好礼，旧选簿查有：嘉靖四十年八月，傅好礼，年三十八岁，金华县人，系平越卫左所年老正千户傅珍嫡长男。

---

① 万历《贵州通志》卷12《平越卫·职官·署指挥佥事》载："张福，江都县人，洪武元年功升百户，十三年调本卫。正德十四年四世孙勇功升署指挥佥事，沿鹏翼袭"（第264页）。

八辈傅嘉爵，万历十一年六月，傅嘉爵，年二十四岁，金华县人，系平越卫左所年老正千户傅好礼嫡次男，比中二等。

潘一云·副千户

一辈潘真，旧选簿查有：洪武三十年九月，潘真，系羽林右卫后所副千户。

二辈潘礼，旧选簿查有：永乐十年三月，潘礼，系羽林右卫后所故世袭副千户潘真嫡次男，敬袭大河卫中左所世袭副千户。

三辈潘荣，旧选簿查有：正统八年九月，潘荣，年十六岁，系神电卫高州守御所故世袭副千户潘礼亲侄。

四辈潘熊，旧选簿查有：弘治五年十二月，潘熊，巴陵县人，系神电卫高州守御所世袭副千户潘荣嫡长男。伊父为失机事降充总旗，故。本人照例革袭祖职副千户。

五辈潘继武，旧选簿查有：正德元年月，潘继武，巴陵县人，系神电卫高州守御所世袭副千户潘熊嫡长男。伊父为人命典刑，本人袭职，调平越卫左所。

六辈潘一云，旧选簿查有：嘉靖七年二月，潘一云，年十岁，巴陵县人，系平越卫左所故世袭副千户潘继武嫡长男。照例与全俸优给，至嘉靖十二年终住支。

旧选簿查有：嘉靖十八年二月，潘一云，巴陵县人，系平越卫左所故副千户潘继武嫡长男，优给出幼袭职，限外有无多支俸粮，查扣支给。·27·

陈策·副千户

外黄查有：陈和，六安州人，系陈瑶长男。有父前黑总管下军，甲辰年选总旗，洪武三年并枪，克应昌除授海宁卫百户，九年为不应事充兰州卫军，十八年征伤，故。和袭留守中卫朝阳门所世袭百户，后改留守左卫，调平越卫左所世袭百户。

一辈陈瑶，已载前黄。

二辈陈和，已载前黄。

三辈陈清，旧选簿查有：宣德四年五月，陈清，年八岁，系平越卫左千户所故世袭百户陈和嫡长男，钦与全俸优给，至宣德十年终住支。

旧选簿查有：正统二年十月，陈清，年十六岁，系平越卫左所故世袭百户陈和嫡长男。

钦升簿查有：景泰五年，草塘等处功一级，平越卫百户升副千户一员陈清。

四辈陈良，旧选簿查有：成化十三年八月，陈良，年十五年（岁），六安州人，系平越卫左所副千户陈清嫡长男，钦与世袭。

五辈陈忠，旧选簿查有：嘉靖二年七月，陈忠，六安州人，系平越卫左所年老降级百户陈良嫡长男。伊父原系世袭副千户，为事降前职。本人照例与袭所降百户，候父身终，仍袭祖职副千户。

六辈陈器，旧选簿查有：嘉靖二十一年十二月，陈器，六安州人，系平越卫左所已故百户陈忠嫡长男。伊祖陈良原袭副千户，弘治十四年为事降百户，嘉靖二年年老。父陈忠暂替所降百户，今父、祖俱故。本舍照例与袭祖职副千户，于原卫所带俸差操。

七辈陈策，旧选簿查有：嘉靖（隆庆）元年十二月，陈策，年二十岁，六安州人，系平越卫左所带俸年老副千户陈器庶长男。

八辈陈王道，万历十四年十月，陈王道，年二十岁，六安州人，系平越卫左所故副千户陈策嫡长男，比中一等。

九辈陈治道，万历二十年八月，陈治道，年二十岁，系平越卫左所故绝副千户陈王道亲弟，比中三等。

李通·副千户

一辈李景，旧选簿查有：洪武二十五年五月，平越卫左所世袭副千户李景。

二辈李恒，旧选簿查有：宣德四年十一月，李恒，系平越卫左千户所世袭副千户李景嫡长男。

三辈李宣，旧选簿查有：天顺元年十二月，李宣，凤阳府定远县人，系平越卫左所世袭副千户李恒嫡次男。

四辈李让，旧选簿查有：成化二十年十月，李让，年十六岁，定远县人，系平越卫左所老疾世袭副千户李宣嫡次男。

五辈李通，旧选簿查有：正德十年十月，李通，年十六岁，系平越卫左所故世袭副千户李让嫡长男。

六辈李逢春，万历二年十月，李逢春，年四十岁，定远县人，系平越卫左所故副千户李通亲侄。

夏应科

崇祯九年十一月,单本选过平越卫左所试百户一员夏应科,年三十三岁,系平越卫左所军役。查本役于崇祯二等年顶祖役在于乌柳等寨地方共亲斩苗级九颗。今据告并前来,查与核册功次相同,及查邦政条例,苗功三名颗升一级,合准本役亲斩苗功三级并授,与做世袭试百户。

左所年远事故副千户一员·孙广

正统三年七月,孙泰,系平越卫左所世袭副千户。

天顺四年四月,孙整,信阳县人,系平越卫左所世袭副千户孙泰亲侄。

成化三年八月,孙广,信阳县人,系平越卫左所故世袭副千户孙整嫡长男。·29·

刘待聘·署副千户事实授百户

外黄查有:刘旺,旧名灵官保,德安县人。有父刘兴,甲辰年归附,拨威武卫充小旗,洪武三年选充总旗,二十三年老。旺代役,仍充总旗,二十五年钦升蕲州卫中所世袭百户。刘誉系刘旺亲侄。伯老疾,无儿男,誉宣德六年替本卫所百户。

一辈刘兴,已载前黄。

二辈刘旺,已载前黄。

三辈刘誉,旧选簿查有:宣德六年九月,刘誉,系蕲州卫右所世袭百户刘旺亲侄。

钦升簿内查有:景泰三年征湖贵香炉山等处杀贼获功一级、二级并署职一级内蕲州卫百户升副千户八员内一员刘誉。

四辈刘政,旧选簿查有:成化二年九月,刘政,德安县人,系蕲州卫右所副千户刘誉嫡长男,钦与世袭。

五辈刘赋,旧选簿查有:弘治八年十二月,刘赋,德安县人,系平越卫左所世袭副千户刘政嫡次男。父原系蕲州卫右所,调今卫所。

六辈刘恩,旧选簿查有:嘉靖元年六月,刘恩,德安县人,系平越卫左所正千户刘赋嫡长男。伊父袭副千户,镇箪功升前职,今年老,钦与本人世袭。

七辈刘待聘，旧选簿查有：嘉靖二十年八月，刘待聘，年二十三岁，德安县人，系平越卫左所故副千户刘恩嫡长男。伊高祖誉以百户香炉山功升副千户，相沿。所据香炉山功无擒斩，例应减革，本人照例革袭署副千户事实授百户。

八辈刘嘉爵，万历五年六月，刘嘉爵，年二十三岁，德安县人，系平越卫左所故副千户刘待聘嫡长男，革遇例，与袭署副千户事实授百户，比中三等。

九辈刘大名，天启七年七月，单本选过平越卫世袭署指挥佥事正千户一员刘大名，年二十五岁，系署副千户事实授百户刘嘉爵嫡长男。伊父原袭祖职，曾经问罪[立]功，已有寻甸等处地方斩贼首五名颗，将功赎罪讫，题升二级。本舍以祖职署副千户事实授百户上加亲斩功二级，合准并替署指挥佥事正千户，比中三等。·30·

刘效廉·实授百户

外黄查有：刘崑，武陵县人。始祖刘兴充军，洪武十六年并平越卫。三十四年高祖刘三补，征伤。高伯祖刘斌代，正统十四年羊场河阵亡。曾祖刘忠补，景泰五年征三百罗等处斩首有功升小旗，天顺五年征平伐等处斩首有功升总旗。成化十一年，祖刘完系嫡长男，补役，弘治六年都清鸡贾寨等处斩首有功升试百户，十五年普安水竹山等处斩首三颗，十八年升实授百户，正德三年老。父刘珍袭，六年乖西等处斩首三颗，七年升副千[户]，嘉靖五年以报效革袭实授百户，老。崑系嫡长男，袭实授百户。

一辈刘忠，已载前黄。

二辈刘完，已载前黄。

三辈刘珍，旧选簿查有：正德三年九月，刘珍，武陵县人，系平越卫左所年老升百户刘完户名刘兴旺嫡长男，钦与世袭。

四辈刘世臣，旧选簿查有：嘉靖二十六年六月，刘世臣，武陵县人，系平越卫左所痼疾实授百户刘崑嫡长男。

五辈刘效廉，旧选簿查有：嘉靖四十年二月，刘效廉，年九岁，武林（陵）县人，系平越卫左所故世袭百户刘世臣嫡长男，照例与全俸优给，至嘉靖四年（十）五年终住支。

旧选簿查有：隆庆元年十二月，刘效廉，年十六岁，武陵县人，系平越卫左所故实授百户刘世臣嫡长男，优给出幼袭职，照旧实授百户。

刘崇仁·实授百户

外黄查有：刘崇仁，年四十二岁，系贵州平越卫左所实授百户，原籍湖广宝庆府新化县人。一世祖刘清，甲辰年从军，吴元年守新化县有功升百户，洪武元年故。二世祖刘祥，九年十一月袭，十一年授世袭，十二年归附平越卫左所，二十六年故。高祖刘瑄系嫡长男，二十七年九月袭，宣德七年故。曾祖刘源系嫡长男，九年四月袭，景泰七年老。伯祖刘胜系嫡长男，本年十一月袭，成化十一年故。刘宾系嫡长男，本年十二月袭，故绝。祖刘凤系堂弟，优给，弘治十七年又四月袭，老。父刘相系嫡长男，嘉靖二十九年十月，替，故。崇仁系嫡长男，四十年十月袭授平越卫左所实授百户。

一辈刘清，已载前黄。

二辈刘祥，已载前黄。·31·

三辈刘瑄，旧选簿查有：洪武二十七年九月，刘瑄，系平越卫左所故世袭百户刘祥嫡长男，钦袭本卫所世袭百户。

四辈刘源，旧选簿查有：宣德九年四月，刘源，系平越卫左所故世袭百户刘瑄嫡长男。

五辈刘胜，旧选簿查有：景泰七年十二月，刘胜，新化县人，系平越卫左所世袭百户刘源嫡长男。

六辈刘宾，旧选簿查有：成化十一年十二月，刘宾，新化县人，系平越卫左所故世袭百户刘胜嫡长男。

七辈刘凤，旧选簿查有：弘治十七年闰四月，刘凤，年十七岁，新化县人，系平越卫左所故世袭百户刘宾堂弟。

八辈刘相，旧选簿查有：嘉靖二十九年十月，刘相，新化县人，系平越卫左所老疾世袭百户刘凤嫡长男。

九辈刘崇仁，旧选簿查有：嘉靖四十年二月，刘崇仁，年二十二岁，新化县人，系平越卫左所故实授百户刘相嫡长男。

十辈刘明臣，万历八年六月，刘明臣，年六岁，新化县人，系平越卫左所患疾实授百户刘崇仁嫡长男，照例与全俸优给，至万历十六年终住支。

万历二十年八月，刘明臣，年十九岁，系平越卫左所故实授百户刘崇仁嫡长男，出幼袭职，违限三年，限外有无多支俸粮，查扣关支，比中二等。

范承祖·实授百户

内黄查有：范定，鄢陵县人。父范进，系山西振武卫左所军余，正统十四年遇例报效，冠带，景泰元年北门外杀贼有功，代州西门外杀贼有功，本年升试所镇抚，注龙门卫右所带俸，三年注武城中卫左所，天顺元年遇例实授，钦升指挥佥事，锦衣卫带俸，①本年大同大南山、蒋家屯等处斩获贼级有功升指挥同知，②续以大同功升指挥使，二年为事降调平越卫左所所镇抚，成化七年故。定系嫡长男，复回振武卫带俸优给，十二年袭平越卫左所署百户实授所镇抚。

一辈范进，已载前黄。

二辈范定，旧选簿查有：成化十二年八月，范定，年十八岁，鄢陵县人，系平越卫左所署百户事所镇抚范进嫡长男。父原系振武卫余丁，历功升指挥使，为事降前卫所，又获功升署百户，病故。本人先因年幼，照例告于原卫优给，今出幼袭职，仍去后调卫所带俸差操。

副千户功次：候查。·32·

三辈范崑，旧选簿查有：正德六年二月，范崑，年十六岁，鄢陵县人，系平越卫左所功升副千户范定嫡长孙。伊祖原系功升署百户，弘治五年遇例实授，又获功升前职，故。本人照例革与实授百户俸优给，今出幼袭职。

四辈范承祖，旧选簿查有：嘉靖二十一年十月，范承祖，鄢陵县人，系平越卫左所实授百户范崑嫡长男。

五辈范体元，万历五年六月，范体元，年五岁，鄢陵县人，系平越卫左所老疾实授百户范承祖嫡长男，照例与全俸优给，至万历十四年终住支。

万历十六年六月，范体元，年十五岁，鄢陵县人，系平越卫左所年老实授百户范承祖嫡长男，出幼袭职，比中二等。

六辈范于智，天启六年五月，单本选过平越卫左所实授百户一员范于智，年二十五岁，系故绝实授百户范体元堂侄，序该承袭，准袭实授百户，比中三等。

---

① 《明英宗实录》卷275，天顺元年二月乙未，"升总兵官忠国公石亨家人……石纲、范进、石增为指挥佥事……俱锦衣卫带俸"。
② 《明英宗实录》卷282，天顺元年九月庚寅，"升……锦衣卫指挥佥事范进为指挥同知"。

刘继宗·实授百户

外黄查有：刘杰，盱眙县人。有祖父刘福，前原义兵百户，甲午年从军，甲辰[年]选充总旗，洪武元年除授长沙卫百户，未授敕命，故。父刘寿洪武九年袭授沅州卫流官百户，十一年授[世]袭敕命，三十三年白沟河阵亡。杰系嫡长男，三十四年袭职，授平越卫左所世袭百户。

一辈刘福，已载前黄。

二辈刘寿，已载前黄。

三辈刘杰，旧选簿查有：[洪武三]十四年四月，刘杰，年十五岁，系平越卫左所世袭百户刘寿嫡长男。父白沟河阵亡，钦袭本卫所世袭百户。

四辈刘芳，旧选簿查有：五年三月，刘芳，系平越卫左所世袭百户刘杰嫡长男。

五辈刘纲，旧选簿查有：天顺五年八月，刘纲，年十五岁，盱眙县人，系平越卫左所伤故世袭百户刘芳嫡长男。

六辈刘宣，旧选簿查有：弘治四年十二月，刘宣，盱眙县人，系平越卫左所故世袭百户刘纲嫡长男。

七辈刘景，旧选簿查有：弘治八年十二月，刘景，盱眙县人，系平越卫左所故世袭百户刘宣亲弟。·33·

八辈刘武，旧选簿查有：嘉靖十三年十月，刘武，年三十八岁，盱眙县人，系平越卫左所年老百户刘景堂弟。伊堂兄无儿男，本人借职，待堂兄有男，还与职事。

九辈刘继宗，旧选簿查有：隆庆元年十二月，刘继宗，年三十五岁，盱眙县人，系平越卫左所故实授百户刘武嫡长男。

十辈刘在邦，万历十六年六月，刘在邦，年二十岁，盱眙县人，系平越[卫]左所故绝实授百户刘继宗侄。伊伯原袭祖职实授百户，万历六年故绝，应该伊父刘继祥承袭，未袭先故。伊兄刘在孝患疾，不堪。本舍合照例借替祖职实授百户，倘刘在孝疾痊，或生有子，退还职事，比中二等。

龚应宗·实授百户

外黄查有：龚亮，南昌县人。有祖父龚贤，壬寅年投附充百户，甲辰年充宣武卫总旗，吴元年除通州卫百户，洪武四年选充广西护卫百户，五年调沅州卫，十一年世袭，十五年老。父龚真替职，三十年征五开阵亡。亮系嫡长男，三十二年授平越卫左所世袭百户。

一辈龚贤，已载前黄。

二辈龚真，已载前黄。

三辈龚亮，旧选簿查有：洪武二（三）十三年五月，龚亮，年十一岁，系平越卫左所阵亡世袭百户龚真嫡长男，支俸读书操练，至十五岁出幼，冠带管事。

四辈龚源，旧选簿查有：正统十四年二月，龚源，系平越卫左所世袭百户龚亮嫡次男。

五辈龚振，旧选簿查有：成化二十年六月，龚振，年十六岁，南昌县人，系平越卫左所残疾世袭百户龚源嫡长男。

六辈龚勋，旧选簿查有：嘉靖七年六月，龚勋，年三十五岁，南昌县人，系平越卫左所年老世袭百户龚振嫡长男。

七辈龚应宗，旧选簿查有：嘉靖二十七年六月，龚应宗，南昌县人，系平越卫左所故实授百户龚勋嫡长男。·34·

左所年远事故实授百户一员·周完

正统八年十月，周纲，系平越卫左千户所总旗升本所试百户。

弘治二年三月，周完，宜城县人，系平越卫左所故百户周纲嫡长男。

又一员·周定

洪武三十二年五月，周谅，系平越卫左所世袭百户周海嫡长男。

正统三年九月，周俊，系平越卫左所滽故世袭百户周谅堂侄孙。

景泰五年七月，周鑑，安岳县人，系平越卫左所被贼杀死世袭百户周俊亲侄。

成化六年二月，周定，年四岁，安岳县人，系平越卫左所故世袭百户周鑑庶长男，钦与全俸优给，至成化十六年终住支。

成化十七年六月，周定，年十五岁，安岳县人，系平越卫左所故世袭百户周鉴庶长男。

卢应祖·试百户

天启六年四月，大选过平越卫左所试百户一员卢应祖，年十八岁，系故试百户卢鸿渐亲侄，比中三等。·35·

杨灿·试百户

内黄查有：杨振，沭阳县人。曾祖杨观先系骁骑舍人，洪武十三年为事发沅州卫军，十四年调平越卫左所，残疾。祖杨晟代役，老。叔祖杨秀代役，正统十四年照例措办银米接济大军升试所镇抚，景泰五年都匀等处斩获草塘等贼级升实授所镇抚，天顺二年开通道路功重升实授所镇抚，将重升缘由具告，未曾改正，征东苗三年蒙谷洞等处斩获贼级三颗，五年以重升功改升副千户，七年以东苗功升正千户，老。振系嫡长男，替本卫所正千户。

一辈杨秀，旧选簿查有：景泰六年八月，杨秀，原系平越卫左所军，纳粟升试所镇抚，调征草塘杀贼获功一级冒升副千户，今照例革去冒升职事，依试所镇抚加获功一级，改正实授所镇抚。

旧选簿查有：天顺四年十二月，杨秀，原系平越卫左千户所所镇抚，贵州开通道路杀贼获功一级，照例升副千户。

二辈杨震，旧选簿查有：六月，杨震。伊父杨秀原系平越卫左千户所军，遇例纳米升所镇抚，草塘、东苗等处获功历升正千户，老疾。本人系嫡长男替职，仍依伊父军人加获功三级，与试百户俸，照俸（例）月支俸一石。

三辈杨恩，缺。

四辈杨世勋，旧选簿查有：嘉靖二十三年六月，杨世勋，沭阳县人，系平越卫年老指挥佥事杨恩嫡长男。伊曾祖秀以军人纳升试所镇抚，都匀功升实授，东苗二次获功升正千户，西堡功升指挥佥事。祖、父相沿，所据前项功升俱应减革，本人量革与署副千户事实授百户。

五辈杨灿，旧选簿查有：隆庆二年十月，杨灿，年三十七岁，沭阳县人，系平越卫左所年老副千户杨世勋嫡长男。查得黄选，原以军人正统十四年遇例纳米升试所镇抚，景泰五年开通羊场、杨老河、都匀等处道路，斩获谷蒙洞、草塘、飞练等处贼级，本年以斩获贼级功升实授所镇抚，天顺二年以开通道路功重升实授所镇抚，本年征东苗攻破谷蒙洞等处斩获贼级三颗，五年以重升功改升副千户，七年以东苗地方擒贼获功升正千户，续西堡有功升指挥佥事，沿袭至杨世勋。查伊曾祖杨秀以军人纳试所镇抚，历功升指挥佥事，先年量革署副千户事实授百户，嘉靖二十四年遇例实授。今查开通道路并署职、遇例俱系减革未尽，实扣军功三级，本舍革替试百户。

六辈杨佳凤，万历三十年十月，大选过平越卫左所试百户一员杨佳凤，年二十九岁，沭阳县人，系故试百户杨灿嫡长孙，比中二等。

孔罟·试百户

外黄查有：孔宝，六合县人。祖父孔名亮乙未年从军，充总旗，被贼杀死。伯孔遇龙承袭，接应长兴被贼杀死。父孔遇保袭伯父总管职事，洪武九年征黄平罗磨等处，十一年钦除骁骑左卫权百户，十二年实授流官百户，老。宝系嫡长男，替平越卫左所世袭百户。·36·

一辈孔名亮，已载前黄。

二辈孔遇龙，已载前黄。

三辈孔遇保，已载前黄。

四辈孔宝，旧选簿查有：洪武三十一年七月，孔宝，系平越卫左所流官百户孔遇保嫡长男，钦与世袭。

五辈孔胜，旧选簿查有：宣德四年十一月，孔胜，系平越卫左千户所世袭百户孔宝嫡长男。

六辈孔忠，旧选簿查有：正统十四年二月，孔忠，系平越卫左所世袭百户孔胜嫡长男。

七辈孔文，旧选簿查有：弘治八年十一月，孔文，年十五岁，六合县人，系平越卫左所老疾世袭百户孔忠庶长男。

八辈孔罟，旧选簿查有：嘉靖二十一年二月，孔罟，六合县人，系平越卫左所年老永远充军实授百户孔文亲弟。伊兄原替实授百户，为事问拟永远充军，未遭遇宥，改发立功，限满革职为民，子孙例不准袭。本舍系亲弟，照例于祖职实授百户上量降一级，与做试百户，于原卫所带俸差操，不许管军管事。

姜遇文·试百户

一辈姜伯全，缺。

二辈姜斌，旧选簿查有：洪武三十三年六月，姜斌，系赤水卫摩泥千户所世袭百户姜伯全嫡长男。

三辈姜铠，缺。·37·

四辈姜端，旧选簿查有：正统十三年十二月，姜端，年十五岁，系赤水卫摩泥所故世袭百户姜斌嫡长孙。父姜铠袭前职，调征思任发为因军人退缩典刑，钦准本人袭祖原职百户，调贵州平越卫左千户所。

五辈姜宣，旧选簿查有：成化二十年六月，姜宣，年十五岁，登州人，系平越卫左所故世袭百户姜端嫡长男。

六辈姜勋，旧选簿查有。

七辈姜遇文，旧选簿查有：嘉靖三十五年四月，姜遇文，黄县人，系平越卫老疾指挥佥事姜勋嫡长男。查伊高祖铠以世袭百户因事典刑，曾祖端、祖宣承袭。宣于弘治、正德年历以斩首功升指挥佥事，父勋沿袭。查得军职有犯典刑例应革发，本舍革伊祖职百户，准袭宣于典刑之后所立军功三级，替与试百户，注左所。

八辈姜履忠，万历十七年十月，姜履忠，年二十五岁，系平越卫左所年老试百户姜遇文嫡长男，比中三等。

唐希尧·试百户

外黄查有：唐政，沅州人。曾祖唐以文洪武五年充沅州卫左所总旗，十四年调平越卫右所，十六年调左所，老。祖唐均代，故。父唐斌补总旗，景泰四年草塘斩首三颗升试百户，故。政系嫡长男，袭平越卫左所实授百户，天顺六年钦与世袭。

一辈唐以文，已载前黄。

二辈唐均，已载前黄。

三辈唐斌，已载前黄。

四辈唐政，旧选簿查有：景泰七年十一月，唐政，沅州人，系平越卫左所试百户唐斌户名唐以文嫡长男。父原系总旗，于贵州草塘等处杀贼获功升前职，病故，钦准本人袭实授百户。

五辈唐经，旧选簿查有：弘治八年十二月，唐经，沅州人，系平越卫左所百户唐政嫡长男。伊父原系试百户，天顺元年遇例实授，年老。本人照例替实授百户。

六辈唐时相，旧选簿查有：嘉靖八年六月，唐时相，年二十五岁，沅州人，系平越卫左所故百户唐经嫡长男。伊曾祖斌功升试百户，祖政遇例袭实授，父经沿袭，以报效获功升副千户，先已革去报效升级，与实授百户。所据遇例实授仍应减革，本人照例与袭试百户。·38·

七辈唐希尧，旧选簿查有：嘉靖四十五年八月，唐希尧，年二十岁，沅州人，系平越卫左所故试百户唐时相嫡长孙。

八辈唐国卿，万历二十年八月，唐国卿，年二十一岁，系平越卫左所患疾试百户唐希尧嫡长男，比中二等。

左所年远事故试百户一员·谭秀

景泰五年，谭清，系平越卫左所总旗升试百户。

成化九年九月，谭秀，年七岁，麻阳县人，系平越卫左所故百户谭通嫡长男，钦与全俸优给，至成化十六年终住支。

成化二十年十月，谭秀，年十九岁，麻阳县人，系平越卫左所故百户谭通嫡长男。父原系功升试百户，遇例实授，病故。本人先因年幼优给，出幼间患疾，今痊可，照例革袭试百户。

年远事故所镇抚一员·宇敬

洪武三十年正月，宇让，系平越卫左所世袭所镇抚宇罗台嫡长男。

正统元年闰六月，宇宣，系平越卫左所世袭所镇抚宇让嫡长男。

景泰三年十月，宇敬，顺天府人，系平越卫左所世袭所镇抚宇宣嫡长男。

年远查无宝簿革发实授百户一员·严成相

万历二年六月，严成相，年四十岁，嘉兴县人，系平越卫左所故实授百户严谨嫡长孙。查得伊祖宝簿并无袭职缘由，又系年远诈冒，照例革发讫。·39·

[贾尔爵·试百户]

贾尔爵，崇祯十二年八月，大选过平越卫左所世袭试百户一员贾尔爵，年十八岁，南平县人，系老试百户贾彦芳亲男，比中三等。

陆惠·署试百户事总旗

外黄查有：陆季一，即陆景，沅县人。曾祖陆季壹，吴元年归附，故。祖陆仕名顶陆受名代，景泰四年草塘蛮贼节次斩首级四颗，五年升实授小旗，天顺三年东苗节次斩获贼级四颗，八年升总旗，老。父陆纲痼疾，陆季成户名不动补，弘治六年纳米免并，照例实授，故，无子。季景系亲弟，户名不动补，正德七年纳米免并，篡子坪苗贼斩首一颗、天生岩硬寨斩首一颗、俘获幼女一口，正德十年升试百户。

一辈陆仕，已载前黄。

二辈陆季成，已载前黄。

三辈陆季景，已载前黄。

四辈陆惠，旧选簿查有：嘉靖二十六年八月，陆惠，沅州人，系平越卫左所故试百户陆秀景（季景）亲侄。伊伯父秀景（季景）以总旗正德七年篡子坪等处征苗贼斩首二颗、俘获幼女一口升试百户。所据苗贼功不及数，例应减革，本舍照例革与署试百户事总旗，仍食总旗名粮。

五辈陆合香，万历十六年六月，陆合香，年二十八岁，沅州人，系平越卫左所年老署试百户事总旗陆惠嫡长男，比中二等。

袁武·冠带总旗

吊来号纸查有：平越卫右所冠带总旗一员袁武，进贤县人。始祖袁叔容，洪武四年军，景泰四年迤北斩首一颗升小旗。袁宽补、袁恺补、袁志聪补，正德六年贵州乖西一人自擒斩贼级三名颗升总旗，七年镇篡斩首三颗升试百户，嘉靖五年开报效人数革冠带总旗，今武系男，准照旧替冠带总旗。

一辈袁叔容。

二辈袁宽。

三辈袁恺。

四辈袁志聪。

五辈袁武。

六辈袁崑，万历六年二月，袁崑，年二十三岁，进贤县人，系平越卫右所故冠带总旗袁武嫡长孙，比中二等。

林刘汉·正千户

外黄查有：林刘顺，长乐县人。有祖父林凤弟，洪武五年充军，老疾，将父林刘九儿代役，三十三年济南升小旗，夹河升总旗，三十五年真定升百户，小河阵亡。刘顺系嫡长男袭职，为父阵亡升正千户俸优给，永乐八年袭正千户。

一辈林九儿，已载前黄。

二辈林刘顺，已载前黄。

三辈林刘清，旧选簿查有：宣德六年七月，林刘清，系平越卫右所故世袭正千户林刘顺嫡长男。

四辈林刘琮，旧选簿查有：景泰五年十月，林刘琮，长乐县人，系平越卫右所故世袭正千户林刘清嫡长男。

五辈林刘盛，旧选簿查有：成化十四年四月，林刘盛，长乐县人，系平越卫右所故世袭正千户林刘琮嫡长男。

六辈林刘能，旧选簿查有：弘治十六年六月，林刘能，长乐县人，系平越卫右所故世袭正千户林刘盛嫡长男。

七辈林刘熊，旧选簿查有：正德元年八月，林刘熊，长乐县人，系平越卫右所故世袭正千户林刘能亲弟。

八辈林刘汉，旧选簿查有：嘉靖十八年八月，林刘汉，年五岁，长乐县人，系平越卫右所故正千户林刘熊嫡长男，照例与全俸优给，至嘉靖二十八年终住支。·41·

旧选簿查有：嘉靖三十年十二月，林刘汉，年十九岁，长乐县人，系平越卫右所故正千户林刘熊嫡长男。

九辈林刘都，万历二十年二月，林刘都，年二十七岁，长乐县人，系平越卫右所老疾实授正千户林刘汉嫡长男，比中二等。

十辈林刘芳，万历四十七年十二月补十月大选，过平越卫右所正千户一员林刘芳，年十九岁，系故正千户林刘都嫡长男，比中二等。

高远·正千户

一辈高□，缺。

二辈高友，缺。

三辈高震，旧选簿查有：正统九年十二月，高震，系平越卫流官指挥佥事高友嫡长男。

四辈高贤，旧选簿查有：天顺三年六月，高贤，顺天府通州人，系平越卫征进伤故世袭指挥佥事高震堂侄。

五辈高贵，旧选簿查有：弘治八年九月，高贵，通州人，系平越卫故功升指挥同知高贤嫡长男，钦与世袭。

六辈高远，旧选簿查有：嘉靖十一年四月，高远，年四十一岁，通州人，系平越卫年老指挥使高贵嫡长男。伊曾伯祖友袭百户，功升指挥佥事。祖贤以侄孙承袭，弘治六年都清斩首升指挥同知，父贵十四年普安斩首升指挥使。所据本舍正系伊曾伯祖侄孙以下人数，例无承袭，扣有伊始祖原立百户及祖、父都清、普安军功二级，照例革与正千户，注右所。本人比试不中，暂准替职，与支半俸，候及二年，起送再比。

七辈高尚义，①万历五年六月，高尚义，年二十五岁，通州人，系平越卫右所故正千户高策嫡长男，比中三等。

仲恩·副千户

外黄查有：仲荣，扬州人，仲真旧名李衡庶长男。有父丙申年充军，吴元年选充小旗，洪武二年选充总旗，三年除百户，二十三年升平越卫右所副千户，故。荣于三十二年袭副千户。仲华系仲荣亲弟。仲义系仲华嫡次男。父故，兄仲礼残疾，不堪袭，义袭，待有男，还与职事。仲俊系仲义嫡长男。父景泰五年清水江捉捕贼寇有功升正千户，故。义（俊）于天顺四年袭正千户。仲爵系仲胜嫡长男。·42·

一辈仲真，已载前黄。

二辈仲荣，旧选簿查有：洪武三十二年六月，仲荣，年十二岁，系平越卫右所故世袭副千户仲珍庶长男，支俸读书操练，至十五岁出幼冠带管事。

---

① 高远嘉靖十一年（1532）袭职时41岁，高尚义万历五年（1577）袭职时25岁，二者间隔45年，此六、七辈间当漏载一辈，即"高策"辈。

五军都督府所属卫所·右军都督府·贵州都司·平越卫

三辈仲华，旧选簿查有：永乐三年二月，仲华，年十五岁，系平越卫右所故世袭副千户仲荣亲弟。

四辈仲义，旧选簿查有：宣德八年六月，仲义，年十五岁，系平越卫右所故世袭副千户仲华嫡次男。有兄仲礼，残疾，不堪承袭，钦准本人袭职，待有男，还与职事。

五辈仲俊，旧选簿查有：天顺四年七月，仲俊，扬州府人，系平越卫右所故正千户仲义嫡长男，钦与世袭。

六辈仲胜，旧选簿查有：成化二十一年九月，仲胜，年十五岁，扬州府人，系平越卫右所故正千户仲俊嫡长男。

七辈仲爵，旧选簿查有：嘉靖二年十二月，仲爵，扬州府人，系平越卫右所故正千户仲胜嫡长男。

八辈仲恩，旧选簿查有：嘉靖十八年十二月，仲恩，年七岁，扬州府人，系平越卫右所故正千户仲爵嫡长男。伊高祖义原系副千户，景泰五年清水江功升正千户，曾、祖、父沿袭。所据清水江功不由斩首，例应减革，本人照例革与副千户俸优给，至嘉靖二十五年终住支。

旧选簿查有：嘉靖三十五年十二月，仲恩，扬州府人，系平越卫右所故正千户仲爵嫡长男，优给已革副千户，今出幼袭职。查得本舍违限九年，限外有无多支俸粮，查扣毕日关支。

马承宠·副千户

外黄查有：马仁，年三十一岁，系贵州平越卫右所副千户，原籍直隶合肥县人。始祖马龙，丁酉年先锋，吴元年总旗，洪武三年除百户，六年并平越卫右所副千户，故。三世祖马庸系长孙，二十七年袭，正统二年为事立功，三年遇例复职，老。高祖马铨系长男，袭，故。曾祖马通系长男，袭，疾。马宏系嫡长男，替，病。马勇系嫡长男，优，袭，疾。仁系嫡长男，嘉靖十五年八月替副千户。

一辈马龙，已载前黄。

二辈马庸，旧选簿查有：洪武二十七年九月，马庸，系平越卫右所故流官副千户马龙嫡长孙，钦准袭职，与世袭，仍授本卫世袭副千户。

三辈马铨，旧选簿查有：正统十年十一月，马铨，系普定卫左所世袭副千户马庸嫡长男。

四辈马通,已载前黄。

五辈马宏,旧选簿查有:成化十七年九月,马宏,合肥县人,系平越卫右所世袭副千户马通嫡长男。

六辈马勇,旧选簿查有:弘治十三年六月,马勇,年十五岁,合肥县人,系平越卫右所故世袭副千户马宏嫡长男。

七辈马仁,旧选簿查有:嘉靖十五年八月,马勇,年五十一岁,合肥县人,系平越卫右所副千户,今患疾在所。有嫡长男马仁,年三十岁,告替。

八辈马承宠,旧选簿查有:嘉靖四十一年十二月,马承宠,年二十九岁,合肥县人,系平越卫右所老疾副千户马仁嫡长男。

九辈马如麟,隆庆六年十月,马如麟,年五岁,合肥县人,系平越卫右所故副千户马承宠嫡长男,照例与全俸优给,至万历九年终住支。

万历十五年八月,马如麟,年二十岁,合肥县人,系平越卫右所故副千户马承宠嫡长男,出幼袭职,比中三等。

戎羽·副千户

一辈戎毅,缺。

二辈戎贵,缺。

三辈戎智,旧选簿查有:永乐元年四月,戎智,系平越卫右所阵亡世袭副千户戎贵嫡长男。

四辈戎政,旧选簿查有:正统十年四月,戎政,系平越卫右所故世袭副千户戎智嫡长男。

五辈戎晟,旧选簿查有:天顺五年八月,戎晟,年十五岁,寿州人,系平越卫右所失陷世袭副千户戎政庶长男。

六辈戎经,旧选簿查有:弘治十一年十二月,戎经,寿州人,系平越卫右所世袭副千户戎晟嫡长男。·44·

七辈戎恩,旧选簿查有:嘉靖五年十月,戎恩,寿州人,系平越卫指挥佥事戎经嫡长男。伊父原袭副千户,正德六年乖西报效升正千户,七年镇筸搜斩一颗、擒斩二颗除前职。升报效一级奉诏减革外,所据搜斩例无承袭,本人照例革替副千户,注原右所。

八辈戎羽,旧选簿查有:嘉靖三十年十二月,戎羽,寿州人,系平越卫右所故副千户戎恩嫡次男。

九辈戎懋功，万历五年六月，戎懋功，年十六岁，寿州人，系平越卫右所患疾副千户戎羽嫡长男，比中三等。

十辈戎懋臣，万历三十五年十二月，大选过平越卫右所副千户一员戎懋臣，年二十岁，系故副千户戎懋功堂弟，比中三等。

周朝用·副千户

一辈周□，缺。

二辈周振，缺。

三辈周永，旧选簿查有：永乐元年二月，周永，系平越卫右所故世袭百户周振嫡长男。

四辈周斌，旧选簿查有：天顺七年闰七月，周斌，年十五岁，通城县人，系平越卫右所老疾副千户周永庶长男。

五辈周宣，旧选簿查有：正德三年九月，周宣，通城县人，系平越卫右所年老世袭副千户周斌嫡长男。

六辈周麟，旧选簿查有：嘉靖七年六月，周麟，年三十五岁，通城县人，系平越卫右所故世袭副千户周宣嫡长男。

七辈周朝用，旧选簿查有：嘉靖三十五年十二月，周朝用，通城县人，系平越卫右所故副千户周麟嫡长孙。·45·

八辈周达，万历二十三年二月，大选周达，年二十岁，系平越卫右所故副千户周朝用嫡次男，比中三等。

陈相·副千户

一辈陈胜保，缺。

二辈陈忠，旧选簿查有：洪武三十年十月，陈忠，系平越卫右所故世袭百户陈胜保嫡长男。

三辈陈瑄，旧选簿查有：洪武三十四年四月，陈瑄，系平越卫右所世袭百户陈忠嫡长男，父白沟河阵亡。

四辈陈刚，旧选簿查有：正统元年闰六月，陈刚，系平越卫右所世袭百户陈瑄嫡长男。

五辈陈桧，旧选簿查有：景泰五年九月，陈桧，年十五岁，江都县人，系平越卫右所被贼打死世袭百户陈纲嫡长男。

六辈陈遇，旧选簿查有：弘治十一年十一月，陈遇，江都县人，系平越卫右所世袭百户陈桧嫡长男。

副千户功次：候查。

七辈陈相，旧选簿查有：正德十三年八月，陈相，江都县人，系平越卫右所功升副千户陈遇嫡长男。

右所年远事故副千户一员·唐勋

天顺四年九月，唐雄，年十五岁，萧县人，系平越卫右所残疾副千户唐敏嫡长男，钦与世袭。·46·

成化十二年五月，唐勋，年九岁，萧县人，系平越卫右所故世袭副千户唐雄嫡长男，钦与全俸优给，至成化十七年终住支。

[成化]十八年九月，唐勋，年十五岁，萧县人，系平越卫右所故世袭副千户唐雄嫡长男，先因年幼，今出幼袭职。

戴伦·署副千户事实授百户

外黄查有：戴瑛，江宁县人。祖父戴兴，洪武元年选充校尉，老。父戴旺代役，十三年充军，永乐十四年并充小旗，洪熙元年并升总旗，正统三年征麓川，故。堂弟戴璟替，四年上阵亡。瑛系堂兄，原病痊疴，又系原役总旗，七年升试百户。戴勇系瑛曾侄孙。伊曾叔祖疾，无儿男，祖戴清系亲侄，替职，故。父戴胜袭，疾。勇系嫡长男，弘治七年替授平越卫右所世袭百户。

一辈戴兴，已载前黄。

二辈戴旺，已载前黄。

三辈戴璟，已载前黄。

四辈戴瑛，已载前黄。

五辈戴清，旧选簿查有：景泰二年五月，戴清，系平越卫右所试百户戴瑛亲侄。叔原系总旗，患病，令堂弟戴璟替，征麓贼阵亡。叔病痊，袭升前职，老疾，钦准本人替实授世袭百户。

六辈戴胜，旧选簿查有：成化二十三年二月，戴胜，江宁县人，系平越卫右所故世袭百户戴清嫡长男。

七辈戴勇，旧选簿查有：弘治七年十月，戴勇，江宁县人，系平越卫右所世袭百户戴胜嫡长男。

八辈戴勋，旧选簿查有：正德十三年十二月，戴勋，江宁县人，系平越卫右所故绝正千户戴勇亲弟。堂曾叔祖戴璟以曾叔祖戴瑛总旗征进麓川阵亡，曾叔祖瑛以堂弟璟阵亡袭升试百户，祖戴清以亲侄钦准袭实授，父戴胜袭，故。兄承袭，获功二级升前职，又镇箪功升指挥佥事，未任故绝。本人革去伊曾叔祖袭堂曾叔祖阵亡并钦准实授二级，于总旗上加军功三级，与做副千户。·47·

九辈戴伦，旧选簿查有：嘉靖三十年十二月，戴伦，年二十岁，江宁县人，系平越卫右所老疾副千户戴勋嫡长男。查得伊高高祖旺洪熙元年保升总旗，高祖璟补，阵亡，高叔祖瑛以堂弟璟阵亡功升试百户，曾祖清钦升实授百户，伊伯勇又立功三级升指挥佥事，伊父勋承袭，已革去钦准、阵亡，与替副千户。所据高祖旺并升一级不由军功，本舍革与署副千户事实授百户。

十辈戴仪，隆庆四年八月，戴仪，年三十岁，江宁县人，系平越卫右所故署副千户戴伦亲弟。查伊高高祖戴旺以小旗洪熙元年并升总旗，阵亡，钦准升试百户，遇例实授，沿袭至戴勇，获功三级历升指挥佥事，至戴勋查革钦准、阵亡二级，与副千户，至戴伦又革并升一级，量与署副千户事实授百户。所据署级系先年减革未尽，本舍合照例革袭实授百户，钦准袭职。

张羽·实授百户

外黄查有：张能，福山县人，洪武四年将兄张瘦儿顶父张丑儿名字充小旗，三十一年老。将能代役，仍充小旗，三十三年济南升总旗，三十五年克金川门升东胜右卫中所百户。张英系张能嫡长男。张海系张瑛嫡长男。父调平越卫右所。

一辈张瘦儿，已载前黄。

二辈张能，已载前黄。

三辈张英，旧选簿查有：正统三年六月，张英，系平越卫右所世袭百户。

四辈张海，旧选簿查有：正统十年三月，张海，系平越卫右所故世袭百户张英嫡长男。

五辈张钦，旧选簿查有：弘治九年九月，张钦，福山县人，系平越卫右所老疾世袭百户张海庶长男。

六辈张爵，旧选簿查有：嘉靖十二年八月，张爵，年三十二岁，福山县人，系平越卫右所故百户张钦嫡长男。

七辈张羽，旧选簿查有：嘉靖四十三年七月，张羽，年二十岁，福山县人，系平越卫右所年老实授百户张爵庶长男。·48·

邵思周·实授百户

一辈邵贵，缺。

二辈邵官音保，缺。

三辈邵信，缺。功次簿查有：正统七年，钦升官二千二十五员官旗军舍人等调征云南麓川反寇思任发于上江等处剿杀蛮贼有功内开平越卫前所总旗升一次头功升试百户乙员邵贵。

四辈邵俊，旧选簿查有：成化十二年十月，邵俊，年十五岁，江陵县人，系平越卫右所老疾百户邵贵嫡长孙。

五辈邵继宗，旧选簿查有：正德十六年八月，邵继宗，江陵县人，系平越卫年老功升指挥佥事邵俊嫡长男。伊曾祖贵总旗功升试百户，遇例实授，父沿袭，又历功升前职。本人照例革与正千户，注右所。

六辈邵思周，旧选簿查有：嘉靖四十五年六月，邵思周，年六岁，江陵县人，系平越卫右所年老实授百户邵继宗嫡长孙，照例与全俸优给，至嘉靖五十三年终住支。

七辈邵经，隆庆四年六月，邵经，年二十九岁，江陵县人，系平越卫右所故实授百户邵思周亲叔，隆庆四年六月二十七日，钦准袭职。

曹珑·实授百户

内黄查有：曹琳，濠州人。有祖父曹振，旧名振宗，吴元年归附，洪武二年并枪充壮士小旗，三年除授怀庆卫百户，四年授流官敕命，六年调武冈所，十六年调平越卫右所，二十六年祖故，有父曹斌先年将（故），琳系嫡长孙，本年钦准袭职，仍授本卫所世袭百户，[二]十九年换世袭新诰一道。曹瑛系曹琳嫡长男，正统七年故，瑛正统九年袭授平越卫右所世袭百户。曹全系曹瑛嫡长男。堂伯患疯疾，堂兄曹纲替，故，无儿男。全成化十年优给，十二年终住支。曹全系曹纲堂弟，堂兄故，无嫡次儿男，全优给出幼，成化十三年袭授平越卫右所世袭百户。

一辈曹振，已载前黄。

二辈曹琳，旧选簿查有：洪武二十六年十二月，曹琳，年九岁，系平越卫右所故世袭百户曹振嫡长孙，钦准袭职，仍授本卫所世袭百户。·49·

三辈曹瑛，旧选簿查有：正统九年三月，曹瑛，系平越卫右所故世袭百户曹琳嫡长男。

四辈曹纲，旧选簿查有：天顺二年八月，曹纲，年二十一岁，凤阳府人，系平越卫右所世袭百户曹瑛亲侄。

五辈曹全，旧选簿查有：成化十三年十月，曹全，年十六岁，凤阳府人，系平越卫右所故世袭百户曹纲堂弟。

六辈曹海，旧选簿查有：正德二年十一月，曹海，凤阳府人，系平越卫右所世袭百户曹全嫡长男。

七辈曹珑，旧选簿查有：嘉靖十二年六月，曹海，年五十六岁，濠州人，系平越卫右所百户，今患疾在所。有嫡长男曹珑，年三十岁，告替。

耿思忠·实授百户

外黄查有：耿旺，山阳县人。祖父耿子成，丁酉年归附，吴元年征山东充总旗，洪武十五年钦依管军，赴平越卫听调，十六年拨右所署百户事，十七年拨令（冷）溪立堡守镇，二十二年本堡杀败阿察陇等处苗贼，除本卫右所世袭百户，老。父耿名先年病故，旺系嫡长孙，替，仍授平越卫右所世袭百户。耿荣系耿旺嫡长男，父故，荣永乐十六年五月袭授本卫所百户。耿忠系耿荣堂叔，堂侄故，堂兄耿谅患风疾，忠于正统二年十一月钦准袭授平越卫右所世袭百户，待有男，还与职事。耿正系耿忠亲弟，兄景泰三年故，无儿男，正于景泰五年十月钦准袭授平越卫右所世袭百户。耿勋系耿聪亲侄，伯故，勋于正德十年二月钦准袭授平越卫右所世袭百户。耿能系平越卫右所故绝世袭百户耿勋亲弟，嘉靖三年九月初四日钦准袭职。

一辈耿子成，已载前黄。

二辈耿旺，旧选簿查有：洪武三十二年五月，耿旺，系平越卫右所世袭百户耿子成嫡长孙。

三辈耿荣，旧选簿查有：永乐十六年五月，耿荣，年十六岁，系平越卫右所故世袭百户耿旺嫡长男。

四辈耿忠，旧选簿查有：正统二年十一月，耿忠，年十六岁，系平越卫右所故世袭百户耿荣堂叔。有堂兄耿谅鼻喘风疾，不堪承袭，钦准本人袭职，待有男，还与职事。

五辈耿正，旧选簿查有：景泰五年十月，耿正，山阳县人，系平越卫右所故世袭百户耿忠亲弟。·50·

六辈耿聪，旧选簿查有：成化二十三年二月，耿聪，山阳县人，系平越卫右所世袭百户耿正嫡长男。

七辈耿勋，旧选簿查有：正德十年二月，耿勋，山阳县人，系平越卫右所故世袭百户耿聪亲侄。

八辈耿思忠，旧选簿查有：嘉靖四十三年六月，耿思忠，年三十岁，山阳县人，系平越卫右所老疾实授百户耿熊亲侄。伊伯原袭祖职实授百户，今年老无子，本舍照例与借祖职实授百户，待后伊伯耿熊生有儿男，退还职事。

戴世臣·实授百户

内黄查有：戴辛即戴纲，永丰县人，甲辰年从军，洪武八年选充小旗，十四年云南普定有功，二十年升总旗，调平越卫右所，残疾。祖戴用和替役，并胜，故。伯父戴胜补役，并胜，故，无嗣。纲系亲侄，补役，并胜，弘治六年都匀有功七年升试百户，十四年普安、安南有功十八年升实授百户，正德六年乖西有功七年升实授副千户。

一辈戴辛，已载前黄。

二辈戴用和，已载前黄。

三辈戴昇，已载前黄。

四辈戴纲，已载前黄。

五辈戴玉，旧选簿查有：正德十一年八月，戴玉，永丰县人，系平越卫右所年老副千户戴纲户名戴辛嫡长男，父系总旗历功升除前职。

六辈戴远，旧选簿查有：嘉靖十三年十月，戴远，年三十七岁，永丰县人，系平越卫右所故实授百户戴玉嫡长男。伊父原替前职，为事充终身军，遇例释放，今故，本舍告袭，与袭祖职实授百户。

七辈戴世臣，旧选簿查有：嘉靖四十三年十月，戴世臣，年三十七岁，永丰县人，系平越卫右所年老实授百户戴远嫡长男。·51·

杨应春·实授百户

一辈杨现，吊来功次查有：平越卫升一级不赏一人自擒斩贼级三名颗、四名颗官舍旗军共四十员名内右所军人升小旗一名杨茂。

二辈杨本，缺。

三辈杨魁，旧选簿查有：嘉靖十一年六月，杨魁，年三十一岁，武冈州人，系平越卫右所功升试百户杨本洪户名杨茂嫡长男。

四辈杨应春，旧选簿查有：嘉靖四十年八月，杨应春，年三十岁，武冈州人，系平越卫右所故实授百户杨魁嫡长男。杨魁替试百户，嘉靖十四年征都匀凯口地方，十五年攻大囤镇溪山斩首一颗，攻大囤内后山斩首一颗，攻大囤绝顶斩首一颗，二十四年升实授百户。

五辈杨朝极，万历十五年二月，杨朝极，年二十一岁，武冈州人，系平越卫右所故实授百户杨应春嫡长男，比中二等。

右所优养世袭百户一员·李昶

洪武二十九年三月，李岩，系平越卫右所世袭百户。

永乐四年三月，李昶，年十七岁，系平越卫右所故世袭百户李岩嫡长男。

[天顺七年]①十二月，李昶，年七十四岁，寿州人，系平越卫右所世袭百户，老疾，户内别无应替之人，钦与本人全俸优养。·52·

毛恩·试百户

外黄查有：毛荣，无锡县人。祖毛贵孙吴元年从军，拨沅州卫小旗，洪武十六年调平越卫右所，故。父毛敬补，并小旗，洪熙元年并充总旗，正统元年故。荣顶户名补役，六年十二月克破贼首思任发巢穴一次头功例升一级，因未并枪，七年准

---

① 原文失载年份，据李昶永乐四年（1406）年十七岁推算，其七十四岁当系天顺七年（1463）。

并，仍充总旗，景泰四年草塘开通道路克罗硬等寨，五年克孔谷都上塘等寨，共斩获首级三颗例升一级，七月升平越卫右所试百户，天顺元年遇例实授，六年钦与流官职事。

一辈毛贵孙，已载前黄。

二辈毛敬，已载前黄。

三辈毛荣，已载前黄。

四辈毛胜，旧选簿查有：成化十二年十月，毛胜，无锡县人，系平越卫右所百户毛荣户名毛贵孙嫡长男，钦与世袭。

五辈毛凤，旧选簿查有：弘治九年九月，毛凤，无锡县人，系平越卫右所故世袭百户毛胜嫡长男。

六辈毛恩，旧选簿查有：嘉靖十三年十月，毛恩，年三十六岁，无锡县人，系平越卫右所年老百户毛凤嫡长男。伊曾祖荣功升试百户，遇例实授，祖、父相沿，本人照例革替试百户。

七辈毛正卿，隆庆四年十月，毛正卿，年二十岁，无锡县人，系平越卫右所实授百户毛恩嫡长男，革遇例，与袭试百户。

张应文·试百户

内黄查有：张晖，丰润县人。曾祖张子敬，洪武四年收集汝宁卫军，十四年调征云南拨守平越卫中所。父张琳景泰四年替役，五年征进草塘杀贼有功升实授小旗，天顺二年征进东苗杀贼有功升实授总旗，弘治二年老疾。四年，晖并，替，十五年征进安南、普安地方有功，[十]八年升本卫所试百户，本年遇例实授。

一辈张琳，已载前黄。

二辈张晖，已载前黄。

三辈张元善，旧选簿查有：嘉靖十一年六月，张元善，年三十岁，丰润县人，系平越卫右所年老百户张晖亲侄。伊伯功升试百户，遇例实授，今年老，无儿。本人系亲侄，照例革替试百户，待伯有男，还与职事。

四辈张应文，旧选簿查有：嘉靖四十年八月，张应文，年三十五岁，丰润县人，系平越卫右所故实授百户张元善嫡次男。查伊父张元善遇例实授，所据遇例不准承袭，本舍革袭试百户。

姚大鳌·试百户

外黄查有：姚昇，无锡县人。祖姚通四，吴元年归附，十四年调平越卫，老。伯姚永代役，老。叔姚五代役，老。昇代役，景泰元年，奉例自备米一百石运赴平越卫官仓纳完，二年升试所镇抚，四年草塘开通道路，飞缚砲硬斩获首级，合口寨斩获首级，十八日罗硬寨斩获首级，五年克孔谷都寨获功五次、斩首三颗，例升一级升平越卫右所实授所镇抚，天顺六年钦与流官职事。姚鹏系平越卫右所故副千户姚谅嫡长孙。伊曾祖昇原系军人纳授试所镇抚，获二级升百户。祖袭，历功升正千户，失事降前职。本人年幼，扣有军功三级，已与试百户俸优给，出幼，加曾祖纳授职级，仍袭副千户食试百户俸，事故之日革与试百户，嘉靖七年袭职。

一辈姚昇，已载前黄。

二辈姚谅，旧选簿查有：成化十七年七月，堂稿查有：参照姚谅。伊父姚昇原系平越卫右所军，遇例纳粟升试所镇抚，二次有功升实授所镇抚并实授百户，今患疾。本人系嫡长男，保送替职，查审明白，缘试所镇抚系伊父纳粟所升，应该承袭三辈，合无准袭实授百户职事，照例月支纳粟所升俸一石，仍依军人获功二级加与总旗粮，于本卫所差操，事故之日，伊男再袭一辈，以后止收总旗，题奉圣旨："是，钦此"。

三辈姚鹏，旧选簿查有：正德十一年二月，姚鹏，年十五岁，无锡县人，系平越卫右所故副千户姚谅嫡长孙。伊曾祖昇原系军人，景泰元年纳授试所镇抚，获功二级升实授百户。祖[谅]袭，历功升正千户，失事降前职。父森患疾，不堪承袭。本人先因年幼，扣有军功三级，已与试百户俸优给，今出幼，加曾祖纳授职级，仍袭副千户食试百户俸，待事故之日，伊男革与试百户。

四辈姚大鳌，旧选簿查有：嘉靖三十年十二月，姚大鳌，年二十六岁，无锡县人，系平越卫右所故绝副千户姚鹏亲堂弟。查得伊曾祖昇景泰元年纳级试所镇抚，后获功一级，祖谅获二级，堂兄鹏沿袭副千户食试百户俸，故。所据曾祖昇纳级已及三辈，本舍照例革袭试百户。又伊堂兄鹏未比，仍住俸三年。

五辈姚世勋，万历十一年四月，姚世勋，年三十岁，无锡县人，系平越卫右所年老试百户姚大鳌亲侄。伊伯原袭祖职试百户，今老无子，伊父姚大鲂未袭先故，本舍照例借替祖职试百户，待后伊伯生有儿男，退还职事，比中二等。

六辈姚嘉爵，崇祯元年十月，大选过平越卫右所试百户一员姚嘉爵，年二十二岁，系故试百户嫡长孙，比中三等。

胡珊·试百户

外黄查有：胡贵，户名胡成，德清县人。有祖父成，丙午年从军，吴元年调沅州卫选充小旗，洪武二年选充总旗，十六年归并平越卫左所，因老疾，二十八年父胡振户名不动代役，并枪仍充总旗，永乐十七年调往宣化，与贼对敌阵亡。贵顶户名补役，照例免枪收充总旗，正统六年征云南麓川反寇，十二月克破贼首思任发巢穴杀败夷冠升平越卫左所实授百户，正统十二年钦与流官。·54·

一辈胡成，已载前黄。

二辈胡振，已载前黄。

三辈胡贵，已载前黄。

四辈胡清，旧选簿查有：景泰二年十二月，胡清，年八岁，系平越卫右所被贼杀死百户胡成庶长男，钦与全俸优给，至景泰八年终住支。

旧选簿查有：[天顺]二年十月，胡清，年十五岁，德清县人，系平越卫右所被贼杀死百户胡贵户名胡成庶长男。

五辈胡宪，缺。

六辈胡大器，旧选簿查有：嘉靖十四年四月，胡宪，年四十二岁，德清县人，系平越卫右所试百户，今患疾在所。有嫡长男胡大器，即胡相，年二十二岁，告替。

七辈胡珊，旧选簿查有：隆庆二年四月，胡珊，年三十岁，德清县人，系平越卫右所故实授百户胡大器嫡长男，革遇例，与袭试百户。

陈尚策·所镇抚

一辈陈子中，缺。

二辈陈保，缺。

三辈陈荣，旧选簿查有：洪武二十五年五月，陈荣，系平越卫右所世袭所镇抚。

四辈陈铁，旧选簿查有：永乐十三年八月，陈铁，年十六岁，系平越卫右所故世袭所镇抚陈荣嫡长男。·55·

五辈陈鑑，旧选簿查有：正统二年十一月，陈鑑，系平越卫右所故世袭所镇抚陈铁亲弟。兄有嫡长男陈永，年四岁，幼小，钦准本人借职，待长成，还与职事。

六辈陈永，旧选簿查有：正统十一年二月，陈永，年十五岁，系平越卫右所故世袭所镇抚陈铁嫡长男。

七辈陈和，旧选簿查有：［成化］二十年八月，陈和，定远县人，系平越卫右所故世袭所镇抚陈永嫡长男。

八辈陈文，旧选簿查有：弘治七年九月，陈文，定远县人，系平越卫右所故世袭所镇抚陈和嫡长男。

九辈陈德彰，旧选簿查有：嘉靖二十年六月，陈德彰，定远县人，系平越卫右所年老实授所镇抚陈文嫡长男，仍袭原职。

十辈陈尚策，旧选簿查有：嘉靖四十年八月，陈尚策，年二十一岁，定远县人，系平越卫右所故所镇抚陈德彰嫡长男。

十一辈陈一麟，万历四十二年十一月，大选过平越卫右所所镇抚陈一麟，年二十六岁，系故所镇抚陈尚策嫡长男，比中三等。

崇祯二年七月，题并过平越卫指挥佥事一员陈一麟，察本官于万历四十三等年征剿匀哈长田地方，亲斩大贼首四颗，已经题叙在案。今据该都司申并前来，查与原题功次相同，合准与祖职所镇抚上加伊亲斩大贼首功，四级并授，与做指挥佥事。

十二辈陈恩荣，崇祯十四年二月，大选过平越卫指挥佥事一员陈恩荣，年三十岁，系故指挥佥事陈一麟嫡长男，比中三等。

吴潮·试百户

[一辈吴周保。]①

二辈周昱。·56·

三辈周继先，旧选簿查有：正德四年六月，吴继先，天长县人，系平越卫右所故百户吴昱顶户名吴周保嫡长男。伊父原系总旗，功升试百户，弘治十八年遇例实授，今本舍照例革做试百户。

四辈吴潮，旧选簿查有：嘉靖十三年十月，吴潮，年二十二岁，天长县人，系平越卫右所故试百户吴继先嫡长男。

赵大棋·正千户

外黄查有：赵忠，陇西县人。有父赵敏，洪武二年归附，四年除羽林左卫百户，

---

① 据选簿"三辈周继先"选条"吴周保"名字补。

十三年故。忠于十八年钦除府军前卫前所世袭百户，二十年钦调平越卫中所世袭百户，三十年征五开等处回卫。赵瑄系赵忠嫡长男，父永乐六年收捕贼人对敌阵亡，瑄于七年袭授平越卫中所世袭百户。

一辈赵敏，已载前黄。

二辈赵忠，已载前黄。

三辈赵瑄，旧选簿查有：永乐七年五月，赵瑄，年十七岁，系平越卫中所阵亡世袭百户赵忠嫡长男。

功次簿查有：天顺八年，钦升官杨茂等一千五百八十一员，系湖广等都司卫所指挥等官，于贵州东苗地方擒斩获功例升一级，平越卫副千户升正千户赵瑄。

四辈赵昇，旧选簿查有：天顺五年八月，赵昇，陇西县人，系平越卫中所故副千户赵瑄嫡长男，钦与世袭。

五辈赵冕，旧选簿查有：成化十三年八月，赵冕，陇西县人，系平越卫中所正千户赵昇嫡长男，钦与世袭，患右眼瞎疾。

六辈赵遇，旧选簿查有：弘治十六年八月，赵遇，陇西县人，系平越卫中所世袭正千户赵冕嫡长男。

七辈赵贵，旧选簿查有：嘉靖十五年八月，赵遇，年五十六岁，陇西县人，系平越卫中所正千户，今患疾在所。有嫡长男赵贵，年三十二岁，告替。

八辈赵大棋，旧选簿查有：嘉靖四十五年六月，赵大棋，年二十岁，陇西县人，系平越卫中所年老正千户赵贵嫡长男。

九辈赵大禄，万历八年六月，赵大禄，年二十六岁，陇西县人，系平越卫中所故正千户赵大棋亲弟，比中二等。

十辈赵文华，万历四十二年七月，大选过平越卫中所正千户一员赵文华，年二十五岁，系故正千户赵大禄嫡长男，比中三等。·57·

王师武·正千户

内黄查有：王昶，和州人。父王兴，丙申年归附，吴元年充小旗，洪武四年充总旗，九年除大同左卫中所百户，十一年调除永清右卫权千户，十二年实授副千户，十五年为事十六年发崇山卫充军，二十年有功钦依还职，调平越卫中所流官副千户，二十一年疾。昶系庶长男，二十五年替职，为父年深，钦依越副千户升除本卫所世袭正千户。

一辈王兴,已载前黄。

二辈王昶,旧选簿查有:洪武二十五年十月,王昶,系平越卫中所流官副千户王兴庶长男。父为年老征伤告替,别无嫡长次男,系在外守御,父子俱至御前,问及从军年月,因怜功力深远,钦准替职,越世袭副千户升除本卫所世袭正千户。

三辈王经,旧选簿查有:宣德六年四月,王经,系平越卫中所世袭正千户王昶嫡长男。

四辈王友,旧选簿查有:景泰三年十月,王友,和州人,系平越卫中所世袭正千户王经嫡长男。

五辈王能,旧选簿查有:成化九年九月,王能,和州人,系平越卫中所故世袭正千户王友嫡长男。

六辈王勋,旧选簿查有:正德元年八月,王勋,年十六岁,和州人,系平越卫中所故世袭正千户王能嫡长男。

七辈王逊元,旧选簿查有:嘉靖十五年十二月,王逊元,年十一岁,和州人,系平越卫中所故正千户王勋堂弟,照例与全俸优给,至嘉靖十八年终住支。

旧选簿查有:嘉靖二十年十月,王逊元,年十六岁,和州人,系平越卫中所故正千户王勋堂弟,优给出幼袭职。

八辈王师颜,旧选簿查有:嘉靖三十六年六月,王师颜,和州人,系平越卫中所故正千户王逊元亲堂侄。

九辈王师武,旧选簿查有:嘉靖四十一年二月,王师武,年二十岁,和州人,系平越卫中所故正千户王师颜亲弟。

十辈王净,万历二十二年四月,选过平越卫中所正千户一员王净,年二十五岁,系故正千户王师武嫡长男,比中二等。

十一辈王家臣,万历四十二年四月,大选过平越卫中所正千户一员王家臣,年二十岁,系故正千户王净嫡长男,比中三等。

十二辈王祚德,崇祯四年二月,单本并袭过平越卫指挥佥事一员王祚德,年二十岁,系老正千户王家臣长男。查伊叔王顺于万历四十四等年征剿苗仲,亲斩苗仲首级一十三颗,已经本部叙升职级在案。今据该卫申送并袭前来,合准并授,与做指挥佥事,比中三等。·58·

邓遵·正千户

外黄查有：邓兴，宁县人。祖父邓仲明，壬寅年从军，洪武三十一年老疾。父邓朝祖代役，残疾。叔父邓贵代役，病故。兴补役，宣德九年征都匀陈蒙烂土攻破梅花洞杀获贼人首级，正统六年征麓川攻破杉木龙山截路贼寨杀败贼寇，杀败马鞍山贼寇，攻破贼首思任发巢穴，当先杀败夷寇，获三次头功升平越卫中所试百户。

一辈邓兴，功次簿查有：景泰五年，贵州草塘等处杀贼获功升一级，平越卫试百户升实授百户二员内一员邓兴。

天顺八年，贵州东苗擒①贼获功例升一级，平越卫实授百户升副千户五员内一员邓兴。

二辈邓清，旧选簿查有：成化五年六月，邓清，宁县人，系平越卫中所副千户邓兴嫡长男。

三辈邓瑄，旧选簿查有：成化二十一年十一月，邓瑄，宁县人，系平越卫中所世袭副千户邓清嫡长男。

功次簿查有：弘治七年，都匀功擒斩升一级副千户升正千户五员内一员邓宣。

四辈邓纲，旧选簿查有：正德十六年八月，邓纲，年十六岁，宁县人，系平越卫中千户所老疾正千户邓宣嫡长男。

五辈邓遵，旧选簿查有：嘉靖四十三年十月，邓遵，年二十岁，宁县人，系平越卫中所年老正千户邓纲嫡长孙。

六辈邓林材，万历二十二年四月，邓林材，年二十岁，系平越卫中所正千户邓遵嫡长男，比中二等。

七辈邓云龙，天启六年五月，单本选过平越卫中所正千户一员邓云龙，年十八岁，系阵亡正千户邓林材嫡长男，比中三等。

王大臣·副千户

外黄查有：王庸，固安县人。祖父王道，洪武元年归附，五年授宝庆卫前所百户，十七年升广武卫中所副千户，病故。父王得袭兰州卫中所副千户，二十二年为年老总旗不替发普安卫充军，二十五年复职，调平越卫中所世袭副千户，二十九年

---

① 原簿本选条"东苗"字后有小"破碎"二字，"擒"字后有小"磨改"二字，殆系原簿旁注性文字，指选簿此处有"破碎""磨改"者。

典刑。庸系嫡长男，钦准袭职，授龙里卫前所副千户，调平越卫中所。王雄系王庸嫡长男，父残疾，雄钦准替平越卫中所世袭副千户。王璋系王雄嫡长男，父故，璋优出幼，钦准袭平越卫中所世袭副千户。王隆系王璋嫡长男，父故，隆袭平越卫中所世袭副千户。王勇年十五岁，系平越卫中所故副千户王隆嫡长男，优给出幼袭职。王佐年二十岁，系平越卫中所故绝副千户王勇亲庶弟，嘉靖五年钦准袭职。

一辈王道，已载前黄。

二辈王得，已载前黄。·59·

三辈王雄（庸），已载前黄。

四辈王雄，旧选簿查有：正统九年九月，王雄，系平越卫中所世袭副千户王庸嫡长男。

五辈王璋，旧选簿查有：天顺三年九月，王璋，年十五岁，固安县人，系平越卫中所故世袭副千户王雄嫡长男。

六辈王隆，旧选簿查有：弘治七年九月，王隆，年十五岁，固安县人，系平越卫中所故世袭副千户王璋嫡长男。

七辈王勇，旧选簿查有：正德十六年七月，王勇，年十六岁，固安县人，系平越卫中所故副千户王隆嫡长男。

八辈王佐，旧选簿查有：嘉靖五年八月，王佐，固安县人，系平越卫中所故绝世袭副千户王勇亲庶弟。

九辈王大臣，旧选簿查有：嘉靖四十三年十月，王大臣，年二十七岁，固安县人，系平越卫中所年老副千户王佐嫡长男。

吴良辅·副千户

外黄查有：吴衡，湘阴县人。有伯吴世英甲辰年归附，乙巳年除百户，阵亡。父吴华袭职，故。衡系嫡长男，袭世袭百户，调平越卫中所世袭百户。吴镛系吴衡嫡长男，父老，庸替百户。吴纲系吴庸嫡长男，父正统三年调征麓川，与蛮贼对敌有功阵亡，纲袭，升平越卫中所流官副千户。吴锦系吴纲嫡长孙，祖老，父吴庆替，故，锦系嫡长男，袭平越卫中所副千户。吴昊系平越卫中所世袭副千户吴锦嫡长男，嘉靖元年替职。吴良臣系平越卫中所故副千户吴昊嫡长男，父原袭祖职副千户，为事参问立功，遇宥，故，本舍照袭副千户。吴良弼系平越卫中所故副千户吴良臣亲弟，嘉靖三十四年袭职。

一辈吴世英,已载前黄。

二辈吴华,已载前黄。

三辈吴衡,已载前黄。

四辈吴庸,旧选簿查有:宣德八年七月,吴庸,系平越卫中所世袭百户吴衡嫡长男。

五辈吴纲,旧选簿查有:正统六年闰十一月,吴纲,年十六岁,系平越卫中所副千户吴庸嫡长男。父原系百户,征剿麓川蛮贼有功升前职,未升阵亡,钦准本人袭流官副千户,患右眼残疾。

六辈吴庆,旧选簿查有:成化十一年四月,吴庆,湘阴县人,系平越卫中所副千户吴纲嫡长男,钦与世袭。

七辈吴锦,旧选簿查有:弘治八年九月,吴锦,湘阴县人,系平越卫中所故世袭副千户吴庆嫡长男。

八辈吴昊,旧选簿查有:嘉靖三年九月,吴昊,湘阴县人,系平越卫中所世袭副千户吴锦嫡长男。

九辈吴良臣,旧选簿查有:嘉靖二十七年二月,吴良臣,年二十五岁,湘阴县人,系平越卫中所故副千户吴昊嫡长男。伊父原袭祖职副千户,为事参问立功,遇宥回卫,故。本舍照例与袭祖职副千户。

十辈吴良弼,旧选簿查有:嘉靖三十四年十二月,吴良弼,湘阴县人,系平越卫中所故副千户吴良臣亲弟。

十一辈吴良辅,旧选簿查有:隆庆二年四月,吴良辅,年七岁,系平越卫中所故副千户吴良弼堂弟,照例与全俸优给,至隆庆九年终住支。

万历十一年二月,吴良辅,年二十二岁,湘阴县人,系平越卫中所故副千户吴良弼堂弟,出幼袭职,违限七年,限外有无多支俸粮,查扣关支,比中二等。

孙尚宾·副千户

一辈孙彦良,缺。

二辈孙凯,旧选簿查有:永乐七年闰四月,孙凯,系平越卫中所故世袭百户孙彦良嫡长男。

三辈孙成,旧选簿查有:正统八年三月,孙成,系平越卫中所世袭百户孙凯嫡长男。

四辈孙毓，旧选簿查有：成化五年六月，孙毓，马邑县人，系平越卫中所副千户孙成嫡次男。

五辈孙瑶，旧选簿查有：八年六月，孙瑶，年十六岁，马邑县人，系平越卫中所老疾世袭副千户孙毓嫡长孙。

六辈孙尚贤，旧选簿查有：嘉靖三十四年十二月，孙尚贤，马邑县人，系平越卫中所老疾正千户孙瑶嫡长男。查得伊祖孙成景泰四年以百户贵州草塘功升副千户，伊父孙瑶嘉靖十二年贵州征流贼功升正千户。今查孙成草塘功原非斩首，例应减革，本舍袭与副千户。

七辈孙尚宾，旧选簿查有：嘉靖四十年八月，孙尚宾，年三十八岁，马邑县人，系平越卫中所故副千户孙尚贤亲弟。

八辈孙焕，万历三年十二月，孙焕，年三十岁，马邑县人，系平越卫中所故副千户孙尚宾嫡长男。

傅朝·副千户

一辈傅满，缺。

二辈傅友，旧选簿查有：洪武三十二年六月，傅友，系平越卫中所世袭百户傅满嫡长男。

三辈傅鼎，旧选簿查有：宣德七年二月，傅鼎，系平越卫中所世袭百户傅友嫡长男。

四辈傅昇，旧选簿查有：景泰二年十一月，傅昇，年十六岁，系平越卫中所故世袭百户傅鼎嫡长男。

五辈傅完，旧选簿查有：正德四年六月，傅完，年十五岁，滑县人，系平越卫中所年老世袭百户傅昇庶长男。

副千户功次：候查。

六辈傅朝，旧选簿查有：嘉靖二十八年十月，傅朝，滑县人，系平越卫中所副千户傅完嫡长男。

七辈傅文贤，万历八年六月，傅文贤，年三十五岁，滑县人，系平越卫中所故副千户傅朝嫡长男，比中三等。

八辈傅国华，万历四十六年四月，大选过平越卫中所副千户一员傅国华，年二十岁，系老副千户傅文贤嫡孙，比中二等。

中所年远事故副千户一员·赵勇

洪武三十一年六月，赵衡，年十三岁，系平越卫中所世袭副千户赵赟庶长男，支俸读书操练，至十五岁管事。

宣德元年十一月，赵贤，系平越卫中千户所故世袭副千户赵衡亲弟。

正统八年六月，赵勇，系平越卫中所世袭副千户赵贤嫡长男。

李正中·署副千

李正中，年三十二岁，偃师县人，系贵州平越卫中所世袭署副千户李珊嫡长男。

李三才，署指挥同知，崇祯七年八月，单本选过贵州平越卫署指挥同知一员，年三十□岁，系署副千户上加苗功三级合准于做世袭土官署指挥同知李正中嫡长男。

徐楠·实授百户

外黄查有：徐纲，德清县人。高祖徐胜，吴元年充沅州卫中所总旗，洪武十六年调平越卫，二十六年老。曾祖徐起代役，并充总旗，三十四年故。祖徐亨补役，永乐元年并充总旗，正统十四年奉例备米一百石纳升所镇抚，景泰四年草塘开通飞练道路，克长滩等寨，清水江杀贼斩首三颗，例升一级，升副千户，六年老。纲系嫡长男，七年替平越卫中所世袭副千户。

一辈徐胜，已载前黄。·63·

二辈徐起，已载前黄。

三辈徐亨，已载前黄。

四辈徐纲，旧选簿查有：景泰七年七月，徐纲，德清县人，系平越卫中所副千户徐亨户名徐胜嫡长孙。

五辈徐铠，旧选簿查有：成化三年十月，徐铠。伊兄徐纲系贵州平越卫中所正千户，故，无儿男，铠系堂弟袭职。

六辈徐淮，抄誊簿内查有：正德六年，贵州征剿乖西苗贼功次，平越卫升一级不赏一人自擒斩贼级三名颗、四名颗中所实授百户升副千户二员内一员徐淮。

七辈徐楠，旧选簿查有：嘉靖二十年十月，徐楠，德清县人，系平越卫中所故实授百户徐淮庶长男，仍袭原职。

八辈徐棹，隆庆四年八月，徐棹，年三十岁，德清县人，系平越卫中所故实授百户徐楠亲弟。

章良臣·实授百户

外黄查有：章政，无锡县人。有祖父章安，吴元年归附充总旗，洪武九年为逃去军人革役充军，老。伯章贵代役，永乐六年拨本卫所总旗，十四年升试百户，故。堂兄章端年幼，奉勘合钦与实授百户优给，故。政系章贵亲侄，袭世袭百户。章胜系章政曾孙。伊曾祖老，祖章庆未袭先故，父章雄替职，故，胜于弘治四年优，十四年终住支。

一辈章安，已载前黄。

二辈章贵，已载前黄。

三辈章端，已载前黄。

四辈章政，旧选簿查有：宣德六年七月，章政，年十六岁，系交州右卫后所试百户章贵户名章安堂侄。堂伯原系平越卫中所总旗，征剿交阯余寇升除前职，病故，已与堂兄章端实授百户俸优给，亦故，钦准本人袭实授世袭百户，仍回平越卫中所操练。·64·

五辈章雄，旧选簿查有：成化二十年八月，章雄，无锡县人，系平越卫中所世袭百户章政嫡长孙。

六辈章胜，旧选簿查有：弘治四年十二月，章胜，年四岁，无锡县人，系平越卫中所故世袭百户章雄嫡长男，钦与全俸优给，至弘治十四年终住支。

七辈章良臣，旧选簿查有：嘉靖三十一年六月，章良臣，年三十五岁，无锡县人，系平越卫中所故实授百户章胜嫡长男。

八辈章崇爵，万历五年二月，章崇爵，年二十五岁，无锡县人，系平越卫中所年老实授百户章良臣嫡长男，比试二等。

周应武·世袭百户

一辈周福，缺。

二辈周全，旧选簿查有：正统三年七月，周全，系平越卫中所世袭百户。

三辈周文，旧选簿查有：天顺八年八月，周文，钱塘县人，系平越卫中所故世袭百户周全嫡长男。

四辈周邦，旧选簿查有：正德八年八月，周邦，钱塘县人，系平越卫中所故世袭百户周文嫡长男。

五辈周应武。

六辈周维新，万历二十年八月，周维新，年二十八岁，钱塘县人，系平越卫中所年老世袭百户周应武嫡长男，比中二等。

杨时杰·署试百户事冠带总旗·65·

一辈杨义，功次簿查有：弘治七年六月，一件获功事都匀功次一人自擒斩贼级三名颗升一级不赏内开贵州都司平越卫总旗升试百户五员内一员杨义，正德六年贵州征剿乖西清水江苗贼功次内开贵州都司平越卫升一级不赏中所实授百户升副千户二员内一员杨义。

二辈杨必富。

三辈杨中。

四辈杨原。

五辈杨敬。

六辈杨遇。

七辈杨绍。

八辈杨时杰，旧选簿查有：正德十一年六月，杨时杰，衡山县人，系平越卫中所年老副千户杨遇户名杨义嫡长男。父补伯杨原总旗，历升前职，愿将总旗退还堂侄杨绍充补祖役。本人扣算止有军功三级，照例革替试百户。①

九辈杨梦麟，万历元年四月，杨梦麟，年二十岁，衡山县人，系平越卫中所故署试百户事冠带总旗杨时杰嫡长孙。

中所年远事故署副千户事实授百户一员·张映

成化十二年十月，张铭，汝阳县人，系平越卫中所署副千户事百户张海户名张得林庶长男。

---

① 此"八辈杨时杰"选条，又以"中所试百户乙员·杨时杰"载在原簿第72—73页。

弘治七年九月，张映，年十六岁，汝阳县人，系平越卫中所故署副千户事百户张海嫡次孙。

世袭百户一员·严真·66·

洪武二十四年五月，严威，系平越卫中所阵亡世袭百户严贤嫡长男，钦准袭职，仍授本卫所世袭百户。

洪武三十四年二月，严真，年六岁，顺昌县人，系平越卫中所故世袭百户严威嫡长男，钦与全俸优给，至[四]十二年终住支袭职。

永乐九年四月，严真，系平越卫中所故世袭百户严威嫡长男。

又一员·张胜

弘治十七年八月，张胜，年十七岁，无锡县人，系平越卫中所故世袭百户张雄嫡长男。

中所世袭百户一员·王晟

正统元年二月，王瑛，年十二岁，系交州右卫后所世袭百户王贵庶弟。父王福原系平越卫中所百户调征交阯，定拨前卫，病故。兄袭职，亦故。钦准本人袭职，前去平越卫中所管事。

成化九年九月，王锐，宿迁县人，系平越卫中所故世袭百户王瑛嫡长男。

正德元年八月，王晟，年四岁，宿迁县人，系平越卫中所世袭患疾百户王锐嫡长孙，钦与全俸优给，至正德十一年终住支。

又一员·宋恩·67·

成化二年九月，宋景，叶县人，系平越卫中所故百户宋全户名宋外兴嫡长男，钦与世袭。

弘治十六年九月，宋升，叶县人，系平越卫中所世袭百户宋景嫡长男。

正德十二年十一月，宋恩，年三岁，叶县人，系平越卫中所已故副千户宋升庶长男。曾祖宋全原升试百户，遇例实授，袭至伊父，思南功升前职。本人照例革去遇例一级，与实授百户俸优给，至正德二十三年终住支。

又一员·张兰

年七月，张斌，户名张奴儿，年三十七岁，麻城县人，原系贵州前卫左千户所试百户，西堡杀贼获功一级，未升，遇例实授，后依原报试百户重升实授百户，今照例改正，依实授百户升署职一级，升署副千户。

弘治八年二月，张敬，麻城县人，系贵州前卫左所署副千户张斌嫡长男。伊父原系功升试百户，天顺八年遇例实授，又获功升实授百户，因遇例改升前职，成化二十三年又遇例实授，本人照例革替实授百户。

正德十四年六月，张兰，麻城县人，系平越卫中所故百户张敬嫡长男。伊父原系贵州前卫左所，为事调今卫所。

王继美·试百户

外黄查有：王昭，唐县人。祖王真洪武元年军，二年充小旗，故。父王铭补，并，永乐元年并充总旗，故。昭补，并，病。将堂弟王纲选替听征，正统六年征麓川反寇攻高黎贡山阵亡。昭系堂兄，病瘥，升平越卫中所试百户。·68·

一辈王真，已载前黄。

二辈王铭，已载前黄。

三辈王纲，已载前黄。

四辈王昭，已载前黄。

五辈王秀，旧选簿查有：天顺二年闰二月，王秀，年十一岁，南阳府唐县人，系平越卫中所试百户王昭嫡次男。

六辈王宏，旧选簿查有：天顺六年正月，王宏，年十六岁，南阳府唐县人，系平越卫中所试百户王昭亲侄。

七辈王裕，旧选簿查有：八年九月，王裕，唐县人，系平越卫中所故世袭百户王宏嫡长男。

八辈王宽。

九辈王继美，审稿查有：隆庆三年十月，王继美，年二十八岁，唐县人，系平越卫中所故试百户王宽亲侄孙。

彭继勋·试百户

外黄查有：彭受，衡阳县人。有祖父彭满，庚子年归附，疾。伯父彭忠代役，充小旗，永乐六年故。兄彭旺补役，并充，十二年升总旗，宣德三年故。八年将受补充总旗，未曾并枪，正统六年征麓川反寇，闰十一月攻破杉木笼山截路贼寨杀败贼众，十二月当先杀败马鞍山贼寇，升平越卫中所试百户。彭清系彭受嫡长男，父景泰元年故，清六年优给，至十二年终住支。

一辈彭忠，已载前黄。

二辈彭旺，已载前黄。

三辈彭受，功次簿查有：正统六年，征麓川平越卫中所总旗未并枪户丁二次头功升试百户一员彭受。·69·

四辈彭清，旧选簿查有：景泰六年四月，彭清，年七岁，衡阳县人，系平越卫中所试百户彭受嫡长男。父原系未并枪总旗，调征麓贼获头功二次升前职，病故。照例与本人实授百户俸优给，至景泰十三年终住支。

旧选簿查有：天顺七年闰七月，彭清，年十五岁，衡阳县人，系平越卫中所试百户彭受嫡长男。父原系未并枪总旗，调征麓贼获功二次升前职，病故。本人先因年幼，照例已与实授百户俸优给，今出幼，袭实授百户。

五辈彭伦，旧选簿查有：弘治十四年九月，彭伦，衡阳县人，系平越卫中所年老实授百户彭清嫡长男。

六辈彭继勋，旧选簿查有：嘉靖二十九年十月，彭继勋，衡阳县人，系平越卫中所老疾实授百户彭伦亲孙。伊高祖受以总［旗］麓川头功升试百户，后遇例实授。所据遇例不准袭，本舍照例革袭祖职试百户，比试不中，照例与支半俸，候及二年，起送再比。

李春荣·试百户

外黄查有：李昂，年二十五岁，泽州人。祖李永中，洪武五年军，选充总旗，故。祖李仁美补，并充总旗，征伤。父李原代，正统六年麓川高黎贡阵亡。昂系嫡长男，七年以父阵亡例升一级，年幼，准试百户优，出幼，袭平越卫中所试百户，天顺元年遇例实授百户，钦与流官职事。

一辈李永中，已载前黄。

二辈李仁美，已载前黄。

三辈李原，已载前黄。

四辈李昂，旧选簿查有：景泰五年七月，李昂。伊父李原系平越卫中所总旗，调征麓贼阵亡，例升一级。本人系嫡长男，照例袭升试百户。

五辈李英，旧选簿查有：弘治十二年九月，李英，泽州人，系平越卫中所百户李昂嫡长男。伊父原系袭升试百户，天顺元年遇例实授，年老。本人照例替百户，钦与世袭。

六辈李遵，旧选簿查有：正德十三年八月，李遵，泽州人，系平越卫中所被贼杀死百户李英嫡长男。祖李昂系试百户，遇例实授，本人照例革袭试百户。

七辈李春荣，旧选簿查有：嘉靖四十年二月，李春荣，年三十五岁，泽州人，系平越卫中所年老实授百户李遵嫡长男，革遇例，与替试百户。·70·

冷璧·试百户

一辈冷茂一，吊来功次查有：平越卫升一级不赏一人自擒斩贼级三名颗、四名颗官舍旗军共四十员名内中所军人升小旗一名冷茂一。

二辈冷志安，缺。

三辈冷旭，缺。

四辈冷锤，缺。

五辈冷纲，缺。

六辈冷铨，缺。

七辈冷伯洪，缺。

八辈冷尊，旧选簿查有：嘉靖十一年六月，冷尊，年二十五岁，无锡县人，系平越卫中所年老试百户冷伯洪嫡长男。本人比试不中，暂准替职，与支半俸，候及二年起送再比。

九辈冷璧，旧选簿查有：嘉靖三十七年四月，冷璧，年七岁，无锡县人，系平越卫中所故实授百户冷尊嫡长孙。伊祖尊原以试百户于嘉靖十四年征剿都匀凯口功升实授百户一次。查无功次，本舍革与试百户，照例与全俸优给，至嘉靖四十四年终住支。

万历二年八月，冷璧，年二十二岁，无锡县人，系平越卫中所故试百户冷遵嫡长孙，优给出幼袭职。查得本舍优给违限九年，限外有无多支俸粮，查扣毕日关支。

张时亨·试百户

内黄查有：张勇，天长县人。高祖张得山，吴元年军，选充小旗，征进湖广选充沅州卫总旗，老。曾祖张永全补，正统六年征麓川阵亡。祖张洪补，故。次伯张明补，阵亡。父张胜系亲弟，补，正德六年征剿贵州擒斩贼级四名颗有功，七年升试百户，老。勇系嫡长男，十二年袭平越卫中所试百户。

一辈张得山，已载前黄。·71·

二辈张永全，已载前黄。

三辈张洪，已载前黄。

四辈张胜，已载前黄。

五辈张勇，旧选簿查有：嘉靖十三年十月，张勇，年三十二岁，天长县人，系平越卫中所老疾试百户张胜户名张得山嫡长男。

六辈张时亨，旧选簿查有：嘉靖四十五年六月，张时亨，年二十五岁，天长县人，系平越卫中所年老实授百户张勇嫡长男，革遇例，与替试百户。

七辈张国礼，崇祯二年四月，单本选过平越卫中所试百户一员张国礼，年三十六岁，系故试百户张时亨嫡次男。伊兄国仁病废，无子，本舍告借，合准借袭试百户，俟兄生子，或疾痊，退还，比中三等。

周伋·署试百户事冠带总旗

一辈周宾，功次簿查有：正德六年，征贵州清水江苗贼内开平越卫升一级不赏一人自擒斩贼级四名颗官舍旗军共四十员名中所实授小旗升实授总旗一员周得。

二辈周伋，旧选簿查有：嘉靖元年六月，周伋，年十五岁，宜兴县人，系平越卫中所故试百户周宾户名周得嫡长男。伊父系军人获功三级升前职，已与本人优给，今出幼，钦与世袭。①

三辈周道臣，万历元年四月，周道臣，年三十四岁，宜兴县人，系平越卫中所年

---

① 又原簿目录有中所试百户"年远事故一员·周伋"，载在原簿第73页，即此"二辈周伋"。

老署试百户事冠带总旗周伋嫡长男。·72·

中所试百户一员·杨时傑

　　正德十一年六月，杨时傑，衡山县人，系平越卫中所年老副千户杨遇户名杨义嫡长男。父补伯杨原总旗，历升前职，愿将总旗退还堂侄杨绍充补祖役，本人扣算止有军功三级，照例革替试百户。①

又一员·高辅

　　成化十一年二月，高政，舒城县人，系平越卫中所故百户高礼嫡长男，钦与世袭。
　　正德九年六月，高辅，年十六岁，舒城县人，系平越卫中所老疾世袭百户高政嫡长孙。伊曾祖高礼原系功升试百户，遇例实授，本人例前优给，今出幼，照例革袭试百户。

年远事故一员·周伋

　　□□□年六月，周伋，年十五岁，宜兴县人，系平越卫中所故试百户周宾户名周得嫡长男。伊父系军人获功三级升前职，已与本人优给，今出幼，钦与世袭。②

聂应奎·正千户

　　一辈聂宝，缺。
　　二辈聂麟，旧选簿查有：洪武二十九年五月，聂麟，系平越卫前所世袭副千户聂宝庶长男。父为老疾，钦准替职，仍授本卫所世袭副千户。
　　三辈聂铨，旧选簿查有：洪武三十三年十二月，聂铨，系平越卫前所故世袭副千户聂鳞亲弟。·73·

---

① 此簿所载又见《总汇》本册第66页"杨时傑"选簿"八辈杨时傑"选条。
② 此簿所载又见《总汇》本册第72页"周伋·署试百户事冠带总旗"簿"二辈周伋"选条。据该选条，此簿留白处应补"嘉靖元"三字。

四辈聂浈，旧选簿查有：正统九年八月，聂浈，系平越卫前所故世袭副千户聂铨嫡长男。

五辈聂春，旧选簿查有：景泰二年十一月，聂春，系平越卫前所故世袭副千户聂浈旧名祯嫡长男。

六辈聂凤，旧选簿查有：成化十五年闰十月，聂凤，亳县人，系平越卫前所世袭副千户聂春嫡长男。

正千户功次：候查。

七辈聂奇，旧选簿查有：［正德］十一年六月，聂奇，亳县人，系平越卫年老指挥佥事聂凤嫡三男。父替副千户，功升正千户，为事降一级，普安功又升正千户，遇例复职，改正升前职。长兄中举，本人照例革替正千户，注前所，待兄聂文生有男，还与职事。

八辈聂应奎，旧选簿查有：嘉靖二十二年八月，聂应奎，年二十五岁，亳县人，系平越卫前所故正千户聂奇嫡长男。

杨元吉·世袭百户

内黄查有：杨元吉，年四十四岁，定远县人。祖杨春甲午年军，戊戌年总旗，洪武八年百户，老。祖杨铭替世袭百户，征柳州阵亡。祖杨和三十三年袭，永乐四年故绝。祖杨忠六年袭，二十一年故。伯祖杨宣优袭，故。伯祖杨宗优袭，故。伯祖杨昌优给，故绝。叔祖杨林袭，故。堂伯杨斌优袭，疾。堂兄杨英优袭，故绝。父杨锦袭，故。元吉系嫡长男，袭，调平越卫中所百户。

一辈杨春。

二辈杨铭。

三辈杨和。

四辈杨忠。

五辈杨宣。

六辈杨宗。

七辈杨昌。

八辈杨林。

九辈杨斌。

十辈杨英。

十一辈杨锦。

十二辈杨元吉，俱载前黄。

十三辈杨体乾，万历元年十月，杨体乾，年二十岁，定远县人，系平越卫中所故世袭百户杨元吉嫡长孙。

李章·副千户

一辈李春，缺。

二辈李胜，旧选簿查有：永乐九年，李胜，系平越卫前所故世袭百户李春嫡长男。

三辈李安，旧选簿查有：永乐十三年八月，李安，年十六岁，系平越卫前所故世袭百户李胜庶弟。

四辈李庆，旧选簿查有：景泰二年十二月，李庆，系平越卫前所世袭百户李安嫡长男。

五辈李经，旧选簿查有：成化九年九月，李经，年十六岁，滦州人，系平越卫前所故正千户李庆嫡长男。

六辈李贤，旧选簿查有：弘治十七年九月，李贤，滦州人，系平越卫前所世袭正千户李经嫡长男。

七辈李贵，旧选簿查有：嘉靖二十四年十月，李贵，滦州人，系平越卫指挥佥事李贤亲弟。伊曾祖庆以百户正统（景泰）四年草塘功升副千户，天顺二年东苗功升正千户。父经、兄贤袭，正德六年清水江功升指挥佥事，贤绝。查得李庆征草塘升副千户一级不满颗，例应减革，本舍革与正千户，注前所。·75·

八辈李章，旧选簿查有：嘉靖三十八年二月，李章，滦州人，系平越卫前所故正千户李贵嫡长男。查伊曾祖庆以世袭百户于景泰四年草塘功升副千户，天顺二年东苗功升正千户。祖经、伯贤沿袭，贤于正德六年清水江擒斩苗贼三颗升指挥佥事。所据草塘、东苗获功二次升级俱无擒斩，至伊父贵已革与正千户，系减革未尽，今本舍革袭副千户。

九辈李良臣，万历二十年二月，李良臣，年十九岁，系平越卫前所故副千户李章嫡长男，比中二等。

十辈李大志，崇祯三年四月，单本选过平越卫前所副千户一员李大志，年二十四岁，系故副千户李良臣亲侄，比中三等。

徐节·副千户

一辈徐与，缺。

二辈徐惟显，缺。

三辈徐寅，旧选簿查有：永乐八年十月，徐寅，系平越卫军民指挥使司前所老疾世袭副千户徐惟显嫡长男。

四辈徐濬，旧选簿查有：正统四年十一月，徐濬，系平越卫前所世袭副千户徐寅嫡长男。

五辈徐胜，旧选簿查有：景泰二年十二月，徐胜，系平越卫前所世袭副千户徐濬嫡长男。

六辈徐斌，旧选簿查有：成化二十三年五月，徐斌，赣榆县人，系平越卫前所世袭副千户徐胜亲侄。

七辈徐节，旧选簿查有：嘉靖三年六月，徐节，赣榆县人，系金齿军民指挥使司中前所故世袭副千户徐斌嫡长男。伊父原袭平越卫前所，旷职，调今司所，故。本人袭职，注回原卫所。

八辈徐基，万历二年六月，徐基，年三十七岁，赣榆县人，系平越卫前所年老副千户徐节堂侄。伊堂叔原袭祖职副千户，今年老，无子，伊长兄徐玺自幼笃疾，次兄徐贵在逃，本舍于隆庆五年六月内保送赴部借职。查系四辈未袭，已经驳查去后，今既查明无碍，覆保前来，本舍照例准借替祖职副千户，待后伊堂伯徐节生有儿男，或伊长兄徐玺疾痊，次兄徐贵回还，及各生有儿男，退还职事。·76·

前所年远事故副千户一员·冯时

宣德六年三月，冯询，系平越卫前所故世袭百户冯杰嫡长男。

天顺七年闰七月，冯骥，年十六岁，高邮州人，系平越卫前所残疾副千户冯询嫡次男，钦与世袭。

弘治十六年八月，冯时，年十五岁，高邮州人，系平越卫前所故世袭副千户冯骥嫡长男。

又一员·田广

[永乐]十八年九月，田玺，年十五岁，系平越卫流官指挥佥事田观嫡长男。父原系本卫前所世袭副千户，革除年间升除前职，失陷，钦准袭父原职世袭副千户。

正统四年四月，田广，年六岁，系平越卫前所故世袭副千户田玺嫡长男，钦与全俸优给，至正统十二年终住支。

[正统十]四年七月，田广，定远县人，系平越卫前所故世袭副千户田玺嫡长男。

又一员·朱荣

洪武三十一年六月，朱和，系平越卫前所世袭百户朱真嫡长男。

宣德七年五月，朱旺，年十七岁，系平越卫前所故世袭百户朱和亲侄。

正统九年闰七月，朱毅，年十七岁，系平越卫前所故世袭百户朱旺亲弟。

天顺六年十一月，朱荣，年四十岁，无为州人，系平越卫前所副千户朱毅堂兄，钦与世袭。

革发一员·周与敬

外黄查有：周监，江阴县人。曾祖周源，洪武十九年充军，老疾。祖周添孙代役，故。父周昭补役，残疾。坚代役，景泰元年奉例自备粮米一百石赴仓纳完，升平越卫带管平越站试所镇抚。

成化二十一年十二月，徐振，宿迁县人，系平越卫前所百户徐文户名徐胜嫡长男。父原系功升试百户，遇例实授，本人照例革替试百户。

嘉靖元年十二月，徐继武，宿迁县人，系平越卫前所为事充军故副千户徐振嫡长男。父袭试百户，遇例实授，又功升前职，为易买首级事问发充军。所据遇例并副千户功级，系自己立功，自己犯罪，例不该袭外，本人与袭祖[职]试百户。①

嘉靖十七年二月，周与敬，年十七岁，江阴县人，系平越卫前所故百户周伦庶长男。伊曾[祖]坚以军人景泰元年纳授试所镇抚，沿至父纶，乖西报效升百户，镇筸功升副千户。所据纳授、报效并镇筸职（级）纳，俱不该袭，本人照例革发为民。

---

① 此徐振、徐继武二辈选条，该载《总汇》本册第87页"徐世卿·试百户"选簿"五辈徐振""六辈徐继武"选条。

尹弼·实授百户

一辈尹开二,缺。

二辈尹义,缺。

三辈尹福,缺。·78·

四辈尹纲,缺。

五辈尹隆,旧选簿查有:正德十四年十月,尹隆,无锡县人,系平越卫前所故功升副千户尹纲户名尹开二嫡长男,钦与世袭。

六辈尹弼,旧选簿查有:嘉靖二十三年八月,尹弼,无锡县人,系平越卫前所故实授百户尹隆嫡长男。

七辈尹治民,万历十六年六月,尹治民,年二十二岁,无锡县人,系平越卫前所年老实授百户尹弼嫡长男,比中二等。

施贤·百户

外黄查有:施信,旧名德,光州人,系故百户施显嫡长男。有父吴元年除百户,洪武五年征进诸洞,故。德于九年拨水军左卫寄支优给,二十年钦调平越卫前所世袭百户,三十一年改名施信,三十四年征新添等处回所。

一辈施显,已载前黄。

二辈施信,已载前黄。

三辈施政,旧选簿查有:宣德七年二月,施政,系平越卫前所世袭百户施信嫡长男。

四辈施礼,旧选簿查有:成化三年二月,施礼,固始县人,系平越卫前所世袭百户施政嫡长男。

五辈施高,旧选簿查有:成化二十三年二月,施高,固始县人,系平越卫前所世袭百户施礼嫡长男。

六辈施恩,旧选簿查有:嘉靖元年六月,施恩,固始县人,系平越卫前所年老副千户施高嫡次男。父原袭百户,普安功升副千户,为事降试百户,改正实授,镇箅搜斩功升署副千户,又比例改正前职。缘普安功系自己犯罪,与搜俱例无承袭,本人照例革替祖职百户。

七辈施贤,旧选簿查有:嘉靖十五年八月,施恩,年四十八岁,固始县人,系平越卫前所百户,今患疾在所。有嫡长男施贤,年二十五岁,告替。

八辈施嘉会,万历二年十月,施嘉会,年二十岁,固始县人,系平越卫前所故世袭百户施贤嫡长男。·79·

徐卫·实授百户

外黄查有:徐济,宣城县人。高祖徐辉,旧名徐春,丁酉年从军,戊戌年充小旗,洪武十年调定辽右卫后所总旗,十二年升锦衣卫右所试百户,更名徐辉,三十四年升实授百户。年老。曾祖徐亨替职,故。祖徐通洪熙元年替职,年老。父徐缙成化五年比中替职,患疾。济系嫡长男,正德九年袭本卫所实授百户。

一辈徐辉,已载前黄。

二辈徐亨,旧选簿查有:洪武三十三年六月,徐亨,系普安军民指挥使司安南所世袭百户徐辉嫡长男。

三辈徐通,旧选簿查有:洪熙元年四月,徐通,系普安军民指挥使司安南千户所故世袭百户徐亨嫡长男。

四辈徐缙,旧选簿查有:成化五年八月,徐缙,宣城县人,系平越卫前所世袭百户徐通嫡长男。

五辈徐济,旧选簿查有:正德九年五月,徐济,年十七岁,宣城县人,系平越卫前所疯疾世袭百户徐缙嫡长男。

六辈徐待,旧选簿查有:嘉靖十四年八月,徐待,年六岁,宣城县人,系平越卫前所故百户徐济嫡长男,照例与全俸优给,至嘉靖二十二年终住支。

七辈徐卫,旧选簿查有:嘉靖二十年四月,徐卫,年九岁,宣城县人,系平越卫前所故实授百户徐济嫡次男,照例与全俸优给,至嘉靖二十五年终住支。

旧选簿查有:嘉靖二十八年六月,徐卫,年十七岁,宣城县人,系平越卫前所故优给实授百户徐待亲弟,优给出幼袭职。

张胜武·百户

外黄查有:张铭,汝阳县人。曾祖张得林,洪武十四年任留守中卫通济门吏目,十五年为事发平越卫中所充军,二十四年故。祖张仲礼补役,永乐十三年残疾。伯张全代役,正统四年老疾。叔张源替,六年征麓川阵亡,无嗣。父张海补,升小旗，景泰四年征草塘等处节次杀贼斩首有功升总旗，天顺二年征东苗斩首有功，四年、五年征西堡斩首有功，七年以东苗功升试百户，八年遇例实授，成化元年以西堡功重升实授百户，告蒙改正，升署副千户，老疾。铭系亲男，十二年十月替本卫所署副千户。

一辈张海，已载前黄。

二辈张铭，已载前黄。·80·

三辈张映，旧选簿查有：弘治七年九月，张映，年十六岁，汝阳县人，系平越卫中所故署副千户事百户张海嫡次孙。祖功升试百户，遇例实授，后有功升前职，老疾。父张宗患左手残疾，叔张铭借职，续生兄张鹏，患瞎疾，未娶，本人借职，照例革袭实授百户，待兄有男，还与职事。

四辈张胜武，旧选簿查有：嘉靖二年闰四月，张胜武，年五岁，汝阳县人，系平越卫前所故绝百户张映亲侄，钦与全俸优给，至嘉靖十一年终住支。

旧选簿查有：嘉靖十三年十月，张胜武，年十六岁，汝阳县人，系平越卫前所故绝百户张映亲侄，优给出幼告袭。

陈璋·世袭百户

一辈陈胜，缺。

二辈陈亮，旧选簿查有：洪武二十五年六月，陈亮，系平越卫前所故世袭百户陈胜亲侄。有伯别无嫡庶儿男，钦准袭职，仍授本卫所世袭百户。

三辈陈彝，旧选簿查有：永乐二十二年二月，陈彝，系平越卫前所溏故世袭百户陈亮嫡长男。

四辈陈顺，旧选簿查有：景泰四年十月，陈顺，定远县人，系平越卫前所故世袭百户陈彝亲弟。

五辈陈俊，旧选簿查有：成化十三年八月，陈俊，定远县人，系平越卫前所世袭百户陈顺嫡长男。

六辈陈节，旧选簿查有：弘治十七年九月，陈节，定远县人，系平越卫前所世袭百户陈俊嫡长男。

七辈陈臻，旧选簿查有：正德十三年八月，陈臻，定远县人，系平越卫前所故绝世袭百户陈节亲弟。

八辈陈璋，旧选簿查有：嘉靖三十四年十月，陈璋，定远县人，系平越卫前所老疾世袭百户陈臻嫡长男。

九辈陈尚贤，万历十三年十二月，陈尚贤，年二十五岁，定远县人，系平越卫前所年老世袭百户陈璋嫡长男，比中二等。

十辈陈正都，崇祯元年十月，大选过平越卫前所实授百户一员陈正都，年十八岁，系故实授百户陈尚贤亲侄。祖职应序尚礼子正黔承袭，因患疾不堪，本舍告借，俟兄生子退还，比中三等。

葛应朝·实授百户①

内黄查有：葛阿落，阳信县人。有外父田仔，洪武元年归附，二十四年征驼山等处，二十五年为外父老疾，将婿葛阿落代役，三十三年济南升小旗，三十四年西水寨升总旗，三十五年渡江克金川门升云川卫百户，永乐二年钦与世袭。

一辈葛忠，即葛阿落。

二辈葛信，系葛阿落嫡长男。父为老疾，信于宣德十年钦准替授本卫百户，天顺三年征东苗斩首功升副千户。

三辈葛芳，成化九年九月，葛芳，阳信县人，系平越卫前所副千户葛信嫡长男。

四辈葛本，弘治十年十月，葛本，阳信县人，系平越卫前所故世袭副千户葛芳嫡长男。

五辈葛荣，正德四年八月，葛荣，阳信县人，系平越卫前所世袭副千户葛本嫡长男。

六辈葛应朝，嘉靖二十八年十一月，葛应朝，年三十六岁，系平越卫前所老疾副千户葛荣嫡长男。伊高祖信原以实授百户天顺二年征东苗功升副千户，曾祖芳、祖本、父荣沿袭。所据东苗功无擒斩，例应减革，今本舍照例革替实授百户。

七辈葛邦顺，万历九年六月，葛邦顺，年六岁，滦州人，系平越卫前所故实授百户葛应朝嫡长孙，照例与全俸优给，至万历十八年终住支。

［八辈］葛邦翰，万历四十八年八月，单本选过平越卫前所副千户一员葛邦翰，年二十五岁，系降袭实授百户葛应朝嫡次孙，系优给故绝葛邦顺次弟。查伊二世祖葛信原系洪武功升实授百户，于天顺间征进东苗斩首功升副千户，三辈葛芳、

---

① 原簿目录载为"续入葛应朝"，又载"辈数未全一员葛应朝"，即原簿第83页"前所实授百户乙员·葛应朝"，其载葛芳、葛本、葛荣、葛应朝各条分别即此三辈葛芳、四辈葛本、五辈葛荣、六辈葛应朝选条所载。

四辈本、五辈荣俱沿袭副千户，至葛应朝于嘉靖三十八年赴袭，以东苗功非擒斩减袭实授百户，故。本舍以嫡孙承祖赴袭，告辩前来，备查黄选载有"葛信，天顺间征东苗斩首功升副千户"字样，既开斩首则非无擒斩可知，相应准复祖职副千户，比中二等。

前所实授百户一员·葛应朝①

成化九年九月，葛芳，阳信县人，系平越卫前所副千户葛信嫡长男。

弘治十年十月，葛本，阳信县人，系平越卫前所故世袭副千户葛芳嫡长男。

正德四年八月，葛荣，阳信县人，系平越卫前所世袭副千户葛本嫡长男。

嘉靖二十八年十一月，葛应朝，年三十六岁，系平越卫前所老疾副千户葛荣嫡长男。伊高祖信原以实授百户天顺二年征东苗功升副千户，曾祖芳、祖本、父荣沿袭。所据东苗功无擒斩，例应减革，本舍照例革替实授百户。

年远事故一员·董源

永乐三年七月，董诚，系平越卫军民指挥使司前所故世袭百户董清亲弟。

宣德八年六月，董郁，年十六岁，系平越卫前所征进交趾故世袭百户董诚嫡长男。

正统六年闰十一月，董源，年七岁，系平越卫前所故世袭百户董郁嫡长男。

又一员·王鑑·83·

景泰六年十月，王铭。伊父王智原系平越卫前所免并枪总旗，调征麓贼阵亡，例升一级，本人系嫡长男，照例袭升试百户。

成化五年三月，王佐，年九岁，江都县人，系平越卫军民指挥使司前所故百户王铭嫡长男，钦与全俸优给，至成化十年终住支。

成化六年八月，王鑑，江都县人，系平越卫前所故百户王铭亲弟，钦与世袭。

---

① 此"前所实授百户一员·葛应朝"簿所载葛芳、葛本、葛荣、葛应朝各选条所载，即前"葛应朝·实授百户"选簿之三辈葛芳、四辈葛本、五辈葛荣、六辈葛应朝选条内容，唯葛应朝选条"本舍"前并无"今"字。

又一员·周通

宣德七年四月，周鼎，年十七岁，系平越卫前所故世袭百户周焕庶长男。

成化十三年八月，周聚，鄞县人，系平越卫前所世袭百户周鼎嫡长男。

弘治七年九月，周通，年十八岁，鄞县人，系平越卫前所故世袭百户周聚嫡长男。

又一员·吴志

洪武二十九年三月，平越卫前所世袭百户吴兴。

洪武三十一年九月，吴海，系平越卫前所世袭百户吴兴嫡长男。

宣德七年八月，吴志，系平越卫前所故世袭百户吴海嫡长男。

又一员·张举

永乐元年八月，张澍，年十三岁，系平越卫前所故世袭百户张贵嫡长男。

正统四年十一月，张浚，系平越卫前所世袭百户张澍亲弟。

天顺七年闰七月，张澍，年七十岁，临淮县人，系平越卫前所世袭百户。先因老疾，亲弟张浚·84·替职，病故，别无应袭之人，钦与本人全俸优养。

张举，万历十三年十二月，张举，年二十一岁，临淮县人，系平越卫前所故世袭百户张澍嫡长孙，比中三等。

革发一员·贺廷桂

嘉靖十五年六月，贺廷桂，六合县人，系平越卫前所年老百户贺胜保未更名贺祯亲侄。伊始祖胜保原系军，宣德五年并枪充总旗。伯祯补，弘治十八年普安搜斩升试百户，遇例实授。所据并枪并搜斩、遇例，不准袭，本人照例革发随住。

舒应春·试百户

外黄查有：舒保，未更名舒森，武冈州人。高祖舒保，洪武五年军，拨平越卫前所，故。曾伯叔祖节补役。祖舒用景泰元年补，四年草塘有功，五年升小旗，疾。伯父舒胜系嫡长男，替，故，无嗣。父舒俊系堂弟，先除成都府学训导。叔舒仪补，弘治十五年征普安有功升总旗，故。森系亲侄，补，正德八年铜仁府镇筸有功，十年升本卫所署百户。

一辈舒用，已载前黄。

二辈舒胜，已载前黄。

三辈舒仪，已载前黄。

四辈舒森，已载前黄。

五辈舒应春，旧选簿查有：嘉靖四十年八月，舒应春，年七岁，武冈州人，系平越卫前所年老试百户舒森庶长男，照例与全俸优给，至嘉靖四十七年终住支。

[五辈]舒应春，隆庆四年八月，舒应春，武冈州人，系平越卫前所故试百户舒森嫡长男。查伊父舒森以总旗正德八年镇筸功升署百户，冒袭试百户。所据冒袭例无承袭，本舍照例革署试百户。

钱以成·试百户

嘉靖三十四年十二月，大选过平越卫前所试百户一员钱以成，年十八岁，系钱嵩男，比中三等。

钱万选，崇祯三年六月，单本并袭过平越卫前所正千户一员钱万选，年二十五岁，系故试百户钱以成亲孙。查得本舍因安酋叛逆，前后亲斩贼级一十二颗，移查职方司功次核册，回覆相同，合准并袭正千户，比中三等。

钱尚选，崇祯十一年六月，大选过平越卫前所试百户一员钱尚选，年二十一岁，系故功升正千户钱万选亲弟，比中三等。查新例，伯叔兄弟功不准并，相应减去正千户，仍袭试百户之职。

周宗汉·试百户

内黄查有：周宗庭，无锡县人。曾祖周道，吴元年归附，老。祖周宗海代，故。父周宗补，景泰元年奉例纳升试所镇抚，二年香炉山等处杀贼获功十三次，斩首二颗，例升一级，三年升实授所镇抚，五年克夹水等寨获功五次，斩首三颗，例升一级，升副千户，老。宗庭系嫡长男，替副千户。

一辈周宗，已载前黄。

二辈周宗庭，旧选簿查有：景泰七年十一月，周宗庭，无锡县人，系平越卫前所副千户周宗嫡长男，钦与世袭。

三辈周宗臣，旧选簿查有：弘治四年十二月，周宗臣，系平越卫前所年老副千户周宗庭嫡长男。

四辈周宗儒，旧选簿查有：正德十年八月，周宗儒，无锡县人，系平越卫前所老疾正千户周宗臣嫡长男。伊曾祖纳升试所镇抚，已足三辈，止有军功三级，本人与做试百户。

五辈周宗汉，旧选簿查有：嘉靖三十二年六月，周宗汉，无锡县人，系平越卫前所故试百户周宗儒嫡长孙。·86·

徐世卿·试百户

外黄查有：徐文，迁安县人。曾祖徐胜，甲午年从军，老。祖徐彬替役，并，充军，洪武十八年升小旗，本年以年深升总旗，老。父徐秩替役，并充总旗，正统三年故。叔徐程补役，六年征麓川被伤残疾。文替役，景泰四年征草塘杀贼有功升总旗，天顺二年征东苗生擒斩首有功升试百户，遇例实授。徐继武系平越卫前所为事充军故副千户徐振嫡长男。父袭试百户，遇例实授，又功升前职，为易买首级事问发充军。所据遇例并副千户功级，系自己立功，自己犯罪，俱例不该袭外，本人与袭祖职试百户，于嘉靖元年袭职。

一辈徐彬，已载前黄。

二辈徐秩，已载前黄。

三辈徐程，已载前黄。

四辈徐文，已载前黄。

五辈徐振，旧选簿查有：成化二十一年十二月，徐振，宿迁县人，系平越卫前所百户徐文户名徐胜嫡长男。父原系功升试百户，遇例实授，本人照例革替试百户。

六辈徐继武，已载前黄。①

七辈徐世卿，旧选簿查有：嘉靖三十一年十月，徐世卿，年二十七岁，宿迁县人，系平越卫前所故实授百户徐继武嫡长男。查得伊父继武原袭试百户，遇例实

---

① 此"五辈徐振""六辈徐继武"选条，又见原簿78页"革发一员·周与敬"选簿所载。

授。所据遇例职级,不准袭,本舍照例袭试百户。

八辈徐国琛,万历十六年十二月,徐国琛,年二十八岁,宿迁县人,系平越卫前所故试百户徐世卿嫡长男,比中三等。

九辈徐朝弼,万历三十二年十月,大选过平越卫前所试百户一员徐朝弼,年二十二岁,系故试百户徐国琛嫡长男,比中二等。

前所年远事故试百户一员·罗应武

弘治十一年十一月,罗相,年十六岁,麻阳县人,系平越卫前所百户罗俊嫡长孙。祖原系功升试百户,天顺八年遇例实授,老疾。本人照例已革与试百户俸优给,今出幼,袭试百户。

万历二年六月,罗应武,年二十四岁,麻阳县人,系平越卫前所故实授百户罗相嫡长孙,革遇例,与袭试百户。

王都①

崇祯十五年闰十一月,单本选过平越卫前所世袭正千户一员王都,年十八岁。阆中县人,系故正千户王继芳曾侄孙,比中三等。

文嘉爵·署百户事冠带总旗

一辈文玉,缺。

二辈文保,缺。

三辈文忠,缺。

四辈文敏,缺。

五辈文纲,缺。

六辈文聪,抄誊簿查有:正德六年,乖西功次簿内查有:一人自擒斩贼级三名颗、四名颗项下平越卫前所冠带实授小旗升冠带实授总旗一名文玉。

七辈文鸾,旧选簿查有:嘉靖十五年八月,文鸾,攸县人,系平越卫前所故百户

---

① 原簿目录前所正千户"辈数未全一员王达"下附注为"阆中县人",此"王都"簿或据"王达"簿另立之新簿。

文玉未更名文聪嫡长男。伊父以小旗历功升署百户，冒供试百户，纳米比例实授。所据冒供并纳米比例职级，俱应减革，本人与袭署百户事食总旗名粮。

八辈文嘉爵，旧选簿查有：隆庆元年十二月，文嘉爵，年五岁，攸县人，系平越卫前所年老署百户文鸾庶次男，照署百户事冠带总旗名粮优给，至隆庆十年终住支。

万历九年六月，文嘉爵，年十七岁，攸县人，系平越卫前所年老署试百户事食总旗名粮文鸾庶次男，优给出幼袭职，比中三等。

许仁·署试百户事冠带总旗

一辈许贞，缺。

二辈许福海，缺。

三辈许信，缺。

四辈许铎，缺。

五辈许洪，功次簿查有：正德六年，贵州征剿清水江苗贼功次升一级不赏一人自擒斩贼级三名颗、四名颗官舍旗军共四十员名内平越卫前所实授总旗升试百户一员许贞。

六辈许润。

七辈许良。

八辈许仁，旧选簿查有：嘉靖四十五年十月，许仁，年二十五岁，安仁县人，系平越卫前所故试百户许良嫡长男，革遇例，袭署试百户事冠带总旗。

九辈许成忠，万历十一年二月，许成忠，年五岁，安仁县人，系平越卫前所老疾署试百户事冠带总旗许仁嫡长男，照例与署试百户事冠带总旗名粮优给，至万历二十年终住支。

万历三十二年十月，许成忠，年二十五岁，出幼袭职，比中三等。·89·

十辈许兴国，崇祯十五年八月，大选过平越卫前所世袭署实授百户事试百户一员许兴国，年二十一岁，系故绝署实授百户事试百户许成忠亲侄，比中三等。

吴尚文·副千户

外黄查有：吴信，山阳县人。父吴剪儿，丙午年充军，吴元年克济南，洪武元年克守大都，二十八年老。兄吴咬儿代役，三十二年克怀来，八月克雄县、漠（莫）州，攻围真定，十月克大宁，十一月郑村坝大战阵亡。吴兴补役，三十三年白沟河大战全胜，五月攻围济南升小旗，十月克沧州，十二月东昌大战，三十四年夹河大战、藁城大战，八月攻西水寨升总旗，三十五年克东阿、东平、汶上，四月齐眉山大战失陷。信系亲叔补总旗，为侄阵亡永乐三年升燕山右卫中所世袭百户。吴亮系吴信嫡长男，[父]正统四年调平越卫后所，故，亮六年袭授世袭百户。吴瑛系吴亮庶长男，伊父患疾，瑞弘治十六年替授平越卫后所世袭副千户。

一辈吴兴，已载前黄。

二辈吴信，已载前黄。

三辈吴亮，旧选簿查有：正统六年十月，吴亮，系平越卫后所故世袭百户吴信嫡长男。

副千户功次、功次簿内查有：景泰五年，贵州草塘等处杀贼有功升一级平越卫百户升副千户七员内一员吴亮。

四辈吴瑛，旧选簿查有：成化十一年十一月，吴瑛，山阳县人，系平越卫后所副千户吴亮嫡长男，钦与世袭。

五辈吴瑞，旧选簿查有：弘治十六年八月，吴瑞，山阳县人，系平越卫后所副千户吴瑛庶长男。

功次簿查有：正德六年征乖西清水江，平越卫升一级不赏一人自擒斩贼级三名颗、四名颗官舍旗军共四十员名内开实授副千户升正千户一员吴瑞。

六辈吴尚文，旧选簿查有：嘉靖二十八年十月，吴尚文，年四十岁，山阳县人，系平越卫老疾指挥佥事吴瑞嫡长男。伊曾祖亮以百户征草塘功升副千户，老。伊祖瑛、父瑞沿袭，征乖西功升正千户，征镇箪功升指挥佥事，老。所据伊曾祖草塘功升副千户及伊父镇箪功升指挥佥事，俱无擒斩，例应减革，本舍照例革替副千户，注后所。

安大朝·副千户

一辈安保，诰命查有：本舍投下洪武三十年诰命查有：安保，旧名添保，定远县人，甲午年同父安胜从军，父阵亡，添保洪武三年充小旗，八年并充总旗，拨武昌护卫，二十年除本卫后所世袭百户，授敕命，更名安保，改设武昌中护卫。

二辈安贵，缺。

三辈安旺。

四辈安俊。

五辈安雄，旧选簿查有：天顺二年十月，安雄，定远县人，系武昌护卫后所故世袭百户安俊嫡长男。

六辈安泰，旧选簿查有：弘治元年十二月，安泰，定远县人，系武昌护卫后所监故百户[安雄]嫡长男。伊父先因为事问拟改调贵州平越卫后所，在监病故。本人照例袭职，仍注原调卫所。

抄誊正德六年乖西地方功次簿内查有：一人自擒斩贼级三名颗、四名颗官旗项下平越卫后所实授百户升副千户一员安泰。

诰命查有：安泰，高祖安保原任武昌中护卫百户，年老。曾祖安文未袭，故。祖安旺年幼，曾叔祖安贵洪武二十六年借职，故。祖安旺袭，年老。祖安俊正统七年袭，故。父安雄天顺二年袭，故。泰系嫡长男，袭，调平越卫后所，正德六年乖西斩首三颗、石阡斩首二颗升副千户。

七辈安大朝，旧选簿查有：嘉靖十五年八月，安大朝，定远县人，系平越卫后所年老副千户安泰庶长男。

万历十一年八月，安荣，系平越卫故指挥同知安大朝嫡长男。查得见行事例，军职临阵退怯，致失陷所部二十人者不准袭。今照本舍先于隆庆四年领军征进水西，冒杀无名首级五十三颗，掳掠男妇四十四口，又失陷官军二十有余，该抚按提问未结，留任，以九丝城有功赎罪，但本舍例难承袭，合照例发回，仍取伊子孙承袭。

八辈安良臣，万历十三年十月，安良臣，年六岁，定远县人，系平越卫故指挥同知推升署都督佥事安大朝曾孙。查伊曾祖安大朝原替祖职副千户，嘉靖二十六年起至三十四年在於硬寨等处节次亲自斩擒贼级二十一名颗升指挥同知，历推署都督佥事。祖安荣以舍人领军征剿水西，贪功妄杀，失陷官军，提问未结，续于九丝城获功，奉旨赎罪。万历十一年保送赴部袭职，看得本舍所犯前罪，有碍承袭，随经发回另取伊子孙承袭。伊父安世爵未袭先故，本舍系安大朝曾孙，但伊祖安荣领军失事，罪诚难道。今本舍照例减革伊曾祖推升流官署都督佥事并斩获功升指挥同知三级，止以祖职副千户全俸优给，至万历二十年终住支。

万历四十五年六月，单本选过平越卫后所正千户一员安良臣，年三十六岁，系故副千户安大朝曾孙，于祖职副千户上加舍人平播功一级，并袭正千户，比中二等。①

九辈安边，崇祯十一年十一月，单本选过平越卫后所正千户一员安边，年二十六岁，系故正千户安良臣嫡长男，比中三等。·91·

陈勋·副千户

一辈陈［俊。］

二辈陈□。

三辈陈［以信。］

四辈陈［瑾。］②

五辈陈清，旧选簿查有：正统七年十月，平越卫后所试百户一员陈清，系总旗陈瑾户名陈俊亲弟。

六辈陈聚，旧选簿查有：五年八月，陈聚，年十五岁，醴陵县人，系平越卫后所伤故百户陈清庶长男。

七辈陈恩，旧选簿查有：弘治十一年十二月，陈恩，醴陵县人，系平越卫后所功升正千户陈聚嫡长男。

八辈陈勋，旧选簿查有：□□□年十月，陈勋，醴陵县人，系平越卫指挥佥事陈恩嫡长男。伊曾叔祖以信原补小旗，洪熙元年并枪升总旗。曾伯祖瑾代役，麓川阵亡。曾祖清袭升试百户，遇例实授，功升副千户。祖聚沿袭，又以功升正千户。父替，获功升今职。所据并枪、遇例俱应减革，扣有军功五级，本人与替副千户，注原后所。

九辈陈谏，嘉靖三十六年袭试百户。

十辈陈起龙，万历三十一年八月，大选过平越卫后所试百户一员陈起龙，年十七岁，系故试百户陈谏嫡长孙，比中二等。

---

① 万历《贵州通志》卷12《平越卫·职官·指挥同知》载："安胜，定远县人，洪武初年从军，二十一年男添保升总旗，成化十三年七世孙泰调本卫，功升副千户，嘉靖三十五年八世孙大朝功升指挥同知，历升都督佥事，沿臣良优给"（第264页）。万历《黔记》卷49《乡贤列传·六都督传》载："安大朝，平越卫指挥，嘉靖间历官都督佥事"（北京图书馆古籍珍本丛刊本，北京：数目文献出版社，2000年，第896页）
② 据"八辈陈勋"选条，此一辈、三辈、四辈选条姓名或分别为"一辈陈俊""三辈陈以信""四辈陈瑾"。

刘芳·副千户

外黄查有：刘诚，颖上县人。祖父刘敏，乙巳年充小旗，吴元年充总旗，洪武二年授金吾右卫百户，七年升骁骑卫左所流官副千户，十二年阵亡。父刘真十八年调府军左卫副千户，二十年调平越卫后所，永乐元年故。诚系嫡长男，四年袭。刘韶[系]刘诚庶长男，父老，无嫡男，韶景泰五年替。

一辈刘敏，已载前黄。·92·

二辈刘真，已载前黄。

三辈刘诚，旧选簿查有：永乐四年四月，刘诚，年十五岁，系平越卫后所故世袭副千户刘真嫡长男。

四辈刘韶，旧选簿查有：景泰五年七月，刘韶，颖上县人，系平越卫后所世袭副千户刘诚庶长男。

五辈刘泰，旧选簿查有：成化五年六月，刘泰，年十五岁，颖上县人，系平越卫后所故世袭副千户刘韶嫡长男。

六辈刘文，旧选簿查有：弘治十年十月，刘文，年十六岁，颖上县人，系平越卫后所故世袭副千户刘泰嫡长男。

七辈刘芳，旧选簿查有：嘉靖二十七年十二月，刘芳，颖上县人，系平越卫后所故副千户刘文嫡长孙。

八辈刘显功，万历二十九年二月，刘显功，年二十二岁，系平越卫后所故绝副千户刘芳亲侄，比中三等。

九辈刘越，崇祯十三年十二月，大选过平越卫后所副千户一员刘越，年二十一岁，系故副千户刘显功亲孙，比中三等。

曹怀忠·副千户

内黄查有：曹瑄，峄县人。有曾祖父曹汝霖，吴元年归附，被马跌伤，祖父曹成代役。洪武十五年曾祖曹汝霖以老军除授镇溪巡检司巡检，十六年替回，赴京，二十年除试百户，故。祖父曹成三十二年袭授平越卫杨老站试百户，故。父曹保袭授前职，故。瑄系嫡长男，年幼优给，出幼，宣德八年八月仍袭杨老站试百户。曹应文系功升正千户曹廉嫡长男。伊始始祖汝霖除试百户，曾祖瑄袭职，遇例实授，祖泰替职，功升副千户，父又立功升前职。所据遇例一级，应该减革，本人照例革与实授副千户,嘉靖三年二月替职。

一辈曹汝霖,已载前黄。

二辈曹成,已载前黄。·93·

三辈曹保,已载前黄。

四辈曹瑄,旧选簿查有:[宣德八年]①八月,曹瑄,年十六岁,系平越卫杨老站试百户曹保嫡长男。祖曹成原系老军巡检除试百户,为事病故,父袭授前职,亦故,钦准本人仍袭试百户。

五辈曹泰,旧选簿查有:十二年十月,曹泰,峄县人,系平越卫带管杨老站百户曹瑄嫡长男,钦与世袭。

功次簿查有:弘治七年,征都匀一人自擒斩贼级四名颗,杨老站百户升副千户一员曹泰。

六辈曹廉,旧选簿查有:月,曹廉,峄县人,系平越卫管带杨老站功升副千户曹泰嫡长男,钦与世袭。

功次簿查有:正德六年,征乖西苗贼,一人自擒斩贼级三名颗、四名颗,杨老站实授副千户升正千户一员曹廉。

七辈曹应文,已载前黄。

八辈曹怀忠,旧选簿查有:嘉靖三十五年八月,曹怀忠,峄县人,系平越卫杨老站故正千户曹应文嫡长男。查伊父原革袭副千户,今冒供正千户,本舍仍革替副千户。

九辈曹景贤,万历八年六月分,曹景贤,年二十岁,峄县人,系平越卫带管杨老站老疾副千户曹怀忠嫡次男。伊父原革替祖职副千户,今老疾,应该伊兄曹景玮承袭,患疾,无子,本舍照例借替祖职副千户,待后伊兄曹景玮疾痊,或生有儿男,退还职事,比中三等。

十辈曹景玮,万历十四年六月,曹景玮,年三十岁,峄县人,系平越卫带管杨老站退职副千户曹景贤亲兄。伊父曹怀忠原袭祖职副千户,老,应该本舍承袭,比时患疾,不堪,无子,将职借与伊弟曹景贤承替,今本舍疾痊,该卫保送前来,合照例与替祖职副千户,伊弟曹景贤革闲,比中二等。

---

① 此"宣德八年"四字,据贴黄补。

麻献能·署副千户事实授百户

一辈麻直，缺。

二辈麻忠，旧选簿查有：洪武三十四年二月，麻忠，年十六岁，系平越卫后所故流官百户麻直嫡长男，钦准袭职，与世袭，仍授本卫所世袭百户。

三辈麻瑛，旧选簿查有：正统十年四月，麻瑛，系平越卫后所世袭百户麻忠嫡次男。父有嫡长孙麻景端，年五岁，幼小，未堪承替，钦准本人替职，待长成，还与职事。·94·

副千户功次：候查。

四辈麻宣，旧选簿查有：成化六年八月，麻宣，年十五岁，宣城县人，系平越卫后所正千户麻英嫡长男，钦与世袭。

五辈麻勇，旧选簿查有：正德三年九月，麻勇，宣城县人，系平越卫后所故世袭正千户麻宣嫡长男。

六辈麻献能，旧选簿查有：嘉靖三十五年二月，麻献能，宣城县人，系平越卫后所老疾正千户麻勇嫡长男。查伊曾祖英原替百户，景泰四年草塘杀贼升副千户，天顺三年东苗杀贼升正千户，沿袭。今据前功俱无擒斩，例应减革，本舍量革与署副千户事实授百户。

七辈麻建功，万历十一年八月，大选过麻建功，年二十五岁，宣城县人，系平越卫后所年老署副千户事实授百户麻献能嫡长男，比中二等。

八辈麻国用，崇祯十一年二月，大选过平越卫后所署副千户事实授百户一员麻国用，年二十一岁，系故署副千户事实授百户麻建功嫡长孙，比中三等。

陈诰·实授百户

内黄查有：陈保，旧名法保，六安州人，系故百户陈名嫡长男。父丙申年投附，充帐前铁甲把都儿，洪武四年除旗手千户所百户，五年故。保于九年充参侍舍人，十年袭除凤阳左卫左所百户，十九年拨平越卫后所。

一辈陈名，已载前黄。

二辈陈保，已载前黄。

三辈陈镛，旧选簿查有：永乐九年九月，陈镛，系平越卫后所故流官百户陈保嫡长男，敬准袭职，授世袭。

四辈陈纪，旧选簿查有：正统九年二月，陈纪，系平越卫后所世袭百户陈镛嫡长男。·95·

五辈陈弼，旧选簿查有：成化十二年十月，陈弼，六安州人，系平越卫后所世袭百户陈纪嫡次男。有嫡长兄陈辅，患右脚残疾，不堪承替，本人替职，待兄有男，还与职事。

六辈陈奉，旧选簿查有：弘治十一年十一月，陈奉，六安州人，系平越卫后所世袭百户陈弼亲侄。先因伊父陈辅残疾，不堪承袭，伊叔借职，续生本人，改正袭职，伊叔革闲。

七辈陈诰，旧选簿查有：嘉靖二十年十月，陈诰，六安州人，系平越卫后所故实授百户陈俸嫡长男，仍袭原职。

八辈陈大才，万历十二年十月，陈大才，年二十岁，六安州人，系平越卫后所故实授百户陈诰亲侄，比中二等。

兰世奇·实授百户

外黄查有：兰真，即兰继祖，平江县人。有高祖兰真，系陈氏下军，洪武四年有功升小旗，三十二年升总旗，调平越卫后所，故。曾祖兰必先并充总旗，故。曾祖兰荣补役，正统十四年被苗贼杀死。伯祖兰真补役，景泰四年草塘斩首三颗升实授总旗，故。父兰秀补役，病。继祖系嫡长男，补役，六年都匀共斩首五颗，升本卫所试百户，十四年征进普安地方，共斩首四颗，升本卫所实授百户，七年征进镇箪地方共斩首三颗，十年升署副千户。

一辈兰真，已载前黄。

二辈兰必先，已载前黄。

三辈兰荣，已载前黄。

四辈兰贵，已载前黄。

五辈兰秀，已载前黄。

六辈兰继祖，已载前黄。

七辈兰薰，旧选簿查有：嘉靖十二年八月，兰薰，年二十八岁，平江县人，系平越卫后所年老功升百户兰继祖顶祖名兰真嫡长男。

八辈兰世奇，旧选簿查有：隆庆二年八月，兰世奇，年三十七岁，平江县人，系平越卫后所年老实授百户兰勋嫡长男。查得内黄，洪武四年升小旗，二十三年升总旗，景泰四年草塘三百罗寨、地砲寨斩首三颗升实授总旗，弘治六年征都匀小拱背寨、苗箕寨斩首五颗升试百户，十四年征普安阿旧寨、江西坡下硬寨斩首四颗升实授百户，七年征镇箪麻同寨、茶山寨斩首三颗升署副千户。嘉靖五年，查镇箪功系报效，已降实授百户。今本舍照旧实授百户，于八月十六日比试弓马·96·得中，考试三等。

九辈兰向阳，万历二十三年十月，[兰]向阳，年二十三岁，[平]江县人，系平越卫后所老实授百户兰世奇嫡长男，比中二等。

冯世爵·实授百户

外黄查有：冯鼎，密云县人。曾祖冯玉海，洪武十三年充军，三十三年济南升小旗，三十四年西水寨升总旗，三十五年克应天府升留守卫左所百户，故。祖冯聚袭职，调宁夏中卫，注调平越卫后所，故。父冯兴袭职，老疾。鼎系嫡长男，成化十二年替授平越卫后所百户。

一辈冯玉海，已载前黄。

二辈冯聚，旧选簿查有：永乐九年三月，冯聚，系留守左卫聚宝门所故世袭百户冯玉海嫡长男，敬袭世袭百户。

三辈冯兴，旧选簿查有：正统九年二月，冯兴，系平越卫后所故世袭百户冯聚嫡长男。

四辈冯鼎，旧选簿查有：成化十二年十一月，冯鼎，密云县人，系平越卫后所世袭百户冯兴嫡长男。

五辈冯春，旧选簿查有：正德十年十二月，冯春，密云县人，系平越卫后所世袭百户冯鼎嫡长男。

六辈冯泰，旧选簿查有：嘉靖十年十月，冯泰，年三十四岁，密云县人，系平越卫后所故绝世袭百户冯春堂兄。本人比试不中，暂准袭职，与支半俸，候及二年，起送再比。

七辈冯世爵，旧选簿查有：嘉靖三十八年二月，冯世爵，年二十一岁，松阴县人，系平越卫后所故实授百户冯泰嫡长男。

严通·实授百户·97·

一辈严童儿，缺。

二辈严琳，旧选簿查有：永乐九年二月，严琳，系平越卫后所流官百户严童儿亲侄。

三辈严英，缺。

四辈严肃，旧选簿查有：景泰七年七月，严肃，合肥县人，系平越卫后所世袭百户严英嫡长男。

五辈严伦，旧选簿查有：成化十六年十月，严伦，合肥县人，系平越卫后所世袭百户严肃嫡长男。

六辈严明，旧选簿查有：正德四年八月，严明，合肥县人，系平越卫后所世袭百户严伦嫡长男。

七辈严通，旧选簿查有：嘉靖十八年二月，严通，年八岁，合肥县人，系平越卫后所故百户严明嫡长孙，照例与全俸优给，至嘉靖二十四年终住支。

旧选簿查有：嘉靖二十七年十月，严通，年十七岁，合肥县人，系平越卫后所故实授百户严明嫡长孙，优给出幼袭职。

八辈严守爵，万历三年十二月，严守爵，年五岁，合肥县人，系平越卫后所老疾世袭百户严通嫡长男，照例与全俸优给，至万历十二年终住支。

万历十五年十月，严守爵，年十六岁，合肥县人，系平越卫后所老疾世袭实授百户严通嫡长男，出幼袭职，比中二等。

张庠·实授百户

外黄查有：张玉，睢州人。有父张伯通洪武元年归附充军，十一年改宁山卫左所，十六年父老疾。玉户名不动代役，济南升本所小旗，三十四年藁城升本所总旗，三十五年平定京师钦升河南卫中前所百户，永乐三年钦与世袭职事。张广系张玉嫡长男。张聪系张广嫡长男。父洪熙元年调广宁左屯卫左所管事，奉勘合取回隆庆右卫带俸，宣德十年归并忠义后卫，老疾。聪正统三年替授河南卫中前所世袭百户，忠义后卫所①带俸。

一辈张玉，已载前黄。·98·

---

① "所"字衍，应删。

二辈张广，已载前黄。

三辈张聪，已载前黄。

四辈张友，旧选簿查有：正统十二年二月，张友，系平越卫后所故世袭百户张聪亲弟。

五辈张昂，旧选簿查有：成化十一年十二月，张昂，睢州人，系平越卫后所世袭百户张友嫡长男。

六辈张勋，旧选簿查有：弘治十六年九月，张勋，睢州人，系平越卫后所世袭百户张昂嫡长男。

七辈张继宗，旧选簿查有：嘉靖十二年六月，张勋，年五十三岁，睢州人，系平越卫后所百户，今患疾。有嫡长男张继宗，年三十二岁，告替。

八辈张庠，旧选簿查有：嘉靖四十年二月，张庠，年三十六岁，睢州人，系平越卫后所年老实授百户张继宗嫡长男。

九辈张守忠，万历二十年八月，张守忠，年二十岁，睢州人，系平越卫后所年老实授百户张庠嫡长男，比中三等。

后所年远事故世袭百户一员·王子贵

洪武三十三年十二月，王斌，系平越卫后所世袭百户王子贵亲弟，有兄于酉阳堡伤故。

洪武三十五年十月，王斌，系贵州平越卫后所百户王子贵弟。兄为风瘫在家，不能动止，告替，别无嫡庶儿男，钦准替职，与世袭，仍授本卫所世袭百户。

洪武三十九年九月，王子贵，原系平越卫后所世袭百户，为因患病，令弟王斌替职，今病痊可，仍授本卫所世袭百户，弟革闲。

查无黄选、贴黄、宝簿革发实授百户一员·王世臣

万历二年六月，王世臣，年二十二岁，枣阳县人，系平越卫后所故实授百户王铭嫡长孙，查得本舍黄选、贴黄、宝簿全无一字可据，诈冒可知，合照例革发，仍查究妄保官员。

刘松·试百户

外黄查有：刘銮，新化县人。始祖刘贵，洪武四年收充宝庆卫，拨平越卫后所，老。高祖刘戌子替役，正统六年征麓川阵亡。曾祖刘旺补役，例充实授小旗，景泰四年草塘三颗升总旗，故。祖刘亨补役，并胜，故。父刘钺补役，纳米免比，疾。銮替役，并胜，正德六年乖西清水江斩首三颗升本卫所试百户。

一辈刘旺，已载前黄。

二辈刘亨，已载前黄。

三辈刘钺，已载前黄。

四辈刘銮，已载前黄。

五辈刘承恩，旧选簿查有：嘉靖二十三年六月，刘承恩，新化县人，系平越卫后所故试百户刘銮嫡长男。

六辈刘松，旧选簿查有：隆庆元年十二月，刘松，年三十岁，新化县人，系平越卫后所故试百户刘承恩嫡长男。

锺永贵·试百户·100·

三辈锺廷，抄誊查有：正德六年，勘合查有：征剿乖西清水江苗贼功次，升一级不赏一人自擒斩贼级三名颗，平越卫后所实授小旗升实授总旗一名锺廷。

吊来功次查有：吊来右府功次付文查有：香炉山获功升实授一级不赏一人自擒斩级三名，平越卫实授总旗升试百户一员锺廷。抄誊嘉靖五年革册查有：应合照旧存留官旗贵州平越卫试百户锺廷。

四辈锺永贵，旧选簿查有：嘉靖十二年六月，锺永贵，年二十六岁，新化县人，系平越卫后所年老功升试百户锺昇顶祖名锺廷嫡长男。

后所年远事故试百户一员·汪澜

十七年十二月，汪明，舒城县人，系平越卫后所百户汪政嫡长男。父原系试百户，遇例实授，患寒湿疾，本人照例革替试百户。

十四年二月，汪澜，舒城县人，系平越卫后所年老百户汪明嫡长男。父革替试百户，遇例实授，本人照例革与试百户。①

又一员·杜遵

正统十二年九月，杜纪，年十六岁，系平越卫后所总旗杜清户名杜受四嫡长男。父调征麓贼阵亡，本人袭试百户。

弘治［七］年九月，杜璁，江阴县人，系平越卫后所实授百户杜纪嫡长男。

［嘉靖］五年八月，杜遵，江阴县人，系平越卫后所年老百户杜璁亲侄。伊祖纪原袭升试百户，遇例实授，伯、父沿袭，本人照例革替试百户。②

实授百户一员·汪承祖

隆庆四年十月，汪承祖，年二十岁，舒城县人，系平越卫后所故实授百户汪兰嫡长男，革遇例，与袭试百户。③

平越站年远事故世袭百户一员·陆广

正统三年七月，陆贵，系平越卫平越站世袭百户。

景泰四年十月，陆昇，高邮州人，系平越卫平越站世袭百户陆贵嫡长男。

景泰十四年十月，陆广，高邮州人，系平越卫平越站故世袭百户陆昇嫡长男。

平越卫杨老站年老（远）事故世袭百户一员·巩亨

年十一月，巩玉，系平越卫杨老站试百户巩院嫡长男。父系老军除授试百户，为老疾告替，钦准替职，与世袭，仍授平越卫杨老站世袭百户。

四月，巩宝，系平越卫杨老站百户巩玉嫡长男。祖巩院原系试百户，为老疾，父革除年间替百户，病故，钦准照洪武旧例袭世袭百户。

---

① 此"后所年远事故试百户一员·汪澜"簿，实应接续原书第101—102页"实授百户一员·汪承祖"簿下。
② 此"又一员·杜遵"簿，原簿页上注"名开后"三字，所载又见原书第103页"杜遵·试百户"选簿，该簿杜璁选条"七"，杜遵选条"嘉靖"字样，亦分别据其六辈杜璁、七辈杜遵选条补。
③ 此"实授百户一员·汪承祖"簿，或应接续《总汇》本册第101页"后所年远事故试百户一员·汪澜"簿。

正统八年十二月,巩亨,年十七岁,系平越卫带管杨老站世袭百户巩宝嫡长男。·102·

陈廕·署试百户事总旗

一辈陈庆一,功次簿查有:正德六年征贵州乖西,一人自擒斩贼级三名［颗］,平越卫前所军人升小旗二名内一名陈庆一。

二辈陈济,吊来勘合查有:正德九年香炉山等处,一人自擒斩贼级三名颗,官舍旗军一十一员名内,平越卫总旗升试百户陈济。

三辈陈廕,旧选簿查有:嘉靖二十八年二月,陈廕,茶陵县人,系平越卫后所故试百户陈济嫡长男。伊父陈济原系小旗,以镇筸功升总旗,以香炉山功升试百户。今查据镇筸功无擒斩,例应减革,与做署试百户事总旗。

四辈陈世爵,隆庆四年十二月,陈世爵,年三十岁,茶陵县人,系平越卫故署试百户事总旗陈廕嫡长男。查得本舍比试不中,照例与支半俸,候及二年起送再比。

杜遵·试百户

内黄查有:杜纪,江阴县人。高祖杜受四,丙午年从军,吴元年选充小旗。曾祖杜福代役,洪武十六年并枪仍充小旗,十九年调贵州平越卫,二十六年以年［深］小旗并枪升总旗,三十年征进水西阵亡。伯祖杜镛补役,故。祖杜旺并枪补充总旗,疾。父杜清照例免枪代充总旗,正统六年征麓川阵亡。堂叔杜海暂收补役。纪系阵亡父杜清嫡长男,例应改正升职,年幼优给,十二年袭升试百户,天顺元年遇例实授本卫所百户,成化十一年钦与流官。

一辈杜受四。

二辈杜福。

三辈杜镛。

四辈杜清。

五辈杜纪。·103·

六辈杜聪,系杜纪嫡长男。伊父年老,聪于弘治七年钦准替授平越卫后所实授百户。

七辈杜遵,杜遵,年三十岁,系平越卫后所年老百户杜聪亲侄。伊祖纪原袭升试百户，遇例实授，本人照例革替试百户，嘉靖五年钦准替职。①

八辈杜璋，万历十一年二月，杜璋，年十岁，江阴县人，系平越卫后所故试百户杜遵嫡长曾孙，照例与全俸优给，至万历十五年终住支。

九辈杜珍，崇祯五年四月，单本选过平越卫后所试百户一员杜珍，年二十六岁，系故试百户杜璋亲弟，俟伊侄大弟生子退还，比中三等。

右所冠带总旗一员·商锐

外黄查有：商仲信，即年通，永平府人。吴元年从军，洪武五年选充总旗，故。曾祖商义补，残疾。伯祖商镇替役，故。叔商能补，故。通系亲侄，补，纳米免并，弘治十五年普安有功，十八年升平越卫右所试百户，遇例实授。

嘉靖八年六月，商文，年二十八岁，永平府人，系平越卫右所年老百户商彦通嫡长男。伊父功升试百户，遇例实授，本人照例革替试百户。

嘉靖二十六年六月，商锐，永平府人，系平越卫右所故试百户商文嫡长男。伊祖彦通以总旗弘治十五年普安功升试百户，遇例实授。父文袭，已革遇例，与试百户。所据普安功无擒斩，例应减革，与本舍冠带总旗。

小旗一名·张绪

钦升簿内查有：弘治七年都匀功次一人自擒斩贼级四名颗官舍旗军人等·104·七百员名升一级量赏内平越卫小旗升总旗一名张泰贰。

正德三年九月，张经，无锡县人，系平越卫右所百户张端户名张大贰嫡长男。伊父原系功升试百户，弘治十八年遇例实授，年老，本人照例革替试百户。

嘉靖二十一年四月，张绪，无锡县人，系平越卫右所充军试百户张经亲弟。伊兄为侵欺钱粮问拟永远充军，子孙不准承袭。本舍保送前来，所据伊父张端试百户职级，系洪熙元年以后升职，照例革充小旗，于原卫所食粮差操。

---

① 此簿五辈杜纪、六辈杜聪、七辈杜遵诸选条，即原簿第101页"又一员·杜遵"载杜纪、杜璁、杜遵诸选条。

中所总旗一名·丁垣

外黄查有：丁瑄，无锡县人。祖丁伏一，吴元年充沅州卫中所军，选充小旗，洪武十六年调平越卫中所，老。父丁荣三代，并小旗，宣德六年故。瑄顶户名补役，正统六年麓川二次头功例升二级，因未并枪准一级升总旗，景泰四年草塘开通道路、五年克金谷都等寨斩首三颗升平越卫中所试百户，天顺元年遇例实授。

成化四年九月，丁俊，无锡县人，系平越卫中所百户丁宣户名丁福壹嫡长男，钦与世袭。

弘治十三年十二月，丁杲，无锡县人，系平越卫中所百户丁俊嫡次男。祖丁宣原系功升试百户，天顺元年遇例实授，年老。父替职，今年老疾。本人照例替百户，钦与世袭。·105·

嘉靖十五年八月，丁垣，无锡县人，系平越卫中所故百户丁杲嫡长男。伊曾祖瑄以小旗麓川功升总旗，草塘开通道路升试百户，遇例实授。祖、父沿袭，本人照例革开通道路及遇例职级，与充总旗。

前所冠带总旗一员·周道

外黄查有：周南，武进县人。始祖周成，吴元年从军，故。高祖周义，补，老。曾祖周俊补，疾。曾叔祖周全代，征，中伤。伯祖周刚代，景泰元年西山寨有功升小旗，天顺二年东苗地方有功升总旗，成化元年永宁山有功升试百户，老，无嗣。父周洪系亲侄，替，遇例实授，故。南系长男，弘治十六年袭试百户，十八年遇例实授。

成化十八年九月，周洪，武进县人，系平越卫前所试百户周刚亲侄，待伯有男，还与职事。

弘治十六年八月，周南，武进县人，系平越卫前所百户周洪嫡长男。伊父原系试百户，成化二十三年遇例实授，本人照例革袭试百户。

嘉靖三十四年十二月，周道，武进县人，系平越卫前所故试百户周南嫡长男。查得伊曾伯祖周刚于景泰元年西山寨有功升小旗，天顺二年东苗有功升总旗，成化元年永宁山有功升试百户，祖洪、父南沿袭。所据西山寨、东苗、永宁山功次俱无擒斩首，今本舍量革与冠带总旗。·106·

后所冠带总旗一员·王应秀

永乐四年正月,王敏,系平越卫后所故世袭所镇抚王胜堂兄。

宣德二年十月,王安,系平越卫后千户所故世袭所镇抚王胜嫡长男。

成化四年九月,王昱,永平府人,系平越卫后所世袭所镇抚王安嫡长男。

弘治十三年十一月,王端,永平府人,系平越卫后所世袭所镇抚王昱嫡长男。

正德十三年八月,王韬,系平越卫后所年老所镇抚王端嫡长男。伊祖王遵原系所镇抚,故绝。祖王秉道系亲弟,袭,故。胜亦袭,故。堂伯祖敏借职,王安优,老。昱替,老。端袭,故。查得秉道原系从军立功升总旗,相沿至今,韬系遵堂侄孙以下犯堂,例应减革,本舍革与冠带总旗。

嘉靖四十五年十二月,王应秀,年二十八岁,永平府人,系平越卫后所故冠带总旗王韬嫡次男。

冠带总旗一员·伍凤

洪武三十四年五月,伍斌,系平越卫黄丝堡试百户伍志通嫡长男。父系巡检除授前职,病故,袭授本卫黄丝堡世袭百户。

正统十年三月,伍成,系平越卫黄丝堡带管百户伍斌嫡长男,钦与世袭。

三年十月,伍谨,沅州人,系平越卫左所试百户伍斌亲弟。长兄伍贵原系总旗,征进麓贼阵亡,次兄袭升前职,被贼杀死,钦准本人照例袭实授百户。·107·

成化五年十月,伍子晁,无为州人,系平越卫带管黄丝堡故世袭百户伍成堂弟。

弘治八年十二月,伍经,无为州人,系平越卫带管黄丝堡世袭百户伍子晁嫡长男。

嘉靖二年闰四月,伍凤,无为州人,系平越卫黄丝堡失陷副千户伍经嫡长[男]。伊祖子晁承袭从堂兄伍成百户,即系立功志通侄孙。伊父沿袭□□□□前职。所据犯堂职级,相应革收总旗,仍加伊父功,与冠带世袭。·108·

万历二十二年九月　日
委官武选司主事陆　经脩

五军都督府所属卫所·右军都督府·贵州都司·威清卫

原簿目录

威清卫指挥使三员

一号苏松：始祖苏得，代九，武定州人。

二号张凤翔：始祖张文，代六，大兴县人。

三号高爵：始祖高昇，代六，仪真县人。

指挥同知六员

一号杨煜：始祖蔡成富，代八，合肥县人。

二号魏国：始祖魏二甫，代九，三河县人。

三号王尚仁：始祖王才，代八，巢县人。

四号涂极：始祖涂成，代七，涪州人。

五号张勋：始祖张兴，代七，定远县人。

六号刘继宗：始祖刘德，代七，鹿邑县人。

年远事故一员

蔡秉信：黄州府人。

指挥佥事八员

一号焦大成：始祖焦琼，代十一，凤阳县人。

二号朱俔：始祖朱禧，代七，合肥县人。

三号张腾云：始祖张雄，代八，句容县人。

四号柳廷用：始祖柳施兴，代七，公安县人。

五号秦国柱：始祖秦原，代九，广宁县人。

六号陈国柱：始祖陈保，代八，含山县人。

七号刘世爵：始祖刘福，代八，定远县人。

八号王家相：始祖王敬，代五，西华县人。

卫镇抚一员

一号强仕勋：始祖强聚，代七，山后人。

左所正千户一员·109·

一号蒋汝贤：始祖蒋旺，代六，鄞县人。

辈数未全一员

朱浩：安吉县人。

年远事故一员

纪正：兴化县人。

副千户三员

一号丘山：始祖丘英，代八，泗水县人。

二号周梦赐：始祖周全，代十，盱眙县人。

三号朱朝相：始祖朱贵，代九，安吉县人。

实授百户六员

一号刘应试：始祖刘旺，代九，滁州人。

二号杨勋：始祖杨文，代七，襄阳县人。

三号张世恩：始祖张得聚，代七，凤阳县人。

四号席玉：始祖席贵，代六，合肥县人。

五号戴冠：始祖戴佛保，代六，建德县人。

六号季添爵：始祖季良甫，代八，凤阳县人。

年远事故一员

段纲：沂州人。

试百户三员

一号胡勋：始祖胡俊轾，代三，湘乡县人。

二号金良辅：始祖金原二，代六，黄梅县人。

三号刘桧：始祖刘璿，代五，湘乡县人。

右所正千户一员

一号倪源：始祖倪俊，代八，临淮县人。

续入李毓龄：潜江人，有印。

副千户二员

一号刘宠：始祖刘成，代九，仪真县人。

二号秦应雷：始祖秦汝润，代八，怀乡县人。

实授百户五员

一号俞舜臣：始祖俞叁，代七，临淮县人。

二号郑阳：始祖郑阿官，代六，长兴县人。

三号濮泰：始祖濮旺，代六，含山县人。

四号卞恩：始祖卞倖儿，代六，睢宁县人。

五号张月桂：始祖张琳，代九，武昌县人。

年远事故一员

张昇。

试百户二员，所镇抚一员

一号范钺：始祖范虎儿，代九，宜城县人。

二号周经：始祖龙黑四，代三，浏阳县人。

三号李春芳：始祖李贵，代八，江夏县人。

中所正千户二员

一号贾樑：始祖贾真，代九，滁州人。

二号林云汉：始祖林广，代七，阳武县人。

续入高宗圣，仪真人，无印。

副千户四员

一号程诏：始祖程坚，代五，歙县人。

二号夏膺武：始祖夏机，代七，滁州人。

三号石国柱：始祖石虎，代七，黄冈县人。

四号王应文：始祖王贵，代八，嘉祥县人。

署副千户一员，实授百户二员

一号陈凤翔：始祖陈大，代七，天城县人，署副。

二号张铠：始祖李二，代六，临淮县人。

三号孙世清：始祖孙恭，代十，蒲台县人。

年远事故四员

徐英。

戴诚。

高胜，井陉县人。

邢锐，合肥县人。

试百户二员

一号何自然：始祖何循，代五，仁和县人。

二号汤学伊：始祖卜受，代四，浏阳县人。

年远事故二员

罗钦：泰和县人。

郭顺。

前所正千户二员

一号靳绍芳：始祖靳亮，代六，嘉兴县人。

二号李美：始祖李任，代八，灵璧县人。

副千户一员

一号王大经：始祖王遇，代八，峄县人。

年远事故一员

张相：滁州人。

实授百户二员

一号杜添俸：始祖杜得诚，代九，宣城县人。

二号李承芳：始祖李真，代六，定远县人。

续入王倬，和州人，无印。

年远事故

唐昇：泰州人。

试百户二员，所镇一员

一号彭克寿：始祖彭义，代七，湘乡县人。

二号江应龙：始祖江秀，代五，浏阳县人。

三号魏应宸：始祖魏贵，代六，江都县人，所镇。

后所副千户三员

一号胡世英：始祖胡任，代八，定远县人。

二号张大勋：始祖张玄，代十，怀宁县人。

三号张拱宸：始祖张月鲁，代九，东胜州人。

实授百户四员

一号王廷禄：始祖王玺，代七，溆浦县人。

二号刘安爵：始祖刘兴，代八，江都县人。

三号张民望：始祖张闰儿，代八，柘城县人。

四号安世勋：始祖安兴，代六，昌平县人。

试百户三员，所镇抚一员

一号汤执中：始祖汤福，代八，浏阳县人。

二号韩世恩：始祖沈察，代七，峄县人。

三号朱玉：始祖朱麒，代七，海盐县人。

四号武谐：始祖武旺，代七，定远县人，所镇。

武谐以下俱选薄遗失。

冠带总旗二员

殷有汤：常熟县人。

高寿：仪真县人。

苏松·指挥使

内黄查有：苏得，乐安州人。有兄苏安住，洪武元年从军，七年大石崖阵亡，将得户名不动代役，三十二年真定升勇士小旗，郑村坝升勇士百户，三十三年济南升副千户，三十四年西水寨升指挥佥事，三十五年平定京师升金吾前卫世袭指挥同知，永乐八年迤北征进阿鲁台有功升指挥使。

一辈苏得，已载前黄。

二辈苏显，旧选簿查有：正统三年七月，威清卫世袭指挥使苏显。①

三辈苏润，旧选簿查有：正统十四年九月，苏润系威清卫世袭指挥使苏显嫡长男。

四辈苏本，旧选簿查有：景泰七年九月，苏本，武定州人，系威清卫故世袭指挥使苏润嫡长男。

五辈苏杞，旧选簿查有：成化十二年十二月，苏杞，年五岁。武定州人，系威清卫为事革职世袭指挥使苏本嫡长男，钦与全俸优给，至成化二十二年终住支。

六辈苏仁，旧选簿查有：弘治四年十月，苏仁，武定州人，系威清卫故世袭指挥使苏本嫡次男。已与嫡长兄苏杞优给，病故，本人优给，出幼袭职。

七辈苏官，旧选簿查有：正德十一年十二月，苏官，武定州人，系威清卫已故指挥使苏仁嫡长男。

八辈苏桂，旧选簿查有：嘉靖十四年四月，苏桂，年二十一岁，武定州人，系威清卫故指挥使苏官嫡长男。

九辈苏松，旧选簿查有：隆庆二年六月，苏松，年三十五岁，武定州人，系威清卫故指挥使苏桂亲弟。

十辈苏民安，万历十二年八月，苏民安，年二十岁，武定州人，系威清卫故指挥使苏松嫡长男，比中三等。②

张凤翔·指挥使

一辈张文，缺。

---

① 《明太宗实录》卷247，永乐二十年三月己未，"命……金吾前卫指挥使苏得子显……各代职"。
② 万历《贵州通志》卷5《威清卫·职官·指挥使》载："苏■，山东武定州人，从军，洪武七年男时补役，功历升指挥使，正统四年三世孙显调本卫，沿民安袭"（第117页）。

二辈张贵，旧选簿查有：宣德六年八月，张贵，系邳州卫流官指挥同知张文嫡长男。

景泰元年，张贵，系威清卫指挥同知。该教授杨懋保奏不次杀苗贼有功升署都指挥佥事，注贵州都司管事。①

三辈张晟，旧选簿查有：天顺五年八月，张晟，系贵州都司都指挥佥事张贵嫡长男，照例袭父原职指挥同知，注威清卫。②

功次簿查有：成化四年，克平都掌蛮贼擒斩三名颗升一级，威清卫指挥同知升指挥使一员张晟。

四辈张泰，旧选簿查有：弘治二年十月，张泰，大兴县人，系贵州都司都指挥佥事张晟嫡长男。③伊父原系威清卫指挥使功升前职，今病故，本人照例袭本卫指挥使。

贵州道卷内查有：巡按周、御史提刑张：张泰到官，问拟监临官挟势求索所部内财物，强者准枉法论，八十贯减等，杖一百，徒三年。追赃未完，监故。都察院题奉圣旨，"是张泰既身死，赎罪纸米赃银都免追，钦此"。④

五辈张铉，旧选簿查有：正德十五年十月，张铉，年十七岁，大兴县人，系贵州都司都指［挥］使张泰嫡长男。伊父袭威清卫指挥使，历升前职，为事追赃监故。所据都指挥使系流官，例不该袭。本人照例与袭祖职指挥使，注原卫管事。

充军簿查有：张铉，系贵州威清卫指挥使，犯该守备不设发边远终身充军，嘉靖三十七年闰七月初九日发容县千户所军。

---

① 《明英宗实录》卷190，景泰元年三月癸亥，"升贵州威清卫指挥同知张贵署都指挥佥事事，以教授杨懋荐其骁勇机变，杀贼有功也"；卷207，景泰二年八月甲戌，"命贵州署都指挥佥事张贵分守威清等六卫地方"；弘治《贵州图经新志》卷13《威清卫指挥使司·名宦》载："本朝张贵，正统间任威清卫指挥同知，有胆略，累从征讨，多树勋庸。正统十四年，苗寇围城，贵与指挥贾镛分率精锐，出其不意，败之，贼奔溃，不再犯。教授杨懋以将才荐，升都指挥"（第145页）；又该志载威清卫崇宁寺云，"正统六年，都指挥佥事张贵重修"（第144页）。
② 《明英宗实录》卷331，天顺五年八月壬午，"命……贵州都司都指挥佥事张贵子晟袭为威清卫指挥同知"。
③ 弘治《贵州图经新志》卷13《威清卫指挥使司·名宦》载："张晟，成化间任威清卫指挥同知。多读书，尚气节，尤长于诗。后以征西堡功升都指挥佥事，出守都匀，推佥阃政，皆有可称"（145页）。
④ 《明武宗实录》卷85，正德七年三月辛未，"命贵州都司都指挥同知张泰掌印"；卷99，八年四月癸卯，"初，镇筸五寨平头乌龙等处苗龙童保、龙麻阳等构乱岁久，湖广贵州镇巡官调汉土官军攻之，擒麻阳以归。至是，都御史沈林、总兵李旻率都指挥张泰等分四路攻之，破其巢，擒童保等六十余人，俘斩又千余人，孟溪等九十七寨皆降"；卷113，九年六月丙申，"贵州程番府江告等寨贼首邓先等十人聚党借号，攻劫府治，署都指挥使张泰等擒斩之"；卷122，十年三月癸亥，"以署都指挥使张泰充贵州迤西永宁等处右参将"；卷145，十二年正月乙酉，"裁革贵州永宁等处右参将，张泰回贵州都司带俸，从抚按议，以其剩员，无益且生事扰民也"。

六辈张凤翔，旧选簿查有：嘉靖四十二年六月，张凤翔，年三十五岁，大兴县人。系威清卫故充军指挥使张铉嫡长男。伊父原袭祖职指挥使，嘉靖二十一年推升以都指挥体统行事守备铜仁地方，三十五年苗贼杀死人民参问充终身军，四十年故。①所据推升职级，例不准袭，本舍照例革复祖职指挥使。

七辈张国屏，万历十三年二月，张国屏，年三十六岁，大兴县人，系威清卫患疾指挥使张凤翔嫡次男，比中二等。②

八辈张启胤，万历三十八年十二月，大选过威清卫指挥使一员张启胤，年二十岁，系故指挥使张国屏嫡长男，比中二等。

高爵·指挥使

一辈高昇，旧选簿查有：洪武二十五年七月，钦依威清卫世袭指挥佥事高昇。

二辈高文昌，旧选簿查有：正统四年九月，高文昌，系威清卫故世袭指挥佥事高昇嫡长男。

指挥同知功次：已载八（三）辈高森名下。

三辈高森，旧选簿查有：天顺七年闰七月，高森，仪真县人，系威清卫世袭指挥佥事高文昌嫡长男。

成化元年七月，高森，年四十三岁，仪真县人。有父高文昌系威清卫指挥佥事，贵州东苗获功一级未升，患疾。本人系嫡长男，已替伊父原职指挥佥事，今照例升一级升指挥同知。·114·

四辈高节，旧选簿查有：成化二年九月，高节，仪真县人，系威清卫故指挥同知高森庶长男，钦与世袭。

指挥使功次：候查。③

---

① 《明世宗实录》卷434，嘉靖三十五年四月丙午，"革铜仁守备张铉职，下总督按问，以贵州平越卫千户安大臣（朝）代之。先是，二月十一日，川贵叛苗千余人攻瓮必猫儿等寨，铉婴城自守，独大朝与战却之。于是，贵州抚臣言大朝素为诸夷畏服，宜使代铉而按铉罪。兵部覆请，从之"。
② 万历《贵州通志》卷5《威清卫·职官·指挥使》载："张润驴，直隶大兴县人，洪武三年从军，十七年男文补役，功升指挥同知。宣德六年三世孙贵调本卫，升都指挥佥事。成化三年四世孙晟升都指挥佥事。弘治十八年五世孙泰历升迤西参将。嘉靖四年六世孙铉升铜仁守备，沿国屏任指挥使"（第117页）。
③ 据弘治《贵州图经新志》卷13《威清卫指挥使司》"公署""学校"等载，高节于成化二十年建布政司分司，并督建威清卫学。同督建卫学者尚有指挥王辅，襄与其事还有指挥魏纪、张泰、刘㵯、贾忠、张举、焦瑀、蔡恭等，以及"镇抚强勉暨诸属所官"（第144页）。

五辈高鹏，旧选簿查有：弘治九年七月，高鹏，仪真县人，系威清卫故功升指挥使高节嫡长男，钦与世袭。

六辈高爵，旧选簿查有：弘治十三年十二月，高爵，年四岁，仪真县人，系威清卫故世袭指挥使高鹏嫡次男。

正德六年十月，高爵，年十五岁，仪真县人，系威清卫故世袭指挥使高鹏嫡次男。

七辈高珍，隆庆五年六月，高珍，年三十六岁，仪真县人，系威清卫故充军指挥使高爵堂弟。伊堂兄原袭指挥使，嘉靖十一年侵欺钱粮问拟永远充军，四十五年故。本舍系有功大次房子孙，及查指挥佥事以上系伊始祖高岩洪武年间功升职级，应该承袭，其指挥同知一级系伊高伯祖高文昌功，指挥使一级系伊堂伯祖高节功，例应查革，本舍照例于祖职指挥佥事上降一级，与袭正千户，注本卫前所。

杨煜·指挥同知

外黄查有：杨镇，合肥县人，系杨遵旧姓蔡文贵庶长男。有祖父蔡成富先充千户，丁酉年祖父被军叛逆杀死，父殁，遵承祖万户职事，辛丑年除充百户，吴元年升除大河卫副千户，洪武十一年除江阴卫指挥佥事，二十二年调鹰扬卫流官指挥佥事，二十七年故。无嫡长、次男，镇于二十八年袭威清卫世袭指挥佥事。杨渊系杨镇庶次男，父宣德四年故，兄杨演年幼，叔杨铭五年借职。兄长成，叔退还。因痴呆不堪，渊系亲弟，正统五年袭职。

一辈蔡成富，已载前黄。

二辈杨遵，已载前黄。[①]

三辈杨镇，旧选簿查有：洪武二十八年七月，杨镇，年九岁，系威清卫故流官指挥佥事杨遵庶长男，钦准袭职，与世袭，仍授本卫世袭指挥佥事，支俸操练至十六岁管事。

四辈杨铭，旧选簿查有：宣德五年七月，杨铭，系威清卫故世袭指挥佥事杨镇亲弟。兄有庶长男杨演年九岁，幼小，钦准本人借职，待长成还与职事。

五辈杨渊，旧选簿查有：正统五年十月，杨渊，系威清卫故世袭指挥佥事杨镇庶

[①] 万历《贵州通志》卷5《威清卫·乡贤》载："杨遵，本卫指挥佥事，创城池，立堡戍，有功于卫，洪熙元年卒，差行人吕让谕祭"（第120页）。

次男。有兄杨演先年十二岁，幼小，叔杨铭错作九岁供报借职。今叔退还职事，兄患风痫痴呆病疾，不堪承袭，钦准本人袭职，待有男，还与职事，伊叔革闲。

指挥同知功次，天顺七年十二月初七日，钦升簿内查有：东苗杀贼获功例升一级功次，威清卫指挥佥事升指挥同知四员内一员杨渊。①

六辈杨权，旧选簿查有：弘治二年十月，杨权，年十五岁，合肥县人，系威清卫故指挥同知杨渊庶长男，钦与世袭。

招案查有：吊来贵州道招案，查得杨权所犯，合依监临官因公事失事于人虚怯去处非·115·法打死律减等，杖九十，徒二年半，赎纳完日为民，题奉圣旨："是，杨权赎罪毕，着为民，钦此"。

七辈杨凤，旧选簿查有：嘉靖十二年十月，杨凤，年三十九岁，合肥县人，系威清卫为民年老指挥使杨权嫡长男。伊父原袭祖职指挥同知，弘治十八年普安功升前职，嘉靖二年为事问革为民，年老。所据普安功一级，系自己立功，自己犯罪，例应减革，本人革与指挥同知，于原卫带俸差操。

八辈杨煜，旧选簿查有：嘉靖三十三年十月，杨煜，合肥县人，系威清卫年老指挥同知杨凤庶次男。

万历二年五月二十四日，准职方司手本一件，守备官员冒功害民等事内开铜仁守备威清卫指挥同知杨煜故违凡擅杀平人报功，本管将官失于钤束，问发充军终身，编发密云中卫中所。

九辈杨应雷，万历十四年六月，杨应雷，年三十三岁，合肥县人，系威清卫故充终身军指挥同知杨煜亲男。伊高祖杨渊原袭祖职指挥佥事，天顺七年东苗杀贼获功升指挥同知，沿袭至伊父杨煜袭授前职，历推铜仁守备，隆庆六年犯该守备不设问充密云中卫中所终身军，万历十二年故。所据伊高祖东苗获功升指挥同知一级，查无"擒斩"字样，及伊父推升流官，例不准袭。本舍合照例量革袭署指挥同知事指挥佥事，比中三等。②

十辈杨可久，万历三十五年二月，大选过威清卫指挥同知一员杨可久，年二十五岁，系故署指挥同知事指挥佥事杨应雷亲侄。查天顺征苗杀贼获功升指挥同知，应

---

① 咸丰《安顺府志》卷30《职官志·明名宦传·杨渊》载："杨渊，威清卫掌印指挥。天顺二年，硐苗冲阿保作乱，渊带兵驻扎滴澄关防堵。亲身巡视，数年不懈。七年，阿保突出，以妖术惊众，败走，适天雨雷鸣，反败为胜。渊带兵追至扁山，将贼首拿获，一方赖以得安。后人立祠以祀，今祠圮"。
② 万历《贵州通志》卷5《威清卫·职官·指挥同知》载："杨遵，直隶合肥县人，吴元年功升指挥佥事，调本卫，天顺八年四世孙渊升指挥同知，七世孙煜袭，升铜仁守备，沿应雷袭"（第117—118页）。

雷袭时以无擒斩量减半级，似原无据，应题复原职指挥同知，比试一等第一名。①

十一辈杨可远，崇祯元年正月补天启七年十二月分大选过威清卫指挥同知一员杨可远，年二十六岁，系故指挥同知杨应雷亲侄，比中三等。

魏国·指挥同知

外黄查有：魏二甫，三河县人，洪武六年于通州卫右所充军，二十七年兑燕山右护卫……[洪武三十二年]十一月郑村坝升总旗，三十三年济南升本所实授百户，三十四年克……[渡]江平定京师升孝陵卫指挥同知，永乐二年钦与流官。魏暹系魏二甫……暹永乐二十年袭本卫世袭指挥同知。魏贤系魏暹亲弟，兄宣德六年调威清卫，十年失机问立功，故。侄魏政年六岁，贤正统五年袭，待长成还与职事。魏政系魏暹嫡长男，父宣德十年为事充军立功，故。本人幼，叔魏贤借职，今长成，退还职事。政正统十四年袭威清卫世袭指挥同知，伊叔革闲。

一辈魏二甫，已载前黄。

二辈魏暹，旧选簿查有：永乐二十年三月，魏暹，系孝陵卫故流官指挥同知魏兴户名魏二甫亲侄。

三辈魏贤，旧选簿查有：正统五年九月，魏贤，系威清卫为事充军故世袭指挥同知魏暹亲弟，兄有嫡长男魏政年方六岁，幼小，钦准本人借职，待长成还与职事。

四辈魏政，旧选簿查有：正统十四年二月，魏政，系威清卫充军立功故世袭指挥同知魏暹嫡长男。先因年幼，叔魏贤借职，今长成，退还职事，钦准本人袭职，伊叔革闲。·116·

五辈魏纲，旧选簿查有：成化十一年九月，魏纲，年十六岁，三河县人，父魏政系威清卫指挥使，落卜茹杀贼获功例升一级。本人系嫡长男，先因年幼，已与伊父原职指挥使俸优给，今出幼，照例袭升都指挥佥事。②

六辈魏纪，旧选簿查有：成化十三年八月，魏纪，三河县人，系威清卫故都指挥

---

① 咸丰《安顺府志》卷30《职官志·明名宦传·杨可久》载："杨可久，威清卫掌印指挥。卫苗蒲三阿作乱，将卫城围困，可久带兵应敌，与贼会战于北门外，久之，贼惊败。可久追至纪家庄，贼众复集，可久孤身被围。其弟可复带兵救护，三阿已将可久砍为三段。绅耆念其忠勇，立祠以祀。今祠毁"。
② 弘治《贵州图经新志》卷13《威清卫指挥使司·列女》载："张氏，威清卫指挥张贵女，指挥魏政妻也。政从征永宁，死于王事。张氏哀毁，几至委顿，时年方二十五，以贞白自守，抚二子纲、纪。纲荫补先职，寻卒，复以次子纪袭之。纪以征讨功升贵州都指挥佥事，里人称其守节、教子之善者不容口"（第145页）。

佥事魏纲亲弟，今袭指挥使于本卫。①

七辈魏勋，旧选簿查有：正德十三年八月，魏勋，年三十一岁，三河县人，系威清卫故都指挥佥事魏纪嫡长男。伊父原袭指挥使，功升前职，缘都指挥系流官，例无承袭，本人照例与祖职指挥使。

八辈魏文相，旧选簿查有：嘉靖二十六年二月，魏文相，三河县人，系威清卫老疾指挥使魏勋庶次男。伊曾祖政以指挥同知天顺七年东苗功升指挥使，伯祖纲、祖纪、父勋沿袭，所据东苗功无擒斩，本舍照例革与指挥同知。

九辈魏国，旧选簿查有：隆庆二年四月，魏文相，年五十二岁，系威清卫指挥同知，今患疾在卫。有嫡长男魏国，年三十岁，告替。②

十辈魏运亨，万历三十三年十月，魏运亨，年四岁，系威清卫故指挥同知魏国嫡长孙，照例与全俸优给，至四十四年终住支。

万历四十八年正月，大选过威清卫指挥同知一员魏运亨，年十九岁，系故指挥同知魏国亲孙，出幼袭职，比中二等，违限三年，有无多支俸粮，彼中查扣。

十一辈魏九龄，崇祯十年六月，大选过威清卫指挥同知一员魏九龄，年二十岁，系故指挥同知魏运亨嫡长男，比中二等。

王尚仁·指挥同知

内黄查有：王得，巢县人，系王文庶弟。父王才乙未年军，丙午年充羽林卫小旗，洪武四年除百户，二十二年调威清卫左所，老。兄王文三十年替威清卫百户，三十四年阵亡，无男。得于永乐元年袭世袭百户。王迪系王得嫡长男，父正统元年故，迪正统三年袭世袭百户。

一辈王才，已载前黄。

二辈王文，旧选簿查有：洪武三十年八月，王文，系威清卫左所世袭百户王才嫡长男。·117·

三辈王得，旧选簿查有：永乐元年四月，王得，系威清卫左所阵亡世袭百户王文庶弟。

---

① 《明宪宗实录》卷169，成化十三年八月戊申，"命故威清卫带俸都指挥佥事魏纲弟纪袭其原职指挥使"。
② 万历《贵州通志》卷5《威清卫·职官·指挥同知》载："魏二甫，直隶三河县人，洪武二十一年男兴功历升指挥同知，宣德三年三世孙暹调本卫，天顺八年四世孙政升指挥使，弘治六年五世孙纲升指挥同知，沿国袭指挥同知"（第117页）。

四辈王迪，旧选簿查有：正统三年九月，王迪，系威清卫左所故世袭百户王得嫡长男。

副千户功次：候查。

正千户功次：候查。

指挥佥事功次、功次簿查有：天顺八年征贵州东苗地方，擒斩获功内开威清卫正千户升指挥佥事一员王迪。

五辈王辅，旧选簿查有：成化四年十月，王辅，巢县人，系威清卫指挥佥事王迪嫡长男，钦与世袭。

指挥同知功次：弘治七年都匀功次一人自擒斩贼级四名颗升一级，威清卫指挥佥事升指挥同知三员内一员王辅。

六辈王绅，旧选簿查有：弘治九年九月，王绅，巢县人，系威清卫功升指挥同知王辅嫡长男，钦与世袭。

七辈王璋，旧选簿查有：正德十六年七月，王璋，年十五岁，巢县人，系威清卫年老指挥同知王绅庶长男。

八辈王尚仁，旧选簿查有：隆庆二年四月，王尚仁，年三十二岁，巢县人，系威清卫年老指挥同知王璋嫡长男。①

九辈王家臣，万历二十五年十月，王家臣，年三十岁，巢县人，系威清卫老指挥同知王尚仁嫡长男。查伊祖王迪升副千户、正千户功俱无的据，量革一级，与袭指挥佥事，比中一等。

涂极·指挥同知

一辈涂成，缺。

二辈涂忠，旧选簿查有：洪武三十一年十月，涂忠，系威清卫右所世袭副千户涂成庶长男。

三辈涂政，旧选簿查有：正统三年九月，涂政，系威清卫右所世袭副千户涂忠嫡长男。

四辈涂傑，旧选簿查有：天顺五年八月，涂傑，年十六岁，涪州人，系威清卫右

---

① 万历《贵州通志》卷5《威清卫·职官·指挥同知》载："王才，直隶巢县人，洪武四年功升百户。正统六年三世孙迪升指挥佥事，调本卫。弘治七年四世孙辅升指挥同知，沿尚仁袭"（第117页）。

所被贼伤故世袭副千户涂政嫡长男。

正千户功次、投来勘合查有：成化十五年西堡功次一人自擒斩贼级三颗升一级，威清卫副千户升正千户一员涂傑。

指挥佥事功次：候查。

指挥同知功次、堂稿查有：弘治十七年普安功次，一人擒斩贼级三颗升一级，威清卫指挥佥事升指挥同知五员内一员涂傑。·118·

五辈涂远，旧选簿查有：弘治十七年九月，涂远，涪州人，系威清卫右所历功升指挥佥事涂傑嫡长男，替职，钦与世袭。

六辈涂溥，旧选簿查有：正德六年四月，涂溥，涪州人，系威清卫故指挥同知涂远嫡长男。

七辈涂极，旧选簿查有：嘉靖三十一年八月，涂极，涪州人，系威清卫年老指挥同知涂溥嫡长男。本舍比试弓马不中，照例与支半俸，候及二年，起送再比。

八辈涂显祖，万历十四年八月，涂显祖，年二十岁，涪州人，系威清卫年老指挥同知涂极嫡长男，比中二等。①

九辈涂国器，崇祯元年正月补天启七年十二月分大选过威清卫指挥同知一员涂国器，年二十一岁，系老指挥同知涂显祖嫡长孙，比中三等。

张勋·指挥同知

一辈张兴，缺。

二辈张荣，旧选簿查有：洪武三十年八月，张荣，系威清卫世袭指挥佥事张兴嫡长男。

三辈张璲，旧选簿查有：永乐五年五月，张璲，系威清卫世袭指挥佥事张荣嫡次男，有长兄张瑄病故，孙张端年七岁，幼小，钦准本人替职，待孙长成还与职事。

四辈张端，旧选簿查有：宣德七年二月，张端，年十九岁，系威清卫世袭指挥佥事张荣嫡长孙。祖先因老疾，本人年幼，叔张璲替职，今长成，退还职事，伊叔革闲。

五辈张正，旧选簿查有：景泰三年七月，张正，定远县人，系威清卫失陷世袭指

---

① 万历《贵州通志》卷5《威清卫·职官·指挥同知》载："涂■，四川涪州人，洪武二十一年功升副千户，调本卫。弘治五年四世孙傑升指挥同知，沿显祖袭"（第117页）。

挥佥事张端堂弟。

指挥同知功次。①

六辈张举，旧选簿查有：成化十六年四月，张举，定远县人。系威清卫指挥同知张正嫡长男，钦与世袭。

七辈张勋，旧选簿查有：正德元年八月，张勋，年十五岁，定远县人，系威清卫故世袭指挥同知张举庶长男。·119·

八辈张君惠，旧选簿查有：嘉靖三十六年，张君惠，定远县人，系威清卫老疾指挥同知张勋嫡次男。查伊曾祖正以指挥佥事于天顺七年东苗功升指挥同知，祖举、父勋沿袭。所据东苗功无斩首，例应减革，本舍量革与署指挥同知事指挥佥事。

九辈张世国，万历五年六月，张世国，年六岁，定远县人，系威清卫故署指挥同知事指挥佥事张君惠嫡次男，照例与全俸优给，至万历十三年终住支。

万历十四年八月，张世国，年十五岁，定远县人，系威清卫故署指挥同知事指挥佥事张君惠嫡次男，出幼袭职。伊父先年赴袭，查伊高祖张正东苗功无擒斩，量革袭署指挥同知。所据署职系减革未尽，今本舍应照例革袭指挥佥事，比中二等。②

十辈张其位，天启六年四月大选过威清卫指挥佥事一员张其位，年三十二岁，系疾指挥佥事张世国嫡长男，比中二等。

刘继宗·指挥同知

一辈刘德，缺。

二辈刘福，旧选簿查有：洪武三十年三月，刘福，系威清卫后所阵亡世袭百户刘德嫡长男。

三辈刘敬，缺。

四辈刘翀，旧选簿查有：正统元年七月，刘翀，年十六岁，系威清卫后所故世袭百户刘敬庶长男。

副千户功次。

---

① 据弘治《贵州图经新志》卷13《威清卫指挥使司·祠庙》载，该卫厉坛、旗纛庙、关羽庙、灵官庙等系洪武间指挥焦琴建，卫城西城隍庙则系指挥张正建（第145页）。另据嘉靖《贵州通志》卷4《公署》载，卫城东门内按察分司，系指挥张正宣德七年建（第326页），而据选簿，建按察分司者，当系张正堂兄指挥佥事张端。
② 万历《贵州通志》卷5《威清卫·职官·署指挥同知》："张兴，直隶定远县人，洪武元年功升指挥佥事，调本卫，天顺五年四世孙正升指挥同知，沿世国袭"（第118页）。

指挥佥事功次。①

五辈刘畿，缺。

指挥同知功次。

六辈刘晟，旧选簿查有：正德二年四月，刘晟，鹿邑县人，系威清卫年老功升指挥同知刘畿嫡长孙，钦与世袭。

七辈刘继宗。

八辈刘化龙，万历十九年十月，刘化龙，年二十五岁，系威清卫患疾指挥同知刘继宗嫡次男，比中二等。·120·②

年远事故指挥同知一员·蔡秉信

洪武三十三年七月，蔡冕，系威清卫左所世袭副千户蔡虎嫡长男。

宣德八年八月，蔡纮，年十八岁，系威清卫左所故世袭副千户蔡冕嫡长男。

正统十四年十二月，蔡恭，系威清卫左所世袭副千户蔡纮嫡长男。

弘治八年十一月，蔡秉忠，黄州府人，系威清卫功升故指挥同知蔡恭嫡长男，钦与世袭。

弘治十五年十二月，蔡秉信，黄州府人，系威清卫故世袭指挥同知蔡秉忠亲弟。

焦大成·指挥佥事

外黄查有：焦桐，凤阳县人，系焦琴庶弟。有父焦琼乙未年归附，己亥年实授百户，甲辰年除天策卫所镇抚，吴元年升豹韬卫镇抚，洪武十一年调府军卫，年老。兄焦琴袭职，仍任卫镇抚，十四年升福州右卫正千户，十九年升永宁卫指挥佥事，二十二年调威清卫，故，无儿男，桐系庶弟袭职。

一辈焦琼，已载前黄。

---

① 弘治《贵州图经新志》卷13《威清卫指挥使司·名宦》载："刘翀，正统间任威清卫后所百户，谋议出众，为人所服。从征麓川，冲冒矢石，出入敌阵，奋不顾身，卒斩渠魁老丑。后累官至指挥佥事"（第145页）。
② 万历《贵州通志》卷5《威清卫·职官·指挥同知》载："刘德，河南鹿邑县人，洪武元年功升百户，调本卫。天顺二年三世孙翀升指挥佥事。弘治七年四世孙畿升指挥同知，沿化龙袭"（第117页）。

二辈焦琴，已载前黄。①

三辈焦桐，已载前黄。

四辈焦鈦，旧选簿查有：宣德元年六月，焦鈦，系威清卫世袭指挥佥事焦桐嫡长男。

五辈焦广，旧选簿查有：正统三年十二月，焦广，系威清卫故世袭指挥佥事焦鈦嫡长男。

指挥同知功次：已载十辈选条。·121·

六辈焦茂，旧选簿查有：成化四年十月，焦茂，凤阳县人，系威清卫指挥同知焦广嫡长男，钦与世袭。

七辈焦瑀，旧选簿查有：成化十九年十月，焦瑀，凤阳县人，系威清卫故世袭指挥同知焦茂嫡长男。

八辈焦麒，旧选簿查有：正德五年十月，焦麒，年十五岁，凤阳县人，系威清卫指挥同知焦瑀嫡长男。先年优给，"麒"字错，供作"麟"字，今出幼袭职，具告改正。

九辈焦锟，旧选簿查有：正德十五年十月，焦锟，年十五岁，凤阳县人，系威清卫故绝世袭指挥同知焦麒亲弟，优给出幼袭职。

十辈焦大韶，旧选簿查有：嘉靖三十三年八月，焦大韶，凤阳县人，系威清卫指挥同知焦锟嫡长男。查得伊曾祖广原以指挥佥事贵州关索岭等处开通道路功升指挥同知，所据开通道路一级例应减革，今本舍照例革替指挥佥事。

十一辈焦大成，旧选簿查有：嘉靖三十八年十月，焦大成，年四岁，凤阳县人，系威清卫故指挥佥事焦大韶亲弟，照例与全俸优给，至嘉靖四十八年终住支。

焦大成，隆庆五年四月二十七日，焦大成，年十五岁，凤阳县人，系威清卫故指挥佥事焦大韶亲弟，优给出幼②，钦准袭职。③

---

① 据弘治《贵州图经新志》卷13《威清卫指挥使司·公署》载，威清卫城及卫治皆指挥佥事焦琴洪武二十六、七年间建（参见该志第143—144页）。
② 此"袭"字当系衍文。
③ 万历《贵州通志》卷5《威清卫·职官·指挥佥事》载："焦琼，直隶凤阳县人，洪武元年授卫镇抚。十三年男琴功升指挥佥事，调本卫。天顺二年五世孙广升指挥同知。沿大成袭，降指挥佥事"（第118页）。

朱伋·指挥佥事

外黄查有：朱辉，庐州府人，有父朱禧旧名泼养，甲午年归附，戊戌年充旗手，洪武二年充总旗，三年除百户，四年授世袭，二十二年升世袭副千户，二十五年有长兄朱贵为不法事，典刑将父提取赴京，钦蒙宥罪，老，告替。有次兄朱庸替任世袭副千户，故，无儿。辉系庶弟，永乐三年正月袭授威清卫前所世袭副千户。

一辈朱禧，旧选簿查有：洪武二十五年三月，朱禧，系西安右护卫后所世袭副千户，钦调威清卫前所。

二辈朱庸，旧选簿查有：洪武三十一年九月，朱庸，系威清卫前所世袭副千户朱禧嫡次男。

三辈朱辉，旧选簿查有：永乐三年正月，朱辉，系威清卫前所故世袭副千户朱庸庶弟。

四辈朱遑，旧选簿查有：宣德元年七月，朱遑，系威清卫前千户所故世袭副千户朱辉嫡长男。

正千户功次、功次簿查有：正统三年征麓川剿杀蛮贼有功，威清卫副千户升正千户二员内一员朱遑。

五辈朱昭，旧选簿查有：成化元年三月，朱昭，年六岁，庐州府人，系威清卫前所故正千户朱遑嫡长男。钦与全俸优给，至成化九年终住支。

成化十二年八月，朱昭，年十七岁，庐州府人，系威清卫前所故正千户朱遑嫡长男，钦与世袭，先因年幼优给，扣该成化九年终住支，今出幼，多·122·支俸粮二年，照例袭职，仍行该卫将多支俸粮照数扣除还官，毕日关支。

指挥佥事功次、功次簿查有：弘治十七年普安等处擒斩获功，升级威清卫正千户升指挥佥事一员朱昭。

指挥同知功次、功次簿查有：正德六年征剿乖西、清水江苗贼，威清卫一人自［擒］斩贼级三名颗、四名颗官旗八员内一员实授指挥佥事升指挥同知朱昭。

六辈朱经，旧选簿查有：正德十六年七月，朱经，合肥县人，系威清卫老疾功升指挥同知朱昭嫡长男。

七辈朱伋，旧选簿查有：嘉靖三十五年六月，朱伋，合肥县人，系威清卫老疾指挥同知朱经嫡次男。查伊曾祖遑麓川功升正千户一级，不系斩首，相应减革，与本舍指挥佥事。

八辈朱嘉臣，万历十四年八月，朱嘉臣，年三十岁，合肥县人，系威清卫年老指挥佥事朱伋嫡次男，比中三等。①

九辈朱永年，万历三十八年二月大选过威清卫指挥佥事一员朱永年，年十七岁，系故指挥佥事朱嘉臣嫡长男，比中三等。

十辈朱乾清。崇祯十四年二月，单本选过威清卫都指挥佥事一员朱乾清，年二十六岁，系指挥佥事朱永年嫡长男。察伊父于天启二年三月内防守贵阳，亲斩苗功二十三颗，已经巡按核实在部，今老，该卫结保本舍替升，前来察对，核开相同，及察条例，斩苗功三名颗升一级，至三级而止，合准本舍于祖职指挥佥事上加伊父亲斩苗功三级，替升都指挥佥事一辈。以后子孙止袭指挥使，系武举，不比。

张腾云·指挥佥事

外黄查有：张赐（旸），句容县人。始祖张雄，丙申年归附，洪武四年选充总旗，二十二年拨武德卫中所百户，改除试百户，当年与实授，疾。高祖张真调威清卫，阵亡，无嗣。高祖父张海系亲弟，袭，故。曾祖张誉系嫡长男，袭，故。父张文昌系嫡长男，优给，袭。天顺二年征东苗，斩首四颗，升副千户，故。父张辂系嫡长男，优给袭职，弘治十五年普安斩首三颗升正千户，正德六年征乖西攻虎硬等寨搜斩三颗升指挥佥事，征镇箪擒斩贼人三名颗升指挥同知，老。赐（旸）系庶长男，正德十六年袭指挥同知，嘉靖元年查乖西搜斩一级任指挥佥事。

一辈张雄，已载前黄。

二辈张真，旧选簿查有：洪武二十四年六月，张真，系武德卫中所世袭百户张雄嫡长男，为父征伤告替，钦准替职，授威清卫右所世袭百户。

三辈张海，旧选簿查有：洪武二十六年八月，张海，系威清卫右所阵亡世袭百户张真亲弟，钦准袭职，仍授本卫所世袭百户。

四辈张誉，旧选簿查有：宣德六年十二月，张誉，系威清卫右所故世袭百户张海嫡长男。·123·

五辈张文昌，旧选簿查有：正统九年八月，张文昌，年十六岁，系威清卫右所故世袭百户张誉嫡长男。

副千户功次：已载前黄。

---

① 万历《贵州通志》卷5《威清卫·职官·指挥佥事》载："朱禧，直隶合肥县人，洪武三年功升副千户，调本卫。正统四年四世孙暹升正千户。弘治十八年五世孙昭升指挥佥事，沿嘉臣袭"（第118页）。

六辈张辂，旧选簿查有：成化十二年八月，张辂，年十五岁，句容县人，系威清卫右所故副千户张文昌嫡长男，钦与世袭。

正千户功次：已载前黄。

指挥佥事功次：已载前黄。

指挥同知功次：已载前黄。

七辈张旸，旧选簿查有：正德十六年十月，张旸，句容县人，系威清卫年老功升指挥同知张辂庶长男，钦与世袭。

八辈张腾云，旧选簿查有：嘉靖四十五年八月，张腾云，年二十六岁，句容县人，系威清卫年老指挥佥事张旸庶长男。

九辈张九德，万历十五年二月，张九德，年十八岁，句容县人，系威清卫故指挥佥事张腾云嫡长男，比中二等。①

十辈张吴产，万历四十六年十二月，大选过威清卫指挥佥事一员张吴产，年十六岁，系故指挥佥事张九德嫡长男，比中二等。

柳廷用·指挥佥事

内黄查有：柳芳，公安县人，系柳施兴嫡长男。有父壬寅年归附，甲辰年充小旗，洪武十六年升总旗，二十一年除世袭百户，老。芳替威清卫前所世袭百户。柳英系柳芳庶长男，父老，英替百户。柳诚系柳英嫡长男，父故，诚优袭世袭百户。柳相系威清卫老疾功升指挥佥事柳文嫡长男，伊父原袭祖职百户，功升副千户。乖西搜斩升正千户，程番斩首升今职，所据搜斩升级例应减革，本人该替正千户，注前所。嘉靖三年替职。

一辈柳施兴，已载前黄。

二辈柳芳，旧选簿查有：洪武三十一年九月，柳芳，系威清卫前所世袭百户柳施兴嫡长男。

三辈柳英，旧选簿查有：宣德二年三月，柳英，系威清卫前千户所世袭百户柳芳庶长男。

四辈柳诚，旧选簿查有：正统四年四月，柳诚，年七岁，系威清卫前所故世袭百

---

① 万历《贵州通志》卷5《威清卫·职官·指挥佥事》载："张雄，直隶句容县人，洪武二十二年功升百户，二十四年男真调本卫，天顺八年四世孙文昌升副千户，弘治十八年五世孙略（辂）升指挥佥事，沿九德袭"（第118页）。

户柳英嫡长男，钦与全俸优给，至正统十一年终住支。

景泰三年九月，柳诚，公安县人，系威清卫前所故世袭百户柳英嫡长男。

五辈柳文，旧选簿查有：弘治八年九月，柳文，公安县人，系威清卫前所世袭百户柳诚嫡长男。

副千户功次：已载六辈选条。

正千户功次、功次簿查有：正德六年乖西功次威清卫升一级不赏一人自斩贼级三名颗、四名颗官旗共八员名内一员前所副千户升正千户一员柳文。

功次簿查有：正德十年程番府功次，一人自擒斩贼级三名颗四名颗威清卫前所正千户升指挥佥事二员内一员柳文。·124·

六辈柳相，旧选簿查有：嘉靖三年十二月，柳相，公安县人，系威清卫老疾功升指挥佥事柳文嫡长男。伊父原袭祖职百户，弘治十八年普安功升副千户，正德六年乖西搜斩升正千户，九年程番斩首升今职。所据搜斩升级例应减革，本人该替正千户，注前所。

功次簿查有：嘉靖七年，贵州阿沙坝等处获功一人擒斩贼级三名颗官旗军舍十一员名内一员威清卫正千户升指挥佥事一员柳相。

七辈柳廷用，旧选簿查有：嘉靖三十二年八月，柳廷用，公安县人，系威清卫年老指挥同知柳相嫡长男。伊父原替正千户，后以阿沙坝等处斩首三颗功升指挥佥事。今本舍冒供复指挥同知，所据冒供例应减革，准替指挥佥事。

八辈柳盛阳，万历九年六月，柳盛阳，年十九岁，公安县人，系威清卫年老指挥佥事柳廷用嫡次孙，比中三等。①

九辈柳正华，万历四十八年正月，大选过威清卫指挥佥事一员柳正华，年二十四岁，系故指挥佥事柳盛阳嫡长男，比中二等。

秦国柱·指挥佥事

外黄查有：秦原，年二十七岁，广灵（宁）县人。父秦五洪武三年军，故。将原补役，洪武三十二年克雄县、郑村坝、白沟河、济南升小旗，洪武三十四年夹河、藁城，克西水寨升试百户，洪武三十五年克东阿、齐眉山，渡江平定京师升海宁卫

---

① 万历《贵州通志》卷5《威清卫·职官·指挥佥事》载："柳施兴，湖广公安县人，洪武三年升百户，调本卫。正德七年五世孙文升指挥佥事，沿盛阳袭"（第118页）。

前所正千户,钦与世袭。秦良年十七岁,系秦原嫡长男。伊父永乐十五年调威清卫右所管事,征进交阯,故。良年幼,宣德五年优给,今出幼,宣德九年袭授本所正千户。秦鹏年二十一岁,系秦良嫡长孙。伊祖病故,父秦胜袭职,患疾,鹏于弘治四年替授威清卫右所世袭正千户。秦鹄年二十七岁,系秦鹏亲弟。伊兄故,无嗣,鹄于弘治十七年袭授威清卫右所世袭正千户。秦鸿年二十六岁,系秦鹄亲弟。伊兄故,鸿于正德三年袭授威清卫右所世袭正千户。

一辈秦原,已载前黄。

二辈秦良,已载前黄。

三辈秦胜,已载前黄。

四辈秦鹏,已载前黄。

五辈秦鹄,已载前黄。

六辈秦鸿,已载前黄。

功次簿查有:正德十年桂(贵)州程番地方升实授一级不赏一人自擒斩贼级三名颗四名颗威清卫右所实授正千户升指挥佥事一员秦鸿。·125·

七辈秦俊,缺。

军职情罪略节册内查有:一件遵例差官查盘边储等事内开,嘉靖四十年问过威清卫指挥秦俊犯该监守[自]盗满贯,遇蒙恩例发水桥哨立功四年。

八辈秦国胤,旧选簿查有:嘉靖四十一年十月,秦国胤,年二十岁,广宁县人,系威清卫故正千户秦俊嫡长男。伊祖秦鸿原袭正千户,正德十年程番地方擒斩贼级三名颗升指挥佥事,故。伊父秦俊袭职之时误革前功一级正千户,嘉靖四十年犯该监守自盗满贯,遇例问拟立功四年,今故。查得程番功有擒斩,相应准复,本舍照旧复袭指挥佥事。其伊父立功年限未满,照例与支半俸,扣算满日方许全支。

九辈秦国柱,旧选簿查有:嘉靖四十五年十月,秦国柱,年二十岁,广宁县人,系威清卫故指挥佥事秦国胤亲弟。查伊父秦俊原袭祖职指挥佥事,嘉靖三十八年为虚冒岁用银两问拟立功四年,四十年十二月内到配,四十一年故。伊兄秦国胤袭职,与支半俸,四十四年故。本舍照旧与袭祖职指挥佥事。其伊父立功年限未满,仍照例与半俸,扣算满日方许全支。①

---

① 万历《贵州通志》卷5《威清卫·职官·指挥佥事》载:"秦伍,山西广宁县人,洪武三年从军。二十年男原补役,功升正千户,调本卫。正德十年六世孙鸿升指挥佥事,沿国柱袭"(第118页)。

陈国柱·指挥佥事

内黄查有：陈琳，含山县人。有祖父陈保，旧名赵保，乙未年从军，洪武元年充壮士马军，二年拨神策卫，五年征沙漠选充马军小旗，十五年并枪升府军卫右所马军总旗，十九年除羽林右卫右所百户，二十一年授流官，于重庆等处追赶达军，二十二年钦调威清卫前所，病故。陈文袭，二十七年阵亡。琳袭授前职。陈纪系陈琳嫡长男，正统三年袭授前职。陈立系陈纪嫡长男，于成化十四年袭授前职。陈京系老疾指挥佥事陈立嫡长男，父袭百户，历功升前职，嘉靖元年六月，钦与世袭。

一辈陈保，已载前黄。

二辈陈文，旧选簿查有：洪武二十五年六月，陈文，系威清卫前所故流官百户陈保嫡长男，钦与袭职，与世袭仍授本卫所世袭百户。

三辈陈琳，旧选簿查有：洪武三十一年九月，陈琳，年九岁，系威清卫前所阵亡世袭百户陈文嫡长男。

四辈陈纪，旧选簿查有：正统三年九月，陈纪，系威清卫前所故世袭百户陈琳嫡长男。

五辈陈立，旧选簿查有：成化十四年九月，陈立，年十五岁，含山县人，系威清卫前所残疾世袭百户陈纪嫡长男。

功次簿查有：正德六年贵州征剿清水江苗贼功次内开，威清卫升一级不赏一人自斩贼级三名颗四名颗官旗共八员名，前所实授百户升副千户一员陈立。

正千户功次、功次簿查有：正德八年为获功事思南等处功次内开，一人自擒斩贼级三名颗，威清卫前所副千户升正千户一员陈立。

功次簿查有：正德十年为捷音事，桂（贵）州程番府等处地方升实授一级不赏一人自擒斩贼级三名颗四名颗官舍旗军人等七十九员名，威清卫前所实授正千户升指挥佥事二员内一员陈立。

六辈陈京，旧选簿查有：嘉靖元年六月，陈京，含山县人，系威清卫老疾指挥佥事陈立嫡长男。父袭百户，历功升前职，钦与世袭。·126·

七辈陈世勋，旧选簿查有：嘉靖三十二年十月，陈世勋，含山县人，系威清卫年老指挥佥事陈京嫡长男。

八辈陈国柱，旧选簿查有：隆庆二年八月，陈国柱，年二十四岁，含山县人，系威清卫故指挥佥事陈世勋嫡长男。

九辈陈嘉猷，万历二十二年十月，陈嘉猷，年二十五岁，系患疾指挥佥事陈国柱嫡长男。查伊高祖陈立原系实授百户，历升指挥佥事。查得副、正千户二级系领军违例报功，例不准袭。本舍合量革一级，替正千户，仍注前所，比中二等。①

刘世爵·指挥佥事

一辈刘福，缺。

二辈刘达，缺。

三辈刘广，旧选簿查有：永乐十七年五月，刘广，旧名百家奴，年十六岁，系威清卫指挥佥事刘达庶次男。父原系本卫中所世袭副千户，革除年间升除前职，病故。钦准袭父原职中所世袭副千户。

功次簿查有：天顺八年贵州东苗地方擒斩获功例升一级，威清卫副千户升正千户五员内一员刘广。

四辈刘斌，旧选簿查有：天顺七年闰七月，刘斌，凤阳府定远县人，系威清卫中所世袭副千户刘广嫡长男。

成化五年十二月，刘斌，年四十三岁，定远县人，有父刘广系威清卫中所副千户，东苗杀贼获功一级，未升，老疾。本人系嫡长男，已替伊父原职副千户，今照例升正千户。

五辈刘洗，旧选簿查有：成化十九年九月，刘洗，定远县人，系威清卫中所故正千户刘斌亲侄，已与堂弟刘济优给，病故，钦与世袭。

功次簿查有：正德六年贵州征剿清水江苗贼威清卫升一级不赏一人斩贼级三名颗四名颗官旗共八员名，中所实授正千户升指挥佥事一员刘洗。

六辈刘聚，旧选簿查有：正德十二年四月，刘聚，定远县人，系威清卫年老功升指挥佥事刘洗嫡长男，钦与世袭。

七辈刘镇，缺。旧选簿查有：嘉靖三十二年十月，刘镇，定远县人，系威清卫老疾指挥佥事刘聚嫡长男。·127·

八辈刘世爵，旧选簿查有：嘉靖四十五年十月，刘世爵，年二十岁，定远县人，系威清卫故指挥佥事刘镇嫡长男。②

---

① 万历《贵州通志》卷5《威清卫·职官·指挥佥事》载："陈保，直隶含山县人，洪武元年功升百户，调本卫，正德七年五世孙立升指挥佥事，沿嘉猷降袭正千户"（第118页）。

② 万历《贵州通志》卷5《威清卫·职官·指挥佥事》载："刘福，直隶定远县人，吴元年授百户，洪武二十年升副千户，永乐二年男达升指挥佥事，调本卫，沿世爵袭"（第118页）。

九辈刘陞，万历三十九年六月，大选过威清卫指挥佥事一员刘陞，年二十七岁，系老指挥佥事刘世爵嫡长男，比中二等。

十辈刘庆远，天启六年四月，大选过威清卫指挥佥事一员刘庆远，年二十五岁，系故指挥佥事刘陞嫡长男，比中二等。

王家相·指挥佥事

缺。

一辈王敬。

二辈王瑄。

三辈王春，缺。

四辈王勋，旧选簿查有：正德元年十二月，王勋，西华县人，系威清卫后所世袭正千户王春嫡长男。

指挥佥事功次：已载五辈选条。

指挥同知功次：已载五辈选条。

五辈王家相，旧选簿查有：嘉靖三十一年十二月，王家相，西华县人，系威清卫年老指挥同知王勋嫡长男。查得伊父勋以程番功升指挥佥事，六年阿沙坝斩首功升指挥同知。伊父袭，老。所据程番功无擒斩，例应减革，本舍照例革与指挥佥事俸优给，至嘉靖四十二年终住支。

旧选簿查有：嘉靖四十四年五月，王家相，年十六岁，西华县人，系威清卫后所带俸年老指挥佥事王勋嫡次男，优给出幼袭职。查本舍出幼违限一年，限外有无多支俸粮，查扣毕日关支。[①]

六辈王好问，万历三十七年十月，大选过威清卫指挥佥事一员王好问，年三十五岁，系老指挥佥事王家相嫡长男，比中三等。·128·

强仕勋·卫镇抚

外黄查有：强聚，兴州土领寺人。有伯强伯林，洪武三年充彭城卫军，二十八年疾。聚代役，三十三年白沟河大战全胜升小旗，三十四年夹河大战全胜、藁城大

---

① 万历《贵州通志》卷5《威清卫·职官·指挥佥事》载："王成，河南西华县人，洪武元年从军。三十三年三世孙敬功升正千户，调本卫。嘉靖四年七世孙勋升指挥佥事，沿家相袭"（第118页）。

战全胜升试百户，三十五年东阿、东平、汶上大战全胜，平定京师升松门卫前所副千户，永乐三年钦与世袭。强真系强聚嫡长男，父永乐十五年改调威清卫世袭卫镇抚，十六年故，真宣德三年袭授卫镇抚。

一辈强聚，旧选簿查有：永乐十六年六月，威清卫世袭卫镇抚强聚，系副千户改。

二辈强真，旧选簿查有：宣德三年六月，强真，系威清卫故世袭卫镇抚强聚嫡长男。

三辈强善，旧选簿查有：景泰二年八月，强善，系威清卫故世袭卫镇抚强真嫡长男。

四辈强勉，旧选簿查有：成化十三年八月，强勉，山后人，系威清卫故世袭卫镇抚强善嫡长男。

五辈强经，旧选簿查有：正德六年十二月，强经，山后人，系威清卫世袭卫镇抚强勉嫡长男。

六辈强纯，旧选簿查有：嘉靖十七年二月，强纯，年四十六岁，山后人，系威清卫故绝充军卫镇抚强经亲弟。伊兄原袭前职，为事充终身军。今故绝，本舍照例与袭卫镇抚，于原卫带俸差操。

七辈强仕勋，旧选簿查有：嘉靖三十三年十月，强仕勋，山后人，系威清卫老疾卫镇抚强纯嫡长男。

八辈强仕爵，隆庆四年八月分，单本选过强仕爵，年三十五岁，山后人，系威清卫年老为民卫镇抚强仕勋亲弟。伊兄原替祖职卫镇抚，嘉靖三十九年犯奸问革为民，见年六十岁，无子，本舍照例准复袭祖职卫镇抚，仍照犯奸事例，注调附近平坝卫。

九辈强佐，万历十九年八月，强佐，年二十二岁，山后人，系威清卫调平坝卫故卫镇抚强仕爵亲次侄。伊伯原袭卫镇抚，以犯奸调平坝卫。序该伊兄强佑承袭，患疾，无子，本舍照例借袭卫镇抚，准回原卫。如伊兄强佑生有儿男，退还职事，比中三等。

蒋汝贤·正千户

外黄查有：苏旺，旧名阿远，鄞县人。有父苏成吴元年归附，洪武三年故。十六年将阿远补，三十二年奉天征讨，攻克大宁全胜，三十三年攻围济南升总旗，三十四年夹河大战升试百户，三十五年攻克东阿，渡江平定京师，升和阳卫右所副千户，永乐二年钦与世袭。缘苏成委系义父名字，洪武三年故，十六年将旺随姓补役，永乐三年苏旺复姓蒋。蒋钱儿年四岁，系蒋旺庶长男。父永乐七年故，别无嫡男，钱儿钦与全俸优给，十九年钦准袭授本卫所副千户，改名荣。蒋瑄系蒋钱儿改名荣嫡长男。父宣德八年调威清卫，正统三年调征麓贼有功升正千户，仍署卫镇抚事，景泰元年闰正月被贼杀死，瑄于景泰二年八月钦准袭授威清卫署卫镇抚事世袭正千户。·129·

一辈蒋旺，已载前黄。

二辈蒋荣，旧选簿查有：永乐十九年六月，蒋荣，旧名钱儿，系和阳卫右所故世袭副千户蒋旺旧名苏阿远庶长男。

功次簿查有：正统四年七月十八日，钦升官二百二十五员，系四川行等都司暨行在金吾左等卫官旗调征麓川剿杀蛮贼有功内开威清卫镇抚升正千户一员蒋荣，仍管卫镇抚事。

三辈蒋瑄，旧选簿查有：景泰二年八月，蒋瑄，系威清卫署卫镇抚事正千户蒋荣嫡长男。父被贼杀死，本人袭职，仍署卫镇抚事。

四辈蒋恂，旧选簿查有：弘治六年四月，蒋恂，鄞县人，系威清卫右所故世袭正千户蒋瑄嫡长男。

五辈蒋晟，旧选簿查有：嘉靖二年十月，蒋晟，鄞县人，系威清卫左所老疾世袭正千户蒋恂嫡长男。原系右所，调今所。

六辈蒋汝贤，旧选簿查有：嘉靖四十三年六月，蒋汝贤，年二十岁，鄞县人，系威清卫左所年老正千户蒋晟嫡长孙。伊祖原替祖职正千户，嘉靖三十五年老。伯蒋文炳系廪膳生员，不愿承袭，将伊男蒋汝极于三十七年结勘，优给间故。本舍照例与借祖职正千户，待后伊伯蒋文炳生有儿男，退还职事。

七辈蒋汝寿，万历二年二月，蒋汝寿，年二岁，鄞县人，系威清卫左所故正千户蒋晟亲孙，照例与全俸优给，至万历十五年终住支。

万历十八（六）年八月，蒋汝寿，年十六岁，鄞县人，系威清卫左所故正千户蒋晟庶长孙，出幼袭职，比中二等。

八辈蒋劝仁，崇祯二年八月，大选过威清卫左所正千户一员蒋劝仁，年三十岁，系故正千户蒋汝寿嫡男，比中三等。

左所正千户一员·朱浩

弘治三年十月，朱深，年四岁，安吉县人，系威清卫左所故功升正千户朱瑛嫡长男，钦与全俸优给，至弘治十三年终住支。

弘治十八年八月，朱汉，年十六岁，安吉县人，系威清卫左所故功升正千户朱瑛嫡次男。·130·

正德十四年四月，朱浩，年三十五岁，安吉县人，系威清卫左所故绝世袭正千户朱汉庶长兄。伊弟一辈未比，照例住俸三年。①

年远事故一员·纪正

正统三年七月，威清卫世袭正千户左所纪智。

景泰六年六月，纪勋，扬州府兴化县人，系威清卫左所世袭正千户纪智嫡长男。

弘治元年七月，纪正，兴化县人，系威清卫左所世袭正千户纪勋嫡长男。

丘山·副千户

外黄查有：丘得，旧名童儿，泗水县人，系百户丘英嫡长男。伊父己亥年从军，洪武三年充小旗，四年充总旗，病故。敬依令得袭，除府军后卫中所百户，为官军俸粮事免罪调威清卫左所。

一辈丘英，已载前黄。

二辈丘得，已载前黄。

三辈丘贵，旧选簿查有：永乐十七年闰四月，丘贵，年十五岁，系威清卫左所征安南阵亡世袭百户丘得嫡长男。

四辈丘贤，旧选簿查有：永乐二十年正月，丘贤，年十七岁，系威清卫左所故世袭百户丘贵亲弟。

五辈丘资，旧选簿查有：正统八年四月，丘资，系威清卫左所阵亡百户丘贤堂弟。堂兄有男丘杰，年八岁，幼小，本人借职，袭升副千户，待长成，还与职事。

---

① 此"左所正千户一员·朱浩"原簿目录作"辈数未全一员·朱浩"，是即原簿目录载"副千户三员"之"三号朱朝相"，各辈选条所载即原簿第133页"朱朝相·副千户"选簿"六辈朱深""七辈朱汉""八辈朱浩"选条之内容。

副千户功次：已载七辈选条。

正千户功次：已载七辈选条。

指挥佥事功次：已载七辈选条。

六辈丘荣，旧选簿查有：成化十三年八月，丘荣，年十五岁，泗水县人，系威清卫左所老疾正千户丘资嫡长男，钦与世袭。·131·

七辈丘纲，旧选簿查有：正德十二年六月，丘纲，泗水县人，系威清卫左所正千户丘荣嫡长男。伊高祖系百户，祖丘资以堂弟袭堂兄阵亡功升副千户，麓川获功升正千户。父沿袭，普安功升指挥佥事。本人照例革去堂伯祖阵亡袭升一级，替本卫左所正千户。

八辈丘山，旧选簿查有：嘉靖三十一年六月，丘山，年三十岁，泗水县人，系威清卫左所老疾正千户丘纲嫡次男。查得伊祖资景泰元年开通道路升正千户不由军功，例应减革，本舍照例革替副千户。

九辈丘训闵，隆庆三年闰六月，丘训闵，年十六岁，泗水县人，系威清卫左所退职副千户丘山亲侄。伊父丘岳系岁贡，无子，伊叔丘山借袭祖职副千户，伊父续生本舍，丘山自愿退还前职，本舍照例与替祖职副千户，候年二十岁起送比试，伊叔丘山革闲。

十辈丘述尧，万历四十一年四月，大选过威清卫左所副千户一员丘述尧，年二十四岁，系故副千户丘训闵嫡长男，比中二等。①

十一辈丘有成，天启六年五月，单本选过威清卫左所副千户一员丘有成，年十八岁，系阵亡副千户丘述尧嫡次男，比中三等。

周梦旸·副千户

外黄查有：周祕，盱眙县人。有父周全丙申年归附充百户，吴元年选充总旗，洪武九年除流官百户，十八年除副千户，二十四年调威清卫左所。有兄周文兴先以参侍舍人除授试百户，父老，三十三年令兄替职，仍授威清卫左所世袭副千户，故，别无儿男，祕系亲弟，于三十五年袭授本卫左所世袭副千户。周冕系祕嫡长孙。

一辈周全，已载前黄。

---

① 《明熹宗实录》卷33，天启三年四月乙酉，"威清卫指挥丘述尧、平坝卫指挥佥绍勋，俱以号召把兵被贼掩袭，父子皆死"。

二辈周文兴，旧选簿查有：洪武三十二年三月，周文兴，系威清卫左所世袭副千户周全嫡长男。先以参侍舍人除授试百户，见任，因父年老告替，准替职，仍授本卫所世袭副千户。

三辈周文祕，旧选簿查有：洪武三十五年七月，周文祕，系威清卫左所失陷世袭副千户周文兴亲弟。

四辈周让，旧选簿查有：永乐十七年五月，周让，年十六岁，系清化卫中后所世袭副千户周文祕嫡长男。父原系威清卫左所，征交阯拨前卫，病故，钦准袭职，仍回威清卫左所管事。

五辈周诚，旧选簿查有：宣德元年十一月，周诚，系威清卫左千户所故世袭副千户周让庶兄。

六辈周冕，旧选簿查有：正统六年二月，周冕，系威清卫左所故世袭副千户周诚嫡长男。·132·

七辈周邦，旧选簿查有：成化三年七月，周邦，年十七岁，盱眙县人，系威清卫左千户所世袭副千户周冕庶长男。

八辈周胜，旧选簿查有：弘治十七年闰四月，周胜，盱眙县人，系威清卫左所世袭副千户周邦嫡长男。

九辈周镗，旧选簿查有：嘉靖十一年八月，周胜，年五十四岁，盱眙县人，系威清卫左所副千户，今患疾在所。有嫡长男周镗，年三十岁，告替。

十辈周梦旸，旧选簿查有：隆庆元年二月，周梦旸，年三十五岁，盱眙县人，系威清卫左所年老副千户周镗嫡长男。

十一辈周弘化，万历五年六月，周弘化，年四岁，盱眙县人，系威清卫左所故副千户周梦旸嫡长孙，照例与全俸优给，至万历十五年终住支。

万历十七年四月，周弘化，年十五岁，盱眙县人，系威清卫左所故副千户周梦旸嫡长孙，出幼袭职，比中二等。

朱朝相·副千户

内黄查有：朱昶，安吉县人。有父朱贵，丁酉年从军，甲辰年充小旗，洪武四年并枪，钦除所镇抚，十年钦授世袭。朱谦系昶嫡次男，父永乐二十一年故，兄朱谅袭，宣德八年落水溺故，有长男朱瑛年幼，谦正统元年借袭世袭所镇抚，待长成还与职事。朱瑛系朱昶嫡长孙，祖永乐二十一年故，父朱谅袭，宣德八年落水溺故，叔朱谦袭，正统八年征进麓川，与贼对敌阵亡，例升一级，瑛因年幼，已与副千户全俸优给，十四年钦准袭授副千户。

一辈朱贵，已载前黄。

二辈朱昶，旧选簿查有：洪武二十九年三月，钦依复职威清卫左所世袭镇抚朱昶。

三辈朱谅，旧选簿查有：洪熙元年八月，朱谅，系威清卫左所故世袭所镇抚朱昶嫡长男。

四辈朱谦，旧选簿查有：正统元年十月，朱谦，系威清卫左所溘故世袭所镇抚朱谅亲弟。兄有嫡长男朱瑛，年五岁，幼小，钦准本人借职，待长成，还与职事。

副千户功次：已载前黄。

五辈朱瑛，旧选簿查有：正统八年五月，升副千户俸优给朱瑛，年十三岁，系威清卫左所阵亡所镇抚朱谦亲侄。

正统十四年二月，朱瑛，年十八岁，系威清卫左所溘故世袭所镇抚朱谅嫡长男。先因年幼，叔朱谦借职，攻打高黎贡贼寨阵亡，钦准本人袭升流官副千户。

功次簿查有：天顺八年征贵州东苗杀贼获功升一级，威清卫副千户升正千户五员内一员朱英。

六辈朱深，零选簿查有：弘治三年十月，朱深，年四岁，安吉县人，系威清卫左所故功升正千户朱瑛嫡长男，钦与全俸优给，至弘治十三年终住支。

七辈朱汉，零选簿查有：弘治十八年八月，朱汉，年十六岁，安吉县人，系威清卫左所故功升正千户朱瑛嫡次男。·133·

八辈朱浩，零选簿查有：正德十四年四月，朱浩，年三十五岁，安吉县人，系威清卫左所故绝世袭正千户朱汉庶长兄。伊弟一辈未比，照例住俸二（三）年。①

九辈朱朝相，旧选簿查有：嘉靖二十九年十二月，朱朝相，安吉县人，系威清卫左所年老正千户朱浩嫡长男。伊祖英原袭副千户，天顺八年东苗杀贼获功升正千户，伯汉、父浩俱例前沿袭。所据东苗功无擒斩，例应减革，本舍革与副千户。

---

① 此簿六辈朱深、七辈朱汉、八辈朱浩选条所载即原簿第130—131页载"左所正千户一员"，原目录作"辈数未全一员朱浩"，前载朱汉为朱瑛"嫡长男"，应以此"七辈朱汉"载"嫡次男"为是，而此"八辈朱浩"载"照例住俸二年"则以131页载"照例住俸三年"为是。

刘应试·实授百户

内黄查有：刘保，滁州人。有祖父刘旺，乙未年从军，癸卯年充小旗，洪武三年充总旗，九年除虎贲卫百户，故。刘赟袭威清卫左所世袭百户，故。保系嫡长男，袭本卫所世袭百户。

一辈刘旺，已载前黄。

二辈刘赟，旧选簿查有：洪武二十七年十二月，刘赟，系威清卫左所故世袭百户刘旺嫡长男，钦袭本卫所世袭百户。

三辈刘保，旧选簿查有：永乐二年三月，刘保，年十二岁，系威清卫左所失陷世袭百户刘赟嫡长男。

四辈刘逵，旧选簿查有：永乐十年十月，刘逵，系威清卫左所故世袭百户刘保亲叔。

五辈刘文，旧选簿查有：宣德七年七月，刘文，系威清卫左所故世袭百户刘逵嫡长男。

六辈刘敏，旧选簿查有：正统九年十二月，刘敏，系威清卫左所故世袭百户刘文亲弟。

七辈刘清，旧选簿查有：成化二年七月，刘清，年十七岁，滁州人，系威清卫左所故世袭百户刘敏亲侄。

八辈刘昇，旧选簿查有：正德八年八月，刘昇，滁州人，系威清卫左所年老世袭百户刘清嫡长男。

九辈刘应试，旧选簿查有：嘉靖三十三年二月，刘应试，年六岁，滁州人，系威清卫左所年老世袭百户刘昇嫡长孙。照例与全俸优给，至嘉靖四十一年终住支。

嘉靖四十三年十二月，刘应试，年十六岁，滁州人，系威清卫左所年老实授百户刘昇嫡长孙，优给出幼袭职。

十辈刘应武，万历二年四月，刘应武，年四岁，滁州人，系威清卫左所故实授百户刘应试亲弟，照例与全俸优给，至万历十二年终住支。·134·

万历十四年四月，刘应武，年十六岁，滁州人，系威清卫左所故实授百户刘应试亲弟，出幼袭职。违限一年，限外有无多支俸粮，查扣关支，比中二等。

杨勋·实授百户

一辈杨文，缺。

二辈杨志，旧选簿查有：洪武三十一年九月，杨志，系威清卫左所百文（户）杨文嫡长男。

三辈杨忠，旧选簿查有：宣德七年五月，杨忠，年十六岁，系威清卫左所征进交阯故世袭百户杨志庶长男。

四辈杨纲，旧选簿查有：成化十二年十月，杨纲，襄阳县人，系威清卫左所世袭百户杨忠嫡长男。

五辈杨铨，旧选簿查有：弘治十一年二月，杨铨，襄阳县人，系威清卫左所世袭百户杨纲嫡长男。

六辈杨龙，旧选簿查有：嘉靖八年四月，杨龙，年二十七岁，襄阳县人，系威清卫左所老疾世袭百户杨铨嫡长男。

七辈杨勋，旧选簿查有：嘉靖四十三年十月，杨勋，年三十岁，系威清卫左所故实授百户杨龙嫡长男。

八辈杨国臣，万历二十五年八月，杨国臣，年三十五岁，系威清卫左所年老世袭百户杨勋嫡长男，比中二等。

张世恩·世袭百户

外黄查有：张亨，凤阳县人，系阵亡总管张得聚嫡次男。有父壬辰年从军，丙申年除授总管，阵亡。有兄张继宗袭授总管职事，故。亨洪武十五年除燕山右卫左所世袭镇抚，二十二年调骁骑右卫左所，当查理文册不明送问，免罪，调威清卫左所百户，二十九年与世袭百户。·135·

一辈张得聚，已载前黄。

二辈张继宗，已载前黄。

三辈张亨，旧选簿查有：洪武二十九年二月，威清卫左所百户张亨。

四辈张杰，旧选簿查有：宣德四年五月，张杰，系威清卫左千户所故世袭百户张亨庶长男。

五辈张玑，旧选簿查有：景泰六年七月，张玑，凤阳县人，系威清卫左所故世袭百户张杰嫡长男。

六辈张辅，旧选簿查有：弘治四年十月，张辅，凤阳县人，系威清卫左所世袭百户张玑嫡长男。

七辈张世恩，旧选簿查有：嘉靖元年四月，张世恩，年三岁，凤阳县人，系威清卫左所老疾世袭百户张辅嫡长男，钦与全俸优给，至嘉靖十二年终住支。

嘉靖十三年六月，张世恩，年十六岁，凤阳县人，系威清卫左所百户张辅庶长男，优给出幼袭职，限外多支俸粮查扣支给。

八辈张云翼，万历八年十月，张云翼，年二十五岁，凤阳县人，系威清卫左所年老世袭百户张世恩嫡长男，比中二等。

席玉·世袭百户

一辈席贵，缺。

二辈席诚，旧选簿查有：洪武三十一年九月，席诚，系威清卫左所百户席贵嫡长男。

三辈席政，旧选簿查有：永乐二十二年二月，席政，年十七岁，系威清卫左所故世袭百户席诚嫡长男。

四辈席贤，旧选簿查有：景泰三年九月，席贤，合肥县人，系威清卫左所故世袭百户席政嫡长男。·136·

五辈席宗，旧选簿查有：弘治十一年七月，席宗，合肥县人，系威清卫左所世袭百户席贤嫡长男。父为事降总旗，故，本人照例袭祖职百户。

六辈席玉，嘉靖十九年十月，席玉，系威清卫左所实授百户席宗嫡长男。

七辈席上珍，万历四年二月，席上珍，年二十岁，合肥县人，系威清卫左所故实授百户席玉嫡长男。

八辈席九鼎，天启七年二月，大选过威清卫左所实授百户一员席九鼎，年二十二岁，系老实授百户席上珍嫡次男，比中二等。

戴冠·世袭百户

外黄查有：戴住儿，建德县人。祖父戴越一，癸卯年归附军，故。伯戴佛保补，洪武三十三年济南升小旗，三十四年西水、峨眉升总旗，三十五年平定京师升百户，故，无儿，住儿系亲侄，优袭本卫所世袭百户，改名忠。

一辈戴佛保，已载前黄。

二辈戴忠，旧选簿查有：正统三年七月，威清卫左所世袭百户戴忠。

三辈戴兴，旧选簿查有：天顺三年九月，戴兴，建德县人，系威清卫左所故世袭百户戴忠嫡长男。

四辈戴仁，旧选簿查有：弘治四年八月，戴仁，建德县人，系威清卫左所世袭百户戴兴嫡长男。

五辈戴文英，旧选簿查有：嘉靖三年九月，戴文英，建德县人，系威清卫左所老疾世袭百户戴仁嫡长男，优给出幼袭职。

六辈戴冠，旧选簿查有：嘉靖三十八年四月，戴文英，年五十岁，建德县人，系威清卫左所世袭百户，今患疾在所。有嫡长男戴冠，见年三十岁，告替。

七辈戴懋德，万历十一年四月，戴懋德，年三十六岁，建德县人，系威清卫左所患疾世袭百户戴冠嫡长男，比中二等。·137·

季添爵·实授百户

一辈季良甫，缺。

二辈季子荣，旧选簿查有：洪武二十四年六月，季子荣，系武德卫中所世袭百户季良甫嫡长男，为父征伤告替，钦准替职，授威清卫左所世袭百户。

三辈季壬，旧选簿查有：永乐四年七月，季壬，系威清卫左所自縊世袭百户季子荣嫡长男。

四辈季春，旧选簿查有：宣德七年三月，季春，年十六岁，系威清卫左所故世袭百户季壬庶长男。

五辈季瑄，旧选簿查有：正统十二年十二月，季瑄，系威清卫左所故世袭百户季春亲弟。

六辈季承，旧选簿查有：成化二十年八月，季承，年十五岁，凤阳县人，系威清卫左所考退世袭百户季瑄嫡长男。

七辈季勋，旧选簿查有：嘉靖四年八月，季勋，凤阳县人，系威清卫左所故世袭百户季承嫡长男。

八辈季添爵，旧选簿查有：嘉靖四十四年十二月，季添爵，年三十八岁，凤阳县人，系威清卫左所年老实授百户季勋嫡长男。

九辈季云龙，万历十四年八月，季云龙，年二十五岁，凤阳县人，系威清卫左所患疾实授百户季添爵嫡长男，比中二等。

年远事故世袭百户一员·段如锦

景泰六年七月，段仕安，忻州人，系威清卫左所老疾世袭百户段郁庶长男。先因年幼，堂兄段仕礼借职，今长成，退还职事，钦准本人袭职，伊堂兄革闲。·138·

弘治三年九月，段广，忻州人，系威清卫左所世袭百户段仕安堂侄孙，待堂叔祖有男，还与职事。

弘治十五年九月，段纲，沂州人，系威清卫左所世袭百户段广嫡长男。

万历十九年八月，段如锦，年二十二岁，忻州人，①系威清卫左所年老署所镇抚段显祖亲次侄。伊伯原袭署所镇抚，今老，无子。伊父段显宗、兄段如充俱患疾，不堪。本舍先于万历十三年保送赴部，查无黄选，已经驳查去后，今准都察院咨回查明无碍，覆保前来，合照例借替署所镇抚，如伊兄段如充生有儿男，退还职事，先年比中三等。

胡勋·试百户

一辈胡俊轻，总旗功次。

二辈胡添寿，功次簿查有：正德十年贵州程番府功次升实授一级不赏一人自擒斩贼级三名颗、四名颗七十九员名内一名，威清卫左所实授总旗升试百户胡俊轻。

三辈胡勋，旧选簿查有：嘉靖二十二年四月，胡勋，湘乡县人，系威清卫左所老疾试百户胡添寿，顶名胡俊轻嫡长男，钦与世袭。

四辈胡其高，隆庆五年十二月，胡其高，年二十岁，湘乡县人，系威清卫左所年老实授百户胡勋嫡长孙，革遇例，与替试百户。

金良辅·试百户

内黄查有：金富，年五十岁，黄梅县人。祖金原二，洪武二十三年为事充军，调本卫左所，故。父金荣补役，正统六年征进麓川上江功升小旗，景泰五年征草塘等

---

① 原簿目录下注作"沂州人"，簿中则沂州、忻州混淆。

寨斩级二颗重升小旗，成化三年改正升总旗，九年年老。富代役，十年并枪，仍充总旗，十五年征西堡白石崖等寨节次斩级四颗有功，闰十月升试百户。·139·

一辈金原二。

二辈金荣。

三辈金富。

四辈金子成，旧选簿查有：弘治元年五月，金子成，黄梅县人，系贵州卫左所功升试百户金富嫡长男。

五辈金鹏，旧选簿查有：嘉靖二年十月，金鹏，黄梅县人，系威清卫左所老疾百户金子成嫡长男。父袭试百户，遇例实授，本人照例革替试百户。

六辈金良辅，旧选簿查有：隆庆三年六月，金良辅，年二十岁，黄梅县人，系威清卫左所年老实授百户金鹏嫡长孙，革遇例替试百户。

刘桧·试百户

内黄查有：刘樘，湘乡县人。始祖刘祖保，洪武二十二年充军，阵亡。高高伯祖刘添富补，阵亡。高高祖刘添贵补，阵亡。高祖刘福诚补，老。曾祖刘璿补，景泰元年鸡场等处斩首四颗升小旗，天顺二年东苗等寨斩首三颗升总旗，老。祖刘涌替，老。父刘永吉系嫡长男，替，正德七年征镇箪等寨斩首三颗升试百户，老。樘系嫡长男，嘉靖二十二年四月替威清卫左所试百户。

一辈刘璿，已载前黄。

二辈刘涌，已载前黄。

三辈刘永吉，旧选簿查有：吊来右府勘合为照例改正军功以图补报事，该本部题称正德七年征镇箪各斩获首级三颗各升署一级，乞要比照征剿流贼改拟实授，正德十五年六月十二日题奉钦依内开威清卫左所今改试百户一员刘祖保。

四辈刘樘，旧选簿查有：嘉靖二十二年四月，刘樘，湘乡县人，系威清卫左所老疾试百户刘永吉顶祖名刘祖保嫡长男，钦与世袭。

五辈刘桧，旧选簿查有：嘉靖三十五年八月，刘桧，湘乡县人，系威清卫左所故绝实授刘樘亲弟，革遇例与袭试百户。·140·

六辈刘宪文，万历五年十月，刘宪文，年二十八岁，湘乡县人，系威清卫左所患疾试百户刘桧嫡长男，比中二等。

七辈刘国彦，万历三十八年八月，大选过威清卫左所试百户一员刘国彦，年三十五岁，系老试百户刘宪文嫡长男，比中三等。

李毓龄 [·副千户]

一辈李得成，缺。

二辈李佑。

三辈李汉。

四辈李芳。

五辈李节。

六辈李淳。

七辈李调元，嘉靖四十年六月，李调元，潜江县人，系威清卫右所老正千户李淳嫡长男。

八辈李毓龄，万历十九年六月，李毓龄，年六岁，潜江县人，系威清卫右所患疾正千户纳级指挥佥事李调元庶长男。伊父原袭正千户，遇例加纳指挥佥事，今患疾。先据该卫保送本舍前来，查伊祖李淳于嘉靖五年赴袭，因伊曾祖李节征乖西功升正千户一级，查系部功，减革副千户。及称后又准复正千户，并无文案可据，已经驳查去后，今准都察院咨回，于贵州前卫薛璋等一体准复无碍，该卫覆保前来。所据伊父纳级虚衔，例不准替，今照例与正千户全俸优给，系旧官，扣至万历二十七年终住支，出幼袭职。

万历二十九年七月，单本：李毓龄，年十六岁，出幼袭职。查伊曾祖李节正德六年征乖西功不及数，例应减革，与袭副千户，比中三等。·141·

倪源·正千户

外黄查有：倪信，临淮县人，系倪俊嫡长男。父甲午年充百户，戊戌年充万户，乙巳年授长兴卫百户，洪武十一年除洪塘湖屯田所权千户，十二年实授副千户，二十二年为事免罪还职，调威清卫右所副千户，年老。信替职，仍任本卫右所副千户，钦与世袭。

一辈倪俊，已载前黄。

二辈倪信，已载前黄。

三辈倪凤，旧选簿查有：永乐七年闰四月，倪凤，系威清卫右所征安南阵亡世袭副千户倪信嫡长男。

四辈倪鑑，旧选簿查有：宣德十年二月，倪鑑，系威清卫右所故世袭副千户倪凤嫡长男。

五辈倪玺，旧选簿查有：景泰三年九月，倪玺，年十五岁，临淮县人，系威清卫右所故世袭副千户倪鑑庶长男。

六辈倪宽，旧选簿查有：弘治九年九月，倪宽，临淮县人，系威清卫右所世袭副千户倪玺嫡长男。

七辈倪经，旧选簿查有：正德七年十二月，倪经，临淮县人，系威清卫右所世袭副千户倪宽嫡长男。

正千户功次，吊来右府勘合，"为乞恩怜悯边官万死一生军功照例查明以昭公道以服人心事"，该都察院咨，据巡按贵州监察御史陈邦敷呈，据杜华等供称，嘉靖四年征四川芒部，查得威清卫千户倪经斩首三颗，改正升实授一级，与做正千户。九年八月初二日，本部题奉圣旨："是，钦此"。

八辈倪源，旧选簿查有：嘉靖二十年八月，倪源，临淮县人，系威清卫右所老疾正千户倪经嫡长男。

九辈倪世用，隆庆六年七月，倪世用，年四岁，临淮县人，系威清卫右所故正千户倪源嫡长孙，照例与全俸优给，至万历十年终住支。

万历十三年八月，倪世用，年十八岁，临淮县人，系威清卫右所故正千户倪源嫡长孙。出幼袭职，违限二年，限外有无多支俸粮，查扣关支，比中三等。

十辈倪民悦，天启五年六月，大选过威清卫右所正千户一员倪民悦，年十六岁，系故正千户倪世用嫡次男，比中一等。·142·

刘宠·副千户

外黄查有：刘旺，仪真县人，系刘成嫡长男。有父前系扬州青军张金院下军，丙申年归附从军，丁酉年充小旗，吴元年克苏州充总旗，洪武二年克永平除百户，十［四］年克普定、普安等处，十七年升世袭副千户，十八年故，旺袭副千户。①

一辈刘成，已载前黄。

---

① 此处"十年克普定普安等处"中"十年"应为"十四年"，傅友德等领兵征云南，克普定复下普安，在十四年十二月，傅友德等十七年征南班师，刘成亦因功升副千户。

二辈刘旺，旧选簿查有：洪武二十四年正月，刘旺，系威清卫左所故世袭副千户刘成嫡长男，钦与本职，往会州卫后所。

三辈刘亨，旧选簿查有：永乐四年二月，刘亨，系威清卫左所故世袭副千户刘旺庶弟，兄有男刘六十，患双眼残疾，不堪袭职。

四辈刘鑑，旧选簿查有：宣德七年八月，刘鑑，系威清卫左所世袭副千户刘旺嫡长孙。祖病故，父刘六十残疾，不堪承袭。本人未生，叔祖刘亨袭职。续生本人，告取职事，钦准袭职，伊叔祖革闲。

五辈刘海，旧选簿查有：天顺八年八月，刘海，仪真县人，系威清卫左所故正千户刘鑑长男，钦与世袭。

六辈刘珍，旧选簿查有：成化十三年十月，刘珍，仪真县人，系威清卫功升指挥佥事刘海嫡次男，钦与世袭。

七辈刘元，旧选簿查有：正德十二年闰十二月，刘元，仪真县人，系威清卫指挥同知刘珍嫡长男。伊父原袭指挥佥事，普安功升署指挥同知，遇例实授。本人照例革去遇例一级，与做署指挥同知事指挥佥事，钦与世袭。

八辈刘表，旧选簿查有：嘉靖元年十月，刘表，年三岁，仪真县人，系威清卫革袭署指挥同知事指挥佥事刘珍嫡长男，钦与全俸优给，至嘉靖十二年终住支。

九辈刘宠，旧选簿查有：嘉靖十六年十月，刘宠，年五岁，仪真县人，系威清卫致仕指挥同知刘珍庶长男。伊曾祖鉴原系副千户，正统五年麓川杀贼升正千户，故。祖海袭，弘治七年都清地方杀贼升指挥佥事，患疾。父刘珍替，十八年普安地方杀贼升署指挥同知，本年遇例实授，患病。兄刘元替，已革去遇例一级，与署指挥同知事指挥佥事，故。侄刘表优给，故，无嗣。祖、父、兄沿袭，今冒供实授。所据麓川查无头功奇功，都清、普安查无擒斩，及冒供职级，俱应减革，本人照例革与祖职副千户俸优给，至嘉靖二十五年终住支，注右所。

旧选簿查有：嘉靖二十七年六月，刘宠，年一十五岁，仪真县人，系威清卫故优给指挥佥事刘表亲叔，优给已革副千户，注右所，今出幼袭职。

十辈刘应麟，万历十五年八月，刘应麟，年二十五岁，仪真县人，系威清卫右所故副千户刘宠嫡长男，比中三等。

十一辈刘应凤，万历三十年六月，刘应凤，年三十岁，系威清卫右所已故副千户刘宠嫡次男，比中一等。·143·

秦应雷·副千户

外黄查有：秦善，和州人，系秦汝闰嫡长男。有父丙午年充小旗，洪武十九年并枪本卫总旗，二十一年运粮至百眼井，二十二年起取赴京除豹韬卫左所试百户，为事调威清卫右所，老。善替世袭百户。秦宣系秦善嫡长男，父老，宣替百户。秦毅，年十五岁，系秦宣庶次男，正统三年调征麓川对敌阵亡，例升一级，有嫡长男秦并儿患疾，不堪承袭，毅袭升威清卫副千户，待兄有男，还与职事。

一辈秦汝润，已载前黄。

二辈秦善，旧选簿查有：洪武三十一年九月，秦善，系威清卫右所试百户秦汝闰嫡长男。父系年深总旗除授，准替职，与世袭，仍授本卫所世袭百户。

三辈秦宣，旧选簿查有：宣德元年六月，秦宣，系威清卫右千户所世袭百户秦善嫡长男。父原系总旗除授试百户，革除年间实授前职，钦准本人照洪武年间旧例仍替世袭百户。

副千户功次：已载前黄。

四辈秦毅，旧选簿查有：正统九年八月，秦毅，年十五岁，威清卫右所世袭百户秦宣庶次男。父调征麓川阵亡，父有嫡长男并儿，患风疾，不堪承袭，本人袭职，照例升一级，该袭升流官副千户。待兄有男，还与职事。

五辈秦本，旧选簿查有：成化二十二年十一月，秦本，和州人，系威清卫右所考退副千户秦毅嫡长男，钦与世袭。

六辈秦淮，旧选簿查有：弘治十五年十二月，秦淮，和州人，系威清卫右所故世袭副千户秦本嫡长男。

七辈秦文，旧选簿查有：嘉靖五年十月，秦文，怀乡县人，系威清卫右所故世袭副千户秦淮嫡长男。

八辈秦应雷，旧选簿查有：嘉靖四十五年二月，秦应雷，年二十二岁，怀乡县人，系威清卫右所年老副千户秦文嫡长男。

九辈秦思忠，万历三十二年二月，秦思忠，年二十七岁，和州人，系威清卫右所老副千户秦应雷嫡长男，比中三等。

十辈秦昌祚，天启五年五月补四月大选，过威清卫右所副千户一员秦昌祚，年十八岁，系故副千户秦思忠嫡长男，比中二等。

俞舜臣·实授百户

外黄查有：俞俊，临淮县人，系俞三嫡长男。有父王元帅下归附，吴元年充小旗，洪武十一年充总旗，二十一年钦除武德卫后所百户，二十二年调威清卫右所。父老疾，告替，三十一年替威清卫右所世袭百户。俞海系俞俊嫡长男，俞隆系俞海嫡长男。·144·

一辈俞三，已载前黄。

二辈俞俊，旧选簿查有：洪武三十一年九月，俞俊，系威清卫右所流官百户俞三嫡长男，与世袭。

三辈俞海，旧选簿查有：永乐十三年八月，俞海，系威清卫右所故世袭百户俞俊嫡长男。

四辈俞隆，旧选簿查有：正统三年九月，俞隆，系威清卫右所世袭百户俞海嫡长男。

五辈俞正，旧选簿查有：弘治元年七月，俞正，年十五岁，临淮县人，系威清卫右所故功升副千户俞隆嫡长男。

六辈俞跃，旧选簿查有：嘉靖十一年八月，俞跃，年二十五岁，临淮县人，系威清卫右所年老副千户俞正嫡长男。伊祖隆替百户，景泰元年贵州开通道路升副千户。父沿袭，正德九年领军程番升正千户，嘉靖四年奉例查革领军一级，与前职。所据开通道路一级，例仍该革，本人照例革替百户。

七辈俞舜臣，旧选簿查有：隆庆二年八月，俞舜臣，年三十八岁，临淮县人，系威清卫右所年老实授百户俞跃嫡长男。查得黄选，吴元年充小旗，洪武十一年充总旗，二十年除百户，二十二年替世袭百户，景泰元年贵州开通道路升副千户，正德九年领军程番升正千户，嘉靖四年奉例查革领军一级，与副千户。袭至俞跃，又革开通道路一级，与替百户。今本舍告袭，冒供副千户。所据冒供职级，例无承袭，合照旧仍替实授百户，于八月十六日比试弓马得中，考试三等。

八辈俞汝忠，万历二十五年十月，俞汝忠，年二十二岁，临淮县人，系威清卫右所故实授百户俞舜臣嫡长男，比中二等。

郑阳·实授百户

外黄查有：郑忠，旧名胜童，长兴县人，父郑阿官丙午年归附充小旗，洪武十五年克建昌等处，十七年升总旗，二十二年故。二十三年忠补充，三十一年年深总旗除威清卫右所世袭百户，三十四年勾运违限发安南卫充军，三十五年复职，仍除威清卫右所世袭百户。

一辈郑阿官，已载前黄。

二辈郑忠，已载前黄。

三辈郑斌，旧选簿查有：宣德七年三月，郑斌，系威清卫右所故世袭百户郑忠嫡次男。

四辈郑纲，旧选簿查有：成化五年十月，郑纲，长兴县人，系威清卫右所世袭百户郑斌嫡长男。

五辈郑禄，旧选簿查有：弘治十八年八月，郑禄，年十五岁，长兴县人，系威清卫右所故世袭百户郑纲嫡长孙。

六辈郑阳，旧选簿查有：嘉靖三十一年八月，郑阳，长兴县人，系威清卫右所年老实授百户郑禄嫡长男。

濮泰·世袭百户

一辈濮旺，缺。

二辈濮亮，旧选簿查有：永乐八年九月，濮亮，旧名观音保，系威清卫右所故流官百户濮旺亲侄，敬准袭授世袭百户。

三辈濮昇，旧选簿查有：永乐二十一年六月，濮昇，年十二岁，系威清卫右所故世袭百户濮亮庶长男，钦与全俸优给，至永乐二十三年终住支。

宣德元年十二月，濮昇，年十六岁，系威清卫右千户所故世袭百户濮亮庶长男。

四辈濮瑄，旧选簿查有：成化六年九月，濮瑄，含山县人，系威清卫右所故副千户濮昇嫡长男，钦与世袭。

五辈濮春，旧选簿查有：弘治十四年九月，濮春，含山县人，系威清卫右所试百户濮瑄嫡长男。伊父原系世袭副千户，为事降前职，故，本人照例袭祖职副千户。

六辈濮泰，旧选簿查有：嘉靖四年八月，濮泰，含山县人，系威清卫右所故绝副千户濮春亲弟。伊祖昇原袭祖职百户，东苗斩首不及数升前职，父、兄沿袭，本人照例革去斩首不及数一级，与袭祖职世袭百户。

七辈濮宗海，万历十八年十二月，濮宗海，年二十五岁，系威清卫右所年老实授百户濮凤阳嫡次男，比中三等。

八辈濮跃龙,崇祯三年十月,大选过威清卫右所实授百户一员濮跃龙,年三十岁,系老实授百户濮宗海嫡长男,比中三等。·146·

卞恩·实授百户

缺。

一辈卞倗儿。

小旗功次:缺。

二辈卞回,缺。

三辈卞友能,缺。

总旗功次:缺。

试百户功次:已载四辈选条。

四辈卞暹,旧选簿查有:景泰七年九月,卞暹,睢宁县人,系贵州前卫右所试百户卞友能户名卞倗儿嫡长男。父原系总旗,于草塘等处杀贼获功升前职,病故,准本人袭实授百户。

五辈卞铎,旧选簿查有:成化十三年八月,卞铎,年十五岁,睢宁县人,系贵州前卫右所故百户卞暹嫡长男。

六辈卞恩,旧选簿查有:嘉靖三年九月,卞恩,年十五岁,睢宁县人,系威清卫右所故功升副千户卞铎庶长男。先因年幼,已革与实授百户俸优给,今出幼,与袭实授百户,钦与世袭。

张月桂·实授百户

外黄查有:张承祖。始祖张琳,武昌县人,洪武四年归附,本年除羽林左卫左所百户,阵亡。高伯祖张弟均袭,故。[高祖张观,]二十年授总旗,查始祖阵亡,除兴武卫右所实授百户,二十一年调贵州威清卫右所,故。曾祖张文系嫡长男,袭,故。祖父张信袭,老。伯父张雄系嫡长男,替,老,无嗣。父张雓系亲弟,替,正德九年征剿程番地方升副千户,十三年故。承祖系嫡长男,十四年袭副千户,嘉靖六年查革祖职百户。

一辈张琳,已载前黄。

二辈张弟均,已载前黄。

三辈张观，缺。

四辈张文，旧选簿查有：永乐二年二月，张文，年十岁，系威清卫右所失陷流官百户张观嫡长男。·147·

五辈张信，旧选簿查有：正统十年六月，张信，年十七岁，系威清卫右所故世袭百户张文嫡长男。

六辈张雄，旧选簿查有：成化十九年十月，张雄，武昌县人，系威清卫右所世袭百户张信嫡长男。

七辈张雓，旧选簿查有：弘治十七年九月，张雓，武昌县人，系威清卫右所世袭百户张雄亲弟。伊兄患疾，无嗣，本人替职，待兄有男，还与职事。

八辈张承祖，旧选簿查有：正德十四年八月，张承祖，武昌县人，系威清卫右所故功升副千户张雓嫡长男，钦与世袭。

九辈张月桂，旧选簿查有：嘉靖四十四年十二月，张月桂，年二十八岁，武昌县人，系威清卫右所年老实授百户张承祖嫡长男。

右所年远事故世袭百户一员·张星

洪武二十四年六月，张真，系武德卫中所世袭百户张雄嫡长男。父为征伤告替，钦准替职，授威清卫右所世袭百户。①

永乐元年闰十一月，张良，年十一岁，系威清卫右所阵亡世袭百户张谦嫡长男。

正统元年七月，张昇，年十六岁，系威清卫右所故世袭百户张良嫡长男。

万历三年二月，张星，年三十六岁，凌县人，系威清卫故卫镇抚张本侄孙，查得本舍违限年久，合照例革发讫。②

范钺·试百户·148·

一辈范虎儿。小旗功次：缺。

二辈范么儿。

---

① 指挥金事"张腾云"簿（见原簿第123页）二辈张真选条与此处张真选条记载完全相同，三辈选条张海为张真亲弟，而此簿则载张良系张谦嫡长男，二者此后记载全不相侔，殆此处系"张腾云"簿二辈选条阑入。
② 此张星选条所谓凌县，为秦县名，故治在今江苏泗阳县众兴镇凌城村，与前句容不相属，后者辖于今镇江，前者即今泗阳县，属宿迁管辖，二者并非一地。

三辈范彪儿。

四辈范林。

五辈范宗。

六辈范旻，以上俱缺。

总旗功次：候查。

试百户功次：候查。

七辈范纲，旧选簿查有：成化二十年十二月，范纲，宜城县人，系贵州卫后所试百户范旻嫡长男。

八辈范清，旧选簿查有：弘治十七年二月，范清，宜城县人，系贵州卫后所调威清卫右所试百户范纲嫡长男。伊父弘治五年遇例实授，老疾，本人照例革替试百户。

九辈范钺，旧选簿查有：嘉靖六年六月，范钺，宜城县人，系威清卫右所故实授百户范清嫡长男。伊父原系革替试百户，又遇例实授，照例革与本人试百户。

周经·试百户

缺。

一辈龙黑四。小旗功次：缺。

二辈周伯庆，旧选簿查有：永乐二十年三月，周伯庆，年五十五岁，浏阳县人，系威清卫右所百户。本人顶正户名龙黑四并充小旗，纳米冠带，乖西、程番各获功一级升前职，患风湿在所。有嫡长男周经，年二十九岁，照例革替试百户。

三辈周经，旧选簿查有：正德十二年四月，周经，浏阳县人，系威清卫右所百户周伯庆嫡长男。伊父顶正户名龙黑四并充小旗，纳米冠带，乖西、程番各获功一级升前职，本人照例革替试百户。·149·

李春芳·所镇抚

外黄查有：李道保，江夏县人。父李贵，前元镇抚，丙申年投附，充万户，吴元年授千户所镇抚，年老。洪武十四年道保替职，二十二年为事充军，二十五年复职，调威清卫右所镇抚。

一辈李贵，已载前黄。

二辈李道，旧选簿查有：洪武二十九年三月，钦依复职威清卫右所世袭镇抚李道。

三辈李英，旧选簿查有：宣德二年十一月，李英，系威清卫右千户所世袭所镇抚李道旧名道保嫡次男。

四辈李俊，旧选簿查有：正统十年十二月，李俊，年七岁，系威清卫右所故世袭所镇抚李英嫡长孙，钦与全俸优给，至正统十七年终住支。

五辈李润，旧选簿查有：弘治十八年八月，李润，年十五岁，江夏县人，系威清卫右所年老世袭所镇抚李俊嫡长孙，优给出幼袭职。

六辈李淮，旧选簿查有：正德十一年二月，李淮，年二十二岁，江夏县人，系贵州都司威清卫右所所镇抚李润亲弟。伊兄袭职，未比，今病故，本人照例替授所镇抚，住俸三年。

七辈李世忠，旧选簿查有：嘉靖十七年八月，李世忠，年二十一岁，江夏县人，系威清卫右所故所镇抚李淮嫡长男。

八辈李春芳，旧选簿查有：隆庆二年六月，李世忠，年五十四岁，江夏县人，系威清卫右所所镇抚，今患疾在所。有嫡长男李春芳，见年二十五岁，告替。

九辈李增妍，万历二十九年六月，李增妍，年三十二岁，系威清卫右所患疾所镇抚李春芳嫡长男，比中二等。

十辈李国栋，万历四十八年四月，李国栋，年十八岁，系威清卫右所故所镇抚李增妍嫡长男，比中三等。

贾樑·正千户

内黄查有：贾祥，年四十六岁，滁州人，系贾真嫡长男。有父甲午年从军，乙未年克和州，洪武元年克福建，二年充金吾卫小旗，四年授世袭，十一年除武昌左卫权千户，十二年实授流官副千户，二十年征金山松花江等处复职，除宁波卫后所流官副千户，二十一年调本卫水军后所，二十三年为调拨军役事犯杖罪，免罪发跟何都督征进，二十四年征龙海等处，二十五年复职，调安南卫右所副千户，老。祥于二十七年替，为父从军做官年深世袭副千户，又越正千户升威清卫世袭指挥佥事，二十八年征西堡等处，二十九年征清水江等处，三十二年征丹行等处，三十四年征平越等处回卫。贾钥年十六岁，系贾祥庶长孙。祖老，父贾溥永乐十五年替，故。有嫡长男贾道僧保，年二岁，幼小，钥于宣德七年十二月二十日借袭本卫指挥佥事，待长成，退与职业（事）。贾镛幼名道僧保，年十六岁，系贾钥嫡弟。先因年幼，庶兄借职，正统七年故，镛于正统十一年袭授威清卫世袭指挥佥事。贾承祖年三岁，系贾文嫡长男。父故，承祖于正德八年钦与全俸优给，至正德十九年终住支。

一辈贾真，已载前黄。

二辈贾祥，旧选簿查有：洪武二十七年六月，贾祥，系安南卫右所流官副千户贾真嫡长男。父为年老眼昏告替，俱引至御前，钦依："他虽是二次为事，新近复职，却从军做官年深，又在外守御，替了，越等升他男做世袭指挥佥事"，授威清卫世袭指挥佥事。

三辈贾溥，旧选簿查有：永乐十五年九月，贾溥，系威清卫世袭指挥佥事贾祥嫡长男。

四辈贾钥，旧选簿查有：宣德七年十二月，贾钥，年十六岁，系威清卫故世袭指挥佥事贾溥庶长男。父有嫡长男贾道僧保，年二岁，幼小，钦准本人借职，待长成，还与职事。

五辈贾镛，旧选簿查有：正统十一年九月，贾镛，幼名道僧保，年十六岁，系威清卫故世袭指挥佥事贾溥嫡长男。先因年幼，庶兄贾钥借职，病故。

指挥使功次：降革。①

六辈贾忠，旧选簿查有：成化二十二年十二月，贾忠，滁州人，系威清卫指挥使贾镛嫡长男，钦与世袭。

七辈贾文，旧选簿查有：正德四年闰九月，贾文，年十五岁，滁州人，系威清卫故都指挥佥事贾忠庶长男，已革与指挥使俸优给，今出幼袭职。

八辈贾承祖，旧选簿查有：嘉靖五年十二月，贾承祖，年十六岁，滁州人，系威清卫故世袭指挥使贾文嫡长男，优给出幼袭职，限外多支俸粮查扣关支。

充军簿查有：贾承祖，滁州人，系威清卫指挥使，犯该监守自盗，嘉靖三十二年八月初八日充万全左卫前所永远军。

九辈贾樑，审稿查有：隆庆三年六月，贾樑，年三十五岁，滁州人，系威清卫故永远充军指挥使贾承祖大次房堂弟。伊堂兄原袭祖职指挥使，嘉靖二十一年参问监守自盗充永远军。本舍系有功大次房子孙，所据指挥同知、指挥使二级，系伊堂曾

---

① 据嘉靖《贵州通志》卷4《桥渡·威清卫》载，成化间，指挥张立、贾镛于卫治东一里处建平桥（参见《志辑》第1册，第304页）。

伯祖贾镛正统年间已后功，例不准袭，本舍照例于洪武功升指挥佥事上降一级，与袭正千户，注中所。

十辈贾廷表，隆庆二年六月，为袭职事，威清卫舍人贾廷表。①堂兄贾承祖，指挥同知犯该侵欺钱粮问拟永远充军，查取有功大次房子孙降袭。

十一辈贾应爵，万历二十三年六月，大选过革袭副千户贾应爵，年十六岁，系威清卫中所老正千户贾樑庶长男。查伊祖职指挥佥事，正枝贾承祖犯该充军，序应伊父贾樑降袭。经查邦政，凡军职犯永军，大次房子孙五辈以上递降二级，今樑止降一级袭过，似属冒滥，合照例革与威清卫副千户，比中二等。

十二辈贾应聘，万历三十一年四月，贾应聘，年十六岁，滁州人，系威清卫中所故副千户贾应爵亲弟，比中三等。·151·

林云汉·正千户

一辈林广，缺。

二辈林英，缺。

三辈林凤，旧选簿查有：正统十年十月，林凤，系威清卫中所世袭正千户林英嫡长男。

四辈林懋，旧选簿查有：弘治十三年二月，林懋，阳武县人，系威清卫中所世袭正千户林凤嫡长男。伊父原系本卫所正千户，获功升指挥同知，为事降前职，今年老，本人照例袭祖职正千户。

五辈林纲，旧选簿查有：正德五年六月，林纲，河南阳武县人，系贵州都司威清卫中所正千户林懋嫡长男。伊祖林凤原系本卫历功升指挥同知，为事降正千户，年老。父林懋革替正千户，故。本人照例革袭伊父原职正千户，仍于本卫所带俸。

六辈林纶，旧选簿查有：正德十二年四月，林纶，阳武县人，系威清卫中所故绝世袭正千户林纲亲弟。

七辈林云汉，旧选簿查有：嘉靖三十四年六月，林云汉，阳武县人，系威清卫中所老疾正千户林纶嫡长男。

八辈林正春，万历二十一年八月，大选过威清卫中所老正千户林云汉嫡长孙，照例全俸优给，万历三十二年终住支。

---

① 贾廷表应即贾樑。

九辈林长春，崇祯元年六月，大选过威清卫中所正千户一员林长春，年三十八岁，系故优给正千户林正春堂兄，比中三等。

程诏·副千户

内黄查有：程坚，歙县人，从军，甲辰年选充总旗，洪武二年克大宁等处，四年除神武卫百户，二十一年征捕达贼，二十二年升世袭副千户，二十五年有男程林为不法事典刑，提取赴京，钦蒙宥死，本年钦调威清卫中所。

一辈程坚，旧选簿查有：洪武二十五年三月，程坚，系西安中护卫后所世袭副千户，钦调威清卫中所。·152·

二辈程远，旧选簿查有：永乐九年七月，程远，年十五岁，系威清卫中所老疾世袭副千户程坚庶长男，敬准替职，候年二十岁比试弓马。

三辈程坦，旧选簿查有：正统四年九月，程坦，系威清卫中所故世袭副千户程远嫡长[男]。

四辈程昌，旧选簿查有：成化十二年八月，程昌，歙县人，系威清卫中所故正千户程坦堂侄，钦与世袭。

五辈程诏，旧选簿查有：嘉靖二年九月，程诏，年十五岁，歙县人，系威清卫中所降级百户程昌嫡次孙。伊祖系正千户，为事，已革副千户俸优给，今出幼袭副千户。

夏膺武·副千户

内黄查有：夏寅，滁州人，系夏机庶长男。父乙未年军，丙申年除千户，洪武二十二年为事发征进，二十五年复职，调威清卫，老。嫡长兄夏俊先故，无儿，寅替世袭副千户。

一辈夏机。

二辈夏寅，旧选簿查有：洪武三十一年十一月，夏寅，系威清卫左所世袭副千户夏机庶长男。

三辈夏通，旧选簿查有：永乐二十年六月，夏通，年六岁，系威清卫中所故世袭副千户夏寅嫡长孙，敬与全俸优给，至永乐二十八年终住支。①

四辈夏璟，旧选簿查有：天顺七年闰七月，夏璟，滁州人，系威清卫中所故世袭副千户夏通嫡长男。

五辈夏时，旧选簿查有：成化二十一年七月，夏时，年十五岁，滁州人，系威清卫中所故世袭副千户夏璟庶长男。

六辈夏桓，旧选簿查有：嘉靖八年六月，夏桓，年三十岁，滁州人，系威清卫中所老疾世袭副千户夏时嫡长男。

七辈夏膺武，旧选簿查有：隆庆二年八月，夏膺武，年四十岁，滁州人，系威清卫中所年老副千户夏桓亲侄。查得黄选，副千户系洪武年间功，例不减革，本舍于八月十六日比试弓马得中，考试三等。

八辈夏崇明，万历十五年四月，夏崇明，年二十岁，滁州人，系威清卫中所患疾副千户夏膺武嫡次男，比中二等。

九辈夏崇周，万历二十三年八月，夏崇周，年二十岁，系威清卫中所故绝副千户夏崇明亲弟，比中二等。·153·

石国柱·副千户

外黄查有：石琳，黄冈县人，系石虎嫡长男。父辛丑年归附，丙午年权百户，吴元年钦蒙实授袁州卫百户，洪武十二年故。琳袭除宁海卫后所世袭百户，二十二年调威清卫中所。

一辈石虎，已载前黄。

二辈石琳，已载前黄。

三辈石玉，旧选簿查有：宣德元年十月，石玉，年十八岁，系威清卫中千户所世袭百户石琳嫡长孙。

四辈石勇，旧选簿查有：正统五年七月，石勇，年七岁，系威清卫中所故世袭百户石玉嫡长男，钦与全俸优给，至正统十二年终住支。

正统十四年十二月，石勇，年十六岁，系威清卫中所故世袭百户石玉嫡长男。

副千户功次、功次簿查有：天顺八年贵州东苗地方擒斩获功例升一级，威清卫实

---

① 弘治《贵州图经新志》卷13《威清卫指挥使司·寺观》载："崇真观，在卫城内西，永乐二年千［户］夏通建"（第144页）。所载或有误，附于此。

授百户升副千户五员内一员石勇。

五辈石坚，旧选簿查有：成化二十二年十二月，石坚，黄冈县人，系威清卫中所副千户石勇嫡长男，钦与世袭。

六辈石崑，旧选簿查有：正德十四年八月，石崑，黄冈县人，系威清卫中所故副千户石坚嫡长男。

七辈石国柱，旧选簿查有：嘉靖四十四年十二月，石国柱，年三十一岁，黄冈县人，系威清卫中所年老副千户石崑嫡长男。

八辈石现玉，万历二十六年正月，石现玉，年三十一岁，黄冈县人。伊父石国柱原袭副千户，今老。查伊祖石勇东苗功不及数，例应减革，本舍姑量革与袭署副千户事实授百户，比中二等。

王应文·副千户

一辈王贵，缺。·154·

二辈王兴，旧选簿查有：洪武三十一年九月，王兴，系威清卫中所世袭百户王贵嫡长男。

三辈王誉，旧选簿查有：洪武三十三年六月，王誉，系威清卫中所故世袭百户王兴嫡长男。

四辈王暹，旧选簿查有：永乐四年八月，王暹，系威清卫中所故世袭百户王誉嫡长男。

五辈王鑑，旧选簿查有：天顺七年闰七月，王鑑，嘉祥县人，系威清卫中所故世袭百户王暹嫡长男。

六辈王雄，旧选簿查有：成化五年十月，王雄，嘉祥县人，系威清卫中所故世袭百户王鑑嫡长男。

七辈王政，旧选簿查有：弘治十八年十二月，王政，年十五岁，嘉祥县人，系威清卫中所风疾世袭百户王雄嫡长男，优给出幼袭职。

八辈王应文，旧选簿查有：嘉靖三十七年六月，王应文，年一十六岁，嘉祥县人，系威清卫中所老疾副千户王政庶长男。

九辈王良弼，万历四十二年七月，单本选过威清卫中所副千户一员王良弼，年三十岁，系故副千户王应文嫡长男，比中三等。

陈凤翔·署副千户事实授百户

外黄查有：陈贵，大同县人。父陈大，洪武二年充军，故。贵户名不动代役，三十三年济南升小旗，三十四年藁城升总旗，三十五年克金川门升凤阳留守左卫左所百户，与世袭。

一辈陈大，已载前黄。

二辈陈贵，已载前黄。

三辈陈胜，旧选簿查有：宣德元年五月，陈胜，系中都留守司留守左卫左千户所故百户陈贵户名陈大嫡长男。

正统三年七月，威清卫世袭百户中所陈胜。

四辈陈刚，旧选簿查有：成化三年十一月，陈刚，天城县人，系威清卫中所世袭百户陈胜嫡长男。①

五辈陈恩，旧选簿查有：弘治十一年七月，陈恩，天城县人，系威清卫中所世袭百户陈刚嫡长男。·155·

六辈陈删，旧选簿查有：嘉靖二十五年六月，陈删，天城县人，系威清卫中所老疾副千户陈恩嫡长男。

七辈陈凤翔，旧选簿查有：嘉靖二十七年四月，陈凤翔，天城县人，系威清卫中所故副千户陈删嫡长男。查得伊祖陈恩以百户弘治十五年征进普安功升副千户，父删例前替。所据普安功无擒斩，量革署副千户事实授百户。

八辈陈三略，万历十三年十月，陈三略，年二十四岁，天城县人，系威清卫中所患疾署副千户事实授百户陈凤翔嫡长男，比中三等。

张铠·世袭百户

一辈李二，缺。

二辈张贵，缺。

三辈张兴，旧选簿查有：永乐十一年四月，张兴，系金吾右卫右所百户张贵顶户名李二嫡长男，父为残疾，钦准替授本卫所百户。

四辈张通，旧选簿查有：正统十四年二月，张通，系威清卫中所百户张兴嫡长男。

---

① 据弘治《贵州图经新志》卷13《威清卫指挥使司·关梁》载，该卫有百户陈纲，成化二十二年建北门桥（第145页）。

五辈张善，旧选簿查有：成化二十一年五月，张善，临淮县人，系威清卫中所世袭百户张通嫡长男。

六辈张铠，旧选簿查有：正德十二年六月，张铠，年五岁，临淮县人，系威清卫中所老疾世袭百户张善庶长男，钦与全俸优给，至正德二十二年终住支。

七辈张良玉，隆庆六年七月，张良玉，年三十五岁，临淮县人，系威清卫中所年老实授百户张铠嫡长男。

八辈张崇德，万历二十五年十二月，张崇德，年三十四岁，系威清卫中所年老实授百户张良玉嫡长男，比中二等。·156·

孙世清·实授百户

外黄查有：孙和，蒲台县人，系孙恭嫡长男，洪武四年归附，除所镇抚，十年与世袭，二十一年问拟徒罪，释免，调威清卫中所百户，二十三年故。和于二十四年袭世袭百户。孙谅系孙和嫡次男，父故，兄孙让袭，故，无儿男，谅于宣德九年袭百户。孙广系孙谅嫡长男，父故，广于正统四年袭世袭百户。孙庸系孙广堂弟，堂兄景泰五年故，无儿，庸于天顺三年袭世袭百户。孙胜系孙庸亲侄，伯故，无儿男，父雄袭，故。胜于成化五年优，十四年终住支。孙秀系孙胜嫡长男，父故，秀于弘治八年优，十七年终住支。

一辈孙恭，已载前黄。

二辈孙和，旧选簿查有：洪武二十四年九月，孙和，系威清卫中所故百户孙恭嫡长男。父先任义州卫世袭所镇抚，为相视不明犯该徒罪，钦蒙免罪调除前职，未任病故，钦准袭职，与世袭，仍授本卫所百户。

三辈孙让，旧选簿查有：永乐十三年八月，孙让，系威清卫中所故世袭百户孙和嫡长男。

四辈孙谅，旧选簿查有：宣德元年十一月，孙谅，系威清卫中所故世袭百户孙让亲弟。

五辈孙广，旧选簿查有：正统四年九月，孙广，系威清卫中所故世袭百户孙谅嫡长男。

六辈孙庸，旧选簿查有：天顺三年九月，孙庸，蒲台县人，系威清卫中所故世袭百户孙广堂弟。

七辈孙雄，旧选簿查有：成化二年九月，孙雄，蒲台县人，系威清卫中所故世袭百户孙庸亲弟。

八辈孙胜，旧选簿查有：成化五年八月，孙胜，年五岁，蒲台县人，系威清卫中所故世袭百户孙雄嫡长男，钦与全俸优给，至成化十四年终住支。

成化十五年十二月，孙胜，年十五岁，蒲台县人，系威清卫中所故世袭百户孙雄嫡长男。

九辈孙秀，旧选簿查有：弘治十八年十二月，孙秀，年十五岁，蒲台县人，系威清卫中所故世袭百户孙胜嫡长男。

十辈孙世清，旧选簿查有：嘉靖三十一年十月，孙世清，蒲台县人，系威清卫中所故实授百户孙秀嫡长男。

十一辈孙应龙，万历十四年八月，孙应龙，年二十五岁，蒲台县人，系威清卫中所年老实授百户孙世清嫡长男，比中二等。

十二辈孙逢吉，万历三十七年八月，大选过威清卫中所实授百户一员孙逢吉，年十九岁，系故实授百户孙应龙嫡长男，比中二等。

十三辈孙贞吉，崇祯元年五月补四月，大选过威清卫中所实授百户一员孙贞吉，年二十岁，系故实授百户孙逢吉堂弟，比中三等。·157·

中所年远事故世袭百户一员·徐英

洪武三十一年九月，徐玉，系威清卫中所世袭百户徐兴嫡长男。

永乐元年闰十一月，徐旺，年十五岁，系威清卫中所失陷世袭百户徐玉嫡长男。

宣德三年七月，徐镇，系威清卫中千户所故世袭百户徐旺亲弟。

正统十三年十二月，徐英，年七岁，系威清卫中所故世袭百户徐镇庶长男，钦与全俸优给，至正统十九年终住支。

又一员·戴诚

洪武三十年三月，戴俊，系威清卫中所阵亡世袭百户戴德庶弟。

永乐十五年十一月，戴诚，年六岁，威清卫中所故世袭百户戴俊嫡长男，钦与全俸优给，至永乐二十三年终住支。

宣德三年六月，戴诚，年十六岁，系威清卫中千户所故世袭百户戴俊嫡长男。

又一员·高胜

宣德三年六月，高昂，年十六岁，系威清卫中千户所故世袭百户高从善庶长男。
成化六年六月，高荣，井陉县人，系威清卫中所世袭百户高昂嫡长男。
成化十三年八月，高华，井陉县人，系威清卫中所故世袭百户高荣亲弟。
弘治十五年八月，高胜，井陉县人，系威清卫中所故世袭百户高华嫡长男。

又一员·邢锐·158·

永乐八年十月，邢谕，年十六岁，系威清卫中所征乖西阵亡世袭百户邢启亲侄。
成化二年九月，刑锐，年十五岁，合肥县人，系威清卫中所老疾世袭百户邢瑜庶长男。

何自然·试百户

一辈何循，缺。
二辈何玉，旧选簿查有：成化十七年九月，何玉，仁和县人，系贵州前卫中所百户何循嫡长男。父原系总旗，纳米冠带，西堡有功，该升试百户，冒升前职，本人照例革替试百户。
三辈何锐，旧选簿查有：弘治二年三月，何锐，仁和县人，系贵州前卫中所故百户何玉嫡长男。伊父原系试百户，成化二十三年遇例实授，本人照例革袭试百户。
四辈何兰，旧选簿查有：嘉靖四年四月，何兰，仁和县人，系威清卫中所老疾副千户何锐嫡长孙。祖原以试百户遇例实授，普安功升前职，父未袭，故。本人照例革去遇例，与替实授百户。
五辈何自然，旧选簿查有：嘉靖四十二年二月，何自然，系威清卫中所年老实授百户何兰嫡长男。查伊曾祖何锐原系试百户，遇例实授，弘治十四年普安功升副千户，父何兰，革去遇例，与袭实授百户，今查普安功次簿内无名，例应减革，本舍革替试百户。

汤学伊·署试百户事总旗

一辈卜受，缺。·159·

二辈汤弼，缺。

三辈汤瑀，旧选簿查有：嘉靖十三[年]十月，汤瑀年三十岁，浏阳县人，系威清卫中所故试百户汤弼户名卜受嫡长男。伊父原系功升署百户，改升前职。本人照例仍与袭署百户总旗。

四辈汤学伊，旧选簿查有：嘉靖四十一年十月，汤学伊，年三十岁，浏阳县人，系威清卫中所年老署试百户事仍食总旗名粮汤瑀嫡长男。

五辈汤懋官，隆庆五年二月二十八日，汤懋官，年二十岁，浏阳县人，系威清卫中所故署试百户事总旗汤学伊嫡长男，钦准袭职。

六辈汤立贤，万历二十九年十月，汤立贤，年十六岁，系威清卫中所故署试百户事总旗汤懋官嫡长男，比中三等。

年远事故试百户一员·罗钦

成化二十一年十二月，罗通，泰和县人，系威清卫中所试百户罗斌户名罗茂嫡长男。

罗钦，年八岁，泰和县人，系威清卫中所百户罗通嫡长男。伊父原系试百户，成化二十三年遇例实授，瘤疾，本人照例革与试百户俸优给。

年远事故所镇抚一员·郭顺

永乐十二年五月，郭荣，年十五岁，系威清卫中所故世袭所镇抚郭琮嫡长男。

宣德五年十一月，郭贵，系威清卫中所故世袭所镇抚郭荣亲弟。

正统九年五月，郭正，年十二岁，系威清卫中所故世袭所镇抚郭贵嫡长男，钦与全俸优给，至正统十一年终住支。·160·

成化三年六月，郭顺。伊父郭贵原系威清卫中千户所所镇抚，故。伊兄郭正优给间亦故，本人系郭正亲弟，袭职。

高宗圣·正千户

万历十三年十月，大选过威清卫前所照旧正千户一员高宗圣，年二十五岁，仪真县人。查得选簿：始祖高岩，丙申年军，洪武元年除百户，五年为事免罪降调，八年复升副千户，十八年升指挥佥事，阵亡。高昇袭，故。高文昌袭指挥佥事，功升指挥同知，老。高森替，老。高节替指挥同知，功升指挥使，故。高鹏袭，故。堂伯高爵优袭指挥使，嘉靖十六年犯该侵欺粮米，问拟监守自盗仓粮四十贯律斩，系杂犯，照例发边卫永远充军，遇宥回卫，本犯子孙不许承袭。父高珍系三次房，无碍子孙，于隆庆五年保送赴部。查伊堂伯高爵原袭指挥使，犯该永军，故。珍系有功次房子孙，及查指挥佥事以上系始祖高岩洪武年间功，其指挥同知一级系堂高伯祖高文昌功升，指挥使一级系堂伯祖高节功升。查系犯堂，例应减革，照例于祖职指挥佥事上降一级，与袭正千户。今患痼疾，宗圣系嫡长男，照旧替正千户，比中三等。①

高益能，崇祯四年十月大选过威清卫前所正千户一员高益能，年三十岁，系老正千户高宗圣嫡长男，比中三等。

靳绍芳·正千户

外黄查有：靳忠，年五十一岁，嘉兴县人。始祖靳阿四，洪武四年军，老。高伯祖靳添保代役，故。高祖靳亮补役。三十二年济南升小旗，三十四年藁城升总旗，三十五年平定京师升府军右卫右所副千户，永乐八年杀败阿鲁台功升正千户，宣德六年调威清卫前所，疾。曾祖靳瑄系嫡长男，袭，老。祖靳鏾系庶长男，替，故。父靳怀系嫡长男，袭，正德七年征镇筸等处杀贼功升署指挥佥事，嘉靖二十五年老。忠系嫡长男，二十六年革镇筸功替祖职正千户，注威清卫前所。

一辈靳亮，已载前黄。·161·

二辈靳瑄，旧选簿查有：正统七年七月，靳瑄，系威清卫前所残疾正千户靳亮嫡长男。

三辈靳琮，旧选簿查有：弘治元年十二月，靳琮，嘉兴县人，系威清卫前所正千户靳瑄庶长男。

---

① 该高宗圣簿贴黄所述高氏始祖高岩至父高珍事，实与《总汇》本册第114至115页"高爵"选簿所载相同，可并入前簿，分别作"八辈高宗圣""九辈高益能"，然因已革前所正千户，故另立一簿。

四辈靳怀，旧选簿查有：弘治十三年十月，靳怀，嘉兴县人，系威清卫前所故世袭正千户靳琮嫡长男。

五辈靳忠，旧选簿查有：嘉靖二十六年二月，靳忠，嘉兴县人，系威清卫老疾指挥佥事靳怀嫡长男。伊高祖亮功升正千户，曾祖瑄、祖琮沿袭，父怀正德七年镇篁功升署指挥佥事。所据镇篁功升署职，例应减革，本舍与祖职正千户，注前所。

六辈靳绍芳，旧选簿查有：嘉靖四十五年二月，靳绍芳，年三十二岁，嘉兴县人，系威清卫前所年老正千户靳忠嫡长男。

七辈靳天颜，万历二十九年六月，系威清卫前所故正千户靳绍芳嫡长男，全俸优给，至三十九年终住支。

万历四十一年四月，大选过威清卫前所正千户一员靳天颜，年十六岁，系故正千户靳绍芳嫡长孙，比中二等。

李美·正千户

内黄查有：李福，灵璧县人。有祖李任，旧名刘仁，吴元年归附，赴京，除骁骑左卫百[户]，洪武元年钦授流官敕命，三年钦授世袭，十七年征伯金伯大小平等处回京，除神策卫左所副千户，十八年钦与世袭诰命，三十年李任年老告替。有父李忠以官下舍人除授试千户，落水身故。福系嫡长孙，三十一年替职，仍授威清卫右所世袭副千户。李真系李福堂弟，堂兄病故，嫡长男李洁永乐十四年袭职，蛮（无）儿男，有亲弟李源患有腿生仓（疮），李零干保幼小，真替授副千户，待长成，还与职事。幼名零观保，即干保，李真侄孙，先因年幼，叔祖借职，今长成，还与职事。盛正统十一年替授本卫所副千户，伊叔祖革闲。

一辈李任，已载前黄。

二辈李忠，已载前黄。

三辈李福，已载前黄。·162·

四辈李洁，旧选簿查有：永乐十三年七月，李洁，年十六岁，系威清卫前所故世袭副千户李福嫡长男。

五辈李真，旧选簿查有：宣德七年十月，李真，系威清卫前所故世袭副千户李洁堂叔。堂侄有亲侄李灵干保，年三岁，幼小，钦准本人借职，待长成，还与职事。

六辈李盛，旧选簿查有：正统十一年十月，李盛，幼名灵观保，年十八岁，系威清卫前所故世袭副千户李洁亲侄。先因年幼，叔祖李真借职，今长成，退还职事，伊叔祖革闲。

七辈李权，旧选簿查有：弘治二年十二月，李权，灵璧县人，系威清卫前所世袭副千户李盛嫡长男。

正千户功次：已载八辈选条。

指挥佥事功次：已革。

八辈李美，旧选簿查有：正德十三年十月，李美，年四岁，灵璧县人，系威清卫故指挥佥事李权庶长男。父替前所副千户，普安、镇箪二次获[功]升前职。本人钦与全俸优给，至正德二十三年终住支。

嘉靖十年十月，李美，年十八岁，灵璧县人，系威清卫故指挥佥事李权庶长男。伊父原袭副千户，普安功升正千户，正德七年镇箪搜斩升前职。本人先因年幼，已与优给，今出幼，所据搜斩职级例应减革，本人照例革袭正千户，注前所。

充军簿查有：李美系贵州威清卫千户，为恤刑事，钦依饶死，于嘉靖二十六年九月二十一日充宁远卫后所永远军。

王大经·副千户

一辈王遇。

小旗功次：缺。

二辈王骡驹，缺。

三辈王忠。

总旗功次。

百户功次。

副千户功次。

四辈王真，旧选簿查有：宣德八年四月，王真，系威清卫前所故副千户王忠户名王骡驹嫡长男。

五辈王英，旧选簿查有：天顺七年二月，王英，峄县人，系威清卫前所世袭副千户王真嫡长男。

六辈王钊，旧选簿查有：成化二十二年九月，王钊，峄县人，系威清卫前所世袭副千户王瑛嫡长男。

七辈王鼎，旧选簿查有：正德七年十二月，王鼎，峄县人，系威清卫前所世袭副千户王钊嫡长男。

八辈王大经，旧选簿查有：嘉靖三十四年六月，王大经，峄县人，系威清卫前所老疾副千户王鼎嫡长男。

九辈王嘉谟，万历十四年八月，王嘉谟，年三十五岁，峄县人，系威清卫前所年老副千户王大经嫡长男，比中三等。

王倬·世袭百户

零选簿查有：嘉靖二十八年，王倬，和州人，系威清卫前所［故绝世袭百户王俸］堂弟，正德……。王俸，和州人，系威清卫前所故世袭百户王纲嫡长男，优给出幼袭职。

一辈王贵。

二辈王镇。

三辈王晟。

四辈王安。

五辈王纲。

六辈王俸。

七辈王倬。

八辈王有为，万历四年二月，王有为，年二十二岁，和州人，系威清卫前所患疾世袭百户王倬嫡次男。

九辈王经，崇祯元年五月补四月大选，过威清卫前所实授百户一员王经，年十六岁，系故实授百户王有为堂孙，比中三等。·164·

年远事故副千户一员·张世旃

洪武二十五年三月，张访，系西安中护卫后所世袭副千户，钦调威清卫左所。

洪武三十年五月，张懋，系威清卫左所故世袭副千户张访嫡次男。

永乐十九年七月，张彪，系威清卫前所失陷世袭副千户张懋嫡长男。

正统三年十月，张羽，系威清卫前所世袭副千户张彪嫡长男。

景泰五年六月，张翔，凤阳府人，系威清卫前所被贼杀死世袭副千户张羽亲弟。兄有嫡长男张腾，年九岁，幼小，未堪承袭，本人借职，待侄长成，退还职事。

天顺七年闰七月，张腾，年十八岁，滁州人，系威清卫前所失陷世袭副千户张羽嫡长男。先因年幼，亲叔张翔借职，今长成，退还职事，本人袭职，伊叔革闲。

弘治十七年二月，张相，滁州人，系威清卫前所世袭副千户张腾庶长男。

隆庆四年十二月，张世斾，年二十六岁，滁州人，系威清卫前所故充军副千户张相堂侄。伊伯原袭祖职副千户，嘉靖十六年问拟监守自盗仓粮发边卫永远充军，隆庆二年故。伊堂伯张柏年老，无子，堂兄张鸣、堂侄张现，父子同盗，行止有亏，不堪承袭。本舍系洪武年间立功之人大次房子孙，照例于祖职副千户上降一级，与借袭实授百户，待后伊堂伯张柏生有儿男，退还职事。·165·

杜添俸·实授百户

缺。

一辈杜得诚，已载二辈选条。

二辈杜敏，旧选簿查有：洪武二十六年十月，杜敏，旧名观音保，系沅州卫鲇鱼堡摆站故试百户杜德诚嫡长男。父丙申年从军，系代役老军除驿丞，后除试百户，领军摆站，病故。无黄选，查有领军批拟，奏合收充军，引至御前，钦依"他父从军年[深]，他又好人品，与实授世袭百户，就去管他父的军摆站，与他附了，钦此"。

三辈杜英，旧选簿查有：永乐十六年十二月，杜英，系交州右卫前所故世袭百户杜敏嫡长男。

四辈杜茂，旧选簿查有：宣德六年十月，杜茂，系交州右卫前所世袭百户杜英堂弟。堂伯原系威清卫前所，调征交阯定拨前卫，病故。堂兄袭职，亦故。钦准本人袭职，仍回威清卫前所操练。

五辈杜瑄，旧选簿查有：正统七年十二月，杜瑄，系威清卫前所故世袭百户杜茂嫡长男。

六辈杜弘，旧选簿查有：成化十三年七月，杜弘，宣城县人，系威清卫前所世袭百户杜瑄嫡长男。

七辈杜权，旧选簿查有：正德十五年六月，杜权，宣城县人，系威清卫前所年老百户杜弘嫡长男。

八辈杜承宗，旧选簿查有：嘉靖二十四年六月，杜承宗，宣城县人，系威清卫前所老疾实授百户杜权嫡长男。

九辈杜添俸，旧选簿查有：嘉靖四十四年十二月，杜添俸，年二十岁，宣城县人，系威清卫前所故实授百户杜承宗嫡长男。

李承芳·实授百户

缺。

一辈李真。·166·

二辈李顺，旧选簿查有：洪武三十一年九月，李顺，系威清卫前所世袭百户李真嫡长男。

三辈李瑄，旧选簿查有：正统元年十月，李瑄，年十八岁，系威清卫前所故世袭百户李顺嫡长孙。

四辈李安，旧选簿查有：弘治二年十二月，李安，年十五岁，定远县人，系威清卫前所故世袭百户李瑄堂侄。

五辈李时泰，旧选簿查有：正德十四年八月，李时泰，定远县人，系威清卫前所故世袭百户李安嫡长男，优给，例该正德六年出幼，本舍延至十二年到部，后因伊父犯堂，驳勘。今又保到，缘先违限多支俸四年，照例查扣，毕日关支。

六辈李承芳，旧选簿查有：嘉靖四十四年十二月，李承芳，年二十岁，定远县人，系威清卫前所年老实授百户李时泰嫡长男。

七辈李秉阳，万历七年四月，李秉阳，年三岁，定远县人，系威清卫前所故实授百户李承芳嫡长男，照例与全俸优给，至万历十八年终住支。

万历二十二年四月，大选过威清卫前所袭祖职世袭百户一员李秉阳，年十八岁，系故实授百[户]李承芳嫡长男，出幼袭职，违限三年，限外有无多支俸粮，查扣关支，比中二等。

八辈李秉华，万历四十二年十一月，大选过威清卫前所实授百户一员李秉华，年二十一岁，系故实授百户李秉阳堂弟，比中三等。

年远事故世袭百户一员·唐昇

宣德四年十一月，唐福，系威清卫前千户所世袭百户唐兴嫡长男。

天顺五年七月，唐英，年十六岁，泰州人，系威清卫前所故世袭百户唐福庶长男。

天顺八年十月，唐昇，年二岁，泰州人，系威清卫前所故世袭百户唐瑛嫡长男，钦与全俸优给，至成化十二年终住支。

成化十三年八月，唐昇，年十五岁，泰州人，系威清卫前所故世袭百户唐瑛嫡长男。·167·

彭克寿·试百户

外黄查有：彭海，湘乡县人。祖彭义，洪武二十二年充总甲，二十三年充总旗。父彭贵补，正统六年麓川阵亡。海系嫡长男，八年以父阵亡功升一级，袭威清卫试百户，天顺元年遇例实授百户。

一辈彭义，已载前黄。

二辈彭贵，已载前黄。

三辈彭海，已载前黄。

四辈彭举，旧选簿查有：成化二十一年七月，彭举，湘乡县人，系威清卫前所百户彭海嫡长男。伊父原系袭升试百户遇例实授，本人照例革替试百户。

五辈彭锐，旧选簿查有：弘治十七年九月，彭锐，湘乡县人，系威清卫前所试百户彭举嫡长男。伊祖原系试百户，天顺元年遇例实授，本人替职，该与实授百户，钦与世袭。

六辈彭经，旧选簿查有：嘉靖十六年六月，彭经，年三十一岁，湘乡县人，系威清卫前所年老副千户彭锐嫡长男。伊高祖贵以总旗阵亡，曾祖海袭升试百户，遇例实授，沿至父镇箄领军报功升副千户。所据领军违例报功并遇例职级俱应减革，本人照例革与试百户。

七辈彭克寿，旧选簿查有：嘉靖二十六年四月，彭克寿，年四岁，湘乡县人，系威清卫前所故副千户彭经庶长男。伊高祖海以试百户遇例实授，曾祖举袭，祖锐亦袭，正德七年镇箄领军报功升副千户，父经袭，革遇例并镇箄领军功，与试百户。今本舍冒供副千户，所据冒供职级例应减革，本舍照例革与试百户俸优给，至嘉靖三十六年终住支。

旧选簿查有：嘉靖三十八年二月，彭克寿，年十五岁，湘乡县人，系威清卫前所故副千户彭经庶长男，优给已革试百户，今出幼袭职。

八辈彭鹤年，天启六年四月，大选过威清卫前所试百户一员彭鹤年，年四十三岁，系故试百户彭克寿嫡长孙，比中三等。

江应龙·试百户·168·

一辈江秀。

总旗功次：缺。

二辈江海，缺。

三辈江达，功次簿查有：弘治七年都匀功次一人自擒斩贼级四名颗官舍七百员名，威清卫升一级总旗升试百户二员内一员江秀。

四辈江泰，旧选簿查有：弘治十二年八月，江泰，年五岁，浏阳县人，系威清卫前所故功升试百户江达户名江秀庶长男，钦与全俸优给，至弘治二十二年终住支。

旧选簿查有：正德五年十月，江泰年十五岁，浏阳县人，系威清卫前所故功升试百户江达户名江秀庶长男，优给出幼袭职。

五辈江应龙，旧选簿查有：嘉靖十九年十月，江应龙，年六岁，浏阳县人，系威清卫前所患疾试百户江泰庶长男，照例与全俸优给，至嘉靖二十七年终住支。

旧选簿查有：嘉靖二十九年十月，江应龙，年十六岁，浏阳县人，系威清卫前所痼疾试百户江泰庶长男，优给出幼袭职。

六辈江宗汉，万历八年十二月，江宗汉，年二十二岁，浏阳县人，系威清卫前所患疾试百户江应龙嫡长男，比中二等。

魏应宸·所镇抚

外黄查有：魏俊，江都县人。祖父魏贵，丙申年从军，洪武六年除授流官百户，故。父魏海袭所镇抚，故。俊系嫡长男，袭所镇抚。魏诚系魏俊嫡长男，父故，袭所镇抚。魏晟年十七岁，威清卫前所世袭所镇抚魏清嫡长男，优给，限外多支俸一年，查扣毕日关支。

一辈魏贵，已载前黄。

二辈魏海，旧选簿查有：洪武二十九年三月，钦依复职威清卫前所世袭镇抚魏海。

三辈魏俊，旧选簿查有：洪武三十三年六月，魏俊，年十二岁，系威清卫前所故流官所镇抚魏海嫡长男，钦准袭职，与世袭，贴着支俸读书操练，至十五岁出幼，冠带管事。

四辈魏诚，旧选簿查有：宣德七年三月，魏诚，系威清卫前所故世袭所镇抚魏俊嫡长男。

五辈魏清，旧选簿查有：天顺六年九月，魏清，年十六岁，江都县人，系威清卫前所濬故世袭所镇抚魏诚嫡长男。·169·

六辈魏晟，旧选簿查有：正德十一年二月，魏晟，年十七岁，江都县人，系威清卫前所世袭所镇抚魏清嫡长男，优给，限外多支俸一年，查扣毕日关支。

七辈魏应宸，旧选簿查有：嘉靖四十三年六月，魏应宸，年二十岁，江都县人，系威清卫前所故所镇抚魏晟嫡长孙。

胡世英·副千户

内黄查有：胡安，定远县人，系胡任嫡长男。父甲午年归附，癸卯年充小旗，吴元年充总旗，洪武六年除飞熊卫百户，授流官，七年授世袭，十年调府军卫左所，患眼疾。安二十年十二月替职，二十二年钦升本卫世袭副千户，调镇江卫左所，十一月调威清卫后所。

一辈胡任。

二辈胡安。

三辈胡俊，旧选簿查有：永乐十九年五月，胡俊，系威清卫后所世袭副千户胡安嫡长男。

四辈胡佑，旧选簿查有：正统九年十月，胡佑，系威清卫后所世袭副千户胡俊堂弟。

五辈胡济，旧选簿查有：天顺五年八月，胡济，年十六岁，凤阳府定远县人，系威清卫后所老疾世袭副千户胡俊嫡长男。

六辈胡广，旧选簿查有：弘治八年十一月，胡广，定远县人，系威清卫后所世袭副千户胡济嫡长男。

七辈胡泰，旧选簿查有：嘉靖六年二月，胡泰，年三十八岁，定远县人，系威清卫后所老疾副千户胡广嫡长男。

八辈胡世英，旧选簿查有：嘉靖三十二年二月，胡世英，年九岁，定远县人，系威清卫后所故副千户胡泰嫡长孙，照例与全俸优给，至嘉靖三十七年终住支。

旧选簿查有：嘉靖三十九年二月，胡世英，年十五岁，定远县人，系威清卫后所故副千户胡泰亲孙，优给出幼袭职。查得本舍优给违限一年，限外有无多支俸粮，查扣毕日关支。

九辈胡应朝，万历三十二年八月，大选过威清卫后所副千户一员胡应朝，年三十岁，系故副千户胡世英嫡长男，比中二等。

十辈胡观国，崇祯元年六月，大选过威清卫后所副千户一员胡观国，年二十二岁，系故副千户胡应朝亲侄，前职应胡观德承袭，因患疾不堪，本舍告借，俟观德生子退还，比中三等。·170·

张大勋·副千户

一辈张玄。

二辈张荣，旧选簿查有：洪武二十九年十一月，张荣，系威清卫后所世袭百户张玄嫡长男。

三辈张鑑，旧选簿查有：永乐元年六月，张鑑，系威清卫后所阵亡世袭百户张荣嫡长男。

四辈张镛，旧选簿查有：永乐十一年五月，张镛，年十二岁，系威清卫后所故世袭百户张鑑亲弟，钦与全俸优给，至永乐十三年终住支。

五辈张英，旧选簿查有：永乐十五年六月，张英，系威清卫后所故世袭百户张鑑亲叔。

六辈张镔，旧选簿查有：宣德四年十一月，张镔，年十七岁，系威清卫后千户所故世袭百户张英嫡次男。

七辈张能，旧选簿查有：正统十四年五月，张能，年十六岁，系威清卫后所被贼杀死世袭百户张镔嫡长男。

八辈张广，旧选簿查有：成化二十二年十二月，张广，怀宁县人，系威清卫后所世袭百户张能嫡长男。

副千户功次。

九辈张诰，旧选簿查有：嘉靖六年二月，张诰，怀宁县人，系威清卫后所故功升世袭副千户张广嫡长男。

十辈张大勋，旧选簿查有：嘉靖四十年十月，张大勋，年四十岁，怀宁县人，系威清卫后所年老副千户张诰嫡长男。

十一辈张时隆，万历八年四月，张时隆，年三十岁，怀宁县人，系威清卫后所患疾副千户张大勋嫡长男，比中三等。

张拱辰·副千户

外黄查有：张阿的迷失，东胜州人，系阵亡百户张月鲁亲侄。叔先系枢密院副枢，洪武九年投附，除大同蒙古所百户，十三年调颍川卫，十六年阵亡，无儿。阿的迷失洪武十八年袭除南阳卫中所世袭副千户，洪武二十二年为事调威清卫后所。张坚系张阿的迷失嫡长孙，祖老疾，父张瑛永乐二十一年替职，宣德十年故。坚正统三年钦准袭授威清卫后所世袭副千户。张贵系张坚亲弟，兄天顺元年故，无儿，贵天顺二年钦准袭授威清卫后所世袭副千户。·171·

一辈张月鲁，已载前黄。

二辈张阿的迷失，已载前黄。

三辈张英，旧选簿查有：永乐二十一年七月，张瑛，系威清卫后所世袭副千户张阿的迷失嫡长男。

四辈张坚，旧选簿查有：正统三年九月，张坚，系威清卫后所故世袭副千户张瑛嫡长男。

五辈张贵，旧选簿查有：天顺二年八月，张贵，山后人，系威清卫后所故世袭副千户张坚亲弟。

六辈张询，旧选簿查有：成化十二年八月，张询，山后人，系威清卫后所故世袭副千户张贵嫡长男。

七辈张仁，旧选簿查有：弘治八年十一月，张仁，山后人，系威清卫后所世袭副千户张询长男。

八辈张铣，旧选簿查有：嘉靖五年十月，张铣，年十岁，山后人，系威清卫后所老疾正千户张仁嫡长孙。伊父元犯该行止有亏，例不许替，伊祖张仁正德七年以镇筸搜斩功升正千户，所据搜斩例无承袭，本人照例革与副千户全俸优给，至嘉靖九年终住支。

旧选簿查有：嘉靖十三年八月，张铣，年十八岁，山后人，系威清卫后所副千户张仁嫡长孙，优给出幼袭职，限外多支俸粮，查扣支给。

九辈张拱辰，旧选簿查有：嘉靖三十四年六月，张拱辰，东胜州人，系威清卫后所瘸疾副千户张铣嫡长男。

十辈张治化，万历五年六月，张治化，年三岁，山后人，系威清卫后所故副千户张拱辰嫡长男，照例与全俸优给，至万历十六年终住支。

万历十七年十二月，张治化，年十五岁，系威清卫后所故副千户张拱辰嫡长男，出幼袭职，违限一年，限外有无多支俸粮，查扣关支，比中二等。

王廷禄·实授百户

外黄查有：王论，溆浦县人。有父王玺，丙午年归附，洪武三年除兴化守御所所镇抚，二十二年改除威清卫后所百户，三十年患眼疾告替。论系庶长男，永乐元年替职，仍授威清卫后所世袭百户，读书操练，永乐三年出幼管事。王让系王论亲弟，兄正统八年病故，无儿男，让于十二年袭授威清卫后所世袭百户。王端系王让嫡长孙，祖患跌伤疾，父王杞替职，老疾，端于成化十九年替授威清卫后所世袭百户。王汉系王端嫡长男，嘉靖三年替职。

一辈王玺，已载前黄。·172·

二辈王论，旧选簿查有：永乐元年五月，王论，年十三岁，系威清卫后所世袭百户王玺庶长男，支俸读书操练，至十五岁管事。

三辈王让，旧选簿查有：正统十二年十一月，王让，系威清卫后所故世袭百户王论亲弟。

四辈王杞，旧选簿查有：天顺六年九月，王杞，叙（溆）浦县人，系威清卫后所世袭百户王让嫡长男。

五辈王端，旧选簿查有：成化十九年九月，王端，叙（溆）浦县人，系威清卫后所世袭百户王杞嫡长男。

六辈王汉，旧选簿查有：嘉靖三年十二月，王汉，叙（溆）浦县人，系威清卫后所老疾世袭百户王端嫡长男。

七辈王廷禄，旧选簿查有：嘉靖十二年十二月，王廷禄，年七岁，叙（溆）浦县人，系威清卫后所故百户王汉嫡长男。照例与全俸优给至嘉靖十九年终住支。

嘉靖二十年六月，王廷禄，年十五岁，叙（溆）浦县人，系威清卫后所故实授百户王汉嫡长男，优给出幼袭职。

刘安爵·实授百户

一辈刘兴，缺。

二辈刘贵，旧选簿查有：洪武三十一年九月，刘贵，系威清卫后所流官百户刘兴嫡次男，与世袭。

三辈刘诚，旧选簿查有：永乐十二年五月，刘诚，年十五岁，系威清卫后所阵故世袭百户刘贵嫡长男。

四辈刘祯，旧选簿查有：正统四年七月，刘祯，年十七岁，系威清卫后所故世袭百户刘诚嫡长男。

五辈刘政，缺。

六辈刘广，旧选簿查有：成化十一年九月，刘广，年五岁，江都县人，系威清卫后所故世袭百户刘祯亲侄。先因未生，堂叔祖刘政袭职，续生本人，已与改正优给，今出幼袭职。

七辈刘锺，旧选簿查有：嘉靖三年十月，刘锺，江都县人，系威清卫后所老疾署副千户刘广庶长男。伊父原袭百户，为事降总旗，获功升试百户，遇宥并前职。所据署级系为事后立功，例无承袭，本人照例革袭原职实授百户。·173·

八辈刘安爵，旧选簿查有：隆庆二年二月，刘安爵，年十五岁，江都县人，系威清卫后所年老实授百户刘锺庶长男。

九辈刘凤翔，万历十年四月，刘凤翔，年八岁，江都县人，系威清卫后所故世袭百户刘安爵嫡长男。伊父原袭祖职世袭百户，万历三年犯该掏摸问发平坝卫立功，满日回卫，七年故。本舍照旧以祖职世袭百户俸优给，扣至万历十六年终住支。

万历二十一年六月，刘凤翔，年十六岁，系威清卫后所故实授百户刘安爵嫡长男，出幼袭职。违限四年，限外有无多支俸粮，查扣。伊父一辈未比，照例罚俸三年，比中二等。

张民望·实授百户

外黄查有：张爵，年四十五岁，柘城县人。始祖张闰儿，洪武四年军，故。叔祖张鉴补役，三十三年济南升小旗，三十四年西水寨升总旗，三十五年克金川门升天城卫中所实授百户，故。高祖张能，旧名奴儿，系亲侄，袭，故。张安系嫡长男，正统二年优袭，四年调威清卫后所，老。贵系嫡长男，替，疾。父张经系嫡长男，替，嘉靖二十二年疾。爵系嫡长男，二十四年替实授百户。

一辈张闰儿，已载前黄。
二辈张鉴，已载前黄。
三辈张能，已载前黄。
四辈张安，旧选簿查有：正统三年七月，威清卫世袭百户后所张安。

五辈张贵，旧选簿查有：成化十五年三月，张贵，柘城县人，系威清卫后所百户张安嫡长男，钦与世袭。

六辈张经，旧选簿查有：弘治十七年九月，张经，柘城县人，系威清卫后所世袭百户张贵嫡长男。

七辈张爵，旧选簿查有：嘉靖二十四年五月，张爵，柘城县人，系威清卫后所老疾实授百户张经嫡长男。

八辈张民望，旧选簿查有：嘉靖四十三年十月，张民望，年二十二岁，柘城县人，系威清卫后所年老实授百户张爵嫡长男。·174·

九辈张一龙，万历五年六月，张一龙，年一岁，柘城县人，系威清卫后所患疾实授百户张民望庶次男，照例与全俸优给，至万历十九年终住支。

万历二十二年二月，张一龙，年十六岁，柘城县人，系威清卫后所患疾实授百户张民望庶长男，出幼袭职。违限二年，有无多支俸粮，查扣关支。比中一等。

安世勋·世袭百户

一辈安兴，缺。

二辈安成，旧选簿查有：正统三年七月，威清卫世袭百户后所安成。

三辈安忠，旧选簿查有：成化十三年七月，安忠，昌平县人，系威清卫后所世袭百户安成嫡长男。

四辈安泰，旧选簿查有：成化十九年九月，安泰，昌平县人，系威清卫后所故世袭百户安忠嫡长男。

五辈安庆，旧选簿查有：正德六年十月，安庆，昌平县人，系威清卫后所故世袭百户安泰嫡长男。

六辈安世勋，旧选簿查有：嘉靖十五年十二月，安世勋，昌平县人，系威清卫后所故世袭百户安庆嫡长男。

七辈安其国，万历十二年八月，安其国，年二岁，昌平县人，系威清卫后所年老实授百户安世勋庶长男，照例与全俸优给，至万历二十五年终住支。

万历二十七年十一月，安其国，年十六岁，出幼袭职。

八辈安如岳，崇祯元年六月，大选过威清卫后所实授百户一员安如岳，年十九岁，系故实授百户安其国嫡长男，比中三等。·175·

汤执中·试百户

外黄查有：汤铉，浏阳县人。始祖汤福，洪武二十二年军，并充总旗，拨威清卫后所，阵亡。高伯祖汤王保补役，宣德三年，广西阵亡。高祖汤以仁补，故。曾祖汤鉴补，天顺二年征剿东苗斩首有功升实授总旗，故。祖汤春系嫡长男，补，故。父汤万荣[系]嫡长男，补，正德九年征贵州程番等处斩首有功升试百户，嘉靖十八年故。铉系嫡长男，袭本卫所试百户。

一辈汤福，已载前黄。

二辈汤王保，已载前黄。

三辈汤以仁，已载前黄。

四辈汤鑑，已载前黄。

五辈汤春，已载前黄。

六辈汤万荣，功次簿查有：正德[十]年三月，一件捷音事看得桂（贵）州程番等处地方功次阵亡等项官舍，后所总旗升试百户一员汤福。

七辈汤铉，旧选簿查有：嘉靖十八年十二月，汤铉，浏阳县人，系威清卫后所故试百户汤万荣顶祖汤福嫡长男。

八辈汤执中，旧选簿查有：嘉靖四十四年七月，汤执中，年二十岁，浏阳县人，系威清卫后所故实授百户汤铉嫡长男，革遇例，与袭试百户。

韩世恩·试百户

一辈沈察，缺。

二辈沈末儿，缺。·176·

三辈沈容，旧选簿查有：永乐九年六月，沈容，旧名三郎，系济州卫前所夹河阵亡小旗沈来儿亲弟，敬升本卫所试百户。

四辈沈忠，旧选簿查有：宣德五年四月，沈忠，系济州卫前所试百户沈容嫡长男，父原系征讨有功升除前职，钦准本人替实授世袭百户。

五辈韩昌，旧选簿查有：成化五年八月，韩昌，峄县人，系威清卫带管威清站副千户韩忠旧名沈忠嫡长男。

六辈韩伟，旧选簿查有：弘治八年十一月，韩伟，峄县人，系威清卫带管威清站副千户韩昌嫡长男。

七辈韩世恩，旧选簿查有：嘉靖十二年四月，韩世恩，年三岁，峄县人，系威清卫带管威清站老疾副千户韩伟庶长男。伊［曾］祖韩忠原系试百户，宣德五年钦准实授百户，天顺八年东苗获功升副千户。祖、父沿袭。所据钦准职级例应减革，本人与实授百户俸优给，至嘉靖二十四年终住支。

旧选薄查有：嘉靖二十六年二月。韩世恩，峄县人，系威清卫带管威清站故实授百户韩伟庶长男，优给出幼袭职。伊高祖容原系试百户，曾祖忠宣德五年钦准替实授百户，天顺七年东苗功升副千户，祖昌、父伟沿袭。本舍优给已革钦准一级与实授百户，所据东苗功无擒斩，仍应减革，与祖职试百户。

八辈韩国祥，万历二十六年十月，韩国祥，年三十五岁，系威清卫带管威清站年老试百户韩世恩嫡长男。查伊父一辈未比，罚俸三年，比中二等。

朱玉·试百户

外黄查有：朱晟，海盐县人。祖朱子贵洪武二十二年发威清卫威清站充军，年［老］，［父朱］麒代役。老疾，堂兄朱能代役，正统十四年本站杀贼被伤。兄朱显代役，景泰元年奉例自备粮米一百石赴平越卫官[仓]纳完，二年升所镇抚，故，无儿男。晟系亲弟，四年袭威清卫带管威清站所镇抚。朱玉系优养正千户朱珣庶长男。伊曾伯祖显以军人纳升所镇抚，未任，曾祖晟袭，功升百户，祖镛、父珣各获功至前职。今照纳米职级已足三辈，扣有军功三级，革与本人试百户优给，至嘉靖十二年终住支。

一辈朱麒，已载前黄。

二辈朱能，已载前黄。

三辈朱显，旧选簿查有：景泰二年九月，威清卫军升所镇抚一员朱子贵孙男朱显。

四辈朱晟，旧选簿查有：[景泰四]年十二月，朱晟，伊兄朱显原系威清卫带管威清站军，照例自备米一百石运赴平越卫官仓[纳完，未]升病故。本人系亲弟，照例袭升所镇抚。

五辈朱镛，旧选簿查有：□□□年八月，朱镛，伊父朱晟原系威清卫带管威清站军，遇例纳米升所镇抚，东苗获功升实授百户，患疾。本人系嫡长男，替职，照例月支俸一石，仍依伊父军人仍获功一级加与小旗粮。

六辈朱珣，旧选簿查有：成化二十一年，单本、堂稿查有：舍人朱珣，伊伯祖朱显遇例纳粟，未曾授职，病故。伊祖朱晟升所镇抚，功升百户，患疾。伊父朱镛替职，又功升副千户，今病故。本舍系嫡长男袭职，合无准袭副千户职事，照例月支纳粟所升俸一石，仍加功升二级，与总旗粮。

七辈朱玉，旧选簿查有：嘉靖元年十月，朱玉，年三岁，海盐县人，系威清卫带管威清站老疾优养正千户朱珣庶长男。伊曾伯祖显以军人纳粟升所镇抚，未任，曾祖晟承袭，功升百户，祖镛、父珣各获功至前职，今照纳升职级已足三辈，扣有军功三级，革与本人试百户俸优给，至嘉靖十二年终住支。

旧选簿查有：嘉靖十三年六月，朱玉，年十五岁，海盐县人，系威清卫带管威清站正千户朱珣庶长男。伊曾伯祖显以军人纳升所镇抚，未任，曾祖晟袭，功升百户，祖镛又功升副千户，父又功升前职。本人先年幼，已革纳升职级，与试百户俸优给，今出幼，仍与试百户。

八辈朱国正，万历十七年四月，朱国正，年四岁，海盐县人，系威清卫带管威清站年老实授百户朱玉嫡长孙。查伊祖原袭祖职试百户，遇例实授。所据遇例职级不准袭，本舍合照例革与试百户全俸优给，至万历二十七年终住支。

万历二十九年四月，朱国正，年十六岁，出幼袭职，违限一年，有无多支俸粮，查扣，比中二等。·178·

五军都督府所属卫所·右军都督府·贵州都司·安南卫

 原簿目录

指挥使
一号吴显宗：始祖吴义，代八，棠（堂）邑县人。
二号吴南：始祖吴忠，代六，宛平县人。
三号梁世荣：始祖梁海，代九，安庆府人。

辈数未全一员
刘麟：光华县人。

署指挥使一员、指挥同知三员
一号李长年：始祖李得玉，代九，定兴县人。
二号寻略：始祖寻达，代八，定远县人。
三号宋云：始祖宋崇，代七，蕲州人。
四号张鸿：始祖张兴，代六，汝阳县人。

年远事故一员
李冠：滁州人。

署指挥同知一员、指挥佥事十员
一号萧时中：始祖萧斌，代六 迁安县人，署同。
二号徐建中：始祖徐九儿，代七，如皋县人。
三号陶鼎：始祖陶义，代八，滁州人。
四号胡荣祖：始祖胡海代八，武进县人。
五号陆堂：始祖陆让，代七，凤阳县人。
六号王明哲：始祖王华，代八，长沙县人。
七号林尚忠：始祖林荣，代十一，莒州人。
八号李经：始祖李俊，代七，滁州人。
九号何悌：始祖何安，代七，杞县人。
十号康济：始祖康斌，代七，山后人。
十一号王嘉忠：始祖王真，代八，荆门州人。

卫镇抚·179·

年远事故二员
姚还：寿州人。
罗相：浏阳县人。

左所正千户一员
一号李显忠：始祖李旺，代八，颖上县人。

副千户二员
一号潘大勋：始祖潘伯成，代八，宁远县人。
二号张约：始祖张野哥，代七，丰县人。
续入吴桂：寿州人，无印。

实授百户五员
一号刘权：始祖刘德，代六，合肥县人。
二号姚谟：始祖姚文，代八，黄冈县人。
三号夏世勋：始祖夏暹，代六，武冈州人。
四号蔡嘉宾：始祖蔡敬，代七，蒲台县人。
五号邹然：始祖邹曾，代七，含山县人。

辈数未全二员

李谦：武冈州人。

黄斌：武冈州人。

年远事故三员

刘义。

李真。

李清：巢县人。

试百户一员

一号袁森：始祖袁华，代九，武冈州人。

续入李应祖：巴州人，无印。

辈数未全三员

吴贤：兴化县人。

黄甲：武冈州人。

李坤：巴县人。

右所正千户二号（员）

一号郑相：始祖郑亨，山后人。

二号杨坤：始祖杨关，代七，滁州人。

副千户二员

一号解恩：始祖解关苟，代九，江夏县人。

二号张忠：始祖张昱，代五，凤阳县人。

署副千户一员、实授百户五员

一号阮思尧：始祖阮祥，代八，兴化县人，署副。

二号刘邦鼎：始祖刘驴儿，代八，汉阳县人。

三号苏世忠：始祖苏成，代七，合肥县人。

四号王印：始祖王自远，代七，溧阳县人。

五号李栋：始祖李拜都，代七，黄岩县人。

六号郭尚宾：始祖郭成，代七，丰县人。

试百户六员

一号唐武：始祖唐任，代七，武冈州人。

二号戴珮：始祖戴仕通，代六，武冈州人。

三号罗恩：始祖罗高叟，代六，武冈州人。

四号邓明藩：始祖邓文仲，代六，武冈州人。

五号贺鉴：始祖贺申子，代六，武冈州人。

六号刘汉：始祖刘遂，代四，武冈州人。

辈数未全一员

周景良，武冈州人。

中所正千户三员

一号邵玉：始祖邵海，代八，合肥县人。

二号孙琦：始祖孙保，代七，山阳县人。

三号殷爵：始祖殷谅，代八，曹县人。

副千户

一号秦爵：始祖秦旺，代九，滁州人。

二号钱昇：始祖钱诚，代七，定远县人。

年远事故三员

王骥，上元县人。

戚昇。

李瑄。

实授百户四员

一号赵民望：始祖赵丑儿，代七，合肥县人。

二号于岳：始祖于山，代七，唐县人。

三号杨威：始祖杨保，代六，衢州府人。

四号李闰：始祖李旺，代六，安丘县人。

年远事故一员

李惠：盱眙县人。

试百户二员·181·

一号王厚：始祖王伯三，代七，邵阳县人。

二号胡宾：始祖胡民，代九，邵阳县人。

所镇抚一员

一号童仁：始祖童均信，代八，黄岩县人。

辈数未全一员

章显：太湖县人。

前所正千户三员

一号王斗：始祖王文涣，代九，定远县人。

二号陈科：始祖陈兴，代七，遂平县人。

三号李开：始祖李文，代七，江夏县人。

副千户三员

一号钱韬：始祖钱旺，代六，安吉县人。

二号於世奇：始祖於勋，代八，和州人。

三号伍偁：始祖伍毅，代七，庐陵县人。

年远事故一员

陈新。

实授百户五员

一号宇效忠：始祖宇闰，代九，定远县人。

二号周用：始祖周忠，代七，长兴县人。

三号罗文松：始祖罗忠，代七，常熟县人。

四号王任：始祖王信忠，代七，黄岩县人。

五号李可登：始祖李必政，代九，邵阳县人。

年远事故三员

杨芳：涿州人。

唐鉴。

吴遵：汲县人。

试百户

辈数未全一员

陈雄：邵阳县人。

年远事故一员

张继爵：六安州人。

后所正千户一员·182·

一号戚显荣：始祖戚成，代七，泗州人。

副千户四员

一号张宁：始祖张贤，代七，来安县人。

二号萧权：始祖萧庚泰，代八，武冈州人。

三号席恩：始祖席忠，代九，澧阳县人。

四号夏武：始祖夏秉，代六，寿州人。

署副千户一员、实授百户三员

一号于跃：始祖于乔儿，代六，安化县人，

署副。

二号丁自诚：始祖丁刚，代六，冠县人。

三号刘镗：始祖刘忠，代六，乐亭县人。

四号王诏：始祖王安，代七，祥符县人。

辈数未全一员

韩相：山阳县人。

年远事故三员

陆英：泰州人。

熊壮：新化县人。

贺质：武冈州人。

试百户二员

一号胡裕：始祖胡成信，代六，新化县人。

二号杨朝：始祖杨四，代十，定远县人。

辈数未全二员

黄继：新化县人。

刘芳：新化县人。

尾洒站实授百户二员

一号李旸：始祖李彪，代七，江都县人。

二号杨爱：始祖杨成，代九，湘潭县人。

年远事故一员

陈添爵：合肥县人。

尾洒递运所实授百户一员

一号杨茂：始祖杨遇春，代八，武进县人。

试百户一员

一号张辂：始祖张福成，代八，江都县人。

以下选簿遗失

冠带总旗一员、小旗一名

萧鸣：邵阳县人，冠总。

曾贤：邵阳县人，小。

吴显宗·指挥使

外黄查有：吴庸，堂邑县人。曾祖吴义，丙午年充军，故。祖吴兴补，洪武三十三年升小旗，六月升试百户，三十五年升正千户，老。父吴纲替，正统六年麓川奇功升指挥佥事，七年复征麓川头功升指挥同知，天顺七年东苗获功升指挥使，成化元年山都掌有功升署都指挥佥事，故。庸系长男，袭指挥使。

一辈吴义，已载前黄。

二辈吴兴，已载前黄。

三辈吴纲，旧选簿查有：正统元年十一月，吴纲，系安南卫左所世袭正千户吴兴嫡长男。

四辈吴庸，已载前黄。①

五辈吴远，旧选簿查有：弘治四年六月，堂稿内查有：吴远，年三十九岁，堂邑县人。高叔祖吴义丙，午年收集充彭城卫前所军，故。曾祖吴兴补役，洪武三十三年济南升小旗，三十四年藁城升试百户，三十五年克应天府奇功升松门卫前所正千户，永乐三年改常山中护卫前所带俸，十五年调安南卫左所，年老。祖吴纲替职，征麓川功升指挥佥事，六年复征麓川有功升指挥同知，天顺三年东苗有功七年升本卫指挥使，成化元年山都等处有功升贵州都司署都指挥佥事，故。父吴庸系嫡长男，袭本卫指挥使，十五年西堡有功升贵州都司都指挥佥事，老疾。远系嫡长男，替伊父原职指挥使，仍注安南卫支俸，管理杂事。②

六辈吴选，旧选簿查有：正德八年六月，吴选，堂邑县人，系安南卫故世袭指挥使吴远亲弟。

七辈吴琦，旧选簿查有：嘉靖三十年五月，吴琦，年三十三岁，棠（堂）邑县人，系安南卫故都指挥佥事吴选嫡长男。伊父原袭祖职指挥使，征香炉山获功一级升都指挥佥事，故。所据伊父功升职级系流官，例无承袭，本舍照例革袭祖职指挥使。·184·

八辈吴显宗，旧选簿查有：嘉靖四十年二月，吴显宗，年二十七岁，棠（堂）邑县人，系安南卫故指挥使吴锜嫡次男。

九辈吴东俊，万历十七年四月，吴东俊，年二十岁，系安南卫故指挥使吴显宗堂

---

① 弘治《贵州图经新志》卷15《安南卫指挥使司·人物》载："吴庸，安南卫人，清修雅饰，器宇宏远，累官贵州都指挥佥事。既致仕，复以荐起征都匀清平叛寇，矍铄领兵，数出数捷，凯旋奏勋，赐俸赡之终身"（第165页）。
② 《明孝宗实录》卷52，弘治四年六月乙卯，"命……贵州都司都指挥佥事吴庸之子远代原职安南卫指挥使"。

侄，比中二等。

十辈吴东贤，天启元年九月补八月大选，过安南卫指挥使一员吴东贤，年三十五岁，系故指挥使吴东俊亲弟，比中三等。

十一辈吴之垣，崇祯三年六月，单本选过安南卫指挥使一员吴之垣，年二十岁，系故指挥使吴东贤嫡次男，比中三等。

吴南·指挥使

缺。

一辈吴忠，缺。

二辈吴海，旧选簿查有：永乐九年二月，吴海，系密云中卫故世袭指挥使吴忠嫡长男，敬袭世袭指挥使。

三辈吴胜，旧选簿查有：景泰二年十一月，吴胜，系安南卫故世袭指挥使吴海嫡长男。

四辈吴璘，旧选簿查有：成化十一年九月，吴璘，宛平县人，系安南卫世袭指挥使吴胜庶长男。

五辈吴云，旧选簿查有：弘治十八年十一月，吴云，宛平县人，系安南卫故世袭指挥使吴璘嫡长男。

六辈吴南，旧选簿查有：嘉靖三年十二月，吴南，年十一岁，宛平县人，系安南卫故世袭指挥使吴云嫡次男。伊兄东优给，故，照例与本人全俸优给，至嘉靖七年终住支。

七辈吴光荣，隆庆四年八月，吴光荣，年三十岁，宛平县[人]，系安南卫为民老疾指挥使吴南嫡长男。伊父原袭祖职指挥使，嘉靖二十七年，非法殴打杨仁致死，参革为民，见年六十岁，本舍照例准复袭祖职指挥使。①

八辈吴光先，万历二十二年五月，单本选过安南卫指挥使一员吴光先，年四十一岁。伊堂兄吴光荣原袭指挥使，今故·185·绝，序该伊长兄吴光宗、次兄吴[光]祖承袭。俱年老无子，该卫保送本舍前来，查系三辈未袭，据有巡按驳查无碍印验，合照例与袭指挥使。如伊兄吴光宗、吴光祖各生有儿男，退还职事，比中三等。

---

① 万历《贵州通志》卷8《安南卫·职官·指挥使·吴忠》载："吴忠，直隶宛平县人，洪武十九年功升指挥使，宣德六年男海调本卫，沿光荣袭"（第172页）。

九辈吴国相，万历四十六年闰四月，单本选过安南卫指挥使一员吴国相，年三十岁，宛平县人，系老指挥使吴光先嫡长男，比中三等。

梁世荣·指挥使

内黄查有：梁鼎，安庆府人，系梁海嫡长男。有父甲午年充军，吴元年除百户，洪武八年升副千户，十七年升指挥佥事，二十一年升指挥同知，故。①梁通系梁鼎亲侄，伯故，父梁铉袭，老，通替指挥同知。梁傅系梁通嫡长男，父正统六年征麓川攻打招刁（刀招）汉②贼寨节次有功，故。本年奉劄付为军务事开父有功升一级，傅袭指挥使。

一辈梁海，已载前黄。

二辈梁鼎，旧选簿查有：洪武三十年十一月，梁鼎，系安南卫故世袭指挥同知梁海嫡长男。

三辈梁铉，旧选簿查有：永乐十六年六月，梁铉，系安南卫失陷世袭指挥同知梁鼎亲弟。

四辈梁通，旧选簿查有：正统四年二月，梁通，系安南卫世袭指挥同知梁铉嫡长男。

指挥使功次：已载前黄。

堂稿查有：正统七年征麓川奇功升指挥使一员梁通。

五辈梁傅，旧选簿查有：正统九年十二月，梁傅，系安南卫故指挥使梁通嫡长男，钦与世袭。

六辈梁冠，旧选簿查有：成化十五年三月，梁冠，安庆府人，系安南卫世袭指挥使梁傅嫡长男。③

七辈梁仁，旧选簿查有：弘治五年八月，梁仁，安庆府人，系安南卫世袭指挥使

---

① 弘治《贵州图经新志》卷15《安南卫指挥使司·名宦》载："梁海，洪武二十三年［领］军［开］创安南卫，二十七年既迁卫治，城垒公署［皆］草创未备，海谋度规划，以次葺之。劝督有方，士卒趋之，不知其劳。亡何，城治一新，军民至今赖之"（第165页）。注，前引文缺字据嘉靖《贵州通志》卷9《名宦·安南卫·本朝梁海》补。另梁海"领军开创安南卫"的时间，嘉靖《贵州通志》作"洪武二十一年"，该年为其升指挥同知的时间，其开创安南卫的时间当以"洪武二十三年"为确。

② "刀招汉"，选簿其他地方又作"刀招罕"，间亦有明显写作"刁招"或"刁招汉"者，今统一"刁"作"刀"。后文改"刁"作"刀"之处不再说明。

③ 万历《黔记》卷53《淑媛列传·安南卫节妇》载："王氏，指挥梁冠妻，十七岁守节，四十余年"（第927页）。

梁冠堂叔。

八辈梁允昌，审稿查有：梁允昌，系安南卫故指挥使梁仁嫡长孙。伊父梁宪先故，本人优至正德九年终住支。·186·

旧选簿查有：正德十二年十一月，梁允昌，年十八岁，安庆府人，系安南卫故指挥使梁仁嫡长孙。始祖梁海立功升指挥同知，传至堂伯祖梁通功升前职，本人优给出幼袭职。

九辈梁世荣，旧选簿查有：嘉靖三十二年十月，梁世荣，安庆府人，系安南卫指挥使梁允昌嫡长男。①

十辈梁镇，万历十八年八月，梁镇，年四十岁，系安南卫年老指挥使梁世荣嫡长男，比中三等。

十一辈梁东旭，万历二十六年八月，梁东旭，年二十岁，系安南卫故指挥使梁镇嫡次男，比中二等。

指挥使一员·刘麟

正统二年四月，刘昊，系观海卫指挥使，今调安南卫。

正统七年十二月，刘昺，系安南卫故世袭指挥使刘昊亲弟。

成化四年七月，刘英。伊父刘昺原系安南卫指挥使升都指挥佥事，故。本人系嫡次男，革袭伊父原职指挥使，仍于原卫管事差操。

正德四年八月，刘麟，光华县人，系贵州都司署都指挥使事都指挥同知刘英嫡长男。伊父原系安南卫指挥使，功升前职，后为事问发为民，故。本人照例革袭伊祖

---

① 万历《贵州通志》卷8《安南卫·职官·指挥使》载："梁海，直隶怀宁州人，洪武元年功升指挥同知，二十三年调本卫。正统元年三世孙通功升指挥使，沿世荣袭"（第172页）。

职指挥使，仍于原卫带俸。①

李长年·署指挥使事指挥同知

内黄查有：李定，旧名咬儿，定兴县人。有父李得玉，洪武四年充军，三十二年真定升小旗，郑村坝升总旗，三十三年济南升百户，三十四年夹河阵亡，将长叔李四儿袭升正千户，三十五年齐眉山阵亡，次叔李敬，旧名李五儿，永乐元年袭升镇南卫指挥同知，为事南军拘虏朦胧袭职，检举改正。定系李得玉亲男，永乐十一年优袭本卫指挥同知，宣德六年调安南卫。·187·

一辈李得玉，已载前黄。

二辈李四儿，已载前黄。

三辈李五儿，已载前黄。

四辈李定，已载前黄。

五辈李辅，旧选簿查有：景泰三年十月，李辅，定兴县人，系安南卫指挥同知李定嫡长男，钦与世袭。

署指挥使功次：已载八辈选条。

六辈李林，旧选簿查有：成化十一年八月，李林，定兴县人，系安南卫故署指挥使事指挥同知李辅庶长男。

七辈李高，旧选簿查有：弘治十一年七月，李高，定兴县人，系安南卫署指挥使事指挥同知李林嫡长男。父为人命事监故，本人袭职。

八辈李镇，旧选簿查有：嘉靖十四年十月，李镇，年二十九岁，定兴县人，系

---

① 《明孝宗实录》等记载了刘英由贵州都指挥佥事历升署都指挥使，至问发为民的基本经历，俱录如下：《明孝宗实录》卷40，弘治三年七月己巳，"命……贵州都指挥佥事刘英守备都匀清平地方"；卷56，弘治四年十月戊辰，"贵州苗贼七千余人攻围杨安屯堡，都指挥刘英领兵往觇之，卒与贼遇，互有杀伤，为贼所困……事闻，命镇守等官率兵往援之"；卷89，弘治七年六月己卯，"录平贵州苗寇功……又升……都指挥佥事刘英为都指挥同知"；卷154，弘治十二年九月壬午，"镇守贵州总兵官东宁伯焦俊……命都指挥刘英率兵往捕，为贼众所拒，贼乃益肆猖獗，劫掠军民，焚烧屯堡，声言欲攻普安、安南二城，镇巡等官乃发十卫官军及诸长官司土兵万有三千七百余人，分命刘英与都指挥王璋、李雄等领之。英、璋由普安卫分道往捕，雄等由乌撒后所直抵拖长江截其后路……"；卷211，弘治十七年闰四月戊辰，"追治贵州普安州败军之罪……（都指挥）刘英等九人……俱合逮问"；《明武宗实录》卷6，弘治十八年十月壬戌，"宥……分守靖州参将署都指挥使刘英罪，黜为民"。又《明世宗实录》卷，嘉靖九年九月乙未，"以都指挥佥事刘麟为右参将，协守贵州兼提督清浪等处地方"，当即此袭刘英原职清浪卫指挥使刘麟。

安南卫故指挥使李高嫡长男。伊曾祖辅原替指挥同知，白石岩功升署指挥使。祖林袭，故。父沿袭，遇例实授。所据遇例职级例应减革，本人革袭署指挥使事指挥同知。

九辈李长年，旧选簿查有：嘉靖四十年十二月，李长年，年二十岁，定兴县人，系安南卫故指挥使李镇嫡长男。伊父原袭祖职署指挥使事指挥同知，遇例实授，嘉靖三十二年犯该受财枉法，问拟立功五年，解发讫，今故。所据遇例实授职级不由军功，例应减革，本舍照例革袭祖职署指挥使事指挥同知。

十辈李推生，万历十三年四月，李推生，年五岁，定兴县人，系安南卫故署指挥使事指挥同知李长年庶长男，照例与全俸优给，至万历二十三年终住支。

万历三十一年二月，大选过安南[卫]指挥同知一员李时隆，幼名李推生，年十七岁，系故署指挥使李长年庶长男，出幼袭职，署职当裁，准袭指挥同知，比中三等。

寻略·指挥同知

外黄查有：寻智，定远县人。有祖寻达，甲午年归附充镇抚，乙未年归附充镇抚，乙未年故。父寻诚袭职，乙巳年充小旗，丙午年充骁骑卫左［所］马军总旗，洪武元年克东昌除祥符卫百户，四年授世袭，六年征进迤北，八年除授平凉卫中所副千户，十年授世袭，二十年征迤北钦除临安卫右所世袭副千户，二十九年征宁远州等处，三十二年升安南卫流官指挥佥事，永乐三年故，智四年钦准实授安南卫指挥佥事，二月敬与世袭职事。·188·

一辈寻达。

二辈寻诚。

三辈寻智，旧选簿查有：永乐四年五月，寻智，系安南卫故指挥佥事寻诚嫡长男。

四辈寻政，旧选簿查有：永乐二十二年十一月，寻政，系安南卫故世袭指挥佥事寻智嫡长男。

五辈寻晟，旧选簿查有：成化二年九月，寻晟，凤阳府定远县人，系安南卫世袭指挥佥事寻政嫡长男。

指挥同知功次：已载八辈选条。

六辈寻文，旧选簿查有：成化二十年十一月，寻文，定远县人，系安南卫指挥同知寻晟嫡长男，钦与世袭。

指挥使功次：已载八辈选条。

七辈寻经，旧选簿查有：弘治十六年八月，寻经，定远县人，系安南卫功升指挥使寻文嫡长男，钦与世袭。

八辈寻略，旧选簿查有：嘉靖二十八年十月，寻略，定远县人，系安南卫老疾指挥使寻经嫡次男。伊曾祖晟原袭指挥佥事，成化三年克平都掌攻蛮贼升指挥同知，至祖文以都匀功升指挥使。今查据平都掌功一级，查无擒斩，本舍照例替指挥同知。

九辈寻天祚，万历十二年四月，寻天祚，年二十二岁，定远县人，系安南卫故指挥同知寻略堂侄，比中二等。①

十辈寻治本，天启五年十二月，单本选过安南卫都指挥佥事一员寻治本，年二十二岁，系指挥同知寻天祚嫡次男，于万历四十五、六等[年]调征安笼口苗贼，节次斩首八颗，本部题奉钦依升二级在案。伊兄寻治源故绝，合于祖职指挥同知上加伊父斩功二级，应并都指挥佥事，以后子孙止袭指挥使，比中二等。

宋云·指挥同知

外黄查有：宋钺，蕲州人。父宋崇，旧名子聪，癸卯年从军，甲辰[年]除百户，洪武十八年除副千户，二十年升安陆卫指挥佥事，阵亡。钺二十三年袭除安南卫指挥佥事。·189·

一辈宋崇，已载前黄。

二辈宋钺，已载前黄。

三辈宋璥，旧选簿查有：永乐六年十二月，宋璥，系安南卫故世袭指挥佥事宋钺嫡长男。

四辈宋杲，旧选簿查有：正统十三年八月，宋杲，系安南卫故世袭指挥佥事宋璥嫡长男。

五辈宋熙，旧选簿查有：成化十四年十一月，宋熙，蕲州人，系安南卫世袭指挥佥事宋杲嫡次男。

---

① 万历《贵州通志》卷8《安南卫·职官·指挥同知》载："寻达，直隶定远县人，从军，洪武元年功升指挥佥事，十五年调本卫，成化四年五世孙成功升指挥同知，沿天祚袭"（第172页）。

六辈宋翰,旧选簿查有:成化十八年十一月,宋翰,年十六岁,蕲州人,系安南卫故世袭指挥佥事宋熙嫡长男。

指挥同知功次:候查。

七辈宋云,旧选簿查有:嘉靖十年八月,宋云,年八岁,蕲州人,系安南卫年老指挥同知宋翰嫡长孙,照例与全俸优给,至嘉靖十六年终住支。

旧选簿查有:嘉靖十八年二月,宋云,年十六岁,蕲州人,系安南卫故指挥同知宋翰嫡长孙,优给出幼袭职。

八辈宋震,万历四年六月,宋震,年二十五岁,蕲州人,系安南卫故指挥同知宋云堂弟。

九辈宋谊,万历十二年六月,宋谊,年二十二岁,蕲州人,系安南卫故指挥同知宋震堂侄。查伊祖、父节辈系在外,六辈未袭,例应驳查。但念贵州远在万里,往返艰难,姑准一面袭职。及查伊伯祖宋瀚原袭指挥佥事,弘治十八年征普安功升指挥同知一级,在本舍正系犯堂,应照例革袭祖职指挥佥事,仍候行文巡按衙门查勘,无碍方许到任支俸。若有违碍,严究停革,毋得朦胧回护,比中二等。

张鸿·指挥同知

一辈张兴,缺。

总旗功次。

世袭百户功次。·190·

副千户功次。

二辈张隆。

正千户功次。

三辈张统,旧选簿查有:天顺五年三月,张统,年十一岁,汝阳县人,系安南卫左所故世袭正千户张隆庶长男,钦与全俸优给,至天顺八年终住支。

缺。①

指挥佥事功次。

指挥同知功次。

四辈张英,旧选簿查有:弘治十年十月,张英,汝阳县人,系安南卫故功升指挥

---

① 此"缺"系指张统优给出幼袭职时间缺载,亦另起一段。

同知张统嫡长男，钦与世袭。

五辈张恩，旧选簿查有：嘉靖五年六月，张恩，汝阳县人，系安南卫故世袭指挥同知张英嫡长男。

六辈张鸿，旧选簿查有：嘉靖四十二年十月，张鸿，系安南卫年老指挥同知张恩嫡次男。①

萧时中·署指挥同知事指挥佥事

内黄查有：萧斌，迁安县人。父萧三，洪武二年充军，疾。斌代役，三十二年郑村坝升小旗，三十三年济南升总旗，三十四年杀败辽东军马升试百户，三十五年剿杀入城升正千户，永乐八年杀败阿鲁台升指挥佥事。萧能系斌庶长男，父老，能替指挥佥事。萧律系能嫡长孙，祖故，父萧茂袭职，老，律系嫡长男，弘治十一年替指挥佥事。

一辈萧斌，已载前黄。

二辈萧能，旧选簿查有：正统四年二月，萧能，系安南卫流官指挥佥事萧斌庶长男。②

三辈萧茂，旧选簿查有：成化十年七月，萧茂，迁安县人，系安南卫故世袭指挥佥事萧能嫡长男。

四辈萧律，旧选簿查有：弘治十一年六月，萧律，迁安县人，系安南卫世袭指挥佥事萧茂嫡长男。

指挥同知功次：已载六辈选条。

五辈萧丛，旧选簿查有：嘉靖六年八月，萧丛，迁安县人，系安南卫故指挥同知萧律嫡长男。

六辈萧时中，旧选簿查有：嘉靖三十六年六月，萧时中，迁安县人，系安南卫故指挥同知萧丛嫡长男。查伊祖萧律原替指挥佥事，正德六年巴香等处功升指挥同知，八年征进思、石二处升指挥使。父丛优给，已革指挥同知。所据巴香等处升指

---

① 万历《贵州通志》卷8《安南卫·职官·指挥同知》载："张兴，河南汝阳县人，从军，洪武元年功升副千户，二十三年调本卫。正统七年男隆指挥佥事。弘治七年三世孙统功升指挥同知，沿鸿袭"（第172页）。
② 据《明英宗实录》卷192，景泰元年五月丙寅载，其时，安南卫指挥萧能曾参与贵州开通道路之役。

挥同知一级，功不及数，仍应减革，本舍照例量革袭署指挥同知事指挥佥事。①

七辈萧凤仪，万历十七年二月，萧凤仪，年二十一岁，迁安县人，系安南卫患疾署指挥同知事指挥佥事萧时中嫡长男，比中二等。

八辈萧运新，崇祯六年十月，大选过安南卫署指挥同知事指挥佥事一员萧运新，年二十二岁，系故署指挥同知事指挥佥事萧凤仪侄孙，比中三等。

徐建中·指挥佥事

外黄查有：徐雄，如皋县人。曾伯祖徐玖儿，乙未年军，故。曾祖徐九四补，并充小旗，三十四年升安南卫后所总旗，故。祖徐兴补，宣德十年并充实授总旗，正统四年征麓川上江排栅等处有功，七年升实授百户，老。父徐旻系嫡长男，替，［天顺］三年至五年累征东苗、西堡等处有功，八年升实授副千户，成化五年西堡垛架洞等寨有功，十八年升实授正千户，老。雄系嫡长男，替，弘治六年都匀等处斩首有功升贵州安南卫指挥佥事。

一辈徐九儿，已载前黄。

二辈徐九四，已载前黄。

三辈徐兴，已载前黄。

四辈徐旻，旧选簿查有：天顺元年七月，徐旻，如皋县人，系安南卫后所百户徐兴户名徐九儿嫡长男，钦与世袭。

副千户功次：已载前黄。

正千户功次：已载前黄。

五辈徐雄，旧选簿查有：弘治三年九月，徐雄，如皋县人，系安南卫后所流官正千户徐旻嫡长男，钦与世袭。

指挥佥事功次：已载前黄。

指挥同知功次：候查。

六辈徐立，旧选簿查有：嘉靖二年七月，徐立，年十六岁，如皋县人，系安南卫故指挥同知徐雄嫡长男。伊高祖兴以小旗宣德十年并枪充总旗，功升百户。祖旻、

---

① 万历《贵州通志》卷8《安南卫·职官·署指挥同知》载："萧三，直隶迁安县人，洪武二十年从军。三十三年男斌以功升指挥佥事。正德六年四世孙律功升指挥同知。沿中降署指挥同知"（第172页）。又万历《黔记》卷53《淑媛列传》载："宋氏，安南卫指挥萧律妻。律卒，誓不再嫁，抚孤丛承荫。未几，丛卒。宋甘贫，移居墓前，备尝诸艰，抚孤孙时中袭"（第925页）。

父雄各立功升至前职。缘并枪例无承袭，本人照例·192·革袭指挥佥事。

七辈徐建中，旧选簿查有：嘉靖四十四年九月，徐建中，年三十五岁，如皋县人，系安南卫故指挥佥事徐立嫡长男。

八辈徐有光，万历十一年八月，大选过徐有光，年二十五岁，如皋县人，系安南卫故指挥佥事徐建中嫡长男，比中二等。①

九辈徐建辅，万历二十三年六月，大选过徐建辅，年三十五岁，系如皋县人，系安南卫故指挥佥事徐有光庶叔。查伊四世祖徐兴祖役总旗，以麓川功升实授百户，不系奇功、头功，越升二级，五世祖徐旻以东苗功历升正千户，查无擒斩，俱应减革。姑念延袭已久，量革一级，与袭本卫后所正千户，比中二等。

陶鼎·指挥佥事

外黄查有：陶春，滁州人，故百户陶义嫡长男。有父乙未年从军，甲辰年编伍，充总旗，洪武八年授凤阳留守司百户，十一月授流官，十［五］年②大理河尾关阵亡。春十七年钦升凤阳留守中卫中所世袭副千户，二十三年调安南卫右所。陶吟年二十五岁，系安南卫故世袭指挥佥事陶金嫡长男，嘉靖四年钦准袭职。

一辈陶义，已载前黄。

二辈陶春，旧选簿查有：陶春，滁州人，系已故百户陶义嫡长男。

副千户功次。

三辈陶颙，旧选簿查有：永乐十八年六月，陶颙，系安南卫右所世袭副千户陶春嫡长男。

四辈陶琏，旧选簿查有：永乐二十二年十一月，陶琏，年十六岁，系安南卫右所故世袭副千户陶颙嫡长男。

五辈陶恺，旧选簿查有：成化三年二月，陶恺，滁州人，系安南卫故指挥佥事陶琏嫡长男。

正千户功次。

指挥佥事功次、功次簿查有：天顺八年贵州东苗地方擒斩获功例升一级，安南卫

---

① 万历《贵州通志》卷8《安南卫·职官·指挥佥事》载："徐伏三，直隶如皋县人，从军，洪武二十四年男九功升小旗调本卫，宣德六年三世孙兴功升百户，成化十五年四世孙旻功升正千户，弘治六年五世孙雄功升指挥佥事，沿有光袭"（第173页）。

② 大理之河尾关在大理城下，明军克大理在洪武十五年闰二月，故应作"十五年"。

正千户升指挥佥事四员内一员陶琏。

六辈陶金，旧选簿查有：弘治八年九月，陶金，年十五岁，滁州人，系安南卫故世袭指挥佥事陶恺嫡长男。·193·

七辈陶吟，旧选簿查有：嘉靖四年八月，陶吟，滁州人，系安南卫故世袭指挥佥事陶金嫡长男。

八辈陶鼎，旧选簿查有：嘉靖四十五年八月，陶鼎，年二十四岁，滁州人，系安南卫年老指挥佥事陶吟庶长男。

九辈陶汝夔，万历元年十二月，陶汝夔，年二十岁，滁州人，系安南卫故指挥佥事陶鼎嫡长男。①

十辈陶九皋，万历三十二年六月，大选过安南卫指挥佥事一员陶九皋，年十七岁，系已故指挥佥事陶汝夔嫡长男，比中三等。

十一辈陶致中，天启元年六月，选过安南卫指挥使。伊父原袭指挥佥事，万历四十五等年征安笼等处斩苗级六颗升指挥使。

十二辈陶时中，崇祯十二年六月，大选过安南卫指挥使一员陶时中，年十七岁，系故指挥使陶致中亲弟，比中三等。

胡荣祖·指挥佥事

外黄查有：胡聪，武进县人。[高祖胡海，]丙申年归附，丙午年充小旗，洪武十年升总旗，十二年升世袭百户，故。曾祖胡源袭，故。祖胡昱袭，故。父胡宁优，袭，景泰四年征中奉寨斩获首级升副千户，天顺二年贵州奇功升正千户，成化四年攻平都掌有功升指挥佥事，故。聪系嫡长男，十四年袭。

一辈胡海，已载前黄。

二辈胡源，旧选簿查有：洪武三十年十一月，胡源，系安南卫后所故世袭百户胡海嫡长男。

三辈胡昱，旧选簿查有：永乐十二年五月，胡昱，年十六岁，系安南卫后所故世袭百户胡源嫡长男。

四辈胡宁，旧选簿查有：正统三年十一月，胡宁，年十七岁，系安南卫后所故世

---

① 万历《贵州通志》卷8《安南卫·职官·指挥佥事》载："陶义，直隶徐州人，从军，洪武元年功升百户，十八年男功升正千户，二十三年调本卫，天顺二年四世孙琏功升指挥佥事，沿汝夔袭"（第173页）。

袭百户胡昱嫡长男。

副千户功次：已载前黄。

正千户功次：已载前黄。

指挥佥事功次：已载前黄。

五辈胡璁，旧选簿查有：成化十四年七月，胡聪，武进县人，系安南卫故指挥佥事胡宁嫡长男，钦与世袭。·194·

六辈胡钺，旧选簿查有：成化二十二年十一月，胡钺，武进县人，系安南卫故世袭指挥佥事胡璁嫡长男。

七辈胡靖，旧选簿查有：正德二年十二月，胡靖，武进县人，系安南卫世袭指挥佥事胡钺嫡长男，限至十年终住支。

正德十二年十一月，胡靖，武进县人，系安南卫世袭指挥佥事胡钺嫡长男，优给出幼袭职。

八辈胡荣祖，旧选簿查有：嘉靖三十年四月，胡荣祖，年二十岁，武进县人，系安南卫故指挥佥事胡靖嫡长孙。

九辈胡来朝，万历四年十二月，胡来朝，年二十岁，武进县人，系安南卫故指挥佥事胡荣祖嫡长男。①

陆堂·指挥佥事

外黄查有：陆恩，系安南卫指挥佥事，凤阳县人。始祖陆让，丙申年归附军，吴元年调兴武卫，洪武三年升宝庆卫副千户，十一年调桂林左卫，升署指挥佥事，故。祖陆俊系庶次男，二十九年袭，故。祖陆忠［系］嫡长男，优给，[永乐]十六年袭，宣德八年调潮州卫，正统九年调庆远卫，十四年杨家关斩首三颗，景泰四年征草塘有功升指挥同知，六年遇例还潮州卫，天顺三年查祖陆忠二次功升指挥使，成化元年为事降二级，调贵州安南卫，老。祖陆璠系嫡长男，六年替，故。父陆韬系嫡长男，弘治四年袭，故。恩系嫡长男，优给，十六年袭安南卫指挥佥事。

一辈陆让，已载前黄。

二辈陆俊，旧选簿查有：洪武二十九年十一月，陆俊，年九岁，系广西护卫故流

---

① 万历《贵州通志》卷8《安南卫·职官·指挥佥事》载："胡海，直隶武进县人，从军，洪武五年功升百户，二十五年调本卫。景泰六年四世孙宁功升指挥佥事，沿来朝袭"（第173页）。

官指挥佥事陆让庶次男，钦与世袭职事，支俸操练，至十六岁管事。

三辈陆忠，旧选簿查有：永乐十六年六月，陆忠，年十六岁，系广西护卫㳘故世袭指挥佥事陆俊嫡长男。

四辈陆璠，旧选簿查有：成化六年九月，陆璠，凤阳县人，系安南卫指挥佥事陆忠嫡长男，钦与世袭。

五辈陆韬，旧选簿查有：弘治四年八月，陆韬，年十五岁，凤阳县人，系安南卫故世袭指挥佥事陆璠嫡长男。

六辈陆恩，旧选簿查有：正德十六年十月，陆恩，年十六岁，凤阳县人，系安南卫故世袭指挥佥事陆韬嫡长男。

七辈陆堂，旧选簿查有：嘉靖四十五年四月，陆堂，年三十五岁，凤阳县人，系安南卫年老指挥佥事陆恩嫡长男。·195·

八辈陆如岑，万历十三年八月，陆如岑，年三十二岁，凤阳县人，系安南卫患疾指挥佥事陆堂嫡长男，比中三等。

九辈陆懋勋，万历三十二年六月，陆懋勋，年二十岁，凤阳县人，系安南卫故指挥佥事陆如岑嫡长男，比中二等。

十辈陆懋祥，万历四十六年四月，大选过安南卫指挥佥事一员陆懋祥，年二十八岁，系故指挥佥事陆懋勋亲弟，比中二等。

王明哲·指挥佥事

外黄查有：王成，旧名官保，长沙县人。父王华癸卯年从军，乙巳年充振武卫总旗，洪武元年除青州卫百户，故。九年，成除充参侍舍人，十年袭除扬州卫百户，十七年调府军卫中所，二十三年调安南卫右所，三十三年征平乐、西凉回卫。王用系王成庶长男，父征安南阵亡，用于永乐六年袭授安南卫右所世袭百户。王俊系王用嫡长男，父疾，俊于正统九年替授安南卫右所世袭百户。王瑄系王俊嫡长男，父天顺四年征进东苗有功升副千户，茹山箐阵亡，瑄于成化三年袭授安南卫右所正千户，钦与世袭。王威系王奉嫡长男，伊父老疾，威于正德十四年替授本卫指挥佥事。

一辈王华，已载前黄。

二辈王成，已载前黄。

三辈王用，旧选簿查有：永乐六年十一月，王用，年十五岁，系安南卫右所故流官百户王成庶长男，敬与世袭。

四辈王俊，旧选簿查有：正统九年三月，王俊，系安南卫右所世袭百户王用嫡长男。

副千户功次、功次簿内查有：湖广等都司俱贵州东苗地方擒斩获功升一级，安南卫实授百户升副千户一十二员内一员王俊。

五辈王瑄，旧选簿查有：成化三年三月，王瑄，长沙县人，系安南卫右所伤故副千户王俊嫡长男。

正千户功次。

指挥佥事功次。

六辈王奉，旧选簿查有：成化二十三年十一月，王奉，长沙县人，系安南卫故指挥佥事王瑄嫡长男。

七辈王威，旧选簿查有：正德十四年十月，王威，长沙县人，系安南卫世袭指挥佥事王奉嫡长男。

犯该立功：已载八辈选条。① ·196·

八辈王明哲，旧选簿查有：嘉靖四十一年二月，王明哲，年二十二岁，长沙县人，系安南卫故指挥佥事王威嫡长孙。伊祖原袭祖职指挥佥事，嘉靖三十五年犯该监守自盗四十贯，问拟立功五年，已满，今故。伊父王箓未袭先故，本舍照例与袭祖职指挥佥事。②

九辈王端宸，万历三十五年二月，大选过安南卫指挥佥事一员王端宸，年十九岁，系故指挥佥事王明哲亲孙，比中二等。

十辈王聿昌，天启六年十月，大选过安南卫指挥佥事一员王聿昌，年三十二岁，系故指挥佥事王端宸亲叔，比中二等。

林尚忠·指挥佥事

外黄查有：林茂，莒州人。有祖林荣，吴元年归附，洪武元年除青州卫百户，调胶州守御所，阵亡。将父林整袭除泗州卫左所世袭百户，二十年调荆州卫前所，二十三年调安南卫前所，二十七年征西堡阵亡。茂系嫡长男，三十年袭授本卫所世袭百户。

---

① 嘉靖《贵州通志》卷7《祠祀》载指挥王威于嘉靖二十三年重修城隍庙（第388页）。
② 万历《贵州通志》卷8《安南卫·职官·指挥佥事》载："王华，湖广长沙县人，从军，洪武元年功升百户，二十三年男成调本卫。天顺三年五世孙俊功升正千户。成化十六年六世孙瑄功升指挥佥事，沿民哲袭"（第172页）。

一辈林荣，已载前黄。

二辈林整，已载前黄。

三辈林茂，旧选簿查有：洪武三十年十一月，林茂，系安南卫前所阵亡世袭百户林整嫡长男，支俸操练至十六岁管事。

四辈林政，旧选簿查有：宣德八年十一月，林政，年十六岁，系安南卫前所故世袭百户林茂嫡长男。

五辈林芳，旧选簿查有：正统四年五月，林芳，系安南卫前所故世袭百户林政堂叔。

六辈林敞，旧选簿查有：景泰二年九月，林敞，系安南卫前所世袭百户林芳嫡长男。

副千户功次、天顺七年钦升簿内查有：贵州东苗地方杀获功，例升一级，安南卫实授百户升副千户二员内一员林昶。

七辈林凤，旧选簿查有：成化十九年九月，林凤，年十五岁，莒州人，系安南卫前所故副千户林敞嫡长孙，钦与世袭。

正千户功次：候查。

指挥佥事功次、抄誊：正德八年思恩等处功次升实授一级不赏一人擒斩贼级三名颗安南卫前所正千户升指挥佥事一员林凤。·197·

八辈林瀚，旧选簿查有：正德十三年十二月，林瀚，莒州人，系安南卫故指挥佥事林凤嫡长男。父原袭副千户，历功升前职，钦与世袭。

九辈林云，旧选簿查有：嘉靖五年六月，林云，莒州人，系安南卫故功升指挥佥事林瀚嫡长男，钦与世袭。

十辈林霄，旧选簿查有：林霄，年八岁，莒州人，系安南卫故绝指挥佥事林云亲弟，照例与全俸优给，至嘉靖十二年终住支。

嘉靖十三年六月，林霄，年十六岁，莒州人，系安南卫故绝指挥佥事林云亲弟。

十一辈林尚忠，旧选簿查有：隆庆三年四月，林霄，年五十二岁，莒州人，系安南卫指挥佥事，今患疾在卫。有嫡长男林尚忠，见年三十岁，告替。

十二辈林国材，万历十七年十月，林国材，年二十七岁，系安南卫患疾指挥佥事林尚忠嫡长男，比中三等。①

---

① 万历《贵州通志》卷8《安南卫·职官·指挥佥事》载："林荣，山东益州人，从军，洪武元年功升百户，二十三年男整调本卫。天顺五年二世孙敞功升副千户。正德八年四世孙远功升指挥佥事，沿国材袭"（第172页）。

十三辈林毓俊，崇祯元年二月，单本选过安南卫指挥同知一员林毓俊，年二十岁，系老指挥佥事林国材嫡次男。查伊父原袭祖职指挥佥事，于万历四十三等年征剿苗仲斩首叙升一级在案，今老，伊兄毓英夭亡，无嗣，本舍以子承父，结保无碍，合准于祖职指挥佥事上加伊父斩功一级，与替指挥同知，比中三等。

李经·指挥佥事

缺。

一辈李俊，缺。

实授百户功次。

副千户功次。

二辈李春，缺。

三辈李芳，缺。

四辈李瑄。

功次簿查有：天顺八年，贵州东苗地方擒斩获功例升一级，安南卫副千户升正千户四员内一员李瑄。

旧选簿查有：成化六年八月，李瑄，滁州人，原系安南卫中千户所正千户，山都掌斩首四颗该升一级，造册将二颗不开所分，止作安南卫正千户开报，今照例改正，升指挥佥事。

五辈李熊，零选簿查有：成化十四年十一月，李熊，滁州人，系安南卫指挥佥事李瑄嫡长男，钦与世袭。

功次簿查有：弘治七年六月，都匀功次一人自擒斩四名颗，安南卫指挥佥事升指挥同知三员内一员李熊。·198·

六辈李仁，缺。

七辈李经，旧选簿查有：正德四年十月，李经，滁州人，系安南卫故指挥佥事李仁嫡长男。

八辈李启元，隆庆四年八月，李启元，滁州人，系安南卫故指挥佥事李科嫡长男。①

---

① 万历《贵州通志》卷8《安南卫·职官·指挥佥事》载："李俊，直隶徐州人，从军，洪武二十年功升副千户，二十四年调本卫。天顺八年四世孙宣功升指挥佥事，沿启元袭"（第173页）。

九辈李承爵，万历四十六年四月，大选过安南卫指挥佥事一员李承爵，年二十五岁，系老指挥佥事李启元嫡长男，比中二等。

十辈李朝柱，崇祯三年四月，大选过安南卫指挥佥事一员李朝柱，年二十岁，系故指挥佥事李承爵嫡长男，比中三等。

何悌·指挥佥事

内黄查有：何能，杞县人。有祖父何巳眼甲辰年从军，老疾，将父何安代役，洪武二十八年为年深赴京并枪充小旗，三十三年攻济南升总旗，三十四年藁城前胜升试百户，小河阵亡。能系嫡长男，于永乐元年袭父前职，五月，钦升通州卫后所正千户，二年钦与世袭。

一辈何安，已载前黄。

二辈何能，已载前黄。

三辈何广，旧选簿查有：永乐十一年七月，何广，系通州卫后所故正千户何能亲弟，先因年幼，已与本人优给，今出幼，钦准袭授本卫所正千户。

四辈何洪，旧选簿查有：景泰二年九月，何洪，系安南卫前所世袭正千户何广嫡长男。

指挥佥事功次。

五辈何敬，旧选簿查有：成化十六年五月，何敬，杞县人，系安南卫世袭指挥佥事何洪嫡长孙。

指挥同知功次。·199·

六辈何敏，旧选簿查有：弘治九年七月，何敏，杞县人，系安南卫故功升指挥同知何敬堂弟，钦与世袭。

七辈何悌，旧选簿查有：嘉靖元年四月，何悌，杞县人，系安南卫指挥同知何敏嫡长男。伊堂伯何敬原袭指挥佥事，功升前职，父以堂弟承袭，本人照例革去犯堂一级，与替指挥佥事。

康济·指挥佥事

一辈康斌，缺。

百户功次。

副千户功次。

二辈康泰，旧选簿查有：正统四年二月，康泰，系安南卫后所世袭副千户康斌嫡长男。

正千户功次。

三辈康政，旧选簿查有：成化四年四月，康政，山后人，系安南卫后所故正千户康泰嫡长男。

指挥佥事功次。

四辈康悦，旧选簿查有：弘治十六年八月，康悦，山后人，系安南卫功升指挥佥事康政嫡长男，钦与世袭。

五辈康宁，旧选簿查有：正德六年四月，康宁，山后人，系安南卫故世袭指挥佥事康悦嫡长男。

六辈康怡，旧选簿查有：正德九年十月，康怡，山后人，系安南卫故绝世袭指挥佥事康宁亲叔。

七辈康济。

八辈康启宗，万历八年十月，康启宗，年二十九岁，山后人，系安南卫年老指挥佥事康济亲侄。伊伯原袭祖职指挥佥事，今老疾，无子，应该伊父康泽承替，患疾，不堪，本舍照例借替祖职指挥佥事，待后伊伯疾痊或生有儿男，退还职事，比中二等。① ·200·

王嘉忠·指挥佥事

外黄查有：王原，旧名原善，荆门州人。有父王真，旧名贞，甲辰年归附，吴元年充小旗，洪武三年充总旗，十五年除百户，故。原系嫡长男，袭世袭百户。王谅系王原嫡长男，有父故，谅袭世袭百户。王辅系王谅嫡长男，父老，辅替世袭百户。王文系王辅嫡长男，父正统十四年被贼杀死，文替世袭百户。王相系王文嫡长男，父成化等年、西堡等处节次获功，历升正千户，老，相替正千户。

一辈王真，已载前黄。

二辈王原，旧选簿查有：洪武二十九年十二月，王原，系安南卫右所故流官百户

---

① 万历《贵州通志》卷8《安南卫·职官·指挥佥事》载："高九，直隶兴和路人，从军。洪武六年男斌功升副千户，改姓康，宣德三年调本卫。天顺八年三世孙泰功升正千户。六年，四世孙政功升指挥佥事。沿启宗袭"（第173页）。

王真嫡长男，钦与世袭。

三辈王谅，旧选簿查有：永乐六年十一月，王谅，年十六岁，系安南卫右所故世袭百户王原嫡长男。

四辈王辅，旧选簿查有：正统七年二月，王辅，系安南卫右所世袭百户王谅嫡长男。

五辈王文，旧选簿查有：景泰六年二月，王文，年十七岁，荆门州人，系安南卫右所被贼杀死世袭百户王辅嫡长男。

副千户功次、功次簿查有：弘治七年都匀功次一人自擒斩贼级三名颗安南卫副千户升正千户五员内一员王文。

六辈王相，旧选簿查有：弘治十二年九月，王相，荆门州人，系安南卫右所功升正千户王文嫡长男。

功次簿查有：正德八年思南①功次，一人自擒斩贼级三名颗安南卫右所正千户升指挥佥事一员王相。

七辈王爵，旧选簿查有：正德十五年八月，王爵，荆门州人，系安南卫功升指挥佥事王相嫡长男，钦与世袭。

八辈王嘉忠，旧选簿查有：嘉靖三十二年八月，王嘉忠，荆门州人，系安南卫老疾指挥佥事王爵嫡长男。

九辈王来聘，隆庆五年二月，王来聘，年三十岁，荆门州人，系安南卫老疾指挥佥事王嘉忠嫡长男。伊父原替祖职指挥佥事，嘉靖四十二年坐以避难参问罢职，革充总旗，隆庆二年遇蒙恩诏，奏复原职。今老疾，本舍照例准替祖职指挥佥事。

十辈王弟儿，万历九年十月，王弟儿，年五岁，荆门州人，系安南卫指挥佥事王来聘嫡长男，照例与全俸优给，至万历十八年终住支。

万历二十年二月，王绍义，年十七岁，荆门州人，系安南卫故指挥佥事王来聘嫡长男，出幼袭职，比中三等。② ·201·

袁纲［·敷勇卫指挥佥事］

崇祯十二年十二月，大选过敷勇卫世袭指挥佥事一员袁纲，年十六岁，原籍庐陵

---

① 据原簿第197页"林尚忠·指挥佥事"选簿"七辈林凤"选条，此"思南功次"似应为"思恩功次"。
② 万历《贵州通志》卷8《安南卫·职官·指挥佥事》载："王真，湖广荆门州人，从军，洪武元年功升百户，二十三年调本卫，成化十六年五世孙文功升正千户，正德八年六世孙相功升指挥佥事，沿绍义袭"（第173页）。

县人。察伊始祖袁尚文。二辈祖袁鋆，先任赤水司长官，平播献土有功题授四川威远卫世袭总旗，援辽、恢复遵义等处节次有功，题授副总兵。三辈袁正芳系男，袭左所正千户，故。袁桂芳系弟，繇仁怀县儒学增广生员，于天启元、二等年剿蔺，招斩有功，四、五等年援黔征西有功，升授游击，修筑修文、息烽各处城垣、开垦屯田功，荫修文所正千户，捐助续修青岩城垣，督兵挟抚化沙献印有功，题授敷勇卫指挥佥事，故。袁纲系桂芳嫡长男，准袭指挥佥事，比中三等。

年远事故卫镇抚一员·姚崇智

洪武三十一年十月，姚谦，系安南卫阵亡世袭卫镇抚姚愚嫡长男。①

永乐二十年三月，姚辅，系安南卫故世袭卫镇抚姚谦嫡长男。

正统十二年二月，姚瑄，年十八岁，系安南卫故世袭卫镇抚姚辅嫡长男。

成化二十三年九月，姚遵，寿州人，系安南卫故世袭卫镇抚姚瑄庶长男。

宣德（正德）二年十一月，姚还，寿州人，系安南卫故世袭卫镇抚姚遵亲弟。

万历五年八月，姚崇智，年二十二岁，寿州人，系安南卫故卫镇抚姚还嫡长孙，比中三等。

又一员·罗延祚·202·

洪武二十五年七月，钦依安南卫世袭卫镇抚罗奎。

永乐三年七月，罗信，系安南卫故世袭卫镇抚罗奎嫡长男。

宣德七年九月，罗本，年十五岁，系安南卫故世袭卫镇抚罗信庶长男。

成化二年九月，罗庆，浏阳县人，系安南卫故世袭卫镇抚罗本嫡长男。

弘治三年十月，罗相，浏阳县人，系安南卫故卫镇抚罗庆嫡长男。

万历十八年八月，罗延祚，年八岁，系安南卫老卫镇抚罗儒嫡长男，照例与全俸优给，至万历二十四年终住支。

---

① 嘉靖《贵州通志》卷10《孝义·安南卫》载："姚余，卫镇抚，果毅，有膂力。洪武间，安南寇乱，西平侯经过，择护送者，以余清道先行。至盘江冷饭场与贼遇，军伴以众寡不敌促之逃，余曰：'受将令而退避，宁为丈夫乎？'遂奋勇追之，戮三人。贼急，并力向余，因遇害，西平后以其事闻"（第429—430页）。

李显忠·正千户

外黄查有：李璿，系李兴嫡长男，今疾，瘸于永乐十四年替副千户。李福系李璿嫡长男，父故，正统元年袭副千户。李虎系李福嫡长孙，祖于麓川等处杀贼有功升正千户，故，优袭正千户。李能系李虎嫡长男，伊父老，能替安南卫指挥佥事。李森系安南卫故指挥佥事李能嫡长男，嘉靖三年袭职。

一辈李旺，缺。

小旗功次。

百户功次。

副千户功次。

二辈李兴，旧选簿查有：洪武二十九年三月，安南卫左所世袭副千户李兴。

三辈李璿，旧选簿查有：永乐十四年七月，李璿，系安南卫左所世袭副千户李兴嫡长男。

四辈李福，旧选簿查有：正统元年十一月，李福系安南卫左所故世袭副千户李璿嫡长男。

功次簿查有：正统六年麓川功次安南卫左所副千户一次头功升正千户一员李福。

五辈李虎，旧选簿查有：成化六年八月，李虎，年十六岁，颖上县人，系安南卫左所故正千户李福嫡长孙，钦与世袭。

指挥佥事功次、功次簿查有：弘治七年都匀功次一人自擒斩贼级三名颗升一级，安南卫正千户升指挥佥事三员内一员李虎。

六辈李能，旧选簿查有：正德二年二月，李能，颖上县人，系安南卫功升指挥佥事李虎嫡长男，钦与世袭。

七辈李森，旧选簿查有：嘉靖三年六月，李森，颖上县人，系安南卫故世袭指挥佥事李能嫡长男。·203·

八辈李显忠，旧选簿查有：嘉靖三十二年二月，李显忠，颖上县人，系安南卫故指挥佥事李森嫡长男。查得伊曾祖虎都匀功次册内总开斩首数目而本人名下未见明开，例应减革，今本舍照例革与正千户，注左所。

九辈李春生，万历元年十二月，李春生，年四岁，颖上县人，系安南卫左所故正千户李显忠亲男，照例与全俸优给，至万历十一年终住支。

潘大勋·副千户

一辈潘伯成。

总旗功次。

实授百户功次。

二辈潘贵，缺。

三辈潘荣，旧选簿查有：洪武三十四年七月，潘荣，系革除卫中所故世袭百户潘贵亲弟，有兄亡故，袭仪真卫左所世袭百户。

四辈潘全，旧选簿查有：正统十三年十一月，潘全，系靖州卫中后所世袭百户潘荣庶弟，兄为事立功病故，本人年壮，钦准袭职，调贵州安南卫左所。

五辈潘毅，旧选簿查有：景泰五年十二月，潘毅，系安南卫左所故世袭百户潘全嫡长男。

副千户功次：已载八辈选条。

六辈潘英，旧选簿查有：弘治元年十月，潘英，宁远县人，系安南卫左所功升副千户潘毅嫡次男。

正千户功次：已载八辈选条。

七辈潘纶，旧选簿查有：正德二年十一月，潘纶，宁远县人，系安南卫左所故功升正千户潘英嫡次男，钦与世袭。

八辈潘大勋，旧选簿查有：嘉靖三十二年十月，潘大勋，宁远县人，系安南卫左所故正千户潘纶嫡长男。查得伊曾祖毅原系百户，以东苗功升副千户，祖英袭，以都匀功升正千户，父纶沿袭。所据东苗无擒斩，例应减革，今本舍照例于祖职百户上加都匀一级，与做副千户。

九辈潘良臣，万历十年六月，潘良臣，年二十岁，宁远县人，系安南卫左所故副千户潘大勋嫡长男，比中三等。

十辈潘上达，天启六年三月，单本选过安南卫指挥佥事一员潘上达，年三十岁，系副千户潘良臣嫡长男。伊父于万历四十三年剿·204·荡苗仲亲斩苗首八颗题升二级在案，今据本舍并袭结保前来，查与功次、堂稿相同，应于副千户上加伊父斩功二级，合准并袭指挥佥事，比中二等。

十一辈潘起龙，崇祯三年四月，单本选过安南卫指挥佥事一员潘起龙，年十七岁，系故指挥佥事潘上达嫡长男，比中三等。

张约·副千户

一辈张野哥，缺。

小旗功次。

百户功次。

二辈张兴，旧选簿查有：正统三年八月，安南卫左所百户张兴。

三辈张荣，旧选簿查有：正统十一年五月，张荣，年六岁，系安南卫左所故世袭百户张兴嫡长男，钦与全俸优给，至正统二十年终住支。

四辈张宝，旧选簿查有：弘治元年十月，张宝，丰县人，系安南卫左所故世袭百户张荣嫡长男。

副千户功次：已载五辈选条。

五辈张仁，旧选簿查有：嘉靖八年十月，张宝，年五十八岁，丰县人，系安南卫左所副千户，今患疾。有嫡长男张仁，年四十岁，告替，本人原袭实授百户，弘治十四年普安功升前职，与世袭。

七辈张约，旧选簿查有：嘉靖三十九年六月，张约，年二十四岁，丰县人，系安南卫左所年老副千户张仁嫡次男。

八辈张舜臣，隆庆五年六月，张舜臣，丰县人，系安南卫左所故副千户张约嫡长男。

刘权·实授百户

内黄查有：刘润，合肥县人。有父刘得，前陈氏头目，甲辰年归附，选充岳州卫小旗，洪武六年并枪充总旗，征云南，十五年调毕节，十六年征广西，十七年敬除应天卫中所世袭百户，二十年复除松门卫前所世袭百户，二十二年为不应事起取到京，免罪，二十三年改调安南卫左所，故。润袭职，仍授本卫所世袭百户，三十四年征新添新水江等处，回卫。·205·

一辈刘德，已载前黄。

二辈刘润，旧选簿查有：洪武二十七年二月，刘润，系安南卫左所故世袭百户刘德嫡长男。

三辈刘绶，旧选簿查有：永乐九年四月，刘绶，年十五岁，系安南卫左所故世袭百户刘润嫡长男。

四辈刘琮，旧选簿查有：正统七年二月，刘琮，系安南卫左所故世袭百户刘绶嫡长男。

五辈刘广，旧选簿查有：成化十八年九月，刘广，年十六岁，合肥县人，系安南卫左所故世袭百户刘琮嫡长男，先因年幼优给，今出幼袭职。

六辈刘权，审稿查有：隆庆三年八月，刘权，年五十岁，合肥县人，系安南卫左所故降级试百户刘广嫡长孙。伊祖刘广以实授百户参降一级试百户，今降级之祖不在，本舍准仍袭祖职实授百户。

七辈刘鹤鸣，万历十年四月，刘鹤鸣，年二十八岁，合肥县人，系安南卫左所年老世袭百户刘权嫡长男，比中二等。

姚谟·实授百户

缺。

一辈姚文，缺。

小旗功次。

二辈姚咬住，缺。

总旗功次。

三辈姚喜儿，缺。

四辈姚忠，缺。

五辈姚玘，缺。

实授百户功次。

六辈姚昂，旧选簿查有：弘治十七年六月，姚昂，黄冈县人，系安南卫左所袭升百户姚玘嫡长男，钦与世袭。·206·

七辈姚凤，旧选簿查有：嘉靖五年六月，姚凤，黄冈县人，系安南卫左所故百户姚昂嫡长男。

八辈姚谟，旧选簿查有：嘉靖三十一年六月，姚谟，年二十岁，黄冈县人，系安南卫左所故实授百户姚凤嫡长男。

九辈姚良卿。万历四年二月，姚良卿，年三十五岁，黄冈县人，系安南卫左所故实授百户姚谟堂弟。

十辈姚世美，万历十五年六月，姚世美，年二十岁，黄冈县人，系安南卫左所故实授百户姚良卿嫡长男，比中三等。

夏世勋·实授百户

外黄查有：夏通，武冈州人。祖夏必富，洪武二十二年充安南卫左所军，二十五年故。父夏祖诗永乐三年补役，七年阵亡。叔夏暹顶户名补役，正统六年征麓川，攻刀招汉大寨升小旗，又攻杉木笼关升总旗，十二月攻破思任发寨升试百户，十四年兴隆羊场河遇贼杀死。弟夏恭年幼，优给，景泰七年袭升本卫所世袭实授百户，成化二年征山都掌阵亡，无嗣。通系堂兄，成化四年以弟阵亡功袭升本卫所世袭副千户。

一辈夏暹，已载前黄。

二辈夏恭，旧选簿查有：景泰七年十二月，夏恭，年十五岁，武冈州人，系安南卫左所试百户夏暹户名李庆叟嫡长男。父原系军人，调征麓贼获头功三次升前职，被贼杀死。本人先因年幼，已与实授百户俸优给，今出幼，准袭实授百户。

三辈夏通，旧选簿查有：成化四年十一月，夏通，年五十岁，武冈州人。有堂弟夏恭系安南卫左千户所百户，征进西堡阵亡，无儿男。本人系堂兄，照例袭升副千户。

四辈夏雄，旧选簿查有：弘治四年八月，夏雄，年十五岁，武冈州人，系安南卫左所袭升副千户夏通庶长男，钦与世袭。

五辈夏时，旧选簿查有：嘉靖二十二年二月，夏时，武冈州人，系安南卫左所故副千户夏雄嫡长男。伊曾叔祖暹以试百户正统十四年兴隆羊场河遇贼杀死，叔祖恭袭升实授百户，成化二年征西堡阵亡，无嗣。祖通以堂兄袭升副千户，父沿袭。所据副千户一级，系堂叔祖恭阵亡功升，本人正系堂侄孙以下犯堂人数，例应减革，照例革袭实授百户。

六辈夏世勋，旧选簿查有：隆庆二年，夏世勋，年三十六岁，武冈州人，系安南卫左所年老实授百户夏时嫡长男。

七辈夏崇忠，万历十三年四月，夏崇忠，年二十岁，武冈州人，系安南卫左所年老实授百户夏世勋嫡长男，比中二等。·207·

蔡嘉宾·实授百户

外黄查有：蔡敬，蒲台县人。父蔡成，洪武二年从军，拨燕山卫左所，三十一年，老，将敬户名不动代役，三十三年升小旗，三十四年升总旗，三十五年除云川卫左所百户，永乐三年钦与世袭职［事］。蔡清系蔡敬亲侄，伯故，无儿男。青年幼，优给，宣德四年袭授本卫所百户，正统四年钦调安南卫左所。

一辈蔡敬，已载前黄。

二辈蔡清，旧选簿查有：正统三年八月，安南卫左所百户蔡清。

副千户功次：已载六辈选条。

三辈蔡旺，旧选簿查有：正统三年十一月，蔡旺，蒲台县人，系安南卫左所副千户蔡清嫡长男。①

四辈蔡贵，旧选簿查有：弘治十五年八月，蔡贵，蒲台县人，系安南卫左所世袭副千户蔡旺嫡次男。伊兄蔡玉逃走，不知去向，本人借替，待兄回还，退与职事。

五辈蔡洪，旧选簿查有：嘉靖十二年六月，蔡洪，年三十五岁，蒲台县人，系安南卫左所老疾副千户蔡贵嫡长男。

六辈蔡杰，旧选簿查有：嘉靖二十八年十二月，蔡杰，宾州人，系安南卫左所故副千户蔡洪嫡次男。查得伊高祖蔡清以百户天顺二年东苗功升副千户，曾祖旺、祖贵、父洪沿袭。所据东苗功无擒斩，例应减革，本舍照例革与祖职世袭百户。

七辈蔡嘉宾，旧选簿查有：隆庆二年六月，蔡嘉宾，年二十一岁，蒲台县人，系安南卫左所故实授百户蔡杰嫡长男。

八辈蔡高嵩，万历三十二年十二月，大选过安南卫左所实授百户一员蔡高嵩，年二十岁，系故实授百户蔡嘉宾嫡长男，比中三等。

邹然·世袭百户

缺。

一辈邹曾，旧选簿查有：洪武三十二年，试百户除实授世袭百户安南卫左所邹曾。

二辈邹鉴，旧选簿查有：永乐元年二月，邹鉴，系安南卫左所失陷世袭百户邹曾嫡长男。

三辈邹铭，旧选簿查有：永乐十四年十二月，邹铭，系安南卫左所失陷世袭百户邹鉴庶弟。

四辈邹海，旧选簿查有：宣德八年十一月，邹海，年十六岁，系安南卫左所故世

---

① 此处"正统"误，据"六辈蔡杰"选条，蔡清天顺二年东苗功升副千户，其嫡长男蔡旺袭职应在此后。

袭百户邹铭嫡长男。

五辈邹伦，旧选簿查有：成化十二年八月，邹伦，含山县人，系安南卫左所故世袭百户邹海嫡长男。

六辈邹勋，旧选簿查有：正德十一年八月，邹勋，年十七岁，含山县人，系安南卫左所故世袭百户邹伦嫡长男。

七辈邹然，旧选簿查有：嘉靖七年十二月，邹然，年二十五岁，含山县人，系安南卫左所故绝世袭百户邹勋堂弟。

李应祖①

隆庆四年二月，李应祖，巴州人，系安南卫左所故实授百户李坤嫡长男，革遇例，与袭试百户。

左所实授百户一员·李谦

天顺四年十月，李瑄，年十五岁，武冈州人，系安南卫左所试百户李贤户名刘如夫嫡长男。父原系未并枪总旗户丁，调征麓贼获头功二次升前职，失陷。本人先因年幼，照例已与实授百户俸优给，今出幼，该袭实授百户。

弘治九年十二月，李昇，武冈州人，系安南卫左所世袭百户李瑄嫡长男。

正德七年八月，李谦，武冈州人，系安南卫左所故百户李昇嫡长男，内实授一级系天顺元年遇例，本人照例与袭实授百户。

又一员·黄一龙

黄斌，年五十七岁，武冈州人，系安南卫左所世袭百户，见患风疾在所。有嫡长男黄钦，年三十岁，告替。

嘉靖四十一年八月，黄师皋，年二十一岁，武冈州人，系安南卫左所年老实授百户黄钦嫡长孙。

万历二十五年四月，大选过安南卫左所实授百户一员黄一龙，年二十岁，系故实

---

① 此即原簿目录所载"续入"左所试百户"李应祖"簿，疑据"辈数未全""李坤"簿另立的新簿。

授百户黄师皋嫡长男，比中三等。

年远事故世袭百户一员·刘义

洪武二十九年十二月，刘斌，系安南卫左所故世袭百户刘盛嫡长男。

永乐元年二月，刘忠，年十三岁，系安南卫左所故世袭百户刘斌嫡长男，支俸读书操练，至十五岁管事。

正统四年闰二月，刘义，系安南卫左所世袭百户刘忠堂弟。

又一员·李真

洪武三十年三月，李成，系安南卫左所世袭所镇抚李忠嫡长男。

永乐十四年七月，李安，系鹰扬卫水军所流官副千户李成嫡长男。父原系安南卫左所世袭所镇抚，革除年间升除前职，系止终本身，病故，钦准袭父原职世袭所镇抚，仍回安南卫左所管事。

宣德七年九月，李真，年十九岁，系安南卫左所澝故世袭所镇抚李安嫡长男。

天顺七年十二月，安南卫实授所镇抚升实授百户李真，仍本卫所。

又一员·李元阳

成化十二年十月，李锐，巢县人，系安南卫左所百户李祺庶长男，钦与世袭。

弘治十七年十一月，李清，巢县人，系安南卫左所故世袭百户李锐嫡长男。

隆庆四年二月，李元阳，巢县人，系安南卫左所故实授百户李清嫡长男。

[又一员·吴国柱]

隆庆四年二月，吴爵，兴化县人，系安南卫左所故试百户吴贤嫡长男。

万历三十六年十二月，大选过安南卫左所试百户一员吴国柱，年二十岁，系故试百户吴爵嫡长亲孙，比中三等。

袁森·试百户

一辈袁华，缺。

小旗功次：缺。

二辈袁通。

三辈袁鑑。

四辈袁礼。·211·

五辈袁祐。

六辈袁谅，缺。

总旗功次：候查。

七辈袁广，缺。

试百户功次、功次簿内查有：正德十四年香炉山实授一级不赏一人擒斩级三名颗，安南卫左所实授总旗升试百户一员袁华。

八辈袁宗爵，缺。

九辈袁森，旧选簿查有：嘉靖二十二年二月，袁森，武冈州人，系安南卫左所老疾试百户袁广嫡长孙。

十辈袁世臣，万历二十年二月，袁世臣，年二十四岁，武冈州人，系安南卫左所年老试百户袁森嫡长男，比中二等。

吴桂·副千户

内黄查有：吴谦，寿州人，系故副千户吴隆旧名兴隆长男。有伯父吴文胜，甲午年军，乙未年充百户，丁酉年充千户，当年除充百户。吴隆袭充百户，洪武二年八月除神策卫百户，洪武三年受（授）世袭，洪武八年升副千户，洪武二十三年调安南卫左所。

一辈吴文胜。

二辈吴隆。

三辈吴谦。

四辈吴宣，系吴谦嫡长男，父故，袭。

五辈吴斌，系吴宣长男，父故，袭。

六辈吴勇，年三十六岁，系安南卫左所疾副千户吴斌长男，成化十五年正月替职。

七辈吴英，系嫡长男，袭，老。·212·

八辈吴相，系嫡长男，替，故绝。

九辈吴桂，系亲弟，嘉靖三十六年八月三十日，照旧袭副千户。

十辈吴鑑，万历七年四月，吴鑑，年三十五岁，寿州人，系安南卫左所故副千户吴桂嫡长男，比中三等。

十一辈吴国忠，万历三十二年十月，大选过安南卫左所副千户一员吴国忠，年二十五岁，系故副千户吴鑑嫡长男，比中三等。

解恩·副千户

外黄查有：解熊，始始祖解关苟，丙申年从军，洪武四年升小旗，八年升总旗，二十一年年深升留守右卫定淮门所百户，老。始祖解柰径替，调安南卫右所，故。高祖解俊系嫡长男，袭，宣德元年交阯阵亡。曾祖解达系嫡长男，优给，袭，老。祖解宁系嫡长男，替，弘治六年征都匀黎田等寨节次斩首四颗功升副千户，老。伯解纲系嫡长男，替，故。堂兄解章系嫡长男，袭，故绝。熊系堂弟，嘉靖六年袭安南卫右所副千户。

一辈解关苟，已载前黄。

二辈解柰径，已载前黄。

三辈解俊，旧选簿查有：永乐元年七月，解俊，年十岁，系安南卫右所故世袭百户解柰经嫡长男，支俸读书操练，至十五岁管事。

四辈解达，旧选簿查有：宣德十年四月，解达，年十七岁，系安南卫右所故世袭百户解俊嫡长男。

五辈解宁，旧选簿查有：景泰七年三月，解宁，年十七岁，江夏县人，系安南卫右所世袭百户解达嫡长男。

副千户功次：已载前黄。

六辈解纲，旧选簿查有：弘治十二年九月，解纲，江夏县人，系安南卫右所功升副千户解宁嫡长男，钦与世袭。

七辈解章，旧选簿查有：正德二年十二月，解章，江夏县人，系安南卫右所故世袭副千户解纲嫡长男。

八辈解熊，旧选簿查有：嘉靖六年八月，解熊，江夏县人，系安南卫右所故世袭副千户解章堂弟。堂兄故绝，本人告袭。

九辈解恩，旧选簿查有：嘉靖四十四年九月，解恩，年四十一岁，江夏县人，系安南卫右所年老副千户解熊嫡长男。

十辈解宗尧，万历八年十月，解宗尧，年四十岁，江夏县人，系安南卫右所故副千户解恩嫡长男，比中二等。·213·

张忠·副千户

缺。

一辈张昱，缺。

实授百户功次。

副千户功次。

二辈张瑛，旧选簿查有：正统八年六月，张瑛，系羽林前卫左所副千户张昱旧姓名孙昱嫡长男。

三辈张涌，旧选簿查有：成化十五年三月，张涌，凤阳县人，系安南卫右所世袭副千户张瑛嫡长男。

四辈张辅，旧选簿查有：弘治十六年十一月，张辅，凤阳县人，系安南卫右所故世袭副千户张涌亲弟。

五辈张忠，旧选簿查有：嘉靖三年十二月，张忠，凤阳县人，系安南卫右所疾世袭副千户张辅庶长男。

六辈张衮，隆庆五年十月，张衮，年二十岁，凤阳县人，系安南卫右所年老副千户张忠嫡长男。

七辈张应星，万历十三年八月，张应星，年十六岁，凤阳县人，系安南卫右所故副千户张衮嫡长男，比中三等。

八辈张令德，崇祯四年三月，单本并袭过安[南]卫指挥佥事一员张令德，年二十岁，系故副千户张应星长男。查应星于万历四十四年征剿匀哈，亲斩苗仲首级六颗，已经题升二级在案，合准于祖职副千户上加伊父苗仲功二级，并袭指挥佥事，世袭，比中三等。

阮思尧·署副千户事实授百户

外黄查有：阮祥，兴化县人，洪武三年从军，五年充小旗，十八年除镇南卫中左所世袭百户，十九年调成都左卫，二十七年调安南卫右所。阮成系阮祥嫡长男，父老疾，成永乐四年替，授安南卫右所世袭百户。阮仪系阮成嫡长男，父永乐五年调征广西等处，攻打柳州府马平县多村寨，与蛮贼对敌阵亡，仪永乐七年袭。阮泰系阮仪庶长男。父老疾，无嫡长男，泰景泰二年八月替。

一辈阮祥，已载前黄。·214·

二辈阮成，旧选簿查有：永乐四年十一月，阮成，系安南卫右所世袭百户阮祥嫡长男。

三辈阮仪，旧选簿查有：永乐七年六月，阮仪，年十九岁，系安南卫右所与蛮人对敌阵亡世袭百户阮成嫡长男。

四辈阮泰，旧选簿查有：景泰二年八月，阮泰，系安南卫右所世袭百户阮仪庶长男。

功次簿查有：天顺八年东苗地方杀贼获功例升一级，安南卫实授百户升副千户一十二员内一员阮泰。

五辈阮让，旧选簿查有：成化十六年七月，阮让，兴化县人，系安南卫右所副千户阮泰嫡长男，钦与世袭。

功次簿查有：弘治七年题准都匀功内安南卫升一级副千户升正千户五员内一员阮让。

指挥佥事功次。

六辈阮遵，旧选簿查有：正德六年四月，阮遵，年十七岁，兴化县人，系安南卫右所老疾世袭副千户阮让嫡长孙，优给出幼袭职。

七辈阮恩，旧选簿查有：嘉靖二十六年二月，阮恩，年三十岁，兴化县人，系安南卫右所故副千户阮遵嫡长男。伊高祖泰以百户天顺八年东苗功升副千户，曾祖让又获功升指挥佥事，为事降副千户，父遵沿袭。所据东苗功无擒斩，本舍量革与署副千户事实授百户。

八辈阮思尧，旧选簿查有：嘉靖四十二年八月，阮思尧，年二十岁，兴化县人，系安南卫右所故署副千户事实授百户阮恩嫡长男。

杨锡胤·正千户①

一辈杨富。

二辈阿关。

三辈杨春。

四辈杨政。

五辈杨瑄。

六辈杨纲。

七辈杨雄。

八辈杨裕。

九辈杨坤。

十辈杨锡胤。万历八年十月，杨锡胤，年二十九岁，滁州人，系安南卫右所年老正千户杨坤堂侄。伊堂叔原革袭正千户，今年老，无子。今本舍先于万历七年六月内保送到部，查伊曾祖、祖、父三辈未袭。及查黄选，俱无祖、父节辈姓名。恐有违碍诈冒情弊，随经驳查去后。今既查明无碍，覆保前来，合照旧借替祖职正千户，待后伊堂叔杨坤生有儿男，退还职事。先年比中。

万历九年九月，一件比例乞恩俯赐行文查复原职事，准都察院咨，该本司参照得：杨瑄、杜俊同在东苗地方获功，同一勘合升级。杜思召既以诰命为据得复前职，杨锡胤虽未请有诰命，而事系同功一体，亦应准复。如以功无擒斩，且革袭一辈不准复袭，则杜思召亦当照旧减革，明注选簿，候其子孙承袭之日，照旧革正千户，庶事例归一而人心输服。奉堂批：杨锡胤既功无擒斩，且万历八年已袭正千户，难准告复。其杜思召子孙袭替之日，仍应查革告复一级。

十一辈杨骏烈，崇祯元年正月补天启七年十二月分大选，过安南卫右所正千户一员杨骏烈，年二十三岁，系故正千户杨锡胤亲侄，比中三等。

刘邦鼎·实授百户

内黄查有：刘关生，年十九岁，系汉阳县人。父刘添保，甲辰年军，老，将兄刘驴儿代，三十三年济南升小旗，三十五年齐眉山阵亡，关生于永乐元年钦补前役，升广洋卫右所百户，三年钦与世袭。刘政系刘关生嫡长孙，祖正统四年调安南卫右

---

① 此簿即原目录载右所正千户"二号杨坤"，又目录原载"一号郑相"，并无选簿。

所，六年故，父刘祥八年袭职，十三年故，政优给，二十二年终住支。

一辈刘驴儿，已载前黄。·216·

二辈刘关生，已载前黄。

三辈刘祥，旧选簿查有：正统八年五月，刘祥，系安南卫右所故百户刘旺幼名关生嫡长男。

四辈刘政，旧选簿查有：天顺二年十二月，刘政，汉阳县人，系安南卫右所故世袭百户刘祥嫡长男。

五辈刘清，旧选簿查有：成化九年十月，刘清，汉阳县人，系安南卫右所故世袭百户刘政堂叔。

六辈刘宪，旧选簿查有：弘治十四年九月，刘宪，汉阳县人，系安南卫右所故世袭百户刘清嫡长男。

七辈刘恩，旧选簿查有：嘉靖十一年六月，刘恩，年十七岁，汉阳县人，系安南卫右所故百户刘宪嫡长男。

八辈刘邦鼎，旧选簿查有：隆庆二年六月，刘邦鼎，年三十岁，汉阳县人，系安南卫右所年老实授百户刘恩嫡长男。

苏世忠·实授百户

外黄查有：苏实，合肥县人，系苏成旧名添保嫡长男。有祖舅王子云，甲午年充军，丁酉年克常州阵亡，将父苏成补役，洪武十一年选充小旗，十五年并充总旗，十九年除府军卫中左所流官百户，二十年调本卫舍人所，三十年为诈骗事将实并父提取，有父故，实问答四十，免科，三十三年袭授安南卫右所世袭百户。苏琳系苏实嫡长男，父永乐五年征黄江阵亡，琳优给，住支袭职。苏润系苏琳嫡长男。

一辈苏成，已载前黄。

二辈苏实，已载前黄。

三辈苏琳，旧选簿查有：永乐十三年七月，苏琳，年十八岁，系安南卫右所阵亡世袭百户苏实嫡长男。

四辈苏润，旧选簿查有：正统元年十一月，苏润，年十六岁，系安南卫右所故世袭百户苏琳嫡长男。

五辈苏鑑，缺。·217·

六辈苏熊，旧选簿查有：弘治十七年十二月，苏熊，合肥县人，系安南卫右所世袭副千户苏鉴嫡长男。

七辈苏世忠，旧选簿查有：嘉靖十八年八月，苏世忠，年三岁，合肥县人，系安南卫右所年老副千户苏熊嫡长孙。伊高祖润原袭实授百户，天顺八年东苗杀贼有功升副千户，曾祖、祖相沿。所据东苗功查无擒斩，例应减革。本人照例革与实授百户俸优给，至嘉靖二十九年终住支。

旧选簿查有：嘉靖三十二年二月，苏世忠，年十六岁，合肥县人，系安南卫右所老疾副千户苏熊嫡长孙。已革实授百户，今出幼，袭实授百户。

八辈苏复夔，万历三十二年十月，大选过安南卫右所实授百户一员苏复夔，年二十岁，系老实授百户苏世忠嫡长孙，比中三等。

王印·实授百户

内黄查有：王智，溧阳县人。祖王自远，丙申年归附，洪武九年充小旗，阵亡。父王继保补，十八年升总旗，二十二年为事充军，三十五年复役总旗，故。智补，并充总旗，正统六年麓川攻围刀招汉贼寨二次头功例升二级，七年升安南卫右所实授百户。王玺系王智嫡长孙，伊祖病故，伯王洪袭职，无嗣，父王深替，故，玺系嫡长男，弘治十三年袭安南卫右所世袭百户。

一辈王自远，已载前黄。

二辈王继保，已载前黄。

三辈王智，已载前黄。

四辈王洪，已载前黄。

五辈王深，旧选簿查有：弘治三年九月，王深，溧阳县人，系安南卫右所世袭百户王洪亲弟，待兄有男，还与职事。

六辈王玺，旧选簿查有：弘治五年二月，王玺，年七岁，溧阳县人，系安南卫右所故世袭百户王深嫡长男，钦与全俸优给，至弘治十二年终住支。

弘治十三年六月，王玺，年十五岁，溧阳县人，系安南卫右所故世袭百户王深嫡长男。

七辈王印，旧选簿查有：嘉靖三十二年二月，王印，溧阳县人，系安南卫右所故副千户王玺嫡长孙。查伊祖普安功升副千户一级无擒斩，本舍照例革实授百户。

八辈王宸龙，万历三十二年十月，大选过安南卫右所实授百户一员王宸龙，年二十岁，系老实授百户王印嫡长孙，比中三等。

李栋·实授百户

外黄查有：李春，黄岩县人。伯李拜都，吴元年从军，洪武四年选充小旗，十四年云南阵亡。次伯李者都补役，十六年并充小旗，十七年升总旗，为事充军，赦复总旗，调安南卫右所，老。兄李进代役，并总旗，故。春顶户名补役，正统元年并充总旗，六年麓川破贼巢当先杀贼、十二月思任发巢穴二次头功，例升二级，七年升实授百户。

一辈李拜都，已载前黄。

二辈李者都，已载前黄。

三辈李进，已载前黄。

四辈李春，已载前黄。

五辈李敞，旧选簿查有：成化六年八月，李敞，年十六岁，黄岩县人，系安南卫右千户所百户李春户名李拜都嫡长孙，钦与世袭。

六辈李遵，旧选簿查有：正德十三年十月，李遵，年十八岁，黄岩县人，系安南卫右所故世袭百户李敞嫡长男，优给出幼，限外多支俸四年，扣毕关支。

七辈李栋，旧选簿查有：嘉靖二十六年二月，李栋，年四岁，黄岩县人，系安南卫右所故实授百户李遵嫡长男，照例与全俸优给，至嘉靖三十六年终住支。

嘉靖四十一年四月，李栋，年十九岁，黄岩县人，系安南卫右所故实授百户李遵嫡长男，优给出幼袭职。

郭尚宾·实授百户

外黄查有：郭成，丰城县人，洪武三年归附，十七年除授洪塘湖屯田千户所世袭百户，二十三年改安南卫右所。

一辈郭成，已载前黄。

二辈郭谦，旧选簿查有：永乐十五年九月，郭谦，年十五岁，系安南卫右所故世袭百户郭成庶长男。

三辈郭祯，旧选簿查有：正统三年十一月，郭祯，年十六岁，系安南卫右所故世袭百户郭谦嫡长男。·219·

四辈郭敬，旧选簿查有：成化六年正月，郭敬，年十六岁，丰县人，系安南卫右所被贼伤故世袭百户郭祯嫡长男。

五辈郭雄，旧选簿查有：弘治二年十月，郭雄，丰县人，系安南卫右所故世袭百户郭敬嫡长男。

六辈郭麒，旧选簿查有：嘉靖十二年二月，郭麒，年三十岁，丰县人，系安南卫右所老疾百户郭雄亲弟。

七辈郭尚宾，旧选簿查有：嘉靖四十四年九月，郭尚宾，年二十一岁，丰县人，系安南卫右所故实授百户郭麒嫡长男。

八辈郭邦正，万历十二年十月，郭邦正，年二十岁，丰县人，系安南卫右所故实授百户郭尚宾嫡长男，比中二等。

黄献奇·试百户[①]

外黄查有：黄甲，年四十五岁，武冈州人。高祖王益，洪武二十二年充宝庆卫军，二十三年调安南卫左所，老。曾祖黄俊补役，故。祖黄英补役，天顺二年征东苗等寨斩首三颗、生擒一名，八年功升小旗，老。父黄景春代役，七年征都匀垜罗、大地等处斩首四颗，本年功升总旗，十四年征普安等处斩首二颗、生擒一名，十八年升试百户，正德十五年故。兄黄韬疾，不堪，无嗣，甲系嫡次男，十六年优给，嘉靖六年出幼，袭安南卫左所试百户。

一辈黄益。

二辈黄俊。

三辈黄英。

四辈黄景春。

五辈黄甲。

六辈黄献奇，万历二十四年十二月，［黄］献奇，年三十五岁，系安南卫左所故绝试百户黄甲亲侄，比中二等。·220·

唐武·试百户

内黄查有：唐泉，武冈州人，曾祖唐任，洪武二十二年充总甲，二十三年调安南卫右所并枪充总旗，宣德十年残疾。父唐聪代役，正统六年麓川二次头功例升二

---

① 此簿即原簿目录所载左所"辈数未全"试百户"黄甲"。

级,因未并枪,一级准并,七年升试百户,十四年故。兄唐海患风瘫,不堪承袭。泉系亲弟,景泰六年借袭安南卫右所实授百户,待兄有男,还与职事。

一辈唐任,已载前黄。

二辈唐聪,已载前黄。

三辈唐泉,旧选簿查有:景泰六年十月,唐泉,系安南卫右所试百户唐聪户名唐任嫡次男。父原系未并枪总旗户丁,调征麓贼获头功升前职,病故。有嫡长兄唐海患风瘫残疾,不堪承袭,照例本人该袭实授百户。

四辈唐政,旧选簿查有:弘治十二年三月,唐政,武冈州人,系安南卫右所世袭百户唐泉嫡长男。

五辈唐经,旧选簿查有:弘治十七年十一月,唐经,武冈州人,系安南卫右所故世袭百户唐政嫡长男。

六辈唐恩,旧选簿查有:嘉靖二十六年二月,唐恩,武冈州人,系安南卫右所老疾实授百户唐经嫡长男。伊高祖聪功升试百户,曾祖泉袭,遇例实授,祖政、父经沿袭,今本舍仍革替试百户。

七辈唐武,旧选簿查有:隆庆三年二月,唐武,年三十一岁,系安南卫右所故试百户唐恩堂弟。伊堂兄原替祖职试百户,嘉靖三十八年故绝。伊亲兄唐松患疾,不堪承袭,本舍照例准借祖职试百户,待后伊亲兄唐松疾痊或生有儿男,退还职事。

八辈唐世臣,万历三十六年十二月,大选过安南卫右所试百户一员唐世臣,年二十岁,系故试百户唐武嫡长男,比中三等。

戴珮·试百户

外黄查有:戴英,武冈州人。曾祖戴文聪,洪武二十二年军,阵亡。伯祖戴仕达补役,故。祖戴仕通补役,正统六年麓川有功,七年升实授总旗,故。伯戴清补役,疾,无嗣。父戴铭系亲弟,补役,故。英系嫡长男,弘治九年补役,十五年普安马场等寨有功,十八年升试百户,遇例实授。

一辈戴仕通,已载前黄。

二辈戴清,已载前黄。

三辈戴铭,已载前黄。

四辈戴英,已载前黄。

五辈戴景春,旧选簿查有:嘉靖元年八月,戴景春,武冈州人,系安南卫右所年老功升试百户戴英户名戴文聪嫡长男，钦与世袭。

六辈戴珮，旧选簿查有：嘉靖三十九年四月，戴珮，年二十岁，武冈州人，系安南卫右所老疾试百户戴景春嫡长孙。

七辈戴胤先，万历二十七年正月，单本选过安南卫右所试百户一员戴胤先，年二十岁，系老试百户戴珮亲侄，准借替试百户。若伊伯生子，退还职事，比中三等。

罗恩·试百户

外黄查有：罗恩，年三十岁，系贵州安南卫右所试百户，原籍湖广宝庆府武冈州人。始祖罗高叟，洪武二十二年充总甲，宝庆卫寄操，升今卫所实授总旗，永乐二年老疾。高祖罗清代役，景泰六年老。曾祖罗虎代，天顺三年征东苗龙虎等寨，斩首二颗，生擒一名，成化十年老疾。祖罗铭代，弘治六年征都匀，克石黄、冷水等处山寨，擒斩贼级四颗，升试百户，十七年老疾。父罗凤系嫡长男，本年十二月替，遇例实授，嘉靖二十五年故。恩系嫡长男，三十三年十月比，袭安南卫右所试百户。

一辈罗高叟，已载前黄。

二辈罗清，已载前黄。

三辈罗虎，已载前黄。

四辈罗铭，已载前黄。

五辈罗凤，旧选簿查有：弘治十七年十二月，罗凤，武冈州人，系安南卫右所功升试百户罗铭嫡长男。

六辈罗恩，旧选簿查有：嘉靖三十三年十月，罗恩，年二十五岁，武冈州人，系安南卫右所故试百户罗俸嫡长男。查得伊父原袭试百户，遇例实授，今本舍革遇例，与袭试百户。

七辈罗绍元，隆庆五年十月，罗绍元，年二十岁，武冈州人，系安南卫右所故试百户罗恩嫡长男。·222·

邓明藩·试百户

缺。

一辈邓文仲，缺。

总旗功次：缺。

二辈邓兴，缺。

三辈邓礼，缺。

试百户功次。

四辈邓纲，旧选簿查有：弘治四年八月，邓纲，武冈州人，系安南卫右所功升试百户邓礼庶长男。伊父原系试百户，天顺八年遇例实授，本人照例革替试百户。

五辈邓武，旧选簿查有：正德十五年八月，邓武，武冈州人，系安南卫右所百户邓纲嫡长男。父原系试百户，遇例实授，本人照例革与试百户。

六辈邓明藩，旧选簿查有：嘉靖三十二年八月，邓明藩，武冈州人，系安南卫右所老疾试百户邓武嫡长孙。

贺鑑·试百户

外黄查有：贺荣，武冈州人。父贺申子，洪武二十二年充宝庆卫总甲，二十三年调安南卫左所，并充总旗，宣德七年老。荣代，并总旗，正统六年麓川头功升本所试百户，天顺元年遇例实授。

一辈贺申子，已载前黄。

二辈贺荣，已载前黄。

三辈贺质，旧选簿查有：成化三年二月，贺质，武冈州人，系安南卫后所百户贺荣嫡长男，钦与世袭。①

四辈贺敬，旧选簿查有：成化六年十二月，贺敬，年九岁，武冈州人，系安南卫右所故百户贺质嫡长男，钦与全俸优给，至成化十一年终住支。

旧选簿查有：成化十二年十月，贺敬，年十六岁，武冈州人，系安南卫右所故百户贺质嫡长男。

五辈贺恩，旧选簿查有：正德三年七月，贺恩，武冈州人，系安南卫右所故世袭百户贺敬嫡长男。

六辈贺鑑，旧选簿查有：嘉靖十五年六月，贺鑑，年二十一岁，武冈州人，系安南卫右所故百户贺恩嫡次男。伊高祖荣功升试百户，遇例实授，相沿。本人照例革

---

① 此"三辈贺质"选条，又见原簿第257页后所年远事故"又一员·贺质"。

遇例一级，与试百户。

七辈贺朝元，万历二年四月，贺朝元，年二十岁，武冈州人，系安南卫右所年老试百户贺鑑嫡长男。

刘汉·试百户

缺。

一辈刘遂，缺。

小旗功次。

总旗功次。

二辈刘纯，缺。

试百户功次、抄誊功次簿内查有：弘治七年都匀功次一人自擒斩贼级四名颗，安南卫总旗升试百户六员内一员刘楚杰。

三辈刘宾，旧选簿查有：弘治十七年十一月，刘宾，武冈州人，系安南卫右所故功升试百户刘纯户名刘楚杰嫡长男。

四辈刘汉，旧选簿查有：嘉靖十八年八月，刘汉，武冈州人，系安南卫右所老疾试百户刘宾嫡长男。

五辈刘国盛，万历十五年六月，刘国盛，年二十岁，武冈州人，系安南卫右所故试百户刘汉嫡长男，比中三等。

右所试百户一员·周景良

正德三年七月，周景良，武冈州人，系安南卫右所故试百户周宣嫡长男。·224·

邵玉·正千户

内黄查有：邵英，合肥县人。父邵海甲午年归附从军，丙申年充大号小旗，甲辰年充总旗，吴元年除应天卫百户，洪武十一年除沅州卫中所流官副千户，十九年阵亡。兄邵贵二十一年袭除镇南卫中前所世袭副千户，病故。侄邵虎旧名孙孙，本年敬与世袭副千户［俸］优给，拨锦衣卫中左所关支，二十六年袭除九江卫中左所世袭副千户，二十九年为事发浔州卫充军，三十年故，无儿男。英系亲叔，三十三年袭安陆卫前所世袭副千户。

一辈邵海，已载前黄。

二辈邵贵，已载前黄。

三辈邵虎，旧选簿查有：洪武二十六年十二月，邵虎，系镇南卫后所故世袭副千户邵贵嫡长男，袭除九江卫中左所世袭副千户。

四辈邵英，旧选簿查有：洪武三十三年，邵英，年十四岁，系九江卫中左所为事充军故世袭副千户邵虎亲叔，袭安陆卫前所世袭副千户。

五辈邵隆，旧选簿查有：正统五年，邵隆，系安陆卫前所世袭副千户邵英嫡长男。父为事立功哨瞭，病故，本人年壮，钦准袭职，调安南卫中所。

钦升簿查有：天顺八年东苗杀贼获功例升一级，安南卫副千户升正千户四员内一员邵隆。

六辈邵廉，旧选簿查有：成化十年十一月，邵廉，合肥县人，系安南卫中所正千户邵隆庶长男，钦与世袭。

七辈邵卿，旧选簿查有：正德六年四月，邵卿，年十七岁，合肥县人，系安南卫中所老疾正千户邵廉嫡长孙。

八辈邵玉，旧选簿查有：嘉靖二十一年四月，邵玉，合肥县人，系安南卫中所故正千户邵卿嫡长男，仍袭原职。

孙琦·正千户

外黄查有：孙杰，山阳县人。父孙保，旧名保儿，己亥年充军，乙巳年充小旗，洪武六年充总旗，十一年除英武卫右所试百户，十六年残疾。二十一年敬令杰替职，与世袭，二十三年钦调安南卫中所。孙忠系孙杰嫡长孙。

一辈孙保。

二辈孙杰。

三辈孙忠，旧选簿查有：宣德三年五月，孙忠，年十四岁，系安南卫中千户所故世袭百户孙杰嫡长孙，钦与全俸优给，至宣德三年终住支。

宣德六年八月，孙忠，年十七岁，系安南卫中所故世袭百户孙杰嫡长孙。

副千户功次。

四辈孙广，旧选簿查有：成化六年九月，孙广，山阳县人，系安南卫中所副千户孙忠嫡长男，钦与世袭。

正千户功次。

五辈孙琥，旧选簿查有：弘治十一年七月，孙琥，山阳县人，系安南卫中所功升正千户孙广嫡长男，钦与世袭。

指挥佥事功次。

六辈孙武，旧选簿查有：嘉靖十年二月，孙武，山阳县人，系安南卫年老指挥佥事孙琥嫡长孙。伊八世祖保功升试百户，七世祖杰袭，故。高祖忠冒袭实授百户，功升副千户。曾祖广袭，功升正千户。祖琥袭升正千户。所据冒袭职级，例应减革，本人照例革替正千户，注中所。

七辈孙琦，旧选簿查有：隆庆三年六月，孙琦，年二十六岁，山阳县人，系安南卫中所故正千户孙武嫡长男。

殷爵·正千户

外黄查有：殷让，曹县人。有父殷谅，吴元年归附从军，辛丑年充小旗，癸卯年充总旗，吴元年钦除宁国卫百户，洪武元年故。让袭流官百户，十七年除羽林左卫前所副千户，二十一年钦除世袭正千户，二十三年调安南卫。

一辈殷谅，已载前黄。

二辈殷让，已载前黄。

三辈殷礼，旧选簿查有：永乐六年十一月，殷礼，年十五岁，系安南卫中所故世袭正千户殷让嫡长男。

四辈殷肇，旧选簿查有：正统八年二月，殷肇，系安南卫中所故世袭正千户殷礼嫡长男。

五辈殷鑑，旧选簿查有：景泰五年十月，殷鑑，年十六岁，曹县人，系安南卫中所被贼杀死世袭正千户殷肇亲侄。·226·

六辈殷武，旧选簿查有：弘治十一年七月，殷武，曹县人，系安南卫中所世袭正千户殷鑑嫡长孙。

七辈殷恩，旧选簿查有：嘉靖十一年六月，殷恩，年三十岁，曹县人，系安南卫中所故世袭正千户殷武堂弟。

八辈殷爵，旧选簿查有：嘉靖四十一年四月，殷爵，年三十岁，曹县人，系安南卫中所故正千户殷恩嫡次男。查得殷武未比，照例罚俸三年。

九辈殷邦化，万历八年十月，殷邦化，年二十岁，曹县人，系安南卫中所故正千户殷爵亲侄，比中二等。

秦爵·副千户

外黄查有：秦敬，滁州人，系百户秦旺嫡长男。有父秦旺，甲午年军，辛丑年守扬州，甲辰年充小旗，洪武元年克安乐州充总旗，十一年调推大同左卫百户，十二年与实授，老。敬替，仍在大同左卫右所，二十年调荆州卫中所，二十三年改调安南卫中所。

一辈秦旺，已载前黄。

二辈秦敬，已载前黄。

三辈秦玉，旧选簿查有：永乐四年十一月，秦玉，系安南卫中所故世袭百户秦敬嫡长男。

四辈秦忠，旧选簿查有：永乐二十年八月，秦忠，年十五岁，系安南卫中所失陷世袭百户秦玉嫡长男。

五辈秦玘，旧选簿查有：宣德元年七月，秦玘，系安南卫中千户所故世袭百户秦忠亲叔。

六辈秦让，旧选簿查有：景泰二年八月，秦让，系安南卫中所世袭百户秦玘嫡长男。

功次簿查有：天顺二年调征东苗地方杀贼获功例升一级内开安南卫实授百户升副千户共一十二员内一员升副千户秦让。

七辈秦昂，旧选簿查有：成化十年十一月，秦昂，滁州人，系安南卫中所故副千户秦让嫡长男，钦与世袭。

八辈秦能，旧选簿查有：弘治十六年八月，秦能，年十五岁，滁州人，系安南卫中所故世袭副千户秦昂嫡长男。

九辈秦爵，旧选簿查有：嘉靖四十年二月，秦爵，年三十七岁，滁州人，系安南卫中所老副千户秦能嫡长男。·227·

十辈秦禄，万历四年四月，秦禄，年四十岁，滁州人，系安南卫中所故副千户秦爵亲弟。

十一辈秦国玺，万历十七年四月，秦国玺，年二十五岁，系安南卫中所患疾副千户秦禄嫡长男，比中二等。

十二辈秦明臣，万历十九年四月，秦明臣，年七岁，系安南卫中所故副千户秦国玺嫡长男，照例与全俸优给，至万历二十六年终住支。

万历三十一年二月，秦明臣，年十七岁，出幼袭职，比中三等，系副千户。

钱昇·副千户

外黄查有：钱恭，定远县人。有伯父钱聚，乙未年和州从军，渡江克采石，洪武元年取建昌，病故。将次伯钱诚部领伯父所管军士，取建宁，征永州，六月钦除蕲州卫百户，五年调武昌卫中左所，十月病故。将堂兄钱文于十七年袭除留守左卫石城门千户所世袭百户，十九年调旗手卫中所，二十二年调安南卫中所，三十五年病故。恭系堂弟，永乐三年十二月敬准袭职，仍授安南卫中所世袭百户。

一辈钱诚，已载前黄。

二辈钱文，已载前黄。

三辈钱恭，旧选簿查有：永乐三年十二月，钱恭，年十五岁，系安南卫中所故世袭百户钱文堂弟。

四辈钱敬，旧选簿查有：永乐十五年十月，钱敬，系安南卫中所故世袭百户钱恭亲弟。

副千户功次：已载五辈选条。

五辈钱纲，旧选簿查有：正统八年四月，钱纲，系安南卫中所阵亡百户钱敬嫡长男，袭升副千户。

六辈钱裕，旧选簿查有：弘治元年十月，钱裕，定远县人，系安南卫中所故副千户钱纲嫡长男。

七辈钱昇，旧选簿查有：正德十年六月，钱昇，年十五岁，定远县人，系安南卫中所故副千户钱裕嫡次男。·228·

年远事故中所副千户一员·王骥

洪武三十一年十月，王贵，年十三岁，系安南卫中所阵亡流官百户王葛名的名王孟肆亲侄，钦与世袭，支俸读书操练，至十五岁管事。

宣德七年九月，王祚，系安南卫中所故世袭百户王贵嫡长男。

成化五年十二月，王政，上元县人，系安南卫中所故副千户王祚嫡长男，钦与世袭。

弘治四年八月，王骥，上元县人，系安南卫中所世袭副千户王政庶长男。

又一员·戚昇

永乐十一年九月，戚源，系安南卫中所失陷世袭副千户戚斌嫡长男，钦准袭授本卫所副千户。

正统四年三月，戚善，系安南卫中所故世袭副千户戚源嫡次男。

正统五年十二月，戚昇，年十二岁，系安南卫中所故世袭副千户戚善庶弟，钦与全俸优给，至正统七年终住支。

又一员·李瑄

洪武二十五年七月，钦依安南卫中所世袭副千户李俊。

洪武二十七年六月，李春，系安南卫中所流官副千户李俊嫡长男。父为征伤风疾，钦准替职，与世袭，仍授本卫所世袭副千户。

永乐元年七月，李芳，年十二岁，系安南卫中所阵亡世袭副千户李春嫡长男，支·229·俸读书操练，至十五岁管事。

正统元年九月，李瑄，年十六岁，系安南卫中所故世袭副千户李芳嫡长男。

［革发一员·王阁］

隆庆四年二月，王阁，安南卫中所舍人，系故副千户王骥嫡次孙，违限年远，革发去讫。①

赵民望·实授百户

外黄查有：赵溥，合肥县人。祖赵丑儿，丁酉年归附，洪武十三年充小旗，十七年升总旗，运粮淹死。父赵僧儿补，二十六年为事问发金齿卫充军，三十五年

---

① 此"王阁"选条，应另作"革发一员·王阁"簿，实可接继《总汇》本册第229页"年远事故中所副千户·王骥"簿王骥选条之后。

遇有，仍充总旗，疾。溥顶名代，正统六年麓川二次头功例升二级，因未并枪，准一级升试百户，天顺元年遇例实授。赵纲系赵溥嫡长孙，祖老疾，父赵英替职，病故，纲于成化十年二月袭授世袭百户。赵仁，年十五岁，系安南卫中所患疾副千户赵麒嫡长男。伊高祖溥立功升试百户，遇例实授，曾祖纲沿袭，以都匀功升前职。所据遇例一级，应该减革，本人照例与袭实授百户，嘉靖七年十二月钦准袭职。

一辈赵丑儿，已载前黄。

二辈赵溥，已载前黄。

三辈赵英，缺。

四辈赵纲，已载前黄。

功次簿查有：弘治七年都匀一人自擒斩贼级四名颗，安南卫百户升副千户三员内一员赵纲。

五辈赵麒，缺。

六辈赵仁，已载前黄。

七辈赵民望，旧选簿查有：嘉靖三十五年六月，赵民望，年二十岁，合肥县人，系安南卫中所故实授百户赵仁嫡长男，准袭实授百户。

八辈赵天旭，万历三十六年十二月，大选过安南卫中所实授百户一员赵天旭，年二十岁，系故实授百户赵民望嫡长孙，比中三等。·230·

于岳·实授百户

外黄查有：于隆，唐县人，系于山嫡长男。[有父]洪武二年归附，三年充总旗，八年并，十七年除蔚州卫右所世袭百户，二十三年改调安南卫，为因年老告替，三十一年故。当年蒙准令隆袭职，仍授安南卫中所世袭百户。于政系于隆嫡长男，父病故，政年幼，优给，宣德六年袭本卫所百户。于恺系于政嫡长孙，祖故，于让袭，风瘫疾，恺弘治元年替世袭百户。于章年八岁，系于恺嫡长男，父故，章弘治十年优给，至十六年终住支。于章年十七岁，系于恺嫡长男，父故，章弘治十八年袭。

一辈于山，已载前黄。

二辈于隆，旧选簿查有：洪武三十一年十月，于隆，系安南卫中所故世袭百户于山嫡长男。

三辈于政，旧选簿查有：宣德六年八月，于政，年十七岁，系安南卫中所故世袭百户于隆嫡长男。

四辈于让，旧选簿查有：天顺七年五月，于让，唐县人，系安南卫中所故世袭百户于政庶长男。

五辈于恺，旧选簿查有：弘治元年七月，于恺，唐县人，系安南卫中所世袭百户于让嫡长男。

六辈于璋，旧选簿查有：弘治十八年八月，于璋，年十七岁，唐县人，系安南卫中所故世袭百户于恺嫡长男。

七辈于岳，旧选簿查有：嘉靖二十八年六月，于岳，唐县人，系安南卫中所老疾实授百户于璋嫡长男。

八辈于守忠，隆庆五年二月二十八日，于守忠，年三十六岁，唐县人，系安南卫中所患疾世袭百户于岳嫡长男，钦准替职。

杨威·实授百户

外黄查有：杨福，衢州人。有父杨保，丁酉年从军，甲辰年充小旗，洪武七年充总旗，十八年除百户，调安南卫，老疾。福系嫡长男，袭百户。

一辈杨保，已载前黄。

二辈杨福，旧选簿查有：洪武三十二年三月，杨福，系安南卫中所世袭百户杨保嫡长男。·231·

三辈杨敔，旧选簿查有：正统二年十一月，杨敔，系安南卫中所世袭百户杨福嫡长男。

四辈杨淙，旧选簿查有：成化十二年十一月，杨淙，衢州府人，系安南卫中所世袭百户杨敔嫡次男。

五辈杨全，旧选簿查有：弘治十年十二月，杨全，年十六岁，衢州府人，系安南卫中所故世袭百户杨琮嫡次男。兄杨俸残疾，不堪，本人优给，今出幼袭职，待兄有男，还与职事。

六辈杨威，旧选簿查有：嘉靖十八年八月，杨威，衢州府人，系安南卫中所故实授百户杨全嫡长男。

七辈杨得春，万历三年十月，杨得春，年三十岁，衢州府人，系安南卫中所故实授百户杨威亲侄。

李闰·实授百户

缺。

一辈李旺，缺。

二辈李春，旧选簿查有：永乐元年七月，李春，年十一岁，系安南卫中所阵亡世袭百户李旺旧名李王驴嫡长男，支俸读书操练，至十五岁管事。

三辈李杰，旧选簿查有：正统四年二月，李杰，年十七岁，系安南卫中所故世袭百户李春嫡长男。

四辈李善，旧选簿查有：成化元年十月，李善，年十五岁，安丘县人，系安南卫中所故世袭百户李杰嫡长男。

五辈李纲，旧选簿查有：正德三年十一月，李纲，安丘县人，系安南卫中所故绝世袭百户李善亲侄。

六辈李闰，旧选簿查有：嘉靖二十二年二月，李闰，年五岁，安丘县人，系安南卫中所老实授百户李纲嫡长孙，照例与全俸优给，至嘉靖三十一年终住支。·232·

年远事故世袭百户一员·李惠

永乐元年七月，李铭，系安南卫中所故世袭百户李清嫡长男。

永乐十五年九月，李福，年十五岁，系安南卫中所故世袭百户李铭庶弟。

正统六年四月，李祺，系安南卫中所被贼伤故世袭百户李福亲弟。

景泰三年十月，李敬，盱眙县人，系安南卫中所故世袭百户李祺嫡长男。

成化十六年十二月，李质，年十七岁，盱眙县人，系安南卫中所故世袭百户李敬嫡长男。

弘治三年九月，李惠，盱眙县人，系安南卫中所故世袭百户李质亲弟。

王厚·试百户

外黄查有：王宪，邵阳县人。祖王伯三，洪武二十二年充总甲，三（二）十三年并充总旗，残疾。伯王子一代，故。兄王添保补，[永乐]十八年并充总旗，残疾。宪代役，正统六年麓川二次头功例升二级，因未并枪，准一级，止升安南卫中所试百户，天顺元年遇例实授。

一辈王伯三,已载前黄。

二辈王子一,已载前黄。

三辈王添保,已载前黄。

四辈王宪,已载前黄。·233·

五辈王纲,旧选簿查有:成化十二年十一月,王纲,邵阳县人,系安南卫中所百户王宪嫡长男,钦与世袭。

六辈王珊,旧选簿查有:正德三年十二月,王珊,邵阳县人,系安南卫中所老疾世袭百户王纲嫡长男。

七辈王厚,旧选簿查有:嘉靖六年八月,王厚,年五岁,邵阳县人,系安南卫中所患疾实授百户王珊嫡长男。伊曾祖王宪原系功升试百户,冒作实授,祖、父沿袭,本人照例革与试百户俸优给,嘉靖十五年终住支。

旧选簿查有:嘉靖十八年八月,王厚,年十八岁,邵阳县人,系安南卫中所试百户王珊嫡长男,优给出幼袭职。

胡宾·试百户

［缺。］

一辈胡民,缺。

二辈胡诗保,缺。

总旗功次。

三辈胡真,缺。

四辈胡瑄,缺。

试百户功次:已载五辈选条。

五辈胡广,旧选簿查有:景泰六年十月,胡广,系安南卫中所试百户胡瑄户名胡民嫡长男。父原系未并枪总旗户丁,调征麓贼获头功升前职,伤故,照例本人该袭实授百户。

六辈胡润,旧选簿查有:成化六年八月,胡润,邵阳县人,系安南卫中所百户胡广嫡次男,钦与世袭。

七辈胡遵,旧选簿查有:弘治十七年六月,胡遵,邵阳县人,系安南卫中所世袭百户胡润嫡长男。

八辈胡献,旧选簿查有:嘉靖六年八月,胡献,年十七岁,邵阳县人,系安南卫中所故百户胡遵嫡长男。高祖瑄原系未并枪总旗,获功二级升试百户,曾祖广遇例实授,祖、父沿袭,本人先已与百户全俸·234·优给。今据遇例一级仍该减革,本人照例与袭试百户,限外多支俸粮,查扣关支。

九辈胡宾,旧选簿查有:嘉靖四十二年八月,胡宾,年二十七岁,邵阳县人,系安[南]卫中所故试百户胡献嫡长男。

童仁·所镇抚

外黄查有:童祯,黄岩县人,系童均信嫡长男。父前方氏万户,洪武元年入籍为民,十八年除所镇抚,老,祯替安南卫中所世袭所镇抚。

一辈童均信。

二辈童祯,旧选簿查有:洪武三十一年十月,童祯,系安南卫中所流官所镇抚童均信嫡长男,与世袭。

三辈童镐,旧选簿查有:永乐十四年五月,童镐,系安南卫中所故世袭所镇抚童祯嫡长男。

四辈童璲,旧选簿查有:景泰五年十二月,童燧,系安南卫中所故世袭所镇抚童镐嫡长男。

五辈童冠,旧选簿查有:成化十四年九月,童冠,黄岩县人,系安南卫中所世袭所镇抚童燧嫡长男。

六辈童恺,旧选簿查有:弘治十二年六月,童恺,黄岩县人,系安南卫中所世袭所镇抚童冠亲弟,待兄有男,还与职事。

七辈童林,旧选簿查有:嘉靖元年三月,童林,黄岩县人,系安南卫中所故绝所镇抚童恺亲弟。

八辈童仁,旧选簿查有:嘉靖二十三年六月,童仁,年四岁,黄岩县人,系安南卫中所故所镇抚童林嫡次男。照例与全俸优给,至嘉靖三十三年终住支。

旧选簿查有:隆庆二年十月,童仁,年二十八岁,黄岩县人,系安南卫中所故所镇抚童林嫡次男,优给出幼袭职。查得本舍优给违限一十四年,限外有无多支俸粮,查扣毕日关支。

九辈童养正,万历十二年十月,童养正,年三岁,黄岩县人,系安南卫中所患疾所镇抚童仁嫡长男,照例与全俸优给,至万历二十三年终住支。

万历二十九年八月,童养正,年二十一岁,出幼袭职,违限五年,有无多支俸

粮，查扣，比中二等。·235·

中所所镇抚一员·章显

宣德七年八月，章琮，系安南卫中所世袭所镇抚章宁嫡长男。

景泰五年十月，章斌，太湖县人，系安南卫中所被贼杀死世袭正千户童琮堂弟。

成化十二年八月，章辅，太湖县人，系安南卫中所世袭正千户章斌嫡长男。

弘治六年十月，章勋，太湖县人，系安南卫中所故世袭正千户章辅嫡长男。

嘉靖十七年二月，章显，年三十五岁，太湖县人，系安南卫中所老疾正千户章勋嫡长男。伊曾伯祖琮以所镇抚历升正千户，曾祖斌以琮堂弟相沿，所据副千户以上二级系犯堂，例应减革，本人照例革与祖职所镇抚。

王斗·正千户

外黄查有：王晟，定远县人。曾祖父王文涣，甲午年归附充万户，乙巳年充镇抚，洪武元年阵亡。伯祖王仁，三年袭沔阳卫所镇抚，十九年故。祖父王英起取，拨金吾右卫充参侍舍人，十七年除旗手所百户，十九年授流官，二十一年升燕山右卫后所世袭副千户，三十三年①调安南卫后所，永乐十年老疾。父王瑄先故，晟系嫡长男，宣德元年替世袭副千户。

一辈王文涣，已载前黄。

二辈王英，已载前黄。

三辈王瑄，已载前黄。

四辈王晟，旧选簿查有：宣德元年十月，王晟，系安南卫后千户所世袭副千户王英嫡长孙。

正千户功次：已载八辈选条。

指挥佥事功次：已载九辈选条。·236·

五辈王遵，旧选簿查有：成化二年七月，王遵，凤阳府定远县人，系安南卫故指挥佥事王晟嫡长孙。

指挥使功次：已载九辈选条。

---

① 此处"三十三年"，似应作"二十三年"。

六辈王章，旧选簿查有：弘治十七年十二月，王章，定远县人，系安南卫故功升指挥使王遵嫡长男，钦与世袭。

七辈王臣，旧选簿查有：嘉靖六年八月，王臣，年二十八岁，定远县人，系安南卫老疾世袭指挥使王章嫡长男。

八辈王山，旧选簿查有：嘉靖十四年二月，王山，年四十一岁，定远县人，系安南卫故绝指挥使王臣堂叔。伊曾祖晟以副千户麓川杀贼升正千户，功升指挥佥事，伯遵历功二级升前职，沿袭。所据麓川功一级，查无头功，例应减革，本人照例与袭指挥同知。

九辈王斗，旧选簿查有：嘉靖十八年十月，王斗，定远县人，系安南卫故指挥同知王山嫡长男。伊曾祖晟以副千户麓川升正千户，又麓川功升指挥佥事，伯祖遵都清功升指挥使，父山革袭指挥同知。今查山系遵堂侄，所据犯堂，例该革去遵二级，本人革袭祖职正千户，注前所。

十辈王大谟，万历七年四月，王大谟，年三十六岁，定远县人，系安南卫前所年老正千户王斗嫡长男，比中二等。

十一辈王肇统，崇祯四年二月，大选过安南卫前所正千户一员王肇统，年二十五岁，系故正千户王大谟侄孙。大谟病故，其子崇爵又病废，无嗣，而肇统正有功一脉，轮序应袭者也。查与例合，不与犯堂，准照旧袭授祖职正千户，比中三等。

陈科·正千户

外黄查有：陈鼎，遂平县人，系陈兴嫡长男。父甲辰年从军，洪武二年充小旗，四年充总旗，十七年除豹韬卫后所世袭百户，二十三年升锦衣卫马军所世袭副千户，二十四年降总旗，二十五年复职，调安南卫前所世袭，二十六年老疾，二十七年鼎替安南卫前所世袭副千户。陈新系陈鼎嫡长男。陈衷系陈新嫡长男，父征麓贼有功，正统七年升正千户，老疾，衷于景泰五年袭正千户。陈荣系陈衷嫡次男，父故，兄陈聪儿残疾，无儿男，荣优给出幼，袭正千户。

一辈陈兴，已载前黄。

二辈陈鼎，已载前黄。·237·

三辈陈新，已载前黄。①

四辈陈衷，已载前黄。

五辈陈荣，旧选簿查有：成化六年九月，陈荣，年九岁，遂平县人，系安南卫前所故世袭正千户陈衷嫡次男。兄陈聪儿患喑哑残疾，不堪承袭，本人优给，至成化十一年终住支，待兄有男，还与职事。

旧选簿查有：成化十三年十二月，陈荣，年十六岁，遂平县人，系安南卫前所故世袭正千户陈衷嫡次男，兄陈聪不堪，本人借职。

六辈陈松，旧选簿查有：正德二年十二月，陈松，遂平县人，系安南卫前所世袭正千户陈荣嫡长男。

七辈陈科，旧选簿查有：嘉靖二十二年十二月，陈科，年二十五岁，遂平县人，系安南卫前所故正千户陈松嫡长男，照旧正千户。

八辈陈武，万历元年二月，陈武，年二十六岁，遂平县人，系安南卫前所年老正千户陈科嫡长男。

九辈陈化龙，万历二十一年六月，陈化龙，年二十岁，系安南卫前所故正千户陈武嫡长男，比中二等。

李开·正千户

外黄查有：李谦，江夏县人。有祖父李文，癸卯年归附，甲辰年选充小旗，吴元年充总旗，洪武元年除授百户，三年故。有父李荣，十六年袭除金吾前卫中所百户，二十三年调安南卫前所，永乐九年老疾，告。谦系庶长男，宣德二年替授本卫所世袭百户。

一辈李文，已载前黄。

二辈李荣，已载前黄。

三辈李谦，旧选簿查有：宣德二年九月，李谦，系安南卫前千户所世袭百户李荣庶长男。

副千户功次、正统七年钦升簿内查有：调征麓川反寇思任［发］于上江等处剿杀蛮贼有功百户一次头功升副千户一员李谦，安南卫前所。

---

① 此"陈科·正千户"选簿一辈陈兴、二辈陈鼎、三辈陈新等选条，又见原簿第241页"年远事故前所副千户一员·陈新"各选条所载。

四辈李萃，旧选簿查有：成化元年二月，李萃，江夏县人，系安南卫前所副千户李谦亲侄，钦与世袭。·238·

五辈李义，旧选簿查有：成化六年八月，李义，江夏县人，系安南卫前所故世袭副千户李萃亲弟。

六辈李相，旧选簿查有：弘治九年九月，李相，年十五岁，江夏县人，系安南卫前所故世袭副千户李义嫡长男。

正千户功次。

七辈李开，旧选簿查有：嘉靖十一年十月，李开，年二十八岁，江夏县人，系安南卫前所故世袭正千户李相嫡长男。本人比试不中，暂准袭职，与支半俸，候及二年，起送再比。

钱韬·副千户

外黄查有：钱韬，年三十六岁，系贵州都司安南卫前所实授世袭副千户，原籍浙江湖州府安吉县人。一世祖钱佑，戊戌年归附从军，吴元年调广洋卫后所，洪武五年黑松林阵亡。二世祖钱永孙补役，调留守中卫三山门千户所，故。始祖钱旺补役，二十五年调营州中护卫中右所，三十二年随军奉天征讨，三十三年白沟河、济南升小旗，三十四年藁城、西水寨升总旗，三十五年金川门升庄浪卫右所副千户，永乐四年授世袭，老疾。高祖钱胜系嫡长男，宣德六年十二月替，正统六年调安南卫前所，老疾。曾祖钱亮系嫡长男，成化三年四月比，替，故。祖钱勇系嫡长男，弘治元年十月比，袭，故。父钱武系嫡长男，优给，正德四年十二月袭，老疾。韬系嫡长男，嘉靖三十五年十二月比，替安南卫前所实授副千户。

一辈钱旺，已载前黄。

二辈钱胜，旧选簿查有：宣德六年十二月，钱胜，系庄浪卫右所世袭副千户钱旺嫡长男。

三辈钱亮，旧选簿查有：成化三年四月，钱亮，安吉县人，系安南卫前所世袭副千户钱胜嫡长男。

四辈钱勇，旧选簿查有：弘治元年十月，钱勇，安吉县人，系安南卫前所故世袭副千户钱亮嫡长男。

五辈钱武，旧选簿查有：正德四年十二月，钱武，安吉县人，系安南卫前所故世袭副千户钱勇嫡长男。

六辈钱韬，旧选簿查有：嘉靖三十五年十二月，钱韬，安吉县人，系安南卫前所老疾副千户钱武嫡长男。

七辈钱国珍，万历十二年六月，钱国珍，年三十岁，安吉县人，系安南卫前所故副千户钱韬嫡长男，比中二等。·239·

於世奇·副千户

外黄查有：於得，和州人，系於勋嫡长男。父乙未年军，己亥年充小旗，洪武十一年充总旗，十七年除百户，二十一年升副千户，阵亡，得袭安南卫右所世袭副千户。於恺系於得嫡长男，父征交阯失陷，恺袭世袭副千户。於敬系於恺嫡长男，父故，敬袭世袭副千户。於绍系於敬嫡长男，父被贼杀死，绍袭世袭副千户。於澄系於绍嫡长男，父老，澄替安南卫前所世袭副千户。

一辈於勋，已载前黄。

二辈於得，旧选簿查有：洪武三十年十一月，於得，系安南卫前所阵亡世袭副千户於勋嫡长男。

三辈於恺，旧选簿查有：永乐十年七月，於恺，年十五岁，系昌江卫中左所失陷世袭副千户於得嫡长男。父原系安南卫前所副千户，后调前卫，失陷，敬准袭职，仍回安南卫前所管事。

四辈於敬，旧选簿查有：正统四年五月，於敬，系安南卫前所故世袭副千户於恺嫡长男。

五辈於绍，旧选簿查有：景泰六年二月，於绍，年十七岁，和州人，系安南卫前所被贼杀死世袭副千户於敬嫡长男。

六辈於澄，旧选簿查有：弘治十一年七月，於澄，和州人，系安南卫前所世袭副千户於绍嫡长男。

七辈於凤，旧选簿查有：嘉靖五年四月，於凤，和州人，系安南卫前所年老世袭副千户於澄嫡长男。

八辈於世奇，旧选簿查有：隆庆二年十月，於世奇，年三十岁，和州人，系安南卫前所故副千户於凤嫡长男。

九辈於国态，万历三十一年二月，於国态，年二十岁，和州人。伊伯於世奇原袭副千户，今［年］老，本舍系亲侄，准照例借替副千户，待伯生子退还，比中二等。

伍偁·副千户

外黄查有：伍胜，庐陵县人，系伍毅旧名存义侄男。

一辈伍毅，已载前黄。

二辈伍胜，已载前黄。·240·

三辈伍海，旧选簿查有：永乐八年十月，伍海，系安南卫前所故世袭百户伍胜嫡长男。

四辈伍玉，旧选簿查有：正统九年二月，伍玉，年十七岁，系安南卫前所世袭百户伍海嫡长孙。

副千户功次：天顺七年十二月，安南卫百户升副千户伍玉。

五辈伍伦，旧选簿查有：成化二十一年十二月，伍伦，系庐陵县人，系安南卫前所故副千户伍玉嫡长男，钦与世袭。

六辈伍儒，旧选簿查有：正德七年六月，伍儒，庐陵县人，系安南卫前所故世袭副千户伍伦亲弟。

七辈伍偁，旧选簿查有：正德十年二月，伍偁，庐陵县人，系安南卫前所故副千户伍儒亲弟。

年远事故前所副千户一员·陈新

洪武二十五年七月，钦依安南卫世袭前所副千户陈兴。

洪武二十七年六月，陈鼎，系安南卫前所世袭副千户陈兴嫡长男，父为眼昏，准替职，仍授本卫所世袭百户。

宣德五年九月，陈新，系安南卫前所世袭副千户陈鼎嫡长男。①

宇效忠·实授百户

内黄查有：宇安，定远县人。有祖父宇闰，乙未年归附从军，升百户，丙申年升千户，甲辰年编伍充总旗，洪武三年并枪除太原左卫右所百户。祖老疾，钦令父宇文替职，祖父宇闰十四年敬除泉州卫副千户，父宇文调留守右卫百户，二十三年

---

① 此"年远事故前所副千户一员·陈新"簿，又见原簿第237页"陈科·正千户"选簿贴黄及一、二、三辈选条相关记载。

调安南卫前所,故。兄宇宁永乐元年袭百户,故,无儿男。安系亲弟,十四年袭百户。宇广系宇安嫡长男。·241·

一辈宇闰,已载前黄。

二辈宇文,已载前黄。

三辈宇宁,旧选簿查有:永乐元年四月,宇宁,系安南卫前所世袭百户宇文嫡长男。

四辈宇安,旧选簿查有:永乐十三年七月,宇安,系安南卫前所故世袭百户宇宁亲弟。

五辈宇广,旧选簿查有:正统十三年十一月,宇广,系安南卫前所故世袭百户宇安嫡长男。

副千户功次:天顺七年十二月,安南卫百户升副千户宇广。

六辈宇海,旧选簿查有:弘治二年十月,宇海,定远县人,系安南卫前所副千户宇广嫡长男,替职,钦与世袭。

七辈宇麟,旧选簿查有:弘治十七年十二月,宇麟,定远县人,系安南卫前所世袭副千户宇海嫡长男。

八辈宇柏,旧选簿查有:嘉靖十六年十二月,宇柏,年二十岁,定远县人,系安南卫前所老疾副千户宇麟嫡长男。伊曾祖广以百户东苗功升副千户,祖、父相沿。所据东苗功无擒斩,本人照例革与百户。

九辈宇效忠,旧选簿查有:隆庆二年六月,宇效忠,年二十三岁,定远县人,系安南卫前所故实授百户宇柏嫡长男。

周用·世袭百户

缺。

一辈周忠,缺。

二辈周文,旧选簿查有:洪武三十一年十月,周文,系安南卫前所流官百户周忠嫡长男,与世袭。

三辈周安,旧选簿查有:永乐二十二年二月,周安,系安南卫前所故世袭百户周文嫡长男。·242·

四辈周冕,旧选簿查有:正统四年闰二月,周冕,系安南卫前所世袭百户周安嫡长男。

五辈周纲，旧选簿查有：成化六年七月，周纲，长兴县人，系安南卫前所世袭百户周冕嫡长男。

六辈周凤，旧选簿查有：正德元年八月，周凤，长兴县人，系安南卫前所故世袭百户周纲庶长男。

七辈周用，旧选簿查有：嘉靖五年六月，周用，年十六岁，长兴县人，系安南卫前所故百户周凤嫡次男，优给出幼袭职，限外多支俸粮，查扣关支。

罗文松·实授百户

一辈罗忠，缺。

二辈罗纶，旧选簿查有：永乐九年四月，罗纶，年十五岁，系安南卫前所故世袭百户罗忠庶长男。

三辈罗铨，旧选簿查有：宣德五年九月，罗铨，年十六岁，系安南卫前所故世袭百户罗纶嫡长男。

四辈罗英，旧选簿查有：景泰六年二月，罗英，年十六岁，常熟县人，系安南卫前所被贼杀死世袭百户罗铨嫡长男。

五辈罗金，旧选簿查有：弘治十二年九月，罗金，常熟县人，系安南卫前所故世袭百户罗英嫡长男。

六辈罗勋，旧选簿查有：嘉靖四年十月，罗勋，常熟县人，系安南卫前所降级试百户罗金嫡长男。父原袭祖职百户，为守备不设问降前职，今故。本人照例与袭祖职百户，世袭。

七辈罗文松，旧选簿查有：嘉靖四十五年四月，罗文松，年二十一岁，常熟县人，系安南卫前所故实授百户罗勋嫡长男。

八辈罗文举，万历十八年十二月，罗文举，年二十五岁，系安南卫前所故实授百户罗文松堂弟，比中三等。·243·

王任·实授百户

外黄查有：王雄，黄岩县人。五世祖王信忠，吴元年充小旗，洪武五年故。高祖王先补役，十一年拨府军左卫，升小旗，二十一年征哈喇升总旗，二十四年升燕山前卫中所百户，为查理乡贯不明，充兴州中屯卫右所军，遇例复总旗，三十

（五）年克金川门升怀远卫中所世袭百户，永乐十四年老。曾祖王润系嫡长男，十五年袭职，宣德五年故。祖王得优给，正统八年袭神武右卫左所百户，成化元年调贵州安南卫前所，故。父王福系嫡长男，十四年袭职，弘治六年节次攻打朵罗等处杀贼有功升副千户，正德元年因阿马坡下营失利降试百户，老疾。雄系嫡长男，替父试百户，候父身终之日仍袭祖职，十五年父故，十六年革去父为事自立一级，袭祖职实授百户，仍授安南卫前所。

一辈王信忠，已载前黄。

二辈王先，已载前黄。

三辈王润，已载前黄。

四辈王得，已载前黄。

五辈王福，已载前黄。①

六辈王雄，旧选簿查有：正德十六年十二月，王雄，年三十四岁，黄岩县人，系安南卫前所故为事降级试百户王福嫡长男。伊父原袭实授百户，历功升副千户，为事降前职，残疾，本人照例已暂替试百户，今故，改袭祖职实授百户。

七辈王任，旧选簿查有：嘉靖十八年二月，王任，黄岩县人，系安南卫前所故实授百户王雄嫡次男。

八辈王道正，万历十三年四月，王道正，年二十岁，黄岩县人，系安南卫前所年老实授百户王任嫡长孙，比中三等。

李可登·实授百户

缺。

一辈李必政，缺。·244·

二辈李应华，缺。

三辈李俊，缺。

四辈李庆，缺。

五辈李芳，旧选簿查有：景泰三年九月，李芳，邵阳县人，系安南卫前所试百户李庆，户名李必政嫡长男。父原系总旗，调征麓贼有功升前职，贵州失陷，钦准本

---

① 此"王任"选簿"五辈王福"选条又见原簿第257页"又一员·王福"簿。簿中，王福系"后所"王得嫡长男，从"王任·实授百户"选簿贴黄载王福子王雄袭职时特意标明"仍授安南卫前所"看，王福或曾降调后所。

人照例袭实授百户。

六辈李玉，旧选簿查有：弘治二年八月，李玉，邵阳县人，系安南卫前所故百户李芳庶弟。

七辈李遵，旧选簿查有：弘治十五年九月，李遵，邵阳县人，系安南卫前所世袭百户李玉嫡长男。

八辈李经，旧选簿查有：正德七年六月，李经，年十五岁，邵阳县人，系安南卫前所故世袭百户李遵嫡长男。

九辈李可登，旧选簿查有：嘉靖四十年十二月，李可登，年二十六岁，邵阳县人，系安南卫前所故实授百户李经嫡次男。

张应震·所镇抚

崇祯元年二月，大选过安南卫前所镇抚一员张应震，年二十五岁，查伊始祖张质，六安州人，于丙申年归附，克江阴等处节次功升所镇抚，老。二世张琛系男，替，故。三世张敏系男，袭，老。四世张春系男，替，老。六世张暹系孙，袭，故。七世张继禄，系男，优给，故绝。今本舍系暹亲孙，准袭所镇抚，比中二等。·245·①

年远事故前所世袭百户一员·杨芳

永乐十一年九月，杨忠，系安南卫前所失陷世袭百户杨大都马嫡长男，钦准袭授本卫所百户。

宣德五年十二月，杨礼，年十五岁，系安南卫前所世袭百户杨忠堂弟。

正统十三年十二月，杨清，年十六岁，系安南卫前所故世袭百户杨礼嫡长男。

天顺二年闰二月，杨海，涿州人，系安南卫前所故世袭百户杨清亲侄弟。

天顺五年五月，杨谦，涿州人，系安南卫前所故世袭百户杨海亲叔。

成化十三年七月，杨濡，涿州人，系安南卫前所世袭百户杨谦嫡次男。

弘治元年十月，杨珍，涿州人，系安南卫前所故世袭百户杨濡嫡长男。

弘治十八年十二月，杨芳，年六岁，涿州人，系安南卫前所残疾世袭百户杨珍嫡

---

① 此"张应震"选簿所载各辈承袭次第，与原簿第248页"年远事故所镇抚一员·张继爵"大多相同。据张继爵选簿，张暹系张春男，非孙，张暹嫡长男为张继爵。

长男，钦与前（全）俸优给，至正德八年终住支。

又一员·唐鑑

永乐七年六月，唐瑀，年十五岁，系安南卫前所故世袭百户唐英嫡长男。

宣德四年五月，唐鑑，年十一岁，系安南卫前千户所故世袭百户唐瑀嫡长男，钦与全俸优给，至宣德七年终住支。

宣德八年十一月，唐鑑，年十六岁，系安南卫前所故世袭百户唐瑀嫡长男。

又一员·吴遵

洪武三十一年十月，吴旺，系安南卫前所故世袭百户吴兴嫡长男。

洪武三十三年十二月，吴忠，系安南卫前所故世袭百户吴旺亲弟。

正统元年十一月，吴诚，年十六岁，系安南卫前所世袭百户吴忠嫡长男。

天顺八年十月，吴敬，年十七岁，汲县人，系安南卫前所故世袭百户吴诚嫡长男。

弘治八年九月，吴海，汲县人，系安南卫前所故世袭百户吴敬亲弟。

弘治十七年十一月，吴遵，汲县人，系安南卫前所世袭百户吴海嫡长男。

前所试百户一员·陈雄

天顺四年正月，陈刚，年十六岁，邵阳县人，系安南卫前所试百户陈春户名陈亨嫡长男。父原系未并枪总旗户丁，调征麓贼获头功二次升前职，病故。已照例与本人实授百户俸优给，今出幼，该袭实授百户。

成化十一年十二月，陈旻，年十六岁，邵阳县人，系安南卫前所故百户陈纲嫡长男，钦与世袭。

成化二十年十一月，陈芳，邵阳县人，系安南卫前所百户陈旻亲叔。父陈春原系功升试百户，病故，兄陈刚天顺四年袭实授百户，侄袭职，俱故，本人照例革袭试百户。

弘治十七年十一月，陈英，邵阳县人，系安南卫前所故试百户陈芳嫡长男。

正德十四年二月,陈雄,邵阳人,系安南卫前所故绝百户陈英亲弟,伊兄革袭试百户,遇例实授,本人照例革与试百户。

年远事故所镇抚一员·张继爵

洪武二十五年七月,钦依安南卫世袭前所所镇抚张琛。

永乐十四年十二月,张敏,系安南卫前所故世袭所镇抚张琛嫡长男。

景泰六年十二月,张春,年三十三岁,六安州人,系安南卫前所世袭所镇抚张敏嫡长男。

成化二十三年六月,张暹,六安州人,系安南卫前所世袭所镇抚张春嫡长男。

弘治十一年七月,张继爵,年七岁,六安州人,系安南卫前所故世袭所镇抚张暹嫡长男。钦与全俸优给,至弘治十八年终住支。①

[崔一鸣·试百户]

隆庆四年二月,崔一鸣,滦州人,系安南卫前所故试百户崔武嫡长孙。查伊始祖崔昇以小旗正统二年并充总旗,四年遇例纳充所镇抚,六年麓川获功升副千户。高祖源、曾祖璸沿袭,至祖武革级(纳)升职级,袭试百户。所据并枪一级系先年减革未尽,实扣军功二级,本舍照例革袭冠带总旗一辈,以后子孙止令并充总旗,不许起送承袭。·248·②

戚显荣·正千户

缺。

一辈戚成,缺。

二辈戚贵,旧选簿查有:洪武三十二年二月,戚贵,年十一岁,系安南卫后所故世袭副千户戚成嫡长孙,支俸读书操练,至十五岁管事。

正千户功次:已载三辈选条。

三辈戚良,旧选簿查有:永乐二十年八月,戚良,年十六岁,系安南卫后所世袭

---

① 此"张继爵"簿所载张琛、张敏、张春、张暹等袭职次第,与原簿第245页"张应震·所镇抚"簿相同。
② 选簿标题系整理者所加,原簿目录未载。

副千户戚贵嫡长男，父征剿交阯余寇有功，该升未升，病故，敬准本人升袭流官正千户。

四辈戚勇，旧选簿查有：成化三年七月，戚勇，泗州人，系安南卫后所正千户戚良庶长男，钦与世袭。

五辈戚雄，旧选簿查有：弘治十七年十二月，戚雄，泗州人，系贵州安南卫后所世袭正千户戚勇嫡长男。

六辈戚忠，旧选簿查有：正德十年八月，戚忠，年十六岁，泗州人，系安南卫后所故正千户戚雄嫡长男。

七辈戚显荣，旧选簿查有：嘉靖二十六年六月，戚显荣，年五岁，泗州人，系安南卫后所故正千户戚忠嫡长男，照例与全俸优给，至嘉靖三十五年终住支。

八辈戚重贤，隆庆四年十月，戚重贤，泗州人，系安南卫后所故正千户戚忠亲侄。

九辈戚继光，万历三十二年二月，戚继光，年三十岁，系安南卫后所患疾正千户戚重贤嫡长男，比中一等。

张宁·副千户

外黄查有：张彦昇，滁州人。高祖六，甲午年从军，丁酉年故。曾祖贤，补，升小旗，洪武六年并升总旗，二十年为事充军，三十年宥复总旗，永乐四年调安南卫后所，老。祖用并，代，正统四年麓川有功升实授百户，老。父英替，天顺三年东苗有功升副千户，成化十年犯罪革职。彦昇系亲男，替实授百户，十五年征西堡等处有功十六年升安南卫后所副千户。张纲系张彦昇嫡长男。张孟机系张纲嫡长男。

一辈张贤，已载前黄。
二辈张用，已载前黄。

功次簿查有：正统七年征云南麓川安南卫后所总旗三次头功升百户一员张用。

三辈张英，旧选簿查有：景泰三年十月，张英，来安县人，系安南卫后所百户张用嫡长男，钦与世袭。

副千户功次：天顺七年十二月，安南卫百户升副千户张英。

四辈张彦昇，旧选簿查有：成化十一年八月，张彦昇，来安县人，系安南卫后所革职副千户张英嫡长男，今袭百户于本卫所。

副千户功次：已载前黄。

五辈张纲，旧选簿查有：弘治十一年九月，张纲，来安县人，系安南卫后所功升副千户张彦昇嫡长男，钦与世袭。

六辈张孟机，旧选簿查有：正德十三年八月，张孟机，来安县人，系安南卫后所故世袭副千户张纲嫡长男。

七辈张宁，旧选簿查有：嘉靖二十四年六月，张宁，来安县人，系安南卫后所故副千户张孟机嫡次男。

八辈张世勋，万历九年四月，张世勋，年三十岁，来安县人，系安南卫后所故副千户张宁嫡长男，比中二等。

九辈张世荣，万历二十六年四月，张世荣，年三十五岁，滁州人，系安南卫后所故副千户张世勋亲弟。查伊祖系总旗，麓川功升实授百户，系越升一级，又征西堡等处升副千户，无斩首功。本舍姑量革一级，照例与袭实授百户，比中二等。

萧权·副千户

缺。

一辈萧庚泰，缺。

总旗功次：缺。

二辈萧乔子，缺。

三辈萧贵，缺。

试百户功次。

四辈萧琥，旧选簿查有：正统四年二月，萧琥，年十七岁，系安南卫后所试百户萧贵户名萧庚泰嫡长男。父原系总旗，剿杀番贼升除前职，病故，钦准本人袭实授世袭百户。

副千户功次。

五辈萧鑑，旧选簿查有：成化十七年二月，萧鑑，武冈州人，系安南卫后所署正千户事副千户萧琥嫡长男。

六辈萧昇，旧选簿查有：弘治十四年闰七月，萧昇，武冈州人，系安南卫后所正千户萧鑑嫡长男。伊父原系署正千户，弘治五年遇例实授，今年老，本人照例革替署正千户事副千户。

七辈萧武，旧选簿查有：正德六年四月，萧武，年十七岁，武冈州人，系安南卫后所故绝署正千户萧昇亲侄，优给出幼袭职，仍与署正千户事副千户。

八辈萧权，旧选簿查有：正德十三年八月，萧权，年三岁，武冈州人，系安南卫后所患疾署正千户事副千户萧武嫡长男。伊高高祖萧贵功升试百户，高祖萧琥钦准实授，历功升前职，祖、父沿袭。本人照例革去钦准一级，于试百户上加功二级，与副千户俸优给，至正德二十四年终住支。

席恩·副千户

外黄查有：席忠，旧姓李忠，澧阳县人，癸卯年归附，充小旗，洪武四年选总旗，前去陕西升除百户，二十二年升西安左护卫右所副千户，二十五年有嫡长男席端为不法事典刑，提取赴京，宥罪，钦调安南卫后所管事。席雄系席忠嫡次男，父年老，兄席端为收买孳牲羊只事典刑，雄永乐三年替世袭副千户。席英系席雄亲侄，伯故，无儿男，父席璘袭职，故，英优给出幼，袭副千户。席刚系席英嫡长男。

一辈席忠，旧选簿查有：洪武二十五年三月，席忠，系西安左护卫右所世袭副千户，钦调安南卫后所。

二辈席端，已载前黄。

三辈席雄，旧选簿查有：永乐三年八月，席雄，系安南卫后所世袭副千户席忠嫡次男。

四辈席璘，旧选簿查有：永乐十五年十月，席璘，系安南卫后所故世袭副千户席雄亲弟。

五辈席英，旧选簿查有：正统元年九月，席英，年十九岁，系安南卫后所故世袭副千户席璘嫡长男。

六辈席纲，旧选簿查有：景泰六年十二月，席纲，年十六岁，澧州人，系安南卫后所被贼杀死世袭副千户席瑛嫡长男。

七辈席勋，旧选簿查有：弘治十三年六月，席勋，澧阳县人，系安南卫后所故世袭副千户席纲嫡长男。

八辈席爵，旧选簿查有：嘉靖五年六月，席爵，年十六岁，澧阳县人，系安南卫后所故副千户席勋嫡长孙，父席武先故，本人优给，今出幼袭职，限外多支俸粮查扣支给。

九辈席恩，旧选簿查有：嘉靖十一年六月，席恩，年二岁，澧阳县人，系安南卫后所故副千户席爵嫡长男，照例与全俸优给，至嘉靖二十三年终住支。

旧选簿查有：嘉靖二十六年二月，席恩，年十六岁，澧阳县人，系安南卫后所故副千户席爵嫡长男，优给出幼袭职。

十辈席宗元，万历二年四月，席宗元，年五岁，澧阳县人，系安南卫后所故副千户席恩嫡长男，照例与全俸优给，至万历十一年终住支。

夏武·副千户

外黄查有：夏忠，凤阳府寿州人。始祖夏汝宁，甲午年从军，癸卯年阵亡。高祖夏秉，洪武十一年除府军前卫参侍舍人，十二年充凤阳卫总旗，十四年充留守中卫聚宝门千户所百户，二十五年调安南卫后所，永乐二年故。三年，曾祖夏文袭，宣德三年故。祖夏盛袭，正统六年调麓川杀贼有功，七年升副千户，景泰元年故。忠系嫡孙，袭本卫所副千户，成化十七年钦与世袭。

一辈夏秉，旧选簿查有：洪武二十五年七月，钦依世袭安南卫后所百户夏秉。

二辈夏文，旧选簿查有：永乐三年七月，夏文，系安南卫后所故世袭百户夏秉嫡长男。

三辈夏盛，旧选簿查有：宣德五年十一月，夏盛，系安南卫后所故世袭百户夏文庶长男。

副千户功次：已载前黄。

四辈夏忠，旧选簿查有：天顺五年十月，夏忠，年十五岁，寿州人，系安南卫后所故副千户夏盛嫡长孙，钦与世袭。

五辈夏葵，旧选簿查有：弘治十二年九月，夏葵，寿州人，系安南卫后所故世袭副千户夏忠嫡长男。·252·

六辈夏武，旧选簿查有：嘉靖四年八月，夏武，年七岁，寿州人，系安南卫后所故世袭副千户夏葵嫡长孙。父夏承祖未袭先故，照例与本人全俸优给，至嘉靖十一年终住支。

旧选簿查有：嘉靖十三年八月，夏武，年十六岁，寿州人，系安南卫后所故副千户夏葵嫡长孙，优给出幼，限外多支俸粮，查扣关支。

七辈夏斌，万历十年四月，夏斌，年四十岁，寿州人，系安南卫后所年老副千户夏武亲弟（堂弟）①。伊堂兄原袭祖职副千户，今年老，无子，本舍照例借替祖

---

① 据八辈夏继唐选条所附宗图，夏斌系夏武堂弟。

职副千户，待后伊堂兄生有儿男，退还职事。及查伊兄一辈未比，罚俸三年，比试三等。

八辈夏继唐，万历二十二年十二月，夏继唐，年二十岁，系安南卫后所患疾副千户夏斌嫡长男，比中三等。

夏汝宁→秉→文→盛→政→忠→葵→承祖→武→继庆
　　　　　　　　　　　　　　　承恩→斌→继唐
　　　　　　　　　　　　　　　承厚→金

九辈夏时正，崇祯元年二月，单本选过安南卫指挥佥事一员夏时正，年二十七岁，系故副千户夏继唐嫡长男。查伊父原袭祖职副千户，于万历四十二等年征剿苗仲获功叙升二级在案，今故。本舍以子承父，结保无碍，合准以祖职副千户上伊父新功二级，并袭指挥佥事，比中三等。

于跃·署副千户事实授百户

内黄查有：于祥，安化县人。父于乔儿，洪武二十二年垛充长沙卫前所总甲，十二月充总旗，二十三年调长沙右护卫后所，七月改越州卫左所，二十六年为事问发云南中卫后所充军，二十八年改澜沧卫后所，三十五年遇宥，复还原卫所，仍充总旗，永乐四年调安南卫后所，宣德三年故。祥顶名补役，十年充总旗，正统六年麓川攻破杉木笼山截截路贼寨一次头功升一级，七年升安南卫后所试百户，天顺元年遇例实授百户。

一辈于乔儿，已载前黄。

二辈于祥，已载前黄。

三辈于纲，旧选簿查有：成化四年十二月，于纲，安化县人，系安南卫后所百户于祥户名于乔儿嫡长男。

功次簿查有：弘治六年征都匀，一人自擒斩贼级四名颗官舍旗军人等七百员名，安南卫升一级副千户升正千户五员内一员于纲。

四辈于隆，旧选簿查有：弘治十二年六月，于隆，安化县人，系安南卫后所功升正千户于纲嫡长男。·253·

五辈于勋，旧选簿查有：于勋，年二十四岁，安化县人，系安南卫后所故副千户于隆嫡长男。伊曾祖原系试百户，天顺元年遇例实授，祖于纲历功升正千户，父替职，为地方事降前职，故。本人因新例袭实授百户，今改正，与做副千户。

六辈于跃，旧选簿查有：嘉靖二十九年四月，于跃，安化县人，系安南卫后所故副千户于勋嫡长男。伊曾祖纲以百户征西堡升副千户，征都匀斩首功升正千户。祖隆替，为失事降副千户。父勋先以事例止袭实授百户，后改正副千户。所据伊曾祖纲西堡功无擒斩，本舍照例革与署副千户事实授百户。

七辈于国忠，万历十二年十月，于国忠，年二十岁，安化县人，系安南卫后所故署副千户事实授百户于跃亲侄，比中二等。

丁自诚·实授百户

外黄查有：丁铭，冠县人。曾祖丁友，旧名忙儿，洪武二年军，故。丁刚补役，三十三年济南升小旗，三十四年藁城升总旗，三十五年平定京师，升留守后卫观音佛宁门所百户，老。丁贵系嫡长男，替，正统四年调安南卫后所，老。铭系嫡长男，替安南卫后所世袭百户。丁瑄年四十一岁，系丁铭嫡长男，父老，瑄替安南卫后所世袭百户。

一辈丁刚，已载前黄。

二辈丁贵，旧选簿查有：永乐二十一年六月，丁贵，系留守后卫观音佛宁门千户所百户丁刚户名丁忙儿嫡长男。

三辈丁铭，旧选簿查有：景泰三年十月，丁铭，冠县人，系安南卫后所世袭百户丁贵嫡长男。

四辈丁宣，旧选簿查有：弘治七年九月，丁宣，冠县人，系安南卫后所世袭百户丁铭嫡长男。

五辈丁虎，旧选簿查有：正德十年八月，丁虎，冠县人，系安南卫后所世袭百户丁瑄嫡长男。

六辈丁自成，旧选簿查有：嘉靖四十年四月，丁自成，年二十三岁，冠县人，系安南卫后所年老实授百户丁虎嫡长男。

七辈丁德从，万历四十年六月，大选过安南卫后所实授百户一员丁德从，年三十三岁，系故实授百户丁自诚亲侄，比中三等。

刘铛·世袭百户

内黄查有：刘忠，乐亭县人。有外父萧得贤，洪武六年充军，残疾，将忠代役，三十三年白沟河升小旗，三十四年夹河升总旗，三十五年平定京师，钦除忠义前卫中所百户，永乐二年钦与世袭。

一辈刘忠，已载前黄。

二辈刘顺，旧选簿查有：宣德四年三月，刘顺，系忠义前卫中千户所故世袭百户刘忠嫡长男。

正统三年八月，安南卫百户四员，后所百户刘顺，钦与授安南卫后所管事。

三辈刘雄，旧选簿查有：成化四年十二月，刘雄，乐亭县人，系安南卫后所世袭百户刘顺嫡长男。

四辈刘瑛，旧选簿查有：成化六年八月，刘瑛，乐亭县人，系安南卫后所故世袭百户刘雄嫡长男。

五辈刘文，旧选簿查有：弘治十三年十一月，刘文，乐亭县人，系安南卫后所故世袭百户刘瑛嫡长男。

六辈刘镗，旧选簿查有：嘉靖十年八月，刘镗，年二十四岁，乐亭县人，系安南卫后所故百户刘文嫡长男。

七辈刘可，隆庆四年二月，刘可，乐亭县人，系安南卫后所故实授百户刘镗嫡长男。

王诏·世袭百户

缺。

一辈王安，旧选簿查有：洪武二十五年七月，钦依安南卫后所世袭所镇抚王安。

二辈王英，旧选簿查有：洪武三十年七月，王英，系安南卫后所世袭所镇抚王安嫡长男。

三辈王质，旧选簿查有：永乐六年十一月，王质，年十五岁，系安南卫后所故世袭所镇抚王英嫡长男。

四辈王能，旧选簿查有：宣德七年九月，王能，年十六岁，系安南卫后所故世袭所镇抚王质嫡长男。

实授百户功次：已载五辈选条。·255·

五辈王政，旧选簿查有：成化四年七月，王政，祥符县人。有父王能系安南卫后所所镇抚，调征东苗获功一级，未升，故。本人系嫡长男，照例袭升实授百户。

六辈王恺，旧选簿查有：成化二十一年十二月，王恺，祥符县人，系安南卫后所故百户王政嫡长男，钦与世袭。

七辈王诏，旧选簿查有：正德元年五月，王诏，祥符县人，系安南卫后所世袭百户王恺嫡长男。

八辈王奇①，隆庆四年二月，王奇，祥符县人，系安南卫后所故实授百户王诏嫡长男。

九辈王启贵，万历二十三年八月，王启贵，年二十九岁，系安南卫后所故绝实授百户王奇堂侄，比中三等。

后所世袭百户一员·韩相

宣德十年十一月，韩义，系大兴左卫中千户所百户韩双儿嫡长男，钦与世袭。
天顺二年闰二月，堂稿查有：韩宣，系安南卫后所百户韩义亲侄。
弘治十二年六月，韩昇，山阳县人，系安南卫后所世袭百户韩瑄嫡长男。
嘉靖七年十二月，韩相，年二十一岁，山阳县人，系安南卫后所年老世袭百户韩昇嫡长男。

年远事故一员·陆英

正统七年二月，陆裕，系安南卫后所试百户陆官保嫡长孙。祖原系军，因擒拿守城御史王彬出城朝见升除前职，今病故，钦准本人袭实授世袭百户。
成化十年十二月，陆英，泰州人，系安南卫后所世袭百户陆裕庶长男。

又一员·熊壮

天顺五年四月，熊壮，年八岁，新化县人，系安南卫后所故百户熊鑑户名熊继庶长男。钦与全俸优给，至天顺十一年终住支。
成化四年十二月，熊壮，年十五岁，新化县人，系安南卫后所故世袭百户熊鑑户名熊继庶长男。

---

① 原文作"王奇祥"，衍一"祥"字，或系"王奇，祥符县人"，"奇祥"连续致误。

又一员·王福

成化十四年九月，王福，黄岩县人，系安南卫后所故世袭百户王得嫡长男。①

又一员·贺质

成化三年二月，贺质，武冈州人，系安南卫后所百户贺英嫡长男，钦与世袭。②

胡裕·试百户

外黄查有：胡文，新化县人。始祖胡成信，洪武二十二年垛集安南卫后所，二十三年并胜实授总旗，永乐十五年老疾。曾祖胡瑄代役，正统六年征麓川杀贼得功二次，七年以始祖户名报功升实授百户，老疾。祖胡胜替职，故。父胡瓒成化八年袭职。

一辈胡成信，已载前黄。

二辈胡瑄，已载前黄。

三辈胡胜，旧选簿查有：天顺四年三月，胡胜，新化县人，系安南卫后所试百户胡瑄户名胡成信嫡长男。父原系总旗，调征麓贼有功升前职，老疾，本人照例该替实授百户。·257·

四辈胡瓒，旧选簿查有：成化八年十二月，胡瓒，新化县人，系安南卫后所故百户胡胜嫡长男。

五辈胡文，旧选簿查有：弘治十七年九月，胡文，新化县人，系安南卫后所故世袭百户胡瓒嫡长男。

六辈胡裕，旧选簿查有：嘉靖十四年八月，胡裕，年三十六岁，新化县人，系安南卫后所老疾百户胡文嫡长男。伊高祖瑄功升试百户，曾祖胜冒袭实授，祖、父相沿。本人照例革替试百户。

七辈胡永臣，万历二十年二月，胡永臣，年二十五岁，系安南卫后所故试百户胡

---

① 此"又一员·王福"簿所载与原簿第244页"王任·实授百户"选簿贴黄载王福系王得嫡长男，成化十四年袭职相吻合。此载王得系安南卫后所百户，而王任选簿载其调安南卫前所。

② 此"又一员·贺质"所载，又见原簿第223页"贺鑑·试百户"簿之"三辈贺质"选条。大概该贺氏，原充役安南卫左所，后调后所，至贺质袭职后又改右所。

五军都督府所属卫所·右军都督府·贵州都司·安南卫　261

裕嫡长孙，比中三等。

杨朝·试百户

外黄查有：杨林，定远县人。曾祖杨四，丙申年从军，壬寅年拨濠梁卫，洪武十四年选充小旗，云南阵亡。祖杨镛补役，二十六年①以曾祖阵亡功升总旗，二十二年为事充军，三十五年遇宥复还原卫所总旗，永乐七年调安南卫，八年患病。叔祖杨雄代役，十四年残疾。祖杨镛病痊，仍补旗役，宣德十年老疾。父杨宗代役，并充总旗，正统六年麓川克破贼首思任发巢穴一次头功例升一级，七年升试百户，景泰元年残疾。林系嫡长男，天顺二年替安南卫后所实授世袭百户。杨成系杨林嫡长男。

一辈杨四，已载前黄。

二辈杨镛，已载前黄。

三辈杨雄，已载前黄。

四辈杨宗，已载前黄。

五辈杨林，旧选簿查有：天顺二年三月，杨林，年三十五岁，凤阳府定远县人，系安南卫后所试百户杨宗户名杨镛嫡长男。父原系总旗，调征麓贼获头功一次升前职，今患疾，钦准本人替实授百户。

六辈杨成，旧选簿查有：成化六年八月，杨成，年十六岁，凤阳府定远县人，系安南卫后所残疾百户杨林嫡长男，钦与世袭。

七辈杨俸，旧选簿查有：弘治十六年八月，杨俸，定远县人，系安南卫后所故世袭百户杨成嫡长男。

八辈杨章，旧选簿查有：嘉靖十三年八月，杨俸，年五十五岁，定远县人，系安南卫后所百户，今患疾在所。有嫡长男杨章，年二十二岁，告替。伊曾祖宗功升试百户，祖林钦准实授，沿至本人。伊男照例革钦准一级，与试百户。·258·

九辈杨仲魁，旧选簿查有：嘉靖十五年十月，杨仲魁，定远县人，系安南卫后所故试百户杨章堂叔。

十辈杨朝，旧选簿查有：隆庆二年六月，杨朝，年二十岁，定远县人，系安南卫后所年老试百户杨仲魁嫡长男。

---

① 原簿此作"二十六年"，据上文"云南阵亡"，下文"二十二年为事充军"等，应删"二"以"十六年"为是。

十一辈杨吟，万历五年八月，杨吟，年三岁，定远县人，系安南卫后所故试百户杨朝亲弟，照例与全俸优给，至万历十六年终住支。①

后所试百户一员·黄继

弘治十一年十一月，黄聪，新化县人，系安南卫后所故功升试百户黄名户名黄罗嫡长男。正德十二年闰十二月，黄聪老。

正德十二年闰十二月，黄继，新化县人，系安南卫后所百户黄聪嫡长男。伊父袭试百户，遇例实授，本人照例革替试百户。

又一员·刘芳

正德元年二月，刘雄，新化县人，系安南卫后所功升试百户刘纪嫡长男。

嘉靖四年二月，刘芳，新化县人，系安南卫后所试百户刘雄嫡长男。②

刘廷俸·试百户

内黄查有：刘雄，年五十三岁，新化县人。高祖刘卯一，洪武二十二年编充小甲，二十三年并枪充小旗，永乐十五年老。曾祖刘申子代，替，正统四年老。祖刘荣代役，六年征麓川等处杀贼有功，七年以未并枪升小旗，天顺三年调征东苗孔郎等寨擒斩贼级三名颗，八年升总旗，成化十五年老。父刘纪系嫡长男代役，弘治七年调征都匀梅花山等处擒斩贼级三名颗，本年升试百户，十七年老。雄系刘纪嫡长男，正德元年替安南卫后所试百户。·259·

一辈刘卯一，已载前黄。

二辈刘申子，已载前黄。

三辈刘荣，已载前黄。

四辈刘纪，已载前黄。

五辈刘雄，选簿查有：正德元年二月，刘雄，新化县人，系安南卫后所功升试百户刘纪嫡长男。

---

① 《兴义府志》有传。

② 此簿所载即后"刘廷俸·试百户"选簿之"五辈刘雄""六辈刘芳"选条所载。

六辈刘芳，选簿查有：嘉靖四年二月，刘芳，新化县人，系安南卫后所试百户刘雄嫡长男。①

七辈刘廷俸，隆庆六年十月，刘廷俸，年二十岁，新化县人，系安南卫后所年老试百户刘芳嫡长孙。

李旸·世袭百户

外黄查有：李竖，江都县人。有父李彪，丙申年从军，吴元年选充总旗，洪武元年克东昌，二年克西京，三年克定西，四年克衢塘，十四年征灰山，克普定，十五年克大理等处，十七年赴京，敬除留守中卫通济门所世袭百户，十九年调[楚]雄卫右所，二十三年调临安卫后所，二十五年尾洒站，二十八年调安南卫，老疾。竖系嫡长男，三十三年替职，仍授尾洒站世袭百户。李景系李竖嫡次男，父病故，景于永乐二十二年钦准袭授本卫尾洒站百户。李权系安南卫带管尾洒寨（站）世袭百户李惠嫡长男，正德二年钦与世袭。

一辈李彪，已载前黄。

二辈李竖，旧选簿查有：洪武三十三年正月，李竖，系安南卫尾洒站世袭百户李彪嫡长男。

三辈李景，旧选簿查有：永乐二十二年十一月，李景，年十五岁，系安南卫尾洒站故世袭百户李竖嫡次男。

四辈李宏，旧选簿查有：天顺五年九月，李宏，年十六岁，江都县人，系安南卫带管尾洒站故世袭百户李景庶长男。·260·

五辈李惠，旧选簿查有：弘治九年七月，李惠，江都县人，系安南卫带管尾洒站故世袭百户李宏嫡长男。

六辈李权，旧选簿查有：正德十六年八月，李权，江都县人，系安南卫带管尾洒站世袭百户李惠嫡长男。

七辈李旸，旧选簿查有：嘉靖十六年十二月，李旸，年三岁，江都县人，系安南卫尾洒站故百户李权嫡长男，照例与全俸优给，至嘉靖二十七年终住支。

旧选簿查有：嘉靖二十九年十二月，李旸，年十六岁，江都县人，系安南卫尾洒站故世袭百户李权嫡长男，优给出幼袭职。

---

① 此簿"五辈刘雄""六辈刘芳"选条所载与《明档》本册第259页"又一员·刘芳"下刘雄、刘芳选条相同。

八辈李显荣，万历二十年二月，李显荣，年三十岁，系安南卫带管尾洒站患疾实授百户李旸嫡长男，比中三等。

杨爱·实授百户

外黄查有：杨胜，湘潭县人。有祖父杨成，吴元年归附充总旗，洪武十七年除世袭百户，十九年为事充军，二十五年复除世袭百户，老。父杨寿先故，胜系嫡长孙，替世袭百户。杨顿，系杨胜嫡长男，父老，顿替世袭百户。杨春系杨顿嫡长男，父故，春替世袭百户。杨懋系杨春嫡长男，故，懋袭世袭百户。

一辈杨成，已载前黄。

二辈杨胜，旧选簿查有：洪武三十三年九月，杨胜，系安南卫尾洒站世袭百户杨成嫡长孙。

三辈杨顿，旧选簿查有：正统三年十一月，杨顿，系安南卫尾洒站世袭百户杨胜嫡长男。

四辈杨春，旧选簿查有：天顺二年八月，杨春，湘潭县人，系安南卫带管尾洒站故世袭百户杨顿嫡长男。

五辈杨懋，旧选簿查有：成化二十二年十二月，杨懋，湘潭县人，系安南卫带管尾洒站故世袭百户杨春嫡长男。

六辈杨高，旧选簿查有：弘治四年八月，杨高，湘潭县人，系安南卫带管尾洒站故世袭百户杨懋庶叔。

七辈杨节，旧选簿查有：弘治十六年八月，杨节，湘潭县人，系安南卫带管尾洒站故世袭百户杨高嫡次男。

八辈杨恩，旧选簿查有：嘉靖十五年十月，杨恩，湘潭县人，系安南卫带管尾洒站老疾百户杨节嫡长男。

九辈杨爱，旧选簿查有：嘉靖三十二年二月，杨爱，湘潭县人，系安南卫带管尾洒站故实授百户杨恩亲弟。

十辈杨鹤元，隆庆四年八月二十七日，杨鹤元，年三十五岁，湘潭县人，系安南卫带管尾洒站故世袭百户杨爱嫡长男，钦准袭职。

十一辈杨国栋，万历二十九年八月，杨国栋，年二十七岁，系安南卫带管尾洒站老世袭百户杨鹤元嫡长男，比中二等。

年远事故尾洒堡世袭百户一员·陈添爵

洪武三十二年二月，陈士廉，系安南卫尾洒堡试百户陈继先嫡次男。父系代役老军除授试百户，病故，钦准袭职，与世袭，仍授本卫所世袭百户。

宣德八年八月，陈宗善，系安南卫尾洒堡故世袭百户陈士廉嫡长男。

成化六年九月，陈雄，合肥县人，系安南卫带管尾洒堡世袭百户陈宗善嫡长男。

弘治十八年八月，陈添爵，年十五岁，合肥县人，系安南卫带管尾洒堡残疾世袭百户陈雄嫡长男，优给出幼袭职。

杨茂·实授百户

外黄查有：杨顺，武进县人。父杨遇春，丁酉年从军，洪武五年选充小旗，十二年充总旗，十七年敬除留守中卫通济门所世袭百户，二十五年调普安军民指挥使司尾洒递运所，三十一年故。顺系嫡长男，袭授安南卫尾洒递运所世袭百户。杨暹系杨顺嫡长男。

一辈杨遇春，已载前黄。·262·

二辈杨顺，旧选簿查有：洪武三十一年十月，杨顺，系安南卫尾洒递运所故世袭百户杨遇春嫡长男。

三辈杨暹，旧选簿查有：永乐十三年七月，杨暹，年十八岁，系安南卫尾洒堡站递运所故世袭百户杨顺嫡长男。

四辈杨友直，旧选簿查有：成化元年九月，杨友直，武进县人，系安南卫带管尾洒递运所世袭百户杨暹嫡长男。

五辈杨友谅，旧选簿查有：成化二十年八月，杨友谅，武进县人，系安南卫带管尾洒递运所故世袭百户杨友直亲弟。

六辈杨凤，旧选簿查有：弘治十七年十一月，杨凤，武进县人，系安南卫带管尾洒递运所世袭百户杨友谅嫡次男。

七辈杨武，旧选簿查有：嘉靖十年二月，杨武，武进县人，系安南卫带管尾洒递运所故世袭百户杨凤嫡长男。

八辈杨茂，旧选簿查有：嘉靖三十一年六月，杨茂，年二十五岁，武进县人，系安南卫尾洒递运所故实授百户杨武嫡长男。

九辈杨奇,万历十三年八月,杨奇,年三十五岁,武进县人,系安南卫尾洒递运所年老实授百户杨茂亲弟。伊兄原袭祖职实授百户,今年老,无子,本舍合照例借替祖职实授百户,待后伊兄杨茂生有儿男,退还职事,比中三等。

十辈杨宗胤,万历四十年六月,大选过安南卫带管尾洒递运所实授百户一员杨宗胤,年二十五岁,系老疾实授百户杨奇嫡长男,比中二等。

张铭·试百户

[外黄查有:张旺,江都县人。]①祖父张福成,丙申年归附,老。父张真保代役,洪武二十年除授试[百户]。祖父年老,有父张真保先故,旺系嫡长孙,替职。

一辈张福成,已载前黄。

二辈张旺,旧选簿查有:洪武三十三年九月,张旺,系安南卫尾洒堡试百户张福成嫡长孙。祖系老军除授前职,今为老疾告替,钦准替职,与世袭,仍授本卫尾洒堡世袭百户。

三辈张俊,旧选簿查有:正统三年十一月,张俊,系安南卫尾洒堡世袭百户张旺嫡长男。祖张福成原系老军除巡检,后改任试百户,老疾。父革除年间替实授世袭百户,今老疾,钦准本人照依洪武年间旧·263·例,仍替实授世袭百户。

四辈张慎,旧选簿查有:正统十二年十一月,张慎,系安南卫带管尾洒堡故世袭百户张俊嫡长男。

五辈张远,旧选簿查有:景泰六年十月,张远,系安南卫带管尾洒堡故世袭百户张慎亲弟。

六辈张表,旧选簿查有:弘治四年八月,张表,江都县人,系安南卫带管尾洒堡故世袭百户张远嫡长男。

七辈张泰,旧选簿查有:嘉靖三年六月,张泰,江都县人,系安南卫带管尾洒堡年老百户张表嫡长男。伊五世袭(祖)福成立功升试百户,高祖旺革除年间替实授,曾祖以下沿袭,本人照例革替试百户。

八辈张铭,旧选簿查有:嘉靖三十一年六月,张铭,年二十岁,江都县人,系安南卫带管尾洒堡老疾试百户张泰嫡长男。

---

① 原文漫漶,"[ ]"中文字系校者据上下文添加。

九辈张崇政，万历二十二年四月，大选过安南卫带管尾洒堡试百户一员张崇政，年三十岁，系老试百户张辂嫡长男，比中二等。

十辈张轼，万历四十二年十二月，单本选过安南卫带管尾洒堡试百户一员张轼，年二十七岁，系故试百户张崇政堂叔，比中一等。

五军都督府所属卫所·前军都督府·湖广都司·清浪卫

原簿目录

指挥使四员

一号赵之牧：始祖赵献，代八，临淮县人。

二号高梁材：始祖高昇，代八，乐亭县人。

三号陈应龙：始祖陈文，代十一，庐江县人。

四号王节：始祖王得林，代五，遵化县人。

指挥同知四员

一号李应时：始祖李原，代六，定远县人。

二号傅箕：始祖傅全，代八，巢县人。

三号尹继宗：始祖尹文，代六，日照县人。

四号陶启忠：始祖陶和，代七，当涂县人。

指挥佥事九员

一号祝明：始祖祝贵，代八，寿州人。

二号李麟：始祖李成，代五，信阳县人。

三号李鸣凤：始祖李俨，代九，寿州人。

四号李显：始祖李旺，代九，桃源县人。

五号陶应明：始祖陶才，代七，全椒县人。

六号孙源清：始祖孙保儿，代七，博兴县人。

七号夏邦正：始祖夏狗皮，代七，阳信县人。

八号赵东：始祖赵政，代六。

九号朱维岳：始祖朱荣，代七，山阳县人。

卫镇抚二员

一号张观，永平府人。

二号罗锐：始祖罗安，代八，亳县人。

署指挥佥事事正千户·379·①

一号傅高：始祖庄伯儿，代七，掖县人。

二号朱芳：始祖朱得，代十，监利县人。

左所正千户一员

一号刘仁：始祖刘成，代七，顺天府人。

副千户二员

一号尹助：始祖尹敬，代六，桐城县人。

二号刘祐：始祖刘福，代十，怀远县人。

世袭百户五员

一号谢惠：始祖谢胜，代十，宁乡县人。

二号樊卫：始祖樊谅，代八，合肥县人。

三号娄高：始祖娄胜，代九，新建县人。

四号孙尚谦：始祖孙福，代八，定远县人。

五号郭永贵：始祖郭忠，代三，麻城县人。

试百户六员

一号何乐：始祖何时，代六，麻城县人。

---

① 此"清浪卫选簿"原载《明档》第63册，下文用阿拉伯数字标注原书页码，数字两侧加"·"隔开。

二号陈玉：始祖陈恭，代四，麻城县人。

三号胡忠：始祖胡得，代九，光州人。

四号董仕明：始祖董义，代十，下蔡县人。

五号李仲：始祖李兴二，代六，桃源县人。

六号王贤：始祖王文瑞，代五，麻城县人。

右所正千户二员

一号王璋：始祖王寅，代七，句容县人。

二号傅时霖：始祖傅通，代七，余干县人。

副千户三员

一号王衮：始祖王庆六，代七，含山县人。

二号苏瑞：始祖苏成，代八，秦州人。

三号常胜：始祖常春，代六，凤翔县人。

实授百户五员

一号苏云：始祖苏德成，代十，合肥县人。

二号何武勋：始祖何保儿，代六，麻城县人。

三号江珊：始祖江鸥，代八，奉新县人。

四号陈金：始祖陈胜，代八，定远县人。

五号王世臣：始祖王二，代六，安丰县人。

试百户七员

一号赵璋：始祖赵真，代六，麻城县人。

二号胡贡：始祖胡必全，代四，麻城县人。

三号张书：始祖张达，代七，麻城县人。

四号郭正：始祖郭道，代五，麻城县人。

五号吴崑：始祖吴胜，代九，临淮县人。

六号袁相：祖袁昱，代四，麻城县人。

七号胡汉：胡亮，代二，麻城县人。

冠带总旗一员

一号蔡玉：始祖蔡秀二，代六，麻城县人。

中所正千户二员

一号何绶：始祖[何]隆，代七，英山县人。

二号顾满：始祖顾得，代七，江都县人。

副千户二员

一号訾嘉猷：始祖訾敬，代七，赣县人。

二号高显祖：始祖高福，代六，和州人。

世袭百户一员

一号杨森：始祖杨清，代九，合肥县人。

试百户七员

续入杨万春：麻城人，有印记。

续入余尧臣：麻城人，有印记。

一号刘纬：始祖刘政，代七，麻城县人。

二号华堂高：始祖华应成，代八，麻城县人。

三号何正：始祖何思玄，代七，黄冈县人。

四号张应：始祖张昇四，代六，麻城县人。

五号谢承勋：始祖谢文六，代六，麻城县人。

六号陈文：始祖陈明，代五，麻城县人。

七号洪汝舟：洪琢，代三，黄冈县人。

所镇抚一员

一号李成辅：始祖李旺儿，代八，滁州人。

冠带总旗一员

一号卢勋：始祖卢志，代五，麻城县人。

前所正千户三员

一号韦尚武：始祖韦成，代十二，长兴县人。

二号卜伦：始祖卜政，代七，合肥县人。

三号舒英：始祖舒义，代五，合肥县人。

副千户二员

一号边上将：始祖边继，代十一，固始县人。

二号康骥：始祖康美，代八，内丘县人。

世袭百户六员

一号姜世雄：始祖姜瑶，代十一，滁州人。

二号史文，史源，代四，麻城县人。

三号宋策：始祖宋里，代七，巢县。

四号卫淇：始祖卫兴，代十一，定远县人。

五号袁锐：始祖袁兴，代七，黄冈县人。

六号华恩：华佺，代三，黄冈县人。

试百户四员

一号詹勋：始祖詹麟，代六，黄冈县人。

二号刘爵：刘荣二，代三，黄冈县人。

三号朱纯：始祖朱先，代五，麻城县人。

四号赵金：始祖赵顺，代五，嘉鱼县人。

冠带总旗二员

一号田世茂：始祖田海，代五，黄冈县人。

二号刘宪：祖刘铎，代四，黄冈县人。

后所副千户四员

一号石大用：始祖石玉，代七，章丘县人。

二号高明：始祖高兴，代六，寿州人。

三号徐堂：始祖徐德，代六，昆山县人。

四号月东来：始祖月伦帖木儿，代七，嵩明州人。

署副千户事实授百户一员

一号胡旦：始祖胡德明，代八，宣城县人。

世袭百户七员

一号刘鸾：祖刘伯徽，代四，麻城县人。

二号梅月：始祖梅子聪，代五，黄冈县人。

三号许时用：祖许彬，代五，万安县人。

四号张本：始祖张福，代八，零陵县人。

五号高世勋：始祖高名，代八，定远县人。

六号陈善道：始祖陈贵，代六，晋江县人，梅溪堡。

七号胡寿龄：始祖胡先，代六，松滋县人，梅溪堡。

试百户二员

一号周金山：始祖周亨，代七，麻城县人。

二号陈六十保：始祖陈秀三，代五，黄冈县人。

年远事故指挥使一员

蒋继贤：如皋县人。

年远事故指挥同知四员

韩绶：密云县人。

李恺：莒州人。

戚廷圭：清河县人。

周卿：定远县人，卫镇抚。

年远事故左所正千户一员
曾辉：临淮县人。

年远事故右所正千户一员
左胜：遵化县人。

年远事故副千户三员
熊梦吉。
铁珍：巢县人。
段武英。

年远事故世袭百户二员
叶茂：善化县人。
高旺：麻城县人。

年远事故中所副千户三员
孙英：定远县人。
辛鑑：荆门州人。
李贤：凤阳县人。

年远事故世袭百户二员
董明：麻城县人。
王辅：黄冈县人。

年远事故世袭所镇抚一员
袁辅：滁州人。

年远事故前所正千户二员
杨勋：溧阳县人。
王玺：息县人。

年远事故世袭百户五员
周勋。
傅兴：黄冈县人。
张勇：黄冈县人。
吕崇政：黄冈县人。
詹雄：黄冈县人。

年远事故试百户一员
熊奎：黄冈县人。

年远事故后所副千户一员
何英：黄冈县人。

年远事故百户二员
曾伦：麻城县人。
偶廷玉：凤阳县人。

年远事故试百户二员
邹玉：罗田县人。
唐贤：黄冈县人。

年远事故署百户总旗一员
夏臣：黄冈县人。

年远事故清浪堡世袭百户一员
詹洪：麻城县人。

总旗一员
邢恩：西华县人。

赵之牧·指挥使

外黄查有：赵简，临淮县人。始祖赵得胜，丁酉年归附，乙亥①年除中哨左副元帅，庚子年征陈友谅，壬寅年故。二始祖赵献替职，除横海卫千户，洪武元年授金吾右卫指挥佥事，三年征定西王保保升指挥同知，故。高高祖赵全幼小，二世叔祖赵及借职，十七年赵全长成，优给，十八年袭虎贲卫指挥同知，永乐十一年故。高祖赵纶系庶长男，十三年袭，宣德四年故。祖赵玉系亲男，六年袭，七年调清浪卫，景泰二年攻螃蟹寨生擒斩首四[名]颗升指挥使，成化十三年故。父赵怀珎系庶长孙，年幼，优给，弘治二年袭，嘉靖元年故。简系亲男，二年袭指挥使。·385·

一辈赵献，已载前黄。

二辈赵全，已载前黄。

三辈赵纶，旧选簿查有：永乐十二年五月，赵纶，年十八岁，系清浪卫故世袭指挥同知赵全庶长男。

四辈赵玉，旧选簿查有：景泰三年十二月，清浪卫指挥同知升指挥使赵玉。

五辈赵怀珎，旧选簿查有：成化十六年五月，赵怀珎，年六岁，临淮县人，系清浪卫故指挥使赵玉庶长孙。祖因曾祖赵纶为事调驯象卫，后回今卫，该与本人优给，至成化二十四年终住支。

弘治二年十月，赵怀珎，年十六岁，临淮县人，系清浪卫故指挥使赵玉庶长孙，钦与世袭。

六辈赵简，旧选簿查有：嘉靖二年七月，赵简，临淮县人，系清浪卫故世袭指挥使赵怀珎嫡长男。伊父为事调成都后卫，遇宥，本人袭职。

七辈赵之蔺，旧选簿查有：嘉靖二十三年六月，赵之蔺，临淮县人，系清浪卫患疾指挥使赵简嫡长男。

八辈赵之牧，旧选簿查有：嘉靖三十七年六月，赵之牧，临淮县人，系清浪卫故指挥使赵之蔺亲弟。

九辈赵继勋，万历元年十二月，赵继勋，年十一岁，临淮县人，系清浪卫故指挥使赵之牧嫡长男，照例与全俸优给，至万历四年终住支。

万历五年十二月，赵继勋，年十六岁，凤阳县人，系清浪卫故指挥使赵之牧嫡长男，优给出幼袭职，比中二等。

---

① 应作"己亥"。

十辈赵必昌，崇祯四年正月，单本选过清浪卫指挥使一员赵必昌，年二十六岁，系故指挥使赵继勋亲孙，比中一等。

高梁材·指挥使

外黄查有：高昇，旧名伯驴，乐亭县人，洪武十八年选充总旗，三十二年归顺升实授百户，三十三年济南升副千户，三十四年藁城升指挥佥事，三十五年平定京师，升邳州卫世袭指挥同知。

一辈高昇，已载前黄。·386·

二辈高旺，旧选簿查有：永乐十二年六月，高旺，系邳州卫世袭指挥同知高昇嫡长男。

三辈高全，旧选簿查有：天顺六年六月，高全，乐亭县人，系清浪卫故世袭指挥使高旺庶弟。

四辈高安，旧选簿查有：成化八年二月，高安，乐亭县人，系清浪卫故世袭指挥使高全嫡长男。

五辈高伦，旧选簿查有：成化十二年十月，高伦，乐亭县人，系清浪卫指挥使高安庶长男。

六辈高爵，旧选簿查有：正德十二年十二月，高爵，乐亭县人，系清浪卫故世袭指挥使高伦嫡长男。伊父为事改调松潘卫，未去，故，本人准袭，注原卫。

七辈高选，旧选簿查有：嘉靖二十一年八月，高选，年三十六岁，乐亭县人，系清浪卫故指挥使高爵嫡长男。

八辈高梁材，旧选簿查有：嘉靖三十四年六月，高梁材，乐亭县人，系清浪卫指挥使高选嫡长男。

九辈高第，万历二年二月，高第，年二十七岁，乐亭县人，系清浪卫患疾指挥使高梁材嫡长[男]。

十辈高鹏翼，万历二十三年八月，高鹏翼，年二十一岁，系清浪卫患疾指挥使高第嫡长男，比中一等。

十一辈高梦麒，万历三十八年四月，大选过清浪卫指挥使一员高梦麒，年十七岁，系故指挥使高鹏翼嫡长男，比中三等。

陈应龙·指挥使

外黄查有：陈应龙，年一十七岁，系湖广清浪卫世袭指挥使，原籍直隶庐州府庐江县人。一世祖陈文，旧名文忠，乙未年归附，克太平除授总管，壬寅年除枢密院镇抚，吴元年除授长淮卫指挥佥事，洪武九年调福州左卫，十三年升后军都督佥事，十七年故。二世伯祖陈佐系长男，先于洪武十二年起充舍人，十三年除福州右卫指挥佥事，本年九月故绝。二世祖陈武系陈文次男、陈佐亲弟，十九年袭豹韬卫指挥佥事，二十三年以年深除清浪卫指挥使，三十年故。三世祖陈瑄系嫡长男，本年二月袭。始祖陈伦系嫡长男，宣德六年七月替，正统十四年贵州阵亡。高祖陈麟系庶长男，年幼，堂高伯祖陈鑑借职袭，成化二年六月长成，袭，弘治七年故。曾祖陈良辅系嫡长男，十三年十月袭，正德六年为科尅事调松潘卫，赦回，嘉靖十八年故。·387·祖陈言系嫡长男，二十六年二月袭，三十五年老。父陈功系嫡长男，本年十二月替，故。应龙系嫡长男，四十三年六月袭湖广清浪卫指挥使。

一辈陈文，已载前黄。①

二辈陈佐，已载前黄。

三辈陈武，旧选簿查有：洪武三十年二月，陈武，系偏桥卫指挥佥事，钦升清浪卫世袭指挥使。②

四辈陈瑄，审稿查有：陈瑄，庐江县人。祖父陈文，旧名文忠，前淮西万户，乙未年归附，吴元年除长淮卫指挥佥事，洪武九年调福州右卫指挥佥事，十六年伯父陈佐起充舍人，祖父升后军都督府都督佥事，伯除福州右卫指挥佥事，当年伯父故。十七年将父陈武除豹韬卫指挥佥事，二十三年为年深除清浪卫指挥使，三十四年故。瑄系嫡长男，三十五年袭授清浪卫指挥使。陈伦系陈瑄嫡长男。

五辈陈伦，旧选簿查有：宣德六年七月，陈伦，系清浪卫残疾世袭指挥使陈瑄嫡长男。③

六辈陈鑑。

---

① 《明太祖实录》卷166，洪武十七年十月壬申，"后军都督府佥事陈文卒。文，庐州合肥人，蚤丧父，奉母至孝，勤于稼穑，家遂殷富，元季挈家从上，累官至都督佥事。至是，以疾卒，年六十，追封东海侯，谥孝勇。"
② 嘉靖《湖广图经志书》卷17《辰州府·公署·清浪卫》："清浪卫，在沅州西一百九十里，洪武二十二指挥使陈武开设"。
③ 《明英宗实录》卷95，正统七年八月丁巳，"湖广清浪卫指挥使陈伦奏，本卫下坪渡旧采竹木编为浮桥，为水冲决，请集工造为石桥，庶可经久。从之"。另同书卷122，正统九年十月戊申载："命……湖广清浪卫指挥使陈忠子节袭升湖广都指挥佥事，俱以其父从征麓川阵亡故也"，指挥使陈忠、陈节等，未见清浪卫选簿有载，或选簿有轶，或因他调而无载。

七辈陈麟，旧选簿查有：成化二年六月，陈麟，幼名蛮儿，庐江县人，系清浪卫世袭指挥使陈伦庶长男，先因年幼，庶伯陈鑑借职。今本人长壮，告取职事，钦与袭职，伊伯革闲。

八辈陈良辅，旧选簿查有：弘治十三年十月，陈良辅，系庐江县人，系湖广都司都指挥佥事陈麟庶长男。伊父系清浪卫世袭指挥使，功升前职，今病故，本人照例革袭伊父原职指挥使，在原卫支俸。①

九辈陈言，旧选簿查有：嘉靖二十年十二月，陈言，年四十三岁，庐江县人，系清浪卫已故指挥使陈良辅嫡长男。伊父原袭指挥使，正德六年为科尅事问调松潘卫，十六年遇诏释放回卫，今故。言系嫡长男，照例与袭祖职指挥使。

十辈陈功，旧选簿查有：嘉靖三十五年十二月，陈言，年五十八岁，庐江县人，系清浪卫指挥使，今残疾在卫。有嫡长男陈功，见年二十九岁，告替。

十一辈陈应龙，旧选簿查有：嘉靖四十三年六月，陈应龙，年十五岁，庐江县人，系清浪卫故指挥使陈功嫡长男。

十二辈陈尧典，万历四十二年四月，大选过清浪卫指挥使陈尧典，年十六岁，系故指挥使陈应龙庶长男，比中三等。·388·

王节·指挥使

外黄查有：王爵，年二十六岁，遵化县人。高祖王大，洪武二年从军，老疾。曾祖王得林代役，三十二年克怀来升小旗，三十四年夹河升总旗，三十五年灵璧等处升高邮卫后所副千户，永乐七年北征失陷。祖王福宁袭职，除清浪卫中所，正统四年征麓川头功升正千户，景泰元年征靖州有功升指挥佥事，老疾。父王雄替职，天顺三年征贵州斩首有功升指挥同知，成化二年征天柱八寨斩首有功升指挥使。爵系嫡长男，二十三年袭授清浪卫指挥使。

一辈王得林，已载前黄。

二辈王福宁，旧选簿查有：永乐十六年四月，王福宁，系高邮卫后所失陷世袭副千户王得林嫡长男。

景泰三年十二月，清浪卫正千户升指挥佥事王福宁。

钦升查有：景泰元年调征云南麓川等处剿杀蛮贼，清浪卫中所副千户二次头功升

---

① 《明孝宗实录》卷165，弘治十三年八月癸卯，"命湖广都司都指挥佥事陈麟之子良辅袭原职清浪卫指挥使"。

世袭正千户一员王福宁。景泰三年调征湖广香炉山等处杀贼获功一级二级项下，清浪卫正千户升指挥佥事四员内一员王福宁。

三辈王雄，旧选簿查有：天顺元年九月，王雄，年二十七岁，遵化县人，系清浪卫指挥佥事王福宁嫡长男。

天顺七年十二月，指挥佥事升指挥同知王雄。

钦升查有：天顺七年，贵州东苗地方杀贼获功升一级，清浪卫指挥佥事升指挥同知一员王雄。

四辈王爵，旧选簿查有：成化二十三年十二月，王爵，遵化县人。系清浪卫故功升指挥使王雄嫡长男。

五辈王节，旧选簿查有：嘉靖十一年四月，王节，年二十三岁，遵化县人，系清浪卫年老指挥使王爵庶长男。

王节，编军簿查有：湖广清浪卫指挥使王节，嘉靖三十五年三月，犯该监守自盗杂犯斩罪，照例编发边卫普安卫中所充军终身。

六辈王家臣，万历八年十二月，王家臣，四十六岁，遵化县人，系清浪卫故指挥使王节嫡长男。伊父原袭祖职指挥使，嘉靖三十五年犯该受财枉法，照例编发普安卫中所充军终身，万历五年故，本舍照例复袭祖职指挥使。

七辈王储，万历二十四年十二月，王储，年三十八岁，系清浪卫年老指挥使王家臣庶长男，比中三等。

李应时·指挥同知·389·

[一]辈李原。

[二]辈李名，旧选簿查有：永乐十二年九月，李名，系盘石卫后所世袭正千户李原嫡长男。

永乐十六年四月，清浪卫世袭中所正千户李名。

[三]辈李广，旧选簿查有：正统二年八月，李广，系清浪卫中所世袭正千户李名嫡长男。

[四]辈李仪，旧选簿查有：成化元年八月，李仪，凤阳府定远县人，系清浪卫指挥使佥事李广嫡长男。

[五]辈李谧，旧选簿查有：弘治五年六月，李谧，定远县人，系清浪卫功升指挥同知李仪嫡长男，钦与世袭。

[六]辈立李应时，旧选簿查有：正德十五年十月，李应时，定远县人，系清浪卫年老指挥同知李谧嫡长男。

[七]辈李慎思，万历十一年六月，李慎思，年三十三岁，定远县人，系清浪卫年老指挥同知李祐嫡长男，比中二等。

[八]辈李将，万历四十六年四月，单本选过清浪卫指挥佥事一员李将，年十五岁，系故指挥同知李慎思嫡长男。查李仪以部苗功承袭三辈，倖矣，李将应减挥同一级，准袭挥佥，比中二等。

傅箕·指挥同知

外黄查有：傅霖，系傅忠堂侄孙。伯祖老疾，无儿男，父傅弘道正统十四年替职，患疾，霖于天顺八年替授本卫所世袭正千户。

一辈傅全，旧选簿查有：洪武二十九年十一月，傅全，系辰州卫右所世袭副千户，钦升清浪卫右所世袭正千户。

二辈傅谦，旧选簿查有：永乐十年九月，傅谦，年十七岁，系清浪卫右所故世袭正千户傅全嫡长男。

三辈傅让，旧选簿查有：永乐十五年八月，傅让，年十七岁，系清浪卫故世袭正千户傅谦亲弟。

四辈傅忠，旧选簿查有：宣德四年八月，傅忠，系清浪卫右千户所故世袭正千户傅让亲叔。

五辈傅弘道。

六辈傅霖，旧选簿查有：天顺八年八月，傅霖，年三十岁，巢县人，系清浪卫右所世袭正千户傅弘道嫡长男。

七辈傅宗说，旧选簿查有：弘治九年七月，傅宗说，年十六岁，巢县人，系清浪卫故指挥佥事傅霖嫡长孙。祖系本卫右所正千户功升前职，本人钦与世袭。

八辈傅箕，旧选簿查有：正德十六年八月，傅箕，巢县人，系清浪卫功升指挥同知傅宗说嫡长男。伊高祖傅弘道系立功人傅兴亲侄孙，伊曾祖霖及父沿袭，今遇李宏事例，准替，钦与世袭。

尹继宗·指挥同知

[一]辈尹文。

[二]辈尹政，旧选簿查有：正统二年七月，尹政，系清浪卫后所世袭正千户尹文嫡长男。

景泰三年十二月，清浪卫指挥佥事升指挥同知二员[内一员]尹政。

[三]辈尹麟，旧选簿查有：天顺八年六月，尹麟，日照县人，系清浪卫故指挥同知尹政嫡长男。

[四]辈尹瑄，旧选簿查有：成化六年五月，尹瑄，日照县人，系清浪卫故世袭指挥同知尹麟亲叔。

[五]辈尹凤，旧选簿查有：弘治四年三月，尹凤，日照县人，系清浪卫世袭指挥同知尹瑄嫡长男。

[六]辈尹继宗，旧选簿查有：正德五年八月，尹继宗，日照县人，系清浪卫故世袭指挥同知尹凤嫡次男。·391·

陶启忠·指挥同知

外黄查有：陶贵，当涂县人。有父陶和尚，乙未年充军，洪武二十三年故。将兄陶和补役，三十二年真定升小旗，十年（月）郑村坝升总旗，三十三年济南升实授百户，三十四年夹河阵亡，将贵袭升正千户，三十五年平定京师，永乐元年钦升孝陵卫指挥同知，二年钦与流官。陶礼系陶贵嫡长男，父宣德六年调清浪卫管事，老，礼正统三年替授清浪卫指挥同知。陶玉系陶礼嫡长孙，祖征进香炉山获功升指挥使，父陶珹替职，故，玉成化十六年优给，二十五年住支。

一辈陶和，已载前黄。

二辈陶贵，已载前黄。

三辈陶礼，旧选簿查有：正统三年九月，陶礼，系清浪卫流官指挥同知陶贵嫡长男。

景泰三年十二月，清浪卫指挥同知升指挥使陶礼。

四辈陶珹，旧选簿查有：成化二年七月，陶珹，当涂县人，系清浪卫指挥使陶礼嫡次男，钦与世袭。

五辈陶玉，旧选簿查有：成化十六年八月，陶玉，年六岁，当涂县人，系清浪卫故世袭指挥使陶珽嫡长男，钦与全俸优给，至成化二十五年终住支。

弘治四年三月，陶玉，当涂县人，系清浪卫故世袭指挥使陶珽嫡长男。

六辈陶臣，旧选簿查有：嘉靖十六年六月，陶臣，当涂县人，系清浪卫年老指挥使陶玉嫡次男。伊曾祖礼原替指挥同知，香炉山领军功升前职，所据领军功例无承袭，本人革替指挥同知。

七辈陶启忠，旧选簿查有：嘉靖三十五年八月，陶启忠，当涂县人，系清浪卫年老指挥同知陶臣嫡长男。

祝明·指挥佥事

一辈祝贵。·392·

二辈祝隆，旧选簿查有：洪武二十九年十一月，祝隆，系九溪卫右所世袭副千户，钦依越等升除靖州卫世袭指挥佥事。

三辈祝亨。

四辈祝全，旧选簿查有：正统九年八月，祝全，系清浪卫世袭指挥佥事祝亨嫡长男。

五辈祝琮，旧选簿查有：成化十二年十二月，祝琮，寿州人，系清浪卫世袭指挥佥事祝全嫡长男。

六辈祝文，旧选簿查有：弘治十三年十二月，祝文，寿州人，系清浪卫故世袭指挥佥事祝琮嫡次男。

七辈祝廷圭，旧选簿查有：正德十六年七月，祝廷圭，年十六岁，寿州人，系清浪卫故指挥佥事祝文嫡长男。

八辈祝明，旧选簿查有：嘉靖二十五年八月，祝明，寿州人，系清浪卫患疾指挥佥事祝廷圭嫡长男。

九辈祝天位，万历元年十月，祝天位，年三十九岁，寿州人，系清浪卫患疾指挥佥事祝明嫡长男。伊父原替祖职指挥佥事，嘉靖三十三等年历推浔梧靖州等处参将，四十一年督兵征剿惠潮贼寇升俸一级，今患疾。本舍于四十三年程乡等处斩蛮贼首级三颗升小旗。所据伊父部功、升俸并推升流官，及本舍功升小旗一级，系弃小就大，具应减革，本舍照例革替祖职指挥佥事。

十辈祝光宇，万历三十二年六月，祝光宇，年三十三岁，寿州人，系清浪卫故指挥佥事祝天位嫡长男，比中二等。

李麟·指挥佥事

[一]辈李成。

[二]辈李瑄,旧选簿查有:宣德六年六月,李瑄,系清浪卫指挥佥事户名李成嫡长男。·393·

[三]辈李远,旧选簿查有:成化元年九月,李远,阳信县人,系清浪卫世袭指挥佥事李瑄嫡长男。

[四]辈李实,旧选簿查有:成化二十三年九月,李实,阳信县人,系清浪卫故世袭指挥佥事李远嫡长男。

[五]辈李麟,旧选簿查有:正德五年六月,李麟,阳信县人,系清浪卫故世袭指挥佥事李实嫡长男。

李鸣凤· 指挥佥事

外黄查有:李镇,寿州人。祖李俨丁酉年归附,壬寅年除百户,吴元年升副千户,洪武十三年为因征伤,令父李青替职,二十五年查出年深起取赴京,二十六年钦依越正千户升世袭指挥佥事,二十八年调清浪卫,老,镇系嫡长男,替。

一辈李俨,已载前黄。

二辈李青,旧选簿查有:洪武二十八年十月,李青等二员俱系镇远卫世袭指挥佥事,为因清浪卫缺官,钦调前去本卫管事,缴到脚色具奏附选李青。

三辈李镇,旧选簿查有:洪武三十三年四月,李镇,系清浪卫世袭指挥佥事李青嫡长男。

四辈李得,旧选簿查有:永乐十九年四月,李得,系清浪卫故世袭指挥佥事李镇亲侄。

五辈李俊,旧选簿查有:天顺元年七月,李俊,年十七岁,寿州人,系清浪卫世袭指挥佥事李得嫡长男。

六辈李贤,旧选簿查有:弘治元年十月,李贤,寿州人,系清浪卫故世袭指挥佥事李俊嫡长男。

七辈李维乔,旧选簿查有:弘治十八年八月,李维乔,年十六岁,寿州人,系清浪卫故世袭指挥佥事李贤嫡长男。

八辈李延,旧选簿查有:正德十六年七月,李延,年六岁,寿州人,系清浪卫故指挥佥事李维乔嫡长男，钦与全俸优给，至嘉靖八年终住支。

九辈李鸣凤，旧选簿查有：嘉靖三十八年十月，李鸣凤，寿州人，系清浪卫故指挥佥事李延嫡长男。

十辈李瑚，万历十一年六月，李瑚，年二十五岁，寿州人，系清浪卫患疾指挥佥事李鸣凤嫡长男。伊父原袭祖职指挥佥事，万历七等年历推山西都司掌印，今老。所据伊父推升流官，例不准替，本舍照例革替祖职指挥佥事，比中三等。·394·

十一辈李国栋，万历十八年六月，年四岁，系故世袭实授指挥佥事李瑚嫡长男，照例与全俸优给，至万历二十八年终住支。

万历三十三年八月，李国栋，年二十岁，系清浪卫故指挥佥事李瑚嫡长男，出幼袭职，限外多支，查扣，比中二等。

十二辈李国桢，万历四十五年十月，大选过清浪卫故指挥佥事一员李国桢，年二十五岁，系故指挥佥事李国栋堂弟，比中一等。

李显·指挥佥事

外黄查有：李义，儿剪儿①，桃源县人。有父李旺，吴元年充军，洪武三十二年真定升小旗，郑村坝升总旗，三十三年济南升百户，三十四年西水寨升副千户，三十五年齐眉山阵亡。义永乐元年正月十四日袭父前职，三月十二日钦升邳州卫指挥佥事，二年钦与流官。

一辈李旺，已载前黄。

二辈李义，已载前黄。

三辈李贵，旧选簿查有：永乐二十二年二月，李贵，系清浪卫故流官指挥佥事李义嫡长男。

四辈李人，旧选簿查有：正统七年九月，李人，系清浪卫故世袭指挥佥事李贵亲叔。

五辈李全，底稿查有：正统十四年，王都就彼替李人，年六十六岁，桃源县人，系清浪卫指挥佥事，今为老疾，嫡长男李亨患风颠矮小残疾，无子，嫡次男李全年二十一岁。

六辈李芳，旧选簿查有：成化二十年十一月，李芳，桃源县人，系清浪卫世袭指

---

① 似应作"幼名剪儿"。

挥佥事李铨嫡长男。

七辈李昂，旧选簿查有：弘治五年十一月，李昂，桃源县人，系清浪卫故世袭指挥佥事李芳嫡长男。

八辈李成，旧选簿查有：嘉靖元年三月，李成，桃源县人，系清浪卫故世袭指挥佥事李昂嫡长男。

九辈李显，旧选簿查有：嘉靖三十一年十月，李显，桃源县人，系清浪卫故指挥佥事李成嫡长男。

十辈李资，万历三年八月，李资，年三十五岁，桃源县人，系清浪卫故指挥佥事李显亲弟。·395·

陶应明·指挥佥事

外黄查有：陶永，滁州人。有祖父陶才，甲午年从军充百户，真州充千户，滁州充万户，丁酉年升总管，乙巳年充千[户]，后因隐占流移人民革拨参随，洪武元年除百户，年老，将父陶旺替职，阵亡，永于二十二年为父阵亡升清浪卫左所世袭副千户。陶崇文系陶永嫡长男。陶霖系陶崇文庶长孙，伊祖正统六年征麓川等处有功升正千户，景泰元年香炉山等处有功升指挥佥事，老。父陶侃替职，成化十一年征白崖塘有功升指挥同知，十四年两堡①有功升指挥使，老。霖系嫡长男，弘治七年替指挥使。

一辈陶才，已载前黄。

二辈陶旺，已载前黄。

三辈陶永，已载前黄。

四辈陶崇文，旧选簿查有：永乐十六年六月，陶崇文，年十六岁，系清浪卫左所故世袭副千户陶永嫡长男。

景泰三年十二月，清浪卫正千户升指挥佥事四员陶崇文。

五辈陶侃，旧选簿查有：天顺三年九月，陶侃，全椒县人，系清浪卫指挥佥事陶崇文嫡长男，钦与世袭。

六辈陶霖，旧选簿查有：弘治七年十月，陶霖，全椒县人，系清浪卫功升指挥使

---

① "两堡"，似应作"西堡"。

陶侃庶长男，钦与世袭。①

七辈陶应明，旧选簿查有：嘉靖十七年十二月，陶应明，年十五岁，全椒县人，系清浪卫故都指挥同知陶霖庶长男。伊祖侃原袭指挥佥事，领军靖州升指挥同知，贵州功升指挥使。父霖替升前职，今故。所据领军二级，俱系违例报功，并都指挥系流官，俱例应减革，本舍照例革袭指挥佥事。

八辈陶仁，万历十五年六月，陶仁，年三十岁，全椒县人，系清浪卫年老指挥佥事陶应明嫡长男，比中三等。

九辈陶昇，天启二年八月，单本选过清浪卫指挥佥事一员陶昇，年二十八岁，系老指挥佥事陶仁嫡长孙，比中二等。

孙源清·指挥佥事

外黄查有：孙贵旧名枢眼，博兴县人。有伯父孙探儿，洪武四年充军，二十二年残疾，取兄孙保儿代役，三十三年济南升小旗，三十四年夹河升试百户，三十五年灵璧县阵亡。贵系亲弟，永乐元年钦升密云中卫右所正千户，永乐三年与世袭。孙敏系贵嫡长男，父宣德六年调清浪卫右所，九年故。敏于正统二年六·396·月袭正千户。孙谋系清浪卫署都指挥佥事孙显祖嫡长男。伊父原袭指挥使，功升前职。所据流官例无承袭，本人照例革替指挥使，注原卫带俸，嘉靖八年十二月替。

一辈孙保儿，已载前黄。

二辈孙贵，已载前黄。

三辈孙敏，旧选簿查有：正统元年六月，孙敏，系清浪卫右所故世袭正千户孙贵嫡长男。

四辈孙仲英，旧选簿查有：成化六年六月，孙仲英，博兴县人，系清浪卫指挥佥事孙敏嫡长男，钦与世袭。②

五辈孙显祖，旧选簿查有：弘治十六年九月，孙显祖，博兴县人，系清浪卫功升指挥同知孙仲英嫡次男，钦与世袭。

六辈孙谋，已载前黄。

七辈孙源清，旧选簿查有：嘉靖十七年十二月，孙源清，博兴县人，系清浪卫

---

① 《明武宗实录》卷19，正德元年十一月丁亥，"命……清浪卫都指挥佥事陶霖守备靖州"。
② 《明孝宗实录》卷219，弘治十七年十二月乙丑，"协守贵州右参将赵晟……狱上，当晟罪斩……清浪卫指挥孙仲英降三级致仕，余坐罪有差，从之"。

故指挥使孙谋嫡长男。伊高祖敏以正千户香炉山获功升署指挥佥事，冒供实授，曾祖仲英又功升指挥同知，祖显祖镇筸功升指挥使，父袭。所据香炉山及镇筸功无擒斩，并冒供实授，例应减革，本人革袭指挥佥事。

八辈孙锐。

九辈孙钦，万历十五年八月，孙钦，年三十一岁，博兴县人，系清浪卫故指挥佥事孙锐亲弟，比中一等。

十辈孙世忠，万历三十六年八月，大选过清浪卫指挥佥事一员孙世忠，年二十五岁，系患疾指挥佥事孙钦庶长男，比中一等。

十一辈孙三才，天启七年六月，大选过清浪卫指挥佥事一员孙三才，年二十四岁，博兴县人，系故指挥佥事孙世忠嫡长男，比中二等。·397·

夏邦正·指挥佥事

外黄查有：夏礼，阳信县人。有父夏得辛，洪武元年充军，洪武二十四年老疾。兄夏狗皮代役，三十三年升小旗，三十四年升总旗，三十五年哨吕梁、洪、邳州等处，肥河战胜，大店交战，小河阵亡。永乐元年礼补总旗，为兄阵亡五年升蓟州卫前所世袭副千户。夏贵系夏礼嫡长男，父为老疾，贵于宣德三年钦准替授本卫所副千户。夏景系夏贵嫡长男，父正统十四年德胜门等处杀贼阵亡，照例升二级，本人先因年幼，已升指挥佥事俸优给，出幼，景泰四年袭蓟州卫流官指挥佥事。夏伦系清浪卫故世袭指挥同知夏宣嫡长男，嘉靖二年钦准袭职。

一辈夏狗皮，已载前黄。

二辈夏礼，已载前黄。

三辈夏贵，旧选簿查有：宣德三年十一月替，夏贵，系蓟州卫前所世袭副千户夏礼嫡长男。

四辈夏景，旧选簿查有：景泰四年三月袭，夏景，阳信县人，系蓟州卫前所世袭副千户夏贵嫡长男。父于德胜门等处杀贼阵亡，照例升二级，本人先因年幼，已升与指挥佥事优给，今出幼，该袭流官指挥佥事。

功次册查有：成化十二年，靖州清浪卫指挥佥事升指挥同知二员内一员夏景。

五辈夏宣，旧选簿查有：弘治八年二月，夏宣，阳信县人，系清浪卫故功升指挥同知夏景嫡长男，钦与世袭。

六辈夏伦，旧选簿查有：嘉靖二年三月，夏伦，阳信县人，系清浪卫故世袭指挥同知夏宣嫡长男。

七辈夏邦正，旧选簿查有：嘉靖十六年十二月，夏邦正，年七岁，阳信县人，系清浪卫故指挥同知夏伦嫡长男。伊曾祖景原系指挥佥事，成化十年靖州领军斩首升指挥同知，故，祖、父沿袭。所据领军违例报功，例应减革，本人照例革与指挥佥事俸优给，至嘉靖二十四年终住支。

嘉靖三十一年十二月，夏邦正，阳信县人，系清浪卫故指挥同知夏伦嫡长男，优给已革指挥佥事，今出幼袭职。

八辈夏清，万历三年二月，夏清，年十五岁，阳信县人，系清浪卫故指挥佥事夏邦正嫡长男。

九辈夏民化，万历四十二年七月，大选过清浪卫指挥佥事一员夏民化，年二十六岁，系故指挥佥事夏清嫡长男，比中一等。·398·

赵东·指挥佥事

[一]辈赵政，旧选簿查有：景泰三年十二月，清浪卫指挥佥事升指挥同知赵政。

天顺七年十二月，清浪卫指挥同知升指挥使赵政。

[二]辈赵麟，旧选簿查有：赵麟，汝阳县人，系清浪卫故指挥同知赵政嫡长男，钦与世袭。

成化三年十一月，赵麟，父赵政系清浪卫指挥同知，东苗杀贼获功一级，未升，故。本人系嫡长男，已袭原职指挥同知，照例袭升指挥使。①

[三]辈赵旭，旧选簿查有：弘治十三年十月，赵旭，汝阳县人，系清浪卫袭升指挥使赵麟嫡长男，钦与世袭。

[四]辈赵明，旧选簿查有：弘治十五年四月，赵明，汝阳县人，系清浪卫故世袭指挥使赵旭亲弟。

[五]辈赵捷。

[六]辈赵东，旧选簿查有：嘉靖三十年八月，赵东，年十五岁，汝阳县人，系清浪卫故指挥佥事赵捷嫡长男。

[七]辈赵梦龙，万历三十三年八月，赵梦龙，年二十岁，系清浪卫老指挥佥事赵

---

① 《明宪宗实录》卷48，成化三年十一月辛巳，"命故……清浪卫指挥同知赵政子麟俱袭升指挥使，以……政两广东苗杀贼有功也"。

东嫡长孙，比中二等。

朱维岳·指挥佥事

外黄查有：朱贵，旧名赛哥，年三十二岁，直隶淮安府山阳县马峰庄人，系燕山左护卫中右所小旗朱荣弟，洪武三十四年攻克西水寨升总旗，三十五年渡江克金川门钦升副千户，永乐二年钦与世袭。

一辈朱荣，已载前黄。·399·

二辈朱兴，旧选簿查有：宣德八年闰八月，朱兴，系清浪卫后所世袭副千户朱贵庶长男。

景泰三年十二月，清浪卫正千户升指挥佥事朱兴。

功次簿查有：正统七年征进云南麓川，湖广都司清浪卫后所副千户一次头功升正千户一员朱兴。

景泰三年湖贵香炉山杀贼获功升一级，湖广都司清浪卫正千户升指挥佥事四员内一员朱兴。

三辈朱真，旧选簿查有：天顺三年九月，朱真，山阳县人，系清浪卫指挥佥事朱兴嫡长男。

四辈朱勇，旧选簿查有：弘治九年九月，朱湧，山阳县人，系清浪卫故世袭指挥佥事朱真嫡长男。

五辈朱衣，旧选簿查有：嘉靖二年七月，朱衣，山阳县人，系清浪卫世袭指挥佥事朱勇嫡长男，犯该守备不设律，于嘉靖三十四年十一月初九日发清平卫左所充终身军。

六辈朱冕，旧选簿查有：嘉靖三十八年六月，朱冕，山阳县人，系清浪卫世袭指挥佥事朱衣嫡长男。伊父原袭祖职指挥佥事，嘉靖十八年推守备镇筸地方，为守备不设参问充终身军，今故，本舍照例与袭指挥佥事。

七辈朱维岳，审稿查有：朱冕，年五十八岁，山阳县人，系清浪卫指挥佥事，今患疾在卫。有嫡长男朱维岳，见年二十四岁，告替。

朱维岳，隆庆四年四月，朱维岳，山阳县人，系清浪卫患疾指挥佥事朱冕嫡长男。

八辈朱祚隆，万历四十四年十二月，大选过清浪卫指挥佥事一员朱祚隆，年三十五岁，系老指挥佥事朱维岳男，比中一等。

张观·卫镇抚

外黄查有：张荣，系龙山县人。有父张恭，洪武二年归附，六年除金吾右卫百户，为因军数缺少归并在闲，七年复除宝庆卫百户，钦依改除所镇抚，十七年取京，钦升豹韬卫世袭卫镇抚，二十七年钦调清浪卫，老疾。荣系嫡长男，替，授清浪卫世袭卫镇抚。

一辈张恭，旧选簿查有：洪武二十七年十二月，张恭，系豹韬卫世袭镇抚，钦调清浪卫。·400·

二辈张荣，旧选簿查有：洪武三十二年正月，张荣，系清浪卫世袭卫镇抚张恭嫡长男。

三辈张昂，旧选簿查有：正统元年九月，张昂，系清浪卫世袭卫镇抚张荣嫡长男。

四辈张伦，旧选簿查有：天顺四年四月，张伦，年三十一岁，永平府人，系清浪卫世袭卫镇抚张昂嫡长男。

五辈张政，旧选簿查有：成化二十三年二月，张政，永平府人，系清浪卫世袭卫镇抚张伦嫡次男。

六辈张见，旧选簿查有：嘉靖六年二月，张见，年二十六岁，永平府人，系清浪卫年老卫镇抚张政亲侄，告替，待伯有男，还与职事。

七辈张观，旧选簿查有：嘉靖十三年二月，张观，年二十九岁，永平府人，系清浪卫故绝卫镇抚张见亲弟，本人比试不中，暂准袭职，与支半俸，候及二年，起送再比。

罗锐·卫镇抚

外黄查有：罗昇，亳县人。祖父罗安，甲辰年归附，乙巳年除镇武卫镇抚，洪武十一年故。父罗得新先故，鼎（昇）十四年袭真定卫世袭卫镇抚，二十二年赍缴勘合赴京，免死，除清浪卫百户。罗鼐系罗昇嫡长男，父原任卫镇抚，为事除前职，永乐五年故，鼐十年袭父原职清浪卫世袭卫镇抚。罗名震系罗鼐嫡长男。罗英系罗鼐嫡长孙。罗彦纲系罗英嫡长男。罗世封系罗彦纲嫡长男。

一辈罗安，已载前黄。
二辈罗昇，已载前黄。

三辈罗鼐,旧选簿查有:永乐八年五月,罗鼐,年十三岁,系清浪卫左所故世袭百户罗昇嫡长男,敬与全俸优给,至永乐九年终住支袭职。

永乐十年九月,罗鼐,系清浪卫左所百户罗昇嫡长男,父原任真定卫世袭卫镇抚,洪武二十二年为事降除前职,病故,永乐十年八月二十九日袭父原职世袭卫镇抚,仍回清浪卫管事。

四辈罗名震,旧选簿查有:天顺元年七月,罗名震,亳县人,系清浪卫世袭卫镇抚罗鼐嫡长男。

五辈罗瑛,旧选簿查有:成化十九年九月,罗瑛,亳县人,系清浪卫世袭卫镇抚罗名震嫡长男。

六辈罗彦纲,旧选簿查有:弘治十二年十一月,罗彦纲,亳县人,系清浪卫世袭卫镇抚罗瑛嫡长男。·401·

七辈罗世封,旧选簿查有:嘉靖三年九月,罗世封,亳县人,系清浪卫故世袭卫镇抚罗彦纲嫡长男。

八辈罗锐,旧选簿查有:嘉靖二十年六月,罗锐,年一十七岁,亳县人,系清浪卫故卫镇抚罗世封嫡长男,仍袭原职。

九辈罗应魁,万历十九年八月,罗应魁,年四十三岁,亳县人,系清浪卫年老卫镇抚罗锐嫡长男,比中三等。

十辈罗天文,万历三十九年六月,大选过清浪卫卫镇抚一员罗天文,年三十七岁,系老卫镇抚罗应魁嫡长男,比中三等。

傅高·署指挥佥事事正千户

[一]辈庄伯儿。

[二]辈庄得,旧选簿查有:永乐九年九月,庄得,系金吾后卫右所故正千户庄伯儿嫡长男,敬袭世袭正千户。

[三]辈庄旺,旧选簿查有:永乐二十一年十二月,庄旺,系清浪卫后所故世袭正千户庄得亲弟,兄有嫡长男庄礼,年二岁,幼小,钦准本人借职,待侄长成,还与职事。

[四]辈庄礼,旧选簿查有:正统三年九月,庄礼,系清浪卫后所故世袭正千户庄得嫡长男。先因年幼,叔庄旺借职,今长成,退还职事。

景泰三年十二月,清浪卫正千户升指挥佥事庄礼。

[五]辈庄雄,旧选簿查有:成化十二年十二月,庄雄,掖县人,系清浪卫指挥佥事庄礼嫡长男,钦与世袭。

[六]辈傅显荣,旧选簿查有:正德二年二月,傅显荣,掖县人,系清浪卫世袭指挥佥事庄雄,即傅雄嫡长男。·402·

[七]辈傅高,旧选簿查有:嘉靖五年十月,傅高,掖县人,系清浪卫故指挥佥事傅显荣嫡长男。伊祖礼原系正千户,以香炉山功升指挥佥事,天顺元年遇例实授,沿袭二辈。今据遇例一级不系军功,本人照例革袭署指挥佥事事正千户。

朱芳·署指挥佥事事正千户

外黄查有:朱得礼,监利县人。有兄朱得,旧名得昌,甲辰年归附,选充小旗,乙巳年除百户,调武昌卫,洪武五年故。有侄朱武昌奴,十八年袭金吾后卫右所世袭百户,二十一年取京民女为妻,充军,故。二十四年将义侄朱喜儿补宜良所军役,得礼二十六年袭除清浪卫后所世袭百户。朱浩系朱得礼亲侄。朱玹系朱浩嫡长男。朱旺生系朱廷玺嫡次男,伊曾祖朱玹功升署副千户,遇例实授,祖朱仪替,功升正千户,又升前职,本人例前优给,已革与正千户俸,今出幼,递算加升,照例与署指挥佥事事正千户。

一辈朱得,已载前黄。

二辈朱武昌奴,已载前黄。

三辈朱得礼,旧选簿查有:洪武二十六年十一月,朱得礼,系金吾前卫左所故世袭百户朱武昌奴亲叔,袭除清浪卫后所世袭百户。

四辈朱浩,旧选簿查有:永乐十五年三月,朱浩,年十九岁,系清浪卫后所故世袭百户朱得礼亲侄。

五辈朱玹,旧选簿查有:正统八年十月,朱玹,系清浪[卫]后所世袭百户朱浩嫡长男。

景泰三年十二月,清浪卫百户升署副千户朱玹。

审稿查有:景泰二年,香炉山大寨擒获贼首韦同烈等,本年征靖川哨,至吊田杀贼获头功,景泰四年勘合开百户朱玹节次获功升本所署副千户。

六辈朱仪,旧选簿查有:成化四年十月,朱仪,监利县人,系清浪卫后所副千户朱玹嫡长男,钦与世袭。

审稿查有:成化五年征进贵州西堡、白石岩、狮子等寨、洞有功,斩首四颗,勘合开副千户朱仪有功升实授正千户。弘治六年贵州都清等处攻打卜五寨共斩首四颗，弘治七年勘合开正千户朱仪升指挥佥事。

七辈朱廷玺，旧选簿查有：弘治十八年八月，朱廷玺，监利县人，系清浪卫功升指挥佥事朱仪嫡长男，钦与世袭。·403·

八辈朱旺生，旧选簿查有：正德九年十月，朱旺生，即朱阳，年九岁，监利县人，系清浪卫指挥佥事朱廷玺嫡次男。伊曾祖朱玹功升署副千户，遇例实授。祖例前承袭，又获功升前职。本人照例革与正千正（户）俸优给，至正德十四年终住支。

正德十五年四月，朱旺生，即朱阳，年十七岁，监利县人，系清浪卫故指挥佥事朱廷玺嫡次男。伊曾祖朱玹功升署副千户，遇例实授，祖朱仪替，功升正千户，又功升前职，本人例前优给，已革与正千户俸，今出幼，递算加升，照例该与署指挥佥事事正千户。

九辈朱干，旧选簿查有：嘉靖二十四年六月，朱干，监利县人，系清浪卫故署指挥佥事事正千户朱阳嫡长男。

十辈朱芳，旧选簿查有：嘉靖四十五年四月，朱芳，年二十六岁，监利县人，系清浪卫故署指挥佥事事正千户朱干嫡长男。

十一辈朱世清，万历二十二年十月，朱世清，年二十五岁，系清浪卫故署指挥佥事事正千户朱芳嫡长男，比中二等。

十二辈朱运隆，崇祯六年二月，大选过清浪卫署指挥佥事事正千户优给舍人一名朱运隆，年八岁，系故署指挥佥事事正千户朱世清嫡长孙，照例与全俸优给，至崇祯十二年终住支。

十三辈朱运隆，崇祯十五年八月，大选过清浪卫署指挥佥事事正千户一员朱运隆，年十九岁，出幼袭职，比中三等。

刘仁·正千户

外黄查有：刘郁，顺天府人。父刘成，丙午年归附，充小旗，洪武元年充总旗，洪武三年钦除百户，十一年调羽林左卫，十五年阵亡，十六年赠正千户。郁系庶长男，十八年袭，除羽林右卫左所世袭百户，升府军后卫中所副千户，二十一年调金吾前卫世袭副千户，二十三年调清浪卫左所。刘隆系刘郁嫡长男。刘浩系刘隆嫡长男，父正统六年征麓贼有功升正千户，十四年故，浩景泰元年袭清浪卫左所世袭正千户。刘本系刘浩嫡长男。

一辈刘成,已载前黄。

二辈刘郁,已载前黄。

三辈刘隆,旧选簿查有:永乐八年十二月,刘隆,年十五岁,系清浪卫左所故世袭副千户刘郁嫡长男。

钦升簿内查有:正统七年征麓川,清浪卫左所副千户二次头功升世袭正千户一员刘隆。·404·

四辈刘浩,旧选簿查有:景泰元年八月,刘浩,系清浪卫左所故世袭正千户刘隆嫡长男。

五辈刘本,旧选簿查有:成化八年十月,刘本,年十六岁,顺天府人,系清浪卫左所故世袭正千户刘浩嫡长孙,先因年幼优给扣该成化六年终住支,今出幼,多支俸粮一年,照例袭职,仍行本卫所将多支俸粮扣算还官,毕日照旧关支。

六辈刘绶,旧选簿查有:弘治十五年八月,刘绶,顺天[府]人,系清浪卫左所世袭正千户刘本嫡长男。

七辈刘仁,旧选簿查有:嘉靖二十二年八月,刘仁,顺天[府]人,系清浪卫左所年老正千户刘绶嫡长孙。

八辈刘宗尧,万历五年十二月,刘宗尧,年二十九岁,顺天府人,系清浪卫左所故正千户刘仁嫡长男,比中二等。

九辈刘之弼,崇祯四年四月,大选过清浪卫左所正千户一员刘之弼,年四十九岁,系故正千户刘宗尧庶长男,比中三等。

伊勔·副千户

外黄查有:伊敬,桐城县人。父伊黄保,洪武四年充军,二十九年老,敬户名不动代役,三十三年济南升小旗,三十四年西水寨升总旗,三十五年金川门除长淮卫中所百户,永乐二年与世袭。

一辈伊敬,已载前黄。

二辈伊旺,旧选簿查有:正统三年八月,伊旺,系清浪卫左所故百户伊敬户名伊黄保嫡长男。

景泰三年十二月,清浪卫百户升副千户三员伊旺。

钦升簿内查有:景泰三年征湖广香炉山等处杀贼获功一级,清浪卫百户升副千户三员内一员伊旺。

三辈伊伦，旧选簿查有：天顺二年十月，伊伦，桐城县人，系清浪卫左所故副千户伊旺嫡长男。

四辈伊高，旧选簿查有：弘治六年十二月，伊高，桐城县人，系清浪卫左所故世袭副千户伊伦庶长男。

五辈伊聘。·405·

六辈伊勋，旧选簿查有：嘉靖二十一年八月，伊勋，桐城县人，系清浪卫左所故副千户伊聘亲弟。

七辈伊汤臣，万历十年十二月，伊汤臣，年二十岁，桐城县人，系清浪卫左所故副千户伊勋嫡次男。伊父原袭祖职副千户，万历六年故，应该伊兄伊汤辅承袭，患疾，无子，本舍照例借袭祖职副千户，待后伊兄疾痊或生有儿男，退还职事，比中三等。

八辈伊汤佐，万历三十七年二月，大选过清浪卫左所副千户一员伊汤佐，年四十七岁，桐城县人，系故副千户伊汤臣堂兄，比中三等。

刘祐·副千户

一辈刘福。

二辈刘仁。

三辈刘政。

四辈刘忠。

五辈刘刚。

六辈刘纪。

七辈刘洪。

八辈刘恩。

九辈刘国卿，旧选簿查有：嘉靖三十年十月，刘国卿，怀远县人，系清浪卫左所故正千户刘恩嫡长男。·406·

十辈刘祐，旧选簿查有：嘉靖四十二年八月，刘祐，系清浪卫左所故副千户刘国卿嫡长男。

十一辈刘应文，万历二十八年十月，刘应文，年二十七岁，系清浪卫左所患疾副千户刘祐嫡长男，比中二等。

十二辈刘芳，万历四十五年十月，大选过清浪卫左所照旧副千户一员刘芳，年二十五岁，系故副千户刘应文嫡长男，比中二等。

[十三辈]刘泽，崇祯二年十月，大选过清浪卫左所副千户一员刘泽，年二十七岁，系故副千户刘芳亲弟，比中三等。

谢惠·世袭百户

内黄查有：谢贵，宁乡县人。父谢胜，丙午年归附，甲辰年除天策卫百户，吴元年为军人身死，发充马军，洪武元年除英武卫百户，故。贵系嫡长男，先于洪武九年，赴京操练，十五年除留守中卫试百户，二十四年起取回京，袭除清浪卫左所世袭百户，谢实系谢贵亲侄，谢敬系谢实堂弟，谢谦系谢敬嫡长男。

一辈谢胜，已载前黄。

二辈谢贵，旧选簿查有：洪武二十四年十二月，谢贵系普定卫中所故世袭百户谢胜嫡长男。贵先由官下儿男，除授试百户，后调云南征进，父洪武二十一年伤故。有弟谢荣告开优给，不准，钦取前来，缘无保结，本部拟候照勘定夺，引至御前，钦准袭职，授清浪卫左所世袭百户。

三辈谢实，旧选簿查有：永乐九年十二月，谢实，年十八岁，系清浪卫左所故世袭百户谢贵亲侄。

四辈谢敬，旧选簿查有：正统二年十月，谢敬，系清浪卫左所故世袭百户谢实堂弟。

五辈谢谦，旧选簿查有：天顺三年六月，谢谦，年二十岁，宁乡县人，系清浪卫左所世袭百户谢敬嫡长男。

六辈谢皋，旧选簿查有：成化十一年七月，谢皋，年七岁，宁乡县人，系清浪卫左所残疾世袭百户谢谦嫡长男，钦与全俸优给，至成化十八年终住支。

七辈谢教化，旧选簿查有：弘治十二年九月，谢教化，年二岁，宁乡县人，系清浪卫左所故世袭百户谢皋嫡长男，钦与全俸优给，至弘治二十四年终住支。

八辈谢恩，旧选簿查有：正德十三年八月，谢恩即长保，年十九岁，宁乡县人，系清浪卫左所故世袭百户谢皋堂侄，已与堂兄谢教化优给，故绝。

九辈谢达，旧选簿查有：嘉靖十二年四月，谢达，年八岁，宁乡县人，系清浪卫左所故百户谢恩嫡长男，照例与全俸优给，至嘉靖十八年终住支。

嘉靖二十年八月，谢达，年十六岁，宁乡县人，系清浪卫左所故实授百户谢恩嫡长男，优给出幼袭职。

十辈谢惠，旧选簿查有：嘉靖三十四年八月，谢惠，年三十一岁，宁乡县人，系清浪卫左所故世袭百户谢达堂叔。

十一辈谢迁，万历八年六月，谢迁，年二十一岁，宁乡县人，系清浪卫左所故世袭百户谢惠嫡长男，比中二等。

十二辈谢天祥，崇祯六年二月，大选过清浪卫左所世袭百户一员谢天祥，年二十七岁，系老世袭百户谢迁嫡次男，比中二等。

樊卫·世袭百户

一辈樊谅。

二辈樊俊。

三辈樊让，旧选簿查有：永乐十五年六月，樊让，系清浪卫左所故世袭百户樊俊亲侄。

四辈樊谦，旧选簿查有：宣德五年闰十二月，樊谦，系清浪卫左所故世袭百户樊俊亲长侄，先因患风湿病疾，弟樊让袭职，病故。今本人病痊，钦准袭职。

五辈樊勗，旧选簿查有：正统十三年十一月，樊勗，年十五岁，系清浪卫左所故世袭百户樊谦嫡长男。

六辈樊政，旧选簿查有：成化十三年七月，樊政，合肥县人，系清浪卫左所世袭百户樊勗嫡长男。

七辈樊琼，旧选簿查有：弘治十八年十二月，樊琼，合肥县人，系清浪卫左所世袭百户樊政庶长男。

八辈樊卫，旧选簿查有：嘉靖二十九年二月，樊卫，合肥县人，系清浪卫左所年老世袭百户樊琼嫡长男。

九辈樊维翰，万历二年十月，樊维翰，年二十一岁，合肥县人，系清浪卫左所故世袭百户樊卫嫡长男。·408·

十辈樊靖邦，万历三十年八月，樊靖邦，年二十岁，系清浪卫左所患疾世袭百户樊维翰嫡次男，比中二等。

十一辈樊伯符，崇祯六年十月，大选过清浪卫左所实授百户一员樊伯符，年三十二岁，系疾实授百户樊靖邦嫡长男，比中三等。

娄高·实授百户

内黄查有：娄胜，新建县人，壬寅年军，洪武八年充小旗，十八年升总旗，二十一年除世袭百户，二十二年为事发普安卫充军，二十五年复职，二十六年除清浪卫世袭百户。

一辈娄胜，旧选簿查有：洪武二十五年四月，清浪卫左所世袭百户娄胜。

二辈娄源，旧选簿查有：永乐五年十月，娄源系清浪卫左所故世袭百户娄胜亲侄。

三辈娄全，旧选簿查有：永乐十六年十二月，娄全，年十七岁，系清浪卫左所故世袭百户娄源亲侄。

四辈娄住，旧选簿查有：宣德七年八月，娄住，系清浪卫左所故世袭百户娄全亲弟，兄有嫡长男娄观，年六岁，幼小，钦准本人借职，待长成，还与职事。

五辈娄观，旧选簿查有：正统九年闰七月，娄观，年十八岁，系清浪卫左所故世袭百户娄全嫡长男。先因年幼，未堪承袭。亲叔娄住借职，本人今长成，退还职事，钦准袭职，伊叔革闲。

六辈娄良，旧选簿查有：成化八年十一月，娄良，年十一岁，新建县人，系清浪卫左所残疾世袭百户娄观嫡长男，钦与全俸优给，至成化十一年终住支。

七辈娄亮①，旧选簿查有：成化十三年十月，娄亮，年十六岁，新建县人，系清浪卫左所残疾世袭百户娄观嫡长男。

八辈娄廷玉，旧选簿查有：正德十二年闰十二月，娄廷玉，新建县人，系清浪卫左所百户娄亮嫡长男。

九辈娄高，旧选簿查有：隆庆二年二月，娄高，年二十八岁，系新建县人，清浪卫左所故实授百户娄廷玉嫡长男。

十辈娄映星，万历四十六年四月，大选过清浪卫左所实授百户一员娄映星，年二十二岁，系故实授百户娄高嫡长孙，比中二等。·409·

孙尚谦·实授百户

外黄查有：孙晖，定远县人，有祖父孙福，甲午年归附，充百户，丙申年克中丞水寨陈也先营南台升万户，丁酉年充总管，洪武元年钦除沂州卫百户，二年调莱

---

① 与六辈娄良同为一人。

州卫，三月授流官，四年授世袭，十一年授世袭，改设宁海卫左所，残疾。十四年敬依令伯孙观替职，仍授本卫左所世袭百户，七月钦调燕山右护卫，二十一年授世袭，二十二年钦调清浪卫左所，二十四年为清理贴黄事，蒙将叔父洪武十一年重授世袭，三十年授世袭，三十二年征哨白口地面亡故，无儿男，晖系亲侄，当年袭清浪卫左所世袭百户。孙广系孙晖嫡长男，父残疾，广正统三年钦准替授清浪卫左所世袭百户。

一辈孙福，已载前黄。

二辈孙观，已载前黄。

三辈孙晖，旧选簿查有：洪武三十二年十一月，孙晖，年十三岁，系清浪卫左所阵亡世袭百户孙观亲侄，支俸读书操练，至十五岁出幼，冠带管事。

四辈孙广，旧选簿查有：正统三年八月，孙广，系清浪卫左所世袭百户孙晖嫡长男。

五辈孙纶，旧选簿查有：景泰五年十月，孙纶，年十五岁，凤阳府定远县人，系清浪卫左所被贼杀死世袭百户孙广嫡长男。

六辈孙鑑，旧选簿查有：弘治十二年三月，孙鑑，定远县人，系清浪卫左所世袭百户孙纶嫡长男。

七辈孙麟，旧选簿查有：正德十六年十二月，孙麟，定远县人，系清浪卫左所故世袭百户孙鑑嫡长男。

八辈孙尚谦，旧选簿查有：嘉靖二十七年六月，孙尚谦，年二十一岁，定远县人，系清浪卫左所故实授百户孙麟嫡长男。

九辈孙应鳌，万历十四年六月，孙应鳌，年二十一岁，定远县人，系清浪卫左所年老实授百户孙尚谦嫡长男，比中三等。

郭永贵·百户·410·

[一]辈郭忠。

[二]辈郭英，旧选簿查有：弘治十一年六月，郭英，麻城县人，系清浪卫左所故世袭百户郭忠嫡长男。

[三]辈郭永贵，旧选簿查有：嘉靖五年六月，郭永贵，即郭长儿，麻城县人，系清浪卫左所故百户郭英嫡长男，优给，违限五年，袭职，限外多支俸粮，查扣关支。

何乐·试百户

[一]辈何时。

[二]辈何清，旧选簿查有：天顺六年五月，何清，麻城县人，系清浪卫左所百户何时户名何宗四嫡长男，钦与世袭。

[三]辈何鳌，旧选簿查有：弘治三年六月，何鳌，麻城县人，系清浪卫左所世袭百户何清嫡长男。

[四]辈何策，旧选簿查有：弘治十八年十一月，何策，年十九岁，麻城县人，系清浪卫左所故世袭百户何鳌嫡长男。

[五]辈何邦俊，旧选簿查有：嘉靖二十六年四月，何邦俊，麻城县人，系清浪卫左所故实授百户何策嫡长男。伊高祖时原系功升试百户，遇例实授。曾祖清、祖鳌、父策沿袭，今本舍仍革袭试百户。

六辈何乐，旧选簿查有：嘉靖四十年十二月，何乐，年二十二岁，麻城县人，系清浪卫左所故试百户何邦俊嫡长男。·411·

七辈何銮，万历二年二月，何銮，年二十七岁，麻城县人，系清浪卫左所故试百户何乐亲弟。

八辈何一龙，万历二十八年十月，何一龙，年二十四岁，系故试百户何銮嫡长男，比中一等。

陈玉·试百户

一辈陈恭。

二辈陈昇，旧选簿查有：景泰七年十二月，陈昇，年十五岁，麻城县人，系清浪卫左所试百户陈恭户名陈兴嫡长男。父原系小旗，调征苗贼获头功二次升前职，病故，准本人袭实授百户。

三辈陈政，旧选簿查有：成化十八年八月，陈政，麻城县人，系清浪卫左所世袭百户陈昇嫡长男。

四辈陈玉，旧选簿查有：正德十三年十月，陈玉，麻城县人，系清浪卫左所百户陈政嫡长男，伊曾祖陈恭功升试百户，祖陈昇钦准实授，父例前沿袭，本人照例革去钦准一级，与做试百户。

胡忠·试百户

外黄查有：胡安，固始县人，有父胡得，前元义兵头目，甲辰年归附，拨金刚台，丙午年淮河截杀，吴元年除六安卫分司千户所镇抚，洪武五年调守延安，七年调西安左卫，老。安于十八年替，洪武二十二年调除清浪卫左所百户。胡添祥系胡安堂侄，堂伯病故，堂兄胡源袭，故，无儿男，添祥于宣德六年袭。胡勇系胡添祥嫡长孙，祖故。父胡隆袭，故。勇于成化十二年袭。

一辈胡得，已载前黄。·412·

二辈胡安，已载前黄。

三辈胡源，旧选簿查有：永乐十七年十二月，胡源，年十五岁，系清浪卫左所故世袭百户胡安嫡次男。有兄胡海残疾，不堪承袭，钦准袭职，待兄有男，还与职事。

四辈胡添祥，旧选簿查有：宣德九年六月，胡添祥，系清浪卫左所故百户胡源堂弟。

功次簿内查有：正统七年征麓川，清浪卫左所百户一次头功升副千户，二员内一员胡添祥。

五辈胡隆，旧选簿查有：天顺元年七月，胡隆，固始县人，系清浪卫右所故副千户胡添祥长男，钦与世袭。

六辈胡勇，旧选簿查有：成化二十二年四月，胡勇，固始县人，系清浪卫左所故世袭副千户胡隆嫡长男。

七辈胡玺，旧选簿查有：正德七年十月，胡玺，固始县人，系清浪卫左所故世袭副千户胡勇嫡长男。

八辈胡簋，旧选簿查有：嘉靖二十一年八月，胡簋，固始县人，系清浪卫左所年老副千户胡玺嫡长男，伊高祖添祥以堂伯侄于宣德元年承袭堂伯安百户，正统七年征麓川获头功升副千户。伊曾祖隆、祖勇，父玺沿袭，所据百户职级，系犯堂，例该革充总旗，加高祖添祥获功一级，本人与替试百户。

九辈胡忠，旧选簿查有：嘉靖二十九年八月，胡忠，光州人，系清浪卫左所故试百户胡簋嫡长男。

十辈胡惟臣，万历十三年十月，胡惟臣，年三十一岁，固始县人，系清浪卫左所年老试百户胡忠嫡长男，比中二等。

十一辈胡舜裔，崇祯二年十月，大选过清浪卫左所试百户一员胡舜裔，年十八岁，系故试百户胡惟臣嫡长男，比中三等。

董仕明·试百户

外黄查有：董贵，寿州下蔡县人。有伯父董义，辛丑年归附，吴元年钦除羽林卫百户，洪武四年宣化县与贼对敌阵亡。有兄董清九年钦袭桂林左卫百户，二十一年病故。有兄董寿僧二十二年袭除清浪卫左所世袭百户，二十五年被贼杀死。有伯董安任三十年钦袭本卫所世袭百户，三十二年亡故，别无儿男。贵系亲侄，三十三年准令袭职，仍授清浪卫左所世袭百户。董瑄系董贵嫡长男。·413·

一辈董义，已载前黄。

二辈董清，已载前黄。

三辈董寿僧，已载前黄。

四辈董安任，旧选簿查有：洪武三十年十一月，董安任，系清浪卫左所故世袭百户董寿僧房叔。

五辈董贵，旧选簿查有：洪武三十三年五月，董贵，年十岁，系清浪卫左所阵亡世袭百户董安任亲侄，支俸读书操练，至十五岁出幼，冠带管事。

钦升簿查有：正统七年云南麓川剿杀蛮贼有功，清浪卫左所百户二次头功升世袭副千户三员内一员董贵。

六辈董瑄，旧选簿查有：景泰元年八月，董瑄，系清浪卫左所故副千户董贵嫡长男，钦与世袭。

七辈董仲才，旧选簿查有：成化四年二月，董仲才，年八岁，寿州人，系清浪卫左所故世袭副千户董瑄嫡长男，钦与全俸优给，至成化十年终住支。

成化十一年九月，董仲才幼名仲舒，年十五岁，下蔡县人，系清浪卫左[所]故世袭副千户董瑄嫡长男。

八辈董英，旧选簿查有：嘉靖十一年二月，董英，年四十七岁，下蔡县人，系清浪卫左所故正千户董仲才嫡长男。伊堂高伯祖义立功升百户，堂曾伯祖清、并寿僧俱袭，故绝，至高伯祖安任袭，绝。曾祖贵袭，功升副千户，祖瑄沿袭，父又功升前职。所据堂高伯祖义功升百户，系犯堂职级，例不该袭，今本人扣有亲祖并父军功二级，照例革袭试百户。

九辈董正，旧选簿查有：嘉靖十二年十月，董正，年二十八岁，下蔡县人，系清浪卫左所故革袭试百户董英嫡长男。

十辈董仕明，旧选簿查有：嘉靖三十二年四月，董仕明，寿州人，系清浪卫左所故试百户董正嫡长男。

李仲·试百户

外黄查有：李廷鸾，桃源县人。始祖李庚六，甲辰年归附，故。高祖李兴二系嫡长男补役，洪武二十六年捉获党逆头功升总旗，永乐五年阵亡。曾祖李政系嫡长男，补，幼，二十年免并补役，故。祖李刚系嫡长男，补役，故。李英系嫡长男，补役，正德十二年，香炉山等处斩贼级三颗，十四年升本所试百户，故。兄李廷芳残疾，不堪，廷鸾嫡次男，嘉靖十四年袭清浪卫左所试百户。

一辈李兴二，已载前黄。

二辈李政，已载前黄。

三辈李刚，已载前黄。

四辈李英，已载前黄。

五辈李廷鸾，旧选簿查有：嘉靖十四年二月，李廷鸾，年二十八岁，桃源县人，系清浪卫左所故试百户李庚六名李英嫡次男。

六辈李仲，旧选簿查有：嘉靖三十七年十月，李仲，年三十一岁，桃源县人，系清浪卫左所老疾试百户李廷鸾嫡长男。

七辈李时达，万历十三年十月，李时达，年二十一岁，桃源县人，系清浪卫左所故试百户李仲嫡长男，比中三等。

八辈李国宾，万历四十四年十二月，大选过清浪卫左所试百户一员李国宾，年十九岁，系故试百户李时达嫡长男，比中二等。

王贤·试百户

外黄查有：王贵，麻城县人，有父王文瑞顶户名王全四，二十二年充清浪卫总甲，二十三年并枪充总旗，永乐二十二年，老疾。贵户名不动，替充总甲，正统元年并枪仍充总旗，六年调征云南麓川反寇，首夺上江西岸，攻破刀招汉贼寨，当先杀败夷寇，攻破贼首思任发巢穴杀败贼众，七年升清浪卫左所试百户。王洪系王贵嫡长男，王斌系王洪嫡长男。

一辈王文瑞，已载前黄。

二辈王贵，钦升簿内查有：正统七年调征麓川思任发上江等处剿杀蛮贼有功，一次头功升试百户三员内一员王全四，清浪卫左所。

三辈王洪，旧选簿查有：天顺二年五月，王洪，年十七岁，麻城县人，系清浪卫左所百户王贵户名王全四嫡长男，钦与世袭。

四辈王斌，旧选簿查有：弘治五年六月，王斌，麻城县人，系清浪卫左所世袭百户王洪嫡长男。

五辈王贤，旧选簿查有：嘉靖十一年六月，王贤，年五十一岁，麻城县人，系清浪卫左所故百户王斌亲弟。伊祖功升试百户，遇例实授，父、兄沿袭，所据遇例一级应该减革，本人照例革袭试百户。

王璋·正千户

一辈王寅，旧选簿查有：洪武二十五年五月，贵州前卫后所世袭副千户王寅。

二辈王斌，旧选簿查有：洪武三十年十一月，王斌系贵州前卫后所故世袭副千户王寅嫡长男。

三辈王暹，旧选簿查有：永乐十三年十月，王暹，年十五岁，系贵州前卫后所故世袭副千户王斌嫡次男。

四辈王铎，旧选簿查有：正统元年九月，王铎，年十五岁，系贵州前卫后所故世袭副千户王暹嫡长男。

景泰五年□月，贵州前卫副千户升正千户王铎。

五辈王锐，旧选簿查有：成化元年七月，王锐，句容县人，系贵州前卫后所正千户王铎亲弟，兄为事监故，本人袭职，钦与世袭，照例调清浪卫右所管事差操。

六辈王伟，旧选簿查有：弘治元年闰正月，王伟，句容县人，系清浪卫右所世袭正千户王锐嫡长男。

七辈王璋，旧选簿查有：嘉靖十六年八月，王璋，年二十岁，句容县人，系清浪卫年老指挥佥事王伟嫡长孙。伊曾伯祖铎以副千户乘西功升正千户，沿至祖伟袭，又功升指挥佥事，所据乘西功无擒斩，本人照例革与正千户，注右所。

八辈王玺，万历十八年六月，王玺，年二十岁，系清浪卫右所故正千户王璋嫡次孙，比中二等。

九辈王在镐，天启五年五月补四月分大选过清浪卫右所正千户一员王在镐，年十八岁，系故正千户王玺嫡长男，比中二等。

傅时霖·正千户

内黄查有：傅通，年二十二岁，余干县人，父友志，洪武八年充军，故。通补役，三十二年小旗，三十四年总旗，三十五年升百户，十一月升燕山左护卫副千户，宣德三年调清浪卫右所。

一辈傅通，已载前黄。

二辈傅瑛，旧选簿查有：正统元年九月，傅瑛，系清浪卫右所世袭副千户傅通嫡长男。

三辈傅经，旧选簿查有：成化元年八月，傅经，余干县人，系清浪卫右所正千户傅瑛嫡长男。

四辈傅纶，旧选簿查有：成化二十三年十二月，傅纶，余干县人，系清浪卫右所故世袭正千户傅经亲弟。

五辈傅汉，旧选簿查有：弘治十一年七月，傅汉，余干县人，系清浪卫右所世袭正千户傅纶嫡长男。

六辈傅仪，旧选簿查有：嘉靖八年八月，傅仪，年三十七岁，余干县人，系清浪卫右所年老世袭正千户傅汉嫡长男。

七辈傅时霖，旧选簿查有：嘉靖四十一年十二月，傅时霖，年二十三岁，余干县人，系清浪卫右所年老正千户傅仪嫡长男。

八辈傅良将，万历十五年四月，傅良将，年五岁。余干县人，系清浪卫右所故正千户傅时霖嫡长男，照例与全俸优给，至万历二十五年终住支。

傅良将，万历二十八年十月，傅良将，年十八岁，余干县人，系清浪卫右所故正千户傅时霖嫡长男，比中一等。·417·

王衮·副千户

一辈王庆陆，旧选簿查有：洪武二十九年二月，清浪卫右所百户王庆陆。

二辈王荣，旧选簿查有：洪武三十三年四月，王荣系清浪卫右所世袭百户王庆陆嫡长男。

三辈王瑀，旧选簿查有：永乐十二年二月，王瑀，系清浪卫右所世袭百户王荣嫡长男。

四辈王昇，旧选簿查有：正统三年九月，王昇，系清浪卫右所世袭百户王瑀嫡长男。

五辈王庭瓒，旧选簿查有：天顺五年八月，王庭瓒，年十六岁，含山县人，系清浪卫右所伤故副千户王昇嫡长男，钦与世袭。

六辈王圭，旧选簿查有：弘治十四年九月，王圭，含山县人，系清浪卫右所故世袭副千户王庭瓒嫡长男。

七辈王衮，旧选簿查有：正德十四年十二月，王衮，年十五岁，含山县人，系清浪卫右所故副千户王圭嫡长男。

八辈王崇礼，嘉靖四十五年十二月，年三岁，故副千户王衮嫡长男，照例与全俸优给，扣至五十七年终住支。

九辈王崇蕙，万历二十九年十一月单本王崇蕙，年二十九岁，系故副千户王崇礼堂弟，违限年久，应在革袭之列，第地方辽远，违限未久，姑准降袭试百户，比中二等。

苏瑞·副千户

外黄查有：苏广，秦州人。祖苏成洪武二年归附，四年除所镇抚，故。父苏忠袭世袭所镇抚，二十二年为缺少军人事问拟充军，钦依免罪，调清浪卫百户，故。广系嫡长男，永乐七年袭，授清浪卫右所流官百户。苏超系广嫡次孙，祖老，父苏源替职，正统六年征麓川有功，七年升本卫所副千户，失陷。兄苏起优给，未袭，先故，无儿。本人先因年幼，优给，出幼，天顺四年袭授清浪卫右所世袭副千户。苏玉系超嫡长男，父疾，玉于弘治十六年替授清浪［卫］右所世袭副千户。苏时茂系玉嫡长男，父故，时茂于正德七年袭授清浪卫右所世［袭］副千户。·418·

一辈苏成，已载前黄。

二辈苏忠，已载前黄。

三辈苏广，旧选簿查有：永乐七年十月，苏广系清浪卫右所故百户苏忠嫡长男。永乐七年十一月，苏广系清浪卫右所故百户苏忠嫡长男，永乐七年十月二十四日敬袭流官百户，令覆启附选。

四辈苏源，旧选簿查有：正统三年十二月，苏源系清浪卫右所老疾流官百户苏广嫡长男，钦准仍替流官百户。

功次簿查有：正统七年征麓川获功，湖广都司清浪卫右所百户一次头功升副千户四员内一员苏源。

五辈苏超，旧选簿查有：景泰四年三月，苏超，年八岁，秦州人，系清浪卫右所失陷副千户苏源嫡次男，已与兄苏起优给，病故，钦与全俸优给，至景泰十年终住支。天顺四年九月，苏超，年十六岁，秦州人，系清浪卫右所失陷副千户苏源嫡次男，已与兄苏起优给，病故。本人先因年幼，具告转名优给，今出幼，袭职，钦与世袭。

六辈苏玉，旧选簿查有：弘治十六年二月，苏玉，秦州人，系清浪卫右所世袭副千户苏超嫡长男。

七辈苏时茂，旧选簿查有：正德七年六月，苏时茂，年十九岁，秦州人，系清浪卫右所故世袭副千户苏玉嫡长男。

八辈苏瑞，旧选簿查有：嘉靖三十八年十月，苏瑞，秦州人，系清浪卫右所故副千户苏时茂嫡长男。

九辈苏大用，万历二十六年四月，苏大用，年三十四岁，系清浪卫右所故副千户苏瑞嫡次男，比中三等。

常胜·副千户

一辈常春。·419·

二辈常信，旧选簿查有：洪武三十年十二月，常信，系清浪卫右所故世袭百户常春亲叔，钦袭本卫所世袭百户。

三辈常谅，旧选簿查有：宣德元年十月，常谅，系清浪卫右所故百户常信嫡次男。有堂兄常程残疾，待有男，还与职事。

宣德元年十月，常谅，系清浪卫右千户所故世袭百户常信嫡次男。

四辈常政，旧选簿查有：正统三年九月，常政，年十六岁，系清浪卫右所故世袭百户常谅嫡长男。

景泰三年十二月，清浪卫百户升副千户常政。

五辈常通，旧选簿查有：成化六年十月，常通，年十六岁，凤翔县人，系清浪卫右所副千户常政庶长男，钦与世袭。

六辈常胜，旧选簿查有：正德六年八月，常胜，凤翔县人，系清浪卫右所副千户常永通嫡长男。

苏云·实授百户

外黄查有：苏庠，系清浪卫右所实授百户，合肥县人。始祖苏德成，乙未年从军，丙申年选充将军，吴元年除实授百户，故。高祖苏顺洪武十三年袭除所镇抚，二十[三]年调清浪卫右所实授百户，老。曾祖苏勉系嫡长男，袭，故。伯祖苏济系嫡长男，袭，故。祖苏坚系亲[弟]，年幼，曾叔祖苏励借职，坚长成，袭，老。父苏安系亲男，替，疾。庠系亲男，优给，正德三年袭实授百户。

一辈苏德成，已载前黄。

二辈苏顺，已载前黄。

三辈苏勉，旧选簿查有：永乐二十二年五月，苏勉，系清浪卫右所百户苏顺嫡长男，敬与世袭。

四辈苏济，旧选簿查有：正统三年八月，苏济，年十七岁，系清浪卫右所为事提问故世袭百户苏勉嫡长男。

五辈苏励，旧选簿查有：正统六年十月，苏励，系清浪卫右所潢故世袭百户苏济亲叔。侄有亲弟苏溶，年六岁，幼小，钦准本人借职，待长成，还与职事。

六辈苏坚，旧选簿查有：正统十四年，苏坚，年二十岁，系清浪卫右所百户苏励亲侄。·420·

七辈苏安，旧选簿查有：弘治三年九月，苏安，合肥县人，系清浪卫右所世袭百户苏坚庶长男。

八辈苏庠，旧选簿查有：弘治十四年九月，苏庠，年八岁，合肥县人，系清浪卫右所风疾世袭百户苏安嫡长男，钦与全俸优给，至弘治二十年终住支。

九辈苏霖，旧选簿查有：嘉靖三十四年十二月，苏霖，年四十岁，合肥县人，系清浪卫右所年老实授百户苏庠嫡长男。本人比试不中，照例与支半俸，候及二年起送再比。

十辈苏云，旧选簿查有：嘉靖三十八年十月，苏云，合肥县人，系清浪卫右所故实授百户苏霖亲弟。

十一辈苏崇仁，万历四年八月，苏崇仁，年三十一岁，合肥县人，系清浪卫右所患疾实授百户苏云嫡长男。

十二辈苏春芳，万历二十八年十月，苏春芳，年二十一岁，系清浪卫右所故实授百户苏崇仁嫡长男。查一辈未比，照例罚俸三年，比中二等。

何武勋·世袭百户

外黄查有：何澄，麻城县人。父何保儿，顶祖何必贤名字，洪武二十二年充总甲，三十三年①充总旗，老。澄顶祖名补，正统六年麓川策应马鞍山克破贼首思仁发巢穴二次头功例升二级，七年升实授百户，天顺六年钦与流官。何纲系何澄嫡长孙，祖老疾，父何贵替职，故，纲于成化十二年七月，钦准袭世袭百户。何钦系何纲嫡长男，伊父疾，钦于正德元年二月钦准替袭世袭百户。

一辈何保儿，已载前黄。

二辈何澄，已载前黄。

三辈何贵，旧选簿查有：成化五年二月，何贵，麻城县人，系清浪卫右所百户何澄嫡长男，钦与世袭。

四辈何纲，旧选簿查有：成化十二年七月，何纲，年十五岁，麻城县人，系清浪卫右所故世袭百户何贵嫡长男。

五辈何钦，旧选簿查有：正德元年二月，何钦，麻城县人，系清浪卫右所世袭百户何纲嫡长男。

六辈何武勋，旧选簿查有：嘉靖三十五年六月，何武勋，麻城县人，系清浪卫右所年老世袭百户何钦嫡长男。本人比试不中，照例与支半俸，候及二年，起送再比。

七辈何显宗，隆庆五年六月，何显宗，麻城县人，系清浪卫右所患疾世袭百户何武勋嫡次男。·421·

江珊·实授百户

一辈江鸥，旧选簿查有：洪武二十五年四月，清浪卫右所世袭百户江鸥。

二辈江源，旧选簿查有：洪武三十三年四月，江源，系清浪卫右所世袭百户江鸥嫡长男。

三辈江通，旧选簿查有：正统九年八月，江通，系清浪卫右所世袭百户江源嫡长男。

四辈江远，旧选簿查有：正统十一年二月，江远，年十三岁，系清浪卫右所故世袭百户江通亲弟，钦与全俸优给，至正统十二年终住支。

---

① 此处"三十三年"或应作"二十三年"，系原簿誊造之误。

正统十四年二月,江远,年十六岁,系清浪卫右所故世袭百户江通亲弟。

景泰三年十二月,清浪卫百户升署副千户江远。

五辈江万里,旧选簿查有:成化十五年六月,江万里,年十六岁,奉新县人,系清浪卫右所副千户江远嫡长男。伊父原系功升署副千户,遇例实授,患疾,本人照例革替署副千户事百户。

六辈江汉,旧选簿查有:嘉靖二年七月,江汉,奉新县人,系清浪卫右所年老副千户江万里嫡长男。伊父原革袭副千户,遇例实授,为事调松潘卫,遇宥,本人照例革与署副千户事百户,复原卫所。

七辈江浒,旧选簿查有:嘉靖三十一年十月,江浒,奉新县人,系清浪卫右所老疾副千户江汉亲弟。查得伊祖远香炉山功升署副千户,父、兄沿袭,所据香炉山功不及数,本舍照例革袭实授百户。比试不中,候及二年,起送再比。

八辈江珊,旧选簿查有:嘉靖三十九年十二月,江珊,年二十三岁,奉新县人,系清浪卫右所故实授百户江浒嫡长男。伊伯江汉原替署副千户,老,无子。父江浒革借实授百户,今故。本舍照例仍与借实授百户,待后伊伯江汉生有儿男,退还职事。

九辈江永明,万历二十七年十月,江永明,年二十六岁,系清浪卫右所故实授百户江珊嫡长男,比中一等。·422·

陈金·实授百户

外黄查有:陈庸,旧名马儿,定远县人。有伯陈胜,壬辰年从军,壬寅年充总旗,吴元年充安丰卫百户,故。有弟陈景,洪武十九年袭除羽林左卫中左所百户,贴办事,二十年钦除南宁卫太平千户所百户,故,别无儿男,庸系堂兄,二十二年袭除清浪卫右所世袭百户。

一辈陈胜,已载前黄。

二辈陈景,已载前黄。

三辈陈庸,已载前黄。

四辈陈观,旧选簿查有:永乐二十二年五月,陈观,系清浪卫右所故世袭百户陈庸旧名马儿嫡长男。

五辈陈隆。

六辈陈奎,旧选簿查有:成化十六年七月,陈奎,定远县人,系清浪卫右所世袭百户陈隆嫡长男。

陈奎，贴黄称：伯高祖陈胜从军升百户，故。曾叔祖陈景袭，故绝。曾祖陈庸即马儿袭，故。祖陈观，袭，残疾。父陈隆系嫡长男，靖远伯处替，患疾。奎系嫡长男，替职。

七辈陈谟，旧选簿查有：正德十五年十月，陈谟，定远县人，系清浪卫右所世袭百户陈奎嫡长男。

八辈陈金，旧选簿查有：嘉靖二十三年八月，陈金，定远县人，系清浪卫右所年老实授百户陈谟嫡长男。

九辈陈奇忠，万历四年二月，陈奇忠，年三十六岁，定远县人，系清浪卫右所年老实授百户陈金嫡长男。

十辈陈胜祖，万历十三年十月，陈胜祖，年四岁，定远县人，系清浪卫右所故实授百户陈奇忠嫡长男，照例与全俸优给，至万历二十三年终住支。

万历二十五年十二月，陈胜祖，年十六岁，出幼袭职，比中二等。

王世臣·实授百户

外黄查有：王观，安丰县人。有祖父王二，戊戌年军，洪武二十年除试百户，故。父王进三十五年袭授清浪卫右所试百户，故。观系嫡长男，宣德六年授世袭百户，正统六年麓川反寇上江杀败贼众思任发巢，当先杀败夷寇，七年升清浪卫右所副千户，十二年钦与流官。·423·

一辈王二，已载前黄。

二辈王进，旧选簿查有：洪武三十五年十月，王进，系平溪卫黄土坡堡摆站试百户王二嫡长男。父系老军除授前职，为事病故，钦准还做清浪卫右所试百户。

三辈王观，旧选簿查有：宣德六年十二月，王观，系清浪卫右所试百户王进嫡长男。祖王二原系老军除授前职，病故，父袭授前职，亦故，钦准本人仍袭试百户。

四辈王辅，旧选簿查有。

五辈王胜祖，旧选簿查有：成化十七年九月，王胜祖，年七岁，安丰县人，系清浪卫右所老疾世袭副千户王辅庶长男，钦与全俸优给，至成化二十四年终住支。

弘治二年十月，王胜祖，年十六岁，安丰县人，系清浪卫右所老疾世袭副千户王辅庶长男。

六辈王世臣，旧选簿查有：嘉靖二十九年八月，王世臣，年六岁，安丰县人，系清浪卫右所故副千户王胜祖庶长男，照例与全俸优给，至嘉靖三十七年终住支。

嘉靖三十九年六月，王世臣，年十六岁，安丰县人，系清浪卫右所故副千户王胜祖庶长男，优给出幼袭职。查伊祖职百户，麓川当先升今职，所据当先例应减革，本舍照例革袭实授百户。查得本舍优[给]违限二年，限外有无多支俸粮，查扣毕日关支。

赵璋·试百户

内黄查有：赵琳，年四十二岁。祖父赵真，洪武二十二年充小甲，二十三年并充小旗，阵亡，将男赵昊收充小旗，正统六年麓川杀贼头功二次升试百户。祖赵昊残疾，父赵纲系嫡长男，正统十四年保送靖远伯王处替实授百户，老疾，有嫡长男赵琳替职。

一辈赵真，已载前黄。

二辈赵昊，已载前黄。

三辈赵纲，已载前黄。

四辈赵琳，旧选簿查有：成化九年五月，赵琳，麻城县人，系清浪卫左所百户赵纲嫡次男，钦与世袭。·424·

五辈赵辅，旧选簿查有：弘治五年十一月，赵辅，麻城县人，系清浪卫右所故世袭百户赵琳嫡长男。

六辈赵璋，旧选簿查有：嘉靖三年四月，赵璋，麻城县人，系清浪卫右所百户赵辅嫡长男。伊高祖昊原系试百户，曾祖纲冒袭实授百户，沿袭，本人照例与替试百户。

七辈赵位，万历三年四月，赵位，年二十二岁，麻城县人，系清浪卫右所故实授百户赵璋嫡长孙，革遇例，与袭试百户。

八辈赵承勋，年七岁，万历二十二年四月，大选过清浪卫右所故试百户赵位嫡长男，照例与全俸优给，至万历二十九年终住支。

赵承勋，万历三十六年八月，大选过清浪卫右所试百户一员赵承勋，年二十一岁，系故试百户赵位嫡长男，出幼袭职，违限六年之外，有无多支俸粮，查扣，比中三等。

胡贡·试百户

一辈胡必全，旧选簿查有：天顺元年十二月，清浪卫实授总旗升试百户胡必全户名胡兴。

二辈胡胜，旧选簿查有：成化三年六月，胡胜，麻城县人，系清浪卫右所百户胡必全户名胡兴嫡长男，钦与世袭。

三辈胡深，旧选簿查有：弘治六年十二月，胡深，年十五岁，麻城县人，系清浪卫右所故世袭百户胡胜嫡长男。

四辈胡贡，旧选簿查有：嘉靖八年十月，胡贡，年十六岁，麻城县人，系清浪卫右所故百户胡深嫡次男。伊曾祖必全原以军人获功三级历升试百户，遇例实授，祖、父沿袭。所据遇例一级应该减革，本人照例与袭试百户。

五辈胡位，万历三年二月，胡位，年三十岁，麻城县人，系清浪卫右所故实授百户胡贡嫡长男，革遇例，与袭试百户。·425·

张书·试百户

内黄查有：张权，户名张达，麻城县人。有祖父张达，洪武二十二年充总甲，二十三年并充总旗，故。将父张琳补充总甲，疾。权替充总甲，正统六年征麓川反寇，攻破上江刀招汉贼寨杀败夷寇，闰十一月克破贼首思仁发巢穴，当先杀败贼众，七年升试百户。

一辈张达，功次簿查有：正统七年征麓川，清浪卫右所总旗未并枪二次头功升试百户四员内一员张达。

二辈张琳，已载前黄。

三辈张权，已载前黄。

四辈张通，旧选簿查有：天顺三年七月，张通，麻城县人，系清浪卫右所试百户张权亲弟。兄原系未并枪总旗户丁，调征麓贼获头功二次升前职，被贼杀死，今照例本人袭实授百户。

五辈张孟贤，旧选簿查有：成化二十一年二月，张孟贤，麻城县人，系清浪卫右所百户张通嫡长男。伯张权原系功升试百户，被贼杀死，父于天顺三年袭实授百户，本人照例革替试百户。

六辈张钦，旧选簿查有：正德三年十一月，张钦，年八岁，麻城县人，系清浪卫右所老疾世袭百户张孟贤庶长男，钦与全俸优给，至正德九年终住支。

正德十年八月，张钦，年十五岁，麻城县人，系清浪卫右所故百户张孟贤庶长男。伊伯祖原系功升试百户，遇例袭授，伊祖沿袭，至伊父已革试职，本人优给未革，今出幼，照例革袭试百户。

七辈张书，旧选簿查有：嘉靖三十四年十二月，张书，麻城县人，系清浪卫右所故实授百户张钦嫡长男。查得伊父原袭试百户，遇例实授，今本舍革遇例，与袭试百户。

张书，犯该监守自盗，照例于嘉靖四十三年正月二十二日发陆梁（六凉）卫左所永远充军。

郭正·试百户

一辈郭道。·426·

二辈郭英，旧选簿查有：成化七年七月，郭英，麻城县人，系清浪卫右所百户郭道嫡长男，钦与世袭。

三辈郭泰，旧选簿查有：成化十九年十一月，郭泰，年十七岁，麻城县人，系清浪卫右所百户郭英嫡长男。祖郭道原系功升试百户，遇例实授，老疾，父替职，病故，本人照例革袭试百户。

四辈郭安，旧选簿查有：弘治十一年四月，郭安，麻城县人，系清浪卫右所试百户郭泰亲弟。祖郭道功升前职，天顺元年遇例实授，老疾，父郭英替职，故，兄革袭前职，亦故，本人照例仍袭百户，钦与世袭。

五辈郭正，旧选簿查有：嘉靖四年十二月，郭正，麻城县人，系清浪卫右所年老百户郭安嫡长男。伊父原系试百户，遇例实授，本人照例革替试百户。

六辈郭鞏，万历六年八月，郭鞏，年十八岁，麻城县人，系清浪卫右所年老实授百户郭正嫡长孙，革遇例，与替试百户，比中三等。

七辈郭元臣，崇祯元年九月补八月分大选，过清浪卫右所试百户一员郭元臣，年二十六岁，系故试百户郭鞏嫡长男，比中三等。

吴崑·试百户

一辈吴胜。

二辈吴忠，旧选簿查有：洪武二十五年四月，吴忠，系贵州卫左所流官百户吴胜庶长男。父为年老眼昏，别无嫡长次男告替，系在外守御，父子俱至御前，问及从军年月，因怜功力深远，钦准替职，越世袭百户升除常德卫前所世袭副千户。

三辈吴刚，旧选簿查有：洪武三十三年二月，吴刚，系常德卫前所为事故世袭副千户吴忠同户亲侄，钦准袭职，授清浪卫右所世袭副千户。

四辈吴宽，旧选簿查有：宣德二年八月，吴宽，系清浪卫右千户所故世袭副千户吴刚嫡长男。·427·

五辈吴瑄，旧选簿查有。

六辈吴安，旧选簿查有：天顺二年十月，吴安，临淮县人，系清浪卫右所故世袭正千户吴瑄亲叔。

七辈吴高，旧选簿查有：成化七年十二月，吴高，年十五岁，临淮县人，系清浪卫右所世袭正千户吴安嫡长男。

八辈吴雄，旧选簿查有：正德七年八月，吴雄，临淮县人，系清浪卫右所正千户吴高嫡长男。

九辈吴崶，旧选簿查有：嘉靖二十二年八月，吴崶，即吴罩儿，临淮县人，系清浪卫右所年老正千户吴雄嫡长男。伊堂高始伯祖胜立功升百户，堂高高叔祖忠袭，立功升副千户，故绝。高祖刚以忠堂侄承袭，故。曾伯祖宽袭，正统七年麓川头功升正千户。堂伯祖瑄袭，绝。伊曾祖安以瑄亲叔袭，祖高、父雄相沿。所据伊伯祖刚以侄孙承袭吴胜百户，及伊堂侄承袭吴忠副千户各职级，俱系犯堂，合于该革总旗上加伊曾伯祖麓川功升一级，与本人袭试百户。比试不中，与支半俸，候及二年，起送再比。

十辈吴嘉玉，隆庆四年二月，临淮县人，系清浪卫右所老实授百户吴崶嫡长男，革遇例，与替试百户。

十一辈吴彊，万历二十一年十二月，大选过清浪卫右所故试百户吴加玉男，照例与试百户全俸优给，至万历三十一年终住支。

万历三十五年十二月，大选过清浪卫右所试百户一员吴彊，年十八岁，出幼袭职，比中三等。

十二辈吴万里，崇祯六年正月补五年十二月大选，过清浪卫右所试百户一员吴万里，年十九岁，系故试百户吴彊嫡长男，比中三等。

袁相·试百户

一辈袁昱。·428·

二辈袁诚，旧选簿查有：天顺三年七月，袁诚，年十九岁，麻城县人，系清浪卫右所试百户袁昱户名袁福五嫡长男。父原系总旗，调征麓贼获头功一次升前职，病故，今照例本人该袭实授百户。

三辈袁凤，旧选簿查有：弘治十年八月，袁凤，年十岁，系清浪卫右所患疾世袭百户袁诚嫡长男，钦与全俸优给，至弘治十四年终住支。

弘治十五年八月，袁凤，年十五岁，麻城县人，系清浪卫右所患疾世袭百户袁诚嫡长男，优给出幼袭职。

四辈袁相，旧选簿查有：嘉靖二十三年二月，袁相，麻城县人，系清浪卫右所故实授百户袁凤嫡长男。伊曾祖昱以总旗正统六年麓川头功升试百户，故。祖诚袭，遇例实授。父凤替，故。所据遇例一级，例应减革，本人革袭试百户。

五辈袁国用，万历五年四月，袁国用，年二十六岁，麻城县人，系清浪卫右所年老实授百户袁相嫡长男，革遇例，与替试百户，比中三等。

六辈袁勋，万历三十七年二月，大选过清浪卫右所试百户一员袁勋，年二十三岁，系故试百户袁国用嫡次男，比中二等。

胡汉·试百户

一辈胡亮。

二辈胡汉，旧选簿查有：正德十六年七月，胡汉，年十一岁，系清浪卫右所年老百户胡亮庶长男。父并充总旗，顶户名黄三保，功升试百户，遇例实授，本人革与试百户俸优给，至嘉靖三年终住支。

嘉靖六年六月，胡汉，年十七岁，麻城县人，系清浪卫右所年老百户胡亮庶长男。伊父原系试百户，遇例实授，本人已革与试百户俸优给，今出幼，仍袭试百户，限外多支俸粮，查扣支给。

三辈胡朝用，隆庆四年二月，胡朝用，麻城县人，系清浪卫右所年老实授百户胡汉嫡长男。革遇例，与替试百户。·429·

四辈胡以安，万历二十二年四月，胡以安，麻城县人，系清浪卫右所患疾试百户胡朝用嫡长男，比中二等，照例替试百户。

蔡玉·冠带总旗

内黄查有：蔡勇，麻城县人。高祖蔡秀二，洪武二十二年充总甲，二十三年并充总旗，永乐十一年交阯阵亡。曾祖蔡仲贵系嫡长男，补役，老疾。祖蔡孟旻系嫡长男，补役，弘治六年贵州等处有功升试百户，十五年老。父蔡英系嫡长男，本年比，替，十八年遇例实授，正德三年故。勇系嫡长男，六年袭本卫所试百户。

一辈蔡秀二，已载前黄。

二辈蔡仲贵，已载前黄。

三辈蔡孟旻，已载前黄。

四辈蔡英，旧选簿查有：弘治十五年八月，蔡英，麻城县人，系清浪卫右所功升试百户蔡孟旻嫡长男。

五辈蔡勇，旧选簿查有：正德六年六月，蔡勇，年十五岁，麻城县人，系清浪卫右所故百户蔡英嫡长男。伊父原替试百户，弘治十八年遇例实授，本人照例革袭祖职试百户。

六辈蔡玉，旧选簿查有：嘉靖十八年四月，蔡玉，麻城县人，系清浪卫右所故试百户蔡勇嫡长男。伊父以总旗都清等处功升前职，所据都清功无擒斩，应该减革，本人照例革与冠带总旗。

何绶·正千户

内黄查有：何兴，英山县人。有叔何隆，甲辰年从军，洪武元年充六安卫小旗，五年十一月充马军总旗，二十年征金山，二十二年赴京，钦除金吾后卫右所试百户，十二月钦与实授世袭百户，二十六年六月调密云卫后所，三十一年故。兴系亲侄，三十二年九月十七日袭职，三十三年济南升本所副千户，三十五年到京，永乐元年又十一月钦与密云中卫后所正千户，三年三月初二日钦与世袭职事。

一辈何隆，已载前黄。

二辈何兴，已载前黄。

三辈何潮，旧选簿查有：正统二年七月，何潮，系清浪卫中所世袭正千户何兴亲侄。

景泰三年十二月，清浪卫正千户升指挥佥事何潮。

四辈何广，旧选簿查有：成化四年九月，何广，英山县人，系清浪卫中所故正千户何兴庶长男，先因未生，父老疾，堂兄何潮替职，功升指挥佥事，续生本人，该袭指挥佥事。

五辈何毛头，旧选簿查有：成化八年二月，何毛头，年七岁，英山县人，系清浪卫被贼杀死世袭指挥佥事何广嫡长男。钦与全俸优给，至成化十六年终住支。

六辈何辅，旧选簿查有：成化十七年九月，何辅，英山县人，系清浪卫被贼杀死世袭指挥佥事何广嫡长男。

七辈何绶，旧选簿查有：嘉靖五年十二月，何绶，英山县人，系清浪卫年老指挥佥事何辅嫡长男。伊高伯祖隆以功升百户，绝。曾祖兴以亲侄袭，功升正千户，故。堂伯祖潮借袭，功升指挥佥事。今据指挥佥事一级系犯堂，本人照例革袭正千户，注本卫中所。

顾满·正千户

一辈顾得。

二辈顾杰，旧选簿查有：洪武三十年二月，顾杰，系偏桥卫后所百户顾得旧名德嫡长男，钦依替升清浪卫中所世袭正千户。

三辈顾铎。

四辈顾珍，旧选簿查有：正统十四年六月，顾珍，系清浪卫中所世袭正千户顾铎嫡长男。·431·

五辈顾琰，旧选簿查有：景泰四年八月，顾琰，江都县人，系清浪卫中所故世袭正千户顾珍庶弟。兄有嫡长男顾伦，年五岁，幼小，不堪承袭，本人借职，待长成，还与职事。

六辈顾伦，旧选簿查有：成化五年十月，顾伦，江都县人，系清浪卫中所世袭正千户顾珍嫡长男。本人先因年幼，亲叔顾琰借职，今长壮，告取职事，该与承袭，伊叔革闲。

七辈顾满，旧选簿查有：正德五年十月，顾满，年十五岁，江都县人，系清浪卫中所年老世袭正千户顾伦嫡长孙。

王御·署正千户事副千户

外黄查有：王庸，星子县人。祖王善，辛丑年归附，甲辰年充百户，洪武五年调广东都卫守御，八年故。十年将父王诚取京，除漳州卫前所百户，二十三年为受赃犯斩罪，免死追夺，发征进云南，二十五年复职，调五开卫隆里守御所，二十六年故。庸系嫡长男，二十七年袭清浪卫中所世袭百户。王全系王庸嫡长男。

一辈王善，已载前黄。

二辈王成，已载前黄。

三辈王庸，旧选簿查有：洪武二十七年六月，王庸，系五开卫隆里守御千户所故世袭百户王成嫡长男，钦袭清浪卫中所世袭百户。

四辈王全，旧选簿查有：宣德元年七月，王全，系清浪卫中千户所世袭百户王庸嫡长男。

钦升簿内查有：正统七年征麓川，清浪卫中所百户二次头功升世袭副千户一员王全。

五辈王真，旧选簿查有：景泰三年十二月，清浪卫副千户升署正千户三员[内一员]①王真。

钦升簿内查有：景泰四年湖贵香炉山杀贼获功一级、二级并署职一级，清浪卫副千户升署正千户三员内一员王真。

六辈王弼，旧选簿查有：成化元年八月，王弼，星子县人，系清浪卫中所失陷副千户王全庶长男，先因年幼，亲叔王真借职，于湖贵香炉山杀贼获功升署正千户，后遇例实授。今本人长壮，告取职事，叔愿将自已获功并与承袭，本人该袭正千户，伊叔革闲。

七辈王相，旧选簿查有：弘治十八年十二月，王相，星子县人，系清浪卫中所世袭正千户王弼嫡长男。

八辈王御，旧选簿查有：嘉靖二十一年八月，王御，星子县人，系清浪卫中所故正千户王相亲侄。本舍曾祖全原系副千户，故。先因伊祖弼年幼，曾叔祖真借职，景泰四年香炉山功升署正千户，遇例实授。伊祖长壮承袭，故。叔相袭，绝。所据遇例职级，例无相沿，该减革，与署正千户事副千户。

九辈王梦期，零选簿查有：嘉靖三十六年十月，王梦期，星子县人，系清浪卫中

---

① 原簿此处空白，据上下文可补"内一员"三字。

所年老正千户王御嫡长男。查伊曾祖弼以副千户景泰四年香炉山功升署正千户，叔祖相、父御沿袭，遇例实授。所据香炉山功无擒斩，遇例不由军功，俱应减革，本舍革替副千户。

十辈王选，万历十年十月，王选，年二十九岁，星子县人，系清浪卫中所年老副千户王梦期嫡长男，比中二等。

十一辈王镇北，万历三十年六月，系清浪卫中所故副千户王选庶长男。正统刀招汉功功无擒斩，景泰……香炉山功不及数，姑准减实授百户全俸优给，至三十六年终住支。

万历四十二年十二月，单本选过清浪卫中所世袭副千户王镇北，年十九岁，系故副千户王选庶长男。据辩祖职缘由，查得本舍始祖洪永功实授百户，四世祖王全袭，正统七年征进麓川三次头功升副千户，五世祖王真景泰四年征香炉山功升署正千户，沿至九世王梦期，以香炉山功无擒斩减袭副千户，十世王选袭，迨万历三十年镇北父选故，幼不堪袭，起送请领优给，又以麓川功无擒斩减与实授百户俸，今出幼，告辩。又查选簿号纸，委系麓川头功，邦政数开，准与世袭，原不在擒斩列，相应准袭祖职副千户，比中三等。

訾嘉猷・副千户

外黄查有：訾辅，赣县人。高祖訾法兴，洪武元年军，老。曾祖訾敬替，三十三年济南升小旗，三十四年西水寨功升总旗，三十五年应天升河南弘农卫百户，永乐十七年调清浪卫，老。祖訾忠替职，正统四年征进麓川思任发有功升副千户，十四年征贵州平越阵亡。父訾广袭，老。辅系嫡长男，成化十七年替清浪卫副千户，与世袭。訾勇年二十四岁，系清浪卫中所故副千户訾钦嫡长男，嘉靖二十五年钦准袭职。

一辈訾敬，已载前黄。

二辈訾忠，旧选簿查有：正统五年三月，訾忠，系清浪卫中所百户訾敬旧名法官音奴庶长男。

三辈訾广。

四辈訾辅，旧选簿查有：成化十七年四月，訾辅，赣县人，系清浪卫中所世袭副千户訾广嫡长男。·433·

五辈訾钦，旧选簿查有：弘治十四年九月，訾钦，赣县人，系清浪卫中所故世袭副千户訾辅嫡长男。

六辈訾勇，旧选簿查有：嘉靖二十五年□月。訾勇，年二十四岁，系清浪卫中所副千户訾钦嫡长男。

七辈訾嘉猷，旧选簿查有：隆庆二年四月，訾嘉猷，年二十二岁，赣县人，系清浪卫中所故副千户訾勇嫡长男。

八辈訾君政，崇祯十五年八月，大选过清浪卫中所副千户一员訾君政，年二十二岁，系故副千户訾嘉猷侄孙，比中三等。

高显祖·副千户

[一]辈高福。

[二]辈高得，旧选簿查有：永乐十年四月，高得，系清浪卫中所老疾世袭副千户高福亲弟。

[三]辈高琳，旧选簿查有：洪熙元年十二月，高琳，系清浪卫中所故世袭副千户高得嫡长男。

[四]辈高敬，旧选簿查有：宣德五年闰十二月，高敬，年十一岁，系清浪卫中所故世袭副千户高琳嫡长男，钦与全俸优给，至宣德八年终住支。

正统元年三月，高敬，年十七岁，系清浪卫中所故世袭副千户高琳嫡长男。

[五]辈高凤，旧选簿查有：成化六年九月，高凤，和州人，系清浪卫中所带俸世袭副千户高敬嫡长男。

[六]辈高显[祖]，旧选簿查有：正德二年七月，高显祖，和州人，系清浪卫中所年老世袭副千户高凤嫡长男。·434·

杨森·世袭百户

外黄查有：杨昇，合肥县人。祖父杨清丁酉年充军，吴元年充小旗，洪武元年充总旗，二年除百户，四年二月授世袭，五月升副千户，八月授流官，征倭漳死。父杨懋袭除副千户，二十三年犯徒罪降试百户，三十一年调除清浪卫中所世袭百户，故。昇系嫡长男，袭世袭百户。

一辈杨清，已载前黄。

二辈杨懋，旧选簿查有：洪武三十一年四月，杨懋，系易门县守御千户所试百户，原任副千户，为事降试百户，不支俸，为原领恩军缺少著令勾补，今勾军回还无缺，引启调用，敬依"着做世袭百户，与他俸"，授清浪卫中所世袭百户。

三辈杨昇，旧选簿查有：永乐元年七月，杨昇，系清浪卫中所故世袭百户杨懋嫡长男。

四辈杨林，旧选簿查有：洪熙元年七月，杨林，系清浪卫中所伤故世袭百户杨昇亲弟。

五辈杨源，旧选簿查有：正统二年七月，杨源，年三岁，系清浪卫中所漳故世袭百户杨林嫡长男，钦与全俸优给，至正统十三年终住支。

景泰元年十二月，杨源，年十五岁，系清浪卫中所漳故世袭百户杨林嫡长男。先因年幼，已与优给，今出幼袭职。

六辈杨震，旧选簿查有：弘治五年十一月，杨震，合肥县人，系清浪卫中所世袭百户杨源嫡长男。

七辈杨雯，旧选簿查有：弘治十二年三月，杨雯，合肥县人，系清浪卫中所故世袭百户杨震亲弟。

八辈杨春，旧选簿查有：正德十六年十月，杨春，合肥县人，系清浪卫中所世袭百户杨雯嫡长男。

九辈杨森，旧选簿查有：嘉靖三十五年二月，杨森，合肥县人，系清浪卫中所年老世袭百户杨春嫡长男。

十辈杨华，万历十八年六月，杨华，年三十七岁，合肥县人，系清浪卫中所年老世袭百户杨森嫡次男。伊父原袭世袭百户，万历六等年历升参将，十一年革任，今年老。所据伊父流官，例不准袭，本舍合照旧与替世袭百户，比中三等。

杨万春·试百户·435·

一辈杨玉，勘合查有：正德十四年，香炉山功次升实授一级不赏一人擒斩贼级三名颗项下，清浪卫中所冠带实授总旗升实授百户一员王宗一的名杨玉。

二辈杨万春，旧选簿查有：嘉靖十一年二月，杨万春，年二十一岁，麻城县人，系清浪卫中所故试百户杨玉庶长男。

余尧臣·试百户

一辈余亨一。

二辈余俊。

三辈余真，旧选簿查有：成化二年六月，余真，麻城县人，系清浪卫中所百户余俊嫡长男，钦与世袭。

四辈余凤，旧选簿查有：弘治十五年四月，余凤，麻城县人，清浪卫中所世袭百户余真嫡长男。

五辈余翱，旧选簿查有：正德七年六月，余翱，麻城县人，系清浪卫中所故世袭百户余凤庶弟。

六辈余翔，旧选簿查有：正德八年八月，余翔，麻城县人，系清浪卫中所故绝世袭百户余翱亲弟。兄内实授一级系遇例，本人照例革袭试百户。

七辈余尧臣，旧选簿查有：嘉靖四十二年八月，余尧臣，系清浪卫中所年老实授百户余翔亲孙，革遇例，与替试百户。

刘纬·试百户

外黄查有：刘昱，麻城县人。父刘政顶户名刘真，洪武二十二年充清浪卫总甲，二十三年充总旗，二十九年故。兄刘文俊户名不动补充总甲，宣德二年交阯亡故。五年昱补充总甲，正统六年征麓川刀招汉贼寨杀贼（败）夷寇，闰十一月攻破杉木笼巘路贼寨，十二月克破贼首思仁发巢穴当先杀败贼众，十年升清浪卫中所试百户。刘表系刘敞嫡长男。

一辈刘政，已载前黄。

二辈刘文俊，已载前黄。

三辈刘昱，钦升簿内查有：正统七年征麓川，清浪卫中所总旗未并枪户丁二次头功升试百户五员内一员刘真。

四辈刘广，旧选簿查有：正统十四年二月袭，刘广，年一十七岁[①]，麻城县人，系清浪卫中千户所亡故试百户刘昱旧名刘真嫡长男，该袭实授百户。

五辈刘敞，旧选簿查有：成化二十年十二月，刘敞，年七岁，麻城县人，系清浪卫中所百户刘广庶长男。父年五十二岁，患痨瘵疾，告［替］，令本人优给，至成

---

① 该"二月袭"之"袭"，"一十七岁"之"一"，皆系衍字。

化二十七年终住支。

弘治五年六月，刘敞，年十六岁，麻城县人，系清浪卫中所故百户刘广庶长男，钦与世袭。

六辈刘表，旧选簿查有：嘉靖三年十月，刘表，麻城县人，系清浪卫中所百户刘敞嫡长男。伊曾祖昱以总旗获功二级升试百户，被杀贼死，祖广钦准袭实授，父沿袭。本人照例革去越升，与替试百户。

七辈刘纬，旧选簿查有：嘉靖二十一年八月，刘纬，麻城县人，系清浪卫中所故试百户刘表嫡长男。

华堂高·试百户

外黄查有：华荣，麻城县人。有父华应城顶户名华胜，洪武二十二年垛总甲，二十三年充总旗，阵亡。华先户名不动，补役，故。荣仍补充总甲，充总旗，正统元年调征广西蒙顾洞斩首二颗，二年升试百户，六年征麓川思任发巢穴当先杀贼，七年升清浪卫中所实授百户，十二年钦与流官。

一辈华应成，已载前黄。

二辈华先，已载前黄。

三辈华荣，功次簿查有：正统二年征蒙顾等寨蛮贼有功升指挥同知、佥事、正副千户、试百户内清浪卫总旗升试百户一员华胜三。·437·

四辈华清。

五辈华政，旧选簿查有：成化七年八月，华政，麻城县人，系清浪卫中所世袭百户华清嫡长男。

六辈华嵩，旧选簿查有：弘治三年九月，华嵩，麻城县人，系清浪卫中所故世袭百户华政嫡长男。

七辈华廷瑞，旧选簿查有：正德十六年七月，华廷瑞，麻城县人，系清浪卫中所故百户华嵩嫡长男。

八辈华堂高，旧选簿查有：嘉靖三十七年十一月，华堂高，麻城县人，系清浪卫中所实授百户华廷瑞嫡长孙。查伊三世祖华荣以试百户于正统六年征麓川当先杀贼功升实授百户，相沿承袭。所据麓川当先杀贼功无擒斩，例应减革，今本舍革袭试百户。

何正·试百户

外黄查有：何林系何润嫡长孙。伊祖故，父何刚袭，天顺元年遇例实授，老疾，林系嫡长男。

一辈何思玄。

二辈何思礼。

三辈何润，功次簿查有：正统七年调[征]云南麓川反寇思任发，上江等处剿杀蛮贼有功官员，清浪卫中所总旗未并枪户丁二次头功升试百户五员内一员何祖（润）。

四辈何刚，已载前黄。

五辈何林，旧选簿查有：弘治十四年四月，何林，黄冈县人，系清浪卫中所百户何刚嫡长男。父原系试百户，天顺元年遇例实授，今老疾，本人照例替百户，钦与世袭。

六辈何勇，旧选簿查有：嘉靖五年十二月，何勇，黄冈县人，系清浪卫中所老百户何林嫡长男。伊祖刚原系试百户，天顺元年遇例实授，父沿袭，本人照例革替试百户。

七辈何正，旧选簿查有：嘉靖四十年八月，何正，年四十三岁，黄冈县人，系清浪卫中所故试百户何勇亲弟。·438·

八辈何应元，万历十年十月，何应元，年二十一岁，黄冈县人，系清浪卫中所故试百户何正嫡长男，比中二等。

九辈何国光，万历三十二年六月，何国光，年二十四岁，黄冈县人，系清浪卫中所故试百户何应元嫡长男，比中二等。

张应·试百户

外黄查有：张寻真，麻城县人。伯祖张昇四次曾祖张通为户，洪武二十二年清浪卫充总甲，二十三年并枪升总旗，故。次伯祖张昇六补役，并枪仍充总旗，征伤残疾。正统七年兄张希真代役，十四年征贵州阵亡。景泰元年寻真补役，二年克香炉山擒获贼人有功，三年升实授总旗，天顺三年征剿东苗擒斩级有功，七年升本卫所试百户，八年遇例实授。

一辈张昇四，已载前黄。

二辈张昇六，已载前黄。

三辈张希真，已载前黄。

四辈张寻真，钦升簿查有：天顺八年东苗功次杀贼获功项下，清浪卫实授总旗升试百户三员内一员张通。

五辈张安，旧选簿查有：弘治三年九月，张安，年十六岁，麻城县人，系清浪卫中所百户张寻真嫡长男。伊父原系功升试百户，天顺八年遇例实授，本人照例革与试百户。

六辈张应，旧选簿查有：嘉靖十年八月，张应，年三十二岁，麻城县人，系清浪卫中所患疾试百户张安嫡长男。

七辈张志高，隆庆四年二月，张志高，麻城县人，系清浪卫中所年老实授百户张应亲孙，革遇例，与替试百户。查得本舍比试不中，例支半俸，候及二年再比。

谢承勋·试百户

外黄查有：谢通，户名谢文三，麻城县人。有父谢文六顶户名谢文三，洪武二十二年充清浪卫小甲，二十三年并枪充小旗，永乐九年升充总旗，故。通户名不动补役，正统六年麓川思任发巢穴当先杀败贼众，七年升清浪卫中所试百户。

一辈谢文六，已载前黄。

二辈谢通，钦升簿查有：正统七年七月，麓川反寇思任发上江等处杀贼获功，清浪卫中所总旗未并枪户丁二次头功升试百户五员内一员谢文三。

三辈谢纲，旧选簿查有：正德（统）十二年七月，谢纲，年十六岁，系清浪卫中所试百户谢通户名谢文三嫡长男。父原系总甲，调征麓川蛮贼二次头功升除前职，病故，钦准本人袭实授世袭百户。

四辈谢恭，旧选簿查有：天顺七年六月，谢恭，年十八岁，麻城县人，系清浪卫中所故世袭百户谢纲亲弟。先因年幼，堂兄谢敬借职，今长成，退还职事，本人袭职，伊堂兄革闲。

五辈谢恩，旧选簿查有：弘治十五年二月，谢恩，麻城县人，系清浪卫中所世袭百户谢恭嫡长孙。

六辈谢承勋，旧选簿查有：嘉靖十年八月，谢承勋，年二十一岁，麻城县人，系清浪卫中所故百户谢恩嫡长男。伊高祖通功升试百户，曾伯祖纲钦准袭实授，沿袭，本人照例革袭试百户。

陈文·试百户

外黄查有：陈爵，系麻城县人。高祖陈福，洪武二十二年充清浪卫中所军，永乐八年故。曾祖陈长儿补役，宣德二年故。祖陈明即陈玉保补役，景泰三年香炉山等处擒获贼首韦同烈、王纪哥等有功，四年升实授小旗，成化十五年患疾。父陈钊二十二年替收小甲，弘治元年并充小旗，六年遇例纳米冠带，十四年征武靖等处前后斩首四颗，十六年升总旗，正德七年征镇筸筸子坪等处擒斩贼级三名颗，九年升试百户，十四年年老，爵十五年仍替清浪卫中所试百户。

一辈陈明，已载前黄。

二辈陈钊，已载前黄。

三辈陈爵，旧选簿查有：正德十五年八月，陈爵，麻城县人，系清浪卫中所年老功升试百户陈钊户名陈福三嫡长男，钦与世袭。

四辈陈宪章，旧选簿查有：嘉靖十一年六月，陈宪章，即银保，年十五岁，麻城县人，系清浪卫中所故世袭试百户陈爵嫡长男。

五辈陈文，旧选簿查有：嘉靖三十二年四月，陈文，麻城县人，系清浪卫中所故实授百户陈宪章亲叔。伊侄原袭祖职试百户，遇例实授，今本舍革袭试百户。

六辈陈书，万历三年二月，陈书，年十七岁，麻城县人，系清浪卫中所年老试百户陈文嫡长孙。·440·

洪汝舟·试百户

一辈洪琢。

二辈洪祥，旧选簿查有：正德三年七月，洪祥，黄冈县人，系清浪卫中所故试百户洪琢户名洪秀一嫡长男。

三辈洪汝舟，旧选簿查有：嘉靖二十三年二月，洪汝舟，黄冈县人，系清浪卫中所老试百户洪祥嫡长男。

四辈洪恩，万历十七年六月，洪恩，年二十岁，黄冈县人，系清浪卫后所年老试百户洪汝舟嫡长男，比中三等。

五辈洪其声，崇祯元年九月补八月大选，清浪卫后所试百户一员洪其声，年二十九岁，系故试百户洪恩嫡长男，比中三等。

李成辅·所镇抚

外黄查有：李忠，滁州人。祖李旺儿，旧姓谷，甲午年从军，乙未年拨留守卫充小旗，洪武十二年充总旗，调金吾后卫，老疾。父李兴，旧名谷佛保，户名不动代役，仍充总旗，十三年调辰州卫前所，十七年除羽林左卫后所世袭所镇抚，二十三年调安庄卫中所，三十四年五月故。忠系嫡长男，当年九月二十日袭除清浪卫中所所镇抚。

一辈李旺儿，已载前黄。

二辈李兴，已载前黄。

三辈李忠，已载前黄。

四辈李荣，旧选簿查有：正统十年六月，李荣，系清浪卫中所世袭所镇抚李忠嫡长男。·441·

五辈李森。

六辈李政，旧选簿查有：成化三年六月，李政，滁州人，系清浪卫中所世袭所镇抚李森亲弟，告替。待兄有男，还与职事。

七辈李宗祥，旧选簿查有：弘治十二年九月，李宗祥，年十七岁，滁州人，系清浪卫中所故世袭所镇抚李政嫡长男。

八辈李成辅，旧选簿查有：嘉靖三年四月，李成辅，滁州人，系清浪卫中所世袭所镇抚李宗祥嫡长男。

九辈李尚武，万历三年四月，李尚武，年二十八岁，滁州人，系清浪卫中所故所镇抚李成辅亲侄孙。伊叔祖原袭祖职所镇抚，嘉靖三十二年故绝。伊兄李尚文四十二年保送赴部承袭。查系五辈未袭及洗改病故年月，随经驳查去后，伊兄流落无踪，本舍于四十五年具告催查。今既查明无碍，保送前来，本舍照例准借袭祖职所镇抚，待后伊兄回还，或生有儿男，退还职事。

十辈李尚忠，万历四十六年三月，大选过清浪卫中所所镇抚一员李尚忠，年四十岁，系故绝所镇抚李尚武堂弟。序叔李芳接袭，老疾，无嗣，本舍借袭前职，待叔生子退还，比中三等。①

---

① 《明档》本册第443页有"镇抚·李伟"选簿，该李伟系李尚忠嫡长男。

卢勋·冠带总旗

内黄查有：卢英，户名卢志，麻城县人。有父卢志，洪武二十二年充清浪卫中所总甲，二十三年并充总旗，残疾。叔卢添哥户名不动代役，仍充总旗，残疾。英仍顶户名替役，正统六年征云南麓川上江刀招汉贼寨杀败夷寇，七年升清浪卫试百户。

一辈卢志，已载前黄。

二辈卢昇，旧选簿查有：景泰四年八月，卢昇，系清浪卫中所试百户卢英户名卢志亲弟。兄原系未并枪总旗户丁，调征麓贼获头功升前职，病故，照例本人该袭实授百户。

三辈卢斌，旧选簿查有：成化十七年九月，卢斌，麻城县人，系清浪卫中所百户卢昇嫡长男，钦与世袭。

四辈卢保儿，旧选簿查有：成化二十一年十一月，卢保儿，年五岁，麻城县人，系清浪卫中所故世袭百户卢斌嫡长男，钦与全俸优给，至成化三十年终住支。

弘治八年九月，卢忠，年十六岁，麻城县人，系清浪卫中所故世袭百户卢斌嫡长男。·442·

五辈卢勋，旧选簿查有：嘉靖十七年四月，卢勋，年三十七年，麻城县人，系清浪卫中所故百户卢忠嫡长男。伊曾祖英以总旗麓川功升试百户，遇例实授。所据麓川功无头功、奇功，并遇例职级，俱应减革，本人革与冠带总旗。

镇抚·李伟

崇祯五年六月，大选过清浪卫中所所镇抚一员李伟，年二十二岁，系故所镇抚李尚忠嫡长男，比中三等。[①]

韦尚武·正千户

一辈韦成，旧选簿查有：洪武三十年二月，韦成，系偏桥卫前所副千户，钦升清浪卫前所世袭正千户。

二辈韦瑾，旧选簿查有：洪武三十年三月，韦瑾，系清浪卫前所世袭正千户韦成

---

① 该簿所载，可接续《明档》本册第441至442页"李成辅·所镇抚"簿"十辈李尚忠"选条之后。

嫡长男。

三辈韦鼐，旧选簿查有：永乐十九[年]四月，韦鼐，系清浪卫前所故世袭正千户韦瑾嫡长男。

四辈韦颙，旧选簿查有：宣德八年十二月，韦颙，系清浪卫前所故世袭正千户韦鼐亲弟。兄有庶长男韦染十，年二岁，幼小，钦准本人借职，待长成，还与职事。

七辈韦辅，旧选簿查有：弘治年间贴黄查有：韦辅，系清浪卫前所正千户。供称祖父韦颙袭职，正统二年为不应等事问发平溪卫立功，遇宥还职，注调平溪卫左所，景泰元年残疾。伯父韦谦故，并无所生儿男，有父韦让系嫡次男，本年保送靖远伯王处替职，天顺元年奉诏复还清浪卫前所。

八辈韦黼，旧选簿查有：成化七年八月，韦黼，长兴县人，系清浪卫前所世袭正千户韦让嫡长男。·443·

九辈韦政，旧选簿查有：弘治十六年九月，韦政，长兴县人，系清浪卫前所故世袭正千户韦黼嫡长男。

十辈韦霖，旧选簿查有：嘉靖五年八月，韦霖，长兴县人，系清浪卫前所世袭正千户韦政嫡长男。

十一辈韦云，旧选簿查有：嘉靖二十八年八月，韦云，长兴县人，系清浪卫前所故正千户韦霖亲弟。

十二辈韦尚武，旧选簿查有：嘉靖三十七年八月，韦尚武，长兴县人，系清浪卫前所故正千户韦云嫡长男。

十三辈韦将，万历二十一年十二月，大选过清浪卫前所故正千户韦尚武男，照例与正千户全俸优给，至万历二十八年终住支。

万历三十二年六月，韦将，年十八岁，出幼袭职，比中二等。

卜伦·正千户

一辈卜政，旧选簿查有：洪武二十九年七月，清浪卫前所卜政旧名咬儿，总旗除百户。

二辈卜通，旧选簿查有：永乐三年六月，卜通，年十七岁，系清浪卫前所故世袭百户卜政嫡长男。

三辈卜弘，旧选簿查有：宣德五年五月，卜弘，系清浪卫前千户所故副千户卜通亲弟。兄有庶长男卜文聪，年五岁，幼小，钦准本人借职，与世袭，待长成，还与职事。

四辈卜文聪，旧选簿查有：正统五年十月，卜文聪，年十五岁，前（系）清浪卫前所故副千户卜通庶长男。先因年幼，叔卜弘借职，今长成，还与职事，钦准袭职，与世袭，伊叔革闲。

五辈卜善，旧选簿查有：弘治元年闰正月，卜善，年十六岁，合肥县人，系清浪卫前所功升正千户卜文聪嫡长孙。

六辈卜永昇，旧选簿查有：弘治五年六月，卜永昇，合肥县人，系清浪卫前所故世袭正千户卜善亲叔。

七辈卜伦，旧选簿查有：正德三年十二月，卜伦，合肥县人，系清浪卫前所世袭正千户卜永昇嫡长男。·444·

舒英·正千户

一辈舒义。

二辈舒旺，旧选簿查有：永乐十八年十一月，舒旺，年十七岁，系清浪卫前所故百户舒义庶长男，钦与世袭。

三辈舒亮，旧选簿查有：景泰三年十二月，清浪卫副千户升正千户舒亮。

四辈舒昶，旧选簿查有：弘治三年十月，舒昶，合肥县人，系清浪卫前所功升正千户舒亮庶弟，钦与世袭。

五辈舒英，旧选簿查有：正德六年十二月，舒英，合肥县人，系清浪卫前所年老世袭正千户舒昶嫡长男。

边上将·副千户

外黄查有：边谏，固始县人。有父边继，前原竹真下千户，甲辰年归附，吴元年充镇抚，洪武四年升所镇抚，故。有兄边谅，袭彭城卫所镇抚，二十二年犯罪，钦免调除清浪卫前所百户，故，无儿男。谏系庶弟，袭百户。边寿系边谏嫡长男，父故，寿于永乐十年优给，十八年袭职。边安系边寿亲弟，兄故，无儿男，安于宣德六年袭百户。边靖系安庶长男，父正统七年征麓贼头功升副千户，后征湖贵香炉山杀贼获功该升署一级，景泰三年升署正千户，天顺元年遇例实授，故，嫡弟边猪儿幼小，未堪承袭，靖于天顺四年借袭正千户，待弟长成，退还职事。

一辈边继,已载前黄。

二辈边谅,已载前黄。

三辈边谏,旧选簿查有:洪武三十一年三月,边谏,系清浪卫前所故百户边谅庶弟。兄先任世袭所镇抚,为事调除百户,不分流世,病故,敬准袭职,与世袭。

四辈边寿,旧选簿查有:永乐十年八月,边寿,年六岁,系清浪卫前所故世袭百户边谏嫡长男,敬与全俸优给,至永乐十八年终住支。

永乐二十年三月,边寿,年十六岁,系清浪卫·445·前所故世袭百户边谏嫡长男。

五辈边安,旧选簿查有:宣德六年八月,边安,系清浪卫前所故世袭百户边寿亲弟。

景泰三年十二月,清浪卫副千户升署正千户边安。

六辈边靖,旧选簿查有:天顺四年七月,边靖,固始县人,系清浪卫前所故正千户边安庶长男,钦与世袭。有嫡弟边猪儿,年二岁,幼小,不堪承袭,本人借职,待长成,退还职事。

七辈边竑,旧选簿查有:成化十一年八月,边竑,年十八岁,固始县人,系清浪卫前所故正千户边安嫡长男。先因年幼,庶长兄[边靖借职,今长成,还与职事,伊庶兄革闲]①。

八辈边贵,旧选簿查有:正德七年二月,边贵,固始县人,系清浪卫前所正千户边竑嫡长男。内实授一级,系天顺元年遇例,本人照例与做实授正千户。

九辈边恩,旧选簿查有:嘉靖十六年十二月,边恩,年三十五岁,固始县人,系清浪卫前所年老正千户边贵嫡长男。伊曾祖安以副千户景泰三年香炉山功升署正千户,天顺元年遇例实授。所据香炉山功系署级,无擒斩,并遇例职级,俱应减革,本人革与副千户。

十辈边陞,旧选簿查有:嘉靖三十五年八月,边恩,年五十四岁,固始县人,系清浪卫前所残疾副千户。有嫡长男边陞,见年三十一岁,告替。

十一辈边上将,旧选簿查有:嘉靖三十九年六月,边上将,年九岁,固始县人,系清浪卫前所故副千户边陞嫡长男。

隆庆六年四月,边上将,年二十岁,固始县人,系清浪卫前所故副千户边陞嫡长男,优给出幼袭职。查得优给违限六年,限外有无多支俸粮,扣算毕日关支。

---

① "先因年幼,庶长兄"后缺"边靖借职,今长成,还与职事,伊庶兄革闲"之类语。

十二辈边民忠，万历四十七年三月，大选过清浪卫前所副千户一员边民忠，年二十三岁，系老副千户边上将庶长男，比中二等。

康骥·副千户

外黄查有：康成，内丘县人。曾祖康美，先系安丰指挥，癸卯年拨守处州，洪武元年充所镇抚，四年实授，六年归并平阳卫右所，二十年征伤。祖康宁二十五年替职，升太原中卫世袭卫镇抚，二十九年晋府奏升本卫指挥佥事，三十四年升本卫指挥同知，三十五年升指挥使，永乐三年为事降南丹卫右所副千户，四年故。父康永，永乐十一年袭清浪卫前所副千户，残疾。成系嫡长男，宣德七年替清浪卫前所世袭副千户。康[全]系康成亲弟，兄老疾，无儿男，全成化六年替副千户，·446·待兄有男，还与职事。

一辈康美，已载前黄。

二辈康宁，旧选簿查有：洪武二十五年四月，康宁，系平阳卫左所世袭所镇抚康美嫡长男。父为年老砲伤腰胯告替，系在外守御，父子俱至御前，钦依"他做所镇抚多年，又从军年深，替了"，升除太原中护卫世袭卫镇抚。

洪武三十一年八月，康宁，原系太原中护卫世袭卫镇抚，升除本卫指挥佥事，世袭。

三辈康永，旧选簿查有：永乐十一年□月，康永，系太原中护卫指挥同知康宁嫡长男。父为事降调南丹卫右所副千户，病故，钦准袭授清浪卫副千户。

四辈康成，旧选簿查有：宣德七年七月，康成，系清浪卫前所副千户康永嫡长男，钦与世袭。

五辈康全，旧选簿查有：成化六年五月，康全，内丘县人，系清浪卫前所世袭副千户康成亲弟。待兄有男，还与职事。

六辈康英，旧选簿查有：成化十八年九月，康英，内丘县人，系清浪卫前所世袭副千户康全嫡长男。

七辈康政，旧选簿查有：正德九年八月，康政，内丘县人，系清浪卫前所世袭副千户康英嫡长男。

八辈康骥，旧选簿查有：嘉靖二十一年八月，康骥，内丘县人，系清浪卫前所年老副千户康政嫡长男。

九辈康其治，万历四年八月，康其治，年二十一岁，内丘县人，系清浪卫前所故副千户康骥嫡长男。

十辈康爵，万历二十七年十月，年八岁，系清浪卫前所故副千户康其治嫡长男，全俸优给，三十三年终住支。

万历三十七年四月，大选过清浪卫前所副千户一员康爵，年十八岁，系故副千户康其治嫡长男，出幼袭职，比中二等。

姜世雄·世袭百户·447·

一辈姜瑶。

二辈姜林，旧选簿查有：永乐十九年五月，姜林，系清浪卫前所故百户姜瑶嫡长男，钦与世袭。

三辈姜原，旧选簿查有：洪熙元年七月，姜原，系清浪卫前所故世袭百户姜林亲弟。

四辈姜荣，旧选簿查有：宣德五年闰十二月，姜荣，系清浪卫前所故世袭百户姜原堂兄。

五辈姜谦，旧选簿查有：正统八年三月，姜谦，系清浪卫前所世袭百户姜荣嫡长男。

六辈姜洪，旧选簿查有：景泰三年十一月，姜洪，年十六岁，滁州人，系清浪卫前所故世袭百户姜谦嫡长男。

七辈姜让，旧选簿查有：天顺二年闰二月，姜让，滁州人，系清浪卫前所故世袭百户姜洪亲叔。侄有亲弟姜浦，患黄瘴矮小残疾，不堪承袭，本人袭职，待有男，还与职事。

八辈姜浦，旧选簿查有：成化五年三月，姜浦，滁州人，系清浪卫前所故世袭百户姜洪亲弟。本人先因患疾，亲叔姜让袭职，今病痊可，告取职事，该与承袭，伊叔革闲。

九辈姜全，旧选簿查有：弘治十四年二月，姜全，滁州人，系清浪卫前所世袭百户江浦嫡长男。

十辈姜秀，旧选簿查有：弘治十六年十一月，姜秀，滁州人，系清浪卫前所故世袭百户姜全亲弟。

十一辈姜世雄，旧选簿查有：嘉靖元年十二月，姜世雄，滁州人，系清浪卫前所故绝世袭百户姜秀亲叔。

史文·世袭百户

[一]辈史源。·448·

[二]辈史清，旧选簿查有：天顺七年二月，史清，麻城县人，系清浪卫左所故百户史源亲弟，钦与世袭。

[三]辈史浩，旧选簿查有：成化七年七月，史浩，麻城县人，系清浪卫左所故世袭百户史清亲庶弟。

[四]辈史文，旧选簿查有：正德元年二月，史文，麻城县人，系清浪卫左所调前所故世袭百户史浩嫡次男，有嫡长兄史政，残疾不堪，本人借袭，待兄有男，还与职事。

宋策·实授百户

外黄查有：宋玉，巢县人。父宋里乙未归附，壬寅年小旗，洪武三年总旗，十八年除所镇抚，二十二年调除清浪卫前所百户，故。玉系嫡长男，三十一年十二月袭清浪卫前所百户。

一辈宋里，已载前黄。

二辈宋玉，旧选簿查有：洪武三十一年十二月，宋玉，系清浪卫前所故百户宋里嫡长男。父原任流官所镇抚，为事调除百户，不分流世，钦准袭职，与世袭。

三辈宋邦，旧选簿查有：永乐四年二月，宋邦，年五岁，系清浪卫前所故世袭百户宋玉嫡长男，敬与全俸优给，至永乐十三年终住支，起送赴京袭职。

永乐十三年[①]七月，宋邦，年十六岁，系清浪卫前所故世袭百户宋玉嫡长男。

四辈宋文政，旧选簿查有：天顺三年九月，宋文政，年十七岁，巢县人，系清浪卫前所世袭百户宋邦庶长男。

五辈宋贤，旧选簿查有：弘治七年十二月，宋贤，巢县人，系清浪卫前所世袭百户宋文政庶长男。

六辈宋杰，旧选簿查有：嘉靖五年八月，宋杰，巢县人，系清浪卫前所世袭百户宋贤嫡长男。

七辈宋策，旧选簿查有：嘉靖四十二年十二月，宋策，年二十岁，巢县人，系清浪卫前所故实授百户宋杰嫡长男。·449·

---

① 应作"永乐十五年"。

八辈宋世爵，万历二十九年十二月，宋世爵，年二十三岁，系清浪卫前所患疾实授百户宋策嫡长男，比中三等。

九辈宋名扬，崇祯二年十月，大选过清浪卫前所实授百户一员宋名扬，年二十四岁，系疾实授百户宋世爵嫡长男，比中三等。

卫淇·实授百户

一辈卫兴。

二辈卫保。

三辈卫武，旧选簿查有：洪武二十六年六月，卫武，系清浪卫前所故流官百户卫保嫡长男，钦准袭职，与世袭，仍授本卫所世袭百户。

四辈卫勋，旧选簿查有：永乐二十二年二月，卫勋，系清浪卫前所故世袭百户卫武亲弟。

五辈卫政，旧选簿查有：宣德六年七月，卫政，年十六岁，系清浪卫前所故世袭百户卫勋嫡长男。

六辈卫瑄，旧选簿查有：正统六年九月，卫瑄，年四岁，系清浪卫前所故世袭百户卫政嫡长男，钦与全俸优给，至正统十六年终住支。

七辈卫福，旧选簿查有：景泰五年十月，卫福，定远县人，系清浪卫前所故世袭百户卫政堂弟。已与堂侄卫瑄优给，病故。

八辈卫玺，旧选簿查有：成化十一年十一月，卫玺，定远县人，系清浪卫前所世袭百户卫福嫡长男。

九辈卫卿，旧选簿查有：成化二十一年九月，卫卿，年六岁，定远县人，系清浪卫前所故世袭百户卫玺嫡长男，钦与全俸优给，至成化二十九年终住支。

十辈卫辅，旧选簿查有：弘治三年四月，卫辅，年九岁，定远县人，系清浪卫前所故世袭百户卫玺嫡次男。已与兄卫卿优给，病故，该与本人转名优给，至弘治八年终住支。·450·

弘治九年七月，卫辅，年十五岁，定远县人，系清浪卫前所故世袭百户卫玺嫡次男。

十一辈卫淇，旧选簿查有：嘉靖二十四年八月，卫淇，定远县人，系清浪卫前所故实授百户卫辅嫡长孙。

十二辈卫之竹，万历十三年十月，卫之竹，年三十八岁，定远县人，系清浪卫前所年老实授百户卫淇嫡长男,比中二等。

十三辈卫篆,万历二十九年十二月,卫篆,年二十六岁,定远县人,系清浪卫前所故实授百户卫之竹嫡长男,比中二等。

十四辈卫世守,崇祯元年九月补八月分大选,过清浪卫前所实授百户一员卫世守,年三十三岁,系故实授百户卫篆嫡长男,比中三等。

袁锐·实授百户

内黄查有:袁弼,黄冈县人。父袁兴,洪武二十二年充清浪卫前所总甲,二十三年并充小旗,永乐八年征交阯失陷。兄袁海补,例免并充小旗,正统六年麓川阵亡。弼顶户名补役,七年以兄阵亡功例升一级升总旗,景泰元年贵州小坪等寨及香炉山等处获功一十七次例升一级,三年升清浪卫前所试百户,天顺元年遇例实授。

一辈袁兴,已载前黄。

二辈袁海,已载前黄。

三辈袁弼,已载前黄。

四辈袁玉真,旧选簿查有:成化七年七月,袁玉真,黄冈县人,系清浪卫前所百户袁弼嫡长男,钦与世袭。

五辈袁安,旧选簿查有:弘治九年九月,袁安,黄冈县人,系清浪卫前所世袭百户袁玉真嫡长男。

六辈袁勋,旧选簿查有:嘉靖十七年十二月,袁勋,年三十五岁,黄冈县人,系清浪卫前所年老副千户袁安嫡长男。伊曾祖弼以总旗香炉山功升试百户,遇例实授,祖玉真替,普安·451·功升前职,相沿。所据遇例职级例无承袭,本人革与实授百户。

七辈袁锐,旧选簿查有:嘉靖二十四年八月,袁锐,黄冈县人,系清浪卫前所故实授百户袁勋嫡长男。

八辈袁玺,万历二十四年八月,袁玺,年二十五岁,系清浪卫前所故实授百户袁锐嫡长孙。查伊二世祖袁海系小旗,正统六年征思任发阵亡,无嗣,弟袁弼不当并阵亡之功,所升总旗一级例应减革,本舍合袭试百户,比中二等。

九辈袁一龙,万历四十四年四月,大选过清浪卫前所试百户一员袁一龙,年十九岁,系故试百户袁玺嫡长男,比中三等。

华恩·百户

[一]辈华佺。

[二]辈华澄,旧选簿查有:弘治十二年十二月,华澄,黄冈县人,系清浪卫中所功升试百户华佺嫡长男。

[三]辈华恩,旧选簿查有:嘉靖十四年四月,华恩,年三十八岁,黄冈县人,系清浪卫前所年老百户华澄嫡长男。

詹勋·试百户

内黄查有:詹英,系詹麟嫡长孙。祖年老,父詹志替职,患疾,英钦准替授本卫所百户。·452·

一辈詹麟。

二辈詹志。

三辈詹英,旧选簿查有:成化十八年十一月,詹英,黄冈县人,系清浪卫前所百户詹志嫡长男,钦与世袭。

四辈詹翰,旧选簿查有:弘治十五年六月,詹翰,黄冈县人,系清浪卫前所世袭百户詹英嫡长男。

五辈詹极,旧选簿查有:正德十三年八月,詹极,黄冈县人,系清浪卫前所故副千户詹翰嫡长男。高祖詹麟系功升试百户,曾祖詹志钦准替实授,本人照例革袭实授百户。

六辈詹勋,旧选簿查有:嘉靖三十一年十月,詹勋,黄冈县人,系清浪卫前所故实授百户詹极嫡长男。查得伊祖翰思南一级功无擒斩,照例革试百户。

七辈詹德政,万历十二年二月,詹德政,年三十岁,黄冈县人,系清浪卫前所患疾试百户詹勋嫡长男,比中二等。

八辈詹天威,天启七年六月,大选过清浪卫前所试百户一员詹天威,年二十九岁,系故试百户詹德政嫡长男,比中三等。

刘爵·试百户

[一]辈刘荣二。

[二]辈刘经，旧选簿查有：正德元年十二月，刘经，黄冈县人，系清浪卫前所百户刘荣二的名刘志诚嫡长男。伊父原系试百户，弘治十八年遇例实授，本人照例革替试百户。

[三]辈刘爵，旧选簿查有：正德十二年十一月，刘爵，黄冈县人，系清浪卫前所试百户刘经嫡长男。·453·

[四]辈刘世元，万历元年十月，刘世元，年十六岁，黄冈县人，系清浪卫前所年老试百户刘爵嫡长孙。

朱纯·试百户

一辈朱先。

二辈朱刚，旧选簿查有：天顺五年正月，朱刚，年十六岁，麻城县人，系清浪卫左所试百户朱先嫡长男。父原系军，调征麓贼获头功三次升前职，病故。本人先因年幼，已与试百户俸优给，后遇例实授，今出幼，该袭实授百户。

三辈朱玉，旧选簿查有：弘治九年十一月，朱玉，麻城县人，系清浪卫前所世袭百户朱刚嫡长男。伊父原系左所，调今所。

四辈朱恺，旧选簿查有：正德十三年十二月，朱恺，年二十七岁，麻城县人，系清浪卫前所百户朱玉嫡长男。曾祖朱先原系功升试百户，祖朱刚优给，后遇例实授，例前沿袭，本人照例革与试百户。

五辈朱纯，旧选簿查有：嘉靖四十一年六月，朱纯，年二十三岁，麻城县人，系清浪卫前所年老实授百户朱恺嫡长孙，革遇例，与替试百户。

六辈朱之臣，万历十八年六月，朱之臣，年二十二岁，系清浪卫前所故试百户朱纯嫡长男，比中二等。

赵金·试百户

外黄查有：赵辅，嘉鱼县人。曾祖赵八儿，洪武二十二年充清浪卫军。有正户刘受四故绝，勾补，故。伯赵子忠补，故。次伯赵顺补，景泰元年香炉山擒贼韦同烈等四年升小旗，天顺二年贵州东苗擒斩功八年升总旗，故绝。父赵文补，弘治十四年大竹山斩首三颗十八年升试百户，年老。辅系嫡长男，正德十一年比，替清浪卫前所试百户。·454·

一辈赵顺，已载前黄。

二辈赵文，已载前黄。

三辈赵辅，旧选簿查有：正德十一年八月，赵辅，嘉鱼县人，系清浪卫前所功升试百户赵文户名刘受四嫡长男。

四辈赵显祖，旧选簿查有：嘉靖十六年十二月，赵显祖，年二十七岁，嘉鱼县人，系清浪卫前所年老百户赵辅嫡长男。伊祖文以总旗普安功升试百户。父辅袭，本人冒供实授。所据冒供职级，例无承袭，革替试百户。

五辈赵金，旧选簿查有：隆庆二年四月，赵金，年三十五岁，嘉鱼县人，系清浪卫前所故实授百户赵显祖嫡长男，革遇例，与袭试百户。

田世茂·冠带总旗

一辈田海。

二辈田缙。

三辈田畴，旧选簿查有：正德十二年十一月，田畴，黄冈县人，系清浪卫前所年老百户田缙户名田添一嫡长男。父补总旗，功升试百户，遇例实授，本人照例革替试百户。

四辈田玉。

五辈田世茂，旧选簿查有：嘉靖四十二年八月，田世茂，系清浪卫前所故署试百户事冠带总旗田玉庶长男。查伊祖田海以小旗麓川杀贼功升总旗，又以斩首功升试百户。先年查革麓川功，与署试百户事总旗。所据署职仍当减革，本舍革充冠带总旗。·455·

刘宪·冠带总旗

一辈刘铎。

二辈刘洪，旧选簿内贴黄查有：刘洪，景泰元年，靖远伯王处袭，系清浪卫前所实授百户刘铎亲侄。

景泰三年十二月，清浪卫百户升署副千户刘洪。

三辈刘汉，旧选簿查有：成化十七年十月，刘汉，黄冈县人，系清浪卫前所故副千户刘洪堂弟。伊堂兄原系功升署副千户，遇例实授，本人照例革袭署副千户事百户。

四辈刘宪，旧选簿查有：正德十二年十一月，刘宪，黄冈县人，系清浪卫前所故副千户刘汉堂侄孙。曾伯祖刘铎立功升百户，祖刘洪袭职，功升署副千户，遇例实授，堂叔祖沿袭。本人照例革与总旗，加伊祖功一级，与做世袭冠带总旗。

石大用·副千户

内黄查有：石玉，章丘县人。有叔石丑头，洪武二年充军，十八年叔病故，将玉补役，三十三年济南升小旗，三十四年西水寨升试百户，三十五年平定京师钦升安吉卫右所副千户，永乐二年与世袭。石真系石玉庶长男，父故，真优给，永乐二十年袭授副千户。

一辈石玉，已载前黄。

二辈石真，旧选簿查有：永乐十七年，石真，年十三岁，系安吉卫已改通州右卫右所故世袭副千户石玉庶长男，钦与全俸优给，至永乐十九年终住支。

三辈石瑾，旧选簿查有：景泰五年十月，石瑾，章丘县人，系清浪卫后所世袭副千户石真嫡长男。

四辈石英，旧选簿查有：成化二十年十一月，石英，章丘县人，系清浪卫后所世袭副千户石瑾嫡长男。

五辈石雄，旧选簿查有：弘治五年十一月，石雄，章丘县人，系清浪卫后所故世袭副千户石英亲弟。

六辈石渠，旧选簿查有：正德十二年闰十二月，石渠，章丘县人，系清浪卫后所副千户石雄嫡长男。·456·

七辈石大用，旧选簿查有：嘉靖十三年六月，石大用，即石馨儿，年二十三岁，章丘县人，系清浪卫后所故副千户石渠嫡长男。

八辈石嵩，万历十六年二月，石嵩，年四十岁，章丘县人，系清浪卫后所故副千户石大用嫡长男，比中三等。

九辈石国柱，万历四十六年十月，大选过清浪卫后所副千户一员石国柱，年卅三岁，系故副千户石嵩嫡长男，比中三等。

高明·副千户

[一]辈高兴。

[二]辈高亮,旧选簿查有:永乐九年二月,高亮,系清浪卫后所故世袭百户高兴嫡长男。

[三]辈高智,旧选簿查有:正统六年十月,高智,系清浪卫后所故副千户高亮亲弟。兄有嫡长男高暹年八岁,嫡次男高鼎年六岁,庶长男高昱年七岁,庶次男高昴年四岁,并有亲侄高相儿年三岁,俱幼小,钦准本人借职,与世袭,待高暹长成,还与职事。

[四]辈高暹,旧选簿查有:景泰元年闰正月,高暹,系清浪卫后所故副千户高亮嫡长男。先因年幼,亲次叔高智借职,与世袭,亦故。本人今长成,钦准袭职。

[五]辈高端,旧选簿查有:成化十一年五月,高端,寿州人,系清浪卫后所故世袭副千户高暹嫡长男。

[六]辈高明,旧选簿查有:正德三年二月,高明,寿州人,系清浪卫后所故世袭副千户高端嫡长男。·457·

徐堂·副千户

外黄查有:徐观,昆山县人。父徐德,旧名德,丙午年从军,吴元年充小旗,洪武三年充总旗,二十四年除凤阳中卫左所世袭百户,三十一年老疾,观于三十二年替清浪卫后所世袭百户。徐纲系徐观嫡长男。

一辈徐德,旧选簿查有:洪武二十五年五月,徐德等二员,系凤阳中等卫世袭百户,为自首与为事千户赵普等干亲,敬依送调清浪卫后所徐德。

二辈徐观,旧选簿查有:洪武三十二年正月,徐观,系清浪卫后所世袭百户徐德嫡长男。

三辈徐纲,钦升簿内查有:正统七年征麓川,清浪卫后所百户二次头功升副千户二员内一员徐纲。

景泰四年,湖广香炉山杀贼获功一级、二级并署职一级,清浪卫副千户升署正千户三员内一员徐纲。

四辈徐辅,旧选簿查有:成化十年七月,徐辅,年十五岁,昆山县人,系清浪卫后所正千户徐纲嫡长孙,钦与世袭。

五辈徐廷琮，旧选簿查有：嘉靖三年二月，徐廷琮，昆山县人，系清浪卫后所年老正千户徐辅嫡长男。伊曾祖纲原系署正千户。

六辈徐堂，旧选簿查有：嘉靖二十一年八月，徐堂，昆山县人，系清浪卫后所故署正千户事副千户徐廷琮嫡长男。

七辈徐效忠，隆庆六年四月，徐效忠，年十五岁，昆山县人，系清浪卫后所故署正千户事副千户徐堂嫡长男。

八辈徐尚忠，万历四十六年三月，大选过清浪卫后所署正千户事副千户一员徐尚忠，年三十五岁，昆山县人，系故署正千户徐效忠三弟。序兄徐启忠，患疾，无嗣，准本舍借袭前职，待兄生子退还，比中三等。

月东来·副千户

一辈月伦帖木儿。

二辈月旺，旧选簿查有：洪武三十三年正月，月旺，系清浪卫后所流官百户月伦帖木儿嫡长男，钦与世袭。·458·

三辈月昇，旧选簿查有：宣德三年六月，月昇，系清浪卫后千户所故流官百户月旺嫡长男，钦与世袭。

功次簿查有：正统七年麓川功，湖广清浪卫后所百户二次头功升副千户月昇。

四辈月胜，旧选簿查有：天顺二年十二月，月胜，嵩明州人，系清浪卫后所故世袭副千户月昇嫡长男。

五辈月朗，旧选簿查有：成化十五年三月，月朗，嵩明州人，系清浪卫后所故正千户月胜亲弟，钦与世袭。

六辈月桂，旧选簿查有：弘治八年八月，月桂，嵩明州人，系清浪卫后所世袭正千户月朗庶长男。

七辈月东来，旧选簿查有：嘉靖二十七年六月，月东来，嵩明州人，系清浪卫后所故正千户月桂嫡长孙。伊始祖伦、高高祖旺、高祖昇历功升副千户，曾伯祖胜茅坪等处有功升正千户，曾祖朗、祖桂沿袭至今。所据茅坪功无擒斩，例应减革，本舍照例革袭副千户。

八辈月高，万历元年四月，月高，年二十五岁，嵩明州人，系清浪卫后所故副千户月东来嫡长男。

九辈月应秋，万历三十七年二月，大选过清浪卫后所副千户一员月应秋，年二十二岁，系老副千户月高嫡长男，比中二等。

胡旦·署副千户事实授百户

外黄查有：胡忠，宣城县人。祖父胡得名，乙未年军，乙巳年充小旗，洪武十一年选充总旗，十五年钦除府军左卫流官百户，故。父胡斌钦依照例送锦衣卫充总旗，二十五年钦袭世袭百[户]，故。忠系嫡长男，袭世袭百户。胡麟系清浪卫后所年老功升副千户胡泰山嫡次男，嘉靖八年钦准替职。

一辈胡德名，已载前黄。

二辈胡斌，旧选簿查有：洪武二十五年五月，胡斌，系武昌左卫中所故流官百户胡德名嫡长男。父由闸办鱼课总旗除授流官百户，洪武二十年征进云南，二十一年于镇远府过河被水溺死。先告袭职，照例送锦衣卫充总旗，今又具告，本部拟奏不准，引至御前，钦依"这起都准袭了，还着他袭了"，授清浪卫后所世袭百户。

三辈胡忠，旧选簿查有：永乐十三年七月，胡忠，年十六岁，系清浪卫后所故世袭百户胡斌嫡长男。·459·

四辈胡福。

五辈胡海，旧选簿查有：成化十四年五月，胡海，宣城县人，系清浪卫后所世袭百户胡福嫡长男。

六辈胡泰山，旧选簿查有：弘治五年八月，胡泰山，宣城县人，系清浪卫后所世袭百户胡海嫡长男。

七辈胡麟。

八辈胡旦，旧选簿查有：嘉靖三十五年十二月，胡麟，年五十二岁，宣城县人，系清浪卫后所残疾副千户。嫡长男胡旦，年三十三岁，告替。查伊祖胡泰山以世袭百户正德六年思南功升副千户，父麟沿袭。所据思南功不及数，今本舍量革与署副千户事实授百户。

九辈胡世芳，万历十三年二月。胡世芳，年三十二岁，宣城县人，系清浪卫后所故署副千户事实授百户胡旦嫡长男，比中二等。

十辈胡世英，万历三十七年二月，大选过清浪卫后所署副千户事实授百户一员胡世英，年四十四岁，系故署副千户事实授百户胡世芳亲弟，比中三等。

十一辈胡启龙，万历四十六年十二月，大选过清浪卫署副千户一员胡启龙，年十九岁，系故署副千户胡世英庶长男，比中三等。

刘鸾·世袭百户

[一]辈刘伯徽。·460·

[二]辈刘忠，旧选簿查有：天顺三年九月，刘忠，麻城县人，系清浪卫左所百户刘伯徽嫡长男，钦与世袭。

[三]辈刘雄，旧选簿查有：成化十四年二月，刘雄，麻城县人，系清浪卫后所世袭百户刘忠嫡长男。

[四]辈刘鸾，旧选簿查有：正德三年十二月，刘鸾，麻城县人，系清浪卫后所世袭百户刘雄嫡长男。

梅月·实授百户

外黄查有：梅瑄，黄冈县人。伯祖梅添让，洪武二十二年军，永乐十四年故。父梅子聪补役，永乐二十年并枪充小旗，正统六年征麓川一次头功七年升总旗，十三年复征麓川阵亡。瑄系嫡长男顶户名，景泰三年以父阵亡功升二级，袭升清浪卫后所实授百户，天顺六年钦与流官职事。

一辈梅子聪，已载前黄。

二辈梅瑄，旧选簿查有：景泰三年二月，梅瑄，系清浪卫后所阵亡总旗梅添让户名梅子聪嫡长男。父于金沙江等处杀贼阵亡例升二级升实授百户。

三辈梅胜，旧选簿查有：成化十七年十二月，梅胜，黄冈县人，系清浪卫后所百户梅瑄嫡长男，钦与世袭。

四辈梅六十保，旧选簿查有：弘治十一年十一月，梅六十保，年四岁，黄冈县人，系清浪卫后所故世袭百户梅胜遗腹庶长男，钦与全俸优给，至弘治二十一年终住支。

正德四年闰九月，梅六十保即梅玉，年十五岁，黄冈县人，系清浪卫后所故世袭百户梅胜庶长男。

五辈梅月，旧选簿查有：嘉靖三十九年四月，梅月，年二十岁，黄冈县人，系清浪卫后所年老实授百户梅玉嫡长孙。

六辈梅泽，万历三十二年十二月，梅泽，年四十三岁，系清浪卫后所故实授百户梅月亲叔，比中二等。

七辈梅上林，万历四十四年十二月，大选过清浪卫后所实授百户优给舍人一名

梅上林，年六岁，系老实授百户梅泽庶长男，照例与全俸优给，至五十二年终住支。·461·

许时用·世袭百户

[一]辈许彬。

[二]辈许忠，旧选簿查有：宣德六年二月袭，许忠，系富峪卫中所故世袭百户许彬嫡长男。

[三]辈许万，旧选簿查有：成化十二年五月，许万，万安县人，系清浪卫清浪堡世袭百户许忠庶长男。

[四]辈许湧，旧选簿查有：正德七年二月，许湧，万安县人，系清浪卫清浪堡世袭百户许万嫡次男。

[五]辈许时用，旧选簿查有：嘉靖四年二月，许时用，即长生，万安县人，系清浪卫清浪堡故世袭百户许湧嫡长男。

张本·世袭百户

一辈张福。

二辈张春，旧选簿查有：洪武二十六年十月，张春，系平坝卫中所故世袭百户张福亲弟，钦准袭职，授清浪卫后所世袭百户。

四辈张旻，旧选簿查有：永乐元年四月，张旻，年六岁，系清浪卫后所故世袭百户张春嫡长男，钦与全俸优给，至永乐九年终住支袭职。

四辈张叁官保，旧选簿查有：永乐二年五月，张叁官保，年五岁，系清浪卫后所故世袭百户张春嫡次男。有嫡长兄张旻关支优给，病故，具告转名，先次引奏，钦与全俸优给，至永乐十一年终住支袭职，覆奏附选。·462·

五辈张旺，旧选簿查有：永乐十二年六月，张旺，系清浪卫后所故世袭百户张春堂侄。

六辈张进，旧选簿查有：宣德五年五月，张进，年十四岁，系清浪卫后千户所故世袭百户张旺庶长男，钦与全俸优给，至宣德五年终住支。

宣德九年八月，张进，年十八岁，系清浪卫后所故世袭百户张旺庶长男。

七辈张铭，旧选簿查有：成化十年七月，张铭，零陵县人，系清浪卫后所故世袭百户张进嫡长男。

八辈张本，旧选簿查有：弘治十二年九月，张本，零陵县人，系清浪卫后所世袭百户张铭嫡长男。

高世勋·实授百户

内黄查有：高昇，定远县人。有父高名，乙未年从军，洪武五年充小旗，十二年并枪充总旗，十四年征云南，克普定、曲靖、大理、乌撒等处，十七年除世袭百户，老。昇系嫡长男，三十二年替，授清浪卫后所世袭百户。

一辈高名，旧选簿查有：洪武二十九年二月，飞熊等卫钦调清浪卫后所世袭百户高名。

二辈高昇，旧选簿查有：洪武三十二年正月，高昇，系清浪卫后所世袭百户高名嫡长男。

三辈高雄，旧选簿查有：宣德二年九月，高雄，系清浪卫后千户所世袭百户高昇嫡长男。

四辈高聚，旧选簿查有：正统七年十二月，高聚，系清浪卫后所故世袭百户高雄亲弟。

五辈高鹏，旧选簿查有：天顺三年二月，高鹏，凤阳府定远县人，系清浪卫后所世袭百户高聚嫡长男。

六辈高嵩，旧选簿查有：成化十五年闰十月，高嵩，年十五岁，定远县人，系清浪卫后所世袭百户高鹏嫡长男。

七辈高寿生，旧选簿查有：弘治三年九月，高寿生，年一岁，定远县人，系清浪卫后所故世袭百户高嵩嫡长男，钦与全俸优给，至弘治十六年终住支。

弘治十七年二月，高寿生，年十六岁，定远县人，系清浪卫后所故世袭百户高嵩嫡长男。·463·

八辈高世勋，旧选簿查有：嘉靖四十一年四月，高世勋，年二十六岁，定远县人，系清浪卫后所故实授百户高寿[生]嫡长孙。

九辈高登，万历二十七年十月，高登，年十七岁，系清浪卫后所老实授百户高世勋庶长男，比中二等。

陈善道·世袭百户

外黄查有：陈贵，晋江县人。有父陈谷用充颖昌卫军，洪武二十五年老疾。贵代役，三十三年白沟河大战升小旗，三十四年夹河大战升总旗，三十五年小河、齐眉山等处大战全胜升富峪卫左所百户，永乐三年钦与世袭。陈纲系贵嫡长男，父老疾，刚于正统四年钦替，授富峪卫左所世袭百户。

一辈陈贵，已载前黄。

二辈陈刚，旧选簿查有：正统四年九月，陈刚，系富峪卫左所世袭百户陈贵嫡长男。

三辈陈玉，旧选簿查有：成化四年二月，陈玉，晋江县人，系清浪卫梅溪堡世袭百户陈刚嫡长男。

四辈陈忠，旧选簿查有：成化十六年七月，陈忠，晋江县人，系清浪卫梅溪堡世袭百户陈玉庶弟。

五辈陈辅，旧选簿查有：正德十四年八月，陈辅，晋江县人，系清浪卫梅溪堡世袭百户陈忠嫡长男。

六辈陈善道，旧选簿查有：嘉靖十六年十二月，陈善道，年七岁，晋江县人，系清浪卫梅溪站堡故百户陈辅嫡长男，照例与全俸优给，至嘉靖二十四年终住支。

嘉靖二十七年四月，陈善道，年十七岁，晋江县人，系清浪卫梅溪站堡故世袭百户陈辅嫡长男，优给出幼袭职。

胡寿龄·实授百户

一辈胡先。·464·
二辈胡海。
三辈胡源，旧选簿查有：永乐十八年五月，胡源，系清浪卫梅溪驿故世袭百户胡海嫡长男。

四辈胡显祖，旧选簿查有：天顺元年七月，胡显祖，年十五岁，松滋县人，系清浪卫梅溪堡故世袭百户胡源嫡长男。

五辈胡宽，旧选簿查有：弘治十八年十二月，胡宽，松滋县人，系清浪卫梅溪堡世袭百户胡显祖嫡长男。

六辈胡寿龄，旧选簿查有：嘉靖二十二年八月，胡寿龄，松滋县人，系清浪卫梅溪堡年老实授百户胡宽嫡长男。

七辈胡勋，万历三年十月，胡勋，年三十九岁，松滋县人，系清浪卫梅溪站堡故实授百户胡寿龄嫡长男。

周金山·试百户

外黄查有：周常，麻城县人。伯祖周得以曾祖周魋为户，洪武二十二年垛充清浪卫左所军，永乐十五年老。叔周亨户名不动替役，正统六年征云南麓川反寇攻破贼寨巢穴获头功二次七年总旗，景泰二年湖广香炉山等处苗贼攻破翁满、螃蜞等寨，十七日攻破香炉山寨，景泰三年升清浪卫左所试百户，天顺元年实授，老，无儿男。常系亲侄，四年替世袭百户。

一辈周亨，旧选簿查有：景泰三年十二月，清浪卫总旗升试百户周亨户名周魋。

钦升簿内查有：景泰四年，湖广香炉山杀贼获功一级、二级，清浪卫总旗升试百户四员内一员周魋。

二辈周常，旧选簿查有：天顺三年七月，周常，麻城县人，系清浪卫左所百户周亨户名周魋亲侄，钦与世袭。

三辈周伦，旧选簿查有：成化二十年十月，周伦，麻城县人，系清浪卫后所百户周亨庶长男。父原系功升试百户，遇例实授，年老。先因本人未生，堂兄周常借职，获功升副千户，续生本人，具告改正，照例革袭伊父原职试百户。缘副千户一级系堂兄所升，另行定夺。

四辈周溥，旧选簿查有：弘治十七年九月，周溥，麻城县人，系清浪卫后所试百户周伦嫡长男。伊祖原试百户，天顺元年遇例实授。本人替职，该与实授，钦与世袭。

五辈周达，旧选簿查有：嘉靖二十一年八月，周达，麻城县人，系清浪卫后所故实授百户周溥嫡长男。本舍曾祖亨系功升试百户，遇例实授。伊祖伦已革袭试百户，故。父溥复冒实授，例·465·应照例减革，与本舍试百户。

六辈周源清，旧选簿查有：嘉靖二十七年十月，周源清，年四岁，麻城县人，系清浪卫后所故实授百户周达嫡长男。伊父达原以试百户嘉靖二十四年遇例实授，所据遇例职级例不准袭，照例革与本舍试百户俸优给，至嘉靖三十七年终住支。

七辈周金山，旧选簿查有：嘉靖三十八年十二月，周金山，年四十三岁，麻城县人，系清浪卫后所实授百户周达堂兄，革遇例，与试百户。

八辈周继斌，万历八年四月。周继斌，年十七岁，麻城县人，系清浪卫后所年老试百户周金山嫡长孙。查本舍年幼，未比，候年二十岁，起送再比。

万历十三年二月十六日，比试弓马得中，考试三等。

九辈周一魁，崇祯三年六月，大选过清浪卫后所试百户一员周一魁，年二十九岁，系故试百户周继斌亲侄，比中三等。

陈六十保·试百户

外黄查有：陈让，黄冈县人。祖陈秀三，洪武二十二年充清浪卫小甲，二十三年并枪充小旗，永乐九年交阯阵亡。父陈信补役，例免并仍充小旗，正统六年麓川等处有功升总旗，天顺五年年老。让补役，成化元年并枪仍充总旗，十五年征进西堡白马山等箐斩首四颗有功升本卫所试百户。

一辈陈秀三，已载前黄。

二辈陈信，已载前黄。

三辈陈让，已载前黄。

四辈陈镇，旧选簿查有：弘治十三年十二月，陈镇，黄冈县人，系清浪卫后所百户陈让嫡长男。伊父原系功升试百户，成化二十三年遇例实授，今年老，本人照例革替试百户。

五辈陈六十保，旧选簿查有：嘉靖十二年四月，陈六十保，年十岁，黄冈县人，系清浪卫后所年老试百户陈镇庶长男，照例与全俸优给，至嘉靖十六年终住支。·466·

年远事故官员·①

蒋继贤

正统二年七月，蒋杰，系清浪卫故世袭指挥同知蒋贵嫡长男。

景泰三年十二月，清浪卫指挥同知升指挥使三员，蒋杰。

---

① 此清浪卫"年远事故官员"下原未标目，以下"蒋继贤"等标题，系校者据原簿目录并结合平越等卫"年远事故"类选簿标题特点添加。

天顺四年九月，蒋廷辉，系清浪卫为事充军故指挥使蒋杰嫡长男。

弘治二年三月，蒋继文，如皋县人，系清浪卫故指挥使蒋廷辉庶长男。

蒋继贤，年十一岁，如皋县人，系清浪卫故世袭指挥使蒋继文亲弟，钦与全俸优给，至弘治十一年终住支。

弘治十二年七月，蒋继贤，如皋县人，系清浪卫故世袭指挥使蒋继文亲弟。

韩绶

正统元年九月，韩名，系清浪卫前所世袭正千户韩荣旧姓杨荣庶长男。

景泰三年十二月，清浪卫指挥佥事升署指挥同知一员韩名。

天顺四年十月，韩绶，年六岁，密云县人，系清浪卫故指挥同知韩名嫡长男，钦与全俸优给，至天顺十三年终住支。

李恺

成化十八年八月，李恺，莒州人，系清浪卫指挥同知李旻嫡长男，钦与世袭。

戚廷圭

永乐十一年四月，戚正，系淮安卫世袭指挥同知戚仲安嫡长男，父为残疾，钦准替授本卫指挥同知。

成化二十二年九月，戚辅，清河县人，系清浪卫故世袭指挥同知戚广嫡长男。

弘治十七年六月，戚廷圭，清河县人，系清浪卫故世袭指挥同知戚辅嫡长男。·467·

王徽

成化十九年九月，王徽，息县人，系清浪卫故指挥佥事王玺嫡长男，钦与世袭。①

---

① 此"王徽"选簿，可接续《明档》本册第472页"王玺"选簿王玺选条之后。

周卿

洪武二十七年七月,周亨,系桂林右卫故世袭卫镇抚周振嫡长男,钦袭清浪卫世袭卫镇抚。

永乐十九年四月,周亮,系清浪卫故世袭卫镇抚周亨亲弟。

□□□□□,周忠,年十五岁,系清浪卫故世袭卫镇抚周亮嫡长男。

成化十二年八月,周英,定远县人,系清浪卫故世袭卫镇抚周忠嫡长男。

弘治十三年十月,周卿,年十五岁,定远县人,系清浪卫故世袭卫镇抚周英嫡长孙。

曾辉

永乐十三年三月,曾福,系清浪卫左所世袭百户曾成嫡长男。

永乐二十二年十一月,曾贵,年十二岁,系清浪卫左所故世袭百户曾福嫡长男,钦与全俸优给,至洪熙二年终住支。

宣德五(二)年①十一月,曾贵,年十五岁,系清浪卫左所故世袭百户曾福嫡长男。

景泰三年十二月,清浪卫副千户升正千户曾贵。

天顺七年二月,曾先,年二十三岁,临淮县人,系清浪卫左所正千户曾贵嫡长男,钦与世袭。

弘治三年六月,曾辉,临淮县人,系清浪卫左所世袭正千户曾先嫡次男。

左胜

宣德五年七月,左敬,系清浪卫右千户所故副千户左聚旧名会进嫡长男。

景泰三年十二月,清浪卫副千户升正千户左敬。

天顺三年九月,左信,遵化县人,系清浪卫右所正千户左敬嫡长男。

成化五年四月,左胜,年五岁,遵化县人,系清浪卫右所故世袭正千户左信嫡长男,钦与全俸优给,至成化十五年终住支。

---

① 据上一选条,此"宣德五年"当为"宣德二年"。

熊梦吉

洪武三十一年十一月，熊富，系清浪卫右所百户熊飞嫡长男。父先任世袭所镇抚，为事调除百户，不分流世，准替职，钦与世袭。

永乐十三年八月，熊曙，年十七岁，系清浪卫右所故世袭百户熊富亲弟。

宣德十年十一月，熊真，系清浪卫右所故世袭百户熊曙堂弟。

正统九年十月，熊忠，系清浪卫右所故世袭百户熊真亲弟。兄有嫡长男熊琥，年六岁，幼小，钦准本人借职，待长成，还与职事。

景泰三年十二月，清浪百户升副千户熊忠。

天顺四年七月，熊琥，益阳县人，系清浪卫右所故世袭百户熊真嫡长男。先因年幼，亲[叔]熊忠借职，于香炉山杀贼有功例升署职一级，升署副千户事，遇例实授。今长成，告取职事，叔愿将自已获功一级并与承袭，本人该袭副千户，伊叔革闲。

弘治十一年七月，熊震，益阳县人，系清浪卫右所世袭副千户熊琥嫡长男。

弘治十四年九月，熊梦吉，年十五岁，益阳县人，系清浪右所故世袭副千户熊震嫡长男。

铁珍

洪武二十四年十二月，铁保住，系南宁卫中所故流官所镇抚铁德嫡次男。有兄先行病故，别无儿男，保住洪武二十一年赴京告袭，为因父死年远来告，不准，钦发充军。今因跟官进京来告，本部拟奏不准，仍发充军，引至御前，钦依"他那时年幼，已前拟得差了，还着袭他父职"，授清浪卫右所世袭所镇抚。

永乐二十一年九月，铁保，原系清浪卫右所所镇抚，革除年间升龙里卫卫镇抚，永乐二十年为事犯流罪运砖，仍复清浪卫右所原职所镇抚。

宣德六年八月，铁铭，系清浪卫右所故世袭所镇抚铁保嫡长男。

天顺八年十月，铁珍，巢县人，系清浪卫右所故副千户铁铭嫡长男，钦与世袭。

叶茂

成化十九年九月，叶茂，年十二岁，善化县人，系清浪卫右所故百户叶清庶长男，钦与全俸优给，至成化二十一年终住支。

成化二十二年十二月，叶茂，年十五岁，善化县人，系清浪卫右所故世袭百户叶清庶长男。

段武英

洪武二十七年十月，段文，系清浪卫右所百户段杰嫡长男。父为风湿病症痊，钦准替职，与世袭，仍授本卫所世袭百户。

永乐七年十月，段铨，年十八岁，系清浪卫右所故世袭百户段文嫡长男。

[正统]元年二月，段洪，系清浪卫右所世袭百户段铨嫡长男。

天顺三年七月，段武英，年十六岁，鄙县人，系清浪卫右所故副千户段洪庶长男，钦与世袭。

高旺

天顺七年正月，高福，系清浪卫右千户所伤故百户高能堂弟。

弘治四年十二月，高旺，麻城县人，系清浪卫右所实授百户高福嫡长男，钦与世袭。·470·

孙英

洪武二十九年五月，清浪卫中所孙先，旧名留子，总旗除百户。

永乐二十年正月，孙全，年十六岁，系清浪卫中所故世袭百户孙先嫡长男。

正统九年六月，孙胜祖，年十六岁，系清浪卫中所故世袭百户孙全嫡长男。

景泰三年十二月，清浪卫百户升署副千户孙胜祖。

弘治元年闰正月，孙英，定远县人，系清浪卫中所功升署副千户孙胜祖嫡长男。父遇例实授，本人今又遇例，仍替副千户。

辛鑑

永乐九年五月，辛政，系清浪卫中所故世袭百户辛安亲侄。

景泰三年十二月，清浪卫百户升署副千户七员，辛洪。

成化十一年二月，辛雄，年八岁，荆门州人，系清浪卫中所故副千户辛洪庶长男，钦与全俸优给，至成化十七年终住支。

成化十九年九月，辛雄，年十六岁，荆门州人，系清浪卫中所副千户辛洪庶长男。父原系百户，功升署副千户，遇例实授，病故，本人优给出幼，照例革袭署副千户事百户。

弘治十五年八月，辛鑑，荆门州人，系清浪卫中所副千户辛雄亲弟。伊父辛洪原系功升署副千户，天顺元年遇例实授，故。兄革袭署职，亦故。本人照例仍袭祖职副千户，钦与世袭。

李贤

天顺元年九月，李弼，年八岁，凤阳县人，系清浪卫中所故副千户李玉嫡长男，钦与全俸[优]给，至天顺七年终住支。

成化四年十月，李弼，凤阳县人，系清浪卫中所故世袭副千户李玉嫡长男。

弘治十五年六月，李贤，凤阳县人，系清浪卫中所故世袭副千户李弼嫡长男。

袁辅

洪武二十六年九月，袁誌，系清浪卫后所阵亡百户袁祥嫡长男。父原任流官所镇抚，为受赃卖军犯杖罪，调管垛集军，不支俸，病故，拟奏难准承袭，引至御前，钦依"还着袭世袭所镇抚"，授本卫所世袭所镇抚。

正统十年六月，袁宏，系清浪卫中所世袭所镇抚袁誌嫡长男。

成化五年九月，袁恭，滁州人，系清浪卫中所世袭所镇抚袁宏嫡长男。

弘治十一年九月，袁辅，滁州人，系清浪卫中所故世袭所镇抚袁恭嫡长男。

董明

天顺六年七月，董铨，麻城县人，系清浪卫中所故百户董勋户名董文嫡长男，钦与世袭。

弘治五年八月，董明，麻城县人，系清浪卫中所故世袭百户董铨亲侄。

王辅

成化二十年十月，王辅，黄冈县人，系清浪卫中所世袭百户王全嫡长男。

杨勋

宣德二年七月，杨凤，系清浪卫前千户所世袭副千户杨宗嫡长男。
天顺元年七月，杨全，溧阳县人，系清浪卫前所世袭正千户杨凤嫡长男。
成化十九年九月，杨辅，即杨八儿，溧阳县人，系清浪卫前所故世袭正千户杨全亲侄。
弘治十二年十一月，杨勋，溧阳县人，系清浪卫前所故世袭正千户杨辅嫡长男。

王玺

永乐十八年三月，王恭，年十八岁，系清浪卫前所故百户王敏嫡长男，钦与世袭。
景泰三年十二月，清浪卫副千户升正千户王恭。
成化二年六月，王玺，息县人，系清浪卫前所正千户王恭嫡长男，钦与世袭。①·472·

周勋

洪武二十七年七月，周焘，系五开卫武阳守御千户所故世袭百户周懋嫡长男，钦袭清浪卫前所世袭百户。
正统元年九月，周清，系清浪卫前所世袭百户周焘嫡长男。
正统八年三月，周勋，系清浪卫前所故世袭百户周清亲叔。

傅兴

天顺七年三月，傅珎，黄冈县人，系清浪卫前所故百户傅贵堂叔，钦与世袭。

---

① 《明档》本册第468页"王徽"簿，实可接续此簿王玺选条之后。

□□□□六月，傅兴，年十二岁，黄冈县人，系清浪卫前所故世袭百户傅琛嫡长男，□□□□□□□□□年终住支。

□□□□□□，□□，黄冈县人，系清浪卫前所故□□□□□□□□□。

张勇

□□□□□□，□□，黄冈县人，系清浪卫前所试百户张海户名张文贵嫡长男。父原□□□□□□□贼获功一次升前职，征进被贼杀死，今照例本人该袭实授百户。

弘治九年□□月，张勇，黄冈县人，系清浪卫前所故袭升百户张旺庶长男，钦与世袭。

吕崇政

天顺八年十月，吕崇政，年五岁，黄冈县人，系清浪卫前所故百户吕洪嫡长男，钦与全俸优给，至成化九年终住支。·473·

成化十二年四月，吕崇政，年十九岁①，黄冈县人，系清浪卫前所故百户吕洪嫡长男，钦与世袭。

詹雄

天顺四年九月，詹崇政，年十八岁，黄冈县人，系清浪卫前所被贼伤故百户詹瑞嫡长男。先因年幼，不堪承袭，堂叔詹瓒借职，今长成，退还职事，本人袭职，钦与世袭，伊堂叔革闲。

弘治七年九月，詹雄，黄冈县人，系清浪卫前所百户为事革职为民詹崇政嫡长男，应袭祖职。

熊奎

成化十二年九月，清浪卫实授总旗升试百户一员熊伍。

---

① 据上选条，此处"十九岁"当作"十七岁"。

成化二十二年十二月，熊琥，黄冈县人，系清浪卫后所功升试百户熊应祖嫡长男。

弘治七年二月，熊奎，年九岁，黄冈县人，系清浪卫后所故试百户熊琥嫡长男。伊父见调本卫前所，钦与全俸优给，至弘治十二年终住支。

弘治十四年四月，熊奎，年十六岁，黄冈县人，系清浪卫前所百户熊虎嫡长男。父原系本卫后所试百户，成化二十三年遇例实授，调今所，故。本人已照例革与试百户俸优给，今出幼，仍袭试百户。·474·

何英

景泰三年十二月，清浪卫百户升副千户刘三。

成化四年十月，何从政，黄冈县人，系清浪卫后所副千户何瑀户名刘三亲侄，告替，钦与世袭，待有男，还与职事。

成化十七年十二月，何英，黄冈县人，系清浪卫后所世[袭]副千户何从政嫡长男。

曾伦

成化十三年八月，曾伦，麻城县人，系清浪卫后所故百户曾全嫡长男，钦与世袭。

夏臣

正德十四年八月，夏臣，黄冈县人，系清浪后所故功升署百户夏林嫡长男。伊父后遇例实授，本人仍照例革袭署百户总旗，世袭。

唐贤

弘治二年十月，唐俊，黄冈县人，系清浪卫后所百户唐渊嫡长男。伊父原系试百户，天顺八年正月以后遇实授，老疾，本人照例革替试百户。

弘治七年十月，唐贤，年十六岁，黄冈县人，系清浪卫后所试百户唐俊嫡长男。

偶廷玉

……月，偶春，系清浪卫后所百户偶重子亲侄。伯原任所镇抚，洪武年间为事……[未]定流世，病故。永乐七年十一月二十三日，敬袭本卫所流官百户，覆启[附选]。·475·

……[系清浪]卫后所流官百户偶春嫡长男，钦与世袭。

邹玉

……[清浪]卫总旗升试百户邹达五。

……[邹]鉴，罗田县人，系清浪卫后所百户邹源户名邹达[五]……还与职事。

成化十三年八月，邹广，年六岁，罗田县人，系清浪卫后所故世袭百户邹鉴嫡长男，钦与全俸优给，至成化二十一年终住支。

成化十七年七月，邹玉，罗田县人，系清浪卫后所故百户邹鉴……原系试百户，遇例实授，故，堂兄袭职，本人照例革袭试百户。

詹洪

成化十一年九月，詹洪，年十岁，麻城县人，系清浪卫清浪堡老疾世袭百户詹勗嫡长男，钦与全俸优给，至成化十五年终住支。

成化十六年八月，詹洪，年十五岁，麻城县人，系清浪卫清浪堡老疾世袭百户詹勗嫡长男。

总旗·邢端

内黄查有：邢端，西华县人。始祖邢福，先于傅都下从军，洪武八年调密云卫，老。高[伯祖]邢得代役，三十三年济南升小旗，三十四年藁城升总旗，三十五年克金川门升定边·476·卫后所实授百户，永乐十一年随驾升正千户，宣德六年调湖广清浪卫左所，老。曾祖邢贵系亲侄，患疾，故。祖邢全系亲侄孙，天顺二年替职，与实授百户，故。父邢玉系嫡长男，袭职，疾。端系嫡长男，弘治十八年十二月替世袭百户。

天顺五年九月，邢得，年七十九岁，系清浪卫左千户所百户，钦升正千户，今老疾，有亲侄孙邢全，年三十四岁，革去钦升正千户，替授原职百户。

成化十一年九月，邢玉，西华县人，系清浪卫左所故世袭百户邢全嫡长男。

弘治十八年十二月，邢端，西华县人，系清浪卫左所世袭百户邢玉嫡长男。

嘉靖十六年十二月，邢恩，西华县人，系清浪卫左所年老百户邢端嫡长男。伊始伯[祖邢得]立功升前职，绝。曾祖全以亲侄孙承袭，祖、父例前相沿，本人正系立功人侄孙，……数，例应减革，照例革收总旗。·477·

五军都督府所属卫所·前军都督府·湖广都司·平溪卫

原簿目录

指挥使三员
一号郑嗣贤：始祖郑中，代七，临清县人。
二号毛橐：始祖毛孔，代八，顺天府人。
三号许登霄：始祖许恂，代九，全椒县人。

指挥同知五员
一号侯杰：始祖侯得，代八，合肥县人。
二号李炽：始祖李聚，代七，杞县人。
三号洪世臣：始祖洪受，代八，含山县人。
四号刘任：始祖刘文亨，代七，崇明县人。
五号张松：始祖张清，代九，来安县人。

指挥佥事一十二员
一号袁应龙：始祖袁立，代八，蕲州人。
二号李春芳：始祖李达道，代八，江都县人。
三号铁砺：始祖铁刚，代七，玉田县人。
四号李春：始祖李小四，代七，宛平县人。
五号慕显祖：始祖慕旺孙，代八，莱阳县人。
六号钱重：始祖钱通，代六，开州人。
七号於岳：始祖於旺，代九，黄岩县人。
八号高岳：始祖高成，代七，山阳县人。
九号万里鹏：始祖万官受，代九，定远县人。
十号高楠：始祖高景奉，代八，合肥县人。
十一号陆时秋：始祖陆成，代五，沛县人。
十二号徐三礼：始祖徐铭，代九，寿州人。

卫镇抚二员
一号夏廷绅：始祖夏恭，代八，泰州人。
二号郑之屏：始祖郑保，代八，蒲田县人。

左所正千户一员·1·①
一号贺恩：始祖贺成，代六，鱼台县人。

副千户二员
一号汪朝东：始祖汪清，代六，蕲州人。
二号张官：始祖张甫名，代六，清河县人。

实授百户四员
一［号］蔡良辅：始祖蔡观，代九，嘉定县人。
二号唐一龙：始祖唐庆，代三，蕲州人。
三号周尚文：始祖周旺，代七，盱眙县人。
四号夏松：始祖夏铅，代四，蕲州人。

试百户八员
一号邓位：始祖邓四儿，代三，蕲州人。

---

① 该"平溪卫选簿"载在《中国明朝档案总汇》第64册，下文用阿拉伯数字标注原书页码，页码数两侧加"·"区分。

二号田时秋：始祖田忠，代七，蕲州人。

三号田世学：始祖田官音保，代九，蕲水县人。

四号陈勋：始祖陈暹，代四，蕲州人。

五号成天爵：始祖成海，代七，蕲州人。

六号叶允：始祖胡原一，代五，蕲州人。

七号马相：始祖，蕲州人。

八号关志学：始祖关仲良，代七，蕲州人。

署百户事总旗一员

一号韦天爵：始祖韦经，代七，蕲州人。

冠带总旗一员

一号孙承祖：始祖孙文受，代六，蕲州人。

右所副千户五员

一号张宪：始祖张能，代四，蕲州人。

二号殷龙：始祖殷成，代八，滕县人。

三号姚材：始祖姚显，代六，仪真县人。

四号王世卿：始祖王马头，代九，福山县人。

五号秦佐：始祖秦贵，代五，迁安县人。·2·

署副千户事实授百户一员

一号孟养浩：始祖孟原享，代九，平凉县人。

实授百户二员

一号陈天表：始祖陈子富，代八，巢县人。

二号程万里：始祖程文，代八，蕲水县人。

试百户三员

一号刘端：始祖，广济县人。

二号方寸公：始祖方原美，代六，广济县人。

三号黄衮：始祖黄铨，代二，广济县人。

署试百户一员

一号陈大用：始祖陈名三，代五。

中所正千户一员

一号武安邦：始祖武兴，代七，峄县人。

署正千户事副千户一员

一号夏霆：始祖夏贵，代七，泰州人

副千户一员

一号范世勋：始祖范观，代九，和州人。

实授百户四员

一号王荩臣：始祖王青，代六，无为州人。

二号周易东：始祖周嘉，代七，清江县人。

三号贺天锡：始祖贺荣，代七，广济县人。

四号张桐：始祖张杰，代八，全椒县人。·3·

试百户二员

一号周璋：始祖周海，代六，广济县人。

二号聂信：始祖，黄梅县人。

前所正千户五员

一号唐时雍：始祖唐中，代八，颍上县人。

二号汪若渊：始祖汪宜，代七，合肥县人。

三号庞鸾：始祖庞政，代七，山后人。

四号张应文：始祖张景，代六，滁州人。

五号马负图：始祖马渊，代五，黄梅县人。

副千户二员

一号苑廷瑞：始祖苑诚，代八，当涂县人。

二号沈衡：始祖沈大，代七，宜兴县人。

世袭百户五员

一号高凤：始祖高龙，代八，合肥县人。

二号韩天爵：始祖韩贯，代七，江都县人。

三号陈魁：始祖，黄梅县人。

四号方政：始祖方福二，代五，黄梅县人。

五号王华：始祖，蕲州人。

试百户二员

一号王尚贤：始祖王林，代七，蕲州人。

二号朱缨：始祖高隆四，代六，黄梅县人。

续入冯相：黄梅人，有印。

署百户事总旗一员

一号李廷洁：始祖李宗五，代六。

后所副千户四员

一号朱祐：始祖朱铭，代九，含山县人。

二号单廷勋：始祖单信，代八，盐城县人。

三号答时：始祖，开城县人。

四号万福：始祖万荣，代七，无为州人。·4·

署副千户事实授百户一员

一号陈尚策：始祖陈宝，代七，蕲州人。

[实授百户四员]

一号刘存恕：始祖刘斌，代七，当涂县人。

二号郑臣周：始祖郑原五，代七，蕲州人。

三号倪养正：始祖倪思胜，代七，蕲州人。

四号蔡金：蕲州人。

署实授百户事试百户一员

一号燕荣召：始祖燕名，代九，蕲州人。

试百户六员

一号胡正：始祖胡宪，代七，蕲州人。

二号周邦：始祖，六安州人。

三号田世勋：始祖田志二，代五，蕲州人。

四号刘宥：始祖刘仁，代五。

五号熊世杰：始祖熊天富，代五，蕲州人。

六号王应鳌：始祖王得成，代十，大兴县人。

鲇鱼站堡实授百户广一员

一号马堂：始祖马仁，代七，乐安州人。

年远事故官员·指挥使一员

钱坚。

署指挥佥事正千户一员

蒋林：寿州人。

卫镇抚一员

程琮：仪真县人。·5·

左所副千户一员

张春：祁州人。

世袭百户四员

汤辅：临淮县人。

黄恩：蕲州人。

陈铭。

方刚，无为州人。

试百户一员

郑鑑：蕲州人。

右所正千户二员

李实：徐州人。

呼荣：徐州人。

副千户一员

陈兴：均州人。

世袭百户五员

朱禄：确山县人。

陈节：宜兴县人。

曹昇：蕲州人。

杨质。

田鸾：蕲州人。

中所副千户四员

王贤。

王簪：溧阳县人。

杨时：上蔡县人。

孙贵：合肥县人。

世袭百户四员

罗瑄。

郑寿：广济县人。

何侒：广济县人。

江山：广济县人。·6·

前所副千户一员

杨威，山后人。

世袭百户四员

曹瑛：泰州人。

李材：阳信县人。

王澄。

王聪：无为州人。

后所副千户一员

袁辅：寿州人。

世袭百户六员

吕忠。

打诚。

袁广：蕲州人。

张能：山后人。

周文：蕲州人。以下选簿遗失。

李春：蕲州人。

郑嗣贤·指挥使

外黄查有：郑中，临清县人。有父郑三，顶外祖父杨山名字从军，洪武二十二年为父残疾将中户名不动代役，三十二年郑村坝升总旗，三十三年济南升实授百户，三十四年夹河升副千户，三十五年克金川门钦升燕山左护卫指挥佥事，令改金吾左卫，永乐二年与流官，八年迤北征进杀败阿鲁台功升本卫指挥同知，十年具启授流官，附选。

一辈郑中，已载前黄。

二辈郑泰，旧选簿查有：□□□□□①月，郑泰，系平溪卫流官指挥同知郑中嫡长男。

钦升簿内查有：正统七年七月，调征云南麓川剿杀蛮贼平溪卫指挥同知二次头功升指挥使一员郑泰。②

三辈郑恂，旧选簿查有：天顺七年七月，郑恂，系湖广都司故都指挥佥事郑泰嫡长男，照例袭父原职指挥使，注平溪卫。③·7·

四辈郑邦，旧选簿查有：弘治九年二月，郑邦，临清县人，系平溪卫世袭指挥使郑恂嫡长男。

五辈郑仁，旧选簿查有：正德九年八月，郑仁，临清县人，系平溪卫世袭指挥使郑邦嫡长男。

六辈郑东里，旧选簿查有：嘉靖十三年六月，郑东里，幼名郑善，年二十三岁，临清县人，系平溪卫年老指挥使郑仁嫡长男。

七辈郑嗣贤，旧选簿查有：嘉靖四十三年六月，郑东里，年五十三岁，临清县人，系平溪卫指挥使，今患疾在卫。有嫡次男郑嗣贤，见年三十岁，告替。

八辈郑逢亨，万历十六年十二月，郑逢亨，年八岁，系平溪卫患疾指挥使郑嗣贤嫡长孙，照例与全俸优给，至万历二十三年终住支。

---

① 此处原簿留白，四至五字。
② 《明英宗实录》卷264，景泰七年三月己卯载："巡抚湖广兵部尚书石璞奏：苗贼攻破晃州堡，杀千户郑铉等及官军、余丁，烧毁厅廨仓驿无遗，右都督陈友、都指挥郑泰等不即救援，以致城陷，治其罪。帝命兵部记友等罪，待宁靖之日奏闻处治"；又卷265，景泰七年四月辛亥载："征进湖广贵州总兵官南和伯方瑛奏：贼首蒙能纠苗贼二万攻围平溪卫城，守备都指挥郑泰等率兵出城用火枪击之，中贼二千余人，贼败，能遁，官军乘胜追剿，斩获无算。时有被虏走还者数人，皆云能为大枪击伤，贼昇还寨而死，复遣人廉之，信然。诏兵部知之"。
③ 《明英宗实录》卷354，天顺七年七月甲午载："命故……湖广都指挥佥事郑泰子恂袭为平溪卫指挥使"。

九辈郑逢乾，年六岁，万历三十二年二月，系平溪卫故指挥使郑嗣贤嫡次孙，照例与全俸优给，至四十一年终住支。

十辈郑逢乾，万历四十二年十一月，大选过平溪卫指挥使一员郑逢乾，年十七岁，出幼袭职，比中二等。

毛蠹·指挥使

一辈毛孔。

二辈毛真八丹。

三辈毛杨六儿，宝簿查有：永乐七年六月，毛杨六儿，系都指挥同知毛真八丹嫡长男。父原系大兴左卫前所镇抚，征进有功，历升前职，征安南阵亡，钦准袭授大兴左卫指挥使。

四辈毛理，旧选簿查有：景泰三年二月，毛理，系平溪卫故世袭指挥使毛祥旧名杨六儿嫡长男。

五辈毛瑛，旧选簿查有：景泰七年九月，毛瑛，顺天府人，系平溪卫故世袭指挥使毛理亲弟。·8·

六辈毛羽，旧选簿查有：成化五年九月，毛羽，年十二岁，顺天府人，系平溪卫故世袭指挥使毛瑛嫡长男，钦与全俸优给，至成化八年终住支。

成化九年九月，毛羽，顺天府人，系平溪卫故世袭指挥使毛瑛嫡长男。

七辈毛鹍，旧选簿查有：弘治十八年十一月，毛鹍，宛平县人，系平溪卫老疾世袭指挥使毛羽嫡次男。

八辈毛蠹，旧选簿查有：嘉靖二十年六月，毛蠹，顺天府人，系平溪卫故指挥使毛鹍嫡长男，袭原职。

九辈毛凤鸣，万历二年六月，毛凤鸣，年二十一岁，顺天府人，系平溪卫故指挥使毛蠹嫡长男。

十辈毛文高，万历三十五年十二月，大选过平溪卫指挥使一员毛文高，年十七岁，系患疾指挥使毛凤鸣嫡长男，比中二等。

许登霄·指挥使

一辈许恂。

二辈许昇。①

三辈许垲，旧选簿查有：永乐七年闰四月，许垲，年十七岁，系平溪卫故世袭指挥佥事许昇嫡长男。

四辈许玘，旧选簿查有：永乐二十年闰十二月，许玘，系平溪卫故世袭指挥佥事许垲亲弟。兄有嫡长男许受奴，年二岁，幼小，钦准本人借职，待侄长成，还与职事。

功次簿内查有：正统七年云南麓川功平溪卫指挥佥事一次头功升指挥同知一员许玘。

五辈许鑑，旧选簿查有：正统七年十二月，许鑑，年八岁，系平溪卫故指挥同知许玘嫡长男，钦与全俸优给，至正统十三年终住支。

景泰元年闰正月，许鑑，年十六岁，系平溪卫故指挥同知许玘嫡长男，钦与世袭。许鑑，景泰三年十二月，平溪卫指挥同知升指挥使。钦升簿内查有：景泰元年·9·香炉山等处杀贼获功，平溪卫指挥同知升指挥使二员内一员许鑑。

六辈许时，旧选簿查有：成化十六年八月，许时，全椒县人，系平溪卫故指挥使许鑑嫡长男，钦与世袭。

七辈许可，旧选簿查有：嘉靖元年十月，许可，年十五岁，全椒县人，系平溪卫故都指挥佥事许时庶长男。父袭指挥使，功升前职，缘都指挥系流官，例无承袭，本人已照例革与指挥使俸优给，今出幼，袭指挥使。

八辈许登仕，旧选簿查有：嘉靖二十六年六月，许登仕，年八岁，全椒县人，系平溪卫故指挥使许可嫡长男，照例与全俸优给，至嘉靖三十二年终住支。

嘉靖三十四年八月，许登仕，年十六岁，全椒县人，系平溪卫故指挥使许可嫡长男，优给出幼袭职。

九辈许登霄，旧选簿查有：嘉靖四十二年十二月，许登霄，年二十三岁，全椒县人，系平溪卫故指挥使许登仕亲堂弟。查伊兄许登仕一辈未比，照例罚俸三年。

十辈许登泰，隆庆五年十月，许登泰，年二十七岁，全椒县人，系平溪卫故指挥使许登霄亲弟。

十一辈许邦帅，万历二十五年二月，许邦帅，年十九岁，系平溪卫患疾指挥使许登泰嫡长男，比中一等。

---

① 嘉靖《湖广图经志书》卷17《辰州府·公署·平溪卫》："平溪卫，在沅州西一百五十里，洪武二十二年指挥许昇开设"。

侯杰·指挥同知

内黄查有，侯辅，合肥县人。有父侯得，旧名德，丙午年充壮士，洪武五年除天长卫百户，二十七年以年深钦取，为因老疾，钦令辅替职，越等升除虎贲左卫后所世袭正千户，无缺，调府军右卫中所，自奏搬取家小，调平溪卫右所。

一辈侯得，已载前黄，

二辈侯辅，旧选簿查有：洪武三十年二月，侯辅，系府军右卫中所世袭正千户，钦调平溪卫右卫。

三辈侯镇，旧选簿查有：永乐十二年七月，侯镇，年十八岁，系平溪卫右所故世袭正千户侯辅嫡长男，

四辈侯玺，旧选簿查有：正统六年七月，侯玺，年十六岁，系平溪卫右所故世袭正千户侯镇嫡长男。

景泰三年十二月，平溪卫正千户升指挥佥事侯玺。·10·

钦升簿内查有：景泰三年调征香炉山等处杀贼获功一级，平溪卫正千户升指挥佥事三员内一员侯玺。

旧选簿查有：成化五年，平溪卫指挥佥事升指挥同知一员侯玺。

钦升簿内查有：成化五年，靖州等处地方功次，平溪卫指挥佥事升指挥同知一员侯玺，成化十二年靖州茅坪等处剿杀苗贼获功，平溪卫指挥同知升指挥使一员侯玺。

五辈侯爵，旧选簿查有：弘治元年三月，侯爵，合肥县人，系平溪卫故功升指挥使侯玺嫡长男，

六辈侯英，旧选簿查有：弘治十六年十二月，侯英，合肥县人，系平溪卫功升指挥使侯爵嫡长男，钦与世袭，

七辈侯希范，旧选簿查有：嘉靖十四年十月，侯希范，年二十三岁，合肥县人，系平溪卫老疾指挥使侯英嫡长男，

八辈侯杰，旧选簿查有：嘉靖二十四年六月，侯杰，年三岁，合肥县人，系平溪卫故指挥使侯希范嫡长男，照例与全俸优给，至嘉靖三十五年终住支。

嘉靖三十七年八月，侯杰，年十七岁，合肥县人，系平溪卫故指挥使侯希范嫡长男。查伊高祖玺以正千户于景泰二年征贵州香炉山获级升指挥佥事，成化二年征赤溪茅坪等处功升指挥同知，十一年征茅坪白岩塘获级升指挥使。曾祖、祖、父沿袭。所据茅坪赤溪等处功无斩级颗数，例应减革，今本舍于指挥使内革一级，与袭

指挥同知。

九辈侯康国，万历二十一年六月，侯康国，年二十岁，系平溪卫患疾指挥同知侯杰嫡长男，比中二等。

十辈侯有威，万历二十七年六月，年六岁，选过平溪卫故指挥同知侯康国嫡长男，全俸优给，三十五年终住支。

侯有威，万历三十六年八月，大选过平溪卫指挥同知一员侯有威，年十五岁，系故指挥同知侯康国嫡长男，出幼袭职，比中二等。

李炽·指挥同知

内黄查有：李聚，杞县人。有父李荣祖，先系济宁军，洪武二年拨济宁左卫，老。将聚代役，三十二年真定升小旗，十一月郑村坝升总旗，三十三年济南升百户，三十四年西水寨升副千户，三十五年平定京师升指挥佥事，永乐二年与流官。李广系李聚嫡长男，永乐十四年调平溪卫，老。广于宣德二年钦准替指挥佥事。李·11·英系嫡长男。父正统六年麓川杀贼有功升指挥同知，正统十三年靖州杀贼有功升署指挥使，天顺元年遇例实授，患病，英于天顺五年替平溪卫指挥使。李源年二十一岁，系李英嫡长男，父故，源于成化八年袭平溪卫指挥使。

一辈李聚，已载前黄。

二辈李广，旧选簿查有：宣德二年十月，李广，系平溪卫流官指挥佥事李聚嫡长男。

景泰三年十二月，平溪卫指挥同知升署指挥使一员李广。

三辈李英，旧选簿查有：天顺五年九月，李英，年三十四岁，杞县人，系平溪卫指挥使李广嫡长男，钦与世袭。

四辈李源，旧选簿查有：成化八年十月，李源，杞县人，系平溪卫故世袭指挥使李英嫡长男。

五辈李睿，旧选簿查有：弘治十一年九月，李睿，杞县人，系平溪卫世袭指挥使李源嫡长男。

六辈李澍。

七辈李炽，旧选簿查有：隆庆二年八月，李炽，年十五岁，杞县人，系平溪卫年老指挥同知李澍嫡长孙。

八辈李维高，万历三十八年十月，大选过平溪卫指挥同知李维高，年三十二岁，系疾指挥同知李炽嫡长男，比中一等。

九辈李维盛，天启二年四月，大选过平溪卫指挥同知一员李维盛，年三十三岁，系故指挥同知李维高亲弟，比中二等。

十辈李之扬，崇祯十三年二月，大选过平溪卫指挥同知一员李之扬，年二十八岁，系指挥同知李维盛嫡长男，比中三等。·12·

洪世臣·指挥同知

外黄查有：洪泳，含山县人。祖洪受，辛卯年充军，壬寅年克江西充小旗，洪武二年充总旗，三年并过铁枪除百户，十一年钦除河南卫中前所千户。父洪兴先于洪武十年充参侍舍人，十五年祖故，父袭除武昌中卫世袭副千户，十八年除指挥佥事，二十九年钦升世袭指挥同知，永乐三年老。泳系嫡长男，永乐七年替世袭指挥同知。洪钢系洪泳嫡长男，父正统六年故，钢正统七年袭指挥同知。

一辈洪受，已载前黄。

二辈洪兴，旧选簿查有：洪武二十九年十一月，洪兴，系瞿塘卫世袭指挥佥事，钦升平溪卫世袭指挥同知。

三辈洪泳，旧选簿查有：永乐七年六月，洪泳，系平溪卫老疾世袭指挥同知洪兴嫡长男。

四辈洪纲，旧选簿查有：正统七年九月，洪纲，系平溪卫故世袭指挥同知洪泳嫡长男。

景泰三年十二月，平溪卫指挥同知升指挥使二员，洪纲。

功次簿查有：景泰三年，调征湖广香炉山杀贼获功，平溪卫指挥同知升指挥使二员内一员洪纲。

五辈洪福，旧选簿查有：天顺六年十一月，洪福，年十七岁，含山县人，系平溪卫故指挥使洪纲嫡长男，钦与世袭。①

六辈洪勋，旧选簿查有：弘治七年十二月，洪勋，含山县人，系平溪卫已故署都指挥佥事洪福嫡长男。伊父原系本卫指挥使，遇例升授前职，病故。本人照例袭父指挥使，仍于原卫支俸，管理杂事。

七辈洪官，旧选簿查有：正德十二年八月，洪官，年二十岁，含山县人，系平溪

---

① 《明孝宗实录》卷56，弘治四年十月癸丑，"命……平溪卫指挥使洪福守备靖州等处，俱以都指挥使体统行事"。

卫故署都指挥同知洪勋嫡长男。父袭指挥使，功升前职，系流官，例不该袭，本人照例革袭指挥使。

八辈洪世臣，旧选簿查有：嘉靖二十八年十二月，洪世臣，年二十一岁，含山县人，系平溪卫故指挥使洪官嫡长男。伊高祖纲原袭祖职指挥同知，景泰二年征香炉山升指挥使。曾祖福、祖勋、父官沿袭，推升以都指挥体统行事，守备洞庭湖地方，故。所据伊高祖征香炉山升指挥使功无擒斩，例应减革，及伊父推升职级系虚衔，例无承袭，本舍照例革袭祖职指挥同知。

九辈洪应选，万历二年六月，洪应选，年二十一岁，含山县人，系平溪卫患疾指挥同知洪世臣嫡长男。·13·

十辈洪名将，万历四十一年十一月，单本选过平溪卫世袭指挥使优给舍人洪名将，年八岁，系指挥同知洪应选嫡长男。查伊父万历三十五年调征叚（虾）苗斩首九颗题升都指挥同知，本舍合以指挥使全俸优给，扣至四十七年终住支。

万历四十八年八月，单本选过平溪卫指挥使一员洪名将，年十五岁，出幼袭职，比中二等。

刘任·指挥同知

外黄查有：刘贵，崇明县人。有父刘文亨，随义祖姓黄，丙午年作黄关住名字归附，洪武三十二年郑村坝升总旗，三十三年白沟河阵亡，贵补升百户，三十四年藁城升正千户，三十五年钦升庐州卫指挥同知，永乐三年钦与流官职官（事）。刘通系刘贵嫡长男，父宣德六年调平溪卫管事，为因年老，通于正统二年钦准替授平溪卫世袭指挥同知。刘达系刘通庶弟，嫡兄正统八年淟故，无儿男，达于正统九年钦准袭授平溪卫世袭指挥同知。

一辈刘文亨，已载前黄。

二辈刘贵，已载前黄。

三辈刘通，旧选簿查有：正统二年七月，刘通，系平溪卫流官指挥同知刘贵嫡长男。

四辈刘达，旧选簿查有：正统九年闰七月，刘达，系平溪卫淟故世袭指挥同知刘通庶弟。

五辈刘勇，旧选簿查有：成化八年二月，刘勇，崇明县人，系平溪卫世袭指挥同知刘达嫡长男。

六辈刘恩，旧选簿查有：弘治十二年九月，刘恩，崇明县人，系平溪卫世袭指挥同知刘勇嫡长男。

七辈刘任，旧选簿查有：嘉靖十五年六月，刘任，年十岁，崇明县人，系平溪卫故指挥同知刘恩嫡长男，照例与全俸优给，至嘉靖二十年终住支。

嘉靖二十一年六月，刘任，年十六岁，崇明县人，系平溪卫故指挥同知刘恩嫡长男，优给出幼袭职。

八辈刘世爵，万历二年十月，刘世爵，年二十八岁，崇明县人，系平溪卫患疾指挥同知刘任嫡长男。

九辈刘尚勋，万历三十五年十二月，大选过平溪卫指挥同知一员刘尚勋，年十七岁，系老指挥同知刘世爵嫡长男，比中三等。·14·

张松·指挥同知

内黄查有：张铭，来安县人。父张清甲午年归附，就充百户，……①元年为军数不敷充本卫总旗，洪武八年钦除沔阳卫镇抚，十四年故。铭先事充军，将弟张麟袭镇抚，二十九年越等升平溪卫世袭指挥佥事，三十四年[故]，无儿男，铭系亲兄，三十五年袭指挥佥事。张俊系张铭嫡长孙，祖因残疾，父张亨永乐十五年替，故，俊优给出幼，正统五年袭指挥佥事。张举系张俊嫡长孙，伊祖景泰三年阵亡，父张钧袭升指挥同知，风疾，举系嫡长男，替指挥同知。张辅系张举嫡长男，正德八年袭指挥同知。

一辈张清，已载前黄。

二辈张麟，旧选簿查有：洪武二十九年十一月，张麟，系沔阳卫世袭卫镇抚，钦依越等升除平溪卫世袭指挥佥事。

三辈张铭，旧选簿查有：洪武三十五年十二月，张铭，系平溪卫故世袭指挥佥事张麟亲兄。

四辈张亨，旧选簿查有：永乐十五年十一月，张亨，系平溪卫世袭指挥佥事张铭嫡长男。

五辈张俊，旧选簿查有：宣德六年十月，张俊，年七岁，系平溪卫故世袭指挥佥事张亨嫡长男，钦与全俸优给，至宣德十三年终住支。

---

① 原簿缺约九字。

正统五年九月，张俊，年十六岁，系平溪卫故世袭指挥佥事张亨嫡长男。

景泰三年十二月，平溪卫指挥佥事升指挥同知一员张俊。

钦升簿内查有：景泰三年，湖贵香炉山等处杀贼获功，平溪卫指挥佥事升指挥同知一员张俊。

六辈张钧，旧选簿查有：天顺五年六月，张钧，年十六岁，来安县人，系平溪卫伤故指挥同知张俊嫡长男，钦与世袭。

七辈张举，旧选簿查有：弘治十三年二月，张举，来安县人，系平溪卫世袭指挥同知张钧嫡长男。

八辈张辅，旧选簿查有：正德八年二月，张辅，来安县人，系平溪卫故世袭指挥同知张举嫡长男。

九辈张松，旧选簿查有：嘉靖二十四年六月，张松，来安县人，系平溪卫故指挥同知张辅嫡长男。

十辈张其威，万历七年八月，张其威，年二十六岁，来安县人，系平溪卫患疾指挥同知张松嫡长男，比中二等。

十一辈张四维，万历十六年六月，张四维，年六岁，系平溪卫故指挥同知张其威嫡长男，照例与全俸优给，至万历二十四年终住支。于万历二十七年十月，张四维出幼袭职，违限三年，限外有无多支，查扣，比中二等。·15·

铁一柱·指挥佥事

万历三十五年十二月，大选过平溪卫指挥佥事一员铁一柱，年二十二岁，玉田县人，系本卫调宁番卫疾指挥佥事铁砺嫡长男。查伊父铁砺犯罪调卫，今老疾，本舍遇蒙恩例于本卫起文，准替平溪卫指挥佥事，比中二等。①

---

① 《明宪宗实录》卷280，成化二十二年七月辛卯，"命湖广老疾都指挥同知铁坚子钧代为平溪卫指挥使"；又《明孝宗实录》卷202，弘治十六年八月辛亥，"命……湖广平溪卫带俸都指挥佥事铁钧之子宝各代原职指挥使"；《明武宗实录》卷126，正德十年六月戊寅，"升湖广平溪卫都指挥佥事铁宝为都指挥同知以征镇筸功也"。铁坚、铁钧、铁宝等，前后承袭平溪卫指挥使，历升都指挥佥事、同知等职，此指挥佥事铁砺因犯罪调宁番卫，老疾，子铁一柱仍于平溪卫起文替职，或即指挥使铁坚一系辗转传袭而来。

袁应龙·指挥佥事

外黄查有：袁立，旧名袁保儿，蕲水县人。父袁二旧名王原二，丙申年归附，洪武二年调广洋卫，十五年老。将立代役，十九年为年深充京山卫中后所小旗，二十六年首本所千户陈铭私造军器充总旗，六年钦除府军后卫水军所世袭百户，二十八年钦授世袭，三十一年调孝陵卫左所，三十五年升流官副千户，〔永乐〕八年调平溪卫左所。袁明系袁立嫡长孙，祖永乐十二年为盗卖官木事敬依做总旗，十三年恩宥复原职百户，老疾，父袁鑑十五年替，宣德二年在交阯失陷，明年幼，五年优给，正统元年袭授平溪卫左所世袭百户。袁裕系袁明嫡长男，父风疾，裕于天顺五年优给，七年袭授平溪卫左千户世袭百户。

一辈袁立，已载前黄。

二辈袁鑑，旧选簿查有：永乐十五年十一月，袁鑑，系平溪卫左所世袭百户袁立嫡长男。

三辈袁明，旧选簿查有：宣德五年七月，袁明，年九岁，系平溪卫左千户所故世袭百户袁鑑嫡长男，钦与全俸优给，至宣德十年终住支。

正统元年七月，袁明，年十五岁，系平溪卫左所故世袭百户袁鑑嫡长男。

四辈袁裕，旧选簿查有：天顺五年七月，袁裕，年十三岁，蕲州人，系平溪卫左所残疾世袭百户袁明嫡长男，钦与全俸优给。

天顺七年七月，袁裕，年十五岁，蕲州人，系平溪卫左所残疾世袭百户袁明嫡长男。

钦升簿内查有：成化十二年，湖广靖州并贵州茅坪、排洞、黄蜂、地蛇等处剿杀苗贼获功，平溪卫百户升副千户一员袁裕。

吊到贴黄册内查有：袁裕，成化十四年，征狮子吼等处，十五年攻阿色山箐斩首一颗，百鸟山箐斩首一颗，攻乍山箐斩首一颗，升正千户。弘治六年，征贵州都匀、清平等处，攻答十后山箐斩首一颗，攻刘针硬寨斩首一颗，攻蔡郎寨斩首一颗，攻苗坪山箐斩首一颗，升指挥佥事。·16·

五辈袁华，旧选簿查有：弘治十六年八月，袁华，蕲州人，系平溪卫功升指挥佥事袁裕嫡长男。伊父原系本卫左所世袭百户，功升前职，患疾，本人替职，钦与世袭。

六辈袁桂，旧选簿查有：正德十年八月，袁桂，年二十五岁，蕲州人，系湖广都司平溪卫指挥佥事袁华嫡长男。伊父原袭前职，贵州思石镇箪二处获功二级俱升指挥同知，未曾改正加升先故，本人照例袭祖原职指挥佥事上加伊父前功二级，与做指挥使。

七辈袁宗文，旧选簿查有：嘉靖二十年四月，袁宗文，年二十六岁，蕲州人，系平溪卫已故署都指挥佥事袁桂嫡长男。伊父原袭指挥使，奉例减革指挥佥事，历推升前职，靖州等处守备革任，嘉靖十八年故。所据伊父桂推升署都指挥佥事系流官，例无承袭，本舍照例革袭指挥佥事。

八辈袁应龙，旧选簿查有：隆庆元年六月，袁应龙，年二十六岁，蕲州人，系平溪卫故指挥佥事袁宗文嫡长男。伊父原袭祖职指挥佥事。嘉靖二十九年推升署都指挥佥事，三十九年为事参问立功，五年限满还职，四十四年故。所据推升流官例不准袭，本舍照例准袭祖职指挥佥事。

九辈袁翰，万历十二年八月，袁翰，年二十岁，蕲州人，系平溪卫患疾指挥佥事袁应龙嫡长男，比中三等。

十辈袁祖烈，崇祯十三年二月，大选过平溪卫指挥佥事一员袁祖烈，年十八岁，系故指挥佥事袁翰嫡长孙，比中三等。

李春芳·指挥佥事

外黄查有：李清，旧名宗保，江都县人。有曾祖李达道，甲午年归附，己亥年充总旗，庚子年阵亡。祖父李敬，洪武三年为抄报户口愿告充军，九年钦取除散骑舍人，十四年除凤阳卫世袭指挥佥事，二十三年为事问发都匀拿作耗蛮人赎罪，二十五年调平溪卫，永乐十四年故。父李忠袭，故。叔李信袭，宣德元年交阯失陷。清系亲侄，袭平溪卫世袭指挥佥事。

一辈李达道，已载前黄。
二辈李敬，旧选簿查有：洪武二十五年九月，平溪卫世袭指挥佥事李敬。
三辈李忠，已载前黄。
四辈李信，旧选簿查有：永乐二十二年五月，李信，系平溪卫故世袭指挥佥事李敬嫡次男。有兄李忠病故，有嫡长男李宗保，年十一岁，幼小，敬准本人借职，待侄长成，还与职事。

五辈李清，旧选簿查有：宣德五年八月，李清，旧名宗保，年十八岁，系平溪卫故世袭指挥佥事李信亲侄。①

六辈李刚，旧选簿查有：景泰四年正月，李刚，江都县人，系平溪卫世袭指挥佥事李清嫡长男。

七辈李恺，旧选簿查有：弘治八年八月，李恺，江都县人，系平溪卫世袭指挥佥事李刚嫡长男。

八辈李春芳，旧选簿查有：嘉靖十五年六月，李春芳，江都县人，系平溪卫年老指挥佥事李恺庶长男。

九辈李希颜，万历十三年四月，李希颜，年三十一岁，江都县人，系平溪卫故指挥佥事李春芳嫡长男，比中二等。

十辈李逢阳，万历二十九年四月，李逢阳，年二十二岁，平溪卫故指挥佥事李希颜庶长男，比中二等。

慕显祖·指挥佥事

外黄查有：慕贵，莱阳县人。有伯父慕旺孙，洪武四年充小旗，残疾。父慕文中户名不动代役，残疾。贵代役，并充小旗，三十三年济南升总旗，西水寨升百户，金川门永乐元年升密云中卫右所正千户，三年与世袭。

一辈慕旺孙，已载前黄。

二辈慕文中，已载前黄。

三辈慕贵，已载前黄。

四辈慕林，旧选簿查有：正统元年七月，慕林，系平溪卫后所世袭正千户慕贵嫡长男。

钦升簿内查有：正统七年，调征云南麓川反寇，上江等处剿杀蛮贼有功，平溪卫后所正千户一次奇功升世袭指挥佥事一员慕林。·18·

五辈慕成，旧选簿查有：景泰元年，清远伯王处就彼袭平溪卫指挥佥事慕成，系伤故指挥佥事慕林嫡长男。

六辈慕景，旧选簿查有：成化十七年九月，慕景，莱阳县人，系平溪卫故世袭指挥佥事慕成亲侄。

---

① 《明孝宗实录》卷219，弘治十七年十二月乙丑，"协守贵州右参将赵晟……又以私忿杖杀平溪卫指挥李清之子……狱上，当晟罪斩……从之"。

七辈慕仁，旧选簿查有：正德十四年二月，慕仁，莱阳县人，系平溪卫故指挥佥事慕景庶长男。

八辈慕显祖，旧选簿查有：嘉靖十一年六月，慕显祖，年八岁，莱阳县人，系平溪卫故指挥佥事慕仁嫡长男，照例与全俸优给，至嘉靖十八年终住支。

钱重·指挥佥事

外黄查有：钱通，开州人。有父钱整，洪武三年充军，故。通补役，三十三年升小旗，三十四年升总旗，三十五年真定升试百户，平定京师升正千户。钱海系钱通嫡长男。

一辈钱通，已载前黄。

二辈钱海，旧选簿查有：宣德八年八月，钱海，系平溪卫左所故世袭正千户钱通嫡长男，功次簿内查有：正统七年调征云南麓川，平溪卫左所正千户一次头功升指挥佥事一员钱海。

三辈钱钢。

四辈钱宝，旧选簿查有：弘治二年十二月，钱宝，开州人，系平溪卫世袭指挥佥事钱钢嫡长男。

五辈钱辅，旧选簿查有：正德九年八月，钱辅，开州人，系平溪卫世袭指挥佥事钱宝嫡长男。

六辈钱重，旧选簿查有：嘉靖十九年六月，钱重，开州人，系平溪卫老疾指挥佥事钱辅嫡长男。·19·

七辈钱世陈，隆庆五年十月，钱世陈，年三十五岁，开州人，系平溪卫故指挥佥事钱重嫡长男。

八辈钱彦，万历十五年六月，钱彦，年二十五岁，开州人，系平溪卫年老指挥佥事钱世陈嫡长男，比中二等。

九辈钱启乾，万历三十年六月，系平溪卫疾指挥佥事钱彦嫡长男，照例与全俸优给，至三十九年终住支。钱彦虽病愈，不许复谋管事。

万历四十一年六月，大选过平溪卫指挥佥事一员钱启乾，年十六岁，系老指挥佥事钱彦嫡长男，比中三等。

於岳·指挥佥事

内黄查有：於旺，黄岩县人。有外父徐得，乙未年从军，洪武元年拨守福州，调虎贲左卫，九年病故。十年，将旺收充军役，归并府军卫，十七年充小旗，二十一年领济南达军征南，到沅州上有达军反叛，收捕了当，二十六年首镇江卫指挥赴京比箭结交蓝玉，商议党逆，钦除留守中卫世袭指挥佥事。

一辈於旺，旧选簿查有：洪武三十六年[①]三月，於旺，旧名徐杏官，系府军卫小旗徐德补役婿，钦除留守中卫世袭指挥佥事。

二辈於麟，旧选簿查有：永乐十年五月，於麟，系留守中卫滂故世袭指挥佥事於旺嫡长男。

三辈於广，旧选簿查有：宣德十年十一月，於广，系留守中卫世袭指挥佥事於麟嫡长男。父为事充军病故，本人年壮，钦准袭职，调平溪卫。

四辈於凤。

五辈於纲，旧选簿查有：弘治四年八月，於纲，黄岩县人，系平溪卫世袭指挥佥事於凤嫡长男。

六辈於清，旧选簿查有：弘治十七年八月，於清，幼名锁儿，黄岩县人，系平溪卫故世袭指挥佥事於纲嫡长男。

七辈於五十，旧选簿查有：正德四年十月，於五十，年二岁，黄岩县人，系平溪卫故世袭指挥佥事於清嫡长男，照例与半俸优给，至正德十六年终住支。

嘉靖元年六月，於仁，幼名五·20·十，年十六岁，黄岩县人，系平溪卫故世袭指挥佥事於清嫡长男，优给出幼袭职。

八辈於祥，旧选簿查有：嘉靖十年六月，於祥，幼名於三保，年二十七岁，黄岩县人，系平溪卫故绝指挥佥事於仁堂兄。

九辈於岳，旧选簿查有：嘉靖四十五年六月，於岳，年二十九岁，黄岩县人，系平溪卫年老指挥佥事於祥嫡长男。

九辈於廷璧，万历十五年八月，於廷璧，年二十二岁，黄岩县人，系平溪卫患疾指挥佥事於岳嫡长男，比中一等。

十辈於有光，万历二十九年十二月，於有光，年十九岁，系平溪卫患疾指挥佥事於廷璧嫡长男，比中二等。

---

① 据贴黄"二十六年首……"，此处"洪武三十六年"亦应改作"洪武二十六年"。

十一辈於克振，崇祯四年十月，大选过平溪卫指挥佥事一员於克振，年二十九岁，系疾指挥佥事於有光嫡长男，比中三等。

高岳·指挥佥事

外黄查有：高亮，山阳县人。父高成丙午年归附，与本县民王三垛集充军，故。将父高成作王高成名字补役，充小旗。洪武二十二年并充总旗，老疾。将亮补役，三十三年攻围济南升本所百户，三十四年藁城、十月攻西水寨升本所副千户，三十五年渡江平定京师升盘石卫后所正千户，永乐十五年调平溪卫中所，十六年钦授世袭。高远系高亮嫡长男，父老疾，远宣德二年替本卫所正千户。高节系高远嫡长男。父正统六年攻克上江奇功，七年升本卫世袭指挥佥事，十年故，节十一年袭平溪卫世袭指挥佥事。高文系高节嫡长男，父故，文成化十五年袭平溪卫世袭指挥佥事。

一辈高成，已载前黄。

二辈高亮，已载前黄。

三辈高远，零选簿查有：宣德二年五月，高远，系平溪卫中千户所世袭正千户高亮旧姓名王高成嫡长男。

功次簿查有：正统六年征麓川平溪卫中所正千户一次奇功升世袭指挥佥事一员高远。

四辈高节。·21·

五辈高文，零选簿查有：成化十五年八月，高文，山阳县人，系平溪卫故世袭指挥佥事高节嫡长男。

六辈高重，零选簿查有：正德七年六月，高重，山阳县人，系平溪卫故世袭指挥佥事高文嫡长男。

七辈高岳，旧选簿查有：嘉靖二十八年十二月，高重，年五十一岁，系平溪卫指挥佥事，今废疾在卫。有嫡长男高岳，见年二十五岁，告替。

八辈高则明，万历五年六月，高则明，年二十六岁，山阳县人，系平溪卫患疾指挥佥事高岳嫡长男，比中三等。

九辈高冠，万历十五年十二月，高冠，年二十一岁，山阳县人，系平溪卫患疾指挥佥事高则明嫡长男，比中二等。

十辈高国勋，天启六年四月，大选过平溪卫指挥佥事一员高国勋，年三十二岁，系老指挥佥事高冠嫡长男，比中二等。

十一辈高璧，崇祯十三年十二月，大选过平溪卫指挥佥事一员高璧，年二十五岁，系故指挥佥事高国勋嫡长男，比中一等。

万里鹏·指挥佥事

外黄查有：万忠，定远县人。父万官受，甲辰年从军，洪武七年选充小旗，三十三年老。忠代役，三十四年夹河升总旗，三十五年小河大战升百户，平定京师升豹韬卫水军所副千户，永乐八年杀败胡寇阿鲁台功升正千户。

一辈万官受，已载前黄。

二辈万忠，已载前黄。

三辈万鼎，旧选簿查有：正统二年七月，万鼎，系平溪卫前所流官正千户万忠嫡长男。

功次簿内查有：正统六年征进麓川，平溪卫前所正千户一次奇功升指挥佥事一员万鼎。·22·

四辈万昇，旧选簿查有：景泰七年六月，平溪卫指挥佥事万昇，系伤故指挥佥事万鼎庶弟。

五辈万贵，旧选簿查有：成化十七年九月，万贵，定远县人，系平溪卫世袭指挥佥事万昇嫡长男。

六辈万继住，旧选簿查有：正德六年四月，万继住，年五岁，定远县人，系平溪卫世袭指挥佥事万贵嫡长孙，钦与全俸优给，至正德十六年终住支。

七辈万祐，旧选簿查有：正德十四年六月，万祐，定远县人，系平溪卫故世袭指挥佥事万贵嫡次男。有兄万祥先故，侄万继住优给，亦故，本人袭职。

八辈万惟诚，旧选簿查有：嘉靖六年八月，万惟诚，幼名文兴，定远县人，系平溪卫故世袭指挥佥事万祐嫡长男。

九辈万里鹏，旧选簿查有：嘉靖三十一年六月，万里鹏，定远县人，系平溪卫故指挥佥事万惟诚嫡长男。

十辈万夫望，万历十年八月，万夫望，年二十五岁，定远县人，系平溪卫患疾指挥佥事万里鹏嫡长男，比中二等。

十一辈万年祚，万历三十六年八月，大选过指挥佥事一员万年祚，年二十二岁，定远县人，系平溪卫疾指挥佥事万夫望嫡长男，皮林功次候查，另行，比中二等。

高楠·指挥佥事

外黄查有：高楠，年二十六岁，系湖广平溪卫指挥佥事，原籍庐州府合肥县人。一世祖高景寅，系常同佥下万户，丙申年高邮寨阵亡，二世伯祖高景奉袭，甲辰年编伍，选充百户，吴元年拨海宁卫，洪武七年征进山后阵亡。始祖高仪选充参侍舍人，操练，十五年除潭府仪卫司典仗，未任，拨锦衣卫带管，二十二年做百户，管领蕲州三户垛集土军，调平溪卫后所，永乐十九年老。高祖高正系嫡长男，二十年闰十二月替，正统六年征麓川阵亡。曾祖高隽系嫡长男，本年九月优给，十三年八月袭升副千户，成化十一年茅坪白岩塘功升正千户，十五年故。祖高禄系嫡长男，十五年十二月优给，十九年九月袭，弘治十四年征武靖功升指挥佥事，正德十五年镇筸功升署指挥同知，十六年故。伯高冈凤系嫡长男，嘉靖元年六月，查镇筸搜斩功不准世袭，革袭指挥佥事，二十五年故绝。父高岐凤系亲弟，二十六年十二月袭，四十一年故。楠系嫡长男，四十五年四月袭湖广平溪卫指挥佥事。·23·

一辈高景奉，已载前黄。

二辈高仪，已载前黄。

三辈高正，旧选簿查有：永乐二十年闰十二月，高正，年十八岁，系平溪卫后所百户高仪嫡长男，钦与世袭。

四辈高隽，旧选簿查有：正统八年九月，高隽，年十一岁，系平溪卫后所百户高正嫡长男。父调征麓川与蛮贼对敌阵亡，本人照例升一级钦与副千户全俸优给，至正统十一年终住支。

正统十三年八月，高隽，年十六岁，系平溪卫后所世袭百户高正嫡长男，父功打思任发贼寨阵亡，本人先因年幼，照例升一级，已与副千户俸优给，今出幼，钦准袭升流官副千户。

五辈高禄，旧选簿查有：成化十五年十二月，高禄，年[十二]岁，合肥县人，系平溪卫后所故正千户高隽嫡长男，钦与全俸优给，至成[化十七年终]住支。

成化十九年九月，高禄，年十六岁，合肥县人，系平溪卫后所故正千户高隽嫡长男，钦与世袭。

吊来勘合内查有：正德十五年，平溪卫实授指挥佥事升署指挥同知，今改拟实授指挥同知一员高禄。

六辈高冈凤，旧选簿查有：嘉靖元年三月，高冈凤，合肥县人，系平溪卫故指挥同知高禄嫡长男。父原袭正千户，武靖功升指挥佥事，镇筸搜斩改拟升前升

（职），不准世袭，本人照例革去搜斩一级，与袭指挥佥事，自己竹坝坪获功一级开除。

吊来勘合内查有：嘉靖元年，高冈凤，父原袭正千户，武靖功升指挥佥事，镇篁搜斩改拟指挥同知，不准世袭，本人照例革去搜斩一级，与袭指挥佥事。①

七辈高岐凤，旧选簿查有：嘉靖二十六年十二月，高岐凤，合肥县人，系平溪卫故绝都指挥佥事高冈凤亲弟。伊兄原袭祖职指挥佥事，推升署都指挥佥事，遇例实授。所据伊兄推升并遇例职级，俱系流官，例无承袭，本舍照例革袭祖职指挥佥事。

八辈高楠，已载前黄。

九辈高椿，隆庆五年十月，高椿，年二十二岁，合肥县人，系平溪卫故指挥佥事高楠亲弟。

十辈高材，万历三十七年十月，大选过平溪卫指挥佥事一员高材，年三十八岁，系故指挥佥事高椿亲弟，准借袭指挥佥事，待次兄高榆生有儿男，退还职事，比中三等。② ·24·

陆时秋·指挥佥事

一辈陆成。

二辈陆铭，旧选簿查有：永乐二十二年，陆铭，系大兴左卫左所老疾世袭正千户陆成庶长男。

三辈陆暹，旧选簿查有：天顺二年八月，陆暹，沛县人，系平溪卫中所故正千户陆铭嫡长男。

四辈陆桂，旧选簿查有：弘治十五年四月，陆桂，沛县人，系平溪卫中所故世袭正千户陆暹嫡长男。

五辈陆时秋，旧选簿查有：嘉靖五年六月，陆时秋，沛县人，系平溪卫故指挥佥事陆桂嫡长男，钦与世袭。

六辈陆之东，万历七年八月，陆之东，年二十三岁，沛县人，系平溪卫指挥佥事陆时秋嫡长男，比中二等。

---

① 《明世宗实录》卷247，嘉靖二十年三月癸丑，"巡抚湖广贵州都御史陆杰、韩士英等奏，擒获镇溪苗贼龙老梧等，余党抚定。因别上诸臣功罪，诏赐……清浪……指挥高冈凤、傅启忠、尤钦、周宝、周楫等各银币有差"。
② 《总汇》本册第27页"高应宸"选簿所载，实可接续"十辈高材"选条之后，为"十一辈高应宸"选条。

七辈陆云鸾，万历四十八年八月，单本选过平溪卫实授指挥佥事一员陆云鸾，年二十五岁，系疾指挥佥事陆之东嫡次男，比中一等。

徐三礼·指挥佥事

外黄查有：徐贵，寿州人。有父徐铭，丙申年归附，癸卯年充小旗，吴元年充总旗，洪武八年除百户，十七年故。贵系嫡长男，十八年袭百户，二十四年为年深钦依越等升除平溪卫左所世袭正千户。徐雄系徐贵嫡长男。

一辈徐铭，已载前黄。

二辈徐贵，旧选簿查有：［洪武二十四年］①十一月，徐贵，系靖州卫中所世袭百户，钦依越等升除平溪卫左所世袭正千户。

三辈徐雄，旧选簿查有：宣德五年八月，徐雄，系平溪卫左千户所故世袭正千户徐贵嫡长男。·25·

四辈徐鑑，旧选簿查有：正统六年闰十一月，徐鑑，系平溪卫左所世袭正千户徐雄嫡长男。

五辈徐斌，旧选簿查有。

六辈徐昇，旧选簿查有：成化十八年十一月，徐昇，寿州人，系平溪卫左所世袭正千户徐斌嫡长男。

七辈徐胜儿，旧选簿查有：弘治八年十一月，徐胜儿，年八岁，寿州人，系平溪卫左所故世袭正千户徐昇嫡长男，钦与全俸优给，至弘治十四年终住支。

弘治十五年九月，徐勋，即徐胜儿，年十六岁，寿州人，系平溪卫左所故世袭正千户徐昇嫡长男。

吊来功次勘合查有：正德八年，箐子坪平溪卫升一级不赏一人自擒斩贼级三名颗，左所实授正千户升指挥佥事一员徐勋。

抄誊革册查有：应合照旧存留官平溪卫指挥佥事徐勋。

八辈徐嵩，旧选簿查有：嘉靖十三年六月，徐嵩，年二十三岁，寿州人，系平溪卫故指挥佥事徐勋嫡长男。

九辈徐三礼，旧选簿查有：隆庆元年六月，徐勋（嵩），②年五十五岁，系平溪

---

① 此处原文留白，据贴黄应补"洪武二十四年"六字。
② 据上下选条，"勋"应改"嵩"。

卫指挥佥事，今患疾在卫。有嫡长男徐三礼，年二十一岁，告替。

［十辈徐天佑，］天启七年十一月，大选过平溪卫指挥佥事一员徐天佑，年二十六岁，系老指挥佥事徐三礼亲孙，比中三等。

夏廷绅·卫镇抚

内黄查有：夏霖，泰州人。曾祖夏恭，丙午年归附，吴元年除所镇抚，洪武四年调怀远卫，十三年故。祖谦袭本卫前所世袭所镇抚，二十七年升信阳卫世袭卫镇[抚]，老。父夏晖残疾，霖系嫡长孙，永乐七年替信阳卫世袭卫镇抚。

一辈夏恭，已载前黄。

二辈夏谦，旧选簿查有：洪武二十七年四月，夏谦，系怀远卫前所世袭所镇抚，钦升信阳卫世袭卫镇抚。

三辈夏霖，旧选簿查有：永乐七年五月，夏霖，年十六岁，系信阳卫老疾世袭卫镇抚夏谦嫡长孙，候年二十岁，比试弓马。·26·

四辈夏政，旧选簿查有：宣德二年九月，夏政，旧名保保，年十五岁，系信阳卫因病自缢世袭卫镇抚夏霖嫡长男。

宣德六年六月，夏政，系信阳卫卫镇抚，今调平溪卫。

五辈夏清，旧选簿查有：天顺六年九月，夏清，年三十二岁，泰州人，系平溪卫世袭卫镇抚夏政旧名保保嫡长男。

六辈夏时，旧选簿查有：弘治四年八月，夏时，泰州人，系平溪卫世袭卫镇抚夏清嫡长男。

七辈夏谟，旧选簿查有：正德十四年六月，夏谟，幼名教化，泰州人，系平溪卫故世袭卫镇抚夏时嫡长男。

八辈夏廷绅，旧选簿查有：嘉靖二十三年十月，夏廷绅，泰州人，系平溪卫故卫镇抚夏谟嫡长男。

九辈夏之瑚，万历二年六月，夏之瑚，年二十岁，泰州人，系平溪卫故卫镇抚夏廷绅亲侄。

高应宸·指挥佥事

天启七年二月，大选过平溪卫指挥佥事一员高应宸，年十七岁，系故指挥佥事高材嫡长男，比中二等。①

郑之屏·卫镇抚

外黄查有：郑铉，莆田县人。有祖父郑保，洪武九年充军，选权总旗，十年准充总旗，十七年敬除府军右卫世袭所镇抚，二十二年升旗手卫流官卫镇抚，故。有父郑玉，三十年袭授平溪卫世袭卫镇抚，永乐二年为事立功复职，宣德四年为事问拟斩罪，钦降安南卫百户，十年赦宥还职，老疾。铉系嫡长男，正统三年替授平溪卫世袭卫镇抚。

一辈郑保，已载前黄。

二辈郑玉，旧选簿查有：洪武三十年五月，郑玉，系平溪卫故流官卫镇抚郑保嫡长男，钦与世袭。·27·

三辈郑铉，旧选簿查有：正统三年十月，郑铉，系平溪卫世袭卫镇抚郑玉嫡长男。②

四辈郑礼。

五辈郑杞，旧选簿查有：成化九年十月，郑杞，莆田县人，系平溪卫世袭卫镇抚郑礼嫡长男。

六辈郑举，旧选簿查有：正德九年八月，郑举，莆田县人，系平溪卫年老世袭卫镇抚郑杞嫡长男。

七辈郑官，旧选簿查有：嘉靖十一年六月，郑举，年五十一岁，莆田县人，系平溪卫患疾卫镇抚。今有嫡长男郑官，年三十二年岁，告替。

八辈郑之屏，旧选簿查有：嘉靖四十四年二月，郑之屏，年二十二岁，莆田县人，系平溪卫故卫镇抚郑官嫡长孙。

九辈郑大铨，万历三十六年八月，大选过平溪卫卫镇抚一员郑大铨，年二十八岁，系老卫镇抚郑之屏亲男，比中二等。

---

① 此簿所载实可接续《总汇》本册第24页"高楠·指挥佥事"选簿"十辈高材"选条之后，为"十一辈高应宸"选条。
② 《明英宗实录》卷264，景泰七年三月己卯，"巡抚湖广兵部尚书石璞奏：苗贼攻破晃州堡，杀千户郑铉等及官军余丁，烧毁厅廨仓驿无遗，右都督陈友、都指挥郑泰等不即救援以致城陷……"。

贺恩·正千户

一辈贺成。

二辈贺芳，旧选簿查有：永乐二年五月，贺芳，系凤阳卫右所世袭百户贺成庶长男。

宣德三年二月，贺芳，系凤阳卫右所百户，今调平溪卫左所。

三辈贺英，旧选簿查有：正统元年九月，贺英，系平溪卫左所世袭百户贺芳嫡长男。

四辈贺辅，旧选簿查有：天顺四年九月，贺辅，年十七岁，鱼台县人，系平溪卫左所故正千户贺英庶长男，钦与世袭。

五辈贺庆，旧选簿查有：弘治八年二月，贺庆，鱼台县人，系平溪卫左所世袭正千户贺辅嫡长男。·28·

六辈贺恩，旧选簿查有：正德十二年六月，贺恩，鱼台县人，系平溪卫左所正千户贺庆嫡长男。

唐民望·实授百户

零选簿查有：唐一龙，年二十一岁，蕲州人，系平溪卫左所年老副千户唐世臣嫡长孙。伊高祖唐庆原补祖役小旗，纳米冠带，弘治十四年武靖斩首三颗升总旗，十七年思恩擒斩四名颗越升实授百户，正德七年镇筸斩首三颗重升实授百户，改正副千户，故。曾祖唐辅未袭，故。祖唐世臣袭，今年老。父唐宗尧系廪膳生员，不愿承袭。所据伊高祖唐庆纳米、越升职级，例应减革，本舍照例革，于祖役总旗上加思恩、镇筸功二级，与替实授百户。

辈唐民望，万历三十六年十月，大选过平溪卫左所实授百户一员唐民望，年三十一岁，蕲州人，系故实授百户唐一龙嫡长男。查弘治间，唐庆以小旗于武靖斩首三颗功升总旗，又思恩擒斩四颗越升实授百户，正德间镇筸斩首三颗，重升百户，改正副千户。至唐一龙袭时，革去越升一级，于总旗上加思恩、镇筸二级，准实授百户。此前应革减，至当者也，不知唐一龙何据而告？执照以查，革越升，为非其夤缘弊窦，姑不深究。本舍子承父职，仍照旧减革副千户一级，准袭实授百户，比中三等。

汪朝东·副千户

外黄查有：汪钰，蕲州人。祖汪得，洪武二十二年军，故。父汪清补，正统六年征云南麓川奇功七年升总旗，阵亡。叔汪洪，景泰元年充总甲，二年征贵州香炉山有功升总旗，征伤，无嗣。钰替，充总甲，成化十一年并枪充总旗，十四年贵州西堡等处节次斩首四颗，十五年升本卫所试百户。

一辈汪清，已载前黄。

二辈汪洪，已载前黄。·29·

三辈汪钰，已载前黄。

四辈汪福，旧选簿查有：弘治八年十一月，汪福，蕲州人，系平溪卫左所百户汪钰嫡长男。伊父原系试百户，遇例实授，本人照例革替试百户。

五辈汪量，旧选簿查有：嘉靖元年八月，汪量，蕲州人，系平溪卫左所年老功升副千户汪福嫡长男，钦与世袭。

六辈汪朝东，旧选簿查有：嘉靖三十九年六月，汪朝东，年三十四岁，蕲州人，系平溪卫左所故副千户汪量嫡长男。

七辈汪大淮，万历十六年十月，汪大淮，年三十岁，蕲州人，系平溪卫左所年老副千户汪朝东嫡长男，比中三等。

八辈汪文光，万历四十五年二月，大选过平溪卫左所照旧副千户一员汪文光，年二十八岁，系疾副千户汪大淮嫡次男，比中二等。

张官·副千户

外黄查有：张连，清河县人。外祖田秀实，吴元年军，故。高祖张辅名，旧名张伴奴补，洪武三十三年济南升小旗，三十四年夹河升百户，三十五年金川门升副千户，永乐八年故。曾祖张友系嫡长男，二十二年袭，成化四年，老。祖张英系嫡长男，本年袭，弘治八年故。父张祥系嫡长男，九年袭，正德二年故。连系嫡次男，十六年袭副千户。

一辈张甫名，已载前黄。

二辈张友，旧选簿查有：永乐二十二年十一月，张友，系台州卫前所故世袭副千户张甫名嫡长男。

三辈张瑛，旧选簿查有：成化四年十月，张瑛，清河县人，系平溪卫左所世袭副千户张友嫡长男。

四辈张祥，旧选簿查有：弘治九年七月，张祥，清河县人，系平溪卫左所故世袭副千户张瑛嫡长男。·30·

五辈张保儿，旧选簿查有：正德三年十一月，张保儿，年四岁，清河县人，系平溪卫左所故世袭副千户张祥嫡次男，钦与全俸优给，至正德十四年终住支。

正德十六年七月，张连，幼名张保儿，清河县人，系平溪卫左所故副千户张祥嫡次男，优给出幼袭职，限外多支俸粮，查扣关支。

六辈张官，旧选簿查有：嘉靖三十九年六月，张官，年十五岁，清河县人，系平溪卫左所故副千户张连嫡长男。

七辈张素蕴，万历二十二年八月，张素蕴，年二十岁，清河县人，系平溪卫左所故副千户张官嫡长男，比中乙等。

周尚文·实授百户

外黄查有：周能，盱眙县人。有父周旺，丙午年归附，洪武十七年升小旗，二十年充总旗，三十一年除平溪卫左所百户，老疾。能系嫡长男，三十五年替职，授平溪卫左所世袭百户。

一辈周旺，已载前黄。

二辈周能，已载前黄。

三辈周庸，旧选簿查有：宣德五年七月，周庸，年十八岁，系平溪卫左千户所故世袭百户周能嫡长男。

四辈周洪，旧选簿查有：[正统九年]二月，周洪，年九岁，系平溪卫左所世袭百户周庸嫡长男。父为事在监病故，钦与本人半俸优给，至正统十四年终住支。

五辈周全，旧选簿查有：成化三年二月，周全，年十一岁，盱眙县人，系平溪卫左所故世袭百户周洪嫡长男，钦与全俸优给，至成化六年终住支。

成化八年十月，周全，年十六岁，盱眙县人，系平溪卫左所故世袭百户周洪嫡长男。

六辈周宝，旧选簿查有：正德十六年十二月，周宝，年十六岁，盱眙县人，系平溪卫左所故世袭百户周全嫡长男。

七辈周尚文，旧选簿查有：嘉靖四十五年六月，周尚文，年二十九岁，盱眙县人，系平溪卫左所年老实授百户周宝嫡长男。

八辈周希尧，万历七年六月，周希尧，年二十一岁，盱眙县人，系平溪卫左所故世袭百户周尚文嫡长男，比中二等。

九辈周希舜，万历十一年六月，周希舜，年二十一岁，盱眙县人，系平溪卫左所故世袭百户周希尧亲弟，比中三等。

夏松·百户

一辈夏铅。

二辈夏聪。

三辈夏暹，吊来勘合查有：正德八年，贵州、川、湖等处功次升实授一级不赏一人自擒斩贼级三名颗，平溪卫左所冠带总旗升实授百户一员夏隆二。

吊来功次勘合查有：正德八年，箄子坪平溪卫升一级不赏一人自擒斩贼级三名颗左所冠带实授总旗升实授百户夏隆二。

抄誊革册查有：应合照旧存留官平溪卫正千户夏暹。

四辈夏松，旧选簿查有：嘉靖五年八月，夏松，年八岁，蕲州人，系平溪卫左所故副千户夏暹顶户名夏隆二嫡长男。伊父原替祖役小旗，弘治六年遇例纳米冠带，武靖功升冠带总旗，思石功升百户，镇筸功重升百户，改正，与前职。所据纳米升级例应减革，与本人实授百户俸优给，至嘉靖十一年终住支。

嘉靖十三年六月，夏松，年十六岁，蕲州人，系平溪卫左所故副千户夏暹嫡长男。伊父以冠带总旗思石功升百户，镇筸重升百户，改正前职。本人先因年幼，已革冠带与百户俸优给，今出幼仍袭百户。

五辈夏霖，万历八年八月，夏霖，年五岁，蕲州人，系平溪卫左所故实授百户夏松嫡长孙，照例以实授百户俸优给，至万历十七年终住支。

万历二十二年八月，夏霖，年十九岁，系平溪卫左所故实授百户夏松嫡长孙，出幼袭职。

邓位·试百户

一辈邓回儿。

二辈邓坚。

三辈邓位，旧选簿查有：正德十三年十二月，邓位，年二十岁，蕲州人，系平溪卫左所故试百户邓坚嫡长男。曾祖邓回儿原与头户陈恬垛充平溪卫总甲，陈恬并充总旗，故绝。伊曾、祖、父俱顶头户陈恬姓名接役，并充总旗。伊父思南获功升试百户，镇筸搜斩升署百户，内搜斩功未任先故。本人奏要改正袭升，行勘明白，查照相同，合无将邓位于伊父邓坚功升试百户上加搜斩一级，与做实授百户，内搜斩一级不准世袭，事故之日，照例革袭试百户。

田时秋·试百户

外黄查有：田广，蕲州人。曾祖田胜四，洪武二十二年故。伯祖田信补，宣德元年征进交阯阵亡。祖田忠补，八年并升小旗，正统六年征进麓川上江刀招罕寨杀贼奇功，八年升世袭百户，故。父田莹袭，故。广系亲男，成化十三年袭平溪［卫］左所百户。田文系平溪卫左所故百户田广嫡长男。曾祖田忠功升试百户，钦准实授，祖、父沿袭，本人与袭实授百户。田麟，年三十八岁，系平溪卫左所年老实授百户田文嫡长男。伊高祖忠功升试百户，嘉靖二十五年替职。

一辈田忠，已载前黄。

二辈田莹，旧选簿查有：正统十二年八月，田莹，年十八岁，系平溪卫左所试百户田忠户名田胜四嫡长男。父原系小旗，调征麓川蛮贼有功升除前职，病故，钦准本人袭实授世袭百户。

三辈田长保，旧选簿查有：[天顺八年]年十月，田长保，年四岁，蕲州人，系平溪卫左所故世袭百户田莹嫡长男，钦与全俸优给，至成化十年终住支。

四辈田广，旧选簿查有：成化十三年十月，田广，年十七岁，蕲州人，系平溪卫左所故世袭百户田莹（长保）嫡长男。

五辈田文，旧选簿查有：正德十三年十二月，田文，蕲州人，系平溪卫左所故百户田广嫡长男。曾祖田忠功升试百户，钦准实授，祖、父沿袭，本人与袭实授百户。

六辈田麟，旧选簿查有：嘉靖二十五年八月，田麟，蕲州人，系平溪卫左所年老实授百户田文嫡长男。伊高祖忠功升试百户，钦准实授，曾祖莹、祖广、父文沿袭，今本舍仍革替试百户。·33·

七辈田时秋，旧选簿查有：嘉靖四十一年八月，田麟，年五十七岁，蕲州人，系平溪卫左所试百户，今患废疾在所。有嫡长男田时秋，见年三十二岁，告替。

八辈田成，万历十二年二月，田成，年十九岁，蕲州人，系平溪卫左所年老试百户田时秋嫡长男。伊父原袭祖职试百户，隆庆四年犯该监守自盗问拟立功五年，今年老，本舍合照例与替祖职试百户，比中二等。

九辈田大年，万历三十七年二月，大选过平溪卫左所试百户一员田大年，年二十六岁，系老疾试百户田成嫡长男，比中二等。

田世学·试百户

内黄查有：田润，蕲州人，祖田官音保，洪武二十二年垜充平溪卫左所小甲，二十三年并充小旗，二十八年并枪充总旗，永乐十一年故。十三年父聚补充总旗，正统三年故。叔田广补役，成化元年患病。润补役，十一年并枪，仍充总旗，十五年征贵州西堡等处节次斩级四颗有功，本年闰十月升本卫所试百户。

一辈田官音保，已载前黄。

二辈田聚，已载前黄。

三辈田广，已载前黄。

四辈田润，已载前黄。

五辈田凤，旧选簿查有：成化二十三年十二月，田凤，蕲州人，系平溪卫左所功升试百户田润嫡长男。

六辈田富，旧选簿查有：弘治四年八月，田富，蕲州人，系平溪卫左所故试百户田凤亲弟。

七辈田长儿，旧选簿查有：弘治七年四月，田长儿，年八岁，蕲州人，系平溪卫左所故试百户田富嫡长男，钦与全俸优给，至弘治十三年终住支。

弘治十四年六月，田辅，乳名长儿，年十五岁，蕲州人，系平溪卫左所故试百户田富嫡长男。

八辈田恩，旧选簿查有：嘉靖十三年六月，田辅，年四十九岁，蕲州人，系平溪卫左所试百户，今患疾在所。有嫡长男田恩，年三十岁，告替。·34·

九辈田世学，旧选簿查有：嘉靖四十五年六月，田世学，年二十八岁，蕲水县人，系平溪卫左所故试百户田恩嫡次男。

陈勋·试百户

一辈陈暹。

二辈陈钊,旧选簿查有:景泰四年八月,陈钊,系平溪卫右所试百户陈逞户名陈太一庶长男。父原系未并枪总旗户丁,调征麓贼获头功升前职,病故。有兄陈铎患残疾,不堪承袭,照例本人该袭实授百户,待兄有男,还与职事。

三辈陈玺,旧选簿查有:[成化]①九年十二月,陈玺,蕲州人,系平溪卫左所故世袭百户陈钊嫡长男。

四辈陈勋,旧选簿查有:[正德十二]年十一月,陈勋,年七岁,蕲州人,系平溪卫左所已故百户陈玺庶长男。祖陈钊原袭试百户,遇例实授,父沿袭,本人照例革去遇例一级,与试百户俸优给,至正德十九年终住支。

嘉靖五年八月,陈勋,年十六岁,蕲州人,系平溪卫左所故百户陈玺庶长男。伊祖钊原袭试百户,遇例实授,父沿袭,本人年幼,已革与试百户俸优给,今出幼,与袭试百户。

五辈陈天佑,万历元年十二月,陈天佑,年二十六岁,蕲州人,系平溪卫左所年老实授百户陈勋嫡长男,革遇例,与替试百户。

六辈陈嘉谟,万历三十七年十二月,大选过平溪卫左所试百户一员陈嘉谟,年二十四岁,系老试百户陈天佑嫡长男,比中三等。

七辈陈嘉猷,万历四十三年十月,大选过平溪卫左所试百户一员陈嘉猷,年二十六岁,系故试百户陈嘉谟亲弟,奉旨免比。

崇祯九年九月,单本并升平溪卫正千户一员陈嘉猷,年四十四岁,系左所试百户。查本官于崇祯四等年在贵·35·州瓮西等处地方亲斩苗级十四颗,今据申并前来,查与核册功次相同,及查邦政条例,苗功三名颗升一级,至三级而止,余功论赏,合准于本官试百户上加伊亲斩苗功,三级并授,与做世袭正千户。

成天爵·试百户

外黄查有:成隆,蕲州人。始祖海,洪武二十二年充平溪卫左所小甲,并枪升小旗,二十六年故绝。高祖锺补役,永乐四年交阯功升总旗,十八年故。曾祖鉴收役,宣德元年交阯阵亡。曾祖友收役,天顺六年故。祖富残疾,父经收役,弘治六年贵州都匀等处斩首有功,将头户祝应宗名目开报,七年升试百户,正德七年老。隆系嫡长男,九年比,袭平溪卫左所试百户。

---

① 此处原文留白约二字,当为"成化"或"弘治"。

一辈成海，已载前黄。

二辈成锺，已载前黄。

三辈成鑑，已载前黄。

四辈成友，已载前黄。

五辈成经，已载前黄。

六辈成隆，旧选簿查有：正德九年六月，成隆，蕲州人，系平溪卫左所年老功升试百户成经顶户名祝应宗嫡长男。

七辈成天爵，旧选簿查有：嘉靖二十年十月，成天爵，年五岁，蕲州人，系平溪卫左所年老试百户成隆庶长男，照例与全俸优给，至嘉靖二十九年终住支。

嘉靖三十年八月，成天爵，年十五岁，蕲州人，系平溪卫左所故试百户成隆庶长男，优给出幼袭职。

八辈成于乐，隆庆五年十月，成于乐，年二十岁，蕲州人，系平溪卫左所故试百户成天爵嫡长男。·36·

叶允中·试百户

一辈胡原一，吊来前府勘合查有：正德八年，征贵州、川、湖等处流贼升实授一级不赏一人自擒斩贼级三名颗，平溪卫总旗升试百户三员内一员胡原一。

二辈叶俊。

三辈叶思文。

四辈叶春。

五辈叶允中，旧选簿查有：嘉靖二十年六月，叶允中，年二十八岁，蕲州人，系平溪卫左所年老试百户叶春嫡长男，仍替原职。

六辈叶世芳，万历三年二月，叶世芳，年四十一岁，蕲州人，系平溪卫左所故实授百户叶允中嫡长男，革遇例，与袭试百户。

七辈叶朝阳，万历十八年八月，叶朝阳，年三十二岁，蕲州人，系平溪卫左所患疾试百户叶世芳嫡长男，比中二等。

八辈叶天滋，崇祯四年十月，大选过平溪卫左所试百户一员叶天滋，年二十一岁，系老试百户叶朝阳嫡长孙，比中三等。

马相·试百户

[一]辈马麟。·37·

[二]辈马教化，旧选簿查有：弘治九年七月，马教化，年六岁，蕲州人，系平溪卫左所百户马麟庶长男。伊父原系功升试百户，成化二十三年遇例实授，年老，本人照例革与试百户俸优给，至弘治十七年终住支。

[三]辈马相，旧选簿查有：正德元年二月，马相，年十六岁，蕲州人，系平溪卫左所百户马麟庶长男。伊父原系试百户，成化二十三年遇例实授，年老，本人已革与试百户俸优给，今出幼，仍袭试百户。

关志学·试百户

一辈关仲良，功次簿查有：正德九年，贵州镇箪等处功次一人自擒斩贼级三名颗，平溪卫不开所分总旗升试百户一员关仲良。

二辈关俊。

三辈关佐。

四辈关浩。

五辈关敏。

六辈关福。

七辈关志学，旧选簿查有：嘉靖四十一年二月，关志学，年三十四岁，蕲州人，系平溪卫左所故试百户关福次男。伊祖皆系总旗，黄选无查，至伊父关福以贵州功升试百户，功次簿可据，本舍准照试百户。

八辈关廷瑚，万历二十七年六月，关廷瑚，年二十七岁，系平溪卫左所老试百户关志学嫡长男，比中二等。·38·

九辈关上将，天启七年四月，大选过平溪卫左所试百户一员关上将，年十八岁，系故试百户关廷瑚嫡长男，比中三等。

韦天爵·署百户事总旗

外黄查有：韦相，蕲州人。洪武二十二年，曾伯祖韦经垛充平溪卫左所小甲，二十三年并枪充小旗，宣德四年故。曾祖韦斌收役，正统四年征云南麓川功，七年升本所世袭试百户，景泰二年调贵州香炉山获到贼首韦通烈、王寄奇，三年故。祖韦山年幼，堂伯祖韦潜借职，四年曾祖韦斌香炉山功升署副千户。祖韦山天顺五年袭，八年遇例实授，弘治十三年疾。父韦杰十四年替职，十五年故。相系长男，优给，正德十年袭平溪卫左所世袭署副千户事百户。

一辈韦经，已载前黄。

二辈韦斌，已载前黄。

三辈韦山，旧选簿查有：天顺五年七月，韦山，年十六岁，蕲州人，系平溪卫左所试百户韦斌户名韦信嫡长男。父原系小旗，调征麓贼奇功升前职，又征湖贵香炉山获功例升署副千户，未升伤故，本人遇例，该袭升实授副千户。

四辈韦杰，旧选簿查有：[弘治]十四年闰七月，韦杰，蕲州人，系平溪卫左所副千户韦山庶长男。伊父原系署副千户，成化二十三年遇例实授，今患风瘫疾，本人照例革替署副千户事百户。

五辈韦孙儿，旧选簿查有：弘治十六年九月，韦孙儿，年三岁，蕲州人，系平溪卫左所故署副千户事百户韦杰嫡长男，钦与全俸优给，至弘治二十七年终住支。

六辈韦相，旧选簿查有：正德十年八月，韦相，年十五岁，蕲州人，系平溪卫左所故署副千户事百户韦杰嫡长男，优给出幼袭职。

七辈韦天爵，旧选簿查有：嘉靖二十四年十二月，韦天爵，蕲州人，系平溪卫左所故署副千户韦相嫡长男。伊高祖斌以小旗，正统四年麓川功越升试百户，景泰二年香炉山功越升署副千户，曾祖山、祖杰、父相沿袭。所据越升职级，例应减革，本舍照例革与署百户事总旗，仍食总旗名粮。·39·

八辈韦大邦，万历七年十二月，韦大邦，年四十岁，系平溪卫左所患疾署试百户事总旗名粮韦天爵嫡长男，比中三等。

九辈韦鹏，万历三十五年十二月，大选过平溪卫左所署试百户事总旗一员韦鹏，年三十五岁，系故署试百户事总旗韦大邦亲侄，比中三等。

孙承祖·冠带总旗

外黄查有：孙顺，蕲州人。洪武二十二年，高祖孙文受垜充平溪卫左所小甲，并充小旗，年深，并充总旗，故。曾公祖孙伦补役，正统六年麓川攻打上江刀招罕寨奇功，七年升实授百户，故。十二年祖孙旺本年八月袭职，老疾。父孙杰成化九年替职，二十一年故。顺系嫡长男，优给，弘治八年①出幼，九年十二月袭本卫所实授百户，比中。

一辈孙文受，已载前黄。

二辈孙铨，已载前黄。

三辈孙旺，旧选簿查有：正统十二年八月，孙旺，年十七岁，系平溪卫左所故百户孙铨户名孙文受嫡长男，钦与世袭。

四辈孙杰，旧选簿查有：成化九年十月，孙杰，蕲州人，系平溪卫左所世袭百户孙旺嫡长男。

五辈孙长保，旧选簿查有：成化二十三年十二月，孙长保，年七岁，蕲州人，系平溪卫左所故世袭百户孙杰嫡长男，钦与全俸优给，至弘治七年终住支。

弘治九年十二月，孙顺，幼名长保，年十六岁，蕲州人，系平溪卫左所故世袭百户孙杰嫡长男。

六辈孙承祖，旧选簿查有：嘉靖二十七年八月，孙承祖，蕲州人，系平溪卫左所年老实授百户孙顺嫡长男。所据亲供，伊高祖伦宣德四年收充总甲，并充总旗，正统六年麓川奇功升实授百户。曾祖旺、祖杰、父顺沿袭。查得并、充二级不由军功，本舍照例革与冠带总旗。

七辈孙凤鸣，万历八年四月，孙凤鸣，年二十四岁，蕲州人，系平溪卫左所患疾冠带总旗孙承祖嫡长男，比中三等。·40·

胡献琛·实授百户

崇祯九年九月，单本并过平溪卫左所总旗，并升世袭实授百户一员胡献琛，年三十五岁，系左所总旗。查本役于崇祯四等年在贵州牛场等处地方亲斩苗级十二颗，今据申并前来，查与核册止有本役斩功七颗在案，及查邦政条例，苗功三名颗升一级，合准于本役祖役总旗上加伊亲斩苗功，二级并授，与做世袭实授百户。

张宪·副千户

一辈张能。

---

① 原作"十八"，"十"系衍字。

二辈张鑑，旧选簿查有：成化四年十月，张鑑，黄州府蕲县人，系平溪卫右所百户张能嫡长男，钦与世袭。

三辈张凤，旧选簿查有：弘治十年八月，张凤，蕲县人，系平溪卫右所故世袭百户张鑑嫡长男。

四辈张宪，旧选簿查有：正德十年十月，张宪，年一十六岁，蕲州人，系湖广都司平溪卫右所副千户张凤嫡长男。伊父原袭前职，思恩功升正千户，未任病故，本人照例革去遇例一级，袭升伊父功升副千户。

殷龙·副千户

外黄查有：殷义，滕县人。有父殷成，前王平章下佥事，洪武元年除百户，拨徐州卫，二十二年为年深总旗事不与俸调平溪卫，二十七年故。义系庶长男，袭百户。殷雄系殷义嫡长男。殷俊系殷雄嫡长男。殷洪系殷俊嫡长孙，祖征进香炉山有功升副千户，老，父殷冕替职，故，洪优给出幼，成化十九年袭副千户，钦与世袭。·41·

一辈殷成，已载前黄。

二辈殷义，旧选簿查有：洪武二十九年七月，殷义，系平溪卫右所故世袭百户殷成庶长男，钦准袭本卫所世袭百户。

三辈殷雄，旧选簿查有：永乐十二年十二月，殷雄，系平溪卫右所故世袭百户殷义嫡长男。

四辈殷俊，旧选簿查有：正统六年二月，殷俊，系平溪卫右所世袭百户殷雄嫡长男。

景泰三年十二月，平溪卫百户升署副千户殷俊。

钦升簿内查有：景泰三年征湖贵香炉山等处杀贼获功一级，平溪卫百户升副千户五员内一员殷俊。

五辈殷冕，旧选簿查有：成化五年十一月，殷冕，滕县人，系平溪卫右所副千户殷俊嫡长男，钦与世袭。

六辈殷洪，旧选簿查有：□□九年九月，殷洪，年十七岁，滕县人，系平溪卫右所故世袭副千户殷冕嫡长男。

七辈殷爵，旧选簿查有：正德十四年八月，殷爵，滕县人，系平溪卫右所故副千户殷洪嫡长男。

八辈殷龙，旧选簿查有：嘉靖十八年十二月，殷龙，滕县人，系平溪卫右所故副千户殷洪嫡次男。

姚材·副千户

一辈姚显。

二辈姚淳，旧选簿查有：洪武二十七年六月，姚淳，系平溪卫右所故世袭百户姚显嫡长男，钦袭本卫所世袭百户。

三辈姚成，旧选簿查有：洪武三十一年七月，姚成，年十三岁，系平溪卫右所阵亡世袭百户姚淳嫡长男，支俸读书操练，至十五岁管事。·42·

四辈姚勗，旧选簿查有：正统六年二月，姚勗，系平溪卫右所世袭百户姚成嫡长男。

天顺六年六月，平溪卫百户升副千户一员姚勗。

五辈姚泰，旧选簿查有：成化十三年八月，姚泰，仪真县人，系平溪卫右所故副千户姚勗嫡长男，钦与世袭。

六辈姚材，旧选簿查有：正德八年六月，姚材，仪真县人，系平溪卫右所老疾世袭副千户姚泰嫡长男。

王世卿·副千户

外黄查有：王安，旧名书郎，福山县人。有祖父王丑儿，洪武四年充军，年老。将父王马头代役，三十二年郑村坝升小旗，三十三年济南升总旗，三十四年西水寨升百户，故。安系亲男，袭职，永乐二年钦升密云中卫后所副千户，三年钦与世袭。

一辈王马头，已载前黄。

二辈王安，已载前黄。

三辈王宁，旧选簿查有：洪熙元年闰七月，王宁，系密云中卫后所故世袭副千户王安嫡长男。

四辈王荣，旧选簿查有：宣德二年十二月袭，王荣，系密云中卫后所故世袭副千户王宁亲叔。

五辈王聪，旧选簿查有：正统元年六月，王聪，系平溪卫右所故世袭副千户王荣嫡长男。

六辈王俊，旧选簿查有：正统十年十一月，王俊，系平溪卫右所故世袭副千户王聪亲弟。

七辈王英，旧选簿查有：成化二十二年十一月，王英，福山县人，系平溪卫右所世袭副千户王俊嫡长男。

八辈王爵，旧选簿查有：正德八年十月，王爵，乳名王长寿，福山县人，系平溪卫右所故世袭副千户王英嫡长男。

九辈王世卿，旧选簿查有：正德十六年十二月，王世卿，幼名王保儿，福山县人，系平溪卫右所故副千户王爵嫡长男。·43·

秦佐·副千户

一辈秦贵。

二辈秦能，旧选簿查有：宣德七年七月，秦能，系平溪卫右所世袭百户秦贵嫡长男。

三辈秦辅，旧选簿查有：天顺七年七月，秦辅，迁安县人，系平溪卫右所故正千户秦能嫡长男。

四辈秦文，旧选簿查有：弘治元年九月，秦文，迁安县人，系平溪卫右所故世袭正千户秦辅亲侄。

五辈秦佐。

孟养浩·署副千户事实授百户

外黄查有：孟云，旧名斗保，平凉县人。父孟原亨，洪武二年归附充头目，四年充总旗，六年充参随头目，九年充银牌先锋，阵亡。云系嫡长男，优，除平溪卫世袭百户。孟洪系孟云庶长男，父故，洪优，袭。孟鑑系孟洪嫡长男，父正统四年麓川亡故，鑑优袭世袭百户。孟纲系孟鑑嫡长男，父故，纲袭世袭百户。孟春系孟纲嫡长男，替世袭百户。孟阳系平溪卫右所署副千户事百户孟春嫡长男，嘉靖六年八月替职。

一辈孟原亨，已载前黄。

二辈孟云，旧选簿查有：洪武二十五年十一月，孟云，旧名斗保，系金吾前卫阵亡银牌先锋孟原亨嫡长男，钦除平溪卫右所世袭百户。

三辈孟洪，旧选簿查有：宣德二年八月，孟洪，年十六岁，系镇夷卫右千户所世袭百户孟云庶长男。父原系平溪卫右千户所，征交趾拨守前卫，病故，钦准本人袭职，照例仍回平溪卫右千户所管事。

四辈孟鑑，旧选簿查有：正统十二年十一月，孟鑑，年十五岁，系平溪卫右所故世袭百户孟洪嫡长男。·44·

五辈孟纲，旧选簿查有：成化十九年九月，孟纲，平凉府人，系平溪卫右所故世袭百户孟鑑嫡长男。

六辈孟春，旧选簿查有：弘治八年十二月，孟春，平凉府人，系平溪卫右所世袭百户孟纲嫡长男。

七辈孟阳，审稿查有：孟阳，系平溪卫右所署副千户事百户孟春嫡长男，嘉靖六年八月替职。

八辈孟宗孔，旧选簿查有：嘉靖二十九年四月，孟宗孔，平凉府人，系平溪卫右所废疾署副千户事百户孟阳嫡长男。

九辈孟养浩，旧选簿查有：隆庆二年八月，孟养浩，年二十岁，平凉县人，系平溪卫右所故署副千户事实授百户孟宗孔嫡长男。查得黄选，洪武四年充总旗，九年充银牌先锋阵亡，除世袭百户，续功升署副千户事实授百户，今本舍照旧袭署副千户事实授百户，于八月十六日比试弓马得中，考试三等。

十辈孟良将，万历四十二年十一月，大选过平溪卫右所署副千户事实授百户一员，年十九岁，系老署副千户事实授百户孟养浩长男，比中二等。

陈天表·实授百户

外黄查有：陈中，巢县人。有父陈子富，乙未年归附从军，吴元年充小旗，二年克定西升总旗，四年克瞿塘阵亡。将兄陈豹补役，三十三年白沟河阵亡。将中补役，济南升小旗，三十四年西水寨升总旗，三十五年平定京师，除定海卫后所百户，永乐二年与世袭。陈刚系陈中亲侄，伯宣德二年调平溪卫右所管事，老，有嫡长男陈蛮儿，年三岁，幼小，刚于宣德七年替本卫所百户，待长成，还与职事。陈凤系陈刚嫡长孙，祖故，父陈辅袭职，故，凤系嫡长男，弘治十三年袭平溪卫右所世袭百户。陈策系平溪卫右所老疾百户陈凤嫡长男，嘉靖十五年替职。陈天表年三岁，系平溪卫右所故实授百户陈策嫡长男，照例与全俸优给，至嘉靖四十三年终住支。

一辈陈子富，已载前黄。

二辈陈豹，已载前黄。

三辈陈中，已载前黄。·45·

四辈陈刚，旧选簿查有：［宣德七］①年七月，陈刚，系平溪卫右所世袭百户陈中亲侄，伯有嫡长男陈蛮儿，年三岁，幼小，钦准本人替职，待长成，还与职事。

五辈陈辅，旧选簿查有：成化八年十月，陈辅，巢县人，系平溪卫右所故世袭百户陈刚嫡长男。

六辈陈凤，旧选簿查有：弘治十三年十月，陈凤，巢县人，系平溪卫右所故世袭百户陈辅嫡长男。

七辈陈策，旧选簿查有：嘉靖十五年六月，陈策，年三十四岁，巢县人，系平溪卫右所老疾百户陈凤嫡长男。

八辈陈天表，旧选簿查有：嘉靖三十一年六月，陈天表，年三岁，巢县人，系平溪卫右所故实授百户陈策嫡长男，照例与全俸优给，至嘉靖四十三年终住支。

嘉靖四十五年六月，陈天表，年十七岁，巢县人，系平溪卫右所故实授百户陈策嫡长男，优给出幼袭职。

九辈陈世勋，万历四十六年六月大选过平溪卫右所实授百户一员陈世勋，年十九岁，系故实授百户陈天表亲孙，比中二等。

程万里·实授百户

外黄查有：程腾，蕲州人。祖程文垛充总旗，老。曾祖程永、祖程旺并补，正统六年杀贼获功升实授总旗，景泰三年征贵州香炉山等处剿获贼首韦通烈、寄奇解官，升试百户，遇例实授，疾。祖程忠替，疾。父程远替，故。腾系嫡长男，比，革袭平溪卫右所试百户。

一辈程文，已载前黄。

二辈程永，已载前黄。

三辈程旺，已载前黄。

四辈程忠，旧选簿查有：成化六年九月，程忠，蕲州人，系平溪卫右所百户程旺

---

① 据贴黄，此处当补"宣德七"三字。

嫡长男，钦与世袭。

五辈程远，旧选簿查有：弘治十四年闰七月，程远，蕲州人，系平溪卫右所世袭百户程忠嫡长男。·46·

六辈程腾，旧选簿查有：正德八年二月，程腾，蕲州人，系平溪卫右所故百户程远嫡长男，内实授一级系天顺元年遇例，本人照例革袭试百户。

七辈程天衢，旧选簿查有：嘉靖五年六月，程天衢，幼名重孙，蕲州人，系平溪卫右所故实授百户程腾嫡长男。伊祖远原系试百户，遇例实授，正德七年思石获功一级开升副千户，未升先故。父革遇例，于试百户上加一级功升前职，故，本人仍该袭父职实授百户。

八辈程万里，旧选簿查有：嘉靖四十五年六月，程万里，年二十七岁，蕲水县人，系平溪卫右所年老实授百户程天衢嫡长男。

九辈程实，隆庆六年八月，程实，年四岁，蕲州人，系平溪卫右所故实授百户程万里嫡长男，照例与全俸优给，至万历十年终住支。

万历十一年十二月，程实，年十六岁，蕲州人，系平溪卫右所故实授百户程万里嫡长男，比中二等。出幼袭职。

十辈程必陞，万历三十七年八月，大选过平溪卫右所实授百户一员程必陞，年二十四岁，系故实授百户程实嫡长男，比中三等。

［十一辈］程必登，万历四十六年十二月，大选过平溪卫右所实授百户一员程必登，年二十五岁，系故实授百户程必陞亲弟，比中三等。

刘端·试百户

四辈刘玉。

五辈刘景，旧选簿查有：成化二十一年七月，刘景，广济县人，系平溪卫右所百户刘玉户名刘和嫡长孙。祖原系功升试百户，遇例实授，老疾。本人照例革替试百户。

六辈刘端，旧选簿查有：正德十二年八月，刘端，广济县人，系平溪卫右所故百户刘景嫡长男，父替试百户，遇例实授，本人革袭试百户。·47·

七辈刘尚爵，万历六年八月，刘尚爵，年二十一岁，广济县人，系平溪卫右所故实授百户刘端亲孙。伊祖原袭祖职试百户，嘉靖二十四年遇例实授，隆庆三年故。伊父患疾，不堪，应该伊兄刘长儿承袭，瞽目，无子。所据伊祖遇例职级，例不准袭，本舍照例革借袭祖职试百户，待后伊兄疾痊或生有儿男，退还职事比试三等。

方寸公·试百户

外黄查有：方福，广济县人。曾祖方原美，洪武二十二年垛平溪卫小甲，并充小旗，二十三年阵亡。曾叔祖方定补役，残疾。祖方雄补役，正统六年征进上江刀招奇功七年升试百户，景泰七年残疾。父方弘天顺元年袭实授百户，故。福系嫡长男，本年比，袭本卫所实授百户。

一辈方原美，已载前黄。

二辈方定，已载前黄。

三辈方雄，功次簿内查有：正统七年征剿麓川反贼获功项下，平溪卫右所小旗一次奇功升试百户二员内一员方原美。

四辈方弘，旧选簿查有：天顺元年十二月，方弘，年十七岁，广济县人，系平溪卫右所试百户方雄户名方原美嫡长男。父原系小旗，调征麓贼获奇功一次升前职，今患疾，钦准本人替实授百户。

五辈方福，旧选簿查有：弘治十三年十二月，方福，广济县人，系平溪卫右所百户方弘嫡长男。祖方雄原系功升试百户，老疾。父替职，天顺元年遇例实授，故。本人照例袭百户，钦与世袭。

六辈方寸公，旧选簿查有：嘉靖十年六月，方寸公，年五岁，广济县人，系平溪卫右所故世袭百户方福嫡长孙。伊曾祖方弘，原系试百户，遇例实授，祖方福沿袭。所据遇例职级，例应减革，本人照例革与试百户俸优给，至嘉靖十九年终住支。

黄衮·试百户·48·

一辈黄铨。

二辈黄衮，旧选簿查有：嘉靖元年四月，黄衮，年九岁，广济县人，系平溪卫右所故百户黄铨户名黄道远嫡长孙。伊祖原系小旗，武靖功升总旗，纳银冠带，贵州功升前职。所据纳银冠带，例应减革，从总旗加贵州功，与本人试百户俸优给，至嘉靖六年终住支。

三辈黄正色，隆庆五年十月，黄衮，年五十八岁，广济县人，系平溪卫右所实授百户，今患疾在所。有嫡长孙黄正色，见年二十岁，告替，革遇例，与替试百户。

陈大用·署试百户

一辈陈名三，抄誊勘合簿内查有：正德八年，湖广镇筸等处，平溪卫升一级不赏一人自擒斩贼级三名颗左所实授小旗升总旗一名陈名三。

二辈陈能七。

三辈陈祥。

四辈陈勇。

五辈陈大用，旧选簿查有：嘉靖二十年六月，陈大用，年二十四岁，蕲州人，系平溪卫右所故试百户陈勇嫡长男。伊伯祥景泰二年香炉山功升小旗，父勇替役，正德六年征思石、镇筸斩首有功，俱升总旗，十一年奏改升试百户。所据香炉山功不及数，例应减革，本人照例革袭署试百户。

六辈陈绍尧，万历九年四月，陈绍尧，年二十四岁，蕲州人，系平溪卫右所年老实授百户陈大用嫡长男。革伊父遇例实授，与替署试百户，比中三等。

七辈陈绍舜，万历十一年八月，陈绍舜，年二十一岁，蕲州人，系平溪卫右所故署[试百户事总旗]陈绍尧亲弟，比中三等。·49·

武安邦·正千户

外黄查有：武兴，峄县人。有父武十吴元年充军，故。将兴补役，洪武三十三年济南升小旗，三十四年藁城升总旗，三十五年克金川门钦升羽林左卫右所副千户，永乐二年钦与世袭，八年征阿鲁台功升本卫所正千户，九年具启授流官，附选。武得系武兴嫡长男。武瑄系武得嫡长孙。祖老疾，父武忠替职，为事调贵州兴隆卫，天顺元年遇例回卫，本年十二月调平溪卫中所，故。瑄成化元年袭平溪卫中所世袭正千户。

一辈武兴，已载前黄。

二辈武得，旧选簿查有：永乐二十年三月，武得系羽林左卫右所流官正千户武兴嫡长男。

三辈武忠。

四辈武瑄，旧选簿查有：成化元年三月，武瑄，峄县人，系平溪卫中所故世袭正千户武忠嫡长男。

五辈武凤，旧选簿查有：弘治十五年八月，武凤，峄县人，系平溪卫中所世袭正千户武瑄嫡长男。

六辈武勇，旧选簿查有：嘉靖十一年八月，武凤，年五十九岁，峄县人，系平溪卫中所正千户，今患疾，有嫡次男武勇，年三十六岁，告替。

七辈武安邦，旧选簿查有：嘉靖三十四年八月，武安邦，峄县人，系平溪卫中所年老正千户武勇嫡长男，犯该守备不设，为贼所掩袭，因而失陷城寨者律斩，奉旨于嘉靖四十三年十二月二十日定发陆凉卫中所终身充军。

八辈武文明，万历十年八月，武文明，年三十九岁，峄县人，系平溪卫中所故充终身军正千户武安邦嫡长男。伊父原袭祖职正千户，嘉靖三十八年犯该守备不设，问充六凉卫中所终身军，隆庆六年遇宥释放回卫。本舍先于万历二年保送赴部承袭，查得伊父虽经遇宥，尚未身终，照例发回，今于万历八年故，覆保前来，本舍照旧袭祖职正千户。先年比中二等。

九辈武之冑，崇祯四年十月，大选过平溪卫中所正千户一员武之冑，年二十一岁，系故正千户武文明嫡长孙，比中三等。·50·

夏霖·署正千户事副千户

一辈夏贵。

二辈夏政，旧选簿查有：洪武三十二年十一月，夏政，系平溪卫中所故世袭百户夏贵嫡长男。

三辈夏清，旧选簿查有：宣德五年七月，夏清，年十五岁，系平溪卫中千户所被虎咬死世袭百户夏政嫡长男。

景泰三年十二月，平溪卫百户升署副千户夏清。

功次簿查有：景泰三年，贵州香炉山等处杀贼获功一级二级并署一级，平溪卫百户升署副千户五员内一员夏清。

四辈夏元，旧选簿查有：成化九年十月，夏元，泰州人，系平溪卫中所副千户夏清嫡长男，钦与世袭。

五辈夏时，旧选簿查有：弘治二年十月，夏时，年十六岁，泰州人，系平溪卫中所故世袭副千户夏元嫡长男。

六辈夏霖，旧选簿查有：嘉靖元年十月，夏霖，泰州人，系平溪卫故指挥佥事夏时嫡长男。父袭副千户，武靖功升署正千户，遇例实授，又思南功升前升（职）。缘遇例应该减革，本人与署正千户上加功一级，与袭实授正千户，注中所。

革册查有：嘉靖五年八月，平溪卫指挥佥事夏霖。伊父原职署正千户，遇例实授，正德八年思石擒斩贼级报功升指挥佥事，故。本人替职，缘遇例实授例该替职革除，今本人已袭，该革与正千户。

七辈夏霆，旧选簿查有：嘉靖二十六年六月，夏霆，泰州人，系平溪卫中所故正千户夏霖亲弟。伊曾祖清以百户景泰三年香炉山功升署副千户，冒作实授，祖元、父时沿袭，弘治十六年武靖功升署正千户，遇例实授，正德八年思南功升指挥佥事，兄霖袭，已革遇例与正千户。所据冒授半级，例应减革，与本舍署正千户事副千户。

八辈夏廷璋，隆庆四年六月，夏廷璋，泰州人，系平溪卫中所患疾署正千户事副千户夏霆嫡长男。

九辈夏民望，万历二十五年二月，夏民望，年二十九岁，系平溪卫中所患疾署正千户事副千户夏廷璋嫡长男，比中一等。·51·

范世勋·副千户

外黄查有：范通，和州人。有父范观，旧名官保，甲午年军，丙午年取湖州，洪武六年充总旗，十月除沔阳卫百户，十二年授世袭，八月除太仓卫权千户，十二年授流官副千户，三（二）十二年为操练打围事犯杖罪，降百户不支俸，二十六年复职，授平溪卫世袭百户，老，替。通系嫡长男，替职世袭百户。范通嫡长男，为老疾，斌宣德四年授本卫所百户。

一辈范观，旧选簿查有：[洪武二十六年]九月，范观，原系泗州卫流官副千户，为事降五开卫百户，不管军，不支俸，自种自食，男范通陈告复职，钦依："着他父复职做百户，就那里卫分管军、支俸"，授平溪卫中所世袭百户。

二辈范通，旧选簿查有：洪武三十二年正月，范通，系平溪卫中所世袭百户范观嫡长男。

三辈范斌，旧选簿查有：宣德四年七月，范斌，系平溪卫中所世袭百户范通嫡长男。

四辈范贵，功次簿查有：景泰三年香炉山等处获功升一级二级并署职一级，平溪卫副千户升署正千户四员内一员范贵。

五辈范镛，旧选簿查有：成化四年十月，范镛，和州人，系平溪卫中所正千户范贵嫡长男，钦与世袭。

六辈范文，旧选簿查有：弘治四年八月，范文，和州人，系平溪卫中所故世袭正千户范镛嫡长男。

七辈范钺，旧选簿查有：弘治十三年十二月，范钺，和州人，系平溪卫中所故世袭正千户范文亲叔。

八辈范绶，旧选簿查有：正德十四年八月，范绶，年十六岁，和州人，系平溪卫中所老疾正千户范钺庶长男。

九辈范世勋，旧选簿查有：嘉靖四十五年六月，范世勋，年二十九岁，和州人，系平溪卫中所年老革替副千户范绶嫡长男。

十辈范存仁，万历十八年八月，范存仁，年六岁，系平溪卫中所故副千户范世勋嫡长男，照例与全俸优给，至万历二十六年终住支。

万历二十七年八月，范存仁，年十五岁，系平溪卫中所故副千户范世勋嫡长男，出幼袭职，比中二等。·52·

王荩臣·百户

一辈王青。

二辈王佐，旧选簿查有：洪武三十四年二月，王佐，年十六岁，系平溪卫中所故流官百户王青嫡长男，钦准袭职，与世袭，仍授本卫所世袭百户。

三辈王泰，旧选簿查有：永乐十八年十二月，王泰，年十五岁，系平溪卫中所故百户王佐嫡长男，钦与世袭。

四辈王鑑，旧选簿查有：正统八年九月，王鑑，年十岁，系平溪卫中所故世袭百户王泰嫡长男，钦与全俸优给，至正统十二年终住支。

正统十四年十二月，王鑑，年十五岁，系［平溪］卫中所故世袭百户王泰嫡长男。

五辈王銮，旧选簿查有：弘治十一年十二月，王銮，年十六岁，无为州人，系平溪卫中所世袭百户王鑑嫡长男。

六辈王荩臣，旧选簿查有：嘉靖十五年六月，王荩臣，无为州人，系平溪卫中所故百户王銮嫡长男。

七辈王民表，万历十三年十月，王民表，年二十岁，无为州人，系平溪卫中所年老世袭百户王荩臣嫡长孙，比中三等。

八辈王国祯，万历四十二年十一月，大选过平溪卫中所实授百户一员王国祯，年二十一岁，系故世袭百户王民表长男，比中二等。

周易东·实授百户

外黄查有：周易东，年三十一岁，系湖广平溪卫中所实授百户，原籍江西临江府清江县人。一世祖周嘉，辛丑年充横海卫小旗，洪武二年充总旗，十五年除永清左卫右所百户，二十二年调平溪卫中所，永乐元年老。始祖周成系嫡长男，二年四月替，宣德元年故。高祖周雄系嫡长男，宣德五年八月袭，成化五年疾。曾祖周曦系嫡长男，六年替，弘治六年疾。祖周正系嫡长男，七年四月替，正德十五年故。伯周邦佐系嫡长男，十六年二月袭，老。易东系亲侄，嘉靖四十五年替湖广平溪卫中所实授百户。·53·

一辈周嘉，已载前黄。

二辈周成，旧选簿查有：永乐二年四月，周成，系平溪卫中所流官百户周嘉嫡长男，钦与世袭。

三辈周雄，旧选簿查有：宣德五年八月，周雄，年十六岁，系平溪卫中千户所故世袭百户周成嫡长男。

四辈周曦，旧选簿查有：成化六年九月，周曦，清江县人，系平溪卫中所世袭百户周雄嫡长男。

五辈周正，旧选簿查有：弘治七年四月，周正，清江县人，系平溪卫中所世袭百户周曦嫡长男。

六辈周邦佐，旧选簿查有：正德十六年二月，周邦佐，清江县人，系平溪卫中所故百户周正嫡长男。

七辈周易东，旧选簿查有：嘉靖四十五年六月，周易东，年三十一岁，清江县人，系平溪卫中所年老实授百户周邦佐亲侄。

八辈周良翰，万历四年十二月，周良翰，年二十一岁，清江县人，系平溪卫中所故实授百户周易东嫡长男。

九辈周应龙，万历三十九年八月，大选过平溪卫中所实授百户一员周应龙，年三十三岁，系疾实授百户周良翰嫡长男，比中二等。

贺天锡·实授百户

外黄查有：贺宝，平溪卫中所实授百户，广济县人。洪武二十二年，高祖贺荣以户名贺伏三充平溪卫中所总旗，永乐二十一年老疾。曾祖贺贞替役，宣德元年充总旗，正统六年老疾。祖贺文斌替役，天顺八年故。伯父贺英补役，弘治十三年故绝。父贺湘系亲弟，代役，正德六年征贵州思石石竹坝、铁子坝斩首三颗，七年征镇筸苗贼，大铅场、人巢岩洞斩首三颗，八年以思石功升试百户，九年以镇筸功重升试百户，十五年故。宝系嫡次男，正德十六年替职，蒙查贺湘重升试百户，改正袭实授百户。

一辈贺荣，已载前黄。

二辈贺贞，已载前黄。·54·

三辈贺文斌，已载前黄。

四辈贺英，已载前黄。

五辈贺湘，已载前黄。

六辈贺宝，旧选簿查有：正德十六年七月，贺宝，年二十六岁，广济县人，系平溪卫中所故试百户贺湘嫡次男。父系总旗，纳银免并，以户名贺福三在思石获功升前职，筸子坪获功重升试百户，照例改正，与袭百户。

七辈贺天锡，旧选簿查有：嘉靖二十八年十月，贺天锡，广济县人，系平溪卫中所废疾实授百户贺宝嫡长男。

八辈贺应麒，万历元年十二月，贺应麒，年二十五岁，蕲州人，系平溪卫中所患疾实授百户贺天锡嫡长男。

九辈贺名扬，万历三十五年十二月，大选过平溪卫中所实授百户一员贺名扬，年三十九岁，系患疾实授百户贺应麒嫡长男，比中三等。

十辈贺国柱，崇祯四年十月，大选过平溪卫中所实授百户一员贺国柱，年三十七岁，系老实授百户贺名扬嫡长男，比中三等。

张桐·实授百户

一辈张杰。

二辈张毅，旧选簿查有：永乐七年九月，张毅，系平溪卫中所征安南阵亡流官百户张杰嫡长男，敬准袭授世袭百户。

三辈张泳，旧选簿查有：宣德五年七月，张泳，年十七岁，系平溪卫中千户所故世袭百户张毅嫡长男。·55·

四辈张钺，旧选簿查有：正统三年九月，张钺，年九岁，系平溪卫中所故世袭百户张泳嫡长男，钦与全俸优给，至正统八年终至住支。

五辈张澄，旧选簿查有：正统七年十二月，张澄，系平溪卫中所故世袭百户张泳亲弟。

六辈张铭，旧选簿查有：成化二年八月，张铭，全椒县人，系平溪卫中所故副千户张澄嫡长男，钦与世袭。

七辈张凤，旧选簿查有：正德十四年八月，张凤，全椒县人，系平溪卫中所年老副千户张铭嫡长男。伊祖张澄以百户征香炉山升署副千户，查无别项实授军功，本人照例革替署副千户事百户，世袭。

八辈张桐，旧选簿查有：嘉靖四十五年六月，张桐，年三十二岁，全椒县人，系平溪卫中所故署副千户事实授百户张凤嫡长男。查得伊祖张澄以实授百户景泰二年贵州香炉山功升署副千户，至张凤袭职，查无擒斩，姑革替署副千户事实授百户，又遇例实授。所据遇例并署级系先年减革未尽，今本舍革袭实授百户。

九辈张应宗，万历二十二年正月，张应宗，年二十四岁，全椒县人。伊父张桐原袭实授百户，今老，本舍系嫡长男，合照旧与替实授百户，比中二等。

周璋·试百户

一辈周海。

二辈周志八。

三辈周林。·56·

四辈周宣。

五辈周以敬。

六辈周璋，旧选簿查有：嘉靖元年三月，周璋，广济县人，系平溪卫中所功升试百户周以敬嫡长孙，钦与世袭。

七辈周之翰，隆庆四年八月，周之翰，广济县人，系平溪卫中所故试百户周璋嫡长男。

八辈周文光，万历十三年六月，周文光，年二十四岁，广济县人，系平溪卫中所患疾试百户周之瀚嫡长男，比中二等。

聂信·试百户

辈聂渊。

辈聂桂，旧选簿查有：成化二十三年十二月，聂桂，黄梅县人，系平溪卫中所故试百户聂渊嫡长男。

辈聂信，旧选簿查有：正德十一年四月，聂信，黄梅县人，系平溪卫中所故百户聂桂嫡长男。父袭试百户，遇例实授，本人照例革袭试百户。·57·

唐时雍·正千户

外黄查有：唐云，颖上县人。父唐中甲辰年归附，吴元年克苏州、山东等处，洪武元年克河南潼关，二年克河中，三年克定西察罕脑儿，四年征西安、四川等处，五年征甘肃，六年征两京，十年除燕山前卫前所百户，十三年追赶乃儿不花，十四年征口北灰山回翼，二十一年袭世袭，为年深总旗调平溪卫右所，老疾。云系嫡长男，二十八年征剿铁兰、洪江罗等寨贼人回卫。唐鑑系唐云嫡长男。父征进交阯故，鉴宣德五年袭本卫所百户。唐玺系平溪卫年老指挥佥事唐汉嫡长男，嘉靖元年替。

一辈唐中，已载前黄。

二辈唐云，旧选簿查有：洪武二十七年六月，唐云，系平溪卫右所世袭百户唐中嫡长男。父为老疾，准替本卫所世袭百户。

三辈唐鑑，旧选簿查有：宣德五年八月，唐鑑，系平溪卫右千户所故世袭百户唐云嫡长男。

钦升簿内查有：正统六年麓川功，平溪卫右所百户一次奇功升世袭副千户一员唐鑑。

四辈唐政，旧选簿查有：唐政，景泰三年十二月，平溪卫副千户升正千户。

钦升簿内查有：景泰三年征湖广香炉山等处杀贼获功一级二级并署职一级平溪卫副千户升正千户三员内一员唐政。

五辈唐徵，旧选簿查有：景泰六年七月，唐徵，颖上县人，系平溪卫右所副千户唐政亲弟。兄于湖广香炉山等处杀贼获功例升一级，未升伤故，本人袭升流官正千户。

钦升簿内查有：成化十二年湖广靖州并贵州茅坪等处剿杀苗贼获功平溪卫正千户

升指挥佥事一员唐徽。

六辈唐汉，旧选簿查有：成化十七年九月，唐汉，颖上县人，系平溪卫故指挥佥事唐徽嫡长男，钦与世袭。

七辈唐玺，旧选簿查有：嘉靖元年十月，唐玺，颖上县人，系平溪卫年老指挥佥事唐汉嫡长男。

八辈唐时雍，旧选簿查有：嘉靖二十五年八月，唐时雍，颖上县人，系平溪卫年老指挥佥事唐玺嫡长男。伊曾祖徽以正千户成化十二年贵州茅坪等处杀贼升指挥佥事，祖汉、父玺沿袭。所据茅坪功无擒斩，例应减革，与本舍正千户，注前所。

九辈唐启中，万历九年六月，唐启中，年十九岁，颖上县人，系平溪卫前所年老正千户唐时雍嫡长孙，比试二等。

十辈唐国柱，天启四年四月，大选过平溪卫前所正千户一员唐国柱，年三十六岁，系故正千户唐启中嫡长男，比中三等。·58·

汪若渊·正千户

内黄查有：汪庆，合肥县人。父汪宜，旧名乞儿，癸巳年从军，洪武二年充小旗，四年充总旗，十一年除水军右卫百户，十二年与流官，十五年为事充军，病老。庆替，十九年钦依复职，二十年拨金齿卫着役，二十五年复职，调宜良守御所百户，老疾，庆二十九年替职，授平溪卫前所世袭百户，三十年哨捕西溪等寨回卫。

一辈汪宜，已载前黄。

二辈汪庆，旧选簿查有：洪武二十九年八月，汪庆，系宜良守御千户所世袭百户汪宜嫡长男，为父老疾，钦准替职，授平溪卫前所世袭百户。

三辈汪瑛，旧选簿查有：永乐九年二月，汪瑛，年十六岁，系平溪卫前所故世袭百户汪庆嫡长男。

四辈汪清，旧选簿查有：成化三年二月，平溪卫副千户今升正千户一员汪清。

钦升查有：景泰三年香炉山杀贼获功一级二级并署一级平溪卫百户升署副千户五员内一员汪清。

钦升查有：成化三年荆襄杀贼获功，平溪卫副千户升正千户一员汪清。

五辈汪材，旧选簿查有：成化二十二年九月，汪材，合肥县人，系平溪卫前所功升署副千户、遇例实授、又历功升指挥佥事汪清嫡长男，本人照例革替正千户于原卫所。①

六辈汪骅，旧选簿查有：正德六年八月，汪骅，合肥县人，系平溪卫指挥佥事汪材嫡三男。伊祖汪清原系署副千户，天顺元年遇例实授，历功升指挥佥事。父革替正千户，成化二十三年遇例仍复前职，今患疾，有嫡长兄汪骥、嫡次兄汪驯续病故，本人告替。

七辈汪若渊，旧选簿查有：嘉靖十年六月，汪若渊，年十六岁，合肥县人，系平溪卫故指挥佥事汪骅嫡长男。伊曾祖清原系署副千户，天顺元年遇例实授，历功升指挥佥事。祖材已革遇例替正千户，成化二十三年遇例仍复前职，沿父袭。本人照例革遇例一级，与袭正千户，注原卫前所。

八辈汪若水，隆庆五年十二月，汪若水，年三十一岁，合肥县人，系平溪卫前所故正千户王若渊亲堂弟。

九辈汪应元，万历八年二月，汪应元，年二十七岁，合肥县人，系平溪卫前所故正千户汪若水堂侄。伊堂叔原袭祖职正千户，万历元年故绝，应该堂叔汪若明承袭，患疾不堪，无子。本舍照例借袭祖职正千户，候汪若明疾痊，或生有儿男，退还职事，比试三等。

十辈汪沛然，万历十五年八月，汪沛然，年四岁，合肥县人，平溪卫前所故正千户汪应元嫡长男，照例与全俸优给，至万历二十五年终住支。

万历二十七年六月，汪沛然，年十六岁，系故正千户汪应元嫡长男，出幼袭职，违限二年，限外有无多支，查扣还官，比中二等。·59·

庞鸾·正千户

外黄查有：庞鸾，年三十七岁，系湖广平溪卫前所正千户，原籍山后人。始始祖庞政，旧名同住，洪武二十年充密云卫左所军，三十年疾。始祖庞斌，旧名军保代役，三十二年讨（奉）天征讨，郑村坝有功升总旗，三十三年济南有功升百户，东昌有功升副千户，三十四年夹河阵亡。高祖庞忠系嫡长男，年幼不堪，仍将庞政袭职，三十五年克金川门有功，升玉林[卫]右所正千户，永乐十一年故。忠系嫡长男，长成，二十年九月袭，宣德六年调金（今）卫所，天顺五年故。曾祖庞福系嫡

---

① 《明宪宗实录》卷204，成化十六年六月，"旌表孝子吴仲成等二人……汪浩，湖广平溪卫指挥清之弟，俱孝行卓异，始终可称，表其门曰'孝行'"。

长男，六年七月袭，成化十二年故。祖庞雄系嫡长男，十三年八月袭，弘治十三年疾。父庞文系嫡长男，十四年二月替，嘉靖二十五年故。鸾系嫡长男，二十九年六月比，袭平溪卫前所正千户。

一辈庞政，已载前黄。

二辈庞斌，已载前黄。

三辈庞忠，旧选簿查有：永乐十二年九月，庞忠，系玉林卫右所故世袭正千户庞政嫡长孙。

四辈庞福，旧选簿查有：天顺六年七月，庞福，山后人，系平溪卫前所故世袭正千户庞忠嫡长男。

五辈庞雄，旧选簿查有：成化十三年八月，庞雄，山后人，系平溪卫前所故世袭正千户庞福嫡长男。

六辈庞文，旧选簿查有：弘治十四年二月，庞文，山后人，系平溪卫前所世袭正千户庞雄嫡长男。

七辈庞鸾，旧选簿查有：嘉靖二十九年六月，庞鸾，山后人，系平溪卫前所故正千户庞文嫡长男。

八辈庞世英，万历三年八月，庞世英，年二十一岁，山后人，系平溪卫前所年老正千户庞鸾嫡长男。

九辈庞弘先，万历三十七年八月，大选过平溪卫前所正千户一员庞弘先，年十八岁，系故正千户庞世英嫡长男，比中三等。

张应文·正千户·60·

一辈张景，旧选簿查有：洪武二十七年七月，张景，系永定卫左所世袭百户，钦升平溪卫前所世袭副千户。

二辈张斌，旧选簿查有：宣德二年二月，张斌，年十七岁，系平溪卫前千户所世袭副千户张景嫡长孙，患左眼残疾。

三辈张经，旧选簿查有：景泰七年十一月，张经，年二十三岁，滁州人，系平溪卫前所正千户张斌嫡长男，钦与世袭。

四辈张玺，旧选簿查有：弘治七年四月，张玺，滁州人，系平溪卫前所世袭正千户张经嫡长男。

五辈张宝，旧选簿查有：正德十二年六月，张宝，年十一岁，滁州人，系平溪卫前所废疾世袭正千户张玺嫡长孙。伊父张爵先故，本人钦与全俸优给，至正德十五年终住支。

正德十六年十月，张宝，年十五岁，滁州人，系平溪卫前所故世袭正千户张玺嫡长孙，优给出幼告袭。

六辈张应文，旧选簿查有：嘉靖四十一年二月，张应文，年二十岁，滁州人，系平溪卫前所故正千户张宝嫡长男。查伊父宝不比试，照例罚俸三年。

九辈张国威，万历二十五年十月，张国威，年二十四岁，系平溪卫前所患疾正千户张应文嫡长男，比中一等。

十辈张大勋，万历四十五年二月，大选过平溪卫前所照旧正千户一员张大勋，年廿二岁，系故正千户张国威嫡长男，比中二等。

马负图·正千户

一辈马渊。

二辈马瑛，旧选簿查有：成化十三年七月，马瑛，黄梅县人，系平溪卫前所故百户马渊嫡长男，钦与世袭。·61·

三辈马良，旧选簿查有：正德三年九月，马良，黄梅县人，系平溪卫前所故功升正千户马瑛嫡长男，钦与世袭。

四辈马逢孙，旧选簿查有：正德八年四月，马逢孙，年八岁，黄梅县人，系平溪卫前所故正千户马良嫡长男。伊曾祖原系功升试百户，天顺元年遇例实授。祖马瑛又历功升署正千户，弘治十八年遇例实授，正德元年广西功升正千户，沿袭至今。本人照例革去遇例二次，该与副千户俸优给，至正德十四年终住支。

正德十六年八月，马逢孙，幼名马保子，年十六岁，黄梅县人，系平溪卫前所故正千户马良嫡长男，已革与试百户俸优给，又以父思南功升实授一级，今出幼，该袭正千户。

五辈马负图，旧选簿查有：嘉靖三十七年八月，马负图，黄梅县人，系平溪卫前所故正千户马逢孙嫡长男。

六辈马为龙，万历十五年十月，马为龙，年二十岁，黄梅县人，系平溪卫前所患疾正千户马负图嫡长男，比中一等。

七辈马储渥，万历四十年四月，大选过平溪卫前所正千户一员马储渥，年十六岁，系故绝正千户马为龙亲侄，比中二等。

苑廷瑞·副千户

一辈苑诚。

二辈苑保。

三辈苑斌，旧选簿查有：永乐十三年八月，苑斌，系平溪卫前所世袭百户苑保嫡长男。

四辈苑善，旧选簿查有：宣德二年六月，苑善，年十七岁，系平溪卫前千户所故世袭百户苑斌嫡长男。

功次簿查有：正统七年七月，云南麓川反寇思任发，于上江等处剿杀蛮贼有功官员湖广都司平溪卫前所百户一次头功升副千户一员苑善。·62·

五辈苑森，旧选簿查有：成化五年十月，苑森，当涂县人，系平溪卫前所故正千户苑善嫡长男，钦与世袭。

六辈苑朝，旧选簿查有：弘治十五年八月，苑朝，当涂县人，系平溪卫前所世袭正千户苑森嫡长男。

七辈苑时芳，零选簿查有：嘉靖九年十月，苑时芳，当涂县人，系平溪卫前所正千户苑朝嫡长男。伊曾祖善原系副千户，香炉山功升署正千户，故。祖森冒袭正千户，父沿袭。所据署级、冒袭职级，例应减革，本人照例革替副千户。

八辈苑廷瑞，旧选簿查有：嘉靖三十七年六月，苑时芳，年五十五岁，当涂县人，系平溪卫前所副千户，今老疾在所。有嫡长男苑廷瑞，见年三十五岁，告替。

九辈苑崑，万历四年六月，苑崑，年二十七岁，当涂县人，系平溪卫前所患疾副千户苑廷瑞嫡长男。

十辈苑世忠，万历二十七十月，苑世忠，年二十九岁，系平溪卫前所患疾副千户苑崑嫡长男，比中二等。

十辈苑大绶，天启六年八月，大选过平溪卫前所副千户一员苑大绶，年十七岁，系故副千户苑世忠嫡长孙，比中三等。

沈衡·副千户

一辈沈大。

二辈沈谅，旧选簿查有：洪武二十五年十一月，沈谅，旧名药师奴，系羽林左卫阵亡总旗沈大嫡长男，钦除平溪卫前所世袭百户。

三辈沈荣，旧选簿查有：景泰三年十二月，平溪卫副千户升署正千户四员沈荣。

四辈沈端，旧选簿查有：景泰五年四月，沈端，宜兴县人，系平溪卫前所故世袭副千户沈荣嫡长男。

五辈沈杰，旧选簿查有：成化八年十月，沈杰，宜兴县人，系平溪卫前所故世袭副千户沈端亲弟。

六辈沈聪，旧选簿查有：弘治元年九月，沈聪，宜兴县人，系平溪卫前所故世袭副千户沈杰嫡长男。

七辈沈衡，旧选簿查有：弘治十七年八月，沈衡，年七岁，宜兴县人，系平溪卫前所故世袭副千户沈聪嫡次男。有长兄沈权，优给，故。本人告转优给，至弘治二十四年终住支。

正德八年二月，沈衡，年十六岁，宜兴县人，系平溪卫前千户所故世袭副千户沈聪嫡次男。

高凤·世袭百户

一辈高龙。

二辈高良，旧选簿查有：洪武二十五年十一月，高良，旧名泼皮，系金吾前卫阵亡银牌先锋高龙嫡长男，钦除平溪卫前所世袭百户。

三辈高得，旧选簿查有：洪武二十九年五月，高得，系平溪卫前所故流官百户高良嫡长男，钦准袭职，与世袭，仍授本卫所世袭百户。

四辈高斌，旧选簿查有：永乐十六年七月，高斌，系平溪卫前所故世袭百户高得嫡长男。

五辈高昂，旧选簿查有：宣德十年三月，高昂，年十岁，系平溪卫前所故世袭百户高斌嫡长男，钦与全俸优给，至正统四年终住支。

六辈高晟，旧选簿查有：天顺二年十一月，高晟，年二十八岁，合肥县人，系平溪卫前所世袭百户高昂庶弟。

七辈高贵，旧选簿查有：成化十五年八月，高贵，年十六岁，合肥县人，系平溪卫前所故世袭百户高晟嫡长男。

八辈高凤，旧选簿查有：正德八年六月，高凤，合肥县人，系平溪卫前所故世袭百户高贵嫡长男。

韩天爵·实授百户

一辈韩贯。

二辈韩成，旧选簿查有：洪武二十六年十一月，韩成，系江阴卫中前所故世袭百户韩贯嫡长男，袭除平溪卫前所世袭百户。

三辈韩福，旧选簿查有：永乐十三年十二月，韩福，年十五岁，系平溪卫前所故世袭百户韩成嫡长男。

四辈韩瑛。

五辈韩杰，旧选簿查有：成化元年十月，韩杰，年二十五岁，江都县人，系平溪卫前所世袭百户韩瑛嫡长男。

六辈韩恩，旧选簿查有：正德十三年八月，韩恩幼名孙儿，年十八岁，江都县人，系平溪卫前所故世袭百户韩杰嫡长孙，优给出幼。

七辈韩天爵，旧选簿查有：嘉靖二十一年六月，韩天爵，江都县人，系平溪卫前所实授百户韩恩嫡长男。

八辈韩藩，万历七年八月，韩藩，年二十四岁，江都县人，系平溪卫前所患疾实授百户韩天爵嫡长男，比中三等。

九辈韩世臣，万历二十七年六月，韩世臣，年十九岁，系平溪卫前所患疾实授百户韩藩嫡长男，比中二等。

陈魁·世袭百户·65·

[一]辈陈鑑。

[二]辈陈隆，旧选簿查有：弘治五年二月，陈隆，黄梅县人，系平溪卫前所世袭百户陈鑑嫡长男。

[三]辈陈四儿，旧选簿查有：正德八年二月，陈四儿，年六岁，黄梅县人，系平溪卫前所故世袭百户陈隆嫡长男，钦与全俸优给，至正德十六年终住支。

嘉靖元年八月，陈魁，幼名四儿，年十六岁，黄梅县人，系平溪卫前所故世袭百户陈隆嫡长男，优给出幼袭职。

[四]辈陈继武，万历四年十月，陈继武，年二十一岁，黄梅县人，系平溪卫前所故实授百户陈魁嫡长男。查伊祖陈海①原系总旗，正统六年麓川一次奇功升二级，袭

---

① "祖陈海"或应作"始祖陈海"。

实授百户。所据越升职级例不准袭，今本舍合革袭试百户。

方正·实授百户

一辈方福二。

二辈方文，旧选簿查有：正统十二年十月，方文，系平溪卫前所故世袭百户方广户名方福二亲弟，钦与世袭。

三辈方原，旧选簿查有：成化三年九月，方原，黄梅县人，系平溪卫前所世袭百户方文嫡长男。

四辈方辅，旧选簿查有：弘治十一年七月，方辅，黄梅县人，系平溪卫前所故世袭百户方源嫡长男。

五辈方正，旧选簿查有：嘉靖五年四月，方正，黄梅县人，系平溪卫前所老疾副千户方辅嫡长孙。伊祖原系百户，正德九年镇箪不由调征获功升前职。缘不由调征，例该减革，本人照例革替实授百户。

六辈方应麟，万历四年十月，方应麟，年二十一岁，黄梅县人，系平溪卫前所故实授百户方正嫡长男。

七辈方淳，万历三十九年八月，大选过平溪卫前所实授百户一员方淳，年三十三岁，系疾实授百户方应麟嫡长男，比中二等。·66·

王华·实授百户

[一]辈王溧。

[二]辈王佑，堂稿查有：弘治十七年，平溪卫左所舍人王佑，系老疾署百户王溧嫡次男。

[三]辈王华，旧选簿查有：正德十二年八月，王华，蕲州人，系平溪卫前所实授百户王佑嫡长男。伊父原替署百户，遇例实授，贵州功升副千户，本人照例革替实授百户。①

---

① 此簿所载各辈选条，又见《明档》本册第68页"王尚贤·试百户"选簿之"四辈王溧""五辈王佑""六辈王华"各选条。

冯相·试百户

高高祖，冯兴七，洪武二十二年垛，小旗，故。冯全收役，正统六年征麓川，杀败贼象头功，八年升总旗，疾。冯玉收役，故。冯禄收役，纳银免并，故。父冯时瑞替役总旗。万历元年七月，调征九丝城鸡冠岭、母猪大寨，擒斩功级俱以祖冯兴七名目开报。四年奉勘合将父冯时瑞以祖名开升试百户，到任，十七年老疾。相系嫡长男，功次簿查有：一件为仰伏天威荡平都蛮等事内开一人自擒蛮贼首级三名颗以上升实授一级内平溪卫前所总旗冯兴七，该升试百户。

一辈冯兴七。

二辈冯全。

三辈冯玉。

四辈冯禄。

五辈冯时瑞。

六辈冯相，万历十九年四月，冯相，年三十二岁，黄梅县人，系平溪卫前所年老试百户冯时瑞嫡长男，比中一等。

七辈冯朝臣，万历二十五年十月，冯朝臣，年二十岁，系平溪卫前所故试百户冯相嫡长男，比中二等。

王尚贤·试百户

外黄查有：王华，蕲州人。洪武二十二年，曾祖王林垛充平溪卫左所总甲，二十三年并枪充总旗，永乐十五年故。伯祖王敬补役，宣德九年故。叔祖王钧补役，正统六年征云南麓川上江刀招罕寨有功，七年升实授总旗，故。祖王溧补役，十四年调征贵州西堡有功，弘治十四年征武靖地方，十五年长滩山箐斩首三颗及俘幼男一口，十六年升左所署百户，患疾。伯王佐系长男，残疾。父王佑系亲弟，十七年替，遇例实授，正德六年征贵州思石等处斩首三颗，八年升实授副千户，残疾。华系嫡长男，十二年革替平溪卫左所百户。

一辈王林，已载前黄。

二辈王敬，已载前黄。

三辈王钧，已载前黄。

四辈王溧，已载前黄。

五辈王佑，堂稿查有：弘治十七年，平溪卫左所舍人王佑，系老疾署百户王溧嫡次男。

六辈王华，旧选簿查有：正德十二年八月，王华，蕲州人，系平溪卫前所实授百户王佑嫡长男。伊父原替署百户，遇例实授，贵州功升副千户，本人照例革替实授百户。

七辈王尚贤，旧选簿查有：嘉靖二十八年二月，王尚贤，年二十九岁，蕲州人，系平溪卫前所故试百户王华嫡长男。

八辈王化，万历二年十二月，王化，年二十五岁，蕲州人，系平溪卫前所患疾试百户王尚贤亲侄。伊堂伯原袭祖职试百户，今患疾，无子，本舍照例准借替祖职试百户，待后伊伯疾痊，或生有儿男，退还职事。

九辈王道远，万历二十九年十二月，王道远，年二十一岁，系平溪卫前所故试百户王化嫡长男，比中三等。·68·①

朱缨·试百户

外黄查有：朱亮，黄梅县人。祖朱铨，洪武二十二年与户名高隆四垛充平溪卫前所总甲，二十三年隆四并枪充总旗，故。祖朱铨并枪补役，老疾。父朱广并枪代役，正统六年征麓川功升实授百户，故。亮系嫡长男，景泰元年袭授湖广平溪卫前所百户，弘治七年钦与世袭。

一辈高隆四，已载前黄。

二辈朱铨，已载前黄。

三辈朱广，已载前黄。

四辈朱亮，已载前黄。

五辈朱勇，旧选簿查有：[正德]②三年十二月，朱勇，黄梅县人，系平溪卫前所百户朱亮嫡长男。伊父原系试百户，天顺元年遇例实授，今年老，本人照例替百户，钦与世袭。

六辈朱缨，旧选簿查有：正德十二年八月，朱缨，黄梅县人，系平溪卫前所试百户朱勇嫡长男。伊父原袭试百户，遇例实授，本人照例革去遇例实授一级，与替祖

---

① 此簿"四辈王溧""五辈王佑""六辈王华"各选条所载，又见《明档》本册第67页"王华·实授百户"选簿各选条。

② 据贴黄"弘治七年"与六辈朱缨选条"正德十二年"，此处应补"正德"二字。

职试百户。

李廷洁·署百户事总旗

外黄查有：李廷洁，幼名李赦儿，年四十五岁，系湖广平溪卫前所署百户事总旗，原籍湖广黄州府蕲州黄梅县人。始祖李宗五，洪武二十二年垛充平溪卫前所小旗，故。高祖李兴并，补，老。曾祖李宣替役，正统八年征云南麓川有功，因未并枪，升实授小旗，景泰二年征贵州香炉山功升总旗，故。祖李春并，补，弘治十五年征武靖地方有功，伤故，十六年奉勘合升署百户。父李凤系嫡长男，十八年袭署百户，嘉靖五年故。廷洁幼名赦儿，系嫡长男，六年六月优给，十五年六月袭平溪卫前所署百户事食总旗名粮。

一辈李宗五，已载前黄。
二辈李兴，已载前黄。
三辈李宣，已载前黄。
四辈李春，已载前黄。
五辈李凤，题稿查有：弘治十八年，李凤，黄梅县人。高祖李宗五洪武二十二年垛充小甲，二十三年并充小旗，故。曾祖李兴并，补，年老。祖李宣替役，正统八年麓川有功，因未并枪小旗，景泰三年香炉山功升总旗，故。父李春并，补，弘治[六]年①遇例纳米给与冠带，武靖有功未升伤故，弘治十六年勘合开升故父李春武靖功升署百户。凤系嫡长男，保送袭升，具供除。查伊父获功升职缘由相同案呈到部，参照舍人李凤，伊父原系冠带总旗，征进武靖有功，故，后勘合开升李春征武靖功升署百户，本舍系嫡长男，保送袭升，查审明白，合无准令李凤袭升伊父原职署百户食总旗粮，于原卫所差操，奉圣旨："是，钦此"。

六辈李赦儿，旧选簿查有：嘉靖六年六月，李赦儿，年七岁，黄梅县人，系平溪卫前所故署百户李凤嫡长男，照例与总旗粮优给，至嘉靖十三年终住支。出幼，照新例与袭署试百户。

嘉靖十五年六月，李廷洁，幼名李赦儿，年十六岁，黄梅县人，系平溪卫前所故署百户事总旗李凤嫡长男。

---

① 据《明档》第63册第440页清浪卫"陈文·试百户"选簿贴黄、第64册第31页平溪卫"夏松·百户"选簿"四辈夏松"选条等相关记载，此"弘治年"或应作"弘治六年"。

七辈李琼芳，万历七年八月，李琼芳，年二十八岁，黄梅县人，系平溪卫前所署试百户事总旗食总旗名粮李廷洁嫡长男。查伊父一辈未比，照例罚俸三年，比中三等。

八辈李天柱，崇祯九年九月，单本选过平溪卫前所署试百户一员李天柱，二十一岁，系故署试百户李琼芳嫡长孙，比中三等。

蒋承恩·正千户

内黄查有：蒋玉，旧名舍驴，凤阳府寿州人。有父蒋僧保，丙午年军，洪武八年调密云卫，十六年并枪充小旗，三十二年郑村坝升总旗，三十三年济南升百户，三十四年克西水寨，三十五年升副千户，六月渡江克金川门升玉林卫正千户，故。玉系嫡长男，永乐三年袭玉林卫右所正千户。

一辈蒋僧保，已载前黄。·70·

二辈蒋玉，已载前黄。

三辈蒋贵，旧选簿查有。①

正统三年九月，蒋贵，系平溪卫后所故正千户蒋玉嫡长男。

景泰三年十二月，平溪卫正千户升指挥佥事。②

四辈蒋林，旧选簿查有：成化十四年十二月，蒋林，寿州人，系平溪卫故指挥佥事蒋贵庶长男。父原系功升署都指挥佥事，遇例实授，本人照例革袭原职署指挥佥事事正千户。③

五辈蒋承恩，宝簿查有：嘉靖八年八月，蒋承恩，年十六岁，寿州人，系平溪卫年老署指挥佥事事正千户蒋林庶长男。伊祖贵景泰［二］年以香炉山当先功升署指挥佥事，父林例前沿袭。所据当先署级例应减革，本人照例革替正千户，注原卫所。

六辈蒋奇勋，隆庆四年四月，蒋奇勋，寿州人，系平溪卫后所故正千户蒋承恩嫡长男。

---

① 以上二辈蒋玉"永乐三年五月……"句，三辈蒋贵"宣德二年十月……宣德十二年终住支"皆系并原簿第86页"署指挥佥事正千户一员·蒋林"簿于此。
② 此选条又载原簿第86页"署指挥佥事正千户一员·蒋林"簿，分别云："正统三年九月，蒋贵，系平溪卫后所故世袭正千户蒋玉嫡长男"；"蒋贵，景泰三年十二月，平溪卫正千户升指挥佥事"。
③ 此选条又载原簿第86页"署指挥佥事正千户一员·蒋林"簿，作成化十四年"十二月"为"十一月"。

七辈蒋国忠，万历二十八年二月，蒋国忠，年二十一岁，寿州人，系平溪卫后所故正千户蒋奇勋嫡长男，比中二等。

八辈蒋应臺，崇祯三年八月，单本选过平溪卫后所正千户一员蒋应臺，年三十四岁，系故蒋国忠嫡长男。查伊父系终身军，例不及嗣，本舍准袭祖职正千户，比中三等。

朱祐·副千户

外黄查有：朱永，旧名德，和州人。有父朱铭乙未年从军，壬寅年充小旗，洪武三年充总旗，九年除成都右卫百户，二十三年升平越卫前所世袭副千户，二十六年为事提问，无招还职，故。永系嫡长男，袭平溪卫后所世袭副千户。朱成系朱永嫡长男。

一辈朱铭，已载前黄。

二辈朱永，旧选簿查有：洪武二十七年十月，朱永，旧名德，系平越卫前所故世袭副千户朱铭嫡长男，钦袭平溪卫后所世袭副千户。

三辈朱诚，旧选簿查有：永乐十三年五月，朱诚，年十六岁，系平溪卫后所故世袭副千户朱永嫡长男。

四辈朱辉。

五辈朱能，旧选簿查有：天顺六年七月，朱能，年十五岁，含山县人，系平溪卫后所故世袭副千户朱辉嫡长男。·71·

六辈朱凤，旧选簿查有：弘治十六年九月，朱凤，含山县人，系平溪卫后所世袭副千户朱能嫡长男。

七辈朱宝，旧选簿查有：正德十三年八月，朱宝，幼名改儿，含山县人，系平溪卫后所故世袭副千户朱凤嫡长男。

八辈朱仲文，旧选簿查有：嘉靖十八年八月，朱仲文，含山县人，系平溪卫后所故副千户朱宝嫡长男。

九辈朱祐，旧选簿查有：嘉靖三十九年四月，朱祐，年三十七岁，含山县人，系平溪卫后所故副千户朱仲文嫡亲叔。

十辈朱嘉臣，隆庆四年六月，朱嘉臣，年二十七岁，含山县人，系平溪卫后所患疾副千户朱祐嫡长男，钦准替职。

十一辈朱嘉宾，万历二年十月，朱嘉宾，年八岁，含山县人，系平溪卫后所故副千户朱祐嫡次男,照例与全俸优给,至万历八年终住支。

万历十年六月,朱嘉宝,年十六岁,含山县人,系平溪卫后所故副千户朱嘉臣亲弟,优给出幼袭职。查本舍违限一年,限外有无多支俸粮,查扣毕日关支,比中二等。

十二辈朱万年,天启四年六月,大选过平溪卫后所副千户一员朱万年,年十七岁,系疾副千户朱嘉宾嫡长男,比中二等。

单廷勋·副千户

外黄查有:单义,年四十岁,盐城县人。有父单信,丙午年归附,充亲随头目,洪武元年克建宁、延平、汀州等处,拨充海宁卫所镇抚,十二月钦授流官敕命,四年授世袭,二十二年赍册赴京,调羽林左卫前所,为原任受赃卖军,钦依免死,发随军征进,调除茶陵卫后所百户,二十三年调平溪卫后所,被军人王斗真打伤身故。义系嫡次男,袭平溪卫后所世袭所镇抚,三十一年为因年深起取赴京,升除沅州卫卫镇抚,永乐三年与流官。单文,年三十九岁,系单义嫡长男。父故,文于永乐十九年袭世袭所镇抚,仍回平溪卫后所管事。

一辈单信,已载前黄。

二辈单义,旧选簿查有:洪武二十六年三月,单义,系平溪卫后所故百户单信嫡次男。有长兄单礼,先年病故,别无儿男。父原任世袭所镇抚,为卖军受赃调管垛集军百户,不支俸,引至御前,钦依还袭世袭所镇抚,仍回本卫所管事。·72·

三辈单文,旧选簿查有:永乐十九年,单文,系沅州卫卫镇抚单义嫡长男。父原授平溪卫后所世袭所镇抚,革除年间升除前职,病故,钦准本人袭父原职所镇抚,仍回平溪卫后所管事。

四辈单智,旧选簿查有:正统六年二月,单智,系平溪卫后所世袭所镇抚单文嫡长男。

五辈单纲,旧选簿查有:景泰四年正月,单纲,系平溪卫后所所镇抚单智嫡长男。父杀贼阵亡,该袭升二级,未升之先本人已袭原职所镇抚,照例加伊父阵亡二级升正千户。

六辈单洪,旧选簿查有:弘治八年十二月,单洪,盐城县人,系平溪卫后所袭升正千户单纲嫡长男。

七辈单坚,旧选簿查有:正德十二年闰十二月,单坚,盐城县人,系平溪卫后所正千户单洪嫡长男。伊祖单纲以曾祖单智阵亡越升前职，父沿袭，本人照例革去越升一级，与做副千户，患左眼瞎疾。

八辈单廷勋，旧选簿查有：嘉靖二十八年八月，单廷勋，年十岁，盐城县人，系平溪卫后所故副千户单坚亲侄，照例与全俸优给，至嘉靖三十三年终住支。

嘉靖三十八年八月，单廷勋，年二十岁，盐城县人，系平溪卫后所故绝副千户单坚亲侄，优给出幼袭职。查得本舍违限五年之上，限外有无多支俸粮，查扣毕日关支。

九辈单嘉政，万历四十二年十二月，大选过平溪卫后所副千户一员单嘉政，年二十岁，系老副千户单廷勋嫡长孙，比中三等。

答时·副千户

[一]辈答失蛮。

[二]辈答昭，旧选簿查有：宣德四年九月，答昭，系已革安陆中护卫中千户所流官副千户答失蛮嫡次男。父原系平溪卫后千户所世袭所镇抚，革除年间升除前职，病故，钦准本人袭父原职所镇抚，仍回平溪卫后千户所管事。·73·

[三]辈答曜，旧选簿查有：宣德八年十月，答曜，系平溪卫后所故世袭所镇抚答昭庶兄。嫡弟有嫡长男答信，年二岁，幼小，钦准本人借职，待长成，还与职事。

[四]辈答信。

[五]辈答玉，旧选簿查有：天顺八年十月，答玉，年十五岁，回回人，系平溪卫后所故副千户答信亲侄，钦与世袭。

[六]辈答正，旧选簿查有：成化八年十月，答正，平凉府人，系平溪卫后所渖故世袭副千户答玉亲弟。

[七]辈答时，旧选簿查有：正德元年十二月，答时，开城县人，系平溪卫后所故世袭副千户答正嫡长男。

万福·副千户

外黄查有：万斌，无为州人。有义曾祖杨华辅，癸卯年从军，甲辰年故。吴元年垛充士军，将祖父万荣随姓作杨荣选充总旗，洪武四年并枪除授永平卫后所镇抚，二十三年调平溪卫后所，故。有父万震先故，斌系嫡长孙，永乐二十二年袭平溪卫后所世袭百户。

一辈万荣，已载前黄。

二辈万斌，旧选簿查有：永乐二十二年十一月，万斌，年十五岁，系平溪卫后所故百户万荣旧姓名杨荣嫡长孙，钦与世袭。

钦升簿内查有：正统七年调征麓川上江等处剿杀蛮贼有功，平溪卫后所一次头功百户升副千户二员内一员万斌。

三辈万纲，旧选簿查有：景泰元年，王骥就彼袭平溪卫后所副千户万斌男万纲袭。

四辈万山，旧选簿查有：成化五年十月，万山，年十五岁，无为州人，系平溪卫后所故世袭副千户万纲嫡长男。

五辈万纪，旧选簿查有：成化十年十一月，万纪，无为州人，系平溪卫后所故世袭副千户万山亲叔。·74·

六辈万庆，旧选簿查有：正德九年八月，万庆，无为州人，系平溪卫后所老疾世袭副千户万纪嫡长男。

七辈万福，旧选簿查有：嘉靖十三年六月，万福，年三十三岁，无为州人，系平溪卫后所故绝副千户万庆亲侄。

陈尚策·署副千户事实授百户

外黄查有：陈潜，蕲州人。祖陈宝，洪武二十二年充平溪卫后所总甲，二十三年并充总旗，永乐十五年为事革充本卫左所军，老。父陈谦质替役，正统十四年征进贵州阵亡。兄陈清补役，遇例仍充本卫后所总旗，征伤残疾。潜补役，成化十一年并枪实授总旗，十五年征贵州西堡功搜婆女山寨等处斩首四颗，本年升本卫所试百户。

一辈陈宝，已载前黄。
二辈陈谦质，已载前黄。
三辈陈清，已载前黄。
四辈陈潜，已载前黄。
五辈陈铣，旧选簿查有：正德三年九月，陈铣，蕲州人，系平溪卫后所正千户陈潜户名陈宝嫡长男。伊父原系升试百户，成化二十三年遇例实授，获功历升署正千户，弘治十八年又遇例实授，老疾，本人照例革替署副千户事百户。

六辈陈琏，旧选簿查有：嘉靖二年七月，陈琏，年十六岁，蕲州人，系平溪卫后所故副千户陈铣庶长男。伊祖潜功升试百户，遇例实授，都匀功升副千户，武靖搜山升署正千户，又遇例实授。父铣革署副千户，镇箪功升实授。本人已照例革去遇例、搜山，与副千户俸优给，今出幼，仍袭副千户。

七辈陈尚策，旧选簿查有：嘉靖四十五年六月，陈尚策，年三十一岁，蕲州人，系平溪卫后所年老署副千户事实授百户陈琏嫡长男。·75·

八辈陈大邦，万历十年六月，陈大邦，年十七岁，蕲州人，系平溪卫后所故署副千户事实授百户陈尚策嫡长男，比中二等。

刘存恕·实授百户

一辈刘斌。

二辈刘旺。

三辈刘瑛。

四辈刘琮。

五辈刘相，旧选簿查有：弘治八年十一月，刘相，当涂县人，系平溪卫后所正千户刘琮嫡长男。伊父原系功升试百户，实授，又历功升前职，故，本人照例革袭副千户。

六辈刘文，旧选簿查有：弘治十六年九月，刘文，年十五岁，当涂县人，系平溪卫后所故世袭副千户刘相嫡长男。

七辈刘存恕，旧选簿查有：嘉靖四十一年十二月，刘存恕，年二十八岁，当涂县人，系平溪卫后所故副千户刘文嫡长男。查伊祖刘琮原以总旗天顺二年征东苗斩首功升试百户，遇例实授，成化十三年剿除苗寇除副千户，贵州斩首功升正千户。先年革遇例，与袭副千户，今查剿除苗寇功无擒斩，例应减革，本舍照例革袭实授百户。

八辈刘世魁，万历三十八年十二月，大选过平溪卫后所实授百户一员刘世魁，年十七岁，系故实授百户刘存恕堂侄，比中二等。·76·

郑臣周·实授百户

外黄查有：郑福，蕲州人。洪武二十二年，曾祖郑原五充平溪卫左所小甲，二十三年并充小旗，故。祖郑贤收役，正统六年六（麓）川功升实授小旗，景泰二年香炉山功升实授总旗，本年绥宁县阵亡。父郑讃患疾，叔郑谧以父免并，故。福收役，弘治五年并，替，十四年武靖节次有功升本卫所试百户，遇例实授。

一辈郑原五，已载前黄。

二辈郑贤，已载前黄。

三辈郑谧，已载前黄。

四辈郑福，已载前黄。

五辈郑圻，旧选簿查有：正德十二年八月，郑圻，蕲州人，系平溪[卫]后所百户郑福嫡长男。伊父原并总旗，武靖功升试百户，遇例实授，铜仁功升副千户，改正，仍前职。本人照例革去遇例一级，与实授百户世袭。

革册查有：应合减革官旗项下，平溪卫副千户郑圻，伊父郑福原职试百户，遇例实授，正德九年镇筸擒斩贼级冒以实授越升副千户，缘冒报越升例应革去，今本人自首改正，该百户。

六辈郑宗富，旧选簿查有：嘉靖五年八月，郑宗富，年七岁，蕲州人，系平溪卫后所故实授百户郑圻嫡长男，照例与全俸优给，至嘉靖十二年终住支。

嘉靖十五年六月，郑宗富，年二十岁，蕲州人，系平溪卫后所故百户郑圻嫡长男，优给出幼告袭，限外多支俸粮，查扣支给。

七辈郑臣周，旧选簿查有：隆庆元年六月，郑宗富，年五十二岁，系平溪卫后所实授百户，今患疾在所。有嫡长男郑臣周，年二十八岁，告替。

八辈郑翰周，万历十三年四月，郑翰周，年三十七岁，蕲州人，系平溪卫后所故实授百户郑臣周亲弟，比中三等。

九辈郑良材，万历三十五年十二月，大选过平溪卫后所照旧实授百户一员郑良材，年二十一岁，系疾实授百户郑翰周嫡长男，比中三等。

倪养正·百户

外黄查有：倪汝，蕲州人。祖倪思胜，洪武二十三年充平溪卫后所总甲，二十四年并枪充总旗，宣德六年故。叔倪昶补役，九年并枪充总旗，正统六年麓川攻围刀招汉贼寨，克破贼巢当先冲杀贼寇一次奇功例升二级，七年升实授百户，十四年故。堂弟倪亮，景泰元年袭职，二年靖州伤故，无儿男。汝系堂兄，天顺元年袭平溪卫后所世袭百户。

一辈倪思胜，已载前黄。

二辈倪昶，已载前黄。

三辈倪亮，已载前黄。

四辈倪汝，旧选簿查有：天顺元年九月，倪汝，蕲州人，系平溪卫后所伤故百户倪亮堂兄，钦与世袭。

五辈倪讃，旧选簿查有：成化六年九月，倪讃，蕲县（州）人，系平溪卫后所世袭百户倪汝嫡长男。

六辈倪俸，旧选簿查有：正德八年十月，倪俸，蕲州人，系平溪卫后所老疾世袭百户倪讃嫡长男。

七辈倪养正，旧选簿查有：嘉靖十三年六月，倪养正，年二十岁，蕲州人，系平溪卫后所故百户倪俸嫡长男。

八辈倪世杰，隆庆五年十月，倪世杰，年二十二岁，蕲州人，系平溪卫后所故实授百户倪养正嫡长男。

九辈倪凤皋，万历三十六年八月，大选过平溪卫后所实授百户一员倪凤皋，年二十六岁，系故实授百户倪世杰嫡长男，比中二等。

蔡金·实授百户

一辈蔡迪。

二辈蔡金，旧选簿查有：正德九年五月，蔡金，蕲州人，系平溪卫后所老疾副千户蔡迪顶户名王荣六嫡长男。伊父原系总旗，获功升试百户，遇例实授，又获功升前职。本人照例革替实授百户。

燕荣召·署实授百户事试百户

内黄查有：燕清，蕲州人。曾祖燕名，洪武二十二年垛充平溪卫后所总甲，二十三年并充总旗，故。伯[祖]燕世雄补役，仍充总旗，永乐十四年疾。祖燕朝富代役，仍充总旗，宣德七年征伤。伯燕兴代役，正统六年征麓川阵亡。父燕祥补，升实[授]总旗，景泰二年征贵州香炉山等寨擒获贼人有功升试百户，天顺元年遇例实授，故。清优给，成化三年袭。燕凤系燕清嫡长男，伊父弘治六年征都匀获功升副千户，故，凤九年袭平溪卫后所副千户，钦与世袭。

一辈燕名，旧选簿查有：[景泰]①三年十二月，平溪卫总旗升试百户燕名。

二辈燕世雄，已载前黄。

三辈燕朝富，已载前黄。

四辈燕兴，已载前黄。

五辈燕祥，已载前黄。

六辈燕清，旧选簿查有：天顺二年八月，燕清，年六岁，蕲州人，系平溪卫后所故百户燕祥户名燕名嫡长男，钦与全俸优给，至天顺十年终住支。

成化二年十一月，燕清，年十五岁，蕲州人，系平溪卫后所故百户燕祥嫡长男，钦与世袭。

七辈燕凤，旧选簿查有：弘治九年七月，燕凤，年十六岁，蕲州人，系平溪卫后所副千户燕清嫡长男。父系百户，功升前职，故，本人钦与世袭。

八辈燕宗召，旧选簿查有：嘉靖二十七年六月，燕宗召，年八岁，蕲州人，系平溪卫后所故副千户燕凤嫡长孙。伊高祖祥以总旗景泰二年香炉山擒贼有功升试百户，遇例实授。曾祖清袭，弘治六年都匀功升副千户。祖凤继袭。所据都匀功不及数，并遇例职级，俱例无承袭，本舍照例量革与署实授百户事试百户俸优给，至嘉靖三十三年终住支。

嘉靖三十七年四月，燕宗召，年十七岁，蕲州人，系平溪卫后所故副千户燕凤嫡长孙，优给，已革署实授百户事试百户，今出幼袭职。查得本舍优给违限三年，限外有无多支俸粮，查扣毕日关支，准袭署实授百户事试百户。

九辈燕荣召，旧选簿查有：嘉靖四十五年六月，燕荣召，年二十岁，蕲州人，系平溪卫后所故署实授百户事试百户燕宗召亲弟。伊兄原革袭署实授百户事试百户，嘉靖三十七年故绝，次兄燕祖召系生员，不愿承袭，本舍照例与借实授百户事试百户，待后伊兄燕祖召生有儿男，退还职事。

十辈燕启周，万历四十二年十一月，大选过平溪卫后所署实授百户事试百户一员，年十七岁，系故署实授百户事试百户燕荣召长孙，比中二等。

胡正·试百户

外黄查有：胡湘，蕲州人。高祖胡宪，洪武二十二年充平溪卫左所总甲，并充总

---

① "景泰"二字据贴黄"景泰二年征贵州香炉山"一句补。

旗，故。曾祖胡亨补役，故。祖七正统六年征麓川上江刀招罕等阵（寨）有功，阵亡。父胡瓒，八年以阵亡儿男升实授总旗，故。湘补役，弘治十五年攻打石落岭等寨，斩首级俘获三名颗，十六年顶高祖胡宪名升署百户，遇例实授，正德七年调征镇箅地方，八年攻打张兵马等大寨，斩获级、生擒三名颗，九年升实授副千户，后改升实授百户。胡政系平溪卫后所故百户胡亮嫡长男，伊祖湘原以总旗武靖功升署百户，遇例实授，镇箅功升副千户，奉诏革前职，父沿袭。本人照例于署百户上加功一级，与试百户俸优给。

一辈胡宪，已载前黄。

二辈胡亨，已载前黄。

三辈胡七，已载前黄。

四辈胡瓒，已载前黄。

五辈胡湘，已载前黄。 ·80·

六辈胡亮，旧选簿查有：嘉靖三年九月，胡亮，蕲州人，系平溪卫后所老疾功升实授百户胡湘嫡长男，钦与世袭。

七辈胡正，旧选簿查有：嘉靖十三年六月，胡正，年十六岁，蕲州人，系平溪卫后所故百户胡亮嫡长男。伊祖湘以总旗武靖功升署百户，遇例实授，镇箅功升副千户，改正前职，父沿袭。本人先因年幼，已革试百户俸优给，今出幼，仍与试百户。

八辈胡宗杰，隆庆五年十月，胡宗杰，年二十九岁，蕲州人，系平溪卫后所故试百户胡正堂弟。

九辈胡来朝，万历三十七年十二月，大选过平溪卫后所试百户一员胡来朝，年二十二岁，系故试百户胡宗杰嫡长孙，比中三等。

周邦·试百户

[一]辈周辅。

[二]辈周贵，旧选簿查有：天顺六年七月，周贵，年十七岁，六安州人，系平溪卫后所试百户周辅亲侄。伯原系小旗，调征麓贼获头功一次升前职，病故。本人先因年幼，照例已与实授百户俸优给，后出幼患病，今痊可，该袭实授百户。

[三]辈周邦，旧选簿查有：正德八年十月，周邦，六安州人，系平溪卫后所百户周贵嫡长男。伊伯祖原功升试百户，故。父遇例袭实授百户，今年老，本人照例革

与祖职试百户。

田世勋·试百户

一辈田志二。

二辈田应宗。

三辈田清。

四辈田荣。

五辈田世勋，旧选簿查有：嘉靖八年八月，田荣，年五十六岁，蕲州人，系平溪卫后所功升试百户，今患疾，有嫡长男田世勋，年二十二岁，告替。本人先系总旗，正德年间功升前职，钦与世袭。

六辈田继文，万历二年六月，田继文，年二十一岁，蕲州人，系平溪卫后所年老世袭百户田世勋亲侄。伊伯原替祖职试百户，嘉靖二十四年遇例实授，今老疾，应该伊父田世英承替，患疾不堪，本舍照例借替祖职试百户，待后伊伯生有儿男，退还职事。

七辈田国祚，万历三十八年十月，大选过平溪卫后所试百户田国祚，年二十五岁，系疾试百户田继文嫡长男，比中三等。

刘宥·试百户

一辈刘仁。

二辈刘彬。

三辈刘荣。

四辈刘虎，革册查有：应合照旧存留官旗项下，平溪卫试百户八员内一员刘虎。

五辈刘宥，旧选簿查有：嘉靖十五年六月，刘宥，年三十岁，系平溪卫后所年老试百户刘琥嫡次男，兄刘安先故，本人告替。

熊世杰·试百户

内黄查有：熊虎，蕲州人。洪武二十二年，曾祖熊天富充总甲，洪武二十三年充实授总旗,故。祖熊守亮收役,正统六年征进麓川攻打上江刀招大甸思任发寨有功,正统八年升实授总旗,正统十四年贵州羊肠江阵亡。景泰元年父熊完收役,二年征进贵州香炉山螃蟹寨斩首一颗,四年升实授总旗,故。虎收役,七月遇例纳银免并,正德六年征进思石等处竹坝坪斩首级一颗,界山溪斩首一颗,正德八年升本所世袭试百户。

一辈熊天富,已载前黄。

二辈熊守亮,已载前黄。

三辈熊完,已载前黄。

四辈熊虎,已载前黄。

五辈熊世杰,旧选簿查有:嘉靖二十七年十月,熊世杰,蕲州人,系平溪卫后所年老试百户熊虎嫡长男。

王应鳌·试百户

外黄查有:王原,大兴县人。伯王成,洪武元年充军,五年故。父王得成补役,二十年以年深老军除试百户,往平溪立堡摆站,三十二年故。原系嫡长男,本年袭平溪[卫]平溪堡百户。王宁系王原嫡长男。王通系王宁亲侄,伯老疾,无儿男,通于天顺七年替百户。王赟系王骥嫡长男。王道系王赟嫡长男。·83·

一辈王得诚,已载前黄。

二辈王原,旧选簿查有:洪武三十二年五月,王原,系平溪卫平溪堡试百户王得诚嫡长男。父系问辨老军除授试百户,病故,钦准袭职,与世袭,仍授本卫本堡世袭百户。

三辈王宁,旧选簿查有:□□□□月,王宁,系平溪卫平溪堡百户王原嫡长男。祖王得诚原系老军除试百户,病故,父革除年间袭实授百户,病故,钦准照洪武年间例袭实授世袭百户。

四辈王通,旧选簿查有:天顺七年八月,王通,大兴县人,系平溪卫平溪堡世袭百户王宁亲侄。

五辈王骥,旧选簿查有:□□□□□月,王骥,大兴县人,系平溪卫平溪堡世袭百户王通嫡长男。

六辈王赟,旧选簿查有:□□七年九月,王赟,大兴县人,系平溪卫平溪堡世袭百户王骥嫡长男。

七辈王道，旧选簿查有：嘉靖二年九月，王道，大兴县人，系平溪卫平溪堡故世袭百户王赟嫡长男，左眼瞎疾。

八辈王蕡，旧选簿查有：嘉靖二十一年四月，王蕡，大兴县人，系平溪卫平溪堡故实授百户王骥嫡次男。伊始祖得成原系试百户，二世祖原革除年间冒袭实授，子孙例前相沿。所据革除年间升级，例不准袭，本人照例革袭试百户。

九辈王佐，旧选簿查有：嘉靖三十一年六月，王佐，大兴县人，系平溪卫平溪堡故实授百户王蕡嫡长男。查得伊父王蕡原系试百户，遇例实授。所据遇例职级例不准袭，本舍革遇例一级，仍袭试百户。

十辈王应鳌，旧选簿查有：隆庆元年六月，王应鳌，年二十二岁，大兴县人，系平溪卫平溪堡故试百户王佐亲侄。

十一辈王朝相，万历三十七年八月，大选过平溪卫平溪堡试百户一员王朝相，年二十四岁，系老试百户王应鳌嫡长男，比中二等。

十二辈王朝将，天启二年四月，大选过平溪卫试百户一员王朝将，年三十一岁，系故试百户王朝相亲弟，比中三等。·84·

马堂·实授百户

一辈马仁。

二辈马兴，旧选簿查有：永乐九年二月，马兴，系朔州卫前所故百户马仁嫡长男，敬袭世袭百户。

三辈马敬，旧选簿查有：洪熙元年闰七月，马敬，系朔州卫前所故世袭百户马兴亲弟。

四辈马瑛，旧选簿查有：天顺二年八月，马瑛，武定州人，系平溪卫鲇鱼站堡故世袭百户马敬嫡长男。

五辈马胜，旧选簿查有：成化十五年八月，马胜，乐安州人，系平溪卫鲇鱼站堡故世袭百户马瑛嫡长男。

六辈马驯，旧选簿查有：正德四年十月，马驯，乐安县人，系平溪卫鲇鱼站堡世袭百户马胜嫡长男。

七辈马堂，旧选簿查有：嘉靖三年九月，马堂，幼名孙儿，乐安州人，系平溪卫鲇鱼站堡故世袭实授百户马驯嫡长男，优给出幼袭职。

八辈马应图，万历二年六月，马应图，年二十六岁，武定州人，系平溪卫鲇鱼站堡年老实授百户马堂嫡长男。

九辈马元龙，万历十七年八月，马元龙，年二十七岁，系平溪卫鲇鱼站堡实授百户患疾在堡马应图嫡长男，比中二等。

十辈马称良，万历四十四年十月，大选过平溪卫鲇鱼站堡照旧实授百户一员马称良，年二十九岁，系疾实授百户马元龙嫡长男，比中二等。

年远事故官员①

指挥使一员·钱坚

成化五年十二月，平溪卫指挥同知升指挥使一员钱坚。

[署指挥佥事事正千户一员·蒋林]

永乐三年五月，蒋玉，旧名舍驴，系玉林卫右所故正千户蒋僧保嫡长男，敬准袭授世袭正千户。

宣德二年十月，蒋贵，年五岁，系平溪卫后千户所故世袭正千户蒋玉嫡长男，钦与全俸优给，至宣德十二年终住支。

正统三年九月，蒋贵，系平溪卫后所故正千户蒋玉嫡长男。

蒋贵，景泰三年十二月，平溪卫正千户升指挥佥事。

成化十四年十二月，蒋林，寿州人，系平溪卫故指挥佥事蒋贵庶长男。父原系功升署都指挥佥事，遇例实授，本人照例革袭原职署指挥佥事事正千户。

卫镇抚一员·程琮

永乐十六年四月，平溪卫世袭副千户改卫镇抚程敬。

天顺二年三月，程六儿，年五岁，仪真县人，系平溪卫故世袭卫镇抚程俊庶长男，钦与全俸优给，至天顺十二年终住支。

成化六年八月，程琮，仪真县人，系平溪卫故世袭卫镇抚程俊庶长男。

---

① 平溪卫"年远事故官员"原未标目，以下"指挥使·钱坚"等目，系校者据原簿目录所加。

左所副千户一员·张春

洪武二十九年二月，飞熊卫钦调平溪卫左所世袭百户张益。

洪武三十二年正月，张鉴，系平溪卫左所世袭百户张益嫡长男。

宣德七年八月，张海，系平溪卫左所世袭百户张鉴嫡次男。父有嫡长孙张森，年八岁，幼小，钦准本·86·人替职，待长成，还与职事。

景泰四年八月，张海，祁州人，系平溪卫左所故副千户张森亲叔。侄先因年幼，本人借职，侄长成，退还职[事，]今病故，本人袭职，钦与世袭。

□□□年二月，张伦，保定府人，系平溪卫左所世袭副千户张海嫡长男。

弘治十一年九月，张春，年十六岁，祁州人，系平溪卫左所故世袭副千户张伦嫡长男。

世袭百户四员·汤辅

……十二月，汤俊，系杨林千户所故试百户汤兴嫡长男。父任百户，为事降试百户，病故。告袭，引至御前，钦依："着袭了，与世袭"，授平溪卫左所世袭百户。

永乐十七年九月，汤斌，年十五岁，系平溪卫左所故世袭百户汤俊嫡长男。

宣德五年七月，汤伦，系平溪卫左千户所故世袭百户汤斌堂兄。

正统六年十二月，汤洪，系平溪卫左所世袭百户汤伦嫡长男。

成化八年十一月，汤辅，年八岁，临淮县人，系平溪卫左所残疾世袭百户汤洪嫡长孙，钦与全俸优给，至成化十四年终住支。

成化十五年八月，汤辅，年十五岁，临淮县人，系平溪卫左所老疾世袭百户汤洪嫡长孙。

世袭百户四员·黄恩

天顺四年三月，黄碧，系平溪卫左千户所百户黄应嫡长男。

弘治元年闰正月，黄观音保，年六岁，蕲州人，系平溪卫左所故百户黄碧嫡长男，钦与全俸优给，·87·至弘治九年终住支。

弘治十一年十二月，黄恩，年十六岁，蕲州人，系平溪卫左所故世袭百户黄碧嫡

长男,

世袭百户四员·陈铭

洪武二十五年四月,平溪卫左所世袭百户陈让。

永乐六年十一月,陈玺,系平溪卫左所故百户陈让嫡长男。

永乐七年十二月,陈玺,系平溪卫左所故世袭百户陈让嫡长男,本人告袭,为因右手胎生残疾,不能比试,永乐六年十一月初二日,敬准袭职养马,今覆启附选。

宣德二年二月,陈铭,年十九岁,系平溪卫左千户所故世袭百户陈玺嫡长男。

世袭百户四员·方纲

成化十五年六月,方纲,无为州人,系平溪卫左所世袭百户方存嫡长男。

试百户一员·郑鑑

成化八年十月,郑咬住,年三岁,蕲州人,系平溪卫左所老疾百户郑昇庶长男,钦与全俸优给,至成化十九年终住支。

成化二十年十月,郑鑑,乳名郑咬住,年十六岁,蕲州人,系平溪卫左所百户郑昇庶长男。父原系试百户,遇例实授,老疾,本人优给出幼,照例革袭试百户。

右所正千户二员·李实

正统二年十一月,李恕,系平溪卫右所故世袭正千户李敬嫡长男。

天顺二年八月,李仪,滁州人,系平溪卫右所故世袭正千户李恕嫡长男。

成化二十一年七月,李洪,徐州人,系平溪卫右所故世袭正千户李仪嫡长男。

弘治四年八月,李实,年十岁,徐州人,系平溪卫右所故世袭正千户李洪嫡长男,钦与全俸优给,至弘治九年终住支。

弘治十年八月,李实,徐州人,系平溪卫右所故世袭正千户李洪嫡长男。

右所正千户二员·呼荣

永乐十六年四月,平溪卫未定流世授世袭右所副千户呼贵,旧名童儿。

宣德九年七月,呼敬,系平溪卫右所故副千户呼贵旧名呼童儿堂弟。

成化十五年八月,呼荣,徐州人,系平溪卫右所故世袭正千户呼铭嫡长男。

副千户一员·陈兴

宣德五年八月,陈雄,系新平卫前千户所世袭副千户陈良嫡长男。父原系平溪卫右千户所,调征交阯拨前卫,病故,钦准本人袭职,仍回平溪卫右千户所操练。

正统三年九月,陈广,年五岁,系平溪卫右所故世袭副千户陈雄嫡长男,钦与全俸优给,至正统十二年终住支。

□□二年十月,陈清,系平溪卫右所故世袭副千户陈雄亲弟,已与侄陈广优给,病故。

□□□□□□月,陈兴,年十七岁,均州人,系平溪卫右所被贼杀死世袭副千户陈清嫡长男。

世袭百户五员·朱禄

洪武二十九年二月,飞熊等卫钦调平溪卫右所世袭百户朱子名。

洪武二十九年二月,朱顺,系平溪卫右所世袭百户朱子名嫡长男,为父老疾,钦准替职,仍授本卫·89·所世袭百户。

宣德六年十月,朱鉴,年十六岁,系平溪卫右所故世袭百户朱顺嫡长男。

弘治十四年六月,朱禄,确山县人,系平溪卫右所世袭百户朱玉嫡长男。

世袭百户五员·陈节

洪武二十五年八月,陈庸,系平溪卫右所故流官百户陈福嫡长男,钦准袭职,与世袭,仍授本卫所世袭百户。

宣德五年七月,陈璘,年十九岁,系平溪卫右千户所故世袭百户陈庸嫡次男。

正统四年七月,陈瓒,系平溪卫右所故世袭百户陈璘亲弟。

天顺五年三月，陈玘，宜兴县人，系平溪卫右所故世袭百户陈瓒嫡长男。

弘治七年四月，陈节，宜兴县人，系平溪卫右所世袭百户陈玘嫡长男。

世袭百户五员·曹昇

成化二十年八月，曹纲，蕲州人，系平溪卫右所故世袭百户曹禧嫡长男。

弘治十四年闰七月，曹昇，年十岁，蕲州人，系平溪卫右所淯故世袭百户曹纲亲侄，钦与全俸优给，至弘治十八年终住支。

世袭百户五员·杨质

永乐七年九月，杨斌，年七岁，系平溪卫右所故世袭百户杨俊嫡长男，钦与全俸优给，至永乐十四年终住支。·90·

永乐十八年闰正月，杨质，年十三岁，系平溪卫右所故世袭百户杨俊嫡次男，已与兄杨斌优给，故，钦与全俸优给，至永乐十九年终住支。

宣德二年六月，杨质，系平溪卫右千户所故世袭百户杨俊嫡次男。

世袭百户五员·田鸾

景泰元年五月，田俊，系平溪卫左所故百户田鉴户名田宁嫡长男，钦与世袭。

成化十三年八月，田澄，蕲州人，系平溪卫右所故世袭百户田俊庶长男。

弘治十六年九月，田鸾，蕲州人，系平溪卫右所世袭百户田澄嫡长男。

中所副千户四员·王贤

洪武二十六年九月，王全，系平溪卫中所故世袭副千户王添祥嫡长男，钦准袭职，仍授本卫所世袭副千户。

永乐八年正月，王能，年十二岁，系平溪卫中所故世袭副千户王全嫡长男，敬与全俸优给，至永乐十年终住支。

永乐十二年五月，王能，年十五岁，系平溪卫中所故世袭副千户王全嫡长男。

宣德五年八月，王贤，系平溪卫中所故世袭副千户王能亲弟。

中所副千户四员·王簪

天顺四年七月，王端，年三岁，溧阳县人，系平溪卫中所被虎伤故世袭副千户王政遗腹嫡长男，钦与全俸优给，至天顺十五年终住支。·91·

成化九年九月，王端，年十七岁，溧阳县人，系平溪卫中所被虎伤故世袭副千户王政遗腹嫡长男。

弘治十年八月，王簪，年十六岁，溧阳县人，系平溪卫中所故世袭副千户王端嫡长男。

中所副千户四员·杨时

永乐三年正月，杨宜，系平溪卫中所故世袭副千户杨铭亲弟，兄有庶次男杨旺儿，年二岁，本人替职，待侄长成，还与职事。

[永乐十八年]十二月，杨春，旧名旺儿，年十八岁，系平溪卫中所故世袭副千户杨宜亲侄。

□□□□□月，杨晔，上蔡县人，系平溪卫中所世袭副千户杨春嫡次男。

弘治十一年十一月，杨时，上蔡县人，系平溪卫中所世袭副千户杨晔庶长男。

杨恩，年二十四岁，系平溪卫中所故世袭副千户杨时嫡长男，嘉靖八年袭职。

万历八年四月，杨继梅，年二十二岁，上蔡县人，系平溪卫中所年老副千户杨恩嫡长男，比中二等。

中所副千户四员·孙贵

洪武二十七年六月，孙诚，系五开卫隆里守御千户所故流官百户孙先嫡长男，钦准袭职，与世袭，授平溪卫中所世袭百户。

永乐四年七月，孙隆，年十岁，系平溪卫中所故世袭百户孙诚嫡长男，钦与全俸优给，至永乐八年终住支，起送赴京袭职。

永乐九年十月，孙隆，年十五岁，系平溪卫中所故世袭百户孙诚嫡长男。

天顺四年三月，孙铭，合肥县人，系平溪卫中所故副千户孙隆嫡长男，钦与世袭。

□□□年十月，孙贵，合肥县人，系平溪卫中所故世袭副千户孙铭亲侄，堂兄孙斌患疾，本人借职，待兄有男，还与职事。

世袭百户四员·罗瑄

洪武二十七年正月，罗源，系龙贲（虎贲）右卫前所世袭百户罗应嫡长男，父为征伤告替，钦准替职，授平溪卫中所世袭百户。

永乐二年二月，罗忠，年十八岁，系平溪卫中所失陷世袭百户罗源亲弟。

宣德二年六月，罗瑄，年九岁，系平溪卫中千户所故世袭百户罗忠嫡长男，钦与全俸优给，至[宣]德七年终住支。

宣德十年二月，罗瑄，年十七岁，系平溪卫中所故世袭百户罗忠嫡长男。

世袭百户四员·郑寿

弘治七年二月，郑祖儿，年六岁，广济县人，系平溪卫中所老疾试百户郑英庶长男，钦与全俸优给，至弘治十五年终住支。

弘治十六年八月，郑寿，年十五岁，广济县人，系平溪卫中所百户郑英庶长男，优给出幼袭职。伊父原系试百户，天顺元年遇例实授，故，本人照例袭百户。

世袭百户四员·何侒

天顺八年十月，何俯，年十五岁，广济县人，系平溪卫中所百户何涧嫡长男，钦与世袭。

弘治元年三月，何侒，广济县人，系平溪卫中所故世袭百户何俯亲弟。

世袭百户四员·江山

弘治十一年十一月，江山，广济县人，系平溪卫中所世袭百户江茂嫡长男。

前所副千户一员·杨威

永乐十七年八月，杨清，系太原右卫前所世袭副千户杨福庶长男。

正统六年十月，杨辅，年三岁，系平溪卫前所故世袭副千户杨清庶长男，钦与全俸优给，至正统十八年终住支。

景泰六年七月，杨辅，系平溪卫前所故世袭副千户杨清庶长男。

成化十六年八月，杨威，山后人，系平溪卫前所故世袭副千户杨辅嫡长男。

世袭百户四员·曹瑛

洪武二十五年四月，平溪卫前所世袭百户曹亮。

洪武三十二年二月，曹敬，系平溪卫前所世袭百户曹亮嫡次男。嫡长兄曹成见患残疾，有男曹长儿，年方五岁，幼小，钦准敬替职，待侄长成，还与职事。

永乐八年五月，曹恺，旧名长儿，年十七岁，系平溪卫前所世袭百户曹亮嫡长孙。祖先为老疾，父曹澄亦为残疾，本人年幼，叔曹敬借职，病故，敬准袭职。

永乐二十年八月，曹能，年十五岁，系平溪卫前所骑马跌死世袭百户曹恺亲弟。

宣德八年十一月，曹振，年十六岁，系平溪卫前所故世袭百户曹能庶弟。

弘治十一年九月，曹瑛，泰州人，系平溪卫前所世袭百户曹鼎嫡长男。

世袭百户四员·李材

成化□□年九月，李实，阳信县人，系平溪卫前所世袭百户李振嫡长男。

弘治十三年十二月，李材，阳信县人，系平溪卫前所故世袭百户李实嫡长男。·94·

世袭百户四员·王澄

永乐七年五月，王斌，年十五岁，系平溪卫前所故世袭百户王铨嫡长孙。

正统三年九月，王澄，年十三岁，系平溪卫前所故世袭百户王斌嫡长男，钦与全俸优给，至正统四年终住支。

正统六年十月，王澄，年十六岁，系平溪卫前所故世袭百户王斌嫡长男。

世袭百户四员·王聪

成化九年九月，王聪，无为州人，系平溪卫前所故世袭百户王玉嫡长男。

后所副千户一员·袁辅

洪武三十二年四月，袁善，系平溪卫后所世袭副千户袁成嫡长男。

永乐七年五月，袁礼，年十六岁，系平溪卫后所故世袭副千户袁善嫡长男。

永乐二十二年二月，袁信，系平溪卫后所故世袭副千户袁礼亲弟。

宣德五年八月，袁义，系平溪卫后所故世袭副千户袁信亲弟。

正统九年十月，袁亮，年十岁，系平溪卫后所故世袭副千户袁义庶长男，已与嫡长兄袁福优给，病故，钦与本人全俸优给，至正统十三年终住支。

弘治七年二月，袁辅，寿州人，系平溪卫后所世袭副千户袁亮嫡长男。

世袭百户六员·吕忠

洪武二十七年六月，吕旺，旧名德，系五开卫隆里守御千户所故流官百户吕才嫡长男，钦准袭·95·职，与世袭，仍授平溪卫后所世袭百户。

宣德七年八月，吕忠，年六岁，系平溪卫后所故世袭百户吕旺庶长男，钦与全俸优给，至宣德十五年终住支。

正统七年九月，吕忠，年十六岁，系平溪卫后所故世袭百户吕旺庶长男。

世袭百户六员·打诚

洪武二十五年十一月，打纳失里，系阳和卫阵亡总旗古乂失嫡长男，钦除平溪卫后所世袭百户。

永乐五年正月，打试亮，年十六岁，系平溪卫后所故世袭百户打纳失里嫡长男。

宣德六年十月，打胜，年八岁，系平溪卫后所故世袭百户打试亮嫡长男，钦与全俸优给，至宣德十二年终住支。

正统七年九月，打政，年十六岁，系平溪卫后所故世袭百户打胜亲弟。

正统十三年八月，打诚，年三岁，系平溪卫后所故世袭百户打政嫡长男，钦与全俸优给，至正统二十四年终住支。

世袭百户六员·袁广

天顺八年十月初三日，替选内查有：袁全，年十八岁，蕲州人，系平溪卫右所故百户袁和嫡长男，钦与世袭。

弘治三年九月，袁广，年七岁，蕲州人，系平溪卫后所故世袭百户袁全嫡长男。伊父原在本卫右所，调今所，钦与全俸优给，至弘治十年终住支。·96·

弘治十四年六月，袁广，年十八岁，蕲州人，系平溪卫后所故世袭百户袁全嫡长男。伊父原在本卫右所，调今所。

世袭百户六员·张能

宣德五年七月，张贵，系平溪卫后千户所故世袭百户张义嫡长男。

成化三年六月，张能，山后人，系平溪卫后所世袭百户张贵嫡长男。

世袭百户六员·周文

成化四年十月，周马儿，蕲州人，年六岁，系平溪卫后所老疾百户周镇嫡长孙，钦与全俸优给，至成化十二年终住支。·97·

[世袭百户六员·李春]①

万历二十二年　月　日
委官武选司主事陆经脩·97·

---

① 原簿目录载有"李春，蕲州人"，无簿。

后　记

　　从2012年迄今，滇黔卫所选簿的整理校读已陆续用时近8年。在此过程之中，首先必须感谢我的硕士研究生导师梁志胜先生。梁老师20年来一直坚持研究明代卫所武官世袭制度，其主要利用的史料即中国第一历史档案馆藏明代武职选簿。我2010年进入安顺学院工作以后，逐渐关注起黔中屯堡文化研究，认为厘清屯堡研究中的一些关键性问题必须从明代卫所制度及其地方实践开始。始于梁先生的影响而基于对明清滇黔历史的认知，我开始研究由中国第一历史档案馆、辽宁省档案馆编，广西师范大学出版社出版的《中国明朝档案总汇》所收之明代卫所武职选簿资料。

　　在检阅武职选簿资料过程中，我发现这些资料虽然体量庞大，但未免予人陈陈相因、米盐琐碎之感。针对某个具体问题展开研究时，若不把所涉及的相关选簿资料全部检索一过，实难以获得一二可用之资料。在利用选簿开展卫所移民、靖难"南军"等问题的过程中，我逐渐有了整理选簿作自身之用的想法并付诸行动，于是从平越等卫选簿开始作资料整理之工作。

　　在整理选簿资料的时候，我将之与本科历史专业课程教学、科研训练等结合起来，训练指导学生作文字录入工作。在此，亦对参与其中的学生致以衷心的谢忱。

　　2009级思想政治教育本科班沈璐云、窦洪磊初步抄录了威清卫、安南卫的选簿资料。2010级历史教育本科班赵小芳、任柳、王明兴、张定菊、陈婷婷及该班其他不少同学，在2012至2013年度更是用了大量时间抄录云南、贵州、广西、四川、湖广等都司卫所选簿资料。在此，谨对在资料抄录及初步校对过程中付出过努力的所有同学表达诚挚的谢意。

　　在条件允许的前提下，尽可能吸收本科学生参与项目，鼓励他们参与承担部分基础性工作，力所能及地予以指导，将课堂教学与课外实践、理论讲授与实操实训结合起来，我希望能克服种种困难在教学活动中一直坚持这一点。

本书申报"2019年度国家古籍整理出版专项经费资助项目"得以立项，要感谢广西师范大学出版社集团有限公司及有关专家的鼎力支持。该社责任编辑徐良妍等，为本书的顺利出版付出了大量心血，谨致谢忱。